U0540234

史學集刊
二

史學集刊

第三期

國立北平研究院
史學集刊編輯委員會印行
民國二十六年四月出版

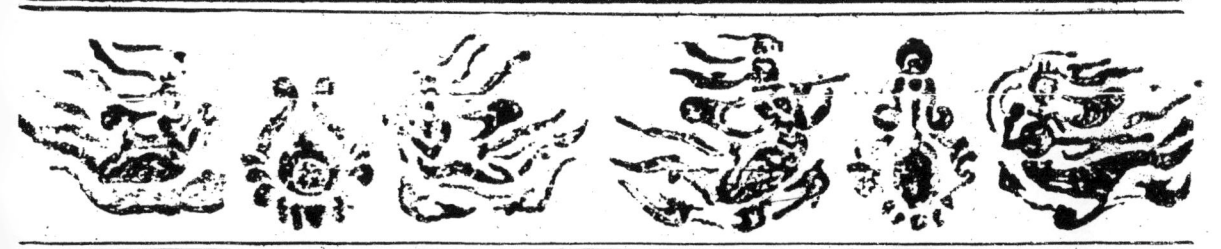

國立北平研究院

史學集刊編輯委員會

顧頡剛（委員長）

李書華　徐炳昶　孟　森　張星烺

陳　垣　沈兼士　洪　業　常　惠

吳世昌　何士驥　（以上委員）

史學集刊第三期

目　錄

指南車記里鼓車之考証及模製	一	王振鐸
宴台女眞文進士題名碑初釋	四九	王靜如
金俗兄弟死其婦嫁于其弟兄考	六九	徐炳昶
潛夫論中的五德系統	七三	顧頡剛
敦煌卷季布罵陣詞文考釋	九七	吳世昌
新唐書大食傳校注	一二三	白壽彝
李冶李治辯	一五五	陳叔陶
荀子眞僞考	一六五	張西堂
論語堯曰篇末二章探源	二三七	趙貞信
李自成死事考異	二四七	童書業
跋邊大綬伐李自成墓啓	二六七	王崇武
永樂大典纂修考	二七五	郭伯恭
清代本章制度改題爲奏考	三二一	鄧詩熙
黃崖教案質疑補	三二九	劉厚滋
中國文化東漸考	三三五	王輯五
西行日記跋	三四九	吳豐培

圖版五

自雪堂所藏古器物圖轉載

范輪齒棘漢

范銘

圖版六　（油拓）

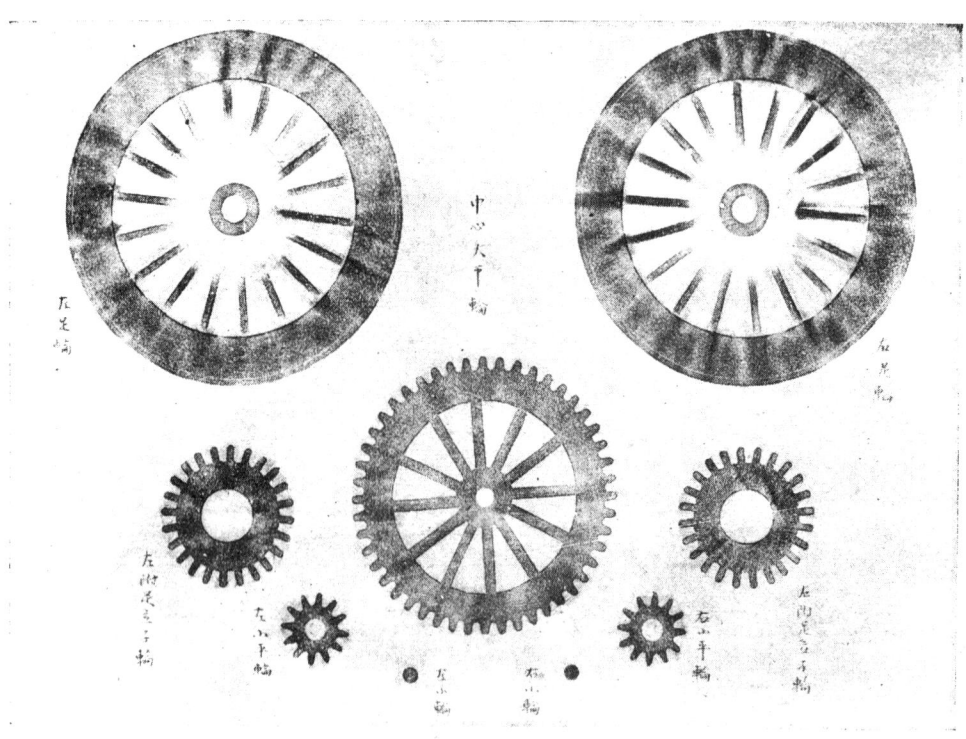

宋燕肅指南車輪齒圖

圖版七　（振鐸手製）

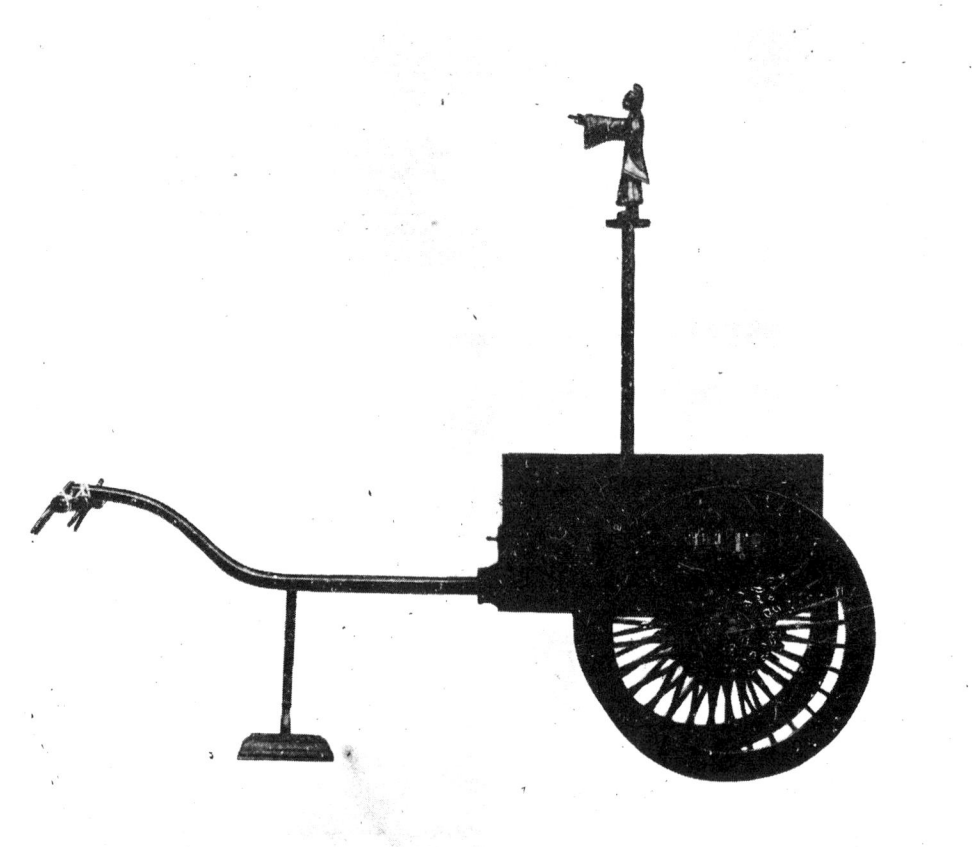

指南車模型側面圖（輓末攝）

圖版八

指南車模型後部圖

圖版九

指南車內部機構

圖版十

大平輪下層車轅裝置情形

圖版十一

足輪及立子輪之構造（指南車）

圖版十二

前側面

後側面

合金遜教授所製之記里鼓車

自 Adversaria Sinice 轉載

圖版十三　漢孝堂山畫象石大王車前之鼓車（自支那山東省漢代墳墓之表飾轉載）

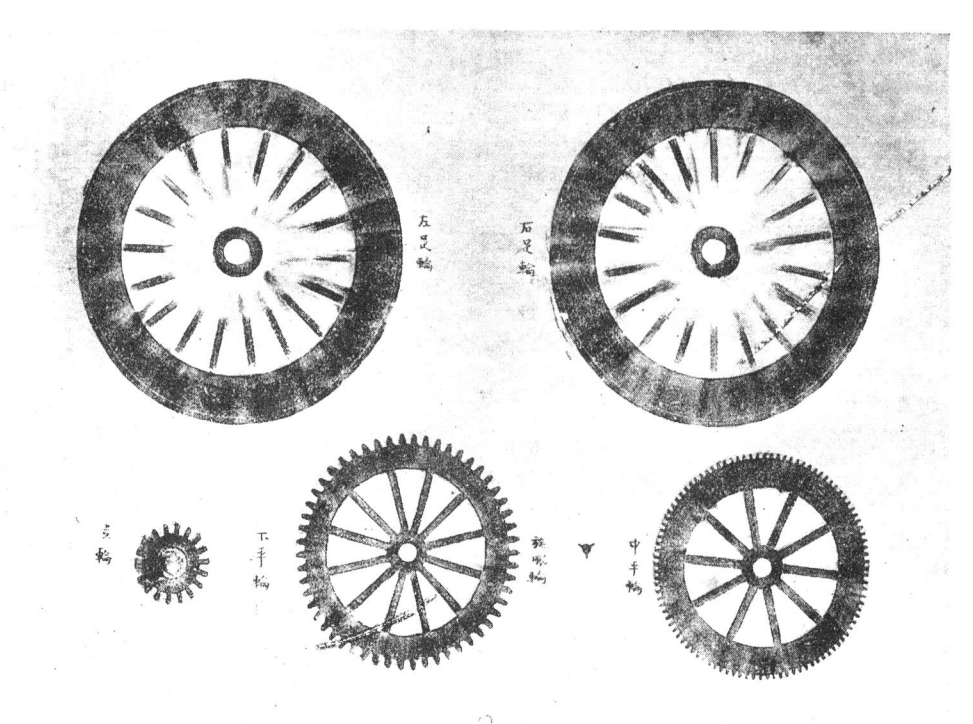

圖版十四　宋盧道隆記里鼓車輪齒圖

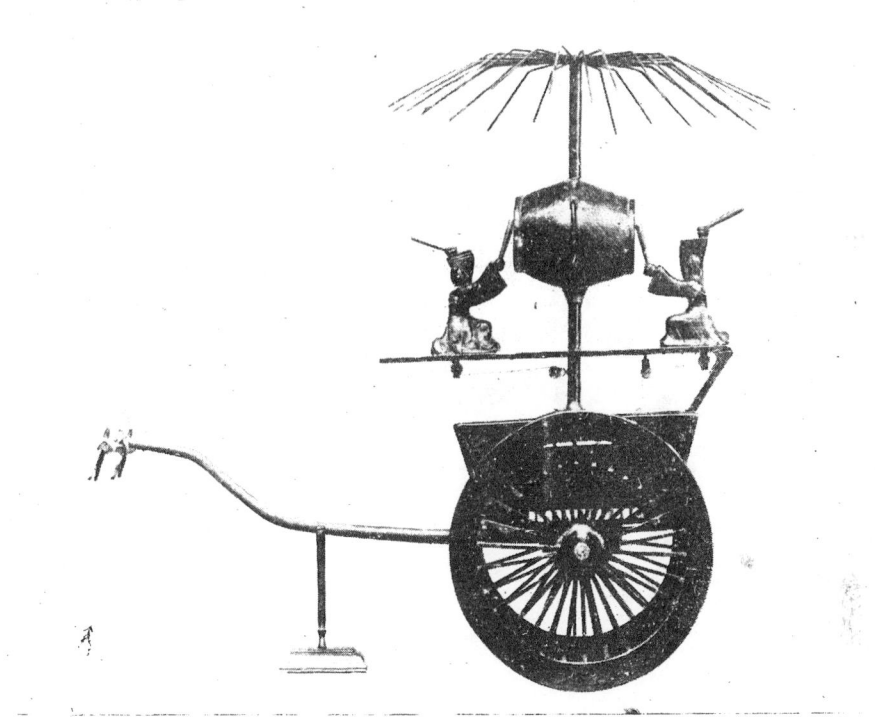

圖版十五　記里鼓車側面圖

圖版十六　記里鼓車後部側面圖

圖版十七　記里鼓車內部齒輪之裝置

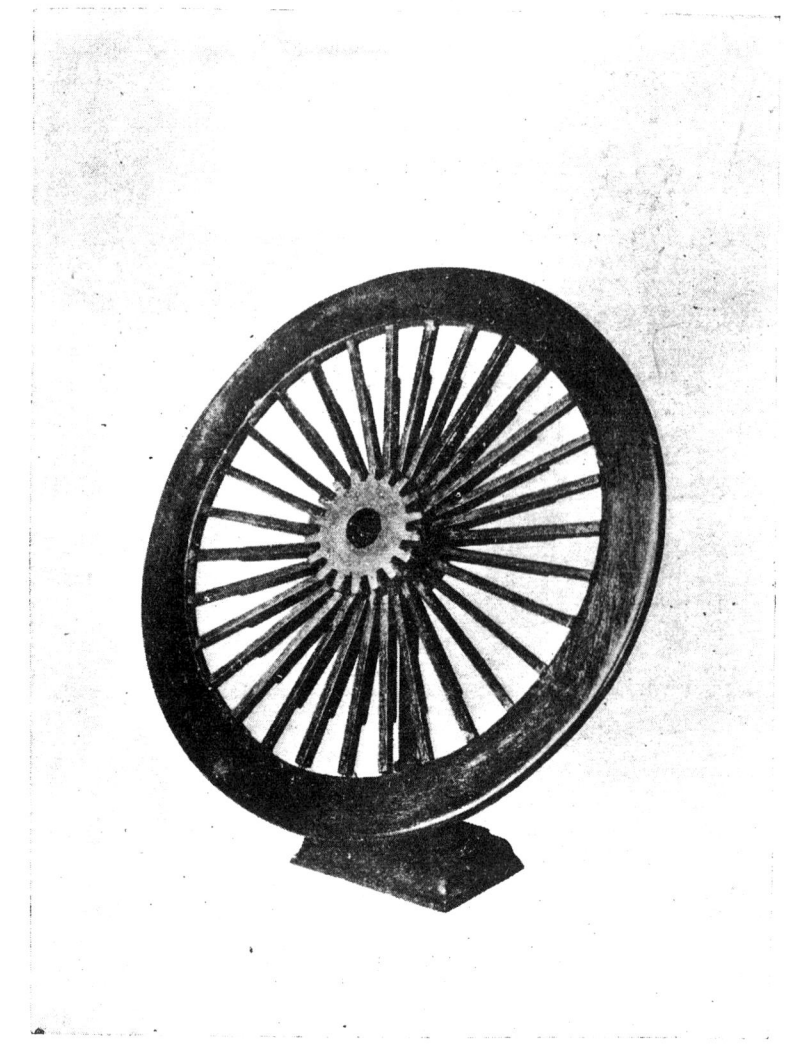

圖版十八　尼輪及立輪之構造（記里鼓車）

車南指之製模次二　九十版圖

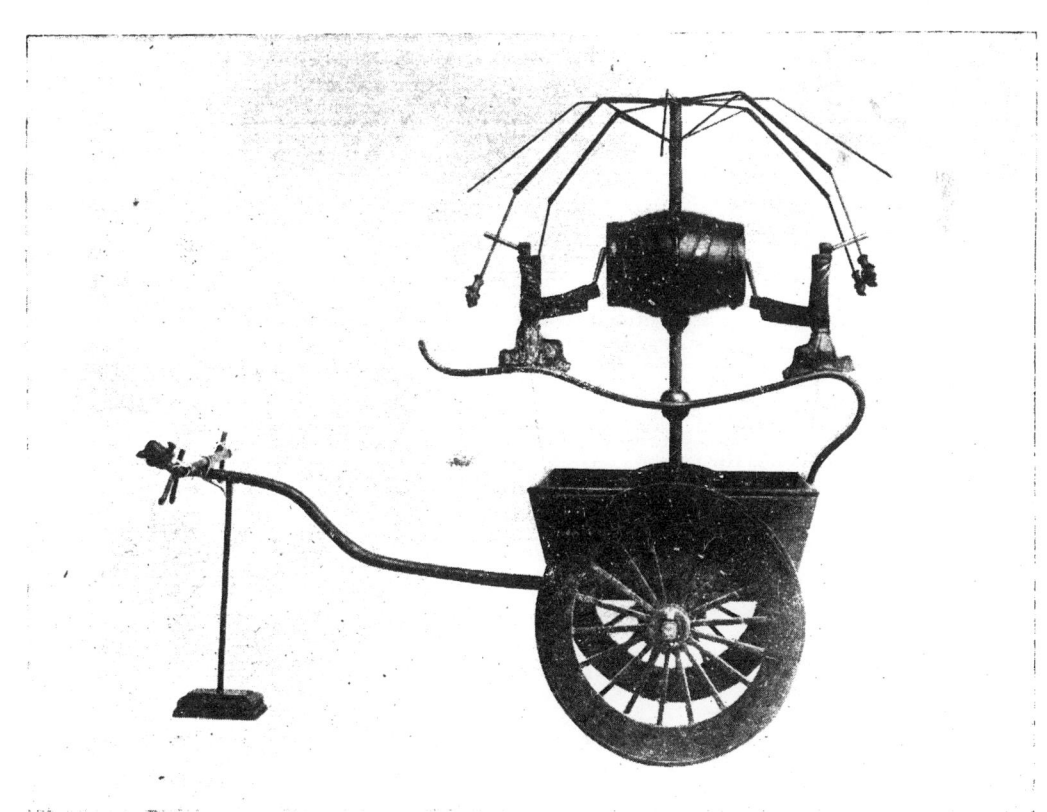

車鼓里記之製模次二　二十版圖

指南車記里鼓車之考證及模製

王振鐸

第一　緒言

第二　東漢至趙宋間機械工程之發展

第三　指南車

  1. 司南同指南車之關係

    A 秦漢以前關于司南之稱述

    B 司南與指南車混稱之原因

  2. 指南車發明之時代

  3. 歷朝指南車之記述

  4. 近代指南車之討論

  5. 燕肅法指南車之模製

    A 燕法所根據之原理

    B 燕法學理上當補充之條件

    C 燕法指南車駕御法

  6. 燕肅吳德仁二家製法比較

第四　記里鼓車

1. 歷朝記里鼓車之記述
2. 近代關于記里鼓車之討論
3. 漢以來鼓車之形制
4. 記里鼓車之模製
    A 盧道隆吳德仁二家製法之原理
    B 模製晉代記里鼓車

第五　結論

第一　緒言

凡利用機械構造,或非直覺所能瞭解之物理現象而製造之器物,吾國舊日大抵稱爲'奇器'。此類奇器,考之典籍,多所稱述,荀子宥坐篇云:

> 孔子觀周廟,有'欹器'焉。使子路取水試之,滿則覆,中則正,虛則欹。(註一)

淮南子天文篇,論衡亂龍篇,所記之'燧陽'取火,皆其類也。(註二)
　　指南車及記里鼓車,亦奇器之一,最爲舊日史家所盛稱。明清以還,歐陸科學漸輸中土,國人自恥缺然,淺學迂儒,每持此類奇器,誇張於世,謂是西術所不逮。(註三) 此種謬論,輒爲通人所厭聽。吾人生逢斯世,固當以科學態度,考訾先民所創造之

一: 孔子家語亦載此事。家語疑王肅偽作,宥坐篇亦非荀卿原書之文,然此二書總不出秦漢人手。

二: 亂龍篇云:「今使道之家,鑄陽燧取飛火於日。」即近代凸透鏡之原理。

三: 參看王仁俊之格致古微,此書成于一八九五年,清末風行一時。

奇器,究爲何物,亦今日史家之責任也。

整理古代奇器史料,蓋有三難。史籍中記述奇器之發明,太半推之荒古神喆,其時代故不易定,其發明之源流,益以茫昧。或孤證僅存,殊難據以爲實,其難一也。關于奇器之記述者,又多非深通其原理之人,其所描寫,僅具外形,多不詳其內部之機構。浮辭誇張,難以爲據。或以怪誕之道術,雜糅其中,真謬莫辨,其難二也。夫某一時代有其慣用之術語,後人苦於釋詁。如周禮考工記之車制,以清儒攷據之密,而阮畢程鄭諸家,尚各有異辭,其難三也。

凡此三難,爲時代拘囿,前輩學者,所以不能解釋其究竟者,因于攷工常識,爲士夫所忽略,其治學方法,多以文字訓詁之質料,輾轉互證,但求文字上之通貫,不問其原則條件之能否適合,如阮元考工記車制圖考,可見一般。振鐸嘗謂理董斯類史料,以下三事爲必具之方法:

一曰:以科學所指示吾人之定理爲原則。(註四)

二曰:以其本身之特徵爲條件。(註五)

三曰:以其他輔助材料爲旁證。(註六)

荀子宥坐篇,所記之'欹器',以其本體之特殊條件推之,必爲利用水平之原理,使此'欹器'改變其重心傾覆作用無疑。惜其所記寥寥數字,對于此器外體形狀,忽于形容,我人又無旁證,足

四:如亞奇默德原理,牛頓之三大定律,幾何學上之定理等皆屬之。

五:如「欹器」之滿則覆,中則正,虛則欹。

六:如研究古代之槓桿作用,莊子外篇天地之桔橰,漢武梁祠畫象石之汲水圖,爲良好輔助資料。

以補其外形之闕如。然如東漢張衡,所創造之候風地動儀,隋唐以後,其法雖絕。而後書所記,尚備具前舉之三方法,若爲之模製,雖未敢據爲必似,然不中不遠矣。(註七) 本文卽據此三則而言,匪敢私智臆度也。

第二 東漢至趙宋間機械工程之發展

吾國器物之有機械構造,濫觴先秦。莊子外篇天地云:

> 子貢過漢陰,見一丈人,方將爲圃畦,鑿水而入井,抱甕而出灌,搰搰然用力甚多,而功寡,子貢曰:有械於此,一日浸百畦………鑿木爲械,後重前輕,挈水若抽,數如沃湯,其名曰槔。

此古代之桔槔也,利用之原理,爲槓桿。(註八) 史記秦始皇本紀云:

> 始皇初卽位。穿治酈山,及幷天下,天下徒送詣七十餘萬人,穿三泉,下銅而致槨,宮觀,百官,奇器,珍怪,徒藏滿之。令匠作機弩,矢,有所穿近者輒殺之。以水銀爲百川,江,河,大海,機相灌輸。上具天文,下具地理。以人魚膏爲燭,度不滅者久之。

此嬴秦繁重之機械構造也。漢晉以降,機械之製,巧奪先秦。西京雜記云:

> 高祖入咸陽,周行庫府,有銅人十二枚,列在筵上,澤筑,笙竽,各有所執,筵下有三銅管;其一管空,一管有繩大如指。使一人吹管,一人紐繩,則衆樂皆作,與眞樂無異。(卷三)

七: 參看拙著漢代張衡候風地動儀製法之推測,燕京學報第二十期。

八: Usher 所著機械發明史,謂桔槔乃埃及發明,在公元前 1550 年。而吾國桔槔至少在戰國時已有其物。

長安巧工丁緩者，……作臥褥香爐，一名被中香爐。本初防風，其法後絕，至緩始更爲之，機環轉運四周，而爐體常平。……又作七輪扇，連七輪，皆徑丈，相連續，一人運之，滿坐寒顫。(卷一)

西京雜記，世稱僞作，所記數事，固不敢据以爲實，然視爲一種西漢機械之暗示，要非無徵也。

東漢機械奇器之創造者，及傳述家，可考者十餘人，後漢張衡爲太史令時，嘗作渾天儀，具南北極赤道列廿四氣，廿八宿，中外星官，及日月五緯，置於密室，以漏水轉之。令伺者密戶而唱，璇璣所加，某星始見，某星今沒，合契若符。因其關捩，轉瑞輪蓂莢於階下，隨月盈虛，依曆開落。又製滴漏，補之渾儀，以銅爲之，再疊差置。下開二孔，以玉虬吐漏水入兩壺左爲夜，右爲晝。左壺蓋上鑄仙人，右壺鑄胥徒；者以左手抱箭，右手指刻。並以圖說明之，亘古之創意也。(註九)

靈帝中平時，有畢嵐者，嘗鑄作天錄蝦蟇吐水之法，作翻車渴烏，以簡灑道之費。開後人機車引水，虹吸注流之祖。(註十) 同時扶風人馬鈞，覩時製之綾機製作粗拙，喪工費日，易以十二躡之制，效率倍增。(注十一) 更作自動百戲之機，以大木雕構，其形若輪，平地施之，潛以水發。設爲歌樂舞象，令木人自動鼓吹，跳丸擲劍，緣絙倒立之象，舂磨鬥雞之巧，變化萬端。並補諸葛之弩，發石之車，以機鼓輪，首尾電至，時人奇焉。(注十二)

九：據晉書，隋書天文志，及全後漢文。

十：據後漢書卷一〇八張讓傳。

十一：三國志魏志卷二十九裴註引魏略。

十二：據魏略張鵬一輯本。

晉東渡以後至李唐之初，偉大之發明家，北有解飛，魏猛，南有耿詢，祖冲之。北齊之信都芳，隋之臨孝恭，皆有製作。飛猛合製之舂車，設木人於車上，車行則木人踏碓，行十里，米成一石。飛又製檀車，設金佛於車上，飾以九龍吐水之景，作木人恆以手摩佛心腹，又十餘木人作撮香投爐，繞佛輯禮之狀。(註一三) 南齊之祖冲之於製奇器之外，精通算曆，所著有九章注及綴數數十篇。定圓周密率在 3.1415927 與 3.1415926 之間，此法同今日術學之圓周密率 3.1416 相同。而冲之發明，先於西方千載也。(註一四) 造千里船，於新寧江試之，日行百餘里，更造水碓磨於樂游苑，武帝親自臨視。(註一五) 北齊之信都芳，著四數周髀宗，集五經算事為五經宗，又聚渾天儀欹器，候風地動儀，銅烏刻漏諸巧事為器準，並註重差，勾股等書。(注一六) 煬帝時，耿詢創作一小時計，可攜之馬上，名曰'馬上刻漏。'與詢同時之臨孝恭有欹器圖，地動銅儀註數卷。其書今皆不存。(注一七)

六朝時，新奇戰具，數數而出。陳書黃法氍傳之拍車，徐世譜傳之拍艦，皆為機械之構造，機關發石之利器。黃傳中並載有步艦之名。新唐書太宗九王傳云：

曹王教為戰艦，狹二輪踏之，鼓水疾進。

宋史岳飛傳亦謂：

楊么浮舟湖中，以輪激水行，旁置摣竿，官舟近之輒碎。

十三：據鄴中記，東晉陸翽箸。
十四：據隋書律曆志引。
十五：據南史祖冲之傳。
十六：據北史信都芳傳。
十七：據北史耿詢傳，隋書本傳。

此六朝步艦之遺法耶？審其理，去西人早年之 Steamer 用雙明輪之激水法相似。

隋朝有杜寶者，修作'水飾，'以悅煬帝，觀其所記，乃一種大規模之水轉弄器，都勢七十二種，堪稱機構之巨製。(註一八)

唐則天如意中，海州進一匠，造十二辰車，迴轅正南則午門開，馬頭人出。四方迴轉，不爽毫釐，又作大火通鐵盞，盛火輾轉不翻，此同西京雜記之被褥香爐，同物而異用也。(註一九)

宋仁宗慶曆中，有巧工李姓，製一器，中置機械，上刻木爲鍾馗，高二三尺沽手持鐵簡，以香餌置左手中，鼠緣手餐，則左手扼鼠，右手運簡斃之。(註二〇)

觀乎此，吾國古代機械之進步，唐宋以上，已有其悠久之歷史，動力之應用，漢代已知水力替代人工，在機械構造上，槓桿，輪軸關捩樞紐之法，已運用純熟矣。最稱異者，漢時已有齒輪之機械。雪堂所藏古器物圖。(註二一)著錄齒輪范一，銘文爲'東□(三)'，范以陶製，出齒十六，作斜倚形，中有方模突起，固知此輪鑄成後，必受貫於方軸之上，軸與輪必有連轉之運動，審其銘文，篆法嚴正，故爲漢物無疑。(註二二)(圖版五)

考斜倚齒輪，近代多以棘齒輪呼之，在別於轉動齒輪而言，其爲用，在使機械之運動，有間斷之作用。(註二三)羅氏所藏之

一八：據大鄴拾遺記。

一九：據唐張鷟朝野僉載。

二〇：據宋稗類鈔。

二一：上虞羅振玉箸，第三十四頁。

二二：參看金文續編。第六，五東部體例，東莞容庚箸。

二三：參看插圖一之棘齒輪，爲近代機械上製造簡單者。輪旁有掣子二 (A.B.) 或一，阻動力之退轉。

齒輪笵,審其體制,當為漢代之棘齒輪無疑。此輪在漢代究用於何種機械,固不得知,然藉此可得兩種暗示,一:漢代必已發明

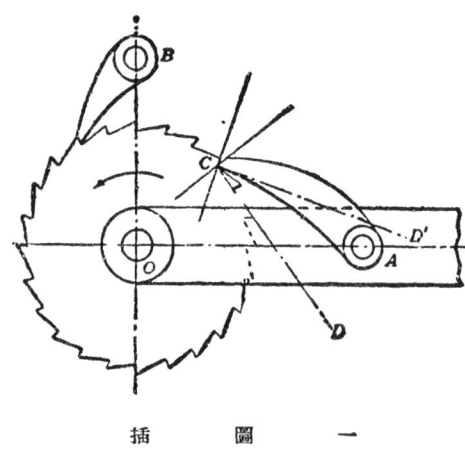

插　圖　一

齒輪之應用機械。二:漢代必更有繁重之機械構造。蓋不如此,無以製造間歇運動之機械齒輪。轉動齒輪雖未發現實物證明其體制,而東漢張衡應閒篇述客問有云:

參輪可使自轉,木雕猶能獨飛。

至晉代傅玄亦稱張衡能令三輪自轉(晉書本傳李賢註引。) 此種能自轉之多輪機構,乃齒輪之機構耶? 漢賦每喜鋪張典故,或泛指平子之巧思耶? 總之吾人觀乎漢人之機械記述,及棘齒輪笵之明證,漢代已知齒輪之傳動作用,不無可能也。

第三　指南車

1. 司南同指南車之關係

A. 秦漢以前關于司南之稱述

吾國舊日史家,以指南車與指南針混為一談,此在宋末已

然矣。試觀通鑑前編(宋金履祥撰)卽謂(指南)"車上用子午盤以定四方也。"章太炎先生指南鍼考云:

近世羅盤之制,以慈石作鍼定子午,謂之指南鍼,航海者賴之。西人謂自中國往也。當羅盤未作時,於古有指南車,鬼谷子稱肅愼氏獻白雉於文王,還恐迷路,周官因作指南車以送之。洪範五行傳曰:晉獻公雖與指南車終不覺矣,齊桓公中才矣,而(疑原文有誤)指南車而悟,失之則惑。管仲,桓公指南車也(御覽指南車部引。)鬼谷作於周末,洪範五行傳,成于西漢,自是時已有指南車之稱,則必有其物矣。然鬼谷云:'周公所作,'則殊未諦。蓋周禮成於周公,考工記復在其後。記稱匠人運國,爲規識日出之景。晝參之日出之景,夜攷之極星,以正朝夕。則是時未有指南之器也,據考工稱"秦無廬,"則其書當作於東周,是時指南鍼猶未就。逮鬼谷在七國時,已有其器,是當起於春秋戰國間也。然偶有作者,其傳未廣。魏書馬鈞傳:稱馬先生與高堂隆,秦朗爭言及指南車。二子謂古無記,言之虛也。先生曰古有之。明帝乃詔先生作之,指南車成。(引同上亦見魏志杜夔傳註引)傳至晉鹵簿令,稱指南車駕四馬,正道匠一人,駕士十四人,巾幘俳衫,大口袴 (引同上,)則用於朝廷,以爲儀器矣。而崔鴻後趙錄,稱尙方令解飛機巧若神,造指南車就,賜爵關內侯,(引同上) 則百年之中傳其術者已多矣。蓋指南鍼必用慈石,周秦間諸子多言慈石取鐵,顧未嘗言其指南,則知是時,偶有識者,始知用之,他人猶不喻也。至馬鈞作車旣成,相距百年,而解飛又作,是必慈石指南之說,已傳於世人也。其後以作車不便,更作羅盤,

然推其名可見者,實自鬼谷始,推其成器備用,實自馬鈞始。(註二四)

西人治中國史者,最初亦蹈此說,翟理斯(Giles)教授於一九〇六年在 Adversaria Sinica 雜誌 (pp.107—115) 中,發表一文,討論吾國指南車之史蹟,卽信此車蓋爲古代之指南針。一九〇九年,翟氏更於宋史中發現指南車之輪齒之尺度記載,乃復將此章之一節譯出,以更前說之非是,並就正於 Cambridge 大學教授合金遜(B. Hopkinson)而以其覆書同時再刊布於同雜誌中。(1909, pp.219—222) 其後日人山下博士,更廣其說,謂中國古代之指南車,皆利用機械,其構造上與指南針完全無關。並謂中國人,在南宋以前,不知磁之指極性。關於前一說,自晉至宋,史證鑿然,(詳後文)確無可疑。而其所謂南宋以前不知磁有指極性之論,實爲重大之錯悞。山下云:

指南車既爲後漢之張衡,三國時代之馬鈞所創造,則斯時代之中國人,僅知磁有吸鐵之能力而已。彼等何能應用指極性,以造指南車乎? 卽使能應用,則後漢,三國,兩晉南北朝,隋,唐,時代之記錄中,除記磁石之引鐵外,當然非論及其特徵(指極性)不可。而何以必於宋時記錄中,始論及其指極性(見夢溪筆談,)並指極性之應用(萍洲可談)乎? 是則宋朝以前,決不知磁石有指極性也。(註二五)

山下此種論據,忘用默證,而吾國古藉論及磁之指極性,實不起於宋;至遲在後漢之初葉,已有明確之記錄。王充論衡是

二四: 華國月刊,一卷五號。

二五: 文聖舉有譯文,科學九卷四期,三百九十八頁至四百〇八頁,民國十三年四月出版。

應篇有云:

司南之杓,投之地,其柢指南。 魚肉之蟲,集地北行。

說文:杓,枓柄也。 段注:枓柄,勺柄也。 觀其構造及作用,恰如今之指南針。 蓋其器如一挹注器之小勺,投之地柄不着地,故能旋轉自如,指其所趨之方向也。

此種明確之記載,以論衡成書之年代推之,當在後漢之初,而指南杓之出世,則未必始於此時,細審論衡之文,以司南之杓,同蛆蟲背陽喜陰之特性並舉,毫不暗示司南之杓,爲當時之最新發明。 而先秦之載籍,屢有關於司南之記載:

韓非子:"先王立司南,以端朝夕。"

鬼谷子:"鄭人取玉,必載司南,爲其不或也。(註二六)"

其所記之司南,爲利用磁之指極性之司南歟? 抑利用機械構造之司南歟? 審其文理,當爲指極性之司南無疑,理由有四:

一 鬼谷子所言之司南,以文法之構造上觀之,司南爲一受載之物,'載'之賓辭,若其爲龐大之車駕則何能,亦何須受載? 故所謂司南,必屬受載之物,決不能爲車駕,文中並未有車字之影跡。

二 戰國末年,磁石之吸鐵性,嘗爲時人所稱述,(見呂氏春秋,鬼谷子等書,) 故磁石爲當時之一種普通物,則兼知其指極性,亦屬可能。

三 東漢初葉以前,雖有司南之名,已知磁有指極性,惟獨無利用機械之指南車,並且無指南車之名,似時人不知有此物,吾人今日作此言,可謂受載籍殘缺之限,然梁代博聞之沈約,在

二六: 鬼谷子不見漢書藝文志,世疑其僞,今本鬼谷子,故不足信,本文引自宋書禮志,姑備一說。

宋書禮志中已云：'至于秦漢，其(指南車)制無聞矣。

四　我人固知晉以來之指南車，為一種機械構造，其所以能指之方向，在車起行之先賴吾人之配置（詳下文，）而司南為利用自然現象之指極性，固非人工所強為，故司南之名，為據其本體特殊現象(指極性)而成，指南車必為襲司南而得名，如此，則利用天然指極性之司南，至遲在戰國末年已有其物，而機械構造之指南車，當居其後。

B　司南與指南車混稱之原因

韓非子所記之司南，其用在'以端朝夕。' 周禮考工記云：

匠人建國，水地以懸，置槷以懸。眡以景為規，知日出之景，與日入之景，晝參諸日中之景，夜攷之極星，以正朝夕。

考工記所述之'景，'審其為用，頗似今日之規。(註二七) 而韓非子所言司南之用，正與此同。必為一種以司南正規景之別構（或似今日之日晷儀）。而鬼谷子之司南，是載之以辨方向之物。其為用殊無定制，故先秦典藉。從未聞有指南車之名也。此種明白之故實，後人何以附會成指南車？約略言之，其原因甚為單簡。

考馬鈞所造之指南車，漢末已見於天子鹵簿，晉以後之學者，不能追述其發明人，兩漢史書又無筆述，而時人每每於先秦典藉中發現司南之稱述，故以為古代已必有其物矣。執史之吏，不求甚解，附會成說，猥襲相傳，如宋書禮志引鬼谷子只言'司南'，今本之鬼谷子於司南之下，增'之車'二字。是故前者史家為之臆造，後來者忘為補益，年代愈後其混構愈深矣。

2.　指南車發明之時代

二七：參看考工記圖下。清儒戴震著。

指南車之發明人,晉以來之學者,推功黃帝。關於黃帝製器之傳說,奚啻指南一事,今之學者多已辨證其誣,(注二八)夫吾國車之發明,墨子非儒篇,荀子解蔽篇,呂氏春秋君守篇,淮南子修務篇,皆謂奚仲作車。至易繫辭傳始立異辭:'黃帝堯舜………服牛乘馬,以利天下,利重致遠,蓋取諸隨。'其說已近荒唐。然尚未言造指南車,倡此說者首見于崔豹之古今注,謂黃帝造作指南車,以禦能作大霧之蚩尤。史紀黃帝本紀云:

蚩尤作亂,不用帝命。於是黃帝乃徵師諸侯,與蚩尤戰於涿鹿之野。遂擒殺蚩尤。而諸侯咸尊軒轅為天子,代神農氏。

涿鹿之戰,以崔豹之言觀之,指南車為克勝蚩尤之唯一戰具,尤為黃帝之重要發明,何先秦載籍及史記不記其事耶?清儒崔述嘗辨之,以為後人所託稱。

古今注云:'指南車起黃帝。與蚩尤戰於涿鹿之野,蚩尤作大霧,兵士皆迷,於是作指南車以示四方,遂擒蚩尤。'又云:華蓋,黃帝所作也。與蚩尤戰於涿鹿之野,常有五色雲氣,金枝玉葉,止於帝上,有花葩之象,故因而作華蓋也。余按易大傳文'服牛乘馬'在'黃帝堯舜氏作'之後,則黃帝時尚未必有車也。縱使有之,始亦豈遽能工巧如是! 至於華蓋之作,文飾益盛,尤非上古儉樸之風。蓋皆後人之所託稱,故今不錄。(注二九)

古今注並謂周公造指南車,以送荒外遠使,此說起自西漢伏生尚書大傳歸禾。謂周公居攝,天下和平,越裳氏以三象重譯來

二八: 參看史學年報,第二卷,第一期,黃帝之製器故事,齊思和箸。

二九: 崔東壁遺書,補上古考信錄,卷之上,二十六頁。顧頡剛編訂本。

獻白雉。至平帝元始元年(西元一)王莽居攝，私意復古，重演此段歷史之佳話。嘗示意益州塞外蠻夷，稱越裳氏重譯獻雉之舉，藉以自比周公。漢書王莽傳云：

> 太后乃下詔曰：'大司馬新都侯莽，三世爲三公，典周公之職，建萬世之策，功德爲忠臣，宗化流海內。遠人慕義越裳氏重譯獻白雉。其以召陵新息二縣，戶二萬八千益封莽，復其後嗣，疇其爵邑。'（八頁）

> 莽復奏曰：'太后秉統數年，恩澤洋溢，和氣四塞，絕域殊俗，靡不慕義，越裳氏重譯來獻白雉，黃支自三萬里貢生犀，東夷王度大海奉國珍，匈奴單于，順制作，去二名，今西域良願等，復舉地爲臣妾。（卷九十九上列傳六十九上，二十九頁）

考歸禾漢書，皆未嘗言周公以指南車賜諸遠人，故古今注之言，實不足據信矣。茲將黃帝及周公造指南車之故事撮其要著表之於後：

黃帝造指南車傳說之演變

史記	古今注	今本古今注	志林	黃帝內傳
蚩尤作亂，不用帝命。於是黃帝乃徵師諸侯，與蚩尤戰於涿鹿之野。遂擒殺蚩尤。而諸侯咸尊軒轅爲天子，代神農氏，是爲黃帝。	指南車起于黃帝之與蚩尤戰涿鹿之野，蚩尤作大霧，士皆迷路，故作指南車。	大駕指南車起黃帝與蚩尤戰於涿鹿之野，蚩尤作大霧，兵士皆迷，於是作指南車以示四方。遂擒蚩尤而即帝位，故後常建焉。	黃帝與蚩尤戰于涿鹿之野，蚩尤作大霧彌三日，人皆惑，帝命風后法斗機，作指南車以別四方。	玄女爲帝製司南車當其前，記里鼓車當其後。

周公作指南車傳說之演變

尚書大傳	古今注	今本古今注	御覽引鬼谷子
交趾之南，有越裳國。周公居攝六年，制禮作樂，天下和平，越裳以三象重九譯而獻白雉曰：道路悠遠，山川阻深，恐使之不通，故重九譯而朝。成王以歸周公，公曰：德澤不加焉；則君子不饗其贄（贄），故政令不施焉；則君不臣其人，吾何獲此賜也？其使請曰：吾受命吾國之黃耇者久矣，天之無別風淮雨意者，中國有聖人乎？有則盍往朝之，周公乃歸之於王，稱先生之神，以薦於宗廟。周既衰于是稍絕。	舊說周公所作，周公致太平，越裳氏重譯來獻，使者迷其歸路，周公賜軿車五乘，皆為司南之製。	舊說周公所作也。周公治致太平，越裳氏重譯來貢，白雉一，黑雉二，象牙一。使者迷其歸路，周公賜以文錦二疋，軿車五乘皆為司南之制，使越裳氏載之以南，緣扶南林邑海際，朞年而至其國，使大夫宴將送至國而還，亦乘司南而背其所指，亦朞年而還。至始制車轄轊皆以鐵，還至鐵已銷盡，以屬巾車氏，收而載之，常為先導，亦服遠人，而正四方……。	鬼谷子曰：肅慎氏獻白雉於文王，還恐迷路，周公因作指南車以送之。

指南車在漢代之有無問題，魏明帝時庭臣高堂隆秦朗同馬鈞嘗為爭辨。高秦二子謂古典無記，言之虛也，馬鈞創意造指南車之明證，(詳下文)梁沈約謂後漢張衡嘗造作指南車。(詳下文)晉書輿服志置指南車於鹵簿，左思吳都賦亦云：

俞騎騁路，指南司方，出車檻檻，被鍊鏘鏘。

此車在漢末已必有其物矣。吾人觀乎漢代機械工程之成就，故知機械之指南車，在東漢末年必已通行矣。

3. 歷朝指南車之記述

創造指南車者，當以三國時之馬鈞爲可信。魏書明帝紀裴注引魏略云:

使博士馬鈞造指南車，水轉百戲，歲首建巨獸，魚，龍，曼延，弄馬倒騎，備如漢西京之制。（卷三）

魏書杜夔傳裴注云:

先生爲給事中，與常侍高堂隆，驍騎將軍秦朗，爭論於朝，言及指南車，二子謂古無指南車，記言之虛也。先生曰古有之，未之思耳！夫何遠之有。二子哂之曰：先生名鈞字德衡，鈞者器之模，而衡者所以定物之輕重，輕重無準，而莫不模哉？先生曰：虛爭空言，不如試之以効也。於是二子遂以白明帝詔先生作之，而指南車成，此一異也，又不可以言者也。從此天下服其巧矣。（卷二九）

自馬鈞造指南車成，晉時用爲鹵簿儀杖之一。晉書輿服志云：

司南車一名指南車，駕四馬，其下制如樓三級。四角金龍銜羽葆，刻木爲仙人，衣羽衣，立車上，車雖回轉，而手常南指，大駕出行，爲先啓之乘。（卷二五）

宋書禮志云：

指南車其始周公所作，以送荒外遠使。地域平漫，迷於東西，造立此車，使常知南北。鬼谷子云：鄭人取玉，必載司南，爲其不惑也。至于秦漢，其制無聞。後漢張衡，始復創造，漢末喪亂，其器不存。魏高堂隆，秦朗，皆博聞之士，爭論於朝，云無指南車，記者虛說。明帝青龍中，令博士馬鈞更造之，而車成晉亂復亡。石虎使解飛，姚興使令狐生又造焉。安帝義熙十三年，宋武帝平長安，始得此車，其制如鼓車，設木人於車上，舉手指南，車雖回轉，所指不移。大駕鹵簿最啓先行。此車戎狄所制,機數不精,雖曰指南,多不審正,回曲步驟,猶須人功正之。范陽人祖沖之,有巧思,常謂宜更構造,宋順帝昇平末,齊王爲相,命造之焉。車成,使撫軍丹陽尹王僧虔,御史中丞劉休試之,其制甚精,百屈千回,未嘗移變。晉代又有指南舟,索虜拓跋燾使工人郭善明造指南車,彌年不就,扶風人馬岳又造,垂成,善明酖殺之。(卷十八)

南齊書輿服志云:

指南車,四周廂上施屋,指南人衣裾襦天衣,在廂中上,四角皆施龍子于縣,雜色眞孔雀眊,烏布皁複幔,漆畫輪,駕牛,皆銅校飾。(卷一七)

南齊書祖沖之列傳云:

初,宋武平關中,得姚興指南車,有外形而無機巧,(南史作枒)每行使人於內轉之。昇平中,太祖輔政,使沖之追修古法。沖之改造銅機,圓轉不窮,而司方如一,馬鈞以來未有也。時有北人索馭驎者,亦云能造指南車,太祖使與沖之各造,使於樂遊苑對共核試,而頗有差僻,乃毀焚之。(卷五二與此同)

魏書禮志云:

太祖天興二年,命禮官捃探古事。制三駕鹵簿,一曰大駕………千乘萬騎,魚麗鴈行,前驅皮軒,闟戟芝蓋,雲罕指南,復殿豹尾。(卷一百八之四)

隋書禮儀志云:

指南車,大駕出,爲先啓之乘,漢初置俞兒騎,並爲先驅。

左太沖曰:'俞騎騁路,指南司方,'後廢其騎,而存其車。(卷十)

舊唐書輿服志云:

唐制天子車輿,有玉輅,金輅,象輅,革輅,木輅,是爲五輅。耕根車,安車,四望車,已上八等,並供服乘之用。其外有指南車,記里鼓車……並爲儀杖之用。(卷四五)

唐書車服志云:

……又有屬車十乘,一曰指南車,二曰記里鼓車,三曰白鷺車。(卷二四)

唐書儀衞志云:

指南車,記里鼓車,白鷺車……皆四馬。有正道匠一人,駕士十四人。皆平巾幘,大口絝,緋衫。(卷二三上)

玉海車服部云:

憲宗元和十年閏新作指南車於麟德殿。(按憲宗本紀不載)

又云:

元和十五年十月辛巳金公亮修成指南記里鼓車。(按憲宗本紀不載)

趙宋朝記指南車之歷史,並詳於內部機械構造。燕肅上指南車之造法,其後吳德仁復修改燕法以上之,事見岳珂愧郯錄。與宋史輿服志同。志云:

指南車一曰司南車,赤質兩箱畫青龍白虎,四面畫花鳥,重臺勾闌鏤拱,四角垂香囊。上有仙人,車雖轉,而手常南指,一轅鳳首駕四馬,駕士舊十八人。太宗雍熙四年,增爲三十人。仁宗天聖五年,工部郎中燕肅始造指南車,肅上奏曰:'黃帝與蚩尤戰于涿鹿之野,蚩尤起大霧,軍士不知所向,帝遂作指南車。周成王時,越裳氏重譯來獻,使者惑失道,周公賜軿車以指南。其後法俱亡,漢張衡魏馬鈞繼作之,屬世亂離,其器不存。宋武帝平長安,嘗爲此車,而制不精。祖沖之亦復造之,後魏太武帝,使郭善明造,彌年不就,命扶風馬岳造,垂成,而為善明鴆死,其法遂絕。唐元和中,典作官金公立,以其車及記里鼓上之,憲宗閱於麟德殿以備法駕。歷五代至國朝不聞得其制者。今創意成之,其法用獨轅車,車箱外籠上有重構,立木仙人於上,引臂南指。用大小輪九,合齒一百二十,足輪二,高六尺,圍一丈八尺;附足立子輪二,徑二尺四寸,圍七尺二寸,出齒各二十四,齒間相去三寸;轅端橫木下,立小輪二,其徑三寸,鐵軸貫之;左小平輪一,其徑一尺二寸,出齒十二;右小平輪一,其徑一尺二寸,出齒十二;中心大平輪一,其徑四尺八寸,圍一丈四尺四寸,出齒四十八,齒間相去三寸;中立貫心軸一,高八尺,徑三寸,上刻木為仙人,其車行木人指南。若折而東,推轅右旋,附右足子輪,順轉十二齒,繫右小平輪一匝,觸中心大平輪左旋四分之一,轉十二齒,車東行,木人交而南指。若折而西,推轅左旋,附左足子輪,隨輪順轉十二齒,繫左小平輪一匝,觸中心大平輪右轉四分之一,轉十二齒,車正西行,木人交而南指。若欲北行,或東或西轉,亦如之。'詔以其法,下有司製之。

　　大觀元年,內侍省吳德仁又獻指南車及記里鼓車之制,二車成,其年宗祀大禮始用之。其指南車身一丈一尺一寸五分,闊九尺五寸,深一丈九寸。車輪直徑五尺七寸,車轅一丈五寸,車箱上下為兩層;中設屏風;上安仙人一,執杖;左右龜鶴各一;童子四,各執纓立四角。上設關棖,臥輪一十三,各徑一尺八寸五分,圍五尺五寸五分,出齒三十二,齒間相去一寸八分。中心輪軸隨屏風貫下。下有輪一十三;中至大平輪,其輪徑三尺八寸,圍一丈一尺四寸,出齒一百,齒間相去一寸二分五釐,通上左右起落二小平輪,各有鐵墜子一,皆徑一尺一寸,圍三尺三寸,出齒一十七,齒間相去一寸九分;又左右附輪各一,徑一尺五寸五分,圍四尺六寸五分,出齒二十四,齒間相去二寸一分,左右疊輪各二;下輪各徑二尺一寸,圍六尺三寸,出齒三十二,齒間相去二寸一分;上輪各徑一尺二寸,圍三尺六寸,出齒三十二,齒間相去一寸一分。左右車脚上各立輪一,徑二尺二寸,圍六尺六寸,出齒三十二,齒間相去二寸二分五釐。左右後轅各小輪一,無齒;繫竹𥴞並索,在左右軸上。遇右轉,使右轅小輪觸落右輪。若左轉,使左轅小輪觸落左輪。行,則仙童交而指南。車駕赤馬二,銅面插羽,鏨纓攀胸,鈴拂耕絹,雁錦包尾。(卷一百四十九)

宣和鹵簿記云:

　　唐初指南車,有其名而車破壞。將作大將楊務廉性巧,奉勅改作,終不能至。開元中衛普善作車,令直少府監。元和中巧工金忠義(公立)作指南車,記里鼓,憲宗於麟德殿觀之。(玉海車服部引)

金史輿服志云:

　　大定十一年將有事於南郊,命太常寺檢宋南郊禮鹵簿當用………明遠車,指南車,記里鼓車………各一。(卷四三)

金史儀衛志云:

　　天眷法駕………指南車,紀里鼓車,各三十人。(卷四一)

　　大駕鹵簿,世宗大定三年,祫享用黃麾仗三千人,分四節……第二節金皁纛旗,一十二人。朱雀隊,三十四人,指南

記里鼓車,皆十二人。(卷四二)

唐張彥振並作指南車賦一篇傳于世,其文云:

緬窺皇始,傾聽巢風,時儀樸略,化跡冥蒙,結繩云謝,徽章漸通。乃服牛而乘馬,爰斵木而觀蓬。故聖人因象以制器,隨物而興功。北斗在天,察四時而行度;司南在地,表萬乘之光融。爾其法制奇詭,神妙無窮。見其指而皆知其向,觀其外而莫測其中。輪須藉於奚子,妙乃發於周公。觀夫作也;扃關脈湊,衡樞星設,煙縈電轉,鬼聚神滅,離朱目亂,計然思絕,公輸服其心工,王爾慙其手拙,雖詞給而口敏,終難得而縷說。至如帝容順動,王塗充泰,二月東巡,萬國南會,羽衛出而天動,笳鼓鳴而雷磕,司南於是備屬車,引行旆,候薰風而進指,仰卿雲而乘蓋,超搖光景之中,縹緲煙霞之外。同夫越鳥,常有意於南枝,異彼魯人,竟無情於殿最。惟皇明之遠矚,驅八駿以遐舉,既訪道於襄城,亦尋仙於海澨。豈須老馬之智,寧藉小童之語?賴我司南,不迷其所,伊司南之用薄,逢國道之昌平,就日月於天路,聞簫韶於玉京,常使朝朝承北闕,何辭歲歲指南行。(歷代賦彙卷八九康熙三五年刊本)

總觀所錄史實,指南車創自三國之馬鈞,盛行于歷朝鹵簿,宋燕肅並傳其制法,遼金以降,史無聞焉。茲以各時代製造此車之人,表之於下,藉便檢討。

歷代製造指南車之人名表

西曆	年代	製造人	備註
	太古	黃帝	荒誕無其事

	西 周	周　　公	荒誕無其事
	東 漢	張　　衡	孤證不足據
235	三 國	馬　　鈞	成
333—349	後 趙	魏解 猛飛	成
417	後 秦	令 孤 生	成
424—452	後 魏	郭 善 明	未　　成
424—452	後 魏	馬　　岳	垂成為善明酖殺
477—478	劉 宋	祖 沖 之	成
477—478	劉 宋	索 馭 驎	未　　成
616—647	唐	楊 務 廉	未　　成
806—820	唐	金 公 立	成
1027	宋	燕　　肅	成
1107	宋	吳 德 仁	成

4. 近代指南車之討論

元明以降，指南車已不見用於天子鹵簿。此悠悠數百年中，對此車作研討者，海內無聞焉。晚近以來，歐陸學者，見我國古籍中記載指南車之玄妙，遂發思古之幽情，翟理斯(Giles)與合金遜(B. Hopkinson)兩教授，在宋史中發現關于齒輪之記載後，謂斯車為一種機械之構造。翟合兩氏，因苦于我國古籍之難讀，嘗有誤譯與漏譯之病。故結論曰：'其(指南車)機械包含有輪之裝置，惟其輪不能施於工作。'(註三〇) 繼翟合二氏作一步之研

三〇：參看 Adversaria Sinica (pp 219——222) 1909 年出版。

究者,爲英人 A. C. Moule 氏,於一九二四年在 T'oung Pao (通報)(註三一)上發表一文,名曰中國之指南車(The Chinese South-Pointing Carriage)。(註三二) 首言自一九〇六年以來,翟合二氏研究之經過,並指出翟合二氏之誤。介紹燕肅吳德仁二家指南車各據之原理,並解釋其各輪間之互相關係,頗爲審密。然其不能明白指出者,爲小平輪之間斷運動之裝置。總之 A. C. Moule 氏仍未能作具體之說明。

5. 燕肅法指南車之模製

A 燕法所根據之原理

漢末以來之指南車,我人已知其爲機械之構造,更據燕肅吳德仁二家所傳之製法,固知其所據之原理,爲一種差動齒輪機 (differential gear)。凡用齒輪五,足輪二,滑車二,都爲九輪。其各輪之齒數大小,見下表:(圖版六)

輪 別	輪		齒	輪	
輪 名	足 輪	小 輪	附足立子輪	左右小平輪	中心大平輪
輪 數	2	2	2	2	1
直 徑	60寸	3寸	24寸	14寸	48寸
圓 周	180寸		72寸		144寸
齒 距			3寸		3寸
齒 數			24	12	48

三一: 第三十二卷,第二,三合期(pp 83——98)一九二四年七月出版。

三二: 清華學報,第二卷,第一期,有張蔭麟譯文,名之曰宋燕肅,吳德仁指南車造法攷。

此九輪之爲用，Moule氏已考證明白，茲不贅述。足輪當卽載車之車脚輪。所謂'橫木下立小輪二，其徑三寸，鐵軸貫之'之小輪，必爲滑車無疑(以左右所繫小平輪及車輪之動作推定。) 二附足立子輪當附於二足輪之上(足輪內轂。)(圖版一一) 大平輪當居於車之中央。左右小平輪，當在大平輪與二附足子輪之間也。以燕肅記此車運轉之情形觀之，左右小平輪爲懸繫之狀，經滑車而繫於車轅之後端。因于車轅之左右移動，被懸繫之小平輪一上一下，使中心大平輪，同附足子輪，作或聯或斷之銜轉。吾人旣知其各輪大小齒數，及各部位之裝設，與運轉之情形，則足輪轉一周，附足子輪亦隨之轉一周，因小平輪之轉動，則中心大平輪必隨之轉動。附足子輪出齒二十四，中心大平輪出齒四十八，較附足子輪之齒數而倍之，則足輪轉一周之時，中心大平輪必轉二十四齒(半周)。此種輪齒轉動之結構，爲一種規則性對稱式(Symmetry)之輪機裝置，則其車體在運轉時，亦必有其必守之規則(詳下文)。故在原則上，必以某足輪爲圓心，以他足輪供此圓心而旋轉，始堪以附足子輪轉二十四齒(一周，)中心大平輪亦轉二十四齒(半周)。則立于貫心軸上之木仙人，不失其初指之方向。卽如此，則兩足子輪間之距離，爲一重要問題，燕肅未語及，而足輪之直徑，及附足子輪，中心大平輪之齒數，記載明確，故不難以推求。

$$24:3=48:x$$

$$x=\frac{3\times\cancel{48}^{2}}{\cancel{24}_{1}}$$

$$x=6$$

據此算式之比例求之，兩足輪間之距離爲六尺，亦卽附足子輪

(二十四齒,)與足輪半徑(三尺)之比,必等於中心大平輪(四十八齒)與車體軌跡之圓心半徑(六尺)之比也。旣如此,則左足輪供右足輪(不動之圓心點)順轉一周時,中心大平輪,必逆轉一周,足輪順轉之數,同中心大平輪逆轉之數相抵,故立於貫心軸上之木仙人,固可永保持其從來所指之方位。(圖版三)

B 燕法學理上當補充之條件

宋史輿服志記燕法之制,在乎說明斯車所根據之原理,而略于全車各部位之結構說明。我人旣知此車在運轉時各部位所表現之動態,故不難以燕法學理之必具條件,以最直接之方法,爲之補充,驗其究竟。

貫心軸與中小大平輪之結構 宋史輿服志云:'中心大平輪一,其徑四尺八寸,圍一丈四尺四寸,出齒四十八,齒間相去三寸。中立貫心軸一,高八尺徑三寸,上刻木爲仙人'。文中所謂之木仙人爲標示中心大平輪所轉之方向,故貫心軸與大平輪,是必結合牢固。而兩足輪間之距離,必爲六尺,則中心大平輪,當位於車軸之前方貫心軸之下端插入車底,必有如圖版一、二、三、九、之1. 戊之情形也。

車轅之構造 宋史輿服志云:'其法用獨轅車………若折而東推轅右旋………若折而西,推轅左旋,'故知此車轅,當在車之中部,可以左右移轉。而中心大平輪下之貫心軸入車底篗中,則此貫心軸必聯貫於車轅之中,並爲車轅移轉之支點無疑矣。(圖版一、二、三、一〇、之 8.)

車轅同中心大平輪抵拒之解決 Moule 氏以爲車轅居中心大平輪之上。此種設計必使貫心軸負力過大,則車轅同大平輪之抵拒不易解決,予以爲非是。而較爲簡便之方法,能汰除其互相間之抵拒者,必於車轅之上,大平輪之下,增設持轅之平几二,上可以承托大平輪之平衡,下可以持拄車轅之起動也。(圖版一、三、一〇、之8、7)

左右小平輪之裝置 宋史輿服志云:'若折而東推轅右旋,附右足子輪,順轉十二齒,繫右小平輪一匝,觸中心大平輪,左旋四分之一,車東行,木人交而指南。'此小平輪介于附足子輪與中心大平輪之間,爲介紹聯動作用,可以上下起落,有或聯或斷之功用,並知其爲繩(竹䉶)所繫通過橫木下之小輪(滑車)(註三三)固索於車轅後端。我人觀乎此種機械裝設,必當有二軸使小平輪在上下運動時有所倚沿。繫于後轅之繩,通過滑車後如直接索于小平輪上,則必使小平輪不能旋轉自由 宋史輿服志記吳法云:'通上左右起落,二小平輪,各有鐵墜子一………左右後轅各小輪一(滑車)無齒,繫竹䉶並索,在左右軸上。'燕吳二家指南車造法在原則上本相同(詳下文)而吳法之附屬機構亦必與燕法相類。吳法之小平輪既有立軸鐵墜子之裝置,燕法中亦必有之。故燕法小平輪亦必裝置於一鐵墜子之上,使堪自由旋轉。姑設鐵墜子之中心爲一方孔,再立一方軸,將鐵墜子受於方軸之中,故此鐵墜子只能沿方軸而起落,其本體無旋轉之可能,將繩(竹䉶)索於鐵墜子之上,則小平輪脫離拘束矣。(圖版一、二、三、九、一〇、之左丙、右丙10)

車制之外形及其他 指南車之外形,歷朝殊無定制,雖史典有記,殊難據以考證,强求不如守拙,故本模型之制,姑具是形。

三三:滑車之位置,燕法云在橫木下,吳法云在左右軸上,本模型之滑車(圖版一、三、之左丁、右丁,)因製造時爲手法所限,姑置於橫木上,然在原則並不衝突,因繪圖已就,不便改置,姑從其誤。

其他如輻湊之制,本之周禮考工記,牙,轂,衡,軹,諸形,參之古代畫象刻石,作綜合之補充,要在其內部之機械,復燕肅之舊觀而已。
(圖版七八)

C　燕肅指南車駕御法

當此車起行之際,(下文參看圖版一、二、三、)必先使木仙人指向南,車轅(8)居車之正中位。二小平輪(左丙右丙)因有繩(13)通過滑車(左丁右丁)索于車轅(8)之後部,故作懸繫之狀,左右立子輪(左乙右乙)及中心大平輪(戊)各不銜接,此車若欲左轉一直角90°,車必先停,車轅左右之服馬向左轉,因合力作用,即將車轅推往左側,故轅之後端轉向右,使右小平輪(右丙)附墜子(10)下落,與右足輪(右乙,)同中心大平輪(戊)作三輪銜接狀。于是車乃轉動,因車轅(8)向左推動,故左足輪(左甲)不轉動,右足輪(右甲)以左足輪(左甲)為中心,作圓周之旋轉,故右足輪(右甲)行此圓周之四分之一時,(即一直角)適右足輪自轉半周(右立子輪)(右乙)與右足輪同轂(5),其出齒二十四,半周及十二齒,右小平輪(右丙)同其銜轉,故轉一匝(十二齒,)中心大平輪(戊)隨之向右轉十二齒,其出齒四十八故右轉其一周之四分之一(即一直角。) 車既畢轉,轅歸正中之常位,兩丙輪又持平衡無繫之初狀。 故與戊輪乙輪脫離銜接。 車既向左轉一直角,立于貫心軸之木仙人,隨戊輪右轉一直角,其所指方向仍無移變也。

5.　燕肅吳德仁二家製法比較

燕肅於仁宗天聖五年(一〇二七)(注三四)造指南車成,而吳德仁之獻指南車于大觀元年(一一〇七),後于燕肅正八十年。

三四:宋史本紀卷九云:'壬寅復造指南車'即一〇二七年,十一月六日。

吳法所據之原理，為師燕法而成，在輪機構造上，吳法分上下兩部，其上部增益臥輪一十三，在使四龜鶴，四童子同中立木仙人同時轉動而設，蓋前八物當各立于一平置之齒輪上，此木仙人亦必附着於一平置之齒輪，如欲將此八輪(四龜鶴,四童子)與中心之輪(木仙人)相聯，使之轉於合宜之方向，則相互之間，必需設四個齒輪與木仙人下之平輪互相聯絡，故上部之輪數都為十三也。吳法司南之主要機關，均在下部。燕法指南車，車體之闊不出六尺之數(兩足輪之距離)，而吳法車體之闊為九尺五寸，其兩足輪之距離。當不止於此數，以 Moule 氏之推算約在一丈二尺左右，因于其中心大平輪齒之加繁，足輪直徑之減少，小平輪與大平輪之間增添二付疊輪之故也。其文中最不易解釋者為左右之附輪，及車脚上之二立輪，語意含混，不易解釋其究竟，其他如文中所謂下部齒輪數為十三，然若以燕法之定輪法推之，將足輪及滑車算在輪數之內，則得數十五。欲符合十三數，或須將足輪除外不算耶？或三五二字之刊誤耶？如吳法各齒輪之齒距，以分配輪齒法推算之，又多不合學理，Moule 氏嘗辨之，表錄於后：

輪 名		左右附輪	左右小平輪	立　輪	疊輪下輪	疊輪上輪	大 平 輪
直　徑		15.5寸	11寸	22寸	21寸	12寸	38寸
齒　數		24	17	32	32	32	100
齒間距離	原載	2.1寸	1.9寸	2.25寸	2.1寸	1.1寸	1.25寸
齒間距離	改正	2.02寸	2.03寸	2.16寸	2.06寸	1.18寸	1.19寸

觀上表所證吳法齒距錯誤情形，固知非刊刻之誤，實吳德仁製

造手法上之欠審正也，夫齒輪之學在今日機械工程學中，爲一專門學問，其齒距輪徑比例之推求方法，在今日固爲一易解之事，大觀去今已八百餘年，作此繁復之輪齒機構，而有此錯誤，故所難免，無足怪也。總之吳德仁指南車之製法，不過將燕肅法擴而充之，使車體增大，並添飾龜鶴童子之動作，在原理上與燕法同出一轍。

第四　記里鼓車

記里鼓車，一名大章車。其用爲能自報告驅行之里數。車中裝設機械，每行一里，車上之木人擊鼓一槌。晉以來，僅爲天子之鹵簿儀仗所用，與指南車相雁行。唐宋以後又增木人十里擊鐲之事，較古法爲繁。至元朝此車已不見用于鹵簿明清以降未聞有傳其制者，此車遂絕跡于人間。

1. 歷代記里鼓車之記述

此車見於史籍，始自晉書輿服志。其言曰：

記里鼓車駕四，形制如司南，其中有木人執槌向鼓，行一里，則打一槌。(卷二五，志第一五)

宋書禮志云：

記里車未詳所由來。亦高祖定三秦所獲。制如指南，其上有鼓。車行一里，木人輒擊一槌。大駕鹵簿以次指南。(卷一八，)

南齊書服輿志云：

記里鼓車，制如指南。上施華蓋，子襟衣，漆畫鼓；機械在內。(卷一七，志第九)

隋書禮儀志云：

記里車駕牛，其中有木人執槌，車行一里，則打一槌。(卷一〇)

舊唐書輿服志云：

其外有指南車，記里鼓車，白鷺車，鸞旗車……(卷四五)

唐書車服志云：

又有屬車十乘，一曰指南，二曰記里鼓車，三曰白鷺車………(卷二四)

宋史輿服志記此車之制爲兩層，已能一里擊鼓，十里擊鐲，仁宗天聖五年(一〇二七)內侍盧道隆上其造法。徽宗大觀元年(一一〇七)內侍吳德仁更修改盧法上之。(註三五)

宋史輿服志云：

記里鼓車一名大章車。赤質，四面畫花鳥，重臺勾闌鏤栱。行一里則上一層木人擊鼓，十里則次層木人擊鐲。一轅鳳首駕四馬，駕士舊十八人，太宗雍熙四年，增爲三十人。仁宗天聖五年內侍盧道隆，上記里鼓車之制：'獨轅雙輪。箱上爲兩重，各刻木爲人，執木槌。足輪各徑六尺。圍一丈八尺，足輪一周而行地三步。以古法六尺爲步，三百步爲里，用較今法，五尺爲步，三百六十步爲里。立輪一，附於左足，徑一尺三寸八分，圍四尺一寸四分，出齒十八，齒間相去二寸三分。下平輪一，其徑四尺一寸四分，圍一丈二尺四寸二分，出齒五十四，齒間相去與附立輪同。立貫心軸一，其上設銅旋風輪一，出齒三，齒間相去一寸二分。中立(注三六)平輪一，其徑四尺，圍一丈二尺，出齒百，齒間相

三五：參看愧郯錄，第十三卷，第三頁下。

三六：'立'字疑衍。

去與旋風輪等。次安小平輪一，其徑三寸少半寸，圍一尺，出齒十，齒間相去一寸半。上平輪一，其徑三尺少半尺，圍一丈，出齒百，齒間相去與小平輪同。其中平輪轉一周，車行一里，下一層木人擊鼓，上平輪轉一周，車行十里，上一層木人擊鐲。凡用大小輪八，合二百八十五齒，遞相鉤鏁，犬牙相制；周而復始。'詔以其法，下有司製之。大觀之制，(注三七)車箱上下為兩層。上安木人二身，各手執木槌。輪軸共四。(注三八) 內左壁車腳上立輪一，安在車箱內，徑二尺二寸五分，圍六尺七寸五分，二十齒，齒間相去三寸三分五厘。又平輪一，徑四尺六寸五分，圍一丈三尺九寸五分，出齒六十，齒間相去二寸四分。上太平輪一，通軸貫上，徑三尺八寸，圍一丈一尺，出齒一百，齒間相去一寸二分。立軸一，徑二寸二分，圍六寸六分，出齒三，齒間相去二寸二分，外太平輪軸上有鐵撥子二。又木橫軸上關捩撥子各一。其車腳轉一百遭，通輪軸轉周，木人各二，擊鉦鼓。(卷一四九)

金史輿服志云：

大定十一年將有事於南郊，命太常寺，檢宋南郊禮鹵簿當用………指南車，記里鼓車………。(卷四二)

金史儀衞志云：

天眷法駕………指南車，記里鼓車，各三十人。(卷四一)

此車與指南車皆消沈於元明，而元代之楊維楨有記里鼓車賦

三七：宋志記指南車云：'大觀元年內侍省吳德仁，又獻指南車，記里鼓車之制，'故大觀之制，必為吳法無疑參看愧郯錄。

三八：'共'原文作'其，'據愧郯錄改。

(註三九)一篇,固知當時對此車尚有明確之觀念也。其文云:

> 虛輪暈軫;橫轅倚軛。平廂層構,低高間施。木鐫象以正立,手潛奮以有持。列鼓鐲於上下,各叩擊以司時。

唐全文中以有大章車賦一篇,作者闕名,歷代賦彙轉錄之謂唐張彥振箸(註四〇)其文云:

> 舜爲天兮禹爲相,七政齊兮八風暢,備禮容兮和樂章,同車書兮一度量。龍樓恭己,則無爲以垂衣;鸞蹕豫遊,或有時而端望;伊大章之攸作,冠輪輿而爲上。其始也,委材質於資斧,授規模於梓匠。其終也,援桴鼓於天街,動軏軹於霜杖。乃畫界疏疆,正位辨方,候之以節步,先之以啓行;象雷而鳴,曾不聞其霆轟;如蓬之轉,終不見其飄揚。遵彼坦塗,違茲險阻;勿忘情而習靜,殊不知其所處;類智者之行藏,同至人之默語。歷代傳寶,鼓車逾好,有異人謀,宛同靈造;行不由徑,動能合道;向使貴賤混幷,高卑不問;應無迷遠之疾,詎有窮途之患?則是大章爲器,國容之利,指方位於遙空,數田里於厚地,節六鼓以驅駭,首五輅而鱗次。望塵不及,初非千里之遙,聽響爭先,終欣一日而至。夫然,則可以式席秩宗,發揮樂府,扶侍輦轂,隱翳干羽;以家形國,何一二之能談;自邇陟遐,雖萬億而可數。墨客胡爲,來攀桂枝?懸鼓待鳴,仰淳淳之風俗;尅車就駕,識穆穆之威儀。伊可大而可久,諒斯焉而取斯。

三九: 見古今圖書集成,經濟彙編,考工典,第一百七十五卷車輿部,第十四頁。

四〇: 歷代賦彙卷八十九,舟車部有大章車賦謂張彥振箸。卷九十三音樂部並有唐柳宗元之數里鼓賦一篇。

指南車記里鼓車之考證及模製　　　33

　　總觀上文,宋書隋書記此車之制均與晉書無異,惟通典附註引晉崔豹古今註云:

　　　　大章車,所以知道里也;起自西京,亦曰記里車,車上下為二層,皆有木人。行一里,下層擊鼓;行十里,上層木人擊鐲。

今僞本古今註及後唐馬縞中華古今註,所記此車之制,與此悉符。(注四一) 考僞本古今註爲割裂馬書而成。(注四二) 而杜佑爲唐人,決不及見後唐以來之僞本,若通典所引出杜佑手,則所引必另一僞本,或爲崔豹之原書,若此則晉代之大章車已能一里擊鼓,十里擊鐲矣。而隋宋晉之大章車只能報一里之數,與此不合。此疑案張蔭麟先生嘗辨之,謂通典所引之古今注爲後人所羼益,所言至塙。其言宋盧道隆吳德仁記里鼓車之造法云:

　　　　(一)崔豹爲晉東渡前人,杜佑既引其記里鼓車,則不當又謂東晉劉裕平秦所獲記里鼓車,不詳其所由來。

　　　　(二)通典所引與僞本字句悉符,有後人採僞本添註,而傳刻者誤爲原文之可能。

然記里鼓車之增益十里擊鐲之事當起于何時? 以馬縞之書記此車之制觀之,當起于唐。此車之制造人,宋唐以前史未言及,而古今註及中華古今註均謂尙方故事中有造車法,惜此書已佚,無可考也。皇朝類苑(注四三)謂唐之金公亮(立)宋之蘇弼嘗修造之,其言曰:

　　　　西京記云:記里鼓者,車上有二層,皆有木人,行一里則下

―――――――――――――――――――
四一: 古今註及中華古今註。第一卷,第一頁。
四二: 參看四庫全書提要,第一百一十八卷。
四三: 宋江少虞箸。第八十五卷,第五頁。誦芳室重刊本。

一層擊鼓,行十里上一層擊鍾,其機法皆妙絕焉。隋開皇九年平陳得此車,唐得而用焉,金公亮重修此車,古制或云數里數也,今皇朝蘇弼重修焉。

蘇弼年代,史無可徵;然皇朝類苑成書于紹興十五年(一一四五),蘇氏固居其前,而唐以上之製車人及創造人,又兩不可考矣。

2. 近代關于記里鼓車之討論

當合金遜(B. Hopkinson)與翟理斯(Giles)討論吾國指南車之制度時,合氏並發現宋史輿服志載記里鼓車之事,嘗製一模型,刊之報端(圖版一二)齒輪為金屬質琢成,車以木就,車脚為無輻之輇。設鼓鐲于箱上,施機輪于車下,雖不合制而亦恢奇可喜,一九一四年翟理斯(Giles)更作一文曰:The "Taxicab" in China (註四四)介紹合氏之作,刊之 Adversaria Sinica(嶧山筆記)中。至一九二五年張蔭麟先生師 A. C. Moule 之指南車造法,進一步推究記里鼓車,發表一文曰宋盧道隆吳德仁記里鼓車之造法,(註四五)考訂各齒輪之相互關係,頗稱審密矣。

3. 漢以來鼓車之形制

考古代之車,有擷鼓之制者,漢時已有其事矣。漢書燕刺王旦傳云:

建旌旗鼓車,庀頭先敺。(卷六三)

韓延壽傳云:

延壽衣黃紈方領,駕四馬傅總,建幢棨,植羽葆,鼓車,歌車,功曹引車皆駕四馬,載棨戟。(卷七六)

四四:"Taxicab" 一字譯為中文為'出租之自動車,'如汽車之裝有 Taximeter 者是,亦即'自動租金表示器.' 俗稱為里數表。

四五:見清華學報,第二卷,第二期,六百三十五頁。

後漢書南匈奴傳云：

　　秋，南單于遣子入侍。奉奏詣闕，詔賜單于冠帶衣裳……樂器鼓車，棨戟兵甲。(卷一一九)

循吏列傳第六十六云：

　　建武十三年，異國有獻名馬者，日行千里，又進寶劍，賈兼百金。詔以馬駕鼓車，劍賜騎士。(卷一〇六)

輿服志云

　　後有金鉦黃鉞，黃門鼓車。(卷三九)

晉書輿服志云：

　　次黃門前部鼓吹，左右各一部，十三人駕四。次戟鼓車駕牛二乘分左右。

總觀上文，漢代之鼓車，爲一種普遍之物。晉代去漢未遠，其鹵簿中之鼓車，當存漢之遺制，而晉代鹵簿中更見有'記里鼓車'之專名，故尤足反證漢晉之'鼓車'，其非晉而後之記里鼓車明矣。

　　考鼓車之制，漢晉輿服志皆未言及。而漢代孝堂山畫象石(註四六)於大王車前刻有鼓車一乘(圖版一三)山左金石志云：

　　前有一車，駕三馬，一人御，車箱哆口如箕。中坐四人各相向，如作樂狀。車中柱一，柱擎物似鼓，下擊二鈴，旁各立一人，舉物作跳舞撾鼓狀。柱端有蓋，二帶下垂。(註四七)

金石索云：

四六：孝堂山在山東肥城縣，西北六十里，其建祠時代不詳，而以刻石之題名推之，以'平原濕陰邵善君，以永建四年，四月二十四日，來過此堂，叩頭謝賢名。'之題名爲早，永建爲順帝年號，居漢之末葉(一三五。)

四七：山左金石志卷七，清儒畢沅，阮元仝撰。

此大王車前之鼓吹車也。中坐四人吹排簫,其上有蓋,上復有二人擊樹鼓,鼓角懸二鈴。其上有頂,垂二龍首。(注四八)

隋書輿服志所記之鼓吹車,同此車頗相似,其文云:

> 鼓吹車上施層樓,四角金龍銜旒蘇羽葆。凡鼓吹,陸則樓車,水則樓船,在殿庭則畫筍簴爲樓,樓上有翔鷺棲烏,或爲鵠形。(卷一〇)

吾儕固知晉以來之記里鼓車形制特徵,爲一種重層構造,四角並施有龍首之裝飾,擂鼓者居上層,與此多相契合。然此畫象石並無榜題謂此車爲記里鼓車,故吾儕亦不敢穿鑿附會謂其爲記里鼓車。然總不外漢時鼓吹車之一種。旣如此,則晉以來記里鼓車之外形制度,當由漢之鼓車蛻變而成。(注四九)

4. 記里鼓車之模製

A 盧道隆吳德仁二家製法之原理

按宋史輿服志記盧法之形製,在原理上頗易解釋,卽足輪轉一周時,與左足輪同轂之立輪,亦隨之轉一周。下平輪與立輪有直角銜動作用;而立輪出齒十八(版圖一八)下平輪出齒五十四,較立輪之齒數三倍之。故足輪轉一周,則下平輪必轉其三分之一,而旋風輪又與下平輪同軸,其出齒爲三;則下平輪轉三分之一時,旋風輪必轉一齒,同旋風輪銜接之中平輪其齒爲百,旋風輪轉一齒,則中平輪亦必轉一齒,旣如此,足輪轉一周,(足輪一周而行地三步。古法六尺爲步,三百步爲里,)則中平

四八:清馮雲鵬,馮雲鵷編,邃古齋藏本。

四九:晉書輿服志謂記里鼓車,形制如司南。本志記司南車云:駕四馬,其下制如樓三級,四角金龍銜羽葆。

指南車記里鼓車之考證及模製

輪亦轉一齒(卽三步亦卽百分之一里)如轉百周則中平輪轉百齒(卽一周)。中平輪軸頂旁有鐵撥子一,推動關捩撥子,(圖版四之2鐵曲乂)則下層之木人擊鼓。中立平輪之頂並有小平輪一出齒十,同其銜接之上平輪出齒百,故此小平輪轉一周,上平輪轉十齒,我人固知小平輪同中平輪連軸共轉,轉一周卽一里,上平輪出齒百,轉一周必爲百齒卽十里,其軸頂旁再設有鐵撥子卽關捩撥子之作用,故使上層木人擊鐲。(圖版四,一四,小平輪,上平輪之裝製見張蔭麟之宋盧道隆吳德仁記里鼓車之造法,清華學報第二卷第二期)

按盧法之原理不過如是,而文中記各齒輪之直徑大小多有不可理解者,如記小平輪云:'其徑三寸少半寸,'如解作二寸五分,則輪周當合七寸五分,與'圍一尺'及'齒間相去一寸半'俱不合;如解作三寸又半寸,或三寸稍不足,惟與齒距半寸之說,仍未能符合。然就原文所載足輪徑長,及各齒輪齒數分配輪齒法算之,固可證其不誤矣。茲將其各輪之尺度大小表之於下。

輪別	輪	齒					輪
輪名	足輪	立輪	下平輪	旋風輪	中平輪	小平輪	上平輪
輪數	2	1	1	1	1	1	1
直徑	60寸	13.8寸	41.4寸		40寸	2.5寸?	20.5寸?
圓周	180寸	41.4寸	124.2寸		120寸	10寸	100寸
齒		2.3寸	2.3寸	1.2寸	1.2寸	1.5寸	1.5寸
齒數		18	54	3	100	10	100

宋史記吳德仁之製法,較盧法尤爲凌亂。數目字之訛誤

者,如徑三尺八寸,圍一丈一尺無論矣。其各齒輪間銜接關係,文中亦未能述說明白。張蔭麟先生之論證云:

'車腳(卽足輪)上'旣有'立輪'在車箱內,則必當更有一輪焉,附於足輪之內向而與此立輪相銜接,惟文中無之。其所謂'又平輪一'當平置於立輪上,與之相銜接。蓋平輪之齒數(六十)爲立輪齒數之三倍,立輪轉三周時,平輪適轉一周,其用正與盧法之(立輪),(下平輪)同。(圖版一四) 惟再讀下文,則難題立見。所謂'大平輪'當與何輪相銜接乎? 所謂'立軸一,'當爲何輪之軸乎? 吾細思之,'立軸'當卽上'又一平輪'之平輪之軸;'大平輪'當與此立軸之齒相銜接,故原文云:'立軸一………外大平輪'也。此立軸正與盧法之(旋風輪)輪相當,此大平輪正與盧法之(中平輪)輪相當。蓋立輪上有三齒,大平輪有百齒,故立軸及立軸所鑲附之輪(卽'又一平輪'之平輪)轉一周時,大平輪適轉3/100周;而大平輪轉一周時,立軸及平輪適轉100/3周,立輪及足輪適轉3×100/3卽 100 周;盧法(中立平輪)輪轉一周時,足輪適轉一百周,正與此同。由是觀之,吳法與盧法原理上全相同,所不同者,惟吳於(立輪,下平輪)二輪間添設一輪,而又改易其齒數耳。然上述諸輪僅是敷車箱下層之用。吳法據宋史所稱,旣爲兩層制,則至少必當尙有二輪,與盧法之(小平輪),(上平輪)輪相當。而宋史獨付闕如。此實極重要之遺漏。文中所謂,'軸上有鐵撥子二,'此撥子究作何用,至今尙無從揣測也。(注五○)

觀張先生之考證各齒輪之關係,頗稱允當。惟張先生據宋史

五〇: 見註四十五。

所稱吳法之兩層制，而疑其十里擊鐲構造，爲宋史記載遺漏，予以爲可以不必。考記里鼓車之重層制，並不始於宋，自晉至隋記里鼓車皆爲一里擊鼓之制，而其外形制度，皆從出於漢代鼓車之重層制。宋史雖謂吳法之車箱分上下二層，故不能謂其必有十里擊鐲之設矣。吾人細審宋史原文尤未見暗示此車有分報里數之語氣，其文云：

車脚轉一百遭，通輪軸轉周，木人各二，擊鉦鼓。

文中記外大平輪軸上，有鐵撥子二，橫木軸上關捩撥子各一，以予思之，此四個撥子必爲變換輪軸之運動方向而設，考齒輪之運轉度數每至其車行一里之時，則必當有一組變換此種動向之機械，使上層之木人有擊鼓之動作，簡言之；卽是將圓周之運動改變成直線之運動，改變此種運動之機構捨關捩作用而莫由。文中所言之撥子，及關捩撥子，吾人固不知形狀，而其作用不外如插圖二所繪之情形。A爲外大平輪上之軸，B B' 爲鐵

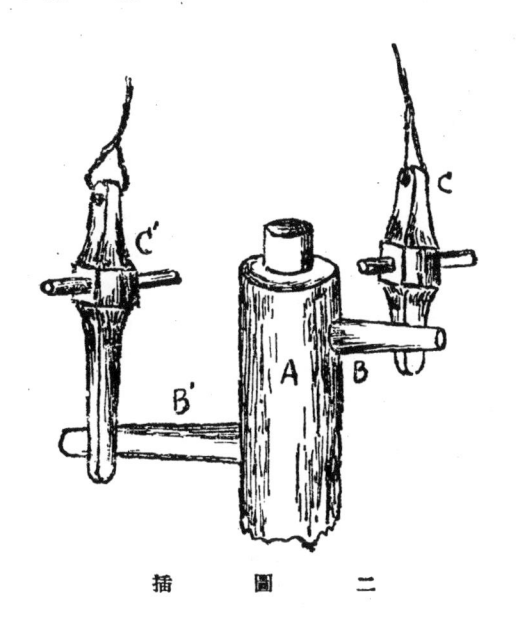

插　圖　二

撥子，C C'爲關捩撥子。B B'在一直線上而方向相反，位置之高底有差長短各異，C C'以文中所記當置於橫木上(以 C C'上之橫軸入于橫木中此撥子可左右擺動)，上繫以繩同木人相連，如此則外大平輪轉一周(一里)則輪軸 A 隨之轉一周，B B'亦轉一周；當其轉一周時，則將關捩撥子推動，故繫於 C 之木人擊鼓(或鉦)繫於 C'之木人擊鉦(或鼓)，吳法原文所謂外大平輪上有鐵撥子二而吾人固知外大平輪轉一周爲一里，此二撥子在一軸上，則其所表現之擊鼓擊鉦作用亦必相同，旣如此，吳法記里鼓車之記里法必爲車行一里，車中上下層之二木人同時擊鉦鼓矣。以關捩作用在吳法中之裝置特點(二鐵撥子均設於外大平輪軸上)觀之，尤足證宋史記吳法在文字上未嘗遺漏。

總之吳法在原理上同盧法相同，張蔭麟先生已考訂明白，其不同點，卽盧法於中平輪以外增添一組齒輪，能一里擊鼓，十里擊鐲，吳法師盧法而製，不過變通其齒輪結構，能使車行一里，二木人同時擊鉦撾鼓而已。吳法之各輪尺度見下表。

輪別	輪	齒			輪
輪名	足　輪	立　輪	平　輪	上 平 輪	軸　輪
輪數	2	1	1	1	1
直徑	60寸	22.5寸	46.5寸	38寸	2.2寸
圓周	180寸	67.5寸	139.5寸	110寸	6.6寸
齒距		3.35寸	2.4寸?	1.2寸	2.2寸
齒數		20	60	100	3

B　　模製晉代記里鼓車

指南車記里鼓車之考證及模製

曩年合金遜(B. Hopkinson)教授所製記里鼓車之模型,其輪軸構造之趨於穿鑿無論矣。(註五一) 其最大闕點,為車體外形之無所依托,故有此滑稽之構造。(圖版一二) 吾儕於模製此車時,則車體之外形必為先決問題,始不踵合氏之覆轍。惟歷代記此車之形制雖屬不詳,然皆與孝堂山大王車前之鼓車相似。 在傳世之繪畫刻石及較詳明文字不足證實此車之形制之先,故不妨以孝堂山畫象之鼓車為根據,彌補記里鼓車外形之闕如。 本模型之製,卽依是而作,內部機構補以燕法,而汰其十里擊鐲之制,復晉代記里鼓車之舊觀焉。

考漢代之浮刻畫象,以今日之審美觀念觀之,其作風故多古拙雄健之趣,而如持此類手法簡樸之畫象材料作為治史之證據,則有數事當商榷者:漢代浮雕畫象所繪作之事物,多屬不合比例,如人與屋同高,舟車小於人體。(注五二) 其不合透視者,如孝堂山畫象石之鼓車,(圖版一三)車輪,旣施之以斜視投影法,而車箱則以直視之線條繪作之,故吾人無法推定其體制。 其他如車為二層制,其上一層似一曲版狀之物並立有二人。 吾儕設想,二人之重量大約有三百磅之多,此微細之曲形線所表現之承重能力有所不足,如所繪御者之上半身作斷體狀於車箱外,更屬滑稽,總之此種繪畫吾人只可對其所畫之事物,作一種概念之會意而已,固不可據為實事之寫眞也。

圖版十五,十六,為仿孝堂山畫像石之鼓車而製,(參看圖版十三)其第二層因不詳畫像石之曲形線所代表之意義,姑以平

五一:如合氏以直角折齒齒輪解釋直角聯動關係等。參看圖版十二。

五二:參看兩城山,武梁祠,孝堂山諸畫象石。

面之長木條代之,其上之二人,依晉志所記,改爲木製,蓋弓之制,因畫象所繪爲布繒所覆,輪輻之數,遂致闕如,姑以周禮考工記補之。(注五三)　　轅,衡,枙諸形參之漢制,其全車之結構,以孝堂山畫象(鼓車)爲準的。　內部機械,構造如下:

　　盧法記一里之齒輪輪數爲四個。立輪一,下平輪一,旋風輪一,中平輪一。(圖版一四)　將此一組齒輪裝置於車箱之上,必有如圖版十七之情形。(以下參看圖版四)　當足輪(左甲)轉一周之時,右足輪(右甲)亦轉一周。與左足輪同轂之立輪(左乙)隨足輪轉一周,下平輪(丙)同立輪(左乙)銜接,立輪轉一周,下平輪(丙)轉三分之一周,旋風輪(丁)因與下平輪同軸,故所轉度數相同,旋風輪(丁)又與中平輪銜接,故轉百分之一周。足輪在地面轉三百周時,則中平輪(戊)轉一周(卽一里)。而中平輪軸(7)頂旁有一鐵撥子(1),亦隨戊輪轉一周,故將橫木(11)軸上之關捩撥子(2)(圖版四名之謂鐵曲叉)推動作斜倚形,繫於關捩撥子(2)兩端之繩,其上端徑滑車(4)再繫於木人之活動肩上(5),因關捩撥子(2)之斜倚作用,將繩拉動,木人之活動肩臂以肩軸(六)爲支點,故使肩臂抬起,當撥子(1)之撥動作用轉過時,因木人肩臂之本體重量而又下落,故二木人各擊鼓一次,其擊鼓之時間,卽中平輪轉一周之時,亦卽志中所云:'其中有木人執搥向鼓,行一里則打一搥也。'

　　模型中關捩撥子,及鐵撥子之相互間之關係,參看,(圖版四之1 2 3部位之關係)其形制爲求全二木人同時攂鼓,故將關捩撥子之上端製作曲叉形(2),而晉代記里鼓車之關撥裝置,不

五三:　周禮考工記云:輪輻三十,以象日月也。蓋弓二十有八,以象星也。

敢謂必如此,然吾人固知漢代已知有關撥作用,如傳世之弩機,及漢時之揮天儀(見註九)已有其制矣。 模型中增添之六個滑車(4),乃以指南車有滑車之證而補之。其他如在中平輪上添挈子一(24),免中平輪之退轉,及設持平簧(3),保持關捩撥子之垂直作用,皆爲小體模型範圍內之事,無關本體制度也。(注五四) 其各部位之構造聯絡均於圖版四中表示明白,姑不贅述。

第五　結論

綜上所言,吾人對指南車及記里鼓車之認識有下列數點:

一、觀乎古代奇器製造之瑰偉,因知吾國機械工程之發展,漢以上自有其悠久之歷史。 故指南車出現于漢末,極爲可能。記里鼓車雖未詳其所由來,由其構造上,及出現之時代(晉)上推測之,亦當不後於指南車。

二、指南與記里二車之歷史既相同,何指南獨能附會其作者於黃帝或周公,當不外戰國以前,古史憑諸臆造,始作器物,荒古競託,以鳴奇異。 後古史家如崔豹之徒,思欲推指南車之起源於遠古,以聳聽聞,而苦無史料是據,其說難完,乃求所以能附會者,適戰國以下,史已見'司南'之名,恰投彼輩所懷,二者之爲用又相類,遂被牽合爲一,於是指南車乃成爲黃帝周公所作,而記

五四: 模型較原物縮十倍,關捩撥子之本體重量不合比例,故以持平簧維持其垂直地位。 因型體既小,則輪軸,輪窠(軸台)之摩擦阻力亦小,當發生關撥作用時,因旋風輪只三齒,則中平輪,必有退轉之可能,故添設挈子一。 (譯按:此車之關撥作用,當以插圖二所示方法製造爲宜。 因模型繪圖既就姑從之。)

里鼓車則不然,漢代古籍整理已有系統,師承相傳,極爲明晰,苟有附會,人多能立斥其妄。在此以前於記里鼓車以無類似之事物,附會者無以施其技,故古今注亦只能謂,'未詳其所由來。'及作黃帝內傳時,黃帝作指南車之說已大行,因二者之構造相同(機械),乃連類及之,而有'玄女爲帝製指南車當其前,記里鼓車當其後'之說,至此記里鼓車遂亦爲黃帝所造矣。時代愈後,其歷史傳說愈長,我國古史,多由層疊式建築而成,何嘗此二車已也。

三、予所製二車模型,每苦于載籍記述之不密,姑作此綜合之補充。本模型之形體,故不足代表其本來制度,然在原理上,當相去未遠也。考兩車齒輪之構造,宋史雖記載詳明,而是否如予模型中齒輪之琢作,固爲問題,因予模製時,乃就近代之洗刀(Milling Cutter)而製,故齒間距離卽齒數之多寡,雖與宋史無異,

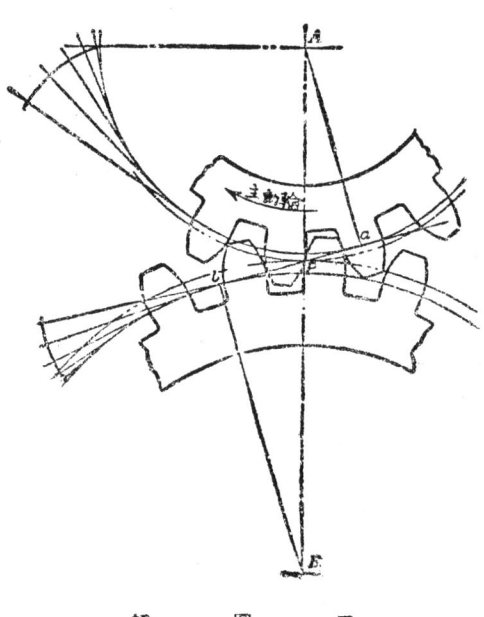

插圖三

其齒輪曲線,則爲近代式。(註五五) 而明代之齒輪,尙屬方齒制(註五六)故宋代齒輪,其形制或較明代更爲古拙也。

　　四由燕肅盧道隆之造法,及予所製模型驗之。 指南車在駕御時,必依上文所述之遲緩幷繁瑣之方法,否則不能使其司南無誤。 記里鼓車在駕御上雖不及前者複雜,然其馭行時,所記之里數,亦不能如其原則上所計算之準確。 總之此二車之構造原理,在今日看來實屬幼稚,(註五七)故斷定其不能行於坎途,更需人力隨車管理。 則歷代只備用於鹵簿儀仗,並設有'正道匠人'者,良有以也!

　　本文之作,在求瞭解指南車及記里鼓車之眞象,作具體之認識。 而引證、繪圖、及模型之製作,疏漏紕繆,固所不免,惟望讀者敎正焉。

丙子除夕之夜寫訖于北平研究院

五五： 近百年來(機械革命後)機械之速率增加,齒輪之製造遂多改良,其主要點在牙齒之曲線,亦卽齒距圓有完全滾動接觸之講求。挿圖三爲一對標準漸開線式之輪齒畫法圖。 模型中恐其生抵拒,姑存此制。 其他如輪體之構造宋志未詳,以予思之亦當有輻有輞,將齒裝固於輞圍之四周。

五六： 參看天工開物,水轉翻車圖。

五七： 宋代所傳指南車之運動情形,在以某足輪爲不動點,以他足輪爲轉動線。 然如利用兩足輪同時轉動之差數爲之製造,則可千週萬轉,任意馭行,不失所指。 今日汽車之差動齒輪構造堪供參考。 如記里鼓車之龐大笨重,同今日小不竟寸之記里表較之,故可立辨其粗拙。

補記

客夏予旣成此兩車，尋復悟模型體制猶有未當，顧以圖繪已就，遂亦未遑改作。會事聞于首都，于是有國立中央博物館，會同全國手工藝品展覽會約振鐸爲之模製，運京展覽，圖版十九，二十兩模型，卽予督匠人重製運京者也。型體依市尺縮爲十分之一，計在機械上之改正：爲指南車之二滑車改置于橫木下，固與宋史吻合矣；如記里鼓車之關撥作用，採予文中插圖二之設計，亦較初製者爲合理；如各齒輪之直徑較大者施以輻轑，更爲原則上當有之補充（參看圖版六，十四）關于二車之外形如輪蓋之制，不拘于考工記。而近年濬縣所出周車殘蹟，及各家箸錄之車器，明器，石刻等，皆堪供諸參考。如記里鼓車使其盡肖於漢孝堂山畫像之鼓車，惟指南車之外形因難考證，故仍本予最初設計而施以長方箱式云。

二十六，五，三十，振鐸又記

On the Historical Development of South-directing Vehicle and Taxicab and Their Model-making

Wang Chen-to

Mechanical invention have long been known in Chinese history. It is the duty of the historian to-day to collect the materials concerning them and to have a systematic study of them.

Among the various mechanical inventions that are on record, two outstanding ones are studied in this article. One is the south-pointing vehicle (or rather the south-directing vehicle), and the other is the taxicab or mileage-recording vehicle.

The south-directing vehicle has been erroneously ascribed to Huang-Ti, because he is so famed for his inventive genius. But in fact this mechanical device might have been invented in the end of the Later-Han Dynasty.

Moreover, the south-directing vehicle has been erroneously mixed up with the south-pointing needle in principle (hence the name south-pointing vehicle). Actually the south-directing vehical has nothing to do with terrestrial magnetism and magnetic needles, but works entirely on mechanical principles (gear trains) similar to the gyroscope used in modern steel-clad ships.

In my paper, the technical development of the construction of the south-directing vehicle through the dynasties is traced, with detailed illustrations and drawings of the actual models made.

Then the taxicab is discussed. First, the literature concerning this device throughout the different dynasties has been enumerated. Then discussions about it among modern scholars are examined. Then the development in construction of this device is traced since the Han Dynasty. Lastly, detailed information on the model-making of the taxicab is given. The reconstruation of the models follows strictly the measurements given in the *Sung-Shih* (History of the Sung Dynasty).

女真進士題名碑
莫臺碑影
名碑額

第一行 第二行 第三行

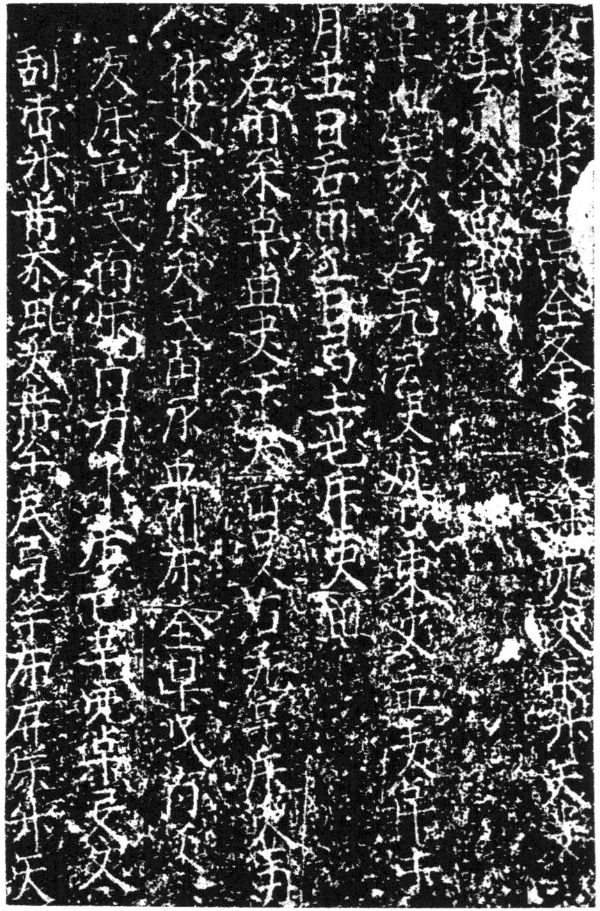

第四行 第五行

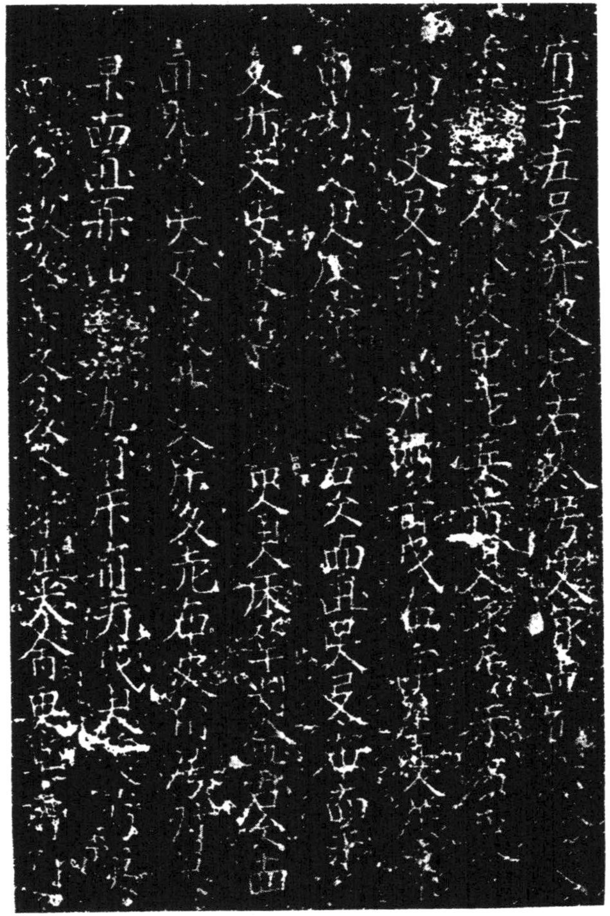

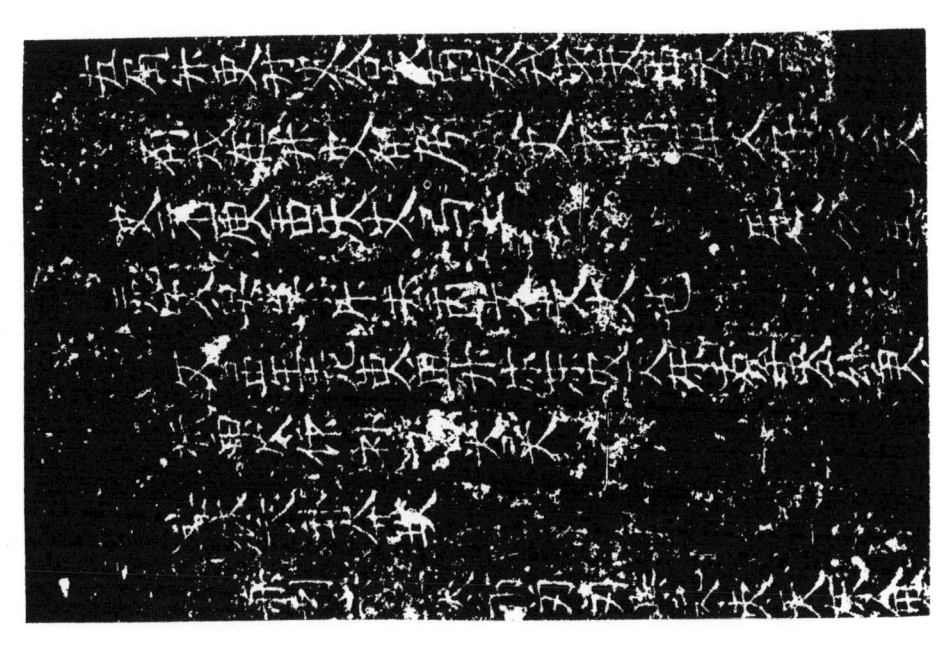

第六行

第七行
第八行
第九行
第十行

第十一行

第十二行

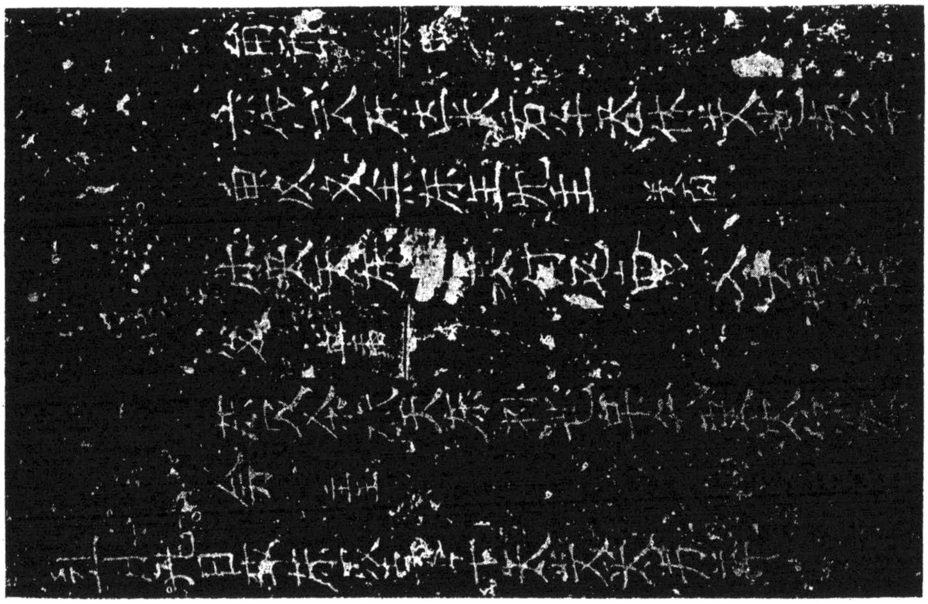

第十三行

第十四行

第十五行

第十六行

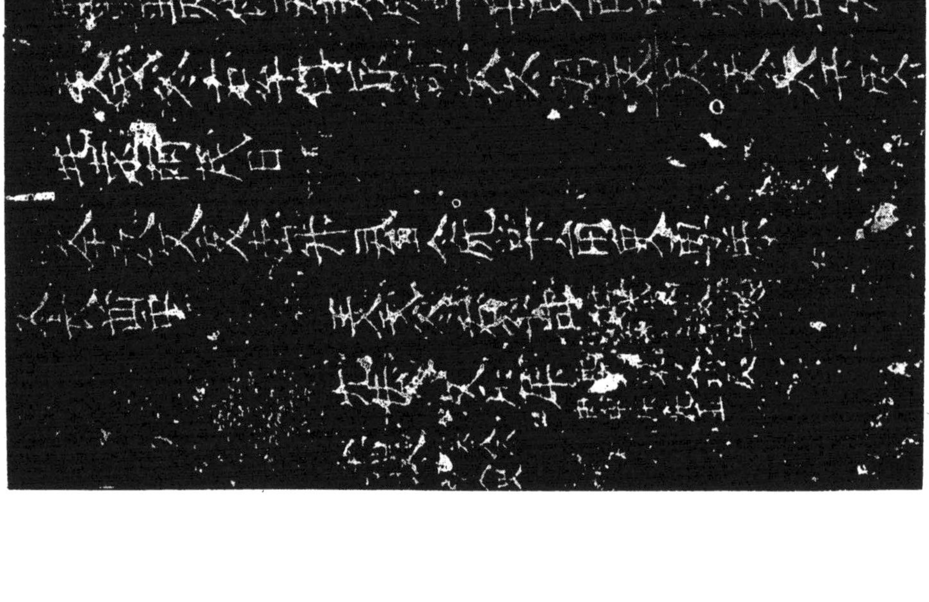

第十七行
第十八行
第十九行

第三十行

第三十一行

第三十二行

第三十三行

宴臺女眞文進士題名碑初釋

王靜如

I.) 引書

II.) 碑文譯釋及女眞語之重造

III.) 結言

附　英文題要

I.

"〔開封〕府城東十五里宴臺河關王廟中,〔有碑〕字奇異不可辨,首行殘缺,末行似紀年月,非楷書,非八分,點畫波磔,頗具古意,惟日月不變文,精於六書者,莫知爲何代人也。西華王怡亭謂筆法絕類金天會中都統郎君碑,此亦金人書無疑。"

上錄中州金石考註一一節爲本文緣起,所謂"非楷書非八分……惟日月不變文"者,乃女眞小字進士題名碑。其都統郎君碑乃契丹大字,註二與此碑無涉,今僅論進士題名

註一：明李濂汴京遺蹟所引。

註二：參看拙著遼道宗及宣懿皇后契丹國字哀冊初釋中研院史語集刊第三本第四分1933。

碑。此碑定名略見于王昶金石萃編及劉師陸女直字碑考註三而碑文之譯釋國內則僅有羅君美氏曩昔所著之宴臺金源國書碑考註四及近著釋文註五文二首。註六 以羅氏之精勤,其先後爲此文中間相去幾十餘年,則斯碑譯釋之難概可知矣。

前歲余遊英倫獲見此碑全文,當時欲爲譯釋未果,今返舊都,遇君美先生暢談夏遼國書,兼及女眞,文字,君美先生力勸余著文論之,自顧才力寡薄恐未克勝任,惟年來留心此學,鄙見所及亦多有君美先生所未及詳論者;爰就近日所得爲此初釋,世有同好之士幸賜正焉。

* * * * *

II.

是碑題額十二字,碑文凡二十三行,行字數不等,額文女眞字請參照碑影,其音意當就女直譯語所有,轉譯如下:

兀-速因師以革卜埋黑黑厄斡黑
　進　士　名　賜　刻　石

"兀速一因,"音如 usu-in,與進士之"進"字中古音tsin<tsiĕn似有未合,惟考女眞語系無ts-音類,當其音譯時乃取s音介兩母音濁化作z音 (u-z-u<usu) 近似ts音而然。故第一字當作zin卽漢字"進。"

"師"音如 si 卽"士"字之古音 (sz<dẓi) 近似,今日之日譯作si. 或śi.。

註三: 考古第五卷 1936
註四: 國學季刊第一卷第四號 1923.
註五: 考古第五卷 1936
註六: 英人 Bushell 亦曾著文論此碑較羅氏略詳

宴臺女眞文進士題名碑初釋

"以"爲女眞語系之"所有格"

"革卜"卽滿語 gäbu, 譯言名字。

"埋黑"又作"脉爾黑"譯言賞賜,卽滿語之 märhä.

"黑厄"當系 hä'a 字意爲刻。

"幹黑"當系 wähä 其意爲石,

合以上全句之女眞語重造當爲:

  * zinši -i gäbu märhä hä'a-wähä

漢譯卽"進士賜名碑。" 正與昔人所稱之女直"進士題名碑"意同。

  碑之正文第一行爲碑題略同額文,第二行述考試之宮殿及月日。 第一行碑題音意作:

安-班剌	安-春溫	□哈-兒安-班剌	只-兒阿-揑	突登	車黑	革卜
大	金	正? 大	元年	進	科	名

埋黑	黑厄	幹黑
賜	刻	石

"安-班剌"女眞語"大"也,滿語 amba, amba-n 其意爲大, ambu-la 意爲大,爲甚,當系後者。

"安-春溫"意爲金,滿語作 aisin, ancun 當系 ancun 音譯。

"□哈-兒安-班剌"第一字女眞譯語所無,惟第二字卽大字,金世年號"大"字在末尾者僅哀宗有之,號曰"正大"且史載正大元年有進士登科(詳下文),則第一字當系"正"字。

"只-兒阿-揑"滿語年爲 aniya 或 anya, 只兒或卽 jira 意爲大,爲寬,女眞語爲"元。" 合二字當與漢語"元年"之意相當。

"突登車黑"或系 dosi-cähä 意為進科,當即漢語登科。

"革卜埋黑黑厄斡黑"即題名碑已詳額文不再重述。其全句當為:

大金正大元年登科題名碑,

女眞語重造或是

*ambu-la ancun…har ambula jira anya dosi-cähä gäbu-märhä hä'ä-wähä

第二行余譯其音意如下:

皇城密因兀-速言嫩斡□以諸勒厄脉-兒革禿都-因必阿
皇城　明　俊　殿(?)　　　東　　　方　　四　月

脫-卜-歡一-能-吉察厄答-兒-歡一-能-吉魯溫侍吉千弍
十五　日　第　十七　日　論　詩　試

"皇城密因兀速言嫩斡□以"

"皇城"即漢語"皇城,"哀宗時京于汴,卽金中葉之南京。則皇城當卽金史南京之皇城,"密因"漢語"明"字,其音如 mi-n,女眞 -n 及 -ng 混亂是其常例。"兀速"相當漢語 z 或 zu,前已論及,加"言"字合為俊 tsuən>tsun, "嫩斡□,"疑為嫩斡爾朶, ärdä 本為朝夕之朝,而女眞輒用為朝庭之朝,如皇殿作 ärdä han-i-boo (其意為皇朝之屋) 等是。故余定此字相當于殿字。金史卷二十五地理志南京條下有云:"〔宮內〕安泰門左昇龍門相直,東則壽聖宮,兩宮太后位也,本明俊殿,試進士之所"此恰切"明俊"二字可為確證。"以"為所有格,同前。

宴臺女眞文進士題名碑初釋

"諸勒厄脉兒革禿"諸勒厄女眞語"東,"滿語 julä-si 乃前之意。蓋塞北民族如突厥,註七 蒙古,通古斯等民族莫不以東爲前,西爲後,其習俗然也。"脉兒革禿"意爲方,或爲配殿之意,地理志註八 南京條下云"壽聖宮東曰太后苑,殿曰慶壽與燕壽殿。" 未知所指何殿。

"都-因必-阿脫-卜-歡一能-吉察厄"四月十五日,滿語爲 duin biya tofohon inänggi, 女眞語之十五當爲 *tobuhon. (>fohon), 察厄卽漢語之策 tṣʻai<tṣʻɐk, 其音作 cäʼä, (= cai) 與 tṣʻai 極近。

"答-兒-歡一能-吉魯溫侍吉千忒" 其意爲十七日考試論詩。滿語 dorhon 無十七意,當另有來源,魯溫 lu-n 卽漢語之論 lun(<lwən)侍 si 卽詩 ṣi(<śi), 吉 gi 語尾詞,千忒當卽滿語 cändä 其意爲試。 此與上文連讀則爲四月十五日試策十七日試論詩。 按選舉志註九載"御試則三月二十日策論進士試策,二十三日詩論…若試日遇雨雪則候晴日,"此則月日均有更改,未知是否正大元年新改,擬遇霢雨而然,惟策及詩論試期間隔三日則同。 此全句當爲:

於皇城,明俊殿東偏,四月十五日試策十七日試論詩。

　　　女眞語重造爲:

註七: 如于外蒙古所發見之古突厥文碑,其記方向莫不如是。

註八: 金史卷二十五。

註九: 金史卷五十一。

*hu'ang cu-n mi-n zu-n nän-ārdä-i julä-'ä märgätu duin bya tobahon
inänggi cä'ä dorhon inänggi lu-n si-gi cändä.

第三至第七五行乃論所考題目及文中內容,此將詳論于再釋中,第八行音意為,

木兀魯兀別千忒黑同府溫台府察安舒又赤因□□
　　　　　考　　　東府(?)太傅　尙書右承　相
貴侍失占委順
太常卿赤盞慰忻。

"木兀魯忒別千忒黑"千忒意為考,黑為過去時,應為 cändä-hā,
　　其前意不明,當系首考之"監都"意,或可重造為 mu'
　　ulu bä. 滿語 mulu 意為首, ubä 未詳。

"同府溫台府"或即漢語東□太傅。

"察安舒又赤因□□貴侍失占委順。"
　　察安舒當即漢語尙書 ṣang-ṣu (<ziang-śiwo) 之音譯,又
　　赤因即右承音譯,則以下二字為"相"字無疑。"貴侍"
　　二字未詳,或為太常卿之意。失占委順當即金史列
　　傳所記赤盞(或作石盞)尉忻。

　　按赤盞尉忻傳"赤盞尉忻字大用,上京人…明昌五
　　年策論進士,…正大元年五月拜尙書右承…諫曰撒
　　合輦姦諛之最甚,日在天子左右,非社稷之福,…五年
　　致仕居汴中,崔立之變明日,令家人付以後事,望睢陽
　　慟哭,以弓弦自縊死,時年六十三。"註十

註十: 金史卷一百十五。

又撒合輦傳"明惠皇后嘗傳旨戒曰,汝諸君上,上之騎鞠皆所教,尉忻亦極言之…"註十一 此尉忻即赤盞尉忻。

又哀宗本紀正大元年"五月戊戌…石盞尉忻爲尚書右丞太常卿"石盞赤盞女眞爲一,即 śijän. 八旗姓氏有 śigya, 未知是否。 由人名之確定更可證上文試譯之不誤其全句爲:

首考東府太傅尚書右相…赤盞尉忻。 女眞語重造爲
mulu' ubä tung-fu-n tā fu ca-n- şu yu-ci-n-sä-n kō-si śi-jän wäsin.

第十行音意作:

子申宮□皇(?)太后衞衞子舍兀台府溫的罕惹孫。
慈聖宮皇　太后　　　　　太傅溫迪罕壽孫
―― 子德台府下只兒察安舒里卜侍剌安塞赤因王
―― 慈德太傅　正　尚　書禮部侍郎　親(?)王
府兀古孫卜吉
府烏古孫卜吉

"子申宮皇太后"當卽漢語慈聖宮皇太后之音譯。 后妃傳下註十二宣宗明惠后"生哀宗,…哀宗即位詔尊爲太后,號其宮曰慈聖,…正大八年九月丙申后崩"又哀宗本紀(金史卷一七)"正大元年春正月戊午…尊皇后溫敦氏,元妃溫敦氏皆爲皇太后,號其宮一曰仁聖

註十一: 金史卷一百十一。
註十二: 金史卷六十四。

一曰慈聖。"又"正大八年九月丙申慈聖宮太后溫敦氏崩"又宣宗諸子荊王守純傳註十三"正大元年三月或告守純謀不軌,下獄推問,慈聖宮太后有言於帝,由是獲免。"以上所引恰與碑文相合。子申 zï-šin 音近慈聖 ts'ï-šəng.

"衞衞子舍兀台府溫的罕惹孫。"

前五字當爲太傅稱號,溫的罕惹孫當卽溫迪罕壽孫。金史卷百十一,撒合輦傳"正大四年四月召尙書溫迪罕壽孫,中承烏古孫卜吉…同議西事。"烏古孫卜吉詳下,此證當不誤。八旗姓氏(出欽定金史語解下仿此)有 untihā 當爲一姓。

"子德台府下只兒察安舒里卜侍剌安塞□因王府兀古孫卜吉"前四字疑是慈德太傅,只兒意爲正,察安舒卽"尙書,"里卜侍剌安當是禮部侍郞,塞赤因王府之名,兀只孫卜吉,音同烏古孫卜吉。按金史百二十四有烏古孫仲端傳,傳云"烏古孫仲端本名卜吉,字子正。承安二年,策論進士,宣宗時累官禮部侍郞…正大元年召爲御史中承…哀宗將遷歸德召爲翰林學士承旨,兼簽大睦親府事,留守汴京。及大兵圍汴日久食盡,諸將不相統一,仲端自度汴中事變不測…仲端卽自縊,其妻亦从死,明日崔立變。"其事蹟更散見於完顏奴申傳(金史百十五),撒合輦傳(金史百十一兩見,一已見上文)及哀宗本紀上(金史十七),他如烏古孫奴申

註十三:金史卷九十三。

宴臺女眞文進士題名碑初釋　　　57

傳(金史百二十四)所載"崔立變之明日,…時不辱而死者,…大睦親府事吾古孫端"亦即烏古孫仲端之誤誤,金史吾古孫與烏古孫爲一音之轉,猶之石盞與赤盞之例,"端"上當遺一"仲"字,此可由卜吉傳中知其然也。女眞語重造當爲 ukusun, 滿語 uksun 意爲宗室,未知是否。卜吉正大前曾任禮部侍郎與碑文合。全文重造當是

*zi-śin kun hon-tai-ho ui-ui zi-ǵa'u tä-fu untihä-n śä-sun, zi-tä täfu hya-jir cän-su li-bu śi-la-n, sä-ci-n wän-fu ukusun-bugi

碑文第十一行上句缺文較多不易確定,
下句爲:

府溫只因台府貴侍幹厄別延修館 □ 甙兀,
　諷?　經?　太傅國史院　　編　修　館　?　甙兀(?)

人名姓氏殘缺不能定爲誰氏,惟其官號爲國史院編修館當可決定。重造爲

*fu-n ci-n tä-fu kä-śi u'ä byä-n su-kän -(?)- tä-'u.

第十二行音意爲

順-札 必-阿 札-困 一-能-吉 丹 府 溫 都-哈 朶 羅 革 卜 塞 革 良
五　月　八　日　丹　鳳　門　內　　　名

"順-札 必-阿 札-困 一-能-吉"滿語爲 sunja bya jakun inänggi. 卽漢語五月八日也。

"丹府溫都-哈朶羅革卜革良"丹府溫當卽漢音之"丹鳳",都-哈滿語爲 duka 門也,朶羅滿語 doro 意爲內,革卜卽 gäbu

详前,按地理志(金史二十五)南京条下有云"宫城门北门曰丹凤,其门三。" 塞革良详释有待。其女真之重造为

*suuja bya jakun inänggi tan-fu-n duka doro (或 do) gäbu sägä-lyäng.

第十三行音意为:

宁-住-温 必-阿 撾 以-藍 一-能-吉
　　六　　月　　十三　　日

此句之女真语重造为

*ningju-n bya *juwo ilan inänggi。

第十四行音意为

皇城绿温德嫩斡□朵札别答吉突登车黑卜朮斡察安
皇城隆德殿　内　　　登科 孛朮鲁长
哈□该埋古-申杜-里卜-连革卜塞肥□阿里受一那
河　　三十　中　名　　　　是
一-能-吉
　日

"皇城绿温德嫩斡□朵"当即汉音皇城龙德,嫩斡□□当即殿字,朵 do 内也。金史二十五地理志南京条下,[德仪]殿东曰左昇龙门,西曰右昇龙门,正门曰隆德,内有隆德殿。"

"札别答吉突登车黑卜朮斡察安哈该埋"前四字不明,突登车黑即登科,卜朮斡应为 *buju-ʿuru 八旗姓氏有 fujuri (<*bujuri),当为一姓。察安哈即长河之音译。考金

宴臺女眞文進士題名碑初釋 59

史卷十七哀宗紀載有"正大元年…五月甲辰賜策論進士李㐀論長河,以下十餘人及第。"與碑文恰合,魯論二音金史常同。又卷十八哀宗本紀下天興二年正月"崔立與黨韓鐸藥安國等舉兵為亂…其黨李㐀魯長河御史中承,"此天興年從崔立謀亂而得任為御史中承之李㐀魯長河即系正大年第一次得中策論進士第一名之李㐀論長河金史更有作李㐀魯長哥或李水魯長哥者均系一人。卷百一十五完顏奴申傳"天興二年正月,…西面元帥崔立與其黨李㐀魯長哥…等為變。"又曰"其黨李㐀魯長哥御史中承。"又曰"立不顧,麾其黨張信之,李水魯長哥,出省二相,遂遇害。"哥河音同,水為㐀字之譌。其眞名當如碑文所記 *bujuuru cang-ho.

"古申杜-里卜-連革卜"三十滿語 gusin, 中滿語 duli-, gäbu 意為名,按之碑文所載,登進士科者共三十名與此合 連上文其意蓋為是日于皇城隆德殿內登科有李㐀論長河等三十名。

女眞語重造:

*hong cän lu-n-tä nän -(?)- do jabya tagi dosi cähä bujuru- cangho-(?) kä-mä gusin duli.buligä-n gäbu säfa -(?)-ali so ina-inänggi.

第十五行音意為

按班剌木忒□黑嫩斡□朵的別一立厄
　大　　成　　　殿　內

首二字意為"大成"三四兩字即殿,合為大成殿,以下文意未明,當系榜示于大成殿之意。

重造可爲:

*ambula mudo (?) hä nän ordo do ti byä ili'ä

自第十六行至二十一行爲進士之等列及題名與籍貫。茲考訂如下。

第十六行:

斡失只扎哈
上　　甲

1) 卜尤斡察安哈（小字作　　哈背諸勒厄斡安…皿干
   孛尤魯長河　下仿此）　河北　東　　路　猛安

2) 乘兀-魯晚吉口　〔阿里兀諸勒厄斡安…皿干
                      北　東　　路　猛安〕

3) 王奴失〔密因州出州縣
   王奴申　洺　州曲周縣〕

進士榜列,金依宋制分上,中,下三甲及附恩兩榜,共五等。 故osi譯語爲上,"扎哈"當系漢語"甲"字音譯。此詞當爲"上甲。" 孛尤魯長河詳前。其下所註之小字,即記其籍貫。哈背爲河北音譯,諸勒厄 julä'ä 東也,斡安(?)滿語on,乃道路之路也。 相當于金制之"路"字。 考河北分東西路始于天會七年(見金史卷二十五地理志),宜有此稱。 其下有某某猛安(即千戶)是其屬部。

"乘兀魯晚木吉口"姓氏未詳,藉東北路某猛安。

"王奴-失"當系王奴申,金名"申奴"者頗多,藉洺州曲周縣。金

宴·臺女眞文進士題名碑初釋

史二十五地理志<u>河北西路</u>內"洺州治永年,⋯縣九⋯[有]曲周縣"此當其音譯不致有誤。<u>女眞語</u>重造當如:

*osi.-ji ja-'a:

1) Bujuru-cangha; ha-bai julä'ä o-n……minggan.

2) cinulu-n mugi -?-; ali'u julä'ä o-n…minggan.

3) won-nusi; mi-n jo cu-jo-hän

第十七行

杜-里 因只 札哈
 中   甲

4) 阿塞阿-剌-瓦塞因 [阿里厄其里厄 斡安⋯皿-干]
                    北   西   路 猛安

5) 兀黑彥剌脉忒委 [住溫都府 斡安⋯皿干]
                   中 都 府 路⋯猛安

6) 术安住兀塔 [住溫都札厄非因縣]
    張   中 都 昌 平 縣

7) 納坦口脫牙 [番替其-里厄 斡安⋯皿干]
   納 坦   南   西   路 猛安

8) 厄安牙安斡晚者厄 [東非因府 斡安⋯皿干]
    兒 顏   東 平 府 路 猛安

9) 厄安牙安通 [希安州 斡安⋯皿干]
   完 顏 遙(?) 咸(?) 州 路 猛安

10) 甲□□撒-里 [□□ 斡安⋯皿干]
                    路 猛安

以上所紀有籍西北路,中都府路(卽今北平,)中都昌平縣,
(金史二十四地理志貞元元年燕京爲中都,縣十,有昌平縣)西南路,東平
府路,及咸州路(咸平府路金初爲咸州路,金史地理志)

第十名未詳,女眞語重造:

*duli-n ji ja'a:

  4) ahan alawa säi-n; ali'ä kili'ä o n…minggan

  5) uhä la märdä wä; ju-n du- fu o-n…minggan

  6) ju'an-ju'u-ta; ju-n tu cä'ä fän hän

  7) nu-tan-(?)-doya; fanti kili'ä o-n…minggan.

  8) on-ya-n or uan jä'ä; tung-fä-ing o-n minggan.

  9) on-ya-n tung hi-n jo o-n…minggän.

  10) kia … sa-li;…o-n…mingan.

第十八行其音譯如下:

弗-只只札哈
下　　甲

11) 黑失-里厄化剌岸 [哈背其里厄幹爾朶……皿干]
　　 紇石烈　　　　　河北　西　　路　　　猛安

12) 額申佟卜阿 [哈背其里厄幹爾朶………皿干]
　　 愛申　　　河北　西　　路　　　　猛安

13) 敖比兀魯 [哈背其里厄幹爾朶………皿干]
　　　　　　河北　西　　路　　　　　猛安

14) 佳洪厄-忒 [□剌幹爾朶………皿干]
　　　　　　　　路　　　　　猛安

宴臺女眞文進士題名碑初釋

15) 乗兀魯晚哈 ［哈背諸勒厄幹安……皿干］
　　　　　　　　河北　東　路　　　猛安

16) 兀安阿　孩 ［諸勒厄絹良敖羊縣］
　　　張　阿(?)海(?)　　東　京　遼　陽　縣

弗只滿語 fäji 下也,第十一名至十五名多河北西東兩路人,第十六名張君乃東京遼陽縣人,金史二十四地理志東京路有遼陽縣。女眞語重造當爲:

*fäji-ji ja'a:

11) hätorä hala-n; habai kili'ä o-n……minggan.

12) aisin sibu'a; habai kili'ä o-n……ninggan.

13) obi ulu; habai kili'ä o-n……ninggan.

14) ju-hun-ädä; …la o-n……minggan

15) cin-ulu'-n ha; habai julä'ä o-n……minggan

16) ju'an ahai; julä'ä jun liao-yan-han

第十九行音意爲

分車黑阿剌瓦
　餘　榜

17) 厄安牙安吉戶 ［哈背其里厄幹安……皿干］
　　完　顏　　　　河北西　路　猛安

18) 安委老［兀-里厄諸勒厄幹安……皿干］
　　　　　　北　東　路　　猛安

19) 兀-里剌甲忽-比-剌［台密因府幹安……皿干］
　　　　　　　　　　　太　名　府　路　　猛安

20) □厄斡□ ［希安州斡安……皿干］
　　　　　　　　咸　州　路　　　猛安

21) 夌兒戶素勒該 ［希安州斡安……皿干］
　　　　　　　　　咸　州　路　　　猛安

22) 乘尤魯晚斡晚箇 ［哈背諸勒厄斡安……皿干］
　　　　　　　　　　河北　東　　路　　　猛安

23) 夌兒老溫只 ［……］

第二十行音意爲:

24) 溫的罕阿里因 ［東非因府斡安……皿干］
　　溫迪罕阿鄰　　東　平　府　路　　　猛安

25) 脉刺恩斡晚都厄 ［東非因府斡安……皿干］
　　　　　　　　　　東　平　府　路　　　猛安

26) 禿魯兒麻木阿 ［兀里厄絹斡安……皿干］
　　　　　　　　　北　京　路

餘榜共十名,當卽"附榜。" fäncähä alwa 滿語餘制,亦卽附榜。 此十名中有河北西東路,大名府路,咸州路,東平府路以及北京路。 女眞語重造當爲:

*fäncähä alwa:

  17) o-n ya-n ki-hu; habai kili'ä o-n……minggan.

  18) an-ni lo; uli'ä julä'ä o-n……minggan.

  19) uli-la kya hobila; tai min fu o-n……minggan.

  20) (?) -ä o-(?); hi-n jo o-n……minggan.

  21) kyor hu sulä-gäl; hi-n joo-n……minggan.

  22) cin-ulu-n o-n ka; habai julä'a o-n……minggan

  23) kyor lo-n; ji -(?)-

宴臺女眞文進士題名碑初釋

24) untihan ali-n; tung fä-n-fu o-n……minggan

25) mala-n o-ndu'ä; tung fä-n-fu o-n……minggan

26) tolur mamu'a; uliä cun o-n……minggan

第二十一行音譯如下：

伯里 卜王
恩　榜

27) 厄撒也諸勒厄 [台密因府幹安……皿干]
　　　大　名　府　路　　　猛安

28) 厄安牙安納都幹失 [東非因府幹安……皿干]
　　完　顔　　　　東　平　府　路　猛安

29) 約縛莫灣卜 [弗素幹安……皿干]
　　　　　　　鳳翔　路　　猛安

30) 敖幹莫厄黑 [希安州幹安……皿干]
　　　　　　　咸　州　路　　猛安

伯里滿語 buru 恩情也, (wohlengewebe) 卜王乃漢語"榜"之音譯。此四名籍貫惟第二十五名屬于鳳翔路, 與 fo-so-o-n 音相去較遠, 或是西北方音之故。

女眞語重造成

*buri-ba'ang:

27) äsäyä-julä'ä; taimin fu o-n……minggan

28) on ya-n nudu'ośi; tung fä-n-fu o-n……minggan

29) yo bo mo-n-bu; fu-su o-n……minggan

30) a'omo ähä hi-n jo o-n……minggan.

第二十二行及二十三行乃刻碑年月及監督與書寫之經過。其意蓋曰:正大元年六月十五日詳穩幹厄謙,儒學衛王因達所撰,某學衛崔某作又書。以其尙無確證僅待異日之再釋。

* * * * *

III.

譯釋旣竟,因就與前賢所著略作比較,則所出者頗多。如因此碑釋譯而與正史互相見證者;哀宗末紀之諸大臣則有溫迪罕壽孫,烏古孫卜吉,赤盞尉忻等而取錄第一名之孛朮論長河則於中榜之後數年與崔立叛國,上述之三大臣均以身殉,使讀此碑者,興莫大之感慨。于碑文所列試地及進士籍貫參以金史地理志所載;則明俊殿,隆德殿,慈聖宮,大成殿丹鳳門均可由碑文尋得,卽籍貫中之各州路,如東北路,西北路,西南路,東南路,河北西東兩路,中都府路,北京路,東平府路,咸州路,大名府路,鳳翔路中都昌平縣及洺州曲周縣,亦與史册相合。余草此文非欲於金史多爲論證,僅希啓解釋此碑之端緒耳。若夫譯釋女眞,應藉助于滿語,著者不學固已試爲之矣。

A Preliminary Study of the Yen-T'ai Stone Tablet in Jüchen Language

Wang Tsing-ju

The tablet of Jüchen language bearing the list of Chin-shih (進士) Academy Members was discovered at K'ai-feng-fu for a long time. Many scholars had studied it, but except Bushell who had given some explanation, they could only recognize a few isolated words, which enabled them to know the title of the tablet. The content and the list of names in the tablet, to our regret, have so far not been satisfactorily explained. The difficulty of studying Jüchen language seems to be that it requires the study of her sister languages such as Manchu and Tunguz. My paper is in a way attempting this method. This is, however, but a preliminary examination, and further studies will be published later.

What we can find out from this primary study are personal and geographical names, official titles, names of palaces; all of which are very significant to the study of Jüchen (Kin) history. For instance, personal names as *Bujulu-cangha *Untiha-n-śosun *Ukusun-bugi *śijanuäśin and *Zi-śi-n-kun-tai-ho are respectively 孛朮魯長河 (Po-chù-ln-chang-ho), 溫迪罕壽孫 (Wen-ti-han-shou-sun), 烏古孫卜吉 (Wu-ku-sun-po-chi), 赤盞尉忻 (Ch'ih-chan-wi-shin) and 慈聖宮太后 (Tsih-sheng-kung-t'ai-hou). The *Kin-shih* (Kin History) keeps biogpaphics for the last three. Names of palaces as *mi-n zo-n (明俊殿 Ming-tson-tien), lu-n tä (隆德殿 Lung-teh-tien), *ambula mudo (大成殿 Ta-ch'eng-tien), *zi-si-n-kun (慈聖宮 Tsih-sheng-kung) and *tan-fu-n (丹鳳門 Tan-feng-men) can be found in the Book of Geography in *Kin-shih* too. As for the ranks of the list of Chin-shih members, there are five classes, namely: *osi-ji-ja'a (Super-class, 上甲 shang-chia), *duli-n ji-ja'a (Midlle-class, 中甲 chung-chia), *fäji-ji-ja'a (Lower class, 下甲 hsia-chia) and *fäncä-hä-alwa for Additional class (附榜 fu-pang), *buri-bu'ang for Granted class (恩榜 en-pang). People listed in this tablet came from all parts of the Kin Empire, such as *han-ju-o-n (咸州路 Hsien-chou-lu), *fo-so-o-n (鳳翔路 Feng-hsiang-lu), *tun-fai-n-fu-c-n (東平府路 Tung-ping-fu-lu), *tal-mi-n-fu-o-n (大名府路 Ta-ming-fu-lu), *ali-ä-ki-n-o-n (北京路 Pei-ching-lu), *ha-bai-julä'ä-o-n (河北東路 Ho-pei-tung-lu), ali-ä-julaä'a'' o-n (東北路 Tung-pei-lu), *ha-pai-kili'ä-o-n (河北西路 Ho-pei-hsi-lu), *fan-ti-kili'a-c-n (西南路 Hsi-nan-lu), *ali-ä-kili'ä-o-n (西北路 Hsi-pei-lu), *ju-n-tu-fu-o-n (中都府路 Chung-tu-fu-lu), *ju-n-tu-cä-ä-fai-n-hin 中都昌平縣 Chung-tu Chang-ping-hsien) and *mi-n-jo cu-jo hin (洺州曲周縣 Ming-chou-chü-chou-hsien). It is unnecessary to mention the importance of the tablet in the study of Kin history.

The present form of Jüchen language in this article is reconstructed from the original according to phonetic principles. The author will be glad to accept discussion and critcism from scholars.

金俗兄弟死其婦當嫁于其弟兄考

徐炳昶

清初'大禮恭逢太后婚'之事,未知確否。 然婚姻制度,各民族間多有不同。 兄沒,嫂嫁于弟,卽在中國內地亦未嘗無。 余在陝西西部寶雞縣工作,稔知其地卽有此俗,惟尙須經過妥商程敍,並非強迫。 然余曾見報載,某地兄死,弟不肯娶嫂者,嫂可訟之,惜忘其爲何地。 異族無中國禮教之束縛,風俗異貫,固無足異。

余讀金史,得三事,知女眞當日兄弟死嫂及弟婦有嫁于其弟或兄之義務,雖至帝室亦不得免。 茲將三事臚陳于後,以備研究風俗者有所採擇云:

一、建炎以來繫年要錄(卷九)載'太祖娶之正室生二子:宗浚宋朝。 宗浚早死。………… 其庶長子曰宗幹。………… 時宗浚已死,其妻爲宗幹所納,故其子梁王亶養于宗幹家,金主晟遂以亶爲安班貝勒'。 此事金史不載,且其敍太祖各子,與金史亦有異同。 余初見此事,以爲宋人傳聞之詞,未必足信。 然詳考之,其所敍太祖諸子,雖或有小誤,而宗浚之爲宗峻,安班貝勒卽諳班勃極烈,爲清四庫館臣所改,固無疑問。其熙宗爲宗峻子,宗幹爲太祖庶長子,均與金史合。宗幹納熙宗母事,雖不見金史,而熙宗之立也,所追謚之兩皇后,一爲聖穆皇后唐括氏,宗峻母也,他一爲光懿皇后裴滿氏,卽爲宗幹母。(金史卷六十三后妃傳) 宗幹之爲庶子,金史明著之。熙宗立而宗幹之母追謚皇后,則二人之關係必有異于尋常者矣。宗幹之病也,'上親臨問,……悲泣不已。明日,上及后同往視,后親與宗幹饋食,至暮而還。因赦罪囚,與宗幹禳疾'。及其死也,'上哭之慟,輟朝七日。……上致祭,是日庚戌,太史奏戌亥不宜哭,上不聽,曰:"朕幼沖時,太師有保傅之力,安得不哭"? 哭之慟'。此種親密,爲餘人之所未能有。'保傅之力'與宋人之所稱'養于宗幹家,'固屬暗合。且皇帝之立,均追尊其生母,如世宗母李氏之追謚貞懿皇后,宣宗母劉氏之追謚昭聖皇后,皆明著于金史。(卷六四) 獨熙宗踐位十餘年,而對于其生母之追尊毫無所聞,勿亦因其母之已'下嫁,'而崇禮亦因之以抑降歟? 參互以證,知宋人傳聞之言並非誣罔。然此猶可云推論之證據,其確實之程度或尚有可疑也。至其鐵證則尙有下二事:

二、金世宗初立,檄數海陵之罪,內有一事,曰: '太皇太妃幷子任王喂阿並以無罪,盡行殺戮'。(三朝北盟會編卷二百三十三。建炎以來繫年要錄卷一百九十三亦載此文而頗有刪削。) 此太皇太妃爲太祖妃蕭氏,紀王習泥烈息王寧吉莒王燕孫之母,海陵母大氏所事之甚謹者也。(金史卷六十三后妃傳,卷六十九太祖諸子傳) 其子喂阿,金史作偎喝或隈喝,却非太祖子。金史宗義傳(卷七六)載此事云'殺宗義謀里野,幷殺宗安及太祖妃蕭氏,任王隈喝及魏王幹帶孫活里甲。後又言'大定初,追復宗義官爵,贈特進,弟蒲馬宰論出阿魯隈喝並贈龍虎衞上將軍'。宗義爲太祖弟遼王杲之第九子,其弟自亦杲子。此傳雖未載隈喝爲蕭妃子,而后妃傳崇妃蕭氏條下,固明載'併殺所生子任王隈喝。'太祖妃生子爲杲子,則妃之下嫁于杲,自無疑問。施國祁知隈喝非太祖子,而對于'所生子'之'生'字,無法解釋,乃擬改爲'養'字,(金史詳校卷七)未知婚姻制度,番漢固不同也。

然此尚未足證明女子當此際有不可迴避之義務也。證明此義務者,尚有一事。

三、金史海陵紀:天德四年十月'殺太祖長公主兀魯,杖罷其夫平章政事徒單恭;封其侍婢忽撻爲國夫人。恭之兄定哥初尚兀魯。定哥死,恭强納焉,而不相能,又與侍婢忽撻不協。忽撻得幸于后,遂譖于上,故見殺而幷罷恭。'定哥之死未知何時。兀魯在太祖時爲皇帝親女,太宗時爲皇帝親姪女,熙宗及海陵時則爲皇帝親姑。以時間度之,定哥死似不在太祖時。以帝姪女或帝姑之尊而不免于其夫弟之'强納',則一婦人當夫死後,對于其夫之兄或弟,有不可迴避之義務,彰彰明矣。

Comments on the Marriage System in Jüchen History

Hsü Ping-Ch'ang

It is said that the queen of a certain emperor at the early Ching Dynasty was remarried after the death of her husband. Whether this is true or not is still unknown, but the marriage of a younger brother to his elder brother's wife (or vice versa) after her husband's death is nothing novel in Chinese history. There are three things in *Kin Shih* (Kin History) illustrating this point. According to Jüchen tradition, when a woman's husband died, she had to marry her husband's younger or elder brother if he had any—even the ladies of the royal family were not free from such obligations. The three things we found in Jüchen history are as follows. (1) Tai-tsu (太祖) had three sons: Tsung-tsun (宗峻), Tsung-ch'ao (宗朝), and Tsung-kan, (宗幹). Emperor Hsi-tsung (熙宗) was Tsung-tsun's son whose mother had remarried his uncle Tsung-kan. (2) Emperor Tai-tsu's concubine Shiao (蕭妃) had a son Wi-heh (偎喝) who was not heir to the emperor, but to the Prince Liao (遼王), and Liao is the emperor's younger brother. So it is evident that after the death of the emperor, Shiao had remarried Prince Liao. (3) Princess Ulu (兀魯), daughter to Emperor Tai-tsu, was killed and her husband Tuktan-Kung (徒單恭) punished by Prince Hai-ling (海陵王), yet Tuktan-Kung was not Princess Ulu's first husband. She was at first married to Ti-n-qo (定哥). Upon Ti-n-qo's death, Tuktan Kung took her by coercion. This last point shows that when a woman's husband died, she was obliged to marry her brother-in-law according to Jüchen tradition.

潛夫論中的五德系統

顧頡剛

我們的經學和古史學,都是在東漢時凝固的,而東漢一代是世經和讖緯最占勢力的時代,所以這兩種學問都以世經和讖緯為中心而凝固了。後來的人儘可以不信讖緯,也儘可以不知道有世經這部書,但因為在凝固時代它們占了中心的地位之故,隨處都受這種材料的包圍,所以每每不自覺地沿用了它們的說話。要想洗刷清楚,必須從源頭下手。

不必說後來,就看東漢。張衡(生於章帝建初三年【西元七八】,卒於順帝永和四年【一三九】)是東漢時最有學問,最有思想,而且是最多科學上發明的人。他製有渾天儀,漏漏,候風地動儀,指南車等儀,又著有靈憲,算罔論,地形圖諸書。他的腦筋是何等清晰!他極不信讖緯,曾於順帝時上疏斥其妄,其言曰:

> 讖書始出,蓋知之者寡。自漢取秦,用兵力戰,功成業遂,可謂大事:當此之時,莫或稱讖。若夏侯勝眭孟之徒以道術立名,其所述著無讖一言。劉向父子領校祕書,閱定九流,亦無讖錄。成哀之後,乃始聞之。

尚書,堯使鯀理('理'當作'治',疑後人以唐高宗諱改)洪水,九載績用不成,鯀則殛死,禹乃嗣興;而春秋讖云共工理(治)水。凡讖皆云黃帝伐蚩尤;而詩讖獨以為蚩尤敗,然後堯受命。春秋元命包中有公輸班與墨翟,事見戰國,非春秋時也。又言別有益州,益州之置在於漢世。其名三輔諸陵,世數可知。至於圖中,訖於成帝。一卷之書互異數事,聖人之言勢無若是,殆必虛偽之徒以要世取資。往者侍中賈逵摘讖互異三十餘事,諸言讖者皆不能說。至於王莽篡位,漢世大禍,八十篇何為不戒?則知圖讖成於哀平之際也。

……此皆欺世罔俗以昧勢位,情偽較然,莫之糾禁。……宜收藏圖讖一禁絕之,則朱紫無所眩,典籍無瑕玷矣。(後漢書卷八十九本傳)

照他這樣講,他是根本不信讖緯的了。但他"條上司馬遷班固所敍與典籍不合者十餘事",其中的兩條是:

(1)易稱"宓戲氏王天下;宓戲氏沒,神農氏作;神農氏沒,黃帝堯舜氏作"。史遷獨載五帝,不記三皇。今宜并錄。

(2)帝系,"黃帝產青陽昌意"。周書曰,"乃命少皞清",清即青陽也。今宜實定之。(本傳章懷太子注引)

他不知道周官中的"三皇五帝"與讖緯書中的"三皇五帝"是同在一個時代背景中出現的。他又不知道左傳國語中的"少皞"與世經中的"少皞"及讖緯書中的"帝宣"也是同在一個時代背景中出現的。(說詳顧剛所撰五德終始說下的政治和歷史,古史辨第五册;又三皇考,燕京學報專號。)他以為史記中沒有三皇,沒有少皞,是司馬遷的缺失,可是他不明白,司馬遷的時代原不是讖緯的時代呵!

即此可知,不信讖緯書尚易,而不信讖緯書的時代所出現的歷史卻是極難的事。因為給人們攪和而凝固了,不知道是出于讖緯的了。讖緯既然,世經亦然。

如今我要講的,是張衡的一個朋友名喚王符的歷史學說。他隱居不仕,著有一部潛夫論,是批評當時社會的。雖沒有特別深刻的見解,但總算是能用思想的人。在這部書裏有一篇五德志,記五帝的事實;又有一篇志氏姓,記姓氏的來源。這兩篇好像大戴禮記中的五帝德和帝繫,我們可以說,他模倣了五帝德而作五德志,模倣了帝繫而作志氏姓。但他的時代是較後了,學問和方法都豐富了,所以後兩篇的材料多於前兩篇,後兩篇的系統也整齊於前兩篇。

現在為要分析他的兩篇文字,所以先把本文鈔出(依據汪繼培著潛夫論箋,湖海樓叢書本),逐章批評。他的五德志說:

> 自古在昔,天地開闢,三皇殊制,各樹號諡,以紀其世。天命五代,正朔三復。神明感生,爰興有國;亡於嫚以(慢易),滅於積惡。神微精以(以精),天命罔極,或皇馮依,或繼體育。太暭(皞)以前尚矣;迪斯用來,頗可紀錄。雖一精思,議而復誤。故撰古訓,著五德志。
>
> 世傳三皇五帝,多以伏羲神農為二皇:其一者或曰燧人,或曰祝融,或曰女媧,其是與非,未可知也。我聞古有天皇,地皇,人皇,以為或及此謂,亦不敢明。凡斯數□,其於五經皆無正文。故略依易繫,記伏羲以來以遺後賢。雖多未必獲正,然挈可以浮游博觀,共求厥真。

看了這一段引言,可知王符作這篇的時候正和司馬遷一樣,是存著"考信於六藝"的一個觀念的。他因為三皇"於五經皆無正文，"故闕而不道。他因爲易繫從伏羲講起，故也"記伏羲以來"。所謂"故撰古訓"，所謂"共求厥眞"，都是他的謹愼的表現。但看下去:

大人迹出雷澤，華胥履之，生伏羲:其相日角。世號太曎。都於陳。其德木。以龍紀，故爲龍師而龍名。作八卦。結繩爲網以漁。

後嗣帝嚳代顓頊氏:其相戴干。其號高辛。厥質神靈，德行祇肅。迎送日月，順天之則，能叙三辰以固民。作樂六英。世有才子八人:伯奮，仲堪，叔獻，季仲，伯虎，仲雄，叔豹，季狸，忠肅恭懿，宣慈惠和，天下之人謂之"八元"。

後嗣姜嫄履大人迹，生姬棄:厥相披頤。爲堯司徒;又主播種，農植嘉穀，堯遭水災，萬民以濟，故舜命曰后稷。初，烈山氏之有天下也，其子曰柱，能植穀，故立以爲稷，自夏以上祀之。周之興也，以棄代之;至今祀之。

太姙夢長人感己，生文王:厥相四乳。爲西伯，興于岐，斷虞芮之獄而始受命。武王駢齒，勝殷過劉，成周道。姬之別封衆多:管，蔡，成，霍，魯，衛，毛，聃，郜，雍，曹，滕，畢，原，酆，郇，文之昭也;邘，晉，應，韓，武之穆也;凡，蔣，邢(邗)，茅，胙，祭，周公之胤也;周，召，虢，吳，隨，邾，方，印，息，潘，養，滑，鎬，宮，密，榮，丹，郭，楊，逢，管，唐，韓，楊，虢，樂，甘，麟(鮮)虞，王氏，皆姬姓也。

上邊的話固然有出于易繫辭傳的("作八卦，結繩爲網"等)，也有出于國語和左傳的(帝嚳序三辰，高辛氏八元，文昭武穆諸國等)，也有出于尚書和詩經的("農植嘉穀"，"勝殷過劉"等)，也有出于大戴禮五帝德的("厥質神靈，迎送日月，順天之則"等)，但還有一大部分是出于讖緯的("華胥履大人迹"，"太姙夢長人感己"，"其相日角"，"其相戴干"，"厥相披頤"，"厥相四乳"，"武王駢齒"等)，實在算不得謹愼。

和他的朋友張衡比較起來,張衡的理性比他强的多呢!

而且還有一件極奇怪的事;他把帝嚳和姜嫄都算作伏羲的"後嗣"了! 這是他以前任何書中所沒有提起過的。 不過我們在讀了讖緯書之後,就可明白:這不是他的誕妄,乃是他把太微五帝感生的系統當作帝王傳世的系統了! 我們知道,在五行相生的五德終始表上,伏羲帝嚳,周,都是木德;在那時人的信仰上,木德之王都是蒼帝所生:所以王符就把這一班先後出世的木王錯認爲世代相承的祖孫了!

> 有神龍首出常羊,感任姒,生赤帝魁隗,身號炎帝,世號神農,代伏羲氏。 其德火紀,故爲火師而火名。 是始斵木爲耜,揉木爲耒耨;日中爲市,致天下之民,聚天下之貨,交易而退,各得其所。
> 後嗣慶都,與龍合婚,生伊堯,代高辛氏。 其眉八彩。 世號唐。 作樂大章。 始禪位。 武王克殷而封其胄於鑄。
> 含始吞赤珠,赴曰"玉英生漢"。 龍感女媼,劉季興。

這也是和上邊一樣,把同德的天子算作世代相承的祖孫(堯爲炎帝後之說導源於世經,請參看拙作五德終始說下的政治和歷史第十七章)。 至漢高祖爲堯的子孫,也是王莽時代所甚流行的傳說,這裏雖沒有明說,但已爲當時所確定的事實了!

> 大電繞樞炤野,感符寶,生黃帝軒轅,代炎帝氏。 其相龍顏。 其德土行。 以雲紀,故爲雲師而雲名。 作樂咸池。 是始制衣裳。
> 後嗣握登見大虹,意感生重華虞舜:其目重瞳。 事堯,堯乃禪位曰,"格爾舜,天之歷數在爾躬! 允執厥中! 四海困窮,天祿永終!" 乃受終於文祖。 世號有虞。 作樂九韶,禪位於禹。 武王克殷而封胡公嬀滿於陳,庸以元女大姬。

這也是把土德的德統算作他們的代統的。 可是王莽爲他們的後嗣雖漢書王莽傳中一再言及,他卻不肯提了。可憐呀,王莽費了許多心力,纔創造成這一個系統,可是到這一個系統成爲共同的信仰時,他自身反而沒有分了!

> 大星如虹,下流華渚,女節夢接,生白帝摯青陽,世號少皥,代黃帝氏。都於曲阜。其德金行。其立也,鳳鳥適至,故紀於鳥:鳳鳥氏,歷正也;玄鳥氏,司分者也;伯趙氏,司至者也;青鳥氏,司啓者也;丹鳥氏,司閉者也;祖鳩氏,司徒也;雎鳩氏,司馬也;尸鳩氏,司空也;爽鳩氏,司寇也;鶻鳩氏,司事也。五鳩,鳩民者也。五雉爲五工正,利器用,夷民者也。是始作書契,百官以治,萬民以察。有才子四人,曰重,曰該,曰修,曰熙,實能金木及水,故重爲句芒,該爲蓐收,修及熙爲玄冥;恪恭厥業,世不失職,遂濟窮桑。

> 後嗣修紀見流星,意感生白帝文命戎禹:其耳參漏。爲堯司空,主平水土,命山川,畫九州,制九貢。功成,賜玄珪以告勤於天。舜乃禪位,命如堯詔;禹乃即位。作樂大夏。世號夏后。傳嗣子啓。啓子太康仲康更立,兄弟五人皆有昏德,不堪帝事,降須洛汭,是謂五觀。孫相嗣位,夏道浸衰。於是后羿自鉏遷於窮石,因夏民以代夏政,滅相。妃后緍方娠,逃出自竇,奔於有仍,生少康焉,⋯⋯復禹之績,祀夏配天,不失舊物。十有七世而桀亡天下。武王克殷而封其後於杞,或封於繒。又封少皥之後於郳(郯?)。⋯⋯

這也是把金德的德統算作少皥和禹的代統的。其中關於少皥的事情大鈔左傳,這因爲在劉歆編定左傳的時代卽是少皥負了重定史統的使命而出現的時代,所以有這許多材料供給他轉鈔。只有他所說的"是始作書契,百官以治,萬民以察"的幾句話則不來自左傳而來自易繫辭傳。不過易傳裏只說

"古者結繩而治,後世聖人易之以書契",王符從何處知道這位"後世聖人"即是少皞呢(據世本作篇,書是沮誦蒼頡所作)? 這大約因為少皞氏沒有什麼制作,嫌其缺典,所以替他補上了。

> 搖光如月正白,感女樞幽房之宮,生黑帝顓頊:其相駢幹。身號高陽,世號共工。代少暤氏,其德水行,以水紀,故為水師而水名。承少皞衰,九黎亂德,乃命重黎討訓(不)服。歷象日月,東西南北。作樂五英。有才子八人:蒼舒,隤凱,檮演,大臨,尨降,庭堅,仲容,叔達,齊聖廣淵,明允篤誠,天下之人謂之"八凱"。共工氏有子曰勾龍,能平九土,故號"后土",死而為社,天下祀之。
>
> 娀簡吞燕卵,生子契,為堯司徒,職親百姓,順五品。
>
> 扶都見白氣貫月,意感生黑帝子履:其相二肘。身號湯,世號殷。致太平。後衰,乃生武丁,………能中興,稱號高宗。及帝辛而亡,天下謂之紂。武王封微子於宋,封箕子於朝鮮………

這固然沒有"後嗣"字樣,但依上面的四例,少不得也把水德的德統算作他們的代統。在這段文裏,最為奇怪的,是他把顓頊與共工併作一人。共工氏在世經裏本是個"伯而不王"的腳色,而顓頊在世經裏却是水德的正統,一帝一伯,怎能合併為一人?再看淮南子兵略訓云"共工為水害,故顓頊誅之",可見共工與顓頊兩人乃是拚個你死我活的鐵對頭,為什麼到了這裏却把仇人當作親家了?又世經以"高陽"為顓頊有天下之號,而這裏却把"高陽"算作顓頊的身號,借此便把世號改作"共工",也是可注意的。至"以水紀,為水師而水名",在左傳裏原是共工氏的事,與"不能紀遠"的顓頊無關,而這裏也因共工即顓頊便變成了顓頊的事了。還有"能平九土"的后土勾龍,在左傳是共工氏之子,而在共工氏與顓頊合併的辦法之下,就很

自然地變作了高陽氏的後人。這段文字大大改動古史傳說到如此地步,是什麼道理呢? 我以為恐只因照左傳(昭十七年)上說:

  伏羲——以龍紀,為龍師而龍名。
  神農——以火紀,為火師而火名。
  軒轅——以雲紀,為雲師而雲名。
  少皞——以鳥紀,為鳥師而鳥名。

只有顓頊無所紀。雖是左傳上也已說明"自顓頊以來,不能紀遠乃紀於近,為民師而命以民事"但五帝中獨缺他一位沒有靈物紀官,未免小覷了他,而且在制度上也嫌其不整齊。恰好左傳中還有"共工氏以水紀,故為水師而水名"一句,他想,共工為水德,顓頊亦為水德,若把他們併作一人,豈不是顓頊的紀官就有了着落了呢? 於是他不管左傳的前後文怎樣,立刻斷章取義,直書曰:"黑帝顓頊,身號高陽,世號共工,以水紀"! 自從作了這樣痛快的解決之後,世經中共工閏統的糾紛固然可以不再成為難題,而淮南子所說"共工與顓頊爭為帝"的話就不免自己打起自己的嘴巴來了!

  這真是一篇奇文。他口中儘說在"求真"的目的之下整理古史,實際上卻在"求整齊"的目的之下創造古史。他口中說的是"依易繫古訓",而實際上卻是一個變本加厲的讖緯的信徒。我們懂得了這個,我們便知道漢人創造古史的方法。

  現在我們把他的話畫出一個世系圖,表顯帝王傳代的秩序性和革命禪讓的必然性來:

潛夫論中的五德系統

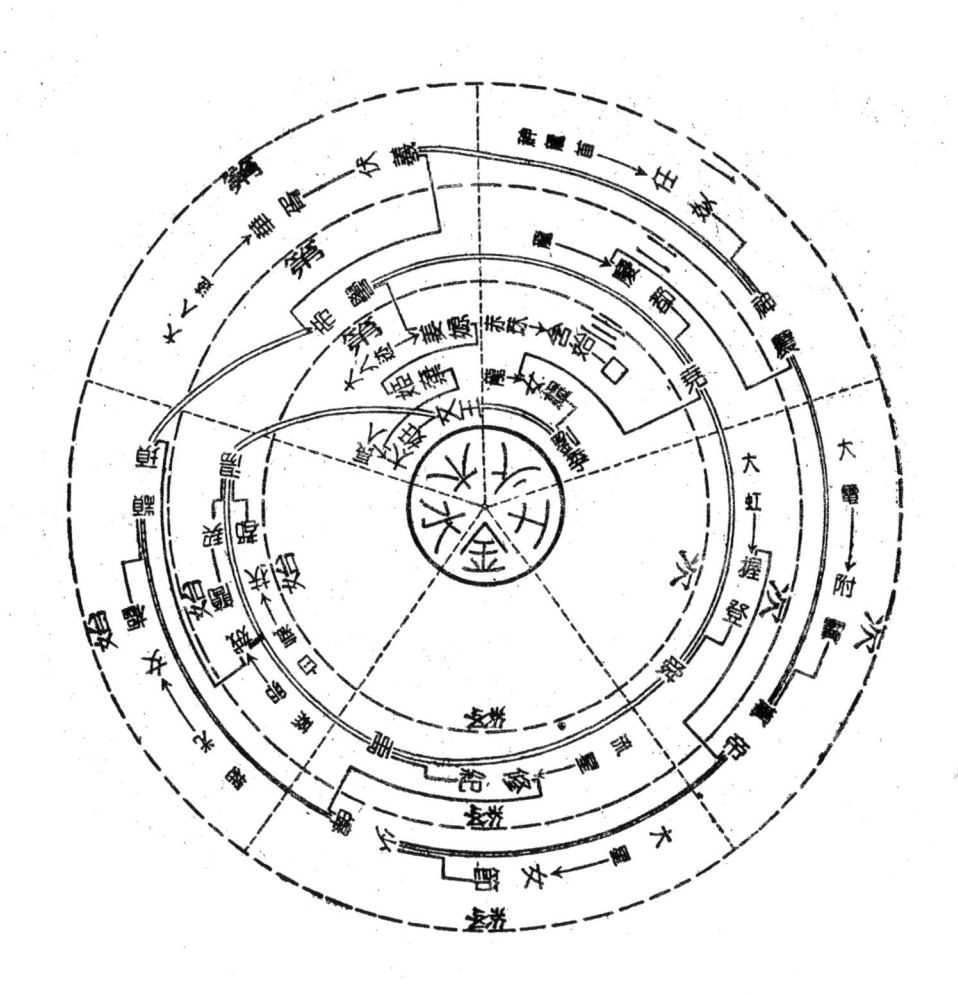

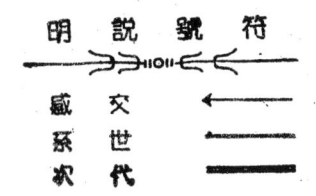

符號說明

← 交感
= 世系
= 代次

你看他排列得多麽整齊：(一)帝王禪代，是依着五德次序的；(二)帝王世系，是後五德接着前五德的，是女子承繼的(也有不是女子承繼的，如帝嚳，但所以這樣，只因讖緯中沒有關于他的感生說)；(三)然而受命而王的天子，卻又來自天上的。這第一項，世經早說明了。第三項，讖緯書中也說得多了。只有第二項，是他的獨創之說。

說不過這第二項，就已不免有一個大錯誤。因爲姜嫄與太姙兩個女性如都認爲帝嚳的後嗣，則棄與文王兩個男性便不能承認其爲直系的祖孫而也爲帝嚳之後。娀簡與扶都兩個女性如都認爲顓頊的後嗣，則契與湯兩個男性也便不能承認其爲直系的祖孫而也爲顓頊之後。否則女性傳代，男性亦傳代，而兩方面又同出于一祖，若不是說爲同族同姓自相嫁娶就不可通了。但這是可以有的事嗎？即使太古時可以有，但到商周時還可以有嗎？

說到這裏，恍然解悟，王符是要把每個帝王說成有三個父親的：其一是感生之父，如伏羲之大人迹；其二是母所承之帝，如堯出於神農後嗣的慶都；其三，纔是名義上的父，如文王的"以王季爲父"。簡言之，一是天系，二是母系，三是父系。受命而王的，一定要在這三個系統中都得到了根據(如文王)，至少亦要兩個(如黃帝，帝嚳)，方有做帝王的資格；這原是漢代人的受命論，以見帝王絕對沒有平常人擠上去的福分而已。

這樣整整齊齊的一套史說固然出于東漢王符的手筆，但這種思想則實發源於西漢。漢爲堯後的說法，王莽以黃帝爲初祖和以虞帝爲始祖的事實，都是王符的歷史學說的先導者。

王符發表了這個學說之後，似乎沒有發生什麼影響，這因潛夫論是一部較僻的書,非人人當讀的;而且他排得太整齊了,讖緯的成分太重了,又有幾處是顯違舊說的,容易給人看破之故。 不幸得很,清代最淵博的樸學家錢大昕倒很贊同他的說法。 潛研堂答問(卷九)云:

問:"太史公三代世表訓堯舜禹稷契皆出黃帝,稷契與堯同父,堯不能用,至舜始舉之。 舜娶堯二女乃是曾祖姑。 此皆昔人所疑,不審何以解之?" 曰:"史記敘世表本之五帝德,帝繫篇。惟王符潛夫論五德篇謂帝嚳為伏羲之後,其後為后稷;堯為神農之後;舜為黃帝後;禹為少昊後;契為顓頊後;少昊顓頊不出於黃帝,堯不出於嚳,則舜無娶同姓之嫌,而稷契之不為堯所知亦無足怪,於情事似近之。 又考春秋命歷序稱黃帝傳十世,二千五百二十歲;少昊傳八世,五百歲;顓頊傳二十世,三百五十歲;帝嚳傳十世,四百歲;然則顓頊非黃帝孫,堯亦非帝嚳子,可以正史記之謬,與潛夫論亦相合。

司馬遷一方面承認五帝德及帝繫之說,謂堯舜皆出於黃帝,一方面又承認堯典及孟子之說,謂舜娶堯之二女,把兩種不同作用的傳說合併起來,於是造成了舜娶曾祖姑為夫人的笑柄,為歐陽修等所指摘。 (其實這個錯誤,在司馬遷之前的帝繫等篇已造成了。 五帝德說舜"依于倪皇",倪皇就是堯女娥皇,帝繫說"帝舜娶于帝堯之子,謂之女匽氏,"這是把各種雜說隨意湊合的必然結果。) 錢大昕用了潛夫論和命歷序的話來駁帝繫說,意思固然很好,但他不想帝繫還是西漢初年的作品,而潛夫論和命歷序則是東漢的作品,在時間上已後了二三百年,王符既沒有新得的材料,何從知道他的話是可信? 又秦漢間因地域的統一而種族亦有統一的趨勢,故有帝繫等書出現,把當時所有的種姓歸結於黃帝的一個系統之下；至西漢末則五行思想極盛，加以王莽圖謀篡位，用了五行的歷史系統作為他自己做天子的護符，所以把所有的帝王和種姓分配到"五帝"（五天帝與五人帝）的系統之下：這在時代背景上也是絕端差異的。我們既明白了它們的來源之後，自然不該用帝繫的一元說來駁王符的五元說，也不能用王符的五元說來駁帝繫的一元說，因為它們不是在一個題目之下出現的，而且任何方面都不是信史。

帝繫與潛夫論的帝王系統說，因時間的久遠而處在兩極端。世經則居于它們的中間，故它雖沿用帝繫的文字，卻是貌合神離，自相牴牾，雖沒有造出新世系，而也可以暗示王符，使他造出這個五德志的世系來。所以世經之文是一元說的結束而五元說的開創。

我們讀了五德志可以明白，在王符的意想中，世界上是只有五個皇室輪流受命的。現在我們再讀他的志氏姓，看他如何把古代種族分成五部而歸之於這五個皇室：

伏羲，姓風，其後封任，宿，須朐，顓臾四國，實司太皥與有濟之祀，且為東蒙主。魯僖公母成風，蓋須朐之女也。季氏欲伐顓臾而孔子譏之。

炎帝苗冑四嶽伯夷為堯典禮，折民惟刑，以封申呂。裔生尙，為文王師，克殷而封之齊，或封許向，或封於紀，或封於申。申城在南陽宛北序山之下，故詩云，"亹亹申伯，王舊之事，于邑于序，南國為式"。宛四三十里有呂城。許在潁川，今許縣是也。姜戎居伊洛之間，晉惠公徙置陸渾。州，薄，甘，戲，露，怡，及齊之國氏，高氏，嚢氏，隰氏，士強氏，東郭氏，雍門氏，子雅氏，子尾氏，子襄氏，子淵氏，子乾氏，公旗氏，翰公氏，賀氏，盧氏，皆姜姓也。

黄帝之子二十五人，班爲十二，姬，酉，祁，己，滕，箴，任，拘，釐，姞，嬛，衣氏也。當春秋，晉有祁奚，舉子蔦纆，以忠直著。莒子姓己氏。夏之興，有任奚爲夏車正，以封於薛，後遷於邳。其嗣仲虺居薛，爲湯左相。王季之妃大任，及謝，章，昌，采，祝，結，泉，卑，過，狂大氏，皆任姓也。姞氏女爲后稷元妃，繁育周先，姞氏封於燕。……姞氏之别有闕，尹，蔡，光，魯，雝，斷，密，須氏。及漢河東有郆都，汝南有郆君章，姓音與古姞同而書其字異，二人皆著名當世。

少嘷氏之世衰而九黎亂德，顓頊受之，乃命南正重司天以屬神，命火正黎司地以屬民，使復舊常，無相侵瀆，是謂"絕地天通"。夫黎，顓頊氏裔子吳回也，爲高辛氏火正，淳燿天明地德光四海也，故名祝融。後三苗復九黎之德，堯繼重黎之後不忘舊者羲伯復治之，故重黎氏世序天地，别其分主，以歷三代而封於程。其在周世，爲宣王大司馬，詩美"王謂尹氏，命程伯休父"。其後失守，適晉爲司馬，遷自謂其後。

祝融之孫分爲八姓，己，禿，彭，姜，妘，曹，斯，羋。己姓之嗣飂叔安，其裔子曰董父，實甚好龍，能求其嗜欲以飲食之，龍多歸焉，乃學擾龍以事帝舜，賜姓曰董，氏曰豢龍，封諸鬷川。……豢龍逢以忠諫，桀殺之。凡因祝融之子孫己姓之班：昆吾，籍，扈，溫，董。禿姓：腰夷，豢龍，則夏滅之。彭姓：彭祖，承章諸稽，則商滅之。姜姓：會人，則周滅之。妘姓之後封於鄶，會，路，偪陽。鄶取仲任爲妻，貪冒愛悋，蔑賢簡能，是用亡邦。會在河伊之間，其君嬌貪嗇儉，減爵損祿，群臣卑讓，上下不臨，詩人憂之，故作羔裘，閔其痛悼也；匪風，冀君先教也。會仲不悟，重氏伐之，上下不能相使，禁罰不行，遂以見亡。路子嬰兒娶晉成公姊爲夫人，酆舒爲政而虐之；晉伯宗怒，遂伐滅路。荀罃武子伐滅偪陽。曹姓封於邾，邾顏子之支別爲小邾,皆楚滅之。 芈姓之裔熊殷,成王封之於楚,是謂鬻熊,又號鬻子;生四人,伯霜,仲雪,叔熊,季紃。紃嗣爲荊子;或封於夔,或封於越。 夔子不祀融鬻熊,楚伐滅。 公族有楚季氏,列宗氏,鬭強氏,瓦臣氏,耆氏,門氏,侯氏,季融氏,仲熊氏,子季氏,陽氏,無鉤氏,蔿氏,善氏,陽氏,昭氏,景氏,嚴氏,嬰齊氏,來氏,來纖氏,卽氏,申氏,酌氏,沈氏,賀氏,成氏,吉白氏,伍氏,沈瀸氏,餘推氏,公建氏,子南氏,子庚氏,子午氏,子西氏,王孫(氏),田公氏,舒堅氏,鲁陽氏,黑肱氏,皆芈姓也。……

高陽氏之世有才子八人:蒼舒,隤凱,檮戭,大臨,尨降,庭堅,仲容,叔達,天下之人謂之"八凱"。後嗣有皋陶,事舜。…… 其子伯翳能馴百姓以佐舜禹,擾馴鳥獸,舜賜姓嬴。 後有仲衍,鳥體人言,爲夏(殷)帝太戊御。 嗣及費仲,生惡來季勝。 武王伐紂,并殺惡來。季勝之後,有造父以善御事周穆王。…… 王封造父於趙城,因以爲氏。 其後失守,至於趙夙,仕晉,爲大夫十一世而爲列侯,五世而爲武靈王,五世亡趙。 恭叔氏,邯鄲氏,訾辱氏,嬰齊氏,樓季氏,盧氏,原氏,皆趙嬴姓也。 惡來後有非子,以善畜,周孝王封之於秦,……以爲西陲大夫,邢秦享是也。 其後列於諸侯,□世而稱王,六世而始皇生於邯鄲,故曰趙政。 及梁,葛,江,黃,徐,莒,蓼,六,英,皆皋陶之後也。 鍾離,運掩,菟裘,尋梁,修魚,白寘,飛廉,密如,東灌,瓦時,白巴公,巴公,巴,郯,復蒲,皆嬴姓也。

帝堯之後爲陶唐氏,後有劉累,能畜龍,孔甲賜姓爲御龍,以更豕韋之後。 至周爲唐杜氏。 周衰,有縣叔子遠周難於晉國,生子奧,爲李以正於朝,朝無闕官,故氏爲士氏;爲司空,以正於國,國無敗績,故氏司空;食采隨,故氏隨氏。 士蒍之孫會佐文襄,於諸侯無惡,爲卿以輔成景,軍無敗政,……於是晉侯爲請冕服於王,王俞隨會爲禰,是以受范,卒諡武子,武子(子)文(子)成晉荊之盟,降兄弟之國,使無間隙,是以受郇櫟,由此帝堯之後有陶唐氏,劉氏,御龍氏,唐杜氏,隰氏,士氏,季氏,司空氏,隨氏,范氏,郇氏,櫟氏,羆氏,冀氏,欵氏,薔氏,擾氏,狸氏,傅氏。⋯⋯故劉氏,自唐以下,漢以上,德著於世,莫若范會之最盛也。斯亦有修己以安人之功矣。武王克殷而封帝堯之後於鑄也。

帝舜姓虞,又爲姚,居嬀,武王克殷而封嬀滿於陳,是爲胡公。陳袁氏,咸氏,舀氏,慶氏,夏氏,宗氏,來氏,儀氏,司徒氏,司城氏,皆嬀姓也。厲公孺子完奔齊,桓公說之,以爲工正。其子孫大得民心,遂奪君而自立,是謂威王。五世而亡。齊人謂陳田矣。漢高祖徙諸田關中,而有第一至第八氏。⋯⋯及莽,自謂本田安之後,以王家,故更世云。莽之行詐,實以田常之風。敬仲之支有皮氏,占氏,沮氏,與氏,獻氏,子氏,鞅氏,梧氏,坊氏,高氏,芒氏,禽氏。帝乙元子微子開,紂之庶兄也,武王封之於宋,今之睢陽是也。宋孔氏,祝其氏,韓獻氏,季老男氏,巨辰經氏,事父氏,皇甫氏,華氏,魚氏,而董氏,艾歲氏,鳩夷氏,中野氏,越椒氏,完氏,懷氏,不第氏,冀氏,牛氏,司城氏,岡氏,近氏,止氏,朝氏,敦氏,右歸氏,三伉氏,王夫氏,宜氏,徵氏,鄭氏,目夷氏,麟氏,臧氏,虺氏,沙氏,黑氏,圍龜氏,既氏,據氏,磚氏,己氏,成氏,邊氏,戎氏,買氏,尾氏,桓氏,戴氏,向氏,司馬氏,皆子姓也。閔公子弗父何生宋父;宋父生世子;世子生正考父;正考父生孔父嘉;孔父嘉生子木金父;木金父降爲士,故曰"滅於宋";金父生祁父;祁父生防叔,防叔爲華氏所偪,出奔魯,爲防大夫,故曰防叔;防叔生伯夏;伯夏生叔梁紇,爲鄹大夫,故曰鄹叔;紇生孔子。

我們讀完了這一大篇之後,它給與我們的最顯著的印象,便是裏邊只有伏羲,炎帝,黃帝,顓頊,堯,舜的世系,而沒有少皞與帝嚳的世系。少皞是西漢末年纔出頭的古帝,沒有人替他編製出許多子孫來尙是意中事;帝嚳則是秦漢間言族姓者的不祧之祖,看帝繫等書,凡是中原的族姓幾乎全掛在他的名下了,爲什麽到這一篇裏忽然不提起呢? 這個原因我敢說是王符的偏心,他爲要維持其"德統卽代統"之說,已把帝嚳的子孫大半送與別個人了。本來從帝繫及史記看,帝嚳有四子:后稷,契,帝堯,帝摯。除帝摯後嗣無聞之外,后稷爲周,契爲商,帝堯爲唐,原都有很昌盛的子姓的。不幸被王符將帝堯送與炎帝,將契送與顓頊;只有周,還因木德的緣故而留與帝嚳。但周的世系已在五德志內敍述過了,所以在志氏姓裏也就無話可說了。

少皞的一系亦然。他在五德志內已說:

> 武王克殷,而封其(禹)後於杞,或封於繒;又封少暭之胄於祁……
> 姒姓分氏:夏后,有扈,有南,斟尋,泊凱,辛,褒,費,戈,冥,繒,皆禹後也。

如此,少皞的子孫雖少,還可以用禹的子孫來補呢。

但不可解的問題又來了。戰國人把世上的兩個大姓——姬,姜——分配與黃帝,炎帝,故國語中說:

> 昔少典娶于有蟜氏,生黃帝炎帝,黃帝以姬水成,炎帝以姜水成;
> 成而異德,故黃帝爲姬,炎帝爲姜。(晉語四)

那時的人是把周的一系掛在黃帝的名下的,後來帝嚳雖成了周人的祖先(據王靜安郭沫若兩先生的考證,帝嚳是商人的祖先),好在帝嚳自身也本算作黃帝的子孫,所以只增加了幾代,這個系統的中心還沒有改變。自從劉歆重排五德系統而周乃與伏羲並爲木德,王符重排帝王世系而周乃出於伏羲,遂與土德的黃帝不生關係。這只要他們能自圓其說,也未始不可以備一格。然而他抄國語的老文章,黃帝之子十二姓,仍以姬姓爲首。那麼,伏羲爲風姓,何以姬姓之周可爲其後? 黃帝之子首數姬姓,何以周人反與之斷絕關係? 這豈不是太矛盾了! 王符對于這一個漏洞,自己胸中是雪亮的,故他對于黃帝子姓之祁,已,任,姞等各爲尋出其後嗣,而獨於姬姓不著一字。他只希望讀者的忘記,可是我們哪裏忘記得了呵!

在這一篇中,只有顓頊的一系記載最詳,這因楚秦趙諸國各有其世系的緣故。大概古帝王的世系,這一支是有十之六七可信的,帝繫和史記如此,志氏姓亦如此,雖則顓頊一名的來源我們尚茫無所知。其他炎帝的一系只有一個姜姓,不支不蔓,亦有可信的理由。至于太皥之後不過取自左傳;我深疑任宿諸國的祖先實是有濟,太皥一名是後來加上去的。黃帝之後的姓太多,只要看除了國語十二姓之外,王莽時又把姚嬀二姓加了上去(彝器中有陳侯因𢦚錞,爲戰國田齊器,其銘文云,"昭穆高祖黃帝,"則嬀(陳姓)或早託於黃帝之後),或許原有的十二姓也是這樣地一次一次加上去的。堯舜之後本來沒有很多記載,恰巧西漢中年以後起了漢爲堯後說及新爲舜後說,把他們裝點得很像樣,於是這一篇的作者也就照樣抄寫了。

本篇中還有一段很特別的記載,便是孔子的世系。孔子的世系見於左傳的只有弗父何,正考父,孔父嘉,鄹叔紇四世;見于史記孔子世家的,又有防叔,伯夏二世;但這篇中又多出了宋父,世子,木金父,祁父四世。這是可信的呢? 還是可疑的呢? 他沒有寫出他的根據來,但我們知道他所根據的是世本。詩商頌那篇正義引世本云:

宋緡公生弗甫何;弗甫何生宋父;宋父生正考甫;正考甫生孔父

嘉,爲宋司馬,華督殺之而絕其世,其子木金父降爲士;木金父生祁父;祁父生防叔,爲華氏所逼奔魯,爲防大夫,故曰防叔;防叔生伯夏;伯夏生叔梁紇;叔梁紇生仲尼。

然而世本中雖確已有宋父,木金父,祁父三世,却沒有世子一代,不知王符又根據了什麼書添湊上的? 到王肅作家語,因爲在王符之後,所以更有王符所不曾知道的材料,他於本姓解云:

(宋)申公生緡公共及襄公熙;熙生弗父何及厲公方祀,方祀以下世爲宋卿。弗父何生送父周;周生世子勝;勝生正考甫;考甫生孔父嘉。五世親盡,別爲公族,故後以孔爲氏焉。一曰,孔父者,生時所賜號也,是以子孫遂以氏族。孔父生子木金父;金父生睪夷;睪夷生防叔,避華氏之禍而犇魯;防叔生伯夏。伯夏生叔梁紇,曰,"雖有九女,是無子。"其妾生孟皮,孟皮一字伯尼,有足病。於是乃求婚於顏氏。……徵在既往廟見,以夫之年大,懼不時有男,而私禱尼丘山以祈焉,生孔子,故名丘,字仲尼。

這比世本和王符所記的更完密了。 可是細細一看,又有許多漏洞出來。 崔述說:

孔父爲華督所殺,其子避禍奔魯可也。 防叔,其曾孫也,其世當在宋襄成間,於時華氏稍衰,初無構亂之事,防叔安得避華氏之禍而奔魯乎!(洙泗考信錄卷一)

世本和王符只說了"防叔爲華氏所逼奔魯",這還較近情理,家語則說"防叔避華氏之禍而奔魯",這便要引起後人的質問了。 孫志祖也說:

案史記宋世家,……弗父何爲緡公世子,非煬公熙子。
案,孔子以禱尼山生,故字曰尼;孟皮何以亦字伯尼乎! 梁氏玉繩曰,"庶長曰孟,安得稱伯"!(家語疏證卷五)

潛夫論中的五德系統

這類錯誤，却是家語的作者所當獨負的，爲的是他比潛夫論又踵事增華了。

綜合五德志與志氏姓的記載，作一簡表於下，表明王符心目中的古代：

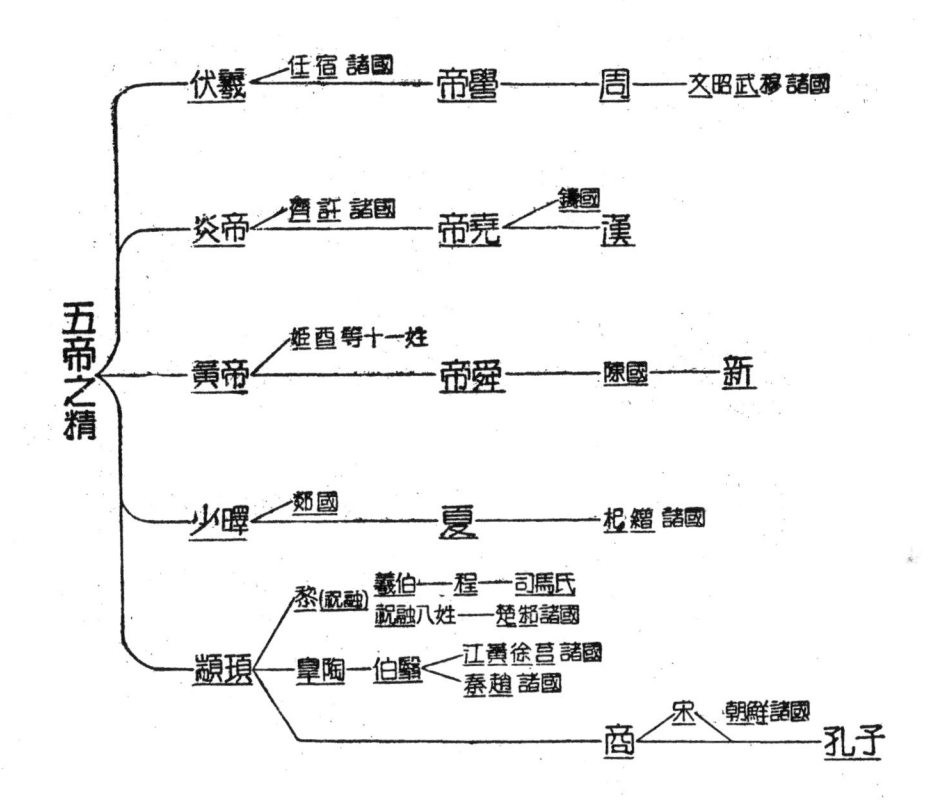

```
                    ┌─伏羲──任宿諸國──帝嚳──周──文昭武穆諸國
                    │
                    ├─炎帝──魯許諸國──帝堯──┬─鑄國
                    │                      └─漢
                    │
         五        ├─黃帝──姬酉等十一姓──帝舜──陳國──新
         帝
         之        │
         精        ├─少皥──郯國──夏──杞鄫諸國
                    │
                    │      ┌─黎(祝融)──羲伯──程──司馬氏
                    │      │           祝融八姓──楚鄭諸國
                    └─顓頊─┤
                           │           ┌─江黃徐呂諸國
                           └─皋陶──伯翳─┤
                                        └─秦趙諸國
                                  ┌─宋─朝鮮諸國
                           商─────┤
                                  └─孔子
```

這比了帝繫的世系圖，史記的世系圖，變化到怎樣？ 我們可以說王符已把古史傳說整齊到無以復加的地步了！ 這是在漢人的編排方式之下演進到盡頭時所必有的一境，我們不必責備王符個人用了他們的公式來臆造歷史，反正他不做時也有別人會做的。

近來學者厭倦于經今古文學的爭論,相率閉口不談這個問題,但古史問題又是非談不可,於是牽纏於漢人的雜說,永遠弄不清楚。我們自己,並不是樂意鑽向漢代家派的圈子裏去,只因知道今古文家所處的時代不同,因而他們的古史說也是不同,古史說中的若干糾紛,就是今古文的家派裏遺下的糾紛,所以我們不過是想順了今古文家的脈絡來尋求解決古史的門道而已。即如王符的說法,從我們看來原不過就劉歆們的五德終始說的更進一境,劉歆們的政治勢力雖倒而學術勢力不倒,他們所定的古史系統和五德方式風靡了東漢一代,逼得張衡王符們都上了當。後人不明白這一部分的學術演進史,只覺得潛夫論中的話新奇可喜,可以利用來作各種解釋,於是錢大昕取來解釋舜娶堯女的故事,近日考陳侯因資鎛的又取來確定黃帝和舜的祖孫關係(按這銘文中的"高祖黃帝"與下面的"㦛嗣桓文"爲對文,祖乃動詞而非名詞,桓文非田齊之祖,則黃帝之"祖"也即是"仲尼祖述堯舜"之意,不必爲祖先,"高祖"猶言"上紹"也)。至于鼓吹唯物史觀的,則更好取來作母系社會的史實。要是王符實在得到了一班漢人所見不到的材料,那麼大家當然可以這樣講,無奈他所有的材料只是漢人熟習的材料,他的推斷只是用了漢人的公式充類至盡的推斷,有什麼足供援据的!現在呢,又有新的公式出現了,許多人又用了這個新公式來創造歷史了,假使後世的人再依據了他們這些新創的公式化的歷史來敍述古代,豈不使"後人復哀後人"!

民國十九年五月原作,二十六年四月修改。

跋

童書業

　　這篇大作，顧師命我校讀了兩次，我越讀越覺得他闡發得透闢；除了欽佩之外，實在無甚多話可說。我想有了這篇大文行世，總不會再有人相信漢代人憑着五行的公式而杜撰的歷史了。不過其中有一點，顧師不曾提出詳細討論，現在特加補提如下：

　　五德志說"少皡……始作書契"，顧師認爲"這大約因爲少皡氏沒有什麼制作，嫌其缺典，所以替他補上了"。案，這個問題似乎不是這樣簡單的！王符爲什麼單要把"始作書契"的事加在少皡的頭上呢？其實少皡即是契，這是陳夢家先生的發見；陳先生的根據，最重要的是世本"少昊名契"（路史註引）的記載。案，陳說甚是！我們看：左傳昭公十七年郯子云，"我高祖少皡摯之立也，鳳鳥適至"，這個鳳鳥就是玄鳥！離騷說，"望瑤臺之偃蹇兮，見有娀之佚女；……鳳皇旣受詒兮，恐高辛之先我"。有娀女與玄鳥的關係到這裏變成有娀女與鳳皇的關係。天問說，"簡狄在臺，嚳何宜？玄鳥致貽，女何喜？"可見玄鳥就是鳳。甲骨文裏更有"帝使鳳"的記載，這不分明就是"天命玄鳥"的故事嗎？少皡之立，鳳鳥（即玄鳥）適至；契之生，玄鳥（即鳳鳥）亦來；所以我們敢斷，"說我高祖少皡摯之立也，鳳鳥適至"的話便是從"天命玄鳥""帝立子生商"的話變來（兩個"立"字何等相像）！又路史注引田俅子說，"少昊之時，赤燕一羽而飛集戶"，燕與玄鳥也有關係，這更可證明少昊即契了。再國語鄭語說，"商契能和合五教，以保于百姓者也。"僞堯典也說,"契!百姓不親,五品不遜,汝作司徒,敬敷五敎,在寬。"這個傳說也與少皥的傳說有關:左傳昭公十七年說少皥氏有"五鳩,鳩民者也";又有"五雉,……夷民者也"。"五鳩""五雉"卽是"五敎"傳說的演變;"鳩民""夷民"也卽是"保于百姓"的傳說。可見少皥確卽是契了!

"契"的名字卽是契刻書契之意,少皥卽是契,所以有"始作"書契"之說。(王符之說必有所本) 又契與倉頡的傳說也有關係:陳夢家先生以爲倉頡之"倉"與"商"同,倉庚鳥亦作商庚鳥。"契""頡"古音極近。然則契少皥倉頡卽是一人,所以都爲造字之祖。

當夢家先生發現少皥卽契與倉頡的時候,他並不曾見到潛夫論的話,這可見考據到了精密的當兒,證據只有愈來愈多的。近人多喜爲古史分紀之說,這種考據法確實含有一部分的可靠性,我敬希我們的師友中人儘量利用這種方法,只是要先堵住危險的附會的路子!

還有一件事,我們也趁這機會一說。讖緯書中所以不見帝嚳感生說,依我們的推測有兩種可能:

(一)伏羲(青帝),神農(炎帝),黃帝,少皥(白帝),顓頊(黑帝)五帝因月令的鼓吹而地位擡高,感生說本從五帝說來,故五帝皆有感生說。堯舜因王莽的借重,故亦有感生說。契稷早有感生說。禹,湯,文王因皆爲始受命之君,亦爲鄒衍們的五德終始說所擺佈而有感生說。獨帝嚳一人無此渲染,故只有他沒人替他想出感生說來。

(二)帝嚳至漢代,地位已不高,又無鼓吹之需要,祇須放入五帝系統中已足,不必另造感生說了。

二十六年夏,童書業識於故都。

The Five-Virtue System in *Ts'ien-Fu-Lun* (潛夫論)

Ku Chieh Kang

The Chinese ancient history has been mixed with mythology. This became solidified during the East Han Dynasty, for then the taoist *Tsai, Wei* (讖緯) books were most prevailing. What I am going to discuss here is Wang Fu's (王符) *Ts'ien-Fu-Lun* (潛夫論), a book discussing social problems of the Han Dynasty. Wang Fu was comparatively a clear thinking writer among his contemporarians, but the two chapters on the 'Five-virtue System,' (五德志) and 'Ancient Clan Names' (姓氏志). in his book are as arbitrary as any of the taoist books. They are apparently imitations of the chapters on 'Wu Ti Teh' (五帝德, Five Emperors' Virtue) and 'Ti-Hsi' (帝繫, Emperors' Family System) of *Ta-Tai-Li-Chi* (大戴禮記). It is curious that while he was carefully guarding himself against the toaist theories on the one side he still cherished the toaist-made five-virture theory on the other. In the chapter on the five-virtue system, he had even completed the incomplete five-virtue system in *Tso-Chuan* (左傳,昭 17) and made it much more splendid and high-sounding. He had given Chuan Hsü (顓頊) the Virtue of Water, inspite of its conflict with the similar stories in *Huai-Nan-Tze* (淮南子). He thought that abdications of sovereignties or emperors in ancient time had closely followed the order of the five-virtue system, and every ancient emperor (or Ti) had three fathers: first, the 'affected father'; next, the one his mother admitted; and lastly, his nominative father. In other words, a legal emperor must have three patronages: Heavenly, Patriarchal, and Matriarchal.

In the Chapter on Ancient Clan Names, he had listed quite a lot. But except the list of names come down from Chuan Hsü (顓頊) and the Chiang (姜) Clan, all the others are hardly believable. It is perhaps interesting to remark here that he had put two more new ancestors in the Confucious family. All these are of course very absurd, but under the influence of the Taoist Ts'ai, Wei books, such conclusions are only too natural to draw. I am only pointing out here how history could be made and should be read.

敦煌卷季布駡陣詞文考釋

吳世昌

敦煌殘卷現在存於倫敦大英博物館及巴黎國家圖書館者,中國現在只有兩個錄本流傳。一個是上虞羅氏印行的敦煌零拾,其中材料多半爲伯希和及狩野直喜抄來寄於羅氏。這是海外唐卷流播國內的最初本子。一個是劉半農先生從巴黎國家圖書館錄回,共一百另四種,中央研究院爲之刊布,名敦煌掇瑣。零拾卷三季布歌殘文首句是"且逑天心宣勑文,"讀下去知道是季布逃匿在濮陽周氏時,漢高祖懸賞購緝的故事。最末兩句是:"侯嬰當得心驚怪,遂與蕭何相顧頻。"知道是說汝陰侯夏侯嬰(即史記季布傳中的滕公)與朱家(卷文作'朱解')商量着勸漢高祖赦免季布的敍述。這一段殘文通篇都是七言句,共二百四十句,一千六百八十字。

劉氏的敦煌掇瑣,第一册卷五題爲季布歌,卷六亦爲季布歌,卷七爲季布駡陣詞文,也都是七言句。(其中只有一句爲三字二句,如鷓鴣天的下闋首句。) 卷五凡一百二十六句,頗有脫落。首云:

"□□□□□□,各憂勝敗在逡□。(按所脫疑是'巡'字。'逡巡'連詞詳下文。) □□□□□□,官為御史大夫身。逐奏霸王誇辯捷,□□□□□□。臣見兩軍排陣訖,虎鬥龍爭必損人。臣罵漢王三五口,不施弓弩遣收軍,霸王聞奏如斯語,據卿所奏大忠臣。⋯⋯⋯⋯"

末幾句是:

"一自漢王登九五,黎庶朝甦万姓欣。惟我罪濃憂性命,究竟如何向□□? 自剗他誅應有日,冲天入地若無因,忍飢□□□□□,□□□義舊恩情。"

這一段所述是季布自向項王聲請罵漢王,以及種種罵詞,後來項王垓下兵敗,漢王為帝後購緝季布,季布竄藏山林,無地自容,深自痛艾的種種情形。

卷六起首云:

"初更乍黑人行少,走□直入馬坊門。更深趲至堂階下,花藥園中影樹身。周氏夫妻飡饌次,須臾敢得動精神。罷飲停飡驚耳熱,撚筋橫起怪脈瞤。忽然起立望門間,堦下于當是何人?⋯⋯⋯⋯"

卷末是一個季布上高祖的表文,表文另行寫起,文前並且空一行,僅書'表曰'二字為題,以醒眉目。但表文首句是:"臣作天尤合粉身。" 今以文理及韻脚求之,可知這也不是首句。'表曰'題下所空半行,當是抄胥偶脫寫一句。表文的末一句是:"生死榮華九族炘(按當是'忻')。 下文:"當時隨來於朝闕,所司引對入金門。皇帝捲簾看季布,思量罵陣忽(忽)然嗔。遂令(以下原缺五字)"仍係作者的敘述文字。但此段終於此處,前面又有'表曰'題文,頗易令讀者誤會題下一節全是表文。

卷六頗長，——凡一百九十五句，其中又分爲兩段：前段末句爲："却着言詞怔主人。" 後段首句爲："據君良計大尖新。" 中空一行，劉氏於眉端批注云："此處原本缺一段。"（頁三七） 前段述季布潛逃入周氏家，備述艱苦，周氏匿之，但漢購緝甚急。後段夏侯嬰(卷作侯瓔)與蕭何(卷作'河')商議奏請高祖赦季布及季布上高祖求赦表文。

卷七很短，才二十七句。 敍季布抗諫高祖，遂拜布爲齊州太君。 首句云："以勝煎熬不用存。" 末句爲："莫道辭人唱不嗔。" 明其爲收場語。 卷末附有題名全文，曰："大漢三年季布罵陣詞文一卷。" 所以劉氏把前二卷定名爲季布歌，這卷却依原名，稱爲季布罵陣詞文。

現在我把狩野抄的一卷季布歌，劉氏抄的二卷季布歌，和一卷季布罵陣詞文合起來仔細紬校，知道這四卷實在是一整卷的季布罵陣詞文，所缺無幾，訛脫的部分也有許多地方可以臆校臆補。 其中最大的關鍵是掇瑣卷六前段的末節，與零拾卷三的首段完全相同。 掇瑣卷六前段自頁三六行七下句爲："具述天心宣勑文。" 零拾首句作："且述天心宣勑文。"（劉氏依字照抄，羅氏材料轉輾郵傳，又係鉛字排印，其誤當在零拾。） 以下全同。 掇瑣六前段末句爲："却着言詞怔主人。" 以下即缺。 零拾作："却著言辭怪主人。" 下文尚有："院長不須相恐嚇"以下二百二十五句，掇瑣所全無。 零拾末句與瑣六後段首句文義相啣接，據我推測大概祇少一句。

其次，從文體和韻脚上看，這四卷殘文也實是一篇東西。 第一，四卷韻脚全用'眞'，'文'，'元'三韻，其糅雜拼湊的情形相同；奇句無韻，偶句用韻的情形也相同。 第二，全文除瑣五有："嫌日月，愛星辰；"一語外，(實則此句也有問題：下文零拾本296句云："羞看日月恥星辰。" 則嫌字下或另有一動詞，為抄胥脫略，也未可知。) 通篇七字為句，不像其他卷子似的有白有詞，駢散雜糅。這一點又都是四卷相同，絕無遺漏白文或非七字句的其他任何文體的痕跡可尋。因此，我們從瑣七最末一段後所附的題文，可知其餘的三卷也應該是季布罵陣詞文，而非季布歌。季布歌這名稱本來是羅氏假擬的。他只見到當中一段，既無題目，也無上下文，見其所歌為季布故事，自然只好稱之為季布歌。劉氏所以名瑣五，瑣六兩卷為季布歌者，顯然是先抄時因不見題文，不免受了羅氏季布歌這名稱的暗示，不知不覺沿用此名。後來雖然抄到題名，也沒有想到前兩卷其實和罵陣詞文也是一個卷子了。

這幾段殘卷把人弄糊塗了的最大原因是伯希和先生那種編目方法。他大概不是把卷子整理清楚了再編目，只是隨手拈來，抓到那一卷就編那一卷，號數是以他抓到的先後為定的。所以瑣五是二六四八號，瑣六是二七四七號，瑣七是三三八六號。假使在巴黎國家圖書館只能依號碼一卷一卷看，那就非看一卷抄一卷，不能整理出結果來的。

零拾卷末羅氏注云："此日本狩野博士直喜曩游歐洲時從法京圖書館手錄，亡兒福萇移寫。" 云云。但卷首題下却又有注云："出敦煌，今藏倫敦博物館。" 究不知此卷在英在法。今按此卷中有一段——句216至228與劉氏錄自巴黎者相同，而自216以下二百二十五句劉氏竟未見，而相同一段文字復有出入(詳下詞文註釋)，可知確係二本，羅氏所錄卷以在倫敦為可信。

敦煌卷季布駡陣詞文考釋　　　101

羅氏劉氏二書原來省無標點段落,今將兩書錄文銜接湊合,並爲校點分段,重予迻錄,其脫訛落謬,並爲校注紃釋。 這樣,我們雖不能使它盡復本來面目,但大體上是可以弄清楚了。

季布駡陣詞文

(括弧內數字爲句數號碼。 俗字訛謬悉依原卷。)

(1)□□□□□□,各憂勝敗在迻□。[1]　□□□□□□,官爲御史大夫身。[2]　遂奏霸王誇辯捷,□□□□□□:"臣見兩軍排陣訊,虎鬬龍爭必損人。 臣駡漢王三五口,(10)不施弓弩遣收軍。" 霸王聞奏如斯語,"據卿所奏大忠臣。 戈戟相衝猶不退,如何聞駡肯收軍? 卿旣舌端懷辯捷,不得妖言悞寠[3]人。"

季布旣蒙王許駡,意似穪[4]龍擬作雲。 遂喚上將鍾離末,(20)各將輕騎後隨身。 出陣拋騎强百步,駐馬攢蹄不動塵。 臂下狼牙桯西羿,臂上烏號掛六勻。順風高緯低牟熾,逆箭長陲鏢甲裙。 遙望漢王招手駡,發言可以動乾坤。 高聲直噭呼季布,

---

註1　按此當爲巡字,'迻巡'連詞用作韻脚者,有下文226句:"唯言禍難在'迻巡'"可證。

註2　按劉氏於此卷卷首眉批云:此頗似後文二六四八號之頭段。 今案此四句應是駡陣詞文首節。 第一句大抵是概述楚漢相爭,故下句是'各憂勝敗'云云。 第三句必係引出季布,第四句說明季布在楚軍中的職分。 這四句是一段總冒。

註3　寠

註4　猶

5 (30)"公是徐州豐縣人。毋 6 解縉 7 麻居村裏,父能收放住鄉村。公曾泗水爲亭長,□□ 8 閭閻受飢貧。因接秦家離亂後,自無爲主假亂眞。□□ 9 如何披風 10 翼? 黿龜爭敢掛龍鱗? 百戰百輸天下祐,(40)□□□□析五分。何不草繩而自縛,歸降我王乞寬恩? □ 11 君執迷誇鬪敵,活捉生擒放沒因。擊鼓未旗未播□,12 □□言高一一聞。" 13

漢王被罵牽宗祖,羞青 14 左右恥君臣。□□ 15 寒鴉嫌樹鬧,(50)龍怕凡魚避水昏。拔馬揮鞭而便走,陣似山崩遍野塵。

註5　按此句語法殊別致。應作"季布高聲直噉呼。"今以'季布'置句末,將動詞置句首,是修辭上要加重描寫'高聲直噉,'所以顚倒文法上的詞序。

註6　毋

註7　縉?

註8　按所脫首二字疑'潦倒''窮困'一類字樣。

註9　所脫二字當係小鳥名。大概是'烏鴉'之類。

註10　按以下句文對比,此當是'鳳'字。

註11　所脫當係'倘','若',一類字。

註12　劉注云:"句脫一字。"當係抄胥所脫。又按所脫當在第三字下,應是'響''動'一類字。

註13　按所脫首二字當係'罵陣'二字。下文 156 句:"僕是去年'罵陣'人。" 550 句:"思量'罵陣'忽然嗔。" 這二字在句中平仄也相調。

註14　看?

註15　所缺首二字以下文例之,當係'鳳畏'一類字樣。

走到下坡而憩歇,重勒戈牟問大臣:"昨日兩家排陣戰,忽 16 聞二將語芬芸。陣前立馬搖鞭者,□□ 17 高聲是甚人?

問訖蕭何而奏曰,(60)"昨朝二將騁頑嚻。□□□王臣等辱,罵觸龍威天地嗔。駿馬剔 18 鞍穿鏁甲,旌下依依認得真。只是季布中離末,終諸更不是餘人。"

漢王聞語深懷怒,拍案頻眉巨耐嗔。不能助漢餘枉寢,(70)□政迮君猷 19 寔 20 人。寔 21 人若也無天分,公然万事不言論。若得片雲遮項 22 上,楚將投來總安存。唯有季布中離末,火炙油煎未是迍。卿與寔 23 人同記着,抄錄姓名莫因循。忽期南面稱尊日,(80)活捉粉骨細颺塵。"

後至五年冬三月,會垓滅楚靜烟塵。項羽烏江而自刎,當時四塞絕芬芸。楚家敗將來投漢,漢王與賞盡垂 24 恩。唯有季布中離末,始知口是禍之門。不敢顯名於聖代,(90)分頭逃難自藏身。

註 16　忽

註 17　首二字當係'罵陣'。看上 46 句注。

註 18　雕

註 19　猷?

註 20　寡

註 21　寡

註 22　'項'字當係'頂'字之譌。

註 23　寡

註 24　垂

是時漢帝與王業,洛陽登極獨稱尊。四人榮業三邊靜,[25]八表來甦万姓忻。聖德巍巍而偃武,皇恩蕩蕩盡修文。心念未能誅季布,常是龍顏眉不分。遂令出勅於天下,(100)遣捉艱兇搜逆臣。"捉得賞金官萬戶,藏隱封刀斫一門。"旬日勅文天下遍,不論州縣配鄉村。[26]

　　季布得知皇帝恨,驚狂莫不喪神魂。雄嗟世上無藏處,天寬地窄大愁人。遂入歷山谿谷內,(110)偷生避死隱藏身。夜則村裡偷飡饌,曉入林中伴獸羣。嫌日月,愛星辰;晝潛暮出怕逢人。大丈夫兒遭此難,都緣不識聖明君。如斯旦夕愁危難,時時自嘆氣如雲:"一自漢王登九五,(120)黎庶朝甦万姓欣。惟我罪濃憂性命,究如竟何向□□? 自刎他誅應有日,冲天入地若[27]無因。忍飢□□□□□,□□□義舊恩情。[28]

註25　所謂'四人',當係指士農工商。大概是當時成語。'三邊'亦然,李商隱富平少侯:"七國三邊未到憂,"知'四人''三邊,'皆唐人習語。

註26　配,其意猶云合。和也,與也。謂'不論州縣和鄉村'也。 這大概是唐時西北俗語,可注意。

註27　按'若'字疑當作'苦',蓋抄寫之誤。如原係'若'字,其義當為問詞,蓋猶"承恩不在貌,教妾若為容?"之'若'也。

註28　按此二句下原文或缺或不缺。因末句有'舊恩情'之語,是指他和周氏的交誼。故下文143句云:"只是舊時親分義。" 所脫上下八字如果已指出周氏,則和下文文氣啣接,當不致有缺文。如果此八

初更乍黑人行少,走□直入馬坊門。 更深潛至堂階下,
(130) 花藥園中影樹身。 周氏夫妻湌饌次,須更敢得動精神。
罷飲停湌驚耳熱,捻筋橫起怔脈[29]睏。 忽然起立望門間,堦下
于當是鬼神。[30] "若是生人須早語,忽然是鬼莽丘墳。[31] 問
着不言驚動僕,(140) 利劍鋼刀必損君!"

季布暗中輕報曰:"可想階前無鬼神。只是舊時親分義,[32]
夜送千金與來君。"

周諠按聲而問曰:"凡是千金須在恩。 記道遠來酬分義,
此語應虛莫再論。 更深越墻來入宅,(150) 夜靜無人但說眞。"

季布低聲而對曰:"切語莫高動四隣![33] 不問未能諮說
得,旣蒙垂問卽申陳:夜深不必盤名姓,僕是去年罵陣人。"

字尚未述及周氏,則此段和下文中間必脫了述及
周氏文字,但所脫亦不致太多,大致二句或四句已
足够使上下文聯接起來。 今爲編行數號碼的方
便起見,姑作不缺計算。 以上撥瑣五巴黎圖卷號
二七四七完。 以下是瑣六。巴黎圖卷二六四八。

註29 眼

註30 此句必有錯字。

註31 '忽然'當係'不然'之悞。—— 謂若不早語,定是鬼神。
否則殊不可解。 又'莽'字係'奔'字之譌,下文 176 句:
"更向何邊投'莽'人?" 可證。'奔丘墳,'意思是
說從墳中奔出來。

註32 此云'親分義',下 147 句曰'酬分義,' '分義'一詞,大
致亦唐人俗語。

註33 按此句顯係"切莫語高動四隣"。 抄時字序顛倒。

周氏便知是季布,下階迎接敘寒溫。乃問:"大夫自隔闊,(160)寒暑頻移度數春? 自從有勅交尋促,何處藏身更不聞。"

季布聞言而啼泣,"自佳[34]艱危切莫論! 一從罵破高皇陣,潛山伏草受艱辛。似鳥在羅憂翅羽,如魚向鼎惜岐鱗。特將殘命投仁弟,(170)如何罾分乞安存?"

周氏見言心懇切,大夫請不下[35]心神。一自結交如管鮑,宿素情深舊拔塵。今受囚危天地窄,更向何邊投莽[36]人? 九族潘遭[37]爲勅罪,死生相爲莫憂身。"

執手上嘗[38]相對坐,(180)素飯同湌酒數巡。周氏向妻甲[39]子細,還道:"情濃舊故人。 今遭國難來投僕,輒莫談揚聞四鄰!" 季布遂藏覆壁內,鬼神難知人莫聞。 周氏身名綠在縣,每朝巾情[40]入公門。 處分交妻送盤飱,(190)禮同翁伯好供慇。

註34　維

註35　'下'字不可解,疑係'掛'字俗寫,形譌而誤。

註36　奔

註37　播遭?

註38　堂

註39　'甲'字當係'申'字。申謂申述,上154句:"旣蒙垂問卽申陳。下202句"察有知無且狀'申。'"415句:"將此情□何處'申?'" 544句:"感恩激切卒難'申。'" 可證。'子細'一詞,亦見下文,400句:"不曾'子細'問根由。" 403句:"季布旣蒙'子細'問。"

註40　按'情'疑'幘'之悞。"巾幘入公門,"猶云:穿了制服上班也。

敦煌卷季布罵陣詞文考釋　　107

爭那高皇酬恨切,[41]扇開簾捲[42]問大臣："朕[43]遣諸州尋季布,如何累月音不聞？應是官寮心怠慢,至今逆賊未藏身。"遂遣使司重出勑,改條[44]換格轉精勲。　白土拂墻交畫影,(200)丹青畫影更邈[45]眞。所在兩家圖一保,察有知無且[46]狀申。先圻[47]重棚除覆[48]壁,後交播土更颺塵。尋山逐水薰巖入,踏草搜林塞墓門。察良[49]期名擒捉得,賞金賜王[50]拜官新。藏隱一湌停一宿,(210)滅族誅家陣六親。仍差朱解爲齊使,面別天階出國門。驟馬搖鞭旬日到,望捉奸尭[51]貴子孫。來到濮陽公館下,具述天心宣勑文。[52]　州官縣宰皆憂懼,捕捉惟愁失

註41　那與'奈'通,唐人詩屢有'無那.'酬,當係'仇'或'讎.'

註42　捲

註43　朕。下文473句首字同。

註44　條

註45　按此字當係'貌'字之譌。抄此卷的書吏喜歡在字下加辶,下文 496 句爲"邊方未免動煙塵。" 514 句文字全同,但在'免'(又訛作兊)字下加辶作'逸.'惟加辶之字皆係'明'紐之音,却可以注意。

註46　'且'字當係'具'字之悞,因下文 216 句 "具述天心宣勑文。" 零拾錄文'具'亦作'且.'

註47　拆。參看下 244 句。

註48　複。參看下 243 句。

註49　貌

註50　玉?

註51　兕

註52　零拾由此句起。'具'作'且,' '勑'作'勒.'

帝恩。

其時周氏聞宣勑,[53] (220) 由[54]如大石陌心𤨾。[55] 自隱時多藏在宅,骨寒毛竪失精神, 歸到壁前看季布,面如土色結眉頻。 良久沈吟無別語,唯言禍難在逡巡。

季布不知新使主,[56]却着[57]言詞悚[58]主人:[59]

"院長不須相恐嚇,(230)僕且常聞俗諺云:古來久住令人賤,從前又說水頻昏。 君嫌叨瀆相輕棄,別處難安有罪身。 結交語斷人情薄,僕應自殺在今晨。"

周氏低聲而對曰:"兄且聽言不用嗔。 皇帝恨兄心緊切,(240)專使新來宣勑文。 黃牒分明□[60]在市,垂賞堆金條格新:'先拆重棚除複壁,後交播土更颺塵。' 如斯嚴迅交尋捉,兄身弟命大難存。 兄且以曾爲御史,德重官高藝絕倫。 氏且一家甘鼎鑊,(250)可惜兄身變微塵。"

季布驚憂而問曰:"只今天使是誰人?" 周氏報言:"官御史,名姓朱解受皇恩。" 其時季布聞朱解,點頭微笑兩眉分。

註53　零拾作'勅'
註54　零拾作'猶,'是。
註55　零拾作'珍。'
註56　零拾作'至',是。
註57　零拾作'著。'
註58　零拾作'怪。'
註59　此句以下掇瑣缺。 劉注云:"此處原本缺一段。"
　　　自此以下係零拾錄文。
註60　張?

"若是別人憂性命，朱解之徒何足論！ 見論無能虛受福，[61] (260)心粗闕武又虧文。 直饒墮却千金賞，遮莫高堆萬挺銀。 皇威刺[62]朕雖嚴迅，颺塵播土也無因。 既交朱解來尋捉，有計隈[63]依出得身。"

周氏聞言心大怪，出語如風弄國君。 "本來發使交尋捉，(270)兄且如何出得身？"

季布乃言今日計："弟但看僕出這身。 九[64]髮翦頭披短褐，假作家生一賤人。 但道兗州莊上漢，隨君出入往來頻。 待伊朱解迴歸日，扣馬行頭[65]賣僕身。 朱家忽然來買口，[66] (280)商量莫共苦爭論。 忽然買僕身將去，擎鞭執帽不辭辛。 天饒得見皇高[67]恨，猶如病鶴再凌雲。" 便索剪刀臨欲剪，改形移貌痛傷神。 解髮捻刀臨擬剪，氣塡胸臆淚紛紛。 自嗟告其周院長：(290) "僕恨從前心眼昏。 枉讀詩書虛學劍，徒知氣候別

註61 '見論'大概是'見說'之意。 '見說，'唐人詩中習見。 或原文本是'見說，'抄者衍上句'論'字而譌，亦未可知。 此句謂聽說朱解並無才能，虛受福祿。

註62 勅？

註63 偎。

註64 按'九'字當係'髡'字簡寫之譌形。

註65 '行頭'當亦唐人俗語。 我想'行'字似乎應以嵇康答山濤書'一行作吏'之'行'解。

註66 按此句及下 281 句'忽然'似係'若然''或然'之譌。

註67 按'皇高'似應作'高皇，'上 191 句. "爭那高皇酬恨切。" 下 432 句："合見'高皇'嚴勅文。" 可證。 又："得見"之'見'疑係'解'，音近而訛。

風雲。輔佐江東無道主,毀罵咸陽有道君。致使髮膚惜不得,
羞看日月恥星辰。本來事主誇忠赤,變爲不孝辱家門。"[68]
言訖捻刀和淚剪,(300)占[69]項遮眉長短勻。浣染爲瘡烟肉色,
吞炭移音語不眞。出門入戶隨周氏,隣家信道典倉身。

朱解東齊爲御史,歇息因行入市門。見一賤人長六尺,遍
身肉色似烟熏。神迷勿惑生心買,(310)持將逞似洛陽人。問
此賤人"誰是主?僕擬商量幾貫文?"周氏馬前來唱喏:"一
依錢數且咨聞。氏買典倉緣欠闕,百金卽買救家貧[70]。大夫
若要商量取,一依處分不爭論。"朱解問其周氏曰:(320)"有
何能得直千金?"[71] 周氏便誇身上藝,雖爲下賤且超羣。小
來父母心憐惜,緣是家生撫育恩。偏切按摩能柔軟,好衣彩攝
著烟熏。送語傳言廳識字,會交伴戀入庠門。若說乘騎能結
綰,(330)曾向莊頭牧馬羣。莫惜百金促買取,商量驅使莫頑嚚。
朱解見誇如此藝,遂交書契驗虛眞。典倉牒絺而捐筆,便呈字
勢似崩雲:題姓署名似鳳舞,書年著月若烏存。上下撒花波對

註68　按全文並未述及季布有父母之事,此處所謂'不孝,'
　　　乃是由上文"致使膚髮惜不得,"一語而來。蓋
　　　用孝經"身體膚髮,受之父母,"一語的典故。

註69　'占'當係'貼'之簡寫。元曲中'貼旦'之'貼,'崑曲及皮
　　　黃脚本中往往作'占.'

註70　按此兩句'買'字均應作'賣.' 上句'氏'乃周自稱。

註71　按'千金'必係'百金'之悞,讀上文及下331,345,346,399
　　　各句可知。且當時鉗髮之奴,又急於出售,當不致
　　　索價千金也。

當,(340)行間鋪錦草和眞。　朱解低頭親看札,口呿目瞪忘收脣。良久搖鞭相嘆羨,"看他書札置功勳;非但百金爲上價,千金於口合交分。"　遂給價錢而買得,當時便遣涉風塵。

季布得他相接引,(350)擎鞭執帽不辭辛。

朱解相貌何所似? 猶如煙影嶺頭雲。 不經旬月歸朝闕,具奏東齊無此人。 皇帝既聞無季布,"勞卿盧去涉風塵。 放卿歇息歸私邸,是朕寬腸未合分。"　朱解殿前聞帝語,(360)懷憂拜舞出金門。

歸宅親故來軟脚,72 開筵列饌廣鋪陳。 買得典倉緣利智,廳堂誇向往來賓。 閑來每共論今古,悶卽堂前語典墳。 從此朱解心憐惜,時時誇說向夫人:"雖然買得愚庸使,(370)實是多知而廣聞。 天罰帶鉗披短褐,似山藏玉蛤含珍。 是意存心解相向,73 僕應擔舉別安存。 商量乞與朱家姓,脫鉗除褐換衣新。今既收他爲骨肉,令交內外報諸親:莫喚'典倉'稱下賤,(380)總交喚作'大郎君。'"　試教騎馬捻毬仗,忽然擊拂便過人。 馬上盤槍兼弄劍,彎弓倍射勝陵君。 勒彎邀鞍雙走馬,蹺身獨立似生神。 揮鞭再騁堂堂貌,敲鐙重誇擅擅身。 南北盤旋如掣電,(390)東西懷協似風雲。 朱解當時心大怪,愕然直得失精神。 心粗買得庸愚使,看他意氣勝將軍。 名曰'典倉'應是假,終知必是楚家臣。 笑向廳前而問曰:"濮陽之日爲因循。 用却百金爲買得,(400)不曾子細問根由。 看君去就非庸賤,何姓何名甚處人?"

註72　'軟脚'一詞未詳,或係'歇脚'之譌。 但不論是軟脚或歇脚,其意思總和'洗塵''接風'差不多。

註73　大致謂能揣摩人意,懂得心向主人。

季布旣蒙子細問，心口思維要說眞。擊分[74]聲嘶而對曰："說著來由愁殺人！不問且[75]言爲賤士，旣問須知非下人。楚王辯士英雄將，(410)漢帝怨家季布身。"[76]

..........三台八座甚忙紛。又奏逆臣星出現，早疑恐在百寮門。不期自己遭狠狠，將此情□何處申？解誅斬身甘受死，一門骨肉盡遭迍！"

季布得知心裏怕，(420)甜言美言却安存："不用驚狂心草草，大夫定意在安身。見令天下搜尋僕，捉得封官金百斤。君促送僕朝門下，必得加官品位新。"朱解心粗無遠見，擬呼左右送他身。季布出言而便嚇，(430)"大夫便似醉昏昏！順命受恩無酌度，合見高皇嚴勅文：捉僕之人官萬戶，藏僕之家斬六親。況在君家藏一月，送僕先憂自滅門。"朱解被其如此說，驚狂展轉喪神魂。"藏著君來憂性命，(440)送君又道滅一門。世路盡言君是計，今且如何免禍迍？"季布乃言："今有計，必應我在君亦存。明日廳堂排酒饌，朝下總呼諸大臣。座中促說東楚事，道僕愆尤罪過頻。僕卽出頭親乞命，(450)脫禍除殃必有門。"

註74　'分'字疑誤，或係'胸'字簡寫作'匈'，又作艸書，轉輾傳寫，形似而誤。

註75　'且'猶'只，'二字唐人詩中通用。李商隱詩："不見高僧且見猿，"一本作"只見猿。"

註76　按以文理及韻脚求之，此句下當脫一段。羅氏未注闕文，殆係傳寫遺漏。今爲計算便利，句數姑仍依次推算。

敦煌卷季布罵陣詞文考釋

屈得鄧侯蕭相至,登筵赴會讓卑尊。朱解自緣心裏怯,東齊季布便言論。侯嬰當得心驚怪,遂與蕭何相顧頻。[77]

□□□□□□□[78] 據君良計大尖新。[79] 要其捨罪□[80]皇勑,(460)半由天子半由□。[81] 今日與君應面奏,後世徒知人爲人。[82] 蕭河[83]便囑侯瓔[84]奏,面對天階見至尊。且[85]奏東齊人失業,望金徒費罷耕耘。陛[86]下捨懲[87]休尋捉,兕[88]其金玉感羿艮。[89] 皇帝旣聞無季布,(人失業)[90] (470)失聲憶得尙書

註77　羅氏原注云:'下闕。' 羅氏零拾止於此,下文爲掇瑣六,頁三七起錄文。

註78　此上疑缺一句。

註79　按'尖新'大概唐西北習語,掇瑣二五雲謠集曲子內家嬌:"善別宮商,能調絲竹,歌令尖新。"

註80　按此疑'高'字,詳上文 283 句注。

註81　當係'臣'字。

註82　此句有誤,上'人'字或'臣'字之悞,音同而譌。

註83　何

註84　按史記作'夏侯嬰,'不作瓔。不知唐代是否尙有別本史記作'瓔。'

註85　當係'具'字,理由詳上文註46。

註86　陛

註87　懲

註88　此係'免'字。下 496 句:"邊方未免動煙塵。" '免'亦譌作'兕。'

註89　按末二字顯誤。'艮'字出韻。此二字當是'沉淪'之類,或其他從'令'從'艮'之字。

註90　劉氏原注云:"'人失業'三字原本寫於'無季布'三字之旁。"

云:"'民惟邦本'傾資惠,本固寧在養人恩。朕聞舊酬荒土國,往苒交他四海貧。依卿所走[91]休尋捉,解寃檡[92]罷言論。"[93] 侯瓔拜舞辭金殿,來看季布助歡忻:"皇帝舍懲[94] 收勅了,(480)君作無憂散憚身。"

季布聞言心更大,"僕恨多時受苦辛!雖然奏徹休尋捉,且應潛伏守灰塵。君非有勅千金詔,[95]乍可[96]遭誅徒現身!" 侯瓔聞語懷嗔怒,"爭可將金詔逆臣?"[97] 季布鞠躬重啓曰:(490)"再[98]奏應聞堯舜恩。但言季布心頑硬,不憖聖聽得皇恩。自知罪濃憂鼎鑊,怕投戎狄越江津。結集狂兵侵漢土,邊

註91　奏
註92　當係'寃釋'二字。
註93　此六字原併在一起,空最末一格。劉氏眉注云:句脫一字,今按脫字當在'釋'字下,或係'恨'字。
註94　懲又'舍',上文467句作'捨'。
註95　按此句首語當係'若非,'與下句'乍可'對文。意謂:雖然皇帝赦我罪不再購緝,但我仍只能老死塵下,沒世無聞。除非皇帝有勅賜千金之詔,還不如被殺了痛快些!故下文有488句:"爭可將金詔逆臣?" 499句:"陛下千金招召取。" 521句:"但立千金招召取。" 529句:"依卿所奏千金召。"等語。
註96　'乍可'猶言'寧可。'王梵志翻著襪詩:"乍可刺你眼,不可隱我脚。"宋僧洪慧引此詩,改"乍可"爲"寧可"今以此文證之,知"乍可"本唐人習語,無須改也。
註97　意謂:怎麼可以把千金來詔賜逆臣?
註98　再

敦煌卷季布罵陣詞文考釋　　　　　　115

方禾兒99動烟塵。一似再100生東項羽,二憂重去定西秦。陞101下千金招召取,(500)必能廷佐作忠臣。"侯瓔聞說如斯語:"據君可以撥星辰。僕便爲君重奏去,將表呈102時潘103帝嗔。"

乞待早朝而入內,具表前言奏帝聞:"昨奉聖慈捨季布,國泰人安善104氣新。臣憂季布多頑逆,(510)不憨聖澤皆105皇恩。陞下登朝休尋捉,怕投戎狄越江津。結集狂兵侵漢土,邊方未逬106動煙塵。一似再生東項羽,二如重去定西秦。臣聞季布能多計,巧會機謀善用軍。權鋒狀似霜凋葉,(520)破陣由107如風捲雲。但立千金招召取,必有忠貞報國恩。"

皇帝聞言情大悅,"勞卿忠諫奏來頻。朕緣爭位遭傷中,變108體油瘡是箭痕。夢見楚家由109戰酌,110況憂季布動乾坤。

　　註99　免
　　註100　再
　　註101　陛
　　註102　呈
　　註103　漢? 消?
　　註104　喜
　　註105　'皆'疑當作'背',形似而譌。
　　註106　免
　　註107　猶
　　註108　遍
　　註109　猶
　　註110　按'酌'字不解何義。以意逆之,當係戰慄,恐懼之意,故下文謂:"況憂季布動乾坤"也。

依卿所奏千金召,(530)山河爲誓典功勳。"

季布旣蒙賞排石,[111]頓改愁腸修表文。

表曰:"………………[112]臣作天尤合粉身。臣住東齊多朴眞,生居陋巷長蓬門。不知陛下懷龍分,輔佐東江狠虎君。狂謀罵陣牽宰[113]祖,(540)自致煎熬鼎鑊迁。陛下登朝寬聖代,大開舜日布堯雲。罪臣不煞[114]將金詔,感恩激切卒難申。乞臣殘命將農業,生死榮華九族忻[115]。"

當時隨來於朝闕,所司引對入金門。皇帝捲簾看季布,(550)思量罵陣忽[116]然嗔。遂令[117]……以勝煎熬不用存。

註111　'石'是'二千石''六百石'之'石,'當指官秩。'排'字未詳,也不知有無譌悞。

註112　此處當脫一句。或'表曰'二字本非單獨標題,原來下面還有五個字,湊成七言一句。

註113　親

註114　殺

註115　'忻'當作忻。按表文當止於此。

註116　忽。

註117　此句當仍是七言,抄胥所脫。此處所缺文字,合下句觀之,當謂高祖因見季布憶及被罵時之可恨,遂使人煎熬季布。'煎熬'之意爲'烹,'看下文558句自明。高祖本來是個烹人的能手。故下文謂季布被押出墻外時復高聲抗諫。這以上的文字與下文在劉書中雖分爲二卷,但依敍事的文理求之,知其所缺殆僅'遂令'下五字。又:瑣六斷於此,以下爲瑣七,巴黎圖卷號三三八六。

敦煌卷季布罵陣詞文考釋　　　　　　　　117

臨至俊[118]到蕭墻外,季布高聲殿上聞。"聖明天子堪佐佐,謊語君王何處論!分明出勑千金詔,賺到朝門却煞[119]臣。臣罪受誅雖本分,(560)陛下爭堪後世聞?"皇帝登時聞此語,廻瞋作喜却交存。"怜卿計策多謀掠,[120]舊惡芍夕摠[121]莫論。賜卿錦帛並珍玉,彙拜齊州爲太君。放卿意[122]錦歸鄉井,光榮祿重貴宗親。"季布得官如謝勑,(570)拜舞天街喜氣新。蜜[123]報先謝朱解得,明夕答謝濮陽恩。敲鐙臨歌歸本去,搖鞭喜得脫風塵。若論罵陣身登首,万古千秋祗一人。具說漢書修製夕,[124](578)莫道辭人唱不嗔。

大漢三年季布罵陳[125]詞文一卷

按季布爲項羽罵漢高祖事,史記所記季布本傳才四百字,漢書也大致相同。此外,惟史記游俠列傳說到朱家,但云:"既陰脫季布將軍之阨,及布尊貴,終身不見也。"寥寥十餘字耳。而此卷竟敷陳成這樣長的故事,當非此文作者的創作,而是流傳已久的民間愛聽的故事。文中把朱家說得這樣茸闒卑庸,可知寫此文者未必子細讀過史漢,只就流行故事加以煊染而

註118　投。'投至''投到,'亦唐人習語。
註119　殺
註120　略,音同而譌。
註121　'總,'敦煌卷例作'摠。'
註122　衣
註123　密
註124　了?
註125　陣

巳。這一類故事,依我們推測,大致和敦煌掇瑣所收韓朋賦,晏子賦差不多。此後如能有大量發現,則在唐代的小說史上,除了傳奇以外,又多了通俗歷史故事一類。並且這一類在後來小說的發展和演變上,比傳奇還要重要,我們簡直可以說它是中國小說的不祧之祖。

這雖然是一篇俗文學,有許多不很通順的地方,但有許多地方樸質厚重,故顯得沉着有力,是以知作者大概是西北人。在文章方面雖不細膩,却很渾雄。如敘季布得知漢高祖購緝他的恐慌:"唯嗟世上無藏處,天寬地窄大愁人。⋯⋯夜則村裏偷飡饌,曉入林中伴獸羣。嫌日月,愛星辰;晝潛暮出怕逢人。⋯⋯如斯旦夕愁危難,時時自嘆氣如雲:""自刎他誅應有日,冲天入地若[126]無因。"又如描寫漢高祖下勅捉捕季布的情形:"先拆重棚除覆[217]壁,後交播土更颺塵。尋山逐水薰巖入,踏草搜林塞墓門。"從捕捉的方法上反映季布逃匿的情況,不但文章樸質有力,並且很懂得描寫的技術。季布對朱家自承:"楚王辯士英雄將,漢帝怨家季布身。"也頗有氣魄。此外如周氏把季布賣與朱家時稱讚他本領的一段,頗有王褒僮約的風致。全文在平仄方面似乎也有一定的方式,大體上是:

平平仄仄平平仄　仄仄平平仄仄平
仄仄平平平仄仄　平平仄仄仄平平

雖然在許多句中並不全守此式,大體上却並不如古風或長歌體之不拘平仄。至於文字不大通順的地方,那顯然是受

註 126　苦?
註 127　複?

韻脚的拘束。雖然把'眞''文''元'三韻一起通用,但是全文畢竟太長了,不能不有許多勉强湊合的痕迹。這一首詞文把'眞''文''元'三韻通押已開後代詞韻打破詩韻拘束的先例,在文學史也是可注意的一點。

我們從這首歌中,可以知道許多唐人的習語和風俗。除已在本文校註中說明外,他如'遮莫','直饒','閑來','悶卽',都是在唐人詩中習見,初不知其爲當時俗語的。宋人評話小說中常見的'唱喏',在此文中也已有了。比較使我們感覺興趣的是本文雖述漢代故事,而社會背景却仍是唐代的。如文中述季布在朱家的行徑說:"試教騎馬捻毬仗,忽然擊拂便過人。"按馬上以杖擊毬爲唐時最時髦的游戲,(見唐語林卷七及封氏見聞錄卷六,其風當自西越傳來,)所以作者就引爲季布本領之一種。又如唐人稱僕役爲'典倉',也可從此文得知。

關於詞文的校勘部分,有許多地方祇就前後文對勘紬繹而得,猜度臆說是不免的。要證實除非把巴黎和倫敦的卷子收集多了,一一對勘,才能比較出幾條可靠的原則來。據說北平圖書館在三年前已派人在法國攝取敦煌卷子的照片,我們希望這些照片早些寄回來,免得自己的文獻國人反無法整理祇能眼看着外人發表研究的成績。

Restoration of *Chi-Pu-Ma-Chen-Ts'i-Wen* from The Tuen-hwang Scrolls with Notes

Wu Shih-ch'ang

The Tuen-hwang scrolls kept by the British Museum in London and La Bibliothèque Nationale in Paris had preserved much vernacular literature of the T'ang and Sung Dynasties. We have so far only two books published in China which give some of the texts of the scrolls: one is by Mr. Lo Chen-yü (羅振玉), named *"Tuen-hwang-Ling-Shi"* (敦煌零拾), the text of which were sent to the publisher by Prof. P. Pelliot and Dr. Kanino; the other is by the Academia Sinica, named *Tuen-hwang-Ch'oh-Suo* (敦煌掇瑣), which was transcribed from La Bibliothèque Nationale by Prof. Liu Fu (劉復). The third chapter of Lo's book is a piece of vernacular poetry relating the story of Chi-pu (季布), a well known figure both in *Shih-Chi* (史記) and *Han-Shu* (漢書). It contains 240 lines each with 7 words. It is evidently a part of a much longer piece. Lo Chen-yü called it *"Chi-pu-Ko"* (季布歌), "the song about Chi-pu". This was a copy from the British Museum sent by Dr. Kanino.

There are also three fragments of the same subject matter (chapt. 5 Pelliot no. 2747, chapt. 6 Pelliot no. 2648, chapt. 7 Pelliot no. 3386) in Liu's book. Liu called the first two by the same name as Lo did and the third fragment bears the original title, *"Chi-pu-Ma-Chen-*

Tsï Wen" (季布罵陣詞文). Chapter 5 contains one hundred and twenty lines, chapt. 6 one hundred and ninety five, chapt. 7 twenty seven. All these are rather confusing, for although the subject matter of these three pieces are the same, yet the stories related are different and seem to be unconnected with one another from a casual perusal. But a careful study of all the four pieces from both books reveals that these fragments are in fact all from one piece of long, epic-like, vernacular poetry, namely "Chi-pu-Ma-Chen-Ts'ı-Wen" and restoration of the whole piece is therefore not very difficult. My reasons are as follows: First and most significant, the first thirteen lines in Lo's book are over-lapping with Liu's chapt. 6, p. 36, and the rest of Lo's text fills up the gap in Liu's chapt. 6. Secondly, if we examine from the style and rhymes, it is obvious enough to prove the four pieces to be fragments from one. The rhymes are all successively "Chen" (no. 11), Wen (no. 12) and Yuan (no. 13). Not like the other "*Pien Wen*" (變文) from Tuen-hwang caves, all of them are composed thoroughly with seven-words lines (except one which is still questionable). No sign of other style or form could be suspected to have been lost owing to their splits. The different names for the different pieces are quite irrelevant, since the title "*Chi-pu-Ko*" is merely a suggestion by MM. Lo and Liu.

With so many mistakes and distortion of the calligraphy made by the illiterary transcribers, the text is extraordinarily difficult to read. After the restoration I had furnished it with more than one hundred and twenty notes on textual criticism to render it legible.

新唐書大食傳注

白壽彝

第一節

大食本波斯地。

大食爲波斯文 Tazi 之對音，乃波斯人用以稱阿拉伯人者。慧超往五天竺國傳云："至吐火羅王住城，名爲縛厎耶，見今大寔兵馬在彼鎭押。"又云："至波斯國，此王先管大寔。"又云："又從大寔國已東，並是胡國，………中雖各有王，並屬大寔所管。"大唐求法高僧傳卷上云："多氏捉而難渡。"南海寄歸內法傳卷二云："大海邊隅有波剌斯及多氏國。"册府元龜卷九七〇云："永徽六年六月大石國鹽莫念並遣使朝賀。""大寔，""多氏，""大石，"皆爲"大食"之別譯。中國人之初知阿拉伯，蓋自波斯人，故因襲波斯人之稱謂也。大食與波斯在政治地理上之關係，通典卷一九三僅云："大食，大唐永徽中遣使朝貢，云:其國在波斯之西。"舊唐書卷一九八大食傳，與册府元龜卷九五八亦並云："大食國本在波斯之西。"三書蓋均承舊史原文，與本傳所謂"大食在波斯地"者不同。按伊斯蘭教未興前,阿拉伯之一部雖爲波斯統屬,但仍有阿比西尼亞及羅馬屬地,與若干無所統屬之部落,大食並非全爲波斯地;本傳未免臆改舊文以致失史實也。

男子鼻高,黑而髯。 女子白晳,出輒鄣面。

此蓋綜合經行記通典及舊唐書大食傳之文而成。通典卷一九三 云:"其國男夫鼻大而長,瘦黑多鬚鬢,似婆羅門。女人端麗。"又引經行記云:"其士女瓌偉長大,衣裳鮮潔,容止閑麗。女子出門,必擁蔽其面。" 舊唐書大食傳云:"其國男兒色黑多鬚,鼻大而長,似婆羅門。婦人白晳。"今阿拉伯半島及多數伊斯蘭教國家,女子障面之風依然甚盛。

日五拜天神。 銀帶,佩銀刀。 不飲酒舉樂。 有禮堂,容數百人。率七日,王高坐,爲下說曰:"死敵者生天上,殺敵受福。" 故俗勇于鬭。

"殺敵受福"以上,係節錄經行記。通典卷一九三引經行記云:"無問貴賤,一日五時禮天。食肉作齋,以殺生爲功德。繫銀帶,佩銀刀。斷飲酒,禁音樂。人相爭者,不至毆擊。又有禮堂,容數萬人。每七日,王出禮拜,登高座,爲衆說法,曰:'人生甚難,天道不易。姦非劫竊,細行謾言,安己危人,欺貧虐賤:有一於此,罪莫大焉。凡有征戰,爲敵所戮,必得生天。殺其敵人,獲福無量。'率土稟化,從之如流。""拜"者,伊斯蘭教徒之祈禱儀式,阿拉伯文爲 Ṣalāt,波斯文爲 Namāz。今中國伊斯蘭教徒中,通行 Namāz 之名,其譯爲漢語者則曰禮拜。"日五拜"者,每日禮拜五次。第一次在日未出前,阿拉伯文曰 Salātu 'l-Fajr,波斯文曰 Namāz-i-Bāmdād,普通譯作晨禮。 第二次在日過午時,阿拉伯文曰 Ṣalātu 'z-Ẓuhr,波斯文曰 Namāz-i-Peshīn,普通譯作晌禮。 第三次在日落前之相當時間內,阿拉伯文曰 Ṣalātu 'l 'Aṣr,波斯文曰 Namāz-i-Dīgar,普通譯作晡禮。 第四次在黃昏時,阿拉伯文曰 Ṣalātu 'l Maghrib,波斯文曰 Namāz-i-Shām,普通譯作昏禮。 第五次在既夕之後,阿拉伯文曰 Ṣalātu 'l-'Ishā,波斯文曰 Namāz-i-Khuftan,普通譯作宵禮。 "天神"者,蓋卽阿拉伯文 Allāh 或波斯文 Khudā 之意譯。 Allāh 有最高永存之意。 Khudā 有創造者之意。 今普通譯作'主,''眞主,'或'眞宰。'

"不飲酒舉樂"者,爲伊斯蘭教教法。 古蘭經 (Qārūn) 第二篇第二一六節云:"或以酒與賭博之事質汝。 應之曰:二者於人有大罪,亦有利益,惟罪甚於益也。" 又第五篇第九一節云:"吁! 信士! 飲酒,賭博,拜偶象及占籤,均爲惡魔之醜行。 汝輩欲獲善果,當屛絕之。" 米失憂特 (Mishkāt) 卷二二第九章云:"納非兒 (Nafi') 與伊本奧瑪爾 (Ibn 'Umar) 在道上聞管樂之音。 奧瑪爾以指塞耳,趨於道左。 納非兒問故。 奧瑪爾答曰:當我幼時,曾一日侍至聖側,聞管樂聲,至聖卽以指塞耳也。"

"禮堂,"當指麥加 (Mekkah) 之聖寺。 寺之中央爲 Ka'bah。 紀錄彙編曰:"天方國卽墨克國也。……… 其寺名克而白,外週垣城。 其城有四百六十六門,門之兩傍皆用白玉石爲柱。 其柱共有四百六十七個,前九十九個,後一百一個,左邊一百三十二個,右邊一百三十五個。 其堂以五色石疊砌四方平頂樣，內用沈香大木五條爲梁，以黃金爲閣。滿堂內牆壁皆是薔薇露龍涎香和土爲之，馨香不絕。上用皂紵絲爲罩，罩之。………堂之左，司馬儀聖人之墓。其墳壠俱是綠撒不泥寶石爲之，長一丈二尺，高三尺，闊五尺。其圍墳之墻以黃甘玉疊砌，高五尺餘。城內四角造四座塔，叫禮。左右兩旁有各祖師傳法之堂，亦以石頭疊造，整飾極華麗。"（原書未覓得，此據至聖實錄後所引。）此所記雖不盡符於事實，而聖寺之偉大瑰麗可見其概。司馬儀爲先知 Ismāīl。克而白即 Ka'bah，其義爲'方，'乃後來天方國一名所由起。Ka'bah 又名 Baitu 'llāh，其義爲'眞宰之室，'乃後來天堂天房二名所由起。Ka'bah 在伊斯蘭教未興前即已久爲聖地，伊斯蘭教更定此爲每一教徒所必須於一生之中有一度朝覲之所在。每當回歷十二月十日，教徒之自四方來者，雲集於此。本傳云"容數百人"：依經行記，'百'應爲'萬'之訛。容數百人之禮堂如何能容四方之朝覲者，更如何有值得特殊記述之必要也。"牽七日"者，指伊斯蘭教之星期日說。伊斯蘭教於普通之星期五，有一 Jum'ah，其意爲集會之日，諸蕃志卷上吉慈尼國下，音譯爲'廚㦸，'或作'除㦸，'今普通音譯之爲'主麻，'或意譯爲聚禮日。聚禮日之在一國首都者，此國元首必須親臨，於高壇之上，作 Khuṭbah。Khuṭbah 者，其意爲講說。此即本傳所謂"王高坐爲下說"也。

"死敵者生天上，殺敵受福"：此在伊斯蘭教之教訓中，確有類似者，但頗受限制、古蘭經第二篇第一九〇至第一九四各節云："爲主正道，與犯汝輩者戰；勿先攻彼輩以墮罪過,主不喜太過者也。 遇侵奪汝輩者,立即殺之,驅逐彼輩以還汝輩之居;偶像崇拜之誘惑,固較殺戮爲更可悲也。在聖寺之前,彼輩如不犯汝,汝勿與之戰;但如犯汝,可殺之於其地。 此爲偶像崇拜者之酬報。 但彼輩如停止其行爲,主固能恕而能慈。 故與彼輩戰,必使之不信偶像,歸主正道;彼輩停止其迷信,則勿與之抗矣。 禁月相抵,禁事亦相抵;施暴虐於汝輩者,亦報以所施之暴虐;汝輩畏主,惟知主佑惕厲者也。"又第九篇第二十至二十一節云:"教生信道,遷客從亡,與輸貲財,捐身命,爲正道征討者,當受主之優譽,應得佳報。 主以其惠澤,其欣悅,與樂園,宣示於彼,優寵無極。" 此可見伊斯蘭教係從維護宗教的觀點上,以死敵及殺敵可得福佑。 所謂敵,非個人之敵也。

"俗勇于鬪,"蓋本於舊唐書大食傳所謂"其俗勇於戰鬪。"但舊書僅言"勇於戰鬪"爲大食之俗而已,本傳則以此俗歸本於國王之勸說。 阿拉伯人之勇敢,與伊斯蘭教教義固有關係,但阿拉伯人在伊斯蘭教未興以前,亦一勇敢之民族也。 本傳失之。

土磽礫不可耕,獵而食肉。

此蓋本通典。 通典卷一九三云:"出駝馬驢騾羖羊等。 土多砂石,不堪耕種。 無五穀,惟食駝象等肉。"但依通典所記,阿拉伯人亦自有家畜,食肉不必獵也。

刻石蜜爲廬,如輦狀,歲獻貴人。 蒲萄大者如雞卵。 有千里馬,傳爲龍種。

此節錄經行記。 通典卷一九三引經行記記大食物產云:"郛郭之內,里閈之中,土地所生,無物不有。 四方輻輳,萬貨豐賤。錦繡珠貝，滿於市肆。駝馬驢騾，充於街巷。刻石密爲廬舍，有似中國寶輦。每至節日，將獻貴人。琉璃器皿，鍮石瓶鉢，蓋不可數計。粳米白麵，不異中華。其果有楄桃，又千年棗。其蔓菁根大如斗而圓，味甚美。餘菜亦與中國同。蒲萄大者如雞子。香油貴者有二，一名查塞華，一名蒬蘆苾。綾絹，機杼，銀匠，畫匠。漢匠起作畫者，京兆人樊淑劉泚。織絡者，河東人樂環呂禮。又以橐駝駕車。其馬，俗云西海濱龍與馬交所產也。腹肚小，脚腕長，善者日走千里。其駝，腹小而緊，背有孤峯，良者日馳千里。又有駝鳥，高四尺以上，脚似駝蹄，頸項勝得人騎行五六里。其卵大如三升。又有薺樹，實如夏棗，堪作油，實除瘴。"

石蜜，即現在所謂冰糖。中國人知波斯之有石蜜，早於知大食之石蜜。而大食製石蜜之術，蓋亦得自波斯。洛佛(B. Laufer)云："隋書記有安息(Sassanian Persia)及漕國(Jaguda)之石蜜及半蜜。當石蜜未來中國之前，蜜爲一切食品之最普通的甘味食料；此所以使古人認冰糖爲不用蜂力，來自蔗中之一種蜜也。"又云："在唐時，似亦有石蜜自波斯來中國。故孟詵食療本草謂石蜜之來自波斯者爲勝，而蘇恭修唐本草亦謂石蜜來自西域也。"又云："阿拉伯旣下波斯，刻意經營石蜜實業，並分種甘蔗於巴力士登敍里亞及埃及等地。"(見中國伊蘭篇 Sino-Iranica 頁三七六——三七七。)千里馬，迄今猶馳名世界。唐時，此種馬常爲大食貴重貢品之一。

—— 以上，記述大食風土。

第二節

隋大業中,有波斯國人牧羊俱紛摩地那山。有獸言曰:山西三穴有利兵,黑石而白文,得之者王。走視如言,石文言當反。乃詭衆亡命於恆曷水,刧商旅,保西鄙自王,移黑石寶之。國人往討之,皆大敗還,於是遂彊。

此蓋本於舊唐書大食傳。舊傳云:"大業中有波斯胡人牧駝於俱紛摩地那之山。忽有獅子人語謂之曰:此山西有三穴。穴中大有兵器,汝可取之。穴中並有黑石白文,讀之便作王位。胡人依言,果見穴中有石及稍刃甚多;上有文,教其反叛。於是糾合亡命,渡恆曷水,刧奪商旅,其衆漸盛。遂割據波斯西境,自立爲王。波斯拂菻各遣兵討之,皆爲所敗。"又云:"俱紛摩地那山在國之西南,臨於大海。其王移穴中黑石,寶之於國。"

張星烺先生中西交通史料匯篇第三册謂此爲波斯人詈人之詞,其意良是。然此說亦非完全憑空揑造,蓋就候臘山 (Hira) 上天啓之故事及穆罕默德 (Muhammed) 舉玄石之故事,混合連綴,改其內容,變其意味,而造成者。劉智天方至聖實錄卷七記候臘山上天啓之故事云:"聖初受命,只夢中覺兆天神陰翊,未嘗明與言。迄六閱月後,天神乃示相,傳經,述教,聖始以漸興教焉。齋月之二十又七日,聖登候臘山。俄聞空中有聲,仰見老人,丰顏美髯,踞光明寶座自天而降,落山頂下座,扶聖登座,加以仙冠錦服。聖心恐怖。老人與之道安曰:'色喇目而來克喇而蘇老喇希。'〔其〕義:'眞主欽差,主畀汝安。'聖心稍定,問曰:'老者爲何人?'曰:'居眞主之差,向普世之聖者也。**名哲百而衣肋**(Jibrā'īl)。**位列諸天班首。自古聖人,傳眞命,降經旨,皆吾爲之使。今奉眞主明命,與汝暨汝后道安,敕汝爲天下人神之領袖,千古聖印之封頭,萬世道教之師表,帝之帝,王之王。汝其承命,與教制禮,普覺天下。萬物非主,唯有眞主。**汝作眞主欽差,差向普世中生者,至于永世;靖除異端,昌明正學。順汝者正,永享天堂;違汝者逆,永墮地獄。維眞主敕汝有命,汝頌"一格勒格、必思密二、必看肋齋、赫肋格、赫肋格立引撒納、密尼而肋吉。"'其意若云:'汝頌造物主之尊名造人自血者;汝頌至仁主之尊名,教以格蘭(原註:書寫也。)使人知所不知者'云云。此眞經(Qārūn)六千六百餘章,始降第一章也。聖初頌覺難,**哲白而衣肋**以錦袱覆其首,撫肩搖之數搖,而後頌無難矣。復命頌**法體合章**,聖隨聲朗誦,蓋已習熟久矣。時見空中無數天神侍立,聞聖頌**法體合**畢,齊聲高念'阿旻,'聲震川岳。聖亦念'阿旻。'(原註:'阿旻'之意蓋曰:'主也,實吾求者,誰吾告者。')**哲白而衣肋**以足蹈地得泉,教聖沐浴禮拜,儀制悉如今日。此聖教沐浴禮拜之始也。禮畢,羣神頌賀,送聖歸第。"又卷六記玄石事云:"(聖)三十五歲,女**法土默**生。是年,古來氏重修**克而白**。………修**克而白**畢,移置玄石。………其石舊置**克而白**後,今移置門旁。各戶皆爭欲自移之。彼此不服,至於分角不解。衆老曰:大事也,宜聽之天命,視自**海北門**首先入者爲誰,可令斷之。值聖人自**海北門**入,衆皆歡悅,曰:'是乃信者也。'道其故。聖人曰:'衆事也,合衆爲之。脫衫於地,取石置衣上,令各戶俱來,取衣角移之。'聖親手取石,置其處。衆見之,旣服其智,復奇其力。"實錄所記,可見本傳所傳故事之最初的面目,及後來混合改變之迹。本傳所謂波斯國人及實錄所謂聖人,皆為穆罕默德 (Muhammed)。穆罕默德者,以阿拉伯之字意言之,'最受贊美'之義也。俱紛摩地那山,以此故事相承之系統言之,應為候臘山(Hira),乃麥加附近阿拉伯人素所信仰之聖山。但候臘山何以能稱俱紛摩地那山,則仍不可解也。

黑石或稱玄石,與克而白之歷史並皆久遠,阿拉伯人素神異之。今此石在克而白之東北角,近克而白之東門。赴克而白朝觀者,例吻撫之。相傳此石原為白色,後其外表變黑,而其內仍白。此或亦'黑石白文'之說所由來歟?

恒遏水,藤田豐八疑為怛遏水之誤。其慧超傳箋釋'波斯國'下,引舊唐書大食傳云:"渡恒曷水,刼奪商旅。"釋云:"摩哈末亡命於默地那之後,刼默迦商旅於恒羅泉。恒曷水,殆恒羅泉也。但恒似怛之譌,則怛曷為 Tigris 之對音,亦不可知。"案藤田氏之後說是也。太平寰宇記卷一八六用舊唐書此語,作"度怛曷水,"冊府元龜卷九五六作"渡管曷水,"皆證'恒'為'怛'之訛。舊唐書於下文云"遂割據波斯西境,"亦證怛遏水之為 Tigris 也。

此段記述雖不可信,然亦有事實。如穆罕默德之倡教,確在隋大業五年,即西元六〇九年,而穆罕默德亦嘗為牧人是也。

滅波斯,破拂菻,始有粟麥倉廥。南侵婆羅門,幷諸國,勝兵至四十萬。康石皆往臣之。其地廣萬里,東距突騎施,西南屬海。

通典卷一九三 有類此之記載,云:"遂滅波斯,又破拂菻及婆羅門城,所向無敵。兵衆有四十二萬。"但本傳此段,顯襲自舊唐書。舊傳云:"龍朔初,擊破波斯,又破拂菻,始有米麵之屬。又將兵南侵婆羅門,吞併諸胡國,勝兵四十餘萬。長安中,遣使獻良馬。景雲二年,又獻方物。開元初,遣使來朝,進馬及寶鈿帶等物。其使謁見,唯平立不拜。憲司欲糾之。中書令張說奏曰:大食殊俗,慕義遠來,不可寘罪。上特許之。尋又遣使朝獻,自云:在本國惟拜天神,雖見王亦無致拜之法。所司屢詰責之,其使遂請依漢法致拜。其時西域康國石國之類,皆臣屬之。其境東西萬里,東與突騎施相接焉。"

滅波斯事,舊唐書波斯傳記云:"龍朔元年奏言,頻被大食侵擾,請兵救援。詔遣隴州南由縣令王名遠充使西域,分置州縣,因列其地疾陵城爲波斯都督府,授卑路斯爲都督,是後數遣使貢獻。咸亨中,卑路斯自來入朝。高宗甚加恩賜,拜右武衛將軍。儀鳳三年,令吏部侍郎裴行儉將兵,册送卑路斯爲波斯王。行儉以其路遠,至安西碎葉而還。卑路斯獨返,不得入,其國漸爲大食所侵,客於吐火羅國二十餘年,有部落數千人,後漸離散。至景龍二年又來入朝,拜爲左威衛將軍。無何,病卒,其國遂滅而部衆猶存。"本書波斯傳記云:"龍朔初,又訴爲大食所侵。是時天子方遣使者到西域,分置州縣,以疾陵城爲波斯都督府,即拜卑路斯爲都督,俄爲大食所滅。雖不能國,咸亨中仍入朝,授右武衛將軍死。始其子泥涅師爲質,調露元年詔裴行儉將兵護送,將復王其國。以道遠,至安西碎葉,行儉還。泥涅師因客吐火羅二十年,部落益離散。景龍初,復來朝,授武衞將軍,病死,西部猶存。" 二書記波斯之滅,時間不同,一記爲景龍年間,一記爲龍朔年間。然阿拉伯之滅波斯,實在回歷三一年。是年那哈萬(Nahawand)之戰,波斯全境盡入伊斯蘭教徒之手。是年爲西元六五二年,唐永徽三年,在龍朔初年之前八年,景龍初年前之五十五年。卑路斯(Pirouz)於龍朔初年之訴,蓋欲借唐力以復國,其時波斯都督府之設置亦不過一名義而已。

破拂菻事,舊唐書拂菻傳云:"自大食強盛,漸陵諸國,乃遣大將軍摩栧,伐其都城,因約爲和好,請每歲輸之金帛,遂臣屬大食焉。"本書拂菻傳與舊書所記略同。但慧超傳云:"傍海西北,卽是大拂臨國。此王兵馬強多,不屬餘國,大寔數廻討擊不得,突厥侵亦不得。"此與舊書所記,完全相反。藤田豐八慧超傳箋釋云:"但依西史,東羅馬(拂菻或拂臨)未嘗臣屬大食,大食亦未臣屬東羅馬。此傳云'大食數廻討擊不得,'正與西史合。此傳可正唐書之誤。"然則所謂破拂菻者,誤也。

南侵婆羅門者,回歷四一年(西元六六一年,唐龍朔元年)阿拉伯人之勢力到達赫拉特(Herāt),遂卽佔有阿富汗尼斯坦(Afghānistān),南達信度河(Indus),於信德(Sind)建設政府焉。

康石臣大食一事,本傳未言何時,舊傳似認爲開元間事。慧超於開元十五年十一月至安西。在未至安西以前,慧超曾見:"安國曹國史國石騾國米國康國,中雖各有王,並屬大寔所管。"石騾國蓋卽石國。是開元十五年以前,康石已臣大食矣。然開元天寶時,康石各國猶來中國貢獻,則大食對於康石之關係,似尚不堅固也。 在天寶十年,曾由石國之事,大食與唐戰於怛邏斯,戰爭規模頗爲不小。其詳見予所著從怛邏斯戰役說到伊斯蘭教之最早的華文記錄(刊於禹貢半月刊第五卷第十一期)。

突騎施者,其西境蓋與康石諸國爲鄰。舊唐書卷一九四下西突厥傳謂突騎施"西南與諸胡相接,"諸胡蓋即康石等昭武九姓胡。新唐書卷二二一下石國傳,"東北距西突厥,"突騎施乃西突厥之別種,原隸西突厥之五咄陸部落者也。 康石既臣大食,故大食得東距突騎施也。康在今撒馬兒干 (Samarkand), 石在今塔什干 (Tashkend),突騎施則當在今塔什干之東。

—— 以上述大食强盛之經歷。

第三節

海中有撥拔力種,無所附屬,不生五穀,食肉,刺牛血和乳飲之。俗無衣服,以羊皮自蔽。 婦人明晳而麗,多象牙及阿末香。波斯賈人欲往市,必數千人,納氎劃血,誓乃交易。兵多牙角,而有弓矢鎧矟。 士至二十萬,數爲大食所破略。

此蓋本於酉陽雜俎。雜俎卷四云:"撥拔力國在西南海中,不食五穀,食肉而已。 常針牛畜脈取血,和乳生食。無衣服,唯腰下用皮掩之。 其婦人潔白端正,國人自掠賣與外國商人,其價數倍。 土地唯有象牙及阿末香。 波斯商人欲入此國,團集數千,齎綵布,沒老幼,共刺血立誓,乃市其物。 自古不屬外國,戰用象牙排,野牛角爲矟衣甲弓矢之器,步兵二十萬。 大食頻討襲之。"

諸蕃志卷上有弼琶囉國,志云:"弼琶囉國有四州,餘皆村落,各以豪强相尚。事天不事佛。土多駱駞綿羊,以駱駞肉並乳及燒餅爲常饌。產龍涎、大象牙及大犀角。象牙有重百餘斤,犀角重十餘斤。亦多木香、蘇合香油、沒藥、瑇瑁至厚,他國悉就販焉。又產物名駱駝鶴,身頂長六七尺,有翼能飛,但不甚高。獸名徂蠟,狀如駱駞,而大如牛。色黃,前脚高五尺,後低三尺,頭高向上,皮厚一寸。又有騾子,紅白黑三色相間,紋如經帶,皆山野之獸,往往駱駞之別種也。國人好獵,時以藥箭取之。"弼琶囉與撥拔力,並爲 Berbera 之譯名,通常稱作蘇瑪里海岸(Somali Coast)者也。

龍涎爲一種香名,卽本傳所謂阿末香。阿末,廣州音爲 o-mut,乃阿拉伯文所用以稱龍涎的 'anbar 之對音也。

拔撥力人頗勇于戰鬥。其地,大食於回歷二六年(西元六四七年,唐貞觀二一年),攻得之。

—— 以上記大食附近之撥拔力國。

第四節

永徽二年,大食王㪍蜜莫末膩始遣使者朝貢,自言王大食氏,有國三十四年,傳二世。

此蓋本舊史。通典卷一九三云:"有國以來,三十四年矣。初王已死,次傳第一摩首者。今王卽是第三。其王姓大食。"舊唐書大食傳云:"永徽二年,始遣使朝貢。其姓大食氏,名瞰密莫末膩。自云有國已三十四年,歷三主矣。"與本傳所記均大致相同。本傳所謂"傳二世,"亦卽舊傳所謂"歷三主之意。"回歷三十四年,正值第三任哈里發

(Khalifa)奧思蠻('Othmān)在位也。永徽二年,爲西元六五一年,回歷三十年至三十一年。此言"有國三十四年"者,陳垣先生云:"今考永徽二年爲回歷三十年至三十一年,與三十四年之說不合。據舊唐書本紀及册府,則永徽六年大食再朝貢,大食傳蓋誤以永徽六年使者之言爲永徽二年使者之言也。永徽六年爲回歷三十四年至三十五年,正回教第三代哈里發奧自蠻在位之時。"(回回教入中國史略,東方雜誌第二十五卷第一號。)嫩蜜莫末膩,册府元龜卷九七五開元四年下,作'黑密牟尼,'爲阿拉伯文 Emir al Mumenin 之對音。Mumenin 卽中國伊斯蘭教著作中普通音譯之'穆民,'其意爲信仰者。Emir al Mumenin 意爲信仰者之領袖。通典卷一九三引經行記,作'暮門,'册府元龜卷九七〇作'鹽莫念,'並爲 Emir al Mumenin 之省譯。本書地理志作'茂門王,'似有音義並譯之意義,以'茂門'音譯 Mumenin,以'王'義譯 Emir 也。Emir al Mumenin 爲大食哈里發奧思蠻初用之稱號。

開元初,復遣使獻馬鈿帶,謁見不拜。有司將劾之。中書令張說謂殊俗慕義,不可寘於罪。玄宗赦之。使者又來辭曰:國人止拜天,見王無拜也。有司切責乃拜。

此蓋亦據舊史。舊傳與此所記略同,已見上文第二節引。開元初年以前,永徽二年以後,大食來唐朝貢者,除永徽六年之一次已見前引陳垣先生所稱述。長安年間按册府元龜卷九七〇,爲長安三年,西元七〇三年,及景雲二年(西元七一一年)已見第二節所引舊傳外,尚有永隆二年(西元六八一年,)永淳元年(西元六八二年)兩次。册府元龜卷九七〇云:

"永隆二年五月,大食國吐火羅國各遣使獻馬及方物。"

又云:"永淳元年五月,大食國………遣使獻方物。"

十四年,遣使蘇黎滿獻方物,拜果毅,賜緋袍帶。

此蓋亦據舊史。通典及舊傳冊府元龜皆未記此年事。

此年以前,開元初年以後,大食使臣之可考者,有五次。

一、開元四年(西元七一六年)七月,大食國黑密牟尼蘇利謾遣使上表,獻金線織袍,寶裝玉酒池瓶各一。見冊府元龜卷九七一及九七四。

二、開元七年(西元七一九年)六月,大食國遣使朝貢。見冊府元龜卷九七一。

三、開元十二年(西元七二四年)三月,大食遣使獻馬及龍腦香。亦見冊府元龜卷九七一。

四、開元十三年(西元七二五年)正月丙午,大食遣其將蘇黎〔滿〕等十二人來獻方物,並授果毅,賜緋袍銀帶,放還蕃。見冊府元龜卷九七五。

五、開元十三年三月,大食遣使蘇黎滿等十三人獻方物。見冊府元龜卷九七一。

然開元十三年正月之使臣恐卽本傳所記十四年來之使臣。吾疑冊府元龜'十三年'係'十四年'之誤。不然,蘇黎滿等究有何種必要,而三個月之中竟兩次來貢耶?

自開元十四年以後,至下節所記至德初年朝貢使者之前,大食使臣之來者尚有十五次之多。

一、開元十六年(西元七二八年)三月辛亥,大食首領提卑多類八人來朝,並授郎將,放還蕃。見冊府元龜卷九七五。

二、開元十七年(西元七二九年)十二月,大食首領摩思覽達干等來朝。並授果毅,各賜絹二十疋,放還蕃。見冊府元龜卷九七五。

三、開元二十一年(西元七三三年)十二月,大食遣首領摩思覽達干等來朝。並授果毅,各賜絹二十疋,放還蕃。見冊府元龜卷九七五。

四、開元二十九年(西元七四一年)十二月丙申,大食首領和薩來朝,授左金吾衛將軍,賜紫袍金鈿帶,放還蕃。見冊府元龜卷九七五。

五、天寶三年(西元七四四年)七月,大食國遣使獻馬及寶。見冊府元龜卷九七一。

六、天寶四載(西元七四五年)五月,大食遣使來朝貢。見冊府元龜卷九七一。

七、天寶六載(西元七四七年)五月,大食國王遣使獻豹六。見冊府元龜卷九七一。

八、天寶十一載(西元七五二年)十二年己卯,黑衣大食謝多訶密遣使來朝,授左金吾衛員外大將軍,放還蕃。見冊府元龜卷九七五。

九、天寶十二載(西元七五三年)黑衣大食遣使獻方物。見冊府元龜卷九七一。

十、天寶十二載四月,黑衣大食遣使來朝。見冊府元龜卷九七一。

十一、天寶十二載七月,辛亥,黑衣大食遣大酋望二十五人來朝,並授中郎將,賜紫袍金帶魚袋。見冊府元龜卷九七五。

十二、天寶十二載十二月，黑衣遣使獻馬三十匹。見册
　　　府元龜卷九七一。

十三、天寶十三載(西元七五四年)四月，黑衣大食遣使來
　　　朝。見册府元龜卷九七一。

十四、天寶十四載(西元七五五年)七月，黑衣遣使貢獻。
　　　見册府元龜卷九七一。

十五、天寶十五載(西元七五六年)七月，黑衣大食遣大酋
　　　望二十五人來朝。見册府元龜卷九七一。

此十五次貢使及下節所記至德初年，貞元十四年之兩次
貢使外，尚有七次：

一、乾元元年(西元七五八年)五月壬申朔，迴紇使多乙亥
　　阿波八十八人，黑衣大食酋長鬧文等六人，並朝見，至閤
　　門爭長。通事舍人乃分左右，從東西門並入。見册
　　府元龜卷九七一。

二、寶應元年(西元七六二年)五月戊申，黑衣大食遣使朝
　　見。見册府元龜卷九七二。

三、寶應元年十二月，黑衣大食遣使朝見。見册府元龜
　　卷七五二。

四、大曆四年(西元七六九年)正月，黑衣大食遣使朝貢。
　　見册府元龜卷九七二。

五、大曆七年(西元七七二年)十二月，大食遣使朝貢。見
　　册府元龜卷九七二。

六、大曆九年(西元七七四年)七月，黑衣大食遣使來朝。
　　見册府元龜卷九七二。

七、貞元七年(西元七九一年)正月，黑衣大食遣使來朝。

見冊府元龜卷九七二。

—— 以上記述大食朝貢使臣。

第四節

或曰:大食族中有孤列種,世會長,號白衣大食。種有二姓,一曰盆尼末換,二曰奚深。有摩訶末者,勇而智,衆立爲王,關地三千里,克夏臘城。傳十四世,至末換殺兄伊疾自王,下怨其忍。有呼羅珊木鹿人並波悉林將討之,徇衆曰:助我者皆黑衣。俄而衆數萬。即殺末換,求奚深種孫阿蒲羅拔爲王,更號黑衣大食。蒲羅死,弟阿蒲恭拂立。至德初,遣使者朝貢,代宗取其兵平兩京。阿蒲恭拂死,子迷地立。死,弟訶論立。貞元時,與吐蕃相攻。吐蕃歲西師,故鮮盜邊。十四年,遣使者含嵯烏雞沙北三人朝,皆拜中郎將賚遣之。

此襲賈耽四夷述而略變其文。太平寰宇記卷一八六引四夷述云:"開皇中,大食族中有孤列種,代爲會長。孤列種中,又有兩姓。一號盆尼奚深,一號盆奚(尼)末換。其奚深後,有磨訶末者勇悍多智,衆立爲王,東西征伐,開地三千里,象克夏臘,一名鈔所監反城。磨訶末後十四代至末換,殺其兄伊疾而自立。性復殘忍其下怨之。有呼羅柵木麤人立波悉林舉義兵,應者悉令著皁。旬月,衆盈數萬,鼓行而西,生擒末換殺之。遂求得奚深種阿婆羅拔立之。自末換以前,謂之白衣大食。自阿婆羅拔後,改爲黑衣大食。阿婆羅拔卒,立其弟阿蒲恭拂。至德初,遣使朝貢。代宗立,爲元帥,亦用其國兵收兩都。寶應初,其使又至。恭拂卒,子迷地立。迷地卒,子牟棲立。牟棲卒,弟訶論立。

貞元初,與吐蕃爲勍敵,蕃兵大半西禦大食,故鮮爲邊患,其力不足也。至十四年九月以黑衣大食使舍㠿烏雞沙北三人並爲中郎將,還蕃"本傳之人名地名與四夷述原文,頗有異文,然多無關大體。本傳改易四夷述之最要者有二點。一爲關於白衣大食所表示之限度,一爲牟棲一名之省略。

案四夷述所據之原報告,其意顯然以末換以上十四代爲白衣大食。末換者應爲 Marwān II。由末換逆數之,則

　　一、Marwān (約當 A. H. 127—132, A. D. 744—750)

　　二、Ibrāhīm (A. H. 126, A. D. 744)

　　三、Yazid III (A. H. 126, A. D. 744)

　　四、Al-Walīd II (A. H. 125, A. D. 743)

　　五、Hishām (A. H. 105—125, A. D. 724—743)

　　六、Yazīd II (A. H. 101—105, A. D. 720—724)

　　七、'Omar (A. H. 99—101, A. D. 717—720)

　　八、Sulaymān (A. H. 96—99, A. D. 715—717)

　　九、Al-Walīd (A. H. 86—96, A. D. 705—715)

　　十、'Abd-al-Malīk (A. H. 65—86, A. D. 685—705)

　　十一、Marwān I (A. H. 64—65, A. D. 683—684)

　　十二、Mo'āwiya II (A. H. 64, A. D. 683)

　　十三、Yazīd I (A. H. 60—64, A. D. 680—683)

　　十四、Mo'āwiya I (A. H. 41—60, A. D. 661—680)

共十四代,適構成阿拉伯史上之烏梅亞朝 (Omayyads)。四夷述所謂白衣大食,其原意當即指烏梅亞朝而言。穆罕默德,即本傳之所謂摩訶末,及其以後之四大'哈里發'爲

歷史上之另一時期,與所謂白衣大食無與。本傳改易四夷述之文,竟以孤列種稱爲白衣大食而置摩訶末於其下,蓋不免於望文之誤也。

又案阿蒲羅拔爲 Abū'l-Abbās 之對音,爲繼烏梅亞朝的阿拔斯朝 (Abbāsids) 之第一任哈里發。阿拔斯朝者,所謂黑衣大食者也。阿蒲羅拔死,弟阿蒲恭拂立。阿蒲恭拂卽 Abū'l Jafar,'恭'或係'茶'之譌訛。阿蒲恭拂死,子迷地立。迷地卽 Muhammed Al-Madhī。阿蒲恭拂及迷地爲阿拔斯朝之第二任第三任哈里發。迷地有長子曰 Al Hādī,但迷地之法定繼承人並非 Hādi,而爲 Hārūn al-Rashīd。迷地死, Hādi 作亂,自稱哈里發。但經時不久,而 Rashīd 正式卽位。論阿拉伯史者,多以 Hādī 列爲哈里發之一,然亦有以正式承繼人 Rashīd 直接迷地之統者。竊意四夷述及本傳之訶論爲 Hārūn 之對音,四夷述之牟棲爲 Rashīd 之對音。訶論牟棲實爲一人。四夷述作者蓋已聞訶論兄弟之故事,而誤以一人之名爲其兄弟之名。本傳作者之省略牟棲,不問其是否有意,要亦可歸入上述之第二類史家中,亦不可厚非也。

孤列種爲 Kuraysh 之對音,卽前引天方至聖實錄之所謂'古來氏,'爲穆罕默德所從出之大族。奚深,爲 Hāshim 之對音,爲孤列之一分支,血統與穆罕默德至近。末換爲烏梅亞族之一大支,烏梅亞爲孤列氏之一分支,血統與穆罕默德爲遠。盆泥者, Banū 之對音,在阿拉伯文之意爲'族.'萊茵鮑爾 (S. Lane-Poole) 之回教國家世系 (The Mohammadan Dynasties) 書中,有二表,表示孤列種、奚深、末換、及白衣大食黑衣大食之關係,至爲簡明,今移錄如下:

新唐書大食傳注

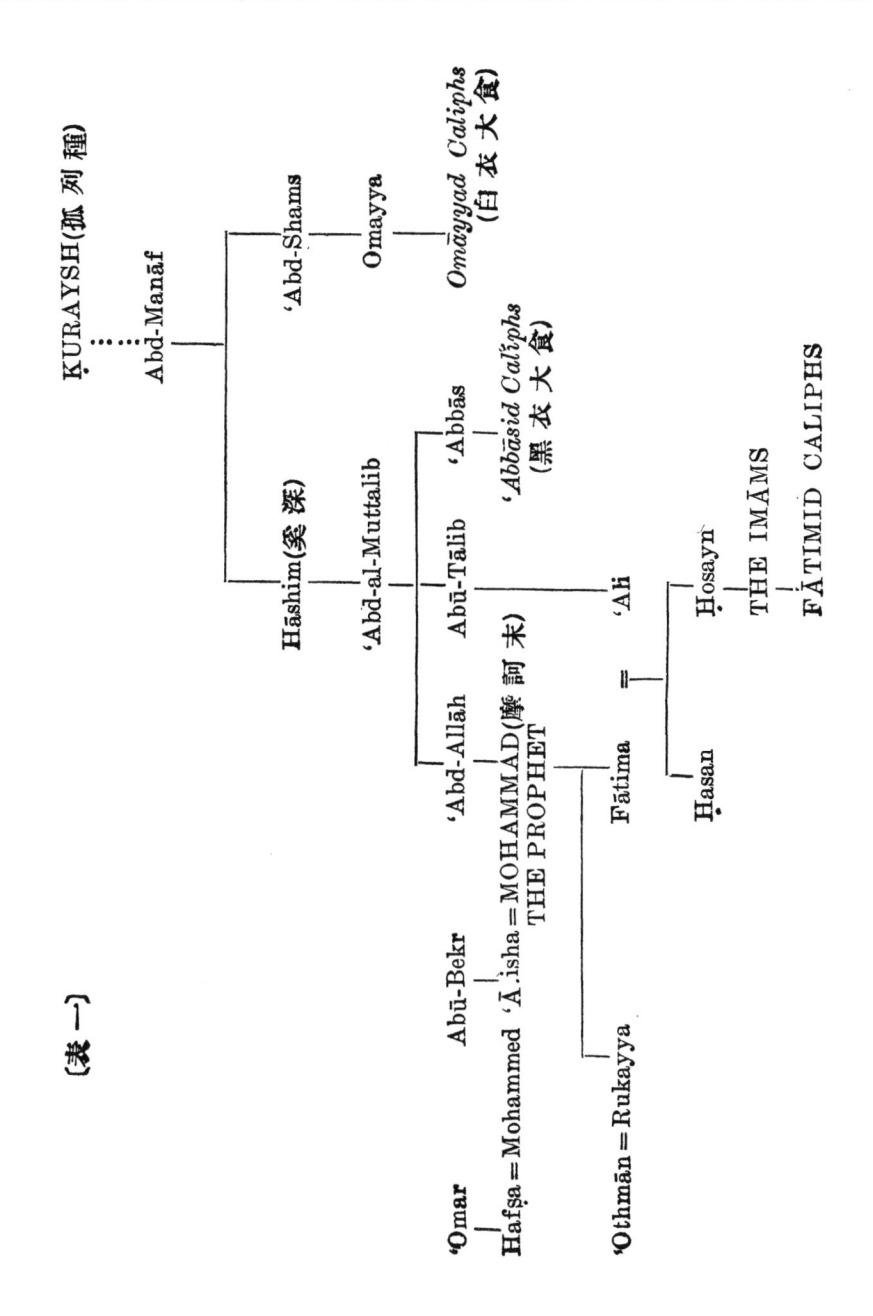

〔表一〕

```
                              KURAYSH(孤列種)
                                    ┊
                                 Abd-Manāf
                    ┌───────────────┴───────────────┐
                 Hāshim(奚深)                    'Abd-Shams
                    │                                │
              'Abd-al-Muttalib                     Omayya
          ┌─────────┼─────────┐                      │
     'Abd-Allāh  Abū-Tālib  'Abbās              Omayyad Caliphs
          │         │          │                  (白衣大食)
  MOHAMMAD(摩訶末) 'Alī    'Abbāsid Caliphs
   THE PROPHET     │         (黑衣大食)
          │        │
       Fātima = 'Alī
                 ┌──┴──┐
              Hasan  Hosayn
                     THE IMĀMS
                     FĀTIMID CALIPHS
```

'Omar Abū-Bekr
  │
Hafṣa = Mohammed 'Ā,isha = MOHAMMAD
                            THE PROPHET

'Othmān = Rukayya

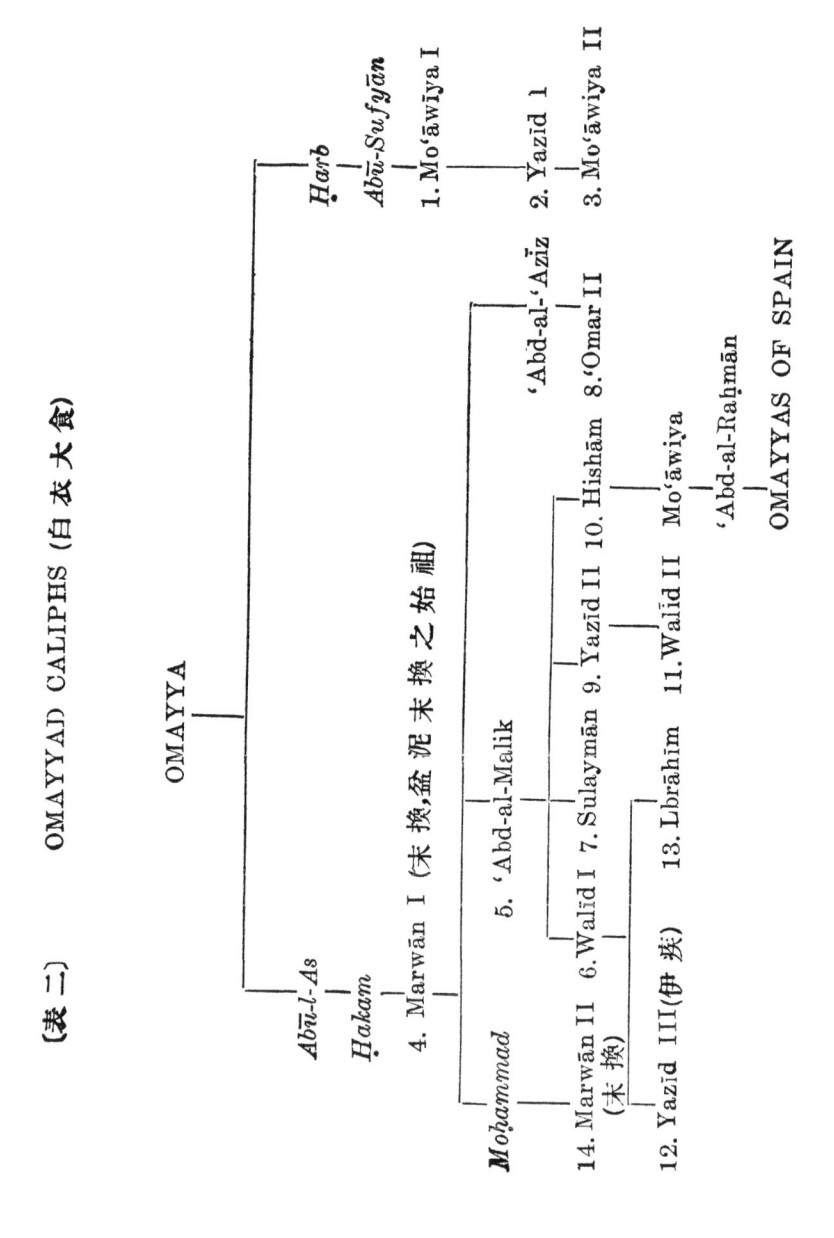

(表二)　OMAYYAD CALIPHS (白衣大食)

```
                            OMAYYA
                               |
         ┌─────────────────────┴──────────────┐
      Abū-l-Āṣ                               Ḥarb
         |                                    |
      Ḥakam                              Abū-Sufyān
         |                                    |
   4. Marwān I (未換,盎泥末換之始祖)        1. Mo'āwiya I
         |                                    |
         ├──────────────┐                  2. Yazīd 1
         |              |                     |
   5. 'Abd-al-Malik  'Abd-al-'Azīz         3. Mo'āwiya II
         |              |
         ├──────────┬───┴────┬──────────┐  8. 'Omar II
         |          |        |          |
  6.Walīd I  7.Sulaymān  9.Yazīd II  10.Hishām
         |                   |
   11.Walīd II            Mo'āwiya
         |                   |
   13. Ibrāhīm          'Abd-al-Raḥmān
         |
  Moḥammad
         |
   ┌─────┴──────────┐
14.Marwān II   12. Yazīd III(伊孜)
   (末換)

                                    OMAYYAS OF SPAIN
```

自表一觀之,摩訶末及黑衣大食俱爲奚深族。白衣大食之前,摩訶末之繼任者 Abū Bekr, 'Omar, Othmān, 'Ali, 四大哈里發,或同爲奚深族,或爲奚深族之姻親,前二人爲摩訶末之妻父,後二人則其女壻也。(表中 'A̓isha 與 Ḥafṣa, 爲摩訶末之妻, Rukayya 與 Fāṭima 乃其女。) 自表二觀之,白衣大食十四任哈里發中,除首任三人外,俱未換族也。

夏臘城者爲 Hīra 城之對音。Hīra, 在苦法 (Kufa) 之南約三阿拉伯里,自 Nadjaf 騎駝東自行,一小時可達。此城今雖平曠荒蕪,然在昔日,實處於 Nadjaf 湖與 Euphrates 河之間,運河交織,農產甚富。當六世紀時,此城之文化已達於相當程度,此城王宮之中常爲詩人匯萃之所。西元六〇二年以後,波斯王廢除此地原有之王室,另委波斯總督。此城之附近曾由波斯政府建築之堡壘,派有波斯軍隊駐守。城名 Hīra, 即營地之意也。西元六三三年,即回歷十二年,當首任哈里發 Abū Bekr 在位時, Khālid 率軍東征,此城不戰而下。本傳所謂克夏臘城,當指此役而言。夏臘既爲當時名城,且爲波斯西方管鑰,故論述大食史事者,特重視此役也。(以上見 The Encyclopaedia of Islam, p. 314。)

呼羅珊,即 Khorasan。木鹿爲 Merv, 爲呼羅珊之首府。並波悉林,寰宇記作立波悉林,蓋 Abū Muslim 之譯音。並波悉林擁阿蒲羅拔成功後,爲其弟阿蒲恭拂所殺。

白衣大食黑衣大食之歷史,張星烺先生中西交通史料匯篇第三册,舊唐書大食傳註解中譯述頗詳,可參看也。

——以上記述大食種族世系。

第五節

傳言其國西南二千里山谷間，有木生花如人首，與語輒笑，則落。

張星烺先生中西交通史料匯篇第三册指出此段逸話取材於段成式酉陽雜俎續集卷六，而任昉述異記，段公路北戶錄引唐會要，杜佑通典及舊唐書大食傳俱有之。今按各書所記，頗有異文，今爲彙錄如下。

酉陽雜俎續集卷十云："大食西南二千里有國，山谷間樹枝上，化生人首如花，不解語。人借問，笑而已。頻笑輒落。"

任昉述異記卷上云："大食王國在西海中有一方石。石上多樹，幹赤葉青。枝上總生小兒，長六七寸。見人皆笑，動其手足。頭著樹枝。使摘一枝，小兒便死。"張星烺先生曰："任昉，梁時人。然其書中多唐時州名，蓋經唐人改篡者也。大食國名始見於唐書，而述異記竟具此節記載，其爲唐人加入，可無疑也。"

段公路北戶錄引唐會要云："大食國西鄰大海。嘗遣人乘船，經八年，未極西岸。中有一方石，石上有樹，幹赤葉青。樹生小兒，長七寸，見人皆笑，動其手脚，若着樹枝。其使摘取一枝，小兒即死。"

通典卷一九三大食傳："其王常遣人乘船，將衣糧入海。經涉八年，未極西岸。於海中見一方石，石上有樹，枝赤葉青。樹上總生小兒，長六七寸。見人不語，而皆能笑。動其手脚，頭著樹枝。人摘取入手，即乾黑。其使得一枝還，今在大食王處。"

舊唐書大食傳云："又嘗遣人乘船，將衣糧入海，經八年而

新唐書大食傳注 147

未及西岸。 海中見一方石，石上有樹，幹赤葉青。 樹上總生小兒，長六七寸，見人皆笑，動其手脚，頭著樹枝。 其使摘取一枝，小兒便死，收在大食王宮。"

以上各條互有同異，當均非最初記錄。 雜俎及會要通典均當更有所本，今不可考矣。 此段逸話之由來，亦不可知。
—— 以上記述大食人木之逸話。

第六節

東有末祿，小國也，治城郭，多木姓。 以五月為歲首，以畫缸相獻。有尋支瓜，大者十人食乃盡。 蔬有顆葱、葛藍、軍達、芨蕹。

此本於經行記。 通典卷一九四引經行記云：末祿國原作'朱祿國'，依寰宇記大食傳引經行記改，在亞梅國西南七百餘里。胡姓末原作朱，今依寰宇記改者，茲土人也。 其城方十五里，用鐵為城門。 城中有鹽池。 又有兩所佛寺。 其境東西四十里，南北百八十里。 村柵連接，樹木交映。 四面合匝，總是流沙。 南有大河，流入其境。 分渠數百溉灌一州。 其土沃饒，其人淨潔。 牆宇高厚，市鄽平正。 木旣雕刻，土亦繪畫。 又有細軟疊布，羔羊皮裘。 估其上者，值銀錢數百。果有紅桃、白㮈榻、白黃李。 瓜大者名尋支，十餘人餐一顆輒足。 越瓜長四尺以上。 菜有蔓菁、蘿蔔、長葱、顆葱、芸薹、胡荽、葛藍、單達、茴香、芨蕹、瓠盧。 尤多蒲萄。 又有黃牛、野馬、水鴨、石雞。 其俗以五月為歲，每歲以畫缸相獻。 有打毬節、鞦韆節。 其大食東道使鎮于此。 自此至西海以來，大食波斯參雜居止。 其俗禮天，不食自死肉及宿肉。 以香油塗髮。" 此末祿亦即木鹿。 因史料之來源不同，故本傳於同一地點用兩種異名。末祿為呼羅珊首府,為黑衣大食之發祥地。經行記作者之到大食,在西元七五一年,正值黑衣大食推翻白衣大食之次年,而呼羅珊總督並波悉林又為在怛邏斯戰役中,戰敗唐人及俘虜杜環之主腦人物,故末祿極易受杜環之特別記載也。

烏梅國,張星烺先生疑為指阿母河流域而言。果爾,則Merv之位置亦與經行記所記之末祿合。Merv在阿母河西南,其最近之距離固有僅只四五百里者,然其較遠之處亦有七八百里也。Merv之在沙漠中及其南之有大河,亦與經行記相符。

西有苫者,亦自國,北距突厥可薩部,地數千里,有五節度,勝兵萬人,土多禾。有大川,東流入亞俱羅,商賈往來相望云。

此亦本經行記。通典卷一九四引經行記云:"苫國在大食西界,周廻數千里。造屋兼瓦,壘石為壁,米穀殊賤。有大川,東流入亞俱羅。商客糴此糶彼,往來相繼。人多魁梧,衣裳寬大,有似儒服。其苫國有五節度,有兵馬一萬以上。北接可薩突厥。可薩北又有突厥,足似牛蹄,好噉人肉。"

苫者,廣州音讀為Shim,可視為Sham或ash-Shām之對音,其義為麥加之北國,即謂敍利亞也。敍里亞在杜環西行不久以前,正係白衣大食首都之所在。其首都達馬司庫斯(Damascus)亦有Sham之稱。此云苫國"周廻數千里,"當指敍利亞全部,而非單指達馬司庫斯也。(參看 Hirth & Rockhill, Chau Ju-Kua, pp. 108—109。) 又 Sham 或 ash-Shām, 有'望日出'之意,與呼羅珊之有'日出'之意,正堪比照。經行記記大食重鑪

新唐書大食傳注

之存留於今及本傳所記,適為此東西相望之兩大名地,亦至有興趣之事也。

突厥可薩部,中國舊籍中缺欠記載。沙畹(Chavannes)西突厥史料云:"Héraclius 先至黑海東端之 Lazique,與東方突厥名可薩 Khazars 者結盟。"(馮譯本頁一八一。) 又云:"蓋破裏海諸關入寇波斯諸省,鈔略 Albanie 及 Georgie 諸地之突厥,顯為可薩突厥。緣其居於裏海沿岸,建牙於 Volga 江上之 Astrakham 城,故裏海亦名可薩海。"(馮譯本頁一八四。) 此則裏海黑海之間均為可薩之地,適在敍利亞之北也。

五節度者,敍利亞分為五州。一州有一長官,則五州可稱有五節度也。(西突厥史料馮譯本頁二五九引 Aboulféda 考誌。)

大川者,為油夫拉底河 (Euphrates),自敍利亞東流入苦法 (Kufa) 境。亞俱羅,即苦法,為敍利亞文 Akula 之對音。所謂"有大川東流入亞俱羅"也。(Hirth & Rockhill, Chau Ju-Kua p. 100。)

"商賈往來相望"者,苦為白衣大食舊都所在,亞俱羅為黑衣大食新都所在,一東一西,或有過去之歷史,或有新興之勢力,藉油夫拉底河交通之便,宜為互通往來之兩大市場也。張星烺先生以苦指卓支亞(Georgia),與以上所說不同。然張先生於西南獨立國中求苦國,大非本傳所謂"亦自國,"及經行記所謂"大食西界"之意,其說自不免有誤也。——以上記述大食東西兩要地。

第七節

自大食四十五日行,得都盤,西距羅利支十五日行,南即大食二十五日行,北勃達一月行。勃達之東,距大食二月行,西抵岐蘭二十日行,南都盤北大食皆一月行。岐蘭之東南二十日行,得阿沒或曰阿眯,東南距陀拔斯十五日行,南沙蘭一月行,北距海二日行。居你訶溫多城,宜馬羊,俗柔寬,故大食常游牧於此。沙蘭,東距羅利支,北怛滿,皆二十日行,西即大食二十五日行。羅利支,東距都盤,北陀拔斯,皆十五日行,西沙蘭二十日行,南大食二十五日行。怛滿或曰怛沒,東陀拔斯,南大食,皆一月行,北岐蘭二十日行,西大食一月行,居烏滸河北平川中,獸多師子,西北與史接,以鐵關爲限。

本書卷四三下地理志有與此類傳之記載,其文云:"西域有陀拔思單國,在疏勒西南二萬五千里,東距勃達國,西至湼滿國,皆一月行,南至羅利支國半月行,北至海兩月行。羅利支國,東至都槃國半月行,西至沙蘭國,南至大食國,皆二十日行。都槃國,東至大食國半月行,南至大食國二十五日行,北至勃達國一月行。勃達國東至大食國兩月行,西北至岐蘭國二十日行,北至大食國一月行。阿沒國東南至陀拔國半月行,西北至岐蘭國二十日行,南至沙蘭國一月行,北至海兩月行。岐蘭國西至大食國兩月行,南至湼滿國二十日行,北至海五月行。湼滿國西至大食國兩月行,南至大食國一月行,北至岐蘭國二十日行。沙蘭國南至大食國二十五日行,北至湼滿國二十五日行。"此文與本傳雖互有同異,然二者同出於一種來源,頗爲明顯。一般以地志之文在賈耽入四夷道路之後,大抵皆認爲出於四夷述。然以太平寰宇記引西域圖記觀之,則本傳與地志之文應俱出於西域圖記。

新唐書大食傳注

太平寰宇記卷二百云:"天寶六載四月二十五日,上因問西蕃諸國程塗。鴻臚卿王忠嗣奏曰:臣謹按西域圖記:

陁拔恩單國在疏勒西南二萬五千里,東至勃達國一月程,西至涅滿國一月程,南至羅剎支國一月 一作十五日 程,北至海二月程。

羅剎支國東至都槃國十五日程,西至沙蘭國二十日程,南至大食國二十日程,北至陁拔國十五日程。

都槃國東至大食國十五日程,西至羅剎支國十五日程,南至大食國二十五日程,北至勃達國一月程。

勃達國東至大食國二月程,西北至岐蘭國二十日程,南至都槃國一月程,北至大食國一月程。

阿沒國東南至陁拔國十五日程,西北至岐蘭國二十日程,南至沙蘭國一月程,北至海二月程。

岐蘭國東南至河漠(阿沒)國二十日程,西至大食國兩月程,南至涅滿國二十日程,北至海五月程。

涅滿國,東至陁拔國一月程,西至大食國二月程,南至大食國一月程,北至岐蘭國二十日程。

沙蘭國,東至羅剎支國二十五日程,南至大食國二十日程,北至涅滿國二十五日程。"

以上分行提寫之各國,在原文係於每國之下,各空一格。其為囊括西域圖記之詞無疑,原文當較此為繁。故本傳雖用圖記之材料,而其所記,間或較寰宇記所引為詳也。此諸國之名,記載缺乏頗難考訂。今所知者,僅為比勘本傳及地志寰宇記所得之異文,及少數可指出地點之名稱而已。今列舉如下:

岐蘭，沙畹西突厥史料補註七八云：“應爲 Gilan，地在裏海之西，陁拔斯單之西。”張星烺先生新唐書大食傳註十二，亦云：“岐蘭國卽 Gilan 之譯音。地在裏海西南角，背多山而前面海。介於阿錯貝獎 (Azerbaijan) 及馬燦代蘭 (Mozanderan) 二省之間。中世紀時代，卽以產絲著名。今代絲物，仍爲此省之重要貿易品。中古時，裏海亦名岐蘭海，由此地而得名也。”

阿沒，又作阿昧，西突厥史料補註八十云：“阿沒非指安國 Boukhara 附近之 Amol，乃指若干大食著作中視爲陁拔斯單都城之 Amol。”

陀拔斯，地志作陀拔思單，寰宇記作陀拔思覃，並省作陀拔國；西突厥史料補於天寶六年二月下，以 Tabaristan 譯之。張星烺先生以陀拔斯與陀拔斯單爲二地，而另以 Tabbai 譯陀拔斯。然就以上所引關於陀拔斯及陀拔斯單道程之記載言之，二者係屬一地，並無可疑。

沙蘭，張星烺先生新唐書大食傳註十六云：“沙蘭似卽李羅遊記之泄剌失 (Shiraz)，明史作失剌思。其末尾之音，被略去也。”

你訶溫多城，張星烺先生注云：“卽元史地理志西北地附錄之那哈完的 (Nahavand=Nehawend)。此城甚古。阿拉伯地理家阿伯爾肥達 (Abulfeda) 謂爲奴亞 (Noah) 所建，故有是名。古城遺蹟，在哈馬丹 (Hamadam，古名愛克巴塔那 Ecbatana) 之南，乞里茫沙杭 (Kirmanshch) 之東。西歷六百四十二年，(唐太宗貞觀十六年，) 波斯薩珊王朝末主伊嗣侯三世 (Yesdegerd III) 之軍隊，與阿拉伯人決戰於此。波斯軍敗北,伊嗣侯退入土耳其斯坦境內。波斯全國為回教徒所佔,自此改奉回教。 此在波斯史上為一大關鍵,世界史上為有名戰爭之一也。

怛滿,或曰怛沒,地志寰宇記並作湼滿,西突厥史料補註七九以為"應指 Tirmidh 一地。" Tirmidh,普通地圖上作 Tarmez,適在烏滸河 (Oxus),即阿母河之北岸,Kesh (石國)之東南,與鐵門相近也。

都盤,地志寰宇記均作都槃。 羅利支,地志寰宇記均作羅剎支。 此二地與勃達,均無考。 其最難索解者,為本傳及地志寰宇記所謂"大食"之地理的範圍,此對於本段所記各國之考證,實增加極大之困難也。

天寶六載,都盤等六國皆遣使者入朝,乃封都盤王謀思健摩訶延曰順化王,勃達王摩訶溢斯曰守義王,阿沒王俱那胡設曰恭信王,沙蘭王卑路斯威曰順禮王,羅利支王伊思俱習曰義寧王,怛滿王謝沒曰奉順王。

此蓋本於舊史所記。 冊府元龜卷九六五云:"天寶六載二月,封陁拔斯單國王忽魯汗為歸信王,羅利支國王伊思俱習為義寧王,岐蘭國王盧薛為義賓王,湼滿國王謝沒為奉順王,渤達國王摩俱溢思為守義王,都盤國王謀思健摩訶延為順德王,阿沒國王俱般胡沒為恭信王,沙蘭國王卑路斯威為順禮王。" 此與本傳所記略同,而有異文。 沙畹西突厥史料補譯忽魯汗為 Khorschid II。

—— 以上記述大食境內或附近諸國之路程。

四五十年前,俄國東方學者 Bretschneider 有 On the Knowledge possessed by the Ancient Chinese of the Arabs 一書;對於新唐書大

食傳之考釋，似亦為其工作之一部。以此大學者治學之博大精深，其所考釋應有可觀。然此書流傳甚少，予求之經年而未得，北平各大圖書館中亦皆無之。布氏之見解，予僅於其所著 Medivieal Researches from the eastern Asiatic Resources 見其鱗爪而已。予近治中國伊斯蘭教史之興趣甚濃，對於各史大食傳亟須有相當的理解。因冒然先為此文，以乞正有道。仍當續求布氏之書，並補充各種基本資料，以求徐徐修正也。倘希識者助之。

又此文偏重於史料來源之考訂。就作者所攷得者言之，新唐書大食傳所取之資料，今殆可完全見之；僅從史料上說，本傳實無可取。在見解上，本傳作者雖亦有新的提供；然其改變舊文之處，錯誤頗多，殊無可觀。此一例證，對於新唐書價值上之判斷，似亦不無一助也。

李冶李治辯

陳叔陶

民國二十五年九月九日,余草書柯劭忞新元史後既竟。十一日夜,過錢師寶琮處,因與暢談新史得失。先生告余:"余於新史,未嘗致力。比草中國數學史,乃取新史參閱,亦殊不以爲然。如元儒李治,舊史本傳,誤爲李冶,惟商挺傳則稱李治。清道光初,施國祁始正其誤。嗣後繆荃孫亦有佐證。晚近商務印書館人名大辭典亦主其說。施繆二家之說,皆在新史告成之前,新史本傳,仍稱李冶,殊屬不當,此新史之承舊史之誤者也。………" 十九日夜,再過先生處,借敬齋古今黈。先生又謂:"李冶應爲李治,已有定說,但取施繆二家之說,以評新史足矣。"余唯唯,未嘗不以先生之言爲然。後治元好問事蹟,搜集金元史料,始知施繆二家之說,未必盡然,尚有待乎吾人之考證者。因草李冶李治辯。

元史(卷一百六十)李冶傳:"李冶字仁卿,眞定欒城人。"

(卷一百五十九)商挺傳:"至元元年,入拜參知政事,建議史事附修遼金二史,宜令王鶚、李冶、徐世隆、高鳴、胡祇遹、周砥等爲之,甚合帝意。"(註一)　(卷一百六十)王鶚傳:"始立翰林學士院,鶚遂薦李冶、李昶、王磐、徐世隆、高鳴爲學士。"　(卷一百六十三)張德輝傳:"又訪中國人材,德輝舉魏璠、元裕、李冶等二十餘人。……與元裕、李冶游封龍山,時人號爲龍山三老云。"皆稱李冶。於是一切晚出之書,抄襲前史,一承其舊,世未嘗有李冶李治之辯也。道光初,烏程施國祁始謂李冶應爲李治。禮耕堂叢說:"後人不察,謬改其名,呼治爲冶,乃與形雌意蕩之女道士李季蘭相溷,吁可悲已! 今其言具在,其名亦正,倘能付諸剞劂,傳示當世,庶使抱殘守缺者,得見全璧,豈非大惠後學哉?"(敬齋古今黈十二卷本附錄引)光緒中,江陰繆荃孫復引申之。敬齋古今黈十二卷本附錄繆荃孫跋:"施北研跋,以爲李治非李冶。荃孫考元王惲中堂紀事卷三:'徵君李治,授翰林學士知制誥同修國史。注:'李仁卿,欒城人,前進士。' 金少中大夫程震碑,欒城李治題額,石本作治。爲北研得兩佳證,可訂諸書傳寫之失。光緒壬寅上元後一日,江陰繆荃孫跋。又案元遺山集寄庵碑:'先生子男三人:長曰澈,方山抽分窯冶官。 次曰治,正大中收世科,徵仕郎,高陵主簿。 次曰滋。' 兄澈弟滋,偏旁皆从水,則仁卿名治(治字原文模糊不清,但觀上文語氣,顯然爲治無疑。) 更無可疑者。癸卯春三,荃孫再跋。"施氏云云,並無理由,可以置諸勿論。繆氏云云,亦殊有考慮之餘地。 考元王惲中堂事記卷下葉十六,雖有"十一日辛丑,徵君李治字仁卿,欒城人,前進士。初公徵至,詢

一: 元史商挺傳,殿本作李治,一切晚出之書,凡以殿本爲根據者均承其誤,今據洪武本改正。

以時事,但以眞定木場抽分官錢修蓋文廟而已。道號敬齋。授翰林學士"之語。 但同卷葉十一,亦有"翰林學士知制誥同修國史李冶"之句。金元好問遺山先生文集卷十七葉十六寄庵先生墓碑,雖有"子男三人:澈,方山抽分窰冶官,劉出也。 次曰冶,自幼有文章重名,正大中,收世科,徵事郎,長陵主簿,王出也。 次曰滋,崔出也。……… 壬寅某月,孤子冶自陽翟護先生之柩歸人諸壠於欒城某原之先塋,塋有日,再拜涕泗謂門下士元某言:'先孤,唯冶僅存。………' 冶重以大誼要責,'………冶不謀若實,冶之尤謀之或違,尤將誰在'?" 之語。 但卷首葉三遺山先生文集序,亦有"中統三年陽月,封龍山人李冶序"之句。卷一葉七五言古詩潁亭留別下,亦有"同李冶仁卿、張肅子敬、王元亮子正分韻得畫字"之注。(註二) 卷三十九葉二書,癸巳歲寄中書耶

二: 遺山先生詩文集,元刻爲嚴忠傑中統壬戌本,曹益甫至元庚午本,黃公紹至順庚午本(鈔本)。明刻爲李叔淵宏治戊午本,毛晉汲古閣本,清刻爲南昌萬廷蘭本,華希閔康熙庚寅本,施國祁道光壬午本,張穆道光庚戌本,元刻已佚,余所據者,爲明刻李叔淵宏治戊午本焉。 施國祁道光壬午本,係以華希閔康熙庚寅本爲底本,施國祁元遺山詩集箋注例言:"是集……國朝刻爲華希閔康熙庚寅本………大抵祖中統而補宏治者。…… 甲辰歲,從楊拙園夙好齋乞得,即小箋底本也。"而華希閔康熙庚寅本,則從李叔淵宏治戊午本翻出,張穆重刻元遺山先生集序:"遺山先生集中統嚴氏初刻本不可見,今行世者,惟宏治中李叔淵本,及康熙中華希閔本,而華本卽從李本翻出,猶一本也。"考李本卷首葉三遺山先生文集序及卷一葉七五言古詩潁亭留別,均稱李冶。 而施本卷首葉二,元遺山全集序例及卷一葉七五言古詩潁亭留別,均稱李治。 施本旣從李本而來,則李治云云,必爲施氏竄改無疑。

律公書亦有"竊見南中大夫士歸河朔者,在所有之。………… 如…………眞定李治,………… 凡此諸人,雖其學業操行,參差不齊,要之皆天民之秀,有用於世者也。"之語。李冶乎? 李治乎? 二書已不能自圓其說,繆氏何據而謂李治可信,李冶不可信也? 舉剩本矛盾之書,證李冶爲李治,豈平論哉? 職是而言,繆氏所舉第一第三理由,不能成立明矣。至於繆氏所舉第二理由,因未得程震原碑,未敢妄斷。(註三) 卽能成立,則憑區區一孤立之理由,推翻數百年已有之成說,天下寧有是理?

或將謂敬齋古今黈十二卷本,署元欒城李治仁卿著。又原書自稱李治之處甚多:如卷一葉三行十五、行二十二,卷二葉一行六,葉三行十七,葉四行十一,葉五行十三,葉十一行十二,葉十四行一,卷三葉十四行四,卷四葉七行二十六,卷六葉三行十七,葉六行十、行二十七,葉七行十五、行二十三,卷七葉四行二十四,葉六行二,葉九行三、行九、行十五,卷十一葉七行七,逸文卷一葉一行二十四,葉十行二十八,皆自稱治(註四)不將爲李冶應爲李治之佳證乎? 余應之曰:"敬齋古今黈十二卷本中之李治均爲繆氏竄改,不可盡信。請言其理:一敬齋古今黈八卷本四庫全書本卷一葉十五行十六,卷二葉八行十三,葉十一行四,卷三葉五行十三,葉九行九,葉十五行十三,葉十六行十四,葉十九行十,葉二十行十五,葉二十一行六,葉二十三行四,葉二十四行十四,卷四葉二十三行九,卷五葉三行十三,葉十二行一,葉十四

三: 考程震爲東勝人,金史卷一百十程震傳:"程震,字威卿,東勝人。" 但光緒山西通志金石記,未曾著錄其碑,疑原碑該時已不存於世。繆氏云云,疑從他種著錄金石之書錄出,而非目擊。

四: 敬齋古今黈十二卷本卷十二葉十二行二十七,仍稱李治。

行九,卷六葉四行八,卷八葉三行六,葉七行十一,葉十一行十六,葉十六行十四;武英殿聚珍版本卷一葉十四行五,卷二葉七行十六,葉十行一,卷三葉五行四,葉八行十,葉十四行二,葉十五行一,葉十七行九,葉十八行十二,葉十九行一,葉二十二行三,卷四葉二十行十八,卷五葉三行八,葉十行十四,葉十二行十八,卷六葉四行一,卷八葉三行一,葉六行十六,葉十行十三,葉十五行一,拾遺卷二葉一行七,葉八行六,卷三葉四行十,葉九行十三,卷五葉十二行十七;均稱李冶,不稱李治。(註五) 考四庫本及聚珍本均自永樂大典輯出,且與十二卷本同出一源。黃廷鑑云:"武英殿本敬齋古今黈八卷,輯自永樂大典者,為世間未見之書。道光甲申,張月霄復購得士禮居所藏舊鈔李氏原書十二卷。……是書今歸嫏嬛仙館,夏月假讀,從殿本逐條對勘一過,始知永樂大典中,亦據此本收入者也。"(敬齋古今黈十二卷本附錄) 繆荃孫云:"元儒李仁卿治敬齋古今黈一書,館臣從永樂大典輯成八卷,編入四庫。又交武英殿以聚珍版印行,久已風行海內。"(同上) 魯魚亥豕,雖所不免,決不致與十二卷本相左如此。纂修永樂大典及四庫全書諸人,並無李冶李治之成見,決不致妄加竄改。則竄改必在十二卷本無疑。二十二卷本逸文二卷,係自聚珍本輯出,繆荃孫云:"乙未在武昌,刻入叢書,而輯聚珍所存原書所缺為補遺二卷。"(同上) 逸文自稱李冶之處僅一,即卷一葉一行二十四,已為繆氏改為李治。一處如此,安知他處不如此耶? 逸文二卷,已遭繆氏竄改,能保十二卷

五: 敬齋古今黈八卷本武英殿聚珍本卷三葉二十行十三作李治。考武英殿聚珍本與四庫全書本同出一源,四庫全書本卷三葉二十三行四作李冶,則武英殿聚珍本中僅見之李治,必為誤刻無疑。

中不爲繆氏竄改乎？三、施氏嘗取十二卷本以校聚珍本矣，列舉聚珍本之誤，而於李冶李治問題，並無提及。施氏係深信李冶應爲李治者，倘十二卷本果作李治，安有捨而不言之理？四、繆氏嘗舉三理以證李冶應爲李治矣，而於十二卷本中自稱李冶之處，亦未提及。繆氏亦深信李冶應爲李治者，證據愈多，則立說愈精，倘十二卷本果作李治，安有捨現成有力之理由而不言之理？

余既論施繆二說之不足信，及十二卷本之不足據，以證李冶並非李治。更將進而言曰："李冶固李冶也。"如採明清間之著述，據明清間之版本，證李冶爲李冶，則證據將不勝其多。或謂明清間之著述，明清間之版本，係承元史之誤而然，不可根據。則吾將捨明清間之著述，明清間之版本，而取元人著述，元代版本，證李冶爲李冶。一、元好問翰苑英華中州集卷五李治中邁傳："子冶，字仁卿，正大七年，收世科。屛山贈詩，所謂'仁卿不是人間物，太白精神羲山骨'者也。"該書係景元刊本，當屬可信，而原書固稱李冶。二、即以景元刊本爲不足信，試舉元刊本爲證：蘇天爵國朝文類卷三、五言古詩、觀主人植槐，卷四、樂府歌行、楊白花，卷八、七言絕句、瀟湘夜雨、墨海棠，卷十六表、車駕班師賀表，卷三十二、序、測圓海鏡序，無論目錄，無論正文，均署李冶。測圓海鏡序並有"時戊申秋九月晦日，欒城李冶序"之句。卷三十七、書、元好問上耶律中書書亦有"竊見南中大夫士歸河朔者，在所有之。⋯⋯如⋯⋯眞定李冶⋯⋯凡此諸人，雖其學業操行，參差不齊，要之皆天民之秀，有用於世者也。"之語。三、如以一書爲不足信，試再舉一書爲證。蘇天爵國朝名臣事略卷五中書耶律文正王事略引遺山元公上公書："竊見南中大

李冶李治辨

夫士歸河朔者,在所有之,………如………眞定李冶,………凡此諸人,雖其學業操行,參差不齊,要之皆天民之秀,有用於世者也。"卷十宣慰使張公事略引汲郡王公撰行狀:"又訪中國人材,公因舉魏璠、元好問、李冶等二十餘人。"卷十二內翰王文康公事略引太常徐公撰墓碑:"公遂舉李冶、李昶、王磐、徒單,公履、高鳴、徐世隆同爲學士。"引李愷撰言行錄:"嘗舉楊奐元好問、李冶宜令秉筆。至是,公申前請,命立翰林國史院。時元楊已物故,又舉李冶及李昶、王磐、徐世隆、徒單公履、郝經、高鳴爲學士。"卷十三內翰李文正公事略:"公名冶,字仁卿,眞定欒城人。"卷十四內翰董忠穆公事略引蜀郡虞公撰行狀:"又使爲使召遺老於四方,而內翰竇公默、左丞姚公樞、鶴鳴李公俊民、敬齋李公冶、玉峯魏公璠皆至,於是王府得人爲盛。"均稱李冶。(註六) 考李冶爲眞定人,(見前)蘇文爵亦眞定人,元史卷一百八十三蘇天爵傳:"蘇天爵,字伯脩,眞定人也。"李冶卒於至元十六年,國朝名臣事略:"卷十三內翰李文正公事略,至元………十六年卒,年八十八。"蘇天爵生於至元三十一年,元史卷一百八十三蘇天爵傳:"至正………十二年,………遂卒于軍中,年五十九。"自至正十二年壬辰,上溯至元三十一年甲午,凡五十九年。蘇天爵與李冶同鄉,時間相距,旣不甚遠,李冶聲望,復著於時,決無誤名之理。國朝文類及國朝名臣事略稱李冶之處甚多,決非尋常字誤。職是而言,李冶固李冶明矣。 四、光緒山西通志卷九十六金石記八(碑碣元:)"平定等處總管都元帥聶珪墓碑,中統年李

六: 國朝名臣事略目錄卷十三內翰李文正公下,字跡模糊,爲冶爲治,未敢妄斷。 但黃丕烈嘗據元刊本校舊鈔本,舊鈔本目錄作正文,均作李治,皆校作冶,足見元刊本目錄固作李冶無疑。

冶撰,今在平定州西南二里。"考李冶與聶珪有交,國朝名臣事略卷十三內翰李文正公事略引太常徐公撰四賢堂記:"初聶侯珪以土豪歸國,帥平定者最久,雅親文儒,聞敬齋李公之名而賢之,輦至郡舍。"通志所稱撰聶珪墓碑之李冶必非同名同姓同時之另一人無疑。通志成於光緒十八年,距今已四十四年,觀通志有"今在平定州西南二里"之句,則修通志時,其碑尚存。又原碑未曾注明出處,則當時纂修通志諸人,必嘗目擊原碑,決非自他種著錄金石之書轉展抄襲而得。國家多故,不知原碑尚在人間否耶?余足跡囿於江南,不能親赴平定,撫摩原碑,為本文得一有力之證據,為可嘆也。五、治字較為普遍,冶字較為少見,故手民傳刻時,由冶誤治易,由治誤冶難,少數書中之李治必為傳刻之誤無疑。(註七)

由是而言,李冶固李冶也。

本文參考諸書版本:

(1)元史 北平國立北平圖書館藏明洪武刻本百衲本二十四史本。
(2)敬齋古今黈十二卷本藕香拾零本。
(3)中堂紀事記秋澗先生大全文集本 南京江蘇省立國學圖書館藏明宏治戊午翻元刊本四部叢刊本。
(4)遺山先生文集烏程蔣氏密韻樓藏明宏治戊午刊本四部叢刊本。
(5)敬齋古今黈八卷本文瀾閣四庫全書本。
(6)敬齋古今黈八卷本武英殿聚珍版本。
(7)翰苑英華中州集武進董氏誦芬室藏景元刊本四部叢刊本。
(8)國朝文類上海涵芬樓藏元至正二年杭州路西湖書院刊本四

七:王若虛滹南遺老集舊鈔本,署欒城李治引。

部叢刊本。

(9)國朝名臣事略沈氏海日廔藏元元統乙亥余氏勤有書堂刊本及上海涵芬樓藏黃杰烈校舊鈔本。

(10)光緒山西通志初刻本。

(11)元遺山詩集箋注初刻本。

(12)元遺山先生全集重刊本。

(13)金史北平國立北平圖書館藏元至正刊本百衲本二十四史本。

(14)濼南遺老集上海涵芬樓藏舊鈔本四部叢刊本。

　　民國二十五年十月九日陳叔陶草於杭州浙江大學,本文之成,半由於錢寶琮先生之啓示端倪,半由於張元濟先生之惠假善本。元刻蘇天爵國朝名臣事略,爲世間僅見之書,余嘗於商務印書館四部叢刊三編預約樣本葉六預備續出之書下,得見原書目錄。素知此事由張先生主持,乃逕函張先生,詢以一切。承張先生不棄,以原書毛樣見示,又以舊鈔本見告。謹將張先生前後兩函,附載於此,以示不忘。

第一函:(民國二十五年十月七日)

(上略)元刊蘇天爵國朝名臣事略,弟昔年得自持靜齋丁氏,故友沈子培見之,必欲取去,故已歸於海日廔。(沈君治金元史學甚精博,著有蒙古源流考校注之類。)沈君逝世已十餘年,此書曾向其後人借出,攝存影片。奉示後提出檢閱,內翰李文正公,其名作冶,見卷十三第三葉後十一行,惟目錄作治,却在疑似之間。此爲元統乙亥余氏勤有書堂刊本,是書大約明歲可以出版,並以附聞。(中略)再涵芬樓有抄本一部,黃丕烈據元本校,目錄正文,原抄作治,均校作冶,合併奉告。

第二函:(民國二十五年十月十六日)

(上略)奉本月十四日手教,並大著李冶李治辨,展誦,知讀書有得,於一字之微,且不肯輕易放過,則於其重要者更可推想,至爲欽佩。承示諸處,均已代查,即有二字,印刷不甚明晰,亦可認爲無誤。甚佩閣下爲學精勤，謹將照存國朝名臣事略毛樣（將來付印之時尚須將各字修潔）一册，隨大稿寄上，或須另有查檢之處，敬祈察閱，用畢仍乞交郵挂號擲還爲荷（下略）。

民國二十五年十月二十三日陳叔陶附識

荀子真偽考

張西堂

目次

略例

一　引書

　(一)荀子與劉向楊倞

　(二)荀子之真偽問題

　(三)荀子與戴記外傳

二　荀子各篇真偽考

　(一)天論性惡解蔽正名

　(二)富國正論禮論

　(三)勸學修身不苟

　(四)非十二子王制王霸樂論

　(五)非相榮辱君道臣道

　(六)仲尼致士君子

　(七)儒效議兵強國

　(八)成相以下八篇

三　結語

略　例

一、荀子一書，文多與大小戴記韓詩外傳相同，非兩兩對勘，無以定眞僞。本篇於荀子與戴記外傳文相同者，並先對勘，然後考其眞僞；但關於荀子眞僞已明之各篇，爲省篇幅起見，則概從略敍述。

二、荀子戴記外傳等書，流傳旣久，版本甚繁。茲爲便利起見，俱用四部叢刊本，以爲對勘之資。外傳有民二十年丹徒吳氏江都秦氏覆元槧本(省稱覆元槧本)，亦間取以參校。茲爲節省篇幅，於對勘之原文但錄記訖，註明卷數頁數，以便檢閱。

三、本篇於荀子各篇，多逐段爲之說明，茲爲便利起見，卽用王氏集解分段。其王氏分段有不甚合者，亦不爲之改訂；非爲苟簡，藉免混淆。

四、荀子戴記外傳數書，流傳旣久，對勘之時，其有明知爲因傳鈔而誤，而非關於兩書之先後者，則不論列；且爲避免繁冗，亦不加以說明；緣此等處，固一見而可知之也。

五、荀子一書，眞僞互淆，本篇定勸學等十四篇爲眞荀子文，較之時賢所定，幾於增多一倍。其有不足信者，亦必從嚴假定，總期勿以僞而亂眞。海內宏達，不吝賜政，所甚幸焉。

一　引言

(一)荀子與劉向楊倞

荀子的著述,據漢書藝文志諸子略所列的是孫卿子三十三篇,又詩賦略所列的有孫卿賦十篇。據劉向的孫卿書錄說:"所校讎中孫卿書凡三百二十二篇,以相校除復重二百九十篇,定著三十二篇"。漢志諸子略所列的是經過劉向校定的,"三十三篇"當作"三十二篇"。(此王應麟漢藝文志考證已言之。) 在隋志所列的,子部儒家有孫卿子十二卷,又集部別集有楚蘭陵令荀況集一卷,云:"殘缺,梁二卷"。 到了唐代,楊倞為荀子注,他以為"荀子未有注解,亦復編簡爛脫,傳寫謬誤"。又以其"文字繁多,故分舊十二卷三十二篇為二十卷,又改孫卿新書為荀卿子,其篇第亦頗有移易,使以類相從"。 我們現在流傳下來的荀子,即是一度經劉向的校定,再度經楊倞的改編的。 這兩本的篇第不同,茲表列於下:

劉向本	楊倞本
勸學篇第一	同
修身篇第二	同
不苟篇第三	同
榮辱篇第四	同
非相篇第五	同
非十二子篇第六	同
仲尼篇第七	同
成相篇第八	第二十五
儒效篇第九	第八
王制篇第十	第九
富國篇第十一	第十
王霸篇第十二	第十一

君道篇第十三	第十二
臣道篇第十四	第十三
致士篇第十五	第十四
議兵篇第十六	第十五
強國篇第十七	第十六
天論篇第十八	第十七
正論篇第十九	第十八
樂論篇第二十	同
解蔽篇第二十一	同
正名篇第二十二	同
禮論篇第二十三	第十九
宥坐篇第二十四	第二十八
子道篇第二十五	第二十九
性惡篇第二十六	第二十三
法行篇第二十七	第三十
哀公篇第二十八	第三十一
大略篇第二十九	第二十七
堯問篇第三十	第三十二
君子篇第三十一	第二十四
賦篇第三十二	第二十六

這兩本的篇次雖不相同，其內容固無大差異。關於這一點，梁任公先生在要籍解題及其讀法上說：

> 楊倞所改編，是否愜當，另為一問題。但劉向舊本，亦不過就中祕所藏三百餘篇之叢稿，訂譌芟複，從新編次，原非必荀卿之舊，故改編時亦不必指為紊古也。

劉向校中祕時，旣有重複二百九十餘篇可爲參考，則劉向於荀書篇第，不惟未必紊古，或亦多從其舊。就現存之荀書看來，如天論正名等篇之可信爲荀文者，其中亦不免有一二段係錯入；如劉向果以己意多所更易，則這些摻入之各段，他未嘗不可另立篇目以容納之，或細加排比使稍整齊。所以說劉向是"芟複"則可以的，一定指爲"紊古"，則殊不必。又如性惡篇，劉向舊次雜在子道法行之間；成相篇舊次在第八，都不甚合劉氏如易荀卿之舊，亦當稍以類從。劉氏旣不如此，則其校定荀子之時，蓋必保存原書幾分眞面目。現在荀子之有眞僞問題，或係荀書原來編定之時，眞荀子文本編在一處，而荀子弟子所記，或荀子弟子所作，亦本另編在一處；不過流傳旣久，篇簡不免錯亂，而有眞僞混淆之象。如劉向未必紊古，又未必多有更易，篇章之錯亂，應由於如此，就現在看起來，也只當如此的。

劉向校定的荀子，有成相及賦兩篇，而漢志於諸子略中旣列孫卿子三十三篇，而賦家又列孫卿賦十篇；漢志原本七略，則劉向定七略時，這兩種是否別行，這也是在我們看來要發生疑問的。關於這一點，胡元儀在他所作的郇卿別傳上說：

今郇卿書賦篇僅有賦六篇，讀者莫明其故，蓋卽郇卿書中之賦篇成相篇也。……成相亦賦之流也。今案：賦篇禮知雲蠶箴五賦之外有佹詩一篇，凡六篇。成相篇自"請成相，世之殃"，至"不由者亂，何疑爲"，是第一篇；自"凡成相，辨法方"，至"宗其賢良，辨孼殃"，是第二篇；自"請成相，道聖王"，至"道古聖賢，基必張"，是第三篇；自"願陳辭"，至"記於成相，以喩意"，是第四篇；自"請成相，言治方"，至"後世法之，成律貫"，是第五篇。合之賦六篇，實十有一篇。今漢志云："孫卿賦十篇"者,亦脫"一"字,當作"十一篇"也。

他這種算法是認爲兩書雖然別行,但在孫卿子中可有成相及賦兩篇的。梁任公要籍解題及其讀法則謂:

> 劉向本篇第,是否卽向之舊,似仍有問題。漢書藝文志儒家載孫卿子三十三篇,而賦家復載孫卿賦十篇,知劉向襄定七略時,兩書本各自別行。乃今本則賦篇卽在三十二篇中,而其賦又僅五首,頗難索解。……案:本書大略篇首"大略,君人者隆禮尊賢而王……","大略"二字與下文不相屬,明是標題。而儒效末一段云:"人論,志不免於曲私……","人論"二字不與下連;王制篇篇中一段云:"序官,宰爵知賓客……","序官"二字與下不連,此例正如大略篇。是"人論""序官"本爲兩篇名,略可推見。然則後此何故失此二目,而將四篇併爲兩篇耶? 當緣有傳鈔者以孫卿子與孫卿賦合爲一書,將賦十篇附於末。二度傳鈔者,不解成相之義,見其文與"非相"相近,遂提前置諸第八篇。三度傳鈔者覺增此二篇,與三十二篇之數不符,而當時各篇名,或皆如大略篇之僅著於篇首,並未提行另寫;鈔者失察,遂合四爲二,謂符原數。信如是也,則仲尼篇第七之下,宜次以儒效篇第八,人論篇第九,王制篇第十,序官篇第十一,其富國王霸至堯問君子諸篇以次從第十二遞推至三十二。而成相賦兩篇則別爲'孫卿賦',而不以入荀子。庶幾還中壘校錄之舊觀矣。

梁氏這種說法,是要經三度傳鈔然後"合四爲二"以"符原數"，這種假定是太危險的。而且劉向的書錄，有目有錄傳鈔者又必須將其篇目也加以改訂，這恐怕是不合情理的。漢志頗多裁篇別出，如弟子職一篇列孝經類中，而管子中仍有此篇，荀子的成相賦兩篇恐怕也是這樣。我以爲這是不當求之太深的。

(二) 荀子之眞僞問題

荀子一書，雖經劉楊的編定，但是自來懷疑其書之眞僞者，實不甚多。楊倞荀子注在大略篇篇目下說：

> 此篇，(大略) 蓋弟子雜錄荀卿之語。

在宥坐篇篇目下說：

> 此以下(宥坐以下子道法行哀公堯問共五篇)皆荀卿及弟子所引記傳雜事，故總推之於末。

而在堯問篇末段又說：

> 自"爲說者"以下，荀卿弟子之辭。

他所懷疑爲非荀子所作者只有大略宥坐子道法行哀公堯問篇，在君子篇篇目下他又說：

> 凡篇名多用初發之語名之，此篇皆論人君之事，卽"君子"當爲"天子"，恐傳寫誤也。

這只以爲傳寫之誤，不以爲非荀子作的。在他以後，如宋濂的諸子辨，胡應麟的四部正譌，姚際恆的古今僞書考，雖多辨諸子之贗僞，然而對於荀子是沒有提出新的意見，說大略以下六篇外還有別的僞篇竄入。

清代爲荀子作校注的人，例如盧文弨在非相篇末一段說：

> 非相篇當止於此，下文所論較大，竝與相人無與，疑是榮辱篇錯簡於此。

在儒效篇"造父者天下之善御者也"這一段說:

> 案此段"在一大夫之位"云云,當爲衍文,韓詩外傳卷五無此,徑接下文,語勢方脗合。

在致士篇第二段也說:

> 前王制篇已有此數語,或是脫簡於彼。

郝懿行在致士篇"得衆動天"四句下說。

> 四句一韻,文如箴銘,而與上下頗不相蒙,疑或他篇之誤脫。

王先謙在王制等'序官'一段下說:

> 按樂論篇云:"其在序官也,曰修憲命,審誅賞,禁淫聲,以時順修,使夷俗邪音不敢亂雅,太師之事也"。則序官是篇名。上文"王者之人","王者之制"等語,及各篇分段首句類此者,疑皆篇名,應與下文離析,經傳寫雜亂,不可考矣。

他們這三人都只懷疑到篇章的傳寫雜亂,而對於荀子本身的真僞也沒有發生什麼意見。不過王氏說到"序官"等是篇名,而以篇名湮沒,有的在現在已不可考,這實在是很進一步的見解。

近來的人,對於荀子懷疑其真僞的,則比較多。胡適之先生在中國哲學史大綱上說:

> 漢書孫卿子三十二篇,又有賦十篇,今本荀子三十二篇,連賦五篇詩兩篇在內,大概今本乃係後人雜湊成的?
> 其中有許多篇,如大略宥坐子道法行等,全是東拉西扯拿來,湊數的。還有許多篇的分段,全無道理,如非相篇後兩章全與非相無干。又如天論篇的末段也和天論

無干。又有許多篇,如今都在大戴小戴的書中,(如禮論樂論勸學諸篇)或在韓詩外傳之中,究竟不知誰鈔誰的。大概天論解蔽正名性惡四篇,全是荀卿的精華所在,其餘的二十餘篇,即使眞不是他的,也無關緊要了。

這裏只承認天論解蔽正名性惡四篇是眞的,實在是一種嚴格的主張,而說其餘的二十餘篇,即使眞不是他的,也無關緊要,雖未嘗即以爲僞,但是懷疑到這些篇數,實在比前人進步得多了!後來梁任公先生在要籍解題及其讀法上則說:

> 今案讀全書,其中大部分固可推定爲卿自著,然如儒效篇,議兵篇,强國篇,皆稱'孫卿子',似出門弟子記錄。內中如堯問篇末一段,純屬批評荀子之語,其爲他人所述尤爲顯然。又大略以下六篇,楊倞已指爲荀卿弟子所記卿語及雜錄傳記,然則非全書悉出卿手甚明。

他對於大小戴記文多與荀子相同,則以爲:

> 凡此皆當認爲禮記采荀子,不能謂荀子襲禮記。蓋禮記本漢儒所裒集之叢編雜采諸各家著述耳。然因此可推見兩戴中其撫拾荀卿緖論而不著其名者或尚不少。而荀子書中,亦難保無荀卿以外之著作攙入。蓋荀子書亦由漢儒各自傳寫,諸本共得三百餘篇,未必本本從同。劉向將諸本冶爲一爐,但刪其重複,其曾否懸何種標準以鑑別眞僞,則向所未言也。楊倞將大略,宥坐,子道,法行,哀公,堯問六篇降附於末,似有特識。………此六篇宜認爲漢儒所雜錄非荀子之舊。其餘二十六篇,有無竄亂或缺損,則尚待細勘也。

這兩段所說的,如對於儒效議兵强國三篇提出新的證明,如謂

"其餘二十六篇,有無竄亂或缺損,則尚待細勘",確是很好而很穩妥的見解。在他以後,繼續討論此問題的則有楊筠如先生之荀子研究。他依據:

(一)體裁的差異,如天論禮論富國性惡等篇之為論文體,哀公仲尼堯問宥坐等篇之為語錄體,決定其有一部分是屬於僞作。又致士篇"得衆動天"四句韻語,樂論篇"窮本極變"一段韻語,謂其非荀子原書,顯然可知。而且以為成相一篇,舊次在第八,不當用韻文,明是漢志中間漢人的成相雜辭,與荀子毫不皆干。

(二)思想的矛盾,如天論篇後段"故人之命在天"。修身篇"人有三行,雖有大禍,天其不遂乎"。與荀子天論篇反對天命的精神大相反對。樂論篇"著誠去僞,禮之經也"。與性惡篇"人之性惡,其善者僞也"。一為詐僞之僞,一為人為之義,大相反對。

(三)篇章的雜亂,如天論篇"在天者莫明於日月,………人之命在天……"這一段上既無所承,與下文也不相接,既不是論天,而且與前文的思想矛盾。性惡篇"塗之人可以為禹一段以後,忽然接以"有聖人之知者,有士君子之知者,……""有上勇者,有中勇者,有下勇者,……"兩段,全然與性惡沒有關係。

(四)其他的旁證,如大略篇引穀梁傳"誥誓不及五帝,盟詛不及三王,交質子不及五伯"。又說"春秋賢繆公,以為能變也"。"故春秋善胥命"。是取文十二年桓三年公羊傳,這都可以做荀子書有許多晚出的材料的旁證。

他由這四點更下結論說:

> 我們既知道荀子是混雜的東西,除了成相以下八篇,明知與荀子無關外,其餘各篇,都不免有魚目混珠的現象。用一般的觀察,大致以正名解蔽富國天論性惡正論禮論(起首一段)幾篇,眞的成分較多? 所以我主張(一)與大小戴記韓詩外傳相同的文字,暫時只得割愛。(二)與前面所舉幾篇中主要思想相矛盾的地方,也最好不采。
>
> (三)凡是稱孫卿子的各條,爲愼重起見,也最好不要用爲荀子學說的資料。

他這裏所說,確有不少新的意見。 而於可信爲荀子所作的天論解蔽正名性惡四篇以外,又以富國正論及禮論之起首一段爲可信,其意見也極平允的。 不過關於荀子與大小戴記韓詩外傳(以下省稱爲'戴記''外傳')相同的地方,仍未一一對勘,則其孰先孰後,問題仍未解決。 我們現在所能信的,只是成相以下八篇決非荀子所作,而天論富國等篇比較他篇爲眞;但是天論等篇亦有與戴記外傳文同者又何以決定其必爲眞,所以荀子全書的眞僞,在未將荀書與戴記外傳對勘以前是沒有方法作相當的解決的。

(三)荀子與戴記外傳

依上文所述,我們現在如欲決定荀子書中各篇之眞僞,最好是將荀子與戴記外傳文字相同者,一一對勘,先作一番比較的研究,然後再決定其孰眞孰僞。 荀書與戴記相同的共有十七處;與外傳相同的,共有五十七處;現在且先將這些相同的各篇互舉其篇卷如下:

I 荀子與戴記相同各篇篇目表

荀子勸學……大戴勸學	荀子大略┬……小戴經解(三次)
荀子修身……大戴曾子立事	├……大戴曾子立事
荀子禮論┬……小戴三年問	├……大戴虞戴德
├……小戴經解	└……小戴祭義
└……大戴禮三本	荀子法行┬……大戴曾子疾病
荀子樂論┬……小戴樂記	└……小戴聘義
└……小戴鄉飲酒義	
荀子宥坐……大戴勸學	荀子哀公……大戴哀公問五義

II 荀子與外傳相同各篇篇目表

荀子勸學……外傳六、九、四、	荀子致士……外傳五、
荀子修身……外傳一、二、五、四、	荀子議兵……外傳三、四、
荀子不苟……外傳三、二、六、四、一、	荀子強國……外傳六、
荀子非相……外傳三、五、	荀子天論……外傳二、一、
荀子非十二子……外傳四、六、	荀子大略……外傳八、四、五、
荀子儒效……外傳七、五、三、五、四、	荀子宥坐……外傳三、三、七、
荀子王制……外傳五、三、三、三	荀子子道……外傳十、九、三、
荀子富國……外傳六、	荀子法行……外傳二、四、
荀子君道……外傳四、五、五、六、	荀子哀公……外傳四、四、二、
荀子臣道……外傳四、六、	荀子堯問……外傳六、三、七、七、

由上列的兩表看來,荀子與戴記外傳相同的共有七十餘處之多,這一問題如不解決,真不好解決荀子的真偽。 過去的人,多以戴記與外傳都是鈔荀子的,如汪中荀卿子通論說:

> 韓詩之存者,外傳而已,其引荀卿子以說詩者,四十有四;由是言之,韓詩,荀卿子之別子也。

又說:

> 荀卿所學,本長於禮,儒林傳云:"東海蘭陵孟卿善為禮,春秋,授后蒼疏廣"。劉向敍云:"蘭陵多善為學,蓋以荀

卿也。長老至今稱之。曰:蘭陵人喜字爲'卿',蓋以法荀卿'。"又,二戴禮並傳自孟卿,大戴禮曾子立事篇載修身大略二篇文,小戴樂記三年問鄉飲酒義篇載禮論樂論篇文。由是言之,曲臺之禮,荀卿之支與流裔也。(述學補遺)

汪氏所說,固然是由於荀書比較戴記外傳要早的緣故,但是他所說的,在我們現在看來,還是不錯的。現在我們試更分述其理由於下:

(1)大小戴記,本是漢儒所裒集的叢編,其所采取之原料,可以分析之如下:

(a) 有禮家之禮記,如漢志所列之記百三十一篇。

(b) 有樂家之樂記,如樂記一篇本爲古文之樂記。

(c) 有屬於尚書者,如大戴中之文王官人一篇。

(d) 有屬於春秋者,如祭法帝繫取之國語世本。

(e) 有屬於論語者,如大戴中有孔子三朝記七篇。

(f) 有屬於小學者,如爾雅漢時本在禮記中。

(g) 有九流中之儒家,如大學中庸等篇爲儒家言。

(h) 有九流中之道家,如武王踐阼之本太公陰謀。

(i) 有九流中之墨家,如大戴千乘中又有墨家言。

(j) 有九流中之雜家,如月令一篇之采呂氏春秋。

(k) 有明係漢人之作,如王制公冠等篇。

(l) 有近於所謂逸禮,如奔喪投壺諸篇。

戴記來源,分析起來,可以有此十二類類,本爲雜纂而成;則其采錄荀子,不需要對勘,實沒有什麼疑問的。而且我們從兩戴記成立的時間來看,舊說以爲戴記成於西漢,實則恐怕還要晚於

西漢。關於這一點,近來錢玄同先生在重論經今古文學問題一文上說:

> 今之大戴禮記與小戴禮記這兩部書,據我的研究,決非戴德和戴聖這兩個人編成的。看它們的內容,雖不見得是刪古文記而成,但的確采了些古文記,……這兩部書一定是東漢人編成的,所以其中"今""古"雜糅,不易辨析。……陸氏經典釋文序錄………說:
>
> > 後漢馬融盧植考諸家同異,附戴聖篇章,去其繁重反所敍略,而行於世,即今之禮記是也。鄭玄亦依盧馬之本而注焉。
>
> 這明明說今之禮記為盧植馬融所編定,鄭注所注者即是盧馬編定之本。然則無論戴聖曾否編有禮記,即使有之而今鄭注之禮記四十九篇,則決非戴聖之本也。(古史辨第五冊頁五二——五三)

我們試看小戴記中之明堂位,姚際恆方苞等俱以為"新莽時人為之",(續禮記集說卷五十九引)大戴記中之盛德記明堂之事,朝事與周禮相合,這都是晚出古文家之說,都可以證明二戴記是輯於東漢時的(吾友童書業先生二戴禮記輯於東漢考'浙江省立圖書館館刊第四卷第二期'復列五證,可以參看)。二戴記旣輯成於東漢則在劉向校定荀子之時,不當有戴記混入荀子。而且我們由兩書的對勘,實有確切的明證(詳下),所以說:"禮記采荀子,不能謂荀子襲禮記",這話是不錯的。

(2)至於外傳,則在漢志已說:"漢興,魯申公為詩訓故,而齊轅固燕韓生皆為之傳,或取春秋,采雜說,咸非其本義"。外傳本取春秋,采雜說;其采錄荀子,我們本不需要對勘,即沒有什麼疑間的。外傳采荀子的地方，多不說明出自荀子，而有五處不惟不稱荀子，且直稱"傳曰"（詳下）好像"他所謂傳，當然就是指的春秋雜說之類，這可以證明不是外傳取的荀子，是將春秋雜說混入荀子書中了"。其實外傳之中，如"舜生於諸馮，遷於負夏"，(卷三)采孟子離婁下；"伯夷叔齊，目不視惡色"(卷三)采孟子萬章下，都不說明是孟子，而且有所刪節。其采他書，也多不著其名。外傳之采荀子而不說明是荀子是不足疑的。至於所稱'傳曰'，如云"傳曰'夫行露之人許嫁矣，然而未往也'。"(卷一)明是釋詩之傳，並非指春秋雜說言，其有的冠以"傳曰"有的不冠以"傳曰"，則或是傳寫者去之有未盡，(參看四庫全書總目提要)或是古人著書體例之不謹嚴，如謂這些"傳曰"之文，是指的春秋雜說之類，而可以證明不是外傳取的荀子，是將春秋雜說混入荀子，旣是混入，則(a)其文字當盡同，而何以對勘起來，文字旣不盡相同，而反像外傳改編荀子的？旣是改編荀子，則自不能說是混入。(b)如係混入則當不只混入一段，有兩段相連混入的可能。而何以所混入者，完全都只有一段，而無兩段相連的？就這種種現象看來，由外傳混入荀子之說，是絕對地不可信的。我們還須知道:外傳有的意見與荀子並不從同，在臧琳經義雜記七上說:

> 韓詩外傳………漢志本作六卷，則今書非韓氏原編，容有後人分幷且以他書廁入者。……其書有曰: "子曰:'不知命，無以爲君子'。言天之所生，皆有仁義禮智順善之心，……"斯言也，卽孟子性善之說也。秦漢以來，如毛公董生，皆可爲案爲謂通見道之醇儒矣，而性善之說，則俱未能言也。琳謂孟子之後，程朱以前，知性善者，韓君一人

而已,故特表而出之。(韓子知命說)

臧氏這裏所說是不錯的,在外傳卷五上說:

> 蠒之性爲絲,弗得女工,燔以沸湯,抽其統理,不成爲絲;卵之性爲雛,不得良雞,覆伏孚育,積日累久則不成爲雛;夫人性善,非得明王聖主義扶攜,內之以道,則不成爲君子。
> 詩曰:"天'生蒸民,其命匪諶,靡不有初,鮮克有終"。 言惟明王聖主,然後使之然也(頁一〇——一一)

外傳確是主張性善的。 在外傳中,無與荀子性惡篇相同之處,自是以主張不同之故,所以不采。 而於荀子非十二子雖略有采取,而不非子思孟軻,自然也是因爲主張性善的緣故。 如此等處,如謂荀子由外傳混入,則混入之時又必有增加非子思孟軻的一段;這決不是隨便混入的現象。 而且外傳所非十子之中,有范睢田文莊周等人爲荀子非十二子中所無者,如荀子非十二子由外傳混入而後加以改編,則由漢人所改編的,其思想文字決不能與性惡等篇相合,而其僞造的情形,必很顯然。 而現在荀子中眞的各篇殊無此痕迹,則更不能說是混入了。

我們從戴記外傳之本身爲纂輯他書而成,由其著作時代之晚,由其文字之不盡與荀子相同,很顯明地不是荀子各篇有由戴記外傳混入。 我以爲我們不應當隨便說"大概荀子本已殘缺,於是孟卿將他的禮說春秋說都假託荀子爲名,將他和荀子原書混爲一起,後來傳入祕府以後,劉向就將他馬馬虎虎的排比一下,便算是荀子本書"的。 依我個人以戴記外傳與荀子互相對勘,以及由天論等篇推證的結果,我覺得荀子一書之眞僞是應該分爲六組來看:

第一組:勸學修身不苟非十二子王制富國王霸天論正

論禮論樂論解蔽正名性惡共十四篇。這十四篇都可信爲眞荀子文,不過有的間有一二段或屬他篇錯入。

第二組:榮辱非相君道臣道共四篇。這四篇中,每篇俱有數段可信爲眞荀子文,但在這四篇之中,却又有幾段很可疑爲非荀子所作。榮辱非相兩篇,尤爲顯然。

第三組:仲尼致士君子共三篇。這三篇恐非荀子文,其思想文字頗令人懷疑。

第四組:儒效議兵彊國共三篇。這三篇亦非荀子文,應是荀卿弟子所撰述者。

第五組:成相賦共兩篇。這兩篇本與儒家之孫卿子無關。

第六組:大略以下六篇。這六篇宜認爲漢儒所采錄之詞。

在第一組中,自然天論解蔽正名性惡四篇爲最可靠,其餘十篇正可由此四篇推證其爲眞荀子所作。在第二組中的四篇,大約每篇只有一半可信,故與第一組稍覺不同。第三組三篇,是我個人的假定。第四組三篇是從梁先生的意見。其餘的兩組則舊來有說。這種看法,本不必要將戴記外傳與荀子對勘然後才可以推證出來,不過爲了懷疑荀子與戴記外傳之關係,這種對勘的工作,是應當一作的。

在下文中,謹將個人對於荀子各篇眞僞的意見,依上列六組,先將其與戴記外傳之關係,依次對勘,而後再下以判斷。爲方便起見,第一組十四篇,更分爲四項述之:

一:天論性惡解蔽正名

二:富國正論禮論

三：勸學修身不苟

四：非十二子王制王霸樂論

至於第四組爲荀卿弟子所撰述,第五組與荀子思想無關,第六組明係漢儒所雜錄之詞,俱從略述。

二　荀子各篇眞僞考

(一)天論性惡解蔽正名

I　天論

天論等四篇是胡適之先生所認爲全是荀卿的精華所在,這幾篇是比較最可靠的。但是天論與外傳相同的地方,即有三處:

(1)荀子天論:星隊木鳴,………則日切瑳而不舍也。(卷十一頁二〇——二二)

(2)荀子天論:雩而雨何也?………以爲神則凶也。(同上頁二二)

外傳卷二:傳曰:雩而雨者,………如琢如磨。(頁四——五)

這是在荀子的兩段,外傳併爲一段,"雩而雨者"至"猶不雩而雨也",在荀子本是說"君子以爲文,而百姓以爲神"的,外傳只鈔荀子的三句,又移在"星墜木鳴,國人皆恐",一段之上,殊不知"雩而雨"不是災變,與"星墜木鳴,國人皆恐",是不同的。這明是外傳襲荀子,而忘其文義之不協。如說由外傳混入荀子,則何以秩序旣顛倒,而且在荀子這一段的下文,又從何處而來? "君子以爲文,而百姓以爲神,以爲文則吉,以爲神則凶",正是說不當迷信,與荀子精神正合,尤可見不是後人改竄的。至於外傳由"星墜木鳴"起,將荀子的"則是雖並世起無傷也"和"則是雖無一至者無益也",改作"是雖並至無傷也"與"是雖無一無益也"文字比較整齊。而刪去荀子的"夫星之隊………而畏之非也",使人不覺重複。"物之已至者人祅則可畏也"改作"夫萬物之有災,人妖最可畏也",意義比較顯明。"楛耕傷稼,耘耨失薉",改作"祜耕傷稼,枯耘傷薉",旣見整齊,亦覺顯明。下文外傳又刪去荀子的三個"夫是之謂人祅"以及"三者錯無安國"等句,修改合倂而歸結於"是謂人妖",使氣勢較爲暢達,文字較爲簡潔。"萬物之怪,書不說也",之上又增"天地之災,隱而廢也",相對成文。這都是外傳襲用荀子的明證。如說由外傳混入荀子,則不當文字有所更易,而所更易的反不整齊簡潔明白暢達,更不如外傳的。這裏荀子與外傳相同兩的處,毫無可疑的不是荀子之襲外傳。

(3)荀子天論:在天者莫明於日月,……權謀傾覆幽險而盡亡矣。(卷十一頁二二——二三)

外傳卷一:傳曰:在天者莫明乎日月,……胡不遄死。(頁三)

這一段外傳刪去荀子的"在物者莫明於珠玉"及"珠玉不睹乎外,則王公不以爲寶",只舉天地人是整齊些的。"光輝不赫"改爲"所照不遠","輝潤不博"改爲"光炎不博",也覺淺顯明白。也是外傳襲用荀子。如由外傳混入荀子,則文字不當有更易;卽有更易,亦不當反覺着不整齊顯白的。所以這兩書相同的地方仍無疑地不是荀子之襲外傳。這一段荀子中有"人之命在天"一語,似與荀子天論的精神相衝突,但荀子並非絕對不信命,在正名篇說:

性傷之謂病,節遇之謂命。(卷十六頁二)

可見他並不否認有所謂"命"。在性惡篇他說"善言古者必有節於今,善言天者必有徵於人"。他並非對於天就絕對不談,不過以為"從天而頌之,孰與制天命而用之",這樣才合於"天有其時,地有其財,人有其治,夫是之謂能參"。"人之命在天"這一句話,在表面上看來,似與天論的精神相衝突,其實並非不可解釋的矛盾。這一段的下文還有"大天而思之,孰與物畜而制之"一段,必不是是由他篇誤入。不過這一篇末兩段都好像與天論無干,(末段的前一段實當分為兩段)而末一段批評慎子老子等,極合荀子批評的精神,可信為荀子所作。這幾段之錯入,無極強之反證,不能斷其為偽。至於這是荀子原書本就如此,還是劉向定著為三十二篇時才如此,則現在無由知其詳了。

天論這一篇,大家公認為真荀子所作,我們除與戴記外傳對勘而外,在積極方面,更可以由時代背景來證明天論的"戡天主義"之必為荀子時代的作品。王制篇說:

> 王者之等賦政事,財萬物,所以養萬民也。田野什一,關市幾而不征,山林澤梁,以時禁發而不稅,相地而衰政,理道之遠近而致貢,通流財物粟米,無有滯留,使相歸移也。海之內若一家,故近者不隱其能,遠者不疾其勞,無幽閒隱僻之國,莫不趨使而安樂之,夫是之謂人師,是王者之法也。(卷五頁九——一〇)

又說:

> 北海則有走馬吠犬焉,然而中國得而畜使之;南海則有羽翮齒革曾青丹干焉,然而中國得而財之;東海則有紫紶魚鹽焉,然而中國得而衣食之;西海則有皮革文旄焉,

荀子真偽考　　　185

　　然而中國得而用之。故澤人足乎木，山人足乎魚，農夫
　　不斲削不陶冶而足械用，工賈不耕田而足菽粟。故虎
　　豹爲猛矣，然而君子剝而用之故天之所覆，地之所載，莫
　　不盡其美，致其用。上以飾賢良，下以養百姓，而安樂之，
　　夫是之謂大神。(同上頁一〇——一一)

據這兩段看來，如云"四海之內若一家"，"無幽閒隱僻之國，
莫不趨使而安樂之"，以及東西南北的出產中國都可以利用，
澤居的人不至於缺乏燃料，山居的人不至於有食無魚之嗟，這
都是以表示荀子所生的時代是一個疆域比較擴大，交通比較
利便，物產比較豐富的時代。王制篇又說：

　　論百工，審時事，辨功苦，尙完利，便備用，使彫琢文采不敢
　　專治於家，工師之事也。……修採淸，易道路，謹盜賊，平室
　　律，以時順修，使賓旅安而貨(貨)財通，治市之事也。(同上頁
　　一六——一七)

王霸篇說：

　　關市幾而不征，質律禁止而不偏，如是則商賈莫不敦慤
　　而無詐矣。百工將時斬伐，佻其期日，而利其巧任，如是
　　則百姓莫不忠信而不楛矣。……商賈敦慤無詐，則商旅
　　安，貨通財，而國求給矣。百工忠信而不楛，則器用巧便
　　而財不匱矣。(卷七頁二四——二五)

這兩段所說的，不惟足見工商的發達，而且主張因"財貨通而
國求給"，"器用巧便而財不匱"，荀子所生的時代，正是物質
文明比較進步，有了使用利器的工業可以使生產"利其巧任"，
有了遠征的商旅的來往可以使貨財相通，他不必要像墨子那
樣"憂天下之不足"，這明明告訴他人力可以征服自然，一切

事情不當聽天委命,而要發生:

> 天行有常,不爲堯存,不爲桀亡;應之以理則吉,應之以亂則凶。彊本而節用,則天不能貧;養備而動時,則天不能病,………(卷十一頁一五)

的主張。而以爲錯人而思天,則失萬物之情,而要主張參天役物了。他說:

> 天有其時,地有其財,人有其治,夫是之謂能參。舍其所以參,而願其所參,則惑矣。(同上頁一六)

> 聖人清其天君,正其天官,備其天養,順其天政,養其天情,以全其天功,如是則知其所爲,知其所不爲矣。則天地官而萬物役矣。(同上頁一八)

這種參天役物的思想,正是由於人力可以征服自然的社會所造成,可以說是極明顯的。在孟子時,雖感覺到"機變之巧",而未感覺到器用巧便可使生產加速;在韓非子,他說"當今爭於氣力",則又相信"力"之高於一切,似乎時代更有進步;荀子略後於孟子,而較早於韓非子,他的天論篇所有的思想之發生,由他自己所述看來,由孟子與韓非看來,與其時代正相脗合。所以他要一反"由天謂之,道盡因矣"的道家思想,而成爲"戡天主義"。這一篇是確可無疑爲荀子所作的。

II 性惡

性惡這一篇與戴記外傳都沒有相同的地方,自然沒有襲用戴記或外傳的嫌疑。不過懷疑性惡篇的也未嘗無人。有的以爲性惡篇不是荀子,所作而且講荀子的往往講成荀子主張性善,講孟子的又往往講成與荀子性惡的意思相去不遠。例如清代戴震的孟子字義疏證本是發揮孟子之說,而程瑤田論學小記則說他不能"不與荀子性惡相表裏"。焦循孟子正義直認"孟子以人能改過爲善,決其爲性善,伏羲之前,人同禽獸,其貪淫爭奪,思之可見"。則人原來並非性善,只是"乃若其情,則可以爲善也"。其實孟荀性善性惡之分,就他們對於天道觀念看來,他們決不會相同的。孟子說:

> 萬物皆備於我矣,反身而誠,樂莫大焉。(盡心上)

> 盡其心者,知其性也;知其性,則知天矣。(同上)

孟子以爲萬物皆備於我,反身而誠則樂,天道既是善的,人性當然是善,所謂"道大而善小,善大而性小",(用王夫之周易外傳語。)只須擴充盡才,只須盡心知性,不是要改變本性才能善的。荀子的天論是主張人力可以征服自然,所以對於性也主張化性起僞,不能認爲原來就是善的。所以他在性惡篇說:

> 人之性惡,其善者僞也。……然則從人之性,順人之情,必出於爭奪,合於犯分亂理而歸於暴。故必將有師法之化,禮義之道,然後出於辭讓,合於文理而歸於治。用此觀之,然則人之性惡明矣,其善者僞也。(卷十七頁一)

他們所處的時代也略不同。孟子雖然也生在戰國之世,"爭地以戰,殺人盈野;爭城以戰,殺人盈城";但他還未感覺到有如長平之戰一阬降卒至四十餘萬之多。由孟子書中看來,似乎他也未感覺到當日詭辯家種種的詭辯,沒有像荀子那樣批評當日名墨之"用名以亂實","用實以亂名"。孟子還可以說人性是善。到了荀子,他真要覺着戰禍之烈,慘酷已極;名墨之爭,詭辯多端;再不可以說人性是善了。荀子性惡的主張,正可以說是因時代而產生,我們如懷疑其非荀子所作,或以爲荀子主張性善,這都是不然的。

在性惡篇，"塗之人可以爲禹"一段以後，有"有聖人之知者，有士君之知者，有小人之知者，有役夫之知者"一段，及"有上勇者，有中勇者，有下勇者"一段"似乎不是本篇所應有的"。但這兩段，歷來並未分出，在前人是並不以爲與上下文不相銜接。其實我們也可以說這分出四等之知，三等之勇，是令人日躋於聖知上勇。而且在這兩段以下說：

> 繁弱鉅黍，古之良弓也；然而不得排檠，則不能自正。桓公之葱，太公之闕，……古之良劍也，然而不加砥礪，則不能利。……驊騮騏驥，纖離綠耳此皆古之良馬也；然而前必有銜轡之制，……然後一日而致千里也。夫人雖有性質美而心辯知，必將求賢師而事之，擇賢友而友之，得賢師而事之，則所聞者堯舜禹湯之道也。得良友而友之，則所見者忠信敬讓之行也。……(卷十七頁一五——一六)

文氣並非不相銜接，這後一段旣非竄入，則前兩段自不可以說是由他篇混入的。所以這一篇自首至尾都應當認眞荀子所作。

III 解蔽

解蔽與戴記外傳也沒有相同的地方，不需經過對勘，可無疑其爲荀子所作，而這一篇也沒有人懷疑其僞的。荀子在性惡篇說"禮義者是生於人之僞，非故生於人之性""凡所貴堯禹君子者，能化性，能起僞"。"今人之性，固無禮義，故彊學而求有之也，性不知禮義，故思慮而求知之也"。他是極注意"聖""知""禮""學"的。在解蔽篇他說：

> 夫何以知？曰：心知道然後可道，可道然後能守道以禁非道，……何以知道？曰：心。心何以知？曰：虛壹而靜。

(卷十五頁七)

> 故學也者,固學止之也。惡乎止之? 曰:止諸至足。曷謂至足? 曰:聖也。聖也者,盡倫者也;王也者,盡制者也。……不好辭讓,不敬禮節,而好相推擠,此亂世姦人之說也。(同上頁一六——一七)

解蔽這一篇正是欲解人之蔽,使注重於"聖""知""禮""學";由荀子之性惡論看來,積極地也可以證明其爲荀子所作。

這一篇雖自來沒有人疑其竄僞,但在篇末云:

> 周而成,泄而敗,明君無之有也;宣而成,隱而敗,闇君無之有也;……(同上頁一八)

這一段也頗不像本篇所當有的,不過即使這一段不是解蔽篇的,而與正論篇第一段意思相合,也無害於此篇之爲眞荀子文。

IV 正名

正名這一篇也是與戴記外傳沒有相同地方的。這一篇說"所爲有名"是因爲:

> 異形離心交喩,異物名實玄紐,貴賤不明,同異不別,如是則志必有不喩之患,而事必有困廢之禍,故知者爲之分別,制名以指實,上以明貴賤,下以辨同異,……此所爲有名也。(卷十六頁三——四)

他攻擊"用名以亂名","用實以亂名","用名以亂實",說:

> 凡邪說辟言之離正道而擅作者無不類於三惑矣,故明君知其分而不與辨也。(同上頁八)

重同異之分辨,正由重知與解蔽而來的。這一篇之用詞,如云:

> 生之所以然謂之性,性之和所生,精合感應,不事而自然謂之性。性之好惡喜怒哀樂謂之情,情然而心爲之擇

> 謂之慮,心慮而能爲之動謂之僞。慮積焉能習焉而後成謂之僞。(同上頁一——二)

與性惡篇相合。又說:

> 辨說也者,心之象道也,心也者,道之工宰也,道也者,治之經理也。(同上頁一〇)

"心也者,道之工宰也",與解蔽篇的"心者形之君也,而神明之主也"相合,所以這一篇確可無疑其爲荀文的。

這一篇末兩段與正名實無關係,極不似爲此篇之文,一段是:

> 凡語治而待去欲者,無以道欲而困於有欲者也,凡語治而待寡欲者,無以節欲而困於欲多者也。……故治亂在於心之所可,亡於情之所欲,………(同上頁一三——一五)

一段是:

> 凡人莫不從其所可,而去其所不可,知道之莫之若也,而不從道者,無之有也。……如是而加天下焉,其爲天下多,其和樂少矣。(同上頁一五——一九)

而結以:

> 無稽之言,不見之行,不聞之謀,君子愼之。(同上頁一九)

這兩段是論情欲,似與正名論無干。但前一段云:"故欲過之而動不及,心止之也"。"欲不及而動過之,心使之也"。"性者天之就也,情者性之質也"。與解蔽篇的"心者形之君也"及性惡篇的"性者天之就也"意見相合。後一段云:"道者古今之正權也","故人無動而不可以不與權俱",與解蔽篇的"何謂衡? 曰道也",正相合。不過篇末三句,楊倞注說:

> 說苑作:"無類之說,不戒之行,不贊之辭,君子愼之"。

此三句不似此篇之意,恐誤在此耳。

楊注所說,甚有理由。這三句或是由傳鈔者誤入。不過與說苑文並不同,(說苑恐係采取外傳卷五(頁一二)之文。)也不好說由說苑混入的。(近劉念親荀子正名篇詁釋亦不以此三句爲誤入。)

(二)富國正論禮論

I 富國

富國正論禮論三篇在楊著荀子研究中即以爲眞荀子所作的。富國與戴記無相同之處,與外傳相同者一處:

(1)荀子富國:持國之難易:……此之謂也。(卷六頁二一——二三)

外傳卷六:事彊暴之國難,……徐方旣來"。(頁一四)

這裏外傳刪去荀子的第一句"持國之難易",這一句是近於標題的。"錙銖"好像太不重要了,又與上文"貨寶"近重複,外傳改爲"強乘",都比較進步的。下文更刪去荀子,"辟之"至"君盧屋妾"一段不重要的譬喻,免得"逢蒙視"與"君盧屋妾"令人看得不易了解,或者竟是外傳不了解,"君"爲"若"之誤文,而將這幾句刪去。"節奏"二字太空泛了,故外傳於其上更增"禮義"二字;"百事""衆庶"也覺空泛,所以改爲"法則度量""忠信愛利"。而於其下忽插入從王霸(?)鈔來的"行一不義,殺一無罪,而得天下不爲也"。三句,實在與上下文并無深切關係。下文因國之與國不好說"捶笞",故改爲"一齊"二字,"烏獲與焦僥搏"不合乎趨使,故改爲"如赤子歸慈母者",下文外傳"仁形義立,教誠愛深",

"愛"與上文毫無關係，只是外傳因"如赤子歸慈母"編來作結的。統觀這一段，外傳刪改荀子，使其明白進步，而引王霸(?)及自作結，則不合上下文，明是采用荀子而稍加更易的。如說混入荀子，則非外傳原文，如說混入以後稍加更易，則不應反不如外傳的有進步，而這改編的人，恰好將錄自王霸(?)的以及"仁形義立教誠愛深"不甚合的幾句刪去。這相同的地方，可無疑爲外傳襲荀子的。

從思想文字一方面看來，這一篇第一段說："離居不相待則窮，羣而無分則爭，窮者患也，爭者禍也"。第三段說："人之生不能無羣，羣而無分則爭，爭則亂，亂則窮"。這與禮論篇第一段的"人生而有欲，欲而不得則不能無求，求而無度量分界則不能不爭，爭則亂，亂則窮"正相合。而這一篇第四段說：

> 墨子之言，昭昭然爲天下憂不足。夫不足，非天下之公患也，特墨子之私憂過計也。……夫天地之生萬物也，固有餘足以人人矣；麻葛繭絲，鳥獸之羽毛齒革也，固有餘足以衣人矣；夫有餘不足非天下之公患也，特墨子之私憂過計也。(卷六頁九——一〇)

這裏以爲天生萬物，衣食有餘，只要"人善治之"，不必憂天下之不足，極與天論篇以人力征服自然的意見相合。在第二段說"足國之道"，要使"田肥以易，則出實百倍，……餘若丘山，不時焚燒"。又說"使民必勝事，事必出利，利足以生民"。第五段說"垂事養民"，要使"事成功立，上下俱富"。第七段說"潢然使天下必有餘，而上不憂不足，如是則上下俱富"。其思想正一脈相承。所以這一篇由禮論天論的思想，更可以積極地證其爲荀子所作。

II 正論

正論篇沒有與戴記或外傳相同的地方,是沒有襲用兩書的嫌疑的。 由思想文字一方面來看,這一篇第一段說:"上周密則下疑玄矣,上幽險則下漸詐矣"。"故主道利明不利幽,利宣不利周"。 其用"疑玄"二字與解蔽篇"凡人之有鬼也,必以其感忽之間,疑玄之時正之"相合。 所謂"主道利宣不利周",與解蔽篇末段:"故君人者周,則讒言至矣"。"君人者宣,則直言至矣"。 語意相合。 第二段說:"非聖人莫之能盡,故非聖人莫之能王,聖人備道全美者也"。 這與解蔽篇:"聖也者,盡倫者也;王也者,盡制者也;兩盡者足以為天下極矣",語意正合。 第四段說:"是王者之至也","未足與及王者之制也"。 在解蔽篇也有"王也者,盡制者也"。 "天下有二:非察是,是察非,謂合王制與不合王制也"。 其重王制相同。第五段說:"聖王在上,圖德而定次,量能而授官,皆使民載其事而各得其宜。 不能以義制利,不能以偽飾性,則兼以為民"。重在"以偽飾性,與性惡篇正合。 第七段說:"上無以法使,下無以度行"。 與性惡篇的"聖人積思慮習偽,故以生禮義而起法度"。 連舉"法度",也正相合。 第八段評宋子說到"有益""無益",與解蔽篇:"為之無益于成也,求之無益於得也,憂戚之無益于幾也,則廣焉而棄之矣"。 注重功利主義,詞意都相近的。 末一段評宋子"情欲寡",與正名篇:"情欲寡,……此惑於用實以亂名也"。 大意相合。 第三第六兩段亦無竄亂之跡,所以這一篇全可信為真荀子文的。 楊倞在篇首注云:

此一篇皆論世俗之乖謬,荀卿以正論辨之。

在這一篇反駁(1)"世俗之爲說者,曰:主道利周"。(2)"世俗之爲說者曰:桀紂有天下,湯武篡而奪之"。(3)"世俗之爲說者曰:治古無肉刑有象刑"。(4)"世俗之爲說者曰:湯武不能禁令"。(5)"世俗之爲說者曰:堯舜擅讓"。(6)"世俗之爲說者曰:堯舜不能教化"。(7)"世俗之爲說者曰:太古薄葬"。前七段都是駁世俗之爲說者。後兩段都是駁子宋子。而且說"二三子之善於子宋子"。足見著述之時,尙有"慕宋子道者",更足見其必爲荀子所作。

III 禮論

禮論篇與外傳沒有相同的地方,而與戴記則有三處相同,茲先對勘於下:

(1)荀子禮論:禮有三本:……禮豈不至矣哉?……(卷十三頁三——六)

大戴禮三本:禮有三本:……貸之則喪。(卷一頁一〇——一一)

這兩處相同的文字出入甚少,但可決其爲戴記采荀子者: 以"焉"爲句首,這在後來是不常用的。戴記不了解荀子的"焉無安人",所以改作"無安之人"。"縣一鍾而尙拊之膈",是不大好懂的,大戴改作"縣一磬而尙拊搏";又"始乎梲,成乎文,終乎悅校",也是不大好懂,大戴改作"始於梲,成於文,終於隆"。便易於了解了。這些地方,不像荀子的"諸侯不敢壞",大戴"壞"作"懷","三臭之不食",大戴"臭"作"侑",因形近的關係,或者我們現在所見的荀子本是有誤,未必是大戴改的。所以從這幾點很可以看出來是戴記襲荀子的。至於荀子"生之本也",大戴"生"作"性","積厚者流澤廣",大戴"廣"作"光","其次情文代勝",大戴"代勝"作"佚與"，這在我們現在看來，大戴比較難懂，而這在從前看來，聲義方面，可以互用，其例非一，不能說是荀子襲戴記。在荀子這一段的下文尚多，尤不可謂爲由戴記混入荀子，據荀子下文非由他處混入看來，亦足爲大戴此篇采取荀子的明證。

（2）荀子禮論：故繩墨誠陳矣，……謂之有方之士。（卷十三頁七—八）

小戴經解：禮之於正國也，……謂之無方之民。（卷一五頁二）小戴經解，據孫希旦禮記集解說："此篇凡爲三段，首論六經教人之得失，次言天子之德，終言禮之正國，其義各不相蒙，蓋記者雜采衆篇而錄之也"。可見經解本自不成爲一篇而是雜采衆篇而成。其與荀子相同者，正是荀子與禮三本相同的一段，經解則正是終段的開始，故將荀子的本文前後顛倒，使比較順適。而"隆禮由禮"，反極似荀子之文。如謂荀子襲戴記，則不當反改爲"法禮足禮"，不像用"隆禮"字樣之合於荀子的（說更詳下）。在荀子的下文說："聖人者，道之極也，故學者，固學爲聖人也"。"文理繁，情用省，是禮之隆也"；"文理繁情用省，是禮之殺也"。與解蔽篇的"故學也者，固學止之也。惡乎止之？曰：止諸至足。曷謂至足？曰：聖也"，及性惡篇的"合於犯文亂理而歸於暴"，"合於文理而歸於治"，學爲聖人，注重文理，都極相合。然則就荀子的下文看來，尤可見這與禮三本經解相同的一段，旣不是混入荀子，更不是混入以後又改編的。

（3）荀子禮論：三年之喪何也？……古今之所一也。（卷十三頁二〇—二二）

小戴三年間：三年之喪何也？……天下之達喪也。（卷一

八一頁一———二)

這兩處相同的,荀子的"無適不易之術",小戴改作"無易之道也";"居廬"不甚明瞭,小戴改作"居倚廬";"禮以是斷之者",小戴改作"服以是斷之者";"反鉛過故鄉","鉛"是荀子常用的,小戴改"鉛"作"巡";"然則何以分之",楊注:"分牢也"。)實在不大明白,小戴改作"然則何以至期也";都是小戴比荀子進步的明證。在荀子的下文本還有:"君之喪所以取三年,何也?………"一段,說三年之義並未完。而小戴不采,反采取"孔子曰………天下之達喪也"一段,見戴記是東拉西扯的。若說是混入荀子,則何以由"孔子曰"至"天下之達喪也"幾句都未混入,而反增加"君之喪所以取三年"的一段,反不見有雜纂的痕迹呢?所以無疑地不是由戴記混入。

　　禮論起首的一段,說禮義起於亂,合於性惡的主張;第二段與禮三本經解有一部分相同,而說"學為聖人"及用"文理"等詞與解蔽性惡合;第三段又攻擊墨家的薄葬與正論第七段攻擊薄葬相合。第四段說:"性者本始材朴也;偽者文理隆盛也,無性則偽之無所加,無偽則性不能自美"。與性惡篇合。第五段說:"刻死而附生謂之墨",也是衍篇首及攻擊墨家薄葬之意的。再次論三年喪,論殯,論祭,且說:"其在君子以為人道也,其在百姓以為鬼事也",也與荀子不信天鬼,主張人道的意見相合。末段雖有"如或饗之","如或嘗之","如或觴之",好像用韻,其實並非整句,而下文則用的是"如或去之",可見並非有意用韻。這當然不是文體有何不同。統觀全篇,在文字上,在意義上,都可無疑為真荀子文。

(三) 勸學修身不苟

I 勸學

上文證明荀子天論等七篇是真荀子文,現在再從勸學篇說起。 勸學篇與戴記有一段相同:

(1)荀子勸學:君子曰,學不可以已。………安有不聞者乎?(卷一頁一——一)

大戴勸學:君子曰,學不可以已矣。………豈有不至哉?(卷七頁六——八)

這一大段荀子與戴記相同的地方,如荀子的"氷水爲之",大戴改作"水則爲氷","雖有槁暴不復挺者",大戴直作"枯暴不復挺者","強自取柱"改作"強自取折","質的張而弓矢至"改"正鵠張而弓矢至","駑馬十駕"。改作"駑馬無極","蟹六跪而二螯"改作"蟹二螯而八足","無冥冥之志"改作"無憤憤之志","無惛惛之事"改作"無綿綿之事",都比較順適明白荀子的"物類之起必有所始",大戴改作"物類之徒,(一本作從)必有所由",以與下文"物各從其類也"相合;荀子的"怠慢忘身,禍災乃作",大戴改作"殆教亡身,禍災乃作",以與勸學之意義相合;這也是戴記要求有進步。 從這些地方看來,顯見戴記是襲荀子。 但戴記也有比荀子難懂的,如荀子的"而日參省乎己!",大戴"而"作"知"(本當作"如"),但大戴別有一本字正作"而";荀子的"蘭槐之根是爲芷",大戴改作"蘭氏之根,懷氏之苞",依孔廣森大戴禮記補注說:"氏,語詞。'懷'讀爲'櫰'。爾雅曰:'櫰,槐;大葉而黑'。苞,本也"。 則大戴是有意分別地說,使其意義比較顯明。 不像荀子"蘭槐"連用,令人誤會爲"蘭槐當是蘭芷別名"。(楊注)大戴在表面上"氏"爲語助,"懷""櫰"通假,現在看看來覺難懂,其實是分別地說,將槐的本名表出,比較荀子有進步的。在現在看來,只有大戴改荀子"蒙鳩"作"蛟鳩",改荀子"一躍"作"一蹂",好像難懂些。但這是聲假的關係,而無關於句意之淺深。就以上所說看來,大戴比較荀子進步順適淺顯,已足見其爲襲荀子,如就兩篇的下文看,則尤其明瞭。戴記在下文一段說"天子藏珠玉",一段說"見大川必觀",各不相謀,愈說愈與學沒有關係。荀子在下文一直言學,而且說五經不及易,足爲荀子所作之確證。則與戴記相同的大一段,當然不是混入而經人改編,何況就文字看來,顯明地是戴記襲荀子呢? 大戴勸學之後幾段各不相謀,亦可見其本屬雜采他書以成,孰先孰後,很顯明的。

這一篇與外傳相同的地方則有三處,現在依次對勘於下:
(1)荀子勸學:昔者瓠巴鼓瑟而流魚出聽,……安有不聞者乎?(卷一頁一一)

外傳卷六:孟子說齊宣王而不說,……非遭彫世歟?(頁八)這裏外傳與荀子相同的四句,似乎難以辨別誰抄誰的。但在荀子以"聲無小而不聞"承上文"瓠巴鼓瑟而流魚出聽,伯牙鼓琴而六馬仰秣"之言"聲"而引起下文"行無隱而不形"等句之連用比譬,而結以"安有不聞者乎",文氣是一貫的。外傳以"瓠巴鼓瑟而潛魚出聽,伯牙鼓琴而六馬仰秣",說魚馬猶知善之爲善,而況人君乎? 這種譬喻還可以用。而以"聲無細而不聞,行無隱而不形",說"夫子苟賢,居魯而魯國之削何也"? 以"聞""形"喻"削",這種比擬就不甚合。只可以說"夫子苟賢,居魯而魯國必知之,乃至於齊宣王亦必知之"說到魯國之削,牽涉得太遠了。外傳這一段在意義上也不甚貫串,如說"度量之士,不居汙世",這是說最好隱居,與下文"夫藪,多至必彫",必然的情形不相合。明明是雜湊成文,用了荀子的幾句。

(2)荀子勸學:君子之學也。………以爲禽犢。(卷一頁一二)

外傳卷九:傳曰:君子之聞道,……而於志亦戾矣。(頁七)

這一段是外傳演繹荀子而成,在荀子是以"爲己""爲人"爲君子小人之別,其界限極分明,而外傳以"人無不虛心而聽也"則"藏之於心"並非是"爲己"了。荀子"端而言""蝡而動"這兩句比較不好懂,外傳則省略去,文字比較顯明,尤足爲外傳抄襲荀子之證。

(3)荀子勸學:問楛者勿告也,……謹愼其身。(卷一頁一四)

外傳卷四:問者不告,……言必交吾志然後予。(頁一〇)

這裏外傳所注重的是"言必交吾志然後予",所以對於荀子的"說楛者勿聽也"删去。"未可與言而言謂之傲",是不合情理的,外傳將"傲"字改作"瞽",就比較合理而易了解了。又删去"不觀氣色而言謂之瞽",使"未可與言而言"與"可與言而不與言",兩兩相對,比較整齊,這都以證明外傳之襲荀子。外傳是一段一段的,荀子尚有上下文,更不好說是由外傳混入。

我們如從文字思想一方面來推證勸學,更可以見其必爲眞荀子文。我覺得可信爲荀子所作的共有八證。(1)這一篇說:"學惡乎始,惡乎終?曰:其數則始乎誦經,終乎讀禮;其義則始乎爲士,終乎爲聖人。眞積力久則入,學至乎沒而後止也"。

與解蔽篇所說："故學也者,固學止之也。惡乎止之? 曰:止諸至足。曷謂至足? 曰:聖"。重一"止"字,重一"聖"字,兩處意見完全相合,其證一。(2)這一篇極重"積"字,如云"眞積力久則入"。如云"積土成山,風雨興焉;積水成淵,蛟龍生焉;積善成德,而神明自得,聖心備焉"。與正名篇的:"慮積焉。能習焉而後成謂之僞"。性惡篇的:"化師法,積文學,導禮義,爲君子"。"聖人積思慮習僞,故以生禮義而起法度"。注重"積"的意見相同,其證二。(3)這一篇說:"蚓螾無爪牙之利,……用心一也。蟹六跪而二螯,……用心躁也。………目不能兩見而明,耳不能兩聽而聰,……故君子結於一也"。與解蔽篇的:"何以知道? 曰:心。心何以知之? 曰:虛壹而靜"。"自古及今,未嘗有兩而能精者也"。注重"一",注重"靜",兩處的意見也正相符合。其證三。(4)這一篇說:"將原先王,本仁義,則禮正其經緯蹊徑也。若挈裘領,詘五指而頓之,順者不可勝數也。不道禮憲,以詩書爲之,譬之猶以指測河也,以戈舂黍也,以錐飡壺也"。重禮過於詩書,與性惡篇的"今人之性惡,必將待師法然後正,得禮然後治",禮論篇的"先王惡其亂也,故制禮義以分之",及"禮者人道之極也",特意地重視禮相合。其證四。(5)這一篇說:"君子生非異也,善假於物也"。歷舉"所繫者然","所立者然","所漸者然",以明"君子居必擇鄉,遊必就士,所以防邪僻而近中正也"。又說:"學莫便乎近其人,學之經莫速乎好其人"。對於環境極其重視。這與性惡篇的:"夫人雖有性質美而心辯知,必將求賢師而事之,擇良友而友之。得賢師而事之,則所聞者堯舜禹湯之道也。得良友而友之,則所見者忠信敬讓之行也。身日進於仁義而不自知也者,靡使然也"。這正是"近其人","好其人"的辦法,旨意相合,其證五。(6)勸學篇所用的文字多與解蔽等篇相合,如云:"安特將學雜識志",與解蔽篇的,"案直將治怪說,玩奇辭","安特將"與"案直將"的文法是一樣的。又如這一篇說:"故誦數以貫之",而在正名篇亦有:"則雖守法之吏,誦數之儒,亦皆亂也"。"誦數"是荀子常用的。勸學與解蔽等篇自當出於一手,其證六。(7)最重要的是勸學篇說五經不及易,足為其文字成立甚早的確證。勸學篇提到五經的有兩處:

(A)禮之敬文也,樂之中和也,詩書之博也,春秋之微也,在天地之間畢矣。

(B)禮樂法而不說,詩書故而不切,春秋約而不速。

這裏絕不談到易經,而說是"在天地之間畢矣",彷彿不知天壤間有所謂易經者,也可以作為儒家的經典的。這尤其應當是荀卿時代的作品的明證。若非相末段與大略篇中竟說到易,荀子為知易者,則不當說"在天地之間者畢矣"。所以據這一點看來,不需要解蔽性惡等篇的證明,也可以斷定此篇為荀子時代之產物,決非戴記或外傳所混入,然則以為荀子與戴記外傳相同,最好不要信為荀子所作,我們真要替荀子大鳴其冤了。(8)這一篇的思想,與呂氏春秋勸學等篇比較起來,則後者實比較進步。例如呂氏春秋尊師篇云:"凡學非能益也,達天性也;能全天之所生而勿敗之,是謂善學"。謂學為發展本能。誣徒篇云:"人之情不能樂其所不安,不能得於其所不樂。為之而樂矣,奚待賢者? 雖不肖者,猶者勸之;為之而苦矣,奚待不肖者? 雖賢者猶不能久。反諸人情,則得所以勸學矣"。謂學當注重興趣。又云："善教者則不然，視徒如己，反己以教，則得教之情也"。對於教學方法也極注重，比較荀子進步，也可見荀子之著述較早，其證八。這一篇是可無疑為荀卿所作的。

II 修身

修身篇與戴記的關係，在汪中以為"曾子立事載修身篇文"，細檢此篇，只有一句與曾子立事大意相同的。茲錄之於下：

(1)荀子修身：此言君子之能以公義勝私欲也。(卷一頁二五)

大戴曾子立事：君子考其惡，求其過，強其所不能，去私欲從事於義，可謂學矣。(卷四頁一)

這兩處只可說大意相同，依我看來，如說誰鈔誰的，都覺勉強。這樣子相同的地方，在古書中甚多，未必都是有意采用，這兩處相同的地方，也只有如此解釋，不過荀子這一篇從別方面確無可疑，而戴記本裏集成書，則二者之先後，自可明瞭。

至於這一篇與外傳相同的地方，則共有四處：

(1)荀子修身：扁善之度，……此之謂也。(卷一頁一七)

外傳卷一：君子有辯善之度，……胡不邇死。(頁三——四)

外傳將"扁善"改作"辯善"，"宜於時通利以處窮"改作"宜於時則達，厄於窮則處"，"凡用血氣志意知慮"改作"凡用心之術"，"由禮則治通，不由則勃亂提慢"改作"由禮則理達，不由則悖亂"，比較明白簡潔齊整，處處都見進步。荀子的"人無禮則不生，事無禮則不成"，與修身有關係，外傳改作"國政""王事"等等，則與修身稍遠，與上文也不甚合，顯見其為雜湊。這很明白地不是由外傳混入荀子，而是外傳采用荀子。

　　（２）荀子修身：治氣養心之術，……夫是之謂治氣養心之術也。（卷一頁一八——一九）

　　外傳卷二：夫治氣養心之術，……心如結兮。（頁一八——一九）

這裏外傳將"勇膽猛戾，則輔之以道順"改作"勇毅強果，則輔之以道術"；將"卑溼重遲貪利，則抗之以高志"改作"卑攝貪利，則抗之以高志"，刪去"重遲"兩字；將"愚款端慤，則合之以禮樂"改作"愿婉端慤，則合之以禮樂"，比較明瞭整齊。而如改荀子之"漸"爲"潛"，"給"爲"捷"，"漸"，"給"是荀子常用的。（正論篇："上幽險則下漸詐矣"。性惡篇："齊給便敏而無類"。例證甚多。）足證本是眞荀子文，而爲外傳所采用。至於外傳後所加的幾句，與其所引詩之"一"合，荀子無之，尤可見非荀子采外傳，或由外傳混入。

　　（３）荀子修身：道雖邇，……聖人也。（卷一頁二二——二三）

　　外傳卷四：道雖近，……何日忘之？（頁一五——一六）

這裏外傳與荀子相同的幾句，外傳在下文所述的與前幾句並不甚合，應當也是雜湊成文，荀子在下文就"士""君子""聖人"來說，都與上文一致，可無疑爲眞荀子文。

　　（４）荀子修身：禮者所以正身也，……此之謂也。（卷一頁二三）

　　外傳卷五：禮者，則天地之體，……順帝之則。（頁七）

這裏荀子的頭兩句是"禮者所以正身也，師者所以正禮也"，所以下文承以"無禮""無師"云云。外傳頭幾句只說禮，下文忽接以"無禮""無師"云云，突如其來，文義不貫。而且下文說："則是君子之道,言中倫,行中理,天下順矣"。也不相承。顯見是雜采成文,用了荀子幾句,自己加上頭尾。若說是由外傳混入荀子,不應荀子反文從義順,而外傳則是雜湊的。這一篇與外傳四處相同,而皆顯然為外傳襲荀子。

這一篇第一段說"隆師而親友",第二段說"人無禮則不生,事無禮則不成"。第四段說"莫徑由禮,莫要得師"。與性惡篇的"今人無師法則偏險而不正,無禮義則悖亂而不治",主張相合。第三段說"是是非非謂之知,非是是非謂之愚",與解蔽篇"天下有二:是察非,非察是"。意見相合。第六段說"體倨固而心執詐,術愼墨而精雜汙"。解蔽篇也是攻擊愼墨的。第八段說"駑馬十駕,則亦及之"。"然而君子不辯,止之也"。第十一段說"故學也者法禮也"。與勸學篇"駑馬十駕,功在不舍","禮者法之大分",等合。這都是從積極方面來看,足證此篇之為眞荀子文。在第十二段說:"人有此三行,雖有大過,天其不遂乎"? 看來好似信天命,與天論篇相衝突;但據楊注說:"若不幸而有過,天亦祐之矣,此固不宜有大災也"。可見並非十分信天,故說"天其不遂乎"? 這一篇實無可疑的,這一段與天論也無何衝突之點。

III 不苟

不苟篇與外傳相同的地方共有五處,茲分別對勘於下:

(1)荀子不苟:君子行不貴苟難,……此之謂也。(卷二頁一——二)

外傳卷三:君子行不貴苟難,……不剛不柔。(頁二〇——二一)

這兩處文字很相同,外傳只加了一個"夫"字,刪去一個"是"

字,三個"然而",這自然很難以分別誰鈔誰的。但在外傳用"鄧析惠施",而荀子則作"惠施鄧析,荀子非十二子儒效都以"惠施鄧析"連用,則此段自合於荀子,則非由外傳混入荀子。

(2)荀子不苟:君子易知而難狎,……蕩蕩乎其有以殊於世也。(卷二頁二)

外傳卷二:君子易和而難狎也,……殊異乎公族。(頁一一)
這裏外傳多了三句,所謂"磏乎其廉而不劌,溫乎其仁厚之光大也",完全為引詩"美如玉"而加的。荀子法行"夫玉者,君子比德焉,溫潤而澤,仁也;……廉而不劌,行也"。說玉是有如此說法的。這可見是外傳采荀子而改編,不是由外傳混入荀子。外傳"易知"作"易和","死欲利"作"死好利",也比較好懂,亦其明證。

(3)荀子不苟:君子崇人之德,……此言君子能以義屈信變應,故也。(卷二頁三——四)

外傳卷六:君子崇人之德,……不畏强禦。(頁一一)
這兩處相同的,外傳比荀子少。外傳為的下面引詩"柔亦不茹,剛亦不吐",所以將荀子這一段的後半改作"詘柔順從"四句,以與剛柔相應。而如"正義直指"改作"正言直行",比較淺顯,也是删改荀子之證。荀子中說"舜禹",如本篇言"與舜禹俱傳而不息",與前後相合,亦足見非由外傳混入荀子,而是外傳采用荀子。

(4)荀子不苟:君子,小人之反也。………此之謂也。(頁四)

外傳卷四:君子大心則敬天而道,……我則用憂。(頁一二)
外傳這一段少"君子小人之反也"及"小人則不然"兩句,

因爲其目的只在明小人與蠻夷不殊,不須要君子小人相比的。刪去荀子的"見由""見閉"等句,使"知則""愚則"等句一律,文字比較整齊。"通則文而明"改作"達則寧而容",確比荀子進步,以免與"知則明通而類"犯複;"窮則棄而累",確比荀子"窮則弃而儡"好懂;這些都是外傳晚於荀子的現象。

(5)荀子不苟:君子絜其辯而司焉者合矣,……受人之掝掝者哉?(卷二頁五)

外傳卷一:傳曰:君子潔其身而同者合焉,……不可以茹。

(頁六)

這兩處相同的,外傳改"辯"作"身",改"言"作"昏",是求與下文"鳴""應""沐""浴"相合的。"沐"在"浴"前,也合秩序。比較荀子實覺進步。而且改"潐潐"爲"暍暍",改"掝掝"爲"混污",更較顯明,很易見爲采荀子而稍加以改編的。

這一篇與外傳五處相同,而處處都見得是外傳采荀子,不是荀子混入外傳。我們更從思想文字方面來看,亦足見此篇之爲眞荀子文。例如第一段攻擊惠旋鄧析與非十二子合,說"山淵平"與正名篇"山淵平……此惑於用實以亂名"舉證相合。第三段用"僻違",第六段用"類""法",與修身的"不由禮則夷固僻違","僻違而不愨","依乎法而又深其類"。非十二子的"甚僻違而無類",解蔽的"案以聖王之制爲法,法其法以求其統類",用詞相合。第十段說:"天地始者,今日是也;百王之道,後王是也"。這與王制篇的"道不過三代,法不貳後王",性惡篇的"善言古者必有節於今",不盲目的從古相合。第十二段說"公生明，偏生闇"，與正名篇的"以公心辨"，"貴公正而賤鄙爭"，重公之意見相合。末一段說："田仲史鰌不如盜也"。與非十二子之攻擊陳仲史鰌，兩人並提相合。其他與正名性惡勸學修身等篇相合的尙多。只這些明證，已足見此篇之爲眞荀子文，沒有反證可以提出的。

(四)非十二子王制王霸樂論

I 非十二子

非十二子與戴記沒有相同的地方，與外傳相同的則有兩處。外傳非十子的那一段，雖與荀子部分相同，然而差異甚遠，茲分別對勘之如下：

(1)荀子非十二子：假今之世，……聖王之跡著矣。（卷三頁一二——一六）

外傳卷四：夫當世之愚，……見覘日消。（頁一一一——二）

我們讀過荀子，再看外傳所說，牠不惟將荀子所非子思孟軻删去，並且將荀子所非的它囂，變成范睢；荀子所非的陳仲史鰌，變成田文莊周，外傳十子之中，與荀子不同的更有三人，所以不能多採荀子，只有用荀子的前後幾句了，"假今之世"，改作"夫當世之愚"，比較好懂了，但外傳的"當世"，是沒有所謂十子的。荀子的"喬字嵬瑣"，不大好懂，所以删去。只抄到"使混然不知是非治亂之所存者"。下文因十子的不同，所以都不採用，算是用了"不法先王"，"聞見雜博""按往舊造說""其持之……有故"，"其言之……成理"等句，"順非而澤"，則從宥坐篇而來，外傳算是自編了一段，以說"十子之罪也"。自

"若夫總方略"起,才多與荀子文同,然如"奧窔"改作"隩要","斂然"改作"簡然","佛然"改作"沛然",都是比較淺近,也顯見是後出的。下文更有許多刪改,而不用荀子"一天下"至"則聖人之得勢者"等句,使舜禹也變成"卽是聖人之未得志者也",最無道理。難怪漢志要說外傳是"采春秋雜說,咸非其本義"了。外傳與荀子這樣的不同,以王應麟之深閎博瞻,而在因學紀聞猶云:"荀卿非十二子,韓詩外傳引之,止云十子,而無子思孟子。愚謂荀卿非子思孟子,蓋其門人如韓非李斯之流,託其師說以毁聖賢,當以韓詩爲正"。不知道外傳不同於荀子者,不止子思孟軻二人。不知道外傳文與荀子之不盡同。甚矣,兩書之不可不對勘也。

(2)荀子非十二子:兼服天下之心,……此之謂也。(卷三頁一七——一八)

外傳卷六:吾語子夫服人之心,……萬民靡不承。(頁四)
這裏外傳與荀子相同的,外傳在後半引用論語的"老者安之,少者懷之,朋友信之",而不提出是引論語,已足見其雜湊成文。"遇長老則修弟子之義","遇等夷則朋友之義",比荀子文字整齊。不過"等夷""幽人",現在看來,比較難懂;"雖知必讓,然後爲知",也不如荀子好。但是"恢"改爲"曠",則較明瞭。而其引用論語,明是雜湊成文,則前半自是用荀子。非荀子此段由外傳混入的。

荀子與外傳兩處相同,荀子都沒有襲外傳的嫌疑,已經證明了。從這一篇的思想與用詞看來,也可以找出其爲眞荀子文的明驗。這一篇推崇仲尼子弓,一方面却又大罵子思孟軻,惟有是儒家的荀卿而又主張性惡的才有這種思想;儒家而主張性善的,如外傳的作者,決不會鬧出這樣的玩藝的。所以這一篇第一段非十二子一定是荀子之文,最合荀子的主張與其時代。第二段說"故多言而類,聖人也;少言而法,君子也"。"類""法"並舉,與修身等篇合。這一篇最後一段攻擊"子張氏之賤儒","子夏氏之賤儒","子游氏之賤儒",也與非子思孟軻一樣,決非西漢初年的儒家所能說的。而用"偷儒憚事,無廉恥而耆飲食",與修身篇"勞苦之事,則偷儒轉脫","偷儒憚事,無廉恥而嗜乎飲食",用詞相合。這都可以證明非十二子是真荀子文。其他各段也並無非荀子文的嫌疑。

近來有人懷疑非十二子之攻擊陳仲史鰌用"忍情性"三字,"忍"與性惡之"其善者偽也"思想矛盾;又攻擊惠施鄧析之"不法先王",與荀子法後王的思想不合。這種懷疑頗有道理。但在解蔽篇說:

> 有子惡臥而焠掌,可謂能自忍矣,未及好也。(卷一五頁一三)

又說:

> 夫微者至人也,至人也,何彊何忍何危?(同上)

這也是不贊成"忍"的,可見荀子雖主張"偽",並非絕對地贊成"忍",這在荀子並非矛盾。見於解蔽篇的,當然是極可信。至於攻擊不法先王,則在解蔽篇說:

> 古為蔽,今為蔽。(同上頁二)

荀子的意思在:"善言古者必有節於今",並非絕對地不法先王。在性惡篇也說:"凡所貴堯禹君子者"。正可以為明證。這些粗看似乎矛盾,其實仔細的看,不惟不相矛盾,而其意旨實相合的。

II 王制

王制篇無與戴記相同之處,與外傳相同的地方,則共有四處,茲分別對勘於下:

(1)荀子王制:請問爲政。……王者之政也。(卷五頁一——二)

外傳卷五:王者之政,……不死何爲?(頁二)

這裏外傳與王制相同的,外傳將荀子的"罷不能不待頃而廢"改作"不肖不待須臾而廢",比較好懂。"王公士大夫之子孫"改作"公卿大夫之子孫","歸之卿相士大夫"改作"歸之士大夫",這是因爲王公之子孫不能隨便歸之庶人,而庶人也不好隨便歸之卿相,外傳的時代,比較荀子時代稍爲安定,不能升降太懸殊的。有此數點,即可見出外傳之晚於荀子;其他外傳荀子相異之處,外傳多所刪改,都是晚於荀子的明證。

(2)荀子王制:成侯嗣公,……故明君不蹈也。(卷五頁五)

外傳卷三:成侯嗣公,……福祿來反。(頁五)

這裏外傳前半是用的王制篇,後半是用的富國篇,(前已詳引)而自"如是百姓愛之如父"以下,又是另外編成,以與引詩相合,完全雜湊成的。自是外傳之襲荀子,不待詳證,即可明瞭。

(3)荀子王制:王者之論:……是王者之論也。(卷五頁九)

外傳卷三:王者之論德也,……式序在位。(頁二)

荀子這一段並非說王者之論德,而外傳改作論德,實屬勉強。而如"析愿"外傳改作"折暴",確比荀子淺顯,在這寥寥數行之中,外傳與荀子相同的如此切近,而亦可以辨明爲外傳襲荀子,非此段由外傳混入荀子。

(4)荀子王制:王者之等賦政事,……是王者之法也。(卷五

頁九——一〇)

外傳卷三:王者之等賦正事,……百祿是遒。(頁二二)
這裏外傳與荀子相同的地方,外傳刪去不必要的"財萬物所以養萬民也"。將"以時禁發而不稅"改作"以時入而不禁",又刪去"理道之遠近而致貢"的"之遠近"三字,以與上句相對成文,是比較荀子進步的。後面又將"夫是之謂人師,是王之法也",改爲"夫是之謂王者之等賦正事",以與首句相應。這全是外傳襲用荀子之確證。

荀子王制與外傳四處相同,都是外傳襲荀子,而非荀子書中有外傳混入;從思想文字方面來看,亦足見此篇之爲眞荀子文。這一篇第一段說:"積文學,正身行,能屬於禮義"。"文學""禮義",在性惡等篇是常提到的。"姦言姦說姦事姦能",正是非十二子所攻擊的"三姦"之類。"兼覆無遺",在非十二子有"兼利天下",在富國篇也常說"兼利天下","兼足天下之道","兼而覆之,兼而愛之",荀子雖反對墨子,却受了"墨子貴兼"的影響的。第二段說:"其有法者以法行,無法者以類舉"。在修身篇有"依乎治而又深其類",在非十二篇有"多言而類""少言而法",重"法"重"類",極合荀子的精神。第三段說:"爭則必亂,亂則必窮,先王惡其亂也,故制禮義以分之"。與禮論篇起首"爭則亂,亂則窮,先王惡其亂也,故制禮義以分之",句法正同。第八段說"道不過三代,法不貳後王",與荀子"善言古者必有節於今"相合,更是積極的證明。第十第十一兩段說:"無幽閒隱僻之國莫不趨使而安樂之","澤人足乎木,山人足乎魚"。正合荀子的時代,前已爲之證明。第十二段說:"以類行雜,以一行萬"。

正與不苟篇"千人萬人之情也,一人之情也;五寸之矩,盡天下之方"的意思相合。第十三段說"和則一,一則多力"。"人生不能無羣,羣而無分則爭"。與富國篇的"人之生不能無羣,羣而無分則爭"。禮論篇的"羣居和一之理",意見相合。第十四段"序官",在樂論篇有"其在序官也",王先謙且疑"序官"爲篇名,則這一般之爲眞荀子文,又有確證。其他各段主張平政愛民,隆禮敬士,尙賢使能,亦甚合荀子之旨。惟有最後一段,自"具具而王"以下,則盧文弨已云:"篇末自'具具而王'至此,文義淺雜,當是殘脫之餘"。統觀王制全篇,除此一段而外,實可無疑爲眞荀子文的。

III 王霸

王霸篇與戴記,外傳沒有大段相同的地方,我們從思想文詞方面來考察,這一篇也是眞荀子文。在第一段說:"非本政教也,非致隆高也,非綦文理也"。"唯其不由禮義而由權謀也"。在第二段說:"國無禮則不正,禮之所以正國也,譬之猶衡之於輕重也,猶繩墨之於曲直也,猶規矩之於方圓也"。這是與性惡篇的重"禮義""文理",禮論篇的"高者禮之隆也"。等句相合。在第三段說:"大有天下,小有一國,……爲之者,役夫之道,墨子之說也"。與富國篇攻擊墨子"大有天下,小有一國,將少人徒,省官職,上功勞苦",相合,而結以"禮法之大分也";與勸學篇"禮者法之大分",正合。第五段說"舜禹還至,王業還起","功一天下,名配舜禹"。連同"舜禹",與不苟篇的"與舜禹俱傳而不息","擬於舜禹";非十二子篇的"舜禹是也","上則法舜禹之制",相合。第六段說"無國而不有治法,無國而不有亂法",與王制篇的"故有良法而亂者有之矣"，相合。第七段又說："禮法之樞要"，"莫不以是爲隆正"。在解蔽篇也有"天下有不以是爲隆正"，"隆正"一詞，荀子所常用的。第八段說："治國分已定，則主相臣下百吏各謹其所聞，不務聽其所不聞"。第九段說："主道治近不治遠，治明不治幽"，與正論篇首段"主道利明不利幽，利宣不利周"，相合。第十段說"與天下同利，除天下同害，天下歸之"，而正論篇也說"與天下之同利，除天下之同害，而天下歸之也"。足見文出一手。第十一段說"朝廷必將隆禮義而審貴賤"，固合荀子的精神；而說"商賈敦慤無詐，則商旅安貨通財而國求給，百工忠信而不楛，則器用巧便而財不匱"，荀子不像墨子那樣"憂天下之不足"，在這裏也露出這樣的口吻。這一篇中實無一段有破綻，令我們覺着不是眞荀子文的。

IV 樂論

樂論沒有與外傳相同的地方，而與小戴樂記鄉飲酒義兩篇都有相同之處；樂記與此篇相同，共有三段，茲分別論之於下：

(1) 荀子樂論：夫樂者，樂也；人情之所必不免也。………猶瞽之於白黑也。(卷十四頁一——二)

小戴樂記：夫樂者，樂也；人情之所不能免也。………禮樂可謂盛矣。(卷一一頁二〇——二一)

這裏荀子與樂記相同的，在樂記屬第十段，而在荀子是篇首。樂記凡關於荀子攻擊墨子的，概行刪去。又刪去"故樂也者，出所以征誅也"；等句，在荀子下文有："樂中平則和而不流，樂肅莊則民齊而不亂，民和齊則兵勁城固，敵國不敢嬰也"。樂記編成的時代，正是儒家重文之候，不重武事，而且樂於武事關係稍淺，樂記不采荀子的下文，所以對於"出所以征誅也"這幾句也略去的。從"非墨"與"重武"看來,正可見荀子是原文,樂記是改編的,時代不同,這兩處的文字也因而不同。

(2)荀子樂論:凡姦聲感人,而逆氣應之,……則惑而不樂。(卷十四頁四——五)

小戴樂記:凡姦聲感人,而逆氣應之,……則惑而不樂。(卷一一頁一二——一三)

這裏樂記與荀子相同的,樂記所增加的甚多。荀子文少,可見非混入荀子。而如荀子的"亂生焉","治生焉",樂記改作"淫樂與焉,和樂與焉",更切於樂,也足見樂記文進步,而爲晚於荀子之確證。

(3)荀子樂論:且樂也者,和之不可變者也;……無所營也。(卷一四頁五)

小戴樂記:樂也者,情之不可變者也;……領父子君臣之節。(卷一一頁一四)

這裏樂記與荀子相同的,就樂記改"合"爲"統",改"統"爲"說",在文義上似比荀子進步。而樂記只抄到"著誠去僞,禮之經也",下文自"墨子非之"起卽不抄了,也可見其本爲荀子文,故非墨子,而樂記編成的時代較晚,在儒家統一思想以後,不必要非墨子的。先後之迹顯然。不過這一段荀子的"著誠去僞,禮之經也"。以"僞"爲"詐僞"之"僞",與性惡篇"其善者僞也",以"僞"爲"人爲"之"僞"不合。而自"窮本極變,樂之情也",起,至"弟子勉學,無所營也"。止。完全都是韻文,與前後不類,不像出於一人之手,這是很可疑的。但以"僞"爲"詐僞"之"僞,"在荀書中頗多有例,如:

(a)不苟篇:詐僞生塞,誠信生神。(卷二頁九)

(b) 禮論篇:君子審于禮,則不可欺以詐僞。(卷十三頁八)

(c) 性惡篇:今與不善人處,則所聞者欺誣詐僞也。(卷十七頁一六)

這些地方都用"詐僞"字樣,則在荀子亦非絕對不用"僞"爲"作僞"之"僞",似乎這一點可以不用懷疑。 至於這一段用韻固極可疑,而說"墨子非之,幾過刑也;……亂世惡善,不此聽也";極合荀子時代的口吻。 而且在荀子中也頗有在散文之中忽插入幾句韻語的,例如:

(a) 勸學篇:積土成山,風雨興焉;積水成淵,蛟龍生焉;積善成德,而神明自得,聖心循焉。………(卷一頁九)

(b) 解蔽篇:恢恢廣廣,孰知其極? 睪睪廣廣,孰知其德? 涫涫紛紛,孰知其形? (依盧文弨說,"形"當作"則")明參日月,大滿八極。(卷十五頁九)

則樂論篇雖有這一段韻文,在荀子頗有其例,也未足多疑。 解蔽篇的幾句,也正是上下都是散文而忽然插入幾句韻語,我們可不必因此懷疑的。

至於荀子與小戴鄉飲酒義相同之處則:

荀子樂論:吾觀於鄉,……而知王道之易易也(卷十四頁六—七)

小戴鄉飲酒義:孔子曰:吾觀於鄉,……而知王道之易易也。(卷二十頁六—七)

這裏戴記與荀子相同的,只有數字之差,幾無法以辨其孰先孰後。 但這是荀子文,似仍無可疑者。 戴記本屬雜纂之書,而鄉飲酒義一篇尤可見。 其末段自"鄉飲酒之義"以下,據孫希旦禮記集解云:

> 自此以下,與首一段大同小異,而別以"鄉飲酒之義"起其端。蓋傳禮之家,各爲解說其義,本異人之作,別爲一篇,記者見其與前篇所言,義雖大同,而間有爲前之所未備者,不忍割棄,因錄而附於前篇之末也。

可見這一篇之尤雜湊成文。其采荀子,於此段之首加"孔子曰"三字,這本是戴記編纂之慣技。如勸學篇:"吾嘗終日思矣,不如須臾之所學也"。大戴勸學卽加"孔子曰"三字以冠之。這裏所加,亦自不足信。鄉飲酒義與荀子不同者如"一人揚觶",荀子作"二人揚觶",其實一人揚觶是比較合於禮的。而以"焉"爲句首,在荀子中頗有其例,也足見戴記是襲荀子的。(禮論篇有"焉無安人"等句。)則戴記此篇所引亦可見其晚於荀子。

從思想用詞來看,這一篇攻擊墨子的非樂,立論極合荀子的精神。而'其在序官也'一段,王先謙以爲"序官"是篇名,其實如認"序官"爲荀子的一段的標題,荀子這樣地引用,也極合當時著述之體,韓非子呂覽都有說到自己的文章的例子,也正可爲此篇爲荀子所作之確證。上文已將"窮本極變,樂之情也"。幾句韻語證明其可無疑爲荀子所作,則這一篇的第一大段是無可疑的。"吾觀於鄉"一段,上文已明其非由禮記混入,這一段雖不完全論樂,而因工入升歌等等連類以入,在荀子中,如天論等篇且如此,則此段自亦可無疑。末段"亂世之徵",有"其聲樂險"句,故亦入此篇。而有"其養生無度,其送死瘠墨"。與禮論篇"送死不忠厚不敬文謂之瘠,刻死而附生謂之墨"。相合,則亦可無疑爲眞荀子文。

(五) 非相榮辱君道臣道

I 非相

　　非相篇與戴記無有相同的文字,與外傳則有二處相同,茲對勘之於下.

　　(1)荀子非相:夫妄人曰:……節族久而絕。(卷三頁七——八)

　　　外傳卷三:夫詐人曰:……言古今一也。(頁一七——一八)

這裏外傳改"妄"爲"詐",是沒有批評的勇氣的。 删改荀子"而衆人惑焉,彼衆人者,愚而無說",成爲"而衆人皆愚而無知",實在比較言簡意賅。"以人度人"改爲"以心度心",删去"以說度功,以道觀盡",以及改"故鄉乎邪曲而不迷,觀乎雜物不惑",爲"故性緣理而不迷",都比較明瞭簡潔。說"性緣理而不迷",是性善的主張,與外傳是一致,與荀子不同的。"是以久而差",也比荀子之用"滅""絕"來得和平;都足見其晚於荀子。

　　(2)荀子非相:談說之術,……此之謂也。(卷三頁一〇)

　　　外傳卷五:孔子曰:夫談說之術,……無曰苟矣。(頁一二——一三)

這裏外傳與荀子大抵相同,只删去"雖不說人,人莫不貴",因爲這是與"談說之術"無甚關係。又删去荀子的引傳曰"唯君子爲能貴,其所貴",荀子以引傳文作結,外傳是要引詩作結,所以不得不有變更。 這一段仍無由外傳混入荀子之嫌疑。

　　非相與外傳相同的兩段,比較來看,雖無由外傳混入之嫌疑,但非相這一篇是比較有問題的。 第一段"非相",不迷信形相,很合荀子的精神,而用"仲尼長,子弓短",不著名的子弓,也在所論之列,與非十二子又合,所以這一段是可信爲荀子文的。從第二段起,盧文弨以爲是"榮辱篇錯簡於此"。依我看來,第二段說"人有三不祥"及"人有三必窮",極重上下長幼之義。第三段說"人道莫不有辨,辨莫大於分,分莫大於禮",以及"彼後王者,天下之君也,舍後王而道上古,譬之是猶舍己之君而事人之君也"。這與荀子重"分""禮","法後王"之意見相合,第四段說"類不悖,雖久同理"。以及"五帝之外無傳人","五帝之中無傳政",與荀子重"類","法後王"的思想也相合。這幾段都可信爲眞荀子文。從第五段起,則大有可疑。第五段說:"故君子必辯,凡人莫不好言其所善,而君子爲甚"。又說:"故君子之於言無厭"。重辯重言,已與解蔽篇的:

> 桀彊鉗而利口,厚顔而忍詬,無正而恣睢,妄辨而幾利,不好辭讓,不敬禮節,而好相推擠,此亂世姦人之說也。則天下之治說者方多然矣。傳曰:"析辭而好察,言物而爲辨,君子賤之"。(卷十五頁一七)

賤言賤辨,不甚相同。荀子只是相對的重辨,更不像"於言也無厭"的。此可疑者一。其次,"君子必辯,凡人莫不好言其所善,而君子爲甚"。與本篇第八段首幾句相重複,又:"志好之,行安之,樂言之,"三句在本篇第八段中也有。也相重複,近於雜湊成文。此可疑者二。最重要的是:這一段終了引"易曰:'括囊無咎無譽',腐儒之謂也"。易在勸學篇是不提到的,而且述五經而結以"在天地之間者畢矣",明明不認天地間有所謂易經也者,而這裏引用起來,也眞有一點奇怪了。此可疑者三。(大略篇非荀文,前人已有定說,而屢引易,亦可爲此段晚出之旁證。)據此,我很疑心這一段不是荀子本人所作。而第六段說"凡說之難",第七段說"談說之術"第八段又說"君子必辯",主張"與時遷移,與世偃仰","欣驩芬薌以送之,寶之珍之",與正名篇的"不動乎衆人之非譽,不治觀者之耳目,不賂貴者之權勢,不利傳辟者之辭,……是士君子之辯說也"大異其趣。又荀子是惡巧敏佞說如張儀蘇秦一般人的,(見臣道篇)也不像主張"與時遷移,與世偃仰"的。這一類重遊說的話,當與第五段同出於一手,所以這一篇的後半是極可疑為非荀子文的。

II 榮辱

榮辱篇與戴記外傳都沒有相同的地方,但是這一篇的也頗有很可疑的地方。荀子一書的篇名,或但用初發之語,如不苟等篇;或隱括全篇之義,如勸學等篇;這一篇名榮辱,是由第六段首句"榮辱之大分"一句而來,我頗疑心這一篇前五段本非荀子之文,而自第六段以後才較可信。試看第一段說:

> 憍泄者,人之殃也;恭儉者,偋五兵也;雖有戈矛之刺,不如恭儉之利也。故與人善言,煖於布帛;傷人之言,深於矛戟。故薄薄之地,不得履之,非地不安也,危足無所履者也,凡在言也。巨涂則讓,小涂則殆,雖欲不謹,若云不使。
> (卷二頁一〇)

這一段前說"恭儉之利",中說"凡在言也",末又重在一"謹",寥寥數行,語意三截,雜湊成文,在真荀子各篇中是沒有這樣子的。再看第五段說:

> 鯈䱃者,浮陽之魚也;胠於沙而思水,則無逮矣;挂於患而欲謹,則無益矣。自知者不怨人,知命者不怨天。怨人者窮,怨天者無志。失之己,反之人,豈不迂乎哉?(同上頁

一三)

前半說"挂於患而欲謹,則無益矣",是說當預防禍患;後半說"失之己,反之人",是說人有過當自責。前後各不相謀,也近於雜湊的。這一段與法行篇的一段相同,法行篇上說:

> 曾子曰:同遊而不見愛者,吾必不仁也;交而不見敬者,吾必不長也;臨財而不見信者,吾必不信也;三者在身,曷怨人? 怨人者窮,怨天者無識,失之己而反諸人,豈不迂矣哉?(卷二十頁一五)

法行這一段起首就說"吾必不仁也",就很明顯的有自責之意,自首至尾,文意一貫。法行篇本是"荀卿及弟子所引記傳雜事",尚且如此,豈有眞荀子文而如此雜湊的? 所以這一段實極可疑。

第四段以"狗彘""賈盜""小人""士君子"分此四等之勇,這種分類的法在他篇也沒有。 第二三兩段雖無顯明可疑的地方,然而前後幾段都可疑,我想這兩段也當是一同混入這一篇的。 所以除了第一第五兩段極可疑外,這三段也在可疑之列。

從第六段起"榮辱之大分"起,合於本篇的標題,第七段有"飾邪說,文姦言",及"官人百吏"等,爲荀書所常用之詞,(參看王氏集解)而言"材性知能,君子小人一也",合於性惡之旨。 第八段說"堯禹者非生而具者也,夫起於變故,成乎修爲,待盡而後備者也",也合於性惡之旨。 第九段說"人之情食欲有芻豢,衣欲有文繡",重在"人情之同欲",與正名篇末段之重欲合;而又說"先王案爲之制禮義以分之",及"是夫羣居和壹之道也"。 與禮論篇相合。這四段從文字思想上來看,都是可無疑爲眞荀子文。這一篇與非相篇相反,前半是極可疑,則或者由於荀書篇簡錯亂而至於此,或是劉向校定之時,以爲不像宥坐等篇的各段,冠有"孔子曰""曾子曰"等字樣,而認爲荀卿之文,竟自放在一起的。這在現在當然難以決定其究由於何種原因的。

III 君道

君道篇與戴記無相同的地方,與外傳文同者,則共有四處,茲對勘之於下:

(1)荀子君道:請問爲人君。………夫是之謂聖人,審之禮也。(卷八頁三——四)

外傳卷四:君人者,………笑語卒獲"。(頁六——七)

這裏外傳與荀子相同的,外傳將"請問爲人君","請問爲人子",等句刪去,稍加改變,便覺簡潔。而如荀子之"待君"改作"事君","致文"改作"致恭","不苟"改作"不竭";刪去"致功而不流",將"致臨"改作"照臨",都比較合理而易懂。以下又略刪改,大抵都較荀子進步。荀子的"其於天地萬物也,不務說其所以然"。不大合荀子重知的精神,外傳改作"不拂其所而謹裁其盛",又移在下,比較荀子更覺合理。下文改荀子"夫是之謂聖人審之禮也"作"夫是謂先王審之禮也",以與前面"古者先王審禮"相應,也比較荀子好。不過外傳終是采雜說的,下文又襲論語之文,更足見其爲采荀子,而非荀子之中有外傳文混入,這兩處相同,可無疑其孰先孰後。

(2)荀子君道:君者,民之原也。………此之謂也。(卷八頁五——六)

外傳卷五:君道,民之源也。………未之有也。(頁二——三)

這裏外傳與荀子相同的地方,外傳刪去"不能利民"一句,而將荀子的"而求敵之不至,不可得也;敵至而求無危削,不滅亡,不可得也",改作"而欲不危削滅亡,不可得也"。都極見簡潔。下文將荀子"莫若反之民,改作"莫若反己",則比較合於源流的說法;刪去"彼或蓄積而得之者不世絕"一句,使易於了解。下文又多所更易,都比荀子進步,茲不必詳舉。只就外傳增加"若殷之用伊尹,周之遇太公",及從荀子王霸篇抄來的"故曰:粹而王,駁而霸,無一焉而亡",等句,即足見外傳之雜湊成文,明是襲用荀子,而非由外傳混入荀子。

　　(3)荀子君道:道者何也? ………此之謂也。(卷八頁六——八)
　　　　外傳卷五:道者何也? ………福祿來反。(頁一六——一七)

這裏外傳與荀子相同的,外傳增加"為天下萬物而除其害者謂之君。王者何也? 曰:往也。天下往之謂之王"。等句,這是與本段上下文無關係的。自"善養生者"以下,在荀子本為兩小節,而外傳刪改成為一節,在文字上比較簡潔,而加上"往之謂之王",成了解釋"王",不是解釋君為群道了。下文外傳更有刪節,但如刪去荀子"重色而成文章,重味而成珍備",下之"是所衍也"一句,直成"重色而成文,累味而備珍,則聖王所以分賢愚,明貴賤"。則雖簡潔而不及原文好,這又是只顧刪節而不顧意義了。自"福歸王公"下,外傳又自改編,以與所引詩合,而不同於荀子。差異之處甚多,荀子中這一段決非由外傳混入的。

　　(4)荀子君道:至道大形,……此之謂也。(卷八頁八——九)
　　　　外傳卷六:賞勉罰偷,……惟民之則。(頁一——二)

這裏外傳與荀子相同的,外傳將荀子這一段的首尾刪去其他如"書曰"之改作"周制曰","姦怪"之改作"奸宄",都見進步;顯見不是由外傳混入荀子,而其先後是極明顯的。

　　君道這一篇與外傳相同的地方,雖然顯爲外傳襲荀子,但這一篇也頗有可疑的。這一篇從第五段起說:"君者,民之原也"。以爲"愛民而安,好士而榮,兩者無一焉而亡"。第六段說:"君者何也? 曰:能羣也。能羣也者何也? 曰:善生養人者也"。第七段說:"至道大形,隆禮至法,則國有常"。第八段說:"爲人主者,……在愼取相"。第九段說:"人主無便嬖左右足信者謂之闇,無卿相輔佐足任者謂之獨"。第十段說"材人",以爲"知隆禮義之爲尊君也,知好士之爲美名也,知愛民之爲安國也,知有常法之爲一俗也,知尙賢使能之爲長功也,務本禁末之爲多材也,知無與下爭小利之爲便於事也,知明制度權物稱用之爲不泥也,是卿相輔佐之材也"。這些地方,以愛民尙賢隆禮重法爲說,與荀子在他篇所說頗相合。而在第一段說:"有亂君,無亂國;有治人,無治法;……法者,治之端也;君子者,法之原也"。重人治於法治,以人爲法之原,這猶可說。在第二段又說:"故械數者,治之流也,非治之原也。………不待合符節別契券而信,不待探籌投鉤而公,不待衡石稱縣而平,不待斗斛敦概而嘖"。這樣不重視法,與勸學所說"禮者法之大分",王霸所說"禮法之大分也"。禮論所說"君子審於禮則不可以欺以詐僞"。性惡所說"起禮義,制法度,以矯飾人之情性而正之"。終嫌有些不合。與本篇第十段:"如有常法之爲一俗","知明制度權物稱用之爲不泥"也相衝突。王霸篇說"無國而不有治法,無國而不有亂法"也與此段之直云無治法不同。而第三段說君道有"請問爲人夫","請問爲人妻"之語,又說"請問兼能之,奈何"? 這實有一點欠亨,又說:"其於天地萬物也,不務說其所以然"。與解蔽篇所云"疏觀萬物而知其情,參稽治亂而通其度",顯然衝突。前兩段所說,猶可加解釋,這一段就文義看來,實在可疑。第四段說:"請問爲國,曰:聞修身,未嘗聞爲國也"。完全重德化,也甚可疑。這四段雖不如非相之後半有確實證據可以說其非荀文,但亦不敢必其爲眞荀子文。置之這一組中,比較認其全體爲眞荀子文,似覺稍當。

IV 臣道

臣道篇與戴記沒有相同的地方,與外傳文同者,共有二處,茲分別對勘之於下:

(1)荀子臣道:有大忠者,……可謂國賊矣。(卷九頁七)

外傳卷四:有大忠者,……惟王之邛。(頁一一二)

這兩處相同的,外傳文比較多,足證其爲采取荀子而改編,非由外傳混入荀子。荀子"不卹君之榮辱,不卹國之臧否,外傳改作"不卹乎公道之達義"。公道達義,人所共知,而不之卹,尤可謂爲國賊。意義比較進步。要之,此處外傳文字較多,決非荀子由外傳混入也。

(2)荀子臣道:故仁者必敬人,……此之謂也。(卷九頁八—九)

外傳卷六:仁者必敬其人,……鮮不爲則。(頁四—五)

這裏外傳與荀子相同的,外傳合併荀子"賢者則貴而敬之"四句成爲"遇賢者則愛親而敬之,遇不肖則畏疏而親之"兩句,下文又併荀子"忠信以爲質"。四句爲"仁以爲質,義以

荀子眞僞考 225

爲理"兩句，這是務求其簡。而於"喘而言，臑而動"，改爲"開口"，使其淺近，尤足見其晚出，改編荀子而成。非荀子此段由外傳混入。

這一篇第一段說"人臣之論，有態臣者，有簒臣者，有功臣者，有聖臣者"。第二段說"從命而利君謂之順，從命而不利君謂之謟，逆命而利君謂之忠，逆命而不利君謂之簒"。第三段說"事聖君者，有聽從，無諫諍；事中君者，有諫諍，無諂諛；事暴君者，有補削，無撟拂"。第六段說"有大忠者，有次忠者，有下忠者，有國賊者"。都是說的臣道。在第一段中推重管仲咎犯孫叔敖，以爲是功臣，而不羞霸業，與君道末一段說"上可以王，下可以霸"；以及王霸篇的"義立而王，信立而霸"，相合。在第二段中推重伊尹箕子，比干子胥，在第六段中推重周公管仲子胥，都與第一段之重忠而不反對霸業相合。第五段說："事人而不順者，不疾者也，疾而不順者，不敬者也；敬而不順者，不忠者也，忠而不順者，無功者也；有功而不順者，無德者也"。一味的重在"順"，第七段"說仁者必敬人，……人賢而不敬，則是禽獸也；人不肖而不敬，則是狎虎也"。第八段說"恭敬禮也，調和樂也，謹愼利也，鬭怒害也"。都與臣道無關。第九段說"通忠之順，權險之平，禍亂之從聲，三者非明主莫之能知也"。而所謂權險之平是："奪然後義，殺然後仁，上下易位然後貞；功參天地，澤被生民；夫是之謂權險之平。湯武是也"。殊不知湯武之世是無"明主"的。這幾段都很可疑。在第七段中有："喘而言，'蠕'而動，而一可以爲法則"。三句，我很疑心這是荀卿弟子採用勸學的句子而成。因爲勸學篇說："入乎耳，著乎心，布乎四體，形乎動靜，端而言，蝡而動，一可以爲法則"。

"言""動"承上文"動靜"而來。這一篇的上文是："忠信以為質，端慤以為統，禮義以為文，倫類以為理"。與動靜關係較淺，而勸學篇於"喘""蠕"用借字，此篇用本字，比較明顯些。在荀卿弟子所作儒效強國頗有用荀子之文的，我們一看那些例子，(詳見下方)就可以明瞭。這幾段雖不如非相的後半，榮辱之前半，有確據可以斷其非荀子文，但依我看來，放在這一組中，似比認其全為真荀子文，稍覺妥當。

(六) 仲尼致士君子

I 仲尼

仲尼這一篇與戴記外傳都沒有關係，然而這一篇在荀子中恐怕是最不可信的一篇。這一篇開端說：

> 仲尼之門人，五尺之豎子，言羞稱乎五伯。是何也？曰：然。彼誠可羞稱也。齊桓，五伯之盛也。(卷三頁二一)

這是不贊成霸術的。在荀子文中，稱說霸術的，實不一而足。如王制篇云："王者富民，霸者富士"，又說："臣諸侯者王，友諸侯者霸"。"欲王而王，欲霸而霸"。在君道末段也說："上可以王，下可以霸"。更有王霸一篇，以為：

> 故用國者，義立而王，信立而霸，權謀立而亡。(卷七頁一)

荀子對於霸，雖不甚贊許，然而並不以五伯是誠可羞稱的。王霸篇這一篇，據其云"商賈敦愨而無詐，則商旅安而貨財通而國求給矣；百工忠信而不楛，則器用巧便而財不匱矣"，是一篇較可信的文字。對於五伯說：

> ……威動天下，五伯是也。非本政教也，非致隆高也，非綦文理也，非服人之心也；鄉方略，審勞佚，謹畜積，修戰備，

> 齗然上下相信，而天下莫之敢當也。故齊桓晉文楚莊吳闔閭越句踐，是皆僻陋之國也，威動天下，彊殆中國，無它故，焉略信也。是所謂信立而霸也。(同上頁三)

這是許五伯之言。我們試再看仲尼篇所說的則不然了。

> 仲尼之門人，五尺之豎子，言羞稱乎五伯，是何也？曰：然。彼非本政教也，非致隆高也，非綦文理也，非服人之心也；鄉方略，審勞佚，畜積，修鬥，而能顛倒其敵者也。詐心以勝矣。彼以讓飾爭，依乎仁而蹈利者也。小人之傑也，彼固曷足稱乎大君子之門哉？(卷三頁二三)

差不多一樣的筆調，一轉而攻擊他是"詐心以勝矣"。不是"信立而霸"了。這樣的矛盾當如何解釋呢？更有趣味的是在這一段說得如是之高尚，"言羞稱乎五伯"，而在下一段開始就說："持寵處位終身不厭之術"，在第三段開始又說："求善處大重，理任大事，擅寵於萬乘之國，必無後患之術"。要求擅寵固位，患得患失，盡是卑劣的話頭。楊倞在這裏真不得不起疑心了，他說：

> 或曰：荀子非王道之書，其言駁雜今此又言以術事君。曰：不然。夫荀卿生於衰世，意在濟時，故或論王道，或論霸道，或論彊國，在時君所擇，同歸於治者也。若高言堯舜，則道必不合，何以拯斯民於塗炭乎？故反經合義，曲成其道。若得行其志，治平之後，則亦堯舜之道也。又荀卿門人，多仕于大國，故戒以保身推賢之術，與大雅"既明且哲"，豈云異哉？(卷三頁二六)

他也感覺到這裏"以術事君"之太不成話，然而他要為之迴護，自然是不能令人滿意的。在清代盧文弨即說：

推賢讓能,人臣之正道,以此爲固寵之術,亦不善於持說矣。 註曲爲之解,非是。

這裏所說的是要求擅寵,且恐失寵,完全是卑劣的話頭,與王霸篇所說:"與積禮義之君子爲之則王,與端誠信全之君子爲之則霸,與權謀傾覆之人爲之則亡"。 臣道篇所說:"巧敏佞說善取寵乎上,是態臣也"。 都不相合。 荀子是重禮義,惡佞態的,如何又有這種卑劣的心理? 下一段又說:"天下之行術"。末一段說"勢不在人上而羞爲人下,是姦人之心也"。 這好像是說不必擅寵了,然而結以"故君子時詘則詘,時伸則伸也",終覺可疑。

這一篇共五段,第一段"言羞稱乎五伯",說得太高了,與王制王霸君道不合。 從第二段起,又說得太低了,與其重禮義,惡佞態之思想又不合。 而且將第一段與後幾段湊在一起,在本篇更覺不倫不類。 我主張這一篇最好是不要認爲眞荀子文。 這在楊注盧校即有異感,不過他們不覺荀子中除大略等篇外,還有非荀子的作品,所以不以爲僞,我們"信信""疑疑",對於這一篇是當毫無疑義地認爲非荀子文。

II 致士

致士篇與戴記沒有相同的地方,與外傳則有一段文同,兹先並錄於下:

(1)荀子致士:川淵深而魚鼈歸之,……此之謂也。(卷九頁一一)

外傳卷五:水淵深廣則龍魚生之;……夫此之謂矣。(頁一二)

這裏外傳與荀子相同的,如"貴名白"改作"貴名自揚","能以禮挾"改作"能以禮扶身",都較明顯,這都是晚於荀子的現象。殊無荀子襲外傳之痕迹。

這一篇也是荀子中很可疑的一篇。第三段說:"得衆動天,美意延年,誠信如神,夸誕逐魂"。郝懿行已說:"按四句一韻,文如箴銘,而與上下頗不相豪。疑或它篇之誤脫"。這四句我們實不知其來歷如何。第九段說:"賞不欲僭,刑不欲濫。賞僭則利及小人,刑濫則害及君子;若不幸而過,寧僭勿濫。與其害善,不若利淫"。盧文弨已說:"此數語全本左傳"。第八段說:"師術有四,而博習不與焉:尊嚴而憚,可以為師;耆艾而信,可以為師;誦說而不陵不犯,可以為師。知微而論,可以為師。………",旣非本篇之文,詞旨又極庸近。第六段說:"程者物之準也,禮者節之準也"。第七段說:"君者國之隆也,父者家之隆也"。也與本篇致士無涉。這五段都不與本篇相干,而彼此無關係的。第一段說:"衡聽顯幽重明退姦進良之術",這是所謂"致士"了。然而屢稱"君子不聽","君子不用",而說"然後士(出)其刑賞而還與之",似乎致士之權,即在"君子"之手,而君子又可以"士其刑賞而還與之"。第二段前半說:"禮及身而行修,義及國而政明"。在後半段則說:"道之與法也者,國家之本作也;君子也者,道法之總要也"。又重"道法",而"道法"與前所云之禮義不相謀,"道法"連用在荀子中也罕見的。結以"故有良法而亂者有之矣,有君子而亂者,自古及今,未嘗聞也。傳曰:'治生乎君子,亂生乎小人',此之謂也"。又撇開"道"不說了。這幾句依盧文弨說:"前王制篇亦有此數語,或是脫簡於彼"。依我看來,這裏上文"道法"並重,而此數語則只言"法";王制這幾句正承上文"其有法以法行"等句,所重在法,或者在王制的爲原文,這裏爲用王制語。這一篇共九段,而有五段不相干,是雜湊起來的。第一第二兩段也可疑,我恐怕這一篇也如同大略等篇爲荀卿以後的人所雜錄而成的。就第三段第八段第九段看來,尤其顯然雜湊而成,我以爲最好是不要認此篇爲荀子文。

III 君子

君子這一篇沒有與戴記外傳相同的地方,但這一篇劉向的舊篇次爲第三十一,只居賦篇之前。楊倞在篇首注云:"凡篇名多用初發之語名之,此篇皆論人君之事,卽'君子'當爲'天子',恐傳寫誤也"。近來楊著荀子研究則說:"今荀子君子篇全言天子之事,內容與篇題不類,疑爲君道篇的錯簡？楊倞疑'君子'當爲'天子',似也不確？我疑君子篇的本文,已經錯入不苟篇"。此篇內容旣與篇題完全不合,原文錯入何篇,現在無法確知現在全篇內容,並非全言天子之事,來源如何,自亦難以確定。這一篇所述,詞旨頗庸近,其說聖人曰:"故仁者仁此者也,義者分此者也,節者死生此者也,忠者惇愼此者也,兼此而能之,備矣。備而不矜,一自善也,謂之聖"。(卷一七頁二〇) 以"仁""義""節""忠","一自善也"爲言,與解蔽篇:"聖也者,盡倫者也";禮論篇:"聖人者,道之極也";亦不甚合。爲愼重起見,最好不要認此篇爲眞荀子文。

(七) 儒效議兵彊國

儒效議兵强國三篇在梁任公先生要籍解題及其讀法一書上卽以爲是"似出門弟子記錄",這種說法,是確實可信的。細查這三篇,如:

(1) 儒效：詩言是其志也，書言是其事也，禮言是其行也，樂言是其和也，春秋言是其微也。………天下之道畢是矣。（卷四頁一二）

這與勸學篇"書者政事之紀也，……禮之敬文也，樂之中和也，詩書之博也，春秋之微也，在天地之間者畢矣"。文相近而對於經的說法則較進步。

(2) 儒效：無置錐之地，而王公不能與之爭名；在一大夫之位，則一君不能獨言，一國不能獨容，成名況乎諸侯，莫不願得以為臣。（同上一五）

這與非十二子篇文同。盧文弨以為儒效"此段'在一大夫之位'云云當為衍文，韓詩外傳卷五無此，徑接下文，語勢方脗合"。外傳多有刪節，是不足為憑的，恐這句實係襲非十二子之文。

(3) 儒效：言道德之求，不下於安存；言志意之求，不下於士；言道德之求，不二後王；道過三代謂之蕩，法二後王謂之不雅。（同上頁二二）

這裏"道過三代謂之蕩，法二後王謂之不雅"，恐係用王制篇文。但說"言道德之求"，是應該接以"不過三代"，而說"不二後王"，不如荀子王制原文之好。王制上文有"道不過三代，法不貳後王"，方才接以"道過三代謂之蕩，法貳後王謂之不雅"，儒效上文並不言法，而說"法二後王謂之不雅"，則是上無所承，可見不如王制本文的。

(4) 強國：故人之命在天，國之命在禮，人君者，隆禮尊賢而王，重法愛民而霸，好利多詐而危，權謀傾覆幽險而亡。（卷十一頁一）

這與天論篇文同。但天論篇上文有"在天者莫明於日月"

等句，"故人之命在天"，是承上文而來,強國篇這幾句的上文絕不談到天,明明不如天論之文。

(5)強國:故君人者,愛民而安,好士而榮,兩者無一焉而亡。
（卷十一頁九）

這幾句與君道篇第五段文同,但君道的上文確是說"愛民""好士",而強國這幾句的上文確不是說"愛民""好士",顯見這幾句也是不如君道篇的。

(6)強國:故曰:'淬而王,駮而霸,無一焉而亡'。(同上頁一三)
這幾句與王霸篇第一段語同,但王霸篇上文有"故與積禮義之君子為之為王,與端誠信全之士為之則霸,與權謀傾覆之人為之則亡"。而強國篇的上文是"其殆無儒耶"? 絕未提到"王","霸","亡",三者,其不如王霸篇之文顯然。這些地方都頗足以助證這三篇之晚出,而實'似出門弟子所記錄'。

我們既知在荀子中有荀卿門人的作品,而在荀卿門人之中,如韓非李斯之流,是好講游說,希圖祿位的;在荀子中,難保無這一派人的議論摻入。如非相之後半,說"凡說之難",重"談說之術",及仲尼篇之"持寵處位終身不厭之術",與臣道篇攻擊"巧敏佞說,善取寵乎上"的態臣蘇秦張儀相反。恐是這一派人的言論。在荀卿門弟子之中,當亦有重王道人治與德化禮貌的,這一派人的言論,也難保不摻入荀書之中。如仲尼篇之"言羞稱乎五伯",及君道中的前幾段,重人治重德化,恐是這一派人的言論。這種"似出門弟子所錄的各篇各段,因為習熟於其師說,專就文字上看,是很難以判別出來,而就意義上看,則有時現出破綻。如仲尼篇與王霸篇一樣地用"非本政教也,非致隆高也,非綦文理也"。等句,然在王霸篇的上文連用"不欺其民,不欺其與",以及"國一綦明,與國信之"等句。而在仲尼篇上文並沒有攻擊齊桓之不信,而事實上齊桓也並非不重信,如仲尼篇所云"詐心以勝矣"。臣道篇的幾段在意義上頗可疑,而亦有襲用勸學篇的三句的嫌疑,正如儒效強國仲尼等篇之襲用眞荀子文,所以也疑爲非荀子文的。又,儒效強國等篇之"似出門弟子記錄"而各自成篇,則劉向校荀書之時,其重複之篇如是之多,未必全是雜亂無序,必本有以類相近的,如仲尼全篇,非相之後半,榮辱之前半,都極可疑,而全是以類相近的,我們亦可藉此以剖辨眞僞。由荀子一書看來,是頗覺有如此現象。

這三篇與戴記全無相同的地方,但與外傳都有相同之文,但亦無荀書襲外傳之嫌疑,茲以此三篇旣明知非荀子所自作,故于對勘之文從略。

(八) 成相以下各篇

在荀子中,成相與賦兩篇,本是辭賦之流,前人謂漢志詩賦略所列的孫卿賦十篇,卽是成相與賦,依漢志裁篇別出,這話是可信的。成相篇劉向舊次在仲尼之後,列爲第八。這或者因其"雜論君臣治亂之事,以自見其意",(楊注)所以列在前面。劉向舊次,如非相列第五,仲尼列第七,本不以其篇之好壞爲衡,劉向將賦篇放在末後,將成相放在第八,本無理由,不當因此發生什麼眞僞的疑問。賦篇的計算,前爲禮知雲蠶箴五賦,其下佹詩一首,後附小歌,小歌與詩相連,實當認爲六篇。荀卿所作,旣有賦詩,則成相一篇,爲賦的體裁,似亦無何疑問。這兩篇與荀子思想本無關係,我們至今亦無由否認其爲荀卿所作。

大略一篇，楊倞以爲荀卿弟子雜錄荀卿之語。這一篇不惟引易，而且說："善爲詩者不說，善爲易者不占，善爲禮者不相"以易與詩書並論，又有似易傳之語，實是較晚的現象。但如"誥誓不及五帝，盟詛不及三王，交質不及二伯"。等語，雖與穀梁傳同，則恐係穀梁傳採用荀子，未可以作爲此篇晚於穀梁之證。至於說"春秋賢繆公，以爲能變也"。又說"故春秋善胥命"。好像是採用公羊文十二年桓三年傳語。其實在荀子已說"春秋之微也"，當時春秋已有傳授，亦未必卽是采取公羊傳，未可以爲晚於公羊傳之證。而且大略以下六篇與外傳及戴記相同之處，並無荀子晚於戴記外傳之嫌疑，則此六篇的成立，至遲也當在漢初。不過堯問篇末一段說：

　　爲說者曰：孫卿不及孔子，……今之學者，得孫卿之遺言餘教。………

直稱孫卿，實極可疑。此六篇之成立，又較儒效等篇爲晚，梁說以爲"宜認爲漢儒所雜錄"，實比較妥當。

這六篇旣明知其晚出，其與戴記外傳相同之處，殊無對勘之必要，茲亦從略。

三　結語

在上文中，我假定荀子勸學等十四篇爲眞荀子文，這是沒有什麼疑問的。儒效議兵強國三篇以及成相以下八篇，俱從舊說假定，亦無若何疑問。惟榮辱非相君道臣道四篇之有幾段疑爲非荀文，仲尼致士君子之疑爲非荀子文，這在過去雖有人也一樣地懷疑過，但亦未有積極主張之者。茲篇所述，本爲從嚴假定，目的在勿以僞亂眞。仲尼篇之羞稱五伯，及言持寵處位之術,實不像荀子所說的。致士君子,雜湊成篇,宜與大略以下六篇,等量齊觀。榮辱的第一段第五段之近于雜湊,非相自第五段以下引易及重談說,俱實可疑。君道的第三段說君道有'請問爲人妻'等語,臣道的第九段以爲湯武之世還可有明主,都不甚近情理。榮辱非相君道臣道等四篇除這極可疑的幾段外,其他的各段,爲審愼起見,自未妨全認爲荀子之文。不過如從嚴假定,仍以稍持懷疑的態度,才不至於以僞亂眞。容更詳之。

論語堯曰篇末二章探源

趙貞信

我們知道西漢時的論語有三種本子,一、魯論,二、齊論,三、古論。今本論語的篇次沿自魯論,所以末篇是堯曰。古論則據班固說:

> 論語古二十一篇。 出孔子壁中,兩子張。（漢書藝文志）

是比魯論多一篇,所多的一篇之名稱也叫子張,和魯論第十九篇之名稱相同。 據如淳說:

> 分堯曰篇後"子張問何如可以從政"已下爲篇,名曰"從政"。（漢書藝文志注）

可知古論所多的一篇就是今本論語堯曰篇的後半篇。 但他說"名曰'從政'",和班固"兩子張"之說不合。 洪頤煊解之曰:

> 漢書藝文志,"論語,古二十一篇,有兩子張"。 如淳曰,"分堯曰篇後'子張問何如可以從政'以下爲篇,名曰'從政'"。其篇名不與班志同者,當是俗間改本。（經義叢鈔）

這一說頗可信,大概古論的末篇本來也取篇首之"子張"二字為名,後人因它和第十九篇之篇名重複,所以把它改為"從政"。

今本論語堯曰篇的後半是子張問和不知命的兩章,古論最末的子張篇是不是也即此兩章呢? 洪頤煊說:

> 不知命章,釋文,"魯論無此章",據何晏序,古論亦當無此章。(經義叢鈔)

魯論沒有不知命章,很確,已可於出土之熹平石經堯曰篇殘字證明。古論雖何晏論語集解序說,

> 古論……分堯曰下章子張問以為一篇,有兩子張,凡二十一篇。

沒有提及不知命章,似乎是以子張問之一章為一篇;但據經典釋文引鄭注,明說"魯論無此章,今從古",是今本論語之有此章,正由鄭玄於古論鈔入,何晏或偶未提及,或其意已認括敘於"堯曰下章子張問"一語中,似古論未必無此章。翟灝說:

> 子張問政,孔子約數以示,俟張請目,然後詳晰言之,與問仁章文勢畫一,顯見其錄自一手。又,二十篇中,惟此二章以子答弟子之言加用"孔"字。蓋古分堯曰"子張問"以下別為一篇,與前季氏篇為別一記者所錄,稱"孔子"是其大例;故知命章首舊本亦有"孔"字。
>
> 今以問仁章亂入陽貨之篇,既嫌其體例不符,而公山佛肸連類並載之間,橫隔以此,亦頗不倫。(四書考異下條考卷二十三)

不知命章只有朱熹集註本作"子曰",別本都作"孔子曰"。子張問政章和陽貨篇之子張問仁章文體極似,前人皆作此說。

疑此兩章本在一篇爲後人所誤分,日人武內義雄也同此見解:

> 陽貨篇之子張問仁章與堯曰篇之子張問政章之文章體裁完全相同,且問仁章在陽貨篇中頗似將陽貨篇之上下文隔斷成不相聯絡之形。由此推測,原來之子張問仁與問政二章,當係相連續而別爲一篇者。壁中古論使子張問成爲獨立之篇,似有深意。(支那學第五卷第一號論語原始)

照他們所說,是古論的末篇有子張問仁子張問政(皇疏本有"政"字)及不知命的三章,章中皆改稱子爲"孔子",與季氏篇相同。

因爲子張問仁和子張問政兩章文體一律,又爲論語中僅有之文體,破綻露得很顯,不由不使後人發生懷疑。第一箇指出這兩章不可信的是宋朝李郁,朱熹引他的話注入論語集注:

> 李氏曰:"此章及'六言''六蔽''五美''四惡'之類,皆與前後文體大不相似,其言無謂,不足信也"。(陽貨篇子張問仁章下。此從王若虛滹南集所引,今本集註經後人將末二句刪去。)

朱熹是宋朝理學之宗,最尊經崇聖的人而他一生的精力又全萃於學庸章句和論孟集註。他自己說,"某於論孟理會四十餘年,中間逐字稱等,不教偏些子"。"某語孟集註添一字不得,減一字不得。公子細看,不多一箇字,不少一箇字"。"論孟集註如秤上稱來無異,不高些,不低些"(均見朱子語類)。這樣再四鄭重聲明他撰著論語集注這部書的審愼,可見他引用李氏這幾句話,必已細細想過,認爲非用不可,方才用上。像他這樣一位道學先生,又在這樣鄭重撰著的書上,乃竟大書"其言無謂,不足信也",則這幾章書的可疑性是何等之大,當已不難想像。

　　李氏雖說"與前後文體大不相似",尚未說其如何不似,清代學者則將問仁問政兩章之文體不似處更加說明。袁枚說:

　　　　敍事筆法,下論不如上論之樸老。知道千乘之國弟子入則孝兩章,直起直落,不作虛冒架子。至下論則論仁而曰"能行五者於天下",論政而曰"尊五美,屛四惡",都先作一虛冒,如廋詞隱語,教人猜度。倘子張不問,則不知五者爲何行,五美四惡爲何事矣。(小倉山房尺牘卷八答葉書山書)

"先作一虛冒",是這兩章的特有文體。崔述說:

　　　　論語前十篇記君大夫之問,皆不言"問於孔子"。何者?此書本記孔子之語,不必煩此文也。先進以下五篇始稱"問於孔子",然於門人之問尙未有言之者。顏淵仲弓之問仁,子路子貢子張子夏之問政皆然。惟南宮适稱"問於孔子",故疑适之非門人也,乃陽貨篇子張問仁,堯曰篇子張問政,皆稱問於孔子,何哉?且所載孔子答之之言,皆未擧其實而先告以數,曰"能行五者爲仁",曰"尊五美,屛四惡,可以從政",皆作藏頭露尾之語以待再問,與論語他篇之文皆不類,其非孔氏遺書明甚,蓋皆後人采之他書者。(論語餘說)

記孔子門人之問,亦稱"問於孔子",也是這兩章的特有文體。這兩章既有如此顯明的兩點特殊之處,自不能不使人疑其晚出。所以梁啓超說:

　　　　一,從文體看。論語的筆法是很直捷了當的,正文前面沒有總帽子，前十篇乃至前十五篇都如是，後五篇可不然。如陽貨篇"子張問仁於孔子，孔子曰：'能行五者於天下，爲仁矣。'請問之，曰，'恭，寬，信，敏，惠，'……"假使子張不再請問，豈非一個悶葫蘆？這種筆法到逸周書才很多。逸周書是戰國產品，論語後五篇不見得是春秋產品吧！

二，從稱呼看。論語前十篇弟子問孔子，只記做"子夏問孝"，"樊遲問知"，不會記做"子夏問孝於孔子"，"樊遲問知於孔子"。因爲問是弟子跑去問，問於孔子是叫孔子來問，弟子當然不能叫孔子來問。後十篇可不然，憲問篇有"南宮适問於孔子"，堯曰篇有"子張問於孔子"，季氏篇更有不通的"冉有季路見於孔子"。這類不合文法的稱呼恐怕不見得是當時的眞相罷！（古書眞僞及其年代第六章）

這是從文體和稱呼上看，斷論語中這幾章不是春秋產品，不是當時的眞相。然問仁問政兩章還有一個特點，卽恰巧其問者都屬子張，所以崔述疑其出於子張之徒：

按，前十五篇中，孔子答門人之問皆平直明顯；而此二章獨先舉其數，不言其實，必待子張再問而後告之，何哉？
且俱係答子張之言，疑子張之徒取聖人之意而敷衍成文者，必非孔子當日之言。（論語餘說）

這一說不爲無見，韓非顯學稱孔子死後之八儒，有子張之儒；荀卿非十二子也說"弟佗其冠，神禫其辭，禹行而舜趨，是子張氏之賤儒"，可見戰國末年子張學派之儒在社會之活躍。子張是一個才高意廣的人，規模氣象自然比曾子子夏輩闊大，但誠實謹篤也就不及他們,所以孔子說"師也過"（論語先進）。他最注重外貌,有點形相好過骨子,所以先進篇說,"師也辟",朱註,"謂習於容止少誠實也"。他的朋友子游也說,"吾友張也,為難能也,然而未仁",包注,"言子張容儀之難及"。曾子也說,"堂堂乎張也,難與並為仁矣",鄭注,"言子張容儀盛而於仁道薄也"（並見論語子張篇）。卽大戴禮五帝德也有"吾欲以容貌取人,於師邪改之",列子仲尼篇也有"師之莊賢於丘也"之語,可見他是如何的講究容儀,飾貌矜情。這一點大概就成為後來子張學派之儒之特點,所以荀子要罵他們"是子張氏之賤儒",楊倞注說,"但宗聖人之威儀而已矣",換一句現在的話,實在就是譏笑他們是專搭空架子的空心大老官。子張學派之儒如此的注重容儀,出自他們之手筆的文辭,當然少不了要特重此點。問政章果有"君子正其衣冠,尊其瞻視,儼然人望而畏之,斯不亦威而不猛乎"之說,與子張學派之儒之本旨極合,足證崔述疑此二章是子張之徒所敷衍成文實很有理由。

問仁問政和不知命的三章都在古論末篇中,我們雖已知問仁問政章是出於子張之徒,但還不知道這兩章從何處跑入古論。康有為說:

愚按,子張一章,論語無此文體,只似記中之孔子三朝記,疑為劉歆于他書採入為古論語者。（論語注堯曰篇）

他說劉歆於他書採入古論,這部他書是什麼書,他說不出;但他却知道不知命章是來於齊論:

末章知命說當是齊論。（同上）

為什麼他說這章是齊論呢? 因為鄭玄說"魯論無此章",漢

石經論語果然無此章；但董仲舒對策中既引用此章,

> 故孔子曰,"不知命,無以為君子"。（漢書卷五十六董仲舒傳）

韓詩外傳又兩稱此章：

> 子曰,"不知命,無以為君子"。言天之所生,皆有仁義禮智順善之心。不知天之所以命生,則無仁義禮智順善之心；無仁義禮智順善之心,謂之小人。故曰,"不知命,無以為君子"。（卷六）

古論姑不論是否如康有為之說為劉歆所偽造,但即信劉歆之言,謂古文諸書得於魯共王壞孔子宅,至天漢之後孔安國獻上,距韓嬰董仲舒稱用之時,亦已遲四五十年,可見無論如何他們都見不到古論,而魯論又沒有這章,然則他們不是用的齊論還是什麼呢? 所以馬國翰定董仲舒所用的論語是齊論（見玉函山房輯佚書齊論語中）,康氏遂也說這章當是齊論（錢玄同先生於重印新學偽經考序中言康氏之語無確證者誤）。

康氏只知不知命章是齊論,其實問仁問政章又何嘗不是齊論。作論語輯說的馮椅就疑心到此了。他說：

> 孔門問仁無稱"問仁於孔子"者,抑此其齊論歟?（四書本義匯參引）

問仁問政和不知命的三章皆改稱"子"為"孔子",這和季氏篇相同。崔述說：

> 觀其章首稱"孔子曰",其非孔門弟子所記顯然。（論語餘說）

洪适說：

> 此篇或以為齊論。（朱熹集註季氏篇引）

胡寅說：

> 疑爲齊論，當以篇內皆稱"孔子"也。（四書本義匯參引）

季氏篇皆稱"孔子"，他們疑心是齊論，以爲不是孔門弟子所記。問仁問政和不知命的三章也皆稱"孔子"，自也可疑爲齊論。問仁問政皆作"問於孔子"，與季氏篇"冉有季路見於孔子"之句法相同，季氏篇如是齊論，則此兩章也難保不是齊論。不知命章之確爲齊論，已可由董仲舒韓嬰之引用而證明。如董韓所用確爲齊論，則仲舒對策中也曾引

> 孔子曰，"不教而誅謂之虐"。（漢書卷五十六董仲舒傳）

韓詩外傳中也曾引

> 孔子曰："不戒責成，害也；慢令致期，暴也；不教而誅，賊也"。
> （卷三）

之語，尤足證問政章之確屬齊論。

問仁問政和不知命的三章都是齊論，怎麼會跑到古論裏面去了呢？這個理由錢玄同先生曾經說過：

> 古文家對於今文家的態度是：我有你所沒有的書，而你所有的我却一概都有。（重印新學僞經考序）

這是西漢末年出來的古文書籍的一條通例，論語自也逃不出此例。所以日人武內義雄說：

> 吾人知漢初魯高堂生傳今文之士禮十七篇，爲後現禮古經五十六卷中之一部分；又聞漢初伏生傳今文尚書二十八篇，亦收於後孔壁所出之尚書古文經四十六卷中。由此二例推之，今文之齊魯二篇本與河間七篇本亦必在古論二十一篇之中。（論語原始）

這個推測很有理由。論語有河間七篇之說出於王充（見論衡

正說篇,原文"七"作"九"),漢書藝文志於古魯齊外亦載有燕傳說三卷,不知與河間本之關係如何？前人迄未言及其內容與齊魯本有何異同,或竟與齊魯本無大差異,則古論既彙收齊魯,卽無異併入此本。齊論之在古論,不但不知命章和問政章已可為明證;卽今本論語之先進篇的"仍舊貫"句,陽貨篇的"天何言哉"句,據鄭玄說都是從古改魯;但我們知道西漢的王吉(字子陽,故又稱王陽)是齊論大師,他戒昌邑王的奏書中就有"天不言,四時行焉,百物生焉"之語(見漢書卷七十二本傳);漢成帝受論語於張禹,張禹的論語初受於王陽和庸生,也是齊論,成帝報許皇后書中也有"昔魯人為長府,閔子騫曰,'仍舊貫,如之何,何必改作'"之語(見漢書卷九十七下外戚列傳),可見這兩章古論實在也都是齊論。大抵古論是比張侯論更進一步的齊魯混合本,桓譚新論說它"與齊魯文異者六百四十餘字"(經典釋文序錄引),皇侃論語義疏敍說它"篇次以鄉黨為第二篇,雍也為第三篇,內倒錯不可具說",這些大概就是增竄改編的部分。經典釋文說,"鄭校周之本,以齊古讀正凡五十事",與何晏集解序"漢末,大司農鄭玄就魯論篇章考之齊古為之註"之說合;但釋文所引二十四事,都屬以古正魯,沒有以齊正魯的,前人遂謂大抵齊同於古,這也可見古論有很多採自齊論。

論語本來是一部沒有條理系統的雜湊書,既不出於一手,又非成於一時,就是魯論其中也儘有不可信的篇章,何況齊論它的可疑性本來較魯論為大。漢書藝文志說：

> 論語古二十一篇(出孔子壁中,兩子張)。齊二十二篇(多問王,知道)。魯二十篇。

何晏論語集解序說：

> 齊論語二十二篇，其二十篇中章句頗多於魯論。

是齊論不但篇數比魯論多二篇，即與魯論相同的二十篇中章句也比魯論多，這怎能不啓人之疑。所以崔述說：

> 齊論旣多問王知道二篇，而二十篇中章句復多於魯論，則齊論之中後人所附會者尤多，又非魯論之可比矣。（論語源流附考）

齊論實是一僞材料很多的書，凡論語中可疑的，如子罕篇鳳鳥不至章，顏淵篇樊遲問仁章，衞靈篇無爲而治章，陽貨篇子欲無言章，一查它的娘家，竟都出於齊論。問仁問政章的必非孔子子張當日問答之眞相，已不待贅說；卽不知命章劈頭就是"孔子曰"，亦足見不是孔門弟子所記。故崔述又說：

> 此章亦與前十五篇小異，不知果係聖言與否？（論語餘說）

是今本論語堯曰篇的第二三章皆來自不可靠的齊論，第二章固極可疑，第三章亦屬難信。

二十六年二月十五日，於北平禹貢學會。

李自成死事攷異

童書業

晚明流寇李自成之死，諸書記載互異，其詳頗難考得。自清初迄今，數百年來，學者各據一說，皆自以得眞，或非難他人之記載；其實問題終未得解決也。業自髫年受書，讀明通鑑，卽詫巨寇領袖之死竟無定說。比歲以來，編撰中國祕密黨會史，籀繹明清史籍，於流寇之組織及其事蹟，尤三致意；翻檢旣久，乃稍明其眞相。嘗艸晚明流寇考異一書，以體巨未成；而筆記所及，以李自成死事之材料爲最多，爰綴爲一篇，譜正方家。疏陋之譏，知所難免焉。

考李自成之死，其時月，地點與事蹟俱無定說。吾人欲梳理其事，亦當分此三方面考察之：

(一)考李自成死之時月

李自成殞命之時月，較早之文獻中無明說：
清英親王阿濟格報自成死事之奏疏上於順治二年閏六月甲申（初三日），但疏中未確言自成死之月日，明何騰蛟逆闖伏誅疏亦未言自成死期。

其後之記載：綏寇紀略（案寄園寄所寄卷九引綏史文同綏寇紀略）及嘯虹筆記，西南紀事等書以為順治二年四月：

> 乙酉……四月二十四日，……（自成）過通城，……有九宮山，……自以單騎登山，……村人疑以為劫盜，取所荷鋪碎其首。（綏寇紀略卷九）

> 順治二年乙酉，……四月，（闖）走至羅公山，村民誅之。（寄園寄所寄卷九引嘯虹筆記 流寇年表）

> （乙酉）四月，……李自成……馳入通城九宮山，……村民……羣起舉鋤擊之，立死。（西南紀事卷三何騰蛟傳）

所知錄等書以為八月：

> （隆武元年），八月，……是時闖賊李自成……為村民鉏梃擊死。（所知錄上）

明史等書以為九月：

> 順治二年，……秋，九月，自成……自率二十騎略食山中，為村民所困，不能脫，遂縊死。（明史卷三百九李自成傳）

聖武記等書據阿濟格上奏之時月，以為閏六月：

> 明年（順治二年），……閏六月，賊晨起離其大隊，以十餘騎入橋九宮山，為鄉民所鋤。（聖武記卷一開國龍興記四）

明季遺聞及後鑒錄等書以為在順治三年：

> 又三年（自成離京師後之三年。案自成離京師為順治元年，連首尾計，當為順治三年），自成病死羅公山。（明季遺聞卷一）

> 歲丙戌，……（自成）自將輕騎掠食，……村民揮鉏碎其顱。（後鑒錄卷八）

鹿樵紀聞等書又以為在順治三年正月：

李自成死事攷異

> 丙戌，正月，(自成)過通城九宮山，……土人以耰耡擊殺。(鹿樵記聞卷下)

行朝錄等書更以爲順治三年四月．

> 丙戌，……四月，……闖賊李自成爲九宮山民擊死。(行朝錄卷一)

平寇志等書則以爲順治三年二月．

> 順治三年，……二月，……(自成)以數十騎突走村中求食，……鄉民鋤梃奮擊，人馬俱斃。(平寇志卷十二)

此等要皆恍惚無稽之談！自成死於順治二年，乃無問題之事。阿濟格之疏雖上於閏六月，但自成非即死於此時。觀小腆紀年及明通鑑之考證，已可明明史等書之謬：

> 明史謂自成死於秋之九月，則又大誤！東華錄載是年閏六月英親王奏自成爲鄉民所困，自縊死，屍朽莫辨，安得爲九月事(業案北京大學國學研究所存有陝西巡撫魏琯，延綏巡撫王正志，延綏總兵王挺等"恭賀捷音"啓，均上於順治二年八月，可證明史之誤)？怡曠堂集，嘯虹筆記，綏寇紀略俱云四月事。又綏寇紀略載金聲桓刺死王體中事，略云，"賊將白旺守德安，兵甚强，且有紀律。自成之敗，惟旺一軍完且整，兼各寨俱服，而德安城堅，謀守之，不肯去。自成强之始行。有王體中者，奇士，在旺軍中。自成死，旺軍亂，體中乘便刺殺旺，挾其衆以降。與金聲桓同定江西，而不肯薙頭。金結其左右王得仁，誘體中至都察院殺之。此乙酉七月二十九日事也"。而體中之殺白旺事又在前。是自成之死在四五月間也無疑。(小腆紀年卷十附考)

> 闖賊之死無月日。明史流賊傳以爲九月，疑據野史謄蛟

奏闰之月分。而東華錄，聖武記載豫王（業案當作"英王"）奏自成之死在閏六月。則其事必在六月以前。綏寇紀略以爲四月事者亦傳聞之語。然斷非九月，則可證也。（明通鑑附編卷二考異）

考小腆紀年據以證自成之死在四五月間之論證實未盡確。綏寇紀略等書之記載得之傳聞，本未足深據。考金聲桓之下江西約在六月十日左右（辛酉）。而南天痕卷十何騰蛟傳（邵廷采西南紀事卷三何騰蛟傳及芨灰錄何騰蛟傳文略同）云，"（騰蛟）遂入大冶通山之間。左兵東下，甫浹旬（西南紀事作"未十日"），闖賊十萬衆自陝潰入楚，掠漢陽武昌，而東嘅左兵之尾。清兵追闖者又數萬，水陸踵至，自荆河至安慶，數千里間，日接陣格鬥，紛拏散走。會大雨四十日，百川漲溢，賊敗，所在積屍成丘。李自成僅引數騎，馳入九弓（宮）山（西南紀事此下有"行視安營地"語，芨灰錄此下有"玄帝廟"三字），居民白梃擊殺之（西南紀事作"村民方耕，不知爲自成，羣起舉鋤擊之，立死"）。何騰蛟逆闖伏誅疏亦云，"臣揣闖逆知左兵南遑，勢必窺楚。……闖果爲清所追，自秦豫奔楚，霪雨連旬，闖逆困于馬上者逾月"。南天痕與何騰蛟疏皆較可信之史料，其謂自成於左良玉東下後若干日始奔武漢，又逾月始走九宮山而死。考左良玉東下之期約在三月底（弘光實錄鈔卷四云，"三月，甲申朔，………辛亥，甯南侯左良玉東下"。是左良玉東下於三月二十八日），三月底加十日又加四十日已至五月中下旬，然則自成之死最早不得過五月中下旬，最遲亦不得過六月上旬也。且即以小腆紀年本書之記載證之，亦足明自成之死在五六月間。紀年本文云，"自成至武昌，左良玉已率衆東下，城虛無人。自成……居武昌五十日，……謀奪舟南下取宣歙，…

……連爲王師所蹙。……　一夕拔營起,趨通山之九宮山,鄉兵遇之,亂刃交加死"。　案紀年之說本於明史等書,據其所云,自成於左良玉東下後,至武昌居五十日,始走通山而死。則自成死於五月中旬以後,豈尚有疑問乎?

(二)考李自成死之地點

李自成隕命之地,據較可靠之文獻,皆以爲在湖北之九宮山:

闖以二十八騎登九宮山,……截殺於亂刃之下。（何騰蛟逆闖伏誅疏）

賊兵盡力窮竄入九宮山。隨于山中遍索自成不得,又四出搜緝,有降卒及被擒賊兵俱言,自成竄走時携隨身步卒僅二十人,爲村民所困,不能脫,遂自縊死。（東華錄載阿濟格等報自成死奏疏）

逆成同二十八騎趨通山,登九宮山,鄉兵遇之,亂刃交加,遂剄逆成於馬下。（烈皇小識卷八）

闖賊李自成敗奔至……九宮山,爲村民鉏梃擊死。（所知錄上）

李自成……馳入九弓(宮)山,居民白梧擊殺之。（南天痕何騰蛟傳,西南紀事文略同）。

通城有九宮山,……自成……自以單騎登山,……村人疑以爲劫盜,取所荷鍤碎其首。（綏寇紀略卷九）

(自成)過通城九宮山,……猝陷於淖,土人以耰鋤擊殺。……後人有詩曰,"……九宮靈一擊,全隊賊皆逋"。蓋時又傳自成過九宮山,單騎謁玄帝廟,爲帝所擊,伏地而斃也。

(鹿樵紀聞卷下)

闖賊李自成爲九宮山民擊死。（行朝錄卷一）

自成……竄於九宮山，……自牽二十騎略食山中，爲村民所困，不能脫，遂縊死。……（明史李自成傳）

或謂在湖南之羅公山：

(自成)留屯於黔陽。……會川湖總督何騰蛟屯兵辰州，攻自成。自成退營羅公山，……自將輕騎掠食，……村民揮鉏碎其顱。（後鑒錄卷八）

李自成……留屯黔陽，……川湖何騰蛟進攻之。自成營於羅公山，……以數十騎突走村落中求食，村民……共擊之，……人馬俱斃。（明史紀事本末卷七十八）

(自成)留屯黔陽，……以數十騎突走村中求食，……鄉民鋤梃奮擊，人馬俱斃。（平寇志卷十二）

案此雖未云自成死於羅公山，但其下又言李過葬自成屍於羅公山下，則仍與紀事本末等書同說也。

自成病死羅公山。（明季遺聞卷一）

自成聞何騰蛟兵將至，入山閱視要害，見羅公山險峻而廣大，遂分結三大營于其下。……遂死。（明季北略卷二十二）

或又謂在湖北之西塞山：

闖死於西塞山之左右，爲興國州人寸磔。（寄園寄所寄卷九引怡曠堂集）

案當以九宮山說爲是！當自成死時，何騰蛟正在楚地，流寇之善後皆何氏主之。何氏既謂降賊等衆口同辭皆言自成死於九宮山，自無可疑。且自成果死於湖南，則正爲何氏之功，何氏更無自沒其功，反謂自成死於湖北不相干人之手之理。明清兩方官書之記載既相合(北京大學國學研究所存順治二年八月初四日陝西巡撫魏琯"恭賀捷音"啓謂自成"一敗於關門而神器歸,再破於西安而巢穴搗,三滅於九江而根株淨",與東華錄所載阿濟格等疏"我兵………追及於………九江等七處"等語略合。蓋謂自成部隊盡殲於九江,非謂自成死於九江也),則自成死於湖北之說當屬可信! 至其死於湖南之說,則或爲其族人李錦(與自成同眇一目,威名亞於自成)降於何騰蛟之事之傳訛。 加以清初明遺老具故國之思,不願以殄滅流寇之功歸之清人,有意或無意的訛傳,自成死於湖南之說遂以興盛耳(王漁洋精華錄惠棟注引王氏說,謂谷應泰曾以記李自成爲何騰蛟禽於羅公山下事,被董榘民所參,可見清人對此說之嫉視。又明史稿李自成傳云,"當自成之死,福王已降,其所置總督何騰蛟飛章上福建,告捷於唐王"。是亦李自成爲何騰蛟所禽說之遺痕見於清人書者。史稿本於明遺老書,誤留此說痕迹,故明史刪之)。 至西塞山一說,僅見於少數書籍,要亦爲訛傳,不足信據(案,通山縣屬興國州,抑西塞山即九宮山與? 待考)。 蓋自成嘗至興國,與居民交戰(見綏寇紀略等書),或因此而傳訛歟?

(三)考李自成死之事實

李自成之死,據明清兩方官書,俱謂爲村民所困殺:

爲闖死確有實據,闖級未敢扶同,謹據實回奏事:痛自闖逆肆亂,逼我先帝,陷我神京,罪通于天,一旦被戮九宮山,差紓神人之憤。 奉旨:"何騰蛟着吏部先行議敘連敍,仍着將殲賊情形,闖賊首級眞否,該撫察奏解若果的眞,照格敍賞,以昭大信。 欽此!" 竊惟人臣之訓,義在勿欺。 如闖死非眞,而臣謬以爲死,且居之以爲功,是欺也,欺則臣罪當死。

闖死果眞,而闖之首級已化爲異物,如首級物化而假託以明闖死之爲眞,亦欺也,欺則臣罪當死。然闖勢實強,闖夥實衆,何以死於九宮山團練之手,誠有其故。闖逆旣死,則宜留首級示信,何以首級竟不可得,亦有其故。請爲皇上陳之:臣自遭左變,投身江濤,遇救得生。臣揣闖逆知左兵南遁,勢必窺楚,卽飛檄道臣傅上瑞,章曠,推官趙廷璧,姚繼舜,咸寧知縣陳鶴齡等聯絡鄉勇以待。闖果爲淸所逼,自秦豫奔楚,霖雨連旬,闖逆困于馬上者逾月,此固天亡之也,闖逆居鄂兩日,忽狂風驟起,對面不見,闖心驚疑,懼淸之躡其後也,卽拔賊營而上。然其意尙欲追臣,盤踞湖南耳。天意亡闖,以二十八騎登九宮山,爲窺伺計,不意伏兵四起,截殺於亂刃之下。相隨僞參將張雙喜,係闖逆義男,僅得馳馬先逸。而闖逆之劉伴當飛騎追呼曰,"李萬歲爺",被鄉民殺死馬下。二十八騎無一存者。一時賊黨聞之,滿營聚哭。及臣撫劉體仁,郝搖旗于湘陰,撫袁宗第,藺養臣于長沙,撫王進才,牛有勇于新牆,無不衆口同辭。營內有臣晉豫舊治之子,衿,氓,隸,亦無不衆口同辭也。張參將久住湘陰,郝搖旗現在臣標,時時道臣逆闖之死狀。嗣後大行剿撫,道阻音絕,無復得其首級報驗。今日逆首已誤死于鄉兵,而鄉兵初不知也;使鄉兵知其爲闖,氣反不壯,未必遂能剪滅,而致弩刃之交加,爲千古大快也。……自逆闖死,而闖二十餘萬之衆初爲逆闖悲號,旣而自悔自艾亦自失,遂就戎索于臣。逆闖者不死,此二十餘萬之衆,僞侯僞伯不相上下,臣亦安能以空拳徒手操縱自如乎?……回奏委無一毫欺飾。不勝惶悚待命之至!隆武元年月

李自成死事攷異

日奏。（何騰蛟逆闖伏誅疏，烈皇小識附錄。）

賊兵盡力窮竄入九宮山。隨于山中遍索自成不得，又四出搜緝，有降卒及被擒賊兵俱言，自成竄走時，攜隨身步卒僅二十人，為村民所困，不能脫，遂自縊死。因遣素識自成者往認其屍，屍朽莫辨。或存或亡，俟就彼再行察訪。（東華錄載阿濟格等奏疏）

何騰蛟謂己揣自成知左兵南下，勢必窺楚，因飛檄當地長官聯絡鄉勇以待。自成自鄂欲至湖南，登九宮山遂為鄉兵所殺。李自成之死狀，降賊等衆口同辭。惟因道阻音絕，不能得其首級。阿濟格等則謂于九宮山中遍索自成不得，據降卒及被擒賊兵言，自成為村民所困，自縊而死。其屍已朽莫辨，不敢斷其存亡。二說大致尚能印證，惟一謂自成被殺，一謂自成自縊不同耳（北京大學國學研究所存順治二年八月初四日陝西巡撫魏琯"恭賀捷音"啓，謂豫王塘報言李自成已受天刑。又十一日延綏總兵王延亦有賀啓，言逆闖已就天誅。是始綏寇記略等書李自成為玄帝陰殛說之前驅，與上二說不同，未可信也）。在此吾人應注意者，為：一、明兵不能得自成首級，清兵亦不能辨自成之屍，且不敢斷其存亡。二、明清兩方所得賊衆之報告俱謂自成已死。下一點為自成已死說之保證，上一點則最易發生疑問，使人猜想自成未死。然是時流寇之實力尚強，衆數十萬，餘黨劉體仁等之入湖南，長沙震驚，湖南巡撫傅上瑞至請何騰蛟出避。假謂自成未死，流寇之勢尚聚，則彼等雖絀於清，尚可逞志於明，至少可以暫踞湖南，何致立即傾心降明？何騰蛟不動一卒，不費一矢，而坐得強賊數十萬衆之歸降，不亦太易邪？是點何氏固已自言之矣。且其後李錦書疏稱自成為"先帝"，自成自此亦未重現，則其已死當無疑問。惟究竟死於自縊,抑爲亂刃所截,仍不易斷定耳。

明遺老文秉,錢澄之等及鹿樵紀聞,行朝錄,南天痕,西南紀事等書亦謂自成爲九宮山村民擊斃:

> 逆成屢敗之後,每行軍,大隊在前,己率數十騎在後。一夕大風飛沙,對面不相覩,逆成同二十八騎趨通山,登九宮山,鄉兵遇之,亂刃交加,遂剚逆成於馬下。(烈皇小識卷八)

> 闖賊李自成敗奔至湖廣之通城,有九宮山,爲村民鉏梃擊死,獻其首於楚督何騰蛟,以聞。(所知錄上)

> 自成敗出潼關,追至九宮山下。飢困,親率十餘騎上山覘形勢,與金住僧,命炊飯。僧疑爲逃將,有重賞賚,竊下山語村民,競持鉏梃上山,亂擊之,皆斃。解其衣,中有金龍衣者箭鏃集於其目,乃知爲自成,梟其首報騰蛟,遂據實奏聞,略無誇張冒功之語,舉朝嘆服之。(仝上附註)

> (自成)過通城九宮山,使其下先發,自以十餘騎殿後,猝陷於淖,土人以耰耡擊殺,斷其首而獻之明。李過來救,僅奪其屍,結芻爲頭,以冠冕葬之羅公山下。大兵追至,……發驗自成屍,已腐,莫能辨也。(鹿樵紀聞卷下)

> 闖賊李自成爲九宮山民擊死。(行朝錄卷一)

> 李自成僅引數騎馳入九弓(宮)山,居民白梃擊殺之。(南天痕卷十何騰蛟傳)

> 李自成引數騎馳入通城九宮山,行視安營地。村民方耕,不知爲自成,羣起擧鋤擊之,立死。擲屍於水。後騎至,傳呼萬歲,民始驚竄。騰蛟獲其屍。(西南紀事卷三何騰蛟傳)

案文氏之說與何騰蛟疏略同。錢氏及鹿樵紀聞,西南紀事等書通城有九宮山及村民獻自成首於明何騰蛟等說雖無據(以

李自成死事攷異

何氏疏校之,即知獻首等說之譌。九宮山不屬通城縣,詳後),然其言亦有與何騰蛟阿濟格等疏相印證之處。至錢氏所謂"中有金龍衣者箭鏃集於其目"之語,近於小說,或爲附會。又西南紀事村民擲自成屍於水之說,亦僅見本書,未知確否？

綏寇紀略及鹿樵紀聞等書更有自成謁玄帝像,不能起,遂爲村民所殺等說！

  (自成)過通城,命其下四十八部先發。自成令嚴,兵行無敢返顧者。通城有九宮山,一名羅公山,山有玄帝廟,山民賽會以盟,謀捍衞閭井。自成止以二十騎殿,又呵其二十騎止於山下,而自以單騎登山。入廟見帝像,伏謁,若有物擊之者,不能起。村人疑以爲劫盜,取所荷錘碎其首。既斃,而腰下見金印,且有非常衣服,大駭,從山後逃去。二十騎訝久不出,蹟而求之,則已血肉糜分矣。(綏寇紀略卷九)

  後人有詩曰,"誰道天公醉,元凶未獻俘;九宮靈一擊,全隊賊皆逋"。蓋時又傳自成過九宮山,單騎謁玄帝廟,爲帝所擊,伏地而斃也。(鹿樵紀聞卷下)

案自成爲玄帝陰殛之說全屬神話,自不可信。即自成單騎登山語,亦與何騰蛟疏及所知錄等不合。至其謂"腰下見金印,且有非常衣服",則又與所知錄之說相近,或有此事實,亦未可知？又其以九宮山屬通城,亦同所知錄等書之謬。至謂九宮山一名羅公山,則更不值一辨矣。

毛奇齡後鑑錄及明史紀事本末,平寇志等書又謂自成爲何騰蛟所攻,竄走村落而死。

  (自成)留屯於黔陽。……會川湖總督何騰蛟屯兵辰州,攻自成。自成退營羅公山,大飢,令李過守營,而自將輕騎掠食。村民方築堡守,見零騎來,合圍伐鼓,共擊之。自成馳射,麾左右格鬥;積雨,人馬陷泥淖中,村民揮鉏碎其顱,翻腦漿于地,血肉漫漶,不知爲何賊也。抽尸剝甲裳,見龍衣金印,眇左目,驚爲自成;截而獻騰蛟。騰蛟曰,"吾聞李錦亦眇一目,得非錦邪"? 驗之,左臚傷于鏃。曰,"是矣"! 俎其頭祭烈皇帝,飛書奏捷于福建唐王,唐王頒捷焉。(後鑒錄卷八)

自成自將輕騎抄掠,何騰蛟伏兵邀之,大敗,殺傷幾盡(業案,此說殆即由何疏"伏兵四起……二十八騎無一存者"等語來)。自成以數十騎突走村落中求食,村民皆築堡自守,合圍伐鼓,共擊之。自成麾左右格鬥,皆陷于淖;衆擊之,人馬俱斃。村民不知爲自成也,截其首獻騰蛟。驗之,左臚傷鏃,始知爲自成。李過聞自成死,勒兵隨赴,僅奪其屍,滅一村而還;結草爲首,以袞冕葬之羅公山下。(明史紀事本末卷七十八)

(自成)自將輕騎抄掠,何騰蛟伏兵邀之,賊大敗,殺傷幾盡。自成與衆相失,以數十騎突走村中求食。村民皆築堡自守,見零騎入,合圍共擊之。自成馳射,揮左右格鬥;時積雨,騎陷淖不得馳;邨民鋤梃奮擊,人馬俱斃。不知爲闖賊也,截首獻騰蛟。驗之,左顱傷于鏃,始知爲自成。飛書奏捷。李過聞自成敗,勒兵馳救,奪其屍,結草爲首,加袞冕葬羅公山下。(平寇志卷十二)

案,平寇志一書記載多荒謬,其記自成之敗,亦獨與他書有異。虞其云,自成欲奔江西,至九公(宮)山,被清兵所迫,將數十騎走入山村。鄉人奮梃圍攻之,自成力鬥脫身。間道走荊州,遂至黔陽,又爲鄉民困殺。是蓋合自成死於九宮山與羅公山之說而一之,雜採杜撰,益不足信據矣!

何騰蛟攻自成及村民截自成首獻騰蛟等說,自不可信(觀上考證可知)。然自成爲村民擊斃一點,則仍與何騰蛟疏等相應;可見惟此事較近眞實。至後鑒錄"抽尸剝甲裳,見龍衣金印,眇左目"之說,又與所知錄及綏寇紀略等相應。其俎自成頭祭烈皇帝之說,則屬遺老快意之語,大非事實!

明史雜採阿濟格奏疏及所知錄,綏寇紀略,鹿樵紀聞,後鑒錄,紀事本末,平寇志等書之說而成文("雖未必卽採諸書之文,亦當爲採與其書相同之傳說):

自成……至通城,竄於九宮山(案以上本所知錄等書之說)。秋,九月,自成留李過守寨,自率二十騎略食山中(案以上略本後鑒錄,紀事本末,平寇志等書之說),爲村民所困,不能脫,遂(明史稿"遂"作"自")縊死(案以上本阿濟格疏之說)。或曰,"村民方築堡,見賊少,爭前擊之,人馬俱陷泥淖中,自成腦中鉏死(案以上又本後鑒錄,紀事本末,平寇志等書之說)。剝其衣,得龍衣金印,眇一目,村民乃大驚,謂(明史稿"謂"作"疑")爲自成也"(案以上雜本所知錄,綏寇紀略,後鑒錄等書之說)。時我兵遣識自成者驗其屍,朽莫辨(案以上又本阿濟格疏及鹿樵紀聞等書之說)。(明史李自成傳)

李自成兵敗,奔九宮山,爲村民鉏梃擊死,獻其首於楚督何騰蛟,以聞(案以上本所知錄等書之說)。(明史稿三王傳)

其說來源非一,分析之則無出舊說之範圍者,不足加以考辨也。

後世方志等書又能舉出擊斃李自成之人:

牛迹嶺在縣東南七十里,九宮山之北。昔李闖竄入此嶺,爲邑人程九伯(案康熙武昌府志作"農夫陳九伯")所誅,因葬於

山下。（通山縣志）

順治二年，闖賊敗竄通山，六都人程九伯集衆殺之於小源口。總督軍門佟嘉九伯勇略，劄委德安府經歷。（九宮山志）

清順治二年五月，李闖率數萬人入境燬殺，死者數十人。

清師兩道南下，李自成勢蹙，雜殘騎數十中竄入九宮山。有程九伯者（原注，"六里人"），膂力過人，有胆略，方賊蹂躪時，聚衆築堡，至是率衆圍於小源口，鉏殺之。本省總督軍門佟嘉其勇略，劄委德安府經歷（原注，"見舊志"）。（通山縣鄉土志略，燕京大學圖書館藏鈔本）。

程九伯，通山人。順治二年，李自成敗走通山，九伯率衆殺之，獻其首於總督羅綉錦，錦檄為德安府經歷。（清一統志卷二百六十湖北武昌府人物志）

追至黃州，自成單騎先奔，及通城九宮山，鄉塞王氏兄弟擊殺之。（南明野史卷中）

或謂為程九伯，或謂為王氏兄弟，亦不一其說。考自成死時，湖北無正式長官，所謂總督軍門佟（疑是兩廣總督佟養甲之傳訛；案，佟氏受任於順治四年）者果為誰乎？一統志改總督軍門佟為總督羅綉錦，較合於當時事實；蓋一統志作者見聞較博，故能改正傳說之錯誤。然羅綉錦受任於順治二年十一月，時李自成死已久，安得有獻首之事乎？此等傳說蓋沿野史所記何騰蛟之事之誤耳。

明季遺聞及明季北略等書又謂自成病死：

自成病死羅公山，其姪一隻虎以帝禮葬之，即率衆降於何騰蛟。（明季遺聞卷一）

李自成死事攷異

261

> 一夕,自成方寢,大呼曰,"殺,殺,殺! 我不懼汝"。竇氏驚問。自成曰,"適夢坐北京殿上,忽見崇禎皇帝……等數十人欲執予,予相振而醒"。竇氏曰,"勿異也,疑心生暗鬼耳"。自成甫睡,復夢如前,見文武叱聲如雷,乃寤。次日得疾,李過日進候,由是與竇氏通。自成病益篤。夜半連呼云,"皇帝幸釋我",遂死。李過以帝禮葬之。其時大清朝有賀表,謂病故也。(明季北略卷二十三)

其說不合事實,又近神話,益不足信! 明季北略等書之記載多荒誕,類如此也。

自成之死,首級不能得,屍又朽不辨,明清兩方朝廷以臣下奏疏語詞恍惚,均疑其未實:

> 爾等先稱流賊已滅,李自成已死,賊兵盡省剿除(業案,此或自成死於四月等說之由來)。後又言自成身死是真,戰敗賊兵凡十三次,則先稱賊兵盡殲者,竟屬虛語。今又聞自成逃遁,見在江西。此等奏報情形前後互異。……爾等之意,特以奉命剿除流寇,如不稱流寇已滅,李自成已死,則難以班師,故行欺誑耳。爾等雖行誆稱,其誰信之?(東華錄載順治二年七月己巳攝政王賜阿濟格軍諭)

> 騰蛟上疏但言元凶已除,稍洩神人憤,宜告謝郊廟,卒不言己功。唐王……疑自成死未實。騰蛟言自成定死,身首已糜爛(業案此語非騰蛟疏本文),不敢居功。(明史何騰蛟傳,明史稿文同)

因有自成逃遁等傳聞,後人乃造爲自成未死爲僧之說:

> 何璘澧州志云,"……有孫教授爲余言:李自成實竄澧州。因詢故老,聞自成由公安奔澧,其下多叛亡;至清化驛,隨十

餘騎,走牯牛壩,在今安福縣境。復乘騎去,獨竄石門之夾山為僧,今其墳尚在云。余訝之,特至夾山。見寺旁有石塔,覆以屋,塔面大書"奉天玉和尚"。前立碑,乃其徒野拂文,載和尚不知何氏子。徧問寺僧,一老僧年七十餘,尚能言夾山舊事,云,和尚順治初入寺,事律門,不言來自何處;其聲似西人。後數年,復一僧來,云是其徒,乃宗門,號野拂,江南人;事和尚甚謹。和尚卒於康熙甲寅歲二月,約年七十。和尚臨終有遺言於野拂,彼時幼不與聞。寺尚藏有遺像,命取視之,則高顴深䫇,鴟目蝎鼻,狀貌猙獰,與明史所載相同。自成僭號"奉天倡義大元帥",後復僭號"新順王",其曰"奉天玉和尚",蓋自寓加點以諱之。而野拂以宗門為律門弟子,事之甚謹,豈其舊日謀臣相與左右與"?

(廣虞初新志卷十三"李自成墓"條)

湖廣孝廉張琮伯,字和漢,於壬寅癸卯間赴雲南同知任,由常德乘船上鎮遠,泊舟於清(在辰州西,鎮遠東,黔楚交界處)。因林谷幽勝,乃登高四望;忽聞磬聲,即覓徑步至禪院。叩門入,見一老僧,狀偉而言辭慷慨,語甚投合,留連數日乃別。後陞江西撫州知府,復道經於此,訪老僧已物故矣。其徒懸像,所陳設彝鼎皆非常物。詢何以得此? 其徒曰,"吾師即闖王李自成也"。張驚問,"當日九宮山死者誰耶"?其徒曰,"闖王平日原養狀貌類己者數人,彼時有孫某者願代死,吾師甫得脫耳"。張益奇之。後轉甘肅道,以語閻南宮;閻又語予云。(甲申朝事小紀載王懷民言)

(李自成)其後兵敗南奔辰州,率十數騎乞食山中,不知所終。有傳其削髮至五台山為僧者,有僧徒數人,皆猛惡不類沙門;居嘗趺坐,不誦經卷,死後共瘞之。樹碣曰,"奉天玉和尚"。自成初爲"奉天王",猶隱寓其意也。嘗有詩云,"時來作惡天還怕,運去看經佛不靈",二語恰肖其人。

(光緒米脂縣志卷十二拾遺志三軼事)

此皆所謂"齊東野人之語","好事者所爲",萬不可信！說者愈言之鑿鑿,其去事理愈遠。何璘言自成竄澧州爲僧,王懷民又言在辰州,米脂縣志又言在五台山,三說已大不同。但米脂縣志及王氏之說實當取之何氏,何氏未舉僧爲自成之明證,王氏因補爲其徒實言之說,米脂縣志更補造詩句,以堅人之信;"又何氏及王氏"祗言自成隨徒一人,米脂縣志更添爲數人,其世愈晚,傳說愈繁。夫歷史上之巨寇明明已授首者,傳說中往往謂其未死爲僧,如黃巢石達開之流皆有此類傳說。蓋民間震於巨盜之餘威,因生疑神疑鬼之見,豈可盡信哉!

李自成隕命之時月,地點,事蹟既均考定,本文之使命本已完畢,惟尚有地理上一問題亦須附帶解決:

(四)附辨九宮山不屬通城縣與羅公山亦非一地

所知錄及綏寇紀略,鹿樵紀聞,西南紀事,南明野史等書均以九宮山屬通城縣,綏寇紀略等書更謂九宮山一名羅公山(案寄園寄所寄卷九引嘯虹筆記謂自成"走咸寧,蒲圻,過通城,川湖何騰蛟攻之,走至羅公山,村民誅之"。殆亦以羅公山即九宮山,屬通城縣),其說皆極謬！抱陽生甲申朝事小記曾辨羅公山在通城之說:

考唐仙羅公遠雖爲武昌通城人,而通城實無羅公山。楚志載有羅公山,在辰州黔陽縣,爲羅公修煉之處,至今山下世傳羅公祈禳術,甚廣且驗。山頂有廟,祀眞武非虛。俗

> 傳賊為帝陰殛,雖或疑金蛇鐵燈,事涉杳渺,而闖賊實殪死,瘞於黔陽無疑。(羅公山辨)

其謂自成瘞於黔陽,雖屬錯誤,然其考定羅公山(一作"羅翁山")在辰州黔陽縣,而不在通山,則甚確實! 蓋自成死於羅公山之說亦卽由羅公遠為通城人而起(當先有自成死於通城之說,後始有自成死於羅公山之說),而自成為玄帝陰殛之說則又因羅公山有玄帝廟而生也。 其實不但羅公山不在通城,卽九宮山亦不在通城也:

> 通城通山皆在武昌府之西南。 明史言(自成)至通城,竄九宮山,不言至通城之九宮山。 而諸王傳則直云走死通山,尤得之。 蓋九宮山實隸通山,為通城之交界,非明史之誤。故東華錄亦注云,"山在武昌府通山縣南九十里",是也。(明通鑑附編卷二考異)

明通鑑謂自成所死之九宮山實隸通山,甚是;然其謂九宮山在通山通城之交界處,則又甚非! 考九宮山實在通山縣之東南:

> 九宮山,在通山縣東南八十里。 (明一統志卷五十九湖廣武昌府山川志)

> 通山,……東南有九宮山。(明史卷四十四地理志五湖廣武昌府)

> 九宮山,在縣東南九十里。(通山縣志)

而通城縣則在通山縣之西南,其間距離甚遠;通山縣之西,通城縣之東,又有崇陽縣為其間隔;九宮山安得在通山通城之交界乎? 至明史流賊傳之文明從所知錄綏寇紀略等書之說來,考之所知錄等書,傳說實以九宮山屬通城縣。 明史本非成於一時一人之手,亦不必為諱其誤也。

自明史流賊傳錄所知錄等書之說，以自成所死之九宫山屬通城縣，其後各書遂紛紛抄襲其文。同治本之通城縣志根據綏寇紀略及明史等書，甚至造爲"錫山一名九宫山，亦名羅公山"之說。考順治本及康熙本之通城縣志並無此說，其爲杜撰，不待辨而自明矣。

根據上文之考證，吾人可作一結論如下：

順治二年五月(或六月)，流寇李自成敗竄湖北通山縣之九宫山，爲村民所困，死焉。

民國二十五年，十二月，三十一日，草定於北平研究院史學研究會。

跋順治元年邊大綬自陳伐李自成祖墓啟

王崇武

原任陝西延安府米脂縣知縣臣邊大綬謹

啟：為孤臣為

國蒙難，感荷再生，矢心圖報事。竊念臣本任丘書生，荷先朝特典，於崇禎十三年除授米脂。入境之日，見其城市丘墟，詢之為流寇發難之所，逆賊李自成祖墓在焉。黨羽潛伏，不時竊發。履任後，擒賊首喬齊文等解院正法，散其餘黨。十五年，聞福藩被害，臣恨無力，不能殺賊，忠憤所激，遂伐賊二十三座，斷其山脈，以圖珍(殄)滅，見其骨骸皆血色油潤，各生黃白毛四五寸。賊祖李海骨黑如墨，賊父李守中(註一)骨節綠銅青；內有白蛇一條，長尺二寸，頭角嶄然，種種奇異，隨呈報督撫按。賊聞之啣恨入骨，屢言復讎。十六年大計，賊親艾朝棟等揑揭欲置臣于死地，奈(柰)計冊考語稱職，止以冠帶閑住，撫按皆為扼挽，留任候代(註二)。臣以

一：李守中，據邊大綬所著之虎口餘生記及其他典籍當作李守忠。

二：光緒丁未刊本米脂縣志卷四選舉志一'舉人科'條下載：'艾朝棟

賊黨在側,力辭歸里。十七年賊陷都城,復東窺,大敗,愈恨伐墓洩其旺氣。四月二十九日,遣五拾餘賊拿臣赴闖營,舉族抄刦,死生不保,幸荷

天兵追賊西走,喪敗之餘,無暇他顧。至山西壽陽,乘機脫難,狼狽回家,虎口殘生,皆

聖朝所賜者也。感戴有天,捐糜無地。茲蒙

聖王下令羅才,起用廢官,本縣奉天津道本荐舉,臣

不勝感奮,匍匐赴

闕,叩謝

天恩,願竭犬馬,矢報涓埃,並陳所見賊中情形,以張撻伐之威。

爲此具本,謹具啓

聞,伏候

令旨。

順治元年七月　日具啓,七月十九日奉

令旨'吏部知道!'

～～～～～～～

上啓本載順治元年內外官署奏疏,北京大學研究所國學門影印前內閣大庫檔册。原件墨筆删削者之三四,朱希祖先生

崇禎十二年己卯科官行人,後陞知府'。虎口餘生記云:"余自壬午春,伐賊墓,米人洶洶,謂必招禍不測……而艾朝棟高映元馮起龍等實爲賊之姻黨,聞賊行牌至西安,有四月十九日起馬入秦之語,遂羣謀俟賊到時,執余暨艾詔黑光正等獻賊,逆謀呶呶有據。……值十六年大計,伊探訪余官評稱最,其恨愈深,遂捏遇單欵,極力傾陷,然終以司册無過,未能大害,止蒙降處。……撫按皆諭留題,照舊管事,余力辭解任。"與啓本所陳,可相印證,

所謂修實錄時所改,語蓋有由。 明季流寇蠭起,所過殘破,當時勦撫大員及州縣官吏,均疲於奔命,應付無方,至迷信風水之說,出伐墳下策,其行甚稚,其志足哀,固不值智者一笑也。 惟此事在清初曾盛傳一時,邊大綬復以此而邀新朝起用(註三),故願考鏡源流,辨章究竟,雖無關乎閎旨,或有助於舊聞,亦治史者所樂聞歟。

按,伐墳之事,曾載於明史稿,其卷二四四汪喬年傳云:

……初喬年巡陝西,奉詔發自成先塚,得其族人為縣吏者,掠之。 言去縣二百里為李氏村,在亂山中,十六塚聚葬,中一塚,自成始祖也。 相傳穴為仙人所定,壙中有鐵燈檠,曰:'鐵燈不滅,李氏當興。' 如其言發之,有螻蟻數石,火光熒熒然,斲棺,骨青黑色,黃毛被體,腦後一穴,大如錢,中盤赤蛇,長三四寸,見日而飛,高丈許,以口吞日色,咋咋者六七反而伏。 喬年函顱骨幷腊蛇以聞。 自成知而恨甚,故致死於喬年云。

烈皇小識(註四)亦載:

三: 徐世昌大清畿輔先哲傳(卷二八)邊大綬傳云:"初大綬遭賊拘縶,瀕死者再,著有虎口餘生錄,論者謂闖賊亡命,罪至通天,竭四方師武臣之力,不能一矢相遺,長白忿志報國,謀及鬼神,發枯骨,毒逆命,洩明室之憤,開清興之基,智奇功偉,一時無出其右者。"

四: 明季稗史彙編卷七烈皇小識崇禎十四年十一月條。

五: 襄城縣志(乾隆十年汪運正纂)卷七人物志忠烈條載。 又青州府志(乾隆十二年修)卷十二名宦載:'汪喬年字歲星,浙江遂安人。……由工部郎出知青州………辛未大旱,公步禱郊外,輒澍雨沾足;或霪雨,公所晴立應。' 古之循吏,每委命任天,篤信神鬼,故氏之伐闖闖墳,可能性極大也。

……先是，喬年于陝西發李自成先塚，得小蛇，即斬以殉，誓師東下。

又乾隆時所修之襄城縣志(註五)亦載汪喬年事蹟謂：

> 公（汪喬年）字歲星，浙人也。賦性骨鯁，……時闖寇鴟張，舉督師，咸推轂公，特擢三邊總制兼督援勦，公力□（原版模糊，當為'辭'字）不得，遂視事。發闖逆墓，得一小蛇，遂督師出關，斬蛇以狗，誓于衆曰：'天子授以軍國大事，惟有捐軀効命，同心共濟，滅此朝食，以報朝廷萬一也。'

凡此均謂伐墓者為汪喬年不及邊大綬。而史稿復謂伐墓之事，係奉朝廷詔令。蓋於戎馬倥偬之際，欲藉此以振軍心耳，此一說也。

乾隆時所修之任邱縣志(註六)載：

> 邊大綬……崇禎己卯舉人，授陝西米脂縣。米脂乃闖賊李自成故里，時闖逆猖獗，流毒海內，綬下車偵其墓伐之。

河南修武縣志(註七)亦謂：

> 大綬明時為陝西米脂令。米脂有李賊自成祖墓在萬山中，大綬掘之。……

則以伐墓為大綬所發動，與啓中所謂'臣恨無力，不能殺賊，忠憤所激，遂伐賊塚二十三座'云云者，可互相印證，此又一說也。

華亭董含所著之三國識略又云：

> 李自成，陝之米脂縣雙泉人。祖海，父守忠，葬三峯子亂山中，山勢險惡，林木叢雜，氣概雄偉。幕府檄米脂令邊大綬掘之以洩殺氣，先破海塚，骨黑如墨，頭額生白毛六七寸。

六：任邱縣志(乾隆二十六年劉統纂)卷九人物上。
七：修武縣志(道光十九年馮繼照纂)卷七秩官考。

跋順治元年邊大綬自陳伐李自成祖墓啟　　　271

次至守忠冢；中蟠白蛇長一尺二寸,頭角嶄然,見人昂首張目無所畏,衆擊殺之。守忠骨節間色如銅綠。生黄毛五六寸。其餘環繞數冢,骨皆血潤,亦有生毛者……（卷一"賊墓"條）

則又以伐墓之事,爲幕府檄邊大綬舉行者此又一說也。高承埏崇禎忠節錄（卷一九）有汪秀年傳,計伐憤一事,係出朝廷密旨；然竊意以天子之尊,遠居九重,必不出此下策,且亦不識闖墓所在,是必有當地人士告密,地方長官轉而請示於朝者。徐果亭明末忠烈紀實云：

自成破雒,聲勢張甚,或言其祖墓有異,帝密下喬年圖之。米脂令邊大綬者健令也,喬年委命焉。

惟此亦未指明'或言'者爲何人,余嘗覽陝西米脂縣志,而知告密者實艾詔與賀時雨。該志卷一鄉賢志忠烈條（註八）云：

艾詔字鳳喈,歲貢生。崇禎末年,流寇猖獗,詔商同生員賀時雨謁督師汪喬年,請發自成祖墓,爲厭勝計。喬年以聞,報可。事下知縣邊大綬率夫役入山,詔與賀時雨爲前導,發掘焚棄之,時崇禎十五年正月十四日也。十六年,自成陷延安,進圍米脂,爲報復計,縣中人人惴恐；詔與時雨詣自成軍,曰：'掘墓者吾兩人意,於闔邑無干！'自成遂寸磔之,而縣城竟賴保全,時人稱爲二義士云。

又卷十紀事志一歷代事蹟條下載,崇禎十六年李自成陷延安,

八：又康熙二十年甯養氣所修米脂縣志卷七人物志忠烈條亦謂'賀時雨艾詔二生,闖逆以開伊墳並斬之,視死如歸,其顔如生。'按此志修纂極簡略,且著賀艾兩生事。又康熙時去順治朝未遠,故此處當有所據。

戎馬萬匹,旌旗數十里,'遣僞禮政府侍郎姜學一祭墓,升米脂爲天寶縣……初米脂諸生賀時雨,貢生艾詔詣督師汪喬年,上書請發自成墓,爲厭勝計。喬年以聞,事下知縣邊大綬發掘焚棄之,至是被害,人稱二義士云。'由以上推知伐墓事乃艾詔二生請於汪喬年,事下邊大綬舉行之,此又一說也。

以上四說,究以何者爲最近情實乎？按吾人考史自當以直接史料爲貴,而轉手記載者次之。上啓所載,正所謂直接史料也。惟直接史料每難免有浮誇掩飾之弊,亦不可不辨。夫明末流寇如毛,陝西尤甚。邊大綬除官米脂,城市丘墟,百政待理,何暇急詢闖賊祖墓？且闖墳年代湮遠,山勢環抱,林木鬱蒼,久已莫知其詳,是必先有深悉熟諳者告之,始能測其究竟。而闖賊擁衆數百萬,蔓延遍中原,如火燎原,不可嚮爾,舉洪承疇孫傳庭汪喬年之力均不足以平之,則告密之者,必不告於蕞爾縣府,勢必語諸中央大員。汪喬年督軍陝西,故受告之可能性最大,然則米脂縣志所記艾賀兩生事,不爲無據也。因此吾人斷定告密者乃艾賀二生,而具疏奏聞者爲汪喬年,事下邊大綬始發掘之。史稿所謂汪喬年掘墳云云,蓋僅舉爲首領銜大吏,以概其餘耳,謂之疏漏則可,謂之謬誤則不然也。若上啓本及任邱修武縣志所載,竟以大綬爲自動伐墳,則非盡與事實相符。吾人更可於邊氏自撰文中得一佐證。邊氏虎口餘生記末附塘報,係報告伐墳情形者,中云：

> 陝西延安府米脂縣爲塘報事。職自正月初二日奉制臺密扎,隨喚貢士艾詔,面諭機宜,尋訪李成,去訖至初八日,艾詔回縣云,自榆林尋得李成來見,職隨喚進後堂詢問,稱言伊係闖賊里人,曾爲賊祖葬墳,因識其墓所。……今年月已

跋順治元年邊大綬自陳伐李自成祖墓啓

深，不記其祖葬處，當日葬時，開土是三空穴，內有黑碗一個，因填其二穴，用一穴安葬，仍以黑碗點燈置墓內，今但伐有黑碗者卽賊也……(註九)。

知係奉汪喬年密札召艾詔訪李成，始悉闖墓所在。清初於米脂伐墓之事，盛傳已久，而莫詳其主動之者(註一〇)。喬艾賀諸人，相繼死難，碩果僅存者，僅一邊大綬，而此等傳說，遂爲邊氏所專擅也。順治元年七月，清世祖尙未入關，多爾袞秉政，對忠於明室之死難諸臣，或難免嫉忌，豈邊氏感激新朝之恩，急謀求售之路，故掘墳一案，遂免涉及他人歟？又塘報稿謂闖墳消息，係艾詔得自李成，而乾隆十一年邊來臣刻本虎口餘生記附在園雜志一條，則謂係役人賈煥得自闖王親兄李自祥。墓掘後覓賈煥不得，後始知其爲僧。情節離奇，似一小說，殊不足據。蓋伐墳一事，傳誦率多，援據失實，遂不免附會神怪也。

然則此等直接史料，卽一無價値乎？蓋又不然，明史修訂史稿，記載伐墳之事，已比較近眞，然據原件校之，尙不無謬誤。明史汪喬年傳(註一一)云：

九：此段所引虎口餘生記係在知不足齋叢書中，乾隆十一年邊來臣刻本將"奉制臺密札隨"六字刪去，蓋邊氏後人亦欲擅伐墳之功爲已有，故並此蛛絲馬跡亦削去耳。

一〇：程正揆虎口餘生記序：'癸未余在京師，縉紳先生爭談有米脂令者，掘闖賊父之墓，聚其骨而灰之，時心奇其事，不知爲何許人也。甲午有晉闈之役，見太原守邊長白先生所刻餘生錄蓋卽令米脂者也'。足證當時於伐墳事傳播一時，而尙不悉主動者究爲何人。

一一：明史卷二百六十二。又徐鼒小腆紀年卷一亦載：

初喬年之撫秦也，被命發自成祖父冢。米脂令邊大受者，河間府……初喬年之撫陝也，奉詔發自成先塚。米脂令邊大受河間靜海舉人，健令也。詗得其族人為縣吏者掠之，言：'去縣二百里曰李氏村，亂山中十六塚，環而葬，中其始祖也。相傳穴仙人所定，壙中鐵燈檠，鐵燈不滅，李氏興。'如其言發之，螻蟻數石，火光熒熒然。斲棺，骨青黑，被體黃毛，腦後穴大如錢，赤蛇盤三四寸，角而飛，高丈許，咋咋吞日光者六七反而伏。喬年函其顱骨臘蛇以聞，焚其餘，雜以穢棄之。自成聞之，嚙齒大恨，曰：'吾必致死於喬年！'

文中邊大綬之'綬'字，脫'絲'旁，作'受'，而啟本則否，他書亦然。'赤蛇盤三四寸'，啟本作'內有白蛇一條，長尺二寸，'虎口餘生記塘報稿及三岡識略亦然。蓋史臣記異，信筆所之，尚沿史稿原文，不覺與原檔案相衝突，修史之難，有如此耳。

丙子九月廿九日跋於北平寓廬

靜海縣人，健令也。有縣役詭孫姓，實自成族，大受詢知之，執而加拷，則曰吾祖墓去此二百里，在萬山中，聚而葬者十六冢，中一冢始祖也。相傳穴為仙人所定，有鐵燈檠醮火壙中，曰：'鐵燈不滅，李氏當興'。如其言蹟之，山徑仄險，林木晦黑，果得李氏村。村旁纍纍十六冢，中一冢發之有螻蟻數石，火光尚熒熒然。斲其棺，骨青黑色，毛被體而黃，腦後一穴如錢大，中盤赤蛇，長三四寸，有角，見日而飛。高丈許，以口迎日色，吞咋六七反而伏。喬年函顱骨並蛇臘之以聞。自成為之嚙指恨，既聞喬年出關，憤踊曰：此發我祖冢者耶？圖之勿失！'

大綬為任邱人，靜海舉人，而紀年則迻誤為靜海人。其餘所記與明史略同，蓋亦沿明史而誤耳。

永樂大典纂修人考

郭伯恭

一　引言
二　正副監修考
三　正副總裁考
四　編纂諸人考
五　謄錄及圈點生考
六　結語

一　引言

永樂大典爲有明一代之鉅製，宋元以前之佚文秘典，賴此多得而傳。凡二萬二千八百七十七卷，凡例並目錄六十卷，共一萬一千九十五册。明成祖永樂元年(一四〇三)七月勅撰，二年十一月，翰林學士解縉等進所纂錄韻書，賜名文獻大成。賜縉等百四十七人鈔有差，錫宴於禮部。既而帝覽所進書，尚多未備，遂命太子少師姚廣孝等重修，至六年(一四〇八)冬告蕆，廣孝等奉表進呈，更賜名永樂大典。與修諸人，皆被寵賜。據太宗實錄(卷七十三)云："賜廣孝等二千一百六十九人鈔有差。"似以爲當時與事者,止此數而已。而孫承澤春明夢餘錄(卷十二)乃云："正總裁三人,副總裁二十五人,纂修三百四十七人,催纂五人,編寫三百三十二人,看詳五十七人,謄寫一千三百八十一人,續送教授十人,辦事官吏二十人,凡二千一百八十人"。較之實錄多十一人,豈當時以教授十人爲續送,而賜鈔未之及耶? 今大典原本早亡,嘉靖重錄亦散佚幾盡,殘存於國內外者,據袁同禮先生所聞見,僅三百四十九冊,尚不及全書百分之三。當初原纂諸人,已不可盡考。余稽諸他籍,則知充監修者四人,充正總裁者九人,充副總裁者二十五人。總數或云二千餘人,或云幾三千人,或云數千人,與實錄春明夢餘錄所載,頗不相符。我國著錄家多不及數字之詳,今殊難知其確數,茲就可考見者試分述之。

二　正副監修考

解縉等初纂文獻大成,參與之人既少,爲時復短,自不能詳備靡遺。故不久成祖覽之,以爲尚多闕略,遂命重修,"於是廣召四方儒者許侍臣各舉所知,至永樂三年(一四〇五)開局纂修,命太子少師姚廣孝,禮部尚書鄭賜監修,刑部左侍郎劉季箎副監修。賜卒,以贊善梁潛代焉。"(註一) 潛字用之,按楊士奇梁用之墓碣銘云:(註二) "永樂五年,命以本官兼右春坊右贊善進儒林郎,時修永樂大典,召至四方儒學老成充纂修及繕寫之士,幾三千人,人衆事殷,特命太子少師姚廣孝,禮部尚書鄭賜

(註一)　語在黃佐翰林記(嶺南遺書本)卷十三頁五修書條。

(註二)　見楊士奇東里文集(明正統十年刻本)卷十七頁八。

永樂大典纂修人考

總之。已而賜卒,命禮部翰林院就院推舉才學服衆者代賜,遂舉用之。用之方公明決,蒞事有程,而惰慢放肆者有不樂之相,與誣其過於上,召問具對云云。上曰:'梁潛言是'。遂抵造誣者罪。"又士奇爲劉季箎撰墓誌,亦云:(註三)"永樂乙酉(三年),朝廷廣召文儒纂修大典,命太子少師姚廣孝,禮部尙書鄭賜監修,而擇六卿之貳有文學者一人爲之副,遂以命君(季箎)。討論裁處,人多服之。書成,受厚賜。"據此,則充監修者爲姚廣孝鄭賜劉季箎及梁潛四人,毫無疑問也。

然太宗實錄所載,與此頗有出入,實錄(卷三十六)曰:"旣而上覽所進書尙多未備,遂命重修,而敕太子少師姚廣孝,刑部侍郎劉季箎,及縉總之。命翰林學士王景,侍讀學士王達,國子祭酒胡儼,司經局洗馬楊溥,儒士陳濟爲總裁。翰林院侍講鄒緝,修撰王褒,梁潛,吳溥,李貫,楊覯,曾棨,編修朱紘,檢討王洪,蔣驥,潘畿,王偁,蘇伯厚,張伯穎,典籍梁用行,庶吉士楊相,左春坊左中允尹昌隆,宗人府經歷高得賜,吏部郎中葉砥,山東按察僉事晏璧爲副總裁。命禮部簡中外官及四方宿學老儒有文學者充纂修,簡國子監及在外郡縣學能書生員繕寫。開館於文淵閣,命光祿寺給朝暮膳。"據此,則監修爲姚廣孝,劉季箎,解縉,而無鄭賜梁潛,然徵諸上說,實不然,且充正副總裁者尙有多人。實錄之以解縉與姚廣孝,劉季箎同監修者,蓋以文獻大成之纂修,解縉實主之,因而連帶及之歟? 考大典之編纂縉實爲總裁官,如楊士奇所撰縉墓碣銘,(註四) 止云:"初修高皇帝實錄及永樂大典

(註三) 見同上卷二十頁十四。

(註四) 見同上卷十七頁二十。

皆爲總裁。"鄒元標明閣學記(註五)亦僅云："後纂修高廟實錄及永樂大典,命縉爲總裁官。"可知縉實不曾爲監修官。楊士奇爲當時文淵閣直閣事,親目所見,所言自較可信。太宗實錄成於宣德中,後人重修,或不免舛誤耶?總之,充正監修者爲姚廣孝,鄭賜,梁潛,充副監修者爲劉季箎;解縉雖與其事,然職司總裁,非監修也。

姚廣孝(註六)長洲人,本醫家子。年十四,度爲僧,名道衍,字斯道。事道士席應眞,得其陰陽數術之學。後從燕王定天下,論功以爲第一。永樂二年四月,拜資善大夫,太子少師,復其姓,賜名廣孝。成祖與語,呼少師,而不命名。蓄髮不肯,賜第及兩宮人皆不受。重修太祖實錄及永樂大典,廣孝皆爲監修,書成帝褒美之。成祖往來兩都,出塞北征,廣孝皆留輔太子於南京。

五年四月,皇長孫出閣就學,廣孝侍說書。十六年(一四一八)三月入覲,年八十有四矣,病甚不能朝,仍居廣壽寺。車駕臨視者再,語甚懽,賜以金睡壺。尋卒諡恭靖,賜葬房山縣東北,帝親製神道碑誌其功。有逃虛子集十卷行世。

鄭賜(註七)字彥嘉,建寧人。洪武十七年(一三八四)以易經領鄉薦,明年擢進士,拜監察御史。秩滿,陞湖廣布政司右參議,丁母喪去官,服除,轉北平布政司右參議。燕王在藩,賜事惟謹,尋以事坐累謫置安東屯。建文卽位,拔爲工部尚書。成祖卽位,轉刑部尚書。永樂三年,遷禮部尚書,時修永樂大典,充監修官。

(註五) 見解縉解文毅公集(乾隆三十一年重刻本)附錄頁十四。

(註六) 見明史卷一百四十五。

(註七) 見明史卷一百五十一。此參以胡儼頤菴文選(文津閣四庫全書本,卷上頁九十五)故資政大夫禮部尚書鄭公神道道碑銘。

四年,成祖視朝之暇,御便殿閱書史,問文淵閣經史子集皆備否,解縉答曰:"經史粗備,子集尚闕略。" 帝曰:"士人家稍有餘資尚欲積書,況朝廷乎?" 遂召賜命擇通知典籍者,四出購書。 且曰:"書籍不可較值,惟其所欲與之。" 賜爲人頗和厚,然不甚識大體,後爲同官所間。 六年(一四二八)六月二十四日憂悸卒,享年五十有八。 洪熙初,諡文安。 有聞一齋集四卷,適興集及紀行詩若干卷。

梁潛(註八)字用之,泰和人。 洪武二十九年(一三九六)舉鄉試,明年授四川蒼溪訓導。 三十一年,以薦除廣東四會知縣。 建文初,改陽江、陽春,皆以廉平稱。 永樂元年,召修太祖實錄,書成,陞翰林修撰,授承務郎,賜白金五十兩,織金衣一襲,文幣四表裏。 五年,命以本官兼右春坊右贊善,進儒林郎。 六年代鄭賜充永樂大典監修官,語見前。 成祖幸北京,屢驛召赴行在。 十五年復幸北京,太子監國,帝親擇侍從之臣,時翰林獨楊士奇,特詔尚書夏原吉呂震方賓舉一人副之,遂以舉潛。 有陳千戶者擅取民財,令旨譴交阯,數日後念其有軍功,貸還。 或譖於帝曰:"上所讁罪人皇太子曲宥之矣。" 帝怒,誅陳千戶,事連潛及司諫周冕,逮至行在,親詰之,潛等具以實對。 帝謂楊榮呂震曰:"事豈得由潛?" 然卒無人爲白者,俱繫獄。 或毀冕放恣,遂併潛誅,時永樂十六年(一四一八)九月十七日也。 士君子聞潛死,皆嗟惋悼惜,又相與出資收殯之。 有泊菴集十六卷。

劉季箎(註九)名韶,以字行,餘姚人。 洪武二十七年(一三九

(註八) 見明史卷一百五十二,此參以楊士奇梁用之墓碣銘。

(註九) 見明史卷一百五十,此參以楊士奇故工部營繕司主事劉君墓誌銘(見同註三)。

四)進士,授行人司行人。使朝鮮,却其餽贐;帝聞,賜衣鈔,擢陝西參政。建文中,召爲刑部侍郎。永樂三年纂修大典,季箎充副監修官,以襄助姚廣孝、鄭賜。八年,坐失出下獄,左遷兩淮鹽運副使,遂巡未行,復下獄,久之始釋,命以儒服隸翰林院編纂。十五年(一四一八),改工部營繕主事。二十年得痺疾,明年(一四二二)正月某日卒,享年六十有一。

以上四人對於監修大典之詳細情形,官書無記載,依楊士奇言,則梁潛督促之功,至不可沒。鄭賜於永樂六年六月卒,距大典之成僅五月耳,潛繼之,爲期雖短,然"方公明決蒞事有程"大典之得以迅速告蕆,用之與有力焉。

三 正副總裁考

據實錄所載,充大典正總裁者,爲王景、王達、胡儼、楊溥、陳濟等五人;充副總裁者,爲鄒緝、王褒、梁潛、吳溥、李貫、楊觀、曾棨、朱紘、王洪、蔣驥、潘畿、王僞、蘇伯厚、張伯穎、梁用行、楊相、尹昌隆、高得暘、葉砥、晏璧等二十人。(註一〇)然考諸他籍,充正總裁者,尚有李至剛、鄒濟、林環,充副總裁者,尚有趙友同、王進、蔣用文、徐旭、劉均、余襲,且解縉實爲正總裁不曾爲監修,梁潛實爲監修不曾爲

(註一〇) 按劉若愚酌中志卷十八內板經書紀略云:"永樂大典一部,係湖廣王洪等編輯。"而王洪係錢塘人,'湖廣'殆'胡廣'之誤耶? 姜紹書韻石齋筆談(卷上)襲之,亦作'湖廣王洪',似總裁者尚有胡廣,但胡儼爲廣撰墓誌銘(頤菴文選卷上頁一百六文淵閣大學士文穆胡公墓誌銘),無一語道及廣與修大典,儼爲大典正總裁之一,所述當不致遺漏。胡應麟生當萬曆之世,劉若愚又晚,姜紹書清初尚存,所言蓋皆耳食耳。 故以下正副總裁中,不及胡廣。

副總裁,合計之,正總裁得九人,副總裁得二十五人。茲分述之:

正總裁除總攬館事外,兼盡纂輯之力者,以陳濟為最,濟字伯載,武進人。讀書過目成誦,嘗以父命遊錢塘會稽,從縉紳先生學,從者載泉貨隨之貿遷;比還,以其資之半市書,口誦手鈔十餘年,盡通經史百家之言。金實為其撰行狀云:(註一)"會朝廷修永樂大典,大臣有言先生者,以布衣召至為都督總裁;時合內外詞臣暨太學儒生衆數千人,繙閱中秘四庫書,浩瀚填委,先生至則與故少師姚公,尚書鄭公,祭酒學士數輩,詳定凡例,區別去取,莫弗允愜。而六館執筆之士,凡有疑難輒從質問,先生隨問響答,未嘗觝滯,疏快剖析,咸有源委,非口耳獵涉者可比,故一時之人無不服其該博。書成,擢右春坊右贊善,居輔導之職。" 梁潛亦云:(註二)"伯載……始自布衣薦入秘閣,總裁永樂大典,天下之士預在館者常二千餘人,皆推君為能,卒拜贊善。與太子少師姚公監修成書者,君之勤勞為多。"按濟謹慎無過,皇太子甚禮重之,嗣後凡稽古纂輯之事,悉以委之,隨事敷奏,多所裨益。居職十五年而卒,年六十一。

其次解縉:縉(註三)字大紳,號春雨,吉水人。年十八,舉江西鄉試第一。洪武二十一年(一三八八)舉進士,授中書庶吉士,尋命歸,居鄉八年。及太祖崩,縉入臨京師,為有司所劾,謫河州

(註一) 金實春坊贊善陳先生行狀,見徐紘明名臣琬琰錄(文津閣四庫本)卷二十一頁一。

(註二) 語見梁潛泊菴集(文津閣四庫本)卷五頁五十二,壽陳贊善母七十詩序。

(註三) 見明史卷一百四十七,此參以楊士奇解公墓碣銘(見同註四)。

衞吏,旋召為翰林待詔。成祖入京師,擢侍讀,命與胡廣黃淮胡儼楊士奇楊榮金幼孜等六人,並直文淵閣,預機務。尋進侍讀學士,奉命總裁太祖實錄及烈女傳永樂大典,書成受厚賜。曾棨為其撰行狀云:(註一四)"上方銳意稽古禮文之事,詔修烈女傳永樂大典諸書,公為刊定凡例,刪述去取,幷包古今,蒐羅隱括,纖悉靡遺。"永樂二年皇太子立,進縉翰林學士,兼右春坊大學士。以定儲議,為漢王高煦所忌,遂坐累,謫廣西布政司參議。旣行,禮部郎中李至剛言縉怨望,改交阯,命督餉化州。永樂八年,縉為高煦所間,逮下獄,詔拷掠備至,詞連大理司丞湯宗,宗人府經歷高得暘,中允李貫,贊善王汝玉,編修朱紘,檢討蔣驥,潘畿,蕭引高,幷及至剛,皆下獄,汝玉貫紘引高得暘皆瘐死。十三年(一四一五)錦衣衞帥紀綱上囚籍,成祖見縉姓名曰:"縉猶在耶?"綱遂醉縉以酒,埋積雪中,立死,年四十七。籍其家,妻子宗族徙遼東。仁宗即位,詔歸正統元年(一四一五),詔還所籍家產。成化元年(一四三六)復縉官,贈朝議大夫,諡文毅。

餘王景王達等,殆徒擁有總裁之名耳。王景(註一五)字景彰,松陽人。洪武初為懷遠教諭,以博學應詔,命作朝享樂章,定藩王朝覲儀,歷陞知州,擢山西布政司右參議。坐事謫雲南,建文中召入翰林,尋除禮部侍郎兼翰林侍講。成祖即位,擢學士,及修太祖實錄永樂大典充總裁,書成賞賚優渥。永樂六年(一四〇八)七月十三日卒年七十三。王達(註一六)字達善,無錫人。

(註一四) 曾棨內閣學士春雨解先生行狀,見解文毅公集附錄頁一。
(註一五) 見明史卷一百五十二,此參以陳璉翰林學士王公景彰墓碑銘(見明名臣琬琰錄卷十三頁十四)。
(註一六) 見廖道南殿閣詞林記(文津閣四庫本)卷四頁二十五翰林院侍讀學士王達傳。

初以明經授邑庠訓導,入補國子助教。成祖卽位,姚廣孝薦之,擢編修。侍皇太子於東宮,尋進侍讀學士。後攖疾卒,年六十五。胡儼(註一七)字若思,南昌人。洪武中,以舉人授華亭教諭。建文元年(一三九九),薦授桐城知縣。四年,副都御史練子寧薦於朝曰:"儼學足達天人,智足資帷幄。"比召至,燕師巳渡江。成祖卽位,擢翰林檢討,與解縉等俱直文淵閣,遷侍講,進左庶子。永樂二年九月,拜國子監祭酒。七年,帝幸北京,召儼赴行在,明年北征,命以祭酒兼侍講掌翰林院事,輔皇太孫留守北京。十九年(一四二一)改北京國子監祭酒。當是時,海內混一,垂五十年,成祖稽古右文,公卿大夫多文學士,儼館閣宿儒,朝廷大著作多出其手。重修太祖實錄,永樂大典,天下圖誌,皆充總裁官。洪熙改元(一四二五),以疾乞休,仁宗賜敕獎勞,進太子賓客,仍兼祭酒致仕。宣宗卽位(一四二六)以禮部侍郎召,辭歸,家居二十年,方岳重臣咸待以師禮。正統八年(一四四三)八月二十七日卒,年八十三。楊溥(註一八)字弘濟,石首人。建文二年(一四〇〇)進士,授編修。永樂初,侍皇太子,爲洗馬。後以事繫獄,在獄中讀書不輟,繫十年,讀經史子集數周。仁宗卽位釋出,擢翰林學士;明年建弘文閣於思善門左,命溥掌閣事,尋進太常卿,兼職如故。宣宗卽位,弘文閣罷召溥入內閣與楊士奇楊榮等共典機務,宣德九年(一四三四),遷禮部尚書。英宗初立,與士奇榮共扶政,正統三年宣宗實錄成,進少保武英殿大學士,時與士奇榮共稱'三楊'。溥質直廉靜,無城府,性恭謹,有雅操。正統十一年

(註一七) 見明史卷一百四十七,此參以楊溥國子祭酒胡公墓誌銘(見明名臣琬琰錄卷二十四頁六)。

(註一八) 見明史卷一百四十八。

(一四四六)七月卒,年七十五。贈太師,諡文定。

　　至為余所新考得之李至剛鄒濟林環等三人,明史本傳無一字提及參與大典事(林環且無傳),茲就時人文集鈎稽之,則得三人之下列史料焉。

　　李至剛——楊士奇故中順大夫興化府知府李公墓表云:(註一九)"……(李公)諱鋼,字至剛,號敬齋,以字行,(華亭人)。……洪武戊辰(二十一年)舉明經,奉命侍懿文太子。……坐累謫戍邊,無幾召還,為工部郎中,尋遷河南布政司右參議。……(建文中),調湖廣布政司左參議。太宗文皇帝入正大統,公來朝,大臣有言其才,且洪武舊人,遂以為通政司右通政。方修洪武實錄,公與焉。………永樂二年春,册立皇太子,命公以尚書兼左春坊大學士,東宮開經筵,公與右春坊大學士解縉最先進講,及修永樂大典,四方文儒皆集,仍以公董之。………" 按既曰'董之',當係總攬館事耳,非總裁而何? 至剛後坐解縉事下獄,仁宗即位釋出,復以為通政;數月,又念其老,不任朝參,改知興化府。再歲歿於官,宣德丁未(二年,一四二七)七月四日也,享年七十。

　　鄒濟——楊士奇故中順大夫詹事府少詹事鄒公墓誌銘云:(註二〇)"永樂二十二年(一四二四)三月初六日,詹事府少詹事鄒公卒於官。公之先自攜李徙錢塘,……公諱濟,字汝舟,……餘杭令聘佐教縣學,遂奉母徙家焉。……秩滿,陞中都國子學錄,又陞國子助教,一時國學之為師者皆樂與交,為弟子者皆樂就其幕下。…… 用翰林修撰李貫舉,修實錄,官事撮要,井井有章。書成,賜紗衣一襲,幣表裏各四,白金五十兩,陞禮部儀制郎

(註一九) 見東里文續集(文津閣四庫本)卷三十三頁十一。

(註二〇) 見同上卷三十八頁二十一。

中,階奉議大夫,進奉政大夫。時朝廷祭祀冊拜慶賚及儀物制度,徵舊章,參古典,蓋部事一資於公。詔修永樂大典,以五人總裁而公與焉。安南拒命,詔大將軍率師征之,擇朝臣有文學者往司奏記,公承命以行,……還陞廣東布政司右參政。……一坐累左遷吏部郎中,數月擢左春坊左庶子,任輔導之職。……滿秩陞詹事府少詹事,階中順大夫。……所居號頤菴,客至必具酒相與傾洽。遇朋徒之會,山水之遊,輒欣然從之。……春秋六十有八而卒"。

林環——林環綱齋集歐陽熙序云(註二一)"……林氏文物尤為閩冠,其挺拔而顯異者,崇璧先生永樂丙戌(四年)廷試第一人。………崇璧先生別號綱齋,自修撰陞侍講,未及十年而卒。然以文行老成,受知於我太宗文皇帝,修永樂大典則拔為總裁,遇賓興取士則兩典文衡。……" 按崇璧為林環字,別號綱齋,莆田人。與修大典事,林氏集中亦數道及之,如送翁教授序云,"余時適總裁其事",送陳德剛還莆田序云,"且余總裁其事"(詳後節引)據此,可知林氏之曾充總裁官,確為不虛也。

副總裁中,實錄所載十九人,僅鄒緝尹昌隆明史有傳,王褒王洪王偁則附於林鴻傳之後,其餘俱無傳。今李貫楊覯朱紘潘畿蘇伯厚梁用行楊相七人事跡不可考,茲參諸他籍將鄒緝以下十二人為之總述於下,藉補明史之闕焉。

鄒緝字仲熙,吉水人。洪武中舉明經,授星子教諭。建文時,入為國子助教。成祖即位,擢翰林侍講,立東宮,兼左中允,屢署國子監事。永樂十九年(一四二一)三殿災,詔求直言,緝上疏陳積弊,書奏不省;時言者多斥時政,成祖不懌,下詔嚴禁之,犯者

(註二一) 林環綱齋集十卷,傳鈔本,八冊,國立北平圖書館藏。

不赦,侍讀李時勉等俱下獄,惟緝與主事高公望等得無罪。是年冬,緝進右庶子,兼侍講。明年九月,卒於官。王褒字中美,侯官人,林鴻之姪壻。洪武中,領應天鄉試,為長沙學官,遷永豐知縣。永樂中,召入預修大典,擢漢府紀善。褒工詩文,與林鴻等稱閩中十才子。吳溥(註二二)字德潤,號古崖,崇仁人。洪武二十三年(一三九〇)領江西鄉薦,二十八年入京師以試期不及,遂入充太學生。嘗奉詔宣諭武臣使雲南,又閱士伍使福建,皆以廉介稱。建文二年(一四〇〇)會試禮部擢第一,廷試第四,賜進士出身,授翰林院編修。永樂初,與修太祖實錄,書成陞修撰,有白金文綺之賜。既又纂修永樂大典,充副總裁。六年(一四〇八)用祭酒胡儼薦,陞國子司業。洪熙改元,進階承德郎。宣德元年(一四二六)九月三日卒,年六十四。曾棨(註二三)字子啓,永豐人。永樂元年中江西鄉試,明年禮部會試中選者四百七十人,棨名在第八,廷試遂中第一。賜進士及第,成祖奇其才,親批所對策,褒美之,授翰林修撰承務郎。未幾,選進士二十八人,俾進學文淵閣,棨為之首。帝嘗召問典故,屢舉羣書隱僻事,以驗所學,棨靡不奏對如響。以是深見獎重。及修永樂大典,命為副總裁,授儒林郎。五年,陞侍講,授承直郎。後陞侍讀學士。洪熙初,侍宣宗監國南京,陞右春坊大學士,仍兼侍讀學士,授奉

(註二二) 此據楊士奇東里文續集卷三十四頁八國子司業吳先生墓誌銘,及楊榮楊文敏公集(正德十年重刊本)卷二十頁十一故國子司業吳君墓表。

(註二三) 此據楊士奇東里文集卷十四頁五詹事府少詹事兼翰林侍讀學士贈嘉議大夫禮部左郎中曾公墓碑銘,及楊榮楊文敏公集卷二十一頁二十三曾公墓誌銘。

議大夫。 宣德改元（一四二六），與修兩朝實錄，書成，進詹事府少詹事，日直文淵閣。 七年（一四三二）正月二十一日卒，年六十一。 王洪（註二四）字希範，錢塘人。 年十八，舉洪武三十年（一三九七）進士第。 初授行人，尋擢吏科給事中。 成祖時，以薦入翰林，由檢討歷官修撰侍講，為永樂大典副總裁。 帝頒佛曲於塞外，命洪為文，遂巡不應詔，為同列所排，不復進用。 及修國史，會大臣欲載其家瑞異入日歷中，洪持不可，至聞於成祖前坐謫禮部主事。 永樂十九年（一四二一）卒，年四十二。 蔣驥（註二五）字良夫，錢塘人。 弱冠領浙江鄉薦，登建文二年（註二六）進士第，授行人。 永樂初，用薦與修太祖實錄，既成，賜白金彩幣襲衣，陞翰林檢討。 及修永樂大典，承命為副總裁，凡所折衷取舍皆適當，勤於其職，早夜不懈。 後坐解縉事，逮獄繫十餘年，洪熙改元得釋，陞左春坊左司直郎事。 宣宗即位，陞翰林侍講，與

(註二四) 此據四庫全書總目提要集部別集類王洪毅齋詩文集提要，及徐伯齡蟫精雋（文津閣四庫本）卷十八頁八王翰林詞。

(註二五) 此據楊榮楊文敏公集卷十九頁十六故嘉議大夫禮部侍郎蔣君良夫墓表，及王直抑菴文集（文津閣四庫本）卷十二頁一蔣良夫哀辭，和金幼孜金文靖集（文津閣四庫本）卷十頁五十五蔣侍郎傳。

(註二六) 楊榮良夫墓表作「洪武庚辰」，按洪武起戊申迄戊寅，並無庚辰，庚辰則為建文二年。 再按王直哀辭稱「良夫長直一歲」，直卒於英宗天順六年，年八十四，其生在太祖洪武十二年；依此推之，良夫生於洪武十一年（一三七八），至建文二年（一四〇〇）為二十三歲，其登進士蓋在是年。 楊表殆偶誤耳。

修成祖仁宗實錄,書成,進翰林侍講學士。尋拜禮部侍郎,涖事未兼旬,遽以疾卒,時宣德五年(一四三〇)七月二十八日也,享年四十三。　王偁(註二七)字孟揚(一作孟敭),永福人。洪武二十三年(一三九〇)領鄉薦,乞歸養母,成祖即位,徵至京師,授國史院檢討,充永樂大典副總裁。學博才雄,最為解縉所重,為閩中十才子之一。其自述誄(虛舟集卷五)云:"永樂初元以推轂者至京師待命黃閣,因自陳願處學校,勵人才,不允;授從事郎吏,官翰林檢討進講經筵,以文字供職。時錢塘王洪擅詞垣,與同官一見過相推重。敕修大典,萃內外儒臣及四方韋布士毋慮數千人,濫竽總裁之列。"解縉序其集云:"永樂初,敕修金匱石室之書,繼是復有大典之命,內外儒臣及四方韋布士集闕下者數千人,求其博洽幽明,洞貫今古,學博而思深,如太史三山王君孟揚者,不一二見。"後坐解縉事下獄死,年四十三,時為永樂十三年(一四一五)。　張伯穎(註二八)名嗣祖,伯穎其字,吉水人。洪武十七年(一三八四)領江西鄉薦,明年會試禮部得乙榜,授廣東陽山教諭。無何,以外艱去官;服除,調蕪湖。永樂初,以近臣薦擢翰林五經博士,與修太祖實錄,書成遷檢討。未幾,修永樂大典,充副總裁;秩滿,陞修撰。時車駕幸北京,伯穎留署南京翰林院事。嘗考應天府鄉試,去取公明,士論服之。永樂二十一年(一四二三)十二月一日卒於官,年七十三。　尹昌隆(註二九)字彥璟(一作彥謙)

(註二七)　此據所著虛舟集(文津閣四庫本)及卷首提要。

(註二八)　此據楊文敏公集卷二十頁十三故翰林修撰張君墓表。

(註二九)　此據所著訥菴先生遺稿(萬曆辛丑刻本)前後所附傳略及李贄續藏書(明刻本)卷六頁三十一尹昌隆傳並參以明史(卷一百六十二)本傳。

號訥菴，泰和人。洪武十八年進士，授翰林修撰，改監察御史。建文卽位，早朝晏，昌隆進諫，嘉納之。未幾，以地震上言，謫福寧知縣。及燕兵南下，又上言"今事勢日去，而北來章奏每以周公輔成王爲言，不若罷兵息戰，許其入朝，彼旣欲申大義於天下，不應便相違戾。設若有差便當讓位，不失守藩，若沉吟不斷，禍至無日，進退失據，雖欲求爲丹徒布衣，不可得矣。"成祖入京師，昌隆名在奸臣中，驅出就戮，昌隆大呼曰："臣曾上書勸讓位，奏牘尚在，可覆按也。"於是檢奏有之，遂貸死。亡何，以爲北平按察知事，行戶部主事。時皇儲未立，武臣有言漢王有扈從功者，成祖驛召昌隆首詢之，昌隆對曰："長嫡承統，萬世常經。"遂定仁宗爲皇太子，進昌隆左春坊左中允。及解縉之黜，同日改昌隆禮部主事。時尚書呂震喜諂，忌昌隆，誣昌隆陰欲樹結逮下獄，尋遇赦，復官。後數年，谷王謀反事發，以王前曾奏昌隆爲長史，坐以同謀，遂論死，沒其家。 高得暘（註三〇）字節菴（一作孟升，號節菴） 錢塘人，遷居臨安。洪武中，以文學薦，三爲教官。永樂初，擢宗人府經歷，充永樂大典副總裁。四庫總目云："鄒濟墓誌，稱得暘與修永樂大典，分掌三禮，編摩有方。今核所纂三禮諸條，於前人經說，去取尙爲精審，蓋亦博識之士"也。 葉砥（註三一）字周道，更字履道，上虞人。洪武三年進士，授定襄縣丞。八年，坐累謫涼州。建文二年求賢，以臨江知府劉鵬薦，遂起爲翰林編修；又有言其堪任風憲者，復陞廣西按察僉事。永樂初，以史事被逮，籍其家，惟薄田敝廬，故書數篋而已。事白，還

（註三〇） 此據四庫總目別集類存目二高得暘節菴集提要。

（註三一） 此據王直抑菴文後集（文津閣四庫本）卷三十二頁一知府葉公墓誌銘。

之仍命與史事。書成，改考功郎。會修永樂大典，徵天下名儒命砥爲副總裁，稽經考史，無不愜當。後拜饒州知府。永樂十九年(一四二一)八月二十一日卒於郡廨，享年八十。晏璧(註三二)廬陵人，與同郡顏伯瑋友。伯瑋以建文元年，授沛縣知縣，及燕兵攻沛，伯瑋以身殉。時璧官於徐，聞之，爲伯瑋傳其事。璧後仕至山東按察僉事，與修永樂大典，充副總裁。其他事蹟無考。

至爲余所新考得之趙友同，王進，蔣用文，徐旭，劉均，余夔等六人，明史亦俱無傳，茲依前例，將所獲史料，排比於下：

趙友同——楊士奇御醫趙彥如墓誌銘(東里文集卷十八頁一)云："太醫院御醫趙友同字彥如，(長洲人)。大臣嘗言其文學於上，時方修永樂大典，即用爲副總裁。後修五經四書及性理大全書，又用爲纂修，書成，皆被寵賜。於是知彥如者皆爲之喜，且意其將有詞林翰苑之遷也，而彥如亦冀得一職於此，爲其親榮；未幾，以母喪去，又未幾，以病不起，嗚呼惜哉！……彥如卒於永樂，十六年(一四一八)四月一日，春秋五十有五。……"

王進——楊士奇故翰林侍講承直郎王君墓誌銘(同上卷十八頁十八)云："宣德二年(一四二七)三月二日，翰林侍講王進汝嘉卒。……(進父)中立松江知府。知府三子：璉，洪武中吏部主事，汝玉，右春坊右贊善，棐翰林編修，季汝嘉也。自幼喜學問，穎敏異羣兒。……嘗坐累謫戍五開，後舉明經爲武昌府學訓導，歷九年陞大庚縣學教諭。所至盡心，啓迪學者率見成效。初被召，修永樂大典，爲副總裁；又召修四書五經性理大全，書成皆受重賜，遂陞翰林五經博士，授迪功郎。……洪熙初，建弘文閣，時

(註三二) 此據續藏書卷七頁五顏伯瑋傳附。

翰林學士楊君溥偕汝嘉四人者,受命日直其中,禮遇甚厚。……汝嘉沒時,春秋七十有二……。"按汝嘉原名璉,後更名進,長洲人。

蔣用文——梁潛靜學齋序(泊菴集卷六頁七)云:"予在禁林七年,得交遊之士二人焉:烏江蔣君用文,姑蘇趙君友同也。二人者忠信慈厚,而皆跡於醫,皆為上御醫。方纂修永樂大典,編古經方,二人者又總裁其事,遂得朝夕往還。久之,蔣君去侍青宮,予亦兼官春坊,進與蔣君接迹而並趨,退而與趙君有校讎講益之雅,相得益密。……"按此雖未明言正副正裁,但徵之趙友同,用文當亦如之。又鄭曉今言云:(註三三)"蔣用文初名武生,以字行,儀真人。洪武中為御醫,永樂八年陞院判,專侍文華殿。用文能視病制方,性謹愿恭恪,有行義,達世務,事東宮每効規益。卒之明年,仁宗贈太醫院使,諡恭靖,官其長子主善為院判。"

徐旭——梁潛徐孟昭傳(同上卷十二頁十二)云:"公諱旭,字孟昭,姓徐氏,饒之樂平人。……年三十一登洪武乙丑(十八年)科進士第,授浙江道監察御史。入為禮科庶吉士,日記事侍上左右。……一日,……奏對弗克稱旨,……命分教於涿州之房山,復教諭鳳陽,皆以憂去。服闋,擢安王府紀善,用薦者陞為知州。入史館,上書論天下事,多不能合,……出為考功員外郎。及今上(成祖)即位,遷郎中預纂修高皇帝實錄,明年,拜朝列大夫,國子祭酒。又明年(永樂三年,一四〇五),罷為翰林修撰,……俾預修永樂大典為副總裁,方向用之而公卒矣,時年五十二……。"

劉均——王直劉君宗平墓誌銘(抑菴文後集卷三十一頁二十九)云:"永樂二年,予取進士入翰林,時初至京師,四方之士相

(註三三) 見今言(明刻本,卷二頁二十一)第一百九條。

与游者盖甚寡,惟翰林有学士解公,侍读胡公,侍讲杨公,直以世契得从容其间;而君亦自大宁教谕,与修高庙实录,陞翰林待诏,又自待诏陞检讨,一时同郡进者凡数人,皆笃於乡谊,往来相善也。太宗皇帝徵天下名儒集馆阁,修永乐大典,翰林之贤则命为副总裁,而君在焉。予限以职业,不得。………其在翰林与纂述,早暮尽心,考据精切,不取快一时。………君讳均,宗平其字,拙闇其号也,……吉水之金滩人。……(後坐累被谪,以宣德二年(一四二七)三月二十三日卒於天长旅邸,年五十七)。………"

余䕫——王直侍讲余公墓志铭(同上卷三十三页二十七)云:"公讳䕫字学䕫,(註三四)(泰和人)。………永乐甲申(二年)以书经取进士第,太宗皇帝稽古右文,诏选进士优等者得二十八人,以为翰林庶吉士,俾尽读中秘书,学古为文辞,公与焉。………及修永乐大典,天下名儒集馆阁,以公为副总裁。又命纂修五经四书性理大全,一时执笔者,亦以公为能;乙未(永乐十三年)书成,陞翰林检讨。………甲辰(永乐二十二年)陞翰林侍讲兼经筵官。………(後以病辞归),正统甲子(九年,一四四四),十一月初九日,以疾终。距其生洪武壬子(五年,一三七二)十一月三十日,享年七十三。"

由上所述,可知正副总裁虽职司总揽馆事,然秉尽编纂校雠之责者,亦颇不乏人,陈济,解缙,蒋骥,高得𣏌,其尤著也。杨士奇言正总裁五人,孙承泽言副总裁二十五人,盖当初定制如斯。今正总裁得九人,副总裁适如其数,其增多之四人,殆纂修期间或有因事出缺,陆续递补欤。

四 编纂诸人考

依孫承澤所言：「纂修三百四十七人，催纂五人，編寫三百三十二人，看詳五十七人」此皆職司編纂者也。太宗實錄無一字記載，數字且不詳，遑論名次爵里？今考諸他籍，約得九十人，雖不及原數八之一，亦簿錄家所不廢也。茲以姓氏筆畫多少爲序，仍依前例，將所獲史料，排比於下，存其眞也。

王敬先 —— 王直王敬先墓誌銘（抑菴文後集卷二十九頁四十五）云：「今上（成祖）改元之三年，詔修永樂大典，徵天下學官及嘗考貢士者，皆使執筆焉。敬先爲彬州宜章縣學訓導，嘗考試於廣西，由是預徵入館閱，來者蓋累百人，然如敬先者不多也。……敬先朝入坐館中，編摩讎校，其所去取，皆當乎人心，同列敬服之。………書畢，受賞而歸。………」

王玠 —— 劉球故貴州宣慰司儒學訓導王公墓誌銘（兩谿文集（註三五）卷二十三頁三）云：「有博聞君子，姓王諱玠，字子瑤，號山暉，（安福人）。………永樂改元，大集名儒於文淵閣，纂修大典，公以翰林解學士縉薦，預其列，分校後晉五代史。總裁姚少師廣孝每稱道其從事勤敏，蒙諝賚爲多。………以蹟，授貴州儒學司訓。………」

王恭 —— 林環皆山樵者詩集序（絅齋集卷三頁十二）云：「余居家時，聞吾閩之長樂有王先生恭者，以詩鳴，先生時遁於樵，自號爲皆山樵者，不欲與世接。………永樂四年，朝廷方開石渠，廣延天下士，先生以薦至，相見於玉堂之署。觀其神清體癯，鬚鬢如雪，葛巾野服，翛翛然如孤鶴振鷺，知爲風塵表物，得遭化淸氣

（註三四）　此本作『一夔』，但檢翰林記永樂甲申進士題名作『學夔』，蓋庫書鈔寫之訛耳，今改之。

（註三五）　文津閣四庫本。

蓋多也。……無何，果以詩名，徹宸聽，得拜翰林典籍……"又明史(卷二百八十六)林鴻傳附："王恭字安中，隱居七巖山，自稱皆山樵者。永樂初，以儒士薦，起待詔翰林，年六十餘，與修大典，書成，授翰林院典籍。"

王道立——林環送王教諭之教香河(同上卷六頁十六)云，"永嘉王道立本修，始歌鹿鳴於鄉而來會試於禮部，不售，入胄監爲上舍生。時朝廷方修石渠故事，鴻生碩儒，咸際盛會，本修以選入，與其事。出入秘閣者凡三年，得遍閱未見之書，以充拓其所聞，而本修之學日益大進矣。……"

王琦——林環陳孺人墓誌銘(同上卷十頁三十)云："沙堤王母陳氏孺人，以建文壬午(一四〇二)十二月二十六日卒，又五年其子琦以莆郡進士應善選，赴秘閣與修永樂大典；間持莆郡庠司訓襲君某所述其先孺人行狀，踵予泣且請曰；……予與琦居同邑，學同道，且嘗辱交，義弗獲辭。……"

王淪——孫奇逢王侍郞公淪傳云：(註三六)"淪字子清，(太康人)，左使鈍之子也。弱冠舉進士，文皇以其少，遣歸卒業。久之，起授翰林庶吉士，入文淵閣，纂修永樂大典。是年秋，以外艱歸。……"

王汝玉——明外史王汝玉傳云：(註三七)"遷右春坊右贊善，預修永樂大典。"

江奚修——梁潛送江大尹詩序(泊菴集卷六頁二十三)云："江君奚修，都昌人。……洪武中以薦至京師，奉命按事閩越，

(註三六) 見所著中州人物考卷四頁八，文津閣四庫本。
(註三七) 明外史未見，此據圖書集成理學彙編經籍典第六卷經籍總部彙考六所引。

有能聲。然奚修不自表暴,欲晦迹一時,乃自混於醫,以能醫選爲太醫局官,同預修永樂大典,出入秘閣者幾一歲。奚修精練而博達,又勤慎小心,故凡與處者,莫不知其賢也。………"

江至堅——楊榮送浙江按察副使江至堅赴任序(楊文敏公集卷十四頁二十四)云:"………予友江至堅少同里閈(建安),既遊郡庠,篤志好學,不事表襮,同列罕及焉。既而予以科目忝官詞林,至堅亦登永樂甲申進士第,與修永樂大典;書成,拜監察御史。其蒞職也,小心恭謹,務爲忠厚,不事苛刻。………"

田伯邑——楊榮薊門別意圖序(同上卷十二頁二十)云:"……予友田伯邑,……世家鳳陽,……洪武初其祖秀實來爲福建行都司斷事,遂家建寧。伯邑其諸孫也。幼而聰穎,長而敦厚,………永樂甲申登進士第,選入翰林讀書爲庶吉士。方是時詔修永樂大典,伯邑得與纂修,出入內廷,小心慎密,克專克勤。書成,特拜繒楮之賜。………"

朱思全——梁潛題松齋處士潛德卷後(泊菴集卷十六頁九)云:"余昔假令陽江,適金華朱君思全爲丞於廣之新會縣,……及余來京師,又三年思全亦來同,預修永樂大典,出入秘閣相往還。………"

沈升——王直太僕寺少卿沈公墓表(抑菴文後集卷二十七頁二十二)云:"永樂二年,太宗皇帝復以科舉取士,天下之會試於禮部者凡數千,拔其尤者得四百七十人,海寧沈公志行(名升,志行其字),初以易經中浙江鄉試第二,至是會試在十七,及奉大對,占第二甲前列,名動京師。既而有旨,又拔其尤者二十八人,入翰林續學,爲文務追古作者,而沈公與焉。………沈公之作,諸公莫不以爲賢。會朝廷有大著述,包羅古今,揆敍萬類以爲永樂大典,又命取前後聖哲及名公鉅儒之微言奧論,足以發明斯道者,以為四書五經性理大全諸書,時公皆在其中,最號能事,名益顯於天下。………"

李昌祺——錢幹河南左布政使李公墓碑銘云:(註三八)"李公昌祺………以明經取進士第,簡入翰林為庶吉士,……會修永樂大典,禮部奉詔選中外文學之士,以備纂修,公選中列。凡經傳子史,下及稗官小說,悉在收錄。與同事者,僻書疑事,有所未通,質之於公,多以實歸。推其該博,精力倍人。辰入酉出,編摩不少懈。………書進,被宴賚,擢為禮部主客司郎中。………"

李懋——吳節朝列大夫國子祭酒兼翰林學士古廉李先生改諡葬文云:(註三九)"先生諱懋,字時勉,姓李氏,安成人,古廉其號也。………以經取甲申進士第,遭逢太宗皇帝作新文運,選入中秘為庶吉士,與二十八人俱,學業日益富,預修永樂大典。………"

李孟昭——楊士奇送李孟謙訓導序(東里文續集(註四〇)卷七頁十六)云:"廬陵李草堂先生之季子孟謙訓導分宜縣學,官滿,調安慶府學,……近見先生冢子石埭教諭孟昭,被召纂修永樂大典,與余同在翰林。孟昭端厚溫雅,文行表然。………"

宋子環——楊士奇越府右長史宋君合葬墓誌銘(同上卷三十四頁二十三)云:"宋之先自廣平徙江西之新淦,又自新淦徙吉水,……又徙廬陵,……子環字文瑩,自幼醇厚秀穎,喜學問,從明經師,日勤不懈,舉中永樂三年第二甲進士,為翰林庶吉士,與修

(註三八) 見明名臣琬琰錄卷二十四頁十五。
(註三九) 見李懋古廉集(文津閣四庫本)卷十二頁二十八後。
(註四〇) 文津閣四庫本。

永樂大典；書成被賜賚，擢吏部驗封主事，授承直郎。………"

宋琰 —— 李賢通議大夫兵部右侍郎宋公墓表(古穰集(註四一)卷十五頁六)云："………公諱琰字廷珪，拙菴其號也。…… 永樂乙未乃登進士第，選為翰林庶吉士，……預修永樂大典，書成賜白金文綺，授中書舍人，蒞事翰林。………。

吳子恭 —— 楊士奇送吳子恭先生致仕詩序(東里文集卷六頁十一)云："安成吳子恭先生，今年八十，以貢岡縣學教諭致仕歸，其鄉詞林學士大夫素善先生者，皆賦詩贈之。余辱交先生三十年，獨能已於言乎？……… 子恭先生明經守道，……被召纂修永樂大典於中禁，一時四方老師宿儒多在，而通博明正，率推子恭先生。………"

吳宗直 —— 林環送吳郎中奔母喪還鄉序(絅齋集卷五頁二十三)云："余丙戌(永樂四年)春領鄉薦來京師，時某處吳公宗直適贊治春官，余始至以諸生禮謁，覩公風采凝峻，禮度甚偉，深切景仰。 既而余忝進士第，授官翰林，日趨事文淵閣下，時皇上方留意經籍，欲網羅羣書選成大典，悉召耆英碩彥，俾贊厥猷，公遂以學行之粹，為揆路之臣論薦以入。………"

吳寧 —— 楊士奇吳教諭墓誌銘(東里文續集卷三十六頁二十)云："永樂十三年梓潼縣學教諭泰和吳寧存淵丁母憂歸，明年二月三日，以疾卒於家。……… 存淵為人淳質和易，……洪武癸酉(二十六年)中江西鄉試第六名，……丁丑(洪武三十年)，除保寧府梓潼縣學教諭，……又奉府檄攝廣源縣學，教諸生如梓潼。永樂丙戌(四年)，召修永樂大典，書成賜楮幣。 還職，蓋卒時年五十有九。………"

(註四一) 文津閣四庫本。

呂升常——楊榮送福建按察僉事呂公考滿復任詩序(楊文敏公集卷十四頁十八)云："……會稽呂公升常,始由溧陽學官,用薦擢江西按察僉事,聲譽赫然。其後以文學召,與修大典。書成,調官山西,凡二年,復調閩中。……"

邵煇——楊士奇國子助教邵先生墓誌銘(東里文續集卷三十七頁二)云"北京國子助教邵先生卒,其子壇均介吾友翰林檢討許子謨先生求爲墓誌銘,余數過監學,重先生淳厚端雅,蓋良師範也。……邵世家福州之懷安,……先生諱煇,字時晦,………永樂丙戌登進士第,爲翰林庶吉士。預修永樂大典,勤於職務,同輩服其能。………"

林鴻——明外史文苑林鴻傳："鴻年六十餘與修大典,書成,授翰林院典籍。"

周召——王直周公明傳(抑菴文後集卷三十四頁十五)云："先生周氏,諱召,字公明,(吉水人)。………先生邃於春秋,所著有春秋,望洋策學舉要及詩文若干卷藏於家。太宗皇帝時,纂修永樂大典,徵天下名儒,先生前後居館閣者凡六年,其所撰述少有能及者。………"

周宗武——梁潛贈周主事考滿序(泊菴集卷五頁六十四)云："………錢塘周宗武始以進士選爲翰林庶吉士,時修永樂大典,天下文學之士抱藝效能奮其志以精於事者,蓋雲集於秘書;凡博聞多識之士,與某交之厚者,皆稱其能。………"

周忱——王直周文襄公祠堂記(抑菴文後集卷五頁三十三)云："公周氏,諱忱,字恂如,(廬陵人)。……永樂甲申取進士,太宗皇帝命拔其尤者,入翰林俾進學,公願與其間,上嘉重之,許焉。公日夜奮勵不少懈,……時方修永樂大典,一時名儒皆集館閣,亦多讓公爲能，書成，授刑部主事。………"

周述——黃虞稷千頃堂書目(註四二)(卷十八集部頁十一)周述周孟簡周氏兄弟集二卷："述字崇述，吉水人，永樂甲申與弟孟簡同及第。初孟簡第二，述第三，傳臚時，上曰'弟不可以先兄'，遂先述。同授翰林院編修，預修永樂大典。述累官左庶子，孟簡襄府長史。"

周孟簡——王直長史周君墓誌銘(菴抑菴文集卷九頁二十三)云："太宗皇帝改元之初，詔天下設科取士，明年二月親策試於廷，其第一人得永豐曾棨，其次則吉水周述周孟簡從兄弟也。……及時孟簡亦拜翰林編修，又與二十八人同讀書禁中，……既而與修永樂大典，屢承賜賚。………"

周溪園——林瓛送周時立還吉水序(絅齋集卷七頁二十七)云："永樂乙酉(三年)秋，閩藩合多士羣試於有司，時江右之吉水溪園周先生實司文衡，余齒俊造之末，不揆駑庸，見知伯樂。明年春余中禮闈奉對大廷，拜官翰林。方數月先生以纂修大典，應召來京師，與余偕事於文淵閣，朝濡夕染，蒙先生嘉惠多矣。…………"

周翰——楊士奇故翰林檢討周君墓誌銘(東里文集卷十九頁十九)云："………周鄞世儒家，……維翰諱翰，自少聰明嗜學，少益該博，能文章。永樂三年中浙江鄉試，明年會試禮部中副榜，……就廷覆試擢翰居首，遂奉命進翰林，預修永樂大典。七年，除翰林典籍，授迪功佐郎。………"

金實——楊士奇故奉議大夫衞府左長史金君墓誌銘(東里文續集卷三十六頁一)云："太宗文皇帝臨御之初，三衢諸生金實

(註四二) 適園叢書本。

首上書陳王道,其綱有二:曰君德,曰民政,……皆嘉納之。復試策二道條對稱旨,命於文淵閣,光祿日給食。與修太祖皇帝寶錄,書奏,除翰林院典籍,授迪功佐郎,賜白金文綺。修永樂大典,陞修職佐郎。………金氏世衢之開化儒家,……金君字用誠,其諱寶也。………"

柯暹——黃虞稷千頃堂書目(卷十八集部頁十三)柯暹東岡集十二卷:"柯暹字啓暉,一字用晦,池州建德人。年十七領鄉薦,明年預修大典,尋選入翰林知機宜文學。進玄兔詩,授戶科給事。坐言事,出知永新吉水二縣,歷官雲南按察使。"

俞益——王直知縣俞公墓表(抑菴文後集卷二十五頁三十)云:"宣德十年(一四三五)十一月三十日,潛山知縣臨安俞公以疾卒於官,年六十。………公諱益,字友謙,別號鈍菴,其先本河間人。………通春秋,遂取永樂甲申進士,選爲翰林庶吉士,與修永樂大典,書成授靖安知縣。………"

姚治中——王直題姚治中墓碣銘(同上卷三十六頁三十二)云:"永樂初,余在館閣,太宗文皇帝徵天下名儒修永樂大典,擇郡縣學有文藝之士,皆命執筆其間,廷佐(治中字)與焉。………"

段民——王直刑部右侍郎段公神道碑(同上卷二十四頁十三)云:"(段)公民字時舉,自少好學勤勵,夙夜不厭。永樂初,以詩經取進士,太宗文皇帝稽古右文,選入翰林爲庶吉士,俾盡讀中秘書。………嘗預修永樂大典,四書五經性理大全諸書,皆被厚賜。………"楊士奇送段參政詩序(東里文續集卷九頁十一)云:"毘陵段氏時舉,以明經登永樂二年進士第,爲翰林庶吉士,與今侍士學曾公二十八人者,同受詔進學文淵閣,遂預纂修永樂大典。………"又故嘉議大夫刑部右侍郎段君墓誌銘(同上卷三十七頁九)云:"宣德九年(一四一四)二月二十九日,刑部右侍郎段君卒於南京。………… 君諱民,字時舉,……登永樂甲申進士第爲翰林庶吉士,時太宗皇帝命禮部翰林院,准天經之數選曾棨等二十八人,就文淵閣盡出中秘書使進其業,旦暮給大官饌,又月給膏火之資蓋期之於大用,而君與焉。君祇體上意,益勵弗懈,而文學大進,與修永樂大典。丁內艱去,服闋除山東清吏司主事,授承直郎。………"

柴欽 —— 劉球柴廣敬傳(兩谿文集卷二十四頁十三)云:"柴廣敬諱欽會稽餘姚人。………永樂癸未(元年)捧賢書,明年上春官第進士。時太宗文皇帝初御極,孳孳於作興儒術文士,選進士中穎異之尤者二十八人,象天之列宿,使爲庶吉士翰林,欲其盡讀天下書,必如古聞人之能以文名當世。廣敬在列,益感激奮勵務進其學,窮日夜而書不絕聲。累積之厚,故施諸文也質而華,汪洋而沉著,不蹈襲陳腐,而駸駸欲追古人轍跡。尤善爲賦每出一篇,輒玩味人口。會朝廷纂大典,徵天下遺書備採摭,廣敬進言其師國學典簿趙撝謙訂聲音文字通可收錄。遂奉命馳傳卽其家取之。旣至京師,與纂修職,分修禮樂音韻書,日進退館閣,勞心思於考索編著,縉紳省閱其勤,蓋其平生刻苦清勵,出於天性然也。卒以敏悴致疾歿,歿時三十六,乃永樂丙戌(四年)七月十日也。"

桂宗環 —— 林環送桂宗環修永樂大典還慈溪(絅齋集卷二頁一)云:"聖代闡文化,中天奎璧輝。石渠集多士,濟濟皆櫻衣。羡子泮水產,詞翰衆所推。秋風吹孤鶚,萬里凌空飛。遍口金匱藏,步武白玉墀。儒生一何幸,際此千載期。事成拜榮賚,陛辭遂言歸。方希題柱圖,豈爲彈鋏悲。去去勉勳業,遲子槐黃時。"

　　桂宗儒——楊榮送桂修撰還鄉詩序(楊文敏公集卷十三頁六)云:"今天子卽位,下寬大之詔,布維新之治,恩澤所加,霈若霖雨。於是翰林修撰慈溪桂宗儒以老病自陳,遂得承命退休於家。蓋桂氏爲四明鉅族,簪纓詩禮,代弗乏賢。………宗儒……永樂初繇太學與修大典,書成,授湖廣蘄州同知,以事入朝,遂轉今官。………"

　　翁與學——林環送翁教授序(絅齋集卷五頁五十一)云:"寧波之慈溪翁先生與學,以教授南康滿秩,來京師,時朝廷方纂修永樂大典,先生用薦入秘閣,與編摩之選。余時適總裁其事,與先生處者,不啻三閱月,……大典告成,先生以前秩改授湖廣之德安。………"

　　翁孟學——徐有貞送翁孟學序(武功集(註四三)卷一頁十九)云:"………句曲翁君孟學,秀爽負奇氣,裒然材且良,蓋所謂豫章千里之匹也。永樂初,膺薦入文淵閣,與纂修大典,書成,且有官矣,而爲不合者所擠,罷歸其鄉。………"

　　孫子良——王直參政孫公神道碑(抑菴文後集卷二十四頁四十)云:"公姓孫氏,字子良,其先大梁人,從宋南渡家杭州,……永樂初科進士,爲翰林庶吉士,與修永樂大典,一時館閣皆名儒,而公號能事。書成,詔擇能者四人拜郎中,公任武選。………"

　　梁宗仁——王洪鶴溪書舍記(毅齋詩文集(註四四)卷六頁三十三)云:"毘陵爲京輔望郡,而山水佳者曰鶴溪,鶴溪之氏族盛而良者曰梁氏,其子弟敏而好學者曰宗仁,……宗仁雖宦家子,脫

(註四三)　文津閣四庫本。
(註四四)　文津閣四庫本。

去紈綺習,篤志問學。……會今聖天子以四方太平,垂意制度禮文之事,開中秘召天下儒士,修永樂大典,宗仁遂以儒薦,入館閣。余時承乏禁林,竊好其爲文,締交焉。……"

高相——周忱鄉貢進士高君墓表(雙崖文集(註四五)卷三頁四十七)云"……君諱相,字景陽,其先爲光州固始人,五世祖定公因官遊閩中,遂占籍於侯官縣。……永樂乙酉(三年),以春秋領福建鄉薦,明年上春官登名大學,與天下士同修大典於中秘,翰林諸君子雅相器重,方將期其顯用,而君遽以疾卒於旅寓,時丁亥(永樂五年)正月十六日也。……"

曾與賢——王直慈訓堂記(抑菴文後集卷三頁十四)云:"予邑(泰和)曾兆訒,予故人曾公與賢子也。曾公與予同遊鄉校,同登永樂甲申進士第,時方修永樂大典,公被選爲庶吉士,預執筆其間。……書未成,以疾卒於京師。……"又梁潛曾與賢字說(泊菴集卷十五頁五)云:"與賢名啓,與賢其字也。其名其字安在哉?蓋取啓賢能敬承之謂也。……"

曾春齡——楊士奇曾春齡墓表(東里文續集卷三十二頁十五)云:"……夫春齡世簪纓家,……(祖)九韶國朝洪武初爲沔陽黃蓬湖泊官,生伯高,俱有學行。伯高二子;春齡其長也,次鶴齡,兄弟之學皆得於家訓。……永樂乙酉(三年),兄弟皆中江西鄉試,鶴齡幼,然前列。於時鄉人無兄弟同選者久矣,有之不出於同產,出於同產即不出於同科,遂以爲曾氏之祥。明年鶴齡留侍養,春齡獨赴會試禮部,選前列,廷試賜進士出身,授翰林庶吉士。時方修永樂大典,春齡與所徵四方耆儒碩學,任編纂之事,衆皆譽春齡學識爲優。是年八月以疾卒,……春秋年裁三十有

(註四五) 光緒四年重鑴本。

三。……"

　　曾鶴齡——楊士奇故翰林侍講學士奉訓大夫曾君墓碑銘(同上卷二十二頁二十一)云："……曾君吉安泰和人，鶴齡其諱，延年其字，一字延之，以書經中江西永樂乙酉鄉試，辛丑(永樂十九年)會試禮部第二，廷試第一，賜進士及第，此其發身也。初除翰林修撰，授承務郎；宣德庚戌(五年)陞侍讀，授承直郎；正統戊午(三年)陞翰林侍講學士，授奉訓大夫；此其歷官也。初偕同官修天下郡志，未竟；遂預修永樂大典，洪熙實錄，又修宣德實錄。悉心纂述，事必究實，無虛譽，無曲貶。……"

　　張文選——黃淮翰林庶吉士張士銓墓誌銘(介菴集(註四六)卷八頁十四)云：張文選，字士銓，永嘉人，"永樂乙酉(三年)應鄉試占經魁，試禮闈進對大廷，登名第二甲，賜進士出身，選入翰林充庶吉士，進文淵閣；預修太祖實錄，永樂大典。"

　　張宗璉——楊士奇常州府同知張重器墓碣銘(東里文集卷十七頁十五)云："宗璉字重器，吉水人。初舉兩鄉貢，皆中，遂登永樂二年進士第，為翰林庶吉士，預修永樂大典、書奏，授刑部主事。……"

　　張受——李賢進賢縣學教諭張先生墓表(古穰集卷十五頁二十一)云："……先生諱受，字應詳。其先河南信陽人，曾祖某元末遊宦江西之饒州，祖友諒因移家廣信之上饒，遂土著焉。……先生……自幼穎悟，逈出等夷，時翰林王欽止師道尊嚴，先生往受學焉。大肆其力於經史子集，乃入郡庠；未幾，以學成貢，入成均，得友天下士子，聞見益廣，有聲縉紳間。永樂丁亥(五年)召入文淵閣，與修大典。明年秋闈遂重高第。……"

（註四六）敬鄉樓叢書本。

永樂大典纂修人考

張洪——明外史儒林張鴻傳："洪預修永樂大典爲行人司副。"

張得中——黃虞稷千頃堂書目（卷十八集部頁十一）張得中江村吟稿又思牧齋集："得中字大本，鄞縣人。刑部主事，改江寧知縣，以廉能稱。嘗預修永樂大典。"

陳仲完——楊士奇陳仲完傳（東里文續集卷四十三頁三）云："陳仲完名完，以字行，陳故福州長樂儒家，……仲完自少勤學問，攻經術，……洪武甲子（十七年）應進士舉，時科舉罷十餘年始復，仲完及其從子湜洵皆中鄉試，鄉人榮之。………永樂初，詔百司舉賢材，翰林修撰王褒舉仲完學行，徵至以爲翰林編修。明年詔簡東宮官，擢左春坊左贊善，仍兼編修。奉命修永樂大典，書成，奉儲君命，授皇孫經，啓迪尤多。………"

陳廷傑——楊士奇陳廷傑墓表（東里文集卷十五頁十三）云："莆田陳廷傑，儒君子也。………賢其譚，廷傑其字，安順翁其晚年別字也。色莊而氣和，內仁而外方。………召修永樂大典，考閱校讎必究心，暨老且病必致恭。………"又梁潛送陳教諭序（泊菴集卷六頁十九）云："皇上神聖文武，超越百王，萬幾之暇，端穆無爲，乃留情稽古，召天下文學之臣，啓秘閣圖書人文，宏幹化機，躬示軌度，統貫萬類，成書三萬七千餘卷，命卜日以進；既進，覽之大喜，賜名永樂大典。所召四方士，皆加賜遣還。湖口縣學官，陳廷傑先生，今翰林侍講林君環所嘗從遊而受業者也，先生之去，林君求予文以贈。於乎！方國家文明之盛，制作之隆如日月行天，如河海注地，草木爲之光華，山川爲之潤澤，蓋曠古所無之盛典也。而先生得從士大夫講論其至要，考索其精微，書成而列其名次，足以有光耀不沉晦矣；予何言爲先生贈哉！………"

陳孟潔——楊士奇翰林庶吉士陳孟潔墓誌銘(東里文集卷十八頁十七)云:"孟潔陳氏諱廉,以字行,其先避五代之亂,繇金陵徙太和。………永樂乙酉,以國子生中應天府鄉試,明年中會試禮部,遂擢林環榜第二甲進士,授翰林庶吉士,與修永樂大典為校正官。………"

陳孟京——楊士奇陳孟京墓誌銘(東里文續集卷三十八頁五)云:"孟京諱昌姓陳氏,以字行。登永樂四年進士第,授翰林庶吉士,七年五月二十三日卒於官。陳故泰和簪纓家,……孟京少孤,貧苦嗜學,……永樂元年中江西鄉試,四年會試禮部中前列,廷試在第二甲。初族兄士啓永樂二年廷試中第二甲,賜進士出身,授翰林庶吉士;至是孟京與從兄孟潔皆賜進士出身,皆授此官,陳氏兄弟之盛,人以為榮。時朝廷廣召文學之士,纂修永樂大典,孟京與編校,晨入晚出,未嘗以私廢。其博達明慎,老師宿儒多讓之。………"

陳士啓——王直陳參政傳(抑菴文後集卷三十四頁五)云:"公陳氏諱雷,字士啓,一字震之,其先自金陵徙居泰和。………永樂初,詔設科取士,公曰可矣,遂以易經中高第,選入翰林,為庶吉士,與修永樂大典,以精博得名。書成,擢為祠祭郎中。………"又楊士奇故中奉大夫山東布政使司右參政陳君墓碑銘(東里文續集卷二十七頁十七)云:"………士啓諱雷,既以字行,遂別字震之。……永樂元年舉賢詔下,邑大夫舉士啓,遂選中江西鄉試,明年中禮部會試,廷試賜進士出身,……召入翰林,為庶吉士;修永樂大典,辨博明敏,同列推其老成。翰林編修周述言於朝:'陳士啓才行,有為有守。'超擢禮部祠祭郎中,授奉議大夫。………"

陳碩望——楊士奇送陳碩望先生序(東里文續集卷七頁三)

云："吾邑(泰和)陳碩望先生持端潔之操，蘊通博之學，擅奇偉之文，弱冠舉進士，出佐百里之治於興寧，善政施焉，善教行焉。……今上咸和萬方，篤志稽古禮文之事，永樂四年春，悉召天下名儒以事纂修，先生與焉。………"

　　陳敬宗——四庫全書總目提要別集類存目二澹然集五卷提要云："明陳敬宗撰。敬宗字光世，號澹然居士，慈谿人。永樂甲申進士，選庶吉士，預修永樂大典。官至國子監祭酒，贈禮部侍郎，諡文定。………"

　　陳璉——王直送陳經理序(抑菴文後集卷二十頁十五)云："太宗皇帝臨御之初，詔修永樂大典，天下鴻儒碩師及郡縣學聰明才俊之士，皆選拔詣館閣，會者蓋千餘人。予時爲翰林庶吉士，故一時在館者多相知，皆奮勵感發，各有以自見。書成得官，人人皆足以立事，有名於當時。至今相遇論及修書時事，其意猶若相親也。錢塘陳璉汝器，蓋當時聰明才俊之一也。………"

　　陳□——楊士奇御史陳穀乃父挽詩(東里文續集卷五十八頁五十五)云："行已嚴三畏，傳家守一經。選才成大典，膺召謁彤庭。草露俄垂化，松塋已勒銘。平生知不泯，有子嗣芳聲。"按陳穀事無考，其父名亦莫曉，只好暫付闕如。

　　章敞——楊士奇禮部左侍郎章公墓碑銘(同上卷二十八頁三)云："………按章氏世家會稽………公諱敞，字尚文，質菴其號。………永樂癸未(元年)舉試於鄉，擢詩經魁，明年登進士第，選爲翰林庶吉士，與曾棨等二十八人同奉詔進學文淵閣，恩寵隆洽，爲四方學者所歆豔，文學愈益進。與修永樂大典，壬辰(永樂十年)擢刑部江西清吏司主事，授承直郎。……"又楊榮故嘉議禮部左侍郎章君墓誌銘(楊文敏公集卷二十四頁十九)云："………君諱敞字尚文，別號質菴，世居越之會稽。………君自幼穎敏嗜學爲父母鍾愛，暨長爲郡庠生師友咸器重之。永樂癸未領鄉書首薦，明年登進士第，選入翰林爲庶吉士，偕狀元曾棨等二十八人續學中秘，與修永樂大典，壬辰冬授刑都主事。………"

陸顒行——徐有貞送衞府典議陸顒行先生致仕還雲間詩(武功集卷五頁十八)云："陸先生乃是平原孫子，雲間之豪英，晉朝到今千有二百載，惟爾祖孫先後炳耀揚文名。吾聞先生少小時，出語已足令人驚。高才逸氣拔俗數千丈，復若孤峯特立秋嶙嶒。金馬門前獻三賦，白虎觀中論五經，當時諸儒盡推許，聲價翕赫傾公卿。(顒行初以布衣召與修永樂大典嘗奏詩賦稱旨總裁諸公皆推重之) 奈何造物故相厄，不使鸞鶴冲霄鳴；佐縣未及展，爲郎竟無成。(顒行修書成當得美除不悅者沮之出爲廣平縣丞久之乃轉今官) 居然抱奇器，坎壈負平生！………"

黃珏——楊士奇東阿縣儒學訓導黃先生墓表(東里文集卷十五頁十六)云："東阿縣儒學訓導黃先生諱珏，字某，別字憺翁，其先自江夏徙南康之都昌。………洪武乙丑(十八年)縣令丞聘爲學訓導，……無幾調安東縣學，徵修永樂大典。被旨試文章，先生第一，蓋將用之，而以老疾辭。大典成，受賜賚，復還安東。其纂修居京師六年，……是時天下老師碩儒，皆以纂修召至，而先生表然眾人之中。………"

黃宗載——王直南京吏部尙書黃公神道碑(抑菴文集卷七頁四)云："………黃公宗載，……幼喜學，……取進士爲行人，……永樂癸未，以賢舉授湖廣僉事，……丙戌(永樂四年)，徵詣文淵閣，修永樂大典；書成，受賞而歸。………"

楊信民——王直姓源珠璣序(抑菴文後集卷十五頁二十二)

云:"姓源珠璣,江陰楊信民所著也。信民博洽多聞,嘗爲日照知縣。太宗皇帝在位時,修永樂大典,徵天下文學之士集館閣信民與焉。……"

楊應春——楊榮贈吏部稽勳主事楊君墓誌銘(楊文敏公集卷二四頁二四)云:"……(楊)應春由永樂乙酉(三年)鄉貢入太學,預修中秘書,書成,授吏部稽勳主事。……"按此雖未明言與修大典,然永樂三年所纂修者,實大典也。

楊昪——彭時尚書楊公墓碑銘云:(註四七)"……公諱寧,字彥謐姓楊氏世爲錢塘人。………父諱昪,有文學行誼,卒官徽州府學教授,因留家焉。………公天資孝友,年方十四,適其父教授先生承詔,預修永樂大典,公隨侍至京。既而父遘疾且卒,公於侍湯藥,備棺槨,無不致謹;扶柩歸葬於錢塘,不憚險遠。………"

楊璉——王直贈袁知縣歸省序(抑菴文後集卷十八頁十七)云:"………蒲城楊璉………始遊鄉校領薦書入館閣與修永樂大典。書成,試事都察院,有能名,於是擢爲大興令。………"

趙志——王直送趙縣丞歸南城序(同上卷八頁十三)云:"南城丞趙志,……憶予初與南康余鼎正安,盧翰邦臣,同爲翰林庶吉士,且比屋而居相得也。時朝廷方修永樂大典,凡有文學者皆得薦舉。志時在星子縣幕,被薦入館閣,與編摩能勤於其事,正安邦臣極稱道。………書成,受賞賚,陞撫之宜黃令。………"

熊倫——楊士奇誠意堂記(東里文續集卷三頁三)云:"翰林院檢討解縉文夫以其邑熊自誠之子倫謁余,………自誠吉水人,其居近學宮。其子倫,今以鄉貢進士居太學,預修永樂大典

(註四七) 見明名臣琬琰錄卷四頁十三。按此文彭時彭文憲公集(康熙重刻本)未收。

云。"

樊慎——楊士奇送樊參政序(東里文集卷五頁九)云:"……括蒼樊公慎,歷教郡縣學,被召入翰林,預修永樂大典,遂擢工科給事中。……"

鄧林——四庫全書總目提要別集類存目二退菴遺稿七卷提要云:"明鄧林撰。其初名彝,又名觀善,字士齊,後成祖爲改今名,新會人。洪武丙子(二十九年)舉人,任潯州府貴縣教諭,秩滿入京,預修永樂大典;凡五年,出爲南昌教授。……"

劉仕隆——程大位算法統宗卷首,載:"夫難題昉於永樂四年(一四○六)臨江劉仕隆公,偕內閣諸君,預修(永樂)大典,退公之暇,編成雜法,附於九章通明之後。"

劉仲戩——周忱送劉大尹赴天官序(雙崖文集卷二頁九)云:"……廬陵劉君仲戩……早以明經登胄監,選入中秘纂修大典;應求賢詔,擢宰越之餘姚縣。……"

劉仲鐔——梁潛送劉教諭序(泊菴集卷六頁六十二)云:"廬陵劉君仲鐔舉於鄉而入太學,選修永樂大典,在禁林者幾三年。時學士解公(縉)祭酒胡公(儼)總裁其事,仲鐔未嘗斯須去其側。搜閱秘典,遇奇事隱語,即俾仲鐔錄示。館中之士或有所考索以上進者,必仲鐔書之,乃以進。否則,不得書不以進也。蓋仲鐔性穎敏,又知所畏慎,他人勤者或不敏,敏者又不能慎,惟仲鐔敏而慎,故學士諸公皆賢仲鐔。……"

劉伯純——鄭棠道山集卷三劉伯純誄辭序云:"篤西劉先生以明易學,膺薦職欽天監中。時天下術學之士萃集,先生名高其間,大典之修,選其尤才識長者登館閣,校讎成書。余因得與先生往來,參講接論,知其該博百氏之書,又其間之巨擘者也。……"

　　歐陽俊——王直主事歐陽君墓表(抑菴文後集卷二十五頁一)云:"君歐陽氏諱俊,字允俊,泰和蜀江里人也。……永樂甲申以詩經中進士,選爲翰林庶吉士,會纂修永樂大典,天下名儒往往多在。君執筆編校,精審無缺失,由此益知名。書成,擢禮部主事。……"

　　歐陽習——劉球故富陽縣丞歐陽府君墓誌銘(兩谿文集卷二十三頁八)云:"府君諱習,字遵學,(分宜防里人)。……自號其屋爲悅齋,聚書至數千卷,日閱覽無息。……永樂初,吳中允仲平薦入文淵閣,預纂修大典,書成,賜冠帶。……"

　　滕用亨——明外史文苑沈度傳:"吳縣滕用亨,初名權,字用衡,授翰林待詔,與修永樂大典。"

　　戴弘演——楊士奇戴處士墓表(東里文續集卷三十二頁二十五)云:"仙居戴處士(之子),……弘演舉進士,爲翰林庶吉士,預修永樂大典,(處士)聞之喜曰:兒克成吾志矣。……"

　　薛富——倪謙登仕佐郎應天府陰陽學正術薛公墓碑銘(倪文僖集(註四八)卷二十六頁九)云:"公諱富字仲德,姓薛氏,京口人。……公幼聰敏志學,博通載籍,旁及星曆易數之學。洪武丙寅(十九年),以明陰陽徵至京,因家江寧。永樂初應天府復設陰陽學,府丞王公諒薦公堪任學事,詔授正術。……被薦,預修永樂大典,校正範圍術數,皆精確。……"

　　顏子明——楊士奇輓顏子明詩五首之一(東里文續集卷六十頁二十三)云:"文淵閣下集羣英,清世才華重老成;大典已傳名姓在,光榮終不負平生。"

　　(註四八)　文津閣四庫本。

羅仲深——楊士奇羅仲深墓誌銘(同上卷三十八頁八)云:
"……仲深自幼為主簿公(父倚文)所愛,嘗曰:'此兒必興吾宗!'……永樂乙酉(三年),以邑學弟子員中江西鄉試,明年會試禮部中高等,廷對賜進士出身,授翰林庶吉士,修永樂大典;仲深沉潛明敏,寅入酉出,不肯斯須廢公,同列者咸推讓之。……"

　　　魏驥——葉盛吏部尚書文靖魏公墓誌銘云:(註四九)"……公魏氏諱驥,字仲房,紹興蕭山人也。永樂四年會試乙榜,為松江府學訓導,遷太常寺博士。甲辰(永樂二十二年)從征,國有大事,公悉與聞。……景泰庚午(元年),巳四乞骸,始得歸,時年七十有七。自承事郎累轉至資善大夫,天順甲申(八年)詔下,進階榮祿大夫。嘗纂修永樂大典,聘考江西鄉試者二,同考會試者三,……"

　　　蕭寬——王直送文選員外郎蕭君序(抑菴文後集卷十三頁四十)云:"蕭君名寬字雅容,予同郡人也。永樂初與予同取進士入翰林為庶吉士,又五六年蕭君與修永樂大典成,擢兵部武選主事。……"

　　　釋善啓——朱彞尊明詩綜卷九十一頁十三:"善啓字東白,號曉菴,長洲人。主蘇州永定寺,尋主松江延慶寺,授僧綱司副都綱,預修永樂大典。有江行唱和詩集。"

　　　釋敬修——見下。

　　　釋指南——明詩綜(卷頁同上)又引詩話:"曉菴早負詩名錢塘瞿宗吉賦牡丹詩,師與對壘,用一韻賦百首,獨菴南洲交器重之。嘗被召纂修永樂大典,書成告歸,與上竺完公敬修,北禪璉公如珪,白蓮車公指南,舟中唱和,有江行詩一卷,王汝玉序之。

(註四九) 見明名臣琬琰錄卷九頁十一。

按大典共二萬二千九百卷,疑編纂之不易,而敬修詩云:'昔出當嚴冬,茲還及春暖。'蓋不過數月事爾。考當日賜鈔者二千一百六十九人,則因編審多宜成書之速矣。"

釋大同 —— 明詩綜(卷頁同上):"大同,字妙止,會稽人,鄞縣延慶寺僧,預修永樂大典。"

釋懷瑾 —— 明詩綜(卷同上頁十四):"懷瑾字如珪,蘇州北禪寺僧,又住嘉定保寧寺為僧綱司都綱,預修永樂大典。"

上列九十人,皆參與永樂大典之纂輯者也。其間若王敬先,李昌祺,田伯邑,邵煇,柴欽,陳孟京,歐陽俊,羅仲深等,或勤於其事,或精審無失,俱竭力以赴,不以私廢;大典之成,實際任編纂之事者為纂修官,而此數人者在館服務之成績殆尤在前列也。

五　謄錄及圈點生考

孫承澤云"謄寫三百八十一人",今由他籍可考見者,僅得十六人。又大典初制,經謄錄繕寫之後,復經圈點生用硃筆圈點一過,徵諸今殘存嘉靖重錄本可知也。余稽諸他籍僅得圈點生一人。茲仍以姓氏筆畫多少為序,依次排比於下.

王師韓 —— 林瓀太學生王師韓墓誌銘(絅齋集卷十頁二十一)云:"太學生王師韓,莆田之澄塘人,……弱冠挾冊入郡庠,從縉紳先生游,篤志為舉子業。業成,適朝廷留意文事,大召天下儒生集文淵閣,紬秘書纂修永樂大典,師韓以郡儒生與其選;雖其素蘊曾不得一掉鞅場屋間以奮其所長,然以布衣章帶,當朝廷文墨之舉,日得出入秘閣,與四方天下之鴻生碩英,相從事於簡帙之間,而際斯文千載盛會,又何其幸歟! 大典告成以願留太學告禮部,禮部以言於朝廷,許之。………"

尹子源——王直送尹子源詩序（抑菴文後集卷九頁十七）云：
"吾友尹子源（泰和人），始用薦入館閣，與修永樂大典，五年而書成，朝廷將用之，命歷試於戶部，又三年，始授福清縣河泊官。……"又跋金臺送別卷後（同上卷三十六頁六十）云："右金臺送別詩一卷，予爲序其首，至德遵詩止，作者幾人，詩凡若干篇，皆一時之傑也。太宗皇帝稽古右文，制作之盛自古罕比，名其書曰永樂大典可見矣。故天下能書如子源者，皆與執筆，其用人之盛亦可見矣。書成，皆命以官，皆得效用，又何其人才之多也。此卷所書，蓋鄉郡人皆修書而得官者，其他列名者尤多，文章翰墨皆足進身非苟得也。子源賢孫直，以明經取進士，官翰林，喜其祖由館閣發身之官之日，送者皆名賢，足以爲榮觀；會稡此卷求予識一言：噫！此前人先友記之義也，子孫寶之，開卷爛然，足以表前代交遊之美矣，文獻足徵，可考不誣，故題而歸之。"按此雖未明言子源姓氏，但徵之王氏尹子源贊序（同上卷三十七頁二十七）"此予友尹子源也。予嘗爲教其子璉，因與君相好，死生契闊，逾四十年。今孫直爲翰林編修，持以屬予贊，爲作贊曰"云云，可知三文所言，皆一人也。

史常——梁潛宜樂堂詩序（泊菴集卷六頁二十）云："溧陽史君仲川兄弟三人，同居合食，甚相友善，宗族慕其行，鄉黨服其義。仲川兄弟又恐其久而或怠也，乃取詩'宜爾室家，樂爾妻孥'之語，扁其堂曰宜樂之堂。其從子常以善書，選至京，同預修永樂大典，因暇日出示宜樂堂文一卷，求敘之。………"

朱用和——王直贈尚寶卿朱君序（抑菴文後集卷七頁四十二）云："朱君用和………崇明人，有秀偉之資，有通敏之才，有謙愼之行。其始遊邑庠，用能書，徵入館閣，與修永樂大典；書成升太學。………"

吳伯鼎 —— 周忱重慶堂記(雙崖文集卷一頁二十六) 云:"永樂戊子(六年)春,豫章吳君伯鼎以能書,領有司薦,入中祕與修大典,與予偕寓館,容臺同起居者幾二載,交莫逆也。………"

吳凱 —— 王鏊貞孝先生墓表(震澤集(註五〇)卷二十六頁七)云"貞孝先生吳氏,諱凱,字相虞,卒葬崑山之興賢里,且四十年。……… 先生生而穎異,…… 爲邑庠弟子員,時修永樂大典,以工書被選,還以貢上中順天府鄉試。………"

俞得濟 —— 楊士奇刑部俞主事墓誌銘(東里文續集卷三十七頁一) 云:"刑部主事俞得濟公廣卒,其孤希俊將奉柩歸葬處州之遂昌。……… 公廣嘗從余翰林十餘年,銘不得辭。俞之先居睦州,宋季有仕遂昌者,因家焉。……… 得濟其諱,公廣字也。…… 永樂六年詔翰林集四方儒學之士,纂修永樂大典,及能書士職繕寫,公廣以能書薦,書成被賚,詔就翰林,益進其藝。………"

姜謨 —— 王直贈姜推官序(抑菴文後集卷十九頁三十九)云:"太宗皇帝在位時,詔修永樂大典,一時善書之士,皆徵入館閣,金華姜謨預焉。謨俊爽有才,在衆人中穎然自異,衆由是奇之。書成,得都察院都事,改監察御史。久之,出爲武昌推官。………" 又楊榮姜寺丞墓誌銘(楊文敏公集卷二十二頁七)云:"宣德七年(一四三二)九月丁丑(二十二日)北京行太僕寺丞姜謨嘉謀,以疾卒於官。……… 姜氏世居金華白砂鄉之長山,……(嘉謀)以洪武戊辰(二十一年,一三八八)八月壬戌(二十一日)生,……… 幼秀慧向學,年十三,郡守方素易選爲郡庠生,僅五載,應選送文淵閣習書,初至時余愛其聰俊,時復召其隨行,詢及學問政事,歷歷條對如

(註五〇) 文津閣四庫本。

響,予固知其能也。是後預修永樂大典,益愼益勤,自總裁官而下,亦莫不喜之。書成去………"

高盟——黃佐南雍志卷二頁十九云:(註五一)"(永樂五年)冬十一月………戊寅(二十八日)南陽府郟縣生員高盟等言,初以楷書選入文淵閣,修永樂大典,今書成願就學入監,從之。"

夏文——楊榮贈奉議大夫考功郎中夏君墓誌銘(楊文敏公集卷二十三頁十八)云:"………宗文諱文,別號醉漁,世家華亭。………幼失怙,賴母顧氏訓育,性敏嗜學,從鄉先生張夢辰游,習詩律有奇語,兼攻漢隸章草。弱冠爲郡庠生,………永樂丁亥(五年),以楷書被召,預修永樂大典,暨寫勸善書事竣,授主廣平縣簿,佐理有方,庶務畢舉。………"

陳雍——楊士奇厚敬堂記(東里文續集卷三頁十一)云:"西昌陳雍(字仲京),年甚少,溫厚信愼,居家有孝弟之行,爲邑校弟子員,知務於學。方朝廷廣召文學之士,纂修永樂大典,又簡求能書者以職繕寫,於是邑大夫舉雍應詔;在京師數年,早作而莫息,斯須之暇,其心未嘗不在親側。………"

陳德剛——林環送陳德剛還莆田序(絅齋集卷七頁二十六)云:"皇上崇尙文敎,萬幾之餘,論道講藝,日不遑暇,乃於永樂四年,大召天下鴻儒碩彥,博洽經籍,暨工楷法者,悉赴京師,入文淵閣編摩大典。士生斯世應斯選者,靡不以身逢聖朝,獲躬覩石渠虎觀之盛爲幸。是時吾莆陳德剛氏,以善書應選而來。德剛神淸氣朗,資質溫厚,儕儕中最以雅飭見稱;趨事以來,夙夕匪懈,以故詞臣國老靡不嘉重,而凡同筆硯之士,亦皆藉藉道其美不釋口。大典告成,德剛蒙恩賚將歸,告余別,余與德剛居同邑,

(註五一) 南雍志二十四卷,民國二十年,國學圖書館影明刊本。

有鄉曲之雅,且余總裁其事,知德剛爲特深,於其歸不容無有以告之。……"

張俊——王直故德清令張君墓碣銘(抑菴文集卷十頁四十八)云:"君諱俊,字俊明,(浦江人)。自幼聰敏好學,弱冠爲縣庠生,讀書作文,名出儕輩上。會朝廷修永樂大典,徵羣儒集館閣,君以能書,與焉。書成,入太學,擢爲左都督府都事。……"

曾貫——楊士奇送陳雍序(東里文續集卷七頁十六)云:"聖天子龍飛之明年,詔翰林之臣修永樂大典,盡出中秘書,又廣求天下載籍而統粹之,包羅天地,囊括古今,浩浩穰穰蓋自有書契以來,篇帙紀載之富,未有若此之盛者矣。又明年悉徵天下博聞之士,入預纂修;又簡太學郡縣學生及秀民之工於書者,以職繕寫。於是天下文藝之英,濟濟乎咸集於京師,而出入禁闥,日食大官,又有駢蕃之賜。夫士遭明時遇稽古制作之事,而翱翔乎聲明文物之會,豈非千載盛遇乎!而吾西昌之學,以能書與於斯者,陳雍曾貫劉選三子者,可謂遇矣。……"

劉俊——梁潛贈朱孔良序(泊菴集卷六頁五十六)云:"皇上紹正大統,九有寧謐,萬幾之暇,端居無爲,乃游情於文藝,萃天下儒臣俾編纂秘閣文籍。上自唐虞,下及當世,天文,律歷,諸子,百家,旁搜而彙輯之,括之以類,統之以韻,蓋將彙萬卷於一編,合萬世於一時者也。然其功浩闊,非日月可計,而簡册增於尋常部書萬倍;皇上乃又命選天下州郡能書之士皆集於文淵閣,俾以成書精寫上進,泰和邑庠生劉俊預是選。俊志銳學勤,又溫恭而愼密,凡在禁林與爲交游者,莫不忻然愛重之。今年夏,其婦翁朱孔良來視之,子旣與俊同往還禁林,而又獲識孔良,心甚喜也。……子與俊當盛世文明,俱預榮於大典,故於孔良之歸,敢誇道其事以爲贈。"

劉選——王直筆妙軒記(抑菴文後集卷二頁七)云"⋯⋯⋯永樂中,予鄉友劉選預修大典,在館閣。⋯⋯⋯" 又劉文復像贊序(同上卷三十七頁三十)云:"文復予故人居縣東平易坊。⋯⋯⋯ 文復長子選爲邑庠生,以能書徵入館閣,預修永樂大典。⋯⋯⋯"

以上十六人,爲謄錄生之僅可考見者。至圈點生,余所見祺一人。黃淮梅窗先生金公墓誌銘(介菴集卷六頁八)云:公諱祺,字原祺,姓金氏,以字行,世本閩人,其先有劉贊者,事閩王延羲爲御史中丞,以直言遇害,家族恐見及,遂去卯刀而存其金爲姓,避地溫台間,至十八府君遷居永嘉⋯⋯⋯ 公明敏勤愼,篤於孝友。⋯⋯⋯ 被名,赴文淵閣點永樂大典,有寶鈔之賜。⋯⋯⋯"以大典卷帙之浩繁,當時圈點生爲數必很可觀,惜已無從知其詳矣。

六 結語

總上所述共一百四十五人,僅合孫承澤所云原數百分之十六。除太宗實錄所載二十八人外,爲余所新發現者百十七人;明中葉以前諸人文集,余所見有限,卽與修大典諸人,若姚廣孝逃虛子集,鄭賜閒一齋集,王達天游集,鄒緝素齋集,王褒養靜齋集,蘇伯厚履素集,趙友同存軒集,陳璉琴軒集,陳敬宗澹然集等,均求之而不可得,倘獲盡讀,則所獲蓋不僅此。願與留心大典文獻者共誌之。

又按諸以上所述,足資證明下列二事:

一 大典纂修期間,多專家分與纂事。永樂初,大召天下鴻儒碩彥,纂修大典,與其事者,不少專家:如趙友同蔣用文之於醫,柴欽之於音韻,劉伯純之於易,劉仕隆之於算學,薛富之於術數,均各就所長分門彙纂。大典卷帙之富,得以短時期內告蔵者,不能不歸功於各部門纂輯之分工合作也。

　　二大典告成後,出力人員,多議敍實官。大典告成,與修諸人,俱有賞賚,以酬其勞。賞賚之等級,雖不可詳知,要不外授官賜鈔二途,以上列諸人驗之,似以授官者為尤多。全祖望云(註五二)"其時公車徵召之士,自纂修以至繕寫幾三千人,緇流羽士,亦多預者。書成,選能詩古文詞及說書者二百人,充試吏部,拔其尤者三十人授官,其餘亦有注籍選人者。"然徵諸上述,其受爵賞者,決不止三十人,未知全氏何所見而云然?

　　永樂大典收羅之博,蒐采之宏,前無其匹。以二萬餘浩瀚之卷帙,竟能於五年中完成之,其開館時內部組織之得法可見也。清高宗敕纂四庫全書,卽全採用其法,網羅一時專門學者分任纂述,散館時,亦多以服務之成績優者,議敍實官。然四庫全書之卷帙,雖較大典為富,而文以衞道之氣太重,俚辭雜作,多從屏斥,猶不若大典之能收集"戲文"也。高宗嘗譏其於"儒書之外闌入釋典道經,於古柱下史專掌藏書守先待後之義,尤為鑿枘不合,"(註五三)殊不知大典為一廣義之類書,類書之內容,固應無所不包也,豈可遽以叢雜目之哉!

(註五二)　語見所著鮚埼亭集外編卷十七鈔永樂大典記。
(註五三)　語見四庫總目卷首,乾隆三十八年二月十一日上諭。

清代本章制度之'改題爲奏'考

鄧詩熙

一　緒言

閱諭摺彙存一書,見其摺中每敍入'遵照新章,改題爲奏';'此係改題爲奏,合併聲明'等語。

檢清史稿職官志通政司:

"……掌受各省題本,校閱送閣;稽覈程限,違式劾之,……順治元年詔:'自今內外章奏,俱由通政司封進'……光緒廿四年省入內閣;尋復故。二十八年以'改題爲奏,'職無專司,復省"。

光緒東華錄卷一百七十一:

"(二十八年正月)戊子,廿八日諭:'……至通政司專管題本,現在'改題爲奏',其官缺着即一併裁撤……'"

由上知職司題司題本之通政司以改題爲奏被裁撤也。按清代本章有題本奏本之別,至是應用題本之案,改用摺奏,故摺中每敍入'遵章改題爲奏'等語也。惟改題爲奏之始末情形如何?世所未詳。因述本章制度之沿革,幷有關改題爲奏之諭旨及臣工如何奉行之案,錄其梗概如後。

二

　　清因明制,清初本章制度,大致與明相同。凡公事用題,私事用奏。大清會典事例卷十三內閣職掌進本:

　　　　(雍正)"三年覆准:題奏事件,理應劃一。行令各督撫將軍提鎮,嗣後錢糧刑名兵丁馬匹地方民務所關,大小公事,皆用題本;用印具題。本身私事,俱用奏本,雖有印之官,不准用印……"

雍正七年,對何者屬于公事,何者屬于私事,有詳細之規定。會典事例卷一千四十二通政使司題本:

　　　　(雍正)"七年定:嗣後舉劾屬官,及錢糧兵馬命盜刑名一應公事,照例用題本外;其慶賀表文,各官到任接印,離任交印,及奉到敕諭,頒發各直省衙門書籍,或報日期,或係謝恩,幷代通省官民慶賀陳謝,或原題案件未明,奉旨回奏者,皆屬公事,應用題本。至各官到任升轉,加級紀錄,寬免降罰,或降革留任,或特荷賞賚謝恩,或代所屬專員謝恩者,均應用奏本,概不鈐印。"

本章有'通本''部本'之別,會典事例卷十三內閣職掌進本:

　　　　"凡各省將軍,督撫,提鎮,學政,鹽政,順天奉天府尹,盛京五部本章,俱齎至通政司,由通政司送閣為'通本';六部本章,及各院府寺監衙門本章,附于六部之後,統為'部本'。"

　　通本,部本皆經內閣票擬進呈。七年,西北用兵,慮本章有所洩漏,因令凡緊要事件,改用密摺陳奏,由是臣工封奏可直達帝覽。蓋要事既改為摺奏,則凡事之屬于公事範圍應用題本者,可斟酌不用題本,而用摺奏。(設有奏事處司摺奏之傳遞)按通政司亦沿明制,爲朝廷喉舌之總匯,章奏胥由出入。至是幾同閒曹矣。同時有軍機房之設,軍國大政,漸爲總攬;內閣職權,因之銳減。題本于是乃肇漸被汰省之端。此後雍正雖諭有'並非以奏摺代本章'(雍正東華錄七年七月甲戌),事實則本章逐爲奏摺所代矣。龔自珍定盦文集補編卷三上大學士書有云:

"……昔雍正朝以軍務宜密,故用專摺奏事。後非軍事亦摺奏;後常事亦摺奏;後細事亦摺奏;今日奏多于題……"

乾隆十三年,有'着將向用奏本之處,概用題本'之諭(會典事例卷十三內閣職掌進本)。惟當時有奏本之案仍多,并未實行。咸同以來,國家多故;刪繁就簡,已有改題爲奏之案。光緒庚子亂後,時勢所趨,凡百典制,頗有興革。二十七年八月因李鴻章等奏,諭令將向來具題之件,均着改題爲奏。光緒東華錄卷一百六十九:

(二十七年八月)"戊申(十五日)諭:李鴻章等奏妥籌本章辦法一摺,據稱:'向例各項本章,均由內閣票批進呈。其請補請署各項之件,必俟進呈出科後,始行遵旨辦理。請嗣後凡遇缺分題本,改題爲奏,以免積壓。其餘本章,照舊票批進呈'等語。內外各衙門一切本章,本屬繁瑣。現在整頓庶政,諸事刪汰浮文。嗣後除題本仍照常進呈外,所有補缺輪署題本,及向來專係具題之件,均着改題爲奏。其餘各項本章,卽行一律刪除,以歸簡易。將此通諭知之!"

按上諭李鴻章等所奏請者只凡遇缺分本章,改題爲奏。而經諭准者則爲'向來專係具題之件,均着改題爲奏,'所指已極廣泛。此諭分明係廢除題本不用。至諭中'除題本仍照常進呈外'一語,此處所謂題本,係指賀本而言。此點于整個改題爲奏問題,殊無關係也。

題本何以繁瑣? 改題爲奏,何以簡易? 同年諭令摘要舉辦,劉坤一張之洞條奏,內有省題本一條,曾言及之。光緒東華錄卷一百六十九:

(二十七年八月)"癸丑(二十日)先是劉坤一張之洞奏:'……一曰省題本:查題本乃前明舊制,即有'副本,'又有'帖黃,'兼須繕寫宋字,繁複遲緩。我朝雍正年間,諭令臣工,將要事可改爲奏摺;簡速易覽,遠勝題本。五十年來,各省已多改奏之案。上年冬間,曾經行在部臣奏請將題本暫緩辦理。此後擬請查核詳議,永遠省除,分別改爲奏、咨。……'至是奉上諭:'……其中可行者,即着按照所陳,隨時設法,摘要舉辦。……將此通諭知之!"

按副本:會典卷二內閣:

"凡本,有通本,有部本先期以達於內閣,皆備其副。 注 通本,部本,正本外另繕副本一分,正本得旨後發科,副本存儲以備查。"

帖黃:會典事例卷十三內閣職掌進本:

(順治二年)"又議定……仍將本中大意,撮爲帖黃,以便閱覽。其帖黃不得過一百字。"

所稱題本繁瑣者,謂有副本,帖黃繕寫"宋字"也。改題爲奏後,則分別奏者奏,咨者咨(咨,當時平行公文書),可無上述之繁瑣。(其當時如何分別改爲奏、咨,參閱下節劉坤一摺)。茲更將臣工奉行改題爲奏之情形,舉例如下。

三

改题为奏实行后,臣工例应具题之件,即遵照改为摺奏。此项摺奏中,案照处理公文书之程式,于办稿时,无不将改题为奏之谕旨敍入,或全录,或节录。录用既久,简之又简,即习用'遵章改题为奏'等语矣。用之又久,改题为奏之件,又习成惯例,即极简之'遵章改题为奏'等语亦不用矣,故在光绪廿八九年摺奏中敍入前谕旨者为最多;光绪末年,已不多见矣。谕摺彙存光绪廿八年四月廿三日江督刘奏摘录改题各案摺云:

"(衔略)臣刘坤一跪奏:为光绪廿八年二月份改题为咨各案,摘录案由,开单恭摺具陈,仰祈圣鉴事:窃于光绪廿七年八月十五日奉上谕:'嗣后除贺本仍照常恭进外,所有缺分题本,及向来专係具题之件,均着改题为奏。其馀各项本章,即行一律删除,以归简易,'等因;钦此,当经臣将例应具奏各案,酌拟分别删改办法,开单具奏。声明改咨之案,每月摘录简明案由,缮单彙奏一次。钦奉硃批:'着照所请,该衙门知道;单併发。'钦此,历经遵照办理在案。……"

'声明改咨之案,每月摘录简明案由,缮单彙卷一次'即谓将具题之案,改为平行公文书之咨,每月再将此改咨之案,缮单彙奏也,此可知当时如何改题为咨之情形。

同书,二月廿八日热都色奏土槽子矿场各报销摺:

"奴才色楞额跪奏:为光绪廿五年徵收土槽子矿厰课耗等项银两,遵照新章,由题改奏,恭摺具陈,仰祈圣鉴事:窃查光绪廿七年八月十五日奉上谕:'嗣后缺分题本,及向来专题之件,均着改题为奏,等因;钦此,钦遵在案。……查矿务奏销,向係按年題報……自應遵照新章,奏報核銷。除造册咨送戶部外,理合恭摺具奏。……"

同書,二月廿三日東撫張奏兗州守病出缺摺:

"山東巡撫張人駿跪奏:爲知府病故開缺,請旨簡放,以重職守,恭摺仰祈聖鑒事……所有出缺日期,例應恭疏具題。惟上年八月十五日欽奉諭旨,各項本章,一律删除;應卽欽遵,勿庸再行具題,合併聲明! 爲此恭摺具陳。……"

以上兩摺,皆係改題爲奏之件,足見當時奉行之一般。

此外有本章已達內閣,'旣已實行改題爲奏矣,當不能再行進呈。 試觀下例,卽可知內閣如何處理此項本章。 同書三月廿二日江撫李奏節年兵米奏銷摺:

"……于光緒廿六年六月初四日繕本具題。 茲于廿八年正月廿三日准內閣咨:'前項本章,上年未經進呈,奏准發還改奏',等因;到臣,自應遵照辦理。 除咨明戶部外,理合恭摺具奏。……"

摺中'奏准發還改奏'一語,知內閣曾因各處題本如何處理事,經奏准仍發還原具題者改奏也。

又有本章已到通政使司,復由司發還補奏者。 同書三月廿八日晉撫岑奏節年地丁錢糧奏銷片:

"再山西省光緒廿五年份節年地丁錢糧奏銷一案,前據調任布政使李廷蕭詳經前撫臣于光緒廿六年九月十三日恭疏具題在案。 茲准通政使司以新章改題爲奏,將前項本章,發交駐京提塘遞回,自應另行補奏。…… 謹附片具奏。……"

類似以上三案甚多,不一一舉。

四

　　清初本章制度，沿自明制，不出公題私奏之範圍。迄雍正朝之密摺陳奏，及光緒朝之改題爲奏，爲清代本章制度兩大變革。題本在清代始終居漸被汰省地位，至改題爲奏而被廢除，根據當時公文書上各種例證，改題爲奏，已見實行，至仍間有光緒廿七年後之題本，此當爲一時公務上未臻劃一，致有參差；不能目爲未實行改題爲奏之證也。

　　廿六年二月草于北平研究院

黃崖教案質疑補

劉厚滋

清同治五年，山東曹州肥城縣黃崖砦一案，余既據官書，實錄，及光緒三十二年御史喬樹柟奏請昭雪附片，爲'同治五年黃崖教案質疑'一文，辯張積中爲冤死，閻敬銘爲妄殺，載本刊第二期；幷意喬片上後，倘非留中，例當交部覆查，因於故宮博物院文獻館中，遍求其檔案不得，是此案雖經考明眞相，而官書昭雪無聞，尙難爲定論也。 近表弟羅君奉高(繼祖)貽書相告謂：

'此案曾下東撫詳查，爲楊文敬(士驤)壓置未復，事見雲在山房叢書，簪醉雜記中'。

不禁狂喜，急取檢閱，事具簪醉雜記第三卷第六頁，識其原委甚詳，幷載覆奏全文。 著者爲文敬幕客，奏稿旣出其手，雖其中不免間有迴護前官之處，大體尙稱平允，頗足證山東軍興記略所記，多屬誣陷，而益證吾說爲不誤也。 茲錄其覆奏全文如次：

'光緒三十二年，泗州楊文敬公巡撫山東，奉寄諭有人奏同治五六年間，黃崖教匪一案，至今人言尙有異詞，請飭查訪等語，著楊士驤將此案詳細情形，確查具覆；文敬屬余草奏，其略云：

此案巔末具載官書,據奏報之文,幾成鐵案,採稗官所記,誠有異詞;但駢戮士民至千百人之多,在當日自關信讞,至平反疑獄於四十年以後,在今日祇取輿評,自非略迹原心,知人論世,蓋不能議是獄也。同治初年:山東捻亂方熾,黃崖山當肥城西北,爲賊踪所不到,張積中,卽張石琴。由省城徙居是山,避地自娛,弦誦不輟。一時東南士紳,下至販夫厮養,遭亂離而相附,約數十百家。張積中同時僑寓,度不過泛然相值,當無所用其勾結之謀。至匪徒王小花被獲於濰縣,冀宗華被獲於益都,皆供有勾通黃崖山之事;雖訊無確據而事屬可疑。其時前撫臣閻敬銘,督兵東平州剿匪正急,究辦不容不嚴;於是有馳檄黃崖山之舉。山中之人,本爲避亂而來,則平日增市兵仗,練團習戰,亦爲禦寇而設,翕集旣衆,品類自不能齊;至聞大兵驟臨,羣情急迫,其中桀悍不馴之輩,遂起挺而走險之心,於是有黃崖山匪徒之事。張積中之在黃崖,雅負物望。閻敬銘亦深知之,屢經派員招致,實不忍其竄身匪黨,玉石難分。張積中自信無他,初亦擬奮身表白,而山中徒衆以死攀留,不得自出,相持旣久,疑忌交乘,陷迫就殲,被兵而傷亡者,至於無算。於是張積中幾被黃崖匪首之名。是案詳細情形博訪周諮,隱曲略具;大抵黃崖山實有抗官之舉,而張積中委無悖逆之形。聞其當年避亂入山優遊講學,人皆比於魏禧之在翠微峯,孫奇逢之居五公山,聲稱至今未沫。卽其發明性理,尊尙良知,亦以儒先陸王爲宗,而不可與邪說惑民同日而語,擬懇准照原奏雪除張積中叛逆之名,以順輿情而伸幽抑'。

云云。足見事本冤抑,公道終不可沒也。更摘取其中若干條,與軍興記略一一比勘,曰:

關於邪教方面者

山東軍興記略云:

'有術者周星垣,號太谷,能練氣避穀,明於陰陽奇賅之數,符圖罡咒,役鬼隱形,又教人取精元牝,容成祕戲,遨游士商大夫間,多心樂而口諱之'。卷二十一,頁一。

簷醉筆記則謂:

'道咸之間石埭周太谷星垣,講學於揚州。其學尊良知,尚實行,於陸王爲近。又傍通老佛諸說'。卷三,頁六。

大獄記亦曰:

'周星垣——稱空同子——之術似出於林三教。林生明季,以禪宗陰道混合姚江別派,吳人程智實倡導之。——星垣殆其餘燼者也。入室弟子,積中外尚有李某等。黃崖事起,相率韜晦,幸逭於禍。顧皆者學工文,非朱方旦王樹勳之徒所及。黃崖一叔,孽固自作,然亂世據險自保,未必即存異志;特依附者衆,又習爲詭祕,不知斂戢,至疑謝公爲山賊,目伍生以妖人,遽膺大戮,誅及婦豎,吁可悲矣'。說庫本大獄記第五頁

懺因子龍川詩跋尾云:

'今者新學興,士議稍稍復振,陽明之學,亦漸發明。而孰知夫數十年前,已大倡於江淮齊魯間,不幸而罹剗削也。'

兩兩相較,可知太谷石琴之學誠祇'學術異同,於陸王爲近。'山東軍興紀略:旣謀爲敬銘洗刷,則不得不以邪教周內黃崖,自非

信讞也。

關於抗官方面者;山東軍興紀略臚載抗官事云:

'二十二日夜文箴等入山;吳某方治裝將發。文箴等以見積中告。吳某言七先生游五峯未回。俄一人急驟入,持細字書授吳某。某變色,促文箴行,文箴等上馬絕塵而馳。尾追者殺儻從黃紳。鄧馨甫入砦,聞砲聲馳回;而馬豎被殺。' 卷二十一,頁四。

'四日;寶楨輕騎詣長清,令吳某與知縣林溥入山諭積中。至則不得入,逆迹大著。' 卷二十一,頁五。

'紹修軍乘勝入山;有卡一,匪隊守之。轟擊兩時久,不得入。' 卷二十一,頁六。

共三端。除'質疑'已詳加辯明外。簷醉雜記曰:

'當咸同之際,張石琴講學於山東——其徒用古衣冠祭孔子,蜚語由是大作;巡撫閻文介公敬銘,以檄召石琴;且曰不來當加以兵。石琴揮涕謝遣學者,欲子身出而自白,衆攀之不得出,獄益急,乃與其徒闔戶自絕。兵至死者數千人,當時稱奇冤焉。' 卷三,頁六。

龍川詩跋曰:

'——石琴亦講學於山東;聚徒極衆,祭孔子用古衣冠,蜚語大作,巡撫閻公敬銘檄石琴至曰:不則以砲洗其居,石琴乃與其徒闔戶自焚,死者千餘人,絃誦之聲不絕。' 大獄記附,頁一。

皆不言抗官事。大獄記更謂:

'——致疑謝公爲山賊,目伍生以妖人,遂膺大戮誅及婦豎,吁可悲矣。同時有諸暨包氏,亦以寇氛四迫,擁衆守捍,道路流傳,亦多神怪;乃一膏賊鋒,一攖國憲,甚矣丁此時者之進退維谷也。』頁六。

李佐賢焚桃源新樂府曰;

『民言入桃源,初意思避亂,誰知避亂翻蒙難,有何罪,不可逭,不爭不鬭不違抗,竟同叛逆一例看,旁觀側目呼奇冤。』國粹學報。

則慨乎言之矣。

關於謀逆方面者,復奏所列:

曰:『據奏報之文,幾成鐵案,探稗官所記誠有異詞。』

曰:『在當日駢戮士民至千百人之多,在當日自關信讞,至平反疑獄於四十年後,在今日祇取輿評,自非略迹原心知人論世,蓋不能議是獄也。』

曰:『張積中同是僑寓,度不過泛然相值,當無所用其勾結之謀。』

曰:『雖訊無確據,而事屬可疑。』

曰:『其時前撫臣閻敬銘,督兵東平州,剿匪正急,究辦不容不嚴。』

曰:『大抵黃崖山實有抗官之舉,而張積中委無悖逆之形。』

曰:『擬懇准照原奏,雪除張積中叛逆之名,以順輿情而伸幽抑。』

云云,無謀叛說也。

按山東軍興紀略雖屬官書,記事須經覈實,非一般稗史所可比擬;而士驤覆奏,係奉廷寄詳查,所就考成尤重,雖事經擱置,但係擬稿人筆錄所謂直接史料,當與檔案等觀,且自謂『博訪周諮隱曲略具。』又曰:

'文敬宅心忠厚,以案情過重,恐與文介身後以非常之譴,擱置未發。'

則所敍此案始末,翔實可知。更觀士驥態度,此摺或不免回護敬銘,斷無偏袒積中之理,所言如此,自為信讞。是此百年疑案之盤根錯節,至此皆迎刃而解。一言以蔽之:閻敬銘初或無陷害之心,終難免妄殺之實。張積中本既無叛逆之謀,又焉有抗官舉哉。

至簪醉雜記所謂:

'弟子記其遺言號太谷經'者,實卽太谷語錄,名'周氏遺書'。吾家藏有周氏愛蓮堂寫本。所謂一家之言,學術異同,當不能免;要無'太谷經'之名亦未見軍興紀略所謂:

'悖謬乖妄,妖術邪法,'也。

全書寫本十册。首'易傳',次'語錄'及雜著詩文而已。

本文及前文寫時,承沈兼士師,方張諸先生,單士元兄賜閱文獻館所藏穆宗實錄,表弟羅君奉高函告材料及數年前汪仲方世丈抄示喬樹柟氏奏片,乃得成此文,使百年冤獄,卒白眞相,特此誌謝。

中國文化東漸考

王輯五

一　緒言

　　日本列島橫臥於亞洲大陸之門前,與我國僅隔一衣帶水,而朝鮮半島又突出於其間,適爲我國文化東渡之橋樑。故當日本民族尚未脫離石器時代,中國文化遂隨中華民族之東渡,由半島而逐漸移殖於日本矣。此種血統的文化的移殖,固與今日列強以經濟榨取爲手段之殖民政策異,而大批文化種子之中華民族東渡,不惟徒使列島近於文化發酵期,且使日人深能理解中國文化,並進而景仰之,學習之,致有遣漢魏使遣隋唐使之相繼入貢。如斯日本民族與我國之往來接觸,遂使列島上之文化增高,並進而營國家之組織焉。

　　在我國文化東漸之過程中,最予日人以深刻之刺戟者,當爲漢字漢籍之傳入及工藝技術之輸入等。此等中國文化傳入於日本之事蹟,雖數見於日本史籍中,而中國史籍上多付諸闕如,故國人恆無由測知其眞諦,卒莫能窺知東洋文化母體之分化過程,是以吾人極應有研討之必要也。

二　漢字漢籍之傳入

我國文化之東渡,深予日人以心的興奮與刺戟者,爲漢字漢籍之傳入。在日本古文獻中關於漢字漢籍東渡之記事,以日本書紀及古事記爲最詳盡。日本書紀應神紀云:

十五年秋八月壬戌朔丁卯,百濟王遣阿直岐貢良馬二匹,……阿直岐亦能讀經典,卽以太子菟道稚郎子師焉。於是天皇問阿直岐曰:'如勝汝博士亦有耶?' 對曰:'有王仁者,是秀也。' 時遣上毛野君祖荒田別巫別於百濟,仍徵王仁也。……十六年春二月,王仁來之,則太子菟道稚郎子師之,習諸典籍於王仁,莫不通達。故所謂王仁者,是書首等之始祖也。(錄原文)

古事記中卷亦有類此之記事,並謂王仁曾獻論語十卷,千字文一卷。按應神天皇十六年,據一般年表所載爲西紀二八五年,但據太田亮氏之新考證,(註一)爲西紀三七四年。在西紀三四世紀以前,論語一書固早已問世,而千字文一書是否在西紀三四世紀或其以前撰成者? 似有考證之必要。

按千字文之撰成年代,說法不一。鬱岡齋帖中,曾題曰:'魏太守鍾繇千字文,右軍將軍王羲之奉勅書;' 是千字文爲三國時魏太守鍾繇所撰,晉人王羲之所書成者也。鍾王二氏均早於王仁,則王仁獻千字文之記事,似屬合理而未可加以厚非也。然試就乾隆戊辰清和御跋觀之,則曰:

閣帖之首,有漢章帝草書,與今所傳千文相類。此卷題爲王右軍書鍾太尉千文者,不詳所自,文義亦不相屬;意渡

註一: 見太田亮之日本古代史新研究。

江後好事者萃右軍佳跡爲卷,周興嗣從而韻之耳。
又乾隆壬申嘉平御筆中,亦謂:

此卷託名鍾王,故掇易其詞句,以別於周興嗣,蓋好古者爲之。其用筆結體,綽有□史矩矱,向以爲的係眞跡,諦觀之實雙鈎體也。然鑒藏印識,歷歷可數,卷首有瘦金題籤,卽雙鈎亦當出唐宋高手,斷爲下眞蹟一等不爽耳。

是知千字文爲魏鍾繇所撰一事,又發生疑問矣。

梁書梁興嗣傳云:'高祖革命,興嗣奏休平賦,其文甚美,高祖嘉之,……次韻王羲之書千字,並使興嗣爲文,每奏高祖輒稱善,加賜金帛。(天監)九年,除新安郡丞秩滿復爲員外散騎侍郎,佐撰國史。'尚書故實中,亦謂:'(梁)武帝於鍾王書中拓千字,召興嗣韻之,一日綴成。'是知千字文非爲魏鍾繇所作,乃爲梁武帝天監年間周興嗣所撰成者也。梁武帝天監年間爲西紀五〇二年至五一九年,是千字文之撰成,遙在王仁至日本之後,故對於王仁獻千字文及其至日本之年代,實不能不令人懷疑矣。津田左右吉所撰之日本書紀關於百濟之記事中,對於王仁獻論語千字文事,曾加以否認。彼根據古事記中之'阿知吉師'(卽日本書紀上之阿直岐)與'和邇吉師'(卽日本書紀上之王仁,)訓讀爲"Achikishi"(阿知吉師)與"Wanikishi"(和邇吉師),乃斷定此二者爲連稱的人名,非實在的人物。白鳥庫吉博士亦贊同此說,彼並由朝鮮語之解釋,阿知吉師在朝鮮語中乃'小'字之意,和邇吉師在朝鮮語中乃'大'字之意,遂推定和邇吉師卽王仁,乃對阿知吉師(卽阿直岐)而案出者。

然試觀日本史籍中,謂王仁爲漢高祖之後,阿直岐亦爲後漢靈帝之曾孫。如日本書紀中,謂:

漢高帝之後曰鸞,鸞之後王狗,轉至百濟。百濟久素王時,聖祖遣使徵召文人,久素王卽以狗孫王仁貢焉。

同書亦謂阿直岐一稱阿知使主,卽後漢靈帝之曾孫阿智王,初居於帶方,繼由帶方而流徙至三韓,卒由三韓而移至日本。彼等旣爲漢民族而東渡至日本者,今白鳥氏等乃依朝鮮語而譯釋其名,並因而否定之,似不免有牽强穿鑿之遺憾耳。

島田重禮博士之百濟所獻千字文考(東京學士院雜誌第十六卷八號)中,謂:

> 千字文至梁周興嗣始有,而王仁由百濟來,其事較在前約二百年,是年代有誤。漢元帝時史游所撰之急救章,後世流行,自魏晉至南北朝尤盛;故自百濟來獻者,當爲急就章也。

新井白石氏之同文通考中,亦謂:

> 應神之世,乃當晉武帝時代,遙在此時代以後之千字文,斷無於此時渡日之理;故王仁所獻者,當爲凡將篇太甲篇急就篇等小學之書。

新井島田二氏之見解,槪屬相同,均主張王仁所獻者雖非千字文,然爲與千字文相類似之急就章等小學之書則無疑。此種見解,固足供吾人參考之處不鮮,而日本記紀(卽素稱爲日本古文獻之日本書紀與古事記之略稱)紀年之荒誕不足信及天皇年代之延長,亦不能辭其咎也。蓋日本記紀之紀年,自三十三代推古天皇遣隋使之年(六〇八年,隋大業四年,)始與中國史籍紀年相符合;推古天皇以前之年代,槪荒唐不足信。故應神帝紀所載之十六年王仁獻論語千字文事,其事實雖不應一筆抹殺,而其記事年代似亦難足置信;但不應因其年代之錯誤而抹殺其事實也。

　　伊地知重安之漢學紀要收籍第三中,謂漢籍之輸入日本,已自神功皇后征服新羅歸國時,卽將漢籍携入。此種主張亦遽難加以否認;蓋是時中國書籍已盛行於朝鮮半島故也。至於日本神功皇后(應神帝母)西征新羅之記事,雖屬事實,惟其所載之年代則不足置信。若就高句麗好太王碑所載之'而倭以辛卯年來渡海,破百殘□□□羅以為臣民,'觀之,則日本之西征新羅當為辛卯年卽西紀三九一年事也。(註二)

　　要之,漢字漢籍之傳入日本,其傳入年代,學者間雖未達一致,而日本之始有文字,乃為由中國傳入者,可斷言也。至若日本記紀中所載王仁獻論語等之記事,乃為公然見於日本古文獻之始者也。其後,二十六代繼體天皇時(六世紀前半),更聘用五經博士段揚爾高安茂。二十九代欽明天皇時(六世紀中葉),更聘用五經博士馬丁安王柳貴,醫博士王保孫,易博士王道良等。是更將儒醫卜曆等學術,由我國輸入列島矣。日人目睹此素稱文化使節之中華民族及文化種子之漢籍渡來,當不免飽受文化上之刺戟,人心興奮之結果,卒使原始日本人進而為文化生活之組織焉。

三　工藝技術之輸入

　　我國工藝文化之東渡,亦深予日人以心的興奮與刺戟。在日本古文獻中關於我國工藝技術東渡之記事,以日本書紀為最詳盡;日本書紀應神紀云:

　　註二: 據劉義叟等之年代推算法,晉義熙十年旣為甲寅年,則好太王
　　　　　碑上之辛卯年,當為晉太元十六年卽西紀三九一年。

十四年春二月,百濟王貢縫衣工女,曰眞毛津,是今衣縫之始祖也。………三十七年春二月戊午朔,遣阿知使主都加使主於吳,令求縫工女。於是阿知使主等渡高麗國,欲達于吳。及至高麗,更不知過路,乞知道者於高麗,高麗王乃副久禮波久禮志二人爲導者,由是得通吳。吳王於是乃與工女兄媛弟媛吳織穴織四婦女。

同書應略紀中,亦謂:

十二年四月己卯,身狹村主靑與檜隈民使愽德出使于吳。十四年正月戊寅,身狹村主靑等共吳國使,將吳所獻手末才伎漢織吳織及衣縫兄媛弟媛等,泊於住吉津。是月,爲吳客道,通礒齒津路,名吳坂。三月,命臣連迎吳使,卽安置吳人於檜隈野,因名吳原。以衣縫兄媛奉大三輪神,以弟媛爲漢衣縫部。漢織吳織衣縫爲飛鳥衣縫部,伊勢衣縫部之先也。四月甲午朔,天皇欲饗吳人,歷問羣臣曰:'其共食者誰好乎?' 羣臣僉曰:'根(吳)使主可。'天皇卽命根(吳)使主爲共食者,遂於石上高拔原饗吳人。(錄原文)

上列應神紀之記事,本爲雄略紀中之史事,因混淆而誤載於應神紀者。故本居宣長之馭戎慨言中,主張應神紀之記事不足信。卽就半島上情形觀之,日本與中國修好,深爲高麗所不喜,應神紀所載之高麗王因受阿知使主等之請,乃遣二使導之入吳者,當爲人情所不許。且久禮波久禮志亦爲連稱的人名,並非實有其人,故主張抹殺上列應神紀之記事者,大有人在也。(註三)

註三:見津田左右吉之日本書紀關於百濟之記事。(滿鮮地理歷史研究報告。)

至若雄略紀中所載漢織吳織等東渡之記事,其記事年代(註四)頗與宋書夷蠻傳所載倭王武(註五)於宋順帝昇明二年(四七八年)遣使上表之年相近。又松下見林之異稱日本傳中,亦謂宋書所載之倭王武乃第二十一代雄略天皇諱大泊瀨幼武之略稱,卽日本史籍上之雄略帝。由是可知雄略紀中所載之漢織吳織東渡事,當屬信史也。

　　　斯時,中日往來頻繁,中華民族之東渡者,亦往往散見於日本史籍中。據姓氏錄所載,仁德天皇時,'以百二十七縣秦民分置於諸郡,卽使養蠶織絹貢之。天皇詔曰:秦王所獻絲絹帛,朕服用柔軟,溫暖體膚,賜姓波多公。'雄略天皇時,'搜括鳩集,得秦氏九十二部,一萬八千六百七十人,遂賜予酒,爰率秦氏,養蠶織絹。'(註六)日本書紀欽明紀,亦謂:'欽明元年,秦人等戶數共七千零五十三戶。'是知我國在六朝時代,中原多故,中華民族多避難於半島或東瀛,日久滋生繁衍,別爲姓氏,雜居列島,敎土人以各種技藝;於是我國文化技術遂盛行輸入於日本矣。

　　　南朝與日本往來旣如斯繁盛,日本亦遣使朝貢中國,中國文化遂愈因之東渡。據宋書夷蠻傳及南史夷貊傳等所載,自四二一年以降六十年間,日本遣使入貢者,前後計下列十次:

　　　　第一次　宋武帝'永初二年,詔曰:倭讚萬里修貢,遠誠宜甄,可賜除授'(宋書夷蠻傳)。南史夷貊傳亦謂:'宋武帝永

註四: 太田亮之日本古代史新研究中,主張雄略天皇十二年爲西紀四七七年,雄略天皇十四爲西紀四七九年。

註五: 松下見林之異稱日本傳云,宋書夷蠻傳所載倭王武之'武',乃雄略天皇諱大泊瀨幼武之略稱。

註六: 見日本書紀雄略紀及姓氏錄。

初二年詔曰:倭讚遠誠宜甄,可賜除授.'是知宋武帝永初二年(四二一年),倭國卽日本(註七)王讚曾遣使入貢於宋者也。

第二次　宋文帝'元嘉二年,讚又遣司馬曹達奉表獻方物'(宋書夷蠻傳)。南史夷蠻傳亦載此記事。是宋文帝元嘉二年卽西紀四二五年,倭國王讚又遣使朝貢也。

第三次　宋文帝'元嘉七年正月,倭國王遣使獻方物'(宋書文帝紀)。此爲元嘉七年卽西紀四三〇年,倭國王之第三次入貢。

第四次　宋文帝'元嘉十五年,是歲倭國遣使獻方物'(宋書文帝紀)。此爲元嘉十五年(四三八年),倭國之第四次遣使朝貢。

第五次　宋文帝'元嘉二十年,是歲倭遣使獻方物'(宋書文帝紀)。同書夷蠻傳,亦謂:'二十年,倭國王濟遣使奉獻,復以爲安東將軍倭國王。'是爲元嘉二十年(四四三年),倭國王之第五次朝貢。

第六次　宋文帝'元嘉二十八年秋七月甲辰,安東將軍倭王濟進號安東大將軍'(宋書文帝紀)。同書夷蠻傳中,亦謂二十八年,加使持節都督倭、新羅、任那、加羅、秦韓、慕韓六國諸軍事,安東將軍如故。'是爲元嘉二十八年(四五一年),倭國王之第六次遣使入貢。

第七次　宋孝武帝'大明四年,倭國遣使獻方物'(宋書孝武紀)。是爲大明四年(四六〇年),倭國之第七次朝貢。

第八次　宋孝武帝大明六年三月壬寅,以倭國世子興

註七:見木宮泰彥之日支交通史第三章。

爲安東將軍'(宋書孝武帝紀)。同書夷蠻傳中,亦謂:'濟死,世子興遣使貢獻。 世祖大明六年詔曰:倭王世子興,奕世載忠,作藩外海,稟化寧境,恭修貢職,新嗣邊業,宜授爵號,可安東將軍倭國王。' 南史夷蠻傳亦有此相同記事。 是爲大明六年(四六二年),倭國王之第八次朝貢。

第九次 宋順帝'昇明元年冬十一月己酉,倭國遣使獻方物'(宋書順帝紀)。 是爲倭國於昇明元年(四七七年)之第九次遣使入貢。

第十次 宋順帝'昇明二年戊午,倭國王武遣使獻方物,以武爲安東大將軍倭王'(宋書順帝紀)。 宋書夷蠻傳及南史夷蠻傳,亦載興死,弟武立,於宋順帝昇明二年(四七八年),曾遣使上表朝貢。 是爲昇明二年(四七八年),倭國王之第十次上表朝貢。

齊代宋興,齊高帝開國之年(四七九年),更進封倭王武爲鎭東大將軍。(註八) 梁武帝開國時亦仿齊高帝之成規進封倭王武爲征東大將軍。(註九) 惟梁武帝即位時爲五○二年,已距倭王武(雄略天皇)殂後十三年;故梁書東夷傳所載梁武帝册封倭王武事不足信也。

宋書所載入貢於宋之倭王讚、珍、濟、興、武,據吉田東伍那珂通世及松下見林等依日本天皇在位年代順序(註一〇)及諱名

註八: 見南齊書東夷傳。

註九: 南史夷貊傳:'梁武帝即位,進武號征東大將軍'。梁書本紀及東夷傳亦載此記事。

註一〇: 見那珂通世之上世年紀考(史學雜誌第八編),吉田東伍之日韓古史斷,星野恆之本邦上世紀年私考(史學叢說第一集)。

上考察之結果,亦可得下列結論。

讚(仁德天皇) 松下見林之異稱日本傳中,謂倭王讚爲履仲天皇諱去來穗別之別稱。 吉田東伍之日韓古史斷中,謂讚卽仁德天皇諱大鷦鷯之譯音。 若由日廷在位年代考察之,似以後者爲合理。

珍(反正天皇) 松下見林之異稱日本傳中,謂反正天皇諱瑞齒別,'瑞''珍'字形似,故訛曰'珍'。

濟(允恭天皇) 松下氏之異稱日本傳云,允恭天皇諱雄朝津間,因'津''濟'二字形義相似,故訛爲'濟'。

興(安康天皇) 吉田博士之日韓古史斷云,興卽安康天皇諱穴穗別'穗'字之訛。

武(雄略天皇) 松下氏之異稱日本傳云,武卽雄略天皇諱大泊瀨幼武之略稱。

按日本史籍上第十六代仁德天皇之後爲履仲,爲反正,爲安康,爲雄略諸帝;而宋書及南史所載倭國王讚死,弟珍立,珍死,子濟立,濟死,子興立,興死,弟武立;是宋書南史均遺漏履仲一帝也。太田亮之日本古代史新研究中,曾推定仁德天皇在位年代爲西紀三九二——四三〇年,履仲天皇爲西紀四三一——四三五年,反正天皇爲西紀四三六——四四〇年,允恭天皇爲西紀四四一——四五九年,安康天皇爲西紀四六〇——四六五年,雄略天皇爲西紀四六六——四八九年。 果此推定年代正確無誤,則益足證實宋書所載倭王讚珍濟等入貢之記事爲可信也。

至若雄略紀所載之吳國,乃指我國南朝而言;所謂漢織吳織兄媛弟媛者,乃日本書紀上慣用之連稱名稱,實卽中國織工縫女之意也。此等手工業者之東渡,既被日本特別重用,復組織所謂漢衣縫部及飛鳥衣縫部等手工業者集團,直隸於日皇,又飽受優遇,故仍能保持其從來之生產方式及組織也。且此種漢織吳織等所製造之工藝品及由中國傳入之珍貴物品,其技術之精巧,當予日人以深刻之刺戟及心的興奮;卒使日人倣傚之,習用之,進而爲文化社會之組織也。

四　佛教文化之傳入

通觀我國文化東漸之過程中,深予日本以深刻之刺戟者,除上述漢字漢籍及工藝技術之傳入外,尚有佛教文化之間接由中國輸入。按中國南北朝時,佛教極盛行於中國,尤以南朝爲最。倭國屢次通聘於南朝之結果,佛教文化遂亦因之傳入日本矣。至其傳入年代,據日本史籍所載,概分繼體朝傳入說及欽明朝傳入說二種。

(一)繼體朝傳入說　扶桑略記云:'第二十六代繼體天皇卽位十六年壬寅,大唐漢人鞍部村主司馬達至,此年春二月入朝,卽結草堂於大和國高市郡坂田原,安置本尊,歸依禮拜。'僧師鍊所撰之元亨釋書,更根據扶桑略記之記事而載曰:'司馬達等南梁人,繼體十六年來朝。於時此方未有佛法,達等於和州高市坂田原結草堂奉佛,世未知佛,號曰異域神。屬於馬子卿,佛來達等翼贊之。'(均錄原文)

於是佛教於繼體天皇十六年(五二二年)傳入說,因之成立矣。

惟扶桑略記爲延曆寺僧阿闍梨皇圓所撰,其中有價値之記事雖屬不少,然關於神佛之記事,多荒誕不實之異說。且素稱爲日本唯一古文獻之日本記紀,亦並無此記事。即就當時日本與南梁之往來情形觀之,及與日本書紀敏達紀十三年之條比較之,當益證其不足信。日本書紀敏達紀十三年之條云:

> 蘇我馬子宿禰請佛像二軀,乃遣鞍部村主司馬達等池邊直冰田使於四方,訪覓修行者。於是唯於播磨國得僧還俗者,名高麗惠便,大臣乃以爲師,令度司馬達等女島曰善信尼。年十一歲(錄原文)

按自繼體天皇十六年(五二二年)至敏達天皇十三年(五八四年),共計六十二年,若司馬達等果於繼體十六年親至日本,即使此時達等年僅二十歲,則至敏達十三年,達等當爲八十二歲之老人。以如此高齡之老人,使之訪覓修行者於四方,實爲人情所不許。且敏達紀之註中,亦載此時出家之島(達等女)僅十一歲;則達等二十歲至日本,七十二歲時始生島,殊屬背理。足證佛教於繼體朝傳入說,不足置信也。

(二)欽明朝傳入說　法王帝說云:'志癸島御世(欽明朝)戊午年十月十二日,百濟國聖明王始奉度佛像經教,勅授蘇我稻目宿禰大臣,令興隆也。'日本書紀欽明紀中,亦謂:'十三年壬申冬十月,百濟聖明王(亦名聖王)遣西部姬氏達率怒唎斯致契等,獻釋迦佛金銅像一軀,幡蓋若干,經論若干卷。別表讚流通禮拜功德云:是法於諸法中最爲殊勝,難解難入,周公孔子尚不能知,此法能生無量無邊福德果報,…………且夫遠自天竺,爰泊三韓,依教奉持,無不尊敬。由是百濟王聖明謹遣陪臣怒唎斯致契,奉傳帝國,流通畿內,…………天皇聞已,歡喜踊躍。'(錄原文)於是佛教於欽明天皇時傳入日本說,因之成立。

按百濟聖明王時，百濟屢受高麗及新羅迫害之記事，數見於日韓史料中殆無庸諱言。百濟旣屢受強鄰之壓迫，勢不得不與其南鄰任那乞援於日本，以冀苟延殘喘於一時。至其遣使獻金銅佛像等以求媚於日本，此亦外交上不得已應採之手段。故欽明帝時佛敎由百濟傳入日本之記事，據當時之情理觀之，較爲可信也。惟在佛敎之欽明朝傳入說中，尙有二種不同之主張，卽:

(1)依據上列日本書紀欽明紀所載，確認佛敎之傳入爲欽明帝十三年，卽西紀五五二年。

(2)根據上列法王帝說所載，認定佛敎傳入之年爲欽明天皇戊午年，卽西紀五三八年。且依法王帝說之治世年代推之，戊午年爲欽明天皇七年，亦與日本書紀所載之年代異。

此二種相異之主張，雖各有所依據，惟晚近一般學者考證之結果，主張佛敎之戊午年傳入說者，漸占優勢。如久米邦武之日本古代史中，謂任那於欽明天皇六年丁巳，鑄丈六佛像。翌年戊午，百濟獻佛像。太田亮之日本古代史新研究中，亦主張欽明天皇七年，(538年)百濟獻佛像。此其最顯著之例證。蓋第二十九代欽明天皇時之日本書紀紀年，不足置信故也。

綜觀我國文化之傳入日本，恆以朝鮮半島爲渡橋，經由半島而渡至日本列島。百濟因地理上之關係，對於我國文化之傳入日本，往往居於仲介者之地位；如我國漢字漢籍工藝技術，以及佛敎文化等，槪經由百濟而傳入者也。蓋當時半島形勢，三國鼎足分立，高麗雄視於北，新羅盤據於東南，百濟位於西南，其南鄰任那則爲日本勢力範圍地。百濟因國力弱小,屢受高麗新羅之迫害,勢不得不遣使獻五經博士及佛像經典等以求媚於日本,而冀獲得其援助也。惟其遣使奉獻於日本之結果,東洋文化始祖之中國文化遂以百濟爲仲介而盛行傳入於日本矣。

西行日記跋

吳豐培

西行日記三卷，舊抄本，不著撰人名氏；所記爲自保定至伊犂沿途見聞，逐日筆錄。讀其內容，甚爲詳盡。爰就本書涉及著者自述，或有關其籍貫經歷者，一一摘出而審之，復參以清進士題名錄及光緒登州府志，然後知此書爲清萊陽趙鈞彤撰。茲將攷證所得，分誌如下：

原書甲辰三月二十六日記云：余以癸卯五月，自唐山被逮，十二月獄成；甲辰二月刑部案覆，發往伊犂充當苦差。三月大府謄下清邑簽發如例，遂於月之二十六日出獄，居邑署，至二十六日行。

按癸卯爲乾隆四十八年，甲辰則爲四十九年，因下文有閏三月，考陳垣二十史朔閏表清代甲辰年而閏三月者，僅爲乾隆四十九年；則此書所記，當爲該年之事，觀上文並可知著者乃因罪而充發新疆者。

又甲辰三月二十六日記云：清苑令李君北岩名憲宜，山東海陽人，同里戚也。

按此可知著者爲山東籍。

　　又甲辰閏三月十二日記云：郡丞送會試錄閱之，□午彤爲之一喜。　午彤余緦服弟，鄉舉庚寅，余鄉舉辛卯，旋於乙未成進士。……　賁園生癸亥少余纔一歲。……

按此知可知著者曾中鄉會試，癸亥先一年爲壬戌，(乾隆七年)至此時著者當爲四十三歲矣。

　　又甲辰四月二十二日記云：永濟縣宰胡公名瑤山東昌邑人，其太翁邦祐貴陽太守，與先君子交契，而公娶於海陽趙氏，又余宗……。

按此可知著者爲趙姓。

　　又乙巳三月初一日記云：余自甲辰三月發保定四月抵西安留滯五月，至十月西行，至今乙巳三月乃罷；驚魂殘骨，攜駭兒蠢僕，窮走經年，而俱得無恙，非天幸不及此！而余生長海濱，鄰高麗日本，弱冠奔父喪，南蹟滇黔抵交阯界，迨官畿輔，屢公事赴北口，復以不肖得備戍卒，而遠走西荒，半生僕僕，歷中外河山，東西朔南，各窮邊際，可悲亦可喜；客窗燒燭，買火酒蒸羊與兒輩相勞苦，輒語及之，乃大笑不止也。

按此可知著者足跡所至，甚爲遼遠，見聞殊廣，而心志曠遠，現於言外。雖處荒徼困苦之區，尚能不改其樂，其賢者歟？

　　綜覽以上各則，因知著者爲趙姓，山東人，乾隆辛卯(二十六年)舉人，乙未(四十年)進士，由唐山因罪充發新疆赴軍台効力者。考清進士題名錄乾隆乙未科進士中，有趙鈞彤山東登州府萊陽縣人；書中曾云其弟名午彤，因疑彤字爲其弟兄排名。進而查光緒登州府志卷三十九選舉志云：

　　趙鈞彤起相子，辛卯舉人，乙未進士，歷唐山知縣；著有灃園詩草,以子照贈朝議大夫。

又卷六十四藝文志著錄澹園詩草六卷,並云:

> 萊陽趙鈞彤字縶平,乾隆四十年進士,所著名止止軒集;此本署澹園詩稿而佚其前三卷,第四卷尾題記共一百二十九首,今祇存三十五首,第五卷一百二十九首,第六卷一百三十二首,蓋其亡者過半矣。存者唯甲辰冬謫伊犁,路次山丹縣至辛酉除夕詩,凡十八年所作耳。鈞彤天資英敏,故語皆沈鷙清壯,戍所諸作,尤多奇氣。

志中雖未著錄此書,然記趙鈞彤之事,與日記所載,無不脗合,則日記爲趙鈞彤撰,當無疑矣。

是書計分三卷,自保定至長安爲第一卷,自長安至肅州爲第二卷,自肅州抵伊犁戍所爲第三卷。其體例爲日記,故所記難免瑣碎,然所到之處,山川脈絡,地方形勢,詳爲敍述較諸林則徐之荷戈記程景廉之冰嶺紀程等書,尤爲過之;且於新疆荒漠之區,徵據新疆輿圖驛程冊,詳加辯證,是其價值,殊足珍貴;路中所經險要之區,不一而足,尤以過雪打坂;更屬難行,其記雪打坂云:

> 乙未二月二十八日記云:曉發二臺,出村路,徯水如昨而地愈窄,而山愈高松亦愈密,每一轉折觸山根始得罅,或直凌山嘴,提而上,吸而下,又無一人行,幷鳥聲俱不聞,沉幽寂默,人間世未有也。十餘里渡小橋,上雪打坂,蓋山上積雪,春融與水下復冰結成打坂,俗謂之推山雪;雪打坂高五六丈,尾拖山頭枕澗橫當路,無轍痕,車到不能上,旋解馬,車中物運以人,然後御者肩駕車,手驅輪喧呼上;而余與兒輩俱踽踽過,旣過循水,水入山,從之入山,皆山萬仞,石怒裂□掩如

屏閫,每過一重,回望無來路;久之抵閻王碥,乃溝中之名險,碥當北山腰;鑿棧容單車,南臨絕澗,澗望碥十餘丈,皆亂石,苟一墮,必不出;過碥御者賀,謂迤西路開豁,脫重險矣。

考二臺距伊犁僅三日程;不過百數十里,處新疆之極邊;當二月下弦,尚有冰山阻路之事,常聞航海寒帶,最懼冰山,不意陸行,亦有此物。世稱蜀道難行,觀此則或尤過之。

新疆多戈壁,往往數百里無人烟,求樹木而不可得,書中記云:常患無柴,難以為炊,甘泉罕覯,覓水亦艱,故有至一家與數倍價婉求解渴而不願與者。孟子曰:'昏夜叩人之門戶,求水火無不與者。'乃內地之常情,而荒遠之區竟反是,可見邊徼苦狀,豈處中原者所可夢見,是此書非獨為遊記之圭臬,即信筆所記,蓋多可取也。

史學集刊刊例

（一）本刊專載關於歷史攷古之著作，由國立北平研究院史學集刊編輯委員會同人擔任撰述。

（二）本刊歡迎外來投稿，刊出後致贈稿費及抽印本。

（三）本刊內容以研究論文爲主。如原文以他國文字寫成，刊印時得附中文提要。

（四）本刊文體不拘文言白話，但格式一律橫行，並須加新式標點。

（五）本刊年出二期，但論文加多時得隨時增刊，其過長者並得刊印專號。

（六）來稿請寄北平中海國立北平研究院史學集刊編輯委員會。

HISTORICAL JOURNAL

BOARD OF EDITORS

Ku Chieh-kang (Editor in Chief)

Li Shu-hua	Hsü Ping-ch'ang	Mêng Sên
Chang Hsing-lang	Ch'ên Yüan	Shên Chien-shih
Hung Yeh	Ch'ang Hui	Wu Shih-ch'ang
Ho Shih-chi		

NO. 3 APRIL, 1937

CONTENTS

1. On the Historical Development of South-directing-Vehicle and Taxicab and their Model-making .... Wang Chen-to
2. A Preliminary Study of the Yen-T'ai Stone Tablet in Jüchen Language .... Wang Tsing-ju
3. Comments on the Marriage System in Jüchen History .... Hsü Ping-ch'ang
4. The Five-Virtue System in *Ts'ien-Fu-Lun* (潛夫論) .... Ku Chieh-kang
5. Restoration of *Chi-Pu-Ma-Chen-Tze-Wen* (季布罵陣詞文) from the Tuen-hwang Scrolls with Notes .... Wu Shih-ch'ang
6. Textual Criticism and Comments on *Ta-Shih-Chuan* (大食傳) in the *New T'ang History* (新唐書) .... Pai Shou-yi
7. Textual Criticism on Li Yeh's (李冶) name in *Yuan History* (元史) .... Ch'ên Shu-t'ao
8. A Study on the Authenticity of *Hsün-Tze* (荀子).... Chang Shsi-Tang
9. Notes on the *Yao Yuo P'ien* (堯曰篇) of *Lun Yu* (論語) .... Chao Chen-hsin
10. Studies on the Death of Li Tsih-ch'eng (李自成) ...... Tung Shu-yeh
11. Notes on "*Report on the Excavation of Li Tsih-ch'eng's* (李自成) *Tomb*" by Pien Ta-shou (邊大綬) .... Wang Chung-wu
12. The Compilors of *Yung Luo Ta Tien* (永樂大典) .... Kuo Po-kung
13. The Change from *T'i Pen* (題本) To *Tsou Pen* (奏本) in the Manchurian Government .... Têng Shih-hsi
14. Additional Notes on the Hwang-Yai (黃崖) Issue .... Liu Hou-tzu
15. Some Chinese Cultural Influences in Japan .... Wang Chi-wu
16. The Authorship of *Hsi-Hsing-Jih-Chi* (西行日記) .... Wu Feng-p'ei

(The First Five Articles Summarized in English)

PUBLISHED BY THE DEPARTMENT OF PUBLICATION
NATIONAL ACADEMY OF PEIPING
Peiping, China.

Subscription (over sea) $1.00 gold, Postage free

國立北平研究院史學研究所

史學集刊

第四期

民國三十三年八月出版

史學集刊第四期

目 錄

中國古代婚姻制度的幾種現象……………………………………（ 1 ）李玄伯

突厥蒙古祖先傳說…………………………………………………（20）韓儒林

中康日食……………………………………………………………（49）董作賓

𣄰太史申鼎銘跋……………………………………………………（60）丁　山

䣄叔弓鑄銘跋………………………………………………………（64）丁　山

班𣪘銘跋……………………………………………………………（69）丁　山

班𣪘銘跋書後………………………………………………………（76）徐炳昶

漢故郎中趙菿殘碑圖………………………………………………（80）

漢故郎中趙菿殘碑跋………………………（82）孫文青　勞　榦　張政烺

晉寧訪古記…………………………………………………………（88）徐炳昶

漢賢碑傳集叙………………………………………………………（91）徐炳昶

楚公逆鎛銘跋………………………………………………………（93）丁　山

附錄　本所記事

中國古代婚姻制度的幾種現象

李玄伯

在這篇內，我的目的不在對古代的婚姻制度做普遍的研究，只欲對幾個特殊的現象與近代初民社會者互相比較，然後再說明其所以然。由古書內的記載，對于古代的婚姻看出三個現象，卽（1）娣媵制；（2）多姓多妻制；（3）烝與報。

在研究他們以前，尚有一件事必須先說明的，卽外婚制，若不先將他說明，對於以後的研究就有時甚不易了解。較原始的社會分為若干圖騰團 Clan totemic，團各有其所奉的圖騰，團就是當時社會的最小單位。對於這些我在拙著中國古代的圖騰制度及政權的逐漸集中篇內已經詳述，茲不再贅。我在那篇內並曾證明中國古代亦曾有過圖騰團的存在，而較後的宗法社會只是較古的圖騰社會的演進。團既各有其圖騰（姓），亦各有其性（性），因此，而發生各種事物之不同，因此而發生個個團的獨立性。但圖騰社會有另一種現象，卽禁止團內的雜交，同團人的配合被視為亂倫行為。所以婚姻必須互求于異團。於是在兩團的獨立性以外，又發生相反的現象，卽二團間時有相互的交換。由前一種現象使團各保持其獨立性，由後一種現象使團間保持不斷的交換。兩種現象的相互影響遂使互相交換的團合組成另一種團體，部落。團的性質者是家族的，部落的性質是政治的。近代民族學家常謂部落分為兩團，其實應當說部落是由兩團合組的，部落與團的性質完全不一樣。兩團交換的事物雖非一端，而婚姻實為最重要者，卽甲團的男子必須娶乙團的女子，而乙團的男子亦必須娶甲團的女子。不特甲團團員不許與同團人互相婚娶，且只能與固定的另一團（乙團）通婚，對另外的是不許的，反之，乙團亦如是。這就是最典型式的外婚制。現代初民社會以及中國古代的行輩稱謂者足證其曾存在過。（關於中國古代行輩稱謂，請參閱拙著中國古代的圖騰制度及政權的逐漸集中篇）古人極重視行輩，這觀念直存至現在的中國，所以行外婚的兩團是按著行輩歷世互為婚姻，即不止甲團的第一代男子娶乙團第一代的女子、乙團第一代的男子娶甲團第一代的女子，而甲團第二代的男子仍須娶乙團第二代的女子，乙團第二代的男子仍須娶甲團第二代的女子，第三代，第四代以至于無數代莫不如是，他們的婚姻契約是一次訂立而包括歷代的。近代民族學家對於這典型式的外婚制疏忽指出一個現象，即典型的外婚制產生的環境及以後的維持賴於羣婚。試問兩團同行輩的男女人數不一定相同，他們既不能向另一團去求婚，又不能湊合的一男娶一女而無餘剩，那麼，外婚的維持只有賴於羣婚。即甲團的一代男子共娶乙團同行輩的一代女子，而甲團的一代女子共嫁乙團同行輩的一代男子。圖騰社會最初的婚姻制度是外婚的且是羣婚的。

但後來環境變化，圖騰社會亦發生了演變。由平等共產的社會漸變為政權集中且個人化的社會。團內產生了父權，部落內產生了君權。婚姻亦由羣婚而趨向個人婚。更加各團的接觸較易且多，不能再維持單獨兩團的簡單關係。於是婚姻變為較複雜，外婚雖仍舊維持，而亦漸變其性質，通婚雖仍須向異團，然不必再似以前的必須只向某異團。而能向任何異團。這即周人的同姓不婚，同姓不婚制只是外婚制的一種演變。

（一）娣媵制

初民的外婚制既已說明，現先陳述娣媵制的史料。

周的娣媵制分為兩類：曰娣，曰媵，請先言娣。

娣，女弟也，其義甚明。對此有引起吾人興味一事，必須特別指出者，即北美印第安人稱兄及姊各有不同，而稱弟及妹則不分。中國古時稱兄曰兄，稱姊曰姊；（詩邶泉水：問我諸姑，遂及伯姊。）而稱弟及妹皆曰弟。娣當係較後起之字，加女旁以區別男女者；最初當皆曰弟也。妹之初義只指少女，易歸妹及詩大明足證（歸妹注：妹者少女之稱也）。後因弟之不分男女不便，且娣有娣媵意，遂用妹字以代之。最初則弟及妹皆曰弟也。而後來娣則變為從姊共嫁的女弟的專稱。娣之最早見於記載者。當為易及詩。易歸妹：

其君之袂不如其娣之袂良。

詩大雅韓奕：

諸娣從之，祁祁如雲。傳：諸侯一娶九女，二國媵之。

韓侯西周時人，而易稱帝乙歸妹，雖其文或係西周者，但由故事足證商末亦有媵也。

東周的世族尚通行媵的制度。左傳隱公三年：

（1）（衞莊公）娶於陳曰厲媯，生孝伯，早死，其娣戴媯生桓公，莊姜以爲己子。

戴媯是厲媯之娣。又莊公廿八年：

（2）晉伐驪戎。驪戎男女以驪姬。歸，生奚齊；其娣生卓子。驪姬及其娣同通晉獻公。又閔公二年：

（3）閔公，哀姜之娣叔姜之子也。

叔姜是哀姜之娣。又文公七年：

（4）穆伯娶于莒曰戴己，生文伯；其娣聲己生惠叔。戴己卒，又聘于莒。莒人以聲己辭，則爲襄仲娉焉。

聲己是戴己之娣。又襄公三十一年：

（5）立敬歸之娣齊歸之子公子裯。

齊歸是敬歸之娣。哀公十一年：

（6）（衞太叔）疾娶於宋子朝，其娣嬖。

宋子朝之二女同嫁太叔疾。由是條及（4）觀之，媵制不只適用于邦君，且適用于大夫，魯孟穆伯及衞太叔疾皆大夫也。再左傳雖未明言，然以情形度之，則亦媵制，如隱二年經：

（7）伯姬歸于紀。

隱七年經：

叔姬歸于紀。

穀梁傳莊：

叔姬，伯姬之媵（左傳杜莊文同）。

左傳僖公廿三年：

（8）秦伯納女五人，懷嬴與焉。

此雖未用媵字，而五人皆秦穆公，同嫁晉文公，則亦爲姊妹共夫也。

由以上各事觀之，則東周時媵制至少尚通行於魯（3，4，5，7），衛（1，6），晉（2，8），驪戎（2，以上姬姓）齊（3）紀（7，以上姜姓）；陳（1，媯姓），宋（6，子姓）；莒（4，巳姓）；胡（5，歸姓）；秦（8，嬴姓）。見於記載者如此，其未見者尚不知凡幾。其制以等級論，則上至邦君，下及大夫，以區域言，則見於記載者已經甚廣，眞可謂普遍矣。

這種婚約是聯帶的，一次適用於幾個姊妹。若姊妹皆已達相當年齡則偕行，否則幼者待年於國或家，及年始往夫國（或夫家）。所以何休莊公羊傳隱公七年（叔姬歸於紀）說：

媵叔姬者，伯姬之媵也。至是乃歸者，待年父母國也。婦人八歲備數，十五從嫡；二十承事君子。

范甯穀梁傳集解在同條下引許愼曰：

姪娣年十五以上，能共事君子，可以往。二十而御。不止往嫁是聯帶的，卽離婚亦是聯帶的，假設姊被出，妹亦同時被出。左傳文十二年：

杞桓公來朝，始朝公也。且請絕叔姬而勿絕昏。公許之。杜註：不絕昏，立其娣爲夫人。

蓋若不特別聲請，則絕叔姬卽同時絕其娣，所以有聲請之必要，並　魯公之許之。又襄公十一年：

（衛太叔）疾娶於宋子朝，其娣嬖。子朝出，孔文子使疾出其妻而妻之。疾使人誘其初妻之娣，寘於犁，而爲之一宮如二妻。

孔文子使疾出其妻。照例其娣亦因此而同被出。但是疾終久嬖之，故使人誘寘於犁。若無聯帶性，則疾不妨出其妻而留其娣，不必出之而更誘之也。因爲婚約是聯帶的，所以婚須同時成，亦同時離。且生子亦係聯帶的。所以文公十八年穀梁傳說：

姪娣者，不孤子之意也，一人有子，三人緩帶。

范甯以爲一人有子則共養是也。初民旣視姊妹之子若己子，姪娣之子，當仍視同嫡夫人之子，所以說生子亦是聯帶的。蓋古時所謂母弟，不必係同母所生，凡姪娣所生亦曰母弟。

娣以外從嫁者有時有姪，據莊公十九年公羊傳：

姪者何，兄之子也；娣者何，弟也。

記載內對東周時事亦曾言及姪。若左傳襄十九年：

（9）齊侯娶於魯曰顏懿姬，無子；其姪鬷聲姬生光，以爲太子。又襄廿三年：

（10）臧宣叔娶於鑄，生賈及爲而死；繼室以其姪。

則東周時從嫁習俗，娣以外至少有時有姪。嫡以外一姪一娣，只見于漢儒或六國時人之說，而由以上記載內，有時言娣，有時言姪，或者當時不必須姪娣同時具備，亦未可知。但從嫁者，有時言姪，則甚確也。

現的須問姪娣制有何限制？是一次須娶嫡之所有女弟及姪耶？抑只娶嫡之若干娣或姪耶？據漢儒所說，只許娶一娣一姪。上所引左傳（1）暨（7）條皆只舉一娣，（9）及（10）條皆只舉一姪；只（8）秦伯納晉文公，則係五人，這亦或是例外。照常法說，漢儒之說或亦距事實不遠。並且魯國諸姬亦不皆似（7）之伯姬皆歸于紀。此若莊公廿五年經：

（11）伯姬歸於杞。

莊公廿七經：

（12）莒慶來逆叔姬。

叔姬未隨伯姬而歸杞也。（僖公十五年經：季姬歸於鄫。季姬或即上歸莒之叔姬之娣。）又若左傳莊公十年：

蔡哀侯娶於陳，息侯亦娶焉。息嬀將歸。過蔡，蔡侯曰：吾姨也。止而見之，弗賓。

蔡侯稱息嬀曰姨，則蔡嬀與息嬀係姊妹，一適蔡，一適息，未其嫁一夫也。左傳閔公二年：

初，惠宣公之即位也少，齊人使昭伯烝於宣姜：不可，强之，生齊子戴公文公宋桓夫人許穆夫人。

宋桓夫人及許穆夫人是姊妹，一適宋，一適許亦未其嫁一夫也。

由以上各事，能知娣有不隨姊嫁者。反之，只娶嫡之若干娣，而非同時娶嫡之所有女弟也。

至於充娣須何條件？比如有姊妹幾人，伯嫁時何人合充娣的條件？還是以次序那，還是照另外的條件？對此漢儒並未有說。若照(7)條看，伯姬適姬，叔姬從嫁，則係按次序。然宋桓夫人只有同母姊妹兩人，何以許穆夫人不隨姊而歸宋？且魯嫁女于宋而衛晉齊人皆來媵，衛嫁女於宋則只一人，似不宜相違如此。且詩衛碩人言莊姜係邢侯之姨而譚公維私，她的妹並未充她的娣而分嫁邢及譚，或者她亦未充她的姊之娣。盧文弨始提起這問題，他以為古者對嫡庶之分甚嚴，嫡出者適他國為夫人，而庶出者則充姪娣。（抱經堂文集卷廿四，答問）

後王宗涑亦以為：

> 古不以同母妹為娣。宣姜二女，一為宋桓夫人，一為許穆夫人，莊姜同母姊妹，一適邢，一適譚，可證也。且夫人所出恆為夫人，娣所出恆為娣，所謂貴賤有常也。（說文解字述議）

我意娣媵制是姊妹共夫制的一種演變，在這種制度下，不能再無限度的娶妻之所有姊妹，只能娶妻妹中之一；非所有妹皆隨姊嫁，只妹中之一人隨姊嫁，所以充娣是有條件的。至於條件，或亦常有變更，但盧文弨之說似是其中之一，即嫡女出嫁時，以其嫡妹充娣。

★　　★　　★　　★

姪娣、外甥自媵。公羊傳莊公十九年：

> 媵者何？諸侯娶一國，則二國往媵之，以姪娣從。姪者何？兄之子也；娣者妹也。諸侯聘九女，諸媵不再媵。

杜氏釋例：

> 古者諸侯之娶，適夫人及左右媵各有姪娣，皆同姓之國，國三人，凡九女。參骨肉親所以息陰訟，陰訟息所以廣繼嗣也。當時或無其人，必待年而送之，所以絕望求，為非常也。夫人薨不更聘，必以姪娣媵繼室。（左傳正義首引）

媵與諸侯一聘九女似是相連問題，蓋傳意以為一國之女從以姪娣，則共三女；三國各有娣，則共九女也。據左傳成公八年：

　　衛人來媵。

同九年

　　晉人來媵。

三傳皆以爲媵魯女伯姬。而對於成公十年之齊人來媵，左傳則以爲凡嫁女于諸侯，同姓媵之，異姓則否。然則所謂三國者指同姓之國言，媵與嫁皆係同姓。公羊傳以爲三國來媵，非禮也，□未說異姓宜否從媵，所以何休以爲異姓亦得媵。但鄭君在箴膏肓雖之曰天子曰備百姓，博異氣；諸侯止曰備姪娣，何得有異姓在其中？（何鄭說參見穀梁傳疏）何鄭所引似皆無確實證據，足以確證這問題。我意同姓媵是較初的辦法，因爲最初同姓只能媵另一姓的女子，不能娶他姓者。但後來政權逐漸集中，或者□姓媵更演展至異姓，亦未可知。鄭君所說較前，而何邵公所說指較後者。現以同姓媵爲娣媵制，異姓媵暫不討論，若苟有之，則將入下之多姓多妻制節。

　　據左傳僖公十七年：

　　　齊桓公之夫人三：王姬徐嬴蔡姬皆無子；齊侯好內，多內寵，內嬖如夫人者六人：

　　　長衞姬生武孟，少衞姬生惠公，鄭姬生孝公，葛嬴生昭公，密姬生懿公，宋華子生公子雍。

頗使人疑長衞姬少衞姬鄭姬密姬之內有係王姬或蔡姬之媵者，而葛嬴係徐嬴之媵者實即姪娣之擴充，其來源下文當細論之。

　　　×　　　　×　　　　×　　　　×

現對於娣媵制的史料既已陳述，再略舉近代初民的姊妹共夫制材料，以備比較。

在初民社會中，姊妹共夫制亦是屢見不鮮的。墨爾根L.H.morgan是指出這現象的第一人，而姊妹共夫Sororate這字却造自弗萊則T.G.Trazer，墨爾根在古代社會Ancient Society 中說這習俗至少在北美印第安人四十個部落中通行。一個人若與一家的長女結婚，其餘女既達婚年之後，他亦娶她□□妻。（432頁）弗萊則在圖騰制度與外婚制Totemism and Exogamy）第四册內（14頁至147頁）曾搜集這習俗□若干材料，今術下逐譯如次。

美洲：

（1）歐薩治人（Osages）的習俗，若娶一女，不只此女歸其人為妻，凡女之妹皆歸嫁他。

（2）波達瓦他米（Potawattamies）若娶許多姊妹之一人，則姊妹全體歸於他。

（3）白拉克佛人（Blackfeet Indians）妻的眾妹皆被視若其妻。妻妹若另適他人，必須先得夫之同意。

（4）堪沙人（Kansas），妻的眾妹皆偏隨其夫。

（5）米乃達利人（Minuetarees）娶長姊者俟其妻之妹及年之後，亦能求娶他們。

（6）阿巴希人（Apackes）妻之妹及年之後，夫來娶他們。若妻無妹，則娶同團他女。

（7）曼丹人（Mandans）娶長姊者有權娶其眾妹。

（8）克洛人（Crows）娶一家之長女者，俟妻之眾妹及年時，有權娶她們全體。

（9）阿拉巴荷人（Arapahoes）若妻之兄弟不反對時，妻之妹及年時，亦歸於他。妻若無妹，則以較遠之族妹代之。

（10）孟特萊（Monterey）的土人亦有娶所有妻妹的習俗。

（11）美杜人（Maidus）有娶妻妹之權；若不欲行使其權，他可轉讓與他的兄弟。

（12）克利人（Crees）可以同時娶兩姊妹。若只娶其姊，則姊卒後，有娶其妹之義務。

（13）北提乃人（Nothern Tinneks）同時娶數姊妹，並不以為非禮。

（14）阿拉斯加的加惟耶克人（Kaviaks）的富人常同時娶數妻，她們亦常是姊妹。

（15）加利伯人（Caribs），一人常娶姊妹三人或四人為婦，她們是他的表姊妹或甥女。他們以為女子自幼養育在一起者，愛必能更深，互相了解必能更易，必能互助，因此亦易事其共夫。

（16）歐萊公人（Oregon）夫拉黑德人（Flatheads），（乃拜塞人）Neyperces，斯波堪人（Spokans）瓦拉瓦拉人（Walla-Wallas），加尤斯人（Cayuse），瓦斯科人（

Waakows）曾有同類習俗，即娶長姊者亦有權娶其衆妹。

美洲以外，世界他處亦常有這類習俗。如非洲：

（17）且魯人（Zulus）常同時娶幾個姊妹。

（18）加惟綸都人（Kavirondo）有權娶妻之所有幼妹，俟她及年之後。除他自動聲明不欲娶外，她們無權另嫁他人。

（19）巴沙加人（Basaga）的習俗，女子誘其妹來居其夫家，與她同住，遂亦成其夫之妻。

（20）巴厄歐羅人（Banyoro）不禁止同時娶姊妹數人。若妻不生育，夫有權求娶其姨。

（21）馬達加斯加（Madagascar）的習俗，同時娶妻妹。

印度

（22）馬德拉（Madras）的里拉人（Saoras）常娶妻妹，姊妹同居直至生育為止，然後別居。

（23）阿敘（Assam）的加盧人（Garos）行多妻制，一人能娶兩姊妹，但他必須先娶姊，方能娶妹。

澳洲

（24）崑闌（Queensland）的人可同時娶兩或數姊妹。

（25）薩摩亞人（Samoa）舊俗，女子使其妹與她同居。

（26）摩特勞克人（Mortlock）同時可娶幾姊妹，但只有首領能享這特權。

（27）菲濟人（Filians）不能在若干姊妹中選娶一人為妻：他若娶其姊，則同時亦娶其妹。

亞洲

（28）東普塞的穀德人（Roies）娶一家之長女者，有權娶其妻諸妹；她們若適他人，必須先得他之允諾。

（29）孔漢康人（Kamtchatkans）可同時娶幾姊妹。

據以上所引，習習□遍及歐美，非，澳，亞四洲，此外未經民族學家發現者尚不知凡幾。其中如（5）（6）（8）（18）諸處皆有待年的習俗，亦與所謂「叔姬侍年於國」之事同。又如（15）條之加利伯人所娶的常是夫的「表姊妹或甥女」，按之典型式的外婚制，兩□既歷世按行輩而互婚嫁則婦治是夫的表姊妹（姑舅之子女），而甥女治是表姊妹的姪女，這豈不與中國的姪婦適相合麼？並且加利伯人更說：「女子自幼養育在一起者，愛必能更深，互相了解必能更易，必能互助，因此亦易事其共夫」。這豈不是釋例所謂「緣骨肉至親□以息陰訟」的確切註疏麼？

現對於媵制之陳述□明，對他與姊妹共夫制亦已加以比較，試再窮其原由。

初民社會太古曾實行外婚制，並同時行羣婚，前面已經說明。彼時不只姊妹共夫（多數的夫），而且兄弟共妻（多數的妻）。後來社會環□變化，由漁獵而農業，由游牧而定居，社會亦隨之而發生變化，即政權由公共而個人化，團員亦由平等而等差化，於是父權成立，兄弟之間才由平等共產而變為長子集權制。不只兄弟所共有的財產皆改屬於他一人，□由□婚制弟兄共妻之妻亦皆改歸他一人，於□由羣婚制而變為姊妹共夫制。以前姊妹若干人共嫁兄弟若干人，現則姊妹若干人只嫁兄弟中之一人，長兄。

但□會的□化是逐漸的，由羣婚變為個人婚不能一蹴而至，其間不能不有若干調停辦法。比如有些部落間保存袭嫂制，即係羣婚制至個人婚制的一種中間階段。雖然兄弟對嫂已放棄其夫權，但兄一旦卒後，弟對袭嫂之夫權重行生效，不只有娶之權，且有袭之之義務。這制度古時羌人曾實行過，後漢書西羌□足證「傳：兄亡則納袭嫂」。羌者姜姓之別□則姜姓亦未嘗不有過這制度。至於□媵制亦同樣是羣婚制至個人婚制的調停辦法。□兄固將以前兄弟共有的權總於一身，但不能不少示限制，即不准娶所有一代的女子如以前外婚制所行者，而只許娶其內的若干人（一嫡，一婦，一姪）。若是則其餘的女弟尚可嫁其餘的弟兄。

這亦如政權集中所循的曲線。以前弟兄共權，後則長兄集權，然長兄勢不能不少分其政權與□弟。如周人已進至長子集權階段，長子立為天子，但仍立餘子為諸侯或任朝祭的要士。長子所享政權□較餘子爲多爲高，然仍非總攬一切而不少分與餘子。□姜閒世，古代的圖騰制度及政權的逐漸集中下篇。）娣媵亦若此，長兄所娶變較諸弟為衆，然尙不能盡娶妻之所有妹而不少留與諸弟。

上引（14）美杜人所規甚為明顯，夫有娶妻妹之權，若不欲行使其權，可轉讓與他的兄弟。轉讓與其兄弟而不與他人，即因以前對妻妹之權為兄弟所共有，故只能仍還其兄弟也。

公羊傳謂「諸侯不再娶」，釋例亦謂「夫人薨不再聘，必以姪娣媵體室」。其說曾甚合於理。所以戴己卒後，孟穆伯不以聲巳體室，而另聘于莒，莒人就以聲巳辭，不允更聘。而左傳首巳載魯惠公的婚事，說他的元妃孟子卒後，繼室以聲子（她的娣或姪，不詳。）；但後宋仲子生而有文在手曰為魯夫人，故仲子歸於我。照常理孟子卒後只能以聲子體室而不能另聘於宋，只因仲子生來就「為魯夫人」，故變例而亦歸于魯，否則宋亦必以聲子辭了。這當由于對姊妹共夫的限制，若能更聘則仍可娶妻之所有姊妹，而娣媵制亦失其初意了。

至于媵，我說過這不過娣之擴充。初民所謂姊妹並不只指同父姊妹。父視己之女與兄弟之女既同，則同父姊妹與伯叔姊妹或更遠之族姊妹互視亦相同，可以說凡內同行輩的女子皆互視若姊妹。所以較古共夫之姊妹不只包括同父姊妹，且包括同族姊妹，則所謂娣，最初不必係同父之女娣，且或係同族之女弟。及周室大事封建，兄弟之後分裂諸國，當時同姓諸侯之間雖似疏遠，然若以初民眼光觀之，彼等仍係同姊妹而仍可適用娶婚者。衛晉之媵魯即係由于此。所以媵仍係娣之擴充，兩者可視為一種也。

初民亟重視行輩，最初同姓之妾媵者想必亦須同昭穆，但後來不一定必須也。

據初民之重行輩看起，姪似極違反此原則者，然他竟曾有過，蓋有其他原因在。我以為這是下文所謂烝與報的反面，所以留待下文再為討論。

（二）多姓多妻制

周時婚姻上另有一種制度，即多姓多妻制。娣媵已經是多妻，但這節所側重者尚非此，娣媵是同姓的多妻而現所欲討論則妻不屬於一姓，多姓多妻制。

古代記載內尚能看見極清晰的多姓多妻的記載，如上文所引的左傳，「齊桓公之夫人三：王姬徐嬴蔡姬皆無子」，齊桓有多姓的夫人，（姬，嬴）。又左傳文公十四年。

鄭文公元妃齊姜生定公，二妃晉姬生捷菑。

文公十八年：

文公二妃敬嬴生宣公。

出姜使文公四年歸於魯，則文公有二妃：元妃出姜，二妃敬嬴。又昭公八年：

陳哀公元妃鄭姬生悼太子偃師，二妃生公子留，下妃生公子勝，凡此者同稱夫人或妃，地位相等，非如嫡之與媵；姓則不同，亦非如媵之與娣媵。此外一人而娶數女，此數女又非一姓，則古代記載內其例甚夥，如晉文公至少有九人（1 文嬴，2 偪姞，3 季隗，4 杜祁……9 懷嬴，見僖公廿三年及文公六年左傳）；晉獻公至少有六人（賈，齊姜，狐姬，戎子，驪姬，不數驪姬不娣。見莊公廿八年）。但因記載內未言元妃次妃，不能確知其等差地位，故不徵引。但周時一君之多妻則係事實。

×　　　　×　　　　×　　　　×

多姓多妻制在現代初民社會中亦常有之，茲舉幾個例若後。

特勞布萊因（Trobriands）是美拉內發亞的羣島之一，土人的姓是母系的，但首領之位則由兄以傳弟或父以傳子。婚姻是外婚的，平民一妻而首領多妻。首領之權常有幾個或十餘個支團，他從所管轄下的各支團各娶一女。這婚姻是永久的，假設所娶之女卒，則女的支團須另納一女與首領以補其闕。（馬里歐斯基（Malinowski）著美拉內幾亞西北部土人的性生活 Sexual life of Savages in North-Western Melanesia 112頁）有時不再嫁女與首領而納女與首領之繼承人（子或弟，114 頁）；一位首領故後所遺之諸妻當歸繼立者。（114 頁）首領的妻約分為三類：（1）受自前首領者，年紀多較現首領為長，有時她們亦甚有地位。比如杜盧瓦（To'luwa）有位夫人，係受自其兄者，被倚調為諸妻之首（元妃）。（2）首領自娶的夫人。（3）補闕的年少夫人。（116 等頁）

非洲的瓦黑黑人（Wahehe）是父系社會，亦行多妻制。一人死後其妻皆歸其子，無子則歸其弟。但不得烝其生母或生母的姊妹。嫡妻須歸其同母弟，無則歸其同父兄。（圖騰制度與外婚制第二冊405頁）

這兩條是極有趣的，尤以特勞布萊因者能說明中國古代的相類現象。特勞布萊因其分為若干部落，各□其領域，各有其首領。同時有若干圖騰團，每團有若干支團，在一個部落的領域內，有或多或少的不同圖騰的支團生存着。這一區的支團皆歸這部落的首領管轄，於是這首領由區的每一個支團內娶一女爲妻。這裏所謂部落等於中國的邦，支團等於邦中不同姓的各世族。邦君於各姓世族內各娶一女，這不卽曲禮所謂「納女於天子曰備百姓嗎」？「百姓者，域內諸姓皆備之意，極言其備，非必百族姓也」。至於保持永遠備百姓的方法，特勞布萊因與中國略有不同，特勞布萊因用補闕辦法，而中國則用娣媵。然兩者的原則相同，皆所謂「諸侯不再娶」。至於改歸後任首領則與烝與報相類，當留待下節討論。

這制度的來源當由於君權集中。疚部落之組織，最初由於兩團，而其相互關係尤側重於婚姻。當時所用的方式是畢婚的外婚制。後來團人增衆，交通的工具亦增多而更便利，各團間的交際亦更頻繁，於是兩團不能閉關自封，不能不與更多的團發生關聯，部落內的團遂由昔者之兩而增至較多。但團間須時常維繫其相互關係，而相互關係旣以婚姻爲最重，則各團間須□維繫其婚姻關係亦如以前兩團間常維繫着。所以這時的婚姻變成多角的。以前只兩團□通婚姻，這團的男子只能娶彼團的女子，彼團的男子亦只能娶這團的女子，現則一團的男□亦能娶部落其他任何團的女子。但這時另有一種現象卽君權的集中。最初的團內部係平等共產的，外部亦係互不干涉，各有地域的。較後團內旣有父權出現，團與團間亦有君權出現。部落首領常亦是各團的首領中之一個。各團不再是互之干涉的，因各種原因，部落內的某一團特別有力量，於是這團遂駕其他各團而上之。姑稱這團爲君團，君團的首領□變成部落的君。各團間若欲互維繫其婚姻關係，他們欲與這個君團的維繫尤甚。君團的首領亦卽君團之父，在這團內君父是一體的。但因爲團內的等差化，父權出現，這位君團之父已將其弟兄共有權集中於一身，以前弟兄共有之婦亦已歸他□人；及各團間亦等差化，君權出現，各團對君權的婚姻關係亦遂集中於君之一身，所以君□婚姻變爲多姓多妻制。總起來說，娣媵制由於□內父權的集中，多姓多妻制由於團間君權的集中。

雖不能說婚姻是政治的，但其影響於政治經濟皆甚大，試想□兩團結成部落以後而政治漸集中之時，鄰居各團或和平的加入，或因被迫而加入，欲與君團發生互換，遂嫁女於君團。尤欲嫁女於君團之長亦即部落之君。婚姻能加增各團的團結，這對於部落的政治經濟皆甚重要。降至周代，尚能看出這類現象。比如商為周所滅，宋降為周王下的一邦，而鄰子之間婚姻即成類數。魯之孝惠皆娶於宋（左傳哀公廿四年），魯伯姬適宋公（左傳成公九年）；宋襄公娶王姬（左傳文公八年）；此類甚多。

(三) 烝與報

東周時婚姻上實另有特殊現象，即子之納庶母是也。現見於左傳者共十五處，述列之於後。

(1) 衛宣公烝於夷姜，生急子，屬諸右公子。為之娶於齊而美。公取之，生壽及朔，屬壽於左公子。夷姜縊。宣姜與公子朔構急子。公使諸齊，使賊待諸莘，將殺之。壽子告之，使行。不可，曰：「棄父之命，惡用子矣！有無父之國則可也。」及行，飲以酒，壽子載其旌以先，盜殺之。急子至曰：「我之求也，此何罪？請殺我乎！」又殺之。杜注：夷姜宣公之庶母也。（桓公十六年。）

(2) 晉獻公娶於賈，無子，烝於齊姜。生秦穆夫人及太子申生。又娶二女於戎。大戎狐姬生重耳，小戎子生夷吾。晉伐驪戎，驪戎男女以驪姬。歸，生奚齊，其娣生卓子。杜注：齊姜武公妾。（莊公二十八年。）

(3) 初，惠公之即位也少，齊人使昭伯烝於宣姜。不可，強之。生齊子，戴公，文公，宋桓夫人，許穆夫人。（閔公二年）

(4) 侯（惠公）烝於賈君。杜注：賈君，晉獻公次妃，賈女也。（僖公十五年）

(5) 鄭文公報鄭子之妃曰陳媯（宣公三年）。

由以上各節，吾人能看出以下各種情形。即這是納庶母，納後與其他夫人的地位相同，並非私通。彼時亦有私通的情事，若衛公子朝之於襄公夫人，但這類左傳皆稱為通，而以上五項則稱為烝或報，兩者名稱完全不同。若是而納的夫人所生之子與嫡夫人所生之子地位相同，可以作太子。晉獻公立申生為太子，春秋載「晉殺其世子申生」，以及上列左傳所記甚明。衛宣公屬急子於右公子，想必有立為太子之意，且史記衛世家亦謂「立以為太子」。且驪姬欲謀立其子，須進讒用計方能傾申生；宣姜及朔須構急子方能代其位，皆足徵他們的太子地位之合法，且高出庶子之上。且衞人，晉人對此皆未聞非禮之言，晉人未且擁護申生於死矣。若以後世眼光觀之，宣姜衞侯所娶之夫人，驪姬亦驪戎女嫁晉侯者，體位之權，其子當較姦父妾而生者高，廢申生急子而立他子，當毫無問題也。然古時且與此相反。不止其國人不反對，其母家反甚贊成，昭伯不欲，齊人且強之矣。凡此諸端皆滋資吾人之惑。（毛詩序謂牆有茨爲刺公子頑，鶉之奔奔爲刺宣姜，係漢儒之言，未可確信。）

再細觀衞宣公一條。夷姜者，衞莊公之妾也。據史記十二諸侯年表，周平王五十七年衞莊公卒，桓公立；桓公立十六年，州吁弒公自立；次年，衞人殺州吁，立宣公。宣公十八年，太子伋弟壽爭死。史記列子伋之死於宣公十八年，年表及衞世家同。左傳載於魯莊公十六年，等於衞宣公之四年，蓋因衞侯之爲奔而追記者。年表確否雖無他證，其事至晚當在宣公十八九年，似無疑問，因宣公卒於十九年也。急子已屆能娶婦之年，至少當已年十五六歲，再加上宣公自娶宣姜而生二子，一子能勸急子行，能與爭死；一子能構急子於宣公，似皆非十歲以下兒所能爲。凡此皆非宣公十八年所能容，故急子之生必不在宣公年間，則宣公之烝夷姜必在莊公卒後，桓公在位之時也。試位其事於莊公卒後，則宣公初年，急子至已十四五歲，當然可以將娶婦，而宣公納宣姜後，至宣公十八年，壽朔亦皆能在十四五左右矣，故能爭死或進讒。若此假設，各方皆合。觀此則宣公之烝夷姜，確在桓公之世，等於昭伯之烝宣姜亦在惠公卽位之年，若左傳所明載者。由是吾人又能測知烝父妾並不必俟爲君後方有特權。

左傳對此所記雖只五條，但皆因有特種理由，如晉之二條皆因驪姬之亂；衞宣公一條則由於殺急子；昭伯一條則因惠公爲狄所殺，文公之得國；鄭一條則爲說明穆公之所以立。苟晉無驪姬之亂，衞無急子之殺與狄之禍，鄭無文公諸子死而穆公立之事，則這五件烝報事亦與他種類事同，不登載上歷史。反之，其烝娶而無政治的影響者恐且不知幾倍於這五條，亦因其無政治及轉變成平凡的事，遂未有機會載入歷史。以至湮沒無聞，則這現象當時想亦非不甚普遍者也。（連尹襄老之死：黑肩烝夏姬，亦足證此俗只行於邦君，且下及大夫也。）

若一讀對有些初民的記載，這些養人疑惑的情節就皆能闡明，毫無足異了。

斯賓塞（Spencer）在其所著澳洲北部的土人部落（Native-Tribes of the Northern Territory of Australia）內記有下列諸事。這是對這類研究之最重要者，茲節釋如後。（頁47至52）

這部落白加加都（Kakadu），斯賓塞書中列有十八一家的世系表。原文皆用人名，既長且冗，茲為便利起見，改用拉丁字母，但閱者勿因此而疑為理想的設，其實表後皆有真人存在，非憑空虛造者比。

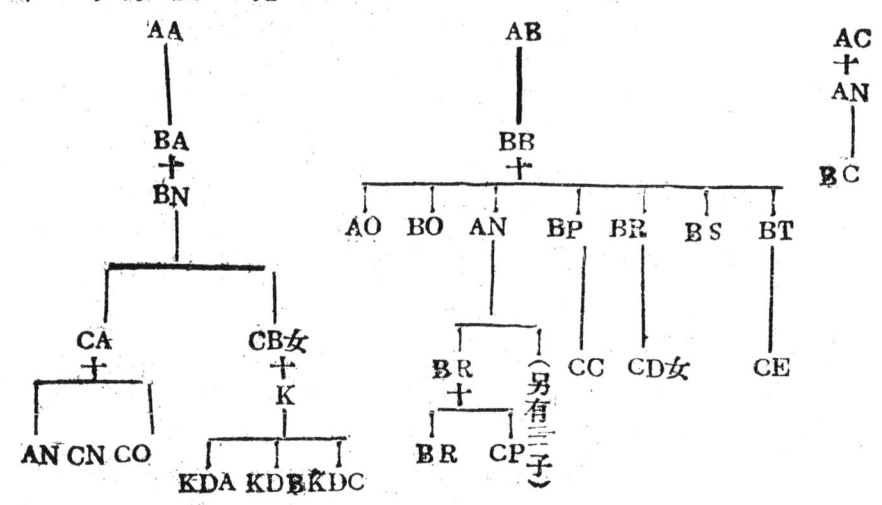

```
        AA              AB                    AC
        |               |                     +
        BA              BB                    AN
        +               +                     |
        BN              |                     BC
        |         ┌──┬──┼──┬──┬──┐
    ┌───┴───┐    AO BO AN BP BR BS BT
    CA      CB女
    +       +
    |       K
    |       |
 ┌──┼──┐  ┌─┼─┐     BR    CC CD女  CE
 AN CN CO KDA KDB KDC  +（男有三子）
                      BR CP
```

表內以第一字母表示行輩，如AA，AB，AC皆屬第一代，BA，BB，BC等皆屬第二代是。第二字母表示其人的地位，由A至N表示這族內所生的男子或女子，女子則加女以別之，如AA，BA，CA及CB女是；N以後則表示娶的婦人，如AN為AC之妻，BN為BA之妻是。婦之行輩以初嫁者為定，若AN初嫁AC雖其後轉適BB及CA，仍稱為AN。BR亦然。單字之K則表示異姓，B女所嫁之夫也。而KDA，KDB，KDC則表示CB女嫁K所生之子，其姓則K，其行輩則D也。加號表示嫁娶，B十B 即BA娶B，B女十K即CB女嫁K也。

AA與AB為同父弟兄，AC則係兄弟。AC有妻曰AN，生子曰BC。

AB有子曰BB，他娶妻七人。其中二人，AO及AN，皆曾為其父輩之妻，後更轉於

BB者。AN即AC之妻AN也。

AA有子曰BA。亦娶妻數人。其中之一曰BN，生子CA及女CB。

方BB卒後，BR的舅父令她轉嫁BC，她即遵辦；AN的舅父令她轉嫁CA，她亦遵辦。BC，CA前皆已有婦，其婚姻係由妻之父作主選擇者，但丈夫卒後，妻之轉適其子輩（子或姪）則由妻之舅父作主。

CA爲CE之兄，CA之子在將來將承受其叔父CE的諸妻之一。

轉嫁子輩的主權掌在婦人的舅父之手。比如BR對著著說：她嫁BB時是遵父諭，嫁BC時係遵舅父諭也。她較BB甚年幼，亦不甚較BC年老。

因爲這些，遂使吾人深感加加部人稱謂之複雜而難於索解，但土人則不然，彼等皆能與諸人之相互稱謂，有條而不紊。如BR稱AO及AN曰姑，因爲她們皆係上一代的妻；稱BO，BP曰姊，稱BS，BT曰妹。（按AO及AN皆爲BR夫父即其舅之妻，稱曰姑甚確當也。）

又妻之轉歸於子輩，係在夫生前已約定者，所以在夫生前，妻已稱將來所歸之子曰夫，但對其餘諸子則仍稱曰子。比若BC在BB在世時，稱AO，BO，AN，BP，BS，BT皆曰母，唯稱BR曰妻，而BR稱BB，BC皆曰夫。

除這制度以外，尚有轉嫁夫弟的習俗。須轉嫁夫弟，而不得轉嫁夫兄。比看表中之K，她娶CB女爲妻，方K之卒，K之弟洽遠出，CB女遂適K兄，但後K弟歸來，其第一事即由其兄處索還CB女。又如BC有妻曰CR，現已約明，俟BC卒後，她即轉嫁CE，CE者BC之弟也。

亦有時不歸夫弟或夫之子輩而歸夫之外甥者。這習俗可以CA爲例。CA無子，其衆婦之一曰CO，俟CA卒後，將歸其外甥KDA，若KDA於CA前卒，則歸其弟KDC，KDA及KDC皆CA的姊妹CB女之子，於CA爲甥也。

觀加加部人的習俗，烝報是公開且合法的舉動，而轉適子輩須聽其舅尤能說明昭不欲，齊人何以強之，蓋此事並不由男方而須聽女家之意也。

烝報係較襲襲嫂更進的習俗。上文已說過的襲襲嫂制是兄弟共婚制的演進。方政權中之時，家族內發生的現象之一即子與弟的爭權，最初弟兄共權的時代，產業以及妻皆爲弟兄所共有。後政權亦集中於長兄一身，生前固無問題，但俟長兄卒後，將傳弟乎？傳子乎？君位上我們曾看見商人之由傳弟而傳子，（請參閱中國古代的圖騰制度及政權的逐漸集中下篇）以前弟所享之各種權利，現皆有改歸子之趨向，烝報亦其一也。娶嫂則其權歸弟，烝報則其權歸子，然兩者固無異也。

娣是將兄弟的婚姻權，至少一部分的婚姻權，集中於長兄之身，而相似的有娶嫂；這等於將兄弟的政權集中於長兄之身，而相或間有傳位於弟。同樣父所有的政權亦治是將來子所當有者，長兄不只集中兄弟的政權，且集中了長兄之子的將來政權。與集中兄弟的婚姻權相似，他亦集中了子的婚姻權，這即姪從媵的由來。在行外婚制時，兩團團員既按行輩而歷世互婚，子所娶婦治是父所娶婦之姪。父既集子權，所以姪亦從姑嫁，父權父位既於父卒後傳子，婚姻權亦還於子，這即烝報的由來。所以在上文說姪從嫁是烝報的反面。特勞布萊因人對此尤爲明顯，他的首領所轄下的各支團須各納女一人與他爲妻，有缺則由那一支團納另一女爲補，但有時不正的女與首領而納女與首領的繼承人，因爲首領卒後，其衆妻皆歸其繼承人也。這能說明姪從嫁與烝報的密切。（我屢說集婚姻權於長兄，但娣媵制既行以後，其制亦漸漸擴及於弟。這亦若大宗固集政權，然小宗漸漸變做大宗而亦取得相當的政權。邦君是大宗，大夫是小宗，所以大夫亦行娣媵。明此則長兄之說不至於以辭害意矣。）

總上而言，這幾個現象皆與外婚的羣婚有關。由於政權的集中，團內的政權（父權）集於長子一身，於是姉妹共夫制變成有限制姉妹共一夫，即娣媵制，更由於團間的政權（君權）集於某一團的首領身上，於是發生多姓多妻制。政權的世襲當初曾由兄以傳弟，後更由父以傳子，於是由兄以傳弟時代的娶嫂制變爲父以傳子的時代的烝後母制。又因爲由兄傳弟至父傳子是漸漸演化而成的，有時娶嫂與烝後母常同時並存。更因長兄既能集中各弟兄的權而生娣媵，父以集中子權而發生姪之從姑並嫁；娣媵爲娶嫂之反面，姪姪亦係烝報的反面。茲爲明瞭起見，再列表若下：

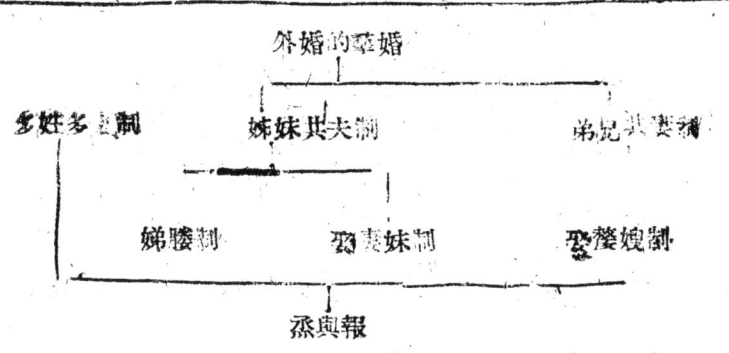

```
                    外婚的羣婚
           ┌────────────┼────────────┐
   多姓多妻制      姊妹共夫制       弟兄共妻制
           └──────┬─────┴──────┬─────┘
       媵滕制        娶妻妹制       娶縈嫂制
                    烝與報
```

姊妹共夫制專指姊妹共一夫而言，等於弟兄共妻制亦專指兄弟一妻而言。若妹姊共多夫而弟兄共多妻兩者合則為羣婚矣。姊妹共夫制及弟兄共妻制皆是羣婚的單面變化。再進一步，媵滕制，娶妻妹制皆是有限度的姊妹共夫；媵滕制只許姊妹中的少數幾個共夫；娶妻妹制只許於妻卒後方娶妻妹而生時不得同時娶。娶縈嫂制是與娶妻妹制相反而實相成的，是有限度的弟兄共妻制，於夫卒後妻方能嫁夫弟而不能同時嫁。娶縈嫂制兄弟所有的權移到兒子身上，再與多姓多妻制相混合，於是烝與報發生，而暗中又與姪從嫁相聯貫。

媵滕制的發生必有待於政權之集中，姊妹共夫制在世界上較弟兄共妻制為多，即由於婚姻之由母系而變為父系。等於烝與報亦多行於君權確立以後，與多姓多妻並存，因為只能烝後母及庶母，而未行多姓多妻以前，除母之姊妹外，固無他姓的後母庶母，而母之姊妹在原始社會中既被視作母，亦不得有亂倫也。彼時只能改嫁夫弟，而不能有烝與報。觀摩爾根對此有不得烝報的限制，尤為明顯。總之，這些皆由最初圖騰團的外婚的羣婚，經變父權集中，君權集中而發生的現象。

突厥蒙古之祖先傳説

韓儒林

(一)烏孫高車突厥先世傳說中之狼

(二)長兀兒蒙古祖先傳說中之天光感生說

(三)「甘敎」與蒼狼蒼突厥皆蒙古之解釋

(四)蒙古祖先傳說中天竺吐蕃成分之分析

(五)蒙古祖先傳說中希伯來突厥成分之分析

(六)附錄：拉施德書所載成吉思汗先世人名之研究

輓近東西學者如 Klaproth（註一）Howoth（註二）Wolff（註三）洪鈞（註四）屠寄（註五）及陳寅恪先生等對於突厥蒙古起源之傳說，均有所研究，而持論最當，分析最精者，則莫若陳先生彭所知論與蒙古源流一文。

考東西文字之蒙古史。其世界創造及民族起源之觀念，凡有四類。最初者爲與夫餘鮮卑諸民族相似之感生說，稍後乃取之於高車突厥等民族之神話。追受阿剌伯波斯諸國之文化。則附益天方敎之言。而蒙古民族之皈依佛敎者，以間接受之於西藏之故，其史書則擷採天竺吐蕃二國之舊載，與其本來近於夫餘鮮卑等民族之感生說，及其所受於高車突厥諸民族之神話，追加而混合之。（國立中央研究院歷史語言研究所集刋第二本第三分册三百零二頁）

惟陳先生此文主旨，止在于分析蒙古源流及彭所知論中所含之共同成分，至于蒙古起源傳說中所增加之突厥和回敎材料，僅連帶的提及而已。今雜採東西舊史若干種，以研究突厥蒙古祖先傳說之演變，及其傳說上承受希伯來天竺及吐蕃之痕跡，或亦爲治塞北民族史者所樂聞歟？

（一）

史記（１２３）大宛傳云：

烏孫王號昆莫。昆莫之父匈奴西邊小國也。匈奴攻殺其父，而昆莫生。棄[於]野⬛⬛⬛⬛肉蜚其上，狼往乳之。單于怪以為神，而收長之。

前漢書（６１）張騫傳云：

烏孫王號昆莫。昆莫父難兜靡，本與大月支俱在祁連敦煌間，⬛⬛⬛。大月氏攻殺難兜靡，奪其地，人民亡走匈奴。子昆莫[新]生，傅父布就翎侯抱亡置草中⬛⬛⬛食，還見狼乳之，又烏銜肉翔其旁，以為神，遂持歸匈奴，單于愛養之⬛。

班固之說較⬛司馬遷為詳。史記僅言狼乳，而漢書則復增傅父抱亡⬛⬛⬛⬛⬛⬛⬛⬛家所謂時代愈晚傳說愈詳之例也。按史公與張騫同時，其說似純自轉述⬛之⬛⬛⬛⬛⬛⬛西交通未暢，故其說甚朴實無華。班固上距史公已數代，⬛惟當時陳湯⬛⬛⬛⬛⬛⬛⬛⬛⬛曾從軍北征，載籍甚然也。則漢書于烏孫祖先傳說有所增飾，⬛⬛時代關係，不足為反合理也。

烏孫人名之保存于今者甚少，而又在能復原者⬛⬛⬛⬛⬛⬛⬛⬛⬛⬛⬛⬛⬛⬛⬛吾人之注意，即前漢書西域傳烏孫王昆莫其子⬛⬛⬛⬛⬛⬛⬛⬛⬛⬛⬛⬛⬛⬛⬛⬛「步雕」「雕離」，及元代史⬛⬛中之「孛思」「孛思」等。⬛⬛⬛⬛⬛⬛⬛⬛⬛⬛⬛⬛⬛⬛⬛⬛⬛⬛böri 一字在突厥文「特勤碑」東面第⬛十二行已見⬛⬛⬛⬛⬛⬛⬛⬛⬛⬛⬛⬛⬛⬛⬛⬛⬛⬛⬛然⬛王以狼名，究亦與⬛⬛以狼為祖之傳說有關？

世人對於烏孫種族問題，似尚有異議，然就其⬛史傳說⬛相雜⬛客觀之⬛⬛⬛⬛⬛⬛⬛蓋突厥也。

魏書（卷一零三）高車傳云：

俗云：匈奴單于生二女，姿容甚美，國人皆以為神。單于曰：⬛吾有此二女，安可配人，將一與天。乃於國北無人之地築高臺，置二女臺上，曰「請天自迎之」。經三年，其母欲迎之，單于曰：「不可，未徹之間耳。」復一年，乃有一老狼晝夜守臺嗥呼，因穿臺下為空穴，經時不去。其小女曰：「吾父處我於此，欲以與天。寶今狼⬛

來，或是神物，天使之然。』將下就之，其姐大驚曰：『此是畜生，無乃辱父母也！』妹不從，下為狼妻而產子，後遂滋繁成國。故其人好引聲長歌，又似狼嘷。』

又周書（卷五十）突厥傳云：

突厥者，蓋匈奴之別種，姓阿史那氏，別為部落，後為鄰國所破，盡滅其族。有一兒年且十歲，兵人見其小，不忍殺之，乃刖其足，棄草澤中。有牝狼以肉飼之。及長，與狼合，遂有孕焉。彼王聞此兒尚在，重遣殺之。使者見狼在側，并欲殺狼，狼遂逃于高昌國之北山。山有洞穴，穴內有平壤茂草，周回數百里，四面俱山。狼匿其中，遂生十男。十男長大，外託妻孕，其後，各有一姓，阿史那即一也。子孫蕃育，漸至數百家，經數世，相與出穴，臣於茹茹，居金山之陽，為茹茹鐵工。金山形似兜鍪，其俗謂兜鍪為突厥，遂因以為號焉。……大統十一年……鐵勒將伐茹茹，土門率所部邀擊破之，盡降其眾五萬餘落，恃其強盛，乃求婚於茹茹。茹茹主阿那瓌大怒，使人罵辱之曰：『爾是我鍛奴，何敢發是言也？』

高車突厥與匈奴之關係如何，與本文無涉，姑置勿論。其最堪注意者，史記漢書僅言烏係天子及獵驕靡之氣，在魏書則變為高車始祖父，在周書則為突厥始祖母。是初為氣為神獸，逐漸演變為種族原始矣。至於魏書中壺下所謂窟穴，在周書不僅變為山中洞穴，而且平壤茂草，周回數百里矣。流傳愈久，增飾愈多，迨至蒙古，此段傳說更變成極富文學趣味之故事，試讀下文所引拉施德書及Abu-l Ghazi書之記載，可以知之。

又魏書所言之天，非普通意義之天，乃薩滿教所崇拜之天（tengri），最當留意。至周書所言突厥為茹茹鐵工或鍛奴事，則亦後世蒙古鎔鐵開山，先祖君臣捶鍛之淵源也。

新唐書（二百十七下）回鶻傳薛延陀條云：

初延陀將滅，有乞食於其部者，延容帳下，妻食客人而狼首，主不覺，客已食，妻告部人共追之。至鬱督軍山，見二人焉，曰：『我神也。薛延陀且滅』。追者懼，卻走，遂失之。至是，果敗此山下。

由此觀之，此塞北之狼，非僅為其種族祖先，且直為護國神獸，狼之出沒去燴，蓋與其種族盛衰有關。

彼突厥人之意，本族由狼孳衍，倒辭彼種族雜，其理由雖不可知，而可汗回答以此自鳴得意。舊唐書（一九四上）突厥傳云：

> （毘伽可汗 bilgä qaghan）彼又遣使請和，乞事玄宗為子，上許之，仍請尚公主，上但厚賜而遣之。……乃遣中書直省袁振攝鴻臚卿往突厥，以告其意，小殺（即 Šad 即毘伽可汗）與其妻及闕特勒（Kül tegin）暾欲谷（Toyuγuγ）等，環坐帳中，設宴謂振曰：『吐蕃狗種，唐國與之為婚，奚及契丹，舊是突厥之奴，亦尚唐家公主。突厥前後請結和親，獨不蒙許，何也？』

突厥自認狼種，故雖早離金山故地，猶名新居曰狼山，示不忘舊。唐初突厥滅後，亦嘗因突厥地名，於安北都護府，設置狼山州。突厥有時稱『附隣可汗，附隣即Böri，華言狼也。可汗侍衛之士，亦稱『附離』。是狼之一字，乃其最喜用之名詞也。至於突厥民族徽識，亦用狼頭以為飾者，蓋所以表示其種族之根本。通典（卷一九七）

> 『旗纛之上，施金狼頭。侍衛之士，謂之附離，夏言亦狼也。蓋本狼生，志不忘其舊。』

因此中國天子為分突厥計，往往賜突厥某人以狼頭纛，以行其反間之策。隋書（卷五一）長孫晟傳云：

> 『突厥之於攝圖，兵強而位下，外名相屬，內隙已彰，鼓動其情，必將自戰……因遣太僕元暉出伊吾道後詣突厥賜以狼頭纛，謬為欽敬，禮數甚優。

若突厥可汗在中國邊陲樹立傀儡政權，亦必賜以狼頭纛，謬為欽敬。舊唐書（五十五）劉武周傳云：

> 突厥立武周為定楊可汗。遺以狼頭纛。

代王孫貴冑遊戲，亦以狼頭纛為玩具。新唐書（八十）常山王承乾傳云：

> 又好突厥言及所服，選貌類胡者，被以羊裘辮髮。五人建一落，張氈舍，造五狼頭纛，分戟為陣，張旗，設穹廬自居。使諸部斂羊以烹，抽佩刀割肉相啗。承乾身作可汗死，使眾號哭，剺面奔馬環臨之。忽復起曰：『使我有天下，將數萬騎到金城，然後解髮，委身思摩，當一設（Šad），豈不快邪！』左右私相語，以為妖。

按周書述突厥先世傳說有兩故事，其一思思口引，其二則似爲狼兀兒祖先傳說之萌芽。周書（五十）突厥傳：

「或云：突厥之先，出於索國，在匈奴之北，其部落大人曰：阿謗步，兄弟十七人，其一曰伊質泥師都，狼所生也。謗步等性並愚癡，國遂被滅。泥師都獨稟別感異氣，能徵召風雨。娶二妻，云是夏神冬神之女也。一孕而生四男：其一變為白鴻；其一國於阿輔水劍水之間，號為契骨；其一國於處折水；其一居踐斯處折施山，卽其大兒也。山上仍有阿謗步種類，並多寒露。大兒為出火溫養之，咸得全濟，遂共奉大兒為主，號為突厥，卽訥都六設也。訥都六設有十妻，所生子皆以母族為姓，阿史那是其小妻之子也。訥都六死，十母子內欲擇立一人，乃相率於大樹下，共盟約曰：『向樹跳躍能最高者，卽推立之。』阿史那子年幼，而跳最高者，諸子遂奉以為主，號阿賢設。此說雖殊，然終狼種也。」

此故事中之大樹，似於後來畏兀兒先祖傳說有極密切關係，試讀下引 Juwayni 蒐集黃譜等所傳錄之文，當可了然矣。

Juwayni（籌云）所著世界使略志傳（Ta'rikh-i-Johan-Kusa-i）原本雖已有梓版刊行，但吾人何朱能求得一讀，茲據多桑所著蒙古史法文譯文，摘錄於後（依馮承鈞氏多桑蒙古史譯文頁一八六）

「出斡兒罕河森林山之禿忽剌（Tougola）薛靈哥（Selenga）二水合流處，有地名忽木闌朮（coumlandjou）在二樹相抱......樹名曰 fistuc 其葉類松，其實如松實，一名曰松實，別一樹則稱為......二樹之間，湧一小丘，日見電光，上有天光燭照。兒兒日進而禮之，園中有音樂，如有歌唱，夜有青光，周光周照，三十步內......埠成，忽開一門，中見五室，五發帳幕，上懸銀網，各男有一嬰兒坐其中，口上有懸管以供哺乳。諸部落登見此靈異，向前膜禮，此五嬰兒天姿氣接體，即能行動，已能......及其能言之時，索其父母。人以二樹示之，五兒遂向樹禮拜，樹發人言：『賜爾進德修業，祝我長壽，名垂不朽。』其他之人奉此五兒如同王子。五子長名孫忽兒的斤（Sonncour-tegin）次名忽惹兒的斤（contour tegin）三名不哈的斤（Boucac tegin）四名斡兒的斤（Or-tegin）五名不可的斤（註七）（Bocou tegin）。畏兀兒人以為諸子為天所賜，決奉其一人為主。不可美而慧，較有才，盡通諸國語，畏兀兒人遂奉之為汗。

「其民舉其主為「亦都護」，上述之二樹，則置廟中祀之。

元虞集道園學古錄（卷二十四）載高昌王世勳之碑一首，所述畏兀兒人先世傳說內容與 Juwayni 書完全相同，足證虞集所據之高昌王世家與 Juwayni 所轉錄之畏兀書兒書籍，同出一源。

畏吾而之地，有和林山，二水出焉，曰禿忽剌，曰薛靈哥。一夕有天光降於樹，在兩河之間，國人即而候之，樹生癭，若人姙身然，自是光恆見。越九月又十日，而癭裂，得嬰兒五，收養之，其最稚者，曰卜古可罕。既壯，遂能有其民人土田，而為之君長。

此外賓膺黃學士文集（卷24）亦燕興公神道碑所述亦略同：

亦爕真（吐蕃 rin-cher. 此云寶）偉吾而人，上世為其國之君長，國中有兩樹，合而生癭，剖其癭，得五嬰兒，四兒死而第五兒存，以為神異，而敬事之，因妻以女而讓以國，約為世婚，而秉其國政，其國主即今高昌王之所自出也。

Juwayni 及虞黃二文之樹，嘗上承周書，惟傳述日久，逐漸變象，幼童跳躍之木，至此成為祖先產生之根本，其地位與前一傳說之狼等矣。其中更有一點，為吾人所不可忽者，則天光是也。Juwayni 及虞集所記之傳說，不言畏兀兒祖先為狼所產，而謂係天光感應而生。此說來源，或可上溯至夫餘民族之大氣感生說（參閱後漢書東夷傳）。

元秘史元更太祖本紀及集蒙古源流（註八）無畏客（註九）諸書所記成吉思汗（世祖母阿闌豁阿感光生子之事，與夫餘鮮卑畏兀兒之傳說，顯然有關，然各書所載，亦互有異同，茲分述於後，以見其傳述演變之跡。秘史云：

「朵奔蔑兒干死了的後頭，他的妻阿闌豁阿又生了三個孩兒（第十七節）

「阿闌豁阿說：」您不知道，每夜有黃白色人，自天窗門額明處入來，將我肚皮摩净，他的光明溅入肚臍去时节，随日月的光，恰似黄狗般爬出去了。你休造次说。这般看来，显是天的儿子，不可比做凡人，久后他每做帝王呵，那时缘知道也者（第二十一节）

史集所记，与秘史无大差异，惟以阿阑豁阿夫死后所生之子，为 nirun 之祖，其他蒙古人虽亦出自 Ärgänä Oun，以无异禀，故称 Diirlagin 是纯粹蒙古人派别之区分，即在於此，为研究蒙古部族之主要关键，惜华书不载，无以比较。经依元史译文证补（卷一）译文将其所记感光生子部分，摘录於後；以见东西传述之差异。

阿阑郭斡寡居而孕，夫弟及亲族疑其有私。阿阑郭斡曰：天未晓时，白光入自帐顶孔中，化为男子，与同寝，故有孕。且曰：我如不耐寡居，岂不再醮而为此暧昧事乎？斯乃天帝降灵，欲生异人也，不信，请伺察数夕，以证我言。众因诺，黎明时，果见有光入帐，片刻复出，众疑乃释。既而举三子……（季）曰孛端察儿，其後为孛儿只斤氏，「孛儿只斤」释意为灰色目睛，以与白光之神人同也。此三子支裔，蒙兀人以其禀受之异，称之曰尼伦，释意为清洁。（儒林按，袁德楹本部族志（S.72）曰：尼伦意为生自天光）别派则谓多儿鄂昇，犹言富。（证补卷一页三下）

蒙古源流谓多博墨尔根（Dopo Margän）娶阔埚土默特（注十）（Qoyar Tümat）地方之女阿隆郭斡为妻；且多折箭事：

〖多博墨尔根卒後，阿萨郭斡哈屯每夜梦一奇伟男子，与之共寝，天将明卽起去，因告其姊娌及侍婢等知之，如是者久之，遂生……五子。……伯勒格特依伯衮德依二人遂疑其母。阿仑郭斡哈屯，因给伊子箭竿一枝，命折之，卽折而掷之，遂旋给五枝，命一併折之，竟不能。其母云，俾等二人，误听旁人之言疑我。因语以梦中事情。且云：『尔等此五弟，系天降之子也。』倘兄弟五人若不相和好，各异其行，卽如前一枝易以势孤而被伤，若公共而行，卽如後五枝为势众则不能伤之矣。』〗

无畏堡之蒙古宗教史吾人已於上文引用，其书第一卷蒙古政治史部分颇多袭蒙古源流之文（参照 Huth 译文四四七页）惟阿阑豁阿夫死後始生三子之故事，於采用蒙古源流之说外，另探他种史源，其史源虽不得知，然与秘史较，则极为近似。其折箭一事，一醛而爲折冰者則蒙文 mosun 一字有冰及箭竿二義，無畏空取第一也。無畏空實云：

> 朵奔蔑兒干（Twopon MerPen）娶豁里禿馬惕（Hure Tumed）族豁里剌兒台蔑兒干（Gociltai Mergen）之女'Alon Gwo爲妻。Balgwotai及Bagontai二子生後，Twobon Mergen死。於是其妻得夢，在許多夜內，一奇偉青年男子現於夢中，與之共寢，黎明起去。如是傳說。但據某種史源，則有他種說法，有類虹霓之光明自天下降，墜於其身，因生快感，因此遂生三子……某日其母見諸子之間不和，乃各給冰一片，命破之。彼等即破而擲之。其母遂又給彼等五倍厚冰塊一片，命破之，竟不能。其母曰：『我二長子因信衆人流言，對子表示輕蔑與侮慢。此三幼子者，乃天降之子也。』因語以往昔事情，續言曰：『若汝等不和，——若一片冰然——，則用一人之力毀滅汝等，並非難事；若汝等和洽，——若五倍厚之冰塊然——，即許多人合力毀滅汝等，亦甚難也。』……彼等由其母口中接受警言，奉爲準繩。遂彼此互愛，和好相處。（Huth 譯本 S12—13）

此種感生之說，大抵起於夫餘鮮卑，前已言之，經畏兀兒及蒙古人承受，將塞北自古相傳之蒼狼說，與之揉合，遂構成因子相同，傳說各異之故事。

（三）

上引諸文，或言某族祖先爲狼所生，或言爲天光所感，而於狼色或光色，則猶未之及也。Schefer 藏書室中，藏有畏兀兒字寫本史詩幾卷（今歸巴黎國家圖書館）此詩已無題目，內容述中亞突厥民族傳說英雄烏鵒汗（Ughuz Khan）（註一一）事蹟，所言天光及狼，均爲蒼色。土耳其 Rizanour，曾譯袞法文，名之曰烏鵒汗史詩（Oughouz name）（註十二）玆據其譯文，摘譯於後：

(一)月（Ai）后病目，懷孕而產一男，兒面色藍……（六）厥後，烏鵒可汗在一地所神，天黑藍光自天降，較日月更亮，烏[汗]（向之）行走，見（七）光中現一少女，伊獨坐，美且羞，……此女有如星之美，伊如笑，藍天亦笑，如哭，（藍天）亦哭。及烏鵒見之，遂大理性，愛而納之，（八）彼與伊共枕席，滿其欲……久後，伊病目，生三男，長名日（Gun）次名月（Ai）季名星（yulduz）

又一日烏鵲可汗出獵，見對面池中有一樹。（九）樹前，有少女ㄇ伊獨坐。此女美且柔，其目較天色更藍。

（十）……久後，伊病目，生三男，長名天（Gueuk）次名山（tagh）季名海（Tinghiz）

（十一）……宴後，烏鵲可汗命芻（bey）及民衆曰：

灰狼其為吾人之口令！

……………………

藍帳其如天！

（十五）………四十日後，至冰山之麓，駐營（十六）休息睡眠，黎明有邊似天光，射入烏鵲可汗之帳，一藍毛藍鬃雄狼由此光出，狼語烏鵲可汗曰：玫 Ou ou，予導汝。

（十七）後烏鵲拔營而行，見藍毛藍鬃雄狼在軍前行走，大軍隨之而行，

（十八）數日後，藍毛藍鬃大狼忽止（不行）烏鵲汗亦與其士卒停止，彼處有一河，曰也的里木蘭（Itil mouran，Volga）

（二十四）此後，烏鵲可汗又見藍毛藍鬃雄狼，狼語烏鵲可汗曰：『卽與士卒上馬』烏鵲汗卽上馬，狼曰：率領諸芻及民衆，我居前，示汝道路。次日黎明，烏鵲可汗見雄狼在大軍前行走，歡喜前趨。

（二十九）……一日藍毛藍鬃狼不復行，又止，烏鵲可汗亦止……。

此後，（三十三）彼又上馬同藍毛藍鬃雄狼出征信頭（Sintou）唐兀（Tankont）及 Schakim。

此詩既有天光，又有樹，又有狼，實集塞北民族起源傳說之大成，讀者於此，當發生一種疑問，卽一切什物均屬蒼色者何也？狼多黃色，天光則白色，何以不取目見之尋常顏色，而獨絕不經見之蒼色乎？此則淵源甚古，且與塞北游牧民族之原始宗教有關，茲當簡略陳述之。

新唐書回鶻傳點戛斯條云：「祠神惟主水草，祭無時，呼巫為甘」。按今廣東人謂甘

如 Kam，唐代讀音，當亦近此。十一世紀Kashari之突厥字典（Brockelmann本1928）著錄 Aam 一字，意為『薩滿』，換言之即巫也。塞北諸族自古所崇奉之宗教，即此種「甘教」。今日塞北僻遠地方未接受華族文明者，所儷仍為此種甘教。Qam，蒙古文為 Shaman 滿文為 Saman （參看通報 SerieII, Vol XVIII. P.237）學者過去多以為三朝北盟會編（卷三）所載之「珊蠻」為其最古之對音，似未注意唐代已見著錄也。清代官書譯為薩滿，而私家著作，則作薩馬（Sama(n) 阿爾泰語系字尾之 n，甚不固定）又馬 Cama 从 S 變為 C，在通古斯方言中，似為通例）要皆一音之變，譯意皆巫也。「甘教」所崇拜者為天其字為 Tanri 唐譯「騰里」「登里」等，實含天及天神二意，故突厥開紀可汗之徽號，殆無不有Tanrida（唐譯「登里羅」，華言曰天）一字也。天既為無上尊榮之主宰，其蒼蒼之色，亦視為神聖的，（突厥人稱天常冠蒼字）進而遂成為國色。於是唐代突厥人即自稱其國家曰闕克突厥（Kok Türk 譯言藍色突厥。見突厥文闕特勤碑東面第三行，參看北平研究院院務彙報第六卷第六期批譯）蒙古人相傳一二零六，鉄木真稱成吉思汗時，亦號其國曰庫克蒙古勒（莊十三）（Köke Mongghol 見 I.J.Schmidt 本蒙文蒙古源流第七十頁，中文譯本——本文所引自敝著蒙古源流箋證本——卷三第十一頁下）。來路不明之「清」代國號，雖經不少學者揣測，究無一種滿意解者。吾人如以「青」釋「清」，似乎亦可備一說，質言之，即其所改者，殆為塞北民族自古所崇敬之青天之「青」字，蓋中國歷代正統王朝，絕無用顏色字作國號者，滿人受漢化深，將增加水字偏旁，而成「清天」之清耳。

張爾田氏注蒙古源流之庫克蒙古勒（蒙古源流箋證卷三第十一頁下）云「錢田曰：「庫克」青也。青蒙古未詳」。施密德（I.J.Schmidt）注 Koke Mongghol 云『「庫克」為青，乃天之神聖顏色，成吉思汗用此徽號，將其民族昇高為世界頭等民族』（施密德本蒙古源流頁三八零）張氏不明青蒙古之意，施密德知青為昊天聖色，而未詳言其故，今就突厥宗教及祖先傳說諸方面觀之，則突厥及蒙古之以青色為其民族名稱之徽稱，似可以暫時得一解答矣。

蒼色在塞北民族間既如是神聖，則突厥人以蒼色加諸其種族起源所關之狼與天光，

（四）

元朝祕史，阿蘭豁阿感光生子之事已引于前，吾人為方便計，再將其蒼狼傳說，列舉於此，以便與其他較晚近之史料相比較。

元朝祕史一書著開口卽曰：

「當初元朝人的祖，是天生一個蒼色的狼，與一個慘白色的 相配了。……產了一個人，名字喚作巴塔赤罕」。（第一節）

蒙古自認之始祖蒼狼，顯然為塞北諸民族歷代相傳之狼，跟蹤追溯，可上推至西歷紀元前之烏孫舊說。吾人於閱讀上引諸文之後，對蒙古此種原始神話， 覺平淡，毫不發生奇異之感，然而柯劭忞氏於其新元史則曰：

「孛兒帖赤那譯義為蒼狼，其妻曰豁阿馬蘭勒譯義為慘白牝鹿，皆以為名，世俗附會，乃謂狼妻牝鹿，輕莫甚矣」（新元史卷一）

柯氏之說，如施之於蒙古時代之人名，則甚當，如施之於草地之祖先傳說，則未免有求文闕顯臟於草昧之嫌矣。

洪鈞以為蒙古人祖先，僅至朶奔蔑兒干。其上孛兒帖赤那數世，當是傳述得之（參看元史譯文證補卷一頁一下）此種主張，證以拉施德史集第二卷第一章之組織，似可成立，但吾人須知成吉思干興起時，蒙人尚在草昧時代， 以無文字紀錄之民族而能追述十世遠祖，其確實性，當可想見。試觀成吉思汗三世祖以下，世次分明，東西獨立史源，所記全同，三世以上，世次淩亂，莫衷一是，卽可知其為「傳說」，而非「信史」也。

元朝祕史之著者，殆尚未接受鄰近文明民族之文化，就其書之內容言，乃完全混沌未鑿之草地史料，故其始祖「孛兒帖赤那」卽烏孫以來歷代塞北民族視為神獸之蒼狼也。及西方蒙古人與回教文化民族接觸，乃於其固有傳說上，增加希伯來天方教之言，及東方蒙古人皈依佛教，遂於其固有祖先傳說上，增加天竺吐蕃兩重舊說，於是孛兒帖赤那（蒼狼）遂一變而為人矣。茲先採蒙藏文籍若干種，以分析此種建築之層次。

依西藏傳說其上答（Yar-lvn）王 始祖，名呀乞嫖贊（Gna-keri-bcan-po 譯曰上王），來自天竺。惟關于此人之淵源，各家所述均異。或謂此人系出釋迦，或謂出自釋迦之同時人。拉達克嘉喇卜經（註十四）（Rgyal-rabs）福幢所著帝系明鑑（註十五）及蒙古源流所徵引諸書，雖均謂其出自釋迦之同時人，然皆瞎喝語也。

呀之貝體七傳聖色哩持贊博（Sribskhribtsan-po）是謂「天之七君」（Gnam-gyikhri bdun）色哩持贊博之子曰習固木贊博（Khrigum-btsan-po, rggy-rabs作Gri Gum）為其臣隆阿木（blo-nam）篡殺，三子皆出亡，其幼子即蒙古喇嘛所承之蒙古第一君主，質言之，即孛兒帖赤那也。於是蒙古傳說中之始祖蒼狼，一變為人世君主矣。

色哩持贊博三孫之名，依 E. Schlagintweit 所刊拉達克嘉喇卜經（頁43）為肉王（Shakhri, 依Klaproth 譯 Khri 為王）魚王（Nya Khri）鳥王（Bya Khri）無畏空蒙古宗敎史（Huth 譯本頁5）所載亦同，惟次序差異且言幼子名朝蒙文為孛兒帖赤那（Börta eba, Huth譯本頁10）即蒙古第一君主也。福幢帝系明鑑除以肉王為肉食（Sha-za Khri）外餘亦同。諸書均關臨阿木死後，三子逃往恭博（Rkong-po）釀博（Nyang-po）及包博（Sbu-po）三地，及奸臣被誅，肉王及魚王獨不返，因二人皆君臨一方矣。蒙古喇嘛以宗敎關係，自認元始君主，即此肉王也。依蒙古源流（Schmidts. 27）所載三子之名為：

  Sibaghuci

  Borocu

  Bürtä-cinoa

Sibaghuci 乃 Bya 之蒙意譯，中文譯本作篤持者，仍為蒙文對音。（惜中文本所自出之原本，尚存故宮，刻下未能檢討）Sibaghuci 意為捕鳥人，元史兵志音譯為「昔寶赤」，山唐新語譯為養鷹人。Borocu 意為漁夫，為藏人 Na 之意譯，中文本之博羅喻，為其蒙文對音也。所餘一人，他或言 Sa khri 或言 Sa-za khri，而此書則逕易為蒙古始祖之名——孛兒帖赤那（蒼狼）矣。

元朝秘史所載孛兒帖赤那後之世系，蒙古源流不同，要彼為蒙文最古之史籍，草昧初開，自認蒼狼為始祖，蒙古喇嘛以佛敎關係，竟將其向來自認之始祖，一變而為人，再變而爲吐舊色哩特博贊之季子，以與其所嚮往崇拜之天竺王朝相聯繫，與西方天方教著作家之以亞兒帖赤那爲亞當子孫，烏□汗後裔，可謂異曲同工。

屠寄蒙兀兒史記（卷一頁三）謂：『湖厥本源，吐蕃蒙兀，實一類也。』就吾人上文之分析與研究觀之，其說無庸再辨，更無論其語言矣。

（五）

元朝祕史聖武親征錄，乃兩種平行傳說，內容雖近似，來源似有不同。蒙古先世傳說，猶存於祕史，惜錄說已佚，不可復見。但親征錄與拉施德史集，同出一源，（不過錄較簡略，史集較詳瞻而已），故親征錄所記蒙古先世傳說雖佚，而猶可以求之於史集。史集所載雖摻入天方教所承受之希伯來傳說（註十六）蒙古人所承受之突厥傳說，然一加分析，主客立判，固不致相混莫辨也。拉施德（註十七）所述蒙古之荒古世系如下：

Nuh 遣其子 Yafeth 赴東方，Yafeth 者，即突厥人所稱之 Abulcah 汗，突厥蒙古及草地人之始祖也。Abulcah 有一子，名 Dip 或 Qui。Dip 四子，長曰 Qara 汗，次曰 ur 汗，三曰 kär 汗，四曰 käz 汗。烏□（Ughuz）即 Qara 汗之子也。烏□汗六子，曰君汗（kun 譯言日），曰愛汗（Ai 譯言月），曰裕勒都思汗（yulduz 譯言星）曰闊闊汗（kuk 譯言天），曰塔哈汗（Tus 譯言山），曰騰吉思汗（Denkiz 譯言海）。此六子者，每人復各有四子，分爲左右兩翼。惜此二十四子之名，拉施德書傳寫譌舛，莫衷一是，茲姑從略。

按拉施德書將突厥先世傳說與希伯來傳說揉合之跡，於此十分顯明。Nuh 及 yafeth 當舊約中人物，Nuh 即亞當九世孫也。天方教承受希伯來傳說，故此二人在可蘭經中亦見著錄，音譯爲奴哈及雅伏羲。此蒙古先世傳說上所增加之希伯來成分也。Kara 汗兄弟四人及其一子四孫之名，亦見烏□汗史詩，當係中亞突厥人傳說中之先世，然亦未可以之與中國史籍中著錄之突厥或回紇祖先相勘合（identifier）也。Kara 譯言『黑』，唐譯『珂羅』。烏□汗六子之名譯意爲：日，月，星，天，山，海。然皆薩滿教所崇拜之宇宙現象，未必實有其人。此蒙古先世傳說上之突厥成分也。

拉施德謂烏□汗孫靈以後，突厥人缺乏史籍故，四五千年間事，無有能言之者。此可譔讁者之史識卓越，較Abu'lGhazi書亞當後世次歷歷，直至蒙人遁入深山，眞有上下床之别矣。

蒙古祖先既亦爲亞當之後裔，爲■汗之子孫，當然不能再爲蒼狼，於是遂將魏書周書之洞穴擴大，極力渲染，以蒙古自認之始祖蒼狼爲蒙人出山後之一員，孛兒帖亦用遂以天方敎故，『進化』而爲人矣。其述出山之故事曰：

『約兩年前，蒙兀人與突厥人戰，蒙兀被圍，除兩男兩女外，悉被殺戮。此四人者，懼而逃，至一山林圍蔽之地，其地僅有狹徑，必用大力，始可達焉。山之中，有一平原，牧草甚美，名曰 Arkana Qun。Qun 者山口也，Arkana 者，險峻也。所餘二男，一名揑古思 Nakuz，一名乞顏（Qia(n)）。其後裔匯居斯地，彼此通婚，口嚮日繁分族而居，各有專名。蒙古部族中之 Dürlegin 派，即其苗裔也。Mogul（蒙兀）一名，原讀爲 Mung，澄爲屠弱與正直，但 Qian（乞顏）在蒙古語中意爲由高山瀉於平地之急流瀑布。蒙古之乞顏人皆甚強毅勇敢，故以此字自名。乞牙惕（Qiat）屬於乞顏，凡由此族分出或其鄰近之人，古時悉稱乞牙惕。厥後人口稠密，遂覺山林中之平地，過於狹隘。因相謀出山，至一礦坑之地。彼等溶解鐵礦，移積一處。復於林中多採煤炭，宰牛馬七十，去其皮，製爲鐵匠之坑，投大量薪炭於裂口，同時鼓動七十巨體助火燃燒，至直殷溶鐵流，路徑得通，遂遷居於別處，棄其陸地，移狹廣原。（依 Erdmanu 譯本重譯）

『蒙古之出阿兒格乃袞，其後人最著稱者曰孛兒特赤那』（元史譯文證補卷一）

魏書只會空穴，周書則擴大爲『平壤茂草，周回數百里』。至此則更有名可徵曰 Arunah Qur，此 Argunah Qun 之方望，吾人可以求之乎？按突厥居金山（即阿爾泰山）之陽，故周書所傳洞穴卽在高昌（吐魯番）西北。蒙古爲唐代室韋之一部，其故士當在今黑龍江省西部，馮承鈞先生著成吉思汗傳，以 Argunah Qun 疑額爾古納河之一險巖，（大直如是手頭無書未能參考）寶貝卓識。以元史考之：成吉思汗雖起於怯魯連河，而翁吉剌部則仍在根河（Gan）迭烈木兒河（Dorbur）與也里古納河（Arguna）合流處（元史特辟翳駐），換賢之，即唐代蒙兀之故土也。

Abu,l Ghazi Bahadur所撰之厥世系（註十八）蒙古代部分雖爲拉施德書之節錄，毫無可取，然於蒙古先世，增飾甚多，於出入Arguna Qun之故事，渲染尤力，就奥厥蒙古祖先傳說之演變言，眞可謂洋洋大觀矣。喇嘛著書於蒙古祖先之上，增飾天竺吐蕃傳說，故蒼狼一變爲吐蕃皇子，吾人前已言之。今回教徒著作，於蒼狼之上，增飾希伯來突厥兩重偽說，於是孛兒帖赤那，復一變而爲亞當子孫矣。

自人類始祖亞當起至蒙古人爲塔塔兒所敗，逃匿Arguna Qun時，中間世次，據乞瓦可汗 Abu'Lghaz Bahadur 書所著錄者，不過三十代 茲濕錄於后，以見此成吉思汗書裔所冒認之祖宗。

亞當九世孫名奴哈（Nouh, noë），奴哈時洪水爲災，乘舟至毛普耳（Moussoul）近鷹之Djoudi山，生三子，長名含（Ham）往印度，次名閃（Sam）往伊蘭（Iran）三名雅伏義（Yafeth Japhet）住北方，雅伏義遵父命至亦的勒（Itil）及札牙黑（Yaiq=Oural）河濱卓壽二百五十歲。生八子，曰厥（Turk）曰昌薩（Kha-zar）曰撒吉剌（Saqlab）曰斡羅思（Rous）曰明（Ming）曰秦（Tchine）曰Kimari曰Tarikh。奴哈死，突厥繼立；定居於熱海（Issik-kcl）生四子，長曰都督（Toutouk），禮立，其後世系如下：

都督——阿勒赤汗（Iltche-khan）——Dib-baqoui-khan——貴由汗（Kouyonk-khan Alinije-khan

Alin je-khan有二子長曰達旦汗（Tatar-khan次曰蒙兀汗（Mogol khan）
達旦汗之後裔世次如下：

Tatarkhan——不合汗（Bouqa khan）——Yelindje khan——Alt-khan——Stsiy khan——Ordu khan——Baidou-khan——Sujunitch-khan

（以上Abu'I Ghazi書第一章）

蒙兀汗之後裔世次如下：

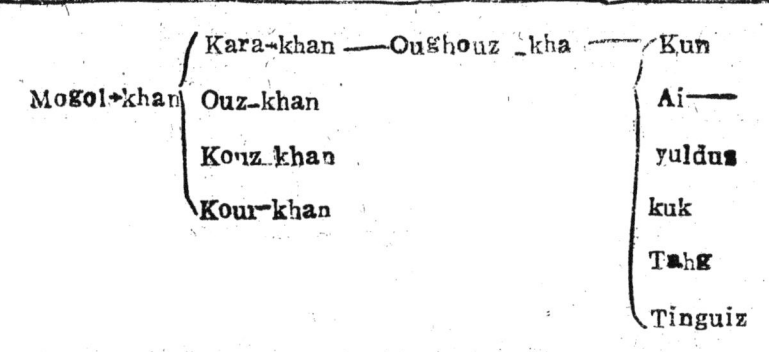

```
                    ┌ Kara-khan ── Oughouz_kha ─┬ Kun
                    │                           │ Ai
Mogol-khan ─────────┤ Ouz-khan                  │ yulduz
                    │ Kouz_khan                 │ kuk
                    │                           │ Tahg
                    └ Kour-khan                 └ Tinguiz
```

某　Yu'duz（？）——Mingli——Tinguiz——Il_khan烏□汗之父，兄弟四人，其子兄弟六人，與烏剌汗史詩及拉施德書所載較，人名差同，乃中亞畏兀兒舊有之傳說。著者抄自拉施德書者也。至拉施德書所傳烏刺汗始祖Dip，在Abu'l Ghazi，書則一變而爲Mogol汗。Dip者拉施德書爲奴哈之孫，在Abu'l Ghazi書，則見其名於奴哈之五世孫。

就人名言，其可知者雅伏羲之子，若突厥，若曷薩，若塔塔兒，若蒙古皆部族名，撒吉剌乃斯拉夫之阿剌畢語讀法，其名見元代經世大典圖。斡羅思及明，爲著者當時之東西兩大國名，秦卽中國，西方所通用也。都督本中國官號，唐代突厥人已借用之。阿勒赤貴由不合等皆蒙古時代常見之人名。Alti當卽Altan。Ordu若非Orda之訛，卽耳朵也。雅伏羲爲亞當十世孫，著者天方敎人，欲其祖先世系上承希伯來。吾人前已言之矣。

Abu nl Ghazi之書，頗不易見，其先世入山避難部分之文蹟較長，故姑摘譯於後以做參考

伊利汗時代

伊利汗（Il-khan）繼爲蒙兀（Mogols）汗，達旦（Tatas）第九汗爲小云石汗，吾人於上文業已言及，伊利汗與小云石汗同時。二人鬥爭不休，而伊利汗則永遠勝利，爲此之故，小云石汗遣人至點戛斯（Qirghiz）汗所，許以厚利及條欵始得其助。

當時此地人口衆多，在居住其地之一切部族中，蒙兀部最繁多。蒙兀人與他族戰，蒙兀人永遠勝利，無一種突厥族，不感覺其腕力不受其鋒矢者；因此各部族咸銜恨蒙人，在其壓迫下呻吟。

小云石汗既得點戛斯汗之助，復遣吏說各部族。令其使臣說曰：請許助予，吾繫於其

月十日聚於某地。吾人將向蒙兀人復仇，此諸部族悉應其召，悉聚指定共擊蒙兀之地。

蒙兀集其帳幕及畜群於一地，軍隊繞其居營鑿壕，等候戰鬥，小云石汗至，二軍遂交鋒。連戰十日。

以每人勝利均歸蒙兀，乃召集同盟部族諸汗及諸匍（Beks）祕密會議，曰：吾等若不施詭計，事將敗績，次晨黎明，彼等拔營退去，棄其劣畜及笨重行李，若軍隊敗却然。

蒙兀人為此戰略所騙，以為敵人退却，乃自覺其力不能復戰也，立卽追之。達旦見蒙兀人追及，忽反軍力戰。血戰之後，達旦終勝，追敵至其營，大加戮殺，因蒙兀所有帳幕悉聚一處，故帳幕及畜羣悉被擄，無一克得脫。蒙兀成人悉被殺，俘其幼稚為奴，分於諸人部族中，蒙兀雖有子遺矣，虎口餘生之人，悉成奴婢，須取其主人所屬隸之部族之名，總之，世界無復留蒙兀遺類矣。

小云石旣戮盡蒙兀，遂返國。伊利汗諸子，除是年新婚之乞顏（Qian）外，悉於此役陣亡。乞顏與其同義之捏古思均由某隊二人分去，捏古思（Nokouz）者，伊利汗季弟之子亦於是年新婚也，戰後十日，二人乘機偕其妻夜逃，二人遁入其原先（此戰之前）駐帳之地。於其地得四類畜牲（駝，馬，牛及羊）甚多此畜皆未遭戮屠而復返營壘也，二人協議曰：吾人如復去加入某部，吾人如留居於此，結果仍為敵族所遇見。故最好上策莫若赴山中尋一避難所，在遠離人跡之地，二人驅其畜羣逐向山中，至一高山山口，依野羊所經行之徑而爬入。旣至山頂，復下山至彼麓，各處尋視後確知，欲來此地，除其所經行之蹊徑外，別無他道，蓋至一駝或一山羊不經萬難，均不能越之，其險如此，因少一失足，便足墮入路旁深溝中，此山之中，有廣原，二人於其地找出極多河，泉，牧場，果樹及各種獵物。旣有此，乃致謝上蒼。冬食畜肉而衣其皮，夏日畜奶旣足供其所需。二人名此地曰 Erkene-Qoun。Qoun意為山之帶，Qoun險峻也，此乃山中最高處。

乞顏及捏古思子甚多，乞顏子最多，爲乞牙惕，捏古思子較少，有二名：一部分稱捏古思，另一部份稱 Douri Euine

乞顏一字意爲山上急流，急流瀑布，而注入山澗者，伊利汗之得此名者因其力及性實勇猛也，乞顏爲乞牙惕之多數。

乞顏及揑古思之子居於 Erk'en'e-Qoun 彼等蕃息而（谷中）散派，每家構成一部支派（Oumaq）……Oumaq 一字意爲骨頭種族。突厥詢人屬於 Oumaq，意即屬於何族也。居於 Erk'en'e-Qoun 四百年後，蒙兀人覺其畜太多，無地可容。乃相聚一地而會議等，衆曰：吾人曾聞諸先人，Erk'en'e-Qoun 之外，有吾祖先所居之廣大，美麗之地。有若干外族，由諸塔兒領導來蹂躪吾土，而據之。幸蒙天祐，吾人今日已不弱，無須再懼吾人伊敵而蟄居是山。吾人其尋一出口而出此山。與吾人爲友者吾人與之和平生活，如有人敵視，吾人將擊之。

蒙兀人悉贊成此議，遂開始尋找引出此山之路，但盡力偵察均無功效，最末一鐵工云：予於某地見一鐵礦，似僅由一層構成；吾人若鎔消此鐵，則於此地開一道路，非不可能也。衆遂至其地，皆認鐵工之言有理。全體居民各出木炭，堆置山麓隙處，旣置木炭，於山頂及山腰，乃用獸皮預備七十大風箱分置七十處；此後（引火燃木）同時各處開始鼓風煽火。

奉託天神全能之力，烈火遂消鎔山鐵，山遂開一道其寬適容一載重駝經過。

旣記淸脫離之月日時辰後，蒙兀人便如是出山。自此時之後，蒙兀人遂以慶祝此日爲定制，可汗執鉗取火中紅鐵一塊，置於砧上，用鎚鍛之，諸匈槪汗鎚之。蒙兀人隆重紀念此幸福之日，是日始脫離囚牢而復歸其先人之祖邦也。

在脫離 Erkene-Qoun 時代，治理蒙兀人之王爲李兒帖赤那，此人乃火營剌思之一支，乃乞顏之後。彼遣使各族，通告其出山及其來歷。諸族中有表示友誼者有以敵人待之者塔塔兒與宣戰。蒙兀塔塔兒旣戰，蒙兀人勝利。達旦成年人悉被屠戮，幼小者俘歸爲奴婢，此四世紀半以後，蒙兀人復其祖先死及其財產喪失之仇，及返回得其祖先祖國之地。當時居其地之諸突厥族中，塔塔兒最衆最強。因此蒙兀人出 Erkene-Qoun 敗塔塔後，重得其先人之牧地後，代塔塔兒之地位，而爲其他諸部之長，其中若干部甚且求其保護，與之聯合自稱蒙兀種之部族云。

（譯自 Abū'L Ghpzi 第二章，P.29-34）

（六）附錄

孛兒帖赤那以後，人名世次，近世元史學者多曾研究，自元史譯文證補出，後多一種新材料，以資比較，惟洪氏所譯，多不可信，且其所據之貝勒津（Berezin）本本身亦有錯誤者，四十年來，學者迷信洪譯，誤人實多，茲將成吉思汗三世祖以上人名依據貝本及其所引諸本異寫，與中國材料相較，不僅可改正洪氏錯誤，且可改正貝勒津本錯誤。事雖瑣碎，然足糾正數十年來東西學者相沿之誤謬，亦讀史者應有之事也。

洪氏雖譯貝氏書，但關於成吉思汗先世人名，實多遵多桑讀法。多桑當時，對此一罕經不經見之人名。大概亦無辦法，適施密德德蒙古源流出，故其讀法，多用施氏譯寫蒙文寫法參訂。然亦有蒙古波斯兩種寫法均誤者，茲依貝本寫法，先列一表，然後就可知者，一一予以解說：

1. Burtäh cinäh 貝本所引若干異寫，均誤。證以中文史料，貝本爲合

2. Qoti Maral 洪譯郭斡馬特兒，貝本明爲 Maral，未知洪氏何故，譯寫馬特兒，凡引洪氏書者亦隨之多此誤，至於Qoti洪譯爲郭斡，當係據中文改正而未聲明，貝本作 Qoti誤，其所引A本 Qoli 其中 l 應爲 a 之誤因阿拉伯字母 l 在一字中間，字形與 a 近似也，惟此字末尾各本均有 i 母，衍。

3. Taci Qian 洪譯必特赤干，當係據多桑本改，據貝本所引，惟 A 本合，而 t 字又未著音點，其字應爲 Bataci Qan，卽巴塔赤罕。源流謂 Burtä Cino二子，長曰 Batasgan次曰 Batacagan無畏空同，係襲源流，惟其文作 BathwosaSahan 及 Bathwochagan 耳。次子之名當卽 Bataci 之訛。

4. Tamac 貝本所引B本亦同，源流作 Tamacagh 無畏空作 Thamachig 祕史作塔馬察拉史德書及祕史二字尾均無 gh 母，二書苟無誤，則此字或與唐譯都麼支，元譯罕馬亦一字有關。

5. Qicu Märgän 第一字洪譯作乞楚依貝本所引E本，及多桑書當讀爲 Qapicu 卽祕史合必畜之對音，源流與祕史合，此獨異，無畏空謂此人乃蓮花生（Padmasambhava）之化身，其寫法作 Horachir，微誤。

6. Qujam Bughurul 祕史作阿兀站博羅溫（Bloche 復原爲 Boroghon）源流作

Aghujim Bughurul 據此，Qujan 必為一S母，如洪氏所云。至於 Bughurul 譯意曰灰（Kowalevski，1166頁），與源流合，與祕史異，成吉思汗大將有名博爾忽（Burughul）者，即羅溫，當別為一字。

7. Yakah Nidun 也客你敦，此云大眼與祕史同，源流作 Nige Nidun 此言「一隻眼」，當係傳述之誤，無畏空亦作Yehe Nidun

8. Sam Sauci 源流作 SamSuji，貝本引諸本寫法均同，通觀蒙古人名構造，Sam 應為名，Sauci 為徽號。

9. Qali Qacu 祕史作合兒出，源流作 Qarcu，無畏空作 Hali Harchwo 貝本及其所引諸本均脫 r ，至於洪譯合爾楚，乃據多桑改正本譯。

10. Dubun Bayan，Bayan一號元史祕史源流無畏空均作Margan，祕史源流無畏空均謂Dubun Margan尚有一兄，名都哇鎖豁兒 無畏空寫作Twobo Sohor. b母當為蒙文之，如實的譯寫Sohor蒙古語，澄為「盲目」王瓊北虜專蹟稱「鎖合兒」華言「一目」非。Dubun 源流作Dubn，n不固定，失，無畏空作 Twobon 又作 Twopon 因藏文字母bP形近歌誤。

. Bulkunut 與祕史同源流作 Balgatai 無畏空作 Balgwotai似均涉成吉思汗異母弟 Balgutai 而誤。

12. Bukunut 與祕史同源流作 Bagontai 無畏空作 Bagontai n後當失u母

13. Buqun Qatachi Buqun 元史作博塞，祕史源流及無畏空皆作不忽（Buqu）按緯兒馬罕之名拉史德丁書作 Curmaqun，則 Buqun 在元史作博塞亦無足異，gh 他本多作 q 是（參看下文 Buqtai）

14. Bughu Salji BuThu 與源流及無畏空同元史作博合覩，祕史亦同（同上）

15. Buzancar Khan 貝本引L本作 Buduncar Qan 源流作 Budancar 無畏空作 Fotwonchar以元史及祕史考之，l本寫法最合，惟拉史德書加汗號，源流加 mung Khan 為他書所無

16. BuQa洪譯作布格並注云：「此與華書大異，惟源流瑪哈圖丹（Maha Todan）

之文曰伯格爾巴圖爾（Biger Baghatur）此代人名元史祕史無之，巴圖爾爲勇號，伯格爾即布格，則未可爾西域史之說，悉無稽也」儒按拉施德書譯例，甚爲嚴明，凡阿剌畢字母q，所譯者，必爲蒙古語之g，阿剌畢之K，所譯者，必爲K或g，故Buqa一字，依祕史譯例，必爲「不合」，而不能譯爲「布格」，今洪氏以Biger當Buqa，（其實乃洪述多桑說）在世次上雖差可比擬，而在音理上則殊爲不合，並參看次節Buqtai條

17. Buqtai 洪氏作布克台注云：「祕史字端察兒別子巴阿里歹，（Bagharitai）即源流之巴嘎哩台亦即布克台」儒按Buqtai一字，竊以爲當讀爲Buq(a)tai，此字之蒙文構造當爲Buqa＋tai 譯音當爲「不合台」。除拉施德書外，他書均無Buqa及Buqatai一代，此代當即元史博寒（Buqun）（祕史作不忽〔Buqu〕及博合覩（Buqatu）（祕史作不合禿）兄弟二人之竄出也。蒙古先世傳說，本係無稽，固不准以信史態度研究其世次也。

又祕史字端察兒有一子曰札只剌歹（Jajirat）其後人即以爲氏，此名在拉施德部族志，亦爾沼兀烈歹（Jauriat），惟在源流則作Wajirtai，按蒙文字母，W與J形近，此殆喇嘛教傳入蒙古後，爲喇嘛所改，或傳抄致訛也。因Vajra（音譯伐闍羅，跋折羅，縛日羅）梵文意爲「金剛」，即蒙古人音譯藏文Dorji（藏文rdɔ rje）之原字，在喇嘛教中，人人皆知也。而Vajra一字蒙古人則誤寫爲Vacir（The Gods of Northern Buddhism P50 By Alice Getty, Oxford 1928）Vacirtai此云有金剛，字形與Wajirat（=Jajirat之誤）甚近，故誤。

18. Dutum Manan 源流作Maha Todan，儒按Manan與Maha蒙文字形極近，Maha梵文大也，爲後人妄改，洪氏註云：

「（元史）本紀咩撚篤敦表作咩歷篤敦，祕史蔑年土敦，源流瑪哈圖丹，此作土敦邁寧，誤倒。較以元史祕史，則布格一代，應是把林失亦剌禿合必赤，拉施德自謂親見國家譜牒，而岐異如此，殆不可解。又多桑引薩囊薛珍云：布丹察兒生三子，曰巴嘎哩台，曰亦察郭兒圖，曰哈必齊巴圖兒，哈必齊子爲伯格爾巴圖爾孫爲瑪哈圖

丹，今蒙古源流云布丹察爾將伊所生之子：命名「巴噶哩台汗之後裔哈必齊巴圖爾」，無亦察郭爾圖之名，聞西人云，薩囊薛珍一書，華文譯述，遺漏頗多，或不妥也。今以多桑所引三子之名删去台字，以「巴噶哩亦察郭爾圖哈必齊」十二字合讀之，與祕史之把林失亦剌秃合必赤元史之八林昔黑剌秃哈必畜，字音甚類，或一人而誤分爲三，或三人而誤合爲一，顯然疑竇。凡此異說，皆無從論斷矣。

屠敬山云（蒙兀兒史記卷一頁七下）「寄按巴林自是巴阿里之異譯，失亦剌秃卽沼兀列歹之音差，合必赤以三字爲名，此蓋總序孛端察兒所生三子之名也」。

張爾田先生蒙古源流箋證（卷三頁五上）以「巴噶哩台」爲一人，以「汗之後裔哈必齊巴圖爾」爲一人，張氏注巴噶哩台云：「爾田按祕史巴阿里歹爲布丹哈屯所生，合必赤爲又一妻所生，此巴噶哩台卽巴阿里歹對音，拉施德書無合必赤，而有布克台與祕史及此不符」。

又注汗之後裔哈必齊巴圖爾云：「爾田按祕史作巴林失亦剌秃合必赤，多桑引此書布丹察爾三子，其次又作亦察郭爾圖與此譯異，汗之後裔四字亦不詞，疑訛略也。……又按蒙古世系譜哈必漆巴圖魯爲結髮妻所生，朱兒漆代爲後擄妻所生，因擄時先有孕，故異其姓，據此，知汗之後裔不誤，以哈必齊爲嫡嗣，故云然也。朱爾漆代卽斡齊爾台，爾漆音鈍，依此正之。巴噶哩台譜不載」。

吾人對于洪屠張三氏之解說。批評如下：

1. 洪氏謂 Tudum Manān 爲 manān Tudum 之倒誤，甚是，因蒙人名字，徽號大體皆在後，Dutum 乃徽號非名也，Dutum 卽突厥官名 Tudun，唐譯「吐屯」或「輸屯」，爲突厥監統之官，詳見拙著突厥官號考釋。

2. 把林失亦剌秃合必赤（A）按多桑所引薩囊薛珍書，卽Schmidt 本蒙古源流，其所引之文（S.61）「Bagharitai-chanisaghortu und chabitschi Baghatur」，仍矯然俱在，Bagharitai-khan-isaghortu 爲一人，Chabitschi Baghatur 爲一人，且蒙古原文又明言孛端察兒生二子（Qoyar Köbägün）多桑謂爲三人，誤也。

（B）屠氏謂此名乃總孛端察兒三子之名，失亦剌秃（Širatu）卽沼兀列歹（Jaür

ait）之音差，此種武斷殊難騙人。

（C）中文蒙古源流譯文「巴噶里台汗之後裔哈必齊之圖兒」乃 Bagharitai qan Baghortu qabici Bahatur 之意譯。Baghortu 意為「有根源」。此有一問題發生，即據 Schmidt 本，此為李端察兒二子之名，依蒙文文義，及中文譯本，則為一人之名，然則何者為是乎．惜吾人刻下不能參閱故宮原本，不知其是否有 Qoyar Kobëgün（二子）之明文。惟依蒙古人名考之，汗子之後，絕無再加形容詞者，是 Bagharitai Khan 後之 Baghortu 一字，顯然不能連上，如 I.S.Schmidt 所譯。然則仍以洪氏假定一人之說為可通，果爾，Baghortu 一字殆 Siratu 之誤改乎？至於張爾田氏以「汗之後裔合必齊巴圖兒」為一人，乃係誤讀原文，故將「汗之後裔」四字連下，無庸批評矣。

19. Qaidu 依祕史海都尚有弟，名合赤曲魯克，曲魯克（Külüg）亦突厥字，譯言「著名的」唐譯「倶祿」「句祿」。回紇可汗徽號，多有之。

20. Bai Songqur 元史同，祕史作伯升豁兒多黑申，多「多黑申」一號，源流「Schmudt 本）作 Singhor Doghsin，脫 Bai 字，無畏窟作 Paras Sonhor Togzin，paras 似誤。Songqur 譯言「海青」Blochet 審以 Bai 為中文白字對音，恐不可據。

21. Caraqah Lingqum Lingqum 史表作寧兒祕史作領忽，再以拉施德書考之，寧兒似為寧忽之誤。寧之聲母為n，領之聲母為L，L及n今日方音中尚有不能分辨者，其末尾之m，殆與 Baria 之作 Barim 同，n字常省，m亦可省歟？

22. Caucin Hurkuz，Hurkuz 多桑本作Eurdeki，史表作兀秃迭蒍，祕史作斡兒帖該，三書皆不相同，惟拉施德部族志有 Hürtägän 一部（貝本誤讀為Harigan，洪譯作阿力干注云無考，見洪書卷一頁五下，屠寄云：阿力干似為阿魯剌之誤，乃妄說（見屠書卷一頁九下）云是抄真之後，然則此部名稱，當來自抄真之徽號斡兒帖格也。斡兒帖格與 Hurkuz 離異，而 桑書則 Eurdeki，其所據之寫本，吾人刻無法參閱，依其譯例推之，其字似為 urdakai 或 ürtakai，正斡兒帖格之對音，H當為一字首H。（Hürtakan一字，Erdmann本作ürtagan）再以祕史及史表校貝本，其 HurKuz 寫法必有脫誤，而元史兀秃迭蒍之「秃」字，亦當為兒字之誤，兀兒迭蒍姑與ürtagan合也。

23. Surquduiu cinah 據貝本所引，尚有四種異寫，決難定其讀法。且有人以爲乃二人之名，一名 Surqad，一名 Lucinah 者，但與其二弟建都，亦納 Kandu cinah 及玉烈貞蘇納（Ulukcin cinah）比較，則貝本一人之說，似較勝也。至於此名究竟如何寫法，尚無法決定。

24. Tumanah 洪譯正邁乃元史作敦必乃，祕史作屯必乃，親征錄作統必源流作 Tumbagai，無畏窟室作 Thombigai 按貝本 Tumanah 誤，故洪譯亦誤，後之引用：書者，無不誤。吾人須知貝本所引 B 本及 E 本，正作 Tumbinah，與親征錄元史正合，至於源流之 Tumbagai（或無畏窟室之 Thombigai）與 Tumbinai 蒙古文字形，相差甚微，乃傳抄之誤也。

25. Caqsu 拉施德謂屯必乃九子，爲十數部所從出，可謂一組最有趣味之人名，但同時亦爲兩個系統傳述中此次最參差之一部，人名證合之困，日無論矣。拉施德謂 Caqsu 爲 Notaqin，urut，及 Mangqut 三部之祖，Notaqin 之 t，音點錯誤，乃 Noyaqin，且有貝本所引之 A 本可證，即祕史之那牙勒也。所可怪者，祕史中文譯本，誤「勤」爲「勒」，氏不據拉施德書改正，反私改--qin（勤）爲勒，以從祕史之誤。元史及祕史均謂兀魯兀歹及忙忽台爲 acin（剌眞，納臣）之後，而 Caqsu，雖有 Haqsu，Jaqu 等異寫，然亦未能助吾人得其對音。

26. Harim Sirabu Qaicu 各本寫法大體相同，但音點爲，據中文材料，可改正 Sirabu 及 Qaicu 音點而定其讀法爲 Sirabu 及 Qabicu 即失亦剌禿哈必畜也， 譯合朱汗。

27. Qacuiai 當卽祕史之合出剌，元史之傳忽剌急哩但。

28. Sam Qaciun 與中文譯音合，惟多 Sam 一字，此處 Qaciun 當是徽號。

29. Bat Keleki 譯博羅阿庫兒格，譯 Bat 爲「博羅阿」，乃依中文音妄改，貝本所引諸本異寫，無一足助吾人證合者。

30. Qabul Khan 爲成吉思汗曾祖，其後世次始可憑信，故本文不再批評。自此以前，各書均不相同，足證其爲傳說，而非信史，

31. Udur Bayan, Budančar Düqulab 及 Khataqai（氏安譯為乞牙台）均未獲證合。

吾人於研究成吉思汗先世人名之後，發見其中有一點，為吾人所不可忽者，即其先世之人名與徽號，來歷多甚古遠，亦可為其接受突厥或突厥接受柔然〔蒙古種？〕傳說之一證也，惜吾人到下能解釋者甚少，茲姑列舉若干於後，作為例證：在人名中，「不里」，「不忽」想昆（為突厥之Sängün 即將軍之音譯）皆見於突厥文獻就徽號言。若「土敦」「幽魯克」吾人亦已言之，勿再論，他如

「伯顏」（Bayan）華言「富」也，囘紇可汗有磨延啜者，殆即Bayan čur之對音。

「必勒格」即突厥字 Bilga，華言「智」也。唐譯「毗伽」「苾伽」：突厥囘紇之可汗官吏徽號，多用之。

「斡惕赤斤」突厥時雖未見此名稱，但此名實由突厥字 od（火）及 čegin（=tegin 此云親王）構造而成。為守產之幼子所專有。至於蒙人通用之徽號，若汗（qan）即突厥人之小汗，合汗（Qaan）即突厥之可汗（Qaghan），的斤（Tegin）即特勤，答刺（兒）罕（元史作答剌罕Darqan）即達干（Tarqan）（拙著綏北的幾個地名謂祕史未見答剌罕之號，應改正。見禹貢半月刊七卷八九合期頁八七）把阿禿兒即莫賀咄莫咄也，

（註一）KlaProth——Tableau historique de L'AsieP.153—160

（註二）Haworth——History of the Mongols Part I ch. II, the origins of the Mongols

（註三）Wolff——Ceschichte der Mongolen oder Tataren S.1—16.

（註四）洪鈞——元史譯文證補太祖本紀譯證上。

（註五）屠寄——蒙兀兒史記卷一。

（註六）世界侵略者傳，原文為波斯文，現在東西諸國，尚無譯本，書中關鐵木兀兒事蹟所載若干事，一百年前，由多桑譯出（多桑書第一册附錄；著者名 Ala ad Dín Ata Mulk b. Muhammad Juwayni （卒於1282） 生於呼羅珊（Khorasan）之Juwaya（作你沙不兒城 Nisapur 之西北）故稱 Juwayn

突厥蒙古祖先之傳說

其祖為花剌子模沙（Khwarzm Sah）摩訶末（Muhamad）首相，父為蒙古在波斯理財官凡二十餘年，兄相旭烈兀（Hulagu）亦十年。其本人為報達（Bagdad）長官，凡二十四年，姪為 Iraq Ajami 及 Fars 總督，另一姪則為詩人，一門顯貴，為波斯史上所僅見。一二五二年蒙哥汗被選時，隨父入覲，當其留蒙哥宮庭時，應友人之請，編著此書。分三部，第一部誌成吉思汗及其承繼者二部為花剌子模沙史三部為水剌夷事。Mirzas Muh. Qazwini 已校印兩冊，（1913，1917）為倫敦 Gibb Mem. Series, 叢書之 Old Series XVI

（註七）「不可」一名，在唐代突厥文暾欲谷碑第三十四行及第五十行已著錄，唐譯為「匐俱」為「牟羽」（Bögü），足見「不可」一名其淵源與烏茲（uǧhuz）俱古矣。元歐陽玄圭齋文集（卷十一）高昌偰氏家傳之普鞠可汗，亦即此不可的斥歐陽玄謂普鞠可汗居偰輦，傑河（Salinga）足證其亦見 Juwayni 所轉錄之畏兀兒書，或虞集所轉錄之高昌王世家亦憶誦為部分，棄而不取耳。

（註八）著者為小徹辰薩囊鴻台吉（Saçang Sačan Qong Taiji），鄂爾多斯烏審旗人，書成於一六六二年。惟關於著者之名，頗有問題。其名在 I.J. Schmidt 本（S.298）為 Sanang；無畏空齋（S.417）之藏文寫法為 Saṅ Span，與成袞札布本之薩囊，均無齟齬。但久居鄂爾多斯之蒙古學家 A Mostaert 神甫，曾告予云：「其名實為 Saghang 而非 Sanang，因 gh 與 n 近似，乃傳寫之誤。」姑誌之，以待實證。並參閱 L. Ligeti 之元文宗之蒙古名字（Les noms mongols de Wen tsong des Yüan, 通報 Serie II Vol XVII p.59）

（註九）著者生於青海東南部（'A-mdo）留學於西藏，一八二一年曾至北京，居雍和宮。被請居住士默特貝子寺內，應擅越之請，著作此書，（參閱其書內自傳頁三五六至三六零及四六至四四八）書成之年為藏曆「第十四勝生十兔年」此年Huth自注（S.447）為一八一八年，但據伯希和教授之說，應推下一年改正為一八一九年參閱其所著之（Le cycle Sexagenaire dans la chronologie tibétaine (Journal Asiatique, Mai-Juin 1913) Pages 633-667)一文，並參閱鋼和泰男爵之On the Sexagenary cycle of the Tibetans (Monumenta Serica Vol. I. Fasc. 2, 1935) 此書於一八九六年由惠人Georg Huth譯為德文，名為 Geschichte des Buddhismus in der Mongolei. 本文所引，即此譯本。

（註十）兩土默特（Hoyar Tumet）乃涉土默特旗左右兩翼而言土默特即禿馬惕之異譯。無畏空書作Hure Tumed譯寫亦微誤。拉施特部族志作Quri，即秘史「豁里」之對音，唐譯「哥利」，華言「老」也。惜豁里禿馬惕（此書老禿馬惕）在秘史為一部之名，在拉史德書，豁里與禿馬惕各自為部，乃兩部之名，無豁里禿馬惕。

（註十一）Ughuz之名，唐代突厥碑文，業已著錄，足見此名傳說逗甚，張燕公集唐故夏洲都督太原王公神道碑有云：「走烏□十萬於城外□□狂烏鷹」與Ughuz音近，姑假作對音，回紇（Uigur）一名，較晚出□□□突厥民族中一王朝名號。

（註十二）此卷史詩，流傳不甚廣，但為研究回紇傳說之極珍貴材料。一八九一年裁人Radlov曾譯為德文，收入其所刊行之 Das Kudatku bilik des Jusuf c ass Hadschib aus Balasagun 第一卷中（St. Petersburg, 1891, in-fo 頁X-XIII及232-244）一八九五年後譯為俄文譯文與德文相應，毫無改義。一九二八年土耳其Riza Nour博士，復譯為法文，題曰Oughouz name，共六十四頁，刊於埃及之亞力山大城（Alexandrie）法國伯希和教授嘗著Sur la legende d'Ouuiz-Khan enecriture ousoure一文駁之，揭於通報（Serie II. Vol. XXVII）依Riza Nour博士之意，此篇詩內，尚未□入□□因子，故斷定為突厥文極古之文獻。惜博士之書，予于北平恰隆時，僅與美國友人Cleaves先生，求能索還參考，不能言其詳也。但伯希和氏則謂：『烏古思汗傳說乃一三零零年頃，用吐魯番之畏兀兒文繕成，十五世紀，又于吉兒吉斯地方重訂，但僅限于文字之字形而已。Schefer之抄本，卽此種傳寫本之一也。』（通報Serie II, Vol XXVII 頁 358）今暫從伯希和之節抄列于此，史詩頗長，茲僅摘譯其與本文有關係處數節，將當譯出全文，以供治塞北史者參考。

（註十三）按蒙古人以各種顏色為各種民族之徽號，蒙古人自視為最尊貴之民族，致以其所視為最尊貴之青色，名其本族。無畏空（hJigs-med nam-mkhah）之蒙古宗教史（Hor chos byun）有云：「由成吉思汗時代起，至此帝（忽必烈）時代，下列諸族，依次被征服，青蒙古人（die blauen Mongolen）紅中國人（die roten chinesen）黑吐蕃人（die Schwarzen Tibeter）黃回回人（die Gelben Sart'agwol）白高麗人（die Weissen Solongsyos）（Huth 德文譯本三十三頁）

（註十四）RGyal-rabs 中文本蒙古源流原註譯為嘉喇卜經（卷一十三頁下原註）華言帝王世系，據 Joseph Hackin Fornmiaire Sanscrit-tibetain du X Sieele(1924)一書所徵引歐洲已有四本，茲所據者，則一八六六年德國E.Schlagintweit校譯本也，此本係一八五六年九月拉達克 La-ags 王使其家藏牒，命喇嘛三人為德人 Hermann von Schlagintwert 抄於其首都列城（SLe）者，此王名無畏法獅子（HJig-med chos-kyi Senge）乃灘部要略，雍正十年著錄之尼瑪納木札勒（Ni-marnam-rgyal）之七世孫，德忠納木札勒（bDe-skyon rnam-rgyal）之六世孫。故就此抄言，甚為晚出，但其中雅爾隆（Yar-lun）王朝世系部分，當亦甚古。此書一八六六年德人E.Schlagintweit譯為德文名曰 Die Konige Von Tibet

（註十五）藏文原名RGyal-rabs-gsal-bai me-lon 譯言「帝系明鏡」西蒙古（Kalmück）譯本，名為Nomgharchoi Todorehoi Tolli（Nom gharqui to dor jui toli) 或釋Bodhi mor o l, J. Schmidt 曾據西蒙譯本摘譯爲德文，分載於其東蒙古史（即蒙古源流）注中，（I. T. Schmidt S. 317以下）此書著者為薩斯迦巴莎南監藏（Sa-skya-pa bsod-nams rgyal mtshan譯言 寶幢）1327年寫成於 bsam-yas寺院（參閱 B. Laufer, Die Brū-za Sprach éunnd die historische Stellung Qs padmasambhava, 通報 1908 p. 38）惟依伯希和之說，此年須推下一年，改爲1328年。參閱 Les systemes d'écriture en usage chez les anciend mongols Asia major II。嘉木樣（Hjam dbyans）西藏佛教年表（bstan-rtsis re-mig）著錄之莎南監藏生於元仁宗皇慶元年卒於明太祖洪武八年（公元 312—1375）恐非一人。

（註十六）一八二六年Klaproth著亞細亞史表(Tableau Historique de l'Asie）中有蒙古種之民族（Penples de race mongole）一章（原書頁一五三至一六零）謂：「波斯阿剌畢及突厥之著作家，凡關於蒙古祖先傳說之文，悉襲拉施德丁史集」。Klaproth 又釋拉施德丁曰：『「但爲宗教熱誠所蔽」，遂將亞洲中部游牧民族之古老傳說與可蘭經所保存之猶太人之古老傳說結合」（156—157頁。）

（註十七）拉施德丁（Rasid ad-Der）哈馬丹人Hamadan。奉波斯合贊汗（Ghazan Khan）命，著作史集一書。其書第一集爲蒙古史第二集爲亞洲西部通史。書成于一三零三年。關於蒙古部分，其史源除檔案及金冊（altan debter）外，尚有忽必烈所遣之李羅丞相(Pulad cansang），助之成書。

（註十八）Abu 'L Ghazi Bahadur, 乃成吉斯汗長子朮赤（Juji）之後裔，一六零五年，生於玉龍傑赤（urganj）一六四三年承乞瓦汗位。死於一六六三—四年。其書名Sajara'i Turki 譯言突厥世系茲所據者爲Desmaison 男爵之法文譯本，譯本名蒙兀及韃靼史（Histoire des mogols et des Tatares）。此書前部爲拉施德書之節錄，後部記錄著者身前乞瓦汗國百年間事，其所用史料，今已不可復見，書之價值，即在此部。

中康日食

董作賓

夏仲康時代之日食見於左傳所引夏書逸文，為全世界天文學史上日食最早之紀錄，乃世界學者所公認之事實。所惜者三代總年數，異說紛紜，眞正之中康時代，無從確定，以致古今中外學者，雖多方加以推求，終不能得一準確之結論耳。

作者在寫定殷曆譜之便，就關於中康日食之材料，加以整理，同時因周年與商年之確定，推及夏年。中康之時代既得，日食之推求較易，乃不揣淺陋，大膽檢算此一懸案，為論述如次。

一 關於中康日食之史料

關於中康日食之材料，僅見於左傳昭十七年所引

夏書曰：『辰不集於房，瞽奏鼓，嗇夫馳，庶人走。』

之一段。此確為一個日全食時，大家營救及忙亂之景象。然所謂夏書者當在何篇？是不能不加以考查。夏書原有九篇，其目如下：

一、禹貢　　存　今文

二、甘誓　　存　今文

三、五子之歌　存　偽古文

　書序：太康失邦，昆弟五人，須於洛汭，作五子之歌。

四、胤征　　存　偽古文

　羲和湎淫：廢時亂日，　往征之，作胤征。

五、帝告　　亡

　自契至於成湯八遷，湯始居亳，從先王居，作帝告釐沃。

六、釐沃　　亡

七、湯征　　亡

　　湯征諸侯，葛伯不祀，湯始征之，作湯征。

八、汝鳩　　亡

　　伊尹去亳適夏，既醜有夏，復歸於亳，入自北門，遇汝鳩、汝方，作汝鳩、汝方。

九、汝方　　亡

夏書存者既佚，亡者怡告以下五篇，皆為人事，又不涉天象，不容有「辰不集於房」之四句。此四句見於今尚書偽古文胤征，實即胤征逸文，而適為編輯偽書者所引及。史記夏本紀亦云：

　　帝中康時羲和湎淫，廢時亂日，胤往征之，作胤征。

所謂「廢時亂日」乃隱含此日食之故事，故左傳所引夏書逸文，非胤征篇中不能有之。因而知此一日食亦當在中康時代也。

其次，推求此次日食，乃為全食。凡在同一地點，日之全食須三百餘年始見一次。所謂「瞽奏鼓，嗇夫馳，」即「伐鼓用幣」以救護日食之禮，而「庶人走」更足以表示全食時天色晦暗，庶民慌恐奔走，極端驚駭之狀。由此情形，可證其為日全食無疑。否則普通偏食，「伐鼓用幣」容或有之，庶民當不甚經意，必不致於奔走驚駭也。

又次，「辰不集於房，」以推求此次日全食所在之宿度。全食之時，大星畢現，所在之宿，固可以一覽而知。古者觀象授時，有曆法之時，即已具天文學上之相當知識，今由甲骨文字之偶記鳥星，火星，日食，月食，不得謂夏代尚不能有認識房星之事。

大衍曆議引劉炫說云：

　　房，所舍之次也。集，會也。會，合也。不合則日食可知。

一行竝為之說云：

　　按古文集與輯義同，日月嘉會而陰陽輯睦，則陽不疚乎位以常其明，陰亦含章示冲以隱其形。若變而相傷，則不輯矣。房者，辰之所次；星者，所次之名；其揆一也。……新曆仲康五年癸巳歲，九月庚戌朔日蝕，在房二度。

中康日食

據大衍新 所推仲康五年之日食，恰在房星之度，故闢和舍次及鳳儀之二說。今按以房爲辰而謂及之疑，不免空疏，蓋『辰』爲日月之會，日月之會，而不舉和，是卽侵犯而有蝕。『于房』正『辰』所在之宿度，自不應以爲泛指房舍而言也。至於大衍所推在房二度之日食，則當爲氏十一度，實在在房，說詳下。

仲康日食之在房宿，亦可借開元占經證之。其卷十占六，『日在東方七宿蝕』一則，云：

石氏曰：日入房而蝕，王者有憂昏亂，大臣專權，必有憂病。

郗萌曰：日在房而蝕，公卿大夫有黜者。

此皆針對仲康時日食『辰弗集房』而言，『大臣專權』所涵爲『中康微弱，羿出于羿』（見世紀）之故事。『王者有憂，』『公卿大夫有黜，』則所涵爲 征羲和之故事也。

二　夏年之問題

夏之總年數，不同之說凡四。

1. 世經　　　　四百三十二年

  大衍經，帝王世紀，通志同。

2. 今本竹書紀年　四百七十一年
3. 皇極經世　　　四百四十一年
4. 通鑑前編　　　四百三十九年

此四者以四百三十二年一說爲最可信。蓋今本竹書實以四百三十二年，加羿老寒擢之四十年，以伐桀（夏亡）之年爲商年，故又有四百七十一年之數也。通鑑前編年代悉採自皇極世經，本當相同，而差二年者，在前編以堯喪之二年，入於堯之百年內也。經世周年始於己卯，卽公元前一一二二，與世經同。又以堯年採帝王世紀，始於甲辰（公元前二三三三），此一二三五年中，除去堯舜之百五十年，商六百四十四年（商本六百二十九年，因滅去外丙二，仲壬四，共六年，改太甲十二年爲三十三，卽又加入二十一年，故爲六百四十四年也。餘數盡以與夏，故夏乃增加九年，爲四百四十一年矣。毫無其他史證，僅爲遷就堯元甲辰之故，卽唐（100）虞（50）夏（441）商（644）共恰有一二三五年也。夏年為如是求得者，可依據乎？

夏年四百三十二，古無異說。商年今定爲六百二十九，周年今定始於己卯，武王繼體之年（1122），凡此皆有天文曆法之根據，今舉其要點：

1. 日食基點

周幽王六年，周正十月辛卯朔日食（詩經）

公元前776年儒曆9月6日儒日1438288

↓前推122581日（約335年）

2. 合朔基點

周武王十一年，殷正正月，庚寅朔三日壬辰（見古文尚書武成，古本竹書紀年）

公元前1111年儒曆1月28日儒日1315657

↓前推19373日（約53年）

3. 合朔基點

殷帝辛十一年，殷正正月丁酉朔（據甲骨文字，詳見殷曆譜）

公元前1164年儒曆1月12日儒日1296284

↓前推53377日（約147年）

4. 月食基點

殷武丁二十九年殷正十二月望庚申月食（據甲骨文字，詳殷曆譜）

公元前1311年儒曆12月23日儒日1242907

↓前推155935日（約427年）

5. 合朔基點

商太甲元年殷正十二月乙丑朔（世經引伊訓）

公元前1738年儒曆12月20日儒日1086972

由基點5上推十三年，即

商成湯元年庚戌，商年之始，（公元前1751）。

以上爲周年與殷商之年所據以推斷之五基點。吾人幸生于今日天文曆學已極精審時代，正可利用此科學工具，以整理中國共和以前紛紜複雜之年代，而地下甲骨文字之新史料，亦可提供有力之佐證，故敢有此決定也。其詳，將別於古史年代學中論之，然據此五點，亦可加以覆核矣。蓋日月交食及合朔，在天文曆術上，均有其顛撲不破之基礎，其間距離有準確之數字在，絲毫不容移易也。

今以夏年之終，置之商年之始，基石既立，乃能於其上建禹一真確之夏年也。夏四百三十二年，加於商年，當以公元前二一八三年為禹之元年，由禹下推至仲康，不過四王，年數之差異不多，尚易於推求之，此所謂『攡其本』『齊其末』之法也。

由禹元年下推至仲康元年，少者三十七年（今本竹書），多者四十八年（經世），以中康十三年計之，可能在中康時代之年，不過二十四年而已。（即由公元前2146至2123）。其詳見第四節。

三　求相當于中康時代之日食

關於日食之推算，吾人現在可以憑借者為奧伯爾子交食圖表（Th. R. V. Opplyer,s Canonder Finsternisse）以521年之周期，上推求之。奧氏圖表，經專家十人之助，盡二十餘年之力，推算八千日食，極為精密，惟其上推僅至公元前1208年為止，故中康時代之日食，不能不以奧氏圖表為基點，更以521年之大周期向上推求之也。

521儒略年，為牛考慕（Simon Newcomb）周期之十八周，在此大周期之後，同樣日食，於同月同日，可見于同一地帶。今以此521年之周期，檢查奧氏圖表，自公元前1208年以下，無不吻合，故推而上之，亦可得較準確之日食也。

今既可定中康年代約在公元前2146至2123之間，則推算不妨更多，故自其前後延展之，上下推求百年內之日食，即自公元前2187至2088之一百年也。

在此百年內，非每一日食必悉推出，則以由歲差求出日食約在房星度內或房星之前後為斷。例如依法求得公元前2137年儒曆10月22日之全食在房星4度，（詳次節）則凡儒，無論平閏年自10月18日乃至24日為日躔可能在房星之時，于其前後日食必不在房星之度也。故僅推求公元前2187——2088之百年內，凡儒在10月之日食，即足供中康日食之參.

此百年内，在儒略10月之日食，凡得全食7，環食6，環全食1，偏食7，合計共有日食21次。具詳下節。

四　中康日食與夏年

中康時代前後百年之可能在房星内之日食旣推出，而關于夏年，又有揣本齊末之法，擬定中康之時代，則互相對照，即可以求得解決此問題之法矣。（參看附圖1，中康日食與夏年）。

圖1，卽示中康日食與夏年之關係。此圖有須說明者：

　　1.二十一個日食之抉擇。

中康日食之主要條件爲

　　甲、全食（環食，環全食包括在内）

　　乙、食在房星

　　丙、夏都安邑可見

由其「伐鼓用幣」，庶人驚駭奔走，定爲日全食之現象，故先將七次偏食除外。又詳食數中以夏都安邑（今夏縣東徑111度）時分換算（即將格林維基時加7時24分）凡全，環食之在安邑17時以後及7時以前者（中國在夜）皆除外，則所餘者爲

　　公元前2175　2156　2137　2128　2109　2108

三次全食，三次環食而已。

以上六次日食，更以宿度證之，則在氐者三，在心者一，在房者二，除却在心，氐之日食，僅2156，2137之兩次日全食在房宿也。於此須加以說明者，即2128癸巳年之日全食，見於大衍議，云在房2度，以今推之，則當在氐11度。所差7度，則一因大衍歲差，以84年一度計之，謂太康元年冬至日躔在女11度，差今算虛1度，凡一變。二因大衍歲實，大於今測，計自開元十二年（724）上推至公元前2128，凡2852年，冬至先天六日，並歲差一度，共爲七日，故相差七度，實當在氐十一度，而當時推算則以爲房二度也。今推在房之兩次日食，公元前2156年之全食，由其521年大周期下推，與圖乃在南洋，中國不能見。而由大周期下推，中國黃河流域能見之者，惟公元前2137之一次日食。此次爲全食，

中康日食

在房宿四度，又爲中國夏都安邑所能見，蓋中康時代之日食，舍此更無相當者矣。

2. 中康年代之新舊排法

圖中左右兩表，左方爲中康時代之新排法，卽建立夏年之末於公元前1752，由是上推至2185爲禹元年也。自禹下推，歷啓太康至中康，僅有三王，其年數之分列，以皇甫謐帝王世紀爲最早，前編，通志，經世，小有異同，大衍次之，今本竹書相差爲多。如此排比，乃較爲合理之一法，所有史籍中康之年，可能者盡於此矣。大衍之縮短禹啓太康年代，頗有遷就癸巳九月庚戌日全食（公元前2128）之嫌，今本竹書，襲大衍癸巳九月庚戌日全食之推算，而誤以爲所引爲古本竹書，且移後三甲子周，凡一百八十年。又限於商周總年，故更縮禹啓太康之年，以將就中康五年之癸巳，參右表可見，余別有說。

由此新排法，知日食表中惟一在房四度夏都可見之日全食，適當帝王世紀年代之中康元年，此大讀注意之一事也。

次看右表，除今本竹書之中康五年癸巳（公元前1948），九月既非庚戌朔，亦無日全食，不入本表範圍之外，其餘各種舊說之中康年代，亦已全部賅括于日食表上。其中康可能之年，起公元前2159，訖2116，古今中外推求中康之日食，具在於斯。今略舉之：

甲、大衍之推算

中康五年癸巳歲九月庚戌朔日食，在房二度。卽日食表公元前2128，儒畧10月13日之日全食。當中曆夏正九月，庚戌。惟宿度不在房，已見前說。

乙、虞鄺之推算

中康元年，九月庚戌朔日食。

此恐仍指大衍所推之日食而言，故議謹云『虞鄺以爲中康元年，非也』。若虞鄺所據當卽世紀年數，觀舊排年代表可知。

丙、李天經古今交食考所推

子、中康四年乙丑，九月壬辰朔日食。

丑、中康五年丙寅，九月丙戌朔日食。

按李氏所據之年代爲通鑑前編，故與大衍不同，卽公元前2156年10月22日及21

55年10月0日之日全食，前者在南洋，後者為夜食，夏都皆不能見。

丁、閻若璩尚書古文疏證所推

子、中康元年，壬戌歲，五月定朔丁亥日已正初刻，日食在井宿二十八度。

丑、中康四年，乙丑歲，九月定朔壬辰日未正一刻，日食在氐宿十五度。

按子項不以日食在房為推算基礎，不在本文推算範圍之內。丑項與李天經所推者同，為公元前2156年之日食。所據赤通鑑前編也。

戊、奧伯爾子所推

公元前2137年10月22日（甲申歲九月朔）此據朱文鑫歷代日食考所引，惜未見原著論文及詳細之推算。朱氏亦據前編年，斷為『已在中康之後』，不知此年之正為中康元年也。

今據中康日食之條件，全食，在房，夏都可見，又據年代表之新排列，此合於中康條件之日食，又適在中康元年，即戊項，奧氏已先吾人而推算所得者也。

五　中康日食之推證

由前節中康日食與夏年對證之結果，知此次在房宿度之日全食，非公元前2137年10月22日之日食莫屬，而此一日食，乃早為奧伯爾子氏所求得，奧氏精研交食，推算之準確，絕無容疑。惜著其原論文，余猶未獲寓目也。據朱文鑫氏言『歐美學者皆宗奧伯爾子之說』可知其推算之結果，已為歐美學者所公認。今以年代學證之，此日食又恰為中康元年，益足以互相發明矣。

就此日食，更作簡單之推演，以資旁證。

1. 由日食週期表證之

王維克編著之日食和月食一書，附有牛藤著週期演算表一，週期表，二，食類表，三，年分表。以簡便之法，可求得古今日月食之約略日期。今依法推演公元前2137年之日月食，如下式：

$$X = 2137.00$$
$$T = 2154.71$$
$$M = 17.71$$

中康日食

$$t = \begin{cases} 18.03 & A & 0.32 \\ 18.07 & d & 0.36 \\ 18.47 & d & 0.76 \\ 18.51 & A & 0.80 \end{cases}$$

4月27——9日　必起中心日食，（環食或全食）

5月11——14日　或起月偏食，但不能確定。

10月 4——7日　或起月偏食，但不能確定。

10月19——22日　必起中心日食

今公元前2137年10月之日全食，正為22日也。

2. 由交食圖表521年之週期上推之

奧氏交食圖表僅推至公元前1208年，今據521年之週期向上推求。今由公元前1095年（奧氏交食圖表用家年為——1094）10月22日4時2.8分，儒略周日1321769，之日全食為基點，此全食經中國黃河流域（見圖2）夏都能見之。由此日食上推兩大周期，共1042年，則同月同日同樣日食全食，可見於同一地帶，即公元前2137年之日全食也。

公元前2137年甲申（——2136），10月22日壬申，儒略周日941179，夏都安邑時11時30分，日全食。

此推演之結果，可信與奧氏原算無大出入，與精密之數字，或有一二時前後之差異耳。

3. 由史籍所載合于此日食下推之周期證之

更以521年之周期向下推算，得7大周期前後亘3127年，表列如下：

	公元前	史家年	家年	儒略月日	儒略周日	
(1)		2137	(——2136)	10月22日	941179	全食
(2)		1616	(——1615)	10　22	1131474	全食
(3)		1095	(——1094)	10　22	1321769	全食
(4)		574	(——573)	10　22	1512064	全食（以下見圖2
(5)		53	(——52)	10　21	1702359	環食

57

```
           公元
(6)        469        10 21    1892654    環食
(7)        990        10 21    2082949    環食
```

以上七次日食，(5)與(7)中國不可見。(2)與(3)中國無記載可考。(4)與(6)則皆見於史籍。朱氏歷代日食考曾收入：

(4)春秋魯成公十七年十二月丁巳朔日食。

(6)南朝宋明帝泰始五年十月丁卯朔日食。

觀此七大周期與史籍記載相連貫，可以證此中康時代之日全食必為公元前2137年10月22日無疑，且當為中國夏都所能見也。

4. 由中曆夏正月日證之

日月合朔在房，以殷曆求之，在中康時代，恰可能為夏正九月之朔日。茲借兩種曆書以求之：

甲、顓頊術

公元前2137年10月22日之日全食，相當于顓頊曆乙未紀，戊寅蔀第三章第十六年，夏正九月丙寅朔，減去先天六日，為壬申朔。

乙、殷術

此日全食，相當於殷曆甲午紀，壬子蔀第三章第一年，夏正九月丙寅朔，減去先天六日，為壬申朔。

由以上推證，則此公元前2137年儒10月22日，適為中康之甲申年（中康元年）夏正月九日壬申朔。

以上四項證明，可知奧氏推算此日食之精確程度矣。

5. 由日食在房宿證之

奧氏交食圖表，於日食所在宿度，推求極為詳密，對于此一日全食，當亦有宿度之推定。今以冬至日躔，歲差及古代赤道星度，試為推算，亦可略求得：

以民國27年公元1938之冬至日躔為基點，以今歲差71年又8月差一度，上推公元前

仲康日食

前2136年冬至日躔，逆推至2137年10月22日壬申，日全食所在之宿度。如下算：

甲、民國二十七年公元1938之冬至日躔

是年冬至日躔爲赤經17時56分15.3秒，約當箕宿第一星（σ．Sagittarii），即箕0度。

乙、求民國27年公元1938上至仲康元年公元前2136之積年2136+1938＝4074

丙、求4074年之積日

365.24219879 × 4074 ＝ 1487996.72日

丁、求公元前2136年始冬之儒略周日

公元1938年12月22日冬至儒略周日＝2429255（戊子）

2429255－1487996＝941259（壬辰）

戊、求公元前2136年始冬至，至2137年10月22之日數

941259－941179＋1＝81日

故此冬至爲公元前2136年儒略1月9日，仲康元年甲申11月22日壬辰。上距是日全食凡八十一日。

己、求4074年之歲差度數

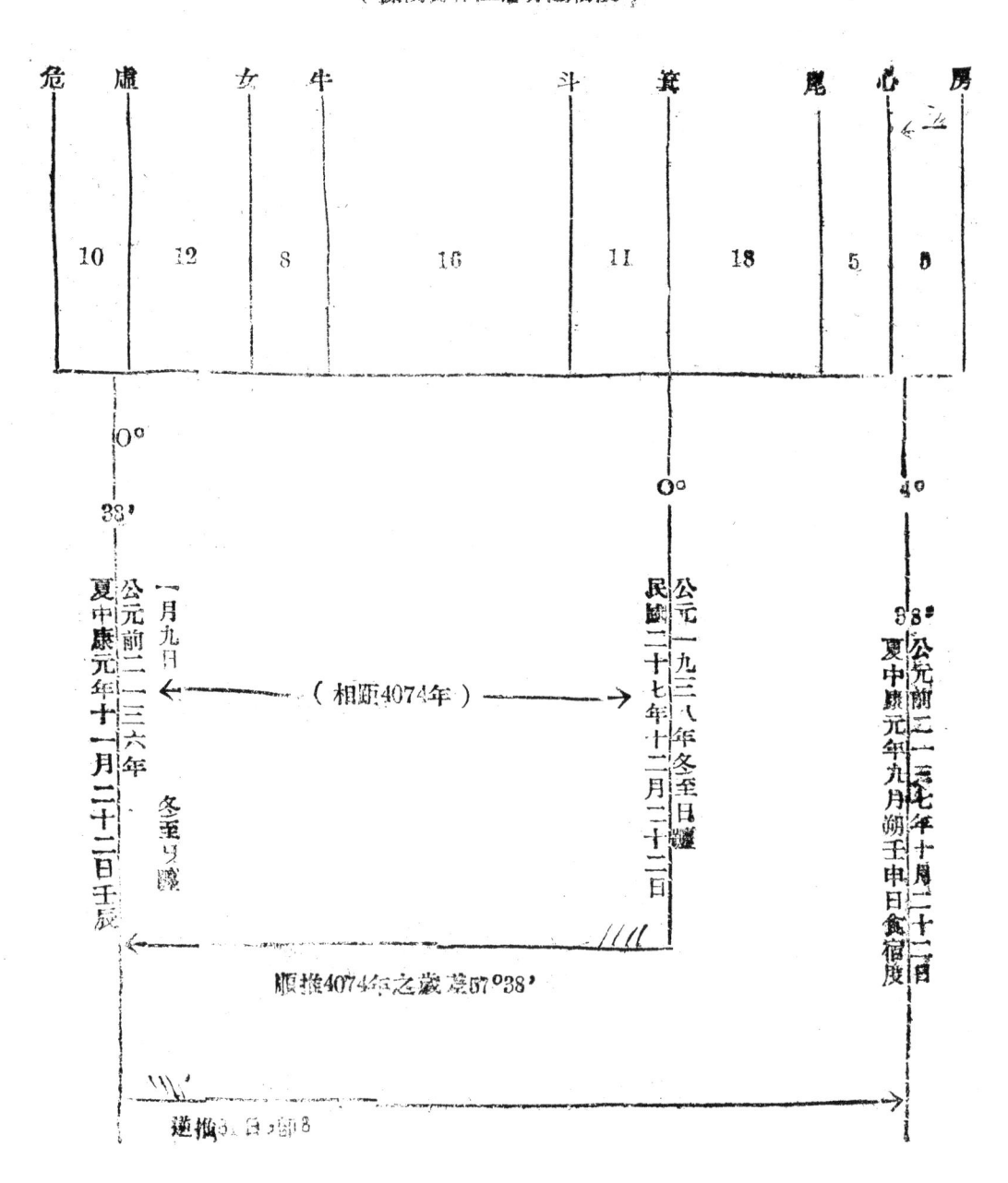

(圖3) 仲康日食宿度圖
(據漢書律曆志赤道宿度)

危	虛	女	牛	斗	箕	尾	心	房
10	12	8	16	11	18	5	5	

公元前二一三六年
夏仲康元年十一月二十二日壬辰

公元一九三八年冬至日躔
民國二十七年十二月二十二日

公元前二一三七年十月二十二日
夏仲康元年九月朔壬申日食宿度

(相距4074年)

順推4074年之歲差57°38′

逆推⋯⋯

中康日食　　61

4074÷71.66約二新度(360)56度51分，　舊度(365.25)57度38分（求古代宿度用舊度）。

庚、中康元年日全食宿度

由箕0度（用太初赤道宿度）逆推57度38分，則中康元年11月22日壬辰冬至，日躔在宿0度38分。

更由虛0度38分，逆推61度，則中康元年甲申九月壬申朔，即公元前2137年10月22日，日躔在房宿4度38分。

古今星度之廣狹有異，冬夏日行之盈縮不同，此不過得其約數。可以知者，此次日全食，約在房宿四度至五度之間而已。

總以上五節之論證，可得而言者：

一、夏書『辰不集于房，瞽奏鼓，嗇夫馳，庶人走』，乃在夏都安邑見日全食在房星之度，而驚駭營救之現象。

二、此夏書出於古文胤征篇，乃夏中康時代之殘逸史實。

三、由年代學之研究，可以確定夏代之總年及其起訖。

四、根據遞確之夏年，求相當于中康時代之可能年限。

五、在中康可能之年限內，求夏都可見，在房宿之日全食，僅得公元前2137年10月22日之日食，條件完全相合。而適當中康之元年。

六、故夏書所載之日食今可決定為公元前2137年10月22日之日全食，即夏中康元年甲申，九月壬申朔之日食。

　　　　　29，5，14，初草於昆明龍泉山村

　　　　　30，8，19，改寫完，於四川嘉峯，詠南山。

䣙太史申鼎銘跋

丁 山

——論「□安」即「陸終妃安」帝繫書爲「安」又譌爲「萊言」

國語鄭語曰，「祝融之後八姓：己，董，彭，禿，妘，曹，斟，羋。曹姓鄒莒，皆任采句。至大戴禮□繫則省禿斟二姓，而□陸終產六子云，

「其一，曰樊，是爲昆吾」。「昆吾者，衛氏也」。

「其二，曰惠連，是爲參胡」。「參胡者，韓氏也」。

「其三，曰籛，是爲彭祖」。「彭祖者，彭氏也」。

「其四，曰萊言，是爲云郐」。「云郐人者，鄭氏也」。

「其五，曰安，是爲曹姓」。「曹姓者，邾氏也」。

「其六，曰季連，是爲羋姓」。「季連者，楚人也」。

萊言，世本譌爲求言，餘則全同□繫。帝繫言，「曹姓邾氏」，鄭語則與「斟姓鄒莒」。鄒，見於東周金文者，如邾公鈃鐘邾公華鐘等字皆作䣅或䣊，是知鄒爲邾之晉譌。曹字見於金文者，如曾小子□□作曹；其正字也；譌則爲䣙。䣙太史申鼎銘曰，

「隹正月，初吉，辛亥，䣙

安之孫，䣙太史申作

其造鼎十，用征台逎

白□賓客，子孫是若」。

䣙。安當即帝繫所謂「其五曰安」。䣙字向來無釋。按，說文，「飴，米蘗煎也。從食合聲。䬮，篆文飴」。䬮從共食，當即莊卅一年左傳所謂「無不饋飴」之本字。共飤䬮之後起字；則□所以饔，卽饔之別寫。若以□文䬮小篆爲例，䣙，從邑，飴聲，殆卽郃之古文。

大雅生民詠后稷曰，「實覃實訏，厥聲載路」，即有邰家室。毛傳，「邰，姜嫄之國也」。史記周本

紀亦韻，「后稷母，有邰氏女」。願，邰，漢書地理志右扶風則作斄云，「周后稷所封」。師古曰，「斄，讀與邰同」。漢書補注引段玉裁曰，「史記封棄於邰。徐廣云，今斄鄉，亦作氂鄉，漢以名鄉。斄鄉之名，必起於古，因諸我來牟，而有此字。氂卽來字；音釐，來省聲」。來，邰，音同，而言，安，古韻亦相近。由是言之，帝繫所謂「其五曰安」者，安上當脫「釐」字；「其四曰萊言」，萊言亦疑安之聲誤。

昭二十九年左傳，「秋，龍見於絳郊。魏獻子問於蔡墨。對曰，古者畜龍，故國有豢龍氏，有御龍氏。昔有飂叔安有裔子曰，董父，實甚好龍，能求其耆欲以飲食之，龍多歸之，乃擾畜龍以服事帝舜。帝賜之姓，曰董，氏曰豢龍，封諸鬷川，鬷夷氏其後也」。杜注，「飂，古國也。叔安，其君名」。漢書古今人表作廖叔安。洪亮吉謂，「當卽蓼國」。左傳詁云。按，春秋，「文公五年，秋楚滅六蓼」。臧文仲聞之，曰，「皐陶庭堅，不祀，忽諸」。則蓼爲皐陶後，非叔安之裔也。叔安之裔，爲董父，爲鬷夷，正鄭語所謂祝融之後「董姓，鬷夷，豢龍，則夏滅之矣」。在莊子列御冦則謂「朱泙漫學屠龍於支離」，單千金之家。三年，技成，而無所用其巧」。泙漫疑卽叔安形音之誤；泙疑當爲叔，而邰或當氏之譌誤。郭與飂俱韻爲安，皆有來音；而來釐聲正相近，是知飂叔安亦卽此鼎銘之釐安；安與飂叔安，所傳說之事業同，家世同，固不□音近字間之可決爲一人已。

由茲，鼎銘，吾人對於帝繫所傳祝融之孫之世系，一則可信爲曾曾有據，一則可□其傳寫有誤。傳寫有誤者，後人之責也。其言之有據，當出列國史記。惜乎郯鄫舊史記 左氏圖語；宋能備錄，作鼎之太史申，未詳爲何許人。

二十九年一月二日寫於三台

齊叔弓鐘銘跋

丁 山

——論叔弓即晏弱，晏弱之先本宋人——

銘曰：

「隹王五月，辰在戊寅，師於淄溍。

公曰，「汝弓！余經乃先祖；余既敷乃心，汝小心畏忌，　陸，夙夜宦執而政。余弘獸乃心，余命汝政於朕三軍，肅成朕師旟(讀爲旟)之政德，諫罰朕庶民左右，毋諱」。弓不敢弗憖戒，虔卹厥死(讀爲尸，主也)，事，戮穌三軍徒鼪(讀爲衆)，雩厥行師，慬中厥罰。

公曰，「弓，汝敬共辞(讀爲台，我也)，命，汝應盧公家，汝毀(讀爲忌)，雩朕行師，汝鐘敏於戎攻。余錫汝齹都壴䚄，其縣三百。余命汝辭辞簋，遷國徒四千，爲汝敵(讀爲嚮)寮」。弓敢用拜頷首，弗敢不對號朕辞皇君之錫體命。

公曰，「弓，汝虎逌乃九事，衆乃敷寮，余用登純厚乃命。汝弓母曰，余小子。汝敷余艱卹，虔卹不易左右余一人。余命汝䵼(讀爲職)，差正卿，爲大事，驫命於外內之尊，中敷盥刑，汝以(讀爲台)敷戒公家，應卹余於盥卹，汝以卹余朕身。余錫馬車戎兵灗僕三百又五十家。汝戒戊鍼」。弓用或敢商(讀爲三)，拜頷首，應受君公之錫光，余弗敢潘(讀爲蕃)乃命

弓典其先霞：及其高祖，徐虘 唐(讀爲湯) 有殷在帝所，敷受天命，剛伐顥司，

叔弓鐘銘跋

讀爲嗣，𣀳厥靈師，伊小臣佳輔，咸有九州，處禹之都。丕顯穆公之孫，其配襄公之姪，而誠公之女，雩生叔弓，是辟於齊侯之所。是小心龔肅，靈力若虎，勤勞其政事，又共澹武靈公之所 澹武靈公，錫弓吉金鈇鎬，玄鏐鏞鋁，弓用作鑄其寶鐘，用享於其皇祖皇妣，皇母皇考，用祈眉壽，齊命難老。丕顯皇祖，其作福元孫，其萬福純魯，穌協而九事，俾若鐘鼓。外內剴辟 讀爲闢朝，戒戢眾𡙇，造而丞糨。汝考壽萬年，永保其身， 俾 斯男，而𠩵斯宇。 肅肅義政，齊侯左右，毋疾毋巳，至於䇨， 讀爲世，疑當複巢字，曰武靈成，子子孫孫，永保用亯」。

全銘將五百字，始著於博古圖，題曰齊侯鐘， 見卷廿四， 薛氏鐘鼎款識題曰齊侯鎛鐘，見卷七，趙明誠金石錄則題爲齊鐘銘，跋云，「宣和五年，青州臨淄縣民於齊故城耕地，得古器物數十種，其間鐘十枚，有款識，尤奇，最多者至百字」。同時出土器物，凡數十種，而鮮所稱道，豈以不盡有款識，雖已著錄而其名不彰歟？要此銅器羣，以鐘銘考之，當爲齊靈公正卿叔弓之遺，關係春秋時代齊國文獻，至爲重大。作鐘之叔弓，究爲誰氏？就史料眼光論，實有鑑定之價值。

宋代著錄銅器款識，因展轉翻刻，往往失却文字與形。近年發見宋拓薛氏款識法帖，海內驚爲鴻寶；細覆內容，與朱謀垔劉世珩諸刻，不過五十步之比百步。惟，商務影印刊嘯堂集古錄尚未失兩周文字規矩。作鐘銘之叔弓，弓字，嘯堂錄大抵作 𝇍 形，宋人多釋爲「及」，近人或釋爲「夷」。按， 及弓二形之不類， 無待煩言。若，夷，戕毀銘作 𝄃，其上斜傾，與 𝇍，上之平直者，迥然異趣，故以字形覓，孫詒讓謂爲弓，自不可易。

𝇍之爲弓。不獨字形可辨也。就銘文事跡考之，鐘銘云，「命汝職差正卿，爲大事」。郭沫若考釋曰，「古有左卿士，右卿士之職，差正卿卽左卿士， 鐘銘，僅言差卿 而無正字」。正卿，國之重臣也。當靈公時，齊之正卿，若高固國佐等，俱見於左傳；叔弓爲正卿，春秋不容無徵。 定四年左傳，「分魯公以封父之繁弱」。杜注，「繁弱，大弓名」。荀子性惡，「繁弱，鉅黍，古之良弓也」。說文訓弱爲橈，當爲弓弱撓曲之象。以名字訓詁者，作鐘之叔弓，當即晏嬰之父桓子晏弱。

襄二年左傳，「齊侯使高姜宗婦來會葬。召萊子，萊子不會，故晏弱城東陽以逼之」。又六年春秋，「十有二月，齊侯滅萊」。左傳，「齊侯滅萊，萊恃謀也。四月，晏弱城東陽，遂圍萊。甲寅，堙之，環城傅於堞，齊師大敗之。丁未，入萊。萊共工浮柔奔棠，晏弱圍棠。十一月，丙辰，滅之，遷萊於郳」。如左傳說，滅萊之役，皆晏弱之功也。晏弱滅萊，在齊靈公十五年，城東陽在靈公十一年，晏子春秋即誤爲齊景公時事云，「景公伐萊，勝之。問晏子曰，吾欲賞於萊，何如？對曰，臣聞之，以謀勝國者益臣之祿，以民力勝國者以之民利。公曰，善。於是破萊之臣，東邑之卒，皆有加利」。詳問篇間上，東邑，即晏弱所城東陽；萊即左傳所謂萊子國，亦即茲鐘銘之䘵都。「公曰，女弓，女勤勞朕辟敵於戎攻，余錫女䘵都䘵釐，其縣三百。余命女嗣𤔲縊，遣徒四千，爲女敵寮」。正以晏弱有滅萊之功，故錫土䘵都，使之兼萊邑大夫。在晏子春秋則又誤爲「景公使晏子爲東阿宰」。雜篇，晏嬰之爲東阿宰，襲其父職也；故史記管晏列傳逕卽「晏嬰者，萊之夷維人」。自使實方面驗，叔弓與晏弱之時代與事蹟，無一不合，余故謂叔弓卽晏弱。

晏嬰，左傳謂之晏桓子，或簡稱晏子，齊頃公四年，魯公孫歸父會齊侯於穀，見晏桓子，與之言魯，樂。桓子告高宣子曰，「子家其亡乎！懷於魯矣。懷必貪，貪必謀人，謀人亦謀己，一國謀之，何以不亡？」詳宣十四年左傳及頃公七年，晉人徵會於齊。頃公使高固晏弱會。及斂盂，高固逃歸。晉人執晏弱於野王。苗賁皇言於晉侯曰，「夫晏子何罪？執之以信齊沮，吾不既過矣乎？」。晉人殺之逸詳宣十七年左傳，弱之潔己奉公，見危授命，寶樹晏嬰臨難不屈，誠無道恥盈禮之良楷。齊靈公之二十六年，「桓子卒。晏嬰麤斬綏，苴絰帶杖，菅屨食鬻，居倚廬，寢苫枕草。其老曰：非大夫之禮也。曰，唯卿爲大夫」。詳襄十七年左傳，是桓子歿時，晏嬰即襲職爲卿。假定穀之會，子家見晏桓子，桓子方在壯年；則其卒也，約七十歲：其生也應在齊昭公初元。假定桓子之年生桓子時，年三十，則其生約在齊桓公二十四年，襄成公二年左右，距齊襄之敗，二十有餘歲矣。鐘銘云，「不顯㬇公之孫，其配

靈公之姊，而戴公之女，孿生叔弓，是時於齊侯之所」。戴公，聚訟如郭沫若說，秦成公
者，則襄公非齊襄，應開蔡祖襄公，「襄公之姊」，猶言襄公之孫，不必如爾雅釋親云，
「姊妹之子為出也」。

鐘銘敍典祖德，先稱皮洺，次言「穆公之孫」，叔弓之出自宋國，絕無可疑。宋自穆
公後，疊有內難。卽晏弱生年二十餘歲，尚有司城須之亂。如文十八年左傳云，「宋武
氏之族牽司城須以作亂。宋公殺母須遂出武穆之族」。穆族，猶言穆公之裔，蓋者，「穆公
之孫」，叔弓之父卽因司城須之亂，而亡命於齊。鐘銘所謂「□生叔弓，是時於齊侯之所
」，明謂適宋文公之討奔。此達銘可以補苴左氏春秋者也。茲參之史記十二諸侯年表作晏
氏簡譜如次：

公元前	春秋紀年	宋公紀年	秦公紀年	齊公紀年	晏氏大事記
七二〇年	隱，三，	繆，九，	文，四六，	僖，十一，	宋穆公卒，立其兄之子馮，是為殤公。
六八六	莊，八，	湣，六，	武，十二，	襄，十二，	齊襄公被殺。
六六二	莊，三八，	桓，二十，	武，二，	桓，二四，	假定叔弓母，秦□公女，生於是年。
六三二	僖，二八，	成，五，	繆，二八，	昭，元，	假定叔弓（卽晏弱）生於是年。
六一三	文，十八，	文，三，	康，十二，	懿，四，	宋□□因司城須之亂，出武穆之族，叔弓奔齊，時年約廿四歲。
五九五	宣，十四，	文，二一，	桓，九，	頃，四，	晏弱年三十八歲，殺之會見公孫綠父。
五九二	宣，十七，	文，二四，	桓，十二，	頃，七，	晏弱年四一，赴斷道之會，為晉卻執。
五八一	成，十，	共，八，	桓，二，	靈，元，	晏弱年五二。
五七一	襄，二，	平，五，	景，六，	靈，十一，	晏弱年六二，城東陽以逼萊。
五六七	襄，六，	平，九，	景，十，	靈，十五，	晏弱年六六，滅萊。
五六六	襄，七，	平，十，	景，十一，	靈，十六，	晏弱年六七，□□月戊寅，師於濰濉，□□命叔弓職在正卿，詞營邑□□□三百縣，□徒四千。叔弓作鐘銘。

| 五五六 | 襄，十七， | 平，二十； | 景，二一， | 靈，廿六， | 晏弱年七七卒，子嬰為大夫。 |
| 五〇〇 | 定，十， | 景，十七， | 惠，元， | 景，四八， | 齊太公世家，晏嬰卒。 |

觀於此表，可知作鐘之叔弓，既不能指為魯大夫叔敬子，名號，亦不能疑為齊之弱國，非晏弱莫屬。晏弱之先，左傳不詳，後儒多疑為齊之公族，如歐陽修晏殊神道碑云，「有姜之裔，齊為晏氏」。非此鐘銘，自稱成湯之裔，穆公之孫，又孰知齊之晏氏，亦殷之苗裔哉？

春秋末葉，東方有二大思想家，一為孔子，一為晏嬰。孔子人皆知其先宋人也。若晏嬰，太史公但知為「萊之夷維人」而已。在墨子非儒則更謂「孔某之齊，見景公。景公說，欲封之以尼谿。以告晏子。晏子曰，不可。夫儒，浩居而自順者也，不可以教下；崇喪遂哀，不可使慈民；機服勉容，不可使導眾。孔某盛容脩飾以蠱世，弦歌鼓舞以聚徒，繁登降之禮以示儀，務趨翔之節以觀眾。……其道不可以期世，其學不可以導眾。孔某乃恚。怒於景公與晏子」。此孔子所謂「晏平仲善與人交，久而敬之」耶？論語公冶長篇，考之春秋，孔子出於宋襄，而此鐘銘言晏氏出於宋穆，則晏子孔子，固皆宋之公族也，而豈相厄哉！若墨子之學，呂氏春秋當染謂出於史角。按，墨子主節用，固有似於「晏子相齊，食不重肉，妾不衣帛」；詳史記本傳，主節喪也，則尤近晏子所謂「唯卿為大夫」，嘗疑墨子之學，實出晏子。晏子之非儒，蓋墨氏之徒所偽託。以孔子之稱晏平仲，吾知晏平仲必不能尼景公之封孔子也。余讀叔弓鐘銘，然後晏子孔子皆殷人也。用略書，以諗治古代思想史者。

二十七年二月，寫於上海，二十九年一月十日重寫於三台

班𣪘銘跋

丁 山

——論毛伯班𣪘所紀痛戎即周穆王所伐徐偃王——

銘曰：

『隹八月初吉，在宗周。甲戌，
王令毛伯更虢城公服，屏
王位，作四方孟，秉緐、蜀、巢。
令錫鑾䋣𢧑。王令毛伯以
邦冢君，徒馭，𢦏人伐東國
痛戎𢧑。王令吳白曰，「以乃
師左比毛父」。王令呂伯曰：
「以乃師左比毛父」。遣令曰，
「以乃族從父征　徣　衛父
身」。三年，靜東國，亡不咸𢦏
天畏，否畀屯陟。公告厥事
于上，隹民亡徣哉𢦏蠢𢦏尺
命，故亡。允哉！顯隹敬德，亡
攸違。班拜稽首曰，「烏虖！丕
𠂤毁皇公，受京宗懿釐，毓
文王王姒聖孫，登于大服，廣
成厥功。文王孫亡弗褱荊，
亡克競厥烈。班非敢覓（？），隹

作邵考□□□日大□于子孫，

多世其永寶。」

盉銘百九六字，箸于西清古鑑卷十三，篆文摹寫失真，考釋僅多闕謬，自郭沫若兩周金文辭大系考釋表而出之，頓爲學者所重。蓋盉銘記毛伯征東國事，詩書俱未有聞，此正周史之闕文也。郭氏所釋，極爲詳贍，容有千慮之失，用爲校勘如次：

 亞，即□之形訛。「作四方亞」，猶毛公鼎銘言，「命汝亞一方」。周書武順，「正及神人曰極」，正也。

 尸，疑氏之形訛，字讀爲右。左右，本古代習語。

 信，徐中舒謂即延字，今本尙書通譌爲誕，是也。

 日，倘爲马，□公，人名。

 叚，當爲殷，即此器名。

文字既正，請論作器者時代所征之 故。

殷銘言，「受京宗懿釐，賦文王王姒聖孫」，則作器者，亦文王後。僖廿四年左傳，「昔周公弔二叔之不咸，故封建親戚，以蕃屛周，管蔡郕霍魯衞毛聃，文之昭也」。周書克殷，「武王克商，毛叔鄭奉明水」。叔鄭之裔，世爲王室卿士，見于春秋；歷所作鼎，尤重于現代。余謂作殷之班，即征東國之毛伯。天子尊之曰「毛父」，氏之曰「毛伯」，班即毛伯自名。穆天子傳：

「丙寅，天子至于鈃山之隊，東升于三道之磴，乃宿于二邊，命毛班逢圂，先遲于周，以待天子之命」。卷四

「天子四日休于蘆澤，……丁丑……見許男于洧上。鄰父以天子之命，辭曰，去□□，用帛玉見。許男不敢辭。還，取束帛加璧。毛公擧贄玉」。卷五

郭璞注云，「毛公即毛班」。「毛班，毛伯衞之先也」。毛班與殷銘之毛伯班名氏全同；是知穆天子傳□出六國俾官，其傳述人物，絕非馮虛；而作器之毛伯班，又可藉穆傳以確定爲穆王時人，倘亦治史學所樂聞歟？

䐣從疒，甚明；其右從肙，疑卽冐字。說文🈳部，「冐，骨間肉冐冐箸也。從肉，從冎省。一曰，骨無肉也。肎，古文冐」。從疒，從冐，許書未見。段玉裁注管慮李善文選註引說文，于疒部補㾂字云，「疲也。從疒肙聲」。注則謂，「蓓會甞云，㾂，骨節疼也。今俗謂瘦酸」。玉篇及韵會羣異所訓，多據說文古本，頗疑㾂卽冐之本字，其本義曰，「骨節疼」，形乃傳誤爲肙，音乃傳譌爲冐。㾂，偃，古音同在寒部；所謂⼽戎，疑卽偃姓之戎，亦卽傳說所稱徐偃王也。史記秦本紀，「造父以善御，幸于周繆王，得驥，溫，驪，驊，騧，騄耳之駟，西巡狩，樂而忘歸。徐偃王作亂。造父爲繆王王御，長驅歸周，一日千里以救亂」。裴駰集解，「尸子曰。徐偃王有筋而無骨。䀚爲號偃，由此」。水經，濟水注，「徐縣，故徐國也。劉成國徐州地理志云，徐偃王之異言。徐君宮人，娠而生卵，以爲不祥，棄之于水濱。孤獨母有犬，名曰鵠蒼，獵于水側，得棄卵，銜以來歸。孤獨母以爲異，覆煖之，遂成兒。生時偃，故以爲名。徐君宮中聞之，乃更錄取。長而仁智，襲君徐國。……偃王治國，仁義著聞，欲舟行上國，乃通濤陳蔡之閒。得朱弓矢，以得天瑞，遂因名爲號，自稱徐偃王。江淮諸侯服從者三十六國。周王聞之，遣使至楚，令伐之。偃王愛民，不鬭，遂爲楚敗。北走彭城武原縣東山下，百姓隨者萬數，因名其山爲徐山」。後漢書東夷傳迺棕秦本紀與徐州地理志而爲之說曰，

「徐夷僭號，乃率九夷以伐宗周，西至河上。穆王畏其方熾，乃分東方諸侯，命徐偃王主之。偃王處潢池東，地方五百里，行仁義，陸地而朝者，三十有六國。穆王後得驥騄之乘，乃使造父御以告楚，令伐徐，一日而至。于是楚文王人舉兵而滅之。偃王仁而無權，不忍鬭其人，故致于敗。乃北走彭城武原縣東山下，百姓，隨至者以萬數，因名其山爲徐山。

周穆王伐徐偃王事，盛傳於漢代；而穆掌收拾於盜爐，迴闕明文。世或據韓非子五蠹云，「徐偃王處漢東，地方五百里，行仁義，割地而朝者三十六國。荆文王恐其害己也，舉兵伐徐，遂滅之」。淮南子人間云，「徐偃王好行仁義，陸地而朝者三十二國。王孫厲謂楚莊王曰，王不伐徐，必反朝徐。……楚王曰，善。乃興兵而伐徐，遂滅之」。以爲徐偃王卽宋王偃傳說之誤。考諸班設銘，稱謂偃王，卽䲭武之君。㾂之本義爲「骨節疼」，由是屬

轉說，乃有偃王「□而偃」，或「有筋無骨」神話。

沈兒鐘銘，「以匽以喜」，王孫遺者鐘銘，「用匽以喜」，匽喜；今本詩經皆作「燕喜」；小雅六月，吉甫燕喜，魯頌閟宮，魯侯燕喜。而燕國之燕，見於兩周彝器款識者，亦無不作匽。匽燕既為古今字，則謂偃王為徐君，毋寧謂卽有燕之先祖。隱五年左傳，「衛人以燕師伐鄭」，杜注，「南燕國，今東郡燕縣」。正義引世本云，「燕國姞姓」。漢書地理志東郡燕縣下云，「南燕國姞姓，黃帝後」是也。南燕之為姞姓，亦見於宣三年左傳。傳曰，「鄭文公有賤妾曰燕姞，夢天使與己蘭，曰，余為伯鯈，余而祖也」。伯鯈卽莊子大宗師所謂「南海之帝為儵」。然而，帝儵非黃帝。另一問題，蔡伯星父殷銘云，「蔡伯星父作陶姪姞寶殷」，此蔡伯媵女仲姞器也。蔡國，姞姓，與南燕同族」。顧，蔡，春秋通書為六。此朝沫若說。文五年經，「楚滅六蓼」。左傳曰，「皋陶庭堅，不祀忽諸」。皋陶庭堅，世本以來，皆謂偃姓，則蔡伯疑卽南燕分族，初皆偃姓。此正如莒在鄭語帝繫，皆為曹姓，世本則謂「自莒紀公以下己姓」。蓋戎夷無親，姓亦無常，南燕本偃姓，或取「姞，吉人也」，見宣三年左傳 而亦變姓而姞歟？此余所以疑匽戎卽南燕。

匽戎之族，據殷銘云，有鄯蜀與巢。巢之見於左氏春秋者不一地。文十二年經，「楚人圍巢」。傳曰，「羣舒叛楚。夏，子孔、舒子平，及宗子，遂圍巢。杜注，「巢，吳楚間小國，廬江六縣東，有居巢城」；此南巢也。成二年左傳，「齊侯伐我北鄙，取龍、南陽，及巢丘」，此魯國之巢也。襄十一年傳，「城鉏人攻太叔疾，衛莊公復之，使處巢，死焉，殯於鄖，葬於少禘」。杜注，「巢，鄖，少禘皆衛邑」；則衛亦有巢。魯巢近齊，而衛巢近宋，均當成周之東，由周人言，正「東國」也。書序，言武王時，「巢伯來朝，芮伯作旅巢命」。鄭玄則謂，「巢伯，殷之諸侯，南方之國，世一見者。聞武王克商，慕義而來朝。余謂，巢本在魯衛之間，蓋春秋以前不勝諸姬壓迫，乃南徙居巢。此朝周之巢伯，不見周本紀，疑當在穆王時。穆王命毛伯班征東國，既遠入朝，其南遷也亦在此時。

蜀國，曾見于卜辭云「丁卯卜，殷貞，王叀食於蜀，二月」。後編上九葉。「貞，夫弗其戈芍蜀」，鐵雲藏龜一〇五葉，世多以巴蜀當之。考，成二年春秋，「公會楚公子嬰齊於蜀」。丙申，公及楚人盟於蜀。左傳云，「冬楚師侵衞，遂侵我，師於蜀」。此卽楚語所謂，「靈王爲章華之台，願得諸侯與始升焉。使太宰啓疆請于魯侯，樞之以蜀之役」。韋昭云，「蜀，魯也」。魯西，今有蜀山湖，疑卽其地。若以聲類求之，漢書地理志，沛郡有竹邑，疑或蜀之聲誤。沛郡又有敬丘縣，應劭注，「春秋，馮於犬丘，明帝更名敬丘」。犬也敬也，正卜辭所謂「弗其戈芍蜀」之芍。由是言之：殷銘 見蜀國，亦在東土。

殷銘之 ，由曾伯霥簠銘云，「克狄淮夷，印燮繁湯」，似在淮水流域。襄四年左傳，「楚師爲陳叛故，猶在繁陽」。杜注，「繁陽楚地。在汝南鮦陽縣南」。後漢郡國志，汝南郡宋國公下云，「有繁陽亭」。劉昭注，卽引左傳爲證。是，繁在今河 新蔡附近，正當汝水入淮之衞，以當曾簠之繁湯，雖無疑；以證班殷繁國，終嫌未允。昔者，公相王室以尹天下，封康叔以殷民七族，曾有繁氏。詳定四年左傳。晉姜鼎銘遺文襃親命，亦有「征繁湯聯」之說。此繁氏者，應屬衞士。水經「河水又東北過衞縣 」注，「浮水故瀆，上承大河於頓丘縣而北 東徑繁陽縣故城南。應劭曰，縣在繁水之陽。張晏曰，縣有繁淵。春秋襄公二十年經，書，公共晉侯齊侯盟於繁淵。杜注，「在頓丘縣南，今名繁淵。澶淵，卽繁淵，亦謂之浮水焉」。繁陽，於漢志屬魏郡，周初正在康叔封疆之內，殷銘所見繁國，疑卽康叔受封之繁氏，卽漢時魏郡之繁陽縣。曾伯 簠銘所謂繁湯，亦當於繁淵附近求之。

漢之魏郡，南接東郡。史記魏世家，「景湣王元年，秦拔我二十城，以爲秦東郡」。索隱云，「魏都大梁，濮陽黎陽 並是魏之東地，故立郡曰東郡」。王先謙非之，以爲「此蓋秦未滅魏，不得以魏郡 名」，是也。其謂「秦在西，故此稱東」，亦未爲得。詳漢書補注。周書作雒，「俾康叔宇于殷，俾中旄父宇于東」。東卽東國，憒孟眞水東大東說已有精確之考證。詳中央研究院歷史語言研究所集刊 東郡爲名，自周人所謂「東國」。東國繇是，由此舊殷虚及往日銘之蟹蜀巢地望考之，約當于戰國時代所謂「泗上十二諸侯」之地。泗上諸國，由禹貢九州說，約當於徐州與夫兗州之局部。徐州，本因徐方爲名。周宣王伐徐方事，詳于大雅武，疑或屬王時事，厲宣以前，「伐犀好事，則數見於銅器銘文。犀舒，世本謂皆偃姓，文十二年左傳正義引，徐遷亦謂偃姓之國。偃，於文字得謂卽南燕。南燕故地，地理志謂在「東郡燕縣」，正與敔銘所謂「東國」。余故謂東國者戎，卽偃姓者戎；因偃姓諸戎卽犀舒，故又謂爲徐偃王。

不寗惟是。

徐偃王率九夷以伐宗周。九夷者，後漢東夷傳云，「夷有九種，曰，畎夷，于夷，方夷，黃夷，白夷，赤夷，玄夷，風夷，陽夷」。按見紀年，余謂，九夷卽居於九河之夷」。禹貢，「濟河惟兗州，九河旣導」。毛詩正義引鄭玄注云，「河水自上，至此流盛，而地平無岸，故能分爲九，以殺其勢。九河之名，徒駭，太史，馬頰，覆釜，胡蘇，簡潔，鉤，盤，鬲津，周時，齊桓公塞之，同爲一河。今河間弓高以東，至平原鬲津，往往有其遺處焉」。是九河本在兗州。小雅大東之詩曰，「有冽氿泉，無浸穫薪」，氿泉當卽九河。但，河，北方名也，江淮以南則通謂之江。漢之九江郡，以名證言，似因禹貢所謂「九江孔殷」。考九江在尋陽南；而「秦立九江郡，治壽春，棄得廬江豫章之地」，詳水經淮水注，此乃楚之九縣也。宣十二年左傳，「鄭伯謂趙子曰，使改事君，夷於九縣」。九縣，當卽九夷所居之地。徐率九夷，以寇宗周，時當居於泗上，而其遺物，近則多出於江西，顯以句吳滅徐，徐子章羽奔楚之故，詳昭三十年左傳章羽奔楚，其遺民自不能盡留泗上。觀於禹貢九河轉而爲楚之九縣，變而爲秦漢九江郡，可知九夷諸族，本在兗州；後乃不滿南北諸強大之壓迫，初則入淮，繼則踰淮渡江，而入豫章。古本紀年云，「周穆王三十七年，起大師，至於九江，伐楚」。通鑑外紀卷三引，九江，依地理志九江郡說，應指淮上羣舒，由禹貢九河說，應謂東國偃姓羣戎，卽所謂徐偃王，其曰「伐楚」，楚則疑爲舒之音譌。伐舒，卽荘毅鎛命毛伯班征東國痡。

周穆王伐徐偃王事，今本紀年繫於穆王十四年。而劉師培古曆管窺據長術推當天子傳載行日程，正在其時。時穆王方登昆侖，見西王母，無暇東顧。假如古本紀年所云，穆王伐徐在三十七年，則茲殷銘所謂「隹八月，初吉甲戌」者，應在穆王三十五年。何也？殷銘云，「三年，靜東國」，此紀年所謂穆王克徐之年也。逆數三年，為穆王命毛伯之年，亦即三統術所謂入甲申蔀六七六年也。是歲，正月，辛卯朔，小餘四十五；八月，戊午朔，十七得甲戌，非「初吉」也。惟漢傳卷五蒼，「毛公寧將王」年，卯「仲秋丁」次年正得「仲秋甲戌」，與此殷銘所謂「八月，初吉，甲戌」，正合。顧純轉「天子裏游，次於雀梁」，不得再往宗周命毛伯征淮戎。是以，穆王命毛伯之月日雖具，未可據曆術以推定為穆王何年。如以史實考之，則疑為穆王三五年。

二十八年，民族復興節，寫於三台。

班殷銘跋書後

徐炳昶

友人丁山先生治學之勤，為我平生所佩服人中的一個。就是單從本期本集刊所載的四文來看，指出「夜雨霜」為吳雷的錯誤，並證明吳霜即楚祖吳回，楚公遜即被弒的熊翔，可謂精確無比。擬說文所載箱的籀文釋畜，指明鄀安為殷民祖的安，或卵即鄭氏祖的棻啻；又據左傳及國語的明文，證明鸚報安就是退位安，也頗愜心貴當，可無疑說。即叔弓鎛彝彝的鱙，實僅主離無朋改，而字證有關連，且棻邑與鱙都本觀同名字異，以史事證明，新證亦可成立。至以鎛銘證明晏之出于宋，則更毫無疑問。但是班殷銘跋中所主張各證，那我卻未敢苟同。對於徯偃王的歷史，我在本期的集刊中有較詳細的攷證，讀者可就此二文所主張，自行詳細比較，不必再談外，丁先生在此文中所主張，約可分為數端：

（一）作殷的班即征東國的毛伯，也即穆天子傳所載的毛班。

（二）痡戎即偃姓之戎，亦即徯偃王的「偃」。

（三）偃王為南燕的先祖。

（四）證明痡戎地的繇蜀巢約為戰國時代所稱的「泗水十二諸侯」之地，即南燕，亦即東國。

（五）謂九夷為居于九河間之夷，這箇「九」即是大東詩中「有洌氿泉」的「氿」，也就是九江九縣的「九」。

（六）古本紀年所載「周穆王三十七年起六師，至於九江，伐楚」之文，楚為舒的音譌。伐舒即此銘中所言的「伐東國」。

茲分條辨殷如下：

（一）作殷的班即徵東國的毛伯，本無疑問。丁先生考出其即穆天子傳中的毛班，足徵淹洽。彼謂此文究本器之作於穆王時，但未留神「其傳述人物」雖「絕非憑虛，」而終屬「六國稽官」離西周盛時已遠，將人物前後錯置數十年或百年，並非希見的事情。後代雖博雅鴻儒，如洪邁顧祖禹之流，均因為受穆傳的影響，錯信驕葛武侯真曾、出祁山，他們所用的方法，同丁先生所用很有相仿的地方了。

（二）情音的從育從胃，丁先生似尚無定見。古人姓與民為一類，字與證字一類，從為第一類，偃為第二類。丁先生忽視此分別；而育又有從育胃二者的可能，古音儘能本儘幾廿數。單因他們的同部就武斷他們為同字，已有無適□可的嫌疑。此二後三，姓會驗□ 然則古音之不可以互通者，也太少了。

（三）燕姞姓，是否黃帝之後，固然沒有明確的證據，但榮伯即六伯，亦遷於晉牽合。看來或占「女其以戎潤師氏戎於苦巨」的文字，可知在當為王室方面的鄉上大夫，並非如六與淮夷同屬風偃樂國（即傅斯年先生所稱□夷人），六助宗周以撻淮夷為可好。而且姓與氏雖屬一類，而「周禮」已經「體之以姓而弗別，繫之以民而弗殊」。姓氏的辨末不甚分明，在殷時也或可能；至周時則姓氏之辨甚嚴，「姬旦」「姜尚」已見證於□，偃姓鄢氏，何能混為一稱？至以偃王的偃為匽，則又混字證姓氏而□之。如此牽涉，既料隨處所之，無往弗利矣！

（四）「乘鯀蜀巢」在「合錫鑒勤威」前，明係追述往事，與戎族不見有何連繫係。丁先生稱為「□戎之族」，全由臆測。蜀固非巴蜀之蜀，巢也未必為居巢之巢，但這些對於本問題，沒有多大關係。東國在泗上，固無疑問，但南燕故地在今河南延津縣，與去泗上，還不下三四百里。東郡的「東」，雖或與東國的「東」有若干關係，但不能據以東郡各縣全與東國有關。相去三四百里，在用兵及考史兩方面，均已相當的重要。如無特說明，未可牽合而一之也。

（五）最使我迷惑不明者，當無過於丁先生對於九夷、九河、九泉、九江、九嬰的關說了。字有音有義。音有通假，義有牽涉。然其通假與牽涉，各循自己的途徑，不相關聯。如河閒一名，如果用地的義，自可與河東、河中、西河等辭生關係；如果用地的音，僅可與荷澤考城等城生關係。既用音而通於荷澤考城，又用義而通於河中河東西河，卻不可能。我不曉得丁先生的牽合九夷、九河、九泉、九江、九嬰，是用九的音呢？是用九的麼呢？究所從的九明屬音符，而丁先生羅列九夷九河的名字，則又像用義。如用義，則凡本書人以表明衆多的數目，如九州，九山，九川等，不能專指某方某族。如用其音，則某地方固可有一名九的部族，山水亦衆其名稱。然九夷固當有九數之較多或較少的部族，九河九江，乃因江河二流水勢散漫，遂成十數道的支流，所以得到這樣的名稱。說「九縣」原文說是「夷於九縣」，所「夷於」，就是說與他們相等夷，前人訓爲九數者不錯，並非某地名字叫作九縣。如果可以這樣音義互通，那豈惟九河，九江，九夷，九縣，沈泉可以互通，西方「我征徂西，至於宪口」的宪野，智伯所伐的公口，九侯之國，九州之戎，九京，九原，以及其他無不從九音，帶九之者，那個不能牽合！如此則，惟小九州之內，郡大九州之內，亦任何一地無不可通！實口，泉可屬東口，則當在徐口的北部，或兗州的口口部。九河遠在兗州的北部。九江或在揚州境內。南燕在豫州的東北部。相去均遠，緣此爲一名。丁先生所建此義，可謂毫無所當。

（六）穆王三十七年興币之事，楚本係紆之訛。詳見本期口著徐偃口與徐楚在淮南力之消長。藝文類聚，初事記口文選注，太平御覽。廣韻，口史口載此事。無須改字。但此說對於本問題關係不大，可置之不論。而史蹟對象是否徐方？徐口首領是否偃王？均尚未證明。至於南燕九河九江沈泉等等的牽合，求之史蹟則無憑，準之地望則相遠。論據旣爲，無建立起來的希望。

要之，我們今日想用金石來考證史事，不能不注意到兩點：第一，必須與典籍相聯絡，而典籍中間尤必須將早期的口晚期的分辨淸楚。這並不是說，早期的就沒有錯誤，如同宋板的書也可以有很多錯誤他方一樣。可是儘管也有錯誤，牠自有的眞正價值並不爲之減少。因爲以後的錯誤很多是從他的口誤裏面再錯誤下去。如果晚期的材料同早期的衝突，止要我們還沒有找出早期材料錯誤的眞口原因，我們就沒有理由判斷牠不如晚期的材料。換句話說，儘管大家對口不同意，而對於牠的錯誤還未能說明或證實的時候，儘少數，這問題還沒有解決的希望。並且晚出的材料，即口許多書上完全相合，卻並不能依多數的理由，就判斷同牠們不合的一件早期材料爲錯誤，因爲這多數的相合，滿許是出自同一來源，或是受同一著作的影響。以徐偃口的問題來講，尸子荀子韓非子淮南子是此典籍較早的材料。史記流行後，勢力很大，幾乎沒有著作家不受牠的影響。所以「周穆王伐徐偃王事」，儘管「盛傳於漢代」，而來自同源，不能與早期偶然見出的一鱗一爪比短量長。不能證明韻四書上所載的事實，或說明牠們錯誤的理由，就不要想對偃王的史蹟能有解決。第二，古人因為沒有字書，用字不很一律，許多同音通假，是很顯著的事實。我們對於古代的韻，經若干賢賓的研究，已有所知，可是對於古代的紐，知道的還很少。在這種情形之下，專從聲音求通假的痕迹，有不少點尚未能應科學上的規律，那也是一件無可奈何的事實。惟其如此，我們用此種方法，不能不特別加以小心。我們如果能證明牠們韻紐全同，完全同音，或古人已經通用，這才算成立了一個要而不足的條件。否則須加以相當的保留，將來斷案就要有若干可以活動的餘地。即使條件成立，也必須有其他事實直接或間接的證明，假設才能有成定論的希望。又必須與古代比較靠得著的材料完全無衝突，或雖有若干衝突，而能尋出理由，可以說明者，理論始能成立。將不合於本人脾胃的材料，一筆抹殺，如康有為崔適諸人的辦法，那是作八股，不是講科學。近來不少講學的人，依聲音為主要武器。只要兩字有疊韻或雙聲的關係，就可以互相通假。古韻分部不過二十許，紐或尚不及二十，如此則不能通假的字也很有限了！如果不通，又加之以旁轉，對轉及其他的種種轉法，歸結不能通的幾乎無有！（我絕沒有意思否定旁轉對轉等類確實的存在，不過謂各種轉法均須受許多限制罷了。）任何方面皆通，就等於任何方面不通，而作者又常以此為已足，迅下斷案！認可能性為必要性。不知可能性可多至驚人，而其必要性者僅能有一個！這一班的學者也許疑古頗激，新誼頗多，可是他們所用的方法，同清末主張天主教為三苗遺風的儒者，現代將禹貢九州推廣至五大洲的學子所用沒有大分別！如果這樣就能叫作科學，那我國原來的科學家也太多了！私見如此，質之丁先生以為何如？

漢故郎中
趙君之碑

說明及殘文

孫文青

碑下殘高約二〇〇公分，上連領存八八公分，廣八〇公分，額高六〇公分，形圓，有虹圈左三右一。題二行，行四字，字方七公分，篆書，漢故郎中趙君之碑，文十七行（上十七行下可十九行）行約三十三字，字方四公分，隸書，斜斷下缺，左存四字右存七字，上中有穿，徑十二公分，佔九字，民國二十六年夏，出南陽東郭外李相公莊耕者糧得，移存城內敎育館。敵機襲宛現藏城西北安皋鎭。

惟漢中興 首行下缺約二八字 報罔極，歔欷 上行下缺約二八字 君諱封，字子 三行下缺約二八字 去周適晉，厥 四行下缺約二八字 來肯寫，甫家 五行下缺約二七字 烝溫溫，九族協 六行下缺約二七字 聲，時發雅論。弘 七行下缺約二七字 敎該檣 檣之慧 八行下缺約二七字 九行上空三字 光。可閒 下缺約二七字 十行上空三字 察孝廉 下缺約二七字 十一行上空三字 於，位不 下缺約二七字 君郎中，君鷽弟 十二行下缺約二七字 于時俱渝疴氣 十三行下缺約二七字 衞鼎之書焉是飲 十四行下缺約二六字 歎曰猗呂我君！純 十五行下缺約二六字 居，志節慷慨，雅惟 十六行下缺約二六字 又無統胤。堂構杞 十七行下缺約二六字

漢故郎中趙菿殘碑

跋一

孫文青

　　文十七行，其後仍可兩行，穿在第九至十一三行上居中，故全石可十九行。首行第一，字豎心旁似惟字第五字僅存上豎，似十字殆漢中興十幾年意。第五行家下一字存上短橫或係于字，殆家于南陽意。七行四字作雖，似雅之別寫，故暫釋雅，八行一字孝旁似教，二字言旁似該六字僅存二似意，故釋教該隱括之意，九行三字言旁似謂。十一行一字似於。十三行六字作庇，劉熙釋名釋天末釋曰：「庇蔽也，氣傷人如有斷蔽也」。此氣字或爲其昆仲之所同罹矣。十四行第七字左似欠，右似食，又似金，姑釋以飲，以鼎書乃方醫之書，殆飲鼎書之方而致死者，十五行五字殆我之別寫，七字似純，十六行七字亦似惟。

　　第十四行歎曰後率四字一句，十六字一韻，十四字君字，十五行居字慨字，十六行亂字皆爲句。除十四行難曰猗台我君六字總撮，不許入韻外，慨亂二字皆爲韻，每行適爲二韻三十二字又一字共三十三字。故知此碑爲每行三十三字。各行下缺二十六至二十九字不等末行缺十三字空十三字，佚石長一〇八至一一六公分。最行空二行，末或署刻工姓名及年月。

　　碑殘甚，文存不及七十字，故不詳年月。然首行惟漢中興云者，似指光武中興而言，其爲建武時品可知，其第五字殘存上豎確似十字，又當爲建武十年至十九年物。又查原石內虹圈上有後人摹刻「建武二年政月此日望」一行蝕字，似碑未斷折前，遊人或牧豎照意中摹劃者。誤道十字。今日碑旣殘斷，此文或可爲攷訂碑年之唯一左證乎？設此推證不誤，則此石當爲建武十二年正月十五日品，公元二十四也東漢最初之物，較之前出宛令李孟初神祠碑（一五四）當早一百三十年。

由殘文略可尋得趙君歷略如下：趙君諱荔，字子□：其先周人習韓詩旅□晉（去周適晉）後家南陽，甫家（于□）性溫恭，協九族：□丞（溫溫）志節抗儼：善聲律，傳韓詩，時發雅論能為穩栝之教。察舉孝廉，官郎中。與其母弟俱淪癘氣。誤服鼎書之方，而歿，無子。又無（疏亂）或其猶子等圖報罔極，乃於建武十二年正月十五日立碑祀之。

考毛詩倬彼甫曰，經典釋文言韓詩「倬作菿，音同：云菿卓也」。則菿卽倬，為韓詩家言。又考漢書儒林傳：「趙子□□人也，□事燕韓生授同郡蔡誼。誼授同郡食子公與王吉。吉授淄川長孫順。由是韓詩有王，食，長孫，之學」。碑言去周適晉。漢河內卽故周地，且燕趙間皆傳韓詩，均與碑合。則趙子或卽君之先人，授韓詩者，故其子孫得以家傳之字菿命名。而菿固趙子之後，由晉適宛：亦以韓詩設教，而舉孝廉官郎中者。

民國二十六年夏，敵侵蘆溝橋，中日釁起，此殘石出南陽東郭外，下截久佚，尋不可得。二十七年元月自陝西返宛，賭拓片於旭生先生所旋訪原石於教育館。中孚先生促為考訂，因循未果。今春囑拓工為精拓二紙，石已載運出城矣，未及理董，而新唐告警，裝載實物，為避敵之計，雖未實行，然心力放疏者已將兩月。昨自城返里輶笈，得新舊拓片。悲其久而或失也，因略為校訂如上，以就正於同好者。

　　　　　　　　二十八年（一九三九）六月十八日文青書於南陽郭旗牌

跋 二

勞 幹

時代之推測

碑中未明著時代，今只能從碑額上之『建武二年』及碑首之『愍漢中興』等字來推測，分列於後：

a、建武二年的題識

關於這一點，有兩種可能：

一、碑中原有之字，經後人重書於碑額者。

二、漢以後另有『建武』紀元此時的人所題記。

第一點，在金石書別無例證，甚難相信其必有，而且所謂『建武二年政月此日望』也不類碑版中文字的體裁。因此謂為後人鈔碑上原有的字，並無充分的證據，因而此點頗難成立，卽碑額的建武題識，不能證明與本碑的年代有何等的關係。

第二點，漢以後確有曾以建武紀年的，卽：

一、晉惠帝永安元年七月改建武，十一月復稱永安。

二、晉愍帝建興五年三月改建武，十一月長安陷，但晉元帝仍稱建武，二年三月始改元。

三、南齊明帝稱建武，凡歷五年。

以上除晉愍帝建武無二年，晉惠及齊明皆有二年，宛在東晉成帝咸和三年始入後趙，又在晉穆帝永和四年收復，至齊明帝建武三年南陽始為魏孝文所陷，（注）故晉惠帝之建武及齊明帝之建武在南陽皆有可能，（注）徐旭生先生云：『建武年號除漢光武，晉惠，晉愍，齊明曾用外，尚有後趙石虎西燕慕容忠，北魏北海王顥均曾用之，除慕容忠勢力不及河南，元顥無二年，且勢力不及南陽外，石虎時似有可能』，謹誌於此。

更以題字之事言之，則自漢代之對于嵩山石闕，以及近代之對于景教碑頦勤襄碑爨寶子碑，其例幾乎舉不勝舉，而白石神君碑之燕元霊三年題字，且有人誤會至立碑年代問題，此皆可以爲旁證明，因此建武雖爲後代的紀元，卽無從證明碑爲漢代的建武所立。

b、惟漢中興的問題

『惟漢中興』以下，似爲『七』字或『十』字上半截，若爲數目字，則有以下的可能：

一、惟漢中興七年

二、惟漢中興十口年

三、惟漢中興七十口年

四、惟漢中興十口世

若爲七年或十口年，當然在光武之世，若爲七十口年當爲和帝永元六年，至和帝永元十五年，若爲惟漢中興十口世，則桓帝爲第十世靈帝爲十一世，獻帝爲十二世，若皆有可能，則此碑應爲光武，和帝，桓帝，靈帝，或獻帝時所作。

關於惟漢若干年或若干世，都是有相類碑文的，如：

蓋漢三百八十有七載（校官碑）

惟漢二十一世延熹二年（蔡邕朱穆碑）

伊漢二十有一世（蔡邕處世圈典碑）

惟漢二十有一世（蔡邕胡□碑）

所以並不能證明『年』或『世』那個可能性大，卽在此一點不能絕定屬於東漢二百年中那個皇帝在位時，或那一年。

c、與其他石刻的比較

在漢的石刻顯然的可分兩個階段，前期的如：

開通褒斜石刻

三公山碑

嵩　石闕銘

都官是吾碑

裴岑紀功碑

之類大都篆書（或接近篆書的隸書）無額，只王秋子石闕爲隸書，但王渙題卒在元興，石闕却無年月，王渙以循吏見稱於後，所以並不能證明非安順以後所立。至順帝時的北海相景君碑，則隸書篆額，有銘，顯然爲另一種作風，而順帝以後篆書的碑刻只有二袁碑兩個特例，但其書法作風與東漢初期並不相像，其他自順帝至獻帝的各碑，則幾乎千篇一律，籠罩在一個作風之下，此碑既屬於此種作風，當然屬於順帝至獻帝時期的成分甚大，若『世』字的推測可據，即此碑屬於桓帝至獻帝時期的成分甚大，至於東漢後期好立碑銘的風氣，歐陽修朱竹垞，李富孫等都已說過了。

二十九年，三月，十五日。

跋 三

張 政 烺

1. 去周適晉碑見史記趙世家，其文云「帶之時周幽王無道去周如晉，事晉文侯，始建趙*于晉國。自叔帶以下趙宗益興，五世而生趙夙，

2. 衛鼎之書碑卽孔悝鼎銘，見禮記祭統。

3. 嘆曰猗台戠君碑以嘆曰提行見劉向九嘆。戠字見圉令趙君碑「戲戠君」與此銘句法同，當是哉字別體。

4. 此碑額暈與圉令趙君碑相同，同出南陽，或是一家之物。圉令碑末行下部「有初平元年十二月廿八日立」十一字，上半空白無字。此碑以左右行數推之來未空一行或兩行，其下或有立碑年月，惜今不可見。暈上「建武二年」一行小字如係抄錄碑中之文，其原文當在此處。

晉寧訪古記

徐炳昶

民國二十七年，國立北平研究院因國難移滇。是年冬，余及同事顧頡剛先生亦先後至滇。次年夏，友人晉寧方臞仙先生約余及顧先生方國瑜先生同遊晉寧。晉寧者，相傳為益州郡治滇池縣故地，雲南歷史上三大都會之一——漢及唐中葉為晉寧，唐中葉後為大理，元以後為昆明——且為其最古者。今得友人作鄉導往遊，喜可知也。七月廿一日，同乘汽車到晉寧，以臞仙為東道主。——臞仙居于縣西偏北三四里之方家營。次日，同遊縣城東十餘里之盤龍山，祠宇莊嚴，林木茂美。又次日，同西遊天女城。城據舊志，為晉李毅女秀所築。當西晉末造，中原雲擾，蜀為賨人李雄所據，寧州隔絕。戎夷乘機兵亂，校尉李毅病，未能殄平。光熙元年（三〇六）毅卒，此州「文武以毅女秀明達有父才，遂奉領州事。……秀將勵戰討。食糧已盡，人但樵草炙鼠為命，秀伺夷息緩，輒出掩破，首尾三年」。（華陽國志卷四南中志）毅子釗始自洛奔喪抵寧，「文武復逼釗領州府事」。（同上）後經毅故吏毛孟到洛作秦庭之哭，朝廷乃命魏興太守王遜為寧州刺史，踰年至寧，寧州遂又為晉守者二十二年。（永嘉五，三一一——咸和八，三三三）華陽志及晉書（卷七成帝紀，卷八十一王遜傳）所記大致如此。今城在方家營西五六里，處小岡阜上。城南有村。由村中間北轉，有路上升。路寬，兩旁較高，似係人工所開。俗名天城門，當為天女城門之簡稱。門旁置四石，每邊二，臺盤。石長二三尺，寬尺許，高尺餘，上鑿如屋頂檐，頗似今日本地人碑上所覆之帽。外有一大石，頗似一大殘碑。疑其覆面有字，雇人掀視。入門未遠，有一廟，內有小學校，此時鎖閉。廟附近甎片頗多，但無一可證為非近世物。再上，甎片亦少，不類人居遺址。岡頂為一近人墳塋，北望滇池，遠不及里，風景絕佳，當為生人眺望之所。朽骨占據，殊非所誼。下至天城門，若碑之石已掀起，絕無字跡，為之悵然。再細察四石，所鑿檐端擬瓦當紋。中有圓凸出，外圍有圈，圖外四方各有Ｔ紋。此種瓦當，長安附近至多。古董店人名之曰雲版當。此類簡單花紋，漢人多用，後則未見。漢晉相去甚近，然則此其晉人遺物矣。此地雖名城，實無垣牆之痕迹。下阜，出村，轉西南至金山寺，爲一古刹。寺中有一殿祀土主，傳此土主即爲李毅。又前，過清四川按察使李因篤故里。再前，又有一村，村居山坡上，有一廟。此廟及金山寺，皆爲從昆明疏散出之學校及其教職員所借用。是晚，徑腫仙處，覓得徐霞客遊記，檢得其遊天女城段，謂：「天女城上有天城門遺址，石石兩疊，爲雕刻亭當狀。昔李毅之女秀代父領鎮時，築城于此，故名……」然則此四石之非近人所鑿，又得一證。又次日，同遊玉案山。山在縣城二三里許。高敞平易，實非一山。相傳爲莊蹻所建之滇池城。地在大道東，上多近人塚墓。瓦片不少而無古銅證驗。再東進，有一溝，崖間得面具繩紋或邊具幾何紋之漢磚。外有一長溝，俗名護城河。以地勢準之，名亦近理，或有所受之。繩紋磚爲漢代或較古之證驗，已爲近日考古學界之所公認。至邊具簡單幾何條紋之磚爲秦漢所恆用，亦得公認。以吾國人所見，河南之舊宛城，舊昆陽城，舊葉城，陝西之舊咸陽城，舊陳倉城，凡屬漢城遺址，無不有此花紋磚。余等今日出晉寧城往玉案山時，已注意到鄉人屋墓有此種花紋磚。雖無上述數城所見之多，而數目亦尚不爲少。余得此磚後，顧先生言：「昨日所至最後一村，廟前階間磚亦有帶此種花紋者」。但余當時忽略未見。歸昆明後，一日，腫仙先生來言，其弟樂耕先生在天女城邊，亦得邊邊帶幾何紋磚。按此種種，則玉案山及天女城之爲漢晉遺址，具有實物證據。又從地勢言之，晉寧地處滇池東南隅。縣城附近山，名者，西曰望鶴，東曰蟠龍。蟠龍北折，折處山根有平坦處，即爲玉案。立玉案左右望，望鶴蟠龍若蟹之二螯，而玉案適爲其腹。由望鶴北，岡阜迤邐，至湖濱，結聚爲天女城。余疑戰國至晉，滇池水位較高。玉案西北，今日彌望稻田，當日均在湖中。即今日縣城所在地，或亦冬春現出，夏秋淹沒。腫仙言：方家營地，在元咸陽王贍思丁疏導以前，仍在湖中，即其例證。至天女城址，夏秋當成孤島，冬春南可通陸。漢滇池築治，當因滇王舊治，而滇王舊治即其祖莊蹻所建之城。時間相去不遠，尚無更易，亦近情理。李秀當擾擾之際，地勢必擇形勝而後可固守。玉案山雖高敞平易，而東南西近山。山中居民生活較苦，乘治安之不易維持而下降掠奪，近山之地，守亦匪易，必須選地爲良，皆理勢之所必至。李秀率易侵掠之人民遷居半島，如有緩急，守禦較易爲力。質之實物，證以地勢，傳說似屬不誤。惟阮文達雲南通志稿（卷三十二）謂滇池舊治當在宜良境內，以牽合漢書地理志滇池條下「犬澤在西，滇池澤在西北」之說。略謂大澤當今之陽宗海子，滇池澤當今之昆明海子，因此而斷定滇池治之在宜良。然陽宗海子在滇池澤之東，不在南，故仍與地理志所言之方向不合。昆陽宗面積迫狹，亦似不符大澤之名。余疑地理志所述或有舛誤，否則滇池縣舊治或當于今撫仙湖東，澂江縣境內求之。今日實地調查工作，所作過少，尚不足以解決此問題。惟此二地爲漢代或其前後之遺址，則可斷言。——此次留晉寧凡三日，臞仙先生不惟殷勤款待，而且以其鄉邦文獻絕人之學力，向同遊人錫誠指導，使余得獲極可寶貴之教益，此則尤深銘感者也。

滇賢碑傳集敍

徐炳昶

我國文字之著于竹帛，乃在古代較晚近之時。先民的樸質，農業未發，多食禽獸之肉，有要事需記，即鐫之于骨上。其尤要者，乃著之于吉金。然其爲用蓋較刻骨爲晚。此後事變繁頥，骨金弗給，乃代之以木，以竹，以帛，以迄于紙而用始大備。自我國發明後，其利用且徧于全世界。木竹帛紙之用廣，或以記米鹽之瑣屑，或以載典章箸作之弘富，其爲用也，在于萃。至分記一事一人，盛一時之感慨詠歌者則多刻之于石。石較骨堅，較金易治，而較紙爲永世，故二三千年以來，流傳至溥。其爲用也在于特。簡者可彙後而後者未能彙前，亦其體質限之。世變愈繁，人趨簡易。知識定律之獲取，由於萃，不由於特。且文人諛墓，多雜浮辭。故碑誌及私人傳記之文，近世雖數量至夥，而常爲儒者所薄視。雖然在知識之域中，萃者，果也；特者，實也。無瓦礫而欲以成室，工者猶且弗能。且治史專家，萃汗牛充棟之資料而撮其指要，略有不慎，訛誤隨之。體例所限，未能辭費，而吾人對於先哲之欽仰，其鄉里，經歷，瑣務，生卒歲月，以及其他種種，皆爲研尋時之所弗能廢。簡要敍述，殊難令人厭足。又對於社會及自然界之觀察，古今不同。昔人所忽，未必非今人之所當珍視。故近人治史，首注意於史料之來源，而猶汲汲於所謂第一手之史料。蓋此類史料訛誤較少，絕非經過多手，生吞活剝之粗製品可比。我國自兩宋以來，金石箸錄，已成專業。朱熹名臣言行錄之編輯，皆取資於碑誌，傳記，及當時人之箸錄，而不加改纂，其謹嚴愼重有如此者。自此以後，箸錄金石及碑傳之典籍尤稱繁夥，箸者之意蓋亦有見於此。滇南山澤峻深，離中原絕遠。然自二千年前，文化已自廣被。觀近年在昭通晉寧及其他各地所出之古物，其文化成績與中原固極追近。迨唐中葉，朝政失紀；宋祖建國，將疑楯遠，遂致滇南淪絕域者幾五百年。元人混一，賽思丁諸人以勤以治，而滇南復歸中土。數百年來，文物蒸蒸。如楊文襄之勳業，錢南園之節概，中原名臣未能或先。金石傳記，數亦富有，而搜集箸錄尚有所待，斯眞好古者之一大憾事也？友人方臞仙先生治學精篤。於鄉邦文獻，尤所摯摯。萃十年之精力，述成滇賢碑傳集十卷。其搜集也，不辭險遠，不憚勞瘁；攀陟深谷，芟薈剔蘚。而又擇之甚嚴，取之極精。且於其所採錄，皆注明其來源所自，使有疑竇之讀者得以按圖而取證。學者得此書一讀，足知此土先哲。對於我民族文治武治之努力，不後中土，而油然興其思齊之思，此豈非考古界之一大快事乎？雖然，史之大用有二：一曰求是，二曰垂訓。此書詳錄鄉先正之嘉言懿行以垂後世，不惟便於於硏討，且令晚學後進得所瞻慕，其有裨益於人心當非淺鮮。然荒煙蔓草之中，深山幽谷之內，尚多殘碣賸石，或記閭閻之疾苦，或陳夫馬之差派；或載隄堰之修築，或列橋梁之興廢。雖言或不文，語雜鄙俚。爲儒者所弗道，而其影響於國計民生，常旣弘且鉅。臞仙先生雖年六十，而體魄強固，神知不稍衰頹，尙其能更買餘勇以從事於廣搜博採者乎？則炳昶雖不敏仍願執鞭以隨子之後也。

中華民國廿九年五月，徐炳昶，時寓昆明黑龍潭之龍泉觀中。

楚公逆鎛銘跋 丁山

帝繫所傳古史系統，得鄀公鈇鐘鑄所謂，陸鼜之孫，而知祝融當為陸鼜之音譌；得齊大史中姜銘所謂，虢妄之孫，而知妄亦虢妄之破誤；有是實物論證，吾人對於左氏國語及世本等所傳列國世系，固不能輕信其是，亦未可輕議其非。楚之先，鄭語但曰，重黎之後 而已。帝繫則謂，陸終六子，六曰季連，是為羋姓。季連之父陸終，即陸鼜；陸鼜之父吳回，帝繫謂與重黎並為老童之子，顓頊之孫。史記楚世家則謂 高陽生稱，稱徃卷章，卷章生重黎。重黎為帝嚳高辛居火正，命曰祝融。共工氏作亂，重黎誅之而不盡，帝誅重黎，而以其弟吳回為重黎後，復居火正，為祝融。如太史公言，吳回亦祝融別名。考之楚公逆鎛銘，則殊不然。銘曰：

論，夜雨雷，當釋，吳雷，吳雷即楚祖吳回

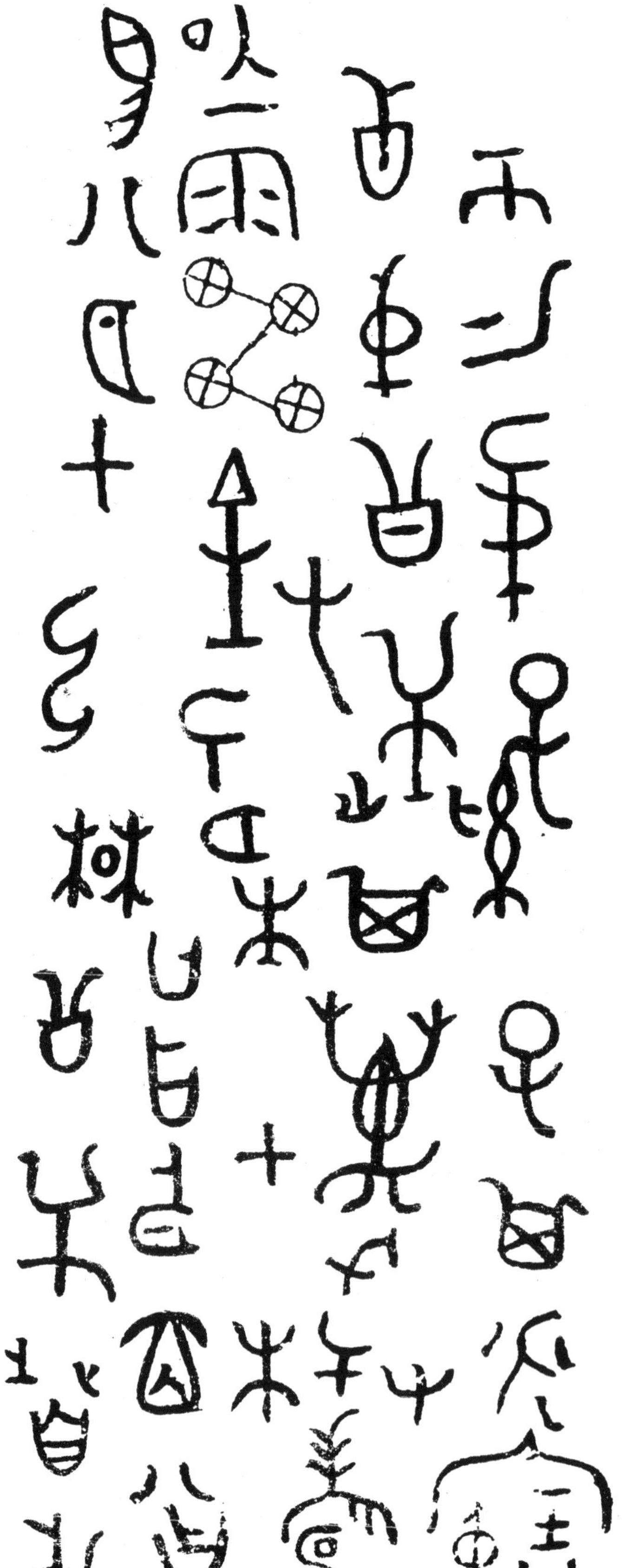

文既瑰奇，字復殘泐。自宋以來，鮮通其讀，讀者亦難免或誤。其最顯白者，即「夜雨雷」，世人通誤為「夜雨雷」，是也。

考，夜說文作亱，舍也，天下休舍也。從夕，亦省聲。金文所見夜字，其形甚夥，雖或從月作㚓，卿殷但以從夕作亱愿應鼎為多。夕與月，篆體雖近口甘；但，勢皆傾斜，純無從口作㚏者。則鑄銘所見㚏字不如釋吳字為似也。說文，吳，大言也。從矢口。𡗶。古文如此。按，古文吳，即晚周陶文丗之別寫：攻吳王夫差鑑銘作矣，為其初形，若移其口形于大側，則省變之跡，應如是作：

(1) 矣 —— (2) 㚏 —— (3) 丗

鑄銘本反鑄，以正書之，即成㚏形；是知宋以來所釋夜字，尖當為吳。

雨之舊皆別為兩雷二字。不知金文書法，行格無準，一行之之內，字多則合文一字少則距疏，如令鼎銘筭字，一字曾佔兩字之空間，例此，塼銘雨❀空亦當雷字之疏書。說文，靁陰陽薄動，生物者也。從雨，晶，象回轉形。㕠古文雷。䨻籀文雷。古文雷，正金文所習見㽊字；籀文雷，即此塼銘雨❀之筆誤。由是言之，塼銘叺雨❀當釋吳雷。雷古文，籀文，中皆從回，說文謂，象回轉形。殷周銅器常見回紋，金文今尚未見回字。回雷疊韵，聲亦相轉。竊謂吳雷即帝繫所謂吳回矣。楚公逆自作吳雷鎛，盖猶鄭公鈛簠冘吏申作器，數典祖德，而稱陸螧輓安，吳回當為楚人始祖。

　　吳回事跡，帝繫不具，但曰，顓頊產老童，老童產重黎及吳回，吳回產陸終云意盖謂陸終即祝融，未嘗有黎重吳回亦為祝融之說。此可與金文所見楚祖吳回，鄭祖陸螧說，互相證發。至太史公作楚世家曰，高陽生稱，稱生卷章，卷章生重黎。重黎為帝嚳高辛居火正，甚有功，能光融天下，帝嚳命曰祝融。共工氏作亂，帝嚳使重黎誅之而不盡。帝乃以庚寅日誅重黎，而以其弟吳回為重黎後，復居火正，為祝融。吳回生陸終。

以為重黎吳回俱為祝融，雖其說出于左傳，頗異壹繫所聞。且，為人後者為人子，此曉周儒生因周人遺制而創製新宗法，與殷人，兄終弟及，　判，舛剌。若，上論殷商以前，則或為　母終女及，或為舅終甥及，更無禮經所謂　為人後者為人子。是故吳回為火正，未必即祝融。在楚語，亦但謂「南正重司天以屬神，火正黎司地以屬民」南正，火正，非如太史公說即祝融也。知重黎自重黎，吳回自吳回，祝融自祝融，則太史公謂吳回嗣重黎為祝融說不能無疑。蓋此鎛銘數典吳雷，郑公鈺鐘銘數典陸熏，最足徵信帝嚳之言有據，而楚世家之所點竄，大失其真。

此鐘，金石萃編以楚僂鐘云，政和三年宋徽宗年號
即西元一一一三年
獲于鄂州嘉魚縣。復齋鐘鼎款識則云，武昌太平湖
所進。按，方輿勝覽，太平月在嘉魚縣南三十里。
頃歲，中涸，夜有光怪，掘之，得古銅鐘，秦少游
為吊鑄鐘文即此。今本淮海集有吊鑄鐘文，正謂出
嘉魚縣傍湖中云。縣令施苕識其實，謀獻之太常，
未果。乃輸武昌庫中。會太守解秩，佐攝事見而惡
之，曰，那得背時物，焚之不詳也。亟命投于兵器
之冶。則此鐘出于嘉□□毀于武昌，搨本流傳，
久同珍寶，夢郭草堂吉金圖所摹楚公鐘圖銘，其為
贋造無疑。嘉魚，于漢為江夏郡沙羨縣，見地理志，與
鄂縣為鄰。鄂，古鄂國也。帝繫熊繹出自熊渠，有
子三人，其孟之名為無康，為句亶王；其中之名為
紅，為鄂王，其季之名為疵，為越章王。
世本傳說畧同。楚世家則謂

熊渠當夷王之時，興兵伐庸、楊粵，至于鄂。熊渠曰，我蠻夷也，不與中國之號諡。乃立其長子康為句亶王，中子紅為鄂王，少子執疵為越章王，皆在江上楚蠻之地。　毋康早死。熊渠卒，子熊摯紅立。摯紅卒，其弟弒而代立，曰熊延。……熊延，由文義察之，應即執疵；其所弒者，似為鄂王摯紅子，此所謂 芈姓有亂，必季實立也。摯紅之子為誰？史公未詳。索隱引譙周古文考云，熊渠卒，子熊翔立。卒，長子摯有疾，少子熊延立。摯即摯紅，則熊翔當為紅子，即熊延所弒者。翔與佯通。穆天子傳，翔畋于曠原，注，翔猶遊也。釋名釋語言，翔佯也，言彷佯也。彷佯，或作彷徉，或作徜徉。佯如篆書作　，形尤近楚公逆之逆。竊謂，作鎛之楚公逆，即被弒之熊翔。熊翔為鄂王子，其居，應在江南鄂州，此鎛出于鄂州，固為鄂王遺物之顯證。

附錄一　　本所紀事

本院史學研究所成立經過已大略見於本刊第一期發刊詞裏面。至二十六年七月改爲史學研究所，聘徐炳昶先生爲所長。經費，工作人員及分組，一切仍舊。未幾蘆溝橋事變起，平津陷落，本所徐所長及研究員顧頡剛先生均變身離平，所中書籍古物及文件由所中職員暫行看守。時有一部分職員原在陝西工作。徐所長到陝有後，寫信命留北平的考古組職員繞道來陝，擬繼續寶雞鬥雞台的發掘。乃未幾太原也陷落了，敵人迫近風陵渡，陝西人心皇皇；且天氣已將結冰，工作不便，只好派白萬玉陸式薰二人到鬥雞台，對於第二次發掘作一二十天的補足工作。至於第三次發掘的未完工作，因需要較大的規模，只好留待抗戰勝利後再行開始。又派孫文青到漢水流域調查，趙純到洧水流域調查，吳世昌到邠縣調查。十月本院經費停發，止好將籍隸北平及察哈爾職員給資回籍，至籍隸南省職員，則暫給生活維持費使之留所繼續工作，以俟恢復。至二十七年春本院經費恢復一部分，設辦事處於昆明，而是時徐所長回籍，爲桑梓服務，顧先生遺因中英庚款董事會的委託，到甘肅青海籌備改良敎育。本所工作不絕如縷。又本所北平地址原在中海懷仁堂西後三所，與本院總辦事處係前後院。北平淪陷後，前四所的總辦處地址即被占據。同時本所書籍文物亦受監視，不得運出。幸各職員於無可如何中，艱苦設法，陸續將稿件，資料及重要文籍移儲善地。四月初，僞組織竟派人接收，並將本所歷年所儲的古物及書籍完全運去！本所在本院各所中損失偶多的原因，大致如此。是年冬，徐顧兩先生陸續到昆明。二十八年三月借得北郊黑龍潭龍泉觀地址。工作人員亦陸續來演，始又開始工作。而書籍的損失，補充極爲困難。本所抗戰後經過大致如此。至本所集刊第三期稿件，於蘆溝橋事變前發出。至二十八年上半年始行印成。二十九年將集刊之第四五兩期稿件陸續收齊，將第四期稿付商務印書館印行，而因戰時遷延，直至三十年冬太平洋戰爭爆發時尚未能印出！此後港滬淪陷，稿亦遺失。而昆明物價昂貴，本所人員減少，以致改抄不易，兼之戰時印刷亦頗困纂，故至今日始能將第四期減量出版，希望此後可不脫期。

至本所數年中工作，則徐炳昶曾於二十八至三十年之三年中對於中國古史加以科學之整理，陸續寫成論文七篇。此論文已集成『中國古史的傳說時代』一書，交重慶中國文化服務社印行，不日即可出版問世。徐所長於三十一年後，即以歷史的方法作中西文化思想的比較研究，已成稿約十萬言。但全書完成尚待時日。

蘇秉琦廣續事變前本院在陝西寶雞門雞台發掘所獲資料之整理與研究工作，於民國三十年春完成「陝西寶雞縣門雞台發掘所得瓦鬲的研究」一書，寄交香港商務印書館製版印刷未竟，迄「十二八」太平洋大戰爆發，遂下落不明。近又根據民國二十三，四兩年間發掘門雞台所得古代墓葬材料，統計屬於早期的（三代）四十五墓，屬於中期（春秋戰國）十一墓，晚期的（漢晉隋）二十六墓，共八十二墓，編纂「門雞台溝東區墓葬」一書。

此外助理員趙春谷則研究兩漢魏晉南北朝時代之農業與田制。中英庚款補助之研究助理劉淑珍則研究唐代「佔」法與唐代實行稅額之關係；尚愛松研究魏王弼在思想史上的價值及對於此後思想界之影響。一切工作尚待完成。

重慶市圖書雜誌審查處審查證渝安誌字第一六三六號

史學集刊

第 五 期

國立北平研究院史學研究所印行

民國三十六年十二月出版

史學集刊第五期

目　錄

試論傳說材料的整理與傳說時代的研究	一	徐炳昶　蘇秉琦
火藥的發現及其傳佈	二九	馮家昇
論契丹之選汗大會與帝位繼承	八五	陳　述
古樓蘭國歷史及其在中西交通上之地位	一一一	黃文弼
重論 ārśi, ārgi 與焉夷, 焉耆	一四七	王靜如
水經注之一部分問題	一五九	鍾鳳年
玄武之起源及其蛻變考	二二三	許道齡
女眞辮髮考	二四一	程溯洛
'鬭鷄臺溝東區墓葬'編後記	二六七	蘇秉琦
讀西洋的幾種火器史後	二七九	馮家昇
本所紀事	二九九	

試論傳說材料的整理與傳說時代的研究

徐炳昶　蘇秉琦

我近幾年因為研究我國傳說時代的古史，深切感覺到史學方法對於此一部分的古史有特別的重要。因為近二三十年用科學方法整理古史材料的口號提出以後，貢獻最大的，無疑義的是那一班疑古派的先生們。不過他們把事情看得太簡單，把眞正歷史時代限于殷墟時期以後固然不錯，可是他們把從前的自炎黃至商中葉的傳說時代，一筆抹殺，送它到神話區域裡面封鎖起來，却是大錯而特錯的。凡宇宙中間各種現象的分類與分期，全是由于我們工作人的方便，不得不如此分。至於現象的自身，絕無顯著的區畫，全是由這一區域，漸漸地，幾乎不容易看出地，到另外的區域，絕不是由這一區域一跳就跳到另外一區域裡面去。它們中間的過渡部分，不惟不應忽視，並且有特別地重要，因為只有從這漸變的一部分精細觀察，才可以看出變化的眞實情態。自炎黄至商中葉的傳說時代正是我國歷史從神話時代到歷史時代的實在過渡。自從懷疑派學者把它無條件地送到神話的區域裏面，而後我國歷史上神話時代過到歷史時代的步驟遂變成了一跳，同自然不作跳進（Natura non facit saltus）的大原則完全違背，任何民族的歷史沒有這樣子變化的。他們因爲怕被古人的騙，就把留傳下來的攙雜神話的或有神話嫌疑的故事完全置之不聞不問，他們却不知道在歷史初期的人民，離開神話，就沒有法子思想；離開神話的方式，就沒有法子表達他們的見聞。攙雜神話固然足以證明他們的文化發展，尚未脫離黎明時期，我們如果把那些神話認爲歷史經過的眞實，固然未免過於天眞，但是從另外一個觀點看起，它那攙雜神話的性質，還足以證明它是眞正古代遺留下來的傳說，並不是後人僞造的假古董。必需要把這一部分半神話，半歷史的傳說整理清楚，才可以把我們黎明時期的歷史大略畫出輪廓，才可以把我們的史前史同眞正的歷史中間搭上一坐聯絡的橋梁。這若干年來，被過度疑古精神所麻痺了的學者對於此項工作固然無能爲力，就是另外一小部分也還在那裡努力，可是他們工作的成績實在是貧乏得可憐，能爲學術界公同承認的結果，可以說還幾乎完全沒有。這並不足以證明這條路不能走通，向這一方面的努力完全是白費的。如果我們肯仔細地想一想，就不難看出不能得到公同承認的結果的眞正原因，是由于沒有預先找出來一個公同承認的方法。如果不預先找出來一個能公同承認的方法，却就想得到能公同承認的結果，那却是南轅北轍，永遠沒有達到目的地的可能。我因爲感覺到這一點，就想著把我作研究時所用的方法拏出來同大家商榷，以求得到一箇公同的出發點，曾寫出一篇整理我國古代文獻方法之商榷。裏面所提出重要的僅有三點：第一，我民族初入歷史的時候，也同其他民族初入歷史的時候一樣，是多元的，不是一元的。這一點本來是近一二十年中我國新歷史界之所公同承認的，不過因爲還有些工作人不夠注意，所以仍提出來說一說。第二，傳說時代的史料可分兩類：一爲散見古書中的零金碎玉；一爲專談古史的弘篇鉅製。在古書中弘篇鉅製本不多，現存者僅有尚書之堯典皐陶謨禹貢三篇，（甘誓湯誓亦屬此期史料，但非綜合材料，性質與前三篇異，故不計入）大戴禮記之五帝德帝繫兩篇，史記之五帝本紀夏本紀殷本紀而已。（最後一篇大部分已入眞正歷史時代，不屬傳說時代範圍）史記三篇大部分材料仍取之于前二書。而在前二書中，從前因尚書列于正經，故權威最高。至後二書中之數篇因爲它可以滿足人類心理的需要，所以也有相當高的權威。從前衡量零金碎玉史料的標準，就是上邊所說的幾篇書：合于它的爲眞，不合的爲僞。他們可不曉得這些零金碎玉的傳說全是由西周，春秋及戰國時遺留下來，並且還沒有經過綜合工作，沒有經過系統化，所以失眞的地方較少，比較地可靠。至于那幾篇專談古史的弘文鉅製，却是作綜合工作的人的第二手出品。他們雖說用力很勤，並且也沒有作僞騙人的嫌疑，但是因爲他們離古已遠，對於古代的認識已經比較模糊，而且並無可資比較的材料，方法的精密方面因之也就成了問題，所以經過他們工作以後的材料，可靠的程度較沒有經過他們工作者爲差。近一二十年來，疑古學派對于這七八篇的專著攻擊的很厲害，所以它的權威已經喪失。但是大家對于它不甚可靠的性質很少有人去分析它，所以我又特別的提出地談一談。第三點是我特別提出的，從前的人還沒有談到過，就是：凡談批評史料的人全注重史料的原始性(originality)，可是研究傳說時代的人絕沒有這種福氣，因為一有原始的史料，那個時期就已經越過傳說時代了。雖然如此，我們對于它的原始性，還是不能不管。上面所說的關于這個時代的古史專著，遠不及春秋和戰國時所遺留下的零金碎玉，也就是這個道理。並且古史的傳說，在民衆間，在文人學士間，均尚可隨時孳乳：民衆對於古史有相當的知識以後自然地孳乳，如三國衍義滲入民間以後，民間自然發生些對于諸葛亮及劉關張諸人的無稽傳說，其一；文人學士不住地作綜合的工作，或繼續地將民間的傳說搜入典籍，前者可以羅泌路史為代表，後者可以沈括樂史諸人所記蚩尤神話為代表，其二；文人學者有意的作偽，此事可以王肅或他人造作偽古文尚書為代表，其三。因為有這些緣故，所以當我處理我國古傳說時代文獻的時候，把它分為價值不相等的數等級：以見于金文，尚書的今文商周書，周易的卦爻辭，詩經，左傳，國語，論語及其他之先秦著作中者為第一等。上邊所述尚書中的三篇及大戴禮記中的二篇雖屬先秦著作，而因其與史記之前三篇，全屬綜合工作，只能降之入第二等。西漢人著作中所保存的古史材料，如果尚未受綜合材料的影響，它的價值還相當地高，也可列為第二等。新綜合材料如劉歆之世經等為第三等。至東漢以後，因為紙已發明，古史的知識逐漸普及于民間，新出的孳乳比較增多，本應置之不睬，但因譙周皇甫謐酈道元所見古書尚多，所以見于他們書內的古史材料，仍不妨取作參考。至於酈注以後書所載的材料全是較後的孳乳，即當一筆勾消以免眩惑。這一種分等次的辦法，我姑名之曰'原始性的等次性'。這也就像校刊家對于漢唐以前的古書，既得不著原來的稿本，那宋版的價值就要高于一切。這並不是說宋版書絕無訛誤，這是要說，將來的訛誤很多是由宋版之訛誤處而再訛誤；訛誤愈遠，揣測原來不訛本的真象更難；宋版雖亦有訛誤，而因其去古較近，即據彼訛誤之處，揣測原來的真象尚還比較容易。所以想整理我國傳說時代的文獻，很重要的是把這些等次分別清楚；如果沒有其他特別可靠的理由，萬不可以應作參考的資料非議第二三等的資料，更不可以第二三等的資料非議第一等的資料。至於春秋戰國秦漢三國兩晉南北朝人所全不知，而唐宋人獨知的資料，卽當一筆勾消，也就像校刊家對於明後半妄人所妄改之版本完全不睬一樣。此文中尚有若干次要之點，這裡也不須多談。文成以後，友人蘇秉琦先生就本諸我的意思另外寫成一篇，其條理尚有愈于余文之處。我們的文章寫成已經二三年，也還沒有發表。因爲在昆明時，耗子太多，我的原稿的後一二頁被它們拉去墊窩，遂不完全。現在我們的集刊要復刊，我把舊稿找出想補成它，可是看過以後，對于原來的看法雖無變更，對於原來的寫法却不甚滿意，所以就不願發表，而重寫現在也尚無興趣，因此就勸蘇君將他所草成的稿子發表，我又爲之校改一遍，所以這篇文字可以說是我們兩個公同拏出來同大家商討的。希望它能引起大家注意，對於整理此一時代文獻的方法問題多加研討，庶幾不久可以得到了一個公同能承認的方法，那將來對于此時代古史的討論就可以不致浪費工力，毫無結果了。徐炳昶，民三十六，十一，二十五。

一 引言

二 傳說材料的整理

　　（一）傳說材料的一般特徵

　　（二）傳說的類型

　　（三）傳說材料的等次

　　（四）整理傳說材料的方法與原則

　　　　（1）傳說材料的分類問題

　　　　（2）傳說材料的批評問題

三 傳說時代的研究

　　（一）基本的方法與原則

　　（二）傳說中的史實

　　（三）傳說時代的歷史

　　　　（1）引用材料須注意古書的原文

　　　　（2）提出假設須倂列反面論證

　　　　（3）研究古代的社會生活須着重歷史的實證

　　　　（4）研究古代的人民活動須注意文化背境

四 結論

一　引言

一部理想的中國上古史必須是根據全部可用的文獻，傳說，和遺物，三種材料綜合運用，適當配合，寫成的。迄今爲止，我們還沒有看到這樣的一部書的主要原因，恐怕多半還是由於基本的準備工作不夠。試就以上所舉三種材料的研究工作，略述如后。

　　文獻，主要是流傳下來的古代典籍。其次是各種古器物上的文字。關於古代典籍的研究，即是我國學者所說的國學或國故，海外學者所說的漢學。關於古物文字的研究，即我國學者所說的金石學，文字學，略如海外學者之所謂古器物學，語文學。我們的古代的典籍，經過秦火以後，殘缺錯亂，達於極點。考訂整理，確不容易。幸而經過我們的歷代學者，無數人的辛苦經營，才勉強可讀。尤其值得稱贊的是從有清以來樸學家的考據工作，與海外學者的科學精神與辯證工作，已經使這一門學問確立基礎。自然，在這一部門中須要工作的問題還多。不過未來工作的重心恐怕將由一般典籍的考訂而轉移到新發現實物材料（如卜辭，金文）和純粹的語文學（如古文字，古音韻，死文字）的專門研究。兩方面的基礎都相當豐富，再加上新材料繼續不斷的發現，其結果對於古史的發明貢獻，還希望很大。大體說來，以現有的基礎而論，在古史研究中，這一類材料算是最嚴整的了。

　　傳說，即是先由口耳相傳，經過千百年後，始被寫下來的歷史故事。這自然不是一等的史料。但其對於古史的研究自有其重要地位，不可隨便抹殺（例如司馬遷所述的夏殷世系多半即根據後代的傳說材料。現在我們由卜辭證明他所述的殷代先公先王的世系多半是正確的。由此亦可間接證明他所述的夏代世系亦未必妄誕）。所以，這一部份材料亦是研究古史的一種基本材料。我們不敢隨便毀謗古人。但我們必須承認古人與我們所處的時代環境不同，對於古代歷史的觀念不同，所用的史學方法不同。因此，我們不能不引為遺憾者，前代學者對於此類材料的整理研究工作，與他們對於古籍和金石文字的工作，對於我們現在的工作而論，全然不同。後者可以作為我們現在工作的基礎與典範，前者則大部份還須要我們很大的剖刮刷洗的工夫，好使這些竄改了原形的材料，儘可能的，還原到它們的本來面目，不止是須要從頭作起。現在我們要整理古代史料，研究古代歷史，除非認為這一類材料根本沒有一顧的價值，可以拋開不管。否則，關於這些傳說材料的利用和處理，恐怕是最麻煩，最頭痛的問題了。

遺物是考古學和民族學的研究對象。近代的考古學，在我國的歷史還很短。發掘的工作還少，已發表的材料尤少。研究的工作少，已達到的具體結論更少。關於這一部門的工作可說剛才開頭。將來繼續發掘，繼續研究。新材料，新結論，將不斷增加。而許多暫時的結論，將隨時需要修正，這都是必然的。將來必有一天，我們可能根據豐富可靠的地下遺物遺蹟，和考古學的成就，來描述中華民族的史前文化。即是有文字以後，如商周的歷史，亦定可藉地下發現的新材料，新事實，大量的充實其內容，改正其史籍記載的錯誤。此是後話。現在如果就想根據這點僅有的材料，來從事綜合的研究，來勉強貫串論述我們的史前文化，還嫌太早。現在這類材料雖已可應用到古史研究。但當用的時候，須要特別謹慎。引用考古材料的結論（多半是粗枝大葉的，暫時的，或可能的），或再據此結論引申推論，更當小心。現在關於古代的文化系統和民族活動，我們已經由這類材料獲得不少的知識和綫索。但其與我們由傳說材料所早已知道的許多早期的歷史故事，兩者間縱有或然的關係，亦只是可能而已。互相比附考證，尚非其時。例如，我們可以引用已發表的考古材料，敘述我們的史前文化系統。但我們假如說'北京人'即是'防風氏'之後自是笑話。說'黑陶''彩陶'即是'夏文化''虞文化'，亦嫌牽強。總而言之，考古材料在古史研究中，雖已可用，但這一部門的工作方才開始，基礎未立，輾轉徵引，須特別謹慎。如步步引申，步步推論，走的愈深愈遠，不免錯誤的機會愈多。

以上所述研究我國古史的三種材料，無疑的，第一種，關於記載文獻的研究，已經有了很堅實的工作基礎。第三種，關於地下遺物的發現與研究，成績雖然還有限，應用還有問題，亦已經能夠約略說明我國的遠古文化和民族背景。惟有第二種，關於傳說材料的整理研究，尚無確實基礎。

亦許有人以爲研究古史，傳說材料是不足重輕的。殊不知我們的考古材料，即令已經十分豐富，我們由此所能知道的史前文化系統，與有文字以後的歷史之間，還缺少一環。這正如我們在前段的舉例所說，假定我們日後的考古發掘，果真在殷商文化層的下面，發現若干個真正文化銜接，時間連續的文化層，或文化系統之後，我們由此發現，竟把殷商的歷史背景，文化來源，民族的生成等都弄明白。我們甚至可以假定，又發現一種比殷商卜辭更古的原始文字，因而證明了夏朝的世系。可謂至矣盡矣。但存在於我們傳說材料中的世次還多，各部族的遠代故事還多。要想把它們一一用地下材料來證實或否定，是不可能的。將來我們由地下發現的材料，儘管比現有的再加上十倍百倍千倍。我們由此所能知道的，永不外是些'打製石器''磨製石器''彩陶''黑陶''甲文化''乙文化'。我們永遠不會發現那些是黃帝炎帝；那個是堯墟舜墟。如果我們把我們的上古史當作一齣三幕劇來看，其所遺留下的踪迹，已因出演的先後而詳略不同。第一幕，即'史前史'。我們只有從考古材料知道的一些舞臺佈景，衣冠道具，以及我們由此所能猜想的憧憧人影。有人物而無個性，有活動而無劇情。第二幕，'傳說時代'。因爲有了代代相傳所保存下來的歷史故事，有如演員或觀衆的腦中印象，尚保存在記憶之中。再配合上考古材料所供給的殘缺舞臺和佈景。儘管劇中人的活動已經印象模糊。但人物則已有了個性（或是羣性），活動亦有了情節。第三幕，即'歷史時期'。有了文字記載，亦即猶如一部真實但殘缺的'本事'。再配合上考古材料，傳說材料，我們對於這最後的一幕戲劇，縱不可能完全復原重演。但劇中人的音容笑貌，劇情始末，至少已有了部份真實的記錄。它的內容形式亦有了一定的標準。我們如果把傳說材料删掉，我們的古史將不成爲一個整體。我們的傳說材料，如不加整理，則其史料價值亦將永遠是一個無法計算的'未知數'。

现在国史著作中，关於'传说时代'这一段落，恐怕是最纷歧，最混乱的了。学者对於是项材料的处理方法和态度，恐怕也是最纷歧，最混乱的了。所以如此的原因，据我们想来，一方面因是由於基本工作的欠缺。另方面，更重要的，恐怕还是由於大家对於工作的先决问题，如工作的步骤，方法，原则等，还没有经过公开讨论和解决的缘故。所以我们认为，材料的整理工作固然重要，而关於整理研究的步骤，方法和原则等问题的研讨，尤为当务之急。因为只有在後一问题获得解决之後，工作的结果才能有确实的基础，缲能达到大家一致承认的结论。除非我们根本否认历史科学的存在，否则，此种工作前提的一致，不只是可能的，而且是必须的。因为，只有在共同的方法原则之下，所达到的相似的结论，才足以说明结论的正确性。而结论的偶然不同更足以说明由间接方法所能推考的历史真象必然是'概然的''近似值'。犹如'二次方程式'的答案不止一个。如果说只有某一个答数是正确的，另一个是错的，当然是失之武断了。

二　传说材料的整理

（一）　传说材料的一般特征

（1）传说材料的原始形态，大致包括：一、保存在民间的，口述的歌谣故事。二、传统的风俗习惯，宗教仪式。三、古代的遗蹟传说。其形式内容均非固定的。

（2）传说材料的写定时期，即最早的，亦已经是当文明进步到文字的使用已经非常方便发达之後。距离传说的起原（如果是真的，原始的，而非假造的，伪托的），已经年代久远。

（二）　传说的类型

一切形之於笔墨，著之於简册的传说，从它的本质或来源可分为两種：一種是見之於記載或經過輾轉傳述的原始傳說。一種是由已見於記載的傳說再播種發生的傳說。前者可以稱之爲'原生的'。後者可以稱之爲'再生的'。兩者流行的時代不同，形式面貌亦全不相同，極易分辨，不容混淆。這是判斷傳說的史料價値的一個先決問題。

（1）'原生的'包括一切見於早期記載的傳聞異說。此類傳說的來源，大部已經太遠了。所保存下來的，或者是只存軀殼，不明涵義；或者只是片段記憶，首尾不全；或者是傳聞異詞，互相矛盾。這都是傳說的本來特質使它不能不順着某種自然的趨勢，逐漸變化的必然結果。

（2）'再生的'包括一切見於後期記載之假的，僞托的，孳生的傳說故事。其來源大都出於某種業已流行很久很廣的記載，經傳佈或倒流到民間以後，才又產生的傳說。此種傳說大部發生於東漢以後。但東漢以後的記載中却非全無'原生的'傳說。

（三） 傳說材料的等次

關於古史的傳說，照前文所講的，一種是傳自遠古，有史料價値，但大都早已消滅死去(指被人遺忘)，賸下的只是散見於古代或早期各種典籍中之一鱗半爪的遺蹟。一種是後起的，甚至流傳到現在，或者只見於晚近著述之中，大都是全無史料價値的。現在我們要整理研究的對象不是存在於現在民間的，活的傳說，也不是見於晚近著述中之現成的古史系統或記載，主要是近古的，或早期的典籍。我們只有靠這些古籍中的一鱗半爪，來恢復古代傳說的原形。再靠這些傳說，來推考傳說時代的眞實背境。由此可知，與傳說時代的歷史或社會背境有直接關係者乃是'傳說'自身，而非'傳說材料'；是原始存在於古代社會中的故事或遺跡，而非引用或記述此類故事或遺跡者之主觀的批評或整理綜合而得的結論。因此，我們對於此類見於典籍中之傳說材料的等次觀念，或價値的批判，其理論上的標準乃是它們與眞實的，原始的，古代傳說的關係。由此標準，我們可把一切材料按照其價値、等次，分爲三類：

（1）第一等　直接引用，記述保存於古代社會間之原始的古代傳說或遺跡的材料。

（2）第二等　根據前人舊說，或彙採異說而有所損益，或係整理綜合的著述，但或多或少尚存原始傳說之一部分眞象者。

（3）第三等　改竄舊說，另成系統；材料晚出，與舊籍抵觸；以及一切來源不明，或根據'再生'傳說的記述等是。

由以上的等次，或價値的分類，可以說明傳說材料之所以必須整理，與我們從事整理工作的目的，就是要由材料的分類與批評，進而探討傳說的本來面目，以爲研究傳說時代的史事之基礎。

（四）　整理傳說材料的方法與原則

整理傳說材料的方法與原則，簡單說，就是如何把傳說材料按照以上我們所假定的等次標準，分類與批評的問題。分別討論如后。

（1）傳說材料的分類問題

按照我們假定的等次，將傳說材料加以分類的基本條件，是傳說材料的寫定年代。所以這個問題的工作基礎是考據學。近若干年以來，中外學者對於古籍研究的方法與成就可以說有革命性的進步。不過，許多問題，特別是先秦重要典籍中各部分的寫定年代，大都還沒有達到精細正確的結論。由於工作基礎條件的限制，我們現在想把古籍中的傳說材料，按照它們的寫定年代分類，自然亦還不能達到多麽精細正確的程度。按照材料的內容與寫定的先後，大概可分爲三期。

第一期　包括商周到戰國前期的作品

甲骨文中完全不見虞夏以前的故事。金文中有二三事與此期有關。但僅可證明此類傳說在春秋和戰國時代已有。且此二三事語焉不詳。據之絕無法得古史的約略輪廓。

尚書中大致可靠的如盤庚以後四篇及周書十餘篇，偶有談到古代史事的記載。次是詩經中直接保存的古代傳說，甘誓湯誓兩篇，或許是周代杞鄫宋等國夏商的後裔所保存記錄下來的古代傳說。以至於周易的卦爻本文。這些材料都價值甚高，可惜數量太少。

春秋中葉以後，文化急驟發展，史料始多。左傳和國語兩部書中記錄保存的古代史事最多，大概都是根據春秋時人的傳說。多存原貌，少有損益，最為可貴。

第二期　包括戰國後期到西漢末的作品

如周書及先秦諸子中所保存的古代傳說，已經遠不及左傳和國語中所保存傳說的素樸。至於大戴禮中的五帝德和帝繫兩篇，尚書中的虞夏書三篇，則除了承襲前人舊說之外，又加了些工作人個人的猜測，為多轉一次手的綜合整理工作。此後權威最高的太史公的五帝本紀，主要的也是取材於以上兩書，所以也是同一類的工作。可是其中亦並不少直接採自民間的傳說。前者的工作雖然沒用，後者的材料價值與前期的並無大分別。

西漢時人的著述，大體上是承襲戰國晚期的趨勢，繼續從事古史系統的綜合整理工作。不過其中亦並不少第一等的材料。

第三期　東漢以後作品

東漢以後，人文進化愈速。關於古代史事的種種傳說，尤其是經過前期的綜合整理以後的古史系統，權威已經樹立，重回到民間，孳生繁殖。這類材料大概全無價值。可是也有例外，如譙周皇甫謐酈道元諸人書中就常保存一部分古代的原始的民間傳說，可以補前人著述之不足。至於後人論述古事而最後亦不見於三人之稱述者，大概全是漢代以後的'再生'傳說。

（2）傳說材料的批判問題

批判傳說材料的目的，是就傳說材料的內容，來分析那些是原始的古代傳說，那些是後人加減過的，綜合整理的結果。除去了後者的成分，剩下來的多半即是前者的成分。所以這也可說是'辨偽'的工作。工作的對象，主要是前邊所分的屬於第二期的作品。因為第一期大都是基本的，標準的材料。第三期的作品大都是補助的，只能供參考的材料。第二期作品中的古史傳說大都是加減過的，綜合整理的結果。它們的價值雖然遠不如前期材料，可是它們對於後代的影響勢力却最大。同時也因為它們的內容尚含有些一等材料，不可一概屏棄。

最重要的作品是：堯典皋陶謨禹貢五帝德帝繫五帝本紀夏殷本紀世經帝王世紀。試分論如后。

堯典

（1）今本堯典似與左傳所引原文不同：

左傳文十八年，引史克言：'慎徽五典，五典克從'以下自成段落。如果當時所傳堯典原文與今本相同，下文當敍述禹棄皋陶垂益伯夷夔龍諸人的受任，共工驩兜三苗和鯀諸氏的放逐。然而他所講的受任的人却是八元和八愷。所放逐的乃是渾沌窮奇檮杌饕餮。可見左傳的作者所見的虞書不是現在的虞書。這一則可以證明今本堯典的寫成定本已在左傳成書之後，再則亦可以說明這類綜合的工作起源較早，而時有改變。

（2）文中多戰國晚期的思想成分：

例如：'女能用命，遜朕位'的禪讓思想。'詢事考言，乃言底可績，三載，女陟帝位'的帝號。'文祖'的稱謂。以及'五載一巡守，羣后四朝'的大一統思想。

（3）與古說古誼不合的成分（由於綜合工作的結果）：

例如：以羲和仲叔分處四方，與古羲和一名，未嘗分古誼不合。四岳大岳伯夷許由，按古說似爲一人名分化。作堯典人却將四岳與伯夷分爲二人。依古說，棄與堯舜不同時，巧倕夔龍等都時序不明。作堯典的人都列入虞廷。尤其州名十二，與古說不合。似乎是禹貢，周禮職方，爾雅三書中對於九州名稱的三個異說已經流行之後，減去重複，相加的總數。

(4) 可能是承襲舊說的成分：

例如：斷‘三百有六旬有六日’爲一週年。‘以閏月定四時成歲’。

皋陶謨

文中多載戰國晚期的思想成分：

例如：‘天聰明自我民聰明，天明威自我民明威’的偉大思想，甚至不見於太史公的引述。‘弼成五服，至於五千。州十有二師，外薄四海’。明是戰國時人的看法。

禹貢

(1) 晚期的知識成分：

例如：‘荆州貢鐵’，當在春秋以後。

(2) 與古說古誼不合的成分。

例如：‘五服’之說出於國語，而至禹貢中則眞義已失。

五帝德

材料來源不明的可疑成分：

例如：‘黃帝軒轅，顓頊高陽，帝嚳高辛，帝堯放勳，帝舜重華，禹文命’，一套綜合整齊的系統名號，除去‘顓頊高陽’有離騷，莊子大宗師，墨子非攻下，幾處可以證明，‘帝堯放勳’，有孟子萬章提到過以外，都不明來源。至於各帝相互間的關係更難憑信。

帝繫

多與古說不合：

例如：舜前無虞幕，重即句芒不能是虞的先人。

五帝本紀夏殷本紀

採用五帝德帝繫兩篇成說，對於後代影響最大，權威最高。

世經

用曆法整理古史中的年月日，在原則上是可用的。不過當時的曆法還不夠精密，結果不能令人滿意。這種工作的方法和精神是值得推崇的。

帝王世紀

原書已經失傳。只見於他書的節錄。大概作者搜集甚勤而史識不高明。因為搜集的頗豐富，便於尋檢，所以勢力很大。

三 傳說時代的研究

（一）基本的方法與原則

'傳說時代'的史料，如前所說，有兩大部分：一，是包括於先史考古學中的'地下遺物'。一，是包含於各期典籍中的'傳說'。我們由先史考古學的研究所得的譬如是真正的歷史開場以前的舞臺佈景。至於這齣歷史大戲開場以前的'楔子'或者'冒戲'乃是以傳說（包括歌謠古迹）的形態保存下來的。唯有靠了這些'傳說'，我們才可能把這一段有文字以前的歷史模擬想像出它的十分或百分之一二的真象，才可能把完全茫昧（不是完全沒有文化）的先史文化時期，與有真實記載的歷史時期，互相連繫起來。

關於傳說材料的整理，就是把各期典籍中的傳說材料加以分類批評，並決定它們的等次價值，是研究傳說時代的先決問題。工作的基礎條件，例如，近人有的主張蚩尤屬於'西方民族'。我們現在要討論此說能否成立，必須先問它的根據是什麼，而不是批評蚩尤可能不可能，或應當不應當屬於'西方民族'。據我們所知，主張此說的論據（就是可以與此說符合的傳說材料）只有宋代的沈括和樂史的記述。至於漢書和皇覽所記關於蚩尤的傳說（祠和家)都在東方。後者的權威價值自高於前者。漢魏人的舊說如果打不倒，宋人的新說絕不能成立。就是能把前期的舊說打倒，後期的新說能否成立，還是問題。

但我們由前項工作(傳說材料的整理)所得的結果，究竟祇是作爲研究傳說時代的準備工作。是手段，不是目的。是先決問題，還不是主要的問題。主要的問題是，如何在這個基礎之上來檢討古代傳說的內容(就是傳說的本來面目)？如何再由這些片斷的材料來檢討歷史的眞象？從'出發點'到'目的地'，不但距離遙遠，而且困難重重。

這項工作的困難，古人早已經深深體會過了。而古人的失敗經驗也是頗值得我們反省的。因爲我們由傳說材料中所能看到的遠古史事，最多不過是若干若明若昧的模糊印象，一些曖昧矛盾的言詞故事，甚至於含有過多人化，理想化，神秘化的色彩的神話。古人去古已遠，人文進化，理智發達，對於神秘的故事懷疑，是對的。相信古史年代的久遠，亦是對的。應用極少的材料，叙述極長、極複雜的故事，不能不運用想像補充，亦是無可如何的。他們因爲沒有失敗的經驗，缺乏比較的材料，工作的結果自然不能令現在的人滿意。工作的方法亦自不足作爲我們的典型。但他們在許多工作中所表現的態度的謹嚴與求眞理的熱誠是值得贊揚的。他們的失敗與錯誤，乃是受了時代的限制。

我們現在與古人不同的地方，有以下三點：第一，是史學方法的進步。現在人批評史料的標準，不是主觀的思想或經驗的常識，而是'它們的來源問題。第二，是史料的增加。現在除舊有的傳說材料之外，增加了考古材料。對於古代的文化背境，民族活動，有了眞實材料作爲研究的參考。第三，比較材料的增加。現在對於古代史事的理解、說明，不是憑空想像，也不是靠眼前事物，而是可以藉助於社會史或初民社會的研究材料作例證。以上三點可以說明古今憑藉不同。所以我們現在的問題，並不是如何以現代人的知識眼光來批評古人或打倒舊說的破壞工作，而是應當如何善用我們現代的知識眼光來重新整理材料，重新研究古史眞象的建設工作。如果這件工作是簡單容易的，也不致聚訟紛紜，多年不決。如果我們能接受古人失敗的敎訓，如果我們希望把這個問題的研究引到一個新的途徑，除了材料的整理應該用史學方法來分類、來批評之外，如何再用整理過後的材料作基礎，用考古材料作參考，用社會史料作比較，來研究傳說時代的歷史問題。推理與想像固然仍是工作的必要的指導原則。但是頂重要的是，如何從材料中找論證，如何從論證推到結論。至如何由結論構成假設的時候，自然還少不了推理與想像的幫助。但是仍要特別謹愼，使之愈少愈好。

也許有人根本懷疑這種研究工作的方法是否可能達到像普通的史學方法的科學性。也許有人根本懷疑這種研究工作的結果是否能夠達到像歷史時期的叙述的眞實性。我們的意思是肯定的。理由如下：

這種研究工作的性質，從種種方面看來，和古生物學非常近似。所以二者的互相比較，頗可供給我們很多有用的啓示。

古生物學雖然還是一門相當新的科學，已經體系完備，成爲打開一部自然史的鎖鑰知識了。所以現在當我們外行人走進博物館的時候，看到陳列的完整的古生物化石標本，也許不免誤以爲古生物學者研究的對象就是這些現成材料。殊不知這乃是'製成品'，不是'原料'。這差不多已經快到了古生物學者工作的最後一步了。我們都知道，古生物學者的研究對象，主要是化石或化石物。而他們的目的，主要是一部生物的歷史。可是古生物學者所能利用的原料——化石標本——乃是一些在非常適宜的環境下所保存下來，又藉非常偶然的機緣纔被科學家所發現、所收藏的，非常稀少而殘缺的遺蹟。材料既甚少，而目的則甚奢，從化石的發現、採掘、修理、鑑定、完補，到整個古生物標本的復原，整個古生物的演化史的研究，這一大連串的工作，可說非常繁複，而且困難重重。古生物學之得有今日，是靠了多少此門學者的精心研究，纔使方法逐漸完密、充實。所以它的進步史，差不多亦可說是方法的進步史。

'傳說時代'的研究，主要的應靠'傳說材料'。但由傳說材料中搜集傳說故事，由傳說故事中鑑定它的眞實成分，再根據種種直接間接的論證推敲歷史的眞象全貌，自然也是一件非常繁複困難的工作。問題的關鍵却不在於材料的過少，而是搜集與考訂的困難。也不全在於直接論證的殘缺或參考資料的貧乏，而是如何利用僅有的知識所達到的結論，不怕太少，也不怕太略，主要的是要不太走失了原樣（像利用古生物化石來復原一樣）。古生物學縱然再發達再進步，也不會解決了古生物學上的一切問題。傳說時代的歷史的研究亦自難完全圓滿。這都不成問題。成問題的是這種研究的前途，或者說這種工作結果的學術價值，將完全看工作方法的進步能否達到相當的精密嚴整的程度。

在種種含有傳說材料的典籍中搜集原始的傳說，亦猶如在岩洞中採掘古生物化石。所得的材料常常是零星破碎，不相聯屬，甚至眞假難辨。在古生物學的歷史中，有不少的把眞化石不當化石，或把'假化石'當過化石的例子。到現在古生物學的研究室中也還有不少的'疑問化石'。在傳說材料中自然更多難解的地方。在傳說故事中的眞假成分，尤其不易鑑別。不論自然科學、社會科學，對於搜集材料，累積智識，原本都是由工作經驗、方法才逐漸完密，結果才逐漸正確。我們在前章所討論的關於整理傳說材料的兩個原則，亦不過根據一般史學方法與工作經驗，提出來的一個比較具體的原則而已。事實上，現在認爲可靠的材料將來未必不成問題，現在認爲沒有價值的材料將來未必完全不能利用。學問本無止境。

在傳說故事中鑑別眞實的歷史成分，由可靠的綫索中理解史事的眞象，亦猶如在一堆修理出來的化石中選擇具特徵的部分（例如牙齒），再根據化石的形態鑑定它的種屬名稱。這在古生物學中是一步非常繁難而專門的工作。第一，由於化石標本的殘破，特徵難辨，不易完補。第二，須要有充分的古生物學和生物學的知識作基礎，和夠用的標本作參考。在一大堆化石中有一大半是不能辨認它們是牛是馬的。其餘一小半的種屬亦常常不是一望可知的。傳說故事中儘多不可理解的成分，亦儘多與考訂史事無關的成分。我們要在一堆雜揉的傳說中選擇那些是有用的成分，再由此來理解歷史的真象，這一步工作也決不簡單容易。第一，我們必須應用基本的史學知識來選取其中的'記述史實'的部分（自然這是假設的說法）。第二，我們尤其須要用歷史的觀念與基本的社會學知識作基礎，來推斷它的真實意義。

根據傳說來研究傳說時代的歷史，與用化石來研究古生物的歷史，其基本論證雖有直接與間接之不同，兩者均須有大量的借助於其他部門研究的結果則是一樣的。化石雖是古生物的直接遺蹟。因為標本的殘缺稀少，要想把它完補復原，專靠化石是不夠的，也不是憑空想像可以揣摩出來的，最重要的還是生物學上的憑籍，就是形態學或比較解剖學的知識。如果再進一步，想研究這種古生物的生活情形，適應環境，原形外貌，以及它在整個生物演化系統中的位置，形態學的知識是必要的，與它有血統關係的現存生物的關係尤需先弄清楚。地質學中地層學的知識亦是重要的。從前研究化石為的是由標準化石來定岩層的年代。現在則更用地史的知識和化石羣材料來研究各期古生物的分布和歷史了。現在我們用可能得到的傳說材料先把傳說來復原，再用這復原後的傳說來鑑定它的'史實'背景。它的真確程度且不必講，在數量上亦尚不足以作為研究的基礎。直接的材料不夠，史學的方法也不夠，順着個人的意思推敲猜想只有離真實的歷史愈走愈遠。所以傳說時代的研究，關於直接論證的引用，因為材料的間接性，固須要特別謹慎。至於間接的論證，就是利用輔助科學，如社會學和考古學的知識與原則來補充直接論證的不足，雖是必要的，但亦自有其一定的限度，不能喧賓奪主。一件'恐龍'標本的復原，主要還是靠'化石'不是進化論。古史眞象的推敲，主要還是要靠史料，不是社會史。否則，恐龍標本的復原可能一人一樣。古史的講法亦將人各一說。

（二） 傳說中的史實

前章討論傳說材料的整理。其目的乃爲探討各種傳說故事的本來面目。這可說是史學方法中的考據工夫。略如古生物學者對於化石的搜掘修理。都是研究主要問題前的準備工作。古生物學者對於一堆化石的去取標準，是看它能否作爲鑑定種屬的材料。而可以作爲鑑定種屬的材料則是其中最具特徵的部分。至於古生物學者如何利用化石的特徵部分來鑑定它的種屬，亦即工作的基本條件，不外古生物學與生物學的知識。我們對於一堆傳說故事的去取標準，當看它是否含有歷史的成分。而此種成分的判斷，則看它是否含有史實的特徵。此所謂史實特徵，含有兩方面的意義：一，是有內容，就是言之有物，並且意義明白，不是些空洞渺茫的話或抽象的概念。二，要有個性，不是可以張冠李戴的。凡是合於以上條件的傳說，雖不一定就是歷史，完全憑空捏造是不大可能的。雖不一定是百分之百的正確可靠，而魚目混珠却也是不大容易的。至於我們如何利用這些所謂含有史實特徵的傳說，來考訂古代的史事，其工作的基本條件不外後期的歷史知識與社會學的原則原理。

大體說來，我們由傳說中所看到的傳說時代（先去掉古人的帶色眼鏡），在橫的一方面，我們的民族文化，還沒有達到混同的境界。當時的社會形態還沒有產生國家的組織，是一個林林總總，萬花筒式的，氏族林立的局面。在縱的一方面，除了幾件最重要，深入人心的大事，例如黃帝與蚩尤之戰，洪水之類，只是一些氏族的分合接觸與移動的踪跡，還談不到歷史的紀年。因此，我們對於傳說時代的史事，雖然可以分期，却很難考訂它的絕對的歷史年代。此外最可能致力者則是在各期間各氏族的分合，接觸和移動等問題。研究此類問題的經緯線索有二：第一是'族姓'，第二是'地名'。

傳說總是些殘缺曖昧和矛盾的故事。惟有其中的'族姓'和'地名'常常是比較的清楚和一致的。由此可知此類成分多半是在保存期間變化最少的。所以此類成分幾乎可說是傳說故事中的'化石'。

古史眞象太渺茫，材料少是大原因。材料太亂太雜亦關係甚大。如果我們能把其中關於'族姓'和'地名'的問題大部分都弄清楚，則史事輪廓自然顯露，脈絡自然溝通。所以此類成分不祇可說是傳說中的'化石'，簡直可以說是'特徵化石'了。

什麼是'族姓'呢？在傳說故事中有種種人格化的名稱，例如黃帝炎帝蚩尤等是。不管它們的起源如何，眞實的意義如何，從它們在故事中作爲一個行爲的主體而論，應該當作一個羣的代名詞。不管這些羣的單位大小如何，從種種方面看來，多半是一種血族團體。所以我們可以概然的把它們當作是代表血族團體的'族'名(並非完全否認它們的人格)。在這一類'族名'之上又有所謂姓或氏。姓與氏的分別似乎是後起。本誼似乎都是代表一種眞的或假設的血緣關係。在傳說故事中，像以上所說的這類'族姓'關係，雖不完全但非常重要，亦甚少異說。由此可以解決若干使用其他方法所不能考訂的問題。由此亦可以推測在傳說時代的諸氏族部落之間的複雜關係，諸如文化系統，歷史關係等。舉例如下：

(1)伯夷伯益伯翳　三個傳說故事中的'人名'，字音相似，到底是一，是二，是三？異說紛紛。但伯益和伯翳都屬嬴姓，在傳說中亦別無分別，似乎是'二而一'。至於伯夷姓姜與伯益無干。

(2)姬姜祝融　周代姬姜兩姓世通姻媾。其關係密切不成問題。但見於左傳國語中，分佈在黃河南北的所謂姬姓姜姓的'國'(氏族)，並不都是周朝的封建。其中姬姓國多偏於黃河以北，姜姓國多偏於黃河以南。由此可以上推，遠在周代以前兩姓的地域和文化關係，大概從來接近。國語所稱的祝融八姓與姬姜兩姓的關係遠不及後二者相互關係之深。由此可以上推前後兩者之間大概自來即比較隔離，文化關係比較疏遠。

所謂'地名'包括兩種：

(1)傳說發生傳佈和保存的所在。例如，左傳'陳太皡之虛'。魯有'大庭氏之庫'。因為記錄似有實在的根據，傳說又是屬於原始性的，春秋以後的地名亦大都可考。此種材料，雖然不多，自極可貴。

(2)傳說故事中的地名。例如，姜水姬水阪泉涿鹿究竟當今何地？多成問題。不過以現有的知識，完全沒有綫索的究竟是少數。例如，漢晉人的解釋多半淵源有自。其次，歷代樸學家的研究辯論亦貢獻甚多。再次，如有一個以上的可能，不能確定的時候，可能由傳說中的鄰邦關係幫助決定。例如，衡山今全在江南。但即在西漢之初，衡山仍全在江北。此可由戰國策所載吳起的話及吳芮封衡山王都邾及改封今日湖南境內反稱長沙，不再稱衡山之事實以決定之。

(三) 傳說時代的歷史

傳說時代的歷史，論時間或者竟可與我們有記載的歷史一樣長。論內容也不少驚天動地的大事。這好比是一座已經毀滅了的阿房宮。剩下的只是一堆瓦礫和一些誇大而不實在的記載。一個文學家也許可以憑藉這些材料和他們自己的靈感，會構成一幅大廈連雲的秦宮圖。不過這一幅畫圖與真的阿房宮恐怕是沒有一點相似的。現在我們要研究傳說時代的歷史，目的自然不是要構成像這樣的一幅美麗而完整却不真實的幻想圖。我們是要把它'重建'起來。'重建'須要逼真或近真。所以必須要靠真實的材料。然而眞實的材料又太少，少到不可想像的程度。重建之前，先須儘可能的利用所有的材料，來設法重繪它的縱橫剖面的'藍圖'。爲希望完整，自然不能不靠想像來補充。但爲了近眞起見，想像補充的成分又不能離開眞實的憑藉。否則將成爲虛構的空中樓閣。歸根結底，所謂傳說時代的歷史問題還不外是關於若干比較可靠的傳說材料的綜合和組織，解釋和補充的問題。換言之，就是如何利用這許多片斷零星的'史實'（主要是上節所說關於原始'族性'和古代'地名'的考訂結果）來重新結構成若干幅傳說時代的縱橫剖面圖。這件工程，不是一手一足、一朝一夕、可以成功的。在工作的方法一方面，先應該有一些共同遵循的原則。試提出四點，以供研討。

（1）引用材料須注意古書原文

古籍原文，多有訛誤。後儒新說，或勝舊義。不過古籍中的問題是無限的。考據的結果也幾乎無所謂定論。例如，周書嘗麥解中本多缺文，與難解之處。今人引用此篇，缺文全無，文從字順。顯然是忽略了向來存在的問題。尤如輾轉引用的話，更常與原書原文不合。如隨便引用，不檢原書，最易傳訛。例如，有人引用嘗麥解，却說'赤帝命蚩尤宇于少昊'。他恐怕只見路史，未檢本文，所以承前書的錯誤。又如，有人引用國語殷人禘嚳之說。其實國語中何嘗有此說！所以我們引用材料，必當檢視原書。後人的校訂，他書稱引，不是不可轉用，原委必須明白，出處必須註明。自己也不是不可有所辯正，但原文却必須照錄。

（2）提出假說須併列反面的論證

根據極少數的材料作論證是可以的。用來完成傳說時代的縱橫剖面圖是絕對不夠的。所以卽使利用一切可用的材料所達到的結論，仍不過是一種假說。同時在一切可用的材料之中或不只有疑問，而且會有矛盾。所以任何一種假說的提出，除了必不可少的若干正面的論據之外，亦或有若干難解決的問題，或者是相反的論證。這似乎應當作爲我們工作的信條，就是，一方面應儘量將與問題有關係的材料搜集完全，不使遺漏；另方面，對於正面的論證自當一一列舉之外，對於不能解決的問題或反面的論證亦須指出，一點不要隱瞞。這樣作法不但不會影響到工作的成就，更足以證明工作者對於工作的忠誠，與對於後來工作者的熱忱。

（3）研究古代的社會生活須着重歷史的實證

我們研究傳說時代的歷史問題，自不能不注意當時的社會生活。我們要想根據歷史材料來說明，來研究當時的社會生活，諸如社會組織、風俗習慣、思想信仰等等現象的內容與變化，應先討論如何才能正確的理解種種傳說材料的真實意義。

這種理解的工夫（不是文字的攷據訓話）常常是不能不藉助於其他民族的歷史，以及現代社會學與人類學的種種知識和原則的。但我們決不可因此忘記了我們研究的對象和目的。歷史科學的對象可以說是千變萬化，不可想像的複雜。兩個民族的歷史，不論是它們的形態、內容和發展過程，沒有完全相同的。此話並非否定各民族歷史發展的因果關係，乃強調各民族歷史的發展。雖自有其因果關係在焉，却並無一定的、共同的'公式'。

人類歷史的真象決定了我們研究的目的，亦決定了我們研究的方法。我們研究的目的本不是為證明或否定某種社會學說中的原則原理，亦不是專為社會學或人類學的研究供給一個'個案分析'。所以研究的方法，亦自然不能應用任何一種社會學說的原理原則作'綱領'（就是以上所說的'公式'），硬填上些中國材料就可以說明歷史的真象。這樣只有蒙蔽歷史，曲解歷史，我們姑妄名之曰'公式主義'。

採取上述'公式主義'的方法，來研究中國歷史的學者（近來不幸很有些），顯然是誤解了現代社會科學的科學基礎。似乎以為歷史科學猶如抽象科學一樣，亦可以應用公式求得真理。尤其錯用了西方社會學者工作的成就。似乎以為西方學者根據西方數千年的真實史料分析研究所得關於西方社會的蓋然的變化過程，與其因果關係，亦可以放之四海而無不合。用這種方法研究的結果縱具科學的外表，實際是反科學的，亦是反歷史的。

　　至於西方學者工作的方法和精神本來是對的，亦是值得我們取法的。以我們先民所儲積保存下來的豐富史料，如果能用正確的方法，細心工作，以闡明我國古史中關於原始社會的各方面，以及它們的演化過程。這對於整個人類文化史的貢獻，一定是很大的。不過，歸結一句話，這畢竟是我們整個的民族文化歷史的一部分。對於一個民族文化歷史的研究，雖然儘可以採取不同的方法和途逕。根據的材料，文獻也好，實物也好，古傳說也好，語言文字或其他民俗材料也好，總之，都必須是真實的歷史的遺留。換言之，研究的既然是歷史問題。那麼一切推論或臆說的根據就必須是歷史的實證。此外別無捷徑。

　　(4)研究古代的人民活動須注意文化背境

　　傳說時代的歷史問題中，除去關於社會生活的各方面與其演化問題之外，另一方面，與前者同樣重要的，當是關於人民的團體活動。例如，在原始社會組織單位中的諸氏族（或如前所稱的'族姓'）部落的分合、分佈、移動和接觸等問題。這種問題的研究亦如前類問題的研究一樣，根據材料自必須是歷史的實證。同時亦須要其他各民族文化的歷史，以及現代社會學和人類學的知識作參考。當我們進行討論此類問題的時候，更須注意到隱藏在問題背後的文化背境問題。

　　因為古代的傳說材料大都是春秋戰國以後所寫定的。當時去古已遠，我們的民族文化大體已經形成混同的局面。原始文化的分歧，對立，雖或遺跡尚在，但已不顯著。族類的界限雖不至完全沒有，大部分已經消滅無形。所以春秋戰國兩漢時人所傳所記的古代故事自不免摻雜上後代的統一色彩。再經過後儒的整理傳述，愈真象難辨。以致在我國民族文化尚未達到混同以前的重要分野，幾乎一直埋沒了兩千多年。

我們現在的歷史知識，比起古人來，廣博多矣。現在我們都知道世界上任何一個發展到高度的民族文化沒有不是多元的。這已經夠發人深省了。加上近年來的考古發現，以及由古器物與古語文多方面研究的結果。確定的結論雖然不多。我們民族文化的始源亦不能例外，亦是多元的。這在原則上可說業已成立，並經多數歷史學者承認了。自從此一原則成立流行以後，已經有不少的歷史學者，順着這個方向，重新整理我們的古代史料，果然發現了若干古人所從未夢見過的歷史眞象。確鑿的結論自然還談不到，嘗試的階段早成過去了。

四　結　論

　　嚴格的說來，在我們的國史問題中，關於我國民族文化的始源問題，迄今爲止，大部分還是一個謎。能打開這個秘密之門的鑰匙，當不止一把。最有希望的還是地下材料。這要等待我們的先史考古學者去發掘研究。不過，打開這個秘密之門的鑰匙旣不只一把，就是說，可能達到這同一目標的途徑不只一條。目標旣然還是一個謎，不論採取那一條路，在沒有達到確定的最終結論之前，都應當保持本來應有的嚴正方法與態度，追求眞理。不必，亦許簡直可說不應該，靠牽強附會，希望急切就能達到一個最後的結論。這樣的結論，縱然表面圓通，基礎還是脆弱的。

　　由近年來國內學者試探研究的結果（多半是不謀而合達到差不多極近似的結論）看來，我們似乎已經頗可相信從傳說材料的整理研究來解決我們傳說時代的歷史問題的可能性了。那麼我們由此研究的結果，對於我們民族文化始源問題的解決，必將有所貢獻，似無可疑。這又可以從兩方面來觀察。

　　第一，從古代傳說的保存來看。我國歷史記載的始源甚早(<u>西周</u>)。典籍的保存特別豐富。當我們還沒有建設起一個'統一帝國'以前的<u>春秋戰國</u>

時期正是百家併起，學術極盛的一個時代。各家學者互相對立，自由批評。有意無意的，對於當代社會資料與古代傳說的搜集傳述，都或多或少的有所貢獻。這是我們今日研究古史的一筆大資產。

第二，從古代社會的遺跡來看。正當我們古代學術極盛的時候，春秋戰國，亦正是我們民族文化經過孕育成長的階段，已漸臻於混同之境。不過此種同化的過程還未完成。古代歷史的發展過程，在當時社會生活中，還有若干遺跡。蛛絲馬跡，可資尋繹。這又供給我們研究古史的許多真憑實據。

順着這一條路徑的古史研究工作，不必諱言，部分的是受了與其他古代民族文化歷史互相比較的影響；部分的，亦許更重要的，是受了近年來國內考古發現的刺激。不過，這項研究工作的前途，還是繫於工作者所採取的方法，態度，與其所能建立的體系如何。而不必永遠局限於與其他民族文化歷史的比較。牠同考古發現是可能互相啓發的。後者固可以幫助前項工作的理解，而前項工作，如果作得謹嚴，也可以對於後者有很大的幫助。將來由此項研究工作所完成的結果，可能發現中國古史發展的'特殊面'，也可能發現由地下材料不盡能說明的史實。這亦正是它的特別使命。只要工作者的方法態度是嚴正的，體系是完整的，它對於解決我們的接近有史時期的歷史問題，以及我們民族文化始源問題的貢獻，亦許將不下於先史考古學在這範圍內的成就。

時至今日，我們還不憚辭費的把關於整理研究我國古史中的傳說材料，與傳說時代歷史的種種基本問題重新提出來，試加論列，似乎已不合時宜了。因為國內學者在這方面的工作已有不少的成就。同時我們在此所提出來的問題或觀點亦多卑之無甚高論。我們的意思，很明白的，不過是因為特別相信此項材料與此項工作似應有其更重要的地位與前途，所以主張應該把它放在一個更堅固的基礎之上，如此而已。

火藥的發現及其傳佈(其一)

馮家昇

一　火藥怎樣發現的

二　火藥初用於軍事的時期

三　中國內部火器的初期發展

四　中國內緣火藥火器的傳佈(一)

一　火藥怎樣發現的

發現(discovery)和發明(invention)不同，發現是對於偶然產生的新事物的認識，發明是對於發現的事物，再有意的繼續認識（註一）。從功能上講，發現是智識的新增加，發明是智識的新運用（註二）。譬如舊石器時代的人一旦偶然發現了火的用處，是智識的新增加；能生能滅而又能利用

(註一) Roland B. Dixson: The Building of cultures P:34, (New York & London 1928)。

(註二) Ralph Linton: The Study of Man P:306, (New York & London 1936)。

它，是智識的新運用。二者關係至爲密切，假使舊石器時代的人偶爾從石或木發現火，把鄰近的乾草燃着以後，而不再想有意的去鋸，去鑿，去打，那末火就不會產生。假使他們只看見火山爆發的火，電閃的火，而不知由木石能產生出火，那末火也不會產生出來。

　　從古到今，許多事物而能指出何人何時所發現，所發明的，萬不及其一。因爲一件事物所以達到現在的某種程度，是因多少人經多少時候繼續不斷的發現和發明的。譬如原子彈，從分析原子後，在實驗室裡不知科學家經過多少次的小發現，小發明才成功的。一定要指出原子彈是某人所發明，是不可能的。這個開闢新紀元的東西是如此，世界上有許多小東西何嘗不是如此？汲里菲蘭氏 (S. E. Gilfillan) (註三) 說：'所謂重要的發明，常是一個零碎的集體，甚至無頭，無尾，無限度的'。他不承認天才的能力會使一件東西發明，他以爲發明的東西是由進化而來，好像生物進行的程序。一件東西的發明，是多年以前技術的總合，所以它有它將要出現的趨勢和可以理解的原因。在一件東西未成功以前好幾百年，它的產生已會詔示給人了。這樣看來，一般人以爲一件事物的發現和發明，歸諸某個人，未免太重視天才，而忽略了事物本身之程序了。明羅頎的物原 (註四) 有以下的兩段：

　　　軒轅作砲，呂望作銃，魏馬鈞制爆杖，隋煬帝益以火藥爲雜戲，
　　　几盪作砲石。(頁三十下)

　　　軒轅作膠，舜作漆，公劉作黃蠟，桀臣昆吾作石灰，紂作脂粉，
　　　周公作礦火，秦穆公作輕粉，劉安作焰焇，白蠟。(頁三十二上)

這兩段事實毫無根據，同時更不明東西產生的程序。試問劉安在漢始作焰

―――――――――――

(註三) S. E. Gilfillan: The Sociology of Invention P:5 (Chicago 1935). 該書特別有一章發明的社會原則 (Social Principles of invention).

(註四) 續知不足齋叢書本。羅頎，字椷軒，山陰人。

悄，何能呂望在周初已然有銃的呢？一物之發明死貼在一人身上，就因為太重視天才的原故。談到這裡，知道西洋人說火藥是某人所發明的，也是不對——法人說火藥是 Marcus Graecus 所發明，德人說是 Albertus Magnus 及 Berthold Schwartz 所發明，英人說是 Roger Bacon 所發明。——其不對的詳細理由，在本書之第三篇火藥傳入歐洲，將有討論。海蘭姆（Hallam）在其中古時代（Middle Ages vol. I, P. 479）說火藥是偶爾發現的，他的話很有道理，故本章講火藥的發現，而不云發明。

未講火藥如何發現以前，須先把'火藥'這個名詞分析清楚。'火藥'是'火'與'藥'合成的一個複合詞。它的來源一定有它的意義，不然，它為什麼不叫作其他的名詞？'火'這個字很清楚，知道它因為發火而生的；現在的鎗砲不一定借火力發射，而仍然有'開火'，'火綫'等名稱。至于'藥'這個字是因為火藥的三種主要成分：硫磺、硝、木炭，都是藥；就是成了火藥後，而醫書還是把它用作藥製病。本草綱目（註五）說：'它主治'瘡癬殺蟲，辟濕气瘟疫'。

硫磺已見於漢代的書裡，或作留黃（註六），或作流黃（註七）。明丘濬在他的大學衍義補（註八）器械之利下說'硫黃自舶上來，唐以前，海島諸夷未通中國，則唐以前無此也'，是不對的。按神農本草經（註九）說：'石流黃生兆道山谷中'，吳普本草說：'或生易陽或河西'，名醫說：'生東海牧羊山及太山河西'，范子計然說：'出漢中'，蘇頌本草圖經則說：'今惟出

（註五）卷十一，頁七十八。（民廿二，商務印書館平裝本。）

（註六）說文解字卷一下，頁十八（叢書集成本）：'䕡，草也，可以染留黃。'

（註七）淮南鴻烈解卷三，頁八十五天文訓：'日夏至而流黃澤，石精出……。'

（註八）卷百二十二，頁九上（道光甲申重刻本），是書仿眞德秀之大學衍義體例，但多典章制度，蓋經世致用之書也。

（註九）卷二，頁五十九，清孫星衍等輯（叢書集成初編）。

南海諸蕃，嶺外州郡或有，而不甚佳'（註十）。可見唐宋以前醫書裡說中國境內本有此物，或不如舶上來的佳耳（註十一）。

現代硫黃分伏火的（sublimed）及蒸溜過的（distilled）兩種。大抵火藥中以後者相宜，因為前者含有硫酸（sulphuric acid），不易溶解；後者全體可溶解，當蒸溜過的硫黃點着，很少有不可燃的物質餘剩下。它在火藥裡很重要，因為在華氏表五百度的時候，即生火焰，以致全體火藥引燒着（註十二）。

木炭在古代各地均普遍，元明以前單稱'炭'字的地方，差不多均指木炭而言。它含有極少的氫氧二氣，但含大量的炭氣，所以它和硝混起來點着，易于發生極高的熱度，而向外膨脹。但熱度過于高，炭氣發生過多，反而於火藥的效力有碍，所以它須和硫黃合起來用。大抵楊、柳、狗木（dogwood）之木炭較佳，因為它們點着不發生過濃的炭氣（註十三）。

硝是火藥中最重要的成分，火藥之有無爆擊力，及其爆擊力之大小，均與硝的成分之多寡攸關。阿拉伯和歐洲在十三世紀以前，不知有硝，故'希臘火'(Greek Fire)及 Naphte 到底沒有爆擊力（註十四）。中國早已有硝，

（註十）以上各書今均佚，今據太平御覽卷九百八十七，頁三上；及重修政和經史証類備用本草卷四，頁五十九以下所引。

（註十一）宋祁益部方物略記（叢書集成初編本）頁十五云：水流黃'出資榮州山硼中，秋潦巳收，里人布茅水上，流抹擁聚而熬之，復投于水則成，號眞珠黃。以淺黃色者爲上，其用次海舶上來者。'亦與上說相印証。

（註十二）參習 Charles Bloxam: Chemistry, Inorganic and Organic, P:476 (5th edition, Philadelphia 1883.)

（註十三）同書 P:466.

（註十四）Reinaud et Favé: Du Feu Gregeois des Feur de Guerre, et des Origins de la Poudre à Canon chez les Arabes les Persans et les Chinois. (JA 4eme série, tome xiv, 1849, PP:282-3)

但只為醫家及鍊丹家所用，而不知其有軍用的價值；後來已知其有軍用的價值，但因過濾不清，摻合別的物質太多之故，所謂火藥也者，比最初還是燃燒性的居多（註十五）。因為它在火藥裡最重要，所以西洋的火器書常另闢一章專論之。

硝，古書異名甚多，曰消石，硝石，焰硝，火硝，更曰芒消，苦消，地霜，生消，北帝玄珠。它是鹽類性的一種東西，和朴消牙消等鹽類性的東西頗難辨別，因為看顏色，和口嚐差不多一樣。陶弘景說：

> 療病亦與朴消相似，仙經多用此消化諸石，今無正識別此者。頃來尋訪，猶云與朴消同山，所以朴消名消石朴也。如此，則非一種物（註十六）。

不過陶弘景究竟了不得，他不但認清消石與朴消之不同，而且能說明真消之特點。

> 先時有人得一種物，其色理與朴消大同小異，朏朏如握鹽雪不冰。強燒之，紫青煙［焰］起，仍成灰不停沸如朴消，云是真消石也（註十七）。

硝燃着，火焰呈紫青，因為是硝酸鉀，今人辨其為真鉀與否，常觀其火焰是否呈紫青為斷（註十八）。不意五六世紀之丹家，其精于鑒別真硝，已如此矣！陶氏書後，金石簿五九數訣（頁六）記載有一個梵僧和幾個漢僧在澤州發現消石，其鑒別之法即把消石燃着焰是否呈紫色（註十九）。蘇頌本草

(註十五)此見下章火器之初期發展。

(註十六)陶弘景有本草經集注三卷，別錄三卷，均佚。今僅存集注序錄一卷，為唐寫本，羅振玉已刊入吉石盦叢書。今據政和經史證類備用本草卷三，頁十七上引陶隱居語。

(註十七)仝上。

(註十八)章鴻釗石雅中編，頁四十五上。

(註十九)道藏洞神部眾術類。原文見後。

圖經鑒別朴消、消石、芒消之法，是以其味及能燒爲斷：

>朴消味苦而微鹹，本經言苦，名醫別錄以爲辛，蓋誤爲消石也。……又下凝水石屑同漬一宿，則凝結如白石英者，芒消也。掃地霜煎鍊而成，如解鹽而味辛苦，燒之成焰都盡，則消石也。能化金石，又性畏火，而能制諸石使拒火，亦天地之神物也（註二十）。

以味而判斷，不足爲憑，因爲這些都是鹹鹵類。而且上文剛說朴消味苦，消石味辛，下文又說消石味辛苦，等於沒有分別。最重要的是'燒之成焰都盡'，和寇宗奭本草衍義（註二十一）說'消石…惟能發烟火'的認識一樣。

關于諸消類的味及性質，李時珍（註二十二）辨別的比較清楚。他以爲消石之所以和朴消等類相混的緣故，是因爲陶弘景說：'朴消一名消石朴'而混淆，並指出諸消之起因：

>諸消自晉唐以來，諸家皆執名而猜，都無定見，惟馬志開寶本草以消石爲地霜煉成，而芒消、馬牙消是朴消鍊出者，一言足破諸家之惑矣。諸家蓋因消石一名芒消，朴消一名消石朴之名相混，遂致費辨不决。而不知消有水火二種，形質雖同，性氣逈別也。……神農所列朴消，卽水消也。有二種：煎煉結出細芒者爲芒消，結出馬牙者爲牙消；其凝底成塊者通爲朴消。其氣味皆鹹而寒，神農所列消石卽火消也。亦有二種：煎煉結出細芒者亦名芒消，結出馬牙者亦名牙消，又名生消；其凝底成塊者通爲消石。其氣味皆辛苦而大温。二消皆有芒消、牙消之稱，故古方有相代之說，自唐宋以下所用芒消、牙消皆是水消也。

(註二十)政和經史証類備用本草卷三，頁二十一引；原書今佚。

(註二十一)卷四，頁十九（叢書集成初編本）。

(註二十二)本草綱目卷十一，頁五五至五六。

由此，可知消石和朴消有別：消石是火消，朴消是水消。因為它們煎煉時都有芒，有馬牙狀體，遂又有芒消、馬牙消的名稱。其實這些都是臨時的名稱，竟因臨時名稱之相同，遂將水火二消之消石朴消莫辨。章鴻釗(註二十三)云：

> 今類而別之，可分為二：一為朴消類，其質以硫酸鈉 [mirabilite ($NaSO_4 + 10H_2O$)] 為主，凡芒消、馬牙消、英消、皮消、盆消等皆屬之。一為消石類，以硝酸鉀 [nitre or saltpetre (KNO_3)] 為主，凡焰消、火消、苦消、生消等皆屬之。

這樣，用化學的公式表達出來，更清楚了。所謂水消類就是硫酸鈉性的東西，所謂火消類就是硝酸鉀性的東西。火硝即屬於後一類。

西洋人在三四百年以前，對于硝(saltpetre)和碳酸鈉(carbonate of soda)及氯化鈉(chloride of sodium 鬧不清楚。就是 potash 和 soda 很普通的東西，一直到一七三六年，有個 Dic Hamel 才分別開(註二十四)。西洋人也有因為名詞之混淆而誤會的，譬如硝曰 sal petrae (saltpetre)又曰 nitre，在古書裏常有 nitrum 及 natron 等字，許多人以為即是硝，其實是鹹鹵的東西。埃及有 natron 湖，古代埃及人採取 natron，為保全屍體，清潔東西，溶化礦石及醫藥之用。希伯來文中的 neter 也是一種鹽類。在亞拉伯的 Kitāb Al-uṣūl of Ibn Janāb 書(十一世紀前半期)中，一樣的東西而譯為 alum, nitre, chalk 或 fuller's earth (註二十五)。這和中國朴消又作芒消、馬牙消、消石的混淆一樣。中國和他們不同的是：消石確有指火消的，而 nitrum,

---

(註二十三)石雅中編，頁四十三(民十六，北平印)

(註二十四)Lient-Cohnel Henry W. L. Hime: The Origin of Artillery P:11. (London 1915)

(註二十五)George Sarton: Introduction to the Hirtory of Science vol II, P:1036 (Carnegie Institution of Washington Publication No. 376. 1931)

natron 及 neter 確不是硝。十三世紀以前，亞拉伯和歐洲人都不知硝是什麽。

現代所說之硝不是一種，科學家且難確定其類別。大別之可分三類：(一)硝酸鉀 (nitrate potassium) 產于印度孟加拉灣一帶，為世界最良之硝，十六七世紀以來，歐洲各國競相爭購。(二)硝酸鈉 (nitrate of sodium) 產于秘魯，智利，也叫 cubical saltpetre。這不如前一種，因為易于攝取空中濕氣而低減火藥之效力，不過可以用別種手續製成前一種。第一次大戰，英美戰船為德國潛水艇所阻，不能暢由印度運來硝時，即用此種泡製。(三)硝酸鈣 (calcium nitrate) 通常叫作牆壁上的硝，含雜質甚多（註二十六）。硝之種類至今不一，科學家且難確定其種類，何況古人！

消石一詞已見于神農本草經（註二十七）或魏晉以前已有此物。其後歷南北朝，迄唐宋醫書丹書均載之。至其出產地，本草經謂'生益州'范子計然云'出隴道'，証類本草（註二十八）亦云'生益州山谷及武都隴西西羌'。是唐宋以前之硝多出自蜀隴，內地少有產者。道藏洞神部眾術類金石簿五九數訣（頁六上以下）硝石條下云：

> 本出益州、武都、隴西，今烏長（萇）國者良近。唐麟德年甲子歲，有中人婆羅門支法材負梵甲來此翻譯，請往五台山巡禮。行至汾州靈石縣間云：'此大有硝石，何不採用？'當時有趙如珪、杜法亮等一十二人隨梵僧共採試用，全不堪，不如烏長（萇）者。又行至澤州，見山茂秀。又云：'此有硝石，豈能還不堪用？'故將漢僧靈悟共採之。得而燒之，紫焰烽烟。曰：'此之靈藥能變

(註二十六)同書 M. Berthelot: Sur la Force des Matieres Explosives d'après la Thermochimie vol. I, P: 345(3rd. ed, Paris 1883).

(註二十七)太平御覽卷九百八十八，頁二上，神農本草經卷一，頁六。

(註二十八)重修政和經史証類備用本草卷三，頁十七以下引各書。

五金，衆石得之盡變成水。校量與烏長（萇），今方知澤州者堪
用！'金頻試鍊，實表其靈。若比烏長（萇）國乃澤州者稍頓。

案麟德元年甲子歲，是西曆六六四。烏萇國據瓦特爾(Thomas Watters)，似即 Udyāna 在 Swāt 或 Svar 河流域，恆河（註二十九）之北。烏萇產硝，亦見道藏洞神部衆術類楚澤先生太清石壁記（卷下，頁十三上以下）：

> 硝石本出烏場國，其氣臭，飛鳥聞其氣，則不敢上過直。若單服
> 之，則能使人身內所有虫，其藥入口立化爲水。又鍊一切金石，
> 服之皆可長生。

巴黎國家圖書館(Bibliotheque Nationale)有一種用拉丁文寫本的鍊丹書(Liber Secretorum Bubacaris)約寫於十三四世紀之頃，其書有 sel indien，據法國研究丹術專家 Berthelot 即印度硝（註三十）。果如氏說，則藏于大不列顛博物館之1300年亞拉伯抄本（註三十一）中之 sel indien 亦當是印度硝矣。是則印度產硝，古今確有明証，西洋人講火藥者類多不知，硬說印度和中國十三世紀以前也沒有硝。

澤州於麟德元年發現硝，恐怕是內地有硝之始。金石簿五九數訣說澤州硝較烏萇硝稍頓，則澤州硝還比不上烏萇硝。烏萇硝大約即是硝酸鉀(nitrate potassium)類，硝中最佳者。澤州硝據宋應星天工開物（註三十二）云：'山西者俗呼鹽消'，似即硝酸鈉(nitrate of sodium)，與南美安達山地所出者相同，次于印度硝矣。

火藥之得名，旣然是因爲它的三種主要成分都是藥，再進一步，我們

(註二十九)Thomas Watters: On Yuan Chwang's Travels in India vol. II, F:226
(repsinted in Peking 1941)

(註三十)M. Berthelot: Histoire des Sciences. La Chimie au Moyen Âge vol I, P:308.

(註三十一)同書 vol II, P:163. 論鹽有七種，第六種曰 sel indien.

(註三十二)卷下，頁三十二下，民十九上海章通書局景印本。

不得不聯想到它是因爲製造某種藥而偶然產生的。製造藥的人不外醫藥家和鍊丹家，這兩家互有關係；打開醫書看，知道醫家常常引証鍊丹家的藥性論，打開丹家書看，又知道鍊丹家離不開醫家的經驗方。這種現象在現代醫學未興以前歐洲和中國是一樣的。所以十三世時，倍根因爲當時歐洲的醫家低劣，建議他們去亞拉伯書裡去找丹家和醫家的學理而補充、而糾正之(註三十三)。不過，醫家多取穩健的態度，常根據前人的方子治病，很少自己重配製新方子，尤其硫黃、硝、木炭，這三種都是火性的東西，他們決不會拿來配製治病的藥。至于鍊丹家則不然，他們是冒險的，在高山峻嶺上探花草，探金石，在深山古洞中鍊黃金，製長生不老之丹。所以把火藥偶然的產生歸功于鍊丹家，是比較合理的。

爐火術(alchemy)(註三十四)是現代化學的前身，他的起原很早，埃及、希臘已早有了。不過，眞正的用金石作種種的實驗，是後來之事；如伏火、化合、過濾、凝結等方法，在歐洲中古時候才有（註三十五）。現在歐美爐火術研究專家有一致的結論：謂此種方法先始于中國，其後當八世紀(註三十六)之頃，傳入亞拉伯，十二世紀時流入歐洲。所謂'哲人石'(philosopher' stone)，大精英 (grand elixir) 的配製，金屬的變化 (metal transmutation)

(註三十三)Mary Catherine Welborn: The Error of the Doctors according to Roger Bacon of the minor Order (Isis vol XViii, 1932, PP:26-62).

(註三十四)有的人說 alchemy 這個字原於希臘文 Kimia，後來亞拉伯人加上 al，又有的人說是原于希臘文之 Chymike 及亞拉伯文之 al。英文最早寫作 alcamyc；英詩人 Chauser 在 1386寫作 alcamistre。(參看 C. J. S.Thompson: The Lure and Romance of Alchemy P:10. 1932 London)。

(註三十五)同上書 P:60—62。

(註三十六)同上書 P:53。不過, Tenney L. Davis 以爲這些方法初見於歐洲，不能早於八世紀。
(Pictorial Representation of Alchemical Theory, 載在 Isis vol. XXViii,1938, P:74)

等等都為中國丹書所早有。這話一點也不錯，凡讀過中西丹書的人都有此同感。可惜中國的爐火術，宋元以後偏重於畫符驅鬼，而歐洲的爐火術則自十五六世紀以來，則漸漸步入化學的堂堂大道。

中國爐火術至兩漢而大盛，魏伯陽的參同契是爐火家有專書之始，後之講此道者莫不奉為經典。其後葛洪陶弘景等均箸有專書，頗多發揮。迄唐宋，金石材料增繁，其方法亦較進步，爐火家稱為極盛時代。

爐火家以為一切金石，以至一切物質都是兩種相反的分子相總合，相互作用而成的。假使這兩種相反的分子總合起來而起作用，所謂黃金，大丹即可產生出來。世傳晉紫霄眞人譚景升有所謂化書（註三十七），明王一淸為之註。所謂'化'就是變化的意思，凡宇宙間形形色色的物質均可由變化而來。這和今人把 chemistry 譯作'化學'有相同的理由。書中（頁三十七下至三十八上）云：

> 動靜相摩，所以化火也，燥濕相蒸，所以化水也，水火相敵，所以化雲也，湯益投井，所以化雹也，飲水雨日，所以化虹霓也。小人由是知陰陽可以召，五行可以役，天地可以別構，日月可以我作。

現代科學發達，雖然尙不能使天地別構，我作日月，但科學家還不是設法用原子能的熱力而革新工業？用各種方法探查月球的另一世界嗎？王一淸註云：

> 鑽木擊石皆可得火，木石靜也，而其鑽之擊之者動也，故曰動靜相摩，所以化火也。炊米得酒，上濕下燥，濕熱相蒸，所以化水也。陰陽之氣熏蒸，氤氳化氣若雲。以湯益投井中，冷熱相搏而

(註三十七)化書（道藏輯要危集五）。宋未俞琰曰：'化書乃譚峭所作，峭字景升，攜其書來求齊丘序，齊丘殺景升，遂竊其書，自名之'。席上腐談卷下，頁二上（寶顏堂祕笈廣集第八）。案今本固作譚著，或兩宋間，有冒齊丘名者歟？又學海類編俞琰之爐火鑒戒錄即席上腐談之下卷。

　　　　生電珠。飲水噴日，滿日青紅，猶如虹蜺。由是知之，則水火雲
　　　　電不惟天地有之，而人亦可作也。

火也、水也、雲也、電也、虹也，均可由人力用兩種的物質(matter)或能力(energy)變化成功，其他的東西當然也可以變化成功了。

　　爐火家以為一切物質既然能由變化而來，那末它們必定有所以變化的分子，玄辨元君辨金虎鉛汞造鼎入金秘真肘後方上篇（註三十八）曰：

　　　　朱砂是鉛之祖，還丹之基，鉛生於朱砂，故云汞生於鉛，砂產於金。

又金華玉女說丹經（註三十九）曰：

　　　　金之精生靈液，靈液之精生水銀，水銀之精生丹砂。

他們以為丹、鉛、汞、金是互為子母的，金可生丹，丹亦可生金，金可生汞，汞亦可生金。所以抱朴子內篇（卷十六，頁三百零二）說＇丹砂和汞可作黃金＇。按丹砂(cinnabar)成分為一硫化汞(HgS)，屬于六方晶系，有金剛光澤，色及條痕為緋紅，硬度二至二‧五，比重八至八‧二。鹽酸硫酸均不能溶解之，但硝酸能溶化之。與炭酸鈉注入一閉管中熱之，則生水銀（汞）之小珠，所以它是現在提鍊銀之重要原料。鉛(plumbum)呈青白色，新切面有光澤，放置空氣，則氧化甚速。比重為一一‧三四，熔點為三二七‧五。鉛之為用甚大，可作多種合金。汞(mercury)俗云水銀，大部份與硫化合成朱砂(HgS)而產生。能溶解種種金屬而成合金。現代採金者常以汞與金礦碎末混合之，然後用甑熱之，則汞蒸發而殘留金。其法曰amalgamation。金，天然多成單質存在，以混存於石英砂中為主，亦混存于多種鉛礦、黃銅、黃鐵礦中與水銀成合金（註四十）。這無怪乎丹家常說

(註三十八)張君房雲笈七籤（四部叢刊）卷六十三，頁六下。

(註三十九)同上書卷六十四，頁二下。

(註四十)參看中國醫藥研究社之中國藥學大辭典（民國廿四年世界書局出版），各字下的解釋。
　　　　J. W. Mellor: Modern Inorganic Chemistry, London, New York & etc. 1922,
　　　pp: 341, 384ff, 795.

火藥的發現及其傳佈

他們從丹砂、鉛、汞裡鍊出黃金來了！他們的理論倒是不錯，不過從方法上講，他們鍊出黃金之事絕對不可能。那不過是一種信念而已，倒底因為他們對金石物質的認識還欠足，方法也草率，他們的信念終歸是信念而已。不過，因為他們有堅強的信念，許多東西被他們有意的，或無意的發現也不少。火藥就是在他們無意之中，偶爾發現的。

火藥怎樣為爐火家偶爾發現的呢？大概不外兩種：直接的因製造某種藥而發現，間接的因變化某種物質而發現。易言之，用與火藥類似的藥料而製造某種藥，直接發生火藥的作用；用與火藥類似的藥料而變化某種物質，間接發生火藥的作用。同時也要看他們所用的方法是什麼，與火有關呢，還是無關呢，譬如三十六水法（註四十一）中講的硫黃水：

> 取硫黃一斤，八月桑上露一升，硝石二兩，納竹筒中，漆固口如上，納華池中，三十日成水。

這個方子根本與火無關，決不會有發火的機會，諸家神品丹法（註四十二）引孫真人（孫思邈）丹經內伏硫黃法（卷五，頁十一上）伏火硫黃：

> 硫黃硝石各二兩令研，右用銷銀鍋，或沙罐子入上件藥在內。掘一地坑，放鍋子在坑內與地平。四面却以土填實，將皂角子不蛀者三個燒，令存性，以鈐逐個入之。候出盡焰，即就口上着生熟炭三斤，簇煅之。候炭消三分之一，即去餘火，不冷取之，即伏火矣。

這個方子有硫黃，有硝，又有具少量炭氣的三個皂角子，很能起火藥的作用。皂角子的炭氣似稍少，但有生熟炭三斤的簇煅在口外，如不小心把炭火丟在罐子內，一定起了火藥的作用。元遺山續夷堅志（註四十三）記大定

(註四十一)頁六上，道藏洞神部衆術類。
(註四十二)見同上。
(註四十三)卷二，頁一下，見九金人集內。原文見後引。

末，鐵李用火藥罐子驚嚇羣狐之事，得不無丹家藥罐子之遺乎？

唐元和三年甲子（甲子是戊子之誤，809）金華洞清虛子所寫的鉛汞甲辰至寶集成（註四十四）有伏火礬法：

硫二兩　　硝二兩　　馬兜鈴三錢半

馬兜鈴（aristlochia debilis）是一種植物，葉似薯蕷而厚，背呈白色，有毛茸，葉莖俱有一種惡臭，夏季腋間開黃紫色筒狀花，後結實，即曰馬兜鈴。苦寒，無毒。硫、硝各二兩，它只有三錢半，炭氣太少，沒有膨脹力。我曾經作了一個小試驗，將三種研成末，摻合起來，點着後，只作燃燒性的火，而無爆炸力（註四十五）。

以上各丹方，沒有明白說丹家因爲類似火藥的方子而起火藥的作用，更看一段可以瞭然矣。鄭思遠眞元妙道要略（註四十六）云：

有以硫黃、雄黃合硝石幷蜜燒之，焰起，燒手面及燼屋舍者。

這個方子可惜未把藥的成分說明，只知爲：

硫黃　　硝石　　蜜　　雄黃

硫黃、硝石已見前，是有火性的東西。蜜並不助燃燒，只是焦灼後，含有少量之炭氣，稍發生二養化炭的功用。雄黃（orpiment）屬礦石類，硬度一‧五，爲三硫化砒（As_2S_3），雄黃本身無強烈的燃燒性，但明人兵書裏的火藥方子常把它摻在火藥裏（註四十七）。

鄭思遠據唐王松年仙苑編珠（註四十八）說是三國時人，梁陶宏景洞玄

(註四十四) 卷二，頁七，道藏洞神部衆術類。

(註四十五) 我曾託東北大學化學敎授李喬萍先生把文中各方逐一作實驗，並記下它的燃燒或爆炸力的比例，李先生對火藥極有研究，可惜因爲時局惡劣，不知能否安心作下寄來？

(註四十六) 頁三上，道藏洞神部衆術類。

(註四十七) 明人僞託諸葛武侯著的火龍經（卷上，頁六下和頁十上）各方子內。

(註四十八) 卷上，頁七下，道藏洞部部記傳類。

靈寶眞靈位業圖(註四十九)說：'即葛玄弟子，晉永昌元年入括蒼山。'按陶宏景生於南北朝時，去晉未遠，似較可據。眞元妙道要略這本書各史藝文志道家類不見，宋君房雲笈七籤(卷七十二，頁十七下)有草衣洞眞子子玄(註五十)的眞元妙道修丹歷驗抄，但比照二書又不相同。觀書中文句，當係中唐以後，丹家對于爐火經驗之談。如'前件所用迷錯，爲道之人輪年修鍊，皆是費財破家，損身喪命，傷風敗教'。(頁三下)。又如：'藥生者不可合，三黃等燒，立見禍事。凡硝石伏火，赤炭火上試，成油入火不動者即伏矣。若瓶內燒成汁者，即未知生熟何爲耳。蓋緣硝石戀櫃，火炭上試之，不伏者纔入炭上，即便成焰'(頁九下)。

鍊丹家對藥性極爲熟諳，那種性熱，那種性寒，那種易燃，那種不易，他們都知道。所以古代的鍊丹家大都也是醫藥家。他們豈不知某幾種配合起來着火受害？不過，鍊丹一事非心專意一不爲功。甚至不吃，不睡，受盡種種苦楚，經多少月日。稍一不慎，全功廢于一旦。所以丹房多在深山古洞，取其靜，能擺脫一切俗念。但有時疏忽，仍免不了失敗。太平廣記(註五十一)記載周隋之間有杜子春者先不務正，三次窮乏，有一老人凡三次濟之。後與老人約見於老君雙檜下，見此老人正鍊丹。日暮，戒其靜而勿語。杜子春初爲身長丈餘之大將軍所嚇，不爲動。繼而見其妻被捉入，鞭捶流血，或剭或燒，其妻號求亦不爲動。繼又受火坑鑊湯刀山劍樹之苦，亦似可忍。終乃令其變作一女人，嫁與進士盧珪，生一男，方二歲。其丈夫與之語，不應。丈夫怒，持小兒兩足，以頭撲於石上，腦漿四出而亡。杜子春愛子心切，忽忘老人所囑，失聲云：'噫！噫！'聲未息，

(註四十九)頁十九上，道藏輯要觜集七。

(註五十)晁公武郡齋讀書後志卷二，頁三十四上（續古逸叢書）有草衣洞眞子玄的大還丹契祕一卷，疑係一人。

(註五十一)卷十六，頁十八下至二十下，掃葉山房本。張政烺先生和向覺明先生告我的。

身坐故處，老人亦在其前。見高九尺餘之藥爐之火'紫焰穿屋上，大火起，四合屋室俱焚'。老人埋怨杜子春之不能靜，竟使前功廢于一旦。不靜即心不專，心不專，即出亂子（註五十二）。恐怕火藥就是丹家鍊丹、鍊金、一時疏忽，着起大火而來的。把它叫作火藥，意思是'着火的藥'。

二　火藥初用於軍事的時期

什麼時候火藥始用于軍事？什麼時候火藥始為民間所用？這兩個問題很難解答。有些人舉出唐詩中的'烟火'，'火樹銀花'為有火藥之証是不對的（註五十三）。什麼東西點着有烟有火，而'火樹銀花'又是燈節的熱鬧，單獨的一個名詞安能斷定它有火藥！西洋人常說中國酷好和平，有火藥後，先用于娛樂，而後用于軍事（註五十四），這也是不對的。不但火藥是先用于軍事，而且火器也是先用于軍事，然後流落在民間作了娛樂的點綴。

旣然我們承認火藥是鍊丹家發現的，那末，它發現以後大概不即為軍

(註五十二) 又看兪琰席上腐談卷下，頁九（寶顏堂秘笈廣集第八）記宋紹聖元年七月十五日，有三人學會點金之術，至宋京，寓相國寺，欲謀將銅化為金。三人大嚼酣飲，俱醉。藥爐火盛，銅計濃發，火延于屋，二人焚死，一人就捕，被杖，不數日亦死。

(註五十三) 丘濬大學衍義補（道光丁酉重刊本）卷一百二十二，九下。氏謂，'意者在隋唐以後始自西域，與俗所謂烟火者同至中國歟'？此不過丘氏想像之辭，殊無確據。

(註五十四) 看 T. F. Carter: The Invention of Printing in China P:55, reprinted 1941 Peking.　G. Schlegel: On the Invention and Use of Firearms and Gunpowder in China prior to the Arrival of Europeans, (T'oung Pao 1902, series 2, vol. 3, PP:1—11). P. Pelliot: Bulletin Critique, etc., (T'oung Pao, 1922, vol. 21, PP: 432—434.).

事家所採用；或者鍊丹家知道它的利害以後，還在保守秘密（註五十五），經些時日，才洩露出來。怎樣洩露出來的，我們不知道，不過，看到兵書裡載的許多方術，鍊丹家書裏有許多兵法兵事的記載（註五十六），我們就可以知道他們兩家的關係了。也許丹家因爲以法眩弄人（註五十七），把火藥點着作大火大聲以震嚇；也許它們因爲火藥在軍事上有大的功用，把製造火藥的方法獻給軍事家（註五十八）。

火藥點着後，它的大聲，燃燒的烈，延燒的快，不是中國舊有的油脂草艾之火所可比的。它的大聲，可以震嚇敵人，它的燃燒之烈使敵人不及撲救。因爲有這些優點，終爲軍事家所採用。

由唐迄五代沒有找見'火藥'這個名詞，不過由唐末迄北宋，軍事技術却有很大的進步。如馬令南唐書（卷十七，頁一百十七）（註五十九）所載的'石油機'，路振九國志（卷二，頁二十九）的'飛火機'，錢儼吳越備史（卷二，頁四）

(註五十五) 鍊丹家對其法術絕對保守祕密，不輕易示人；如魏伯陽參同契（卷下，頁三十）云：'諦思之，不須論，深藏守，莫傳文'。葛洪抱朴子內篇（卷十四，頁二百五十六）云：'不以其方文傳之，故世間道士知金丹之事者萬無一也'。全書（卷十六，頁二百九十三）述程偉妻能變銀，不告其夫，屢迫之，亦不肯。其後，竟以泥自塗而卒。

(註五十六) 古代兵書和方術離不開，試看陰符經，兵家方士均奉以爲經典，淮南子鴻烈解卷十五有兵略訓，葛洪、陶弘景、孫思邈諸人書均有關兵事與方術之記載。李筌的神機制敵太白陰經前半是眞正的兵書，後半則爲方士之說。後之兵書，若虎鈐經，武經總要以及明人好多兵書均是如此。

(註五十七) 抱朴子內篇（卷三，頁三十四）說：'得則變易形貌，吞刀吐火，坐在立亡，興雲起霧，召致蟲蛇，合聚魚鼈，三十六石立化爲水，消玉爲飴，潰金爲漿，入淵不沾，蹈刃不傷。幻化事九百有餘，按而行之，無不皆效，何爲獨不肯信仙之可得乎'？專記其事的有唐薛昭蘊幻影傳，蔣防幻戲志，孫頠幻異志等書。

(註五十八) 方士自獻之事甚多，歷代史不絕書，太平廣記卷七十一以後則集中記載之。

(註五十九) 頁數不云上下者爲商務及其他書局新版書；如叢書集成本，國學文庫本等是也。

的'火油發射筒'，曾公亮等武經總要前集所載的'攻守器械'，李明仲營造法式（卷三，頁十六）的壕寨制度，及壕寨功限，和通典兵制，李筌神機制敵太白陰經及李衛公兵法裏所載的大有不同。至於火攻法，唐以前總不出油脂草艾之類。所謂火箭是'以小瓢盛油貫矢端'（註六十）。更有火盜、火禽、火獸等等，不脫以前之陳法。而宋眞宗時則有武經總要前集所載的火藥方子，此在軍事上開一新紀元。這個新紀元決不是乍然的，它以前必有相當時間的醞釀。因此，我們不得不檢討武經總要以前的情況。

路振九國志（卷二，頁二十九）曰：

> 天祐初……從攻豫章，璠以所部發機飛火，燒龍沙門。率壯士，突火先登。入城，焦灼被體。以功，授檢校司徒。

案唐哀宗天祐只三年，天祐初當為西曆九○四年。所發的機是什麼？所飛的火是用什麼東西製成的？這都很難解答。據許洞虎鈐經（卷六，頁四十四）（註六十一）在'風助順利如飛火'下解云：

> 飛火者，謂火炮（砲？）、火箭之類也。

由此看來，所謂飛火包括兩種東西，一種是火砲，一種是火箭。火箭是弓射出的，火砲之砲，拋也，本來可作用任何方法把火拋出去；不過，旣然說'發機'，我們不能不聯想到是用拋石機（catapault），發出去的（註六十二）。拋石機起原很早，恐怕先秦已有，兩漢就普遍了。迄唐宋樣式增繁，

（註六十）神機制敵太白陰經卷四，頁九十二。

（註六十一）許洞是宋眞宗咸平三年進士，其書創始於太祖建隆三年（962），迄眞宗景德元年（1004），歷三十八載書成。景德二年獻於朝，時朝廷方思與遼和議，而未能用其策，洞以是報龍。（見書首自序及書尾跋文）。

（註六十二）參看松井等的支那の砲と抛石機（東洋學報卷一，頁三百九十五至四百零六，明治四十四年。）

用以拋石、拋火（註六十三）。如果許洞解釋飛火是對的話，那末火砲這種東西已然在第十世紀初已有了，雖然它的名稱見于第十世紀中葉以後。

靖康間有位夏少曾，他著了一本朝野僉言。這本書已佚，今僅見三朝北盟會編卷九十七有所引。他慨于東京陷落之易，諸貴內臣的不爭氣，女眞人要什麼給什麼；更有人爭獻奇異，以博敵人的歡心。他說當東京陷落後：

內侍梁平王乃指言上皇宮中寶玉玩好，鄧述具錄后妃皇子皇女，李口獻黑漆皮馬甲二萬副，太祖平唐火箭二萬支，金汁火砲樣，四勝弩。內侍平時享國富貴無與爲比，其內侍負國有如此者！

所提火箭不知用什麼製的，恐怕已不是傳統的'以小瓢盛油'笨重的火箭了。宋史（卷一百九十七，頁一下）開寶三年五月一條云：

時兵部令史馮繼昇等進火箭法，命試驗，且賜衣物束帛。

所謂火箭法必是新的，可惜不提究竟是什麼方法。宋史（卷三，頁十一下）開寶九年八月乙未朔云：

吳越國王進射火箭軍士。

火箭不知用什麼製的，只知它對于宋軍是新的，宋軍不會用，或用的不好，所以吳越進來些射手。

'金汁火砲樣'是金汁砲樣、火砲樣兩種東西，意即兩種東西的式樣。金汁砲是把金屬溶化成液，用以洒攻城的敵人。這種方法在李筌的神機制敵太白陰經（卷四，頁八十三）記載的很淸楚。火砲是用拋石機，拋火的意思，武經總要前集（卷十二，頁五十六下）記載火砲藥方子並有圖形。

宋史（卷一百九十七，頁二上），宋會要稿（卷一百八十五，兵二十六，頁三十七下）

（註六十三）神機制敵太白陰經（卷四，頁七十八）有砲車亦係拋石之用。武經總要前集卷十二所載，樣式增繁，並附圖，可資參考。

真宗咸平三年（1000AD）下云：

> 八月神衛水軍隊長唐福獻所製火箭、火毬、火蒺藜，造船務匠項綰等獻海戰船式，各賜緡錢。

會要作'神衛兵器軍'隊長與宋史稍異。火蒺藜似與武經總要前集（卷十二，頁六十五下）之蒺藜火毬相同。其製法是'以三枝六首鐵刃以藥團之，中貫麻繩，長一丈二尺，外以紙并雜藥傅之。又施鐵蒺藜八枚，各有逆鬚。放時，燒鐵錐，烙透，令焰出'。

續資治通鑑長編（卷五十二，頁二十上），咸平五年九月戊午，冀州團練使石普自言能為火毬、火箭。上召至便殿，試之，與宰輔同觀焉。石普，宋史（卷三百二十四）有傳，太原人，事太宗、真宗兩朝，史稱其曉暢軍事，所置戰械甚眾。所謂火毬不知何指，總要前集（卷十二，頁六十五上）有'引火毬'、'蒺藜火毬'、'霹靂火毬'三種。'引火毬'以紙為毬，內實塼石屑，可重三五斤，熬黃蠟瀝青炭末為泥，周塗其物，貫以麻繩。凡將放火毬，只先放此毬以準遠近。

以上所述，是武經總要以前，各書透露的一點消息。這一點消息告訴我們武經總要所載的幾個火藥方子，有它的背景，有它的歷史；決不是乍然而成的。

武經總要這部兵書可以說是集孫子以後諸書之大成，其於攻守器械所載甚悉，各器械之進步遠非通典陰經所載者可比。有的恐怕是受亞拉伯人的影響（註六十四），有的是自出心裁。兩宋的武事最弱，而其武備則大

(註六十四)中國受亞拉伯之影響，五代以來特別顯著，如以鐵筒發射火油，見于錢儼吳越備史（卷二，頁四上（學津討原本）云：貞明五年（919），'火油得之海南大食國，以鐵筒發之，水沃，其焰彌盛。武肅王以銀飾其筒口，脫為賊中所得，必剝銀而棄其筒，則火油不為賊有之'。案發射火油筒，即東羅馬人及亞拉伯人所用之 siphon。

整。這不能不歸功於宋室獎勵發明家了。觀宋史（卷一百九十七）器甲之制，凡有新的發明獻上，無不受特殊的賞賜，可以知矣。

總要是宋仁宗康定元年(1040)曾公亮丁度等奉勅開始編的，大概慶歷四年(1044)完成進上，因爲是年有仁宗御製序文（註六十五）。書中有三個火藥方子，如下：

　　　1.　毒藥烟毬重五斤（卷十一，頁二十七至二十八上）

硫　黃（sulphur）……15兩	焰　硝（saltpetre）……1斤14兩
草烏頭（aconitum）…5兩	芭　豆（croton tiglium）…2兩半
小　油（　？　）…2兩半	木炭末（charcoal powder）…5兩
瀝　青（pitch）……2兩半	砒　霜（arsenic）…………2兩

硫黃和焰硝在前頭已經詳細解說了。草烏頭屬毛茛科，(ranunculaceae)爲烏頭之球根，味辛溫，有大毒。取汁曬爲毒藥，射禽獸，故有'射罔'之稱（註六十七）。芭豆最能瀉人，性熱，味苦，醫家喻爲藥中勇猛武夫，有戡亂却塞之功（註六十七）。小油無考。木炭見前。瀝青似由松香熬成者，故本草綱目（卷三十四，頁八十二）以爲松脂、松膏、松肪、松膠、松香之別名。砒霜爲金屬岩類，生者爲砒黃，鍊者爲砒霜。味苦酸有毒。宋代信州有砒井，官家封禁甚嚴'初取飛燒霜時，人在上風十餘丈外立，下風所近草木皆死'（註六十八）。依陣類說，這個方子裏的東西可分三類：礦物類，油脂類，植物類。依功用說，也分三種：延燒性的，爆炸性的，有毒性的。

　　　2.　蒺藜火毬火藥法（卷十二，頁六十五下）

(註六十五)此序四庫珍本不具年月，據陳振孫直齋書錄解題（卷十二，頁三百四十八）爲是年。
(註六十六)民十九內政部衞生署中華藥典，PP:48-49；李時珍本草綱目卷十七，頁四十六以下。
(註六十七)本草綱目卷三十五，頁六十三以下。
(註六十八)重修政和證類本草卷五，頁九上。

硫　黃(sulphur)	1斤4兩	焰硝(saltpetre)	2斤半
麤炭末(crude charcoal)	5兩	瀝青(pitch)	2兩半
乾　漆(dry lacquer)	2兩半	竹茹(bamboo fibre)	1兩1分
麻　茹(fibre of sesamum indicum)	1兩1分	桐油(aleurited cordata oil)	2兩半
小　油(？)	2兩半	蠟 (wax)	2兩半

硫黃，焰硝，木炭，瀝青已見前。乾漆辛溫無毒，藥中用之（註六十九）。竹茹爲竹籜上第二層竹皮，色淡黃，有平行之線痕（註七十）。麻茹即胡麻莖外皮第二層之纖維質。桐油是從罌子桐樹（aleurites cordata）取出來的油，有毒，令人吐（註七十一）。蠟是油脂之類。

3. 火砲火藥法（卷十二，頁五十八上）

晉州硫磺(Chin-cho sulphur)	14兩	窩黃(？)	7兩
焰硝(saltpetre)	2斤半	麻茹(fibre of sesamum indicum)	1兩
乾漆(dry lacquer)	1兩	砒黃(arsenic)	1兩
定粉(plumbi carbonas)	1兩	竹茹(bamboo fibre)	1兩
黃丹(minium)	1兩	黃臘(wax)	半兩
清油(oleum sesami)	1分	桐油(aleurited cordata oil)	半兩
松脂(resin)	14兩	濃油(？)	1分

窩黃無攷，砒黃是未提鍊之砒。定粉即白粉，亦即胡粉，鉛粉、粉錫乃由鉛化成，色由黑而轉白，辛寒，無毒（註七十二）。趙學海（註七十三）

(註六十九)寇宗奭本草衍義卷十三，頁六十。

(註七十)本草綱目（卷二十一，頁八十）有苦竹茹，甘竹茹，甘竹茹，淡竹青茹，黃竹茹等名。

又看中國藥學大辭典竹字條。

(註七十一)本草綱目卷三十五，頁二十一。

(註七十二)重修政和經史證類備用本草卷五，頁十四上。

(註七十三)趙學海本草綱目拾遺卷首正誤，頁二十六上（同治辛未張應昌刋）。

曰：'今杭城多有業此，名曰粉坊工人。無三年久業者，以鉛醋之氣有毒，能鑠人肌骨……蓋亦未嘗無毒也。……律例載有婦人服鉛粉至死，手足皆青黯，可知其毒也'。似當以趙說爲是。黃丹，一名鉛華，鉛丹，熬鉛爲之，治瘧（註七十四）。清油即胡麻油，一曰香油。胡麻即脂麻，本出大宛，後入中國（註七十五）。松脂一名松膏，松肪，松香，味苦溫，無毒（註七十六）。濃油無攷。

這個方子中焰硝幾占一半，可惜沒有木炭，膨脹力只能惜些許麻茹、竹茹微弱之力，所以它的功用還是燃燒性的。製法是把硫黃、窩黃、焰硝搗過，羅過，和砒黃、定粉、黃丹同研；乾漆搗爲末，竹茹、麻茹微炒爲碎末，黃蠟、松脂、清油、濃油同熬成膏入前藥，旋旋和勻。然後以紙五重衣裹之，以麻縛定。另外又鎔松脂傅之。以拋石機（砲）發之，故謂之火砲。由是知火砲非後日所謂之火砲，乃是用拋石機拋出去的火藥造成的火（註七十七）。

有硫黃、焰硝、木炭三種，火藥的成分已經具備了；而上述的三個方子除此三種外，又摻入其他的雜質，而且摻的種類還不少。或者說它們只能說是類似的火藥方子；就效力上說，不能說是不對，但就種類講，則不得

(註七十四) 重修政和經史證類備用本草卷五，頁十一下。

(註七十五) 本草綱目卷二十二，頁四十三至四十六。

(註七十六) 重修政和經史證類備用本草卷十二，頁七下十下。

(註七十七) 英文裏的 artillery, gun, bombard, bomb 古今不同，和中國的砲及火砲有些彷彿。artillery 在古代是指一切用機發射的武器，如拋石機、弩砲等等；但現在則爲大礮及用火藥的機械。gun 在中古時作 gunne 或 gonne，是指拋石機等類而言，現在則專指槍礮。bombard 在中古時也是一種拋石機，bomb 是一種吵雜聲音，都源于拉丁文 bombos, bombus；但現在 bombard 是轟炸，bomb 是炸彈。讀書的人不小心就容易誤會，以爲古代已具備現代的武器了。

不承認它們是火藥了。試看明人兵書裏的方子還不一樣嗎？而且現代也有這樣摻雜的火藥，如英國有一種火藥，爲炸取煤窰用的，叫作 coal-getter, 它裡頭的成分摻的雜質也不少（註七十八），例如：

　　硝酸鉀(potassium saltpetre)，木炭(charcoal)，硫黃(sulphur)，

　　硫酸銨(ammonium sulphate)，硫酸銅(copper sulphate)，

　　稻或玉蜀黍澱粉(rice or maize starch)，石蠟(paraffin)，

　　蠟(wax)，濕量(moisture)

這和上頭幾個火藥方子比較，誰能說它不是火藥的呢？不過，因爲 coal-getter 的硝提鍊的淨，爆炸力高，總要方子裏的硝提鍊不淨，燃燒力勝過爆炸力。

可怪的是總要方子裏頭的成分，具備爆炸性的東西，燃燒性的東西，毒性的東西，而又各有份量。這絕不是偶然的，必有相當時日的試驗，才能有此經驗方子。而且一切事物皆是由簡趨繁，三個方子除火藥的主要成分硫、硝、炭外，又有毒性的、炸性的東西在內，這不能不說火藥到這時候已入第二個階段了。

初以爲這幾個藥方也許是後人添的，因爲本書卷十有兩尊大砲顯然是十七、八世紀時附入的。北平圖書館有一種本子刻于永樂初，而補配于正統四年，缺卷十一、十二（註七十九）。

民三十六春返國，看見東昌胡同中研院歷史語言研究所和北大的兩個本子，都是萬曆間刻的，卷十一、十二均全。又茅元儀的武備志，（註八十）有'宋人火藥法'，和總要校，只有幾個字的不同。又總要火砲法有'晉州硫黃'，宋史（卷八十六，頁十下）：'平陽府……本晉州，政和六年升爲府'。可

───────────────

（註七十八）參看 E. de Barry Barnett: Explosives P:26. New York 1919.

（註七十九）民三三年，在外國時王有三先生告我的。

（註八十）武備志（百三十，頁三上）松脂改作松香。

見平陽府在政和六年以前，本稱晉州，則由總要之晉州，又知三個火藥方子不出北宋矣。

火藥這個名詞不只見于武經總要，同時也載于北宋的其他書裏。宋王得臣麈史（卷上，頁四下）（註八十一）引宋次道（敏求）東京記曰：

> 八作司之外，又有廣備攻城作，今東西廣備隸軍器監矣。其作凡一十目，所謂火藥青窰、猛火油、金、火、大小木、大小爐、皮作、麻作、窰子作是也。皆有制度作用之法，俾各誦其文而禁其傳。

宋敏求，據宋史（卷二百九十一，頁十下）宋綬附傳是生於眞宗天禧三年（1019）卒於神宗元豐二年（1079）。他的東京記共三卷：上卷論宮城；中卷論舊城，亦曰裡城；下卷論新城，亦曰外城（註八十二）。今其書已佚，作成之確實年代亦不可知矣。但從總要編成之年（1044）迄宋次道卒年，不過三十五年。在這短短的幾十年中，兩書所載當可互相印證。所謂火藥青窰，就是製作火藥的工廠，爲政府所經營，總要所載的火藥恐怕就是這個工廠製的。政府對于軍器秘密非常嚴厲，宋史（卷一百六十五，頁二十三下）說由軍器監頒下來的軍器樣式'非長貳當職官，不得省閱及傳寫，漏洩以違制'。無怪乎宋次道說'俾各誦其文，而禁其傳了'。

火藥之製造既然爲政府所包辦，自然民間不令製造，不令販賣，所以在北宋的書裡還沒有看到民間販賣火藥之事。不過，禁止販賣製造火藥中的藥料則有之。宋史（卷一百八十六，頁二十三下）云：

> 熙寧九年……未幾，又禁私市硫黃、焰硝及以盧甘石入他界者，河東亦如之。

硫黃、焰硝是火藥中之主要成分，大概此時有私市硫黃焰硝之人，而政府

(註八十一) 麈史書首有序，是徽宗政和乙未（五年1115）作的（知不足齋叢書本）。

(註八十二) 東京記內容是據陳振孫直齋書錄解題卷八，頁二百三十四；麈史無此。

亦對之弛懈，因爲旣言'未幾，又禁私市'，則以前是不禁也。盧甘石亦作爐甘石，今稱菱鋅礦（smithsonite），古代以之煉鍮石及點化黃銅（註八十三）。

宋史（卷一百九十七，頁八下）元豐六年(1083)八月條下云：
> 從環慶路趙卨之請，以神臂弓一千、箭十萬給之。未幾，賜蘭會路藥箭二十五萬。

案宋史（卷三百三十二，頁十二上以下）趙卨，字公才，邛州依政人，第進士，官至端明殿學士，大中大夫。史稱其知慶州時'夏人欲襲取新壘，大治攻械，卨具上撓夏計。及夏侵蘭州，卨遣曲珍將兵直抵鹽葦，俘馘千，驅孳畜五千……生禽嵬名，斬首領六，獲戰馬七百，牛羊老幼三萬餘'。大概就是因爲夏人侵蘭州，環慶路知慶州趙卨請軍器，賜了蘭會路藥箭。宋史（卷八十七，頁八上）慶陽府，'舊置環慶路經略(安)撫使，統慶州環州邠州寧州乾州凡五州'。又同卷（頁十七下）'會州，元豐五年，熙河路加蘭會二字'。則賜藥箭之事係加'蘭會'二字之翌年。此言藥箭當係火藥之省，武經總要前集（卷十二，頁六十一下）云：'放火藥箭者，加樺皮羽，以火藥五兩貫鏃後，燔而發之'。

宋李新跨鼇集（卷二十六，頁八下）（註八十四）賀趙招討平晏啓曰：
> 蠢茲卜漏擾我南陲，口血未乾而背盟，封壇甫成而入寇，思峨恃險敢堅狼子之野心，阿永投誠如斷匈奴之右臂。……乃命侍臣實求儒將……授首萬人，拓境千里，雲梯火礮盡焚梟獍之樓，蒿矢木弓難禦貔狐之士。

案李新（註八十五）字元應，仙井人，早登進士弟，劉涇曾薦于蘇軾，命賦墨

(註八十三)石雅下編，頁十三上；本草綱目卷九，頁八十四。
(註八十四)四庫珍本。
(註八十五)晁公武郡齋讀書志（續古逸叢書本）卷四下，頁二十四上。

竹，口占一絕，立就。元符末上書，奪官，謫置遂州，流落終身。四庫提要(註八十六)考其登進士，在哲宗元祐庚午六年(1090)。徽宗宣和五年(1123)尚為茂州丞倅，則亦北宋末年之人也。又晏州係瀘州所領十八羈縻州之一，見宋史(卷二十九，頁十二上)，當在今四川興文縣西。宋史(卷四百九十六，頁二十六下)，政和五年(1115)'晏州夷卜漏叛，紫將高公老遁，招討使趙遹討平之'。則李新文所賀之趙招討即趙遹，所平之晏即晏州，時在政和五年也。又宋史(卷三百四十八，頁二十三上)，趙遹'得猱數十頭，束麻作炬，灌以膏蠟，縛於猱背。暮夜復遣士丁，負繩梯，登崖巔。……及賊柵，出火，然炬。猱熱，狂跳，賊廬舍皆茅竹，猱竄其上，火輒發。……遹望見火，麾軍躡雲梯攻其前。兩軍相應，賊擾亂不復能抗，赴火墮崖死者不可計'。則史無火砲之辭，或有闕文歟？要之，李新是北宋末年的人，已知火砲，則總要所載當非孤證也。

三　中國內部火器的初期發展

所謂中國內部，是對中國內緣、外緣而言。內部是指兩宋統治下之領域，內緣是指遼金蒙古佔據之土地，外緣則指與宋隣接的朝鮮安南。火藥、火器創始於中國內部，然後流佈於內緣、外緣，最後傳佈於亞拉伯及歐洲。本章專論火器在中國內部之初期發展，以後依序再論其流佈。

中國初期的火器，就性質言，大致可分三種：一曰燃燒性的，二曰爆炸性的，三曰射擊性的。由十一世紀中葉迄十二世紀中葉，用管發射火藥之火器尚未實現　其所有者則為燃燒與爆炸性的火器。爆炸性的火器，其爆炸力亦甚微，蓋因硝未提鍊清的緣故。

(註八十六)跨鼇集書首提要。

（一） 燃燒性的火器

（甲） 火砲

武經總要（卷十一，頁二十七下至二十八上）有煙毬、毒藥煙毬，其目的在以毒氣薰人及焚燒可燔之物（卷十二，頁六十五上）。引火毬、蒺藜火毬、火箭、火藥鞭箭、火砲，其目的只在燃燒。這也無怪乎凡古代火器均加一個'火'字了。

火砲，據趙翼（註八十七）及梁章鉅（註八十八）均說始見于南宋金元之間，未免過晚。如前章所論不誤，則已見于唐末五代矣；退一步言之，亦見于北宋初年矣；再退一步言之，亦明見於靖康間矣。靖康元年(1126)冬，金人攻汴時，宋守軍曾用火砲禦之。石茂良避戎夜話（卷上，頁百七十二）（註八十九）云：

> 初九日……賊人疊橋之法先用牌浮水面，次用一重柴，一重蓆，一重土，增渡如初，矢石火[砲]皆不能入。

丁特起靖康紀聞（頁六）云：

> 金人疊橋之法……矢石火砲不能入。

夜話'火'下無'砲'字，以紀聞校之，知有脫字，不然文句便不通矣。又同書（卷上，頁百七十三）寫金人攻城器械中有所謂'洞子'云：

> 洞子可以治道，可以攻城，其狀如合掌，上銳下闊。人往來其中，即次續之。有長數丈者，上用生牛皮，生鐵裹定，內用濕氈，中用太糠，矢石火[砲]皆不能入。……賊人用洞子穿地道來，追于地道上，直下穿井以待之。積薪草於井中，如火薰之。或有

(註八十七)甌北全集本陔餘叢攷卷三十，頁十四下至十八上。

(註八十八)道光戊申本浪跡叢談卷五，頁十三下至十四上。

(註八十九)神州國光社中國內亂外禍歷史叢書本。

用火砲納于其中，則敵自焦灼。

案前一'火'字後當有'砲'字，三朝北盟會編（卷六十五，頁七下）引丁特起孤臣泣血錄可證。後一'火砲'據歷代小史卷五五避戎嘉（夜）話（頁二）與之同。又三朝北盟會編（卷六十八，頁七上）引避戎夜話一段，似爲單本所無。

僕（註九十）嘗建議於東壁欲擇使臣善射者一百人，班直三百人，子弟所二百人，各授以火箭二十隻，常箭五十隻。每一火盆內燒錐十個，供二十人射者。……乘此之擊鼓一聲爲號，火箭俱發，凡五百人，各二十隻。以數計之，五千火箭也。其火箭絕，繼以火砲、蒺藜砲、金汁砲，應砲齊發，火砲繼之。絕後，又以草砲。用草一束，以竹篾三繫之，置火其中，以助火勢。火旣盛，敵必倉惶救火，然後用常箭射之，各五十隻，五百人則二萬五千隻也。

所謂火箭當即用火藥製成者，點火藥是用錐燒於火盆內，與總要（卷十一，頁二十七下）點煙毬'以錐烙'，又（卷十二，頁六十五上）點蒺藜火毬'燒鐵錐烙'法同。火砲等解釋詳見上章。

宋史（卷二百四十七，頁十二上）士晤傳云：

士晤字公美，濮安懿王曾孫也……翌日，入城，部分守禦。敵治壕塹，樹鹿角，示以持久。士晤礪將士死守，飛火砲碎其攻具。以計，生得其首領，敵乃解圍去。

案李心傳建炎以來繫年要錄（卷七，頁一百七十六）亦載此事，惟士晤作士珸。金人下汴後，士晤從徽宗北遷至洺州，逃走，引外援解洺州圍。

（註九十）此是姚仲友自言，編者石茂良字太初、蓋爲當時圍城中目驗者（四庫全書總目雜史類存目一）。又案會編避話校書均作姚友仲，而宋史卷二十三，頁十五上（欽宗本紀）以後均作姚仲友，李季由夜話校出二十四處，均與宋史合，似當作姚仲友。

[德安]守城錄（卷上，頁八上）（註九十一）描寫建炎元年九月二十二日有寇張世孝、世義餘黨寇德安云：

> 是夜五更一點，忽同時發喊，雲梯、火砲、弓弩、箭鏃攻城，勢焰兇猛。

案此書記陳規在德安禦寇之事跡。規建炎元年除知德安府，擢鎮撫使，羣盜來攻，先後皆敗退。

宋會要稿（卷一百八十六，兵二十九，頁三十二上）謂建炎三年三月十二日，監察御史林之平建議福建廣東沿海，雇募船隻，亦宜重新配製防禦物及武器。

> 船合用望斗、箭隔、鐵撞、硬彈、石砲、火砲、火箭及兵器等，彙防火家事之類。

洪邁容齋五筆（卷六，頁五上）（註九十二）王灼所作李彥仙傳謂建炎四年正月，金完顏婁室攻陝州，用各種攻城器具，而仙隨機拒敵，竟未遽下。

> 四年正月，益生傅壘，晝夜進攻，鵝車、天橋、火車、衝車叢進。仙隨機拒敵。又為金汁砲，火藥所及，糜爛無遺，而圍不解。

案李彥仙宋史（卷四百四十八）有傳，惟無用火藥之事。婁宿即金史之完顏婁室。仙被圍日久，外援隔絕，城被攻下，仙逃出城，投河死。又金汁砲是拿金屬熔化成液，用以洒攻城的敵人（註九十三），何能有火藥？疑有脫誤。或者是金汁砲、火砲兩種，或者是不明金汁砲是什麼東西，因為文人不一定

(註九十一) 按叢書集成本之守城錄與明辨齋叢書本之德安守禦錄是一書而微異。後者亦名守城機要，又名建炎德安守禦錄為紹熙四年湯璹據規書作成，進上。四庫全書總目提要兵家類辨之甚詳。

(註九十二) 四部叢刊本。

(註九十三) 武經總要，（卷十二，頁六十三上）有'行爐，鎔鐵汁昇行於城上，以潑敵人'。因為往城下拋金屬汁液，所以叫作金汁礮。

懂得軍事上的專名詞。

　　正隆五年（1160）海陵南伐，遣鄭家及蘇保衡率舟師自海道趨臨安。至松林島阻風，不爲備，爲李寶所破，金人水師全軍覆沒。金史（卷六十五，頁十六下）云：

　　　　鄭家不曉海路舟楫，不之信。有頃，敵果至，見我軍無備，即以火砲擲之。鄭家顧見左右舟中皆火發，度不得脫，赴水死。

案宋史（卷三百七十，頁四下）李寶'命火箭環射，箭所中，烟焰旋起，延燒數百艘'。大槪火砲小型者亦可由箭弩等發出去。如總要前集（卷十一，頁二十八上）毒藥烟毬'並用火箭射之，或弓，或弩，或牀子弩度遠近放之'。宋史（卷三百六十八，頁十五下）謂魏勝創一種砲車'在陣中施火石砲亦二百步'。意即火砲、石砲兩種。按總要前集（卷十二，頁三十九）砲車也是一種拋石機，下有四輪，行動如車，能拋石，自然也能拋火了。

　　宋寧宗開禧元年（金章宗泰和五年，西曆一二〇五）韓侂冑與蘇師旦倡議復仇，遂起邊釁。二年（一二〇六）四月，趙淳受命守襄陽。金完顏匡經略襄漢，遣兵圍襄陽，始二年十一月，終三年二月，凡三月餘，賴趙淳措置有方，城得不破。趙萬年襄陽守城錄（頁七下）（註九十四）記開禧二年十二月金兵圍城及趙淳備禦之事云：

　　　　公密諭四隅兵官將預辦火藥箭砲石等分布。……公令先用火藥箭射燒番賊所般竹木草木幷砲木等攻具，烟焰四起，城上弓弩砲石一時幷發。自卯至申，射殺虜賊幷中傷者不知其數。

按所謂'公'即指趙淳，錄云開禧三年二月二十八，金兵北退，正與金史（卷九十八，頁六下）泰和七年二月，完顏匡放軍之語合。又金兵之退，錄多歸守

（註九十四）學雅堂叢書初集本。按四庫總目提要史部雜史類存目一，兩次竟誤作圍城者爲元人，殆因'文多殘闕，不盡可辨'歟？

城者之力，金史亦云以'久圍襄陽，士卒疲疫'，而放軍。

宋人對操練火砲備極鼓勵，皇帝也親自檢閱。宋史（卷百二十一，頁五下）寫乾道四年十月，孝宗閱武，星星色色，備極壯觀。

> ……繼而進呈車砲、火砲、烟槍及赭山打圍射生。

車砲是有輪子的拋石機，烟槍或是發烟火之竹筒槍。泗水潛夫前武林舊事（卷二，頁一上）（註九十五）御教條云，孝宗凡五大閱，乾道二年，四年，六年，淳熙四年，十年，或幸白石，或幸茅灘，或幸龍山觀操。其大要與宋志相同，中有火砲、烟槍諸色。

> 殿帥奏教陣訖，取旨'，人馬排列，當頭鳴角簇隊以俟放教。諸軍呈大刀、車砲、煙槍、諸色武藝。御前傳宣撫諭將士，射生官進獻獐鹿。

南宋都臨安，離錢塘江浙江很近，所以皇帝每年有觀潮之舉，同時防江的水軍也在演習，頗為熱鬧。泗水潛夫後武林舊事（卷一，頁五下）敘孝宗觀潮云：

> 淳熙十年八月十八日，上詣德壽宮，恭請兩殿往浙江亭觀潮。……至是，又命殿司新刺防江水軍，臨安府水軍並行閱試。軍船擺布西興龍山兩岸近千隻。管軍命於江面分布五陣，乘騎弄旗，標槍舞刀，如履平地，點放五色煙砲滿江。及煙收，砲息，則諸船盡藏，不見一隻。

案淳祐十二年，施諤淳祐臨安志（卷十，頁九上）亦記寧宗觀潮放火砲之事：

> 嘉定壬午之次年六月，趙與懽奏止觀潮，忽睹異物。或施強弩火砲，以絕其妖。

嘉定壬午之次年是宋寧宗嘉定十六年（1223）。由是，可知宋人的火器不但

(註九十五) 寶顏堂祕笈廣集中的是足本。

用於陸地，同時也用于水師。無怪乎兀朮沒有得志于黃天蕩，鄭家逼的跳了海，海陵殘敗于采石。包恢（註九十六）敝帚稿略（卷一，頁十下）防海寇申省狀云：

> 今欲少做火攻，則所在軍中，自有火礮之法，左統領自有見成可用之礮，近延祥寨官亦見依法做造，但恐不能多耳。今為計其費用，給之本錢，責其多載乾燥火草，藏之密處，以伺便，乘機而發，以備火攻之法。

由這一段，可知道南宋火礮流行已多，'所在軍中自有火礮之法'。一方面有預備攻擊之法，一方面有防禦攻擊之方。按趙與裹辛巳泣蘄錄（頁三）寫嘉定十四年（金興定五年）金人攻蘄州，而宋人極力備禦，所用火礮數千，火藥箭一萬多支。

> 同日出弩火藥箭七千隻，弓火藥箭一萬隻，蒺藜火礮三千隻，皮大礮二萬隻，分五十三座戰樓，準備不測。

這又可見宋人火器之盛。了南宋人編的行軍須知（卷下，頁十六下至十七上）（註九十七）攻守城有火筒火砲。其論守城云：

> 用火筒、火砲、長槍、檑木、手砲傷上城人。
>
> 用火砲打距墉、土山、鷲車洞子。
>
> 城上□備泥漿桶麻搭，防敵人放猛火油、火箭、火砲。

其論攻城云：

> 用火砲、火箭、火禽燒城積聚。
>
> 由上看來，所謂火砲，絕不是今日所謂之火砲。砲者拋也，是用拋石

(註九十六) 包恢字宏父，建昌人，嘉定十三年進士。此狀似其官福建兼知建寧時條陳。（參看宋史本傳卷四百二十一，頁八上。

(註九十七) 這部書附在明板的武經總要後。王有三先生告我說是南宋人所作，或者竟是紹定三年(？)。

機擲出去的。其作用和火箭、火毬、火蒺藜一樣，是焚燒敵人的積聚、樓櫓等物。它本身沒有爆炸力，故當入燃燒性的火器中。

蘇天爵國朝文類(卷四十一，頁十五下)引經世大典序錄記至元十一年(1274)左丞相伯顏奉命南征，破沙洋。沙洋南五里為新城，宋守兵抵禦甚力。遣宋舊將呂文煥招諭，城上矢下如雨，文煥右臂中箭。

> 遂引軍據其周圍堡寨，復使人招於城下，邊都統不書(答)，但以火砲、石砲、弓弩箭鏨俱發。

案邊都統即邊居誼，宋史(卷四百五十，頁四上至五上)有傳。惟云：'文煥乃麾兵攻城，以火具却之。'所謂'火具'，是一公名詞，指火砲之類之火攻器械也。

至元十六年(1279)張宏範拜蒙古漢軍都元帥，李恆為副，征崖山。六月弘範分諸將為四軍，環攻張世傑軍。國朝文類(卷四十一，頁二十上)曰：

> 世傑腹背愛(受)敵，以火砲禦，南面軍預濡罽覆艦，砲盡不能灼寸尺。

按元史(卷百五十六，頁十九上)張宏範傳：'二月癸未，將戰，或請先用砲，弘範曰："火起則舟散，不如戰也"。又曰："舟將接，鳴金撒障，弓弩火石交作"。'則是役宋元兩方均用火器也。

(乙) 信砲

至元十三年(1276)二月阿朮已築長圍，自楊子橋迄瓜洲，東北跨灣頭至黃塘，西北至丁村，為久困之計。揚州守將姜才抵禦甚力。阿朮乃脅宋謝太后詔來諭降。錢塘遺事(卷九，頁四上)曰：

> 阿朮元帥統諸臣從官同太皇太后續差到閣贊吳忠翊督戰，孫通直賚手詔，帶北朝兵馬數千往揚州。至揚子橋，砲聲連響。繼至城下，一砲震天，城上旗幟雲擁，軍艦放划，弓弩如雨。再一砲響，陰雲四合，冷雨大作，驟如傾盆，勢不可進。阿朮平章請回揚子

橋，茶飯罷，入瓜洲。

此事亦見宋季三朝政要（卷五，頁十四下）。宋史（卷四百五十一，頁四下）姜才傳'明年正月宋亡，二月五奉使及一閤門宣贊舍人持謝太后詔來諭降，才發弩射却之，復以兵擊五奉使于召伯堡'。即此事也。錢塘遺事（卷九，頁五下）又曰：

> 初八日過招信軍，至淮安界，忽望見旌旗雲擁，一砲震天，有數隊人馬出戰，矢下如雨。

至元十三年三月，夏貴舉淮西諸城降附，淮東淮西急轉直下。阿朮兵分道至淮安盱眙泗州，許文德張思聰劉興祖等亦降。此處所謂之砲，似為一種號砲、或信砲之類。所以每砲響，不云敵有死傷，而軍士則有一番新的動作；如曰：'一砲震天，城上旗幟雲擁''一砲震天，有數隊人馬出戰'之類。此與國類文類（卷四十一，頁六十一下）經世大典序錄所云'三十年（至元）取江浙省紙信砲'或同是一類的東西。不過後者我們確知它是紙製的，前者則不知是用什麽製的。明祝允明野記（註九十八）載'高皇始造鈔，累不就。一夕夢神告，當用秀才心肝為之。竊思之，未得。曰："豈殺將士而為之耶？"高后曰："不然，士子苦心程業，其文課即其心肝也"。太祖喜曰："得之矣！"因命取太學積課簿，搗而為之，果成。遂令歲輸上方。今太學季納課業簿，云給軍衛糊為礮，做書給光祿為麵囊，造鈔事想行於國初耳'。按軍衛所糊的礮似當即紙信砲，與至元三十年間者或是一物。其形狀或如今日之大花砲。

（二） 爆炸性的火器

武經總要前集（卷十二，頁六十九下）有霹靂火毬，仍然是利用乾竹子點着的爆炸聲，所以'聞聲如霹靂'，而火藥的作用恐尚未達到爆炸如霹靂的

（註九十八）（明版）歷代小史（卷七十九，頁九下）引。

程度。

> 右霹靂火毬，用乾竹兩三節，徑一寸半，無鏻裂者存節勿透。用薄瓷如鐵錢三十片，和火藥三四斤，裹竹為毬，兩頭留竹寸許，毬外加傅藥……用火錐烙毬，聞聲如霹靂。

看了這個毬的製法，知道此時火藥是傅在竹子的外面，尚不知把火藥裝在竹筒子裏，點着注射呢。

靖康元年(1126)二月，金人攻汴，李綱曾令守城軍士放霹靂砲。李綱靖康傳信錄（卷二，頁十三）云：

> 先是蔡楙號令將士，金人近城，不得輒施放，有引砲及牀子弩者皆杖之，將士憤怒。余既登城，令施放，有引砲自便，能中賊者厚賞。夜發霹靂砲以擊賊，軍皆驚呼（註九十九）。

所謂霹靂砲不知其形狀，更不知其如何製作而成。楊萬里誠齋集（卷四十四，頁八下至九上）（註一百）海䲡賦小引云：

> 紹興辛巳[1161]逆亮至江北，掠民船，指麾其衆欲濟。我舟伏於七寶山後，令曰，'旗舉則出江'。先使一騎偃旗于山之頂，伺其半濟，忽山卓立一旗，舟師自山下河中兩旁突出。人在舟中踏車以行船，但見船行如飛而不見有人，虜以為紙船也。舟中忽發一霹靂礮，蓋以紙為之，而實之以石灰、硫黃。砲自空而下，落水中，硫黃得水而火作，自水跳出，其聲如雷，紙裂而石灰散為煙霧，眯其人馬之目，人物不相見。吾舟馳之壓賊舟，人馬皆溺，遂大敗之云。

這是記載海陵欲渡江取宋，遭受宋人技巧的擺佈而大敗。案所謂霹靂礮是

(註九十九) 此事亦見宋人楊仲良通鑑長編記事本末（廣雅叢書本）卷百四十七，頁十上。此書成于理宗寶祐元年，後之續資治通鑑長編拾補（卷五十三頁十下）亦是根據此書。

(註一百) 四部叢刊本。

紙製的，據說是實以石灰硫黃。如果是眞的，恐怕沒有那末大聲如雷。只硫黃無硝，恐怕也不至'得水而火作，自水跳出'。至于石灰用以眯敵人之目，其例甚多，如三朝北盟會編（卷百六十五，頁二下）：紹興四年（1134）金人攻濠州，宋守軍用灰瓶抵禦之。

> 令市人運灰瓶……金人又如舊河口敵樓下併力攻城。城上金汁、灰瓶與矢石俱發。

灰瓶亦作灰砲。老學庵筆記（卷一，頁二上）（註一百零一）載紹興五年岳飛勦楊么事云：

> 官軍乃更作灰礮，用極脆薄瓦罐置毒藥、石灰、鐵蒺藜於其中，臨陣以擊賊船，灰飛如煙霧，賊兵不能開目。欲効官軍爲之，則賊地窘戶不能造也，遂大敗。

大槪采石所用之霹靂礮有兩種作用，一種是水面的爆炸聲，以驚嚇敵人；一種是石灰，飛揚以眯敵人之目。恐怕裡頭有硝的作用，不只是硫黃石灰而已。用紙作成礮，恐怕這是最早的，也是後日花炮之濫觴。在軍用上落了伍，才爲民間用于娛樂。

趙萬年襄陽守城錄（註一百零二）記開禧三年（1204）趙淳守襄陽以禦金人，其利器中有霹靂礮：

> 至夜……公卽差敢勇千餘人，於當日半夜……出合頭徑至虜人。礮人舉火，發喊，城上亦發喊，擂鼓，仍用霹靂礮打出。城外虜人驚惶失措，人馬奔潰。……初五日巳時，虜人擁併攻城之際……公卽令城上……擂鼓發喊，幷打霹靂礮出城外，虜騎驚駭，退走。……公遂於二十五夜乘雨暗，急遣撥發官張福鄧彥辦舟船大

(註一百零一) 學津討原本。

(註一百零二) 學稚堂叢書本。是書乃趙淳之幕客所作，書末有'開禧三年三月旣望謹誌。'

小三十餘隻，載弩手一千人，并叉鐮手五百人，鼓一百面，並帶霹靂礮，火藥箭等，潛駕至虜營岸下。……遂鳴一鼓，衆弩齊發。繼而百鼓俱鳴，千弩亂射，隨即放霹靂火礮、箭，入虜營中。射中死傷不知數目，人馬驚亂，自相蹂踐。至五更，號叫四散奔走。公遂收兵而回，不傷一人。……二十六日，有走回被虜人樊起稱於二十五夜番軍在寨正睡間，忽聞鼓響弩發，又打霹靂砲入寨。滿寨驚亂，皆備馬不迭，收拾行李不及，自相蹂踐。番軍死傷二三千人，馬八九百匹（頁十三下至二十三上）。

這一回的圍城，金人蒙受不少的損失，宋人方面的確賴趙淳措置有方，城得不陷。所謂霹靂砲是用什麼製的？毫不明白。不過細看文義，好像和靖康間所用的微異，不只在藉其聲恫嚇敵人，而且有死傷敵人的作用。

宋理宗寶祐五年（蒙古憲宗七年，1257），蒙兵由越南北上，靜江（廣西桂林）震動。李曾伯去靜江調查兵備，把所見所知的寫出來，條陳於朝。文見李曾伯可齋續稿後集（卷五，頁五十二上）（註一百零三）。

今日急務，廣右習於承平之久，甲朽鐵鈍，備具素疎。逾年以來，雖科請於朝廷，製造於連政，以一路帥閫見管幾不能及荊淮一州之所有。今略點檢軍器軍實數，甲僅二千，弓弩僅各六七百張，箭止四萬，弩箭止六萬，槍刀之數亦寡，猶恐有不堪用者。揆之荊淮制司庫管，曾不能及十之一二。於火攻之具，則荊淮之鐵火砲動十數萬隻。臣在荊州，一月製造一二千隻，如撥付襄郢，皆一二萬。今靜江見在鐵火砲大小止有八十五隻而已，如火箭則有九十五隻，火槍則止有一百五筒。據此不足為千百人一番出軍之用。而閫府欲樁備城壁，撥付到郡，以此應敵，豈不寒

（註一百零三）四庫珍本。

火藥的發現及其傳佈

心！

荊淮有十數萬隻鐵火砲，確有可觀。趙與𥲅辛巳泣蘄錄（頁二）記嘉定十四年守城之役，一日出火礮三千隻（註一百零四），可見其數之不小矣。'臣在荊州一月製造一二千隻'則荊州又有造砲的工廠。案宋史（卷八十八，頁十九上）大冶有鐵務，上猶也有鐵務，民元以來有漢冶萍公司，大概自宋代湖北江西就是產鐵製鐵的地方。最可注意的是火砲已變成鐵鑄的了，記得嘉定十四年，金人攻蘄州已用鐵火砲，'其形如匏狀而口小，用生鐵鑄成，厚有二寸'（註一百零五）。可惜此時宋人的鐵火砲的形式不得而知。

山左金石志（卷二十一，頁二十九下）劉氏先塋碑記至元六年（1269）劉國傑被宋火砲傷股之事云：

> 樊城外藩曰東士城，主帥命公取之。豎雲梯先登，俄中火礮，夷其左股，裹創力戰，遂平其城。……襄陽被圍既久，城中乏食。宋人有矮張都統者潛師運糧以入。……公先獲間者，偵知出期，中流逆擊之。舉火聲砲，我軍逆擊之，鏖戰三十餘里，舟中之血沒踝，生獲矮張都統（註一百零六）。

案此即中外史籍馳名的襄陽被圍六年事中之一幕。火砲雖不云鐵，恐已是鐵製的了。'矮張都統'據宋史（卷四百五十，頁二上）'俗呼順曰矮張'，似乎指張順矣，然同書（頁三上）又云張貴為'矮張'，疑莫能明。今就上段事實及齊東野語（卷十八，頁二十一上）（註一百零七）及癸辛雜識別集下，（頁四十三上）

(註一百零四) 辛巳泣蘄錄頁三。

(註一百零五) 仝上頁二十三。

(註一百零六) 按此事又見閻復靜軒集卷五，頁四十三下（藕香零拾本）；黃溍黃翰士文集卷二十五，頁十上（四部叢刊本）；元史劉國傑傳（卷一百六十二，頁十八下）。

(註一百零七) 津逮祕書本

(註一百零八) 仝上。

(註一百零八）則所謂'矮張都統'者，仍當指張貴。

元世祖至元十四年平章阿里海牙攻廣西，宋將馬墍守靜江，凡攻三月餘，卒墮其城。而邕守將以城降，獨墍部將婁某者以二百五十人守月城不下。閱之十餘日，亦不降。宋史（卷四百五十一，頁六上以下）繼云：

> 婁從壁上呼曰：'吾屬饑，不能出降，苟賜之食，當聽命'。乃遺之牛數頭，米數斛。一部將開門取歸，復閉壁。大軍乘高視之，兵皆分米。炊未熟，生臠牛，啖立盡。鳴角伐鼓，諸將以為出戰也，甲以待。婁乃令所部入，擁一火砲然之，聲如雷霆震，城上皆崩，煙氣漲天，外兵多驚死者。火熄，入視之，灰燼無遺矣。
> （註一百零九）

案此一火砲即能震死壁外元兵，將二百餘人一齊炸成灰，則此火砲決不是普通形式的東西，它必很大，爆炸力很高，或者是後日地雷之類的東西。

（三） 射擊性的管形火器

射擊性的火器，是指用管子裝上火藥而發出去的。這是火器史上的一大進步，因為以前所說的燃燒性的和爆炸性的兩種火器，只在拋擲，既不準確，又不經濟。射擊性的火器則表示技術上的大改良，人能想出方法來操縱這種烈性的火藥了。所以法國無機化學家貝爾特露(M. Berthelot)曾說火器的演化由拋擲焚燒，而至射擊，實在是一種新的發明（註一百一十），一點也不錯。

湯濤德安守禦錄（卷下，頁八上）記紹興二年(1132)陳規守德安之事云：

> 又以火砲藥造下長竹竿火鎗二十餘條，撞鎗、鈎鐮各數條，皆用

(註一百零九) 又見姚燧牧菴集（二十一，頁十三上）王公神道碑，惟稍略。

(註一百一十) M. Berthelot: Les Compositions Incendiaires dans l'Antiquité et au Moyen Âge 又名 Le Feu Gregeois et les Origines de la Poudre à Canon (在 Revue des Deux-mondes Lxl^e-troisieme période t. cent sixieme, Paris 1891, P787)

兩人共持一條，準備天橋近城於戰棚上下使用。

宋史（卷三百七十七，頁六上）陳規傳：

規以六十人持火槍，自西門出，焚天橋，以火牛助之，須臾皆盡，橫拔砦去。

長竹竿怎麼造成火槍？火砲藥擱在什麼地方？如何擱？都不明白。不過由'兩人共持一條'句，知所用是大竹竿，平行使用，把火藥擱在竹管，點着發火。武經總要前集（卷十二，頁六十下）之鞭箭、火藥鞭箭都不是把火藥擱在竹管裏頭，又同書（卷十二，頁六十九上）之霹靂火毬是把火藥傅在竹竿外成毬形，也不知把火藥擱在竹竿子內。知道把火藥裝在竹管子內雖然是一件小事，其實表示火器上技術的一大轉振。它開了以管形器械操縱火藥的先聲，作了後日管形槍砲的始祖，這不能不說是一件重要的事項！

陳規字元則，密州安丘人，他讀夏少曾的朝野僉言後，作了一篇靖康朝野僉言後序，痛當日大臣將帥之失策，因條列應變之術，附於各條下，故謂之後序。徐夢莘採入三朝北盟會編（卷一百三十九）與守城錄大同小異。會編（卷一百三十九，頁五下）說'規在州八年，屢破賊衆，中原郡縣皆失守，惟德安一城獨存，識者偉其能'。看了他的守城錄，知道他為人機警，不但是一位很好的軍事學家，也是一位軍事技術家。這也無怪乎他別出心裁，造出火攻法上劃新紀元的器械！

寶祐五年（1257）蒙古兵由越南北上，李曾伯去靜江調查軍備，他的奏章裏提到火槍，可齋續稿後集（卷五，頁五十二上）云：

如火箭則有九十五隻，火槍則止有一百五筒。

看了這個'筒'字，我們益知火槍是一條竹管子，把火藥裝在裡面，點着後，發火焚燒敵人。行軍須知（卷下，頁十六下至十七上）攻城、守城用火筒，而未說明火筒是何形式，或者也是火槍之類。頗疑細而長的叫火槍，粗而短的叫火筒。火筒這個名詞很早已有，不過前後含義不同。神機制敵太白陰經（卷五，頁一百零八）所記之火筒，是在烽臺用以吹火的，而行軍須知之火筒則裝火藥點着前燒敵人。

宋度宗咸淳八年（元世祖至元九年，1272）有一件轟轟烈烈的事，襄樊自咸淳三年（1267）被元兵圍困已達五年，樊城乏鹽薪布帛爲急。時張漢英守樊，募善泅者浮水而出，爲元兵所獲，圍困較前更緊。又出重賞，募死士，得張順、張貴等三千人援襄。歷盡種種艱險，乘風破浪，卒達目的地。檢視所留之人獨失張順，軍中爲之短氣。宋史（卷四百五十，頁三上）記曰：

> 漢水方生，發舟百艘，稍進團山下。越二日進高頭港口，結方陳，各船置火槍、火砲、熾炭、巨斧、勁弩。夜漏下三刻，起矴出江，以紅燈爲號。貴先登，順殿之，乘風破浪，徑犯重圍。至磨洪灘以上，北軍舟師布滿江面，無隙可入。衆乘銳，凡斷鐵絙攢杙數百，轉戰百二十里，黎明抵襄城下（註一百十一）。

張貴率諸人既抵襄，襄帥呂文煥又使之赴郢求援，不幸消息早洩，半路爲人生獲。按火槍是何樣式及如何使用，不得而知，不過由李曾伯之奏，知亦爲筒形。至于火砲似又不是用拋石機擲出者，因爲捷小之船恐不能容載。據周密癸辛雜識別集（卷下，頁四十三上）有'總管張順所帶火砲，並已發盡'語，則又似一種炸彈或手榴彈之類。點火槍、火砲，大概是用'熾炭'，已不是'錐烙'了。

元史（卷一百六十二，頁十一下）史弼傳謂至元十三年（宋端宗景炎元年，1276）六月，記伯顏征宋，遣史弼攻揚州，守將姜才出兵圍揚子橋，大敗。

（註一百十一）此一段可歌可泣的壯烈偉蹟可看(一)周密癸辛雜識別集（卷下，頁四十三上以下）（津逮祕書本）較詳細；(二)齊東野語卷十八，頁十七上以下（津逮祕書本）；(三)無名氏昭忠錄頁十六上（粵雅堂叢書本）；(四)劉一清錢塘遺事卷六，頁六上（武林掌故叢編第十二集）；(五)無名氏宋季三朝政要卷四，頁七上以下（粵雅堂叢書本）。

才復以兵夜至，弸三戰三勝。天明，才見弸兵少，進追圍弸，弸復奮擊之。騎士二人挾火鎗刺弸，弸揮刀禦之，左右皆仆，手刃數十百人。

觀火鎗之鎗旁從金，得非由木製而改爲金屬者耶？文中'刺弸'之語似火鎗又有尖端者，與前此之火槍或稍有不同。案法國巴黎國家圖書館有一種亞拉伯抄本(No. 1127)叫騎術及機械戰誌(Ketab alferoussyé ou al menassib alharbyé) (註一百十二)，著者 Nedjm-eddin, Hassan Al-rammah 約生於十三世紀之末，此書或寫于1275至1295之間。中講火鎗(lance)是一鐵管實以火藥，鎗頭曰'契丹箭'(la flech du Khatay)火藥點着後，火自鎗頭發出，疑此即元初之一種火鎗。最早竹管的火槍只能發火燒敵人，其後加上一根箭，意在用火藥的力量推發出箭去傷人。可是箭發出去，只留下一根管子，交手時沒有憑恃，於是就把箭頭死嵌在槍管上。又其後因爲竹管子易于燒毀，又改成鐵製的。史弸傳說'挾'，大概它很長，又說'刺'，大概箭藥已罄，不得不把它用作交手的武器了。

宋史(卷百九十七，頁十五下)理宗開慶元年(1259)載壽春府新造下兩種武器：一種是匝筒木弩，施放穩便，夜中亦能施射；一種是突火槍。

又造突火槍，以鉅竹爲筒，內安子窠。如燒放焰絕，然後子窠發出如砲，聲遠聞百五十餘步。

宋史謂是時宋人'兵紀不振，獨器甲視舊制尤詳'。一點也不錯。這時候宋人的軍器特別講求；突火槍又是一例。以前的火槍是用竹管子實以火藥，點着發火燒人，而此槍則別裝子窠，借火藥的力量發出去打人。這不能不

(註一百十二) 另有一種小型抄本(No. 643)爲上帝而戰之技術 Ketab alferoussyé birasm aldjihad fy sabyl allah 不具著者姓名，二種譯文俱見 Reinaud 及 Favé 的 Du Feu Grégeois des Feux de Guerre et des Origines de la Poudre â Canon, Paris 1845. 另有一本圖板亦是取自 Hassan 書。是書已不易見。

說是又一種重要的發明了。子窠或是子彈。可惜子彈的材料，形式都不可知；不過，如是石彈或鐵彈，放焰絕後不能推發出去，且不會有如此聲。恐怕所謂子窠是紙製的，實以炆藥，伏以引線，好像今日烟火中的一種花炮。中國的烟火在北宋似乎還不是眞的烟火；不過在十三世紀中葉有各種花樣出來，確是眞正的烟火了（註一百十三）。大概壽春的人利用烟火的方法

(註一百十三)通常以爲花炮、烟火唐代已有，是不對的。不說別的，只看宋人的記載。北宋有無眞正的花炮、烟火，已經可疑。紹興丁卯（十七年，1147）孟元老作成的東京夢華錄（卷七，頁一百三十九）駕登寶津樓諸軍呈百戲，所說的爆仗和烟火：

忽作一聲如霹靂，謂之爆仗，則蠻牌者引退，烟火大起，有假面披髮，口吐狼牙烟火如鬼神狀者上場……遶場數遭，就地放烟火之類。又一聲爆仗，樂部動……。又爆仗一聲，有假面長髯，展裹綠袍靴簡如鍾馗像者，……。又爆仗響，有烟火就湧出，人面不相覩，烟中有七人皆披髮文身……餘皆頭巾執眞刀……忽有爆杖響，又後烟火出散處，以靑幕圍繞，列數十輩皆假面異服，如祠廟中神鬼塑像，謂之歇帳。又爆杖響，卷退。

文中烟火無疑的不是眞正的烟火，不過如今日戲台上有演神鬼者出，幫台的人手握松香，用扇形紙出一種火。所以文中有烟火中人'執眞刀'及'假面異服'等語。至于爆杖則頗費索解，如是焚竹子，何以只一聲？如是花炮，殊無顯明約証據。又何以叫作爆杖呢？這有詳考的必要，留待烟火考可也。

一九四五年的冬天，胡適之先生曾說范成大爆竹行是指燒竹子而言，可見那時候還沒有眞正的花炮。石湖詩集卷三十　頁三上以下（四部叢刊本）云：

歲朝爆竹傳自昔，吳儂政用前五日。食殘豆粥掃罷塵，截筒五尺煨以薪。節間汗流火力逼，健僕取將仍疾走。兒童卻立避其鋒，當堦嚗地雷霆吼。一聲兩聲百鬼驚，三聲四聲鬼巢傾。十聲百聲神道寧，八方上下皆和平。卻拾焦頭叠林底，猶有餘威可驅癘。屛除藥裏添酒杯，晝日嬉遊夜濃睡。

這明明是把竹子截下來，燒着，聽它的爆聲，故謂之爆竹。又同書卷二十三，頁二上癸卯除夜聊復爾齋偶題云：

書扉無健筆，爆竹有寒灰。

而造出這個嶄新的突火槍。這個方法看來似乎不重要，其實開了後日用子彈的先聲，就是說它是後日開花彈的始祖也不為過。

亞拉伯的一種抄本（註一百十四）。據說是寫于1311（元武宗至大四年），作

[接]如眞是今日的花炮，所膲的灰有限，且當有破紙了。又同書卷二十三，頁九上苦雨五首中句云：

湮礎總晴又汗，濕薪未爆先煙。

吳中正月亦雨，所謂薪，疑亦指竹子。案范成大（1126-1193）是南宋高宗孝宗朝人，所謂爆竹，仍是焚燒竹子，聽它的爆聲，可見隋唐人之所謂爆竹矣。

南宋末，確有眞正的烟火、爆竹出現，如寧宗時西湖老人繁勝錄頁五下（涵芬樓祕笈本）記（霍）山行祠云：

沿路迎引到廟，上露台上，相撲捧正殿，妓樂社火酧獻。廟前擁挨，輪馬盈路。多有後生於霍山之側，放五色烟火，放爆竹……

又周密齊東野語卷十一，頁二十二上（津逮祕書第十五集）御宴烟火條：

穆陵初年嘗於上元日清燕殿排當恭請恭聖太后，既而燒煙火於庭，有所謂'地老鼠'者徑至太母聖座下。太母為驚惶，拂衣徑起，意頗疑怒，為之罷宴。穆陵恐甚，不自安，遂將排辦巨璫陳詢盡監繫聽命。黎明，穆陵至，陳朝謝罪，且言內臣排辦不謹，取自行遣。恭聖笑曰：'終不成他特地來驚，我想是誤，可以赦罪'。於是子母如初焉。

案穆陵指理宗，宋史理宗本記作永穆陵，恭聖太后是寧宗皇后，與史彌遠共立理宗。所謂地老鼠，今日煙火中尚有，掉在地上，左右迅速亂闖。波斯人 Ghaiassuddin Nakkash 等於明衣祖永樂十七年（1419）出使中國至京都，正遇元霄節。千數百燈掛在宮殿，有'老鼠'巡迴在線上奔走點燈。與野語所述相似。(Yule & Cordier: Cathay and the Way Thither vol. I, P:282) 又都城紀勝頁九下（棟亭藏本），有'燒煙火，放爆竹，火戲兒，則煙火和火戲兒，又是不同的兩種戲法。煙火的歷史尚沒有人作過，當有另考的必要。

（註一百十四）Reinaud and Favé: Du Feu Grégeois des Feux de Gurre, et des Origines de la Poudre à Canon Chez les Arabes, les Persans et les Chinois (J A 4 eme série, t. XIV, 1849 P:310ff 惟此文未附圖，余曾從 Oscar Guttmann 的 Monumenta Pulveris Pyrii (1906 London) 照下 mādfaa 的圖。

者 Yusuf-ibn Ismaïl，十九世紀中葉，入藏俄國聖彼得堡皇家科學研究院。裡頭有一種火器叫 mādfaa，其製作和突火槍相似。它是一根木管子，直徑差不多五吋。先把火藥裝在管子內，次將一個 mādfaa 用系從火眼處拴住，點着後，先放焰火而後發砲聲。同時那個 mādfaa 因為系拴的緣故，脫不出管，還可裝上火藥再用。假如和突火槍比較，mādfaa 是一總稱，內裝的一個 mādfaa 是子窠或子彈。可惜宋史對這個子窠沒有詳細的解釋，我們不知它怎樣製造的（註一百十五）。

要之，南宋火器已甚發達，各書記載火砲、火槍諸名詞甚多，似無須一一羅列。柴望秋堂集（卷二，頁十二下）（註一百十六）有塞下行贈韋士頴歸鄂渚上江陵課閫相詩云：'上流夜夜雨如箭，下流礮火驚淮甸'，可為當日江淮流域之寫照也。

四　中國內緣火藥火器的傳佈（一）

由上章看來，火藥、火器的演進，是以中國內部為中心，而逐漸向外傳佈。這個中心地最初在黃河流域，其後因為政府的南遷，遂又轉到楊子江流域。其在黃河流域時代，火藥、火器還在幼稚時期，內緣的契丹和西夏恐怕沒有用過，恐怕沒有機會得以接受由內部傳出去的秘密武器。一則因為北宋的嚴格限制輸出（註一百十七），一則因為二國割據一隅，自列化

(註一百十五) 宋代有無留下來的鐵屬火銃、火筒，尚不敢遽斷。按民國二十三年編的第一次中國教育年鑑內編，P：1021. 說江西永豐縣有宋大炮一尊，在縣成為公有，（此條是在美時陳鴻舜先生查出來給我的）。民三六，四月，曾函江西省府及永豐縣府，詢以此物之長度，銘文。半年後，省府覆信云，此物因埋藏日久，已尋找不出確埋在何處矣。無論如何，如其形是現代火砲，決不是宋代之物了。

(註一百十六) 宋二十家集甲。柴望卒于至元十七年 (1280)。

(註一百十七) 參看宋史卷一百八十六，頁二十三下。

外。其在揚子江流域時代則不然，內緣的女眞人奄有囊時火藥火器中心的黃河流域，北宋的遺民，構成了金源的主要人口，北宋的領域內產有火藥中主要成分的硝的澤州（註一百十八），和大名府（註一百十九）均淪入其版圖。有了火藥中心地的人，有了產火藥中主要的硝，又受揚子江流域中心地的刺激，因而這個內緣的金源，當然是合乎條件的火藥火器的傳佈的地區了（註一百二十）。

北宋間，契丹居女直與宋之間，契丹旣不知火藥，則女直一定也不知。到了北宋之末，女直人先滅遼國，把它的文化接受過來；然後利用遼的降人南向發展，又把北宋滅亡，把它的最高文化區域的首都也囊括了。在北宋最後扎掙的當兒，施展出各種方法來抵禦女直人，火藥、火器也是其中之一。這個時候也就是女直人首次接觸火藥火器的時候。

（一） 燃燒性的火器

姚仲友避戎夜話（頁四上）靖康元年（1126）閏十一月二十一日記曰：

(註一百十八) 山西澤州在唐代出硝。道藏洞神部衆術類金石簿五九數訣（頁六）硝石條。

(註一百十九) 金史（卷二十六，頁一上）大名府出硝。

(註一百二十) 有人以為文化的傳佈，端在地理上的條件夠不夠，其實也不盡然；例如墨西哥和新墨西哥一帶，現今考古家和人類學家都一致承認在一千五百年前，玉蜀黍和陶器已甚發達，而且墨西哥還是玉蜀黍的發源地。玉蜀黍雖傳佈世界各國，但加利福尼亞南部的印第安人一向沒有種植，地質都一樣是半砂土，宜於種此禾稼，同時人民也急需此物。陶器對加利福尼亞的印第安人很有用，也一樣的沒有接受。加利福尼亞離玉蜀黍發源地及陶器最發達的墨西哥和新墨西哥等地很近，反而沒有接受，而遠如美國東部之印第安人則吸收之，可見只講地理上的條件是不夠的。所以英國人類學家 G. Pitt-Rivers 在講文化的接觸上，特別着重在傳佈文化和接受文化兩方面的情形(The Effect on Native Races of Contact with European Civilization(在Man, vol.27, PP:3-5, January 1927)。

初縛虛棚時，仲友使多備濕麻刀舊氈衲襖，蓋防賊人有火箭、火砲也；幸而金人不善製此二物。

可見此以前，女直人不知利用火藥、火器；在初圍宋都時，也還不知；不過後來情形就不同了。他們看見宋人發射或拋擲出來的火異常兇猛，由好奇而起了羨慕，利用俘虜的洩露，降人的報告，沒有多少日子，他們終於得到這個秘密了。無名氏靖康要錄（卷十三，頁二百六十一）曰：

十二月虜築望台，度高百尺，下覘城中。又飛火砲，燔樓櫓，旋即修繕（註一百二十一）。

又徐夢莘三朝北盟會編（卷六十八，頁十五下）記金人攻宣化門曰：

又推對樓五座，盛矢石而來，城上以撞竿倒三座。對樓既倒，城上人爭擲草火以焚之。對樓木多而草盛，火熾，乘南風引燒城上樓子二座。火礮如雨，箭尤不可計，其攻甚力。

又秘書少監趙鼎與姚太守書報告開封失守之事（註一百二十二）云：

至二十三日陳州東屬人家放火礮，燒樓子三座，亦有金賊一二千上城，幸得殺退，勢已大危。

觀此益知金人之得知用火礮，乃是宋人告的，而真正運用的仍是宋人，女直和契丹人初不會此也。

金人南侵分兩路：一路由大同南趨，宗翰主之；一路由燕南下，宗望主之。靖康元年春，宗望一路勢如破竹，先圍汴京；宗翰則因山西諸城抵禦甚力，故遲遲南來。其攻懷州時，宋人先用火礮，金人亦隨用之。范仲熊北記中董恩之關報（註一百二十三）云：

而番人先用火礮，延燒青布及索網。放虎蹲礮九稍，其大如七八斗

────────────

（註一百二十一）亦見宋揚仲良通鑑長編紀事本末（廣雅叢書本）卷一百四十五，頁十六上。

（註一百二十二）徐夢莘三朝北盟會編（卷九十九，頁十一下）引。

（註一百二十三）三朝北盟會編（卷六十一，頁十一）引。

栲栳。每一礮到城，索網、糞土、大枋、樓子皆破。城中人甚懼。

金人雖然和宋人交鋒，知道火藥、火器的功用，但他們並沒有常常利用。因為當時所謂之'金人'是包括女直契丹奚漢人，而漢人中又分遼遺民及宋遺民。遼遺民的漢人尚不知火藥的功用，而宋遺民的漢人雖然有的知道怎樣配製，怎樣使用的，但金軍裏並沒有普遍應用，所以海陵以前很少有所記載。宋史（註一百二十四）和金史（註一百二十五）雖然說黃天蕩之戰，宗弼曾用火箭燒了韓世忠的戰艦，但未說明火箭用什麼造的。率爾說他所用的火箭是火藥製的，未嘗不可以，因為這時候已不是'以小瓢盛油貫矢端'的時代了。

講起文化傳佈的程序，也很複雜，雖然一個民族認定外來的一種文化有用及適用，雖然在接受此種文化時，沒有地理上的障碍，可是他們自己沒有準備，一樣的難以把那種文化迅速的接受過來。正好像今日的原子彈，沒有對它準備好的國家，就是有人拱手送給幾顆也沒有用。所以在傳佈與接受之間，還有些時候發生矛盾與阻碍。這是一般的原則（註一百二十六），恐怕金人對於火藥火器也出不了此例。

元遺山續夷堅志（卷二，頁一下）（註一百二十七）記大定末（十二世紀末）鄉人有爲捕狐業者，用一種'火罐'子打狐之事。

> 陽曲北鄭村中社鐵李者捕狐爲業，大定末，一日張網溝北古墓下，繫一鴿爲餌，身在大樹上伺之。二更後，羣狐至，作人語云

(註一百二十四) 宋史（卷三百六十四，頁八上）韓世忠傳：'金人以小舟縱火，矢下如雨。'

(註一百二十五) 金史（卷七十七，頁三下）宗弼傳：'乘輕舟，以火箭射世忠舟上五綱，五綱著火箭，皆自焚，煙焰滿江。'

(註一百二十六) R. Linton: Acculturation and the Progresses of Culture Change（見 Seven American Indian Tribes PP:463 ff 1940 New York）

(註一百二十七) 九金人集內。

>……鐵李知其變幻無實，其夜復往。未二更，狐至，泣罵俱有。鐵李腰懸火罐，取卷爆潛爇之，擲樹下。藥火發，猛作大聲。羣狐亂走，爲網所罥，瞑目待斃，不出一語。以斧椎殺之。

案陽曲金屬河東北路，在今山西省（註一百二十八）。所說'火罐'，不知形狀大小。'卷爆'似卽藥捻子，是以火藥卷在紙內而成，也作引火線（fuse）。宋元文獻未有講此者，得此一條，可以抉塞肱疑矣。

開禧二年（1205）金完顏匡經略襄漢，宋趙淳守襄陽甚力，幕客趙萬年爲文記其經過，成襄陽守城錄（頁二下）。

>又恐虜人臨城必有火砲，凡近城茅竹屋並附倉庫者悉撤去，仍取市井潛火水桶上以防火箭。

這是圍城之初趙淳所想到的，所以有這些總備。可是全書不見金人有火砲，只見金人用火箭攻城之文。這恐怕隱在'火箭'或'砲'的幾個名詞下了；不然，偌大軍事行動，金人豈能沒有這些預備？

（二） 爆炸性的火器

趙與褣辛巳泣蘄錄（頁二十至二十五）記金人於嘉定十四年，金貞祐五年（1221）攻蘄州時，用一種鐵火砲，甚爲厲害：

>初八日，獨西知府帳前與與褣帳前左右鐵火炮甚多，甚至打至臥牀屋上，幾于殞命。或者云，此有奸細；不然，何以徑打兩處帳前耶？

>十一日，番賊攻擊西北樓，橫流砲十有三座，每一砲繼以一鐵火炮。其聲大如霹靂。

>其日，對砲布兵買用因拽砲，被金賊以鐵火砲所傷。頭目面霹碎，不見一半，又有同拽人傷者六七。……西門樓亦被打碎，垂板十

（註一百二十八）金史卷二十六，頁二下。

餘片。與鑒急遺統領孫中以皮籬易之（註一百二十九），屋上安排以松枋，爲鋪樓之狀，砲石打落其上，人無所傷。

最是'暑'字樓下與西南隅樓，鐵火炮相繼傷人最多。十五日，虜賊四門各打火炮入來，獨西門北團樓，自早至次日達旦，火炮不住，人心皇皇。

趙與鑒，宋史（卷四百四十九，頁二十四下）作趙與裕。與鑒宗室子，官蘄州司理，權通判事。時與郡守趙誠之守襄陽，凡二十五日，外援不至，力竭而城陷，誠之及其家屬僚佐皆死之。與鑒全家十五人並赴難，僅以身免。事定，乃爲是錄，具詳備兵始末。又同書記鐵火炮之形狀曰：

鐵火炮……其形如匏狀而口小，用生鐵鑄成，厚有二寸，震動城壁。

匏是葫蘆之類的東西，大而扁。本書沒有叙述引火線，或者口小的地方就是用以裝火線的。火線在前頭已提過，叫'卷爆'（註一百三十）。由所引各條，知道它是爆炸性的，所以打着一個人，就連帶傷了六七個。它的聲音也很大，因爲有爆炸力，所以'震動城壁'。要之，此種火器，其爆炸力恐怕是主要的功用。

金哀宗正大八年（蒙古太宗三年，1231），蒙古兵分騎兵三萬入散關，攻破鳳州，經過華陽，屠洋州，攻武休關，一路勢如破竹。拖雷自將攻河中府（山西永濟縣），河中守將竭力捍禦。十二月城破（註一百三十一），守將有名板

(註一百二十九)按鄭所南心史雜文卷下，頁七十一上（明辨齋叢書本）謂元人攻于闐'彼國以櫻欄皮結網，懸覆城上，攻不入竟止'。與此同理。

(註一百三十)元遺山續夷堅志卷二，頁一下。

(註一百三十一)案河中之破，元史（卷一百十五，頁一下）謂在辛卯春（哀宗正大八年）；金史（卷十七，頁下下及卷一百十一，頁八上）謂在是年十二月己未初八，西曆1232年一月一日也。

訛可者率敗卒逃出，携震天雷發之，乃得至潼關。金史（卷一百一十一，頁八下）曰：

> 板訛可提敗卒三千奪船走，北兵追及鼓譟北岸上，矢石如雨。數里之外，有戰船橫截之，敗軍不得過。船中有聲火砲名震天雷者連發之，砲火明見北船軍無幾人，力斫橫船開得至潼關。

有的人只知蒙古圍汴時，金人用過震天雷，其實這時候用的很普遍，板訛可河中一役又不過一例耳。十四世紀時，火藥火器初行於歐洲時，史家略不注意，每每不提，恐怕中國史書更有此現象。

金哀宗天興元年（蒙古太宗四年，1232）正月，金軍爲蒙古大敗于三峰山，三月蒙古兵進逼金都開封。金人守城甚力，未得遽爲攻下。其守城器械中有二物，獨爲蒙人所畏。金史（卷一百十三，頁十九上）赤盞合喜傳云：

> 其攻[守]城之具，有火砲名震天雷者，鐵礶盛藥，以火點之，砲起火發，其聲如雷，聞百里外，所爇圍半畝之上。火點著，甲鐵皆透。大兵又爲牛皮洞直至城下掘城，爲龕間可容人，則城上不可奈何矣。人有獻策者，以鐵繩懸震天雷者順城而下，至掘處火發，人與牛皮皆碎迸無迹。

由這個鐵礶子，我們不得不想起大定末年的火罐子，年代相差四十三年，先後容有不同，不過這個鐵礶子恐怕也是由'卷爆'點着。所謂'藥'就指火藥。有百里外之大聲，有半畝以上面積的熱力，尚不能說明有爆炸性，不過能穿透甲鐵，和碎迸人與牛皮無迹，則非有爆炸力相當大的火藥不爲功。又金名儒劉祁當蒙古入圍汴時，其本人在城中目擊其事。故其歸潛志（卷十一，頁三下）亦有所記載：

> 北兵攻城益急，砲飛如雨，用人渾脫或半磨，或半碓，莫能當。城中大砲（一作火炮）號震天雷應之。北兵遇之，火起，亦數人灰死。

觀此，益知金史之'攻'字當作'守'（註一百三十二）字。'火起'是火砲着地後，火藥發作的現象，'數人灰死'是爆炸力的結果。

金史（卷一百二十四，頁十五下）郭蝦蟆傳記金亡後，蒙古太宗八年（1236）郭猶保金蘭定會四州，與蒙古抗。蒙將按竺邇往取之，圍郭于會州，時城中食將盡，蝦蟆度不能支，乃作破釜沉舟之舉。

集州中所有金銀銅鐵雜鑄為砲，以擊攻者。……而大兵亦不能卒拔。

案郭蝦蟆，元史（卷一百二十一，頁十下）按竺邇傳作郭斌。所謂'州'當指會州城，因城已被圍，必不能外出收集金屬。再者會州僻在西陲，人煙稀少，大亂之年必皆逃聚會州，故所謂'州'只當指會州城。所謂'砲'，苦莫能解，可作火砲解，亦可作拋擲解。如是拋擲，則按文中亦自可通，因孤城無備，木石均乏，危急時，不得不將貴重之硬物權充拋擲以擊敵人。如作火砲講，亦無不通，因此時金屬鐵火砲已早盛行。城中乏鐵，將金、銀、銅、鐵雜鑄為砲，亦勢所當然，惜史文不詳耳。不過，金代鐵鑄之震天雷至明嘉靖時尚存人間。何孟春餘冬序錄摘抄外篇（卷五，頁十一下）曰：

春往使陝西，見西安城上舊貯鐵砲曰震天雷者，狀如合椀，頂一孔，僅容指，軍中久不用。余謂此金人守汴之物也。

西安城上存金代藏物甚為可能，不觀今日北方各城上猶有不少之明砲耶？蓋西安，金曰長安，屬京兆府路，為一重鎮（註一百三十三）。此震天雷或是金末抵禦蒙古之物。又鐵火砲之形狀如前所述，有如匏狀者，有如罐形者，亦自不一，此砲如合椀，則又是一形態矣。由此砲之形態，不得不令吾人思及元世祖至元十一年（1274）征日本所用之鐵火砲矣。此砲的圖是在

（註一百三十二）檢金史詳校（卷九，頁十五上）'攻'改作'守'，甚是。

（註一百三十三）金史卷二十六，頁九上。

一幅蒙寇豐來繪詞畫的，此圖是由一個目擊當日戰爭的日本人在至元二十九年(1292)畫的。它好像兩半，一半已炸破，一半尚完好。如兩半完好，合起來，當如'合椀'也（註一百三十四）。

(三) 射擊性的管形火器

蒙古攻汴時，也用過飛火槍。金史（卷一百十三，頁十九上）云：

又飛火槍注藥，以火發之，輒前燒十餘步，人不敢近。大兵惟畏此二物。

哀宗天興二年(1233)，與其精銳之一部忠孝軍逃歸德。以蒙古兵來迫，又欲逃蔡，忠孝軍首領蒲察官奴遂畫斫蒙古營之策。金史（卷一百十六，頁十二）蒲察官奴傳曰：

五月五日祭天，軍中陰備火槍戰具，率忠孝軍四百五十人自南門登舟，由東而北。夜殺外堤邏卒，遂至王家寺。上御北門，繫舟待之，慮不勝，則入徐州而遁。四更接戰，忠孝軍初小却，再進。官奴以小船分軍五七十，出柵外，腹背攻之，持火槍突入。北軍不能支，即大潰，溺水死者凡三千五百餘人，盡焚其柵而還。

案這回斫營却是大勝利，哀宗所以能奔蔡者就因這回蒙古的大潰。官奴雖

(註一百三十四) Carrington goodrich and Fêng Chia-shêng: The Early Development of Fire-arms in China (Isis vol. XXXVI, Pt.2, No.104,PP:103ff,1946)，詳見下。

這篇文章是僅僅一篇節略，沒有把全盤的意思寫出來。而且材料是從1943年蒐集的，到翌年寫起送交Isis雜誌發表，到了1946年才印出來。其後材料屢有增加，而意見也有不少的出入。譬如元史中的'回回砲'，在那時候還跟著傳統的意見跑，但現在因為新材料的增加，不能不變更原來的意思。它決不是管形火器，乃是一種重大的拋石機。又如鐵砲、鐵火砲、火筒、火銃，在形體上的不同，都沒有發揮；火筒、火銃之演變也極麻糊。現在因有新材料，對於這些問題都可迎刃而解了。

跋扈不臣，羅殺身之禍，然以事論事，不得不歸功這回的勇猛。什麼是飛火槍？同書（卷一百十六，頁十二下）有曰：

> 槍制，以勅黃紙十六重爲筒，長二尺許。實以柳灰、鐵滓末、硫黃、砒霜之屬。以繩繫槍端。軍士各懸小鐵罐藏火。臨陣燒之，焰出槍前丈餘，藥盡而筒不損。蓋汴京被攻，已嘗得用，今復用之。

勅黃紙大槪是種厚黃紙，很結實。火槍完全是仿自宋，因爲北方不產竹子，所以拿紙來製筒。火槍的長度恐怕不一致，陳規初創製的很長，到後來就有長短的不同，如張順張貴援襄時所用的恐怕很短，（註一百三十五）或者和金的飛火槍長度相似，但史弼攻揚州受宋騎士火槍之刺，或者很長，並且頭上還有尖形的武器（註一百三十六）。飛火槍才二尺許，也因爲是提取便利，和勅黃紙的材料不易得到，故不得不爾。火藥的成分是：

柳灰[炭]　　鐵滓末　　硫黃　　砒霜

柳灰是柳木燒過後之餘質，恐不盡是灰；如盡是灰，大有所碍，何能助火？又按百衲本之'灰'，殿本作'炭'，施國祁金史詳校未有所說，疑終當作'炭'。柳木炭爲助燃燒最良之炭，製火藥最宜，近代火藥中，據 Charles Bloxam, 猶如是（註一百三十七）。鐵滓末在燃燒上無大作用（註一百三十八），烟火家用以起火花，兵家或用以迷人眼目。硫黃是燃燒性的。砒霜是烈性的毒物，化學上叫三養化砷（As_2O_3）。是用砒石鍊製成的。砒霜甚毒，鍊丹家用以點鑛石成銀及諸物，醫家用以治瘧疾風痰（註一百三十九）。它的

(註一百三十五) 參看上章

(註一百三十六) 元史（卷一百六十二，頁十一下）史弼傳。

(註一百三十七) Chemistry, Inorganic and Organic, P:467.

(註一百三十八) 本草綱目卷八，頁二十九。

(註一百三十九) 重修政和經史證類備用本草卷五，頁八上以下。J. W. Melor: Modern Inorganic Chemistry. London, New York & etc. 1922. pp: 603 ff.

厲害有以下的一段可証：

> 初取飛燒霜時，人在上風十餘丈外立，下風所近草木皆死，又多見以和飯毒鼠，若貓犬食死鼠者亦死。其毒過於射罔遠矣，可不察之。

因爲它這樣有毒，兵家常把它摻入火藥。據說它尙能助爆聲，'烟火家用少許，則爆聲更大，急烈之性可知矣'。（註一百四十）

大概金兵交鋒時，另有兵刃；飛火槍拴一根繩子，或用以掛在腰上，如今日警察的警棍。小鐵鑵大概裝着木炭，以備點槍，可見這時候還未利用香火，或者因爲香易碎歟？一說可前燒'十餘步'，又說'焰出槍前丈餘'，乃因裝藥多寡的不同，非效力之有別也。紙筒子倒看的很貴重，放去火，還希望它不壞，因爲是用'勅黄紙'製的緣故。

嚴格地說起來，上所列的方子，只能說是類似的火藥方子，因爲它沒有硝。雖有砒霜，但能助爆聲，它不是能自動爆炸的。大概因爲筒子是勅黃紙製的，擱上硝難免炸壞，因而代以砒霜。並不是金人沒有硝，或不知硝之功用而不用，試看同時用的震天雷沒有硝，它絕不會有那樣大的爆炸力！

由上看來，金源的火藥，火器是由宋境去的，能跟上宋人的火藥，火器而發展。它的火器也分燃燒性的，爆炸性的，射擊性的三種步趨。火器中若鐵砲，若鐵鑵和意大利的 vasi，法國的 pot de fer（註一百四十一）有相似之點，將來另有討論之必要（註一百四十二）。

(註一百四十)本草綱目卷十，頁二十二。

(註一百四十一) L. Lacabane: De La Pondre à Canon et de Son Introduction en France (Bibliothèque de l'Ecole des Chartes Vevue d'Érudition Consacrée Principalement á l'Étude du Moyen Âge t, I, Ser, 2, P:35; P:37)。擬在書之末一章，把中西的初期火器作一番比較，此處可暫勿論。

(註一百四十二)文中化學名詞，承東北大學教授李荞芋先生給我訂正了一番，李先生是無機化學專家，對火藥問題極有硏究，夏間與談三次，得益良多。

論契丹之選汗大會與帝位繼承

陳　　述

目　　次

一　緒言

二　柴册儀爲八部推選之遺跡

三　官吏世選爲大汗推選之縮影

四　太祖以下汗位繼承之紛爭

　　甲　太祖諸弟之亂

　　乙　所謂扶餘之變

　　丙　讓國皇帝之讓國

　　丁　世宗之繼位及其遇弒

　　戊　穆宗以下之承襲

五　契丹之大汗推選與蒙古之庫里爾台

　　附　契丹之大汗推選與'堯舜禪讓'

六　選汗大會與議政之會

七　結論

一 緒言

通鑑考異廿八阿保機不受代條引漢高祖實錄曰：'（契丹）八部之長，皆號大人，稱刺史，常推一人爲王，建旗鼓以尊之。每三年，第其名以相代。'此段故事，別見於册府元龜卷一千外臣部強盛門，輯本薛史百十三契丹傳。遼史世表亦載之，謂曰：'八部大人，法常三歲代，迭剌部耶律阿保機建旗鼓自爲一部，不肯受代。'歐五代史七三契丹附錄云：

（契丹八部）部之長，號大人，而常推一大人建旗鼓以統八部，至其歲久，或其國有災疾而畜牧衰，則八部聚議，立其次而代之。被代者以爲約本如此，不敢爭。

按此僅稱'八部聚議立其次而代之'，不著'三年之期'。契丹國志則但言'三年一會，於各部內選雄勇有謀者，立之爲王（即大汗），舊主退位，例以爲常'，不言'第名更代'。趙至忠虜廷雜記曰：

凡立王，則衆酋長皆集會議，其有德行功業者立之。或災害不生，羣牧孳盛，人民安堵，則王更不替代。苟不然，其諸酋長會衆部，別選一名爲王。

關於八部推選大汗之史料，已備輯於此。世表史源，多爲南朝記錄，而趙至忠則北人南附者，李燾長編：'仁宗慶曆元年八月乙亥，以契丹歸明人趙英爲洪州觀察推官，賜緋衣銀帶及錢五萬，更名至忠。至忠嘗爲契丹中書舍人，得罪宗眞，挺身來歸，言慶曆以前契丹事甚詳。'王銍默記亦言'趙至忠虜部，自北虜歸朝，嘗仕遼中，爲翰林學士，修國史，著虜廷雜記之類甚多。'至忠事蹟，並見於歐陽修歸田錄，江少虞皇朝類苑，孫升談圃等，皆作'志忠'。虜廷雜記十卷，晁公武郡齋讀書後志著於錄。故至忠所稱，可以代表遼國傳說，今兩相比較，小異而大同，可見大汗推選之事，當爲契丹古史中一段，然治史者尚未予以說明或注意，今細釋遼史，審析其事，參以朔方諸族之習俗，頗得梗概，姑著其略如下：

二 柴冊儀爲大汗推選之遺跡

遼史禮志柴冊儀：

> 擇吉日，前期置柴冊殿及壇，……行再生儀畢，八部之叟，前導後扈，左右扶翼皇帝冊殿之東北隅，拜日畢，乘馬選外戚之老者，御皇帝疾馳，仆御者從者以氈覆之，皇帝詣高阜地，大臣諸部帥，列儀仗遙望以拜。皇帝遣使勑曰：'先帝升遐，有伯叔父兄在，當選賢者，沖人不德，何以爲謀。'羣臣對曰：'臣等以先帝厚恩，陛下明德，咸願盡心，敢有他圖？'皇帝令曰：'必從汝等所願，我將信明賞罰，爾有功，陟而任之，爾有過，黜而棄之，若聽朕命，則當謨之。'僉曰：'惟帝命是從！'皇帝於所識之地，封土石以誌之，遂行拜先帝御容，宴餉羣臣。翼日，皇帝出冊殿，護衛太保扶翼升壇，奉七廟神主，置龍文方茵，北南府宰相率羣臣圜立之，各舉氈邊贊祝訖，樞密使奉玉寶玉冊入，有司讀冊訖，樞密使稱尊號以進，羣臣三稱萬歲，皆拜，宰相北南院大王諸部帥進赭白羊各一羣。

又禮志稱柴冊儀爲阻午可汗所製，而遙輦時代，已有行用此儀之記事，是此儀爲舊俗甚明。考此種儀式之情節及問答之言語，似當源於古八部推選大汗之舊軌而加以文飾損益者。關於此段儀節，別見於燕北錄，所記更爲質實，茲迻錄其文於次，用資比較。

> 清寧四年戊戌歲，十月二十三日，戎主一行，起離轉甸往西北約二百七十餘里，地名永興甸，行柴冊之禮。於十月一日先到小禁

圍內、宿泊。二日，先於契丹官內揀選九人，與戎主身材一般大小者，各賜戎主所著衣服一套，令結束，九人假作戎主，不許別人知覺，於當夜子時，與戎主共十八相離出小禁圍入大禁圍內，分頭各入一帳，每帳內只有蠟燭一條，椅子一支，並無一人，於三日辰時，每帳前有契丹大人一員，各自入帳列何骨膳，（原注：漢語，捉認天子也。）若捉認得戎主者，宣賜牛羊駝馬各一千。當日宋國大王（戎主親弟），於第八帳內捉認得戎主，番儀須得言道：'我不是的皇帝'，其宋國大王卻言道：'你的是皇帝'，如此往來番語凡三徧，戎主方始言道：'是便是'。出帳來，著箱內番儀衣服，畢，次第行禮，先望日四拜，次拜七祖殿，次拜木葉山神，次拜金神，次拜太后，次拜赤孃子，次拜七祖睿屬，次上柴籠受册，次如黑龍殿受賀。

此次爲道宗行柴册之禮，所記言語，皆直譯番言，如'我不是的皇帝'等句子。可見此儀爲舊俗，亦見記錄之眞確。禮志所載，如尙書典謨之言者，乃史家改潤。就禮志'七廟神主'之言看，當亦道宗時事，似卽約燕北記而修。李燾長編引仁宗實錄於隆緒歿後云：'凡受册，積柴升其上，大會番人其下，已乃燔柴告天，而漢人不得預。'柴册之儀，固契丹之大典也。遙輦時，爲夷離堇者卽行之。遼史轄底傳：'遙輦痕德堇可汗時，異母兄罨古只爲迭剌部夷離堇，故事：爲夷離堇者得行再生禮，罨古只方就帳易服，轄底遂取紅袍貂蟬冠，乘白馬而出，乃令黨人大呼曰："夷離堇出矣！"衆皆羅拜，因行柴册禮，自立爲夷離堇。'夷離堇後改稱大王，卽一部之首領。轄底謀爲夷離堇，必先設計行柴册，因行柴册之後，始爲公認之夷離堇也。遼朝列帝，除於穆紀景紀未見外，皆曾行此禮。考道宗此次行禮之後，五年，卽淸寧九年，而有重元之亂。重元亦有競爭大汗資格者，其事別詳，今就此段柴册之史蹟，舉其要點：

(一)九人假作戎主，不許別人知覺。

(二)問答言語及三讓從之之情節。

(三)承認之後便出帳著番儀衣服，次第拜奠。

以上三點，其造作曲折，並足見於舊傳之大汗推舉，有因襲之跡，參以契丹宮廷，(帳)仍多存有其他舊俗，則此說益覺可信。通鑑梁中大通四年載：'(魏)孝武帝即位於東郊之外，用代都舊制，以黑氈蒙七人，歡居其一，帝於氈上西向拜天畢，入御太極殿。'是拓拔舊制，亦有捉認天子之事。其捉認之法，亦以天子混入而捉認之，同於契丹之'何列骨臘'。頗疑此種辦法，爲北族舊有之俗，而此俗之所以流行，又必有其史實之依據，即以推選大汗爲背景者。

三　官吏世選爲推選大汗之縮影

世選之法，爲契丹舊俗，趙翼廿二史劄記廿七有遼官世選之例一條，其言云：

> 遼官功臣無世襲，而有世選之例。蓋世襲則聽其子孫自爲承襲，世選則於其子孫內量材授之。興宗詔世選之官，從各部耆舊擇賢能者用之是也。其高下亦有等差，外戚表序云：'后族蕭氏，世預北宰相之選。'按遼本紀，太祖四年以后兄蕭達魯爲北府宰相，后族爲相自此始，然蕭塔喇噶傳，其祖當安祿山來攻時，戰敗之，爲北府宰相世預其選。則世選官本契丹舊制，不自遼太祖始也。

世選之法，施用頗久，其範圍亦甚寬，凡握軍政柄者，如夷離菫，北南宰相，節度使等皆以世選之法行之。膺選之人，亦例經愼擇，如聖宗紀：'太平八年十二月丁丑，詔廡肇雖已爲良，不得預世選。'可見愼重之一斑。又道宗淸寧二年正月乙巳，詔世預宰相節度使之選者，免皮室軍。並見道宗紀及部族表，亦足證寵遇與重視。今論官吏世選，爲推選大汗之縮影者，其憑依有二：

一曰世選之方法，即選賢而有界限，正與大賀以來之選汗相同。蓋阿保機以前諸大汗，皆遙輦一氏，遙輦以前，則僅大賀一氏，並無別部代替之跡，已非'第名更代'之簡單，正如選求官吏而有其界限。報功恩寵之世官，仍寓選賢舉能之深意，故大賀以來之大汗推選，可謂曰世選之一，亦可謂曰官吏世選之所源。要之同爲選求賢才，惟一則用之總理全國，一則用之治理一部或某事耳。

二曰世選之官目，如蕭敵魯世爲決獄官，即用此法，姑綴論。夷離堇，實一部之長，北南宰相亦可謂曰大首領，乃並用此法，所謂大汗者，即此諸首領中之首領，兩者區別，愈後愈多，始則大略相同，故大汗推選，亦可擬曰世選。

此就精神與形式兩方面言之，世選官吏，實與推舉大汗相同，所謂具體而微者也。

四　太祖以下汗位繼承之紛爭

遼史七二喜隱傳論曰：'自太祖之世，刺葛安端，首倡禍亂，太祖旣不之誅，又復用之，固爲有君人之量，然惟太祖之才，足以駕馭，庶乎其可也。李胡而下，宗王反側，無代無之，遼之內難，與國始終，厥後嗣君，雖嚴法以繩之，卒不可止。'此種事實，雖爲元人撰史時所見，然何以有此事實，則未有解釋，今試一一分論之：

　　甲　太祖諸弟之亂

遼史太祖紀：

論契丹之選汗大會與帝位繼承

> 太祖五年五月，皇弟剌葛迭剌寅底石安端謀反。安端妻粘睦姑知之，以告得實，上不忍加誅，召與諸弟登山刑牲，告天地為誓，而赦其罪。出剌葛為迭剌部夷離堇，封粘睦姑為晉國夫人。

關於此次叛亂，轄底亦為重要人物。轄底傳云：

> 轄底誘剌葛等亂，……為追兵所獲，太祖問曰：'朕初即位，嘗以國讓，叔父辭之，今反欲立吾弟，何也？'轄底對曰：'始臣不知天子之貴，及陛下即位，衛從甚嚴，與凡庶不同，臣嘗奏事心動，始有窺覦之意，……事若成，豈容諸弟乎。'

就轄底之言，特取剌葛以為先驅，其意殆不在剌葛。按轄底則已曾為夷離堇者，與太祖同具大汗之資格。再檢剌葛原為惕隱，（見二年正月，作撒剌。）惕隱、志稱典宗室之司，即管理本族。迭剌部夷離堇，為太祖稱帝以前之職位，視惕隱之權勢大。紀言出剌葛者，蓋史家之詞，實則易為崇位以安之。既言為亂，又升尊官，何也？

太祖紀云：

> 太祖六年十月戊寅，剌葛破平州還，復與迭剌、寅底石、安端等反，……諸弟各遣人謝罪，上猶矜憐，許以自新。
>
> 七年三月剌葛引其眾至乙室堇淀，具天子旗鼓，將自立，……上以兵追之，剌葛遣其黨寅底石引兵徑趨行宮，焚其輜重，縱兵大殺，皇后急遣蜀魯古救之，僅得天子旗鼓而已，其黨神速姑復刦西樓，焚明王樓，……命北宰相迪里古為先鋒，進擊之，剌葛率兵逆戰，……伏發，合擊，遂大破之，剌葛奔潰，遺其所奪神帳於路，上見而拜奠之。……五月甲寅，奏擒剌葛。

檢此事凡三起三伏，歷時週二年，史稱此事之聲勢及社會上所受之影響，至'斃馬駒，採野菜以為食，孳畜道斃者十七八，物價十倍。'剌葛以皇弟之親，何故屢起謀反，而諸弟又黨附之，此中必有緣故。尤有可注意者，即剌葛至乙室堇淀，具天子旗鼓，及剌葛奔潰，遺其所奪神帳於路，上見而拜奠之。是神帳在契丹部衆中，殆有相當之信仰。而剌葛具天子旗鼓，有諸弟之黨附，似非單純之叛逆。即以叛逆言，亦必有其號召之理由或藉口，頗疑其爲舊俗所允許，即剌葛爲更代之新汗也。由另一面言，剌葛等之所爲，乃是一種護法（舊俗）運動，試舉三事以推釋之：

(一)夷離堇即一部之首領，太祖以迭剌部夷離堇而爲大汗，轄底剌葛皆曾爲迭剌部夷離堇者，亦即皆有被推或奪取大汗之條件。

(二)契丹之俗，最重旗鼓，歐五代史七二附錄云：'(八)部之長號大人，而常推一大人，建旗鼓以統八部。'通鑑考異引漢高祖實錄云：'(契丹)常推一人爲主，建旗鼓以尊之。'又稱漢高祖實錄與唐餘錄皆曰：'阿保機恃勇拒諸族不受代，後諸部邀之，請用舊制，阿保機不得已傳旗鼓。'此言所傳之旗鼓，與剌葛所具之天子旗鼓，當皆大汗之旗鼓。儀衛志亦稱：'遙輦末主遺制，迎十二神纛天子旗鼓，置太祖帳前。諸弟剌葛等叛，勻德實縱火焚行宮，皇后命曷古魯救之，止得天子旗鼓。太宗即位，置旗鼓神纛於殿前。'是剌葛之旗鼓，顯然爲大汗儀仗。

(三)自剌葛就擒之後，餘黨分別施以誅戮，直至八年七月，有司上諸族帳與謀逆者二百餘人罪狀，皆棄市。次年二月，羣臣即上尊號曰'大聖大明天皇帝'，后曰'應天大明地皇后'，大赦，建元神册。尊號建元，顯爲剷除守舊的反對派之後，一新耳目之舉。

凡此三點，足見剌葛之亂，當於叛亂以外求解釋。蓋阿保機以一世雄傑，得以利用草原特區即外緣之新區域，使迭剌之部，凌壓遙輦，即由遙輦之屬，漸而強弱異勢。故阿保機已爲契丹實際上之首領，惟各部尚安於舊習，不能帖然就範。及統一內部之後，次年即用漢法稱帝建元，阿保機先以草原特區，統一草原，進而混合大唐特區，（說詳阿保機建國之基礎。）其術則吸收漢人漢城以爲頭下城，漸次強大。漢人勸其不受代，即背棄舊俗，阿保機遂長任大汗，削平覬覦，故太祖神册建元，不論其爲欽慕漢風而長據帝位，抑或戀据汗位而緣飾漢俗，而剌葛等之亂，謂爲擁護舊俗者，即大汗更代，似無何滯碍。至剌葛之所以得護法或擁護舊俗，又以實力雄厚之迭剌部爲支持也。

乙　所謂扶餘之變

太祖紀贊曰：

　　周公誅管蔡，人未有非之者，剌葛安端之亂，太祖既貸其死而復
　　用之，非人君之度乎！舊史扶餘之變，亦異矣夫！

按此云舊史，當指陳大任遼史或耶律儼實錄而言。元人撰史，不信舊說，今就元人所修之史求之，固不能見扶餘事件之詳，然有可疑之線索。剌葛爲亂首，而遼史無剌葛傳，從剌葛者有寅底石安端等，調處其間者，則有南府宰相蘇，今檢太祖紀：

　　天顯元年七月庚午，東丹王左大相迭剌卒。

　　　　　　甲戌，次扶餘城，上不豫，辛巳，上崩，年五十五。

　　九月壬戌，南府宰相蘇薨。

檢此段經過，其可異者，爲弟兄三人，何以同死於百日之內？

又皇子表載：

　　太祖遺詔以寅底石守太師政事令，輔東丹王，淳欽皇后遣司徒劃沙
　　殺於路。

通鑑天成元年八月，記'阿保機崩於扶餘，述律后使少子安端少君守東丹王。'執此兩條合讀，似是去彼用此。其實不然，太祖並未命被殺之寅底石，受遺命者爲寅底哂，羽之小字也。撰史者以同名而誤，被殺之寅底石，乃太祖之弟，曾預剌葛之亂者，故在此段經過內，可異者，爲隨太祖崩殂之後，寅底石即被殺。

宏簡錄云：

> 太祖崩，后恚，召從行將帥等妻謂曰：'我今爲寡婦，汝等豈宜有夫。'因殺大將百餘人，曰：'可往從先帝於地下。'左右有過者，亦多殺於墓隧中。因事怒趙思溫，使送木葉山，不肯行，責之，對曰：'親莫若后，何乃不行？'乃斷一腕納壙中而釋思溫不殺。

考此段記載，實源於歐五代史七三契丹附錄，並見於契丹國志。遼史淳欽皇后傳與地理志亦記其斷腕納柩中，但不及趙思溫。此事姑以傳說視之，其必與寅底石之被殺有關，而被殺者，非寅底石一人，亦可想見，今審析此事，有可注意者兩點：

(一)述律以太祖崩殂，遂令從行大將之妻皆陪同守寡，而殺諸將於太祖墓，此舉實不近情理。即令有殉葬之俗，亦不能用許多大將爲殉葬。蓋旣云大將，其關係軍國部族者可知，故殺諸將之事，必不因求諸將之妻陪同守寡，而當另有原故。

(二)趙思溫抗辯不從，述律反斷己腕而釋思溫，亦爲情理所不許，仍當別求解說。

死於太祖之前者爲迭剌，死於太祖之後者爲蘇寅底石等，皆在征東期間，今不敢以游離漠糊之詞，以斷'扶餘之變'爲有，然此種種疑竇，至足耐人尋思。此是諸弟亂後一餘波，請再論東丹之讓國。

丙　讓國皇帝之讓國

遼史義宗傳云：

> 倍知皇太后意欲立德光，乃謂公卿曰：'大元帥功德及人神，中外攸屬，宜主社稷。'乃與羣臣請於太后而讓位焉。於是大元帥即皇帝位，是爲太宗，太宗旣立，見疑，……又置衛士，陰伺動靜，……倍因畋海上，……立木海上，刻詩曰：'小山壓大山，

大山全無力，羞見故鄉人，從此投外國。'携高美人載書浮海而去。……唐以天子儀衞迎倍。（故鄉，秘漢紀聞作當鄉。）

遼史太宗紀：

天顯元年七月，太祖崩，皇后攝軍國事。明年秋，治祖陵畢，冬十一月壬戌，人皇王倍率羣臣請於皇后曰：'皇子大元帥勳望，中外攸屬，宜承大統。'后從之。是日即皇帝位，……丙寅，行柴册禮，十二月辛巳，諸道將士辭歸鎮。

五年二月丙辰，上與人皇王朝皇太后，太后以皆工書，命書於前以觀之。辛酉，召羣臣議軍國事。三月乙酉，宴人皇王僚屬於便殿。四月乙未，詔人皇王先赴祖陵，謁太祖廟。丙辰，會祖陵，人皇王歸國。九月巳卯，詔舍利普寧撫諭人皇王。庚辰，詔置人皇王儀衞。十一月戊寅，東丹奏，人皇王赴海適唐。

此遼史所記前後之經過。就此記載，已覺其非讓國之美。若從旁求之，將益見其不然。通鑑二七七云：'契丹東丹王突欲，自以失職，率部曲四十人赴海，自登州來奔。'通鑑又記'述律后愛中子德光，欲立之，命與突欲俱乘馬立帳前，謂諸臣曰："二子吾皆愛之，莫知所立，汝曹擇可立者，執其轡。"諸臣知其意，爭執德光轡，遂立之。'是則太宗之立，記載之表面，爲承遼后旨，實際上，仍繫於諸首領（即羣臣）之執轡。此種辦法，就漢俗言爲擇立，若就契丹本俗論，即一種推選，亦即八部推選遺存之舊規。自天顯元年十一月，太宗即皇帝位，行柴册禮之後，歷四年至天顯五年二月丙辰，上與人皇王朝皇太后，太后以皆工書，命書於前以觀之。辛酉，召羣臣議軍事。三月乙亥，册皇弟李胡爲壽昌皇太弟（弟原誤作子依本傳及皇子表改正）兼天下兵馬大元帥。十一月，人皇王赴海適唐。按此召羣臣議軍國大事之時，亦略當古俗更替之期，頗疑此次議會，即以大汗爲主題，最低亦必涉及大汗之事。皇太弟之號，乃自晉惠帝立成都王穎以來之故事，即兄終弟及之意。李唐一代，武宗昭宗並以皇太弟繼位。太弟之號，不可忽視，故册李胡為皇太弟兼天下兵馬大元帥，即候補大汗。人皇王為欽慕漢俗者，故不得不去國南逃矣。遼史所云人皇王倍率羣臣請於后而立之，似非事實，而為潤飾之語。夷齊佳話，突欲或能知之，惟避位引退，則非效夷齊之盛，乃因舊俗之限制。故太宗即位四年之後，又同朝皇太后，召羣臣會議。及夫會後失敗，必感覺煩悶，遂有儀衞之設置，亦即監視之意，故只有自嘆'大山全無力'，而不能不投外國矣。契丹國志云：

> 德光旣立，突欲慍，率數百騎欲奔唐，為邏者所遇，述律后不罪，遣歸東丹。

是突欲先已有奔唐之事。今跡其前後，殆不能率羣臣而請於后，縱令請於后，亦為被舊俗之迫，而非甘願，可以斷言，未可譽為漢人文化所謂讓國之美也。（自然，中原古史所傳之讓國，亦未必是真讓國。）通鑑考異云：

> 實錄：'阿保機妻令元帥太子往渤海，代慕華歸西樓，欲立為契丹王，而元帥太子旣典兵柄，不欲之渤海，遂自立為契丹王，謀害慕華，其母不能止，慕華懼，遂航海內附。'按天皇王入汴，猶求害東丹者誅之。豈有在國欲殺之理？今不取。

按温公以太宗曾誅害東丹之人，即斷其不能在國欲殺之一點，其依據之薄弱，可不待辨。且誤太宗為天皇王，幸留實錄之文，得令後人稍窺其影迹，故温公之論雖未愜，（蓋囿於漢文化之成見）而其消息仍藉温公以傳也。實錄所記，乍見之，似與前言推舉相矛盾，實則相映為證，益見其事之真。因此種推舉，亦皆以武力為後盾，觀於蒙古選汗之庫里爾台，蓋可知矣。遼史耶律安搏傳曰：

> 父迭里……太祖崩，淳欽皇后稱制，欲以大元帥嗣位。迭里建言帝位宜先嫡長，今東丹赴朝當立。由是忤旨，以黨附東丹王，詔下獄訊鞫，加以炮烙，不服，殺之藉其家。

是黨突欲者，猶不免刑戮，況突欲乎？或曰，突欲旣被迫奔唐，黨突欲者尙不免刑戮，何突欲子兀欲仍留契丹？似有讓國之意。曰，是不然，德光之被選與突欲之落選，衡以舊俗，其事甚平常。卽令突欲代德光爲大汗，而突欲以後之大汗，亦非必父子傳襲。反之，德光以後之大汗，兀欲仍有資格或機會，故突欲奔唐，而兀欲仍得不奔，未足證爲漢人文化讓國之美也。

丁　世宗之繼位及其遇弑

通鑑後漢高祖十二年稱：'契丹主每謂晉臣曰："中國事，我皆知之，吾國事，汝曹不知也。"'胡注論之曰：

> 契丹主自謂周防之密，以誇晉臣，然東丹之來，已胎兀欲謀國之禍，雖甚愚者知之，而契丹主不知也。

身之之看法，殆以父被排擠去國，子必起而報復。此點實甚重要，然未注意契丹之俗，非必父子傳襲，否則兀欲不能於突欲奔唐之後，仍留契丹，更不能從征握兵柄也。遼史世宗紀：

> 大同元年四月丁丑，太宗崩於欒城。戊寅，次鎭陽，卽皇帝位於柩前，太后聞帝卽位，遣太弟李胡率兵拒之。六月甲寅朔，次南京，五院夷離菫安端詳隱劉哥遣人馳報，請爲前鋒，至泰德泉，遇李胡軍，戰敗之。閏七月，次潢河，太后李胡整兵拒於橫渡，相持數日，用屋質之謀，各罷兵趨上京，旣而聞太后李胡復有異謀，遷於祖州，九月，葬嗣聖皇帝於懷陵。丁卯，行柴册禮，羣臣上尊號曰天授皇帝。

此兀欲繼位之大概經過。又章肅皇帝傳云：

> 世宗卽位鎭陽，太后怒，遣李胡將兵擊之，至泰德泉，爲安端劉哥所敗，太后與世宗隔潢河而陣，各言舉兵意，耶律屋質入見太后曰：'主上已立，宜許之。'時李胡在側，作色曰：'我在兀欲

安得立。'屋質曰：'奈公酷暴失人心何？'太后顧李胡曰：'我非不欲立汝，汝自不能矣。'及會議，世宗始解劍而言和。約旣定，趨上京，會有告李胡與太后謀廢立者，徙李胡於祖州，禁其出入。

此言會議，乃議和之會，亦即推選之會也。惟是此等推選會議，漸漸失去原相，所存者不過其殘形或變相之殘形而已。

耶律屋質傳曰：

太宗崩，諸大臣立世宗。

諸大臣者，即諸大首領也。耶律安摶傳所記較詳，其言曰：

諸將欲立世宗，以李胡及壽安王在朝，猶豫未決，時安摶直宿衛，世宗密詔問計，安摶曰：'大王聰安寬恕，人皇王之嫡長，先帝雖有壽安，天下屬意，多在大王，今若不斷，後悔無及。'會有自京師來者，安摶詐以李胡死傳報，軍中皆以爲信，於是安摶詣北南二王計之，北院大王洼聞而遽起曰：'吾二人方議此事，先帝之意，嘗欲以永康王爲儲貳，今日之事，有我輩在，孰敢不從！但恐不白太后而立，爲國啟釁。'安摶對曰：'大王旣知先帝欲以永康爲儲副，況永康賢明，人心樂附，……若白太后，必立李胡，且李胡殘暴，行路共知，果嗣位，如社稷何？'南院大王吼言曰：'此言是也，吾計決矣。'乃整軍召諸將，奉世宗即位。

耶律吼傳亦記吼謂宜立永康王，洼然之，會耶律安摶來，意與吼合，遂定議云云，洼傳亦記之。蓋太宗傾國南犯，兀欲與諸大首領皆從征，太宗崩於軍次，諸大首領，遂共推兀欲即世宗。此種推選，若就契丹舊俗說，亦可謂曰八部推選之遺。李胡與壽安，皆落選之候選者，北南大王等，即諸部首領也。

太后李胡之舉兵，與剌葛之亂，其事略同。前後參照，益令人不能不信其傳襲間之保有舊俗也。通鑑記此事云：

> 契丹主兀欲，以契丹主德光有子在國，已以兄子襲位，又無述律太后之命，擅自立，內不自安。初契丹主阿保機卒於渤海，述律太后殺酋長及諸將幾數百人，契丹主德光，復卒於境外，酋長諸將懼死，乃謀奉契丹主兀欲，勒兵北歸，……契丹主喪至國，述律太后不哭，曰：'待諸部寧壹如故，則葬汝矣。'

此言德光有兄子在國，已以兄子襲位，皆溫公以漢人之心，度契丹之事，因起兵相爭者，非德光之子，亦非為德光有子也。其值注意者，則言'諸部寧一'一點，蓋世宗此舉，尚未能經過正當手續之承認，未必為諸部所同意。通鑑又云：

> 述律太后聞契丹主自立，大怒，發兵拒之。契丹主以偉王為前鋒，相遇於石橋，……太后兵大敗，契丹主幽太后於阿保機墓。

述律太后為不贊同世宗者，故兵敗被囚。遼史察割傳云：

> 世宗即位鎮陽，太后命太弟李胡逆拒，安端聞之，欲持兩端，子察割說之，乃與侄劉哥定計附世宗。

安端即通鑑所記之偉王，兀欲先鋒也。尚先有兩端之見，此種側面消息，可以透露契丹人心目中之大汗繼承，殆不同於漢俗之立長立嫡。歐五代史七三契丹附錄云：

> 德光死欒城，兀欲與趙延壽及諸大將等俱入鎮州，延壽自稱權知軍國事，遣人求鎮州管鑰于兀欲，兀欲不與，延壽左右曰：'契丹大人，聚而謀者洶洶……必有變，宜備之。'

此言世宗即位之前，已有契丹大人相聚謀，當即指准吼安搏屋質等之計議，亦即非正式(或預備)之推選會議，特此參預聚謀之契丹大人，非諸首領之全體，故而諸部未寧一。李胡舉兵，猶突欲之奔唐，因突欲擁書萬卷，只有嘆'大山無力'以爲流亡天子，李胡有兵，故能舉事也。以上論世宗繼位，已見舊俗選汗之遺痕，茲再論其遇弒之經過。

世宗紀：

> 天祿五年九月庚申朔，自將南伐。壬戌次歸化州祥古山，……察割反，帝遇弒。

察割傳云：

> 帝伐周，至詳古山(即本紀之祥古山)太后與帝祭文獻皇帝於行宮，羣臣皆醉，察割歸見壽安王，邀與語，王弗聽，察割以謀告耶律盆都，盆都從之，是夕同率兵入弒太后及帝，因僭號位……(察割之)妻曰：'壽安王屋質在，吾屬無噍類……'察割曰：'壽安年幼，屋質不過引數奴，詰旦來朝，固不足憂。'其黨矧斯報壽安屋質引兵圍於外，察割倉惶出陣，壽安遣人諭曰：'汝等旣行弒逆，復將若何？'有夷離堇劃者委兵歸壽安王，餘衆望之，徐徐而往。察割知其不濟，乃繫羣官家屬，執弓矢脅曰：'無過殺此曹爾。'叱令速出。時林牙耶律敵獵亦在繫中，進曰：'不有所廢，壽安王何以興，藉此爲詞，猶可以免。'察割曰：'誠如公言，誰能使者？'敵獵請於罨撒葛，同往說之，察割從其計，壽安復令敵獵誘察割，戮殺之。

此反變之察割，即前說其父安端以附世宗者。察割舉事之前，曾先歸見壽安王，邀與語，王弗從，而以謀告盆都，盆都從之，始行弒以僭位。則察割向壽安所言者或爲擁立壽安，未可知也。迨夫察割失勢，林牙敵獵之計曰：'不有所廢，壽安王何以興'，足見在當日之實力以及一般人心中，壽安王迨爲世宗以外最適當之人選，故世宗即位之前，壽安李胡世宗三人同有大汗資格或機會，而世宗膺選，迨世宗遇弒，壽安遂得以候選人而補其缺。此壽安王者，即(太宗長子)繼承世宗之穆宗也。

戊　穆宗以下之承襲

世宗以後爲穆宗，繼穆宗者爲景宗。世穆景三帝，究其系出，頗可玩味。

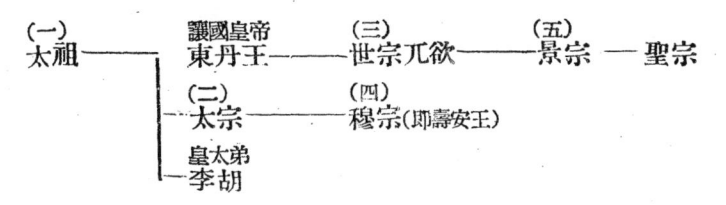

```
(一)         讓國皇帝      (三)         (五)
太祖────┬──東丹王──── 世宗兀欲────景宗 ── 聖宗
        │  (二)         (四)
        ├──太宗────── 穆宗(即壽安王)
        │
        │  皇太弟
        └──李胡
```

太祖以下之四帝，乃竟輾轉於兩支。可見前論此種繼承，亦爲推選而有界限，其說蓋可相信。茲再就其實際言之：

遼史穆宗紀：

> 天祿五年九月癸亥，世宗遇害，逆臣察割等伏誅。丁卯，即皇帝位，羣臣上尊號曰天順皇帝，改元應曆。十一月乙亥，詔朝會依嗣聖皇帝故事，用漢禮。
>
> 二年正月，太尉忽古質謀逆伏誅。六月國舅政事令蕭眉古得宣政殿學士李澣等謀南奔，事覺，詔暴其罪。秋七月政事令嬰國林牙敵烈侍中神都郎君海里等謀亂，就執。八月眉古得嬰國等伏誅，杖李澣而釋之。
>
> 十九年三月，近侍小哥盥人花哥庖人辛古等六人反，帝遇弒。

穆宗紀爲遼史本紀殘闕最甚之一卷。忽古質眉古得嬰國等之伏誅，不得其詳細之罪狀，然稱曰謀亂造反，又應曆三年十月，李胡子宛郎君嵇幹敵烈謀反，事覺，辭逮太平王罨撒葛林牙華割郎君新羅等。四年正月，華割嵇幹等伏誅，宛及罨撒葛皆釋之，宛爲李胡之子，罨撒葛爲太宗第二子。皆是橫帳貴冑。耶律安搏傳曰：『穆宗即位，以立世宗之故，不復委用。』此亦少露其消息。景宗紀云：

> 景宗、世宗皇帝第二子，……旣長，穆宗酗酒怠政，帝一日與韓匡嗣語及時事，耶律賢適止之，帝悟，不復言。應曆十九年，二

月戊辰，入見，穆宗曰：'吾兒今已成人，可付以政。'己巳，穆宗遇弒，帝率飛龍使女里，侍中蕭思溫南院樞密使高勳率甲騎千人馳赴，黎明，至行在，哭之慟，羣臣勸進，遂即皇帝位於柩前。

按景宗與韓匡嗣所語之時事，耶律賢適止之，景宗悟，不復言。則景宗之言，必爲不滿穆宗之語，可以推知。而穆宗即位，詔朝會依嗣聖皇帝故事，即依其父之道，世宗之朝，封人皇王曰'讓國皇帝'，此固出於人子之孝思，亦具見兩系之自相崇樹。宣府鎮志記古蹟'御莊'云：

耶律賢因父遇害，淪落民間，居處於此，逮穆宗受禍，國人訪賢立爲國主，作宮室於舊居之地，號曰'御莊'。

此記景宗之淪落民間，訪之立爲國主，與遼史本紀所載穆宗之言，吾兒已成人，可付以政，或爲世俗所傳訛，或爲史臣之補足，其可信之程度不大。惟穆宗遇害，立賢（景宗）繼承大位，確係事實。此段史實，果是如何演出，未必悉如本紀所記。李燾長編開寶二年：

是歲契丹主述律爲帳下所殺，……諡穆宗，……諸部首領迎立明記（景宗）。

諸部首領迎立明記，亦可比於推選。膺選之新汗，仍是世宗之子，此亦見比大汗繼承爲一種世選之說，尚不誣也。景宗紀保寧元年三月丙戌，太平王罨撒葛亡入沙陀。己丑，夷離畢粘木衮以陰附罨撒葛伏誅，既而罨撒葛入朝，遂進封爲齊王，罨撒葛爲太宗次子，穆宗即位之時，已有所動，故此次之逃亡與來歸，必與競爭大位有關也。因彼擁有雄厚之武力。薨後其妃所謂齊妃者、尚統其兵屯臚駒兒河，以捍韃靼。

聖宗以景宗長子，繼承大位，在位四十九年，爲大遼一代全盛之朝，曩以爲景宗與宋通和，多受漢化，薰淘習染，於是立嫡立長之法，亦行於契丹之朝矣。通檢聖宗本紀，亦無爭奪大位之事。其實不然，蓋聖宗雖以景宗長子繼承大位，然其傳襲時之不固定，亦不減於前此諸大汗。

契丹國志耶律隆運傳云：

> 隆運自在景宗朝，決翼庶政，帝后年少，有辟陽之幸。景宗疾亟，隆運不俟召，密召其親屬等十餘人并赴行帳，時諸王宗室二百餘人，擁兵握政，徧布朝廷。后當朝雖久，然少姻戚援助，諸皇子幼穉，內外震恐，隆運請於后，易置大臣，敕諸王各歸第，不得私相謙會，隨機應變，奪其兵權。時趙王等俱在上京，隆運奏召其妻子赴闕，景宗崩，事出倉卒，布置已定，乃集番漢臣僚，立梁王隆緒爲皇帝。帝以隆運輔翼功，前後少比，乃賜鐵券誓文。……又以隆運一族，附籍橫帳，列於景宗廟位，……改封晉王，左右護衞特置百人。北法：護衞，惟國主有之，帝以隆運勳大恩數優渥。……

按此云'景宗疾亟之時，隆運請易置大臣，敕諸王各歸第，不得私相謙會，隨機應變，奪其兵權。'具見事前之籌措，'私相謙會'可謂諸王即諸首領之預備會議或交換意見。'景宗崩布置已定'則爲隆運之廟謀成功。按耶律隆運即韓德讓，以漢人之身，立契丹之朝，旣賜姓耶律，又附籍橫帳，鐵券誓文，恩禮優渥，知其非有絕大功勳，固不足以臻此。遼史本傳僅著'景宗疾大漸與耶律斜軫俱受顧命，立梁王爲帝'語，而斜軫傳且不及顧命之事，於是知當日之史實，經史臣之刪削文飾，已是面目迴殊，此特就其前後關係及遺傳於南朝者，審思參証，僅得其概，無怪後之史家對於契丹史事之不明白也。

聖宗之後，由興宗而道宗而天祚，對於大位繼承，皆非平靜固定，別詳遼季黨爭篇。

五　契丹之大汗推選與蒙古之庫里爾台

庫里爾台為蒙古之選汗盛會，讀史者習知其事。秘史蒙文續集，有'也客忽哩勒塔''也客'此言大也，'忽哩勒塔'即庫里爾台，此言集會也。日本箭內亘撰蒙古庫里爾台之研究，凡集中西史料論證其事，結論有云：

> 庫里爾台者，乃定蒙古君主時，欲避有權力者之獨斷，而委以多數人之選擇，冀棄一人之私情，而遵天下之公論，不承認所謂父子世襲或長子相續之制者也。……此種選擇制度，果為原始國家所固有之者否，雖不可知，但徵於合不勒以來之事實，被擬為皇帝者，必為蒙古之皇族，未聞指一牧羊者、牧馬者、為蓋世英雄者，且以由前君主諸子中，認是最適當而選舉之為慣例，蓋以一定之門閥為條件外，全以人物為本位，故被選為蒙古君主者，必為蒙古王公中最有力者。

按蒙古選汗之集會，因現所存史料，較為完備，箭內之議論，大體與事實符合。惟未深切明瞭此制度之淵源與精神，是為遺憾。蓋蒙古庫里爾台之選汗，猶契丹之八部推選也。蒙古怯薛猶契丹之世選官吏也。趙翼遼官世選之例末云：

> 按遼之世選官，與元時四怯薛相同，如木華黎子安童哈剌哈孫累世皆為宰相，阿魯圖自言：'我博爾木後裔，豈以丞相為難得耶！'

> 是元時丞相，多取怯薛之家，與遼之世選宰相，大略相同也。

世選官吏，為推選大汗之縮影，元代丞相之選自怯薛，可謂為庫里爾台之具體而微者。元姚燧牧菴集廿四譚公神道碑云：

> 國初為制，皆世其官，父死子繼，兄終弟及，或父兄存將傳子弟者亦惟命。

是則元初之世官，本有兄終弟及之法，不專父子傳繼一端，亦可謂曰世選。蒙古之庫里爾台於選汗外，如對外之交戰，亦爲會中之討論項目，契丹亦同此例，將於此節論之。蓋契丹蒙古，初皆草居野處，當其氏族社會之時代，一切簡質，族長首領，其共主之地位，亦不甚重，故由八部共推或即第名更代，皆有可能。迨由簡而繁，即由氏族進爲部落社會，已不能八部共推，無所軒輊。及由部落漸漸進入國家，則強弱兼併之意更顯，而大汗自不能第名更代矣。契丹自大賀遙輦以至耶律。蒙古自俺巴孩以下，皆略當於此階段，故由各部共推而有限制，即各部中最強大之一部，或即由其所服屬之各部首領爲推選者，而候選者則不能屬於弱小之部。遼自阿保機以至聖宗（或遼末），元自世祖以至元末，則皆緣飾舊俗以牽合漢法，故雖父子繼承，仍不能悉脫於舊俗痕跡。此後進民族之追逐漢化；兩種文化羼合之遺跡也。惟元以幅員之遼闊，故元初於舊之庫里爾台，因實際關係，不能不有所增益，即更加完密，其後始行漢化，遼則於舊傳集會，未須廣大增益，即漸次步入漢化，是其不同也。此元之庫里爾台，較遼之選汗大會所以更爲完密複雜之故。

附、　契丹之大汗推選與'堯舜禪讓'

'唐虞禪讓'，國史上傳爲美談，魏氏春秋（三國魏志文帝紀裴注引）始疑其不然，劉知幾史通疑古篇亦非之。護道者羣言責劉，爭誦禪讓之美，宋劉恕論'月正元日舜格於文祖，是堯崩距年事，不待三年之喪畢。'其斥孟子甚明，且罪孔安國仍孟氏之謬。晁說之嵩山集（十四）有申劉一篇，更就道原遺意推論之，不信孟子所言之禪讓。是禪讓之實，積若干史家之努力，已露曙光，脫於經生之拘泥。清光緒夏曾佑撰中國歷史，其第一章有堯舜政教一目，論曰：

> 按中國天子之位，自有可考以來，並係世及，前乎唐虞者，庖羲神農黃帝少昊顓頊，後乎唐虞者，夏商周秦漢以迄今，皆世及

也。惟唐虞介乎其間，獨以禪讓聞，於是論者求其故而不得，率以臆見解之，有以爲皆天意者（孟子），有以爲鄙夷大寶而去之者（莊子），有以爲與後世篡竊無異者（劉知幾史通），有以爲即民主政體者（近人）。按一二兩說，未免太空。劉知幾說，以小人待天下，未可爲訓，近人說亦不合（民主必有下議院，而帝典無之，且列代總統，豈能全出一族，如堯舜禹者。），求其近似，大約天子必選擇於一族之中（必黃帝之後），而選舉之權，則操之岳牧（四岳十二牧），是爲貴族政體。近世歐洲諸國，曾多有行之者，而中國則不行已久，故疑之也。

夏氏所論，實爲近似，今以研求契丹蒙古之傳襲方法，共資參比，益覺此說之可信。按天子必擇於一族之中，而由岳牧推舉之，正與契丹推舉大汗之方法一致，選賢而有界限，亦可擬曰世選也。惟此種推選，事實上，亦必有武力爲後盾（特別是晚期），並非純粹擇賢。故劉知幾之議論，實有未盡，然其意亦未可全廢也。近人關於殷人兄終弟及或傳子之說，頗有聚訟。愚於古史不敢提供意見，倘釋殷人之法爲世選之遺，可乎？

六　選汗大會與議政之會

部落時代，事簡俗樸，所謂軍國大事者未甚多，則會期自無須過勤，推選共主（即總首領或大汗）之時，亦可附帶議政，議政之會，亦即可以討論共主問題，正不必有固定之會期與區別也。迨後愈趨統一，事愈繁複，統一之形式或規模漸成，大汗之威勢亦漸重，勢愈大而位益尊，大汗推舉，遂有競爭，即以實力之限制，而爲強者所據，不復如往昔會議之簡樸單純。軍國之事旣多，故不能不於選汗大會之外，另有議政之會，此自然演進之跡，由一元而兩元者也。

隋書八四契丹傳：'有征伐，則酋帥相與議之，與兵動衆，合符契。'舊唐

論契丹之選汗大會與帝位繼承

書百九九契丹傳：'若有征伐，諸部皆須議會，不得獨舉，獵則別部，戰則同行。'此初期議政集會也。歐五代史附錄亦記此種會議曰：'其大會聚，視國事。……'至建國以後，如太宗紀天顯五年二月辛酉，召羣臣議軍國事之會，似有大汗問題外，其六年三月辛未，召大臣議軍國事，七年七月丙戌，召羣臣耆老議政，皆謂此種會議也。其後則議政之會，例於冬夏舉行，遼史九三蕭惠傳云：

> (重熙)十九年(惠)請老，詔賜肩輿入朝，策杖上殿，辭章再上，乃許之。封魏國王，詔冬夏赴行在，參決疑議。

又天祚紀載耶律淳事云：

> 乾統六年，拜南府宰相，首議制兩府禮儀，上喜，徙王魏。其父和魯斡薨，即以淳襲守南京，冬夏入朝，寵冠諸王。

此蕭惠之冬夏赴行在參決疑議，與耶律淳之冬夏入朝，皆謂出席議政之會。蓋契丹民族，畜牧畋獵，隨陽遷徙，俗固然也。金史九六梁襄傳載襄諫幸金蓮川之疏，有曰：

> 往年遼國之君，春水秋山，冬夏捺鉢，舊人猶喜談之，以為真得快樂之趣。

大金國志十一熙宗紀：

> 皇統三年秋七月，諭尚書省，將循契丹故事，四時游獵，春水秋山，冬夏刺鉢。

刺鉢，捺鉢，即行在之意。其事詳禮俗篇。春水秋山，從事游獵，繼游獵之後，夏冬為議政之會。遼史營衛志云：'遼國盡有大漠，浸包長城之境，因宜為治，秋冬違寒，春夏避暑，隨水草，就畋漁，歲以為常，四時各有行在之所，謂之捺鉢。'此撰史者之序論也。檢其下列春夏秋冬捺鉢，記皇帝一年行止，則知捺鉢之真義所在，殆專指冬夏而言，其夏捺鉢云：

> 四月牙帳卜吉地為納涼所，五月末旬六月上旬至，居五旬，與北

南臣僚議國事，暇日游獵，七月中旬乃去。

又冬捺鉢云：

> 廣平淀……冬月稍暖，牙帳多於此坐冬，與北南大臣會議國事，時出校獵，講武，兼受南宋及諸國禮貢。

其春秋則但記漁獵之事，夏冬則坐而議政，此實源於兩地住息之俗，別於京邑篇言之。春水秋山，與冬夏捺鉢，性質上不同，故冬曰坐冬，而夏曰坐夏。坐冬之目，冬捺鉢下已言之。坐夏之目，見梁襄諫疏，金史愛申傳，以非本論主旨，不詳論。今論冬夏會議，實契丹軍國大政所由裁決，故蕭惠雖再三請老，仍不能不出席此議政之會，耶律淳以皇叔留鎮南京，亦不能不於冬夏入朝，即參與會議。此冬夏大會，正猶匈奴之龍廷大會，自有其歷史淵源，初與選汗大會無別也。遼史八六劉六符傳云：

> 道宗即位將行大冊禮，北院樞密使蕭革曰：'行大禮，備儀物，必擇廣地，莫若潢川。'六符曰：'不然，禮儀國之大體，帝王之樂，不奏於野，今中京四方之極，朝覲各得其所，宜中京行之。'上從其議。

蕭革與六符之爭論，最足代表兩種觀念，道宗之世，建國已歷二百年，其存於契丹人心者，仍非漢人廟堂之雅，而所樂者為廣地，此事就傳文觀之'上從其議'，似當行禮於中京，然實行禮於永興甸，其本色蓋可知矣。

七　結　論

契丹之大汗推選，史存其說。讀史者亦多以傳說視之，莫得究竟，參互稽考，猶可概見。一曰柴冊之儀節，存其形式；一曰官吏之世選，存其精神。參以建國後之汗位爭潮，以見蛻變之實際，連類比觀，正韓非所謂'輕辭古之天子，難去今之縣令。'厚薄之實不同，亦即由簡而繁之經過也。關於世選者，可視世選之官，爲一小型之可汗。柴册之儀，如番語問答之'我不是的皇帝''你的是皇帝'等句，仍存契丹語法，活躍可見。此兩端，雖未必悉同於舊日選汗之會，證以汗位之爭，如前所論各事刺葛之亂人皇讓國等，若以舊俗釋之，頗能通解。其間消息，雖亦多尋自遼史，然與遼史之正面記載則不合，試純以正面求之，則不能釋其矛盾，故得利用其矛盾與相合，別構假設，求一可能之通解。執此以較北方諸族之習俗，如烏桓鮮卑之推選大人，蒙古之庫里爾台，皆大體相似。且契丹軍國大政，皆由冬夏會議之裁決，亦略見其舊俗之梗概。通鑑嘗記太宗德光之言，每誇中國事彼皆知之，彼國之事內地人不知。又記其召晉百官集於庭，爲言'中國之俗，異於吾國。'契丹之俗，實不盡同於當日之內地，惟選汗辦法，內地古史嘗有之，固德光所不知，而讀史者亦未注意此事之南北相同也。

師萬物

金壺七墨卷三云：'吾邑（山陽）邊頤公（壽民）以善畫蘆雁得名，疏脫生動。初學時苦無師承，築室城南蘆葦間，穴窗窺之，食宿飛鳴，各盡其態，故落墨幾於化境。……至今郡人過其地，猶指爲葦間老屋址也。'此眞能'師萬物'者。因無師承，更可以不受古人之束縛。人苟有志，即可以因禍得福，人可不自勉哉？　　（旭生）

質測

搔首問：頁八九'密翁與其公子爲質測之學，誠學思兼致之實功。蓋格物者即物以窮理，惟質測爲得之。若邵康節蔡西山則立一理以窮物，非格物也。'密翁與其公子，指方以智與其子中德中通中履。船山所言之質測，即近世西儒所言直接研究自然界之意。彼已能見及此，可謂特識。觀詩經稗疏中之辨鳥獸蟲魚，多取資于目治，不斤斤于典册中之探討，則知先生亦爲質測之學者。惜未能多加鼓吹，蔚成風氣。否則自然科學在中國早日發達，不落人後可也。　　（旭生）

國王神化之演變

吾在中國歷史上周之棄帝號用王號看出此前夏商之王即爲神之自身，此後則王止爲神之代表，而以'天子'一詞顯示最明。近讀劍橋古代史之Hammurabi的黃金時代篇（頁五一一）此前之Naram-Sin及Dangi王時自視爲神，及巴庇倫第一朝時，性質漸變，國王僅自稱爲'神之寵人'(the Fovorite of the gods)與殷周間變化正復相同。然蘇美爾人奉王爲神之習慣，——特別在于死後，——在第一朝時仍復繼續，直至 Ammi-zaduga 時仍復如此，與周人'文王陟降，在帝左右'之觀念亦相類似。　　（旭生）

古樓蘭國歷史及其在中西交通上之地位

黃文弼

第一節

樓蘭國歷史

樓蘭國創始於何時，記載缺乏，無可徵信。但其名稱之初見於中國記載者，以漢司馬遷史記為首。文帝四年（公元前一七六年）匈奴冒頓單于遺漢文帝書云：'樓蘭、烏孫、呼揭及其旁二十六國（按二當作三），皆以為匈奴。'此為記錄樓蘭名稱之始。然此時中國人對西域諸國情形，尚不明晰。中國人之首認識西域諸國，始於張騫。張騫在武帝建元三年（公元前一〇四年）奉使西域，元朔三年（公元前一二六年）返漢，俱以所過及傳聞西域各國情形，還言於武帝。司馬遷著史記，據之以作大宛傳。如云：'樓蘭、姑師，邑有城郭，臨鹽澤。'是為記錄樓蘭國之始，中國人之知有樓蘭國，亦自司馬遷始也。在史記以前，若山海經，雖述河水入泑澤事，然未提及樓蘭。水經注述姜賴國之傳說，語多虛誕，未足取信。故論羅布區域歷史當以史記所述樓蘭為始。但'張騫鑿空'，記文簡略。及武帝以後，宣元之際，中西交涉頻繁，西域各國情形益臻翔實。後漢班固作漢書，西域各國，別爲一卷。而鄯善國即樓蘭，特立專傳，以誌其事蹟，後之作史者，均相沿不改，而樓蘭國歷史，差可考述。今本近世出土文書，參稽古籍，述其歷史如下。

一. 鄯善國之初起，及最盛時期。 試讀漢書匈奴傳，在匈奴冒頓爲單于時，中國勢力，逐漸向西北發展。然在中國西北邊外，東爲東胡，西有月氏，北與匈奴，爲中國邊外三大敵國。時匈奴在陰山以北，今綏遠一帶，而月氏居於敦煌祁連間，最爲強大，烏孫等民族，均爲其役屬。樓蘭僻處蒲昌海西岸，與月氏爲隣，是否服屬月氏，或有親屬關係，雖無明文可考，然當與月氏有交往。月氏西遷，疑亦假道於樓蘭國境也。及秦二世元年，匈奴冒頓爲單于，勢漸雄強，北滅東胡，西擊走月氏，奠定西域三十六國。據漢文帝四年，冒頓所遺文帝之書，稱'樓蘭，烏孫屬匈奴。'則當時匈奴勢力已達西域各國，即今新疆之西北隅矣。時月氏烏孫已相繼西遷，匈奴疆域，右方直至鹽澤以東（註一）。時樓蘭居鹽澤以西，國小兵弱，爲匈奴役屬，此必然之勢也。故在西漢初年，即自漢文帝四年至武帝元封三年（公元前一七六至一〇八年），樓蘭爲匈奴屬國時期。

西漢之初，匈奴奄有中國之西北邊外，又置左右賢王，以左王將居東方，直上谷，右王將居西方直上郡。又與氐羌相通往。故漢時西北兩面，均被迫於匈奴，與氐羌累爲邊境之患。自漢元狩中，漢遣驃騎將軍霍去病擊破匈奴右地，降渾邪休居王，空其地，以置酒泉、武威、張掖、敦煌四郡。匈奴益西北徙，羌胡交通自是斷絕。初張騫奉使西域還，言聯絡烏孫大宛之利。武帝從其言，甘心欲通大宛諸國，使者相望於道，一歲中，多至十餘輩。然漢由白龍堆，過樓蘭，至烏孫、大宛，必須經過極長之險道。時匈奴雖已西北徙，然與西域諸國相接。車師服事匈奴，共爲寇鈔。

（註一）見史記大宛傳

又匈奴西邊日逐王置僮僕都尉，使領西域，嘗居焉耆、危須、尉犁間。漢使至西域，必經過樓蘭、尉犁，沿塔里木河西行，過龜茲，以至烏孫，西通大宛。時樓蘭與姑師均臨鹽澤，當漢道之衝。樓蘭最在東垂近漢，當白龍堆。常主發導，迎送漢使。樓蘭當道苦之，數為匈奴耳目，攻劫漢使王恢等。故武帝欲達到通西域以斷匈奴右臂之目的，則非取得樓蘭國為根據不可。元封三年，武帝遣從票侯趙破奴將屬國騎及郡兵數萬人，擊姑師，王恢將輕騎七百人先至，虜樓蘭王，遂破姑師，樓蘭降服，納質子於漢，漢亦列亭障至玉門矣。太初三年，貳師將軍西行，得以渡過鹽澤，平行至大宛，皆由已取得樓蘭，無後顧之憂故也。但樓蘭雖一時震於漢之兵威，始役屬於漢，但同時又被迫於匈奴，時離時合。例如樓蘭常遣一子質漢，一子質匈奴，又嘗為匈奴反間以苦漢使，可為證也。武帝既崩，昭帝秉承父志，因樓蘭王不恭於漢，立遣傅介子刺殺之，懸首北闕下。更立尉屠耆為王，遷都伊循城，置伊循都尉以鎮撫之，更名其國為鄯善，是為鄯善得名之始。漢書立鄯善傳，而無樓蘭傳，蓋從其後稱也。伊循在羅布淖爾之南，當南道之衝。樓蘭在今羅布淖爾之北，當北道之衝（詳下第二節）。樓蘭既已南遷伊循，則樓蘭故地，漢得因之以為軍事運輸之重地。例如宣元之際，設都護，置軍候，開井渠，屯田積穀，由鹽澤以至渠犁，亭燧相望，皆為布置軍事及運輸之重要表見。由是言之，自昭宣以後，樓蘭故地遂為漢有矣。

及前漢之末，哀平年間，內政不修，中國威力，未能遠播。西域諸國，自相分割為五十五國。王莽篡位，貶易侯王，由是西域怨叛，與中國隔絕，並役屬匈奴。光武初定，未邊外事，西域諸國，復自相攻伐兼并。據後漢書西域傳所述，明帝永平中，小宛、精絕、戎盧、且末、為鄯善所併。渠勒、皮山、為于闐所統。葱嶺以東，唯此二國最為強大。魏略西戎傳所述，與此略同。惟戎盧屬于闐，別有樓蘭國屬鄯善為異耳。是當後漢時，鄯善疆域，西達今之尼雅矣。一九〇六年，斯坦因氏考古西域，在尼雅北廢墟中，發見有佉盧文字（Kharoshthi）及封泥，上鑴篆文'鄯善□記'四字。又一封泥，鑴有希臘式神像雅典娜（Pallas Athene），手執楯及雷電，斯坦因認為紀元後一世紀至三世紀之物（註二）。適當中國漢魏之際，與中國後漢書及魏略所述完全符合，足徵中國史書所載，精確可信。唯後漢書不為鄯善立傳，其勝兵戶口之數，無由確知。但合併前漢書所記，鄯善、且末、小宛、精絕、戎盧，戶口勝兵之數，則戶為二・六七〇，口為七・七七〇，兵四・二二〇，視西漢時幾加一倍矣。疑尚不僅此數也。至於羅布北部，則後漢與前漢迥殊。前漢交通，多取北路，由白龍堆取道樓蘭，直詣龜茲（參考下第二節）。故宣元之際，樓蘭雖南遷，而中國仍設烽堠以衛行旅。及至哀平，中西交通隔絕，此路遂被放棄，由吾人在羅布北岸守望台中所掘拾文書，無一哀平以後者，可為證也。及至後漢情形，當復相同，且又為風沙所侵襲，已非如西漢時為屯田良地。故後漢通西域政策，不得不由敦煌通西域路中，別覓一安全之道，故注意及伊吾。伊吾即今之哈密，居天山東麓，為西域諸國門戶，匈奴嘗資之以為暴鈔。由伊吾至車師千餘里，路平無險，可避白龍堆之阨。再由車師西行，沿天山南麓，經焉耆、龜茲，至疏勒為天賦良道。故明帝永平十六年，令竇固出兵攻取伊吾，為北路之根據地者，此也。雖章帝不能守，退出哈密與吐魯番二地。但和帝永元之初，再令竇憲攻匈奴，取伊吾盧地，班超因之以定西域，五十餘國，悉附於漢。故終後漢之時，與匈奴爭伊吾，車師，而不注意樓蘭，與前漢情形迥殊。故樓蘭徑道遂日益荒廢。雖安帝元初中，班超少子班勇上議'宜遣西域長史，將五百人屯蘭樓，西當焉耆龜茲徑路南疆鄯善于寘心胆，北扞匈奴，東近敦煌。'然漢朝卒不從其

（註二）向譯西域考古記六三頁又四十四圖

計，令班勇將五百人出屯柳中。柳中即今魯克沁地，與高昌爲近。故就記載所述，終後漢之世，對於樓蘭故墟，即羅布淖爾北岸，不見有若何之措施也。至於南道，在後漢之時，則爲漢朝所注意。蓋後漢既注意伊吾，但鄯善亦當南道衝要，若不取以爲犄角，設鄯善與車師聯合以阻漢道，亦足以威脅伊吾。故當明帝永平中，竇固攻取伊吾盧地，即令班超收撫鄯善爲後援。班超以英勇之姿，率三十六人攻陷匈奴使節，威震西域，鄯善遂爲藩屬，班超因之以鎭撫南道諸國，平定西域。安帝之初，阻於羌亂，而西域諸國一度被迫於匈奴，而鄯善未幾即降。據後漢書班超傳班勇上議，稱'今鄯善王尤還漢人外孫，若匈奴得志，則尤還必死，此等雖同鳥獸，亦知避害，若出屯樓蘭，足以招附其心。'據此，是鄯善自永平以來，即爲中國藩屬。推'鄯善王尤還爲漢人外孫'一語，則鄯善前王與中國又有婚嫁之誼，故鄯善王廣及尤還二世均嘗以兵助超勇平定西域之亂也。然鄯善王雖服屬於漢，但仍擁有國土與名號，故終後漢之世，其勢力與疆域特別強大。至三國時，本魏略所記情形，與後漢略同，惟戎盧屬于寘，疆域較後漢時略小耳。又據陳壽魏志烏丸傳所述，稱'龜茲、于寘、康居、烏孫、疏勒、月氏、鄯善、車師之屬，無歲不奉朝貢，略如漢時故事。又稱文帝黃初三年二月，鄯善、于闐、龜茲王各遣使貢獻，魏置戊巳校尉以統之。是鄯善在三國時仍服屬于曹魏，至晉惠以後，中朝威力不曁於西土，而中西交通遂隔絕矣。

二. 樓蘭故地之復活，與最後之放棄。 吾之研究西域歷史，至魏晉以後，極感困難。一因中原擾攘，中西交通隔絕。二因中士迭經災亂，記載殘缺，或散失。據吾人之推測，正值佛敎東來，西域文明達到最高點之時，而中國除一般遊僧冒險探尋外，中國學人，尚困於災亂，瞢然不知。又時中國人民流離轉徙於其域，開國建土，或孤守臣節，遠承正朔，仰望天朝。自魏晉以來二百餘年之間，舉其略見於中國載記者。復參考近年來在考古上之發見，概略言之。

　　一九〇〇年，斯文赫定在羅布北區，發見故樓蘭遺址，採獲文書中，有咸熙，泰始，永嘉各年號之記載。按咸熙為曹魏最後之帝，陳留王奐年號，泰始為晉武帝年號，永嘉為晉懷帝年號，是此地在公元後二六五至三一〇年約四十餘年之間，尚在活動時期。又一年號為熹平四年，余疑為嘉平之訛，即齊王芳年號，若然，則又早十餘年矣。又查文書中所述，大概關於屯田、積穀事。如云：'將城內田明日之後，便當斫地下種'可證。又其官員中，有'從掾主簿'、'倉曹'、'兵曹'等官，則此地顯然如魏晉在西域所設置之政治組織所在地。又一簡云：'長史白書一封詣敦煌府，蒲書十六封，十二封詣敦煌府，二詣酒泉府，二詣王懷，闕頓。泰始六年三月十五日，樓蘭從掾馬厲付行書（註三）。'據此，是此地為西晉時，西域長史所居，與敦煌太守交往不絕。按西域長史之官，初設於後漢安帝延光中，以班勇為長史，屯柳中。魏黃初三年，置戊己校尉於高昌，晉初仍之未改，此見於史書之可據者。但設西域長史，屯田樓蘭，史書均失載。由此文書之發見，可補正史之闕。又由發見有嘉平咸熙年號，是西域長史，在曹魏時即已設置，或與置戊己校尉同時，而晉初仍其舊也。如此，是樓蘭故地交通之恢復，始於魏黃初中。故魏略記通西域道路，稱前有二道，今有三道，多一中路，蓋以此也。至此地放棄時期，據斯文赫定文書之記載，為永嘉四年，即公元後三百年。但斯坦因氏於一九〇六年，在此地發掘得一年代最後之文書，為建武十四年，即咸和五年，（公元三三〇年）但日人橘瑞超氏於一九一〇年，又在樓蘭故地，拾西域長史李柏書字樣（註四），

（註三）Augnst Conrady: Die Chinesischen handschsiften und sonstigen Kleinfunde Sven Hedin in Lou Lan. P.156.

（註四）斯坦因文書，具見西域考古記九九頁。日人文書，見流沙墜簡簡牘遺文，及觀堂集林卷十四，前涼西域長史李柏書稿跋。

按據十六國春秋，前涼錄，有'西域長史李柏請擊叛將趙貞，為貞所敗，駿赦不誅等語。'是為咸和五年事(輯補作四年。)。又云，咸和六年，戊巳校尉趙貞，不附於駿，駿擊擒之，以其地為高昌郡。今以十六國春秋所記，與斯坦因，橘瑞超氏所得之文書核對，則橘瑞超所得之李柏文書，當即前涼錄中之西域長史李柏。又觀下文'趙貞不附駿'之語，是在咸和五年以前，高昌及西域長史，尚稱晉年號，故有建武十四年之記載。自咸和六年以後，乃併於張駿，時晉已東渡，命令不及於西域，而孤守異域之西域長史，及高昌太守趙貞，尚能遠承正朔，與張駿為敵，其情形亦可悲也。故自魏黃初元年(公元二二〇年)至東晉成帝咸和五年(公元三三〇年)約百餘年間，皆為中朝勢力所及之時也。至張駿據有西域後，設戊巳校尉，與西域都護，仍沿魏晉舊規，分居於高昌及樓蘭兩地，十六國春秋前涼錄云：'分敦煌、晉昌、高昌三郡，及西域都護，戊巳校尉，玉門大護軍三營，為沙州。以西胡校尉楊宣為刺史。'西域都護，疑即魏晉時之西域長史，與戊巳校尉，玉門大護軍為三營。可證在咸康元年，張駿假節涼王時，僅改名號，而駐地未改，故咸康元年，沙州刺史楊宣伐西涼，以張植為前鋒，進至流沙，疑即白龍堆之沙磧也。前涼錄又云：'張植為西域校尉，以功拜西域都尉。'按西域都護、西域都尉、與西域長史，是否為一官之異名，雖不可知。但相信其職位必相等。疑晉之稱長史者，注重屯田治民，蓋沿曹魏之舊。張駿改為都護，或都尉，注重治軍，故稱營，營軍壘之號也。若然，是咸康元年，為西域長史或都尉者，為張植。又據斯坦因所獲文書中，有'西域長史張君座前'之語(註五)。是否即為咸康元年之張植，抑為天錫朝西域校尉之張頠，雖不能判定，但由咸康元年至前涼末王之天錫，西域仍繼續設長史，或都尉，似可確信。若然，是樓蘭故地之放

(註五)向譯西域考古記七一頁前，四十七圖。

棄，當在前涼之末，即紀元後三七六年也。至苻秦滅涼，中西接觸，移轉於鄯善、車師，而此地遂荒廢矣。

三．鄯善與中國之交涉，及其衰亡。　自苻秦滅涼，擁有涼土，兼制西域，西域諸國亦相率朝秦。晉書載記苻堅傳云：'建元十七年，車師前部王彌寘，鄯善王休密馱入朝，堅引見於西堂，悉依漢法。並請置都護，若王師出關，願為鄉導'云云。又建元十八年，以驍騎將軍呂光為使持節都督西討諸軍事，十九年春，兵發長安，加鄯善王休密馱使持節都督西域諸軍事，車師前部王彌寘使持節平西將軍，西域都護。'是為鄯善與中國復有交涉之始。及苻堅敗於肥水，領土瓦解，不復能控制西域。以建初二年，鄯善王一度遣使貢獻方物於西涼李暠，然亦無多交涉。玄始九年，沮渠蒙遜率衆攻敦煌，滅西涼，鄯善王比龍又入朝於蒙遜，西域諸國皆相率稱臣。當五涼之互擾甘肅也，拓跋魏亦雄張於山陝，漸次向西北擴展，時沮渠蒙遜，擁有涼土，史稱北涼。在宋元嘉十六年，魏太武帝破涼州，沮渠牧犍被執。其弟無諱奔敦煌。十六國春秋云：'眞君初，(宋元嘉十八年)無諱謀渡流沙，遣其弟安周西擊鄯善，王比龍恐懼欲降，會魏使者至，勸令拒之，安周與戰，連旬不克，退保東城。明年無諱將萬餘家棄敦煌，西就安周，未至，鄯善王畏之，將四千餘衆西奔且末。其世子乃從安周，國中大亂，無諱因據鄯善。時鄯善之北，高昌，為涼州人闞爽所據。鄯善之東，敦煌，為西涼後裔李寶所據。而柔然與魏，又雄強於其東北外圍。鄯善當南道之衝，為歷來野心家所必爭。時魏已擁有涼土，勢必擴展至西域，乃必然之勢也。無諱與魏為敵，魏決不使無諱安據要衝，亦為必然之勢也。故無諱亦謀向西北發展，因闞爽之請，即率衆從焉耆東北趣高昌，遂留屯高昌。無諱卒，其弟安周繼據之，清光緒中，德國奈柯克(Lecoq)在高昌故城中，發見有沮渠安周造寺碑，及所寫佛經（註六），可

(註六) 王樹枏新疆訪古錄卷一。

以爲證。則沮渠氏之王高昌，固有若干年矣。時無諱旣去鄯善，而魏遂乘機而入。魏書西域傳，稱'魏太平眞君六年，鄯善王擁隔交通，魏太武遣萬度歸討伐之，擒其王眞達，以韓牧爲假節征西將軍，領護西戎校尉鄯善王，以鎭之，賦役其人民，比之郡縣。'鄯善遂爲魏有。但魏雖平定鄯善，尙不及且末，故且末仍爲鄯善王所據，及魏大統八年，其兄鄯善王米率衆內附，而舊時鄯善領土，遂全入於魏矣。按鄯善有國，始於漢昭帝元鳳四年（公元前四四年），至太平眞君六年（公元後四四五年）亡國，共有國凡四百八十九年也。

附論，鄯善與樓蘭國都問題。 樓蘭歷史旣如上述。至樓蘭與鄯善之都城問題，因近數十年來，羅布淖爾遺址續有發見，關於國都位置問題，遂引起東西學者之注意。今據考古上之材料，參稽古籍，爲之疏證如下。

（一）在南說。 此爲斯坦因等所主張。日人籐田豐八和之。據斯坦因考古記所述，在一九〇七年一月，在密遠西藏堡壘工作時，發見古西藏文書，所紀錄之地名，有大納布城、小納布城，按大納布城即婼羌，小納布城即密遠，可證密遠遺址，即爲扜泥城舊址，中國史書，稱此爲鄯善之古東城（注七）。按斯坦因氏所述，'根據中國之史書'，即指北魏時酈道元之水經注。酈注河水篇，引釋氏西域記云：'且末河東北流，逕且末北，又流而左會南河，會流東逝，通爲注賓河。注賓河又東，逕鄯善國北，治伊循城，故樓蘭之地也。……其水東注澤，澤在樓蘭國北，扜泥城，其俗謂之東故城。'按且末河，即今車爾成河，東北流，與塔里木河會而東流，注賓河、蓋其末流也。其水由西而東，故先逕鄯善國之伊循城，東至扜泥城注澤，斯坦因氏以今卡爾克里克之附近古蹟，當漢之伊循城，密遠舊址，當汗泥城。又以水經注有樓蘭國汗泥城之語，遂以汗泥城爲樓蘭

（註七）西域考古記八一頁。

舊都也。由是言之，是伊循城在扜泥城西，而扜泥城在東也。如此，則與新唐書地志所述不合。地志引賈耽道路記云：'又一路，自沙州壽昌縣西十里，至陽關故城。又西，至蒲昌海南岸千里，自蒲昌海南岸，西經七屯城漢伊循城也，又西八十里。至石城鎮，漢樓蘭國也。亦名鄯善，在蒲昌海南三百里。唐康豔典爲鎭使，以通西域者。'又敦煌寫本，沙州圖經云：'石城鎮，東去沙州一千五百八十里，本漢樓蘭國。唐貞觀中，康國大首領康豔典東來居此城，亦曰典合城。又云，屯城西去石城鎮一百八十里，漢遣司馬及吏士屯田伊循以鎭撫之，即此城也。胡以西有鄯善大城，遂爲小鄯善，今屯城也。'如圖經所述，除七屯城作屯城，西八十里作一百八十里外，餘與新唐地志大致相同。據上所述，是漢之伊循城，即唐之屯城，當即今之密遠。唐石城鎮即漢之扜泥城，當即今之卡爾克里克，若然，是伊循城在東，而扜泥城在西也。與水經注所述方位，完全相反。近日人籐田豐八作鄯善國都考，贊同斯坦因氏之主張，並引魏書西域傳，'沮渠安周退保東城之語，謂即水經注之東故城，'證明北魏時鄯善國都之伊循城，在扜泥城之西。地志及沙州圖經顚倒東西位置也。余按沙州圖經及地志，並無石城鎮爲漢扜泥城之語。本樓蘭國一語，乃汎指樓蘭國境言。樓蘭即鄯善未遷時之名，故地志有漢之樓蘭國亦名鄯善之語，本非兩國，故互舉以言之。細審沙州圖經之語，石城鎮爲唐上元二年所改，其城初置於隋，未久即廢。唐貞觀中，康國人康豔典重修築，改名典合城，即今卡爾克里克附近之廢墟是也。現地方士人在此城中嘗得陶器及開元錢，已證明爲隋唐時遺址。若指爲樓蘭國之舊都扜泥城，或爲鄯善之伊循城。應有西漢遺物。今察無一見，可證非西漢遺址。且水經注明言澤在樓蘭國北扜泥城，是城臨澤旁，與史記'樓蘭、姑師臨鹽澤'之語相合。時澤在北岸，由今之地文學者，檢查地形，及近今之水復故道，已可證明，則舊扜泥城，亦應在北，不過尚未發見耳。若以扜泥城，當今密遠，或卡爾克里克，相差數百里矣。至密遠遺址，據斯坦因氏發掘報告，皆為紀元後二世紀至四世紀遺物，正當鄯善隆盛時期。由上文所述鄯善歷史，可以考見。水經注明言鄯善治伊循城，則以今之密遠當古時伊循城，至為適當。據此，則沙州圖經與地志所述，並無不合，與水經注亦無違反。斯坦因欲以密遠與卡爾克里克，配合漢之伊循城與扜泥城，未免武斷。而籐田豐八等，又欲以水經注之伊循城，與東故城，配合唐之屯城與石城鎮，亦陷於時空不相容之謬誤，兩者皆非也。

（二）在北說。此說初起於德人卡爾希姆來，(Herrkarl Himly)及孔拉特(A. Conrady)，蓋斯文赫定在西紀一九〇〇年時，赴西域探險，在羅布淖爾淵海之北部，發見遺址一區，在經度八十九度四十分，緯度四十度三十分，掘獲木□及文書甚多，交德人喀爾亨利，及孔拉特研究，二氏據其所獲文書中有樓蘭字樣，遂定此城為樓蘭城。後斯坦因博士於一九〇六年，再往考察，又發見不少遺物，沙畹博士研究遺物，亦贊同孔拉特之說，即今斯坦因東土耳其斯坦與甘肅考古路線圖上所標識之樓蘭是也。一九一〇年，日人橘瑞超氏至此城，獲得西域長史李柏二書，又有'海頭'字樣，我國王靜安先生合併研究，以此地非古樓蘭，其地當前涼之世，實名海頭。（注八）余檢斯文赫定所獲文書，有晉泰始字樣，大部份遺物，皆在晉武帝以後，並無西漢時之遺物。王先生以此非古樓蘭城，其說甚是。雖文書中有'樓蘭馬厲''樓蘭國主均那羨'等語，然不能據此，即指為古樓蘭國所遺留。因樓蘭國亡，而樓蘭之名未廢，在中國記載中，亦常稱述樓蘭字樣，如上文所舉水經注、唐地志，皆其類也。故不能以有樓蘭字樣，即定為即古樓蘭國都。又查此地有西域長史李柏書，李柏為前涼張駿時之西域長史，則此地為晉宋時，中國之西域長史所在地。余上文，已詳敘述矣。故

（註八）觀堂集林卷十四流沙墜簡序，及斯文赫定我之探險生涯。

以赫定所得之晉宋遺址爲西漢時樓蘭國都，亦無是處。然樓蘭國都在何所邪。

余按研究樓蘭國都城，當有一先決問題。而時間與空間之配合，最爲重要。蓋鄯善國本名樓蘭，近漢，當白龍堆。漢元鳳四年，因樓蘭王不恭於漢，大將軍霍光遣傅介子刺殺之，立尉屠耆爲王，更名其國爲鄯善，都伊循城。故欲論樓蘭國都，當在元鳳四年以前遺址求之。欲論鄯善國都，當在元鳳四年以後遺址求之。兩者雖同爲一國，但論其都城，不可混爲一談也。其次漢通西域，原有二道。一爲南道，一爲北道。樓蘭當北道之衝，由李廣利出兵大宛之路線，及史記大宛傳之記錄，可爲證明。皆爲未遷以前之事。鄯善當南道之衝，由前後漢書西域傳，及前漢書馮奉世傳，'奉世送大宛諸國客，至伊循城'一語，可爲證明。皆旣遷以後之事。因此，則鄯善國都之伊循城，在南道。樓蘭國都扜泥城，在北道。毫無可疑。余上文述及鄯善之伊循城，根據沙州圖經及唐地志，及考古上之發見，定爲卽今之密遠廢墟，大致可以確定。若樓蘭國都在今何所，今尚無適當遺址可以當之。但決在北道上。又本史記'樓蘭、姑師臨鹽澤'一語，決距羅布淖爾古海不遠也。又按水經注叙述河水入羅布淖爾，分爲兩道。一爲南河，注引釋氏西域記云：'南河自于闐東於北三千里至鄯善，入牢蘭海。'一爲北河，注云：'河水又東逕注賓城南，又東逕樓蘭城南，而東注澤。'按南河最後所會之河爲且末河，發源於阿耨達大山，流行於且末城之北，是南河當南道，東流入澤。北河最後所會之河，爲敦薨水，卽今焉耆河，發源於焉耆山，流行於焉耆之野，東逕墨山國南，爲孔雀河，東流注澤。是北河當北道。河水流行旣分南北二道，則入海處亦當爲南北兩海口，則其所逕行之城市，亦必在南北兩面可知。今按水經注，以南河流行鄯善之北，則鄯善必在南河之南可知。北河流行於樓蘭南，而東注澤，則樓蘭城在北河之北可知。此由河流之經行，可以推知者也。密遠旣在且末河入海之南，是故以密遠當伊循城，與水經注所述，實爲暗合。援例推之，則樓蘭城當在北河之北，即今庫魯克河之北也。但尚未發見耳。以余考之，古樓蘭之扜泥城，必距余於一九三一年所發見之古烽燧亭遺址不遠，或在其西，是固有待於余第三次之探尋者也。

四．吐谷渾之侵入，與隋唐之經營。 約當公元五世紀之間，在中國西北部有一突起之民族，先吐番而侵入西域者，曰吐谷渾。後魏神龜元年，宋雲往西域取經，過鄯善，稱其城主爲吐谷渾王第二子，則鄯善此時，已爲吐谷渾王所併無疑。又考梁書西戎傳略云：'有吐谷渾者，避弟西徙上隴，度枹罕，西南至赤水而居之，地在河南，因以爲號。其界東至疊州，西鄰于闐，北接高昌，東北通秦嶺，方千餘里，以吐谷渾爲國號。'按鄯善在于闐之東，高昌之南。今稱北接高昌，西鄰于闐，則鄯善且末已屬吐谷渾領土可知。又梁書高昌傳，亦有南接河南之語，河南爲吐谷渾王號，是與西戎傳所述相合。但吐谷渾自何時始侵入鄯善，則史無明文。魏書西域傳，于闐條云：'太武時擊吐谷渾，慕利延驅其部渡流沙，西入于闐，殺其王，死者甚衆。據魏書世祖紀爲太平眞君六年事。宋書亦有同樣記載。吐谷渾傳云：'宋元嘉十六年，改封慕利延爲河南王。十九年，爲拓跋燾所破，西奔白蘭，因攻破于寘。'宋元嘉十九年，即魏太平眞君三年。雖其年代微有差異，然必同記一事。按于寘在鄯善之西，白蘭據丁謙考證，即今柴達木盆地，正當鄯善之南。與柴達木隔阿爾金山。然由柴達木至卡爾克里克，有大路可通行，諒古與今同。若然，則慕利延攻于寘時，必取道鄯善且末，而西至于寘。魏書傳中有'渡流沙'一語，其形迹至爲顯然。若然，則鄯善且末之併入吐谷渾，始於慕利延，即魏太平眞君三年，或六年事也。又按魏書太延五年平涼，太平眞君二年，沮渠無諱謀渡流沙，三年至鄯善，襲據高昌，六年魏遣萬度歸伐鄯善，擒其王眞達，以其地爲郡縣。如慕利延在太平眞君三年過鄯善伐于闐，則適當無諱據鄯善，時無讅勢力尙強，擁有鄯善、且末、高昌，未必讓吐谷渾通過。如過鄯善在六年，則適當萬度歸伐鄯善時，吐谷渾亦不敢經過。故余對於慕利延之攻于闐，頗致懷疑。即令確有其事，亦必不在太平眞君三年或六年之間也。因此，則鄯善之幷入吐谷渾，決不在此時。又按魏書稱，'興安元年，拾寅始居伏羅川，時魏太武被弒，國內亂，無暇顧及西陲。故吐谷渾得乘機擴充其勢力。是吐谷渾之兼倂鄯善且末，疑在魏文成帝興安元年以後也。以後魏與吐谷渾，雖迭有攻戰，然均不足以制吐谷渾之發展。至魏孝明帝正光元年，伏連籌之子夸呂立，漸強盛。永安三年，始稱可汗，居伏俟城。史稱夸呂所據，東西三千里，南北千餘里，故夸呂時爲吐谷渾最盛時期，而鄯善、且末爲其服役久矣。故宋雲至鄯善時，爲吐谷渾王第二子所統也。歷周至隋，其境宇均未有變更。隋書吐谷渾傳云：'隋煬帝時，伏允爲鐵勒所敗，帝出兵掩之，伏允南遁，故地皆空。自西平、臨羌以西，且末以東，祁連以南，雪山以北，東西四千里，南北二千里，皆爲隋有，置郡縣鎭戍。大業末，天下亂，伏允復其故地。……'按此爲煬帝大業四年事也。是大業四年以前，鄯善仍爲吐谷渾所有，煬帝滅吐谷渾，置鄯善郡，統顯武、濟遠二縣，且末郡統肅寧、伏戎二縣，與西海郡、河源郡，同隸雍州，此煬帝大業五年事也。隋並築鄯善鎭以鎭撫之，所築之城，即今所見卡爾克里克之遺址也。是鄯善在隋時，一度爲隋所倂，及大業末，隋亂，而伏允仍居故土，鄯善仍爲吐谷渾所統。至唐初滅吐谷渾，而鄯善遂內屬於唐矣。新唐書吐谷渾傳略云：'隋末慕容伏允寇邊，郡縣不能禦。太宗初，屢侵掠，貞觀九年，詔李靖侯君集率六總管討之，伏允西走圖倫磧，將托于闐，會追及，伏允遂自殺。'可證也。是吐谷渾擁有鄯善且末，始於魏文成帝興安元年（公元四五二年），滅於唐貞觀九年（公元六三五年）約一百八十餘年也。籐田豐八以鄯善屬吐谷渾，自正光元年至開皇十一年，凡七十二年，實不止此數也。

五. 康豔典東來與吐番之侵入。 據新唐書地志附賈耽西域道里記云：'石城鎮，亦名鄯善，在蒲昌海南三百里，康豔典爲鎮使，以通西域者。西二百里至新城，亦謂之弩支城，豔典所築。'（新唐書四十三下）歐洲人研究康豔典以爲即康國人，伯希和於一九〇八年，搜獲敦煌千佛洞寫經，得唐時沙州志書一卷，卷中有開元年號，蓋爲公元後八世紀前半期所寫。羅振玉氏影印入鳴沙石室遺書中，定名爲沙州圖經，後伯希和氏，又得一寫本，卷末附有沙州都督府圖經卷第三，並附有永昌元年，所錄歌謠諸事。圖經所記，爲七世紀至八世紀時事，其中所記，大概爲水道、隄防、驛站、學校、寺觀、城隍、怪異等事，並附有蒲昌海石城鎮將康拂妣延之弟地舍撥，所上之申請書，其申請書所記之年號，爲天授二年（公元六九一年）伯希和氏作蒲昌海之康居聚落，推論康拂妣延爲伊蘭種人，姓康，蓋古康居之簡稱，即今之撒馬爾罕。與天寶二年入朝中國之石國王塔康染顯必有親屬關係。並推論蒲昌海之南，當時有一康居聚落居其地，五十年尚未歸化於東土耳其斯坦者也（註九）。余按伯希和氏據新唐書中之康國即漢之康居，且推論爲伊蘭種人，尚須詳加解釋。唐之康國，是否即漢之康居，近人多有懷疑（參考白鳥庫吉粟特國考。）。至推論康國爲伊蘭種人，乃因沿康即康居而來。但據隋書西域傳所述，稱'其王索髮冠七寶金花，衣綾羅錦繡白氎。其妻有髻，幪以皂巾。丈夫剪髮飾袍。'其服飾多與突厥同。又其王名代失畢。乃突厥語石王之義。代失讀 Tas, 乃突厥語石也。畢讀若 Bi, 乃突厥語王也。據此是撒馬爾罕之康國乃突厥人而非伊蘭人也。最少其君主當爲突厥人也。其後斯坦因氏於一九〇六年又搜獲敦煌千佛洞遺書，又得沙州圖經斷片。有云：'石城鎮本漢樓蘭國，貞觀中康國大首

（註九）伯希和'沙州都督府圖經，及蒲昌海之康居聚落'，載亞洲報一九一六年一二月刊，馮承鈞轉譯入史地叢考七三——八頁。

領康豔典東來居此城。胡人隨之，因成聚落。亦曰典合城，其城四面皆沙磧。上元二年改爲石城鎭，隸沙州。'（此本跋尾，記光啓元年十月二十五日，公元八八五年）是亦寫於唐之後半期，據此斷片與賈耽所記，大致相同。當爲賈耽道里記所本。據此是康豔典之來，始於唐之初年。斯坦因寫本又云：'新城東去石城鎭二百四十里，康豔典之居鄯善，先修此城，因名新城，漢爲弩支城。又有蒲桃城，南去石城鎭四里，康豔典所築，種蒲桃於此城中，因號蒲桃城。'又云：'薩毗城西北去石城鎭四百八十里，康豔典所築，其城近薩毗澤。山險阻，恒有吐番及吐谷渾來往不絕。'（並見伯希和引）由此言之，是康豔典東來共築四城。自且末之東，至蒲昌海，皆爲康豔典所佔據也。但其所居之人民，據其寫本所云，有胡人，即汎指西域人。有吐番人，有吐谷渾人，不盡皆屬康國人也。又斯坦因所獲文書中，又有云：'納職縣下，大唐初有士人鄯伏陀，屬東突厥。以徵稅繁重，率城人入磧，奔鄯善，至吐谷渾居住。走焉者，又投高昌，不安而歸。胡口呼鄯善爲納職，旣從鄯善而歸，遂以爲號耳。'（註一〇）按唐之納職在今哈密附近，闢展之南，鄯伏陀疑爲鄯善國之士人。又云屬東突厥，則在唐初，鄯善又有東突厥人來居可知也。斯坦因又於一九〇七年在密遠西藏堡壘發見古突厥文字若干，後經湯姆生教授研究，指出有許多人名，大概是發給突厥士兵護照及通行證之類。可證突厥人曾一度在此地作軍事上之建設，且其士兵亦多爲突厥人。蓋在隋唐之際，突厥勢力遍及新疆南北。高昌國曾受其官號（註十一）。高昌與鄯善相接，則突厥勢力及於鄯善，極爲可能。但其統治階級，則屬於西突厥。據新唐書突厥傳云：'當隋大業中，曷薩

（註一〇）斯坦因亞洲之腹部，九一七頁。

（註一一）見高昌寧朔將軍麴斌造寺功德碑（現存迪化將軍署），及王國維造寺碑跋文（觀堂集林卷十六。）

那可汗降隋，國人不欲，乃共立達頭孫爲可汗，號射匱可汗，建庭龜茲北之三彌山，玉門以西諸國多役屬之，以與東突厥抗。'按史稱玉門以西則鄯善當包在內。是鄯善在隋唐之際，即已役屬於西突厥。又云：'射匱死，其弟統葉護嗣，是爲統葉護可汗。統葉護勇而有謀，戰輒勝。因併鐵勒，下波斯、罽賓，控弦數十萬，徙庭石國北之千泉，遂霸西域諸國，悉授以頡利發，而命一吐屯監統以督賦入。'據此是康國必已役屬於突厥，故其子咥力特勒(勤)爲肆葉護可汗時，乃國人迎之康國者，及咥利失爲可汗，與西部乙毘咄陸可汗相攻戰，分主東西，以伊犁河爲界，伊犁河以東咥利失主之，伊犁河以西，咄陸主之，及咥利失走死拔汗那，國人迎立畢賀咄葉護爲可汗，建廷雖合水北，謂之南庭，據傳所述，時龜茲、鄯善、且末、吐火羅、焉耆、石、史、何、穆、康等國皆隸屬焉，時貞觀十三年事也，正值康豔典東來時。唐地志及沙州圖經旣已明言康豔典爲康國人，康國旣屬西突厥，與鄯善同隸一庭，則康豔典東來，或受突厥王庭之派遣，東來鄯善作監統之官，且爲駐屯軍之首領者，故其士兵大抵皆突厥人也。唐滅突厥，鄯善乃屬於唐。改鄯善爲石城鎭，隸沙州，此上元二年事也。故不能因康豔典爲康國人有一部分康國人在此地寄居，遂謂此地屬於康國，而爲康國之殖民地，是不可不辨也。

其次述及吐番與鄯善之關係：自唐貞觀九年滅吐谷渾。十四年滅高昌，以其地爲西州，置安西都護府於西州，西域復通。高宗初，破突厥，西域諸國復屬於唐，受唐朝之控制者，約二十餘年，則鄯善亦必完全役屬於唐，而康國族人亦且歸化於唐矣。但北方之突厥旣去，而南方之吐番又來。據新唐書吐番傳所述，吐番本西羌屬，原居河湟江岷間，至弄贊時始強大。唐永徽初，弄贊死，欽陵當國，咸亨元年，殘破羈縻十八州，率于闐取龜茲撥換城，於是安西四鎭並廢。詔薛仁貴等討之，爲欽陵所敗，遂滅吐谷渾，盡有其地。按吐谷渾，在隋唐之際，包有漢之且末鄯善，吾上文已述及。此云盡有其地，則鄯善自在其中。吐蕃之由于闐取龜茲，陷西安四鎮，亦必經過鄯善且末，方能至于闐，是鄯善且末在咸亨中，已一度陷入吐蕃。故唐書吐蕃傳，稱'儀鳳，永隆間，其疆域東接松茂，南接婆羅門，西取四鎮，北抵突厥，幅員萬餘里，漢魏諸戎所未有也。'是新疆南路古三十六國地，完全爲吐蕃所有矣。至武周長壽元年，王孝傑爲總管，擊吐蕃，復取四鎮，更置安西都護於龜茲。新疆又入於唐人之手者六十餘年。至天寶之末，安祿山反，哥舒翰悉河隴兵守潼關，邊候空虛，吐蕃又乘隙暴掠邊境，近迫京師。則西域故地，又完全爲吐蕃所有矣。自此以後，中國失統治西域能力者，八十餘年，雖會昌咸通間，吐蕃內亂，中國乘機收復故地，然唐勢亦衰，未久亦被放棄。斯坦因氏於一九〇七年在密遠西藏堡壘發見之西藏文書，必爲西藏人佔據時所遺留，無可疑也。其西藏文書中，有大羅布、小羅布諸地名，斯坦因氏以爲原於唐初玄奘所記之納縛波，據伯希和氏之解釋，納縛爲梵語'Nava'之對音，猶言新也。（遠東法國學校校刊六册三七一頁）合言新城之義。故以羅布之名名鄯善國全境，必始於唐初，而爲吐蕃所採用，至近世尚沿用不絕。而鄯善或樓蘭，見於中國史書者，至此已歸於消失。而中國自唐天寶之末，至清乾隆二十四年平回部，失統御西域能力者殆千餘年矣。

六　羅布區域之荒廢，及羅布驛站。　余上文已述樓蘭北部之放棄，在紀元後四世紀後半期。但南部河濱寶活動，如上文所述，吐蕃爲見於史書最後活動之民族也。但新唐書稱咸通七年，北庭回鶻取西州，又斬恐熱，吐蕃遂亡。其後中原多故，朝政不能播及西域，自唐末至宋，消息與中國隔絕，羅布區域如何，已不可考，或已近於荒廢矣？新五代史四夷傳附錄，于闐條云。石晉天福三年（公元後九八八年），遣貢佛官張匡鄴等往册封于闐王，高居誨記其行程云：'沙州西曰仲雲，其牙帳居胡盧磧，仲雲者小月支之遺種也。匡鄴等西行入仲雲界至大屯城，仲雲遣宰相四人候晉使者，自仲雲界西，始涉藤磧，無水，掘地得濕沙，人置之胸以止渴。又西渡陷河，伐檉柳，置水中乃渡。又西至紺州，于闐所置也，云云。'按胡盧疑即漢之伊吾盧，簡稱伊吾。大屯城，疑即新唐書地志之七屯城，七當作大因形近而譌。陷河疑即且末河。紺州即今車爾成，是于闐東界，抵車爾成矣。是五代時車爾成之東，哈密之西，為仲雲領域。仲雲種姓為何，史無明文。新五代史稱為小月支遺種。但同傳又云：漢小月支故地，有鹿角山沙陀，朱耶遺族也，按新唐書云：'沙陀，西突厥別部，處月同種也。處月自居金婆山之陽，蒲類海東有大磧，名沙陀，故號沙陀突厥。後徙庭州東莫賀城，初沙陀臣吐番，吐番嘗倚其兵力。其酋朱邪盡忠謀歸唐，戰敗死。朱邪執宜，收殘衆二千騎，款靈州降。部衆隨之，吐番由此益衰。'按處月即朱邪，仲雲與處月、朱邪皆一聲之轉。突厥語沙磧之義。莫賀城，當因莫賀延磧得名，在哈密之東南，哈密即漢伊吾地也。據此，是仲雲牙帳所居之伊胡盧磧，正朱邪舊居之地。朱邪執宜歸唐後，餘衆之不能去者仍居故地，亦為漢時小月氏所居。故史稱小月支遺種者，蓋言小月支故地，朱邪之遺種也。據此，是仲雲為突厥中之沙陀部也。

宋太平興國間，王延德使高昌，由肅州經鎮西，至哈密，經闢展東之十三間房而至高昌，則羅布區域之南北兩道已無人行走。其時高昌正為回鶻所據，由近來東西考古者，在吐魯番舊城中發見回鶻文及經典甚多，可為回鶻人佔據之證。于闐當五代之際，其王李聖天來貢，稱同慶二十九年，則為漢族之遺民，而建號於絕域者。至宋真宗大中祥符二年，則稱黑韓王，仁宗嘉祐八年，封其王為特進歸忠礪鱗黑韓王，又按據多桑蒙古史八一頁，時西州回鶻王，名畢勒哥即假道於耶律大石以攻西域者。和闐屬突厥君主馬合謀可汗，則于闐在十一世紀初期蓋已淪入回族矣，于闐在羅布之西，高昌在羅布之北，羅布雜居其間，今檢查出土文書，無一回鶻文，則西州回鶻勢力不及羅布區域可知。宋王延德使高昌，稱其地南接于闐，西南距大食波斯，宋史外國傳亦云于闐東接吐蕃，則古之且末鄯善一帶，已爲于闐所統矣。宋初于闐已屬於西來之回教族人矣。則羅布區域諒亦爲其所統治，但無甚多之居民與城郭耳。

元至元中，有物搦齊亞商人，馬可波羅兄弟，東來朝見元世祖忽必烈，由可失合兒、鴨兒看得、勿炭、培因、車爾成，而抵羅布鎭，至唐古忒州。此道自唐初玄奘返自西域，經行南道後，此爲第二次。據其所述，'羅布是一大城，爲羅布沙漠之邊境。處東方及東北方間。此城臣屬大汗，居民崇拜摩訶末。在此沙漠中，行三十日，抵一城，名曰沙州，即唐古忒州。'據其所述，則自羅布鎭，東至敦煌，完全爲沙磧。元時之羅布鎭，據斯坦因氏所述即今之卡爾克里克，以爲昔時卡爾克里爲羅布淖爾最重要之中心，與今日情形相同。且賴以生存之河流爲車爾成河，經流平原，航行之易，較塔里木河爲優（註十二）。按卡爾克里克爲今婼羌縣城，在其東北有羅布村，即在羅布海之旁，疑此村名源於元時之羅布城，及淸人設縣城於卡爾克里克，而舊羅布城遂廢，僅存其名耳。若余所論不誤，則元時馬哥波羅所經之羅布城，尙在卡爾克里克北也。自馬哥波羅記述此城名以後，又無所聞，至淸初屬準噶爾。及乾隆平準噶爾，而羅布淖爾之名，遂復顯於世，以至於現時。

七．淸之改縣。　據河源紀略卷二十八所述，雍正元年，二月副將軍阿喇衲奏報，羅布淖爾回人古爾班等，牽哈喇庫勒，薩達克圖，哈喇和碩等處戶口千餘人，輸城投順。三年詔與吐魯番回衆移居布隆吉爾、沙州、瓜州耕種。據此，是雍正初年，羅布淖爾尙有千餘戶。但不久又爲準噶爾所據。及乾隆二十三年二月，大小和卓木之亂，戶部侍郞阿里克奉師

(註一二)見斯坦因亞洲腹部第一册三四三頁，（A. Stein：Innermoat Asia. 1．p.343.）又馮譯沙海昂馬哥波羅行紀第五六章一八二頁。

追擒巴雅爾，道經羅布淖爾，據回人哈什哈所述，'回民據處於此，凡數十年，有二千餘戶，數經遷徙，餘數百人，以漁獵爲生。前大兵平定吐魯番時，曾遣使召撫，旋爲準噶爾所據，清乾隆二十六年平定準噶爾，回民呈貢仙鶴，率其衆六百餘人來降，詔附於吐魯番回王額敏和卓，凡一百八十三戶，一千七十一口，歲納哈什翎百枚，海綸九張。清同治間，南疆大亂，回民避難者多雜集蒲昌海左右，流離轉徙，死傷過半，撫臣勞來安輯，至光緒初有四百餘戶，二千餘人，始設卡爾克里縣丞以統治之。光緒二十九年，升爲婼羌縣，屬新疆省，而羅布區域，遂比於內地矣。

第 二 節

樓蘭及鄯善在中西交通上之地位

在海道開通以前，凡東西旅行人士，從陸路者，必須經過新疆。新疆如一水管，一方爲水塔，一方爲龍頭，而新疆則司運輸之責。居中西交通之咽喉。羅布淖爾處新疆之東南，與敦煌接壤，又爲東西交通上所必經之地。羅布淖爾歷史已如前述，故次當按時代述其交通上之地位，便資考證焉。

一．兩漢至魏、晉之南北道及新道。　在遠古期中，中國與西域交通，雖不無傳說，但缺乏明確記載，難言究竟。故言中西交通史者，必以漢張騫爲始。自漢武帝建元二年，張騫奉使月氏，元朔三年返漢，以其身至之國，及傳聞旁國具爲武帝言之。司馬遷因其所述，錄之於史記大宛傳中。吾人對於漢初西域各國之認識，以此爲始。但騫所身至者，僅大宛、大月氏、大夏、康居四國，而傳聞之國，爲奄蔡、安息、條支、黎軒、身毒五國，此屬於葱嶺以西者。葱嶺以東，亦僅烏孫、扜架、于闐、樓蘭、姑師五國，共爲十四國。雖於葱嶺東西各國之輪廓，由此可得一彷彿，而於各國之遠近距離，仍乏詳實之記載。自宣元以後，匈奴稱臣，西域服從，而各國信史質子往來不絕於途。班固修漢書，特立西域專傳，記錄西域之國凡五十有三，在葱嶺以東者凡四十有八國，在葱嶺以西者五國。范蔚宗作後漢書西域傳又增補七國，於是自裏海以南，印度以北，地中海以東，東接玉門關。其各國之土地山川，王侯戶數，道里遠近，更得詳確之記載。故吾人研究中西交通者，必以兩漢書所記者爲基礎也。今據兩漢書所記，推測其路線如下。

（一）北道。 漢書西域傳云。'自玉門、陽關出西域，有兩道。從鄯善，傍南山北，波河西行，至莎車，爲南道。南道西踰葱嶺，則出大月氏，安息。自車師前王庭，隨北山，波河西行，至疏勒，爲北道。北道西踰葱嶺，則至大宛、康居、奄蔡。'據其所述，是漢通西域有二道，一爲南道，自鄯善起。一爲北道，自車師起。但吾人須知漢昭帝元鳳四年，樓蘭遷都伊循，改名鄯善。伊循即今密遠，樓蘭在羅布淖爾之北岸（參閱第一節樓蘭之國都）。此言從鄯善傍南山，必爲自元鳳四年以後之路線。然則元鳳四年以前之路線爲何，爲一問題也。又按西域傳所述，宣帝遣衛司馬鄭吉使護鄯善以西數國，未能盡併北道。至神爵三年匈奴日逐王降漢，乃使吉并護北道，號爲都護。元帝時復置戊已校尉，屯田車師前王庭。是北道自車師前王庭始，爲宣元以後事。然則宣元以前，通西域之路線爲何，又爲一問題也。今按史記大宛傳，漢書西域傳，及魏略所述，其漢初西域交通之情形，似不如西域叙傳所述也。大宛傳云：'大宛貴人相與謀曰，漢去我遠，鹽水中數敗，出其北，有胡寇。出其南，乏水草。漢使數百人爲輩來，而常乏食，死者過半。'又云：'貳師將軍既西過鹽水，當道小國恐，各堅城守，不肯給食。'又云：'貳師復行，經侖頭不下，攻數日，屠之。自此而西，平行至宛城。'又漢書鄯善傳云：'樓蘭國最在東垂，近漢，當白龍堆，乏水草，常主導發，負水擔糧，迎送漢使。'按鹽水，即鹽澤。漢書亦名蒲昌海，即今之羅布淖爾也。由今東西學者考察之結果，證明在兩千年前後，水積北岸。而大宛傳又有樓蘭，姑師臨鹽澤之語。則古樓蘭在羅布北岸可知。樓蘭與侖頭至龜茲平行一線。貳師將軍伐大宛過鹽水，至侖頭，是其路線乃由羅布北岸過樓蘭西行也。貳師伐大宛，在武帝太初三年，時樓蘭尚未南遷，適當大道之衝，故常主導發。今由樓蘭遺址之發見，及古道之獲得，更可證明。是漢初通西域之路線，乃經鹽澤西行也。

今據魏略所述，申明其路線如下。魚豢魏略云：'從玉門關西出，發都護井，廻三隴沙北頭，經居盧倉，從沙西井，轉西北，過龍堆，到故樓蘭，轉西，詣龜茲，至葱嶺，為中道（三國志烏丸傳注引）。按魚豢所述，雖指魏時事，但與漢初之路線相同。因此路開於漢初，至西漢末年，遭一度之封閉，至魏晉又復恢復。余在第一節中已闡明其事，不復重述。故魏略所述之中道，正西漢初年之北道也。余於民國十九年春，考察羅布淖爾時，在海北岸古烽燧亭中，發見西漢木簡，有黃龍元年，及元延五年年號。又於二十三年，距此地五里，又發見古道。則此地在西漢宣帝至成帝時，正在活動時期，可以確信。又此地臨羅布北岸，為孔雀河入海處。東臨鹹灘。自此以東為鹹水，以西為淡水。故凡東行人士往來必經過此處，負水担糧備通過白龍堆險地。故此地適為北道之橋頭。同團陳宗器君，於民國二十年春由玉門關北出，至羅布淖爾，抵余之遺址處。據其羅布荒原論文中所述，與魏略所載實多暗合。如云'由玉門關西九〇里，至榆樹泉，疑即都護井也。由此西北行，五十四里，入綿延三十里之邁賽羣（無數奇怪小島之謂）。出邁賽羣五里，有沙邱，即魏略中所述之三隴沙。沙堆狹長，向西北伸展，三里出沙不遠有廢墟，垣址可辨，即居盧倉遺蹟也。十五里為五棵樹，井已乾涸，掘二三尺，即可得水。由此沿孔達格西邊西行，一百二十里，繞陽達胡都克，地原有井，但已腐朽不可飲。折西北行，一百三十里，稍可得水。復西行，沿陡坡戈壁，凡百里，入純粹鹹灘。轉西北行，一百三十里，經鹹灘中之高地，作長條蜿蜒狀，東北走，當係漢之白龍堆也。蜿蜒如龍形，灰白色，鹹塊則成鱗狀，故有白龍堆之名。至此而達羅布泊之東岸，入古樓蘭國境。'如繞海西偏北行，即至孔雀河末流，即余之古烽燧亭遺址也。據陳君所述，益證余遺址，確爲西漢北道之要衝矣。此路自西漢末被放棄後，至曹魏又恢復，西晉時尚能通行，直至前涼之末，方被放棄也。

(二)南道。 據史記大宛傳云：'初貳師將軍起敦煌西，以爲人多，道上不能食，乃分爲數軍，從南北道。'又漢書渠犁傳云：'初貳師將軍李廣利擊大宛還過扞彌。'按扞彌東北與龜茲接，西北與姑墨接。西通于闐，是扞彌在南道上。李廣利去時，分軍兩路。而自行北道，故屠侖頭。還則由南道，故過扞彌也。是南道亦開於漢初。及漢昭帝以後，樓蘭南遷。迄於漢魏之際，鄯善雄強，而南道遂在中西交通上居於重要之地位矣。但南道之路線爲何，與北道相關之點何在，亦爲吾人所欲探考者也。漢書西域傳，南道起自鄯善。後漢書同。均不言鄯善以東之路。魏略西戎傳則言'從玉門關西出經婼羌，轉西越蔥嶺，經懸度，入大月氏爲南道。'南北史西域傳所記略同。元和郡縣志，則言出陽關謂之南道，西趣鄯善，莎車。出玉門關謂之北道，西趣車師前庭，及疏勒。是歷代史書，記南北兩道，出發點，各自不同。漢書混言玉門、陽關，魏略北史專言玉門，元和志言北道出玉門，南道出陽關。王國維先生則謂漢時南北兩道，分歧不在玉門，陽關，而當自樓蘭故城始。又言二道皆出玉門，若陽關道路，止於婼羌。往鄯善者，絕不取此(註十三)。余按樓蘭扞泥城故址今尚不知何在，但漢武帝時李廣利伐大宛，自敦煌西，即分南北兩道進兵，似不始於

(注十三)王國維觀堂集林卷十四，流沙墜簡後序。

樓蘭。樓蘭故址假定如余上文所考在羅布北岸，則適當西詣龜茲徑路，若由樓蘭北至車師，再由車師南至鄯善，再西行，實繞道過甚，漢人當不出此。故余疑漢時玉門，陽關，相距不遠。自此西行，原祇一路，出玉門關者由之。出陽關者由之。至沙西井後，再分南北兩路進行。故漢書混言玉門陽關者，此也。若新道，則由玉門關折西北行，達車師，與南北兩道不同路線。故魏略專言玉門關者此也。至唐時玉門關稍東北移，故唐時北道，由玉門關稍西，即折西北行，穿噶順沙磧，即莫賀延磧，而至高昌。其路線，與魏略所述之新道略同。南道微偏南，傍南山西行。與漢初之南北二道不同一途，故元和志分舉者此也。今王先生皆比而同之，故余以爲未可。再以實地考察之路線證之。陶保廉辛卯侍行紀卷六，附漢玉門陽關路考，根據清同治間郝永剛、賀煥湘、劉清和等之實地探察，述其路線云：'北道出敦煌西門，渡黨河，西北行戈壁，七十里鹹泉，五十里大泉，四十里大方盤城，注云，漢玉門關故地也。四十里小方盤城，三十里西湖，注云，有敦煌舊塞。七十里清水溝，折西北，七十里蘆草溝，西行，六十里五顆樹，西南行六十里新開泉，西行七十里甜水泉，六十里沙溝，西南行八十里星子山，八十里土山台，西北七十里野牲泉，西九十里鹹水泉，九十里蛇山，九十里土梁子，七十里沙堆，八十里黑泥海子，五十里蘆花海子，九十里阿不旦，即羅布淖爾西岸也。'余按陶氏所記之沙溝，疑即魏略之沙西井，據斯坦因氏東土耳其斯坦與甘肅地圖稱爲'Kumkuduk'即沙井之義。疑此地爲南北兩路分道處。從此西南行，至密遠，即古鄯善。從此西北行，過涸海鹽層，到孔雀河末流，即古樓蘭。與魏略所述，不無暗合。而南北兩道之分途，始於沙西井，即庫穆胡圖克，由此可得一確證也。

(三) 新道。 以上所述南北兩道，皆始於漢初。均須經過羅布淖爾低地，西行，一傍南山，一傍北山而已。至後漢別有新道，直由玉門關折西北行，不經三隴沙及白龍沙，直達車師，即戊巳校尉所治之高昌。魏略西域傳云：從玉門關西北經橫坑避三隴沙，及龍堆，出五船北，到車師戊巳校尉所治高昌，轉西與中道合，至龜茲，爲新道。'徐松補注云：'五船今小南路有小山五，長各半里許，頂上平而首尾截立，或謂是五船也。'又云：'今哈密至吐魯番，經十三間房風戈壁，即龍堆北邊也。'余按徐松所述，爲自哈密至吐魯番之路。唐玄奘，宋王延德之至高昌，均由此路，皆經過伊吾即哈密。今細觀魏略所云：'出五船北，到車師界，'似不經哈密。故余疑魏略新道，在今哈密道之西南。又今哈密道，由安西轉西北行，經馬蓮井、星星峽、格子烟墩、南湖，而至哈密者，其出發點亦不由敦煌。故余疑新道，與伊吾即哈密道確爲兩路。新道取自玉門關，即今大方盤城，折西北行，自托胡拉克布拉克穿行噶順戈壁，即行於羅布淖海之東北，直達魯克沁南之得格爾，即至車師界。五船疑在此一帶。再西北過魯克沁，至高昌，即今吐魯番阿斯塔拉，此爲捷徑。不必東繞伊吾，西繞三隴沙、與淖海也。觀得格爾尚有古土墩，疑爲古道經行之迹。據得格爾獵戶云，由此往敦煌，水草尚不乏。但均爲乾山耳。再由得格爾轉西，經庫魯克山北麓，及艾丁湖畔而至庫木什山。出山爲烏沙他拉，即博斯騰淖爾之北邊。轉西南至焉耆，即唐之銀山道也。唐郭孝恪攻焉耆，嘗取道於此。現由得格爾，沿艾丁湖畔至庫木什一帶之古墩，爲指示古道之途徑。雖土墩疑爲唐代建築，但亦有漢代土築基址，故余疑唐之銀山道，即後漢新道之所由。至焉耆後，轉西南行，過哈滿溝而至庫爾勒，轉南，至尉犁，與中道相合。蓋中道到樓蘭後，沿孔雀河西北行，即傍庫魯克山南麓西行，與北道會於尉犁，即古渠犁也。現由沿孔雀河畔之古墩，可爲指示古道進行路線之迹。由是言之，是中道行於噶順戈壁西麓。轉西行於庫魯克山之南麓。北道，行於噶順戈壁之東邊轉西，行於庫魯克山之北麓。因北道，須繞庫木什山，取道焉耆，方至尉犁，微曲。不如中道之直至尉犂，故中道又稱爲徑道者此也。西漢時，新道未開，雖在元始中，戊己校尉徐普欲開新道，終爲車師王所阻，故當時之北道，即指魏略所述之中道，所謂徑道也。及後漢明帝時，竇固破呼衍王，取得伊吾，重開新道。經由車師西行，故以新道爲北道，即前漢書所記者是也。而中道轉廢。自魏至晉，徑道復開，故以徑道爲中道，以唐銀山道爲新道，實即後漢班固所記之北道也。

綜上所述三道，除新道不經羅布淖爾外，南北兩道均經羅布淖爾之南北兩面，而樓蘭與鄯善，適當兩道之衝。故當漢初，嘗與匈奴爭樓蘭者，此也。自樓蘭南遷，鄯善轉強，故後漢之世，又以北攻伊吾，南服鄯善爲其國策。蓋兩地爲西域之門戶，居交通之咽喉。如不佔領，即不能鞏固後方，謀行旅之安全故也。其詳見余作兩漢通西域路線之變遷文中，茲不具述。

二．北魏至隋唐之吐谷渾道。　以上所述三道，均開於兩漢，歷魏至東西晉，均未有變遷。尤其自曹魏以後，匈奴遠遁，西域服從，高昌內屬，比於郡縣。西晉及前涼，嘗置太守以統之。中原流民因亂播遷於西域者，亦多。故中西交通線，無形中掌握於中國人之手者百餘年矣。但上述路線，均須經過敦煌，取道玉門、陽關前進，故當時中國之敦煌，與西域之鄯善，實握交通之樞紐。自北魏道武帝奄有中土，擴展勢力於西北。而當時又有一遊牧民族吐谷渾突起西陲，兼向北進。故中國通西域路線，自北魏至唐，除上所舉三道外，又有吐谷渾道，即吐谷渾人出入西域之道也。

關於吐谷渾歷史，余於第一節中已述及。唯其疆域若何，則與交通有關，故擬重述以資參考，梁書西戎傳略云：'河南王者，其先出鮮卑慕容氏，有吐谷渾者，避弟西徙，上隴度枹罕，西南至赤水而居之。地在河南，故以爲號。其界東至疊州，西隣于闐，北接高昌，東北（疑衍北字）通秦嶺，方千餘里，以吐谷渾爲國號。'按劉宋封吐谷渾王慕利延爲河南王，則此所述，蓋慕利延時事也。于闐今和闐。高昌今吐魯番。赤水即今發源於巴顏哈喇山之烏蘭穆倫河。如其所述，是當時吐谷渾疆域，已有今青海全境，及新疆之東南部。羅布淖爾自在其領域中。故魏書有'太武帝伐慕利延，慕利延驅所部渡流沙，西入于闐，殺其王，死者甚衆'之語，雖其時代余在第一節中頗致懷疑，但于闐以東爲吐谷渾領域確爲事實也。然吐谷渾人由青海從何路入新疆，當爲吾人所研究之問題。宋雲求經記略云：'初發京師，西行四十日至赤嶺，即國之西疆也。又西行二十三日，渡流沙，至吐谷渾國，途中甚寒，多風雪，沙磧滿目，唯吐谷渾城稍煖。從此西行，三千五百里至鄯善國，城主吐谷渾王第二子也。又西行一千六百四十里至左末城'云云。按宋雲原書久佚，今僅見洛陽迦藍記中，無年月日，但記中有神龜二年七月二十九日入朱駒波國，則當初發京師，當在魏孝明帝神龜元年也。吐谷渾城當爲其國都所在。據魏書吐谷渾傳言，其王夸呂，建都伏俟城，在青海西十五里。丁謙考證以爲伏俟城在今布喀河南，和碩特北前旗境。余按赤嶺即今日月山，伏俟城當即今之都蘭。宋雲發自京師，時魏已遷都洛陽，則宋雲所經行，必自洛陽，經陝西西北行，過天水、隴西，上西傾山，西北繞青海之西，至都蘭。自天水西，皆山地，西傾山積雪終年不消，故云途中甚寒，多風雪。又云，沙磧滿目者，此也。據此，是夸呂時吐谷渾牙帳，又由赤水東北徙矣。由都蘭西行至鄯善，鄯善即今羅布淖爾南岸密遠地。由此西行，必經柴達木盆地之北邊，穿行沙磧，經阿勒騰達格，而至羅布淖爾南岸密遠也。柴達木北之沙磧，與白龍堆之沙磧，隔嶺相接。唐人稱爲磧尾。即莫賀延磧之尾也。魏書稱慕利延驅其部渡流沙，西入于闐，亦指此沙磧言耳。崑崙山北阪，自和闐東北行，山勢漸低落，至羅布低地南之阿勒騰達格，山勢已不高峻；而與祁漫達格交錯，中顯一隘口，清人稱爲噶斯口。（河源紀略卷二十八)為由柴達木盆地通婼羌之孔道。現新疆蒙古人赴西藏者率由此道行。唐時吐番之出入新疆，亦行經此路。清人征準噶爾，嘗駐軍於噶斯口。故歷來均視此地為青海與新疆交通之要衝矣。而其路線，則由吐谷渾人始開之。至隋唐之際，其道猶通行。隋書地志，稱大業初，平吐谷渾，置鄯善鎮，即今卡爾克里克。則隋大業以前，羅布區域仍為吐谷渾所有。雖中經隋煬帝一度收復，及大業末，仍為伏允所據，是在隋唐之際，青海與新疆交通孔道，未嘗斷絕也。故唐貞觀初，征吐谷渾，仍由青海進兵，直西至且末。新唐書吐谷渾傳云，'隋末，吐谷渾千慕容伏允，屢寇邊，郡縣不能禦。太宗貞觀九年，詔李靖侯君集率六總管討之，破賊庫山，伏允西走。靖分兵為二，自與李大亮、薛萬鈞趨北路，出其右。君集與任城王道宗趨南路，出其左。靖率諸將戰曼都山、牛心堆、赤水源、赤海，皆破之。次且末之西。伏允走圖倫磧，將託于闐，會追及，又破之，伏允遂自殺。'丁謙考證云：'曼都山在和碩特南右後旗境，牛心堆今丹噶爾廳西南，赤水源今烏蘭烏蘇河發源處，赤海即達布遜泊，此泊為紅水河所歸，故曰赤海。又云：青海要路有二：一，西北行，經青海，湖布喀河，至沙爾泊，再西順烏蘭烏蘇河，至達布遜泊，再西北，經噶斯口，迤邐至羅布泊，此由西寧赴新疆之道。一西南行，至西寧邊外，二百餘里，過雅瑪圖河，南行，經都勒泊，折西至札凌泊，再西即河源，此由西寧赴西藏之道。李靖分軍為二，即邊此二道行也（唐書西域傳考證）。'按如丁謙所考證之古今地名，不盡可據，例如以達布遜泊為烏蘭烏蘇河所歸，故為赤海。按烏蘭烏蘇河，為金沙江上源，出端木烏拉山，與達布遜泊相去甚遠。且李靖軍北出應在吐谷渾城之北，決不南行於吐谷渾城之南，與侯君集同道也。但余頗贊同李靖分南北二道，即現青海通新疆及西藏二路之說。但現青海通新疆道，行於柴達木盆地之南。余疑李靖出於柴達木盆地之北。由都蘭西北行，沿阿爾金山南麓出噶斯口，而達新疆之婼羌縣。

與慕利延入于闐之路相同。侯君集則行於柴達木盆地之南，故能過星宿川，達柏海，觀河源，與李靖軍中隔柴達木盆地也。至唐咸亨間，吐蕃滅吐谷渾，盡有其地。又由于闐攻取安西四鎮，則吐谷渾道，又爲吐蕃所有矣。近斯坦因氏在新疆密遠西藏古堡中，掘拾西藏文書甚多，皆記軍事及屯駐事(注十四)。則當時吐蕃之出入新疆，仍由青海經密遠可以確定也。及至唐懿宗咸通間，北廷回鶻進取西州，斬恐熱，吐蕃遂亡。而吐谷渾道至是亦淹沒矣。

以上專就吐谷渾道論述其原委，因此道開於北魏時之吐谷渾人，歷隋唐數百年間未曾荒棄，而與西域之文化民族關係甚大，故詳述之。兩漢時之南北二道，由魏至唐，始終不絕者，惟南道，即由敦煌至鄯善達于闐之道。北道即伊吾道，亦通行。唐滅高昌，西州內屬，其交通之便利，更無論矣。唯魏略所述之中道，則自苻秦滅前涼以後，即已荒廢。至最近仍未恢復，僅少數旅行家與獵戶通行而已。

三. 宋高昌道，及元之大北道，與南道。 自唐之末葉，中原混亂，勢力不能達西域，中西交通情形如何，難考其詳，史書所載，不過根據一二使臣所經行以見其一端而已。當五代之時，據新五代史四夷傳，稱石晉天福中遣供奉官張匡鄴往于闐冊封，副使高居誨爲記其行程，略云：'出玉門關，經吐蕃界，西至瓜沙。又東南十里，三危山，其西，渡都鄉河，曰陽關。沙州西，曰仲雲，其牙帳，居胡盧磧。匡鄴等西行入仲雲界至大屯城，仲雲遣宰相來候晉使者，自仲雲界西，始涉鹹磧，無水，掘地得濕沙以止渴。又西渡陷河，伐檉柳置水中乃渡。又西至紺州，于闐所置也，去京師九千五百里矣。'余在第一節中關於此記地名，略有考證。胡盧磧即莫賀延磧。大屯城即唐地志之七屯城。陷河爲且末河。今仍保持上說。如所說

(注十四) 向譯西域考古記八一頁。

不誤，是張匡鄴所經行，仍為古陽關大道也。沙海昂馬可波羅行紀，引 Huber 譯匡鄴行記，稱'匡鄴偕沙門三百人入天竺求經時，未遵此道。其由沙州赴于闐，係取道伊吾、高昌、焉耆，而至于闐，亦即波斯某著作家所言百日程之長道也。'(注十五) 與余所見相左。蓋 Huber 誤認仲雲牙帳居胡盧磧即謂匡鄴經伊吾。今按下文明云匡鄴等西行入仲雲界至大屯城，乃經行仲雲境域，並非經行仲雲牙帳。疑當時仲雲疆域，直達且末以東也。下文又云，自仲雲界西，始涉鹹磧，明指羅布淖爾附近之沙磧，由史記正義引裴矩西域記，及馬哥波羅遊記，均可證明。若由伊吾至高昌，雖如玄奘所記涉南磧，然既至高昌，轉西南至焉耆，似可由焉耆直達于闐，如法顯所行者也。不必又東南行，繞道且末即紺州，方至于闐。故余不取 Huber 之說，而仍以為匡鄴所行，即陽關古道也。

　　至宋室繼興，遠隔遼、夏，雖史載于闐回鶻，嘗遣使貢獻，實則為商人之往來而已。路程所經，無可準記。今所得考見者，僅宋太宗雍熙間，王延德使高昌一事而已。據宋史外國傳所載，王延德使高昌記略云：初自夏州，歷黃羊平，渡沙磧，凡二日，至都囉囉族，次茅女媧子族，族臨黃河，以皮筏為囊而渡。次茅女王子開道族，行入六寰沙，沙深三尺，馬不能行。次樓子山，無居人，行沙磧中，次臥梁劾特族，地有都督山，唐回鶻之地。次大蟲太子族，族接契丹界。次屋地因族，次達于于越王子族。次歷拽利王子族，有合羅川，唐回鶻公主所居之地，城基尚在，有湯泉池，次阿墩族，經馬騣山、望鄉嶺，次歷格囉美源，西方百川所會。次託邊城亦名李僕射城。次小石川，次伊州，次益都，次納職城，城在大患鬼魅磧之東南，望玉門關甚近。凡三日至鬼谷口，避風驛。凡八日，至澤田寺。次寶莊，又歷六種，乃至高昌，即西州也（宋史外國傳高昌傳）。'余

(註十五) 馮譯沙海昂馬可波羅行紀第五五章一七五頁。

按王延德所記諸地名，多不可考，兹舉其可知者，夏州即陝北之東勝，茅女喝子族當即今寧夏一帶。樓子山疑即阿拉善北之沙磧。達于于越王子族疑在今甘州境，合羅川疑即張掖河。馬驥山在酒泉縣北，今名同。格囉美源，丁謙謂即巴里坤，或是。託邊城，疑即今鎮西。小石川，丁謙謂即今昭莫多河。伊州，今哈密。納職，今托和齊。避風驛，即今十三間房。澤田寺即今七克騰木，六種即今魯克沁。高昌即今吐魯番之哈喇合卓，漢名三堡也。據其所述，似由陝北東勝，即古夏州，西行，經寧夏，過阿拉善沙磧，而至甘州，轉西北，渡張掖河，過馬驥山，直達巴里坤，即鎮西。轉南，至哈密，至本文所稱伊州也。再由哈密西北行，經十三間房，風戈壁，至魯克沁，達吐魯番，即高昌也。據此，是北宋通西域道路，不特不經行南北朝之吐谷渾道，且漢唐之南北二道，亦不經過，而繞道於甘肅邊外西行，故當時之南北二道，是否通行，爲一問題也。蓋當時西夏據有寧夏及甘肅諸地，王延德所行，均屬西夏境域，亦即西夏與西域交通之道也。元太祖崛起朔漠，兼幷西疆。東西通途，至是復開。但其路線所經，則又以蒙古爲起點矣。據長春眞人西遊記略云：'二月八日起行，宿翠帡口北，過撫州、明昌，入大沙陀。出陀至魚兒濼，起向東北，凡二十二日，至陸局河。並河南岸西行，凡十六日，河繞西北流，改行西南驛路，凡十四日程，達平野，山水秀麗，水草豐美，東西有故城基，或云契丹所建。六月十二日至長松嶺，十七日宿嶺西，朝暮有冰，雨巳三降，冷如嚴冬。山路盤曲，二十八日泊窩里朶。東渡河，河水東北流入營，駐車。窩里朶，漢言行宮也。七月九日，同宣使西南行，屢見山上有雪。又二三日，歷一大山，出峽，一水西流，又五六日，跨嶺而南，迤邐南山，望之有雪，郵人告曰，此雪山北也。次至阿不罕山，北傍大山西行，東南過大山，經大峽中，秋，抵金山東北，復南行，其山高大、三太子出軍，始闢其路。乃命百騎輓繩縻轅而上，縛輪而下，連渡五嶺，南出山前臨河止泊。渡河而下，經白骨甸，涉大沙陀，至回紇城。會長設葡萄酒及果餅，乃曰，此陰山前三百里即和州也。西即鱉思馬大城。王官士庶，具威儀迎，曰，此大唐北庭端府。九月二日，西行，四日宿輪台縣東，重九日至回紇昌八剌城並隨山而西，約十五日，宿陰山北，轉南行山中，過一大池，名曰天池。沿池南下，入峽，爲四十八橋，出峽，至阿力馬城。……下略。'按關於西遊記地名考證，而以王國維氏西遊錄注，爲最精詳，不復具舉。約其行程，似由克魯倫河，經士拉河，過杭愛山南麓，西南過阿爾泰山，而達天山之北麓。鱉思馬大城即大唐北庭都護府也。又傍天山北麓西行，過伊犁而達撒馬爾罕。此路雖爲長春所過，但成吉思汗西征，拔都西征，旭烈兀西征，均由此路。是元初與西域交通，又取大北道矣。時遼金、西夏，迭據中國西北境。宋人南渡，僻處江左，與西域交通隔絕者，數百年矣。至元世祖忽必烈平定南宋，混夷歐亞，置驛於途，而中國與西域之交通，至是復開。據馬可波羅行紀所述，略可知其梗概。其所經路程，由波斯至可失合兒、鴨兒看州、忽炭州、培因州、車爾成州、羅不城、唐古忒州、哈密州、欣斤塔剌思州、肅州、甘州、亦集乃城、哈喇和林城。由其所述路線，沙州以西，完全經行漢之南道。蓋可失合兒即漢之疏勒。鴨兒看州即漢莎車，忽炭即于闐。皆經東西學者之考證，確實無疑。惟培因，漢無確地可指。斯坦因，玉耳均以爲即玄奘之媲摩城，今策勒一帶。唯沙海昂以爲培因，即唐地志之播仙鎭。斯坦因考古記中所述之安得烈也。培因、播仙皆一聲之轉（註十六）。唯中國之考據家，則以播仙鎭即漢且末國，陶保廉辛卯侍行記，新疆圖志道路志，均持此說，蓋新唐地志引賈耽道里記，明云'播仙鎭故且末城也。'現車爾成西北有古城遺址，周十餘里，疑即播仙鎭遺址也。又安得烈圖志作安得悅，一名安多

(註十六)並見馮譯馬可波羅行紀一五九——六三頁。

羅，即大唐西域記之覩貨邏，新唐書作故都邏與安得邏音近而變也。據此，是播仙不得謂即安得烈也。又培因州下，又有車爾成州，車爾成即古且末，已為一般學者所公認。車爾成既為且末，應即唐之播仙鎮，故馬可波羅之培因，當另是一地。余頗贊成斯坦因等，以培因為唐玄奘媲摩城之說。斯坦因並指策勒北之兀宗塔迪遺址，即其故地。余按媲摩城，與媲摩川有關。媲摩川，應即今達摩戈之乾河，在舊達摩戈北，約十里，有古城遺址，街衢巷陌可辨，疑即唐之媲摩城。余曾在此，掘拾漢五銖錢一枚，或漢之扜彌城亦即其地。兀宗塔迪尚在其西，陶片散布極廣，皆宋元間物。余又拾西域古錢幣一枚，本地土人言為回教初來時所通用者。南有古墳，土人稱為力濟阿特麻札，為回族初來時之始祖。旁卜拉克乾河，附近有城基遺址，即元之培因城也。唯馬可波羅稱河中產碧玉及玉髓甚豐，今雖不見河中有玉，但于闐山中出玉石，俗稱岔子石，青玉亦出其中。古時由山上冲至河中，今仍埋於沙中，亦可能也。今由余與斯坦因實地所見，類皆一一吻合，不可懷疑。唯余以媲摩城尚在其東北，與培因州城非一地，為異耳。又關於忽炭至培因路程，沙海昂以為培因至忽炭八日程，距車爾成五日程。今按新疆圖志道路志，克里雅至和闐五日程。尼雅至克里雅三日程。安得悅至尼雅四日程。車爾成至安得悅五日程。沙海昂以里程計算，故不取斯坦因兀宗塔迪之說，而以安得悅當之。但安得悅距和闐十六日程，亦與馬可波羅所述不合。如以里程計算，不如以尼雅為培因州較合。因尼雅至和闐適八日程也。但余考馮承鈞轉譯沙海昂馬可波羅行紀，稱培因州廣五日程，忽炭廣八日程，乃指培因疆域言。並非言馬可波羅所經行之里程也。故忽炭疆域，雖為八日程，培因雖為五日程，而由培因州城至忽炭都城，並不須八日程也。以上專就培因一地，加以考證也。其次馬可波羅所經行之地，如車爾成即漢且末。羅不城即漢鄯善，唐古武州即古沙州，亦為一般人所認可。哈密即漢之伊吾。欣斤塔剌思，漢無其名。De Guignes 匈奴全史，以爲即鄯善，非也。或以爲即肅州西之赤金衛，亦疑不然。余以爲即哈密東之塔剌納沁城。簡稱沁城。若肅州，當即今肅州，亦集乃當即今額濟納，漢居延地，哈喇和林即蒙古汗都也。按據其所經行之路線，自沙州以西，雖與漢陽關古道同，但自沙州以後，折北行，過額濟納，而達和林，此又由蒙古至甘肅之南北路線也。蓋自元世祖建都和林，而中西交通路線，較元初又變矣。

四．明、清時之嘉峪關道。 顧炎武云：'明初革元命，統一寰宇，洪武五年，宋國公馮勝兵至河西，驅逐元守臣，置嘉峪關，及甘肅等衛。洪武永樂中，因關外諸番內附，置沙州、哈密、赤斤、罕東、阿端、曲先、安定、苦寨等衛，授以指揮等官，俱給金印，覊縻不絕。使爲甘肅之藩蔽。後因入關者衆，皆取道哈密，乃即其地，封元之遺裔脫脫者，爲忠順王，賜以金印，使爲西域鎖鑰。凡夷使入貢者，悉令哈密譯語以聞。（天下郡國利病書卷一百十七）'據此，是明時以哈密爲中西交通之咽喉也。自元滅西夏，兼并西域。太宗初於敦煌故地，置沙州路，總管府，而以瓜州隸焉，西北諸國，如阿力麻里，別失八里設置新站三十，及元拔都平欽察，至元七年又於吉利吉思，謙謙州蓋蘭州等處，設斷事官，修倉庫，置傳舍，中西交通如行郡邑。明承元後，雖勢力不及西域。但交通路線，猶存舊規。滿淸因之，以及近代，迄無多變動。蓋自嘉峪關大道通行以後，而陽關古道，荒廢也久矣。今就明人所述出嘉峪關路線，參考今道，述之如下。以徵古今交通之變也。天下郡國利病書卷一百七十，引西域土地人物略，記嘉峪關以西道路甚詳。如云：'嘉峪關西八十里，爲大草灘。灘西四十里，爲回回墓。墓西二十里，爲扇馬城。城西三里，爲三顆樹。樹西三十里，爲赤斤城。赤斤西四百五十里，爲苦峪城。苦峪西二十里，爲古墩子。墩西六十里，爲阿丹城，阿丹西南三十里，爲哈剌兀速城，哈剌兀速西南百里，爲瓜州城。瓜州西六十里，爲西阿丹城，西阿丹西二百里，爲沙州城，沙州西三百里，爲哈密城。按西域土地人物略，不知作者姓氏，陶保廉云：蓋前明人所記，地名多與今異。方向里數，尤不足據。而傳寫脫誤，攙雜失序，幾難卒讀。按如余所見，與陶保廉略同。自哈密以西諸地名，尤爲難讀。蒙古地名，與中國地名，攙雜其間，疑爲本於來往商人之傳述，好事者爲之記也。故所述路程里數多不可據。余頗疑此記，出於元人所記，轉相抄錄，遂錯訛滋多耳。但哈密以東里程，校以今道，頗多吻合。例如赤斤城以東，與明史西域傳相合。赤斤城以西各地，與陶保廉侍行記所述嘉峪關至哈密里程，地名雖異，而路線大略相同。至赤金峽後微異耳。例如回回墓，陶作惠回驛。扇馬城，陶同。扇作騸。三顆樹陶作滋泥泉。赤斤城，陶作赤金峽驛，此明時與今同也。出赤金峽，今道由玉門縣西偏北，至布隆吉爾城，達安西州，爲明之沙州衞地，轉西北，過馬連井、星星狹、格子烟墩、南湖，而至哈密。但故道，則由赤金峽，直西行，經苦峪、阿丹即罕東，而至瓜州，即安西州之西南三十里新瓜州，轉西而至敦煌，即沙州。再西北行，而至哈密。較今道微偏南也。

綜上所述，中國歷來之交通，自漢至唐，均以玉門陽關爲門戶，而鄯善、樓蘭扼其樞要。雖唐人東移玉門關於疏勒河上，然亦不廢陽關大道。自宋至清，則以北道爲主，而哈密握其樞機。自明人防邊，築長城起於嘉峪關，遂爲中國西邊之門戶，中西交通之鎖鑰。自嘉峪關道與，而玉門陽關古道遂廢，所謂樓蘭者，久已淪於沙漠，徒爲吾人考古之資料而已。滄海桑田，不其然歟。（參考中西交通路線圖並註釋）

　　　　　　民國三十六年，十二月，摘自拙著羅布淖爾考古記叙論。
　　　　　　　　　　　　　　　　　　　　　文弨附識。

重論 ārśi,*ārgi 與焉夷,焉耆

王 靜 如

一　引言
二　Toquz ärsin 與九城焉耆
三　ārśi 與焉夷
四　ārśi<*ārg(w)i 即焉耆,而 ārśi 非烏孫
五　結論及所謂吐火羅語即焉耆語

一　引言

'ārśi' 是所謂吐火羅語（註一）自稱的本名（註二），他的古音應是

(註一) 所謂吐火羅語 (So Called Tokharian)，即是在哈喇沙爾（有古焉耆遺址，今仍名焉耆）及吐魯番（有古高昌遺址）等地所發現之第一種古語。德國學者如西額(E. Sieg)及西額凌(W. Siegling)等根據回紇文彌勒下生經(Maitrisimit)題識之 'Tokhrï' 定其名為吐火羅語。詳見二教授吐火羅語即印度斯克泰語 (Tocharisch, die Sprache der Indoskythen)載於普魯士學術研究院報告史語集刊(Sitzungsberichte der Preussischen Akademie der Wissenschaften, Berlin, phi-hist. Klasse 1908 簡稱 SPAW) 及彌勒下生經與所謂吐火羅語 (Maitrismit und 'Tocharisch' SPAW. 1916)。二氏對此語定名後，學者爭辯不已，迄今尚成疑案。故稱之曰所謂吐火羅語, 'Tokharian'.

(註二) 西額 (E. Sieg): 吐火羅之一本名(Ein einheimischer Name für Toxrï). SPAW. 1918. p. 560.

'*ārg(w)i'(註三)。我以為這正相當中國古代西域'焉耆'的譯音。伸言之，即所謂吐火羅語亦應名之為焉耆語。若更從歷史民族來說，西漢時代甚至先秦時代(註四)，印歐民族(Indo-European)(註五)已住滿了塔里木河流域。

所謂吐火羅(Tokhri)或所謂吐火羅語(So Called Tokharian)定名的問題，從一九三三年到一九三八年，西方的中亞史語研究家爭辯最為熱烈。這五六年中，重要的論著如勒維(S. Lévi)教授的論所謂吐火羅語(Le 'Tokharien')(註六)，伯希和(P. Pelliot)師的論吐火羅語與屈支語(Tokharien et Kautchéen)(註七)及吐火羅語之商討(A propos du Tokharien)(註八)，白雷(H. W. Bailey)教授的說吐火羅(Ttaugara)(註九)，西額(W. Sieg)教授的論所謂吐火羅語之真實性(Und dennoch 'Tocharisch')(註十)，均是引徵詳贍，文理並茂，劃一個階段的論著。不過，因為這問題在中亞語史中是一個最複雜和最難解決的新生疑案，所以從此種

(註三) 詳拙著論ārśi及焉耆，Tokhrï及月氏(Arsi and Yen-Ch'i, Tokhri and Yüeh-Shih) Monumenta Serica, Journal of Oriental Studies of the Catholic University of Peking. Vol. IX. 1944. pp. 84-86. 亦可參考 N.Fukushima: On the Designation-Problem of the So Called Tokharian Language. 1935 p. 39.

(註四) 先秦時代可能上溯至紀元前四五世紀或甚至更古。本文不及論列。

(註五) 印度歐羅巴民族。主要包括日耳曼，希臘，拉丁，斯拉夫，立陶宛，阿爾巴尼亞，阿爾馬尼亞及所謂吐火羅等是為西支；印度及伊朗為東支。

(註六) 亞細亞學誌 Journal Asiatique (簡稱JA.)，Paris 1933. i. pp.1-30.

(註七) 仝上，1934. i. pp. 23-106

(註八) 通報 T'oung Pao (簡稱 TP.) 1937. XXXii, pp. 259-284.

(註九) 東方研究學院學誌 Bulletin of the School of Oriental Studies (簡稱 BSOS), London, 1937, pp, 883-921.

(註十) SPAW. 1937. pp. 130-139.

文獻出現，先擬爲中亞第一未知語及後定名爲吐火羅語以來，三十年中仍在爭論，尚不能決定。幾乎西歐每個治中亞學的人全來研討。尤其是更不限於純研究所謂吐火羅語言的人。這種情形，伯希和與西額兩教授全都特別提出。伯氏說"吐火羅語問題是一種必須深知中亞史語，始能解答的問題。可也是一種最難解答的問題。因爲就我們現在所知的情況來說，有些解答是互相抵觸，好像任何解答均須包括在內。要使問題明瞭，就僅能作陸續接近的研究，各人利用前人研究的成績而整理自己的主張，以爲一種暫時的學說；但是如此，却仍舊不能掩蓋各人學說的弱點"（註十一）。西氏也以爲必須集合中亞史語各研究家互相研討，除治吐火羅史語專家而外，伊蘭學家，突厥回紇學家，印度學家，希臘學家，西藏學家，漢學家等等專門學者都是解決這個問題的重要人員（註十二）。本來所謂吐火羅語定名問題已成中亞史語之謎。可是他的資料發現在中國的新疆省，又是個中國西域史的大問題。我們自己毫無貢獻，只是袖手旁觀，西儒代勞，豈不慚愧。因之，數年前我曾試寫兩文（註十三），意在引玉。惜夷人肆虐，波及世界。西儒著作，因以斷讀。拙論自亦不能不受時代之限制。

數月以來，歐美雜誌，復得閱目。新見各篇如哈倫教授（G. Haloun）的論月氏問題（Zur Üe-tsï Frage）（註十四）郝寧（W.B.Henning）教授的焉

(註十一)吐火羅語之商討，TP. XXXii, 1937, p, 259.

(註十二)論所謂吐火羅語之眞實性，SPAW. 1937. p. 139.

(註十三)（一）論吐火羅及吐火羅語（中德學誌卷五，1943, pp. 217-277）。此篇曾述爭論情形，並附研究此問題詳目。（二）論 ārśi 及焉耆，Tokhrï 及月氏(譯爲英文，見前註三)。

(註十四)德國東方學會雜誌，Zeitschrift der Deutschen Morgenländischen Gesellschaft（簡稱 ZDMG) pp. 243-318, 此雜誌在北平已難尋得。余所見者爲著者贈王重民教授抽印本。蒙老友借閱，特誌謝忱。

耆與所謂吐火羅語(Argi and the 'Tokharians')(註十五)，陶麻斯(F.W. Thomas)教授的一個眞實吐火羅語(?)文件(A Tokhari(?)MS.)(註十六)等文，所論精深，已引導此疑難，進入解決的途徑。今余再論 ārsi 一題，實爲舊意而重加新證。且後見諸篇仍有議論未安，不可不辯者。因成短文，只論 ārśi。至於'Tokhri, Toχrï'一名，稍具意見（註十七），擬日後述之。若各家爭辯情況及余討論之目標，深望能參看上舉諸家著作，或拙著前文，卽能得其梗概。故不重述。

二　Toquz ärsin 與九姓烏護

外蒙古温昆河(Orkhon)流域，曾發現唐中葉所立古突厥文(Runic Turkish)闕特勤(Kül Tegin)碑（建於西紀七三二年）及苾伽可汗(Bilgä Qaghan)碑（建於七三五年）。兩碑文中有一段相同之文字。其辭曰：

'Ilgärü Šanduṅ jazyqu tägi süladim, talujqa Kičig tägmädim; birgärü toquz ärsinkä tägi süladim, tüpütkä kičig tägmädim; quryšaru jinčü ügüz käčä tämir qapyγqa tägi süladim: jyrγaru jir bajyrqu jiriṅä tägi süladim'（註十八）

譯爲國語卽爲：

'我（苾伽可汗）東征至山東（Šanduṅ 相當今日之河北一帶）平原，幾達

(註十五) BSOS. 1938.

(註十六) 美國東方學會雜誌 Journal of the American Oriental Society（簡稱 JAOS.）Vol. 64. No. 1. pp. 1-3. 1944.

(註十七) 關於'Tokhrï'的問題，郝璧教授在粟特文件及突厥文件中尋得新資料，可惜解釋方面仍成疑難。我對此事，略有意見，惟尚待更完好之說明。此文暫不論及。

(註十八) 依湯姆生 (V. Thomsen) 之鄂昆河突厥文碑銘考釋 (Inscription de l' Orkhon déchiffrées, 1894, p, 115-116.)

海濱；我南征至 Toquz-ärsin (考證見下文)，幾達吐蕃 (Tüpüt 即西藏)；我西征珍珠河(Jinčü)外，直抵鐵門 (tämir qapyγ)；我北征至拔曳固(bajyqu)，'(註十九)

文中之山東，吐蕃，珍珠河，鐵門及拔曳固諸名詞，均為自十九世紀碑文正式公開研究後，學人所考釋者。至其中 'Toquz-ärsin' 一名，竟在七八十年內，迄未得一正確解說。治中亞及習吾國西北古史語者，引為憾事。惟時至今日，吾人似不必再效昔人作無益之推測，或以缺譯出之。蓋 Toquz ärsin 者，乃指當時焉耆，即今日之哈喇沙爾(Karashahr)地方而言。ärsin 一字實與中國古代所稱西域之'焉耆'，中古之'焉夷'為同一國名之音譯(註二十)；所謂 Toquz ärsin 者，為有九城之焉耆，今試言之。碑文云：

　　　'我南征至 Toquz-ärsin，幾達吐蕃 (西藏)。'

當時之東突厥實在哈喇沙爾之北略較東，以及今日甘陝以北。甘陝乃唐朝本土，突厥不能越之而達吐蕃。惟哈喇沙爾處於西域，南隣吐蕃，北近東突厥。稍西之庫車雖亦北接西突厥而與東突厥較遠，且南隔戈壁，如至吐蕃不束經哈喇沙爾即須西南迂繞和闐方可到達。二者相較，惟哈喇沙爾足以當 Toquz-ärsin。此由地望而知之。若自語音方面觀之，則 ärsin 一字，其 ärsi，殆與所謂吐火羅語甲方言(出自哈喇沙爾者)自稱之 ärśi 發音相同。是以最近瑟戴爾(Schaeder)及西額二氏均疑此 ärsin 或即 arśi (註二十一)，可謂恰當之至。惟此中尚有兩問題，須待解釋。即一，突厥文中

───────

(註十九)湯氏附法文譯意及註釋。此後湯氏曾將二碑譯文增改，寫為丹麥文。德人瑟戴爾(H.H. Schaeder) 更轉丹文為德語。惟此句意毫無變化。瑟氏文名蒙古所出之古突厥文碑銘
(Alttürkische Inschriften aus der Mongalei) ZDMG. 78, 1924. 此句在 p.141.

(註二十)詳下文第三節。

(註二十一)西額氏論吐火羅語之眞實性曾道及瑟氏於夜會講演揭及。見西額文 p. 139.

之 ärsin 字何以必須加一 n？此求之突厥文法殊不相合。二，ärsin 何以須稱 'Toquz'（意爲'九', ? ärsi 名前有九，亦未曾見。二者不明，證據仍嫌未備。今仲言之。

所謂吐火羅語甲方言示多數之意，每加一 ñ 音。則 ärsin 殆由 ärsiñ 一字所轉譯者。方言文件中未見 ärsiñ, 蓋以諸訓未有此數此格也。突厥文 Toquz 爲九，'九 ärsi' 則 ärsi 自應爲多數之 *ärsiñ, 理極自然。其次爲 ärsi 何以稱九（Toquz）？按哈喇沙爾，漢稱焉耆，隋唐因之。考之唐前諸史，皆言焉耆有九城，實爲此文之巧證。北史，魏書及隋書西域傳云（註二十二）：

'焉耆國……國內凡有九城。

周書異域傳云：（註二十三）

'焉耆國……部內凡九城。'

此改'國內'作'部內'。四史所列，爲國或部。總之由北魏至隋，焉耆均有九城，必無可疑。至於唐世，焉耆當仍有九城。此雖無確證（註二十四）；然東突厥起於隋前，稱九城之焉耆爲九焉耆（即九部或九城焉耆），旣甚自然。及至唐代，仍因襲舊名以'九焉耆'稱當時之焉耆，亦情理所許可。由是言之，Toquz ärsin 者，即有九城之焉耆，ärsin 一字即甲方言本名 ärsi 一字複數形之音譯，不待言矣。於是 ärsi 本名一說，又得良證。且七十年來不能解釋之突厥碑文 'Toquz ärsin' 一詞，因得說明。而 ärsi 一字當指哈喇沙爾，亦即焉耆，更不待重述了。

（註二十二）北史卷九十七，頁十二上（五洲版下全），魏書卷一〇二，頁七上。隋書卷八十三，頁十一上。

（註二十三）周書卷五十，頁十上。

（註二十四）舊唐書卷一九八，頁十四焉耆傳，貞觀十二年，"處月，處密與高昌攻陷其（焉耆）五城。"是知唐初焉耆當仍可有九城。

三　ārśi 與焉夷

　　法顯佛國記叙其赴印度路程，經過哈喇沙爾時，稱此地爲'焉夷'。今本此二字多作烏夷，偽夷，偽彝。據伯希和教授之研究，作烏夷，偽夷，偽彝者，均係'焉夷''偽夷'之誤字或轉音誤字（註二十五）。所論甚確。'焉夷'二字隋唐之世，即六七世紀以後，其音概爲 iän-i；'夷'讀如母音（註二十六）。而考法顯之時，即四五世紀之間，其發音殊不若是。此不必他求，僅就法顯本人之佛國記，查諸'夷'字之譯音，即可知之。是應爲最直接之憑證。

　　印度之 Kuśinagara，法顯譯爲'拘夷那竭'，以拘當 -Ku-，以'夷'當 -śi-，以那當 -na-，以竭當 -gara。是'夷'發音若 śi。其次如梵文之 asita，法顯譯爲'阿夷'。此中或有脫字，今不得而知。此乃以阿當 a-，以'夷'當 -si-。是以'夷'發音可如 si。爲 śi 爲 si，總不離一舌尖之子音，決非母音。後人譯 Kuśinagara 多爲俱尸那或拘尸那揭羅，以尸當 śi。譯 asita 作阿私陀，以私當 si。蓋彼時'夷'已讀作母音，只得以尸及私譯出。時間既異，發音乃變。佛國記用'夷'字譯音者，尚有'罽鐃夷'，'舍夷'及'羅夷''拘夷'四名。罽鐃夷一字，學人以爲 Kanyakubja 之譯音，而希臘古地理誌則作 Canogiza。以罽當 Ka- 或 Ca- 以鐃當 -ngak- 或 -nog-，以'夷'當 -ja 或 -za。西域記作'羯若鞠闍'，是此字中之 -b- 讀若 -v-，故地理誌不譯，法顯玄奘均不及之。此亦以'夷'爲舌尖音。拘夷即 kuca 或 *Kuśi，仍以舌尖音轉出。梵音之 j- 古人多以舌尖音譯之，玄奘固其一例，而譯'鄧''社'者，亦頗不乏人。'舍夷'及'羅夷'二詞，學者以爲可當巴

（註二十五）伯希和：吐火羅語之商討，TP, 1936. pp. 266-279.

（註二十六）切韵音以下，均如是讀。

利文 sakki 及 lakki, 此巴利文實不若梵文之可憑證。二字中以 -kki 當夷, -kk- 由他子音同化作用而來, 當非自母音演變而成。是當時梵文亦不以母音當'夷'字, 惟不知其爲舌尖音或舌根音而已。如是, 則法顯必以'夷'讀成子音, 其子音應屬於舌尖音類。(註二十七)

'焉夷'之'焉'四五世紀之時, 或可讀若 iän 及 ian。紀元前後數世紀中即兩漢及魏晉 中土每以收 -n 之字譯異域之收 -r 之音。如安息之譯 arsak, 罽賓之譯 Keśmira 或希臘之 Kespir, 鮮卑之譯 *Sarbi, 冒頓之譯 Baghtur 其例甚多, 不煩備舉(註二十八)。此風至唐乃殺。蓋此時無適宜 -r 音譯出之, 不得不求近似。及至唐宋通用之入聲字收 -k, -t -p 者, 漸次由清變濁, -t 可爲 -d -ð。-d -ð 均較 -n 尤近於 -r, 因以入聲譯之, 不再用收 -n 之字(註二十九)。法顯正當以 -n 譯異語收 -r 之末期, 故可以'焉'譯'an', 或'ian', 亦可以之譯'ar', 或'iar'。明乎此, 吾今可以言'所謂吐火羅語'甲方言之本名。

自西額及西額凌創 ārśi 爲'所謂吐火羅語'甲方言本名之說以來, 因其理由只限於甲方言文件之一方面, 故學人頗疑其未妥。今願由中國書籍先證明此說之確實。上舉法顯於東晉之時稱哈喇沙爾爲'焉夷', 而甲方言又爲哈喇沙爾之古代語言。余意以爲'焉夷'二字即此地(甲方言)自稱本地名'ārśi'之譯音。法顯之時既可以'焉'譯 ar 之音, '夷'又須爲舌尖音, 其音且應近於 si, śi, jė 等, 或爲 źi, d'i 甚至爲 ði。此種音雖未知孰是, 然以譯 si, 必毫不勉強。因之, 法顯以'焉夷'一名稱當時之哈喇沙爾者

(註二十七)關於'夷'本字之切韻前音, 因屬喻紐之'以'類, 由聲音源流言之, 亦爲有子音之類。佛經譯名之較古者, 多以轉梵文之'j'音。如'波夷羅'即 Pajra, '阿夷那'即 Ajina, '阿夷羅婆底'即 Ajiravati 等是。

(註二十八)伯希和教授屢言之。

(註二十九)亦出伯希和教授。

乃音譯其地自稱之名 ārśi 也。ārśi 一詞既在中國文書中得其證明，則其爲甲方言之本名更爲確定。且與伯希和教授據諸本定烏夷，僞夷爲焉夷，僞夷之誤字，更可互相發明。是以，ārśi 一名，不僅爲所謂吐火羅語之自稱，且可知原爲古代哈喇沙爾自稱之名。此焉夷與突厥文碑銘之九 ārsɪn，均可確證此點。

四　ārśi < *ārg(w)i 即焉耆而 ārśi 非烏孫

上文已經說明 Toquz ärsin 即九城焉耆，ärsin 即所謂吐火羅語自稱之 ārśi，而 ārśi 即法顯佛國記所記之焉夷亦即漢代之焉耆。是 ārśi 者，即指焉耆而言。昔者余曾指出 ārśi 之古音應爲 *ārg(w)i，此字即漢代'焉耆'譯音之所自出。所謂吐火羅語無濁牙音之 g 及 gh (或 gw 及 gwh)，凡古印歐語音之濁牙音已變爲 k 及 ś 等。母音 i 及 e 前之牙音可變爲 ś。漢代譯音又以'耆，g'i'當之，是應以 *-gi 較宜。故余擬此 ārśi 可能來自 *ārg(w)i (註三十)。惜尚無旁證。今讀郝寧教授文，氏舉粟特文件之國名表 (Nāfnāmak) 有'rkcyk (arkčik)，鋼和泰 (Staël Holstein) 教授指出之 argiña，白雷教授所用尼雅文件之 argiya，以至於摩尼教文件中之 arkčik watāw (ark 民之王) 等，均指焉耆地方而言 (註三十一)。於是氏乃假定此伊蘭語系 (粟特及塞語等) 字應爲 argi 或 ärgi，爲中國'焉耆'名所從出 (註三十二)。此種卓見幾乎與余所擬者相同，可謂快事。惟氏意僅指粟特及塞語摩尼教文件稱焉耆地方之國名而言。至其本地自稱之 ārśi，氏以爲當是烏孫，其語言亦爲烏孫語 (註三十三)。

(註三十) 拙著 arsi and Yen-Chi, Tokhri and Yueh-shih, pp. 84-86
(註三十一) Argi and the "Tokharians", pp. 564-567.
(註三十二) 仝上 p. 571.
(註三十三) 仝上 p. 563.

余則以爲大謬不然。

烏孫自漢迄晉從未佔領焉耆，且二者並存。焉耆何由以烏孫自稱(註三十四)？此以地望知其不可，其一。烏孫語屬印歐語何系，今不具論，如僅就'ārṣi'或'ārṣi(n)一字之語音比之''烏孫 uo-suən'，亦難恰當（註三十五)。氏以 ārṣi 之 -r- 漢轉音或可以遺失，如哈倫教授所言（註三十六）。但 ārṣi 漢譯焉夷，argi 漢譯焉耆，（他如 arsak 漢譯安息等參看前文）終不失其 -r-，哈倫教授據一二例外而言，殊不可信。此由轉音方面知其不可，其二。中國漢代稱之曰焉耆(*iäng'i~*ārgi), 唐代粟特，摩尼敎，尼雅諸文件又稱之曰 argi, 則其本國應原有稱 *argi 之名者，自不待言，其三。今焉耆地方古文件之所謂吐火羅語之本名，不作 argi 而作 ārṣi。此二名不並見，自是 *-gi-ṣi 之轉化，一名之演變無疑，其四。有此四種不利於郝寧氏所說 ārṣi 爲烏孫之理由，則余前擬 ārṣi 來自古代之 *ārg(w)i, 故中國稱之曰焉耆；今再加粟特等文件之傍證，假定更覺確實。若然，則數十年不能解釋之疑難即可決定。

五　結論及所謂吐火羅語即焉耆語

總結上文，吾人可得而言者；

一，ārṣi 一字確爲古代哈喇沙爾所出所謂吐火羅語之本名。而此本名由突厥文苾伽可汗與闕特勤碑銘之'ārsin'及法顯佛國記'焉夷'可證 ārṣi 亦即本地自稱之名。

(註三十四)由他國族誤稱'焉耆'爲'烏孫'（實無此例）尙可。而自稱'烏孫'則不可。烏孫在焉耆西北，天山之北，詳見史記漢書後漢書晉書北史隋書等。

(註三十五)關於烏系問題及其對音，現在我不想討論。這是一個有趣的題目，但決不像白鳥庫吉敎授定爲阿爾泰語系(Altaic)，希望留在將來討論月氏問題再說。

(註三十六)論月氏問題。pp.252 及 314. 氏之議論，雖甚精細，惟此則大謬。

二，此本地自稱之 ārśi 應自古音 *ārg(w)i 演變而來。今由粟特，塞語及摩尼教諸文件之 ark 與 argiya 均可傍證 *ārgi 之確實存在。於是昔日余所擬定中國漢代'焉耆(iäng'i)'乃自 ārśi＜*ārg(w)i 轉音者，更為正當。

三，所謂吐火羅語，今日吾人已知決非真正吐火羅地方之語言，白雷教授已正確指出。真正吐火羅語文件已由陶麻斯教授提出，均無疑意。而所謂吐火羅語之本名 ārśi 自西額及西額凌揭示以來，今又知為古代哈喇沙爾(即焉耆)之自稱，且其古音為 *ārgi，亦即中國古代所稱之焉夷(iän-yi)，焉耆。如是，當然我們應名之曰焉夷語或焉耆語。焉耆較為通用，時代亦久。自以名'焉耆語'為是。西名應為'ārgian'或仍採已用之'ārsian'均可。郝寧教授以 ārśi 為烏孫，解釋異常困難。

四，'焉耆語'既久已存在於今哈喇沙爾一帶，而焉耆語乃屬於印度歐羅巴語西支。則操此語之印歐人可能於西漢時代或先秦即定住此間(註三十七)。這種印歐西支或佈滿了塔里木河流域之北部及天山南麓。如與塔里木河流域之南部及南山北麓之操印歐語東支伊蘭系之塞語印歐人相對映，則古代西域情況，很可以使我們重新考慮的(註三十八)。

五，ārśi 一名之譯音源流，應如下表。

(註三十七)定住不一定是土著。但他們可能很早就在塔里木河流域營農業生活。我的意思決不指遊牧的月氏及烏孫而言。天山南北是古代二者天然的界限。

(註三十八)古代西域國家很多，這些國家在先秦時代情景是如何？和中國關係如何？對於中國上古文化又如何？真是饒有趣味的問題。

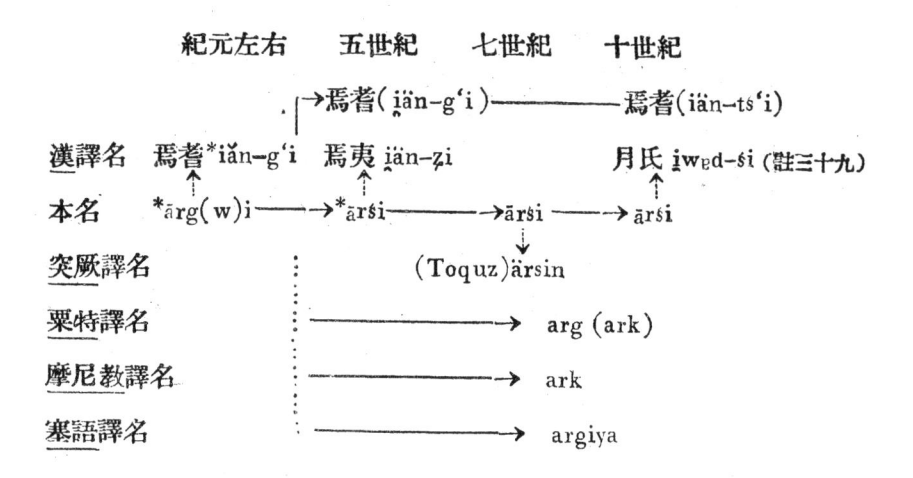

```
              紀元左右    五世紀      七世紀       十世紀
                       ┌→焉耆(iän-gʻi)─────── 焉耆(iän-tsʻi)
漢譯名    焉耆*iän-gʻi  焉夷 iän-ẓi              月氏 iwɐd-śi (註三十九)
              ↑          ↑                      ↑
本名     *ārg(w)i ───→*ārśi ────→ārśi ────→ārśi
                                    ↓
突厥譯名                       (Toquz)ärsin

粟特譯名                  ─────────→ arg (ark)

摩尼教譯名                ─────────→ ark

塞語譯名                  ─────────→ argiya
```

(註三十九) 參看拙著論 ārśi 及焉耆，Tokhri 及月氏 p. 87. 斯坦因 (A. Stein) 所著西域紀 (Serindia, pl. CLXVII, Ch, 935) 及不列顛博物館藏號 S. 367. 載西天路竟一卷。文句有曰：'又西行一日至高昌國，又西行一千里至月氏國，又西行一千里至龜茲國。' 此月氏國當然是指焉耆。其稱月氏者以宋人不習西域情事，ārśi 音極似當時'月氏'二字之 i(w)ɐd-śi 音，因以誤置。昔之學者，多以此句為誤抄。以今日所知，應是音同而誤。

水經注之一部分問題

鍾鳳年

卷二十一　汝水

（注）'漢武帝元鼎四年，……觀于周室，……得孽子嘉，封爲周子南君，以奉周祀。按汲冢古文謂："衞將軍文子爲子南彌牟，……"疑嘉是衞俊，故氏"子南"，而稱"君"也。初元五年，爲周承休邑。——地理志曰："侯國也，元帝置，元始二年更曰鄭公。……"'

（頁四上九至下六）

王校于'而稱君也'下引朱箋曰：'自"按汲冢"至此六十字，皆史記："周子南君"臣瓚注中語。'

按集解所引瓚語雖至'而稱君也'止，然漢書武帝紀元鼎四年'以奉周祀'下臣瓚原說實不止此，以與注文相較，宜至'初元五年爲周承休邑'止。注蓋襲自漢書，朱失攷，固誤；王不知瓚說原出處，亦誤。

'元始二年，更曰鄭公'八字，漢地志班注'曰'字作'名'。臣瓚說作：'元始四年，爲鄭公'（卷二八上）就注文書年言，善長或又引自班注，而非述瓚說矣。

王校于'更曰鄭公'下引趙釋曰：'一清按漢書地理志亦作"鄭公"，而後漢書黃瓊封邟鄉侯，章懷注引說文曰："邟，潁川縣也。漢潁川郡有周承休侯國，元始二年更名曰邟……"袁紹亦封邟鄉侯。此云："鄭公"，不詳其故。

按漢書恩澤侯表于始封之地云：在長社，于姬嘉之六世云：'……綏和元年進爵爲公，地滿百里，元始四年爲鄭公，王莽篡位爲章牟公'，于七世云：'天鳳元年公常嗣，建武二年……更爲周承休侯'，于八世云：'五年，侯武嗣，十三年更爲衛公'，于地云在觀（卷一八），後漢書百官志五云：'……建武二年封周後姬常爲周承休公，……十三年改常爲衛公'，光武紀亦有，郡國志東郡衛：'公國，……光武更名'（卷三八）。此依恩澤侯表度之，周承休之封號雖屢易名，然至平帝元始四年改封鄭公以來，其封地似始終在長社，章懷注云：'……周承休侯國元始二年更名曰郟'，恐誤。但王莽傳中有：'周後衛公姬黨更封章平公（姬黨姬常章平章牟俱形近之誤）'之語，是則元始四年改封曰鄭後，不知何時已改曰衛，衛國之建，並不始自後漢；似乃建武二年又移還長社，及十三年更復于觀者。茲疑前漢之鄭改封衛時，其故地曾改曰郟，然未必爲縣，至建武二年又移還于郟，而仍曰周承休國，及十三年復徙封後，其地又曰郟，必不能如章懷注說在元始二年之早也。

至說文云：'郟，潁川縣。'郡國志無之，許慎雖後漢人，而司馬彪之作志，諒乃據後漢官書爲底本，似不至遺落之；黃瓊等之封地，想原係鄉聚，說文似誤，章懷注視之爲縣，又因許說而誤。

要刪曰：'說文郟潁川縣，而漢志無之，據恩澤侯表周承休侯在郟，是前漢有此縣審矣。……周承休之爲縣名，他無所見，乃知漢志本有郟縣，"周承休侯國"五字爲小注，……不知何時脫"郟"字，淺人以周承休本爲侯國，……遂以"周承休"升爲大字，作縣名。章懷下得其故，遂改漢志之"鄭"爲"郟"'。

按恩澤侯表舍云周後之國初在長社繼任觀外，殊無在郟之說。縱在長社地後改曰郟，亦乃王莽所改，漢志幾曾有用莽縣于正文者？其仍曰'周承休'而不曰'鄭'者，殆即因改封鄭出自王莽也。又據平帝紀及恩澤侯表，改封鄭公實在元始四年，武帝紀臣瓚說，周本紀之末正義引帝王紀同，漢志注作'二年'，蓋傳寫之誤，章懷注乃欲證明所引說文，而又未攷較時代之所妄改耳。楊氏說悉非是。善長最稱博識，茲地若有此變遷，豈容不知？後魏時依注所引，如太康地理記晉書地道記司馬彪郡國志俱尚在，又何以一不之及？均可證邧于漢決非縣名。

補遺又云：'……據紀年稱："惠成王如衞，命子南勁爲侯"，是子南爲衞後無疑，何以封爲鄭公？據後漢書建武十三年封姬常爲衞公，則漢志"鄭公"當爲"衞公"之誤。'

楊氏此說可議處有三：

（一）據氏'章懷…改漢志之鄭爲邧'之文，是氏已承認漢志原文作鄭，于此何又不顧前說，而云爲'衞公'之誤。

（二）氏若據王莽傳之'衞公'，尚勉強可作一種理由，據後來光武時代所改封以例舊文，班書何至如此懵懂？且平帝紀恩澤侯表之作'鄭'，又如何交代？

（三）周承休邑之所在，應爲漢梁縣今河南之臨汝縣東，注文亦目爲在此，但恩澤侯表既云在長社，諒不至反誤。春秋大事表六上云：'……長葛……鄭地，……隱五年，宋人伐鄭，圍長葛。'漢志潁川郡長社，應劭曰：'宋人圍長葛是也，其社中樹暴長，更名長社。'平帝時之改封鄭公，蓋因地原屬鄭，而鄭亦姬姓國，故命此名也。參以後來改封衞公而移于故衞地之觀，可知在長社時膺衞號後未曾繼續處之。

（注）按後漢書：'世祖自潁川往梁瞿鄉，馮魴先詣行所。'（五上二起）

王校引刊誤曰：'箋曰，孫云："行所當作行在"。按春秋經書："公朝于王所"，即行所也，不當妄改。'

按馮魴傳稱：'建武三年，徵詣行在所'，又云：'帝……馳赴潁川，魴詣行在所。'（卷六三）光武紀更始二年：'……詣行在所'，章懷注引獨斷曰：'天子以四海爲家，故謂所居爲行在所。'（卷一上）史記衛將軍傳：'遂囚建詣行在所'集解：'蔡邕曰：天子自謂所居曰行在所，晉今雖在京師，行所至耳。……'（卷一一一）依上諸書，今注于'行所'間蓋脫一'在'字，孫汝澄朱鬱儀趙東潛幷馮魴傳亦未檢，遽妄武斷。獨斷所言皆漢家制度，'行在所'之名辭，蓋漢代所定，趙以春秋經例之，尤非。要删據魴傳亦云：趙所改未審。

（注）楚惠王以封諸梁子高，號曰葉公城，即子高之故邑也。（十一上一起）

戴于'諸梁子高'下曰：'按近刻脫高字。'王校曰：'朱脫，趙增。……'沈脫，全有。

按史記高帝紀：'三年，……出軍宛葉間'，正義引注已無'高'字，下文則作'子高'，（卷八）其脫蓋已久。

（注）'即栗州也。'（十三上八）

沈校曰：'疑作洲'。

按初學記果木部栗第六引作'栗洲'（卷二八）但古文'洲'作'州'，說文于川部'州'字曰：'水中可居曰"州"，……詩曰："在河之州"。……'詁林引義證所引釋名，方言，王注楚詞，孔晁注周書王會，漢書司馬相如傳顏注，晉書殷仲堪傳，南史，于'洲'字俱作'州'；又引拮字曰：'……臣鉉等曰："今別作洲非是"。按……古"九州"字與"州渚"字皆作"州"，今本毛詩尚書爾雅皆由俗人妄加"水"也。'（卷十一下）沈不知'州'即'洲'而妄生疑義。

卷二十二　潁水

（注）'遠近歎服'（五七下）。

戴校曰：'近刻訛作伏'。王校曰：'朱趙作伏'。沈全同。

按後漢書戴封傳作'服'(卷一一一)，初學記'積薪'條引謝承後漢書同，其辭曰：'戴封，字平仲，遷西華令，其年大旱，禱請不獲，乃積薪坐其上以自焚，火起大雨，遠近歎服。遷中山相'(卷二第一)。事類賦三引同，寰宇記陳州商水縣下述此事亦作'服'(卷十)。

洧水

(經)'又東過鄭縣南(十四上五)。

要刪曰：'兩漢志并作"新鄭"，而潧水經亦云"出鄭縣"，豈三國時省"新"字乎？然左傳隱十年杜注云："河南新鄭"，是晉初仍作"新鄭"。疑此洧潧二篇經文並脫"新"字'。

按注于縣俱作'新鄭'，且未言經縣有異，是必酈氏時經尚作'新鄭'。攷詩地攷溱洧條引經尚作'新鄭'(卷二)，是則'新'字乃脫于南宋後也。

(注)'晉文侯二年，周惠王子多父伐鄶，克之，乃居鄭父之丘，
名之曰鄭，是曰桓公'(十四上八至十)。

戴校曰：'周近刻訛作同'。王校曰：'朱趙作同，朱箋曰：一無惠字'。沈作'同'，無'惠'字，'鄶'作'鄫'，氏曰：'按竹書紀年：周幽王二年，晉文侯同王子多父伐鄶，克之。……'全亦作'同'。

王又于'桓公'下引趙釋曰：……漢志河南郡新鄭縣應劭引國語曰："周幽王敗，桓公死之，其子武公與平王東遷洛邑，遂伐虢會而并其地，而邑于此"。京兆尹鄭縣應劭曰："宣王母弟友所封也，其子與平王東遷，更封新鄭"。……然則居鄭父之丘者，是桓公之子武公，而誤以為桓公者，蓋竹書之謬，道元于渭水篇已詳辨之'。

按詩地考檜國下引注作：'同王子多父伐鄶，克之'(卷二)，大典則如近刻。惠王與齊桓同時，入春秋已久，豈能與晉文侯并見？注字必誤。此事

乃晉文侯身所參與，且既曰'王子'，則自知爲周，無更表明之理，注'周'字似原作'同'，戴誤。趙謂鄭君應作武公，武公事在東遷以後，上距晉文侯二年已遠，所持說亦誤。至渭水注乃辨薛瓚桓公所初封之鄭不得在漢京兆尹鄭縣之非，與竹書無涉，注若以竹書事謬，豈有不闢之于此，而別見他處者？

于此有一疑問，晉文侯王子多父既共克鄶，何爲二人俱不之取，而桓公友反坐享其成，詎不可異？余以爲友即多父，蓋因古文'友'作ㄡ，'多'作ㄗ，晉初發見竹書時，或'友'字殘蝕難辨，爲束晳之流誤識作'多'，遂致兩歧耳。鄭世家云：'晉桓公友者，周厲王少子'，林春溥竹書紀年補證引洧水注作：'晉文侯二年，同厲王子多父伐鄶，克之'，不知所據鄰書爲某種刻本，然如此其世次及時際確中事理，亦可證多父即友。至于'父'字，蓋以友詫體屬王，于幽王則乃季父，以懿親而爲司徒，如周尊呂尙爲'尙父'，齊桓呼管仲爲'仲父'，魯哀呼孔子爲'尼父'之類，于時尊曰：'友父'後舍見竹書而別未流傳耳。

又按鄭桓公關新邑事，鄭語云係納史伯之謀而得地于虢鄶，世家從之，鄭語終較竹書爲可信，竹書文疑乃傳聞弗審而誤。

（注）'其水西南流注于黃水，……苑陵縣西有黃水者也。又東南流（此指黃水）水側有二臺，謂之積粟臺，臺東即二水之會也（十五下一至八）。

'又東南流'下並未見黃水納何水流，下文不宜云：'水側有二臺，……臺東即二水之會也'，茲疑'水側'云云十八字爲上文'……有黃水者也'下之脫簡。

澮水

（注）'澮水出鄶城西北雞絡塢下'（二十二下九）。

戴校曰：'西北近刻訛作北西'。王校曰：'朱訛，趙改。朱箋曰："絡御覽作洛"。沈全未倒，但沈'鄶'訛作'澮'。

按箋曰：'謝云："當作……西北"'，又寰宇記河南府密縣澮水條，（卷五）路史國名記丁'繒'，'……非鄭鄶'注引俱作'西北'，'絡'亦未訛。

渠水

（注）'渠水自河與濟亂流'（二十三下五）。

戴校曰：'濟近刻訛作沛，下同'。王校曰：'朱訛，趙改，刊誤曰："沛當作沛"'。沈全同趙。

按禹貢山川地理圖滎汴互派辯引作'沛'（卷下）。其或作'沛'，蓋形近之訛也。

（注）'東逕滎澤北，東南分濟'（二十三下六起）。

戴校曰：'近刻脫逕字'。王校曰：'朱脫……趙增'。沈脫，全有。

按同上地理圖引作'東至滎澤北'，似'至'字較'逕'指渠分濟處爲確定，此宜從之，全氏等所補仍非是。

（注）'清溝水又東北逕沈清亭，歷博浪澤，又北，分爲二水：枝津東注清水。……'（二十七下九至二十八上四）

'役水……又東，清水枝津注之。水自沈城東派，注于役水'（二十九上五）。

戴于'沈清亭'曰：'近刻脫亭字'。王校曰：'朱趙無，趙釋曰：……疑脫亭字'。按此依次語小注'疑即博浪亭也'言，趙于'沈清'下補'亭'字近是，但此與下文'水自沈城東派'之'沈城'宜爲一地，古者亭本具體而微之城，上作'亭'下作'城'尚無不可；然一作'沈清'，一無'清'字，却不宜如此。又全本之'亭'字云係據沈校補，沈本并無其字，蓋誤以趙爲沈也。大典實脫。

又王于'東注清水'之'清'曰：'朱作沒，趙改役'。沈同朱，全同今注. 按此依'……清水枝津……自沈城東派，注于役水'言，趙作'役'是，餘悉誤。

（注）'又逕曹太祖壘北'（二十八上六）。

後漢書袁紹傳：'操還屯官渡'章懷注，（卷一〇四上）及通鑑地理通釋官渡條（卷一一）引俱作'曹公壘'，注于下文亦作'又東逕曹公壘'，此處之'太祖'二字恐係宋以後人所妄改。

（注）'謂之官渡臺，渡在中牟，故世又謂之中牟臺'（二十八上六起）。

章懷注等引于'在中牟'下俱有'城北'二字，但無次'渡'字。今細釋文義，注似言臺以在中牟城北，因又謂曰中牟臺，'渡'字恐係或所妄補。

王校于'中牟臺'下曰：'朱無"之"字，趙增'。沈全有。按章懷引作：'俗謂之中牟臺'，通釋引無'故'及'之'字，或各有所刪改。

（注）'空言中牟所在，非論證也。漢高帝十一年封單父聖爲侯國。沫水又東北注于役水。昔魏太祖之背董卓也，閒行出中牟，爲亭長所錄，郭長公世語云："爲縣所拘，功曹請釋焉"'（三十上五至下七）。

按依注沫水雖于中牟入役水，而'昔魏太祖'云云三十四字究止關于中牟，與水流無涉，茲疑此三十四字宜在上文'……爲侯國'下。

又趙于'爲縣所拘'下云：'九字注中注'。按魏武志'太祖……過中牟，爲亭長所疑，執詣縣邑中，或……爲請得解'，裴注引世語曰：'中牟疑是亡人，見拘于縣，……功曹心知是太祖，……因白令釋之'（卷一）。依此可知酈注'功曹請釋焉'五字亦係襲自世語，趙此視爲迄于'爲縣所拘'，蓋未檢及此而誤。且注引此文乃假以爲上文'昔魏太祖'云云之證者，視作注中注，亦誤（趙本無'世語'下之'云'字，故自'郭'字至'所拘'爲九字。）

（注）'其水（指役水，亦即酢溝。）東流北屈，注渠。續述征記所謂：

"自醬魁城到酢溝十里"者也'（三十下九起）。

依今注續述征記文與役水入渠文究未見有何相切之關係，茲疑'其水'云云上原尚有役水逕醬魁城文，而今佚去。

（注）'即古之逢澤也'（三十四下十）。

按北道刊誤志東京開封府開封縣逢澤注引，于此語下有'在縣東北十四里'七字，或係佚文。

（經）'又屈南至扶溝縣北'。（注）'……沙水又東南逕大扶城西，渦水于是分焉，不得在扶溝北便分爲二水也'（經三十五上九，注三十八下末起）。

（經）'其一者東南過陳縣北'（三十九上九）。

龐鴻書讀水經注小識于上節注下曰：'按此條注末云："不得在扶溝縣北便分爲二水也"，則此經"扶溝縣北"下當有分爲二水之語，而今本脫之，遂與下條經文"其一"云云文義不貫矣。當補云："分爲二水；其一東出爲渦水"，文義乃足'。

按此說必確，實爲氏之極大發見，不過行文間略有枝節問題尚未盡當；考全經叙分流之體例應如次：

（一）濟水經：'又東至乘氏縣西分爲二：其一水東南流，其一水從縣東北流入鉅野澤'。

（二）瓠子河經：'又東北至梁鄒縣西分爲二：其東北者爲濟河，其東者爲時水'。

（三）沔水經：'又東至石城縣，分爲二：其一東北流，其一又過毗陵縣北爲北江。浪水經；'又東至南海番禺縣西分爲二：其一南入于海，其一又東過縣東南入于海'。

依諸此可知經文凡遇水流兩歧時，例止曰'分爲二'，'二'下無'水'字，龐氏補作'分爲二水'蓋失于未比較諸經而微誤。又經于叙分流文：第一例俱作'其一水'，第二例俱依趨向而敘之，第三例俱作'其一'，今本篇所尚存之經既作'其一者東南過陳縣北'，則所佚者起首三字亦應作'其一者'方合，氏所補無'者'字，亦小失。又渦水亦係東南流者，氏補云：'東出'，恐亦未必與已佚文一致。

(注)'沙水又南會南水。其水南流，……世以是水與鄢陵陂水雙導，亦謂之雙溝，又東南入沙水。沙水南與蔡澤陂水合。水出鄢陵城西北'(三十八上四至九)。

按沙水所納之南水，今于'其水南流'上未見導源何許，蓋有脫文。依下文是水與鄢陵陂水雙導言，似鄢陵陂水即更下出鄢陵城西北之蔡澤陂水，而酈氏失于點明；是則南水亦出同地矣。

(注)'故曰淮陽郡云云'(四十上五)。

王校引趙釋曰：'……按漢志淮陽是國名，不知此碑何以有郡稱也'。

按兩漢諸王國過廢除及未復建時，俱改曰'郡'，就淮陽言，光武紀建武十五年稱：'封皇子……延為淮陽公'，乃此區域于後漢復國之始，此前則為郡，紀上文建武二年：'更始將蘇茂殺淮陽太守潘蹇(劉永傳亦有)'是也。(明帝紀永平十六年'淮陽王延徙封阜陵王'，章帝紀建初四年'徙常山王昞為淮陽王'，兩帝間淮陽無王頜，宜更為郡。)注所引碑文于淮陽曰'郡'，蓋即緣此。是等變例處，須別想象以求之，若一唯地志是憑，則如緣木求魚，永無得時矣。

(注)'……澇陂……南暨軰城，……陂水東流，謂之谷水，東逕澇城北，王隱曰："軰北有谷水"是也'(四十下八至末)。

王校于'澇城北'下曰：'趙澇作軰'。沈全作'澇'。

按寰宇記陳州宛丘縣谷水條引作'澇'，(卷一○)依澇陂南暨軰城，而谷水則自陂東出，復東方逕澇城北言，方向及距離互有不同，似軰城與澇城有別，不在一地。但依王隱'軰北有谷水'言，'澇'又以作'軰'為宜。然澇陂及澇城名稱之成立，非陂因城得名，即城因陂得名，不宜陂側之城反名

'荦'，而距陂已遠之城乃名'澇'。疑今注係將二城名互倒，原實作'澇陂……南暨澇城，……陂水東流，謂之谷水，東逕荦城北，王隱曰："荦北有谷水"是也'。如此陂與側近之城旣名稱一致，而王隱谷在荦北之說亦符，逐處悉合拍矣。趙止改其一，尙未盡當。

卷二十三　陰溝水

（經）'東南至沛爲濄水'。（注）'濄水受沙水于扶溝縣，許愼又曰："濄水首受淮陽扶溝縣渡磶渠"，不得至沛方爲濄水也。……濄水逕大扶城西（二上四至十）'。

按渠水經濄出渠之文今雖佚去，而依彼注'沙水又東南逕大扶城西，濄水于是分焉，不得在扶溝北便分爲二水也'，可知彼經實主濄出渠于扶溝，而此云：'至沛爲濄水'，信誤。

又注于此上幷未別引許愼說，卽依自'許愼'至'爲濄水也'二十五字原在下文'老子生于曲濄間'下言，彼處亦未見別引有許愼說，故此處'又曰'之'又'字恐是衍文。

又渠水注言濄分沙于大扶城西，不得分于扶溝北，此又言濄受沙于扶溝，而逕大扶城西，不相一致，殆二篇所本有異而失于對照也。

（注）'故廣鄉矣，改曰廣世，後漢順帝陽嘉四年封侍中摯瑱爲侯國'（三下三起）。

戴校于'矣'下曰：'近刻脫"廣"字'。王校曰：'朱脫，趙增'。沈脫，全未。

按大典實脫。又'改曰廣世'上未見主辭，茲疑四字原在'爲侯國'下，乃順帝因封摯瑱爲侯國而改也。

（注）'枝流東北注于賴城入谷。…濄水又東南屈逕苦縣故城南'（三下五至七）。

戴校于'入谷'下云：'"注于"二字近刻訛在"東北"上'；王校曰：'朱趙同'。戴又于'又東南屈'下曰：'近刻訛作"又南東屈"'；王校曰：'朱訛，趙改'。沈同近刻，全上者同近刻，下同今注。

按大典于二者實俱如戴所謂'近刻'，但余以爲後者大典及朱實未訛，乃諸氏錯絕句讀而妄乙；此處宜以'渦水又南'爲一句，'東屈逕苦縣故城南'別爲一句，因就水勢言，渦于此必南流而東屈方能逕苦縣城南也。

（注）'陳留風俗傳曰："縣故宋也，……十二年自鄢隸之"'（四上六至十）。

王校于'也'曰：'趙作地'。沈全作'也'

戴校于'隸之'下曰：'近刻脫"十二年"三字，"鄢"訛作"隱"'。王校曰：'朱脫訛，趙增改'。沈未脫却訛，全同今注，但'鄢'書作'鄢'。

按通鑑注引陳留傳'也'字作'地'（見卷八七晉懷永嘉五年'冬十月，勒請飆燕丁巳吾'下）。古人行文慣例，凡于某國之都例曰故某也，巳吾非宋都，則'也'字以作'地'爲當。

又胡注于'十二年'三字作空白，蓋其脫已久。'鄢'字作'鄢'，較當，如此方與訛文之'隱'相近也。

汳水

（注）'汳水東逕倉垣城南，即浚儀縣之倉垣亭也'（十一上五）。

戴校曰：'浚儀近刻訛作大梁'。王校曰：'朱趙同'。沈同朱，全同今注。

按北道刊誤志開封府開封縣汴河條注引作：'即大梁之倉垣亭也'。通鑑注引則'大梁'下有'縣'字（見卷八七晉懷帝永嘉三年'王堪退保倉垣'下）。考刊誤志乃宋神宗時人王瓘所著，其際在元祐甫刻酈書之前，所據當係舊本，故所引注疑是原文；至胡注多一'縣'字，或係北宋後昧于地理沿革者之所妄加；繼者不知'縣'乃衍文，而以大梁古無是縣，遂致誤以'浚儀'易去'大梁'以牽就之，殊不知反失眞益甚。

(注)'陳留風俗傳曰："……故改曰薔縣，王莽更名嘉穀，章帝東巡過縣，……"'(十二下二至六)。

按通鑑注引陳留傳無'王莽更名嘉穀'六字，(見卷三六王莽居攝二年'諸將東至陳留薔'下)。不過此傳崇文總目已未著錄，胡氏似不得見原書，(國史經籍志雖有之第所錄不盡實)，所引或乃襲酈此注而有所刪節(全文較注缺略甚多)。但酈于地理沿革最好叙及莽縣，茲疑，'王莽'云云六字非囯傳原有，而爲注中注。

(經)'又東至梁郡蒙縣爲獲水'(十四上七起)。

王校引趙釋曰：'……按漢志秦碭郡，高帝五年爲梁國，續志同，作經者乃改云梁郡，……後獲水睢水經文亦云'。禹貢山水澤地所云：'明都澤在梁郡睢陽縣東北'。

余初見此經，亦頗以爲異，繼讀趙說，細思水經行文理宜準確，作經者斷不能無故出此。因想及王莽簒漢，未建諸侯王國，其際故國理宜爲郡；後漢未復諸國時，仍並爲郡；及魏代漢，漢諸王降爲崇德侯後，所有國亦悉宜爲郡。本此理想，細檢前後漢書及魏志，果然不謬；所弗料者，則可爲證佐恰完備者，適爲梁郡；莽傳中：'制詔陳留大尹，……以雍丘以東付陳定，陳定故梁郡'，(卷九九中)又傳下：'赤眉列校董憲等數萬人在梁郡'(卷九九下)，後漢書劉永傳：'劉永者，梁郡睢陽人'(卷四二)，又臧宮傳：'七年，……擊梁郡'(卷四八)，魏志司馬芝傳；'芝子岐，……遷陳留相，梁郡有繫囚'(卷十二)是也。趙氏不能設想及此，故雖確有的據而未能尋得，但較見此類經而茫無察覺者，又勝一籌。

(注)'崔駰曰："湯冢在濟陰薄縣北"。皇覽曰："薄城北郭東三里平地有湯冢。……"'(十五下一起)。

要删補遺曰：'按崔駰不聞有此說，史記集解引此合下文並爲皇覽說(皇覽文今見殷紀'湯崩'下，作：'湯冢在濟陰亳縣北東郭，去縣三里，家四方……上平，處平地'。)則裴駰固以皇覽爲據者，酈氏因據此句爲崔駰說歟？'

按酈氏似不宜無中生有，妄割皇覽文假託崔說。且據郡國志梁國薄大注云：'故屬山陽'，而善長所引崔說及集解所引皇覽乃同云：'濟陰薄縣'。考范書梁節王暢傳稱：'建初……四年，徙爲梁王，以……濟陰之薄……益梁國'，是則薄于後漢當未割益梁國前，實已自山陽度屬濟陰。郡國志仍云：'故屬山陽'者，蓋緣未知此沿革變遷，依然此就前漢之郡縣關係以立說而誤也；幸賴范蔚宗別有傳說以爲之證，今始得知崔氏等說之非妄。又攷崔駰傳氏卒于永光四年，上距建初四年僅十五年，是必爲上說于薄益梁之前，故尙繫之于濟陰也；是則準之時際，唯駰方能作此說。又考薄至晉省入蒙，蒙屬梁國，自兩漢即如此，則薄于魏止應屬梁，而魏人王象等所撰之皇覽乃亦同崔說而曰：'濟陰薄縣'，寧非怪事？此無他，蓋皇覽此文實襲自崔駰，而未思及當時薄已久不屬濟陰耳；然今據此可知原說信發于崔氏，酈所引確非假託；要删則乃未能旁搜冥索以著見本源，而厚誣古人。

（注）'漢哀帝建平元年，大司空史鄧長卿'（十五下三）。

要删曰：'皇覽作："御史長卿"。索隱云："……按風俗通有御氏，爲漢司空御史。……"按司空下不得有御史，此注作"司空史"是也。……'

按應劭乃一時之博物君子，何至誤述西京掌故。又百官公卿表稱：'御史大夫……內領侍御史員十五人。……成帝綏和元年更名大司空，……官職如故。哀帝建平二年復爲御史大夫'（卷一九）。是則大司空下確有御史，楊說非是。

至集解所引皇覽之作'御史長卿'，若依索隱：'長卿諸本皆作劫姓'之語度之，似乃就集解文而述姓之異者，所謂'諸本'，即指皇覽；因而集解之原文似亦作'司空史鄧長卿'，與注一致，今則後人之所妄改，索隱所見尚未訛，故乃發彼論也。——索隱之所謂'劫'疑係'鄧'俗書作'却'之形近而訛。

獲 水

（注）'獲水又東逕彌黎城北，劉澄之永初記所謂："城之西南有彌黎城"者也。獲水于彭城西南，廻而北流逕彭城，（二十下末起）。

按此究某城之西南有彌黎城實不應弗爲表明。據清一統志今江蘇銅山縣西南有彌黎城，縣治乃古彭城；更參以注'獲水于彭城西南……'文，則'永初記所謂城'，宜作'所謂彭城'。記語蓋承上文而下，或原無'彭'字，注引之疏忽未補，則義不分明矣。

又獲水于彭城西南迴而北流，所逕宜爲城西，今固可想象而知；但'逕彭城'下究宜有一'西'字，語方切實，行文亦方收殺得住。

（注）'獲水于彭城西南，……義熙十二年……冠軍將軍，彭城劉公之子也，登更築之'（二十一上一及二十二上一至二）。

要刪曰：'宋書彭城王義康傳："初爲冠軍將軍，豫州刺史，……進督徐州之鍾離"。宋徐州治鍾離，然"之"字"也"字當衍'。

按注于此乃叙彭城事，何關于鍾離，焉能爲義康事？且義康傳稱：'時高祖自壽陽被徵入輔，留義康代鎮壽陽，又……進督徐州之鍾離'。高祖之入輔，據晉宋二書俱在恭帝元熙元二年頃，而注則明言所叙事在晉安義熙十二年，何得牽及安帝以後事？楊氏未免失考太甚。

考宋文帝紀稱：'晉安帝義熙……十一年封彭城縣公。高祖伐羌，至彭城，……板上行冠軍將軍，留守。晉朝加授……徐州刺史，將軍如故。'高祖伐羌至彭城，據紀在義熙十二年九月，注之時際事跡與文帝恰合，可證斷非義康事。

注'彭城劉公之子也'，或以高祖爲彭城人，故幷地望言之而作此辭，謂文帝乃公之子也（高祖時尚未改封宋公），'之也'二字亦非衍文。

又'登更築之'，不識'登'下今有脫文，抑言立更築之也。

卷二十四　睢水

（經）'睢水出梁郡鄢縣'（一上四）。

鄢縣前志屬陳留，郡國志屬梁國，梁節王暢傳：'建初……四年，徙爲梁王，以陳留之鄢……益梁國'（卷八〇）是也；至晉畢沅集太康三年地記云：'梁國有鄢縣'，而經以鄢繫于梁郡之下，故其時間問題頗有研究之價值。此條雖僅全經之一小部，而于經之著作時期所關甚大，其郡縣統屬期間若能確定，則水經究著于何時之疑案便可因而解決。

鄢統于梁郡，宜有兩時期：（一）依前所引莽傳中：'制詔陳留大尹，……以雍丘以東付陳定，陳定故梁郡，……陳留已無復有郡矣'之文，雍丘爲今河南杞縣，鄢爲在杞東南之柘城縣地，與今商丘故梁之睢陽接界。莽此際陳留郡地既分割無餘，鄢依地勢止應度入梁。不過至是梁郡已改曰陳定，則鄢亦宜曰順通矣，與經仍曰：'梁郡鄢縣'，名稱與時際不合。（二）晉初鄢既屬梁國，當係承魏之舊，考魏志元城哀王禮傳稱：'太和三年薨，五年以任城王楷子悌嗣禮後，六年改封梁王'（卷二〇），則梁于太和六年之前宜爲郡，而鄢隸之，與經文之'梁郡鄢縣'名稱及時際恰合。

然則水經之著作時期，信如戴東原楊惺吾之說而出于曹魏之世乎？曰：若就上所舉證比較言之，固以鄢于曹魏初期屬梁郡之文義最爲顯明，但參以全經所舉獨有于前漢諸縣之文以歸納之，則可知今不能止目鄢僅宜于魏屬梁郡。更以前于濁漳水篇所引水經佚文'渦水出趙郡襄國縣西山'之所在時際以推斷之，似本篇經所舉之郡縣非指魏世者。

考魏武志于建安十八年稱：'今以冀州之河東……趙國……凡十郡封君爲魏公'(卷一)，同志張範傳稱：'弟承，……魏國初建，……領趙郡太守'(卷一一)。魏文志黃初二年正月稱：'以魏郡西部爲廣平郡'(卷二)。地形志司州北廣平郡襄國注稱：'……二漢屬趙國，晉屬'(卷一〇六上)。趙國于魏初建雖改爲郡，但依地形志襄國屬廣平及魏文初即位(黃初元年止十一十二兩月，至分魏郡爲廣平時，僅先後兩月餘。)便分魏郡爲廣平言，趙似于魏武受封後不久即併入魏郡，因而趙郡襄國相連係之名辭，于魏初受禪時已決不能有(據光武紀及趙孝王良傳俱稱王封趙在建武五年，于此期前趙雖宜爲郡，而襄國亦屬之，但當此海內沸騰最烈之際，斷不能有著水經之舉。至魏國初建之俄頃，爲期似尤暫，且文獻之散失更甚，亦愈不能有著經之事。則經于此郡縣所在之時代，蓋尙係東京以前者。)魏世既決無趙郡襄國之名辭，則本篇經文事同一律之'梁郡鄢縣'，自亦可知非指此時代者。既非此時代者，則合以上文所舉兩端，宜爲指莽世者矣；但奈與此時期之郡縣名稱不相符何。按莽傳中尙稱：'其後歲復變更，一郡至五易名，而還復其故'，更徵以傳下'赤眉……在梁郡'之文，是此郡後又復故號，其或順通亦復曰鄢，故作經者云'睢水出梁郡鄢縣'歟？抑著者爲不忘故國，而于郡縣之統屬關係從時制，名稱則仍西漢之舊邪？

（經）'又東過相縣南，屈從城北東流，當蕭縣南入于陂'(七下四)。

戴校曰：'原本及近刻並訛作"入于睢"，考睢水與梧桐陂水互相通注，故經敘睢水言"入于陂"，今改正'。王校曰：'朱趙作"睢"，趙釋曰："二淸按睢水豈可云入睢乎？……入于睢之睢蓋別水枝流所匯，而非首受濊蕩渠之睢，道元故以出入廻環更相通注調停之"。孫校曰："……入于獲，見前獲水文"'。沈訛，全同今注。讀水經注小識及要刪因獲水經'又東過蕭縣南，睢水北流注之'二語，亦同孫校幷主作'入于獲'。

按兩篇經文先後相接，原必不宜彼此歧異，獲水經既言睢入獲，則本篇決不至忽不相符，故孫星衍等所主必是。試更依獲水注：'谷水……上承梧桐陂,……北注獲水,……疑即經所謂睢水也'言之,此文雖爲釋獲水經文而發,然一方實亦爲應睢水經文而伏一線索者;于彼旣云睢入獲,則于此斷弗至不照而別作他辭,因亦可知此經原必作'入于獲'。

戴氏置獲水經注于不顧,而乃采本篇注'故經有入陂之文'以竄改之。然此注'入陂'本亦作'入睢',旣與經同訛,故爾所改實雙方悉無根據。此等掩耳盜鈴將錯就錯之手段,甚爲滑稽有趣。全本因何亦作'入于陂',今不得而知,然其不足取則同。

趙氏不從獲水經改'入于睢'作'入于獲',云此睢非首受澒蕩渠者,無中生有,尤爲想入非非。

又經旣言睢水初流于相縣南,則屈折後應從城東北流;今乃作'屈從城北東流',必無此理,'北東'二字蓋誤倒,宜乙。又獲水係自西而東流者,故彼經云:'睢水北流注之',本篇若如原文,睢亦東流,是二水平行,何能接觸,因亦可證此宜作:'屈從城東北流'。

(注)'陂水西南流逕相城東,而南流注于睢;睢盛則北流入于陂'

(八上十起)。

按陂水與睢所逕乃同一水道,陂旣始西南更南流方入睢,則睢此言北流便入陂,方向微有不合,宜作:'睢盛則北流,而東北入于陂'。

(注)'陂溢則西北注于睢'(八上末)。

按睢在陂南,則陂溢而北注無入睢之理。此似即獲水注所謂承梧桐陂而北流入獲之西流水,亦即彼疑爲經所謂之睢水,故今文之'注于睢',殆爲'注于獲'之譌。至彼作北流入獲,此作西北注之,蓋偶有不照而小誤。

(注)'故經有入陂之文'(八上末起)。

'陂'應作'獲',與上方今所論證之經文一致方合。

(注)'應劭曰:"相水出沛國相縣,故此加下也"'(九下六起)。

戴校于'相縣'下曰:'"相水"上近刻衍"下"字'。王校曰:'朱趙有'。沈有，全無。要删曰：'史記項羽本紀索隱引應劭曰："相水名，出沛國，沛國有相縣，其水下流，又因置縣，故名下相也"。然則司馬氏所見亦是誤本。"其水下流"，不成語義。按沛國不聞有相水，漢志臨淮郡下相注引應劭說無"下"字，文義亦不可通。而此文又有脫誤，當是"下相水所出，沛國有相縣，故此加下"。若如戴氏删兩"下"字，是與班書不相照矣'。

按應說原乃釋下相縣之因何得名，幷非釋水者，注引其說亦是此義；且依注'然則相又是睢水之別名也'之語，睢旣不發源下相，則豈可妄謂所引應說之水發源此縣，以強成此水名下相之證。考通鑑秦二世元年：'下相人項梁起兵于吳'胡注引索隱作：'案相水名，出沛國，沛有相縣。于相水下流置縣，故曰下相'（卷七）。此即司馬氏所引應說，因而可知應氏乃意謂此縣置于相水下流故名下相，乃縣由水之尾閭所在而得名，幷非先有縣名而水方藉得稱號，亦可證水實止曰'相'，戴氏所删不妄，而楊氏誤。大典亦衍'下'字。

瓠子河

（注）'浩浩洋洋，慮殫爲河'（十下四）。

戴校曰：'近刻脫此八字'。王校曰：'朱趙無。……'沈全同，全曰：'失去原文二句，則首句無韻'。

按戴乃據溝洫志補，蓋因注原本此。考河渠書于'慮'字作'閭'，集解：'……駰謂州閭盡爲河'（卷二九）。溝洫志師古釋'慮'云：'猶恐也'（卷二九）。按瓠子歌上文業云：'瓠子決兮，……浩浩洋洋'，是大患已成，泛濫已盛，尚何恐盡爲河之可言。考地理志東海郡昌慮，及臨淮郡取慮，師古並曰：'慮音廬'（卷二八上）。溝洫志之'慮'，殆以讀作'廬'而通用，師古于此讀作本音而釋爲'猶恐'，似誤。'廬'通'閭'，如'閭廬'一作'閭閭'是也，史漢著字雖異，而其義實一也。錢大昕謂'閭'應釋作'憂慮'，恐非。

（經）'又東北至梁鄒縣西分爲二'。（注）'脈水尋梁，鄒濟無二流，蓋經之誤'（十九上五及六）。

熊會貞于要刪曰：'"鄒"字乃衍文，觀濟水篇"尋梁脈水，不與昔同"，沇水篇"脈水尋梁，乃非關究"，則此本無"鄒"字'。

按此乃注反駁經云濟于梁鄒分流之誤者，豈能不指定地名而泛論之，若濟全流俱無枝分者。此必'梁'字原爲疊文，而作'脈水尋梁，梁鄒濟無二流'，今適將疊文佚去，遂致難絕句讀耳，熊說非是。

汶水

（注）'直上七里天門'（二十二下十）。

戴校曰：'"七"下近刻衍"十"字'。王校曰：'朱趙有'。沈有，全無。

按初學記'天門'條：'漢官儀曰："泰山東上七十里至天門"'，（卷五第三）又'天門'條引同書作：'直上七十里至天門'，（卷一三第八）今注不但'七'下應有'十'字，且似'天門'上尙應有'至'字。又大典實有'十'字。

（注）'東南流逕龜陰之田。龜山在博縣北十五里，——昔夫子傷政道之陵遲，望山而懷操，故琴操有龜山操焉。——山北卽龜陰之田也'（二十三上四至七）。

'昔夫子'至'龜山操焉'二十一字，乃因龜山而生者，非釋龜陰之田文，宜作注中注。

又王校于'博縣北'下曰：'朱趙有"一"字'。沈全亦有。按御覽龜山條引有之（卷四十二）。

戴校于'陵遲'下曰：'此下近刻衍"故"字'。王校曰：'朱趙有'。沈全亦有。要刪補遺據上所引御覽及寰宇記泗水縣下引有，云：'故字非衍'。按依更下'故琴操……'之'故'字言，此處似不宜有，唯寰宇記無次'故'字而作'今琴曲有龜山操是也'，不知是否原文。

(注)'赤眉渠師樊崇所保也'（二十四下六起）。

戴校曰：'保近刻訛作堡'。王校曰：'朱趙作堡，趙師改帥'。

按詩地考徂來條引作'保'（卷五），大典則訛。'師'字王氏未引及，考劉盆子傳稱：'初，崇等……其中最尊者號三老，……崇……自將渠帥二十餘人'（卷四一），後漢紀有：'樊崇等與其渠帥'（卷一）之語，渠帥之階級似低于崇，注作'師'字似未訛。渠師殆乃神道設教之渠魁耳。

(注)'齊侯送姜氏于下讙'（二十八下一）。

要刪補遺曰：'今本左傳作："齊侯送姜氏"，陸氏釋文云："一本或作送姜氏于讙"，是陸氏以無"于讙"二字為正，……唯日本古鈔卷子本有。……此注引作"于下讙"，按經文止作"讙"，杜注始以"下讙"釋之。……余謂酈氏所據本陸氏所稱"一本"是，而無此二字者非也'。

按郡國志濟北國蛇丘有下讙亭劉注引傳，正作'送姜氏于讙'，可為楊說佐證。

(注)'元和二年，章帝幸東平，祀以太牢，親拜祠坐，賜御劍于陵前'（三十一下五起）。

戴校于'二年'下曰：'近刻訛作三年'。王校曰：'朱訛'，趙改，刊誤曰："……後漢書章帝紀校改""。沈作'三'，曰：'按章帝紀是二年'；全作'二'。

按後漢紀亦云在二年；然范書東平王蒼傳則作：'元和三年，……遂幸蒼陵，……祠以太牢，親拜祠坐，哭泣盡哀，賜御劍于陵前'（卷七二）。注與傳文相近，其作'三年'蓋由此。不過依帝紀三年雖嘗出巡，但未臨東平，傳字似誤。又大典實亦作'三年'。

卷二十五　泗水

(經)'泗水出魯卞縣北山'（注)'地理志曰："出濟陰乘氏縣"，又云："出卞縣北"，經言"北山"，皆爲非矣。山海經曰："泗水出魯東、北"。余昔……令尋其源流，水出卞縣故城東南，……'（一上四至九）。

按出乘氏之泗，本別爲一流，此無須並論。餘若志言'出卞縣北'，及經云'卞縣北山'，與注所調查雖方位有異，然尚同在一縣，終較山經云出異縣之魯爲近，酈氏似不應反未言山經之非；茲疑'皆爲非矣'四字原實在山經文'出魯東北'下。

（注）'呂氏春秋曰："昔戎夷……謂弟子曰：子與我衣我活，……我國士也，爲天下惜。子不肖人不足愛"。弟子曰：……'（三下九起）。

此見呂覽長利篇，'惜'下有'死'字，'不足愛'下有'子與我子之衣'六字（卷二〇）。按此事趨重在索衣，今注似宜有較呂覽所缺諸字，文義方足。

（注）'曾點所欲風舞處也'（四上八起）。

禹貢說斷'淮沂其乂'條引作：'曾點所謂風乎舞雩處也'（卷二），此雖未必爲原文，但今注則似有脫字，最小限度亦應于'舞'下補一'雩'字，因專名辭決不得妄減字也。

（注）'漢高祖十三年過魯，以太牢祀孔子'（四下十）。

按漢書高紀稱：'十二年……十一月……過魯，以太牢祠孔子，……夏四月甲辰，帝崩'（卷一上），荀悅漢紀同（卷四）。高無十三年，今注'三'蓋'二'字之訛。但玉海宮室部夫子宅條引已訛作'三'（卷一七五）。

（注）'晉永嘉中，太尉郗鑒將鄉曲保此山，胡賊攻，守不能得。今山南有大嶧，名曰郗公嶧；山北有絶巖，秦始皇觀禮于魯，登於嶧山之上，命丞相李斯以大篆勒銘山嶺，名曰書門。詩所謂"保有鳧嶧"者也'（八上一二至八）。

戴校于'永嘉中'下曰：'近刻脫"晉"字'。王校曰：'朱悅，趙增'。全有。戴又于'保此山'下曰：'"保"近刻作"逃"'。王校曰：'朱同，趙改'。全作'保'。沈悉同近刻。

按大典于二字實俱如戴所謂'近刻'。

又注'詩所謂保有鳧嶧者也'似爲上文鄒鑒將鄉曲保于嶧之文而生者，與始皇勒銘事無涉，茲疑'詩'以下九字乃上文'守不能得'下之脫簡。

　　（注）'齊桓公會諸侯于葵丘，宰孔曰："……君務靖亂，無勤于行"。晉侯乃還'（十四下八及末）。

按原傳'宰孔'下有'先歸遇晉侯'五字，注似宜有，因缺略則乍視之莫辨究語誰何矣。

沂　水

　　（注）'封城陽共王子劉昛爲侯國'（二十五上十）。

王引箋曰：'漢書王子侯表云："城陽共王弟昛封雷侯"，按"盧"與"雷"古字通用，……趙釋曰："漢表作雷侯昛，此從史表，……雷盧字通用。又本表以爲東海，而注以爲城陽"'。沈校曰：'按漢志城陽國有盧縣而無廬縣。王子侯表劉昛封雷侯屬東海郡；東海昌盧下云："侯國"，此即昛所封之邑也，師古曰："音盧"。若盧則屬之泰山郡，……非劉昛所封之邑。且"盧雷"古字通用，若東海昌盧城陽之盧縣與雷不通，實所不解。至道元以城陽之盧縣爲劉昛之封邑，尤爲無據'。

按依注'桑泉水又東南逕蒙陰縣故城北，……又東南，盧川水注之。水出鹿嶺山，東南流……逕陽城之盧縣，又東南注于桑泉水'。及'……盧縣故蓋縣之盧上里也'言，蒙陰即今山東縣，蓋在今沂水縣西北八十里，漢城陽盧縣在沂水縣西南，沂水西部與蒙陰接界，則盧即注所謂自蓋縣分出之盧無疑。全氏曰：'城陽國有盧縣，……今本漢書……作"廬"字，廬有盧音，（此本師古說）如昌盧取盧之類'。注字與今本漢志不同之故，蓋古本漢志有書'廬'作'盧'者，而注從之也。

至劉昛封國，漢表云東海，注曰城陽者，表于諸侯國所繫郡，時有與志不合者，固不僅一盧爲然。此或表係就初封時言，志則就漢末之狀況而書之，其間多有變遷，因乃兩歧而注從志也。又據注盧乃自蓋分出，蓋于志屬泰山，而豨封後據表于元鼎五年坐酎金免，依理國罷後地應入漢，不宜入城陽，豈豨初封時城陽以他地易入，及國罷遂乃隸之歟？——此如王子侯表平干頃王子曲梁侯敬封國兩傳至弧辯免，表原係魏郡，而志則隸廣平，（即就平干所改）即侯國罷而地入王國之例，亦即表與志著統屬關係相異之例。趙氏不知此例，故疑而不決。沈氏不知'盧'即'蘆'，亦即'雷'，直謂酅無據，且張冠李戴，誤將魯孝王子昌盧康侯弘邑謂即豨所封之邑，尤爲鹵莽（氏尚未知昌盧依志雖屬東海，表則云泰山，幷不彼此一致）。

(注)'桑泉水又東南，右合蒙陰水。水出蒙山之陰，東北流。其水東北流入于沂'（二十五下三起）。

按蒙陰水今缺入桑泉之文，上'東北流'三字下蓋有脫文。又'其水東北流入于沂'之語，當是指桑泉水言，此水于上文悉言其東南流，至是忽易作東北，不識有誤否？

卷二十六　沭水

(注)'西南流逕辟土城南。……史記建元以來王子侯者年表曰："漢武帝……封城陽共王子節侯劉壯爲侯國"也'（二下三至五）。

戴校曰：'節近刻訛作劉'。王校曰：'朱訛，趙改，釋曰："全氏曰：索隱以爲屬東海，而善長曰城陽，此從史表"'。沈全俱作'節'。

按大典'節'字雖未訛，然'壯'字則訛作'扶'。又箋曰：'漢書……云：……封……壯爲辟土侯，諡曰節侯'，王不宜言朱訛。

至趙所引全氏說，原在沂水篇'……亂流逕城陽之盧縣。故蓋縣之盧上里也，漢武帝……封城陽共王子劉豨爲侯國'下，與此可謂風馬牛不相及，不解趙氏何誤改錄于此。王梓材亦未發覺原說與此無干，因誤將趙所引以爲佚文而補入此篇，全氏遂無端受累矣。王益吾原未以全本校是書，依樣葫蘆，本無足怪；但不細釋趙所引是否與此注相合，便信筆錄及，亦近粗疏。

要刪曰：'全書亦讀注不審，劉壯爲城陽共王子，史漢表幷同，……史表亦無在城陽明文，何以知酈從史表非漢表邪'？此亦因未知全原說所在遽妄發議論者。最可笑者，注于此明云本史表，全說若指是，豈有爲言注所本之理，趙氏旣未能就此點以自覺其誤于前，二王復未能察見于後，楊氏自命所見勝人者，亦指鹿爲馬，致全氏橫蒙不白，皆未察覺注于此所舉表名之過也。

巨 洋 水

（注）'丹凡字相類，音從字變也'（五上 末起）。

五帝紀：'黃帝……登丸山'集解：'徐廣曰："丸一作凡"。駰按地理志"丸山琅邪朱虛縣"'。正義曰：'丸音桓，括地志云："丸山卽丹山……丹水出焉，丸音紈"。守節按地志雖有凡山，蓋凡山丸山是一山耳，諸處字誤，或"丸"或"凡"也。漢書郊祀志云："禪丸山"，顏師古云："在朱虛"，亦與括地志相合，明丸山是也'。要刪曰：'史記五帝本紀"登丸山，……"裴駰引漢志作丸山，張守節引漢志作凡山，漢書郊祀志作丸山，括地志作丸山，又初學記九引史記作桓山，是"丹，凡，丸"或以形近，或以音近，昔不能定其一是矣'。

按今本郊祀志已作凡山，封禪書同；但依正義所引可知其際志尙作丸山，封禪書裴駰引徐廣曰：'一作丸'，是晉末已不一致；若依五帝紀文，似史公原實書作丸山。至漢地志依裴駰所引尙作'丸'，當是原迹。是則此山兩漢實名丸山，今史記漢書之或作凡山者，乃流傳訛誤耳。初學記之書作桓山，蓋避'丸'與'凡'相混，故特以'丸'同音之字代之也。

酈氏夙好徵引古事，獨于此重大節目竟未及隻字，且不知其山宜作**九山**，不得謂非攷據家之失。

(注)'輯瓚漢書集注云："……僕于河汭"'(十上六及九)。

王梭于'河'下曰：'趙作洛'。沈全同。

按漢志北海郡平壽下瓚說作：'須于洛汭'，夏紀：'子帝少康立'，正義引瓚說同，戴作'河'非。

(注)'依同姓之諸侯于斟尋氏。——即汲冢書云："相居斟灌"也。'既依斟尋'，明斟尋非一居矣。——窮后羿仗善射……'(十下二起)。

戴校于'斟尋氏'下曰：'近刻"斟"下衍"灌斟"二字'。王校曰：'朱趙有'。沈有，全無。

按正義引世紀無'灌斟'二字，且奪'氏'字。但注依所引汲冢書文，原或有彼二字。

'窮后羿仗善射'之語，世紀作'羿恃其善射'，接于上文'依同姓諸侯斟尋'語下，則注文自'即汲冢書'至'一居矣'二十一字，蓋係注中注。

(注)'……因其室而有窮。——故春秋襄公四年魏絳曰："澆用師滅斟灌及斟尋氏；處澆于過，處豷于戈"。是以伍員言于吳子曰："過澆殺斟灌以伐斟尋"是也。——有夏之遺臣曰靡，……'(十下五至八)。

按世紀未引魏絳伍員二說，而此上下仍是彼文，則自'故春秋'至'是也'四十八字，又係注中注。

又'因其室而有窮'，世紀作'因羿之室，生澆及豷，其下更云：'……使澆帥師滅斟灌斟尋，殺夏帝相，封澆于過，封豷于戈'。按注今無世紀滅灌尋等文，則所引魏絳等說豈不爲無的放矢歟？茲疑'而有窮下'蓋有脫文。

淄水

（注）'武王以其地封太公望，……史記："周成王封師尚父于營丘"'（十三上十至下一）。

按周紀：'武王……封尚父于營丘'（卷四），太公世家：'于是周武王……封師尚父于齊營丘'（卷三二）。注旣自言武王封太公，及引史記不應反誤歸之成王，今文蓋誤。

（注）'從征記曰："廣固城北三里有堯山祠，……在山之左麓。……山之上頂舊有上祠"'（十六下九至十七上一）。

全校于'上祠'下曰：'沈炳巽曰："所謂上不知是誰"？按當是劉裕'（今沈本止于次'上'字下云：'疑衍'，殊無全所引文）。

按類聚禮部中'巡狩'條引三齊略記曰：'堯山在廣固城西七里，堯巡狩所登，遂以爲名。山頂立祠'（卷三九）。注所謂'上祠'，亦即此祠；從征記蓋以山之左麓已有堯祠，而山頂又別有祠，因示區別，故曰'上祠'，實則亦係堯祠；如今遇某山之上下各有同一祠廟，而呼之爲'上廟下廟'者。從征記乃戴延之從劉裕征廣固時著，豈有慕容氏先爲宋武立廟之理？且其時延之亦不應稱裕曰'上'也。

（注）'應劭曰："昌水出東萊昌陽縣"。道遠不至，取其嘉名'（二十三下末）。

王校引趙釋曰：'……漢志注引應劭曰："昌水出東萊昌陽"。臣瓚曰："從東萊至博昌，經歷宿水，不得至也，取其嘉名耳"。……今注云云，殆合二人之說爲一人'。

按此或'道遠'上今將'臣瓚曰'一類文脫去；因漢書諸注于酈氏時尚未歸併，何至誤混而一之？且瓚似意在駁應說者，酈氏亦不宜妄合爲一，以致支離其辭。

濰水

（注）'明帝永平中，封鄧震爲侯國。縣南十里，蓄以爲塘，方二十餘里。古所謂高密之南都也。溉田一頃許'（三十一上五起）。

按'高密之南都'似非指塘所在而言，且此九字置于是，其上下文亦覺隔閡，茲疑應在上方'爲侯國'下。

又塘方二十餘里無溉田一頃許之理，要刪云：'元和郡縣志太平寰宇記引作萬頃'，是。

卷二十七　沔水

（經）'沔水出武都沮縣東狼谷口'（一上四）。

王校于'口'曰：'朱趙作中'。沈全同。要刪補遺曰：'官本孔刻本並作"谷中"……王刻本作"谷口"，誤'。

按後漢書章懷注（見卷六八法雄傳'濱帶江沔'下），御覽漢河條（卷六二），寰宇記興州順政縣沔水條（卷一三五），通鑑地理通釋荊州（卷七），沔水漢水（卷一一），禹貢指南江漢朝宗于海條（卷二），通鑑注（見卷一三漢高后三年'漢水溢'，及卷一四八梁武天監十四年'魏……破叛氐于沮水下。）引，及大典，俱作'中'。

（注）'東南流入沮縣……'（一上七）。

王校曰：'趙無流字'。朱沈全俱有。

按初學記州郡部山南道第七泉街條（卷八），寰宇記同上縣街水條引俱無'流'字。

（注）'漢水又東北合沮口'（一下一）。

王校曰：'趙刪"漢水"二字，刊誤曰："胡渭校衍漢水二字" 孫校曰："東北當作西北"'。全亦無'漢水'二字，沈有。

按地理通釋同上沔水條引作'漢水又東北，……'此處'漢水'二字乃另起一段之主辭，豈可視為衍文，胡全趙恐誤。又漢水係自西而東流者，孫校謂'東北'當作'西北'尤奇。

（注）'城在山上'（三上六）。

戴校曰：'近刻脫城字'。王校曰：'朱同，……刊誤曰：方輿紀要引作"城在沔陽東山上"，今校補'。

按地理通釋漢樂二城條引無'城'字（卷一一），大典同，此依上句'沔水東逕西樂城北'，自知在山上者為此城，何必多著費字。至紀要所引較通釋溢出四字，與宋本顯異，恐係顧氏所增，不足據。且西樂城在沔水南，此山亦應在水南，若沔陽縣城則在沔北，顧于沔南之山曰沔陽東山，確否未足信。

（注）'秦惠王置漢中郡'（七上十）。

要刪曰：呂東萊大事記云：'水經注秦惠王始取楚漢中，而秦本紀躁公二年已書"南鄭反"，豈先嘗屬秦歟'？余按六國表厲共公二十六年已先書'城南鄭'。

按秦紀惠公十三年稱：'伐蜀，取南鄭'，秦自恢復此地之後，不聞更失于楚，故南鄭于惠王之隸漢中，蓋于置郡時將其併入而為領縣耳，吾人不可據此便以為秦未置郡前南鄭原非所有。呂氏之說，乃弗知細辨此部地之沿革變遷，而膠執已置郡後之統屬關係，以為是前即如此而誤；楊氏亦未能得其癥結，故不能明有所糾正。又此誤不獨大事記，凡志地諸書皆然。

（注）'世本曰："舜居嬀汭，在漢中西城縣。或言嬀墟在西北，舜所居也"。……余按應劭之言，是地于西城為西北也（十二上二及七）。

按此部注今未見引有應劭何說，則'余按應劭之言'云云如無因而至者，不合文理。考漢志漢中郡西城下有：'應劭曰：世本嬀虛在西北，舜所居'之文。茲疑注文'或言'之'或'原作'應劭'二字，後適脫佚，為不識此言出自誰者妄補以'或'字，遂致下文若無根據者矣。

卷二十八 沔水

（注）'縣西北四十里，漢水中有洲，名滄浪洲，庾仲雍漢水記謂之千齡洲，非也'（二下十起）。

按夏紀：'又東爲滄浪之水'正義引庾仲雍漢水記云：'武當縣西四十里漢水中有洲，名滄浪洲也'（卷二）。依此可知注：'縣西北'至'滄浪洲'十五字，乃漢水記文，今乃據爲己有，反藉以詆庾仲雍，未免太奇。茲疑此處大有錯簡脫簡，是或原作：'庾仲雍漢水記曰："縣西南四十里漢水中有洲，名滄浪洲"'。至'謂之千齡洲'，則乃酈別引他人說，而今將其主辭佚去，被妄人將'庾仲雍漢水記曰'移下，刪去'曰'字而置在'謂之'云云上，遂致喧賓奪主，紊亂離奇，如現狀矣。

王校于'有洲'下曰：'趙作州'。按正義及禹貢指南（卷四）禹貢說斷（卷三），滄浪之水條引注俱作'洲'；但二字通，前已論及。

又戴于'漢水記'曰：'近刻脫水字'。王校曰：'朱脫，趙增'。沈脫，全有。按依上引正義文，注確若誤脫，但同上指南等引及大典俱無'水'字，又寰宇記均州郧鄉縣滄浪洲條引原書亦無之；古今引書名有從略之例，諸此蓋即緣是。

（注）'地說曰："水出荆山，東南流"'（三上二）。

戴校曰：'南近刻訛作西'。王校曰：'朱訛，趙改'。沈訛，云：'胡引作南'；全未訛。

按同上正義雛騷漁父洪注（卷七）引原書，及指南等引注，俱未訛。——漢志敘'又東爲滄浪之水'，師古曰：'出荆山，東南流'，蓋即襲地說，亦可證'西'字誤。

（注）'纏絡鄢郢，地連紀鄀'（三上六起）。

戴校于'鄀'曰：'近刻訛作鄏'。王校曰：'朱訛，趙改'。全作'鄀'。

按同上說斷引'鄢鄀'二字互易其地；同上指南引作'紀鄀'，但未引上四字，或所據'鄢鄀'亦同說斷而作'鄢鄀'。據春秋大事表楚都在今湖北宜城者爲鄢郢，亦即鄀，在今江陵者爲紀郢，幷無'紀鄀'。注似以作鄢郢紀郢爲是，若從說斷作鄢鄀，地望與鄢郢相符，亦尙可通；若作紀鄀，倘在今宜城，旣無此名稱，且與鄢郢混而爲一，上下二語將無區別，倘謂在今江陵，則名稱地望俱虛，毫無根據，戴氏等悉誤。沈于上句之'郢'曰：'胡引作鄀'，次句作'紀郢'。

（注）'辥瓚曰："今南鄉鄧頭是也"'（四下二）。

瓚釋'鄧'說，今凡兩見：注所引者，見蕭相國世家'封爲酇侯'下，但集解已引作'今南陽鄧縣也'（卷五三）。一見漢書高紀十一年'相國酇侯下諸侯王'下，即趙本所引'臣瓚曰："茂陵書何封國在南陽酇，音贊"'是也（卷一下）。

同上世家索隱亦引瓚說如集解文。又曰：'太康地理志云："魏武帝建安中分南陽立南鄉郡，晉武帝改曰順陽郡"'。

晉志荊州順陽郡統縣八，首曰鄧（卷一五）。州郡志：'雍州順陽太守，魏分南陽立，曰南鄉，晉武帝更名，成帝咸康四年復立南鄉，後復舊。永初郡國及何志有……鄧……'。又廣平郡下：'鄧縣令，漢舊縣，屬南陽，後屬順陽'（卷三七）。

按依注及集解等所引瓚說，其'今'字其瓚就其際地名而言也。但集解等引作'南陽鄧縣'，鄧屬南陽，止兩漢如是，則瓚豈不爲此期間人，焉能有如此之早？茲疑注所引方確係瓚原文，瓚殆晉初或三國時人，故其際鄧猶屬南鄉也。集解等殆忽于此郡之沿革變遷及瓚所處時代，于瓚原說有所改竄，遂致時際不合。不過注于縣作'鄧頭'，任何時期之地志俱無此名稱，是其魏改郡曰南鄉時幷縣改作鄧頭邪？

同上集解又云：'孫檢曰："有二縣音字多亂，其屬沛郡者音嵯，屬南陽者音讚"。按茂陵書蕭何國在南陽，宜呼"讚"，今多呼"蹉"。"蹉"舊字作"䣰"，今皆作"鄧"，所由亂也'。攷漢志沛郡䣉縣注：'莽曰贊治。應劭曰："音蹉"，師古曰：'此縣本為"䣉"，應音是也，中古以來，借"鄧"字為之耳，讀皆為"鄧"，而莽呼為"贊治"，則此縣亦有"贊"音（是或不然，殆正自莽改縣名後讀音遂因而亂）'。又說文：'䣰……南陽有䣰縣，作管切，又作旦切。䣉沛國縣，……昨何切'。依許說是二縣當氏頃其作字及本音俱尚有異，漢志原文當亦有別，蓋東京後俗常讀音誤亂，遂作字亦訛，自是'䣉'字乃絕迹于正史矣。

（經）'又東過襄陽縣北'。（注）'……城北枕沔水'（經九上五，注十上三）。

按襄陽為自古名都重鎮，然注竟無敘沔逕此城之文，不知是否今有脫佚。'城北枕沔水'五字，茲宜視為注應經語，趙作小字，似失當。

（注）'沔水……又逕峴山東。山上有桓宣所築城，孫堅死于此'（十一下九起）。

按孫堅在桓宣前，不應死于宣所築城，茲疑句倒，'孫堅死于此'原在'山上'語上，言堅死于峴山也。孫堅志：'初平三年，術使堅征荊州，……黃祖逆于樊鄧之間，堅……單馬行峴山，為祖軍所射殺'，裴注：'典略曰："……祖敗走，竄峴山中，堅乘勝夜追祖，祖部兵……射堅殺之"'，（卷一）可證注所謂'于此'，蓋指峴山。

（經）'又南過邔縣東北'。（注）'沔水又東逕豬蘭橋。橋本名木蘭橋，橋之左右豐蒿荻，于橋東劉季和大養豬；襄陽太守曰："此中作豬屎臭，可易名豬蘭橋"，百姓遂以為名矣。橋北有習郁宅，宅側有魚池，池不假工，自然通洫，長六七十步，廣十丈，常出名魚'（經十六上十，注十六下五至末）。

按類聚職官部五'鴻臚'條引襄陽耆舊傳云習郁封襄陽侯，注于上文襄陽縣下累叙習郁魚池，則郁宅不宜在邔縣境。又因'襄陽太守'之文，豬蘭橋亦似應在太守治所。今疑注自'沔水又東'至'常出名魚'九十五字，係上文'沔水又東南逕邑城北。習郁襄陽侯之封邑也，故曰邑城矣'下文脫簡。

又沈炳巽云：'當作襄陽太守劉季和于橋東大養豬方合'。按依'襄陽太守曰'云云，可知太守別是一人，初學記木蘭橋條引習鑿齒襄陽耆舊傳作：'襄陽太守皮府君'（卷二九第九），箋引同傳云：'劉洪字季和，……晉太安中持節南蠻校尉荊州刺史，……'可證沈誤。要刪補遺據晉書劉弘傳：'表以皮初補襄陽太守'文亦云沈誤。（說郛四十八皮子世錄：'晉朝名初者爲襄陽太守'）

卷二十九　沔水

（注）'江水……東逕石城縣北。晉太康元年立，隸宣城郡'（四上七）。

戴校曰：'近刻脫"立"字'。王校曰：'朱趙無'。沈無，全有。

州郡志揚州'宣城太守，晉武帝太康元年分丹陽立。石城令漢舊縣'（卷三五）。按石城縣兩漢志丹陽郡下俱有，宋志亦云云，注豈能誤云晉立，故'立'字不宜有，原文蓋言太康元年縣始隸宣城也，全戴俱誤。攷大典抖無'立'字，要刪亦以爲謬。

（注）'南江又東北爲長瀆，歷湖口'（五下四）。

戴校曰：'此十一字原本及近刻並訛作經，"湖口"訛作"河口"'。王校曰：'朱訛，趙改，刊誤曰：'……河口當作湖口，下云："謂之五湖口"是也'。沈同朱，全同今注。

按玉海地理部山川禹三江篇引作經及'河口'（卷二〇），作經信訛，但五湖口即南江入具區之口，豈有自歷其口之理；且此處南江尙未入具區，水流尙未屆其地，五湖口之名猶未點出，亦不得先云'歷湖口'，似以存疑仍作‘河口’爲是。

潛 水

（注）‘潛水蓋漢水枝分潛出，……今爰有大穴，潛水入焉，通岡山下，西南潛出，謂之伏水，或以爲古之潛水’（十四上三起）。

要删曰：‘……此條言"受有大穴"，并不實指在何縣，蒙籠之至。余謂此必引郭璞說或劉逵說，謂漢壽或晉壽（補遺曰：‘蜀都賦："演以潛沫"劉注："禹貢梁州云：沱潛旣道，有水從漢中沔陽縣南流，至梓潼漢壽縣入大穴中，通岡山下，西南潛出，今名復水，舊名禹貢潛水也"。郭璞爾雅晉義同。然則此云伏水，酈氏據劉注說……’）蓋"受"與"壽"通，又脫"漢晉"等字。朱箋乃謂當作"爰"，竟成虛擬之辭’。

按漾水注稱：‘劉澄之云："有水從阿陽縣南至梓潼漢壽入大穴，暗通岡山"，郭景純亦言是矣’。本篇言潛所出亦即此穴，與漾水文實暗相應合，楊氏忽于此，云酈引郭璞一類說雖亦是，終不免微失。至將‘爰’字仍作‘受’以強成漢壽或晉壽之說，攷全書殊無于地名代以通用字之例，疑此乃‘今爰’二字間茲將‘漢壽’二字佚去，遂致文若蒙籠空洞矣。

均 水

（經）‘均水出析縣北山’。（注）‘均水發源弘農郡之盧氏縣熊耳山，……縣即析縣之北鄉，故言出析縣北山也’（經十七下末，注十八上二起）。

按注于執言出析縣北山，原不應未表明，此語乃應經文者，今‘故言’二字間蓋脫一‘經’字。

又注自‘縣即析縣’以下十五字俱爲經文而發者，趙作小字，全作小注，悉誤。

（注）'西有石山，南臨均水。均水又南流注于沔水'（十八下四）。

按均水乃自北而南流者，所謂'西有石山'，亦係言山在均水之西，則其山不能南臨均水，似宜作'東臨'。

（注）'謂之均口者也'（十八下五）。

依'者也'二字，'謂之'上宜有主辭，今既烏有，'者也'恐是衍文，通鑑注引無此二字，（見卷一四二齊東昏侯永元元年'魏……廣陽王嘉斷均口'下）。

又胡氏所引原文作：'水經……注云："即郡國志筑陽縣之涉都鄉，均水于此入沔，謂之均口"'，是今注尚有脫文。按原注不宜無應經文'又南當涉都邑'之辭，茲疑胡氏仍有所刪改，似注之上文'南臨均水'下今將均經涉都邑之文脫去；更下接胡所引'即郡國志筑陽縣之涉都鄉'，再次接'均水又南流注于沔水（胡注'均水于此入沔'之語，或係就此語之所刪改）'。今姑擬作'……南臨沔水。均水又南流至涉都邑北，即郡國志筑陽縣之涉都鄉。均水又南流'云云。

卷三十 淮水

（注）'溮水……屈逕仁順城南，故義陽郡治。——分南陽置也，晉太始初以封安平獻王孚長子望。——本治在石城山上。'（三上十起）

按'分南陽'上似脫主辭，州郡志于司州義陽郡云：'魏文帝立，後省'，今注'分'上蓋脫一'魏'字。又自'分'字至'長子望'十九字乃叙義陽郡文，與其上下叙郡治事微有不同，宜作注中注。

（注）'黃水……又東逕光城南，光城左郡治'（六下六）。

戴校于'光城南'下曰："'逕'下近刻衍'南'字"，王校曰：'朱趙有'。戴又于'郡治'下曰：'近刻脫"城左"二字'，王校曰：'朱趙無'。沈悉同朱，全悉同今注。

按地形志光州有南光城郡北光城郡，其郡治均曰光城（卷一〇六中）。注上語之'光城'，係指縣言，據理以從全戴止作'光城'爲是。但通鑑注兩引'逕'下却有'南'字（一見卷一四五梁武天監元年'魏復取木陵'下，一見同卷二年'任城王澄……寇東豫……'下），此或北魏當時爲二縣有別，俗呼此曰南光城縣，而酈氏從之，今證以胡氏所引及趙本作'南光城'，或係原迹亦未可知。

次語全戴之作'光城左郡'，亦與地形志異，所改似無據，恐非是。疑注原實作'南光城郡治'，今'光'上脫一'南'字，'光'下脫一'城'字。至朱趙以上句之'南'字下屬，作'南光郡治'而無'城'字，恐亦乖實際而非是。

又大典于二語悉如戴所謂'近刻'。

（注）'東南逕蒼陵城北'（十上九）。

戴校曰：'蒼陵城北近刻訛作倉陵北，……原本及近刻並訛作經'王校曰：'朱訛，趙改'。沈同朱，全同今注。

按寰宇記壽州壽春縣廢西壽春縣條引作'倉陵北'而作經（卷一二九），大典同，作經固誤，至是否應作'蒼陵城北'，依趙引地形志'壽春……有倉陵城'文，倉字似非訛；至'城'字注或只舉地名，原略去之，亦未可知。通鑑注引亦無'城'字，作蒼陵，未訛爲經，（見一七一陳宣太建五年齊……遣兵援蒼陵……下）大典實亦作'倉陵北'。

（注）'郡國志曰："平阿縣有塗山"'（十三下八）。

戴校曰：'有下近刻衍當字'。王校曰：'朱趙有'。沈有，全無。要刪曰：'初學記（六）引有"當"字，御覽（四十三）引亦有，……故下文云"當塗之右"，戴刪"當"字，非也'。

按通鑑注引亦有（見卷一五〇梁武普通五年'北兗州刺史趙景悅圍荊山'下），大典同。但郡國志原文實無當字，劉注：'應劭曰："山在當塗，左傳穆有塗山之會"'，又當塗注：'帝王世紀曰："禹會諸侯塗山"'，俱可證志原必無'當'

字。

(注)'淮出于荊山之左，……而揚濤北注也。淮水于荊山北'(十三下九及十，又十四上八)

王于'左'下曰：'趙淮改渠'。全同，沈作'淮'。

按初學記地部中淮第五三洲條，(卷六)及同上通鑑注引俱作'淮'。渠水已自爲一篇，注無于此插叙其水道之理；且如趙校詎不爲渠來自淮南耶？全趙必誤。又注'淮水于荊山北'，卽承上文'淮出于荊山之左'而生者，若彼'淮'字作'渠'，是則無淮逾荊山之文，此處何忽至山北？因亦可證二氏誤。

又戴校曰：'而近刻訛作西，也訛作之'。王校曰：'朱同，趙改而存之，……'沈同朱，全同趙。

按同上初學記引作'而'及'也'。大典則'而'訛'西'，'揚'訛'楊'。

(注)'昔袁術向九江，將東奔袁譚'(二十下三)。

按術本身據九江，自此東奔，不應言'向'，類聚水部下'浦'字下引伏滔北征記作：'袁術自九江東奔袁譚'，(卷九)注'向'字當係'自'之訛。

(注)'鯀旣死，其神化爲黃熊'(二十五上四)。

戴校于'熊'曰：'近刻訛作龍'。王校曰：'朱趙作龍'。沈全同，沈云：'當作黃能'。

按禹貢指南蒙羽其藝條引作'龍'(卷二)。全趙之作'龍'，乃本海內經'鯀復生禹'下郭注，酈氏此部注似化自山經與郭注者，原或作'龍'。

朱及全氏引姜公序本晉語作'黃能'，按一本及昭七年傳俱作'熊'，說苑辨物篇論衡死僞篇同。又論衡無形篇作'化爲黃能'，述異記作'黃熊'。攷夏紀'乃殛鯀于羽山'正義作'黃熊'，張氏曰：'熊……下三點，爲三足也。束晳發蒙記云："鼈三足曰熊"'。是則凡作'能'或'熊'者恐俱是傳寫之誤。

卷三十一 消水

（經）'消水出弘農盧氏縣支離山'（六下七）。

戴校曰：'支近刻作攻'。王校曰：'朱趙作攻'。沈全同。要删曰：'戴據今本山海經改作"支離"，按文選張平子南都賦注引山海經亦作"攻"，則今本作"支"誤也，此不當改'。

按通鑑注三引俱作'攻'（一見卷三九漢更始元年'設壇場于消水'下，一見卷六二漢獻建安二年'曹操軍於消水'下，一見卷八一晉武太康元年'杜預……引澆消水浸田萬餘頃'下，庀林通焦篇離有十六義下引同。廣韻'一屋'：'消，水名，出攻離山'。大典亦作'攻'。

（注）'避晉簡文諱更名雲陽焉'（十二下七）。

戴校曰：'雲近刻作云'。王校曰：'朱趙作云'。沈全同。

按州郡志于縣作'云陽'，屬雍州南陽郡，云：'故名育陽，晉孝武改'（卷二七）大典亦作'云'，是戴作'雲'無據。

（注）'南流逕于堵鄉，謂之堵水。以水氏縣，故有堵陽之名也'（十四下五起）。

按'以水氏縣'十一字上今未見有敘堵陽文，殊覺語無根據，是殆'以水'上今將堵水逕縣文佚去。又此十一字與水之流行無涉，趙作大字，全作大注，俱非。

瀙水

（注）'瀙水又東逕瀙陽城北，又東逕瀙強縣故城南。……余按瀙陽城在瀙水南，然則此城正應爲瀙陰城，而有瀙陽之名者，明在南猶有瀙水，故此城以陽爲名矣。潁水之南有二瀙：其南瀙東南流歷

臨潁亭西東南入汝，今無水也，疑即瀙水之故瀆矣'（十六下末至十七上七）。

自'余按'至'故瀆矣'七十五字，俱係敍關于瀙陽之水流文，原不應置在逕瀙強城而更下，茲疑乃'又東逕瀙陽城北'下之脫簡。

潕 水

（注）'葉東界有故城，始犨縣，東至瀙水達比陽界'（二十上六過）。

王校于'達'引朱箋曰：'當作逕，趙改逕'。沈全作'達'。

按御覽'城下'（卷一九三），玉海宮室部楚方城條（卷一七三），及卮林諗胡萬城條（卷八），引俱作'達'。此乃言方城抵比陽界而盡，并不更通過縣境，朱趙作'逕'誤。且趙于下方引及御覽同文，于此乃從無據之朱箋，蓋未明注文原意之過。

溳 水

（經）'東南過隨縣西'（二十二上六）。

戴校曰：'過近刻訛作逕'。王校曰：'朱訛，趙改'。沈訛，全未。

按通鑑注兩引俱作'過'（一見卷八九晉愍建興三年'荊州將吏鄭攀……逃溳口'下，一見一一四晉安義熙元年'桓振……逃于溳川'下）。大典訛。

（注）'隨爲大者也'（二十二上七）。

王校于上條曰：'朱趙"隨"作"隋"，……'于此引刊誤曰：'……按隨古作隋，戰國策寶珍隋珠，蓋不獨楊堅受禪始去辵爲隋也'。沈全作'隨'。

按趙說是也，唯引流傳屢繫之策字爲據仍不足信。敊隸辨'支第五''隋'字下之州輔碑陰，及張平子碑，于此字俱作'隋'（卷一）。又州郡志寧州梁水太守西隋令下云：'漢……晉……並作隨（卷三八），可證至遲劉宋時于官書已有作'隋'者，殊不始于楊堅。又後漢書郭伋傳有'盧芳將隋昱'（此雖亦傳鈔已久，然姓氏字當是原迹，劉攽曰：'按"隨"字至隋時方去"之"單作"隋"，今此宜作"隨"'，則以未知楊氏前已有'隋'而誤也）。亦可證有此寫法已久。廣韻云始于隋文，唐代初期之字學專書而有此失，甚奇。

卷三十二　決水

（經）'北過其縣東'。（注）'故地理志曰："決水出雩婁"'（經二下八，注二下末）。

按地理志文，當係注引以證水源者，原不應在經敘水道文下，茲疑乃上文'蓋大別之異名也'，或'其水歷山委注而絡其縣矣'下之脫簡。

（經）'又北過安豐縣東'。（注）'決水自雩婁縣北逕雞備亭。春秋昭公二十三年"吳敗諸侯之師于雞父"者也。安豐縣故城，……'（經三上一，注三上二起）。

按自'決水'至'雞父者也'三十字，似爲關于雩婁縣文，疑應在經'又北過安豐縣'之前。

（注）'春秋宣公八年冬'（四上二）。

按春秋經事宜在八年夏，故此下繼書'秋七月'，注'冬'字設非誤，便是衍文。

肥水

（注）'……施水枝津……首受施水于合肥縣城東，西流逕成德縣注于肥水也'（六下五起）。

按施水注稱：'施水……東逕合肥縣城南，……施水又東，分爲二水：枝水北出焉，下注陽淵。施水又東逕湖口戍，東注巢湖'。未言別有入肥之枝津。

施水篇之陽淵，似即本篇之陽湖，此稱：'肥水又北右合閻澗水。上承施水于合肥縣，北流逕浚遒縣西，水積爲陽湖。……'施水枝津之水道與此水道相當，若二者爲一流，則同一篇不應兩敍之。設非一水，則彼篇何以未言有此。豈酈氏于本篇所據非一書，而二者行文微異，遂誤收一流爲二水邪？

　　（注）'（黎漿）水受芍陂。陂水上承澗水于五門亭南，……又東北逕白芍亭東，積而爲湖，謂之芍陂。……陂水北逕孫叔敖祠下，謂之芍陂瀆，又北，分爲二水：一水東注黎漿水。黎漿水東逕黎漿亭南，東注肥水'（七下五起至八上末）。

按黎漿水自受芍陂後未更見其水道，止于入肥處復一見便結束，有首尾而無腹部，終有未合。茲疑'一水東注黎漿水'一語原乃敍其本幹初成之文，今于'注'字下脫一'爲'字；蓋芍陂瀆所分出之一枝，乃形成黎漿之正流，因今有脫字，遂致含混不清矣。

　　（注）'肥水自黎漿北逕壽春縣故城東，……又西北右合東溪。溪水引瀆北出，西南流……注于肥'（八下二至六）。

戴于'出'字下曰：'近刻訛作山' 王校曰：'朱訛，趙改'。沈作'山'，全同今注。

按如諸氏所改，是此水首受肥水矣，而肥于上部係北流者，則東溪水如何能自北流水引瀆北出？此已不合矣；既北出後，注何以不言其曲折便忽改而西南流又注于肥水？此'北出'似仍宜作'北山'，與下文導源北山而入肥之北溪水同出一山，諸所改悉無據且不合理。又大典作'北山'。

　　（注）'瀆水自黎漿分水，引瀆壽春城，北逕芍陂門右北入城'（十上五起）。

要刪熊會貞曰：'趙戴于"壽春"下增"城"字，非也（全亦然）。……按……

芍陂在壽春南，芍陂門當爲壽春南門。濆水在芍陂門右入城，益見自南入城。蓋注本以"北逕芍陂門右"爲句，趙戴誤以"北"字屬上句，遂臆增"城"字耳'。

按全趙戴增'城'字致水勢不合，信誤。但如熊所絕句，則上文'引濆壽春'應自爲一句，而合之更上，既云'濆水自黎漿分水'矣，而又云'引濆壽春'似覺導源重複。茲疑此部注有倒字，而宜作'……引濆北逕壽春芍陂門右北入城'，則逐處無語病矣。

沮 水

（注）'沮水又南逕楚昭王墓。東對麥城，故王仲宣之賦登樓云："西接昭丘"是也'（十四下二起）。

此未言沮逕墓之某方，依'東對麥城'言，上文云沮逕麥城西，此殆逕墓東。茲疑'東對'之'東'原爲疊文，于後殘佚，羣遂以'東'專屬下文，而'墓'下乃無方位字矣。按紀滕荆州軍古迹楚昭王墓條云：'在當陽縣南沮水之西'，（卷七八）可證沮實逕墓東。

又文選登樓賦善注：'盛弘之荆州記曰："當陽縣城樓，王仲宣登之而作賦"'，（卷十一）與注言所登爲麥城樓有異。

夏 水

（注）'而會于江'（十七下二）。

按通鑑地理通釋夏日條（卷一二），及輿地廣記鄂州江夏縣下（卷二七）引，'而'字下俱有'南至魯山下'五字。攷江水注稱：'江水又東逕魯山南，……山上有吳江夏太守陸煥所治城，……地理志曰："夏水過郡入江"'，依此是本篇今脫通釋等所引五字。

羌　水

（注）'羌水……又東南逕葭蘆城西，羊湯水入焉。水出西北陰平北界湯溪，……又東南逕五部城南，東南右合妾水。傍西南出，即水源所發也。羌水又逕，……'（十八上九至下四）。

按妾水究何所傍而西南出，原不應未言及，今于'傍'字下蓋有脫文。

又妾水未見叙水道及如何入羊湯水文，羊湯水亦缺入羌之文，今于'水源所發也'下殆大有脫佚。

涪　水

（注）'涪水出……剛氐道徼外，東南流逕涪縣西'（十九上一）。

王校曰：'朱"道"作"遊"，"縣"作"水"，箋曰："孫按……此當作剛氐道徼外，東南流逕涪縣西"，趙改'。全同今注，沈據漢志改作'道'及'縣'。

按通鑑注凡三引俱作'剛氐道'（一見卷四二漢光武建武十七年'岑彭使臧宮……拒延岑'下，一見卷六六漢獻建安十八年'莫若盡驅……民內苦水西'下，一見卷七八魏元景元三年'鄧艾……趣成都'下），卷四二又引'縣'字不作'水'，但'西'字作'北'。

（經）'南至小廣魏與梓潼水合'（十九下三）。

戴校曰：'近刻脫水字'。王校曰：'朱趙無'。沈無，云：'疑有水字'，全有。

按同上卷六六通鑑注引未脫'水'字，但'南'作'東''小廣魏'作'廣漢'。大典則無'水'字，紀勝遂寧府景物上涪江條引同（卷一五五）。

涪水所出之涪縣今爲四川緜陽縣治，小廣魏即廣漢縣，在今遂寧縣西北，遂寧在緜陽東南。今涪水自緜陽趣遂寧，係東南流，竝疑經原實作'東南至小廣魏，……'今本及胡氏所引俱有誤。

梓潼水

（注）'謂之五婦水口也'（二十上二起）。

王引趙釋曰：'寰宇記射洪縣下引水經注曰："涪江水又東南合射江，即今射洪縣，有此水"，今本無之'。

按初學記州郡部劍南道第八射洪條已引有，作：'水經注曰：涪江水又東南至射洪'（卷八）。但兩文似均有遺漏，以併作'涪江水又東南至射洪合射江'爲當，不過仍未必即符原注，或且尚脫射水原委文。又射洪據寰宇記係後魏恭帝時分漢郪縣地置，非酈氏所得知，茲疑射洪本爲鄉亭名，恭帝就而立縣，故初學記所引射洪下無'縣'字。

卷三十三　江水

（注）'所謂發源濫觴者也'（一下四）。

'所謂'上似不宜無主辭，按荀子子道篇稱：'孔子曰："……昔者江……始出也，其源可以濫觴"'家語三恕篇亦有，今疑'所謂'上脫'孔子'二字（荀子文箋已引及）。

（注）'河圖括地象曰："……上爲井絡"'（二上十起）。

王校引趙釋曰：'按蜀志秦宓傳裴注引河圖括地象作"上爲東井絡"，至左思蜀都賦乃省裁"東"字'。

按蜀都賦劉注，常璩蜀志，引括地象俱無'東'字，二人俱在裴前，趙不宜止據較晚出者反以爲信。又如江賦'若乃岷精垂照于東井'善注引括地象亦同；劉常及原書設有'東'字，善尤無省去以與賦異之理，三人既不約而同無'東'字，趙氏之單文孤證恐不足據（事類賦'地部，山'，'至若復爲天井'注卷七及紀勝永康軍'風俗形勝'下卷一五一引括地象亦無'東'字）。

（注）'水出綿虒道——亦曰綿虒縣。——之玉壘山'（三上四起）。

要刪續補曰：'後漢任文公傳注引鄺氏水經注云："湔水出緜虒道之玉壘山"，御覽（七百六十八）亦載之，無"亦曰緜虒道"五字。要刪前編謂此五字是校者注于傍混入正文，以章懷此注證之至確'。按校者傍注不難分辨，似不至混入正文。茲疑彼五字乃注中注，此書其初于大小注必有顯明之區別，章懷注等蓋知五字爲小注故不引及，今弗宜因此便謂其非注文。

（注）'荊人鼈令……起見望帝，——望帝者，杜宇也，從天下；女子朱利自江源出，爲宇妻；遂王于蜀，號曰望帝。——望帝立以爲相。……'（十上十及下一至三）。

按文選張平子思玄賦'鼈令殪而尸亡'善注：'蜀王本紀曰："……荊地有一死人，名鼈令，……至郫與望帝相見；望帝以鼈令爲相。……"'（卷一五）張澍輯十三州志：'蜀……王曰杜宇，稱帝，號望帝。……時荊地有一死者名鼈令，……更生，見望帝。以爲蜀相。……'（卷二）

依二書是望帝乃以鼈令爲相，因而注文自'望帝者'至'號曰望帝'二十八字，蓋爲注中注，因不然則無從見乃以鼈令爲相，而若相女子朱利者矣。

（注）'又逕東望峽，東歷平都，峽對豐民洲。舊巴子別都也'（十九下六起）。

按'峽對豐民洲'爲承'又逕東望峽'而生者，不應在'東歷平都'下。又'巴子別都'乃指平都言，理宜在彼語下。茲疑此處有錯簡，以作'又逕東望峽，峽對豐民洲。東歷平都，舊巴子別都也'爲順。

（注）'漢獻帝興平元年分巴爲二郡'（二十五上五起）。

戴校于'元年'下曰：'興平近刻訛作初平'；王校曰：'朱趙作初平，說見下'。戴又于'二郡'下曰：'近刻訛作三都'；王校曰：'朱趙作三郡，趙釋曰："全氏曰：初平當作興平，三郡當作二郡"'。要刪曰：'全趙戴據華陽國志改爲"二郡"，按"三郡"不誤，謂巴郡永寧固陵也'。

按關于此問題，諸志地之書所述如下：

郡國志巴郡劉注：'譙周巴記曰："初平六年趙穎分巴爲二郡，欲得巴舊名，故郡以墊江爲治，安漢以下爲永寧郡。建安六年劉璋分巴，以永寧爲巴東郡，以墊江爲巴西郡"'（卷三三）。

常璩巴志云：'獻帝初平元年……趙穎建議分巴爲二郡，穎欲得巴舊名，故白益州牧劉璋以墊江以上爲巴郡，……治安漢；以江州至臨江爲永寧郡；朐忍至魚復爲固陵郡。……建安六年，魚復蹇胤白璋爭巴名，璋乃改永寧爲巴郡，以固陵爲巴東，徙義爲巴西太守，是爲三巴'。又云：'巴東郡，先主入益州改爲江關都尉，建安二十一年以朐忍魚復羊渠及宜都巫北井六縣爲固陵郡……章武元年……復爲巴東'。

晉志于梁州云：'……及獻帝……建安六年，劉璋改永寧爲巴東郡，分巴郡墊江置巴西郡'。又于益州云：'……獻帝初平元年劉璋分巴立永寧郡，建安六年改永寧爲巴東，以巴郡爲巴西，又立涪陵郡。二十一年，劉備分巴郡立固陵郡，蜀章武元年又改固陵爲巴東郡，巴西郡爲巴郡'（卷一四）。

州郡志于荊州云：'巴東公相，譙周巴記云："初平六年荊州帳下司馬趙韙建議分巴郡諸縣漢安（宜作安漢）以下爲永寧郡，建安六年劉璋改永寧爲巴東郡，以涪陵縣分立丹興漢葭二縣，立巴東屬國都尉，後爲涪陵郡'（卷三七）。又于益州云：'巴西太守，譙周巴記："建安六年劉璋分巴郡墊江以上爲巴西郡"'（卷三八）。

按譙周之爲人，上自後漢之末，歷三國至晉初尚在，其記巴郡變遷之迹，乃所親見，當較可信。劉昭引周說旣云分巴爲二，爲巴及永寧二郡，諒不至誤。依晉宋二志初平所分置亦爲此二郡。

常志初亦言：'分巴爲二郡'，下文乃云：'以墊江爲巴郡，……以江州至臨江爲永寧郡，朐忍至魚復爲固陵郡'，實則三郡，而上下不符。且更下又云：先主于建安二十一年始以朐忍等六縣立固陵郡，與其巴郡永寧固陵成立于同時之說又相抵觸，先後不應乖舛如此之甚。按州郡志云：'建安六年劉璋改永寧爲巴東郡，以涪陵縣……立巴東屬國，後爲涪陵郡'。蓋劉氏所立于巴及永寧而外實別立一涪陵郡，且在建安六年以後，不與彼二郡同時，涪陵立郡頃，永寧已改名巴東（晉志亦云：'建安六年改永寧爲巴東，以巴郡爲巴西又立涪陵郡'，所言立涪陵郡之沿革雖與宋志微異，然因而可知劉璋所立乃涪陵，非固陵）。常志較巴記爲晚出，所言乃得諸傳聞，故不免失實，其叙此事誤點有三：一誤以建安六年後方立之涪陵郡爲固陵郡，而謬以爲與分巴立永寧郡并在初平，故始言分巴爲二郡，繼則實多一郡，以致不符。二依晉宋二志可知劉璋所分之三巴，乃舍以永寧改名之巴東，更分彼時之巴郡自墊江以上爲巴西郡，餘仍爲巴，而成三郡；常氏則誤云：'改永寧爲巴郡，以固陵爲巴東'，于彼時舊巴郡如何處置，及龐羲所徙之巴西自何而來，俱無所交代，亦有未合。三則旣知固陵爲先主所立，不應妄云劉璋時已有。

酈注因以魚復爲故陵郡，及襲胤訴劉璋改爲巴東郡言，蓋所本乃常志，故上文雖云分巴爲二郡，下文却亦誤以爲故陵立于同時。

全趙戴改注字之'三'爲'二'，實未誤，止失于未知故陵弗在二郡之內，且于時尙不應有。楊氏不攷諸郡變遷之沿革及時際之有異，遽以與巴永寧不宜併見之故陵一齊同列，而云注字之作'三'爲不謬，其失尤甚。

又巴郡之初分，注原文及巴記常志晉宋志無一不云在初平，而據後漢書三國志劉璋傳，并云璋于興平元年方繼焉而爲益州牧，則初平時璋不宜有分郡之事，似乃劉焉，而諸言在初平者亦出劉璋悉誤。但初平盡于四年，郡國州郡二志之作'六年'者，蓋本同巴志及晉志亦作'元年'，而原爲隷書，隷體之'元'字有與'六'字極相似者，郡國志等文始因是而流傳有誤。

依上所引郡國華陽晉宋志等，無一言興平時有分巴之事，足證注原文必作'初平'，全戴悉誤。大典亦作'初平'。

又沈亦據巴記華陽志文云：'據此二書，則初平時止分巴爲二郡，至建安六年劉璋始分巴爲三郡，今云："初平元年分"，似誤'。此乃氏未知注文之'三郡'應爲'二郡'之過。

卷三十五 江水

（注）'江水又東逕魯山南。古翼際山也，地說曰："漢與江合于衡北翼際山旁"者也。山上有吳江夏太守陸煥所治城，……地理志曰："夏水過郡入江，故曰江夏也"。山左即沔水口矣'（七下五至九，又八上一）。

通鑑注引于'魯山南'下尚有'與沔水會'四字，（見卷一四三齊東昏侯永光二年'……助僧寄守魯山'下）。按此依注所引地說及地理志與夏水注：'沔水通彙夏目，而會于江'之文，胡氏所引蓋爲佚文。

又'山左即沔水口矣'語上今不見有某山文，胡注引此七字即接于'與沔水會'下，似爲原次，今乃錯脫，蓋所謂'山'乃指魯山也。

（注）'沔左有郤月城，亦曰偃月壘。戴監軍築，故曲陵縣也，後乃沙羨縣治，昔魏將黃祖所守，遣董襲凌統攻而擒之。禰衡亦遇害于此，衡恃才倜儻，肆狂狷于無妄之世，保身不足，遇非其死，可謂咎悔之深矣'（八上三至七）。

戴于'郤月城'曰：'此下近刻衍然字'。王校曰：'朱衍趙刪'。沈衍全未。

按玉海宮室部郤月城條引無之，（卷一七三）大典則衍。

此七十七字乃叙沔水旁之故實，以置于卷廿八沔水篇之末爲當。

又'昔魏將黃祖所守，遣董襲凌統攻而擒之'，'遣'字上似脫主辭，寰宇記漢陽軍漢陽縣郤月城條引荆州記作'吳遣'云云，（卷一三一）注或今脫一'吳'字。

(注)'西北流逕蒙籠戍南'(十上六)。

戴校曰：'近刻脫"蒙"字'。王校曰：'朱趙無"蒙"字，"籠"作"龍"，趙釋曰："……注有脫誤"'。全未脫字，沈同朱。

按通鑑注兩引俱有'蒙'字(一見卷一四七梁武天監十三年'上以……趙秀爲定州刺史'下，一見卷一七一陳宣太建六年'初梁定州……降'下，但'戍'字作'城')，大典則作'……逕龍戍南'。

(注)'舉水又東南歷赤亭下'(十下五)。

戴校曰："東南"近刻作"南東"，此句之下衍一"又"字'。王校曰：'朱同，趙乙，並下有"又"字'。沈同朱，全未訛衍。

按同上卷一六三通鑑注引無倒字及衍文。又一引作'舉水……南流逕赤亭下，謂之赤亭水。西陽五水蠻，赤亭其一也'(見卷一四四齊和帝中興元年'建寧太守黃天賜與宗戰于赤亭'下)。第一語蓋略有所刪改，故與上條所引微異。自'西陽'以下十字，通鑑此處並未涉及五水蠻，胡氏不必言及，是殆今注之佚文，爲氏信筆錄入者。大典旣倒且衍。

(注)'又分爲二水，南流注于江。……左水東南流入于江'(十下七及十)。

依'左水'云云言，'南流'上似宜有'右水'二字。

(注)'武昌記曰："樊口南有大姥廟，孫權常獵于山下，依夕見一姥；問權獵何所得？曰："正得一豹"。母曰："何不豎豹尾"？忽然不見。——應劭漢官序曰："豹尾過後，執金吾罷屯解圍，天子鹵簿中後屬車施豹尾，于道路豹尾之內爲省中。——蓋權事應在此，故爲立廟也'(十二上八至下二)。

按類聚符命部引武昌記'忽然不見'下作：'因爲立樊母廟，'(卷一○)太平廣記徵應一吳大帝條引同記'忽然不見'下作'權稱尊號，立廟于山下'(卷二三五)。注文自'應劭'至'爲省中'三十八字，似宜作注中注。

又類聚'正得一豹'之'正'作'止'，字義亦合。

楊維傳：'在屬車閒豹尾中'，服虔曰：'大駕屬車八十一乘，作三行，尚書御史乘之。最後一行懸豹尾，豹尾以前皆爲省中'（卷八七上）。輿服志上：'乘輿大駕……最後一車懸豹尾，豹尾以前比省中'，劉注：'小學漢官篇曰："豹尾過後，罷屯解圍"。胡廣曰："施于道路，豹尾之內爲省中，故須過後屯圍乃得解"，皆所以戒不虞也'（卷二九）。

　　（注）'江之右岸富水注之。水出陽新縣之靑溢山，……又西北迳

　　下雉縣。江水又東'（十五下六，及十六上六又九）。

按富水無如何入江之文，今蓋有脫佚。

陽新在今湖北縣治西南六十里，下雉在縣東南，注文'西北'之'西'，熊會貞于要刪云：'當作東'，或是。

諸未敢意入之佚文

(一)御覽'灘'字下引：'荔枝灘東南二十里山頂有一冢，冢唯女貞樹，樹上恒有白猿棲息。郡國志云："僰道有王女冢"是'（卷六九）。此依'僰道'言，似宜在卷三三經文'又東南過僰道縣北……'下，但宜置于注之某部今莫能斷定。又御覽所引不過爲注敘關于荔枝灘之故實，似尚佚有江迳此灘之正文。又郡國志犍爲郡僰道劉注：引華陽國志云：'有荔枝，（今本常志同）'此灘蓋即由是得名。

(二)車類賦地部江'流九派于潯陽'，注：'水經曰："江至潯陽分爲九道"'，又'至其弱柳白烏之號，嘉靡瓜步之名'，注：'水經："潯陽九江：其一曰白烏"'，又云：'水經："嘉靡江者，九江之一也"'（卷六），俱係佚文。賦之上條更引潯陽記曰：'九江：一白烏江，二蜯江，三烏土江，四嘉靡江，五畎江，六浮江，七廩江，八提江，九菌江'。

(三)文選謝玄暉之宣城出新林浦向版橋善注：郦善長□□注曰："江山

（此字恐誤）逕三山，又幽浦出焉。水上南北結浮橋渡水，故曰版橋浦。江又北逕新林浦''（卷二七。又同卷同人晚登三山還望京邑詩善注：'山謙之丹陽記曰：江寧縣北十二里濱江有三山相接，卽名爲三山，舊時津濟道也'。

（四）文選謝玄暉郡內登望詩'溪流春穀泉'善注：'水經注曰："江連春穀縣北，又合春穀水"'（卷三〇）。

（五）又顏延年應詔讌曲水詩善注：'水經注曰："舊樂遊園，宋元嘉十一年以其地爲曲水，武帝（宜作文帝）引流轉酌賦詩'（卷二〇。善又引裴子野宋略曰：'文帝元嘉十一年三月丙申禊飮于樂遊苑，且祖道江夏王義恭衡陽王義季，有詔會者賦詩'。同卷范蔚宗樂遊應詔詩善注：'丹陽郡圖經：樂遊苑宮城北三里，晉時藥園也'。又卷二二顏延年應詔觀北湖田收詩善注：'丹陽郡圖經曰：樂遊園……元嘉中築隄壅水，名爲北湖）。此文趙據景定建康府志引補，同。

（六）又謝靈運從游京口北固應詔詩善注：'水經注曰："京口丹徒之西鄉也"。又曰："京城西北有別嶺入江，三面臨水，高數十丈，號曰北固"'（卷二二）。

（七）又顏延年車駕幸京口三月三日侍遊曲阿後湖詩善注：'水經注曰：晉陵郡之曲阿縣下，陳敏引水爲湖，水周四十里，號曰曲阿後湖"'（卷二二）。

（八）又郭景純江賦'具區洮滆朱滻丹漢'善注：'水經注曰："中江東南左合滆湖，音核"。又曰："朱湖在溧陽"'（卷一二，'中江'云云十字趙已據補）。

（九）趙補曰：'寰宇記和州歷陽縣下……水經注云："江水左列洞口"'（十八上未起）。

按初學記州郡部淮南道第九洞浦條引作：'江水左對洞口，江浦'（卷八），似此方是原文，唯'浦'字下依例應有一'也'字。

（十）玉海宮室部晉石頭城條'水經注："丹陽記：石頭城吳時悉土塢，義熙方加塼累石頭，因山以爲城，因江以爲池，形險固有奇勢，故諸葛亮曰：鍾山龍盤，石城虎踞'"（卷一七三，按武侯時既尚無石城，胡爲云云）？

卷三十六 溫水

（注）'劉禪建興三年分益州郡置建寧郡于此'（十三上十起）。

戴校曰：'近刻訛作元年'。王校曰：'朱趙作元，趙釋曰："……元字誤，當作三字"'。沈全作'元'，全氏曰：'元年當作三年'。

按通鑑注引作'水經注："寧州建寧縣，故庲降都督屯，蜀後主建興三年分益州郡置"'（見卷七二魏明青龍元年'蜀庲降都督張翼'下），可證'元'字誤。氏所引與今注異，不知係有所增改，抑今有脫誤。大典則作'元年'。

後主志建興三年：'改益州郡爲建寧郡'（卷三）。常璩南中志：'建興三年……改益州爲建寧'。亦可證事在三年。

（注）'得一男兒，遂雄夷濮'（十六上八）。

太平廣記竹王條引于'遂'字上有'及長'二字（卷二九二之二〇）。按後漢書西南夷傳作'及長有才武'，南中志寧州下及法苑珠林河海部引異苑俱作'長養有才武'，述異記作'及長有武略'（卷下）。注文似以如廣記所引方合。

（注）'林邑記曰："浦通銅鼓外越，安定黃岡心口，蓋藉度。銅鼓，即駱越也，有銅鼓，因得其名，馬援取其鼓以鑄銅馬"'（二十二上五起）。

按通鑑注引林邑記作'日南虜容浦通 銅鼓外越，銅鼓即越駱也，有銅鼓，……'（見卷四三漢世祖建武十九年'自後駱越奉行馬將軍故事'下），無'安定黃岡心口蓋藉度'九字，不知係酈氏所增，抑胡氏刪除之也。但'蓋藉度'三字似語有未盡，今疑下有脫文。

又依胡氏所引可知自'銅鼓即駱越也'至'以鑄銅馬'二十二字仍是林邑記

文，趙裂作小字，誤。——'蓋藉度'三字若非注中注，亦應作大字。——全自'林邑記曰'起悉作小注，尚可。

(注)'食生魚肉'（二十四上二）。

戴校曰：'魚字近刻訛在食字上'。王校曰：'朱訛，趙改'。沈同朱，云'……或是食生魚肉'，全同今注。

按寰宇記峯州古文狼國下引林邑記作：'魚食生肉'（卷一七〇），蓋言魚釣所得即生食其肉耳。攷易繫辭下'以佃以漁'釋文：'本亦作魚'，隱五年傳'公將如棠觀魚者'釋文：'本亦作漁'，'魚'通'漁'，注字未倒。大典實同近刻。

卷三十七　葉榆河

(注)'乃懼，謂其耆老小王曰'（三上末）。

王校曰：'趙"耆老"移"謂其"上'。全同，沈同今注。

按'乃懼'上不宜無主辭，後漢書作'賢栗惶恐，謂其耆老曰'，南中志作'扈栗懼，謂諸耆老曰'，依此是哀牢王懼，注宜作'小王乃懼，謂其耆老曰'，戴無主辭固誤，全趙將主客易置亦非是。最可異者，諸氏俱檢及二書，不解何以仍不悟注之所以誤。

(經)'過交趾麊泠縣北分為五水，絡交趾郡中，至南界復合為三水，東入海'（五下二起）。

按注敘此五水之分合作：

北二水：左水東北逕望海縣南，又東逕龍淵縣北，又東合南水。水自麊泠縣東逕封溪縣北，……又東逕龍淵縣故城南，又東左合北水（即左水）。其水（指已合後之水）又東逕曲易縣，東流注于浪鬱。……（六下十起至八上十止）

其次一水東逕封溪縣南，……又東逕稽徐縣，……注于中水。中水……東逕安定縣，……又東南合南水。南水又東南逕九德郡北，……其水又東逕句漏縣，……又東與北水合（北水指其次一水與中水相合後之水），又東注鬱（八下一起至九下一止）。

依此是經文之五水，其結果實共合爲二水，今經作'合爲三水'，'三'蓋'二'字之訛；若如原文，注旣總結爲二水，則必將糾正經作'三'之失矣。又依理言，五水相合最多亦止能結爲二水，設爲三水，勢必有一水獨流，不當于'合'字之義矣。

（注）'經言于郡東界復合爲三水，此其二也'（八上十起）。

戴校曰：'二近刻訛作一'。王校曰：'朱趙作一，趙氏曰："全氏曰：當作此其二也，二水謂南水北水，其次一水謂中水，合之爲三水"'。沈作'一'。

按前已證得經文'復合爲三水'之'三'應作'二'，故此處同語之'三'亦應作'二'。經五水之尾閭旣確止有二，則注結束其二者開一部文'此其二也'之'二'，自應如原文作'一'。今旣知原注必應作'一'，則全氏之改爲'二'，其誤本無待辯而自明。但以爲所惑者甚多，茲爲闢之如下：

一謝山未辨清注分叙經水之統系，因未知經水尾閭之確數，而以爲的有三部。

次在未辨清注叙經五水之名稱，乃先將五者分爲二部：一部總名曰：北二水，分名曰：北水（即左水），南水。別一部未立總名，分名爲其次一水，中水（二水合流後亦曰北水，全氏未知二者原各有別，而誤目作一水），南水，（此南北二水，與北二水之南水北水名同而流異，全氏以爲漫無區別，且因不知此北水即其次一水中水合流後所構成，故將北水其次一水雜然並列，而認作二水。——以下爲行文便利姑名其次一水中水南水曰南三水）。注于此所結束者乃北二水，謝山未及知，因誤代以南三水，復未知南三水之尾閭亦合于一，而誤以爲有二，致與原注'此其一也'數目不符，乃又武斷而妄改'一'爲'二'。

設謝山知北二水南三水結果係各併爲一流，必可發覺今經'復合爲三水'之'三'爲'二'之誤，則雖張冠李戴，將北二水誤代以南三水，然于注文結語亦必不至將'一'改作'二'。謝山誤于前，趙戴亦未辨淸五水之統系及名稱與各分合之數目，因亦誤從謝山而同謬。

熊會貞于要刪曰：'經言分爲五水，又合爲三水。注有分流之五水，而合流止二水。全氏改此"一"作"二"，亦爲鶻突，未明經注之旨'。氏依注知五水實合成二水，極是；言全誤改'一'爲'二'亦是；止以未知經文之'三水'乃'二水'之訛，遂致已得門徑而下文又誤入歧途。

氏又云：'按其次一水至稽徐縣涇水注之，而涇水入稽徐縣乃不言注次一水，而言注于中水，是顯有奪誤。當是入稽徐縣注于次一水，又東入鬱，此其二也。蓋上北二水合爲一水；此次一水合涇水爲一水；下中水南水又合爲一水；方足三水之數'。此說須將南三水注文錄出方見有誤。

注云：'其次一水……東逕稽徐縣，涇水注之。水出龍編縣高山，東南流入稽徐縣。注于中水。中水……東逕安定縣，……又東南合南水。南水……東逕句漏縣，……又東與北水合，又東注鬱'。

按今注乃將涇水至稽徐縣如何入其次一水文佚去，熊氏云'顯有奪誤'是。但言涇入其次一水後橫生注所原無之'又東注鬱'四字，而置'注于中水'四字于不顧，則誤。蓋注'注于中水'之語，即叙其次一水之歸宿者，是殆今注將此流于納涇水後，更如何流行而注中水之文亦脫去一部耳（西南諸水攷于'注于中水'下曰：上云其次一水逕稽徐縣涇水注之，是涇注其次一水也，當云同注于中水，蓋與其次一水非注中水耳，所言近是。但依注文似爲其次一水納涇後方注中水，陳氏澧謂涇與其次一水同注中水，則微誤。）氏因此誤，故于下文遂又誤云：'此次一水合涇爲一水'，將入枝流中水之水，改令自爲一流，遂與注語不合矣。氏之出此，係爲今經'復合爲三水'之訛文所惑，遂不顧注文，強分二脈爲三枝，旣與自家'注有分流之五水，而合流止二水'之說先後矛盾，且不思注若與原經顯有違異，焉能不究其失而同床各夢者？又注于敍其次一水合中水，中水又合南水後方云入鬱，亦可證此三水實總爲一水，而熊氏誤。

葉榆水尾閭之形勢約略如下：

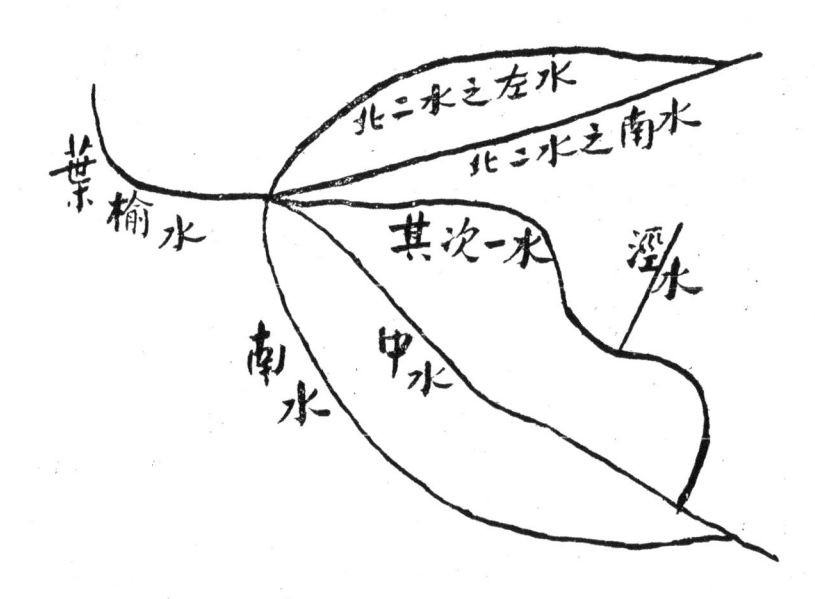

[圖：葉榆水、北二水之左水、北二水之南水、其次一水、溫水、南水、中水]

（注）'其次一水……注于中水。中水……合南水。南水……與北水合，又東注鬱。……此其三也。'（八下一及四又九，又九下一及二。）

'此其三也'視爲言其次一水中水南水爲五水中之三義固當，但此語似亦爲承上文'經言……復合爲二水'之語而結束別一部分相合後之水流者，故'三'字疑亦應作'一'，言五水旣合爲二水中之又一也。因注于北二水部分旣按經文已合後之數目結束之而作'此其一也'；則于此亦不應忽異，又改從五水中所餘之三水而不歸總以結束之也。

夷水

（注）'又有鹽石，即陽石也。盛弘之，以是推之，疑即廩君所射

鹽神處也'（十一上末至下二）。

'以是推之'云云，當是根據盛弘之何說而有所推度；然今于'盛弘之'下不見其說辭，蓋係佚去。按後漢書南蠻傳'從夷水至鹽陽'章懷注：盛弘之荆州記曰："昔廩君浮夷水，射鹽神于陽石之上"（卷一六一）。今注'弘之'下蓋脫如章懷所引荆州記云云十八字。

又南蠻傳如注'廩君因伺便射殺之，天乃開明'文下章懷注引世本亦有'廩君立陽石上……射之，中鹽神'之語。

澧 水

（注）'澧水又東逕南安縣南'（十六下二起）。

戴校曰：'南安近刻訛作安南'。王校曰：'朱訛，趙乙'。沈作'安南'，全同今注。

按初學記地部下湖第一赤沙條（卷七），輿地廣記澧州安鄉縣下（卷二七），通鑑注（見一六四梁簡文大寶二年'僧祐……引兵至沙亭湖'下），及錢注杜詩赤沙湖條（卷八），引俱作'安南'，大典則作'南安'。又州郡志荆州南平內史下亦作'安南令，晉武帝分江安立'（卷三七），南齊志同（卷一五）。隋志巴陵郡華容注：'舊曰安南'（卷三一），楊補寰宇記岳州華容縣下云：'吳大帝分孱陵縣地……置安南縣，至隋……改……爲華容縣'（卷一一三）。是此縣從來即作'安南'，今晉志作'南安'殆誤，則注字亦以作'安南'爲是。

沅 水

（經）'沅水出牂柯且蘭縣……東過無陽縣'。（注）'無水出故且蘭南流至無陽故縣，無水又東南入沅。……沅水東逕無陽縣'（經十七上四及六，注十八上一至四）。

王校于經且蘭縣下曰：'趙刊誤曰："漢志續志皆作故且蘭，落故字。……"趙釋曰："……此條經文與江水篇氏道縣同一例"'（氏云江水篇之作氏道縣係好事者所改）。

按海內東經'沅水……合洞庭中'郭注(卷一三)後漢書梁竦傳'濟沅湘'章懷注，'(卷六四)及通鑑注（凡兩引：一見卷一八漢武元光五年'上以犍爲郡'下，一見卷八一晉武太康元年'于是沅湘以南……'下），引俱無'故'字。但若依經之無陽縣言，此縣于後漢即省，郡國志叙云：'凡前志有縣名今所不載者，皆世祖所并省也'，則無陽宜于東京初期即省，足徵此經成立甚早，原于'且蘭'上斷不應無'故'字。又注于凡見經文之地名例從而著字，今注既作'故且蘭'亦無經反缺'故'字之理，并足徵今經業非原迹。趙氏以爲好事者所改，蓋是。至郭璞引已無'故'字者，殆氏隨時地之所删除，未必其所據之經信如此，（如下文鐔成之'成'，至晉作'城'，郭引則同時地，因可證其于此作'且蘭'，乃同一用意，其文不足援以爲據）此依鄺注可斷言者。

王校又于'無陽縣'下曰：'朱趙過作逕，箋曰："……宋本是經文，今改正"，趙仍改作注。……'全作'過'作經，沈作'逕'作注而引箋。

按此語若信如趙說而爲注，則鄺氏于無水入沅後何以又云'沅水東逕無陽縣'，而作此複辭，蓋此七字乃所以應經者，因可證'東過無陽縣'五字必係經文。

要删云：'按海內東經沅水郭注引水經……無"東過無陽縣"之文，豈郭所見已脫邪'？按古人引書，加以删節改竄，事所恆有，不可因是疑郭所見已有脫文。若彼時已無此語，則其後又安能重行發見。茲以爲今經于'且蘭'上之無'故'字，及將'東過無陽縣'之'過'易爲'逕'而改注，正或係後人據山經注所妄爲删改，此徵以鄺注與今經文不合，便可知也。

（注）'沅水又東逕平山西。南臨沅水'（二十一下八起）。

按沅水東流不應逕平山西，依'南臨沅水'語，'西'蓋'南'字之訛。又下文'沅水又東逕臨沅縣南，縣南臨沅水'文，遣辭與此處一致，亦可證'西'應作'南'。

（注）'縣南臨沅水，因以爲名，王莽更之曰監沅也；──縣南有晉徵士漢壽人龔玄之墓銘，太元中車武子立。──縣治武陵郡下，本楚之黔中郡矣，……'（二十一下十至二十二上三）。

'縣南'至'車武子立'二十一字宜爲注中注，因其上下悉是敘郡縣沿革文，不宜中斷也。

卷三十八　湘水

（經）'湘水出零陵始安縣陽海山'四上三。

要刪曰：'孫星衍云："始安二字疑衍"。按注文明云"山在始安縣"，何得以爲衍邪？……'補遺曰：'……通鑑晉太康元年注引水經，亦有"始安"二字'。

按後漢書梁竦傳'濟湘沅'章懷注已引及此經，同今文。孫氏蓋泥于兩漢志'零陵縣陽海山湘水出'之文，疑經云出始安誤，故以爲衍文；實則經時有敘水源與漢志相異者，不得據彼以疑此。

（注）'山經謂之岣嶁'（九下一）。

戴校曰：'此下近刻衍山字'。王校曰：'朱趙有'。沈有，全無。

按今本山經無岣嶁文，止郭注云：'今衡山……俗謂之岣嶁山'（卷五，中次十一經）。然初學記地部上衡山第四引山經則作：'衡山一名岣嶁山，其上多青雘，鳥多雛鵠'（卷五），是則岣嶁山文山經原實有。而要刪指此仍係郭注，云：'今本作山海經誤'，余以爲不然，因初學記時郭注尚未附入山經正文，酈氏時更不待言，徐堅所引'一名岣嶁山'五字既在正文間，且行文與郭說微異，決非氏將郭注羼入者可知；是必唐以前山經此文尚全，嗣後佚去，止郭注存耳，楊說非是。

又楊氏云戴刪'山'字非，則是，此乃大典原脫也。

（注）'禹治洪水，血馬祭山'（九下三及四）。

戴校曰：'近刻脫禹字'。王校曰：'朱脫，趙增，刊誤曰：'治上落禹字，血馬當作用白馬，全氏校改'。沈脫。

按楊補寰宇記潭州長沙縣下引庾仲雍湘州記云：'其峯有石囷，昔禹治洪水'（卷一一四）可證應有'禹'字。又吳越春秋越王無余外傳第六作：'禹乃東巡登衡嶽，血白馬以祭'（卷四），全趙作'用白馬'，仍不盡有據。寰宇記又云：'按會稽山亦名衡山，……吳越春秋禹所得金簡玉字在會稽山'。按依無余外傳'東巡登衡嶽'之文，事宜在會稽，酈目爲衡陽之衡，蓋誤。

溱 水

（注）'山海經曰："肄水出臨武西南"'。（二十下四起）。

戴校曰：'肄近刻訛作肆，下同'。王校曰：'朱訛，趙改'。沈云：'當作肄'，全作'肄'。

按此見海內東經，今雖作'肄'，但郭注云：'音如肄習之肄'（卷一三），是則山經原實作'肆'，酈所見蓋尚如是，全趙戴所改恐未當。大典亦作'肆'。

卷三十九　耒 水

（注）'縣有淶水，出縣東俠公山'（五下末）。

戴校曰：'俠近刻訛作侯'。王校曰：'朱訛，趙改，……刊誤曰："厄林云：荆州記桂陽郴縣東界俠公山下有溑溪源。……"俠公山當作俠公山'。全亦作'俠'，沈'溑'作'綠'，'俠'作'侯'，且脫'山'字。

按輿地廣記郴州郴縣下襲注作'侯'（卷二六）。趙所引巵林文見析酈'程鄉酒'條，其引荆州記雖'作'俠'，然引注則作'侯'，校注字豈可取彼而遺此。又大典亦作'侯'，錢注杜詩'百斛酒'條引注同（卷八），諸改爲'俠'者恐未是。

(注)'庾仲初云："嶠水南入始興溱水注海。——即黃岑水入武溪者也。——北水入桂陽湘水，注于大江"'（六上末至下二）。

按鍾水篇引庾說居間無'即黃岑水入武溪者也'九字，此語蓋係注中注。

瀏 水

(經)'瀏水出臨湘縣東南瀏陽縣'（十下七）。

王校引趙刊誤曰：'……縣字誤'。又引趙釋曰：'一清按瀏陽縣本漢臨湘縣地，孫吳析置。……全祖望曰："三國志周瑜傳：以下雋漢昌瀏陽州陵爲奉邑。則瀏陽自漢末已有其名，雖未爲縣，而已爲邑，若作邑字，于經爲合"。——呂蒙傳亦有"食下雋瀏陽漢昌州陵"之語。'

按惠景閒侯者年表有醴陵侯云：'以卒從漢王……侯，六百戶。孝文四年侯越有罪，國除'，是前漢初期已有此侯國，唯國旣除後便不復見此名稱，或于時併省矣。經文稱之爲'縣'，于上文加以'臨湘縣東南'五字以指示其方位，全書實別無此例，刊誤云：'縣字誤'，蓋是。不過全氏意主作'邑'字則未必然，因邑于縣無統轄關係，經仍無作此筆法之理。茲疑此文如'易水出涿郡故安縣閻鄉；汝水出河南梁縣勉鄉，肥水出九江成德縣廣陽鄉；洣水出荼陵縣上鄉'之類，瀏陽于西漢蓋併入臨湘而爲鄉，注文之'縣'字乃'鄉'之音近而訛。

卷四十　漸江水

（注）'故名新定，分歙縣立之'（二下一）。

'分歙縣'上宜有主辭，按孫權志于建安十三年稱：'分歙爲始新新定'（卷二），州郡志揚州新安郡遂安令：'孫權分歙爲新定縣，晉武帝太康元年更名'（卷三五），注'分'字上蓋脫'孫權'二字。

（注）'昔子胥亮于吳，而浮尸于江，吳人憐之，立祠于江上（九上四起）。

後漢書張禹傳'土民皆以江有子胥之神，……'章懷注：'酈元水經注曰：'吳王賜子胥死，浮尸于江，夫差悔，與羣臣臨江設祭，修塘道及壇，吳人因爲立廟而祭焉'（卷七四），今注多相異。

（注）'故有東渡西渡焉，東南二渡通臨海，並汎單船爲浮航，西渡通東陽'（十七下一起）。

按依'東南二渡'及'西渡通東陽'文，是共有三渡，首句不宜止言'有東渡西渡'。更依于'東南二渡'下云'並汎單船'之'並'字，是確有南渡，則今于'東渡西渡'間蓋脫'南渡'二字。

禹貢山水澤地所在

碣石山

（注）'夾右而納河'（二十六下八）。

戴校曰：'夾右近刻訛作右夾'。王校曰：'朱訛，趙乙，刊誤曰："……

禹貢校"。沈倒，全同趙。

按禹貢指南夾右碣石入于海條（卷一），及地理通釋碣石條小注（卷一〇）引，并作'右夾'，二書既俱不依禹貢而改，吾人似不可輕乙。大典訛作'石夾'，然因亦可證原注實作'右夾'。

都野澤

（注）'澤水二源：……爲一水逕姑臧縣故城西。'（二十八下二起）。

戴校曰：'近刻脫逕字'。王校曰：'朱脫，趙增。'沈脫，全有。

按禹貢指南至于都野條引無'逕'字（卷二）。注于此似言二源水流合于縣故城西，諸所增恐未是。大典亦無其字。

（注）'王隱晉書曰："涼州有龍形，故曰臥龍城。……及張氏之世居也"'（二十九上二起）。

按'涼州有龍形'未免範圍太廣，玉海宮室部晉臥龍城條引'州'下有'城'字（卷一七三），通鑑注引王隱原書亦有（見卷一〇〇晉穆昇平三年'徵兵……集姑臧……'下），今宜補入。又依'故曰臥龍城'言，亦可見係云城有龍形也。

又戴于'居也'下曰：'及近刻訛作乃'。王校曰：'朱訛，趙改'。沈訛，全未。

按同上通鑑注引作'後張氏世居之'，又別引同書則作'及張氏之世'（見卷一一一晉安隆安三年'……弊洪範門'下），其作'後'者，或胡氏所改。

（注）'漢武帝太初四年，匈奴渾邪王殺休屠王，以其衆置武威縣，——武威郡治。——王莽更名張掖。'（二十九下二至六）。

按漢武紀元狩二年下云：'匈奴昆邪王殺休屠王，并將其衆……來降，……以其地爲武威酒泉郡'（卷六），史漢匈奴傳同。今注義成渾邪王以休屠王之衆置武威縣，與事實不符，蓋'衆'下脫一'降'字，不然則'休屠王'下脫'來降'二字。

又'威武郡治'四字宜作注中注。

玄武之起源及其蛻變考

許道齡

（一）起源

上古的人們，爲作息便利，爭取時間起見，需要一種精確的曆法，當時聰明的人對于觀象授時方面，都很注意，故曆法的發明頗早，但因爲他們的知識和經驗不夠，不知道經過多少次的改正，才能達到理想的境地，別的姑不論，現在先來談談我國從前所用的陰曆創造的經過。據近代東西洋天文家研究的結果，都以爲這種陰曆，最初是以太陰的盈虧爲準，每月以新月初見的那天（案：卽陰曆初三日），爲一個月的第一日，後來也許因爲這樣審定季節的方法，不很精確，乃改用二十八宿的測候法，這個方法，是將黃赤道附近的一周天，按諸月步，以最顯著的星象爲目標，分爲二十八個不等的部份，然後以這個爲準，觀測月在天空的位置，而得以推定太陽的位置，結果，知道每月的第一日，應在新月出現的那天回溯兩日，這樣，一年中的季節才算精確。'朔'字有'屰''月'回溯之意，可見這個字，一定是觀象授時方面，採用了二十八宿法後，才創造出來的。外人研究我國陰曆的結論如此，現在我們再來看看我國古籍中的記載，有沒有這種跡象可尋，尚書堯典說：

> （帝堯）乃命羲和欽若昊天，曆象日月星辰，敬授人時。分命羲仲宅嵎夷，曰暘谷，寅賓出日，平秩東作，日中星鳥，以殷仲春；……申命羲叔宅南交，平秩南訛，敬致，日永星火，以正仲夏；分命和仲宅西，曰昧谷，寅餞納日，平秩西成，宵中星虛，以殷仲秋；……申命和叔宅朔方，曰幽都，平在'朔'易，日短星昴以正仲冬。

案'朔'字既首見於堯典，同時他又曾利用鳥、火、虛、昴等宿（註一），以定四季，可見'朔'字的創造，和二十八宿的發現，是有多少連帶的關係的。但所謂二十八宿，即東方七宿：角、亢、氐、房、心、尾、箕，總稱曰蒼龍；南方七宿：井、鬼、柳、星、張、翼、軫，總稱曰朱鳥（或作朱雀）；西方七宿：奎、婁、胃、昴、畢、觜、參，總稱曰白虎（或作咸池）；北方七宿：斗、牛、女、虛、危、室、壁，總稱曰玄武（註二），共計有二十八個不同的名詞，而堯典中僅見其二三，還差很多。若謂二十八宿完全被發現於堯典的著作時代，證據尚嫌不足，不過外人這種研究的結論，和我國古籍記載的巧合，至少可以加強我們對于我國曆法，也有科學根據的一種信念。

堯典的著作時代，現在雖尚未敢確定，但照其文字看來，或者是西周末年的作品，若謂二十八宿不會完全被發現於那個時候，那末，我們退一步，再往後探討他們被發現的時代，毛詩國風小星說：

> 嘒彼小星，維參與昴，肅肅宵征，抱衾與裯，寔命不猶。

又小雅巷伯說：

（註一）朱子語類卷一百二十五云：'南方張翼狀似鳥，故曰朱鳥。爾雅釋天云：'大辰，房心尾也，大火謂之大辰。'註：'大火，心也'。

（註二）淮南子天文訓，史記天官書，漢書天文志。

哆兮侈兮，成是南箕，彼譖人者，誰適與謀。

又小雅大東說：

雖則七襄，不成報章，睆彼牽牛，不以服箱，東有啓明，西有長庚，有捄天畢，載施之行。維南有箕，不可以簸揚，維北有斗，不可以挹酒漿（按：疏云：'言南箕北斗者，按二十八宿連四方爲名者，唯箕、斗、井、壁四星而已。壁者室之外院，箕在南，則壁在室東，故稱東壁。鄭稱："參旁有玉井"，則井星在參東，故稱東井，推此，則箕斗並在南方之時，箕在南而斗在北，故言南箕北斗也，'）。

又小雅漸漸之石說：

有豕白蹢，烝涉波矣，月離於畢，俾滂沱矣。

左傳說：

僖公五年冬，童謠云：'丙之晨，龍尾伏辰，均服振振，取虢之旂'……虢公其奔，其九月十月之交乎，丙子旦，日在尾，月在策，必是時也。

襄公九年春，宋災，晉侯問于士弱曰：'吾聞之宋災于是乎知有天道，何故'？對曰：'古之火正，或食於心，或食于咮，以出內火，是故咮爲鶉火，心爲大火，陶唐氏之火正閼伯居商丘，……是以知其有天道也'。

二十八年春，無冰，梓慎曰：'今茲宋鄭其饑乎？……蛇乘龍，龍宋鄭之星也，宋鄭必饑，玄枵、虛中也，枵、耗名也，土虛而民耗，不饑何爲'。

昭公元年，秋，晉侯有疾，鄭伯使公孫僑如晉，聘且問疾，叔向問焉，曰：'寡君之疾病，卜人曰，實沈，……敢問此何神也？'子產曰：'參爲晉星，則實沈參神也'。

十年春，王正月，有星出于婺女，鄭裨竈言于子產曰：'七月戊子，晉君將死'。

十七年，夏，六月，甲戌，朔，日有食之，……平子曰：'辰不集于房，瞽奏鼓，嗇夫馳，庶人走，此月朔之謂也'。冬有星孛于大辰，西及漢，申須曰：'彗所以除舊布新也'（按：爾雅釋天星名云：'大辰，房心尾也'）。

楚辭卷五遠遊說：

叛陸離其上下兮，遊驚霧之流波，時曖曃其矓莽兮，召玄武而奔屬（按：序曰：'遠遊者，屈原之所作也'。注：'玄武，北方神名'。洪興祖補注云：'玄武謂龜蛇，位在北方故曰玄，身在鱗甲故曰武'）。

呂氏春秋十二紀（卷一至卷十二）說：

一曰孟春之月，日在營室，昏參中，旦尾中。

一曰仲春之月，日在奎，昏弧中，旦建星中。

一曰季春之月，日在胃，昏翼中，旦婺女中。

一曰孟夏之月，日在畢，昏翼中，旦婺女中。

一曰仲夏之月，日在東井，昏亢中，旦危中。

一曰季夏之月，日在柳，昏心中，旦奎中。

一曰孟秋之月，長日至四旬六日，日在翼，昏斗中，旦畢中。

一曰仲秋之月，日在角，昏牽牛中，旦觜觿中。

一曰季秋之月，日在房，昏虛中，旦柳中。

一曰孟冬之月，日在尾，昏危中，旦七星中。

一曰仲冬之月，日在斗，昏東壁中，旦軫中。

一曰季冬之月，日在婺女，昏斗中，旦氐中。

又十三卷有始覽說：

東北曰變天，其星箕斗牽牛；……西方曰顥天，其星胃昴畢……

南方曰炎天，其星輿鬼柳七星；……東南曰陽天，其星張翼軫。

關於二十八宿的專名，散見于春秋時代圖籍的，較前為多，逐漸增加，到了戰國時，呂氏所著的十二紀中，計有二十四宿，其餘四宿：箕、昴、鬼、張，則續見于有始覽中，呂氏春秋可謂'集其大成'。而且細看十二紀中的記載，分明是利用星宿，以別晝夜，定四時，可見二十八宿的被發現和利用，至晚是在戰國之世，而玄武和四靈之名，又並見於楚辭與曲禮，由此，更可證明我的見解的正確。

上面所說的玄武的起源，是屬于天文方面的，但玄武自黃老之術盛行以後，被羽士們利用，就漸演進而為道教的貴神，因此，玄武的起源，在道教方面，當另有一套說法，道藏洞神部玉訣類太上說玄天大聖眞武本傳神咒妙經卷之一說：

　　龍漢四劫元年，元始上帝于上元之日，聖命駕御太霄八景始靑天敷演至道，忽然天門震闢，乃見下世帝紂淫心失道，元始乃命金闕玉皇大天帝製詔，降于北極省施行陽助，於是太玄大將卓纛玄旗，被髮跣足，躬披鐵甲，親至人間，協助周武伐紂，平治社稷，功成而攝踏龜蛇回天，昊上玉尊親行典儀，册封玄武，加號太上紫皇天一眞人，玄天上帝，領九天探訪使職，天稱元帥，世號福神。

關於道書所載的這種傳說，究竟發生于何時？有什麼意思？依我個人的意見看來，這是含有'弔民伐罪'的意思，考我國的政治革命思想，發生雖然很早，但從玄武的發展史看來，他夠得上'奉天行道'的資格，為時較晚，這可能是李唐以後才發生的，但這種傳說，也承認玄武為北極天神，和上面所說的玄武起源說，是一個來源，並沒有多大區別，不過于史實上，加以一種附會，將昊天星宿，仿照人間政府的組織，也稱為某某省，使之衙門化，以動觀聽。同時，道家的傳統觀念，又認昊天為人間的太上政府，一切應受其支配，而天神于必要時，個個可以下降人間，巡查督察，以盡保國爲民的責任，所以像玄武協助周武的這類傳說，在道書內，已屬司空見慣，不足爲怪。此外，另有一種關于玄武起源的新說，較有硏討的價值，方輿勝覽卷三十三，京西路均州條說：

> 武當山荆州記云：'在縣南二百里，一名仙室，一名太和'，郭仲南雍州記云：'學道者常以百數，若學者心有隆替，輒爲百獸所逐，有石門石室，相傳尹嘉所棲之地'，圖經引道書載：'眞武開皇三年三月三日生，生而神靈，誓除妖孽，救護羣品，捨俗入道，居武當山，四十三年功成飛昇，遂鎭北方，人召而至，語以其故，妖氣遂息，因曰，爾後每遇庚申、甲子三七日，當下人間，斷滅不祥，五龍觀則其隱處'。

道藏洞神部記傳類玄天上帝啓聖錄卷之一說：

> 玄帝乃先天始炁，太極別體，……黃帝時，下降託胎淨樂國善勝皇后（注：淨樂國乃奎婁之下，海外之國，上應龍變，梵度天也）。孕秀一十四月，歲建甲辰三月初三日午時，玄帝產母左脇，當生之時，瑞雲覆國，天花散漫，金玉應瑞之祥，莫能備載，帝長而勇猛，不統王位，惟務修行，因念道專一，遂感玉清聖祖紫元君傳授無極上道，並告之曰：'東海翼軫之下，有山先名太和，一名仙室，一名大嶽，子可往居之'。帝即遵命入是山修煉，因久未成，亟欲出山，至一澗，忽遇老嫗操鐵杵磨石上，問：'磨此何爲？'曰：'爲針耳'，曰：'不亦難乎？'嫗曰：'功至自成'。眞武大悟，卒得道，故名。

這種傳說，和前面所述的，性質上已經完全不同，當爲另一個系統，但究竟發生于何時？如何發生？依我個人的意見看來，他的產生的背景是和地理及佛教二者都有關係的。後漢書卷三十三朱穆傳說：

> 朱穆，字公叔，南陽宛人，時同郡趙康叔盛者，隱于武當山，以

經傳教授，穆時年五十，乃奉書稱弟子。

水經注卷二十八沔水條說：

沔水又東南逕武當縣故城東，又東曾水注之，水導源于縣南武當山，一曰太和山，亦曰參上山，山形特秀，又曰仙室。荊州圖附記曰：'山形特秀，異於衆嶽，峯首狀博山，香爐亭亭，遠出藥食，延年者萃焉'。咸和（東晉成帝年號，公元三二六——三三四）中，歷陽謝允舍羅邑宰，隱遁斯山，故亦曰謝羅山焉。

元和郡縣志卷二十四均州武當縣條說：

武當山，一名參山，在武當縣南八十里，……陰長生於此得仙。

元揭傒斯武當山大五龍靈應萬壽宮碑文說：

均房之間有山焉，名曰太和，玄武得道其中，改稱武當，謂非玄武不足以當此山也。

北遊記玄武出身傳說：

却說隋煬帝時，一日，玉帝在三十三天兜率宮，設宴會衆仙曰：'細觀孤之中天，不如西方之萬一，今會卿等，欲圖一路而往西方，脫離刦數，聽佛說法，則朕方無憂也'。……因此，就將自己三魂之一，化身降生爲西霞國王，後來年長修行，雖功成飛昇，而命多坎坷，乃去見其師妙樂天尊，天尊告之曰：'你之苦難尚未滿，更要投胎人間，才得入極樂之境，……'因此，又投胎于淨樂國善勝皇后，開皇三年三月三日，由后左脇降生，……年一十四歲，于'上元節'，出宮觀燈，見人類難免財、色、酒、氣之苦，即舍位遁入武當山修行，功成飛昇，鎮守北方，號曰玄武云。

按武當之名已見於後漢書和水經注，而當時並沒有玄武曾在武當修行的傳說，可見武當之名初與玄武無關，可是此山旣名太和，又名仙室，'山形特秀，香爐亭亭'，多出不死之藥，好像海上蓬萊三山，向爲求仙修行者荟萃之地，晉之謝允，唐之長生，其最著者。趙宋之世，道教愈盛，入此山學仙者，必絡繹於途，他們于修煉之餘，'顧名思義'，謂'非玄武，不足以當此山'，因即附會玄武會修道于此，同時，並筆之于書，故玄武入武當修行的傳說，首見于宋人所著的圖籍，後來道士們，羨慕佛法的昌明，釋迦的尊貴，皈依者日多，而自覺玄武的家世不明，不足以資號召，因又附會玄武為西方淨樂國皇太子，以提高聲價，而所謂淨樂國者原屬'子虛''烏有'，依照北遊記玄武出身傳盛讚西土文明，謂非受盡苦難，不能登'極樂世界'的口氣看來，或許就是'淨土''極樂'的簡稱，也未可知。明袁中道謂：'淨樂國之說甚俚，無足存者'（見元嶽記）。王元美謂，'此為道士所附會，不必深辨'（見太和山志）。可見前人對于此說，並不十分重視，現在附述于此，也不過聊備一說而已。

（二） 蛻變

玄帝就是玄武的爵稱，上面已經說過，他的起源或能早在西周之世，戰國時西方的秦國就崇祀二十八宿，南方的楚國，也以玄武為天神，可見當時玄武故事的傳播已經很廣，信仰者一定不少了。西漢初，淮南王劉安作天文訓說：'北方水也，其帝顓頊……其獸玄武'玄武和黑帝顓頊，由此發生關係。太史公作天官書謂：'北宮曰玄武'，玄武為北宮七宿的總稱，由此確定。

北宮七宿和靈龜玄武，一為天神，一為水獸，好像風馬牛之不相及，但是究竟為什麼叫北宮為玄武呢？朱子說：'真武本玄武，玄、龜也，武、蛇也。此本虛危星形似之，故因而名。'（註三）或謂古代進軍時，前面常以朱雀，後面常以玄武，左邊常以青龍，右邊常以白虎等四獸，以為軍陳，

（註三）朱子語類卷一百二十五老氏。

而定方向（見禮記曲禮上）。朱雀屬火，應爲南邊；玄武屬水，應爲北邊；蒼龍屬木，應爲東邊；白虎屬金，應爲西邊（按：朱雀爲飛禽，象徵其前進敏捷；玄武爲走獸，象徵其後退遲緩；青龍、白虎，象徵其部隊威武。又古時進軍，旣常以玄武殿後，玄武屬北，故世稱戰敗而後退，曰敗北）。這是地上的四方標幟，而所謂'天之四靈'（註四），或即因此得名。

考北宮七宿，在西漢中葉以前，士大夫都以靈龜爲其象徵，楚辭卷十五九懷思忠（註五）有'玄武步兮水母'之句'（注：天龜水神，侍淫余也。天一作大），足資證明。但到了西漢末年，北宮的象徵，就漸與前不同，除了龜之外，再加上蛇一物，而且都是龜蛇相交，這究竟有什麼意義呢？藤花亭鏡譜卷五漢八卦四靈鏡條說：

> 漢八卦四靈鏡，菱花六瓣，兩末相距三寸四分，……周畫八卦，內環四靈，……況龜加蛇繞，四靈似增其一，或意鑄者不學，故參差如是，然以參同契，有'雄不獨處，雌不孤居，玄鳥蛇龜，蟠糾相挾，以明牝牡，意當相須'語考之，則龜蛇合見，其來已舊矣。

巖窟藏鏡第一集漢式鏡條說：

> 先漢式鏡計九十五鈕，此項古鏡，即普通所稱爲周秦鏡者，其圖案計共五十一種：禽形之中，約可分爲三類，一爲鳳類，二爲諸禽類，三爲怪鳥類。獸形之中，也可分爲三類，一爲蜥蜴類，二爲龍類，三爲怪獸類。中期式漢鏡，計共九十七鈕，生物形態圖，計仙人二十，青龍八，白虎八，朱雀五，玄武五（按：這五種玄武圖，是五種不同的蛇繞龜像）。其他怪獸四十四，水族五，共九十五

（註四）按：靈，即神也。尸子：'天神曰靈'。三輔黃圖：'蒼龍、白虎、朱雀、玄武，天之四靈，以正四方'。

（註五）楚辭九懷序曰：'九懷者，諫議大夫王褒之所作也'。按：'王褒，漢宣帝時人'。

種。……中期漢式鏡，約在西漢末，經新莽迄東漢初間，始見流行者爲範圍，其延長時代，約至六朝中葉。

日本考古學大系第一卷漢式鏡第一編第六節說：

TLV式鏡羣中，有一鈕鑄'新有善銅出丹陽，和以銀錫清且明，左龍右虎掌四彭，朱雀玄武順陰陽'銘文。又有一鈕鑄'永平七年九月造，眞尚方作鏡大毋傷，巧立刻之成文章，左龍右虎辟不羊，朱雀玄武順陰陽。上有仙人不知老，渴飮玉泉，飢食棗'銘文。因此，確定TLV式鏡，起源於新莽，流行於東漢。

照上面所引諸書看來，知道以靈龜象徵北宮七宿，確爲較古之說，西漢末年，因民間信仰龜蛇爲雌雄二物，不可分離，故舊說漸廢，新說興起，當時所造的許多四靈文TLV式鏡，背面所鑄的玄武，多是蛇繞龜像，可見性質上已經起了變化。到了北宋眞宗大中祥符五年，爲了避天尊聖祖玄朗（神名）諱，改稱眞武（見宋朝事實卷七，頁一一二）。南宋時'道家乃以玄武爲眞聖，作眞龜蛇於下，而又增天蓬、天猷及翊聖眞君作四聖'（註六）。時間越長，變化越多，朱子謂：'龜蛇之外，再加三聖，殊爲無義'（註七），可見道家實在太善于附會了。

南北朝時道教漸盛，李唐時因皇室認道教教祖老子爲其同姓，極力提倡，道教更盛，而所奉諸神，也漸爲社會所重。唐六典云：'紫宸殿之北面曰玄武門，其內又有玄武觀。'玄武的專祠，也許濫觴於此時。至於他的煊赫，大約始於宋眞宗時候，事物記原卷七說：'本拱聖營，天禧元年，營卒有見龜蛇者，軍士因建眞武堂。二年閏四月，泉湧堂側，汲之不渴，民疾病者，飮之多瘳，乃詔就其地建觀，十月觀成，名曰祥源'。眞宗加

（註六）朱子語類卷一百二十五老氏。

（註七）同上

封元嶽碑文云：'恭維眞武之靈，茂著陰方之位，妙功不測，冲用潛通，尹京邑之上腴，有龜蛇之見象，允昇地寶，慾湧神泉，自然清冷，飲之甘美，資中國之利澤，奏民疾以蠲除，倍慶濟時，虔思報德，……眞武將軍，宜加號曰鎭天眞武靈應祐聖眞君（註八）。玉海卷一百郊祀條說：'天禧二年祥源觀成，凡三殿，總六百十三區。慶曆五年二月辛亥，祈雨祥源觀'。當時國家旣不惜人力物力，創建這麼宏敞的宮觀，以供眞武，而眞宗對於他的煊赫，又備極讚揚，可見其信仰之深，而眞武得到帝王的提倡，在社會上的地位，便一躍千丈了。

　　北宋時關于眞武的信仰，盛行於河南東部，後即以汴京爲中心，而漸傳播於四方，迨金兵南下，宋室渡江，首都北遷于燕，政治重心北移，同時，帶來中州的習尚不少，眞武的迷信，想也從此漸盛。元揭傒斯武當山大五龍靈應萬壽宮瑞應碑文說：

　　　　世祖皇帝初營燕都，歲十有二月，龜蛇見于高梁河之上，召問諸儒臣，翰林學士承旨臣孝祺等對曰：'國家受命朔方，上値虛危，其神玄武，其應龜蛇，其德惟水，水勝火，國家其盡有宋乎'。詔即其地建大昭應宮，以祀玄武。

塞外頑胡，百戰百勝，目空宇宙，氣炎萬丈，而到燕薊後，猶不能不向眞武頂禮，其威力之大可知。元亡明興，太祖定都應天，封皇四子棣于燕，給予兵馬大權，以固邊陲。棣'智勇有大略'，野心勃勃，招致流亡，積極擴充，名爲防外，實則備內，故一旦太祖晏駕，即起'靖難'之師，決意以北統南，可是燕王棣和姚廣孝雖足智多謀，但以一侯國與天子戰，勝利殊少把握，因此，不得不乞靈于天將神兵，玄武爲北方元帥，當首受其虔誠祈禱，李卓吾云：'成祖初起燕，問師期于姚廣孝，對曰："未也，俟吾

（註八）圖書集成方輿彙編山川典一百五十六卷彙考二之七。

師至"。及期，出祭纛，見披髮而旌旗者蔽天，問何神，曰："吾師北方之將玄武也"。成祖則披髮仗劍以應之'（註九）。由此，可見明成祖起兵的時候，心理上弱點很大，全仗玄武的威力，以堅其信念，因此，當時大小七十戰的戰場中（註十），稍有奇怪的現象發生，莫不歸功于此神，明成祖御製大嶽太和山道宮之碑文說：

> 蓋聞大而無匱，謂之聖，充周無窮，妙不可測，謂之神，是故行乎天地，統乎陰陽，出有入無，恍惚翕張，驂日馭月，鼓風駕霆，倏而爲雨，忽而爲雲，禦災捍患，驅疹致祥，調運四時，橐籥萬彙，陶鑄羣品，以成化工者，若北極玄天上帝眞武之神是已。……武當山原有五龍宮、眞慶宮，俱爲祀神祝釐之所，元末悉燬于兵燹，荊榛瓦礫，廢而不舉，天啓我國家隆盛之基，朕皇考太祖高皇帝，以一旅定天下，神陰翊顯佑，靈明赫奕。肆朕起兵靖內難，神輔相左右，風行霆擊，其蹟甚著，曁即位之初，茂錫景貺，益加炫燿，……武當神之攸棲，肅命臣工，于五龍之東，叔建玄天玉虛宮，太玄紫霄宮，大聖南巖宮，興聖五龍宮，……神宮仙館，煥然維新，上以資薦皇考皇妣在天之靈，下以爲天下臣庶祈迓繁祉。

又御製北京眞武廟碑文說：

> 朕惟凡有功德於國者，無間于幽冥，必有酬報之典，天人之際，理一無二，惟北極玄天上帝眞武之神，其有功德于我國家者大矣，昔朕皇考太祖高皇帝，乘運龍飛，平定天下，雖文武之臣克協謀助，實神有以相之。肆朕肅靖內難，雖亦文武不二心之臣疏

（註九）大嶽太和山紀略卷三。

（註十）圖書集成方輿彙編山川典卷一百五十八藝文三之二明王世貞武當山歌：'黑帝不臥玄冥宮，再佐眞人燕薊中，……人間大小七十戰，一勝業已歸神功'。

附，先後奔走禦侮，而神之陰翊默贊，掌握機柄，幹運洪化，擊電鞭霆，風馳雲駛，陟降左右，流動揮霍，濯濯洋洋，繽繽紛紛，翕欻恍惚，迹尤顯著，神用天休，莫能紀極。……顧惟北京天下之都會，乃神翊相予于艱難之地，其可無廟宇爲神攸棲，與臣民祝祈倚庇之所，遂差吉創崇殿陗廡，（按：該廟在本市地安門外帽兒胡同，額曰顯佑宮），締構維新，亢爽高明，規模弘邃，神靈咸孚，來遊來止，歲時蠲潔，以虔祀事。……雖然神之佑相于朕者，固不係乎報不報，而朕心之拳拳不已者，故無所用其極，惟盡其誠而已（註十一）。

上面兩碑文中，敘述玄武於行陣間呵護的種種事跡，可謂盡描寫的能事，照當時人們看來，玄武的威力，實在太大了。他經過元明兩代，尤其是成祖的特別尊奉，于是在北平一帶香火日盛，廟宇愈多，據最近實地調查的報告謂，北平內外九城元明以來所建的真武廟，約有三四十所之多，而全市一百一十餘所道觀中，沒有不供真武的（據調查，全市商店中，供真武的也不少），可見真武的信仰，以全國論，當以北平一地爲最盛。而且這裡有一特點爲一般人所忽略的，就是明代御用的監、局、司、廠、庫（註十二）等衙門中，百分之百都建真武廟，設玄帝像，其旁多塑龜蛇二物，這究竟有什麼意義？據劉效祖（註十三）萬曆八年所撰的重修真武廟碑記（註十四）說：

國朝設立監、局、司、廠衙門，多設北極真武廟於內，塑像其中而祀之者，何也？緣內府乃造作上用錢糧之所，密邇宮禁之地，

（註十一）按：武當山大嶽太和山道宮之碑，係永樂十一年立。北京真武廟碑係永樂十三年立。

（註十二）明代御用衙門的監、局、司、廠、庫，例如：尚衣監，尚膳監，織染局，酒醋局，寶鈔司，惜薪司，洗白廠，煖閣廠，緞疋庫，簾子庫等是。

（註十三）劉效祖，武驤左衞籍，山東濱州人，嘉靖二十九年進士。

（註十四）重修真武碑，現存，在本市南長街內，真武廟（巷名）四號。

真武則神威顯赫，祛邪衛正，善除水火之患，成祖'靖難'時，陰助之功居多，普天之下，率土之濱，莫不建廟而祀之，今寶鈔司內，舊有真武廟，然年歲既久，廟亦頹敗，且規制卑陋，聖像灰燼，……今乾清宮管事御馬監太監陸公諱敬來掌司印，詣廟謁神，因見廟貌朽壞，……乃置材選匠，擇吉興工，悉建新焉。正殿三間，塑真武之像，兩傍列'四帥'（註十五），……向之規模卑陋者，今則氣宇軒豁，向之聖像塵垢者，今則神威凜烈，是豈邀福於神耶，不過祈皇圖於鞏固，祝聖壽於萬年耳。

起初我著手整理北平廟宇資料時，對於這個問題，也不甚了然，等到發現劉氏所撰的這幢碑文後，才恍然大悟，蓋御用衙門，既造作珍品，又密邇宮禁，故對於水火二物，自應謹慎，但因昔時科學不發達，人們對於一切災禍，都無法預防，只好事前向有關的神祇，慇勤祈禱，冀以消災避禍於無形，玄武屬水，水能勝火，故廟祀玄武，實為預防水火之災的最妥善辦法。

　　神的職能，是表現於人類社會，社會既日趨複雜，人事不斷的變化，則神的職能，當亦隨之而變化，人與神常是互相影響的。據最近調查的另一報告謂：北平一帶，明末清初所創建的真武廟，其像的兩旁，則多改塑周公和桃花女，是北宮七宿的象徵，又與前截然不同，這種民間傳說究竟發生於什麼時候？如何混入道教中去？禮記卷十四祭法說：

　　王為羣姓立七祀：曰司命，曰中霤，曰國門，曰國行，曰泰厲，曰

　　　戶，曰竈（註：司命主督察三命，……士喪禮曰，'疾病禱於五祀，司命與厲'。）

周禮春官大宗伯說：

　　大宗伯之職，掌建邦之天神，人鬼，地示之禮，……以槱燎祀司

（註十五）按：'四帥'或即朱子之所謂'四聖'（見上）。

中，司命，風師，雨師。

後漢書天文志說：

> 斗魁戴匡六星曰文昌宮：一曰上將，二曰次將，三曰貴相，四曰司命，五曰司祿，六曰司災。

史記天官書說：

> 觜觿星東有大星曰狼，……狼比地有大星曰南極老人。

又封禪書說：

> （秦國）雍西亦有數十祠，……于社亳有三社主之祠，壽星祠，各以歲時奉祀（註：壽星蓋南極老人星也）。

爾雅卷中釋天星名說：

> 壽星，角亢也（註：數起角亢，列宿之長，故曰壽。）

後漢書禮儀志說：

> 仲秋之月，祀老人星於國都南郊老人廟。

性命爲人生的第一條件，沒有性命，則一切富貴功名都談不到，是以自古以來，莫不重視性命，故'司命'和'壽星'的傳說，起源很早，惟因歷史悠久，所以變化很多，東漢以前，或謂文昌宮第四星爲'司命'，或謂南極老人星爲'壽星'或又謂角亢爲'壽星'，衆說紛紜，莫衷一是，但到了魏晉以後，這種傳說又漸起變化，搜神記卷三說：

> 管輅（註十六）至平原，見顏超貌主夭亡，顏父乃求輅延命，輅曰，子歸，覓淸酒一榼，鹿脯一斤，卯日，刈麥地南大桑樹下，有二人圍棋次，但酌酒置脯，飲盡更酌，以盡爲度。……北邊坐者忽見顏在，叱曰：'何故在此？'顏惟拜之，南邊坐者語曰：'適

（註十六）三國志魏志卷二十九管輅傳'管輅，字公明平原人也。容貌粗醜，無威儀，故人多愛之，而不敬之'。注'輅列傳曰，年八九歲，便喜仰視星辰，……及長，深明周易，仰觀風角占相之道，無不精微云'。

來飲他酒脯，寧無情乎！'北坐者曰：'文書已定'。南坐者曰：'借文書看之'。見超壽止可十九歲，乃取筆挑上，語曰：'救汝至九十年活'。顏拜而回。管語顏曰：'大助子，且喜得增壽，北邊坐人是北斗，南邊坐人是南斗，南斗注生，北斗注死，凡人受胎，皆從南斗過北斗，所有祈求皆向北斗'。

雲笈七籤卷一百二十一道教靈驗記杜鵬舉父母修南斗延生醮驗條說：

京兆杜鵬舉相國，鴻漸之兄也，其父年長無子，歷禱神祇，乃生鵬舉，終年多疾，父母常以為憂，太白山道士過其家，因以鵬舉甲子問之，曰：'此子年壽不過十八歲'。父母大驚，請其禳護之法，道士因授以醮南斗延生之訣，使五月五日依法祈醮，然後每日所食，別設一分，若待賓客，父母勤奉無闕。一年之外，忽有青年吏二人過息其門，問之曰：'主人每日常饌，亦設位致饗，何所求也'？具以事白之。吏曰'司命'知君篤誠，明年復當有一子，此之二子皆保眉壽'。明年果有此子，兄名鵬舉，終安州都督，弟名鴻漸為國相西川節度使，並壽逾九十，終身無疾。

上面所謂南斗（按：有時也稱北斗，見毛詩小雅大東），即指玄武七宿的首宿而言，漢張衡周天大象賦有'眺北宮於玄武，泊南斗而牽牛'之句，和雲笈七籤二十四卷日月星辰部，二十八宿條，又有'辛從官陰神也，南斗星神主之'之文，足資證明。這種南北斗司生死和解禳災難的迷信，自魏晉以來，想已為道士們或占星家，欺騙民眾的一套把戲。元朝某戲劇作家，搜集這種材料，加以附會，編成桃花女破法嫁周公一劇，大意謂：

周公洛陽人，善算卜，桃花女任姓（父曰任定），善解禳，一日，周公悶坐無事，為其傭人彭祖算命，算畢，謂彭祖曰：'汝後日午時，合該於土坑上板殭身死'。彭祖聞之大驚，即至任二公家告別，女問其故，彭祖以實告，女乃教彭祖禱告於北宮七星君曁武神，爲之增壽三十年，得以不死。周公聞之，怒甚，即命彭祖備花紅酒禮，送於任家，名爲答謝，實則爲其子增福訂婚，桃花女早知其來意，因即允之，周公俟其迎親日，處處擇凶神惡煞時辰，以謀加害，而女則一一設法破之，周公佩其高明，即備慶喜筵席，以宴賓客，一家團聚，其樂融融，因周公與桃花女二人，皆天上種，故歸天後，眞武皆收爲侍將云。

起初這種迷信，社會上知者很少，等到編成戲文以後，就會不脛而走，普徧於全國，人人相信北宮七宿和善占卜的周公，善解禳的桃花女，都掌管人類壽命的事，所以近代的眞武廟中，多附設這兩個神像，以崇祀之。這種傳說，不但關內人民相信，連滿族的帝王也相信了，順治八年，定致祭眞武之禮，每年遇萬壽聖節，遣官致祭北極佑聖君於地安門外日中坊之顯佑宮（按：此即永樂十三年所勅建的帽兒胡同眞武廟），其祝辭曰：'維某年月日，皇帝遣某官某，致祭於眞武之神曰，茲朕誕辰，惟神永遠默佑，謹以茶果之儀致祭，尚饗'（註十七）。清世祖八年，既將眞武列入祀典，規定於萬壽聖節日，遣官致祭，而其祝辭中又有'祈神永遠默佑'之文，可知眞武已被認爲'司命'之神。我們試看看妙峯山的'開路會'和'五虎少林會'所表演的五鬼捉劉氏（註十八）和趙匡胤鄭子明（註十九）等故事，便可知道沒有一種不是根據小說或戲劇而來的，文學作品的影響人心實在太大了。

（三）結論

總而言之，所謂二十八宿者，乃黃赤道附近一部分最顯著的星象，從

（註十七）清朝文獻通考卷一百五五羣祀一。

（註十八）按：劉氏即目蓮母劉壽題，見目蓮救母行孝戲文。

（註十九）按：鄭子明名恩，和趙匡胤是義兄弟，詳見飛龍傳。

他們散布的情形看來，可分爲東、西、南、北四個小組，故又稱之爲四靈。按：二十八宿之名，尙書堯典已見其二(即昴和虛)，四靈之名，堯典篇似乎也見其一(或謂星鳥即朱鳥的簡稱)，而'朔'字又並見於堯典和詩經，可知他們被發現和利用是很早的，且他們旣爲嬴秦所創諸廟之一(註二十)，則以現在道教宮觀中所供諸神而論，當以北宮七宿——玄武的受人崇祀爲最古。

　　二十八宿起初是被天文家利用，以正四時，輿地家利用，以辨九州，軍事家利用，以定方向，也許是因爲他們用處很多，所以才博得一部份知識界的信仰，但到了春秋戰國時候，他們的信仰已漸普遍於社會的各階層，西漢初淮南王劉安，繼呂不韋氏提倡陰陽家學說，作天文訓，以四靈配合四方，於是，玄武變成顓頊的侍從，後來陰陽五行之說漸衰，顓頊退處無權，而玄武的迷信日盛，大有'取而代之'之勢，世人也許是援了'丫頭扶正'的例子，權將玄武代替顓頊，同時，並把他的爵稱，加諸玄武頭上，於是玄武就變成玄帝了。

　　北宮七宿旣總稱曰玄武，而玄武又爲靈龜的別名，故西漢中葉以前，世人都以靈龜爲他的象徵，後來因爲民間相信龜蛇爲雌雄二物，故以'龜蛇合體'代替之，而北方屬水，龜爲水母，水能勝火，故廟祀玄武，則可防禦水火的災禍，這也許是他受世人崇拜的主要原因，但是專管水火，職能還嫌太小，不能滿足社會的要求，所以魏晉南北朝的時候，又漸發生北斗注死，南斗上生的傳說，到了元朝受桃花女破法嫁周公一劇影響後，北宮司命之說，深入人心，於是玄武就由職掌水火，進而兼管壽命，他的職能，不但較以前擴大，並且較以前重要，因爲水火原爲不測的災禍，不見得人人遭遇，所以當年的玄武，在可求與不可求之間，故信仰者不甚踴躍，至於壽命，則人人具有，且人人希望益壽延年，因此，玄武和人類的關係，愈益密切，無怪乎自明清以來，他的信仰在社會上越普徧化和深刻化了。

(註二十) 史記封禪書：'雍有日、月、參、辰，南北斗、二十八宿，雨師，四海之屬，百有餘廟。'

女眞辮髮考

程溯洛

一 引言

二 女眞辮髮的先驅

  (一) 肅愼或挹婁

  (二) 黑水靺鞨

三 女眞辮髮的式樣

四 女眞辮髮問題的演變

  (一) 入中原後用武力推行辮髮

    (甲) 初期強迫漢人髡髮

    (乙) 金世宗時代中原衣冠的胡化與漢人習於袵髮

  (二) 末年文化的改變與髮飾的漢化

五 女眞辮髮的遺風

  (一) 元明兩代舊女眞人髮俗考略

  (二) 滿淸入關後辮髮問題的再演

一 引言

我們常聽說古稱山戎匈奴'被髮左袵',究竟這裡'被髮'指的是什麼？這問題如能確定,那麼,史書中常見的以'被髮''編髮'代替'辮髮'等名稱也就容易解釋了。

按論語憲問:'子曰:"微管仲,吾其被髮左袵矣卜"'(註一)清劉寶楠論語正義憲問章注:'被髮者,皇(侃)疏云,被髮,不結也。禮:男女及時,則結髮於首,加冠笄為飾;戎狄無此禮,但編髮被之體後也。……漢書韋賢傳引劉歆說,謂周自幽王後,南夷與北狄交侵,中國不絕如線。春秋紀齊桓南伐楚,北伐山戎。……案被髮左袵,乃夷狄之俗。楚雖南夷,未有此制。歆之言,亦趁辭耳'(註二)。漢書匈奴傳也說:'夷狄之人,……被髮左袵'(註三)。春秋戰國時所稱的山戎獫狁,當即匈奴的前身(註四)。匈奴古有辮子,今日已得考古上發掘的明證(註五)。孔子口中與漢書筆下所稱山戎匈奴的被髮,自是事實。但何以不明說辮髮？這顯見的是當時華夏的說法。大抵中國自周代以後,中原的禮俗,即結髮留髻(註六)。中原人看不慣戎狄不結髮;山戎匈奴辮髮,即稱為被髮,以示非結髮類。論語

(註一)論語註疏(十三經註疏本)卷14頁9b　　(註二)皇清經解續編卷1067頁16b

(註三)前漢書(同文本)卷94下頁30b

(註四)史記(同文本)卷110頁1a-b匈奴傳:'唐虞以上有山戎獫狁葷粥,居於北蠻',按戰國以前,史記中固見山戎;匈奴之名,至秦始著。此處謂山戎在唐虞以上,係大較之辭。

(註五)暫據禹貢半月刊7卷5期馮家昇先生匈奴民族及其文化引科智洛夫蒙藏探險隊外蒙探險報告書謂一九二四年柯智洛夫(Koz Lov)在外蒙土謝圖汗色楞格河上源諾顏山發掘:得黑色粗細髮辮,上繫符咒;大辮一似婦人髮,染以紅繩,在一墓室中有發現編髮至十七件者。

(註六)參見原田淑人漢六朝之服飾第4章頭髮條引禮記儀禮鄭玄注賈公彥疏釋古男女結髮。式樣參見原書圖版17(a),19(b),28(a),29,30,32及34。

女　眞　辮　髮　考　　　　243

劉注謂古山戎係'編髮'。編，古讀辮，義亦通，如漢書終軍傳：'解編髮，削左袵'。顏師古注：'編，讀曰辮'（註七）。可知'被髮'（披髮）'編髮'古可通指辮髮的。

　　就北方民族而論，除上述山戎匈奴已知編髮外，南北朝時的鮮卑，（註八）隋唐之際的突厥（註九），唐代的高昌（註十），元代的蒙古（註十一），以及本篇中所要提及的女眞人：也都是辮髮的民族。在這些民族之中，他們的髮飾又可再分成二類：一類屬於單純的辮髮，即從前額蓄髮直至腦後編垂而下；另一類則剃去前腦頭髮而後腦編髮。據我們今日所知，從正史以及近年來西北考古壁畫的發現，高昌實屬單純的髮辮（註十二）。匈奴的辮髮如何，惜科智洛夫（Kozlov）的外蒙探險報告書（註十三）手頭無着，尚無法斷定。只有通古斯族中肅愼系的女眞，我們可以明確的知道它在北方諸辮髮民族中獨具特別的形式，那是薙髮而又辮髮（前薙後辮）的。蒙古人的辮髮也可以附入這一類，但樣式稍有不同，即頭部中間剃去一環，前額留短齊髮而頭頂左右總兩小角垂及肩上（又名'三搭辮'）；但有時也合成一直辮

（註七）前漢書卷64下頁6b

（註八）後漢書（同文本）卷120頁6a鮮卑傳，後漢書卷120頁1b-2a烏桓傳，南齊書（同文本）
　　　卷57頁14b魏虜傳。

（註九）北史（同文本）卷99頁36突厥傳，隋書（同文本）卷84頁8b突厥傳。

（註十）梁書（同文本）卷54頁36b高昌傳，南史（同文本）卷79頁15a高昌傳，北史卷97頁11b
　　　高昌傳，隋書卷33頁7b高昌傳。

（註十一）鄭所南心史（明崇禎刻本）卷下頁81a-b大義叙略，王國維蒙韃備錄箋證（清華學校
　　　研究院本）頁11a，鄭麟趾高麗史（日本明治四十一年國書刊行會）卷28頁427(2)忠烈王
　　　一，又卷72頁476(2)—477(1)輿服志忠烈王四年。

（註十二）參見：(1)上註10。(2)原田淑人：西域發現の繪畫（大正十四年東洋文庫論叢第四）頁
　　　54. 及圖版25, 27, 28, 29, 30, 31, 32, 35。

（註十三）參見上註5

拖垂衣背（註十四）。

　　女眞，即肅愼系，學者認爲通古斯族的一支。它在中國北方諸民族中歷史最長。如果依傳統的說法，早在商周時，肅愼即來朝貢，（見大戴禮少間篇、國語魯語，原文參見下注19中引。）而滿人謂肅愼即女眞，古音相通（註十五）。如果採取較爲可靠的論斷，那麼，隋唐間的黑水靺鞨，實是女眞直接的祖先（註十六）。無論如何，從後漢到清代，肅愼系在松花江流域所經過的挹婁（後漢魏晉）、黑水靺鞨（隋唐五代）、女眞（宋元明）以至滿清，一脈相承，都行辮髮，這無異是一條綿貫數千年種族歷史的線索。直到民國肇興，辮子革除，此一文化類型才告湮滅，這在中國史上也是一件值得注意的事。

　　我們現在尚知道滿清人行的是一種前薙後辮的辮髮；但是忽略了他們前一代金朝早就如此；如再追溯，更可遠推到隋唐時的黑水靺鞨同魏晉時的挹婁去，而那時他們編髮又已成俗，可知由來已久，決不是那時才開始的（註十七）。更遠的推測，從漢初到隋唐五代，鮮卑、室韋、突厥、高麗，也都行辮髮（註十八），在正史中先後可稽，而他們即爲肅愼族的鄰居。可見民俗的流播非限於一地偶然發生的。本篇寫作的旨趣，在以女眞辮髮之俗爲出發，尋繹它發生的史迹，闡發它與漢族文化接觸後所起的演變，或能爲研究金代文化史的一助。

　　本篇寫成，承徐旭生師校閱一遍，指正數處；屬稿之前，得馮伯平先

（註十四）參見上註11中所引各書

（註十五）欽定滿洲源流考（光緒間石印本）卷首頁1a。

（註十六）見下二章　　　　　　　（註十七）見下二章

（註十八）鮮卑：參見上註8.，突厥：參見上註9.，室韋：見北史卷94頁22a.，高麗：見宋徐兢宣和奉使高麗圖經（叢書集成本）卷7頁25a'冠服'條，同書卷22頁75a'雜俗'條。

生時賜教益，且示參考資料：謹志感謝。

二 女眞辮髮的先驅

（一） 肅愼或挹婁

肅愼，又名息愼、稷愼，早見秦漢時的經傳：如國語魯語，大戴禮少間篇等書載肅愼在商周時曾來朝貢（註十九），都僅記上一個地名；至於稍能指出它的住地方向，如逸周書王會，左傳昭公九年，史記五帝本紀所載（註二十），也僅隱約知其在東北方內地附近。漢時，東北部爲匈奴所隔，漢書也沒有記載；五帝以後，匈奴勢衰，到范曄作後漢書，即恢復肅愼族的消息。後漢書挹婁傳開首就說：'挹婁，古肅愼氏之國也'（註二十一）。但是這古肅愼氏新國的挹婁，已由古代不大明白的東北方內地附近跑到今吉林省境內去了（註二十二）。古代民族遷移無定，這不足爲怪的。

我們如再檢閱陳壽三國志魏志的挹婁傳，文字間幾乎完全跟後漢書的

(註十九) 國語（四部叢刊本）卷5頁14b魯語上：'仲尼曰……武王克商，通道于九夷百蠻……於是肅愼氏來貢楛矢石砮'。

大戴禮（四部叢刊本）卷11頁8b少間篇述湯的武功，說：'海之外，肅愼北發，渠搜氐羌來服'。

(註二十) 逸周書（四部備要本）卷7頁8a王會篇：'成周之會……西面者正北方稷愼大麈'。

左傳（四部叢刊本）卷22頁4a昭公九年，周景王遣詹桓伯讓晉曰：'肅愼燕亳，吾北土也'。史記（同文本）卷1頁28a五帝本紀述舜的武功：'北山戎，（北）發，息愼'。

(註二十一)後漢書（同文本）卷115頁5a

(註二十二)後漢書卷115頁5a挹婁傳：'在夫餘東北千餘里，東濱大海，南與北沃沮接，不知其北所極'。按夫餘自漢以後總據在今吉林西南隅，所云'在夫餘東北千餘里'，大約在今吉林省寧安縣，'濱大海'，應包括蘇聯東海濱省，北沃沮在圖們江南（說見丁謙後漢書東夷列傳考證）約在今延吉，依此地望推測，漢時的挹婁，當在今吉林省全境。

挹婁傳一樣（註二十三）。按范書後成，這裡後漢書係抄襲三國志是無疑的。我們的問題是：魏志和後漢書都僅說挹婁是古肅慎族的新國，但唐貞觀勅撰的晉書肅慎傳則說：

肅慎氏，一名挹婁，……俗皆編髮（二十四）。

不但直接承認挹婁就是肅慎，帶上肅慎的帽子，而且忽然提出一個編髮的民俗來。此中道理，我們或可以這樣去解釋：漢魏之間只從遠方聽說有一個挹婁係古肅慎族的新國，因為魏志所載挹婁的知識，是根據魏正始六年（245B.C.）毋邱儉差玄菟郡太守王頎征高勾麗後所得的報告（註二十五），那是間接聞知的。但是晉時對挹婁的知識，是直接由他們來朝貢看見的，我們看晉書肅慎傳說：'至（西晉）武帝元（太？）康初，復來貢獻。（東晉）元帝中興，又詣江左，貢其石砮。至成帝時，通貢於石季龍，問之，答曰，每候牛馬向西南眠者三年矣，是知有大國所在，故來云'（註二十六）。

大抵挹婁歷後漢魏晉始終是肅慎族中一個部落，不過晉時的挹婁人，不但住肅慎氏的故地（註二十七），而且即用肅慎氏的名稱自來通貢，晉人不但這時候才直接稱它為肅慎，而且還第一次發現它有辮子。——實際上，晉書說它'俗編髮'，既然成了風俗，可知其由來已久，決不會限於晉

(註二十三)三國志（同文本）魏志卷30頁17b　　　(註二十四)晉書（同文本）卷97頁4a

(註二十五)三國志魏志卷30頁10a-b東夷列傳總叙　　(註二十六)晉書卷97頁5a

(註二十七)晉書卷97頁2b肅慎傳：'在不咸山北，去夫餘可六十日行，東濱大海，西接寇漫汗國，北極弱水'，按不咸山即長白山。'去夫餘可六十日行，東濱大海'，大約仍後漢時挹婁的住地。（參上注22）弱水，按三國志夫餘傳也北有弱水，則二國之北為一水。今驗地圖，南松花江與鯪江合而東北流，大抵弱水即指松花江。寇漫汗國：晉書裨離國傳又云去肅慎數萬里，想係大較之辭。總之，晉時挹婁的住地又較漢魏時南向長白山廣充了。

時開始的。或許漢魏以至遠在先秦，肅慎族原來早有辮子，不過那時候聞問不詳，沒有記載罷了。

至於挹婁的地望，後世異說紛紜，如：(一)新唐書黑水靺鞨傳說黑水東南行十日有虞婁部（註二十八），上書同卷渤海傳則說：'以挹婁故地爲定理府，領定瀋二州'（二十九），按渤海所置定理府，即今遼陽瀋陽縣。挹婁虞婁或即同地。(二)丁謙在其後漢書東夷列傳地理考證中以爲即新唐書渤海傳中的奧婁，在今吉林敦化縣境（註三十）。我們試檢地圖，敦化縣，地有長白山脈，老松嶺牡丹嶺，岡巒起伏；而且魏志挹婁傳說：'其土地多山險，……常穴居，大家深九梯，以多爲好'（註三十一）。晉書肅慎傳說：'居深山窮谷，其路險阻，車馬不通。夏則巢居，冬則穴居'（註三十二）。或者很有理由。(三)孟心史先生在其明元清系通紀中引後漢書高勾驪傳，新舊兩唐書渤海傳，互證挹婁即桂婁，在高勾驪北境，正是元初高驪咸吉北道歸化女眞的幹朶里部，也即淸始祖發祥的地方，這就是後來南部熟女眞；後漢書中的挹婁是由當時南部高勾驪桂婁的字音轉變而來，這就是後來黑龍江的生女眞（註三十三）。

總之，挹婁是肅慎族中的一部，從後漢到魏晉，'它的住地容或數經改變，無論它是否即虞婁，奧婁，桂婁，那僅名稱上的問題罷了。我們不妨暫時認定挹婁是從後漢到魏晉間肅慎族的代表，也是女眞辮髮的先驅者。至於肅慎是否即後來的女眞，證據不夠，還不能斷定。

（二） 黑水靺鞨

(註二十八)新唐書（同文本）卷219頁13a　　(註二十九)新唐書卷219頁16b

(註三十)丁謙後漢書東夷列傳地理考證（浙江圖書館叢書第一集）頁3a-b

(註三十一)三國志魏志卷30頁17b　　(註三十二)晉書卷97頁4a

(註三十三)孟森明元淸系通紀（北京大學鉛印本）前編頁13a-14a

肅慎族的消息，從晉書以後，歷宋書孝武帝紀大明三年（459）（註三十四），北齊書文宣帝紀天保五年（554）（註三十五），還來朝貢，以後史即絕書；這因為肅慎族中另一部落勿吉已在北魏時（435-475）繼起的關係。勿吉初見魏書，魏書勿吉傳開首也就說：'勿吉，……舊肅慎國也'。又說：'在高勾麗北，……國有大水，闊三里餘，名速末水，……國南有徒太山'（註三十六）。大抵勿吉初起時的住地，當不出晉時肅慎的舊境。

北史本傳說勿吉一名靺鞨（註三十七）。古音W與M互用，其實是一音的異譯。隋唐時的靺鞨，當即魏時的勿吉；不過靺鞨到隋唐時已土地擴大，部落滋繁，而其中以黑水一部獨強。隋書同舊唐書的靺鞨傳，幾即以黑水部為代表，而新唐書則直以黑水靺鞨立傳。舊唐書靺鞨傳說：

> 靺鞨，蓋肅慎之地，後魏謂之勿吉。……東至於海（今日本海），西接突厥（今遼寧西北），南界高麗，北鄰室韋。（黑省東北）其國凡為數十部，各有酋帥。……而黑水靺鞨最處北方，尤稱勁健，……俗皆編髮。……掘地為穴……。夏則出，隨水草，冬則入，處穴中。……兵器有角弓及楛矢。（註三十八）

新唐書黑水靺鞨傳敘述靺鞨的源流、境界、黑水靺鞨的風俗，略同舊書，惟於黑水部的地望則有補充的敘述：

> ……其著者（共七部）曰粟末部，居最南，抵太白山，亦曰徒太山，與高麗接。……居骨（今阿勒楚喀）之西北曰黑水部。……部間

(註三十四) 宋書（同文本）卷6頁16a-b　　　(註三十五) 北齊書（同文本）卷4頁16a

(註三十六) 魏書（同文本）卷100頁8a-b，速末水：隋書（卷81）靺鞨傳唐書（卷219）黑水靺鞨傳作粟末，又水道提綱（卷25）：'松花江，古粟末水，亦曰速末水'，可見速末水即指松花江。徒太山：唐書（卷219）黑水靺鞨傳作：'徒太山，與高麗接'，知其即為長白山。

(註三十七) 北史卷94頁16a勿吉傳：'勿吉，一曰靺鞨。'

(註三十八) 舊唐書（同文本）卷199下頁17a-b

> 遠者三四百里，近二百里。……黑水西北又有思慕部。益北行十
> 日得郡利部。東北行十日得窟說部。……（註三十九）

靺鞨中最著的部落共七，最南的粟末部與高麗接。黑水部雖說最處北方，然七部之中距離這樣近，黑水部以北還有許多小部落，我們很難相信黑水部的所在會遠到現今的黑龍江。按元史地理志：'開元路，古肅慎之地，隋唐曰[黑水]靺鞨。唐……以其地為燕州，置黑水府。其後渤海強盛，靺鞨皆役屬之。又其後，渤海浸弱，為契丹所攻，黑水復擴其地，東瀕海，南界高麗，西北與契丹接壤，即金鼻祖之部落也'（註四十）。可見隋唐靺鞨的地望，就是後來元開元路的境界，相當今遼吉二省地。黑水部初起時不致即遠達現今的黑龍江。大抵隋唐時所稱黑水亦即松花江，係指嫩江與南松花江會流東向的一段，黑水部初起當不外在此。按金史世紀第一：'始祖……子獻祖乃徙居海古水，遂定居……矣'（註四十一）。海古水一名按出虎水今阿勒楚喀河，疑黑水部的編髮，即是女眞人的辮髮。其次，金史世紀第一又說：'五代時契丹盡取渤海地，而黑水靺鞨附屬於契丹。其在南者籍契丹，號熟女眞；其在北者不在契丹籍，號生女眞。生女眞地有混同江，亦號黑龍江，所謂白山黑水是也'（註四十二）。契丹國志則明說：'混同江，即古之粟末河，黑水也'（註四十三）。水道提綱：'松花江，古粟末水'（註四十四）這樣看來，金史中此處語亦可大明，所謂黑龍江，係指松花江是無疑的。

(註三十九) 新唐書（同文本）卷199頁12a-13a

(註 四 十) 元史（同文本）卷59頁5a-b　　(註四十一) 金史（同文本）卷1頁3a

(註四十二) 金史卷1頁1b

(註四十三) 契丹國志（掃葉山房校刊本）卷26頁210b

(註四十四) 水道提綱（傳經書屋版）卷25頁5b

由上證述，不但黑水靺鞨初起時的地望可以明瞭；即女眞的得名，與契丹人對於黑水靺鞨的命名也大有關係，而黑水靺鞨爲女眞的祖先，也不難解釋了。

　　黑水靺鞨爲女眞的祖先，還有其他的明證：靺鞨較大的七部落中，惟黑水與粟末二部佔重要地位。粟末初附高麗，中唐以後，幾盡併靺鞨舊地，成立渤海大國，且役屬黑水。唐末，契丹始興。時靺鞨種族中僅黑水與渤海並存。至五代後唐初，渤海爲契丹所滅，僅餘黑水靺鞨。遼史太祖紀：'天顯元年(925)(即南朝後唐莊宗同光三年)春正月……甲戌，詔諭渤海郡縣。……二月……丙午，改渤海爲東丹國'(註四十五)。(按渤海卽在是年亡國)上書同年二月丁未下：'高麗濊貊鐵驪靺鞨來貢'(註四十六)。尙見靺鞨的名稱，疑此卽指黑水部。到次年卽天顯二年(926)十二月，上書卽首次發現：'女直國遣使來貢'(註四十七)，從此以後，幾乎每年都見'女直'，(遼興宗避諱改)而'靺鞨'一名從此卽告絕跡。同時在上書屬國表上，'女直'二字，直到天祚帝天慶七年(1116)始改稱金(註四十八)。(按金史在太祖收國元年，1115,卽改稱金,應以金史爲據)此遼史中初稱的女眞，或卽承契丹之舊的改稱。這是北朝關於黑水靺鞨同女眞遞演之迹的記載。至於當時南朝，如舊五代史唐書莊宗紀及新五代史唐本紀，於同光二年(925)渤海滅亡之後，次年，同光三年五月，復書：'黑水女眞二國皆遣使朝貢'(註四十九)。此或係遠方傳聞之訛，不能卽引爲反證，以爲黑水女眞本是二國。記北方事，還當以遼史爲依據。

(註四十五.)遼史（同文本）卷2頁6b-7a　　　（註四十六）遼史卷2頁7a

(註四十七)遼史卷3頁2a　　　（註四十八）遼史卷70頁3a-32a

(註四十九)舊五代史（同本文）卷32頁14a，新五代史（同文本）卷5頁7b略同

三　女眞辮髮的式樣

　　由上節所述，已可知後魏漢晉間肅愼族的抱犙與隋唐五代間女眞的祖先黑水靺鞨，都行的一種'編髮'即'辮髮'，但以史料缺乏，無法窺測它究竟是怎樣的一種樣式。直到女眞在十二世紀初葉崛起東北，滅遼敗宋，席捲中原，與漢族接觸頻繁，於是它的辮髮才引起宋人的注意，記載也即甚詳了。

　　女眞辮髮一事，金史中絕少透露。這大槪因爲女眞人習見它本族的風俗，不加注意，遂疏記載。最早記女眞人辮髮的式樣，見於南宋方面的雜史，如徐夢莘三朝北盟會編卷三的女眞記事：

　　　　婦人辮髮盤髻，男子辮髮垂後，耳垂金銀，留腦後髮，以色絲繫之；富者以珠金爲飾（註五十）。

女眞記事記載金朝初起時風俗生活以及軍政制度都甚詳備，大約是北宋末年漢人久居東北所寫的。又陳準北風揚沙錄也有相似的叙述：

　　　　人皆辮髮，——與契丹異：耳垂金環，留腦後髮，以色絲繫之；
　　　　富人用珠金爲飾（註五十一）。

又宇文懋昭大金國志，關於辮髮的一段（註五十二），文字間似撮集上引二書，茲不再引。總之，我們由上引二書所載，已可窺知女眞辮髮簡單的樣式：（一）男子辮髮垂後，用色絲包紮，婦人辮髮盤髻。（二）耳上垂金環。但這還嫌簡略。

　　靖康以後，金馬南牧，兵戎之間，異族辮髮的裝飾，成爲一個強烈的標記，如宋佚名靖康要錄即提及金兵的耳環：

　　　　（靖康元年，1126，正月）金賊（攻汴），又募壯士數百人縋城而下，…

（註 五 十）三朝北盟會編（光緒四年本）卷3頁3b

（註五十一）見說郛（涵芬樓本）卷25頁25a　　（註五十二）大金國志（掃葉山房本）卷39頁2a

……斬獲酋首十餘級，皆耳有金環(註五十三)。

又如會編：

> (建炎三年，1129，十二月)金寇杭州，杭州猶未知是金人也。安撫康允之以東南第三將劉某出城，遂逆敵於湖州，市得二級以歸，耳上皆帶環子。允之見之曰：'金人也！'遂棄城遁去(註五十四)。

至於寫及辮髮的本身而作進一步的記載，也常見於建炎紹興間軍事之際，如會編引楊汝翼順昌戰勝破敵錄記紹興十年(1140)六月順昌一役所見：

> 是夜，陰晦欲雨，時電光所燭，但見禿頭辮髮者，悉皆殲之。(註五十五)。

按李心傳建炎以來繫年要錄(註五十六)及宋史劉錡傳(註五十七)記同役所見金人的辮髮，字句間相類似，必係同一來源；惟脫去'禿頭'兩字。惜轉手的時候，不知這實在是最重要的兩個字，原來金人的辮髮即是滿清的式樣，就是剃去頭頂前部毛髮而後部辮髮，也就是順昌戰勝破敵錄中所寫的'禿頭辮髮'。茲再列舉幾種宋人的記載來相印證：

(1) '訪聞邊寨中，多是我國積善良民。偶失備禦，被驅鹵，髡頭絞髮，裝著塞服'(宗忠簡公集宗澤守汴榜文)(註五十八)。

(2) '(建炎四年，1130，五月)先臣(岳飛)以騎大……破之，……斬禿髮垂環者三千餘級'(岳珂宋少保岳鄂王行實編年)(註五十九)。

(3) '建炎二年(1128)十二月廿八日，有北來一項羣賊數萬人，

(註五十三)靖康要錄（光緒十二年本）卷1頁19b-20a　　(註五十四)會編卷135頁6a

(註五十五)會編卷201頁4b

(註五十六)建炎以來繫年要錄（國學基本叢書本）卷136頁2180

(註五十七)宋史（同文本）卷366頁3b

(註五十八)宗忠簡公集（叢書集成本）卷7頁101遺事

(註五十九)宋少保岳鄂王行實編年（明辨齋叢書第九册）卷上頁14a-b

……至黃州，皆剃頭辮髮，作金人裝束'（湯璹：建炎德安守禦錄）（註六十）。

(4)'紹興元年(1131)十一月末間，賊犯通太。賊船五十餘艘，編髮露頂，肆行摽略'（宋會要稿）（註六十一）。

這樣看來，'髡頭'、'剃髮'、'露頂'，實在是女眞人辮髮的特點了。

四　女眞人辮髮問題的演變

（一）　入中原後以武力推行辮髮

（甲）　初期強迫漢人髡髮

金自太祖滅遼，統一內部，規模粗具。太宗更大舉滅北宋，向中原擴展勢力。講金史者應注意這時期中的武力。當然，那時女眞人對宋朝並沒有領土的野心，最多也只想以黃河爲界，樹立間接的統治權而已；不過女眞人在這時期還未改變它的本質，加以民族意識的濃厚，於是在它自己的勢力圈或已奪取的土地上，總要維持固有的文物制度。從太宗天會五年(1127)滅北宋到熙宗皇統元年(1141)與南宋劃淮議和成立，在這十餘年中，女眞人對於它的佔領區直轄地河東河北，遠至南方淪陷域或僞齊境內，始終用武力來推行它的辮髮之俗，總括言之，可分三種方式：

(1)強迫南宋降人或使臣髡髮換官：如宣和七年(1125)斡離不初入寇時，燕山路副使武漢英的投降與易服，會編引蔡絛北征紀實：'(宣和七年十一月)燕山路淸州則有我文臣賀允中、副使武漢英，適至淸州，……賀允中被鎖。武漢英者，武將，頗黠，斡離不愛之，因得髡而左袵，常在左右，

(註 六 十)建炎德安守禦錄（明擴齋叢書第十册）卷上頁11

(註六十一)宋會要稿（民國二十五年國立北平圖書館影印本）册179兵14頁22b

謂此南朝第一降人也'（註六十二）。又如紹興九年（1139）宋降臣安鄴等髡髮左袵赴官，大金國志：'天眷二年（即宋紹興九年）夏，除安鄴爲翰林承旨，馮長寧爲東京戶部，使命下日，各髡髮左袵赴任'（註六十三）。如有抗節不肯髡髮的，大都被處極刑以至殉難，如建炎初年魏行可等使金，以不肯髡髮換官，被留不返而死，宋史魏行可傳：'行可之使也，吳人郭元邁以上舍應募補右武大夫和州團練使爲之副，不肯髡髮換官，亦卒於北矣'（六十四）。趙彥衛雲麓漫鈔亦載：'紹興壬戌（十二年），奉使張公邵自軍前回，有奏劄云：自靖康迄於建炎，使於虜而不返者數人……侍郎司馬朴……樞密宇文虛中……尙書洪皓……崔縱……副使魏元明……侍郎魏行可，……以上奉使官吏並不剃頭換官'（註六十五）。又如青州觀察使李邈在建炎二年（1129）爲髡髮令下的犧牲品，要錄載：'建炎三年秋，青州觀察使李邈故爲眞定帥。城陷入燕，留金三年，金欲以邈知滄州，笑而不答。及髡髮令下，邈憤詆之，金人以撾擊其口流血，復吮血噀之。翼日，自祝髮爲浮屠。金人大怒，命擊殺之'（註六十六）。

（2）在佔領區內下髡髮易服令： 宋朝在靖康欽徽二帝北狩以後，兩河大部始終爲金人所佔領，到了建炎三年（1129）秋，即在金人發動第二次南侵的戰爭後不久，那時駐節在燕山府的元帥府即下令強制執行髡髮，要錄稱：'建炎三年秋……金元帥府禁民漢服，又下令，髡髮不如式者殺之！'（註六十七）令下以後，有不依從者，殺害立至。茲舉數例：（1）（建炎三年秋）劉陶知代州，執一軍人於市，驗之，頂髮稍長，大小不如式，斬之。'（會編引滙金虜節要）（註六十八）這是河東路代州的情形。（2）'（建炎三年秋）賊韓常知慶源，耿守忠知解梁，見小民有衣犢鼻者，亦責以漢服，斬

(註六十二)會編卷23頁1a-b　　(註六十三)大金國志卷10頁3a　　(註六十四)宋史卷208頁4a
(註六十五)雲麓漫鈔（叢書集成本）卷8頁240　　(註六十六)要錄卷28頁560
(註六十七)要錄卷28頁560　　(註六十八)會編卷132頁5a

之。生靈無辜被害，不可勝紀。'(上書引節要)(註六十九)這是河北路與永興軍路的慘禍。(3)(同上年秋)'……西京留守高慶裔，……保義郎李舟者，被拘髡其首，舟憤懣一夕死。'(要錄)(註七十)這是京西路的一例。

(3)在淪陷區與僞組織境內也要推行髡髮左袵： 金人對於辮髮之俗向中原的雷厲風行，不僅限於宋方的降人使臣與其長期佔領的兩河、黃河以北永興軍路京西路的某些地方，即遠至江南臨時被淪陷的土地上，也要推行。其間按統治僞齊境內(山東、河南)也無能倖免。要錄：'建炎三年十二月已丑，金人陷臨安府。初完顏宗弼(兀朮)既圍城，遣前知和州李儔入城招諭，儔與權知府劉誨善。至是，削髮左袵而來，二人執手而言。'(註七十一)這是臨安府的例子，他處概可想見。李儔既削髮左袵，他來又仕僞齊知興慶府，可知僞齊也不能免。

(乙) 金世宗時代中原衣冠的胡化與漢人習於袵髮

女眞人初入中原時，於其辮髮左袵之俗的雷厲風行，已略如上述。至紹興十一年(1141)宋金間劃淮議和成立以後，南宋始終僅保持半壁山河：西自大散關，並山入京兆終於商州，南以唐鄧西南皆四十里，取淮水之中流爲界，從此線以北，都屬於金。這種情形，一直維持到以後宋金間兩次和議時(一次在宋孝宗隆興二年即金世宗大定四年1164，另一次在寧宗嘉定元年即金章宗泰和八年1028)都沒有改變。在這長久對峙的局面下，我們自不難想見女眞人在其廣大的占領區內仍繼續推行它的辮髮左袵之俗。我們今日仍能從宋方去金使臣的筆錄中，得窺知當時不但河北京東等淪陷區內人民的衣冠已經深深胡化，即南方從前曾經一度淪陷而爲南宋首都的臨安府也不免如此。如宋會要稿記臨安的胡化：'隆興元年(金世宗大定三年1163)七月廿五日，臣僚言，臨安府士庶服飾亂常……訪聞歸明歸朝歸正等人往往承前不改胡服，

(註六十九)會編卷132頁5a　　(註 七 十)要錄卷28頁561　　(註七十一)要錄卷30頁587

及諸軍又有傚習蕃裝！……'（註七十二）南宋首都尚且如此，他處曾經金兵蹂躪者，概可想見。 至於女眞的統治區內，因淪陷已久，胡化程度自較更深——尤其從汴京到中都燕京一段 在海陵正隆南遷(1161)以還，已成爲金朝政治神經中樞，宋方使臣來往其間，多有記載露頭辮髮之事：如范成大在攬轡錄中記其乾道六年(1170)使金經汴京時所見：'民旣久習胡俗，態度嗜好亦與之俱化。最甚者，衣裝之類，其製盡爲胡矣，自過淮以北皆然，而京師尤甚。……'（註七十三）又如雍丘縣，樓鑰北行日錄中記其在乾道五年(1169) 時使金經此所見：'此間只是舊風範，但改變衣裝耳。'（註七十四） 又如邯鄲邢州，樓鑰在玫瑰集中記同年事：'邯鄲路，……聞彼中有三等官，漢官契丹女眞三者雜居，省部文移，官司榜示，各用其字，吏人及教學者多以此爲例。'（註七十五）京東河北等路衣裝文字俱已胡化，我們自難置信其髮飾尙能保持漢人舊俗。 至於靠近燕山府路，自海陵貞元南遷(1153) 以來，胡化程度日深，已見'露頂辮髮'的記載，上書記過白溝時所見云：

> 二十里至白溝河，又五里宿固城鎮，人物衣裝，又非河北比，男子多露頂，婦人多耆婆。把車人云，只過白溝，便是北人，便別也。（註七十六）

又如中都燕京，曾爲貞元時首都，自是純然胡服。樓鑰北行日錄稱：

> 椎髻被髮，小巾尖帽，皆胡服也。（註七十七）

而當時漢人確屬普遍辮髮，更有他證，金史禮志載：

> 章宗承安五年(宋寧慶元六年，1200)五月， 上諭旨有司曰：女眞漢

(註七十二)宋會要稿册179兵15頁12b　　　　(註七十三)攬轡錄（叢書集成本）頁2

(註七十四)樓鑰玫瑰集（四部叢刊本）卷111頁15a北行日錄上卷

(註七十五)玫瑰集卷111頁25a北行日錄上卷

(註七十六)玫瑰集卷111頁30b北行日錄上卷　　　(註七十七)玫瑰集卷111頁35a北行日錄上卷

人拜數，可以相從者，酌中議之！司空完顏襄曰：今諸人祇髮，皆本朝之制，宜從本朝禮拜（註七十八）。

可見當時在女眞統治下的漢人，大約很少例外是不祇髮的。

(二) 末年文化的改變與髮飾的漢化

金在熙宗以後，表面上挾其祇髮之俗，胡化中原；但在另一面内在深處，女眞文化幾無處不受漢族文化的影響而起蛻變。大抵女眞人的漢化，漸於海陵南遷而盛於世宗章宗之世。金史刑法志：'太宗雖承太祖無變舊風之訓……熙宗天春……三年(1140)復取河南地，乃詔……刑法……以從寬恕。至皇統間(1141—1148)詔諸臣以本朝舊制，兼採隋唐之制……及海陵庶人……又多變易舊制'（註七十九）。會編引張棣金虜圖經：'亮徙至燕，知中國威嚴之尊，護從悉具。……大率制度與中國等'（註八十）。金史移剌子敬傳：'上(世宗)曰：……海陵學習漢人風俗，是忘本也！'（註八十一）上書同卷孟浩傳：'(大定七年，1167)世宗嘗曰：女眞本尙純朴；今之風俗，日薄一日，朕甚憫焉！浩對曰，當時風俗與今日不同，誠如聖訓'（註八十二）。從這些地方，我們還能說女眞人的文化不受漢化嗎？關於女眞漢化之蹟，玆略採撮金史中所舉，列述如下：

(1)關於風俗：如金史阿里補傳附子方傳：'大定三年(1163)……除西南路招討使，朝廷以兵部郎中高通爲招討都監以佐之，詔通曰……女眞舊風，凡酒食會聚以騎射爲樂，今則奕棊雙陸，悉宜禁止！'（註八十三）上書世宗紀：'(大定)十三年(1173)……三月，上謂宰臣曰……自海陵遷都永安(按今北平)女眞人寖忘舊風，朕時嘗見女眞風俗，迄今不忘'（註八十四）。書夾谷淸臣傳：'(明昌五年，1194)……上……謂淸臣：胡里改路(瑚爾哈河

(註七十八)金史卷57頁11a-b　(註七十九)金史卷45頁2b-3a　(註八十)會編卷244頁4b
(註八十一)金史卷89頁17b　(註八十二)史金卷89頁8a-b　(註八十三)金史卷80頁15a-b
(註八十四)金史卷7頁4a-b

風俗如如？對曰：視舊制稍有禮貌而勇勁不及矣！'（註八十五）

(2)語言文字與音樂：如金史世宗紀：'大定十三年(1172)……上謂……汝輩自幼惟習漢人風俗，不知女真純實之風！至於文字語言或不通曉，是忘本也！'（註八十六）上書章宗紀：'（大定二十九年，1189，閏五月癸未）詔學士院自今誥詞並用四六。……六月，……有司言律科舉人，……必使通治論語孟子，從之'（註八十七）。又稱：'（明昌二年，1191）六月癸巳，禁稱本朝人及本朝言語為番。違者杖之！'（註八十八）上書世宗紀：'（大定十四年，1174）三月甲午，……命應衛士有不閑女真語者，並勒學習，自後不得漢語！'（註八十九）

(3)姓氏與衣裝：如金史世宗紀：'（大定二十七年，1187）十二月戊子，禁女真人不得改稱漢姓，學南人衣裝；犯者抵罪！'（註九十）上書章宗紀：'（明昌二年1191）十一月丙午，制諸女真人不得以姓氏譯為漢姓'（註九十一）。上書章宗紀：太和七年(1207)九月壬寅，勅女真人不得改為漢姓及學南人衣裝！'（註九十二）

在此女真人普遍漢化高潮之下，我們實不敢担保它的辮髮不會起變化。唯辮髮事小，不易引人注意，壁畫實物，一時無着。茲舉金史徒單益都傳為證：

（哀宗正大九年，1232，六月）甲戌（宿州）請益都主帥府事，益都不從，曰：吾國家舊人，為將帥亦久，以資性疏迂，不能周防，遂失重鎮（指徐州）。今大事已去，方逃罪不暇；豈有改易髻髮，奪人城池，以降外方乎？……已而宿州王德全劉安國亦送欸海州，惟安

(註八十五)金史卷94頁2b　　(註八十六)金史卷7頁5a　　(註八十七)金史卷9頁4a
(註八十八)金史卷9頁12a　　(註八十九)金史卷7頁6a-b　　(註九十)金史卷8頁21b
(註九十一)金史卷9頁13b　　(註九十二)金史卷12頁16b

國不改髻髮，以至於死云。（註九十三）

此節係記金朝末年蒙古兵攻金，徐宿二州失陷前後的情況。那時女眞久經漢化的結果，原來的辮髮已經改易而成宋人的髻髮；而蒙古人行的是一種'三搭辮'。劉安國的抗節不改髻髮以至於死，猶之宋人於女眞人初入中原時不肯髡髮而被殺害，前後如出一轍。

五 女眞辮髮的遺風

（一） 元明兩代舊女眞人髮俗考略

金在宣宗貞祐二年(1214)因受蒙古人的壓迫，從燕京南遷汴京。從那時起一直到遷蔡州滅國(1234)，一部份久住在中原的女眞人已經跟着完顏氏的衰亡而融合於漢民族之中，但東北另一部份的女眞人則仍住舊地。元史地理志所稱的水達達女眞，明代册籍中所記的三種女眞，實在就是他們的種人。這些住在舊地女眞人的生活風俗，尤其我們所注意的辮髮，頗引人耐索。惜乎史缺有間，只能說個大概。元史地理志：

> 遼陽等處行中書省，為路七。……合蘭府水達達等路，土地曠闊，人民散居。元設軍民萬戶府五，鎭撫北邊：一曰桃溫，距上都四十里；一曰胡里改，距上都四千二百里，大都三千八百里；……一曰斡朶憐，一曰脫朶憐，一曰孛苦江：各有司存，分領混同江南北之地。其居民皆水達達女眞之人，各仍舊俗：無市井城郭，逐水草以居，以射獵爲業。故設官牧民，隨俗而治。有合蘭府水達達等，各以相統攝矣（註九十四）。

讀上一段，可知元代水達達女眞居地的廣闊：桃溫，據滿洲源流考，即金史

（註九十三）金史卷117頁2b　　　（註九十四）元史（同文本）卷59頁1a-6b

的土溫水及陶溫水，當今松花江上三姓(今吉林依蘭縣)東的屯河(註九十五)；胡里改，即金史的呼爾哈路，當今三姓西牡丹江上流的瑚爾哈河(註九十六)：元史還能說明這兩萬戶距離京師的遠近。至斡朶憐以下三萬戶府，元史已不盡瞭然。據孟心史先生考證，實設長白山東朝鮮北境，在元代則屬於開元路境內。元開元路極廣，與合蘭府水達達等路，皆屬遼陽行省(註九十七)。總之，水達達女真所居混同江南北之地，該括甚廣：北邊黑龍江全境明代野人女真的部落，南部海西、建州兩種女真的所在，直到鴨綠江左右，都是他們的居地。 這些地方雖會經被完顏氏統治，但文化並未受漢化的影響，過的仍舊是半開化的生活：無城廓，逐水草，以射獵為業，幾與新唐書黑水靺鞨傳中'善射獵，……居無室廬，……隨水草'，所寫的一樣；所謂'仍舊俗'，指的或即是黑水靺鞨未開化內狀態。

至於水達達女真是否仍舊保存辮子，史書缺乏，未能斷言。所可知者，蒙古與女真同行辮髮，已略如上述。十三世紀初蒙古人統一中原後，步金源的後塵，對於被統治者也一律強迫辮髮胡服，如：(一)對於直接統治的漢人，如明實錄太宗洪武實錄說：'初，元世祖起自沙漠，以有天下，悉以胡俗變易中國之制，士庶咸辮髮椎髻，深襜胡帽，無復中國衣冠之舊'(註九十八)。(二)對於間接統治下的高麗，如鄭麟趾高麗史輿服志載：'(忠烈王四年)令境內皆服上國(元)衣冠開剃。蒙古俗，剃頂至額，方其形，留髮其中，謂之開剃。時宰相至下僚無不開剃，……於是學生皆剃'(註九十九)。元代對水達達女真的關係，史料殊少。鄭麟趾高麗史，載元初於女真曾設萬戶府來鎮撫，更立'達魯花赤'長官(註一百)，一如在其

(註九十五)滿洲源流考卷15頁10b-11a　　(註九十六)滿洲源流考卷15頁9a-b

(註九十七)孟森明元清系通紀前編頁5a-7a

(註九十八)明實錄(江蘇國學館傳鈔本)太祖洪武實錄卷26頁11b-12a

(註九十九)高麗史卷72頁476(2)　　(註一百)參見高麗史卷40頁607(1)

他行省所設者。元史曾記世祖至元十七年(1280)遣使括開元等路軍三千征日本(註一百零一)。水達達女眞處在蒙古人如此直接統治係關之下，即使那時辮髮已不存在，也得依漢人高麗人的先例被迫辮髮了。

明代史籍區分女眞爲三種：野人女眞、海西女眞和建州女眞。這三種女眞實在就是水達達女眞的後裔。明萬曆間嚴從簡殊域周咨錄說：

女眞，古肅慎之地。……金亡歸元，以其地廣闊，人民散居，設水達達等路軍民萬戶府五以總攝之。本朝永樂元年遣行人邢樞偕知縣張斌往諭奴兒干，至吉烈迷諸部落招撫之，於是海西女眞、建州女眞、野人女眞諸酋長悉境來附(註一百零二)。

明天啓間茗上愚公撰東夷考略也說：

女眞，……元滅金，即扶餘故壤，改開元路。……國初定開元，改開原道，控帶諸夷。女眞各部，在混同江以東，東濱海，西接兀良哈，南鄰朝鮮，北至奴兒干，略有三種：……居海西者，爲海西女眞；居建州毛憐者，爲建州女眞；極東爲野人女眞(一百零三)。

海西女眞意謂松花江以西的女眞，初在黑龍江，後遷到吉林奉天沿松花江伊通河輝發河一帶，後來南北兩關互鬨，最後爲建州女眞努兒哈赤所滅。野人女眞大抵初住黑龍江下游，明正統以後，一部併入海西。建州女眞爲清世的正系，在元代，住地原以今吉林三姓爲中心，明中葉以後，才由今開元(奉州)西遷今遼寧東部，屢爲明室邊患。萬曆以後，邊防疏弛，努兒哈赤乘時興起，遂肇立滿清的基礎。明代史籍記載女眞的風俗，類多抄襲三國志魏志挹婁傳以下各史傳關於肅慎的知識，很少提及當時的情形，至

(註一百零一)元史卷11頁7a

(註一百零二)殊區周咨錄(故宮博物院據明萬曆刊本)卷24頁1a-b

(註一百零三)東夷考略(玄覽堂叢書第九十四册)頁3b-4a

於辮子的消息，簡直沒有。按李氏朝鮮實錄記太祖四年(明洪武二十八年，1395)時女眞的髮俗說：

> 三國之末，(高麗與百濟新羅之時) 平壤以北，悉爲野人女眞游獵之所，……安邊以北，多爲女眞所占。……上(指太祖)即位，量授萬戶千戶之職，使李豆蘭招安女眞，'披髮'之俗，盡帶衣冠，改禽獸之行，習禮義之教，與國人相婚(註一百零四)。

上書又記咸宗六年(即明憲宗成化十一年，1475)高麗與女眞邊事中所見：

> 丞政院啓：碧潼郡中庵寺住僧省有供稱，今年正月二十九日申時分，野人三十餘騎到寺，擄俺及同居僧義修覺禪洪東等，乘夜涉鴨綠江。……又云，俺初被擄，蒼黃心恸，未能的知賊數，見……
> ……其傷者皆'披髮'騎馬而行。……(註一百零五)

高麗北部邊地，元時實屬開元路的界至，已略如上述。明初仍元代於水達達女眞設斡朵憐等三萬戶府之舊，在鴨綠江東，即後來朝鮮境內的斡朵里，繼設三萬衛，由古鐵嶺設站，來通接濟。到洪武二十一年(1388)，因爲糧餉難繼，另置鐵嶺衛於奉集(今瀋陽東南鐵嶺)，同時退遷三萬衛於開元(今開原)。永樂以後，親王撤遷，經營更衰(註一百零六)。朝鮮實錄所記明洪武成化兩朝高麗招安北界女眞與女眞人偷渡鴨綠江，實即高麗與明朝關於邊界爭執的反映。高麗人所見女眞的'被髮'或'披髮'，不外以前的舊俗，也當即滿清入關前女眞族流行的辮子。

(二) 滿清入關後辮髮問題的再演

滿清自稱後金。清太祖實錄中所稱的始祖布庫里雍順，據孟心史先生廣徵博引的結果，斷定他是金源的遺民，受元代斡朵里萬戶府職的册封，

(註一百零四)原書無着，暫據孟森明元清系通記正編卷1頁5b-6a引

(註一百零五)暫據孟森明元清系通紀正編卷10頁23b-24a引

(註一百零六)參見孟森明元清系通紀前編頁5a-7a

地在後來朝鮮（元時尚未名朝鮮）會寧境內斡木河，即是以前女眞恤品路的故地。明初三萬衛也仍元舊，設元開元路的斡朶里。永樂元年(1403)首爲女眞頭目阿哈出設的建州中衛，原也在開元路的奉州，（今朝鮮東北與吉林連接處）以後到正統間(1436—1449)，才同左衛肇祖孟哥帖木兒（原據斡朶里）的後裔（其中復分左右二衛）合流遷到蘇子河谿谷竈突山（今興京西呼蘭哈達），才成建州新衛（註一百零七）。淸代世系，從始祖布庫里到肇祖孟哥帖木兒已不甚明悉，但肇祖六傳到太祖努兒哈赤，淸實錄中固歷歷可稽。淸代的辮髮，當卽直接承自女眞，歷元明兩代不衰。淸初風俗因襲女眞之舊者甚多，如勞面之俗，薩蠻教等，辮髮僅是其中之一而已。總之，滿淸人在民族精神上，頗以金源的繼承人自居，而它在入關前文化又較金朝高，同時，民族意識更濃厚，所以入關後'猾夏'的程度也更深厲。

滿淸入關後所引起髮禍的問題，桑原隲藏在其支那人辮髮の歷史（註一百零八）一文中大致叙述過了，此處卽可從略。我們應加解釋的是：淸初的歷史，並非如金源初入中原時純用武力，而實際上是一政治問題。因爲淸兵入關，不費一兵一卒，卽能奠定北京，招撫河朔，接承中國累代傳統的皇位，所以他們對於如何才能統治中國，特別費了一番苦心。淸初政治成功最大的要素，就是用一種剛柔兼施的政策，使漢人逐漸就範。茲卽以辮髮爲例：淸世宗順治元年(1644)夏，淸軍入關奠定北京之始，五月三日庚寅，攝政王多爾袞曾諭兵部：

凡投誠官吏軍民，皆著薙髮！衣冠悉遵本朝制度！（註一百零九）
但那時輿情未定，乃不得不假爲權宜，復令束髮自由，以俯順當時一班人的心理，卽於同月二十四日辛亥，攝政王改諭諸王臣民：

(註一百零七)參見孟森明元淸系通紀前編頁18-55

(註一百零八)桑原隲藏東洋史說苑頁315-344

(註一百零九)東華錄（光緒丁亥年重刊本）順治二頁11b

予前因降順之民，無所分別，故令薙髮，以別順逆。今聞甚拂民願，反非予以文教定民之本心矣。自茲以往，天下臣民照舊束髮，悉從其便(註一百一十)。

及順治二年(1645)夏，南北略定，清廷於薙髮令乃翻然大變，轉趨嚴厲執行，朝廷有：'不隨本朝制度者，殺無赦！'薙髮令的頒布(註一百十一)，金陵新令方亨下：'留頭不留髮，留髮不留頭'！的扎制(註一百十二)，這自然要引起漢人的反抗。如明趙曦明江上孤忠錄：'(金陵薙髮之夕)哭聲遍野，咸以不克保遺體為恨！'(註一百十三)明朱子書嘉定屠城紀略：'(嘉定屠城前夕)……民間競傳明兵至，……葛隆鎮外岡馬六楊家行等鎮鄉兵復聚，遇薙髮者輒亂殺。……遠近聞風，護髮益堅。'(註一百十四)外人留華目擊的記載，如耶穌教會教士衛匡國(Martin Martinius)在其韃靼戰記(Bellum Tartaricum)中所寫浙江省紹興府的情形：(節譯)'韃靼軍占領紹興府時，受抗最烈。……當韃靼軍強令新歸附的漢人辮髮時，一切士兵市民都起操武器，為其頭髮與頭顱而死命抵抗。'(註一百十五)這是江南民兵反抗的一斑。至於北方，據順治十三年(1656)時荷蘭來華通商使團團員牛豪夫(Nieuhoff)在其荷蘭來華通商使團行記(Legatio Batavica Magnum Tartsiel Chamum Sungteium modernum Tmperatorem Sinae Imperatorem)所說：(節譯)'直隸山東，初對清廷尚極柔順；一旦辮髮令下，人民即謹起抵抗，為其頭髮

(註一百一十)東華錄順治二頁14b　　　(註一百十一)東華錄順治二頁15a-b

(註一百十二)趙曦明江上孤忠錄(痛史第十二種)頁1a-b

(註一百十三)江上孤忠錄頁12a

(註一百十四)揚州十日記(神州國光社中國內亂外禍歷史叢書)頁265嘉定屠城紀略

(註一百十五)Martin Martinius, Bellum Tararium (English Translation, 1654) P.127

死難的，也好幾千人。'(註一百十六)這與南方嘉定的三次屠城正遙遙相對。漢人反抗的激烈，即足表示清初氣焰的凌厲。這是清初對待漢人政策先柔後剛的一環。

　　清初這種逐漸控制漢人的政策，在表面上確實做到相當的成功。就辮子而論，康熙以後，歷雍正乾隆嘉慶三朝，漢人對於辮髮之俗又已漸成習慣。中葉以後，漢人已普遍習於'五天一打辮子，十天一剃頭'了。

　　中國人對於民族的偏見，向很淡薄，如果清朝國運在乾嘉後不走下坡路，與道光間沒有外來帝國主義勢力的侵入，也許以後革命的怒潮掀不起來。太平天國的蓄髮，民初革命黨人的強人去辮，那是政治上的工具而已。

　　滿清一代的辮子，與其國運相始終，表面上似乎並沒有像金朝後來漢化的問題；但骨子裡，入關後不久一切精神制度也都迅速的漢化了。服裝髮飾的維持不變，當不外政治全面統制與習慣惰性的原因。我們不要執此以小概大總對。

(註一百十六) Nienff Iohn, Legatio Batavica Magnum Tartariae Chamum Sungteium Modernum Imperatorem Sinae Imperatorem (Leidae III Aprihs 1668) Chpat Primum P. 20-34

'鬥雞臺溝東區墓葬'編後記

蘇秉琦

此報告材料，包括各期古墓，大約上自殷商，下至隋朝，共八十二個，乃國立北平研究院史學研究所的前身，史學研究會，於民國二十三、四兩年間，在鬥雞臺（陝西寶雞縣城東南約十公里）發掘所得材料的一部份。

關於此八十二墓的內容，詳見報告，不必贅述。至於本院何以來發掘鬥雞臺，鬥雞臺是一個什麼樣的所在，以及發掘的經過和結果等問題，亦已於報告'緒論'中分別說明。

至關於此報告的原始材料，材料的整理，以及準備編輯和付印的經過等事實，皆報告文中所缺略者，特補記於此。

一 八十二墓的材料

本院在陝西的考古工作，自民國二十二年春開始，至民國二十六年夏因中日戰起而中止，先後歷時約四年半。在此四年半之中：前一年的工作重心是在渭河兩岸調查古蹟；後三年半的工作重心是在鬥雞臺發掘。

鬥雞臺的發掘，前後共計三次：第一、二兩次自民國二十三年春起，至民國二十四年夏初止，為一段落；第三次在民國二十六年的上半年，為一段落。

前一段落的工作區域有二：一，在'陳寶祠'後的一個土堡內外，我們名之曰'廢堡區'；二，在陳寶祠東的戴家溝以東，我們名之曰'溝東區'。兩區相距約一公里。後一段落的工作在戴家溝的西邊，即前一段落所作過的兩區之間，我們名之曰'溝西區'。

此項材料，即前一段落溝東所出有殉葬器物古墓的全部。茲分爲人骨，記錄與照像，及殉葬器物三部份，列述如下：

(一) 人骨

八十二墓的人骨，在發掘時有頗堪注意之兩種現象：一，凡採用地下洞室者，大部已經全部朽爛，甚至不見痕迹；二，凡採用豎穴者，尤其是無棺槨痕迹者，多半形體可辨，有的甚至極脆弱的部份如顏面，極細小的部份如手指足趾，均尚保存完好。這批材料，當時爲遵從地方人士的願望，除去僅有的一架 (墓ES) 係民國二十六年才設法做出運回者外，其餘不論保存的好壞，隨即用木匣改葬，丟棄的非常可惜。

(二) 記錄與照像

八十二墓的記錄與照像亦已不完全。A, B, C, D 四坑二十四墓，即民國二十三年上半年第一次所發掘者的全部田野記錄，和一部照像底片，在暑假期間，因爲人事的變動，已不知下落。幸有'工作日記'一份，尚可據以略知梗概。至於遺失的底片，則已無法補救。

(三) 殉葬器物

八十二墓的殉葬器物爲第一、二兩次發掘所得古物的一部份。此批古物，因本院與陝西省政府的合作關係，先須擇要陳列於兩機關合組之陝西考古會內。故此項殉葬器物之大半均留西安，僅一少半運回北平。

中日戰起後，本院存平古物，包括第三次發掘全部，和第一、二兩次的一部。當時曾將其中形體較小而認爲比較重要之一部份，主要即爲此八十二墓的小件殉葬器物，秘密取出收藏。此一小部份古物，經過八年的淪陷期間，幸得逃避敵僞耳目，尚安然無恙。其餘一大部份，主要為方自陝西運抵北平而尚未開箱之第三次發掘所獲之全部，均被僞組織移至午門歷史博物館內。此批古物，曾於僞組織主持之下，草草整理之後，即摻雜陳列於該館的午門樓上，及東朝房特闢之陳列室內。不幸東朝房陳列室曾經一度被盜。統計損失小件銅器達三百一十件。以上是北平方面的情形。至於存陝古物，包括第一、二兩次發掘者的大半，亦不幸因陝西考古會的房屋曾被轟炸倒塌，經遷移至西安碑林的陝西省立歷史博物館內暫存，迄今尚未清查。殘破凌亂，恐在所難免。以上是陝西方面的情形。

二　材料的整理

本院第一、二兩次在鬥鷄臺發掘所得材料的初步整理工作，約自民國二十四年的下半年，即第二次發掘工作結束之後開始，迄七七時止，業已完成大半。至於第三次發掘的一批，於七七前不久方自陝西運抵北平，淪陷八年，近始收回，故迄今尚未着手整理。

工作的開始，係由溝東與廢堡兩區所出全部陶片的整理與分類着手。次年春，此項工作始告一段落。此項工作，據事後檢討，實太繁瑣而無大意義。不過在此多半年的苦痛經驗之中，使我們對於整個遺址的認識，較前進步。由此認識，我們乃得重新擬定一工作原則及程序如下：

(一)　溝東與廢堡兩區材料應予分開

本來兩區的重要材料極少相同。大體講來，廢堡主要為漢魏時期的居住遺蹟，而溝東則主要為石器時代的居住遺蹟和商周秦漢的各期古墓，自宜分區處理。

(二)　亂土層內的陶片應特別處置

兩區所出陶片，雖經嚴加剔選之後，所餘標本，仍為量甚大。此類陶片中的一大部份曾經翻動擾亂，已非原來的存在狀態，這是早已知道的。不過在未經長時間的摩抄觀察之前，不易判斷其混亂情形究竟到何程度。

現在專就溝東來講。此區陶片的來源，大致可分為三類：第一類，出自表土層內。此層大半為耕土，種種人為的翻動已不計其數。而且年年被雨水沖刷，剝削沈澱，又不計其數。故此類陶片，不但層位早亂，更多已不知來自何地。第二類，出自墓葬內或墓葬附近。因此區為一集中墓地者曾歷兩三千年之久。故平均計算，大約方丈之地必有一墓。墓與墓之間復多重疊破壞之例。故其土壤中所含之陶片多已搬動過不止一次。第三類，出自灰土坑或各種形式的豎穴。在此為量甚大的陶片之中，其眞正有價值者，祇此一部。其應分別處理，自不待言。

（三）墓葬與人居材料應予劃分

溝東材料，已經說過，主要為石器時代的居住遺蹟及歷史早期的墓葬。兩者時代不同，性質不同，在文化上亦看不出顯然的關係，亦應分開整理，以便研究。

根據以上三點，乃於民國二十五年春，整理陶片的工作結束之後，即將溝東與廢堡兩區材料的整理工作分頭進行。關於溝東材料的整理則決定先作墓葬部份，後作人居部份。

關於溝東部份整理工作的進行情形大致如下：於民國二十五年上半年，工作人員前往西安。追將存陝古物登記，照像，畫圖，整理竣事後，工作人員由陝回平，始着手整理存平古物及田野記錄。迄中日戰起時為止，墓葬部份業已竣事，而人居部份則僅完成一小部份。

三　報告的編輯計畫

中日戰起後，北平旋即淪陷，本院史學研究所在中海懷仁堂西四所內，因地勢衝要，受敵偽監視較嚴。大量古物無法外運。故僅得將一部份小件器物及全部整理資料，包括記錄，照像，畫圖等，秘密取出，覓地暫存。翌年，本院在昆明恢復，史所隨院南遷，始設法將此項資料由平運出，取道香港越南，於民國二十八年夏抵達昆明。

報告的編輯工作即於民國二十八年的下半年在昆明開始。其原始資料的種種缺陷旣如前述。當時工作條件之簡陋，尤異尋常。因實在器物業已無法接觸，手下材料祇此整理所得的記錄，照像和畫圖，而可資利用的圖書，亦祇此倉促帶去的一點，尙不滿一箱。

溝東區的材料，按照原定編輯報告的計畫，本擬分爲'墓葬'與'人居'兩部。當時因人居部份的材料經過整理的僅佔一小部份。故祇好先編寫墓葬。

此一報告，即'溝東區墓葬'，究應如何編輯？此一問題我們曾經過長時間的考慮。欲解決此問題，應從兩方面來討論：一，報告的體裁應該如何？二，工作的重心爲何或應該爲何？

此所謂體裁，實即處理材料的方法問題。此所謂工作的重心，即編輯報告的目的問題。在討論此二問題之前，首應對於材料的性質或特徵加以分析。按照當時我們對於此項材料由粗淺的分析所得的認識，可以歸納爲以下幾點：

(一) 單位多。每一墓葬，不論規模大小，形制異同，各自成爲一個發現單位。在一本報告之中，須要包括有殉葬器物的各期古墓達八十餘個之多。

(二) 規模小。八十二墓之中，其殉葬器物祇有一兩件或兩三件者，所佔比例甚高。

(三) 多重複。墓與墓之間，除少數例外，不論墓形，葬制，或殉葬器物，頗多重複或相似之例。

(四) 年代久。材料內容雖多重複，但此八十二個單位所包括的年代，即最早與最晚之間的距離頗長，而其前後銜接之迹多甚明顯。

根據上述四點，擬定報告內容與編輯步驟如下：

(一) 田野記錄的分墓整理

將田野記錄材料摘錄整理。並參考整理時的記錄，照像及畫圖。以墓為單位，將各墓的發掘情形，存在狀態，墓形，葬制，殉葬器物的種類件數等，逐項說明。

(二) 材料的分類

將經過整理的墓葬形制和殉葬器物等材料：加以分類處理。如前所說，此項材料的'發現單位'特多，而單位間的重複或類似之點亦多。故不論為報告說明的省事便利，或為進一步比較，分析及研究的必要，均須將是項凡與形制有關的材料，加以綜合分類。

(三) 形制的分析分組與排列

一本發掘報告的編輯，自以材料的處理及發表為主。但關於是項材料在整個考古學上的價值問題，至少它們的年代問題，或再退一步，它們的相對年代問題，凡由其自身所具備的種種關係或條件所可能予以解決者，自亦應加以說明或考證。故報告的編輯工作即應以解決此八十餘個'發現單位'的年代問題為其中心目的。

所謂各'發現單位'的年代問題者，自非全部器物的年代，亦非每個單位的絕對年代，不過是那幾個單位應屬於同一個文化時期？此若干個文化時期的秩序如何？及其約略年代為何？等問題的嘗試討論而已。

欲解決此問題，最直接了當的辦法，自無過於藉助各發現單位的層位關係或其中所含之若干易於考訂年代的殉葬器物。可惜此類材料或事例為數有限，不足以解決全部的問題。

其次，我們也曾用簡單的統計，想從種種發現的事實，來試探解決此問題的可能性。例如，我們想墓葬的分佈區域也許與年代有關。因有時確似有某類墓葬多集中於某一地區的情形。又例如，我們想像墓葬的排列秩序也許與時代有關。又例如，我們曾由埋葬的深度來觀察是否因時代而不同。種種的嘗試，結果都不能達到一種肯定的或概然的結論。

此外，惟一可以普遍適用，而且可望獲得一種'近似值'的結論的辦法，祗有形制學的方法。

此部工作，即以第二部的分類作出發點。將每項材料的全部作爲一論題，分析其形制特徵之所在及變化，並按照其主要形制特徵的變化及其平行關係，將全部材料再加以分類分組和排列。

(四) 分期與年代

此部工作即以此八十二墓之分期與年代問題的討論爲主。主要的論據則爲前部工作的結果。因任何一種自然而規律之'形制變化的序列'，都可能作爲一種文化分期的代表。我們如藉多種'形制序列'的共存與平行關係所得到的推論，大概與事實不會相去太遠。

根據材料的特質，我們試把全部形制的分期與排例工作分爲兩個步驟：第一步，先就墓葬的形制變化，把全部的形制材料劃分爲幾個極少相同成分的組合。第二步，再就各組中的一種或幾種重要的'形制序列'來看它們的共存與平行關係。第一步的工作比較簡單。其目地主要爲第二步工作的便利。第二步比較複雜。所選擇的'代表形制序列'，一方面，須具有概括性，即須與其餘的形制差不多均有共存的關係；另方面，須具較高的敏感性，即形制特徵的變化較多，較大。然後即可根據此類'代表形制序列'的變化階段，把全部形制的重要部份或大多數分爲若干個'形制分期'。再將此'形制分期'按照順序排列，即成爲一個或幾個有連續性的並足以代表'形制發展過程'的'形制分期表'。

'形制分期'的另方面即'墓葬分期'，亦即我們在此部工作中所希望達到的結論之一。然後我們即可藉各期墓葬中的少數特別器物來考訂各時期的約略時限。

四　編輯工作的進行與計劃的轉變

　　報告的最後形式雖與原來計劃無大出入，但在工作進行之中曾經過幾度波折。

　　最初，因感覺一次處理八十二個墓葬材料的諸多不便，於是先把材料按照內容性質，分爲差不多相等的兩部份。一，爲採用豎穴，規模較小的各期古墓六十四個。一，爲採用地下洞室，殉葬物較多的漢式墓十八個。

　　第一部份的六十四墓之中，有瓦鬲殉葬者佔一大半。此項瓦鬲之所以引起我們的注意，其原因有三：一，發見的件數多；二，發見的次數多，每墓一件，在同時期墓葬中似極少例外；三，形制的變化多。

　　僅就我們在鬥鷄臺一地所得的此項標本，包括自己發掘和由當地農人購買所得，經過比較分類之後，發現一個原則，即瓦鬲的製作程序與其形態的關聯性。嗣又將鬥鷄臺的標本與在鳳翔南古城和西安大袁村一帶採集購買所得的標本互相比較，我們更發現一部份與形制演化有關係的新例證。

　　最初目的，僅爲說明和解決我們在鬥鷄臺所見瓦鬲的分類及先後問題而已。但結果，却對於此在我國古代人民生活中，應用極普遍，形制極特殊，而又變化甚大之一種陶器的譜系問題，提出一個嘗試性的假說。因嫌其與此報告的體制似有不合，故另成專著一種，名'瓦鬲的研究'，編爲本院'陝西考古研究報告'之一。該項圖稿，於民國三十年間寄交香港商務印書館製版印行，未及出書，而太平洋戰事爆發，迄今下落如何，尚未查明。幸尚有底稿一份，準備付印。

　　此爲編輯工作的第一段落。

此項報告，據初步估計，插圖之外，須附照像圖版二百面以上。如將圖版與報告正文合訂一册，似嫌笨重。如分訂兩册，又嫌不便檢閱。故編輯初稿原分爲兩卷：上卷爲漢前部分，計各期古墓五十九個；下卷爲漢及漢以後者二十三個。

該稿成於民國三十三年間。是爲編輯工作的第二段落。

其時正值抗戰時期的最艱苦階段。後方的物質條件旣每況愈下，抗戰的勝利結束又不敢望能於短期之內實現。類此以照像圖版爲主體之刊物的製版印刷幾爲不可能之事。經再度考慮結果，始決定改變辦法，仍將兩卷合而爲一，而將報告中之第三部，即關於形制的分析者，加詳說明，多附綫圖，俾正文部分可以單獨儘先付印，圖版部份則準備留待勝利之後，再設法完成。（當時後方最缺者爲紙張，次爲製版材料。土紙印鋅版製圖尚勉強可用。銅版，珂羅版則非洋紙不可也。）

此改編稿成於民國三十四年春。是爲編輯工作的第三段落。

五　付印經過

改編稿寫成後，經本院與重慶商務印書館函商，擬請其代爲印行。在當時極度困難情形之下，承該館總經理王雲五先生槪允，在重慶製版付印，僅須本院津貼該館製版費用之一部份，約國幣七十萬圓即可。該項費用，以當時本院經濟情形而論，尚可勉強担負。故即整齊圖稿，準備付印。合同未訂，而日本投降，物價暴落。王雲五先生覆函略稱，以爲與其因陋就簡，在渝印製，似不如稍緩，俟調查該館設備損失情形後，如不太嚴重，則移港印製，不但成品可以較精，費用亦可減省。付印計畫遂暫時擱置。

勝利後，復員的困難遲緩，在在出人意料。而物價波動則愈來愈甚。迨民國三十五年底，本院正式遷回北平後，始舊話重提，計劃付印。此時以物質條件而論，固勝於戰時後方。但如以物價指數與院方經濟情形而論，猶遠遜於戰前。故祇能依戰時計畫，先將正文部分付印。至圖版部份則仍感所費太多，一時不易籌措，祇可從緩。

去年十一月間，經與北平新文化出版社簽訂合同，預定三個月內可以完成。不料該社因連續發生種種意外事故，工作進行甚為遲緩。最後該社又經債權人查封，繼之以公司改組，以致工作全部停頓者達四五個月之久。迄今年九月中，始經雙方協議，恢復印製。

六　附　記

此項材料，自發現至現在，已逾十餘年之久，飽經患難，恍如隔世，今幸得與世人相見，以作者個人而言，大有如釋重負之感。

此報告之寫作，雖成於作者一人之手。但此一工作之全部，本為集體的，而非個人的。作者不過為此集體之一員而已。現在工作告一段落，作者得藉此機會，謹向對於是項發掘協助最多之前陝西省政府主席邵力子先生，秘書長耿壽伯先生，與已故陝西考古會委員長張扶萬（鵬一）先生等，及對於是項工作，始終其事，佔在主持與領導地位之本院副院長李潤章（書華）先生，與本院史學研究所所長徐旭生（炳昶）師，表示最高的敬意，曷深榮幸！此外，在徐所長領導之下，先後同工諸先生，在工作中所表現的熱忱與合作精神，作者於衷心懷念之餘，追記如下，以為紀念。

(一)參加民國二十二年陝西古蹟調查者：先後有常惠先生及何士驥先生。

(二)參加民國二十三年上半年第一次鬥雞臺發掘工作者：為何士驥先生，張嘉懿先生，白萬玉先生，周薩先生及陝西考古會的李希平先生。

(三)參加民國二十三年下半年至民國二十四年上半年的第二次發掘工作者為：李至廣先生，何士驥先生，白萬玉先生，龔元忠先生，周薩先生，陝西考古會的顧端甫先生及作者。

(四)參加民國二十六年的第三次發掘工作者：為孫文青先生，白萬玉先生，龔元忠先生，陸式薰先生，趙純先生及陝西考古會的顧端甫先生。

(五)參加此報告材料的整理工作者為白萬玉先生，龔元忠先生，陸式薰先生，鍾德昌先生及作者。

蘇秉琦謹識於北平。 三六，十，十八。

讀西洋的幾種火器史後

馮家昇

在外國時，因為打算呈交學位論文，不得不想出一個與西洋有關的題目。一九四三，因為和哥大富教授(Goodrich)合作了一篇中國火器初期的發展(The Early Development of Fire-arms in China)，於是把我的注意力就集中到火藥的問題上。大家都知道火藥是中國三大發明之一，關於紙和指南針的問題，已經有人作過，或正在作；惟有火藥這個問題，尚沒有看見一本或一篇澈底研究性質的書或文，所以我就把它作為研究的對象。同時這個題目，也是論文化傳播(diffusion)最好不過的 case study，却好在文化人類學上也是極最要的，所以我就擇了它。為了要明瞭火藥在歐洲初期的一般情形，不得不翻閱關於西洋的些火器書和論文。這裡我擇了七種書，都有特殊貢獻或發現的，只 Charles Oman 的書是普通的兵書。不過他為了一個小問題，親自去德國 Ghent 圖書館考察了一下原來的檔案，把那個問題解決了，可見他的書也不止是綜合前人的意見而已。所以也附加於此。下次我打算敍述幾篇關于西洋的火器論文，是從十九世紀下半期起，到現在為止，也是很有價值的，或者因為發現了新的材料，或者因為文字解釋的不同。

一　過去與將來火砲的研究

(Études sur le passé et l'avenir de l'artillerie)

拿破崙第三編。五大册。巴黎出版。

(Le Prince Napolean-Louis Bonaparte：5 vols., Paris)

從一八四六編起，到一八七一纔編完，付印。首册有拿氏序，大家或者以爲是拿氏自編的，其實是一位砲兵上尉法韋 (Captain Favé) 的手筆。此君本人很有學問，曾和巴黎大學亞拉伯文教授拉努 (Reinaud) 作過一本火砲史 (Histoire de l'artillerie)，又在亞洲學報 (Journal Asiatique) 和拉努作過幾篇關于火器的文章。這部大書也不是法韋一人作的，其材料是請好許多專家，從希臘、拉丁、德、俄、英、意、以及波斯、亞拉伯文檔案中找出而譯成法文，然後由他總其成的。它的好處是有許多寶貴材料而爲外人所未見，更有許多中古以來的武器圖形，也是外間很少流傳。它的內容很豐富：第一册是講火器在戰場的效力；第二册是火器對于攻守的效力；第三册是砲術從火藥發明到現在，在技術上進步的描寫；第四册是砲車；第五册是將來砲擊術的探討及五百年以後進步的結果。末附參考書目，甚爲可珍。此書旣出，不啻將歐洲在十九世紀以前的兵書作一結束。就是現在著兵書的人，常以不得見此書爲憾——其實眞能利用此書的也並不多！

書之第三册頁七。引意大利人 Guido Cavalcanti 的一首歌，云：

Guarda ben, dico, guard ben,

Ti guarda, non aver vista tarda,

Cha pietra di bombarde arme vel poco.

編者說這是描寫小型火器發射石彈。理由是因爲亞拉伯人旣然在十三世紀知道火藥，那末這首歌寫于一二九九而謂描寫火器未嘗不可能。不過，法國很有名的一位火藥史專家拉克邦(L.Lacabane)在他的火藥論及其傳入法國考(De la poudre à canon et de son introduction en France)(此文載見 Bibliothèque de l'école des chartes revue d'érudition consacrée principalement à l'étude du Moyen Âge, Tome I, Ser. 2, 1844, PP : 28—57) 說指弩砲或拋石機而言，非眞火器也。大抵拉克邦是對的，因爲在十三世紀時，雖然阿拉伯人及歐洲人知道火藥，但這是極少數，且未用于軍事；其用于軍事方面，不能早于一三二六年。英國中校海姆(Henry W. L. Hime)說，在德國的 Ghent 市，曾發現該市十四世紀的年曆，上頭記載一三一三年用火藥之事。但據德國拉得根將軍(B. Rathgen)的考究，這完全是贗造之物(Das Geschütz im mittelalter P: 704)。

本書第三册頁二〇引亞拉伯的一種抄本，承認歐洲和亞拉伯，在一二五〇以前，沒有火藥裡的主要成分——硝。在這個時候，有一位亞拉伯人，名 Abel-Allah Ibn-Albay-thar 者，在他的一部醫學字典，才提到過，名之曰 '中國雪'(La neige de la Chine)。而以前在一二二七年的一種亞拉伯抄本，列着好許多燃燒性的東西，但未提及硝。可見由一二二七至一二五〇是爲硝由中國傳入亞拉伯的時候。他說 '中國雪' 在埃及藥中之所稱也，西方(西方指西班牙)俗名 '巴魯'(baroud)。硝即、中國醫書裏的硝石，從本草以來就有，到宋，又作焰硝，金史地志則只稱硝。硝之傳入亞拉伯，大概當我國南宋時代。讀了周去非的嶺外代答，趙汝适的諸番志時，我們知道南宋和亞拉伯人交易的頻繁，更不能不聯想到硝是他們的商人，由南方介紹去的。

雖然拉努和法偉在一八四五，曾出版了一部希臘火其他火攻法及火藥之起原(Du feu grégeois des feux de guerre et des origines de la poudre à canon)(此書是火砲史之第一部份)，裏頭載有亞拉伯抄本關于中國的火藥方子，及亞拉伯抄本裡頭的管形火器 madfaa。但本書不信中國是火藥最早使用的國家，並連亞拉伯管形火器也不提；總以爲火藥和火器是歐洲最早發明的。這未免有點不公允！不過，也不能怪他們這一班洋武人，眼看那時候中國的國勢，一天精似一天，和他們打，每戰必敗。他那些洋武人那肯把個敗軍之下的一個中國，當作火藥發明的鼻祖呢？別說武人，就是文人看得起中國的也有限，試看法國十九世紀下半期的一個大名鼎鼎的化學家貝爾特露(M. Berthelot)，在他的 Sur la forces des matieres explosives d'après la thermochimie P: 355，批評中國人無科學技能，無創造機械的天性，所以也不信中國是火藥的發明者。

二 希臘火攻法及火藥之起原

(Du feu grégeois des feux de guerre

et des origines de la poudre à canon)

拉努(Reinaud)及法偉(Favé)合著。一八四五巴黎版。

本書全名叫作火砲史(Histoire de l'artillerie)，大概打算要作全史，其後拿破崙命作過去與將來火砲的研究一書，於是中止，乃成今書。今書分兩册：本文和圖版各一。本書凡九章：一論古代的硝，二論亞拉伯的燃燒體，三論希臘火，四論倍根(Roger Bacon)和其他鍊丹家對于燃燒物之關係，五論燃燒物和火藥的過渡時期及火炮之起原，六論中國所用之燃燒物，七論希臘火之異同，八論最早第一次使用火藥之國，九論火藥發明後西方國家所用之燃燒物。圖版凡十七：一是亞拉伯十三世紀後半期之各種武器，二是亞拉伯燃燒發射體，三是海戰希臘火及陸戰之火器，四、五、六是東歐十四、十五世紀之燃燒火器，七是東歐十四、五世紀之火藥，八是馬軍所用之火槍，九是燃燒套，十是燃燒性物的一般，十一是燃燒體所用的機械，十二、十三是水戰火器，十四是十三世紀通用之水上燃燒毯形，十五、十六、十七是中國古代之火器。

　　本書是拉努及法偉合著的。法偉是編拿破崙的過去與將來火砲的研究的中堅分子，拉努是巴黎大學的亞拉伯文教授，翻譯過不少的亞拉伯文中古抄本。這本書是火器書中之創作，包括歐洲中國與亞拉伯三方面的史實，範圍是很大的。於歐洲，則論倍根及希臘馬哥(Marcus Grecus)之書，斷定倍根不是發明火藥者，其所據爲馬哥之 Liber Ignium。論亞拉伯，則據三種抄本：一種是法國國家圖書館藏 MS 1127，其名爲 Ketab alferoussyé ou al menassib alharbyé，著者 Nedjm-eddin Hassan Al-rammah，卒于一二九五，大概寫于一二八五至九五之間。一種是 MS 643，也在國家圖書館藏的，形較小，而無著者名，書名曰 Ketab alferoussyé birasm aldjihad fy sabyl allah。一種是 Ibn-Albay-thar 的醫學典，MS 1071，也藏在國家圖書館。論中國則最弱，因二氏均不通中文，故所據則爲天主教傳教士之論著及譯文。

　　論硝之傳于亞拉伯不能早于一二四〇，其原來之母土爲中國。希臘火及亞拉伯之燃燒體皆無硝，到一二四〇以後才有。斯說之出至今已百年，無不以爲定論，雖貝爾特魯(M. Berthelot)說是拜占庭(Byzantine)的希臘火中有硝，特秘守之而不肯示人，然爲懸猜之辭，未足論也。(Les compositions incendiaires dans l'antiquité et au Moyen Âge. Le feu Grégeois et les origines de la poudre à canon. 在 Revue des Deux-mondes LXIe Tome 106, P:812ff)。於火藥方子，則有中國鐵，契丹(Khatay)花，契丹火箭，契丹火輪等。可惜在我國兵書之有關火藥的書，明以前只有武經總要，由南宋到元明之交，竟沒有一本講火藥成分的兵書。據陸達節編的歷代兵書目錄（民廿二，出版），在這個長的時期中，有兵書三百六十二種之多，存于今者不過廿九種，且與火藥無關。假定能有一二種和亞拉伯兵書作比較，那末關于火藥的授受豈不更格外分明了嗎？不過，這些亞拉伯火藥方子仍然可以反映着火藥成分在元代的一般，因爲裏頭提到契丹，分明是指元代中國的東西呵！所以拉努和法偉雖極力不承認火藥初用于中國，但也不得不說 La fleur de la Chine 及 La flèche de la Chine 證明了亞拉伯人取燃燒性體的東西於中國了。

本書的結論是：中國最先用硝，但不知其爆擊力。亞拉伯波斯人傳入其本國，但用其燃燒性，也不知用其爆擊性。至于火器則最先用于由黑海到匈牙利之地，其後傳佈于歐洲全陸。（他們或者也看到匈牙利史中關于蒙古人用火藥之事了吧？此可參看 H. D. Martin 蒙古人征金之事，此文前頭提拔都征匈牙利事。）(Journal of the Royal Asiatic Society 1943P：67)拿其中的'契丹火輪'的方子和歐洲幾個國家的火藥方子來比較，也差不了多少。或者前者硝還多點。

契丹火輪　一二八五——一二九五年（見前論拉法二人書）

硝 63.2%　　硫磺 21%　　木炭 6.3%　　契丹花 9.5%

英國火藥　一五六〇年

硝 50%　　硫磺 16.3%　　木炭 33.7%

德國火藥　一五九五年

硝 52.2%　　硫磺 21.7%　　木炭 26.1%

英德的方子是據海姆(Hime)的火砲的起原 (The Origin of Artilliry PP：168-9)。由上表知道'契丹火輪'的硝占一半以上，而英德的硝則差不多只一半。所不同者，大概英德的硝提鍊的比較精，所以也頂得上'契丹火輪'的爆擊力。

他們說火器始用于黑海匈牙利等地，殊無根據，所以招起一位握波斯、亞拉伯、土耳其文權威的開德美(Quatremère)的攻擊。（開氏是譯注拉施德蒙古史者，不過只譯至統治波斯以及討伐小亞細亞等地而已。一八三六出版，原供法皇閱讀，故裝璜極佳，板頭甚大。）他極力主張中國與亞拉伯先用火藥火器，至於硝則希伯來和希臘早有矣。他並着重的說着：'在十三世紀或十四世紀之前期，我們在西文書中找不着一個字，而表示我們火器之應用，及以火藥發射東西'。（見

Journal Asiatique 4 eme Serie, Tome, XV, 1850, PP: 214-274)。可惜他所據的材料不大有力，終為拉努法偉二人駁倒（同報頁三七一至六）。並且兩方因文字之間都有點不歡，該報因登啓示云：'因篇幅所限，此問題以此為止，本報以後不能再登此類文字'（同報頁三七六）。

拉努法偉之所以說火藥初用于黑海匈牙利者，大概他們還深信這本拉丁文Liber Ignium，是拜占庭的希臘人，在一二二五至一二五〇之間寫的。依這個估計，那末亞拉伯文的幾種抄本還在其後。可是，現在我們已經知道那本書是雜湊起來的，據貝爾特魯的研究，此書之最早部分也許是希臘人寫的，但好許多地方似後人寫的。其間有論及硝和酒精的地方明明是十二、三世紀所寫的，因為二者之出現，均不能早于是時(Histoire des Sciences. La Chimie au Moyen Âge Vol. I PP : 89-94)。海姆更指出書中好許多亞拉伯字；如 alkitran（瀝青），zembac（白蓮），nuḥas aḥmar（青銅）等字，均未譯成拉丁文。假使作者是個歐洲人，他豈能不知拉丁的相當字，而但知亞拉伯字嗎？所以他強調的證明這本書關于火藥的部分，是譯自亞拉伯書(The Origin of Artillery P:61)。其實這本書最後的編者，確是一個亞拉伯人，書中保存着好幾個亞拉伯字者，是因為編者不知拉丁文的相當字。至于編成的年代，海姆說是在一二五〇以後，或者是對的，因為和亞拉伯文 MS 1127 內容很相似。(上書 P: 58) 如此說來，火藥還是最早用于中國，假使我們承認武經總要卷十一、二的三個火藥方子，沒有後人添補的痕跡。那末中國在十一世紀中葉已有火藥了，比歐洲知道火藥還早二百年，用于軍事方面較早二百七十餘年。

三　軍事及戰畧在武士時代之發展

(Du Entwickelung des Kriegswesens und

der Kriegführung in der Ritterzeit)

哥力爾 (G. Köhler) Breslau 1886

本書四册，有幾何畫火器形樣。第三册第一部份則專講火器之起原者，關于中國部份之材料，大要不出拿破崙法偉拉努及開德美等書所載的。謂一二三二蒙人攻開封，中國人所用之火槍乃用火藥發射，此乃金人所用，其製法載見金史（卷一一六），僅用紙製成管形，注以燃燒性之硫磺、炭末及砒霜而發火，並無發射槍之事也。他又提到九六九（宋開寶二年）中國所用火箭是火藥造的，可是宋史兵志只說岳義方進火箭，並未提'火藥'二字。故所謂火箭是否爲火藥製成，大是問題。此問題須待仔細研究後，才敢斷定。他說在十四紀初，亞拉伯有一種火器，叫'馬達發'（madfaa）。此器又分兩種：一是一根長木管，口粗底細，像冲天砲的樣子，先裝火藥，後將石彈置于管口，由火眼點着，則此石彈借火之力射出。又一種則是一長管，約五时粗，可發射箭鏃及小彈子，其中亦可放一個馬達發，好像火藥筒子的樣子，從火眼點着，則全身可以不壞。一三二五年，亞拉伯人曾用火器攻擊西班牙之 Baza 城。

哥氏說，大概在十四紀之初，亞拉伯人將火器傳入西班牙，但迄今尚未找出西班牙在那時候怎樣發展火器；而關于意大利之火器則有之。在一三二六年，福羅蘭斯城的市長曾令製造鐵彈子及鐵砲，以保衞此小共和國家，現在一般火器書都以是年爲歐洲有鐵子彈之始。可惜這是孤證，尙不敢認爲絕對的證據。因爲句子裡並沒有提到火藥，所謂鐵砲也者是怎樣形式，也不清楚。

哥氏不信德國有發明火器火藥之事；而一班人以此爲信史，絕對不可據。他說火藥火器由中國傳到亞拉伯，由亞拉伯又傳到西班牙，由西班牙又傳到西歐。他未說意大利的火藥火器從何處來，但說德國之火藥火器是從意大利去的。第一次記載法國火藥火器是在一三三八，和蘭及比利斯在一三三九，英國在一三四〇，德國在亞亨(Aachen)於一三四六市府賬上，有火器的名稱，努崙堡(Nurenberg)於一三五六市府賬上，也提過火藥的價目，不過德國在一三七〇年後，方大感火器的興趣。

關于 Berthold Schwartz 這個人，實在是個問題。一班普通書裏，都說他是德國的火藥發明人，可是又說他在一三五〇年發明的。那個時候德國已早用火藥，所以有些人把這個年代移在前。又有些人說他是冲天砲的發明人；更有的人說根本沒有這個人，也許是別人的借名。所謂 Schwartz 在德文裡是黑的意思，如黃如白……等等。十六世紀的時候，有個伊格(Clemens Jager)，他說德國的奧斯堡(Augsberg)有個人叫 Typiles 發明火藥。這個人就是影射着 Berthold Schwartz 的。有的人以為他是猶太人，其實不是，按名字講，有希臘之源：Typsiles 是希臘文 typto 和 psilos 而成。從這個名字的來源，不能不想到火藥是與東方拜占庭的希臘人攸關。換一句話來說：火藥也許是拜占庭的一位希臘人，把火藥傳到德國的奧斯堡。哥氏則以為火藥絕對不是 Berthold Schwartz 所發明，特別在第三册頁二三六，二四一，二四四注二，他把這位俗傳為火藥發明者源源本本的敍述出它的演化故事來。

（一）干特城一三一三年鑑，記載火砲的發明在這一年，是一位修道士的功績。

（二）在一四八三威尼斯史中，記載 Blondus Flavius 修道士發明火藥。

（三）一個德國修道士 Polydor Virgin 在一四九九年發明火藥。

（四）在一四九九年的 C. Crispi 畫的一張畫，有個道士叫 Berthold Schwartz 發明火藥，他是個丹麥人。

（五）在 Ambrasian 檔案中，有個修道士，叫 Niger(Schwartz)Bertholdus 說希臘人在一四一〇發明火藥。

（六）一四一〇年以後，德國火器書裡，就把 Berthold Schwartz 作成德國人了。

哥氏以為歐洲人——特別是意大利人——相信 Schwartz 是火藥發明者。大概因為德國在十五世紀時，對于製造火器的技能比他國好，同時寫的和出版的火器書也特別多。

四 炸藥史 (Geschichte der Explosivstoffe)

拉毛基 (S. J. Romocki) 著。 Berlin 1895-6.

書分兩冊。第一冊是關于火藥之起原及其應用到現在。關于火藥中主要的成分——硝，他也認為是為中國所早有，亞拉伯的'中國雪'可以證明由中國去的。他還告訴我們說亞拉伯人 Abd-Allah Ibn-Albaythar 著的醫學典，已由宋泰姆 (J. V. Sontheimer) 譯成德文，出版于一八四〇。關于中國火藥火器部份，大抵利用茹蓮 (Stanislaus Julien) 譯的通鑑綱目 (Journal Asiatique, October 1849) 及 Père Amiot, Maillas, Gaubil 等神甫寫的文章。一二三二蒙古人圍金京開封，金人用十六層紙做的'飛火槍'，實以火藥，點着禦之。此見金史蒲察官奴傳。又一二五九宋人用大竹實以火藥，填以石子，謂之'突火槍'，以禦蒙古，此見宋史兵志。拉氏不知也。但氏將稗編之有關中文照像印入，以示有所本。

其于亞拉伯部份，則據拉努 Reinaud 及法偉 Favé 書而成，亦將亞拉伯原文之有關者印入。又據俄聖彼得堡圖書館所藏之亞拉伯的抄本。此抄本大約寫於十四世紀之初，說是當時有一種火器叫作'馬達發'(madfaā)，木質管形，內裝火藥及槍箭，射出可以死人。恐怕這就是宋代'突火槍'改良後的東西；不過因為後來的管子是以銅鐵鑄成，方法有所不同而已。這也可以說是歐洲火砲的鼻祖了。十四世紀中葉，意大利的一個地方的畫壁上，還繪着軍人拿着'馬達發'形式的火器。此圖可看顧特曼 (Oscar Guttmann）編的 Menumenta Pulveris Pyrii, 也作 Reproductions of ancient pictures concerning the history of gunpowder, with explanatory note, 一九〇六年倫敦出版。

歐洲有兩個人在十三世紀提到火藥，一位是英國的倍根（Roger Bacon），一位是德國的大亞力背爾特斯（Albertus Magnus）。大亞力背爾特斯在所著之 De mirabilibus mundi, 倍根在他的 Epistola（Secretis operibus artis et naturae, et nullitate magiae）及 Opus Majus 均提到火藥。（按一九〇六年新發現之 Opus Tertium 亦曾提及，拉毛基未及見。）他說大概此二人關于火藥的這幾種書是取自希臘馬哥（Marcus Gracus）的 Liber Ignium, 後者大概產生於一二六七之十年前。在倍根的Epistola第十章一開頭有：

　　Transactis annis Arabum sexcentis et duobus

譯文是‘在亞拉伯之年（黑蚩拉）六百零二年’，又第十一章開頭有：

　　Annis Arabum 630 transactis

譯文是‘在亞拉伯之年（黑蚩拉）六百三十年’。此是據布盧爾（J. S. Brewer）一八五九年版而然，可是在其他的本子裡，有的作六百二十一年，和六百零三年。或者第十章的也許是亞拉伯碼子621或602，和第十一章的樣子相同。拉毛基說 602 恐怕是 662，603 是 663，因爲亞拉伯碼子‘0’和‘6’很容易混亂（見本書 Vol.1, P: 92），回曆662是西曆一二六五，663是一二六六，在這時候，硝也傳到西方了，所以能有火藥的記載。

他說大亞力背爾特的書不比倍根的書晚，也許是作于同時。不過二人的書都是節取自希臘馬哥的 Liber Ignium, 馬哥的書大概是一二六七之前十年寫的，所以二人得以爲據。

五　火砲之來源

(The Origin of Artillery)

海姆(Lieut-colonel Henry W. L. Hime)著。一九一五倫敦出版。

本書分三部份：（一）火藥之來源，（二）火砲之來源，（三）其他火器之來源。第一和第三部份是取自他的'火藥與軍火'（Gunpowder and Amunition）一書，第二部份是取自他的'我們最早的火砲'（Our Earliest Cannon 在 Journal of the Royal Artillery）第十一册。這本書影響于火器火藥史者很大，不但現在的一般軍人認爲火藥是英人倍根發明的，就是一般文人也是這麼想。英語中最普遍的工具書，如大英百科全書，從十一版到十四版，還是從他的說法。

他說希臘火和海火（sea fire），以及亞拉伯人的 naphta，及中國的火砲都是燃燒性的，不足稱爲火藥火器；其關鍵在一種屬于鹽性類的'硝'之有無。這種硝是火藥的主要成分，十三世紀以前，世界各國都沒有。好許多資料看的好像是硝，其實均不是：如 sulphate 呀，carbonate of soda 呀，chloride of sodium 呀，都屬于鹽性類的東西，而與硝不同。一直到一七三六年，有名 Dic Hamel 者，方把它們分析的清清楚楚。其實，中國醫書裡'消石'這個名詞，很早就見到了，在本草經卷一裡說'它味苦寒，生于山谷。至于如何提取製造，一點也不提。後來的書更和朴硝、芒硝、馬牙硝混稱起來，其實四者各不相同。這因爲它們看的相似，就以爲是一種東西（參看重修政和經史證類本草卷三）。不過，到了北宋，硝和其他鹽性類的東西分析清楚了，所以叫作'焰硝'，意即爲發火焰的東西。寇宗奭本草衍義（卷四）說：'消石……惟能發煙火'，宋史（卷一八六），熙寧九年'……又禁私市硫磺焰硝……'，武經總要（卷十一，二）的幾個火藥方子，其中都有焰硝。所以中國在十一世紀中葉以後無疑的把硝鬧清楚了，火藥也出現了。但這些事海姆一點也不知道。

十九世紀法人貝特魯（M. Berthelot）曾說中國是半開化，沒有科學智識，沒有技術能力，所以火藥火器不會爲中國第一次所使用。海姆也是這樣主張，並說中國歷史家自來沒有說過中國發明火藥火器的。言外之意，好像說中國歷史家是比較可靠的了。故引天主教傳教士 Father Mogria de Maillac 的話，'願西洋人深信中國史家所說的話，不論其國如何之欺詐，如何之下流，而其中亦有好人，史家亦講誠實確切'。他的結論是：中國第一次所得到之火藥火器乃由西方來的。可是我們除過武經總要所載的，還有南宋人許多的記載，較其年代，仍是中國比歐洲先用火藥火器好幾百年呵！

於亞拉伯，則輕描淡寫，好像亞拉伯人根本不知火藥，以為前人所說概不可據。於德國之大亞爾伯特（Albertus Magnus）略而不提，於 Liber Ignium 一書，則又不惜辭費，作種種證明，謂其為雜湊起來的一本東西。其結論云：

  The Foregoing evidence points to the conclusion that these eight recipes were translated from the Arabic, as many more, in all probability, have been so.

如此說來，希臘馬哥的那本書是取自亞拉伯人書裡的，那豈不是證明亞拉伯人書中先提火藥了嗎？他於是曲解說，那是將來的火藥 (future gunpowder)，不足為真正火藥。它所達到的程度，和中國所稱的'火藥'差不多。何謂之真正火藥，他沒有提。其實，拿亞拉伯中國的火藥方子，和十五、六世紀歐洲的火藥方子相比，就知它們的成分相差不甚遠。

倍根這個人的生死的年代還不清楚，大抵一般人以為他生於一二一四，卒于一二九二，現代科學家都目為他是實驗科學的鼻祖。他的書還是屢續的發現，至現在止，以布盧爾（Brewer）的本子為最好，最全。全書之(1) Secretis Operibus Artis et Naturae, et Nullitate Magiae (2) Opus Majus 及一九〇六新發現的(3) Opus Tertium 三部，都提到火藥的事，所以倍根之知道火藥是不成問題的。Secretis 書，海姆說是一二四九年倍根寫給巴黎主教 William of Auvergne 的一封信。其中第六、第九、第十和第十一章都講到火藥。尤以第十、第十一章海姆說是製火藥的方子，但有字句脫落隱藏等等的毛病。於是他學他的前輩軍人威特黑（Whitehorn）和愛斯蒙（Esmond）的方法，用想像及意會，增加了許多字，修改了許多字。他說倍根論火藥的成分是這樣：

硝41.2%＋硫黃29.4%＋木炭29.4% ＝火藥100%

近年據大衛士（T. L. Davis）的估計，海姆對于倍根的方子 7（硝）：5（硫磺）：5（木炭）太大，現代的火藥的成份也不過 75（硝）：12.5（硫黃）：12.5（木炭）。所以他重新改正了一下是：6（硝）：5（硫磺）：5（木炭）（此見 Roger Bacon's Formula for Gunpowder and his Secret Wisdom。載于 Industrial and Engineering Chemistry fol. 20; 1928, PP: 772-4）。但這些式子都是他們的猜測。譬如第十一章，倍根原來是要化成黃金，和其他鍊丹家一樣；而海姆一定說他是提鍊硝的，中間隨便加上字句。講不通時，則說爲了避免當時教會之審罰（inquisition），把培根書弄得十分隱昧。其實，不獨培根書是如此，而一般鍊丹家皆然。試看中國魏伯陽的參同契，及以後的諸家鍊丹書，以及亞拉伯歐洲的鍊丹書不也是如此嗎？字句隱昧不足，而繼之以符號圖形，務使局外人不明所以而後已。這大概是世界鍊丹家之一般習俗。（可參攷 Pattison Muir: The Story of Alchemy and the Beginnings of Chemistry, 1907, P:103）

培根的 De Secretis 書之第十及第十一章，一起頭就有：Transactis annis Arabum Sexcentis et duobus 和 Annis Arabum 630 transactis，譯出來是：'在亞拉伯年（黑蚩拉）之六〇二'，'在亞拉伯年之六三〇'。回教六〇二當西歷一二〇五，六三〇當一二三二，那時歐洲並沒有硝（海姆甚至說在一二二五以前，世界各國均沒有硝。），培根何得提鍊硝？又何得試驗成火藥呢？豈不自相矛盾嗎？所以哥倫比亞中古史教授桑戴克（L. Thorndike）譏評海姆'到處嗅着火藥味'。'一方面木炭並不在此兩章有所討論，同時提鍊硝之說也不可能'。（A History of Magic and Experimental Science vol. II,

1923, P: 691.)。他這兩章用回教曆，海姆也沒有解釋。據查理(Charles)說，末後的五章不在最古十三世紀培根的抄本內，到了一六一八印本內才見。據理圖(Little)說，他還沒有在任何抄本內發現過。那末那幾章之眞僞還是個問題。即使退一步說，如果我們承認這幾章是培根的原書，那末他所根據的也是亞拉伯人的書，因爲開首用回曆，足以表現其來源。也許他從亞拉伯人書裡譯的，也許他曾用拉丁文譯本的亞拉伯書（參看桑戴克全上書）。如此說來，培根豈得說是火藥發明的人嗎？

六　中古時代的戰術史

(A History of the Art of War in the Middle Ages)

歐曼 (Charles Oman) 著。倫敦一九二四出版。二册。

此書是一般的軍事學史，舉凡戰略，攻守方法，及所用之器械，均有所述。在第二册，頁二〇五至二二九，是專講火藥火器的部份。大抵材料方面和意見方面，不出海姆的範圍。不過，他能綜合許多事實，融合貫通，也不失爲兵書中的一部好書。

他說中國和拜占庭一樣有一種燃燒性的東西，絕沒有火藥。一二三二開封府爲蒙古人圍攻，中國人(應作金人)所用的一種東西叫作'震天雷'者，也是一種燃燒性的東西。其實他也是不能直接讀中文，只轉用海姆的意思而已。所以他說所謂'震天雷'也者，無非聲大而已，看一看已往古人所用之大形燃燒器，豈不相同嗎？所不同者、'震天雷'能聞百里之外而已。其實，他不知金史原文，也不解釋何以能聞百里之外。金史卷一一三還說它能透過鐵甲呢。如果它沒有爆炸性，那裏能有這樣大的炸力？他還引天主教徒出使蒙古汗庭的加皮尼 (Giovanni de Plan Carpini) 的記載說，在一二四六加氏到了蒙古轄境，所看見關于軍事的甚多，但關于火攻方面則只有'希臘火'，這也可證明蒙古人無火藥。其實'希臘火'這個名詞，只有載于西方人的記載中，中國和蒙古的記載都沒有這樣稱呼，正好像希臘人叫亞剌伯的naphta爲希臘火的一樣。這也可以證明歐洲人此時尚不知火藥爲何物；他們知道古代有所謂'希臘火'，于是就把人家類似的東西叫作'希臘火'了。至于說亞剌伯人在十四世紀初，還不知道應用火藥于軍事上，那更是瞎說。這兩個亞拉伯人（阿曼所引 Nedj-eddin Hassan Alrammah 及 Yussuf-Ibn-Ismail）的書都是兵書，內中還有圖形，就是爲作戰用的。這豈不是又證明歐曼未曾看見原文的了嗎。再看一看後一種書裏所記的 madfaa 及圖，豈不是現代歐洲火炮之前身嗎？何以竟說亞剌伯人在十四世紀之初，還未用火藥于軍事的呢？

在歐洲，從鍊丹家知道火藥後，到火藥用于軍事的年代，差不多有八十年之久。顯然其間是個 gap，因爲這個 gap，起了一個疑問：爲什麼歐洲既然早已知道火藥的用途，何以等了好多年才實在用呢？海姆於是指出英國牛津教堂藏的 Millemete MS，上頭所繪的一個瓶形大砲是一三二七年的東西。這種瓶形砲就是所說的 pot de fer 及 vasi，和德國 Ghent 市發現的一種記念册 Memorial-Boek der Stadtgent 上所說的一三一三年一個修道士製造火砲有關係。換一句話說，那個英國教堂抄本中的火砲、或者是德國製造的，而賣給英國的。可是歐曼以爲不然，他說一九二三年八月裏，他適在德國的 Ghent 城，爲了這個問題，去該市圖書館仔細查攷了一下。結果，才知道最早的那一本紀念册，本文裏本來沒有這一段記載，後來在十五、六世紀時，有人添在一三一九年之下的書邊上。其後因爲羅馬字母的不分明，mcccxciii 弄成 mcccxiii，抄寫的人遂誤添入正文一三一三年之下。如此看來，一三一三年德國製砲的事決對不可據，而歐洲最早的記載仍不出一三二六這年。那個八十年之久的一個 gap、仍舊添不起來的啊？

七　中古時代的火砲

(Das Geschütz im Mittelalter)

拉得根 (Bernhard Rathgen) 著。Berlin 1928。

這是火器書裏頭費心思作出來的一本書，前人如拉努、法偉、拿破崙、庫力爾、拉毛基諸人書裏的材料，他均用到了。他這本書偏重在德國的火器，因福蘭克芬爾特 (Frankfort) 城發現些十四、五世紀的公用帳目(rechnung)，所以他能據以作出這本嶄新的火器史。廿世紀所作的兵書裏，他這一本專門火器史可算最好的了。

論中國火器火藥的地方不大佳，其材料無非根據前幾本兵書裏所載的。所以它的是與否，不必去推敲。論亞拉伯火藥火器的地方，其材料也不出前人所用過的，也不必多管它。論歐洲火藥火器的地方，其好處不在前人已論的希臘馬哥，大亞力背爾特和倍根，而在歐洲人在十四世紀確實應用火藥火器于軍事方面。我們記得十三世紀中葉稍後一點，歐洲人曾經提過火藥火器，但忽然又不提了；等到十四世紀中葉以後，歐洲忽然有大批的火器出現，各國爭相用火藥于戰爭。問題因之就來了：究竟什麽時候歐洲第一次用火藥火器于戰場呢？是那一國先用的？從那兒來的？這些問題曾經幾個人探究過。譬如海姆(Henry W. L. Hime)說，德國 Ghent 市曾經發現過 De Memorial-Boek der Stadtgent 抄本，據說是一三〇〇年至一五〇〇所記。裏頭一三一三年下有bussen字，所以他說這是最早的，于是他和英國牛津的一個禮拜堂中，發現的一種拉丁文抄本，所記的一三二七年的瓶形火砲拉起來。他以爲德國先有這種東西，而後傳入西歐和英國。揆其意是英國倍根發明火藥，讓火器的發明歸諸德國 (參看 The Origin of Artillery PP: 121-2)。可是據拉得根將軍說，那個德國抄本不可據，上頭所寫的一三一三年，是後人添的(本書頁七〇三)。還有克萊還 (Coltman Clephan) 說，一八四九年有人從 Monastry of St. Orsola (意大利的 Mantua 地方)，偷出來一支手提火槍(handgun)。銅質，長 164 mm，重 5kg，飾以希臘式橡樹葉，上有 PPPF 記號，下鑴 1322 字樣。克氏以為這是一三二二造的，但又疑太早。因為看其形像，好像又是後來的東西 (參看 The Archaelogical Journal Vol. LXVI, 2nd Ser., Vol. 14, 1909, P；147)。可是據拉得根說，在一三二一年，意大利有個 Marinus Sanatus 者，曾建議教皇，再與十字軍。在他的建議書中，有各種各樣的方法，如用鼓、喇叭、角等，發出大聲驚嚇敵人，但不提火藥一字。所以拉氏說，可見在一三二一年，火藥尚未用于軍事 (本書頁六七六)。而最可靠的火藥記載，是一三三一年。那年，兩個德國武士 Von Spilimberg 及 Von Kreuzberg，從 Friaul 用火藥來攻 Cividale 城，但未成功。所以拉氏以為火藥在歐洲之初次應用，必在一三二一至一三三一年之間(見同上)。如此說來，那末英國牛津禮拜堂的那種抄本上，所記的一三二七年的瓶形火砲，無非是燃燒性的東西，而非真的火炮了。一三二二年，意大利教堂的那個手提火槍恐怕也是後來造的，而數目字上或者有了錯誤。

他不信火藥是由亞拉伯人傳自西班牙，由西班牙傳至法國，而再傳至德國。他同時反對拿破崙書說一三二六年，是歐洲第一次用火藥之時。他認為所據檔案乃偽撰 gefälticht (本書頁六六七)。最早提到一三二六年的，是在利比理(M. Libri)的意大利的數學科學史，(De l'hist.des Sciences Mathématiques en Italie 1838, Vol. II, P:225)，此書凡兩冊，亦見引于拉克邦(L. Lacabane)的火藥及其傳入法國考，(De la poudre à Canon et de son Introduction en France) (見 Bibliothèque de l'Ecole des Chartes Revue d'Erudition Consacrée Principalement a l'Etude du Moyen Âge, tome I, ser. 2, 1844。P:34)。恐怕拉得根是對的，因為我們看那種在佛羅蘭士城(Florence)的檔案(一三二六年二月十一日)上，並未提火藥等字。至於那 boulets de fer et des cannons de métal 又成問題了，因為那時候歐洲尚未有用鐵彈為砲彈的呢。

他不贊成拿破崙書說在一三三八 Bologna 之戰所用的是火砲；他說那種 pot de fer 是擲希臘火的。同時所提到十二種火箭之中，只有二種是出于法國，這就難以說德國的火藥是從法國來的了。那末德國的火藥是從那裏來的呢？他說在佛蘭哥芬爾特一三四八年的公用帳目上，有 ignis graecus,(希臘火)，這是因為紀念德國火藥出于希臘，所以把火藥仍舊叫作希臘火。他信希臘馬哥是歐洲第一個人知道混合硫磺木炭和硝，而發生迅速火的。在十五世的一本書裏，提到德人率威爾子(Berthold Schwartz) 是希臘的主人，可知希臘火和藥之關係了。德國率威爾子、一般人都說是火藥的發明者，不過年代上有問題，因為普通都說他在一三五四年發明火藥。可是那個時候，歐洲已經普遍用火藥火器了。因為這個緣故，顧特曼(Oscar Guttmann)把率威爾子的發明火藥的年代又移前，可是究竟什麼年，他自己也不敢確定(Monumenta Pulveris Pyrii PP: 6-7)。拉得根則以為他是冲天砲的發明者，其時大概在一三五〇，或一三五四年，而偶然成功的。

在一三四八，德國已有長形紅銅砲，這種砲是發射箭(Pyle)的，這在論佛蘭克芬爾特城新發現的公用帳目記載的。大概從一三三一到一三四八，這十幾年的時期，火藥火器很有大的進步。他雖然表示德國的火藥是受希臘馬哥書的影響，但究竟是那一年，那一國最早用火藥火器，而後傳于德國，他也不敢確定。他說：'假使將來材料上沒有新的發現，恐怕這個問題終久會包藏在黑暗中而不能回答'(本書頁六九四)。

本所紀事

　　本刊創刊於民國二十五年四月,開始籌備則在民國二十四年的冬季。當時的史學研究會,就是現在史學研究所的前身,已正式分爲歷史和考古兩組,分由顧頡剛和徐炳昶兩位先生主持。當時的工作人員已逐漸增加到二十多位。業已開始的中心工作有二:一是北平廟宇的調查與近代及邊疆史料的蒐集;一是陝西的考古調查與發掘。由於材料與工作人員的增加,整理與研究工作逐漸開展,因而感覺到在專門的書刊報告之外有發行本刊的需要。這是當時本所的概況和本刊創刊的緣起。

　　本刊第一二兩期是在北平由本院自己出版的。第三期改由商務印書館出版。封面印的雖是二十六年四月。但當該期在香港上海印出的時候,已經烽火滿天。而我們自己所收到見到的則是該期三十八年四月的再版本,那已經是本院遷到昆明以後的事了。本刊第四期的稿件是民國二十九年底集起的。民國三十年初,將該期稿件由昆明寄香港商務印書館付印,沒等到出版,太平洋的戰事就爆發了。於是又把稿件的副本交到重慶獨立出版社。一再拖延,這一期出版的時候,封面印的已經是民國三十三年八月,距離最初齊稿,準備付印的時候,整四個年頭。

　　自從本刊第三期發行之日起,至去年秋本院由昆遷平復員爲止,恰滿十年。在此抗戰與復員的漫長時間內,因爲缺少刊物與各方交換,所有本所在抗戰時期的工作,研究成績,特別是復員情形,設備概況,以及今後的工作計劃等，恐各方面多不明瞭，所以藉此集刊復刊的機會，綜述如下，以通消息。

一　抗戰時期之工作

本所原設北平中海懷仁堂西四所內，七七後該處因地勢衝要，受敵偽監視較嚴，以致大部書圖古物及像具等均無法外運。翌年初本院在昆明恢復，本所亦隨院南遷。遷昆後，因工作人員減少，圖書設備又幾全部淪陷，加以戰時後方之種種限制，困難及不安，所有本所戰前原定之工作計劃，諸如北平志之編輯，陝西之考古發掘等，均無法進行，而不得不僅就當時當地人力物力可能條件下分頭從事于撰著工作，其重要者列舉如下：

(1) 關於中國古史傳說資料的整理與研究……………………徐炳昶
(2) 以歷史的方法從事中西文化思想的比較研究………………徐炳昶
(3) 鬥鷄臺發掘所獲資料之整理及研究…………………………蘇秉琦
(4) 編輯中國進士彙典……………………………………………許道齡
(5) 魏晉玄學之研究………………………………………………伺愛松
(6) 宋金史籍的整理及專題研究…………………………………程溯洛

二　研究成績

(甲) 論文(九篇)

(1) 中國古代婚姻制度的幾種現象………………………………李玄伯
(2) 賽典赤瞻思丁考………………………………………………白壽彝
(3) 突厥蒙古祖先傳說……………………………………………韓儒林
(4) 楚公逆鎛銘跋…………………………………………………丁　山
(5) 蕭太史申鼎銘跋………………………………………………丁　山
(6) 齊叔弓鍾銘跋…………………………………………………丁　山

本　所　紀　事

（7）　班毀銘跋……………………………………丁　山

（8）　班毁銘跋書後　　　　　　　　　　徐炳昶

（9）　漢故郎中趙菿殘碑跋……………孫文靑　勞　榦　張政烺

以上論文九篇俱載本所史學集刊第四期（民國三十三年重慶獨立出版社印行）

（乙）　專　著（兩種）

中國古史的傳說時代………………………………………徐炳昶

　　內容：

　　序言

　　第一章　論信古

　　第二章　我國古代民族三集團考

　　第三章　洪水解

　　第四章　中康日食　（董作賓）

　　第五章　徐偃王與徐楚在淮南勢力的消長

　　第六章　五帝起源說

　　第七章　所謂黃帝以前的古史系統考

　　附錄一　洪水故事的起源　（蘇秉琦）

　　附錄二　論以歲差定尙書堯典四仲中星之年代　（竺可楨）

　　附錄三　讀山海經扎記

　　附錄四　國語左傳逐節比較表

　　　　　　（上書于民國三十二年由重慶中國文化服務社印行）

中國進士彙典……………………………………………………許道齡

　　內容：

　　凡例

　　宋進士題名校錄

　　元進士題名校錄

明進士題名校錄

清進士題名校錄

清廷試留學生校錄

索引

上書於抗戰期間交由商務印書館北平京華印書局承印，其校錄部份早經排印完竣，索引尚在排印中，不久即可出書。

(丙) 陝西考古研究報告（第一種）

陝西寶雞鬥鷄臺發掘所獲瓦鬲的研究……………………………蘇秉琦

一 序論

 1 鬲說

 2 鬲的發現和著錄

 3 鬲和中國的古文化問題

二 鬥鷄臺墓地所出瓦鬲的研究

 1 概說

 2 形制學的研究

 3 年代學的研究

 4 結論

三 附錄 大袁村及其附近出土瓦鬲的形制說明

上書原稿及圖片於民國三十年春交由香港商務印書館製版印行，未及出版而太平洋戰事爆發，迄今稿件下落如何尚未能查明。

(丁) 陝西考古發掘報告（第一種）

鬥雞臺溝東區墓葬……………………………………………………蘇秉琦

一 緒論

二 田野記錄撮要

三 資料的初步整理

四　形制的研究

五　結論

附錄　英文提要

上書於抗戰勝利時業已脫稿，並于民國三十五年十一月間交由北平新文化出版社製版承印，尚未完工。

三　復員情形及設備概況

本所所址（北平中海懷仁堂西四所）於七七後不久即由偽編審會接收佔據。嗣該會遷移定阜大街後，又歸偽食糧公社佔據。日本投降後，該社由糧食部特派員及河北田賦糧食管理處接收，迄民國三十五年九月一日本院始由河北田賦糧食管理處收回，並遷入辦公。經粗事修繕，已勉可應用。

本所于北平淪陷期間曾經偽組織接收瓜分，故所受損失最重。以致復員工作最爲艱鉅。茲分就文獻、圖書、古物三項設備概況略述如下：

（甲）文　獻

本所於戰前歷年工作累積之文獻資料，舉其要者，可分三部：第一，爲關於北平地方者，包括實地調查北平內外城全部廟宇之記錄，照像，拓片及平面圖等；第二，爲實地調查南北響堂寺所獲之全部記錄，拓片，畫圖及照像等；第三，爲歷次發掘鬥鷄臺之田野記錄，照像，畫圖及整理圖稿，卡片等。七七後，以上各件，或經運往昆明繼續從事整理研究，或經易地保存，現在均已運回本所，大致完好無缺。

（乙）圖　書

本所戰前僅有圖書一萬餘册，北平淪陷後散落各地，勝利後計由北京大學索還五千餘册；由教育部特派員辦公處收回偽教育總署佔用書籍約一千册；由中法大學運回寄存圖書約千餘册。以上三宗共計收回七千餘册。剔除一部零星散失者外，前經偽編審會所佔用，勝利後又被其他機關接收之圖書三九三四册，仍在繼續交涉收回中。

抗戰期間，後方得書不易，復限於資力，數年累積藏書不過六千餘册，刻已分批運平，以應急需。

勝利後，經一年來之努力搜購，新增圖書共約三萬册，綜合計算，本所現在藏書總數約四萬餘册，雖爲數不多，但除一般基本參考用書之外，本所主要工作所需之專門用書，如關于北平地方，西北邊疆及金石考古等門類者已爲數不少。

（丙）古　物

本所歷年在陝西發掘或採集所獲之古物爲量甚大，七七時約半存西安陝西考古會陳列室內，半存北平本所。七七後，存本所部份，除少數珍貴小件當經秘密收藏，業於勝利後完好收回外，其餘均被僞教育部移存午門歷史博物館內。勝利後，該館由中央博物院接收。此項古物，除於淪陷期間曾經一度被盜，遺失三百一十件外，其餘業經本所點收，分批運回。並將業經整理之一部份在所內闢室陳列，以便參觀。至原存西安部份，因房屋曾被敵機轟炸，一部倒塌，損失情形尚待清查。

四　復員後工作情形及工作計畫

今後本所之工作計畫，除個人之專題研究，其最重要者，如徐炳昶之對於傳說時代的古史及中西文化諸問題，馮家昇之對於中國火藥之發現及其傳播問題，鍾鳳年之對於古地理之研究等，自仍將繼續外，更擬就戰前本所之舊有基礎，着重於以下三部門之計畫的及系統的工作：

（甲）北平志

本所戰前歷史組內包有修北平志一工作，茲擬繼續，並使其獨立，以便利工作。

（乙）西北史地

本所原有之歷史組因範圍過廣，設備及研究均非容易，茲擬將工作範圍縮限於中國西北史地，以便利設備及研究。

（丙）陝甘田野考古

戰前原有之陝西田野考古工作擬擴充于陝甘兩省，以探求兩者間各時期之文化連繫。

史學集刊刊例

（一）本刊專載關於歷史及玫古之著作，由國立北平研究院史學研究所同人擔任撰述。

（二）本刊歡迎外來投稿，刊出後致贈稿費及單行本。

（三）本刊內容以研究論文為主。 如原文以他國文字寫成，刊印時附中文提要。

（四）本刊文體不拘文言白話，但格式一律橫行，並須加新式標點。

（五）本刊年出二期，但論文加多時得隨時增刊，其過長者並得刊印專號。

（六）來稿請寄北平中海國立北平研究院史學研究所。

史學集刊第五期

版權所有翻印必究

編 輯 者	國立北平研究院史學研究所
出 版 者	國立北平研究院總辦事處出版課
發 行 者	國立北平研究院總辦事處出版課
代 售 處	國內各大書店
印 刷 者	燕京大學印刷所
定 價 國 幣	外埠酌加郵費

中華民國三十六年十二月初版

HISTORICAL JOURNAL

NO. 5   DECEMBER, 1947

CONTENTS

1. The treatment of legendary material and study of legendary period .... Hsü Ping-ch'ang / Su Ping-ch'i 1
2. The discovery of gunpowder and its spread .... Fêng Chia-shêng 29
3. The Ch'i-tan (契丹) Grand Council for the selection of Khagan (汗) and the succession of emperors .... Ch'en Shu 85
4. A brief history of the ancient Lou-lan Kingdom (樓蘭國) and its important position in the communication between China and West ...... Huang Wên-pi 111
5. Further remarks on ārśi, *ārgi and Yen-i (焉夷), Yen-ch'i (焉耆) .... Wang Ching-ju 147
6. A part of problematical points in the Shui Ching Chu (水經注) .... Chung Fêng-nien 159
7. The origin of Hsüan-wu (玄武) and its development .... Hsü Tao-ling 223
8. A study of the Jurchen (女眞) queue .... Ch'eng Su-lo 241
9. Postscripta to 'The tomb-burials in the locality of Kou-tung (溝東) of Tou-chi-t'ai (鬪鷄臺)' .... Su Ping-ch'i 267
10. Notes on some Western histories of firearms ...... Fêng Chia-shêng 279
11. Notes and news of the Institute 299

PUBLICATION OFFICE

NATIONAL ACADEMY OF PEIPING

Peiping, China

史學集刊一

國家圖書館出版品預行編目資料

史學集刊(全二冊)

國立北平研究院史學集刊編輯委員會編. – 景印初版. –
臺北市：臺灣學生，1969.12
冊；公分

ISBN 978-957-15-1983-8 (全套：平裝)

1. 史學 2. 期刊

605　　　　　　　　　　　　　　　　　114012742

史學集刊(全二冊)

編　　　者	國立北平研究院史學集刊編輯委員會
出　版　者	臺灣學生書局有限公司
發　行　人	楊雲龍
發　行　所	臺灣學生書局有限公司
地　　　址	臺北市和平東路一段75巷11號
劃撥帳號	00024668
電　　　話	(02)23928185
傳　　　眞	(02)23928105
E-mail	student.book@msa.hinet.net
網　　　址	www.studentbook.com.tw
登記證字號	行政院新聞局局版北市業字第玖捌壹號
定　　　價	新臺幣二二〇〇元

一九六九年十二月景印初版
二〇二五年　九月景印初版二刷

60502　　有著作權・侵害必究

史學集刊

第 一 期

國立北平研究院

史學集刊編輯委員會印行

民國二十五年四月出版

國立北平研究院
史學集刊編輯委員會

顧頡剛（委員長）

李書華　徐炳昶　孟　森　張星烺

陳　垣　沈兼士　洪　業　常　惠

吳世昌　何士驥　　（以上委員）

史學集刊第一期
目　錄

發刊詞..一.........
校金完顏希尹神道碑書後..................三......徐炳昶
唐後回鶻考......................................一九......王日蔚
宋史建隆四年乾德六年太平興國九年考......七一......陳叔陶
明本兵梁廷棟請斬袁崇煥原疏附跋......八七......孟　森
明清兩代河防考略..................................九七......尹佩卿
衛藏通志著者考..................................一二三......吳豐培
石鼓文'鄜'字之商榷..........................一二七......蘇秉琦
禪門第一祖菩提達摩大師碑跋............一三五......劉厚滋
密宗塑像說略..................................一三九......吳世昌
禪讓傳說起于墨家考..........................一六三......顧頡剛
史記刊誤舉例..................................二三一......徐文珊
周易本義考......................................二四五......白壽彝

發 刊 詞

本院史學研究會成立於民國十八年。十九年一月開第一次成立會，當時決定下列四項工作的企圖：(一)北平志的編製，(二)北方革命史料的蒐集，(三)清代通鑑長編的編纂，(四)發掘和考古。這是很繁重的工作，本不期在一朝一夕，一手一足之烈之下成就的。當成立之初，有會員二十五人，但大都散處各地；在會中實在工作的人却很少。二十年本會聘徐旭生先生(炳昶)爲攷古組主任，同時成立考古和調查編纂兩組。二十二年攷古組在陝西調查豐鎬，犬邱，阿房宮等遺址；二十三年及二十四年上半年發掘寶雞鬥雞臺，唐中書省舊址；二十四年下半年在河北河南界上響堂山調查造像並搨集石刻。調查編纂組方面，主要的工作是對於北平廟宇的調查和近代史料的蒐集。歷年以來所積的材料本已不少，今後除繼續調查和發掘工作以外，最重的是對於已得材料的整理和研究。二十四年七月本會聘顧頡剛先生爲歷史組主任，正式成立歷史和考古兩組。

本會以後的工作旣趨重於整理和研究，則在這工作過程中，一定有比較單獨而專門的論文——不盡如以前出版的各種專門的報告和史料——隨着本會的主要工作而產生。其次，我們從另一方面看，在任何重大完整的研究工作中，一定包含許多單獨的問題，須要個別的解决。在專門而零碎的問題未曾獲得正確的解答以前，理想中的學術系統是無法造成的。我們也可以說，任何整個的學術系統，都是建築在許多小問題的結論上面，因爲只有這樣的基礎才是穩固的。在本會會員方面，本來有研究心得的，也可以藉此得着與世人相見和互相探討的機會。或者因本刊的發刊，而引起著作的興趣，那麼更可以使本刊對於學術界盡一些提倡傳達的責任。

根據上述的旨趣，本院于二十四年冬起始籌備本刊，二十五年一月聘定編輯委員，確定編印計劃和預算，正式成立編輯委員會。那時決定于本年四月創刊第一期史學集刊。

近年以來各大學和研究機關對於國學的研究，盡了很大的努力；各院校都有專門的學報刊行。但所謂"國學"，是個很寬泛的名詞，只要是中國的，幾乎沒有一種學問不可以包括在內的。用這樣的名義刊行的雜誌，自音韵，訓詁以至相去萬里的天算，藝術，哲理，制度，文學批評，都可以兼收並蓄。讀者既不能全備各方面的興趣，所以得到一册學報，能讀的文字只是一二篇而已。本刊名爲"史學"，顧名思義，範圍應較一般學報爲窄。但因爲中國文化本身的悠久，任何學問都脫離不了歷史的渲染，所以在稿件方面，也自不能定下嚴格的界限：大致在歷史和考古的範圍之內的，都可以收刊。我們在這發刊之始，不敢預標夸飾的奢望，但願以同人研究的結果，平實地供獻於國內外的學術界。

二十五年三月

校金完顏希尹神道碑書後

徐 炳 昶

此碑據吉林通志言在吉林府東北二百里之小城子。以地望準之，當即今圖中舒蘭縣之小城子。全文通志箸錄。後有光緒二十年郭博勒長順所記，言'吉林有事通志，甄及金石，楊司馬同桂物色得此'。'碑中斷矣'。'命鍛人箝而立焉'。是此碑前已斷仆，光緒中又被立起。現東北淪亡，未知此碑何若。通志後載考證一篇，尚稱詳細。今以拓本校之，知其所箸錄，訛字頗多。尤堪哂者，爲：'睢陽'訛作'淮陽'，及碑末段之兩行倒置，遂至不可句讀。現將余等所釋出者，依原行款，印于拓片縮本後。茲將校碑時疑點，釋文異同中之含有疑義者及續有考證，臚陳于左。至通志所已考證者，則不再贅及；通志釋文無疑義之訛誤，讀者可自校對，亦不全記也。

原碑有篆額。通志稱其'篆體遒勁，具有古法'，然余未見。

希尹金史本傳(卷七十三)稱其諡'貞憲'，然禮志(卷三十五)貞獻郡王廟條下，載'明昌五年正月，陳言者謂葉魯(按太宗紀天會三年十月'召耶魯赴京師 教授女眞字'，疑卽此葉魯)谷神二賢，創置女眞文字，乞各封贈名爵，建立祠廟，令女眞漢人諸生，隨拜孔子之後拜之。有司謂葉魯難以致祭。若金源郡貞獻王谷神，則旣已配享太廟矣，亦難特置廟也。……遂詔令依倉頡立廟于懿屋例，官爲立廟于上京納里渾莊，委本路官一員與本千戶春秋致祭。所用諸物，從宜給之'。則似謚'貞獻'。碑文中謚法二字雖已漫漶，然前題中'貞憲'二字，尙頗淸楚。本傳是而禮志誤，無疑也。

第二行'兼行秘書'下二字殘泐，通志釋爲'少監'。下字其下之'皿'猶存，爲'監'無疑。上字，余初見其上有一橫，下撇亦太偏上，疑其非'少'字。然金制秘書監衙門中，僅有監一員及少監一員。(卷五十六百官志)且翰林直學士，中大夫，輕車都尉，郡伯皆從四品，少監正五品，與'散官高于職事者帶行字'之例合。乃諦審拓片，知上橫實屬石缺，下撇乃泐文，均非一畫，則此爲'少'字，當無疑義。惟王府文學僅從七品官，階級相差頗遠，不知何以相兼。'虞'亦不在百官志所舉封國號八十字內。然考宗室表(卷五十九)內所列各封爵，如魏息等，均不在此八十字內，則此八十字實僅舉其大略，不足異也。

第二，三，四行之撰文，書字，篆額人姓名，姓大小與他字同；名則極小。通志箸撰文人爲王彥潛，書字人爲任詢，篆額人爲左光慶。據碑文末段，則彥潛毫無問題，即此行'王'下'潛'字之一部亦尙依稀可見。第四行'左'下'光'字難識，'慶'字尙可見。惟第三行'任'字下，'詢'字毫無影響。任詢本傳(卷一百二十五)雖稱其'書爲當時第一'，然並未言其曾歷'大名府路兵馬都總管判官'，則此碑是否果爲詢所書，頗資疑竇。通志又載一完顏婁室碑，其撰文，書字，篆額人及一切官階完全相同，然此碑久佚，通志僅從柳邊紀略轉錄，尙未足破此疑團。第三行'判官'下據婁室碑爲'飛'字，本碑拓本亦尙有一'乀'可見，且官階亦合，其爲'飛'字，毫無疑義。第四行'縣'上二字缺，婁室碑作'平原'。人名官階旣同，則此二字亦當相同。

第五行'太尉'下字，下部泐，不能辨其爲左爲右。通志釋爲左。

考金史世宗本紀，守道雖常爲右丞相，然與爲太尉不同時，則通志釋是。此碑無建立年月，然世宗紀載守道以大定二十一年七月'復爲左丞相，太尉如故'。二十六年四月'致仕'，則立碑之年月，略可知矣。'心''字下當爲'臀'字，尚有偏旁可見。下二字通志釋爲'非惟'，拓本'非字尚有少半可見，'惟'字難識。

　　第六行'乃祖'下，通志僅載一缺字。然此碑全體行列整齊，按其位置，則當缺三字。第一字上半尚隱約可見，似爲'谷'字之上截。如此字不誤，則第二字當爲'神'字。'谷神'，係希尹女眞名。三朝北盟會編，建炎以來繫年要錄，大金國志均作'兀室；松漠紀聞及北盟會編所引之神麓記，則作'悟室'；均屬音近。

　　第七八兩行所引孟子及書盤庚篇文，'字多漫漶。通志釋文以今本足成之。第九行'祖'下二字，通志釋爲'統遜'。按金史斡都本傳(卷七十)父名劾孫。'統'與'劾'字音太相遠。諦審拓本，上字左上，有一橫畫，斷非統字。左中'タ'可見，當仍是'劾'字。下字右'系'可見，爲'孫'爲'遜'，頗難斷定。再下隔四字，係一'祖'字，約略可識。再下字右中之'口'可見。再下'開'字可見。再下之'府儀同'字均依稀足識，則其上之爲'贈'字，下之爲'三司'字，當無疑問。'國'上字，右下之'田'可見，但頗小，下似尚有一捺。'父'下字雖漫漶，然與第十行'篤'上字，有無互補，知係一'桓'字。桓篤即金史之斡都。第十行'司'字下，通志釋文有'戴國公'三字，拓本不可辨。以比碑陰第十八行'戴公之子'四字，則當不誤。金史斡都封代國公。然考百官志所載封國八十字，大部均係春秋時小國名，而今鄉人姓'戴'者，尚多以'代'字替代，金史所據史料，或有轉抄訛省，戴誤爲代，實無足異。惟未知金史中所載頗多之代封國，是否均爲戴之訛變耳。再下'王'字上半可見。再下'沈'字可見。再下字下'灬'及右上之'九'均可見，當係'鶯'字。

　　第十，十一行言太祖與神徒門 冊兄弟建伐遼之議。按金史石土門（即神徒門）弟名完顏忠，女眞名迪古乃。忠傳（卷七十）載太祖'欲與迪古乃計事，于是宗翰，宗幹，完顏希尹皆從'，與碑合。又太祖紀有使婆盧火徵移懶路迪古乃兵'一事，則石土門兄弟與太祖建業，關係固極重。明肅皇帝即宗幹，子亮篡立後追諡。金史宗幹本傳（卷七十六）大定二十二年'追削明肅帝號，封爲皇伯，太師，遼王，諡忠烈'，世宗紀此事在四月，今此碑尚書帝號，則此碑之建立年月，更得一限制：即大定二十一年七月以後，二十二年四月以前也。'閒'下字有'亠'可見，似係'大'字。'納'字下，通志釋爲'松'字，案此字左旁雖泐，而上左之'丶'尚清楚，絕非'松'字。且'松江'在此，亦無意義，係'沿'字之誤釋，毫無疑問。鐵驪部長之奪離剌亦見金史。太宗紀天會四年，以鐵勒部長奪離剌不從其兄夔里本叛，賜馬十一，豕百，錢五百萬'。鐵勒即鐵驪也。

　　第十二行'出河'下，通志釋爲'店'字，當不誤。出河店一役爲金初起時重要大捷，克敵未久，遂稱大號矣。'天輔'下，通志釋爲'五'字。案希尹傳，進新字事，在天輔三年；太祖紀頒女眞字在三年八月巳丑。諦審拓本，金史不誤。第十三行，'多'字下，'所'字略可辨識。再下，左僅存一'扌'旁，右中有撇尖可辨認。通志釋爲'招'字，當不誤。再下，左僅存一'阝'旁，右中亦存一撇尖，當係'降'字。再下隔一字，下部存'犬'，未知何字。第十四行，'士'字上'衞'字，尚存右半。'習'下字，係一'尼'字，尚可辨識。'附'下字，左'言'旁甚明，右存'⺷'疑係'諜'字或'謀'字。下隔二字係'至'字，隱約可辨。再下，'昏'字尚明。隔二字後之'襲'字，'翰'字下之'於是'二字，亦均隱約可辨。下似是'進軍'二字，然'進'字，尚未敢碻定。此下隔一字後，二字均右旁尚存，但不可識。再下，通志釋爲'遼'字，當不誤。'拒'字下，通志釋爲'關字',未確。 此字雖不清楚,然外係'門'字,非'鬥'字。 再下,通志釋為'我前',上字左有殘泐,然似不誤。下字右下存一小橫,右上存'𠂉',非'前'字。 再下,上部存'冖',下存一長橫,似'軍'字之泐。

第十五行,'獲'上字,上半不清,通志釋為'悉'。'巳'字下隔一字,僅存'三',通志釋為'王'。 再隔二字,右'聿'可見。'急'上字,下'馬'可見,疑係'馬'字。'主'字下,通志釋'遁口',下為'之'字頗明。上字下存'目',上右隱約見'丨',疑係聞字。 第十六行,'居之'下,左似'土'旁,右下存'凵',當係一'地'字。'太'下字,今不可見,通志釋'祖',甚是。'路'字下通志釋'招討司諸部'。'招'字當不誤。 下左存'宀',右存'寸',或係'討'字。 再下為'部方口',上二字當係'部族',下字不可識,通志釋誤。'遷'下字,通志釋'向'。

第十七行,'翰'下字通志釋'統','以'下字,釋'銳'。'照'上字,中存'一'。 照下字,下存'一',疑為'王'字。 再下'前'字,隱約可辨。 第十八行,'逸'下字,上部存'卝',未知何字。 第十九行,'西'下字,僅第一字上部存'亠',通志釋為'南西北',當係依本傳補入。'夏人'下字,上部存'𣳧',未知何字。'言'下字,右下存'又',疑為'與'字。第二十行,'於我'下'乃'字,隱約可見。 再下,存'冶',疑'治'字或'貽'字之泐。 再下,下部存'言',再下,右上存'𠆢',疑為'書於'二字。'王'下隔一字,係'以我為'三字,頗清晰。 再隔一字,右存'言',疑為'失信'二字之泐。

第二十一行,'先'下字,存'釒',疑為'鋒'字之泐。 再下字,左'糸'旁,右下'土',均可見,疑為'經'字之泐。 第二十二行,'原'上字當係'太'字。 此當叙宗翰于靖康元年九月克太原事。'年'下字,通志釋將非是。 現上部存'冉',當係'再'字。 下字,通志釋為'舉',其下半可見。 第二十三行,'立於'下'睢'字甚明,不知通志何以誤為'淮'。 始疑為手民之誤,然考證中雖記宋高宗即位歸德事,而仍寫作'淮陽',則似真以歸德為淮陽矣。實則宋雖有淮陽軍，而屬今江蘇之邳縣，與歸德無涉。歸德爲宋之南京應天府，本漢之睢陽縣。唐天寶間，改爲睢陽郡。張巡許遠之所固守即此地。自金及清爲歸德府，今河南之商邱縣。二地東西相去數百里。宋高宗即位於南京，後被逼，始渡江，實爲治歷史者之常識。通志此誤，眞可謂差之毫釐，謬以數百里矣！'復'上字，下部存'辶'，疑爲'遂'字之泐。再下，爲'取澶漢大名諸城'，'漢大名'三字，隱約可見。

第二十四行，'襲'下字，上部存'卄'，未識何字。第二十五行，'元帥'下字，左上存'𠂊'，未識何字。'往'下字左'糸'旁頗明，全體不甚明，或係'縉'字。再下字，通志釋'山'，頗可疑。再下字，通志釋'闕'，外'門'甚明，內部係石花或字畫，均未敢磈指。'異'下字，左存'言'，通志釋'誥'，當屬'詰'字筆誤。第二十七行，'摘'上字，下存'𠆢'，當係'王'字。再上缺字，以文義推之，當係'非'字或'徵'字。'還'字下，右存'丿'，疑爲'朝'字之泐。'奏'上字，右下存'乚'疑爲'從'字之泐。

碑陽共二十七行，殘泐頗甚。陰二十四行，則比較淸楚，或仆地時，陰掩于土中也。

碑陰第一行，'侍'下二字漫漶，通志釋'中加'。第二行，第一'詔'字，隱約可見。'入'下字，右隱約見'刂'，疑爲'朝'字之泐。太傅仍指宗幹，與前明肅皇帝爲一人。第三行，第二三字，通志釋'賞征'。'賞'字上'𰀀'及下'𠆢'隱約可見，當不誤。下似爲'軍'字。'不'下字'釣'可見，然由文義不能知爲何字。'爲'下字，通志釋'非'，似不誤。'前'上字，下部存'一'，當爲'上'字之泐。第四行第一字，漫漶，通志釋爲'世'。'自'下字漫漶，通志釋爲'以'。第五行第二字，通志釋爲'議'。以文義推之，則第一字當係'之'字。上'宗'上字，通志釋爲'熙'，甚是。'以爲'下二缺字，下字係'師'字，依稀可見。然則上字當係'太'字。即金史熙宗紀初即位，'以尙書令宋國王宗磐爲太師'事也。

第六行第一二字，通志釋爲'宗雋'。現上字之'宀'尚可見。下字尚見'亻'，以與下數'宗儁'字比，知是'儁'字。案金史(卷六十九)宗雋太祖子。'天會十四年，爲東京留守，天眷元年入朝'，'既而以謀反誅'，即其人。惟金史無'亻'傍，此則當以碑爲正。'代'下二缺字，通志釋爲'爲左'，甚是。 第七行第二字，通志釋爲'明'，不誤。宗儁下二字，上字左上尚存'一'，下字左下存'卜'，當係'之同'二字。末一字僅右上存'刄'，通志釋爲'殿'。以文義推之，當是。 第八行，第一係'門'字，依稀可識。'封'下字，通志據本傳推爲'陳'字，現其中部尚有'曰'可辨，可證其不誤。末字僅存上部之'丅'，通志釋爲'王'。 第九行，第一二'都'上字，上部之'人'，依稀可辨，疑爲'會'字之泐。 第十行第一字，通志釋'希'，當不誤。 第十一行，'以'下字，下僅存'一'，通志釋'征'。 第十三行，'封'下字僅左上存，'㇇'，通志釋'豫'。末字上部存廿'，通志釋'其'。 第十四行，第一二非'罪'字，尚可見，通志釋'囗冤'，乃爲臆測。'詞'下三字，殘泐特甚，通志釋'臣撰次'，當是。 第十八行，'一門'上二字，通志釋'忠萃'。案下字似爲'出'字，絕非'萃'字。上字下部之'糸'，尚可辨，疑係'繁'字。'濟其'下漫漶字，通志釋'美'。'戴公'上二字，通志釋'維時'。 第十九行，銘文第六句，通志釋'王囗守道'。今案第二爲'其'字，第三爲'克'字，均尚可見。第四字漫漶，以文義推之，亦非'道'字。 第二十行銘文第二句第三字，不可見，通志釋爲'予'。第六句第三字，疑爲'不'字。 第二十一行，銘文第六句第三字，存'旳'，疑爲'明'字之泐。 第二十三行，銘文第七句第一字不可見，通志釋爲'予'。末行銘文第七句，第一字，僅左存一撇尖，通志釋爲'死'。

　　碑中所記希尹入汴日收圖籍事，他書不載。抑余考靖康閒金人入汴後之行動，其事甚異。登城而不入，無大剽掠。雖北盟會編載'初破城，賊下令縱火屠城，何㮚率百姓欲巷戰，其來如雲，由是金兵不敢下，乃唱爲和議'(卷七十)，繫年要錄亦載相似之說，然綜觀前後，其始縱火屠城之說，似與後議立異姓時屠城說，同爲威脅之長技。果決欲縱火屠城，未必爲何㮚輩率烏合百姓之所能拒。抑宗翰宗望希尹等，均老謀深算，非狠犇豕突者流，屠城縱火，雖有刦掠，所得當不如其所搾索者多，利害清楚，固所不爲。至刦掠，則幾無有。自靖康元年閏十一月二十五日破城，至二年四月初一日，'金人兵去絕'(北盟會編卷六十九至八十九)，其留城外及城上者四月餘，而據北盟會編及繫年要錄所載，刦掠者僅有二次：一，破城後二日(廿七日)，'金人始三三兩兩，下城刦掠者'，而廿九日'金人皆撅斷諸門慢道，復于城外作慢道，以鐵鷂子登城'。此種辦法，想係以阻止刦掠者。他一次則爲次年正月丁未(十七日)'敵下含輝門剽掠，焚五嶽觀'(繫年要錄卷一)。其眞刦掠者，反爲我方之亂軍及游民：'軍兵乘亂，滋行刦奪，略無忌憚'。'城中不逞之徒，有髠首易衣爲番人而剽掠者，吏捕得之，梟首通衢'(北盟會編卷七十)。至殺人則更無有：'粘罕(即宗翰)軍前，禁不可殺人，故無人敢犯。其恣殺戮者乃吾軍中人耳'(同上)。駐兵四月而無大騷擾，其軍紀殊堪驚人(庚子年各文明國(！)軍隊之紀律，遠不及也！)。至根括金銀表段，則脅宋人自爲之。雖云民不聊生，而受害者，均屬貴戚王公或富商大賈。除商賈外，餘又均社會之蟊賊也！雖因'雪雨不止，物價日翔'，'游手凍餓死者十五六'，而自'諸倉糶米'後，'民始蘇矣'(同書卷七十六之七十七)。他一方面，則各種求索，無微不至。除根括金銀表段及一切府庫掃地全空外，所求索者，略分數類：一，馬匹軍器。二，鹵薄儀仗等。三，各種用品及玩具。四，絲。五，各種工匠，方技人及妓女等。六，圖書，刻版，古物等。以一文化低下的民族，攻陷一極繁榮的大都會，其所注意，不僅限于直接需用的物品，而兼及于工藝及原料品，以至于文化，學術各品物，已非尋常。且其對于後一部分的注意，並非偶一涉及，而求取多次，不厭頻頊，其識力之明決，豈尋常人之所能及。

校金完顏希尹神道碑書後　　　　11

兹將北盟會編及繫年要錄所載關于此部分之材料，詳述于下：

其關于工藝及原料品者：元年十二月十三日甲戌，'軍前索銷金畫匠二十人，索酒匠五十人'(北盟會編卷七十二)。二年正月二十五日乙卯'金人來索……醫工……後苑作思文院，修內司將作監工匠，廣固搭材役卒百工技藝等數千人'(繫年要錄卷一)。北盟會編關于此事，有更詳之紀載：'金人來索祗候方脈醫人，教坊樂人，內侍官四十五人。……又要御前後苑作文思院(苑案此當與繫年要錄所紀之思文院為一地，未知孰誤)上下界明堂所，修內司，軍器監工匠，廣固搭材兵三千餘人。做腰帶帽子，打造金銀，係筆和墨，彫刻圖畫工匠三百餘人。雜劇，說話，弄影戲，小說，嘌唱，弄傀儡，打筋斗，彈箏琵瑟吹笙等藝人一百五十餘家'(卷七十七)。其所引之宣和錄載'諸科醫工百七十八，教坊樂工四百人，金玉雜伎諸工(如滑，礦，染，刷，繡，綦，畫，針，線，木，漆，帽，帶，皮，鐵之類)，課命，卜祝，司天臺官，六尚局搭材，修內司，廣固諸司，諸軍曹司，並許以家屬行'。後又言'至是又請(鄧)珪家屬及官吏，士人，僧道醫卜千餘人。並珍寶雜色藥材等皆以萬數'。則尤為詳盡。二十七日丁巳'金人取內庫香藥犀象，司天監，陰陽官，大晟樂工等'(繫年要錄卷一)。宣和錄記此事，則曰：'金人來取內香藥庫市易務藥物，生熟藥，太醫院藥，及諸處營造彩色樂工部頭，司天臺，陰陽官，象牙犀角三千株，蔡京王黼童貫家姬四十七人，大晟樂工三十六人'(北盟會編卷七十八)。二十九日己未，對于藥餌手工人等，續有索取。三十日庚申'又取畫匠百人，醫官二百，諸般百戲一百人，教坊四百人，木匠五十人，竹瓦泥匠，石匠各三十人，馬打毬弟子七人，鞍作十人，玉匠一百人，內臣五十人，街市弟子五十人，學士院待詔五人，築毬供奉五人，金銀匠八十人，吏人五十人，八作務五十人，後苑作五十人，司天臺官吏五十人，弟子籙前小唱二十人，雜戲一百五十人，舞旋弟子五十人。……內家樂女樂器大晟樂器鈞容班一百人'。以及各種技藝官人等(同書同卷)。二月二日壬戌'金人再取索諸人物'三日癸亥'金人取絲一千萬斤，河北剋絲六千八百匹(同書同卷)。雖各書所載，不無重複處；而自十二月至次年二月初對于各色技術人員，汲汲搜索，則屬實事。不但索錦繡彩段，而取絲至千萬斤之多，則其欲建立絲織工業，毫無疑問。

其關於文化，學術者：元年十二月二十三日甲申，'金人索監書，藏經，蘇黃文，及古文書，資治通鑑諸書。''金人指名取索書籍甚多''開封府支撥見錢收買，又直取於書籍鋪'(北盟會編卷七十三)。二十六日丁亥，'金人入國子監取書，凡王安石說皆棄之(昶案此說並無不可信處。因荊公其及友人雖奮勵有為，而不為大多數偷安之宋人所喜。遼人惡之，更不待言。金人亦由遼宋人之所知而知之耳)。次年正月二十六日丙辰，宋人"又遣鴻臚卿康執權，秘書省校書郎劉才邵，國子博士熊彥詩等押監書及道澤(昶案'澤'疑'釋'訛)經板，館閣圖籍，納敵營(繫年要錄卷一)。宣和錄則云：'是日，尚書省奉軍前聖旨令取⋯⋯禮器，法物，禮經，禮圖，大學軒架，樂舞，樂器，舜文王琴，女媧笙，孔子冠，圖讖，竹簡，古畫，教坊樂器，樂書，樂章，祭器，明堂布政閣，閏月體式，八寶，九鼎，元圭，鎮圭，大器，合臺渾天儀，銅人刻漏古器，秘閣三館書籍，監本印板，古聖賢圖像，明堂辟雍圖，四京圖，大宋百司並天下州府職貢令，宋人文集，陰陽醫卜之書。⋯⋯'(北盟會編卷七十七)。二十九日己未，宋人'差董迫權司業，監起書籍等，差兵八千人，運赴軍前'(同書卷七十八)。三十日庚申，又取'大內圖，夏國圖，天下州府尚書省圖，百王圖，寶籙宮圖，隆德宮圖，相國寺圖，五嶽觀圖，神霄宮圖，天寧寺圖，本朝開立登寶位赦書舊本，夏國舉奏書本，紙牋，紅銅古器二萬五千。⋯⋯'(同書同卷)。繫年要錄亦記此事，但稍簡略，並記'索渾天儀'於二月壬戌。至于'古書珍畫'之流，則于二月十六日，丙子，按'內藏元豐，大觀庫簿籍，由漢奸'內侍王仍等曲奉粘罕說其物，指其所在同各種珍玩奇物，完全取去'(繫年要錄北盟會編同紀此事)。由以上所陳，已足见其搜括之周到。然吾人所知笨重不灵之太学十石鼓，亦于此次由汴迁燕，尚未言及，可见所遗漏者尚多！其动机，虽赵子砥燕云录称由燕人献说，以求免于'天下后世所讥'，'其所欲不在是。'（北盟会编卷七十七）但此为宋人所臆测，综览全局，似非如是。

金人此次入汴四月余，不妄杀人，不刼掠，搜括金银，马匹，军器，取去原料品与工艺技术人员，及关于文化学术品物。且惧赵氏之得人心，退兵后不易控制，则尽取其宗室以去而援立异姓。不妄杀人，则民心不愤。刼掠则毁伤太半，余亦大部入于私人。搜括无大损失，且大部入于公家。财宝入于私人，则养成骄侈之风；入于公家，即可乘间以纾民力。取去其马匹军器，援立异姓，则敌人抵抗力可以削弱。取去原料品与技术人员，则工业得以树立。取去关于文化学术品物，则文化不致永久低下，不致由文化上永远须仰敌人为上国。其思深虑远，不亚于今日最发达之帝国主义。所不同者：今日帝国主义者，文化较高，其所注意，仅为使敌人永久留于农业阶段以供给其原料品；金人文化低下，则急于休息民力及便利文化之创立以维持各方之优势。然文化高而思及保持易，文化低而悟及创造难。抑去民族之情感，推想当日，金人此次所取之政策，固至可咏歎者矣！

此次除不妄杀人，不刼掠，搜括金银马匹军器等事，当为当日主帅宗翰宗望等所主持，其援立异姓，则繫年要录明言为兀室郎君之意，斡离不（即宗望）意不谓然。至取技术人员，原料品及关于文化，学术品物，则非对於汉族文化有较深之认识者，殊难念及。细碎支节，自不免有辽人及汉奸之赞助，而主持大计者，盖非希尹莫属。此碑所言之'收宋图籍'，虽当日执笔词臣，力求简洁，且依附萧何之故事，以致文不明了，而此等事之由希尹所主持，固已完全证明。吾侪居今日，非得繫年要录北盟会编之详明记载，固无由周知金人计画之深密，然非此碑，亦无由知此等伟大計畫，究係何人所主持也。

王靜菴據金史宗磐及當日各監軍如突合速活女大臬，均無征蒙古事，證明宋王大觀行程錄之爲僞書（觀堂集林卷十五，南宋人所傳蒙古史料考）。今按此碑，則宗磐之曾征蒙古，固屬信而有徵，其四年征蒙古主帥之監軍，亦即希尹也。行程錄一書，除稱祖元皇帝，改元天興及歲幣過厚爲李心傳所已疑及者外，大致尚屬可靠（征蒙記則否），未能據臆測以輕疑之也。

至希尹與宗弼'因酒有隙'事，則神麓記詳記之，曰：'初兀尤（即宗弼）往祁州元帥府，朝辭旣畢，衆官餞於燕都檀州門裏兀尤甲第，至夜闌，酒酣，皆各歸，惟悟室獨留。嗜酒，罵兀尤首曰："爾鼠輩豈容我罷哉。汝之軍馬，能有幾何？天下之兵，皆我有也。"言語相激。………'（北盟會編卷一百九十七）。此說未知完全確否，而大致近是。蓋希尹同宗翰宗幹婁室等佐太祖建業，宗弼比較後進。太祖太宗時，戰功以宗翰爲最大，而希尹實爲宗翰之謀主。自天會五六年後，宗弼漸多典兵。然斯時宋兵已漸習戰鬥，宗弼之渡江及經營陝蜀，均勝敗相參，不能如宗翰宗望輩之所向無前。以'自謂不在張良陳平下'，且齒抵達尊之希尹，傲倪侮慢，實意中事。太宗本無立熙宗意，而希尹偕宗翰宗幹諸元老，翊戴成功，可謂挾震主之勢。卒之幼主立後，或疑諸人之非少主臣。宗翰兵柄先解，羽翼繼剪，雖北盟會編（卷一百七十八）所記粘罕獄中上書之事，未足爲典要，而恚悶以沒，似屬實事。觀此碑所叙熙宗拔劍斥宗幹之諫，則宗幹亦岌岌。神麓記言希尹'動循禮法'，則其以禮裁抑悼后之驕乘，亦似非誣。挾蓋世之功，震主之勢，受各方之忌嫉，則其被禍，雖至不幸，亦匪意外事矣。

碑言希尹 '征伐所獲儒士，必禮接之，訪以古今成敗。諸孫幼學，聚之環堵中，鑿圜竇僅能過飲食，先生晨夕教授，'事頗足哂。洪皓行狀言：'悟室使誨其子。'又謂皓與悟室言：'所以來爲兩國大事。今旣不受，迺令深入教小兒！兵交使在，禮不當執。'其發憤未必非因受闍寶過飲食之侮。 要之，吾人不能自衞，國亡家破，雖遇雄才如希尹輩者，亦須俯首受辱，實意中事，無足異也。

附錄光緒吉林通志（卷一百二十）考證

按碑敍事多與史合；且可以糾謬，可以補闕。 考守道傳："大定二年(昶案此爲二十年之誤)修熙宗實錄成，帝謂曰：'卿祖古新，行事有未當者，尚不爲隱，見卿直筆'。尋進拜太尉尙書令，改授左丞相"。碑敍守道官相同。 又世宗嘗諭守道曰："乃祖勳在王室，朕亦悉卿忠謹"。 即碑上："嘗因淸燕……"云云也。 歡都傳："祖舒嚕，與昭祖同時，同部，同名。 土人呼昭祖曰'勇舒嚕'；呼舒嚕爲'賢舒嚕'。其後別去。至景祖時，舒嚕之子噶順，舉部來歸歡都。 噶順子世祖時襲節度使。歡都事四君，出入四十年。征伐之際，遇敵則先。 世祖嘗曰："吾有歡都，何事不成"？天會十五年，追贈'儀同三司代國公'。明昌五年，贈開府儀同三司'"。即碑所敍三代也。 但立碑時歡都已贈'開府儀同三司'，史乃云明昌五年，此可以正其誤。 史敍舒嚕無'贈開府儀同三司邢國公'事，此可以補其闕矣。 又石土門傳："漢字一作神徒門，耶懶路完顏部人，世爲其部長。 弟阿斯懣卒，終喪大會其族，太祖率官屬往焉。就以伐遼之議訪之"。即碑所敍"太祖以祭禮"云云也。 史之耶懶，即碑之移懶。'耶''移'聲轉耳！惟石土門傳只阿斯懣一人，史言卒會祭之。 前碑云："與其兄弟建伐遼之議"。殆不止一弟矣。 太祖本紀："九月進軍寗江州。十一月兀惹鐵驪降"。以碑證之，蓋希尹曾奉命先往結納也。依本國語製女直字及招降奚部事，傳較碑爲詳。考遼史本紀："保大二年正月，金克中京；二月，金師敗奚王瑪哈爾於北安"。 又羅索傳："旣取中京，與希尹等襲走迪六和尙伊里斯等"。即碑："知遼將兵屯及宗翰駐兵北安州事"也。 又希尹本傳："宗翰駐軍北安，使希尹經略近地。 又杲傳："獲遼護衛耶律習泥烈，言遼主在鴛鴦濼畋獵，可襲取之"。 即碑"招集至取之"云云也。 碑文'烈'上缺字，以傳證之，其爲'習泥'無疑。 又本傳："遼兵屯古北口，希尹婁室請以千兵破之，盡獲甲冑輜重"。 即碑："遼兵拒鬭"以下云云也。 又太祖紀："天輔六年都統杲等追遼主於鴛鴦濼，宗翰復追至白水濼，希尹追至乙室部"。 即碑："軍及鴛鴦濼至不及而還"云云也。 又杲傳："杲使希尹等奏捷，且請徙西南招討司諸部於內地。 上嘉賞之"。 即碑所敍"杲遣王至，賜之金器。"云云也。 然據本傳："希尹將八騎與遼主戰一日，三敗之"，在追遼主至乙室部之前，碑在天會二年，此當以碑爲正。 考西夏傳：'西北''西南'兩路都統，宗翰也。 本傳：宗翰入朝，希尹權'西北''西南'兩路都統。 碑所云'兩路都統'，則未詳何人。 北盟會編："宣和七年，夏人陷天德雲內河東八館之地。 初，粘罕遣盧母使夏，許割天德雲內武州及河東兜答斯剌曷董野鵲神崖榆林保大裕民八館，約入麟府，以牽河東之勢。 至是，夏人取天德雲內八館"。 又西夏傳："初以山西九州與宋人，而天德遠在一隅，割以與夏。 後破宋，乃畫陝西北鄙以易天德雲內"。 即碑："據有天德，盡復舊疆"事也。 又太宗紀："天會三年，詔諸將伐宋，宗翰兼左副元帥，希尹爲右監軍。 宗翰圍太原，耶律伊篤破宋河東陝西援兵於汾河北"。 即碑所敍"宋人渝盟至破宋援兵"事也。'克汴賜券'，傳與碑同。 又本紀："天會五年，宋康王即位於歸德"，宋史：建炎三年，金人陷天長軍。 帝馳幸鎮江府。 金兵過揚子橋，入眞州。 旋去揚州。 碑所敍：宋康王自立於淮陽，及渡江遁去，蓋即此三年中事也。 松漠紀聞："余睹姑之降，金人以爲西京大監軍。 明年九月，約燕京統軍反，時唔室爲西監軍，聞其事而未信，與通事同行，見二騎馳甚遽，追獲之，搜得余睹書，唔室即回。 燕統軍來謁，縛而誅之。 余睹父子遁入夏國，不納。

投鞔鞨，鞔鞨先已受晤室命，以兵圍之，父子皆死"。即碑"前重九二日"以下云云。晤室即谷神譯語，惟取對音，無定字，各以所聞者著之，故不同耳。萌古斯擾邊一事，本紀與宗磐希尹傳均未載。考大金國志："盲骨子，契丹謂之矇骨"。建炎朝野雜記："蒙古國在女真之東北。唐謂之蒙兀部，金謂之萌骨。紹興初始叛。都元帥宗弼用兵連年，卒不能討"。蓋當時征討不止一次，無大勝負，故紀傳未詳，碑特著之者，爲表乞還政所由，本傳只言：'天眷元年乞致仕'。宗磐傳：'宗磐日益跋扈，嘗與宗幹爭論於上前。其後於熙宗前持刀向宗幹"。非碑文尚存，幾莫知其故矣。熙宗紀："天會八年，安班貝勒杲薨，太宗意久未決。十年，左副元帥宗翰，右副元帥宗輔，右監軍完顏希尹入朝，與宗幹議曰："安班貝勒虛位已久，若不早定，恐授非其人'"。碑中"儲副虛位"云云，即其事也。本傳云："二年，復爲左丞相，俄封陳王，與宗幹共誅宗磐宗雋"。據碑，"誅宗磐等以定亂功，進封囗王"。可證'王'上空字當爲'陳'字，則封王在誅宗磐前，傳爲誤矣。車駕幸燕一事，紀傳亦皆未載。惟熙宗悼皇后傳言其干預政事。宗弼傳："上幸燕京，宗弼見於行在所。居再旬，宗弼還軍。已啓行四日，召還；至日希尹誅"。又神麓記："晤室兀朮言語相及。兀朮告秦王，宗幹宗幹獲遮之。兀朮泣，告皇后，后具以語東昏。兀朮已朝辭，至良鄉，召回。是夜，詐稱有詔入晤室所居第，執而數之，賜死"。宗幹即明肅。熙宗時，拜太傅。海陵篡立，追尊皇帝，廟號德宗。大定二年，改諡明肅。兀朮即宗弼也。是希尹之死，不特后之諧，宗弼亦與有謀焉。非此碑無由得其曲折也。又希尹傳："皇統三年，贈儀同三司邢國公"。據碑，邢公乃希尹之祖。傳言大定十五年諡貞憲。據碑，天德初進封豫王，已經予諡。又碑稱大定十六年圖像衍慶宮。考薩哈宗雄傳，均大定十五年圖像，疑皆傳之誤也。碑與婁室碑同時立，故撰書篆額人皆同。今婁室碑已佚，此碑獨以晚出得傳，亦其幸也。 史稱任詢書得當時第一，元好問評："任南麓書，如老法家斷獄，網密文峻"。 未免嚴而少恩。 此碑純法平原莊肅氣象，尤能令人目悚。 南麓，詢別字也。 光慶，史言其善篆隸，尤工大字。 世宗行郊祀受尊號及受命寶，皆光慶篆。 凡宮廟牓署，經光慶書者，人稱其有法。 此額篆體遒勁，具有古法，知史言爲不虛也。

唐後回鶻考

王 日 蔚

回鶻自八四一年（唐武宗會昌元年）爲黠戞斯所破，一部南走綏遠晉北，一部西逃河西及葱嶺東西。南走之一部，旋爲唐所破，分散入內地與黑車子室韋諸部，因漸失其民族意識而爲漢族所同化，後遂不見於史傳焉。西走之一部，則分盤据河西葱嶺東西，蔚爲大國，元初以畏兀兒稱，至一二〇九年降於成吉思汗，其國始亡。今之回族乃其遺裔也。故本篇起於唐末，斷於元代。自唐末至元初，中元正統，曰五代，曰北宋，曰南宋。與之相抗者，曰遼，曰金，曰西夏。回鶻諸汗雖僻居西陲，然以商業上之往來及諸國政治上之縱橫故，與諸國關係必甚密。惜中土記載簡闕，未能得其興亡之跡，至其經濟文化，則更難考求。五代史與宋史雖有回鶻傳，然均語焉不詳，遼金史及後人關於西夏之著述，雖多散見回鶻之處，然片紙隻字，旣不足以求其詳，且中復多相互抵牾之處。甚矣，正史之略於異族與邊裔也。且回鶻西走後分而爲三，一居甘州，一居西州，一居葱嶺西，各自爲政，不相統率；故考其史蹟，亦必分而敍之，然後眉目始清。史家記錄，多泛用回鶻，而愈則混淆。今特收錄遼金五代宋史及清人所著西夏之書與夫筆記類書上關於回鶻之記錄，編以年次，係以綱目，考求其系分，鈎比其世系，蓋為一已治新疆民族史研究之便云耳。

一、總敍

二、事略

　　甲、甘州回鶻

　　乙、西州回鶻

　　丙、葱嶺西回鶻

　　丁、附瓜沙曹氏

三、疆域

四、經濟文化

一、總敍

公元八四一年，唐武宗會昌元年。　回鶻爲黠戛斯所破，其相馺職與龐特勒十五部奔葛邏祿入吐蕃安西。

"武宗卽位，以嗣澤王溶臨告乃知其國亂。俄而渠長句錄莫賀與黠戛斯合騎十萬攻回鶻城，殺可汗，誅掘羅勿，焚其牙，諸部潰。其相馺職與龐特勒十五部奔葛邏祿，殘衆入吐蕃，安西"。

——唐書回鶻傳

"開成初（八三六——八四〇）有將軍句錄莫賀，恨掘羅勿，走引黠戛斯，領十萬騎破回鶻城，殺厲馺，斬掘羅勿，燒蕩殆盡。回鶻散奔諸番，有回鶻相馺職者，擁外甥龐特勒及男鹿幷遏粉兄弟五人，一十五部西奔葛邏祿，一支投吐番，一支投安西"

——舊唐書回紇傳

<small>公元八四三至八四七年唐武宗會昌三年，至宣宗大中元年。</small> 西奔之回鶻龎特勒自稱可汗居甘州，有靈州以西諸地。唐封之爲嗢祿登里羅汨沒密斯合俱錄毗伽懷建可汗。

"明年（武宗會昌三年）……（回鶻）遺帳伏山林間，狙盜諸番自給，稍歸龎特勒。是時特勒已自稱可汗居甘州，有磧西諸城。宣宗務綏柔荒遠，遣使者抵靈州省其酋長。回鶻因遣人逐使者來京師，帝即册拜嗢祿登里羅汨沒密斯合俱錄毗伽懷建可汗"。

——唐書回鶻傳

"大中元年……（回鶻）散藏諸山深林，盜刦諸番，皆西向傾心，望安西龎特勒之到。龎特勒已自稱可汗，有磧西諸城。其後嗣君弱臣強，居甘州，無復昔時之盛。"

——舊唐書回紇傳

<small>公元八六〇至八七三年，唐懿宗咸通元年至十四年。</small> 回鶻大酋僕固俊自北庭擊吐番斬尚恐熱，盡取西州輪台等城。於是新疆東部遂爲回鶻所統治，而奠其後數百年之基。

"懿宗時（咸通元年至十四年）大酋僕固俊自北廷擊吐番斬尚恐熱，盡取西州輪台等城。使達干米懷玉朝且獻俘，因請命，詔可。"

——唐書回鶻傳

故回鶻西走後分爲三支：一甘州回鶻，一西州回鶻，一葱嶺西之回鶻。前二者已見於前，至後者，則爲逃入葛邏祿之回鶻。中西史均可證彼曾於葱嶺西建立一王國，後復西返進征喀什噶爾，和闐，葉爾羗而臣之。予別有葱嶺西回鶻考，故本文不復述焉。

甘州回鶻與西州回鶻，分界地似爲伊州瓜州沙州。伊州似屬西州範圍，瓜沙二州則屬甘州範圍。然伊瓜沙之政治主權，則均爲漢人，漢人與回鶻之政治關係若何，則殊有興味之問題也。茲先述甘州之回鶻如後。

二、事略

甲、甘州回鶻

公元九〇一年，唐昭宗天復元年。

昭宗被劫如鳳翔，回鶻請率兵平難，未之許，然足證其強且盛也。

"昭宗幸鳳翔（九〇一）靈州節度使韓遜，表回鶻請率兵赴難，翰林學士韓偓曰：虜爲國仇舊矣。自會昌時（八四一—八四六）伺邊，羽翼未成，不得逞。今乘我危以冀幸，不可開也。遂格不報"。

——唐書回鶻傳

公元九一一年梁乾化元年。

回鶻都督遣周易言來，梁拜易言等官爵。

"是時吐番已陷河西隴右，乃以回鶻散處之。當五代之際，有居甘州西州者，嘗見中國。而甘州回鶻猶數至，呼中國爲舅。中國答以詔書，亦呼爲甥。梁乾化元年遣都督周易言等來，而史不見其君長名號。梁拜易言等官爵，遣左監門尉上將軍楊沼押領還蕃。"

——五代史回鶻傳

"梁太祖乾化元年十一月丙午，以回鶻都督周易言爲右監門大將軍同正，地略李麥之石壽兒石論斯並左干牛衛將軍同正，李屋列殊安鹽山並右干牛將軍同正。……癸未，回鶻入朝僧凝盧宜李思宜延錢等並賜紫衣還番。"

——冊府元龜卷九百七十六

"梁太祖乾化元年，鄜州以回鶻可汗所與書來上，制以左監門衛上將軍楊沼爲右驍衛上將軍押領回鶻等還番。又河中奏回鶻宣慰諭使楊沼押領二番酋長一百二十八歸本國事。"

——冊府元龜卷九百八十

公元九二三年唐莊宗同光元年遼太祖天贊二年。　回鶻權知可汗王仁美貢玉馬於唐。

"唐莊宗時王仁美遣使者來貢玉馬，自稱權知可汗。"

——五代史回鶻傳

"後唐莊宗同光元年四月回鶻都督釋迦，副使田鐵林，都督楊福安等六十六人陳方物，稱本國權知可汗仁美差貢善馬九匹，白玉一團。是月沙州曹義金進玉，三團碙砂，羚羊角，波斯錦，茸褐，白氎，生黃，金星礬等。"

——册府元龜卷九百七十二

公元九二四年，唐莊宗同光二年，遼太祖天贊三年。　遼獲回鶻都督畢難遇，因遣使諭其主毋母主可汗。唐册仁美爲英義可汗。仁美卒，其弟狄銀立。"

"天贊三年九月丙申朔，次古回鶻城勒石紀功。十一月乙未朔，獲甘州回鶻都督畢難遇，因遣使諭其主毋母主。"

——遼史卷一太祖紀

"昔我太祖皇帝北征過卜古罕城，即遣使至甘州詔爾主毋母主曰：'汝思故國也，朕即爲汝復之。汝不能返也，朕即有之。在朕猶在爾也。爾主即表謝，以爲遷國於此，十有餘世，軍民皆安土重遷，不能復返矣'。"

——遼史卷三十天祚紀

"二年四月回鶻權知可汗仁美遣使來貢制曰：回鶻可汗仁美代襲驍雄，生知義烈，乘北方忠順之氣，爲南面沙漠之君。自列聖有國之初，便伸盟誓，及肅宗中興之運，繼立勳庸。爾來貢奉不違，戎馬無警。一心嘗保於甥舅，萬里或結於姻親。今則興服之初，琛口俄至。仍聞撫寧七部，兼且控制諸番。終姓之道無渝，信言必復。嗣緒之文斯在，典册宜行。俾紹前修，且明久要，宜奉爲英義可汗。仍令所司擇日備禮册命。乃以太原少尹李彥圖簡校工部尙書爲册使。"

——册府元龜卷九百七十六

"莊宗遣司農卿鄭績持節册仁美爲英義可汗。是歲仁美卒，其弟狄銀立，遣都督安干想等來。"

——五代史回鶻傳

"後唐同光二年其國權知可汗仁美遣使貢方物，莊宗册仁美爲英義可汗。其年仁美卒，其弟狄銀卒阿咄欲立，並遣使朝貢。天成三年，其國權知可汗仁裕遣使入貢，明宗册仁裕爲順化可汗，晉天福四年册爲奉化可汗。"

——册府元龜卷九百六十七

按册府元龜與五代史相異之處有二：一，册回鶻仁美爲英義可汗之使，前者爲李彥圖，後者爲鄭績。按李彥圖爲降於唐回鶻王子嗢沒斯之孫。二、仁美可汗死後繼承之者，前者爲狄銀卒呵咄欲，後者爲狄銀。按狄銀當爲狄銀卒呵咄欲之簡文。乃回鶻傳中復謂："狄銀卒呵咄欲立………呵咄欲不知其爲狄銀親屬，亦不知其立卒。"當係誤斷狄銀卒呵咄欲立句讀所致。且狄銀音近突厥語Tegin唐書作'特勒'，由和林之回鶻碑知係'特勤'之誤。元史作'的斤'，'特勤''的斤'同音異譯，爲官名而非私名。沙畹於其摩尼教流行中國考中亦主此說。誌之以救正於異族史者。

遼史與册府元龜相異之處，則前者爲仁美，後者爲毋母主，當係毋母主爲其本名，仁美爲其漢化之名。猶狄銀之漢化名爲仁裕也。

公元九二五年，唐莊宗同光三年，遼太祖天贊四年。

"三年二月命使册回鶻可汗仁秘（秘當係裕之誤）爲順化可汗。"

——册府元龜卷九百六十五

按册立年月册府元龜卷九百六十七作明宗天成三年，五代史回鶻傳亦謂在明宗時。以册府元龜卷九百六十五係專載册封四裔者，故從之。

公元九二六年，唐莊宗同光四年，遼太祖天顯元年。

"四年正月……回鶻可汗呵咄欲遣都督程俊明貢馬。"

——册府元龜卷九百七十二

按阿咄欲當為前之狄銀卒呵咄欲，仁裕既與狄銀為同時之人，則知必為一人。按仁美仁裕均近漢化之名，則知狄銀乃其本名也。按宋史回鶻傳謂"後唐同光中册其國王仁美為英義可汗，仁美卒，其弟仁裕立。册為順化可汗，晉天福中又改為奉化可汗。"不見狄銀。亦可證仁裕卽狄銀也。

公元九二八年，唐明宗天成三年，遼太宗天顯三年。

回鶻遣使朝貢，唐賜回鶻使等官爵。

"明宗天成三年二月回鶻權知可汗仁裕遣都督李山阿等十八人入貢。

十二月回鶻差使朝貢。"

——册府元龜卷九百七十二

"明宗天成三年正月……以回鶻米里都督等四人並可歸德將軍。

五月辛未回鶻使辭於便殿賜賚有差。

九月回鶻入貢使放還番，賜錦衣繒帛有差……以回鶻使羅婆都督可歸化司階。" ——册府元龜卷九百七十六

公元九二九年，唐明宗天成四年，遼太宗天顯四年

回鶻來朝，貢其摩尼和尚。

——册府元龜卷九百七十六

"四年正月回鶻入朝使掣撥都督等五人並可懷化司戈。八月北京奏葬摩尼和尚。摩尼，回鶻之佛師也。先自本國來。太原少尹李彥圖者，武宗時懷化郡王李思忠之孫也。思忠本回鶻王子嗢沒斯也。歸國賜姓名。關中大亂之後，彥圖挈其族歸太祖，宅一區，宅邊置摩尼院以居之，至是卒。"

——册府元龜卷九百七十六

公元九三〇年唐明宗長興元年，遼太宗天顯五年　回鶻遣使貢於唐

"長興元年五月回鶻孽粟祖等來朝貢，回鶻國使安黑連來朝貢，又回鶻權知可汗仁裕遣使來貢方物。"

——册府元龜卷九百七十二

公元九三二年，唐明宗長興三年，遼太宗天顯七年，　回鶻以劣馬強售於唐，賜回鶻朝貢使等官爵。

"唐明宗長興三年七月飛龍使奏回鶻所賣馬瘦弱不堪估價。帝曰：遠夷交市不可輕阻，可以中等估之。"

——册府元龜卷九百九十九

"長興三年正月回鶻順化可汗遣使朝貢，賜物有差。
三月以回鶻朝貢使都督拽祝爲懷化將軍，副使印安勤懷化郎將，監使美利懷化司侯，判官裴連兒懷化司階。"

——册府元龜卷九百七十六

公元九三三年，唐明宗長興四年，遼太宗天顯八年，　回鶻可汗仁裕獻故可汗仁美遣留貢物於唐。進白鷹，唐帝放之於殿上。

"四年七月癸巳回鶻遣都督李未等三十八來朝，進白鷹一聯，帝招對於廣壽殿，厚加賜賚，仍命解放其鷹。"

——册府元龜卷九百七十六

"長興四年七月回鶻都督李末等三十一人進白鶻一聯勒禮賓使解綵放之。"

"四年十一月回鶻可汗仁裕遣使獻故可汗仁美遺留貢物鞍馬器械。仁裕獻馬二團玉鞦轡碙砂羚羊角波斯錦寶繧玉帶。"

——册府元龜卷九百七十二

<公元九三四，唐閔帝應順元年，廢帝淸泰元年，遼太宗天顯九年> 回鶻使摩尼八人朝於唐。 回鶻護瓜沙使朝貢。

"閔帝應順元年正月賜回鶻入朝摩尼八人物有差。回鶻朝貢安摩訶等賜錦袍銀帶物有差。"

——册府元龜卷九百七十六

"末帝淸泰元年七月癸丑簡校刑部尙書瓜州刺史慕容歸盈轉簡校刑部尙書左僕射，時瓜沙附回鶻來朝，故有斯命。

——册府元龜卷九百六十五

<公元九三五年，唐廢帝淸泰二年，遼太宗天顯十年> 唐出兵接回鶻入貢。賜其朝貢使官爵。

"廢帝淸泰二年六月詔邠涇鄜耀四州兵應接回鶻出州入貢。"

——册府元龜卷九百七十二

"七月回鶻可汗仁裕遣都督陳福開而下七十八人獻馬三百六十四，玉二十團白氎斜褐犛牛尾綠野馬皮野駝蛛。"

——册府元龜卷九百七十二

"廢帝淸泰二年八月乙亥回鶻朝貢使密錄，都督陳綠海爲懷化將軍，副使達奚相溫爲懷化司階，監使屈密錄阿撥爲歸德司戈，判官安均爲懷化司戈。"

——册府元龜卷九百七十六

公元九三八年晉高祖天福三年遼太宗會同元年　回鶻入貢於晉。

"晉高祖天福三年五月回鶻朝貢使都督翟金福，并肅州甘州專使僧僧等歸本國賜鞍馬銀器繒帛有差。"

——册府元龜卷九百七十六

"晉高祖天福三年三月可汗回鶻王仁裕進野馬獨峯𩦠玉樽頭大鵰硇砂膃肭臍金剛鑽羚羊角白貂鼠皮安西絲毛氍布犛牛尾野駞峯等物。"——册府元龜卷九百七十二

"九月回鶻可汗又遣使李萬金進馬一百匹，駞十二頭。"

——册府元龜卷九百七十二

"十月回鶻遣使都督李萬金等朝貢。"

——册府元龜卷九百七十二

公元九三九年，晉高祖天福四年，遼太宗會同二年，　晉册仁裕爲奉化可汗。

"四年三月制曰：回鶻可汗仁裕雄臨朔野，虔奉中朝。一方之烽燧蔑聞，萬里之梯航繼至。自當開創，益效傾輸。備觀尊獎之心，爰降册封之命。宜封爲奉化可汗。擇日備禮册命。遣衛尉卿邢德昭持節使之。"

——册府元龜卷九百六十五

"四年三月回鶻都督拽里敦來朝，可汗仁裕貢鏤劍□玉良馬百駟瑤𧖣宗轉丹鹽𧶮氍玉狻猊白貂兒犛牛之尾騊駼之革。"

——册府元龜卷九百七十二

公元九四〇年，晉高祖天福五年；遼太宗會同三年，　回鶻遣使入貢，謝晉册命。

"五年正月回鶻可汗仁裕遣都督石海金來朝貢良馬百駟白玉百

團，謝册命也。"　　　　　　　　——册府元龜卷九百七十二

公元九四二年，晉少帝天福七年，遼太宗會同五年，

"少帝天福七年回鶻都督來朝獻馬三百匹，玉百團王幣一。"

——册府元龜卷九百七十二

公元九四三年，晉齊王天福八年，遼太宗會同六年，

"(回鶻)仁裕卒，子景瓊立。"

——宋史回鶻傳

按宋史謂仁裕卒於晉天福中，不詳其年次。册府元龜九四〇年尚見仁裕之名，故列入斯年。

公元九四八年，漢隱帝乾祐元年，遼世宗天祿二年

回鶻入貢於漢，漢封其使官爵。

"漢隱帝乾祐元年五月回鶻可汗遣使入貢：獻馬一百二十四，玉鞍轡玉團七十三，白氎百二十七，貂鼠皮二百二十六，犛牛尾口百四十八，玉靮鞦三百三十四，又羚羊角硇砂諸藥。"

——册府元龜卷九百七十二

漢隱帝乾祐元年七月以回鶻入朝貢使李握爲歸德大將軍，副使安鐵山，監使末相溫並爲歸德將軍。判官翟毛哥爲懷化將軍。"

——册府元龜卷九百七十六

公元九五一年，周太祖廣順元年，遼世宗天祿五年

周帝召回鶻都督賜酒，聽回鶻使私便交易。

"周太祖廣順元年二月癸丑，寒食節，太祖出玄化門至浦池設御幄遙拜諸陵。宣召回鶻都督賜酒食。"

——册府元龜卷九百七十六

"周太祖廣順元年二月，命回鶻來者，一聽私便交易，官不禁詰。先是回鶻間年入貢，每行李至關，禁民不得於番人處市易寶

貨，犯者有刑。太祖以爲不可。至是聽之。由是玉之價値十損七八矣。"　　——册府元龜卷九百九十九

<small>公元九五二年，周太祖廣順二年，遼穆宗應曆二年</small> 回鶻貢於周。遣使至涇州接其回使。回鶻阻瓜沙州貢使。

"二年三月回鶻遣使每與難支副使骨迪歷等十二人來朝，貢玉團三，珊瑚二十，琥珀五十斤，貂鼠皮毛褐白氀毻白靴等。"
　　——册府元龜卷九百七十二

"二年正月，涇州史光懿言回鶻可汗遣悉里來等四人到州，迎接進奉回使。"　　——册府元龜卷九百八十

"十月，沙州僧與寶表辭回鶻阻隔。回鶻世世以中國主爲舅，朝廷亦以甥呼之。沙州陷番後有張氏世爲州將。後唐同光中長史曹義金者遣使朝貢。靈武韓珠保荐之。乃授沙州刺史充歸義軍節度使瓜沙等州處置使。其後久無貢奉，至是遣僧辭其事。"
　　——册府元龜卷九百八十

<small>公元九五三年，周太祖廣順三年，遼穆宗應曆三年</small> "三年正月，回鶻入朝使獨呈相溫貢白氀段七百七十，玉團一，珊瑚片七十。"
　　——册府元龜卷九百七十二

<small>公元九五四年，周世宗顯德元年，遼穆宗應曆四年</small> "周世宗顯德元年一月，回鶻朝貢使以寶玉進上，五月，回鶻朝貢使因難狄略進方物。"
　　——册府元龜卷九百七十二

<small>公元九五六年，周世宗顯德三年，遼穆宗應曆六年</small> "三年二月，回鶻遣使貢方物。"

　　——册府元龜卷九百七十二

<small>公元九五八年，周世宗顯德五年，遼穆宗應曆八年</small> "世宗顯德五年甲午，詔賜回鶻達恒國信物有差。"

——册府元龜卷九百七十六

| 公元九五九年，周世宗顯德六年，遼穆宗應曆九年， | "六年二月，回鶻使貢方物。" |

——册府元龜卷九百七十二

| 公元九六一年，宋太宗建隆二年，遼穆宗應曆十一年 | "景瓊遣使朝獻（於宋）。" |

——宋史回鶻傳

| 公元九六二年，宋太宗建隆三年，遼穆宗應曆十二年 | "（回鶻）阿都督等四十二人以方物來貢（於宋）" |

——宋史回鶻傳

| 公元九六四年，宋太祖乾德二年，遼穆宗應曆十四年 | "（回鶻）乾德二年遣使貢玉百團，琥珀四十斤，犛牛尾貂鼠等。" |

——宋史回鶻傳

| 公元九六五年，宋太祖乾德三年，遼穆宗應曆十五年。 | "（回鶻）乾德三年遣使趙黨誓等四十七人以團玉琥珀紅白犛牛爲貢。" |

——宋史回鶻傳

| 公元九六八年至九七五，宋太宗開寶間遼穆宗應曆十八年至景宗保寧七年。 | "開寶中（回鶻）累遣使貢方物，其宰相鞠仙越亦貢馬。" |

——宋史回鶻傳

| 公元九七七年，宋太宗太平興國二年，遼景宗保寧九年。 | "（宋）遣殿直張璨齎詔諭甘沙州回鶻可汗外甥，賜以器幣，招致名馬美玉，以備車騎琮璜之用。" |

——宋史回鶻傳

| 公元九八〇年，宋太宗太平興國五年，遼景宗乾亨二年 | "甘沙州回鶻可汗夜落紇密禮遏遣使裴溢的等四人以橐駞名馬珊瑚琥珀來獻。" |

——宋史回鶻傳

<small>公元九八九年，宋太宗端拱二年，遼聖宗統和七年，夏李繼遷八年。</small>　"回鶻都督石仁政，麼囉王子，遏掔王子，越黜黃水州巡檢回鶻並居賀蘭山下，無所統屬。諸部入貢多由其地。麼囉王子自云：'向爲靈州馮暉阻絕，由是不通貢奉。'今有內附意，各以錦袍銀帶賜之。"　　　　　　——宋史回鶻傳

<small>公元一○○一年，宋眞宗咸平四年，遼聖宗統和十九年，夏李繼遷二十年。</small>　回鶻可汗王祿勝遣使曹萬通請於宋，助討西夏繼遷。進梵僧名醫於遼。

"咸平四年可汗王祿勝，遣使曹萬通以玉勒名馬獨峯無峯橐駞賓鐵劍甲琉璃器來貢。萬通自言任本國樞密使，東至黃河，西至雪山，有小郡數百，甲兵甚精習，願朝廷命使統領，使得縛繼遷以獻。因降詔祿勝曰：'賊遷凶悖，人神所棄。卿世濟忠烈，義冠舅甥，繼上奉奏，備陳方略。且欲大舉精甲，就覆殘妖。拓土西陲，獻俘北闕。可汗工業，其可勝言？嘉嘆所識，不忘朕意。今更不遣使臣，委卿統治。'特授萬通左神武大將軍，優賜祿勝器服。"　　　　　　——宋史回鶻傳

"（遼聖宗統和）十九年……回鶻進梵僧名醫。"
　　　　　　——遼史卷十四聖宗紀

按此時西夏繼遷已漸露頭角，駐積石，將西略吐番勁兵，北牧回鶻銳卒。爲甘州回鶻勁敵。祿勝知其謀，故擬聯宋討夏也。

<small>公元一○○四年，眞宗景德元年，遼聖宗統和二十二年夏李德明二年。</small>　景德元年夜落紇遣使來貢。

　　　　　　——宋史回鶻傳

<small>公元一○○五年，眞宗景德二年，遼聖宗統和十三年，夏李德明三年。</small>　"回鶻來貢（於遼）。"

　　　　　　——遼史聖宗紀

| 公元一〇〇七年，宋眞宗景德四年，遼聖宗統和二十五年，夏李德明五年。 | 回鶻貢於宋，且擬在宋京建佛寺。

"回鶻遣使尼法仙等來朝，獻馬，仍許法仙遊五台山。又遣翟僧入奏來獻馬，欲於京城建佛寺，祝聖壽，求賜名額，不許。"

——宋史回鶻傳

| 公元一〇〇八年，宋眞宗大中祥符元年，遼聖宗統和二十六年，夏李德明六年。 | 回鶻王耶剌里爲遼所敗。回鶻大敗西夏。回鶻貢於宋。

"(遼聖統和)二十六年，蕭圖玉奏討甘州回鶻，降其王耶剌里，撫慰而還。"

——遼史卷十四聖宗紀

"大中祥符元年，夏州萬子等軍主，領族兵驅回鶻，回鶻設伏要路，示弱不與鬥，俟其過奮起擊之，剿戮殆盡。其生擒者，回鶻驅坐於野，悉以所獲貲糧示之。'曰爾輩狐鼠，規求小利，我則不然'。遂盡焚而殺之。唯萬子君主捷身走。鎭戎軍以聞。上曰'回鶻嘗殺繼遷，世爲仇敵，甘州使至亦言德明侵軼之狀。意頗輕視之。量其兵勢，德明未易敵也。'"

——宋史回鶻傳

"其年夜落紇，寶物公主及沒狐公主婆溫宰相各遣使來貢，東封禮成，以可汗王進奉使姚進爲寧遠將軍，寶物公主進奉曹進爲安化郎將，賜以袍笏。又賜夜落紇介胄。"

——宋史回鶻傳

按遼史之甘州回鶻王耶剌里必與宋史之夜落紇爲同一，雖夜耶聲韻同，落剌聲同，然二史之譯音相差竟若是之遠，亦云奇矣。

| 公元一〇〇九年，眞宗大中祥符二年，遼聖宗統和二十七年，夏李德明七年。 | 回鶻復大敗西夏師。

"夏四月，西夏侵回鶻甘州，復敗績。夏俗以不報仇爲恥，德明

與回鶻世仇，憤其兵數敗。遣張浦將精騎二萬攻甘州。可汗夜落紇拒守經旬，伺間遣將翟符守榮夜襲之。浦大敗還。夜落紇令左溫宰相何居越錄自秦州獻捷表，陳兵敗德明。其立功首領請加恩賞。十一月，德明復出兵攻甘州回鶻，恒星盡見經天，卜之不吉，大懼還。"　　　　　　　　　　　　——西夏紀

按西夏紀謂此種史料根據宋史夏國傳及回鶻傳。但二書均未若是之詳，夏國傳無四月之役，回鶻傳於宋報敗德明之使為大中祥符四年，而不詳敗德明役之年月。姑存之，以就正於知者。

<small>公元一〇一〇年，眞宗大中祥符三年，遼聖宗統和二十八年夏李德明八年</small> 回鶻為遼所侵，破肅州。

"(聖宗統和)二十八年……西北路招討使蕭圖玉奏伐甘州回鶻，破肅州，盡俘其民。詔修士隗口故城以實之。"
　　　　　　　　　　　　——遼史卷十五聖宗紀

"(蕭圖玉)以本路兵代甘州降其酋長牙懶。既而牙懶復叛，命討之。克肅州，盡遷其民於士隗口故城。"
　　　　　　　　　　　　——遼史卷九十三蕭圖玉傳

<small>公元一〇一二年，宋眞宗大中祥符五年，遼聖宗開泰元年，夏李德明十年。</small> 龜茲回鶻進貢於宋，甘州吐番宗哥族援之，假道於夏，至是甘州回鶻與宋貢道復通。吐番唃羅厮欲娶回鶻公主，因結怨。

"龜茲進奉使李延慶等三十六人對於長春殿，獻名馬貢箭鞍勒團玉香藥等，優詔答之。先是甘州數與夏州接戰，夜落紇貢奉多為夏州鈔奪，及宗哥族，感悅朝廷恩化，乃遣人援送其使，故頻年得至京師。唃羅厮欲娶可汗女，而無聘財，可汗不許，因為仇敵。"　　　　　　　　　　——宋史回鶻傳

| 公元一〇一四年，宋眞宗大中祥符八年，遼聖宗開泰三年，夏李德明十二年。 | 回鶻可汗夜落隔遣使貢於宋。 |

"八年……可汗王夜落隔上表言寶物公主疾死，以(夏)西涼人蘇守信叛亂不時，奏聞。 又謝恩賜寶鈿銀匣曆日及安撫詔書。仍乞慰諭宗哥使開朝貢之路。" ——宋史回鶻傳

| 公元一〇一五年，宋眞宗大中祥符九年，遼聖宗開泰四年，夏李德明十三年。 | 夜落隔卒；夜落隔歸化嗣爲可汗。 攻陷夏涼州。 |

"九年……遣郭敏賜宗哥詔書並甘州可汗器幣。 其年使來朝貢，言夜落隔卒，九宰相諸部落奉夜落隔歸化爲可汗王領國事。" ——宋史回鶻傳

"夏德明使蘇守信守涼州，有兵七千餘，馬五千匹。 諸番畏其強不敢動。 回鶻貢路，悉爲阻絕。 守信死，其子囉廝自領府事，部衆不附。 甘州可汗夜落紇遣兵攻破之。 擄其族帳百群，斬首三百，奪馬匹甚衆，囉廝棄城走。 於是涼州屬於回鶻。" ——西夏紀

| 公元一〇一七年，眞宗天禧元年，遼聖宗開泰六年，夏李德明十五年。 | 西夏囉廝奪涼州不克。 |

"囉廝走入沙漠，遣人至涼州約舊時蕃卒內應。 請德明出兵赴援。 回鶻結六谷諸部拒之。 卒不能克。" ——西夏書事

| 公元一〇一八年，眞宗天禧二年，遼聖宗開泰七年，夏李德明十六年。 | 西夏德明掠回鶻貢奉使。 |

"明德攻西涼不得志，輒與甘州回鶻構難。 偵知其貢使安信等入京，遣番部從間道掠之。 會正使先發，僅得餘騎而還。" ——西夏紀

按西夏紀謂此段史料本之於宋史回鶻傳。然宋史僅言是年遣安信來朝，而無受德明刦略之事。

公元一〇二〇年，宋眞宗天禧四年，遼聖宗開泰九年，夏李德明十八年。
"(回鶻)遣使同龜茲國可汗王智海使來獻大尾羊。"

——宋史回鶻傳

公元一〇二三年，宋仁宗天聖元年，遼聖宗太平二年，夏李德明二十一年。
天聖元年五月，甘州夜落隔通順遣使阿葛之王文貴來貢方物。六月，詔甘州回鶻外甥可汗王夜落隔通順特奉歸忠保順可汗王。

——宋史回鶻傳

公元一〇二四年，宋仁宗天聖二年，遼聖宗太平四年，夏李德明二十二年。
"二年五月，(回鶻)遣使都督習信等十四人來貢馬及黃湖綿細白氎。"

——宋史回鶻傳

公元一〇二五年，宋仁宗天聖三年，遼聖宗太平五年，夏李德明二十三年。
"三年四月，可汗王公主及宰相撒溫訛進馬乳香，賜銀器金帶衣着暈錦施襴有差。"

——宋史回鶻傳

公元一〇二六年，宋仁宗天聖四年，遼聖宗太平六年，夏李德明二十四年。
遼西夏討甘州回鶻不克。

"太平六年……五月遣西北路招討使蕭惠將兵伐甘州回鶻……八月蕭惠攻甘州不克師還。自是阻卜皆叛。"

——遼史卷十七聖宗紀

"聖宗……一舉而復燕雲破信彬，再舉而躪河朔，不亦偉歟？旣而侈心一啟，佳兵不詳，東有茶陀之敗，西有甘州之喪。"

——遼史卷十七聖宗紀贊

"(蕭惠)太平六年討回鶻阿薩蘭部，征兵諸路。獨阻卜酋長直剌後期，立斬以狥。進至甘州，攻圍三日不克而還。"

——遼史卷九十三蕭惠傳

"甘州回鶻阿薩蘭部叛契丹，契丹主遣魏國公蕭惠徵諸路兵討之。德明點集番衆遣之西出，蕭惠攻甘州三日不克，部下阻卜諸酋復叛，急引德兵而還。"　　　——西夏書事

公元一〇二七年，宋仁宗天聖五年，遼聖宗太平七年，夏李德明二十五年。

"(回鶻)五年八月，遣使安萬東等一十四人來貢方物(於宋)。"

——宋史回鶻傳

公元一〇二八年，宋仁宗天聖六年，遼聖宗隆緒九年，夏李德明二十六年。

天聖六年德明遣子元昊攻甘州拔之。"

——宋史夏國傳

按甘州爲回鶻都城，甘州旣失，則回鶻已亡。此如何重大事而回鶻傳竟無記載。且傳復謂於是年遣使入貢於宋。熙寧時，神宗且遣使回鶻令其入夏境。二傳矛盾殊甚。細考其故，當係甘州雖拔，其衆未滅，勝者居城市，敗者游牧山林，前者固未能完全統治後者。貢使往來，意在奇物相易，利獲不貲，敗者雖退居山林，勝者亦未能嚴禁其貿遷有無也。彼等固自稱爲回鶻種，且欲得當以抗夏，史者不詳察，當未能知其州已亡，故復欲結爲犄角以刺夏，儼然國之未亡。然自後，終爲夏所統治，甘州回鶻遂不見於史傳矣。

公元一〇三〇年，宋仁宗天聖八年，遼聖宗太平十一年，夏李德明二十八年。

"八年瓜州王以千騎降於夏。"

——宋史夏國傳

按瓜沙之王，爲漢人曹姓，世相傳襲。然與回鶻雜處，同化已深，故遼史多稱沙州回鶻王某某。此時瓜州王爲曹賢順，降於夏者當係此人。所奇者，瓜州距甘州尚千里，中經肅州；肅州未下，何瓜州王竟降於夏也。

<small>公元一〇三五年，宋仁宗景祐二年，遼興宗重熙四年，夏景宗廣運二年。</small> 西夏復舉兵取瓜沙肅三州，置爲州郡，立軍治之。於是甘州回鶻之西部亦入於夏。 曹氏固亡，而回鶻亦從此式微，降於夏人。 復由夏而亡於元。 今該地之漢回雖爲其後，然以同化於漢番蒙已深，失其民族意識矣。

"瓜沙肅諸州本唐歸義軍，向陷於回鶻。 建隆中（九六〇一九六二）節度使曹元忠以州附宋，子孫世主軍事。 元昊引兵攻之，求援於回鶻不應。 三州相繼沒，於是元昊盡有河西故地。

升州郡益邊防，右廂甘州路以三萬人備西番回紇（有合黎川浚稽山居延塞諸路，以牛頭朝那山爲界。 內包張掖敦煌等地。）

立軍名曰甘州肅州（駐唐刪丹縣故地）。 曰瓜州西平（駐瓜州）。"

——西夏紀

<small>公元一〇四一年，宋仁宗慶曆元年，遼興宗重熙十年，夏景宗天授四年。</small> 沙州回鶻攻西夏沙州不克。

"自元昊取河西地，回鶻種落竄居山谷間，悉爲役屬。 曹琮在秦州，欲誘之共圖元昊，得西川舊賈使諭意，於是沙州鎭王子遣使入貢。 奉書曰：'我本唐甥，天子實我舅也。 自李氏取西涼遂與漢隔，今願率首領討夏。' 已而以兵攻甘州不克。"

——西夏紀引宋史曹琮傳

<small>公元一〇九三年，宋哲宗元祐八年，遼道宗壽隆二年，夏崇宗天祐民安三年。</small> "于闐上表於宋，請討西夏不許。"

——西夏紀

<small>公元一〇九七年，宋哲宗紹聖四年，遼道宗壽隆六年夏崇宗天祐民安七年。</small> "（于闐黑幹王）遣兵攻甘沙肅三州。"

——宋史于闐傳

按此時于闐已爲葱嶺西回鶻所據，請討西夏，必有甘州回鶻爲之引導。 後四年于闐果引兵攻甘沙肅三州。 是必甘州回鶻希作死灰之復燃。

<small>公元一一五四年，宋高宗紹興二十三年，西遼崇福元年，夏仁宗天聖六年，金海陵王貞元二年。</small>　"畏兀兒國居伊州外，見夏國日盛，遣使獻方物。"

——西夏書事

按畏兀兒卽西州回鶻居高昌。 畏兀兒降於夏， 則甘州回鶻自無復興之望矣。

附甘州回鶻世系

龐特勒（喠祿登里邏汨沒密斯合俱錄毗伽懷建可汗）……仁美（權知可汗）遼史作毋母主仁裕（順化可汗，奉化可汗）——景瓊………夜落紇密禮遇………祿勝……夜落紇………（遼史作耶剌里）……夜落隔——夜落隔歸化………夜落隔通順（歸忠保順可汗王）

（註）——符號表示直接繼承關係

………符號表示繼承關係不明。

乙、西州回鶻

自公元八六〇至八七三年，"回鶻酋僕固俊自北庭擊吐番斬尚恐熱盡取西州輪台等城，"西州遂爲回鶻所有。 然歷唐末五代凡九十年，至宋太祖建隆三年（九六二）始通於中國。 蓋迭經變亂，中史失其詳。 且其貢使自稱回鶻，中土不察，以近槪遠，附之於甘州回鶻內， 當爲情理事。 故西州回鶻遂不見於五代史。 然據宋史所述， 其國南距于闐，西南距大食波斯轄有南突厥北突厥大衆熨小衆熨樣磨割祿點戛斯末蠻格哆族預龍族之衆，固泱泱大國也。 惟此時遼已強大， 壤地相接，故遼史於九一三年卽有其地回鶻入貢於遼之記載。 玆據遼史及宋史，勾結其事略如次。

| 公元九一五年，梁末帝乾化三年，遼太祖七年。 | "太祖七年和州回鶻來貢。" |

——遼史卷一太祖紀

按和州即西州故列於此。

| 公元九三二年，唐明宗長興二年，遼太宗天顯八年。 | "回鶻阿薩蘭來貢（於遼）。" |

——遼史卷三太宗紀

按阿薩蘭回鶻凡十餘見於遼史，相互參證知其所指乃西州回鶻。且宋史言"其王始稱西州外生師子王阿厮蘭漢。"阿厮蘭當為阿薩蘭漢之異譯。外生當為外甥，甘州回鶻，葱嶺西之回鶻，均以甥自居而以舅翁尊唐宋可互證。

| 公元九三九年。晉高祖天福四年，遼太宗會同四年。 | "（遼）黑離骨來里使回鶻阿薩蘭還，賜對衣勞之。" |

——遼史卷四太宗紀

| 公元九五一年，周太祖廣順元年，遼穆宗應曆元年。 | 回鶻入貢於周。 |

"周太祖廣順元年二月，西州回鶻遣都督來朝貢玉大小六團，一團，碧琥珀九斤，白氀布一千三百二十九段，白褐二百八十段，珊瑚六樹，白貂鼠皮二千六百三十二，黑貂鼠皮二百五十，青貂鼠皮五百三，舊貂鼠襖子四，白玉環子碧玉環子各一，鐵鏡二，玉帶鉸具六十九，玉帶一，諸香藥稱是。回鶻遣使摩尼貢玉團七十七白氀段三百五十青及黑貂鼠皮共二十八，玉帶玉鞍轡鉸具各一副，犛牛尾四百二十四，大琥珀二十顆，紅鹽三百斤，胡桐淚三百九十斤餘藥物在數外。"

——册府元龜卷九百七十二

| 公元九六二年，宋太祖建隆三年，遼穆宗應曆十二年。 | "建隆三年四月，西州回鶻阿都督等四十二人以方物來貢（於宋）。"

——宋史高昌國傳

| 公元九六五年，宋太祖乾德三年，遼穆宗應曆十五年。 | "乾德三年十一月，西州回鶻可汗遣僧法淵獻佛牙琉璃器琥珀（於宋）。"

——宋史高昌國傳

| 公元九六九年，宋太祖開寶二年，遼景宗保寧二年。 | "（遼）保寧二年遣鐸遏使阿薩蘭回鶻。"

——遼史卷八景宗紀

| 公元九七二年，宋太祖開寶五年，遼景宗保寧五年。 | "保寧五年阿薩蘭回鶻來貢（於遼）。"

——遼史卷九景宗紀

| 公元九七七年，宋太宗太平興國二年，遼景宗保寧十年。 | "保寧十年阿薩蘭回鶻來貢（於遼）。"

——遼史卷九景宗紀

| 公元九八一年，宋太宗太平興國六年，遼景宗乾亨四年。 | "太平興國六年，其王始稱西州外生師子王阿厮蘭漢。遣都督麥索溫來獻。五月，太宗遣供奉官王延德殿前承旨白勳使高昌。"

——宋史高昌國傳

| 公元九八二年，宋太宗太平興國七年，遼景宗乾亨五年，夏李繼遷元年。 | 王延德至高昌，四月見回鶻王舅阿多于越。七月見回鶻王於北庭。九月遼使至，延德與之爭。

"至澤田寺。高昌聞使至，遣人來迎，次歷地名寶莊又歷六種乃至高昌。高昌即西州也。……時四月，師子王避暑於北廷，以其舅阿多于越守國。先遣人致意於延德曰：'我王舅也，使者拜我乎？'延德曰：'持朝命而來，禮不當拜。'復問曰：'見王

拜乎？'曰：'禮亦不當拜。'阿多于越復數日始相見，然其禮頗恭。師子王邀延德至其北廷，歷交河州。凡六日至金陵口，寶貨所出。又兩日至漢冢砦。又五日上金陵，過陵即多雨雪。嶺上有龍堂刻石，記云小雪山也。嶺上有積雪，行人皆服毛罽。度嶺一日至北廷，憇高台寺，其王烹羊馬以具膳，尤豐潔。地多馬，王及王后太子各養馬放牧平川中，彌亘百餘里，以毛色分別爲羣，莫知其數。北廷川長廣數千里，鷹鷂鵰鶻之所生，多美草不生花。砂鼠大如獾，鷙禽捕食之。其王遣人來言擇日以見使者，願無訝其淹久。至七月見其王及王子侍者，皆東向拜受賜。旁有持磬者擊以節拜，王聞磬聲乃拜。既而王之兒女親屬皆出羅拜以受賜，遂張樂飲宴爲優戲至暮。明日，泛舟於池中，池四面作鼓樂，又明日遊佛寺，曰應運大寧之寺。貞觀十四年造。

七月令延德先還其國，其（回鶻）王九月始至。聞有契丹使來謂其王云：'高昌本漢土，漢使來覘視封域將有異圖，王當察之。延德偵知其語，因謂王曰：'契丹素不順中國，今乃反間，我欲殺之。'王固勸乃止。"

——宋史高昌國傳

<small>公元九八三年，宋太宗太平興國八年，遼聖宗統和元年，夏李繼遷二年。</small> "八年其（回鶻）使安鶻盧來貢。……延德八年春與其（回鶻）謝恩使凡百餘人復循舊路而還。"

——宋史高昌國傳

<small>公元九八四年，宋太宗雍熙元年，遼聖宗統和二年，夏李繼遷三年。</small> "雍熙元年四月（延德與回鶻使等）至京師（宋）。"

——宋史高昌國傳

| 公元九八八年，宋太宗端拱元年，遼聖宗統和六年，夏李繼遷七年。 | "阿薩蘭回鶻來貢（於遼）。" |

——遼史卷十二聖宗紀

| 公元九八九年，宋太宗端拱二年，遼聖宗統和七年，夏李繼遷八年。 | "阿薩蘭，于闐，轄戛斯並遣使來貢（於遼）。" |

——遼史卷十二聖宗紀

| 公元九九〇年，宋太宗淳化元年，遼聖宗統和八年，夏李繼遷九年。 | "阿薩蘭回鶻于越達剌干各遣使來貢（於遼）。" |

——遼史卷十三聖宗紀

| 公元九九五年，宋太宗至道元年，遼聖宗統和十三年，夏李繼遷十四年。 | "阿薩蘭回鶻遣使來貢（於遼）。" |

——遼史卷十三聖宗紀

| 公元九九六年，宋太宗至道二年，遼聖宗統和十四年，夏李繼遷十五年。 | "回鶻阿薩蘭遣使爲子求婚，（遼）不許。" |

——遼史卷十三聖宗紀

| 公元一〇〇四年，宋眞宗景德元年，遼聖宗統和二十二年，夏李德明二年。 | "景德元年，（回鶻）又遣使金延福來貢（於宋）。" |

——宋史高昌國傳

| 公元一〇〇五年，宋眞宗景德二年，遼聖宗統和二十三年，夏李德明三年。 | "女眞及阿薩蘭回鶻各遣使來貢……阿薩蘭回鶻遣使來請先留使者，（遼）盡還之。" |

——遼史卷十四聖宗紀

| 公元一〇一〇年，宋眞宗大中祥符三年，遼聖宗統和二十八年，夏李德明十八年。 | "龜茲國王可汗遣使李延福，副使安副監使翟進來進香藥花芒布名馬獨峯駞大尾羊玉鞍勒琥珀玉石等（於宋）。" |

——宋史回鶻傳

按龜茲在高昌西，亦回鶻種，必與西州之回鶻爲一。 龜茲傳曰："龜玆本回鶻種，其國主自稱師子王衣黃衣寶冠與宰相九人，同治國事。國城布市井而無錢貨，以花芷布博易。有米麥瓜果。西至大食國行六十日，東至夏州九十日。或稱西州回鶻，或稱西州龜玆，又稱龜玆回鶻。"曰其國主自稱獅子王，或稱西州回鶻，均可証其與高昌之回鶻爲一也。且宋史高昌國傳與龜玆傳所叙之事實，前者限於一〇〇四年止，後者起於一〇二三年，似二者實爲一，前以高昌名入貢，後以龜玆名入貢，史者不察，乃誤分爲二耳。故凡龜玆回鶻之部均列入西州回鶻內。

公元一〇一三年，宋眞宗大中祥符六年，遼聖宗開泰二年，夏李德明十一年。

"龜玆進奉使李延慶等三十六人，對於長春殿，獻名馬弓箭鞍勒團玉香葯等，(宋)詔優答之。"

——宋史回鶻傳

公元一〇二〇年，宋眞宗天禧四年，遼聖宗太平元年，夏李德明十八年。

"龜玆國可汗王知海使來献大尾羊。"

——宋史回鶻傳

公元一〇二三至一〇三七年，宋仁宗天聖元年至景祐四年，遼聖宗太平四年至興宗重熙六年，夏李德明二十一年至李元昊大慶二年。

"龜玆回鶻自天聖至景祐四年入貢(於宋)者五。最後賜以佛經一藏。"

——宋史龜玆國傳

公元一〇四〇年，宋仁宗康定元年，遼興宗重熙九年，夏景宗天授三年。

宋右正言吳越請通西域回鶻以制夏元昊。

"疏言，比嘗建議，乞通回紇以破昊賊，且漢通西域諸國，謂之斷匈奴右臂，蓋諸戎內附雖有點敵，不敢獨叛。"

——西夏紀

公元一〇四五年，宋仁宗慶曆五年，遼興宗重熙十四年，夏景宗天授八年。

"回鶻阿薩蘭遣使來貢(於遼)。"

唐後回鶻考 45

——遼史卷十九興宗紀

<small>公元一〇四九年，宋仁宗皇祐元年，遼興宗重熙十八年，夏毅宗元年。</small> "高昌國遣使來貢(於遼)。"

——遼史卷二十興宗紀

<small>公元一〇五二年，宋仁宗皇祐四年，遼興宗重熙二十一年，夏毅宗垂聖三年。</small> "回鶻阿薩蘭遣使貢名馬文豹(於遼)。"

——遼史卷二十興宗紀

<small>公元一〇五三年，宋仁宗皇祐五年，遼興宗重熙二十二年夏毅宗福聖承道元年。</small> "回鶻阿薩蘭爲鄰國所侵，遣使求援(於遼)。"

——遼史卷二十興宗紀

<small>公元一〇六九年，宋神宗熙寧二年，遼道宗咸雍四年，夏惠宗乾道二年。</small> "阿薩蘭回鶻遣使來貢(於遼)。"

——遼史卷二十二道宗紀

<small>公元一〇七一年，宋神宗熙寧四年，遼道宗六年，夏惠宗天賜國慶元年。</small> "熙寧四年(回鶻)使李延慶曹福入貢(於宋)。"

——宋史卷四百九十龜玆條

<small>公元一〇七二年，宋神宗熙寧五年，遼道宗咸雍七年，夏惠宗天賜國慶二年。</small> "五年(回鶻)又使盧大明篤都入貢(於宋)。"

——宋史卷四百九十龜玆條

<small>公元一〇七三年，宋神宗熙寧六年，遼道宗咸雍八年，夏惠宗天賜國慶三年。</small> "回鶻入貢於宋，補其首領五人爲軍主。

"六年(回鶻)復來，補其首領五人爲軍主，給絹二十四。 神宗問其國種落生齒幾行，曰三十餘萬。 壯可用者幾何，曰二十萬。

—— 宋史卷四百九十回鶻條

按此條宋史列之甘州回鶻內，但此時甘州早已滅亡於夏，瓜沙肅亦均爲夏郡縣，故此處之回鶻必指西州者言，因移於此。

<small>公元一〇七四年，宋神宗熙寧七年，遼道宗太康元年，夏惠宗天賜國慶四年。</small> "宋神宗諭回鶻深入夏境不得達。

"(神宗)敕李憲擇使聘阿里骨，使諭回鶻令發兵深入夏境。憲以命殿直皇甫旦，旦往不得而前，面妄奏功狀，詔逮旦赴御史獄抵罪。"

——宋史卷四百九十回鶻條

<small>公元一〇九六年，宋哲宗紹聖三年，遼道宗壽隆五年，夏崇宗天祐民安六年。</small> 回鶻入貢於宋，宋於熙河秦州設市聽其博買貨物。

"紹聖三年(回鶻)使大首領阿連撒羅等三人以表章及玉佛至。洮西熙河經略使以其羊通，請令於熙秦州博買而佔所齎物價答賜遣還，從之。"——宋史卷四百九十龜茲條

<small>公元一一一九至一一二五年，宋徽宗宣和元年至七年，遼天祚帝保大元年至七年，金太祖天輔三年至太宗天會三年。</small> 宋禁回鶻在陝西諸州貿易。

"宣和中，因入貢散而之陝西諸州，公爲貿易。至留久不歸，朝廷慮其習知邊事，且往來皆經夏國，於播傳非便，乃立法禁之。"——宋史卷四百九十回鶻條

<small>公元一一二七年，宋高宗建炎元年，西遼德宗康國元年，夏崇宗正德元年金太宗天會五年。</small> "天會五年，回鶻喝力可汗遣使入貢……沙州回鶻活剌散可汗入貢(於金)。"

——金史卷三太祖紀

按此時夏仍強勝，沙州爲其屬地，何得仍有可汗，豈夏有其土地而仍君其君長歟，抑史者所記有誤歟？

<small>公元一一三〇年，宋高宗建炎四年，西遼德宗康國四年，夏崇宗正德四年，金太宗天會八年。</small> 西遼耶律大石致書回鶻王畢勒哥假道西行，回鶻宴之於邸，且送駝馬。質子孫爲附庸。

"耶律大石會衆西行，先遺書於回鶻王畢勒哥，要求假道，略曰：'昔我太祖皇帝，北征過卜古罕城，即遣使至甘州詔爾主毋忘曰："汝思故國也，朕即爲汝復之，汝不能返耶，朕即有之。"在朕猶在爾也。爾祖即表謝，以爲遷國於此十有餘世，軍民皆安土重遷不能復返矣。是與爾國非一日之好也。今我將西至大食，假道爾國，其毋致疑。'畢勒哥得書即迎至其邸，大宴三日，臨行，獻馬六百，駞百，羊三千頭，質子孫爲附庸。送至境外。"

——遼史卷三十天祚紀

公元一一三一年，宋高宗紹興元年，西遼德宗康國五年，夏崇宗正德五年，金太宗天會九年。

"和州回鶻執耶律大石黨撒瓜迭里突迭來獻於金。"

——西夏紀引西夏書事與金史交聘表

按金史交聘表無此條，當係西夏紀誤引。

公元一一五四年，宋高宗紹興二十四年，西遼仁宗紹興十三年，夏仁宗天盛六年，金海陵王貞元二年

"畏吾兒居伊州外，見夏國日盛，遣使獻方物。"

——西夏書事

公元一一七二年，宋孝宗乾道八年，西遼末主天禧六年，夏仁宗乾佑二年，金世宗大定十二年。

"回紇遣使來貢(於金)。"

——金史卷七世宗紀

公元一二〇九年，宋寧宗嘉定二年，夏襄宗應天四年，金衛紹王大安元年，元太祖四年

畏吾兒殺西遼監國，降於元。

"畏吾兒國王亦都護(巴而朮阿而忒的斤)聞主威名，遂殺契丹監國少監，欲求議和。上先遣按力抜不奴，答兒拜二人使其國。亦都護大喜，待我禮甚厚。即遣其官別吉思阿都鐵木兒二人入奏

曰：'臣竊聞皇帝威名，故棄契丹舊好，方遣使來通誠意，躬自孝順，豈料遠辱天使降臨下國，譬雲開見日，冰銷得水，喜不勝矣。而今而後，當盡率部衆，爲僕爲子竭犬馬之勞也。'"

——聖武親征錄

附西州回鶻世系

僕固俊………智海………喝力可汗………畢勒哥………亦都護（巴而求阿而忒的斤）

（註）……符號表示繼承關係不明。

按自僕國俊至八六〇據西州，至一二〇九畏兀兒王降於元，凡二百四十餘年，其王之見於記錄者僅五，且不明其繼承關係，姑列之，以備後日補正。

丙、葱嶺西回鶻（本篇缺，見拙著葱嶺西回鶻考）

丁、附瓜沙曹氏

初唐分天下爲十道，河西隴右二道共三十三州，涼州最爲大鎭。開元天寶中（七一三——七五六）置八暨牧馬三十萬，其西復置安西都護府，驅驟西番三十國，軍鎭大小三百餘。安史之亂，盡招河西戍卒，收復兩京。吐番乘機陷之，瓜州凡守十一年始降。後張義潮起義兵，敗吐番，遂領有其地，回鶻至河西者初與吐番爭霸，後與義潮相抗，僕固俊之斬吐番尚恐熱而有西州，據唐會要爲張義潮所遣，雖異於唐書，未足盡信，然足証回鶻必與義潮合破吐番也。終唐之世，斯地爲張氏所守。蓋張氏守城內，回鶻放牧於山野，五代史吐番傳所謂'回鶻黨項諸夷分侵其地而不有其人民'是也。甘州後爲回鶻牙，瓜沙諸州張氏絕後，爲曹氏所有，後均爲西夏所滅。曹氏處回鶻中幾百年，度其情勢，當與回鶻同化已甚，故遼史謂之爲沙州回鶻曹氏。今特附之於後。

| 公元九一二年至九二三年，梁太祖乾化至末帝龍德 | "朱梁時張氏之後絕，州人拜長史曹義金為師。" |

——宋史沙州傳

| 公元九二四年，唐莊宗同光二年，遼太祖天贊三年。 | "沙州曹義金進玉三團硇砂羚羊角波斯錦茸褐白氎生黃金星礬不等。" |

沙州曹義金遣使來貢，拜為歸義軍節度使。

——冊府元龜卷九百二十七

"唐莊宗時，回鶻來朝，沙州留後曹義金亦遣使附回鶻以來，莊宗拜義金為歸義軍節度使，瓜沙等州觀察處置。"

——五代史吐番傳

"以權知歸義軍留後曹義金為歸義軍節度使沙州刺史檢校司空。"

——舊五代史莊宗紀

| 公元九二六年，唐莊宗同光四年，遼太宗天顯二年。 | "沙州曹義金遣使來。" |

——五代史莊宗紀

| 公元九三〇年，唐明宗長興元年，遼太宗天顯七年。 | "沙州曹義金進馬四百匹，玉一團。" |

——冊府元龜卷九百七十二

| 公元九三一年，唐明宗長興二年，遼太宗天顯七年。 | "以沙州節度使曹義金兼中書令。" |

——舊五代史明宗紀

| 公元九三二年，唐明宗長興三年，遼太宗天顯八年。 | "沙州進馬七十五匹，玉三十六團。" |

——冊府元龜卷九百七十二

公元九三四年，唐廢帝清泰元年，遼太宗天顯十年。	"沙州瓜州遣使來。"

——五代史愍帝紀

公元九三五年，唐廢帝清泰二年，遼太宗天顯十一年。	"沙州刺史曹義金獻馬三匹，瓜州刺史慕容歸盈獻馬十匹。"

——册府元龜卷九百七十二

公元九三六年。唐廢帝清泰三年，遼太宗天顯十二年。	"皇太后永寧節，晉及回鶻燉煌諸國皆遣使來賀。"

——遼史卷三太宗紀

公元九三八年，晉高祖天福三年，遼太宗會同二年。	"燉煌來賀。"

——遼史太宗紀

公元九三九年，晉高祖天福四年，遼太宗會同三年。	"端午宴羣臣及諸使，命回鶻燉煌二使作本俗舞，俾諸使觀之。"

——遼史太宗紀

按燉煌即瓜州，知曹氏乃兼事二朝也。

公元九四〇年，晉高祖天福五年，遼太宗會同四年。	"沙州歸義軍節度使曹義金卒贈太師，以其子元德襲其位。"

——舊五代史高祖紀

公元九四二年，晉高祖天福七年，遼太宗會同六年。	"沙州曹元深瓜州曹元忠皆遣使來。"

——五代史吐番傳

公元九四三年，晉出帝天福八年，遼太宗會同七年。	"留後曹元深加檢校太傅充沙州歸義軍節度使。"

——舊五代史晉出帝紀

| 公元九四六年，晉出帝開運三年，遼太宗會同十年。 | "以瓜州刺史曹元忠爲沙州留後。" |

——舊五代史晉出帝紀

| 公元九五一年，周太祖廣順元年，遼穆宗應曆元年 | "沙州僧與贊表辭回鶻阻隔。" |

——册府元龜卷九百八十

| 公元九五五年，周世宗顯德二年，遼穆宗應曆五年 | "以元忠爲歸義軍節度使，元恭爲瓜州團練使。" |

——五代史吐番傳

"周顯德二年來貢，授(元忠)本軍節度檢校太尉，同中書門下平章事，鑄印賜之。" ——宋史沙州傳

| 公元九六一年，宋太祖建隆二年，遼穆宗應曆十一年。 | "沙州節度使曹元忠，瓜州團練使曹延繼等遣使獻玉鞍勒馬。" |

——宋史太祖紀

按續資治通鑑長編延繼作'其子延敬'即下文之延恭。

| 公元九六二年，宋太祖建隆三年，遼穆宗應曆十二年。 | "加(元忠)兼中書令，子延恭爲瓜州防禦使。" |

——宋史沙州傳

| 公元九八〇年，宋太宗太平興國五年，遼景宗乾亨三年。 | "元忠卒子延祿遣人來貢。贈元忠燉煌郡王，授延祿歸義軍節度使，弟延晟爲瓜州刺史，延瑞爲牙內都虞侯。" |

——宋史沙州傳

| 公元九八八年，宋太宗端拱元年，遼聖宗統和六年，夏李繼遷七年。 | "(遼)授沙州節度使曹恭順於越。" |

——遼史聖宗紀

據羅振玉氏推定曹恭順即爲曹延恭。

| 公元九九九年，宋眞宗咸平二年，遼聖宗統和十七年，夏李繼遷十八年 | "是歲沙州番族首領來貢。" |

——宋史眞宗紀

| 公元一〇〇一年，宋眞宗咸平四年，遼聖宗統和十九年，夏李繼遷二十年。 | "封延祿爲譙郡王。" |

——宋史沙州傳

| 公元一〇〇二年，宋眞宗咸平五年，遼聖宗統和二十年，夏李繼遷二十一年。 | "延祿延瑞，爲其族子宗壽所殺。宗壽權知留後，而以其弟宗允權知瓜州。表求旌節，乃授宗壽節度使，宗允 |

檢校尙書左僕射知瓜州，宗壽子賢順爲衙內都指揮使。"

——宋史沙州傳

| 公元一〇〇四年，宋眞宗景德元年，遼聖宗統和二十二年，夏李德明二年。 | "是歲沙州來貢。" |

——宋史眞宗紀

| 公元一〇〇六年，宋眞宗景德三年，遼聖宗統和二十四年，夏李德明四年。 | "沙州燉煌王曹壽遣使進大食國馬及美玉（於遼）。" |

——遼史聖宗紀

按曹壽當爲宋史曹宗壽，其子賢順遼史亦作順。

| 公元一〇〇七年，宋眞宗景德四年，遼聖宗統和二十五年，夏李德明五年。 | "是歲沙州來貢。" |

——宋史眞宗紀

| 公元一〇一四年，宋大中祥符七年，遼聖宗開泰三年，夏李德明十三年。 | "宗壽卒授賢順本軍節度，弟賢惠爲檢校刑部尙書知瓜州，賢順表乞金字藏經泊茶葯金泊等。" |

——宋史沙州傳

"沙州回鶻曹順遣使來貢（於遼）。"

——遼史聖宗紀

唐後回鶻考   53

公元一〇一九年，宋眞宗天禧三年，遼聖宗開泰八年，夏李德明十七年。	"（遼）封沙州節度使曹順為燉煌郡王。"

——遼史聖宗紀

公元一〇二〇年，宋眞宗天禧四年，遼聖宗太平元年，夏李德明十八年。	"（遼）遣使賜沙州回鶻燉煌郡王曹順衣物……沙州回鶻燉煌郡王曹順遣使來貢。"

——遼史聖宗紀

公元一〇二三年，宋仁宗天聖元年，遼聖宗太平四年，李德明二十一年。	"天聖初遣使來謝，貢乳香硇砂玉團。"

——宋史沙州傳

公元一〇三〇年，宋仁宗天聖八年，遼聖宗太平十年，夏李德明二十八年	"八年瓜州王以千騎降於夏。"

——宋史夏國傳

公元一〇三一年，宋仁宗天聖九年，遼興宗景福元年，夏李德明二十九年。	"沙州遣使貢方物。"

——宋史仁宗紀

公元一〇三六年，宋仁宗景祐三年，夏景宗大慶元年	"（西夏）取瓜沙肅三州。"

——宋史夏國傳

公元一〇三四至一〇五三年，宋仁宗景祐元年，至皇祐五年，遼興宗重熙三年至二十二年，夏景宗廣運元年至毅宗福聖承道元年。	"（沙州）自景祐至皇祐中凡七貢方物。"

——宋史沙州傳

"皇祐二年沙州來貢。"

——宋史仁宗紀

按瓜沙旣亡於一〇三六年，則沙州傳景祐至皇祐中之七貢方物，仁宗紀皇祐二年之沙州來貢，當均不足代表曹氏之史蹟。羅振玉氏在其瓜沙曹氏年表中，仍列入之，足証羅氏於此未加注意。蓋遠夷貢使重在以有易無，獲利不貲，經濟之意義，勝於政治之意義，故其國雖亡，其貢使仍源源而來。且瓜沙為回鶻居地，彼等乃一商業民族，故史書所記貢使多冒死以來，曹氏亡後之貢使必回鶻族也。詳見拙著西域朝貢與商業，中亞商人之回鶻。

附瓜沙曹氏世系

義金——元德……元深……元忠——延祿……恭順……宗壽——賢順。

按本章多抄錄自羅振玉氏瓜沙曹氏年表，計增入遼史中之記事二條，宋史夏國傳中之記事二條，補正其不足者一處。羅氏文均改為史書原文，非敢掠美，蓋一以求合本篇體例，二以期其愈近於信實也。

三　疆域

甲、甘州回鶻

黃河流經甘肅依賀蘭山而南北行。河西祁連山之北沙漠之南，一東西行之狹窄地帶，水草豐美，耕牧咸宜，古曰河西，今平番涼州甘州肅州是也。出肅州過嘉峪關，則平沙無垠，水草不生。再西為疏勒河與黨河所灌溉之水草田，則古之瓜沙，今之玉門安西燉煌也。唐後甘州回鶻之統治區域即上述諸地。

唐時諸地屬河西隴右道，居民亦多漢人。後陷於吐番。五代時為回鶻黨項所奪，回鶻有甘州。

'當唐之盛時，河西隴右三十三州，涼州最大，土沃物繁而人富樂。……安祿山之亂……吐番乘虛攻陷河西隴右。華人百萬，

（註）————符號表示直接繼承關係。
　　　…………符號表示繼承關係不明。

皆陷於虜。文宗時，嘗遣使者至西域，見甘涼瓜沙等州城邑如故，而陷虜之人，見唐使者來夾道迎呼涕泣曰：'皇帝猶念陷番人民否？'其人皆天寶時陷虜者子孫，其言語稍變，而衣服猶不改。至五代時，吐番已微弱，回鶻黨項諸羌夷分侵其地而不有其人民。值中國衰亂不能撫有，惟甘涼瓜沙四州嘗自通於中國，甘州為回鶻牙，而涼瓜沙三州將吏，猶稱唐官，數來請命。"

——五代史吐番傳

按上文'分侵其地，而不有其人民'句頗難解。意者，回鶻業遊牧於山野，漢人為工藝於城市，有無相易，兩不相侵，回鶻未責漢人貢賦之謂歟？然此當係指涼瓜沙而言，若回鶻牙之甘州則當別論也。

涼州初為義勇軍張義朝所有，義潮還朝，其地代為漢人所襲，至周世宗時，始絕於中國。主權所屬未明，宋初回鶻自夏奪其地。

"吐番陷涼州，張掖人張義朝募兵擊走吐番，唐因以義朝為節度使。發鄆州兵二千五百人戍之。唐亡，天下亂，涼州以東為突厥黨項所隔。鄆兵遂留不得返。今涼州漢人皆其戍人子孫也。明宗(後唐)乃拜孫超(涼州)節度使。清泰元年(九三四)留後李文謙來請命，後數年涼州人逐出文謙。靈武馮暉遣牙將吳繼勳代文謙為留後，是時天福七年(九四二)。明年晉高祖遣涇州押牙陳延暉齎詔書安撫涼州，涼州人共刼留延暉，立以為刺史。至漢隱帝時(九九四—九五〇)涼州留後折逋嘉施來請命，漢即以為節度使，嘉施土豪也。周廣順二年(九五二)嘉施遣人市馬京師，因來請帥。……(周)起申師厚為左衛將軍，已而拜河西節度使。師厚至涼州奏荐押衙副使崔虎心，陽妃谷首領沈念般等及中土留人子孫王延翰，溫宗樂，劉少英為將吏。又自安國鎮至涼州立三州以控扼諸羌，用其會豪爲刺史。然涼州夷夏雜處，師厚小人，不能撫有。至世宗時，師厚留其子而逃歸，涼州遂絕於中國。"

——五代史吐番傳

"(宋眞宗祥符九年，一〇一五年)夏德明使蘇守信守涼州，有兵七千餘，馬五千匹。諸番畏其強不敢動。回鶻貢路，悉爲隔絕。守信死，其子囉嘛自領府事，部衆不附。甘州可汗夜落紇遣兵攻破之。……囉嘛棄城走，於是涼州屬於回鶻。"

——西夏紀

肅州爲回鶻所有期不明，然遼史載聖宗時破回鶻肅州，則知其有肅州當在此以前也。

"(聖宗統和二十八年，一〇一〇)西北路招討使蕭圖玉奏伐甘州回鶻，破肅州盡俘其民。詔修土隗口故城以實之。"

——遼史卷十五聖宗紀

"蕭圖玉以本路兵伐甘州，降其酋長牙懶。旣而牙懶復叛，命討之。克肅州，盡遷其民於土隗口故城。"

——遼史卷九十三蕭圖玉傳

按肅州是役雖爲遼所破，然遼並未能有其地而爲之君長，故其地仍爲回鶻所有，後乃亡於夏。

瓜沙二州初爲張氏所据，後爲曹氏所有。以遠處嘉峪關外，爲沙漠所限，故始終未爲回鶻所侵奪。後雖爲西夏所滅，然且較回鶻爲後亡，甚矣，地理條件影響於歷史之巨且大也。曹氏之据瓜沙，已見於前瓜沙曹氏事略中，玆不贅。

"張義潮沙州人。……雖生長虜中，而心繫本朝，……乘隙一旦率衆擐甲諜州門，漢人皆助之，虜守者驚走，遂攝事。繕甲兵，耕且戰，悉復餘州。……自河西歸朝廷邊陲無事者歷五朝，垂六十年，張氏世守之，蓋終唐之世云。

——羅振玉張義潮傳

惟瓜沙二城雖始終爲曹氏統治，然實則受制於回鶻，故言及其疆域當不能不包瓜沙在內也。

"周太祖廣順二年（公元九五一年）十月沙州僧興賓表辭回鶻阻隔。……沙州陷番後有張氏世爲州將，後唐同光中（九二三——九二六）長史曹義金者遣使朝貢。靈武韓珠保荐之。乃授沙州刺史，充歸義軍節度使，瓜沙等州處置使。其後久無貢奉，至是遣僧辭其事。"

——册府元龜卷九百八十。

"唐莊宗時，回鶻來朝，沙州留後曹義金亦遣使附回鶻以來。"

——五代史吐番傳

"沙州回鶻曹順遣使來貢（於遼）。"

——遼史聖宗紀

按上文，沙州一爲回鶻所阻，再附回鶻以來，終則遼史謂其爲沙州回鶻曹順，均足証沙州之附屬於回鶻也。
故甘州回鶻之疆域，實東起黃河，西迄瓜沙，南臨祁連，北瞰大漠，此一東西廣遠南北狹窄之地帶，固均其農耕遊牧之區域也。

"芮通（回鶻使）自言，任本國樞密使，東至黃河，西至雪山，有小郡數百，甲兵甚精習。"——宋史回鶻傳。

按雪山即天山，則足証彼自認其疆域東起黃河西至甘肅西界也。

乙、西州回鶻

西州回鶻東以伊州與瓜沙回鶻爲界，西接波斯大食，則似踰葱嶺而西矣，南界于闐，北界未明，其國都則高昌，暑時遊憩地則北廷也。其西龜玆當亦爲其國中重地。

"次歷伊州，州將陳氏，其先自唐開元二年領州，凡數十世，唐時詔勅尚在。……乃至高昌，高昌即西州也。其地南距于闐，西南距大食波斯，西距西天步路涉雪山葱嶺。皆數千里地，無雨雪。……時四月師子王避暑於北廷，以其舅阿多于越守國。"

——宋史高昌傳

"龜玆本回鶻別種，其國王自稱獅子王……西至大食國行六十日，東至夏州九十日，或稱西州回鶻，或稱西州龜玆，又稱龜玆回鶻。"

——宋史龜玆傳

四，經濟文化

甘州西州回鶻似均兼營牧畜與農業。按二者所居地古即屬農業區。回鶻居蒙古時，本業遊牧，故初至其地當不能盡棄其舊業而事耕耨，然勢亦難盡毀耕地爲牧場，允執厥中，兼營耕牧，固理之必然，亦勢所使然也。

"其地出玉，犛牛，綠野馬，獨峯駝，白貂鼠，羚羊角，硇砂，臙腽臍，金剛鑽，紅鹽，𣰆氈，駞駞之革。其地宜白麥，青穬麥，黃麻，葱韭，胡荽。以橐駝耕而種。"

——五代史回鶻傳

"有水源出金嶺，導之周圍國地以溉田園，作水磑。地產五穀。惟無蕎麥，貴人食馬，餘食羊及鳧雁。……地多馬，王及王妃太子各養馬放牧平川中，彌亙百餘里，以毛色分別為羣，莫知其數。北廷川長廣數千里，鷹鶻鵰鶻之所生。多美草，不生花，砂鼠大如貆，鷙禽捕食之。"——宋史高昌傳

龜玆本回鶻別種，……有米麥瓜果。"

——宋史龜玆傳

回鶻，甘涼瓜沙盖皆有族帳，居四郡外地者，頗自為國，有君長

……土多瑟瑟珠玉，葯有腽肭臍硇砂，香有乳香安息篤耨。

——松漠紀聞

其工藝亦有可言者，善爲花芯布，且進貢於中土，能綉，其他金銀銅鐵玉亦均能攻冶焉。

"高昌……出貂鼠白氎繡文花蕊布………性工巧，善冶金銀銅鐵爲器及攻玉。"　　　　　——宋史高昌傳

"龜茲………城有市井而無錢貨，以花蕊布博易。"

——宋史龜茲傳

回鶻帛有兜羅綿毛氎狨注絲熟綾斜褐……善造賓鐵刀劍烏金銀器………其在燕者，皆久居業成，能以金相瑟瑟爲首飾，如釵頭形而缺一二寸，如古之笄狀。又善結金線相瑟瑟爲珥及金環。織熟綿熟綾注絲線羅等物。又以五線織成袍名曰尅絲，甚美麗。又善撚金線別作一等，背織花樹。用粉繳，經歲則不佳，惟以打換鞭靮。………後西歸，多留不返。"

——松漠紀聞

回鶻所居地，古卽爲中西商業交通要道。其居蒙古時，卽以經營中西商業名，至是中西商業之貿遷有無迻幾爲其所獨佔。觀其貢使之頻繁，貢物之雜多，可概見也。其貢使與所貢物品已見粗見於事略章中茲不贅引，今由册府元龜統計其所貢物品之種類與多寡及貢次如下：

品名	量數	所貢次數
玉	三百七十八團	二十四次
硇砂		五次
羚羊角		四次
波斯錦		一次
茸褐		二次

白氈		九次
生黃金		一次
星礬		一次
犛牛尾	五百六十八	八次
白鶻		一次
玉帶		七次
玉鞍		十次
馬	一千四百六十六匹	二十三次
駝		五次
綠野馬皮		一次
貂鼠皮		九次
弓箭		二次
大食馬		一次
野馬		一次
大鵰		二次
膃肭臍		二次
金鋼鑽		一次
安西絲		一次
珊瑚		四次
琥珀		七次
琉璃器		三次
香藥		五次
大尾羊		三次
黃珊綿		一次
貂鼠襖		一次

白玉環	一次
鐵鍑	一次
紅鹽	二次
胡桐淚	一次
佛牙	一次
花芘布	一次

按上表所列，僅為其貢物品名之限於記載者，其僅書來貢或貢方物者，則無從統計。其不見於記載之貢使與貢物，或貢使之沿路銷售物品與至京師之與商人交易物品，均無從統計，凡此當萬千倍於上表所列之數。

然由上表亦略可窺知回鶻銷售於中國物品中之最繁者有二，一玉器類，一馬類。按玉出於于闐，遠在上古，中國內地所用之玉器，即為該地所出，近則北平玉器作所用之原料亦均來自該地。馬則河西為唐養馬之區，漢以求汗血馬而遠征西域，今伊犂馬仍名於世。馬玉為其特產，故其所貢物品亦以此類為最多。又玉既出於于闐，非甘州西州之土物，知回鶻往來東西，實商業上之行賈也。封建社會之商業，本係貴族侈用品之交換，而非一般人士之日用物，故一旦商業行為中斷，於國民經濟影響甚微；由上表中可証西域所貢物品，均非國民日用必須之物，此其西域歷二千年與中國內部未能發生密切關係，而歷代守成持重者流視之為石田而三誦輪台詔旨之故歟？

回鶻之經營中西商業，不僅由上表可証明，宋人之筆記中有記之甚詳者。謂番漢為市，非其人為儈則不能成價。

"回鶻自唐末浸微，………甘涼瓜沙蓋皆有族帳，後悉臣屬於西夏。………多為商賈於燕，載以橐駝，過夏地，夏人率十而指一，必得其最上品者，夏人苦之。後以物美惡，雜貯之毛連中，毛連以羊毛楫之，單其中兩頭爲帒，以毛繩或線封之，有甚精者。有間以雜毛者，則甚輕細。然所征亦不貲。其來浸熟，始厚賂稅吏，密識其中下品俾識之。尤能別珍寶，番漢爲市者，非其人爲儈，則不能成價。"
　　　　　　　　　　　　　　　　　　——宋松漠紀聞

此種商業往來，不僅回鶻人冒險以求利，中國政府亦因其物品，而爲之助。且貨物交易由國家專有。惟此種官商（貢使）沿途勒索，苦吾小民耳。

"宋遣殿直張琛齎詔諭甘沙州回鶻可汗外甥，賜以器幣，招致名馬美玉，以備車騎琮璜之用。"　　　　——宋史回鶻傳

"（後唐）廢帝淸泰二年（九三五）六月詔邠涇鄜耀四州接迎回鶻出州入貢。"　　　　　　　　　　　——册府元龜卷九百七十二

"周太祖廣順元年（九五一）二月，命回鶻來者，一聽私便交易官不禁詰。先是回鶻間歲入貢，每行李至關禁民不得與番人處市易寶貨，犯者有刑。太祖以爲不可，至是聽之。由是玉之價値，十損七八矣。"　　　　　　——册府元龜卷九百九十九

回鶻文化於諸史之片斷記載中，莫得究其眞象。然吾人大致可斷定，其在宗敎上彼等兼信摩尼敎與佛敎，且爲佛敎之有力宣傳者。

摩尼敎方回鶻在蒙古時爲其國敎，西徙後其殘存勢力當仍不可侮。惟後似爲佛敎所征服，於是摩尼敎在回鶻族中乃不復存。

"閔帝應順元年（九三四）正月賜回鶻入朝摩尼八人貢物有差。"
　　　　　　　　　　　　　　　　　　——册府元龜卷九百七十六

"廣順元年（九五〇一年）二月遣使並摩尼貢玉團七十七。"
　　　　　　　　　　　　　　　　　　——舊五代史回鶻傳

"廣順元年二月丁巳，回鶻使摩尼來。"

——新五代史卷十一

　　高昌回鶻建國於九世紀中葉，爲舊日鄂爾渾上回鶻帝國之嫡嗣，即大食國著述家所稱之九姓回鶻是已。……据大食著述家Mas'ndi, Fihrist, Gardizi Ya'qut 所述，彼等爲崇奉摩尼教之信徒，此事業爲德國探考隊在吐魯番發現之寫本及壁畫所證實。中國之記載，吾人可引證者，惟王延德行紀而已。据王氏之所見，高昌自唐以來所建之佛寺尙存。且藏有大藏經唐韻玉篇經音等書。有摩尼寺波寺僧各持其法，佛經所謂外道者也。"

王延德紀中所述有一事，可以間接證明摩尼教之布於高昌，其行記有云，'用開元七年曆。' 王延德之使高昌在九八零一年，何以時距二百數十年，尙用唐開元曆耶？据吾人之推測，與宗教不無關係，開元七年即七一九年，亦即解天文人大慕闍(摩尼教士)至中國之年，或用是年之曆，以爲大慕闍入唐傳教之紀念歟？

据前引各書之證明，十世紀間甘州高昌和闐皆有摩尼教徒，嗣後之消息，吾人幾完全不明。以意推之：在西部必爲回教徒所驅逐。在高昌亦必抵抗佛教之傳播。若据 Barthold 所著蒙古時代土耳其斯坦之一書，十三世紀之摩尼教，回鶻已完全消滅矣。但据 Barthold 之又一說魯布盧克 (Le C'ordelier Guillanme de Rubronck) 當時在蒙古所見之佛教及景教，顯有受摩尼教影響之痕跡。"

——馮承鈞譯沙畹著之摩尼教流行中國考

按沙畹氏復謂西遊記之長春眞人至北庭時，諸王貴人達官及'僧人道士'來迎之。道人恐即爲摩尼教士，以其已入於元代，當在元之畏吾兒中叙述，故不復引。

佛教之爲回鶻族所信奉，中史記載，昭然可証。且遼金夏三國嫂延回鶻人講經，是証其信之之深也。

"(回鶻)奉釋氏最甚，共為一堂，塑佛像其中，每齋必刲羊為酒，酹以指染血，塗佛。或捧足而鳴之，謂為親敬。誦經則衣袈裟作西竺語。燕人或俾之祈禱多驗。"

——松漠紀聞。

"(遼聖宗)統和十九年(一○○一)回鶻進梵僧名醫(於遼)"

——遼史卷十四聖宗紀

"宋眞宗景德四年(一○○七)回鶻遣使尼法仙等來朝，獻馬。仍許法仙遊五台山。又遣使翟僧入奏來獻馬，欲於京城，建佛寺，祝聖壽，求賜名額，不許。"　——宋史回鶻傳

"龜茲回鶻自天聖至景祐四年入貢者五。最後賜以佛經一藏。"

——宋史龜茲國傳

"宋大中祥符七年(公元一○一四)宗壽卒，授賢順本軍節度，弟賢惠為檢校刑部尚書知瓜州，賢順表乞金字藏經。"

——宋史沙州傳

"元旦五月五日生，國中以是日相慶賀。舊俗止重冬至，元旦更以四孟朔為聖節。令官吏禮佛為己祈福。至是於興慶府東一十五里，役民夫建高台寺及諸浮圖，俱高數十丈，貯中國所賜大藏經。廣延回鶻僧居之·演釋經文，易為番字。"

——西夏紀引甘肅通志

"沒藏氏好佛，因中國賜藏經，役兵民數萬相與慶府西偏，起大寺貯經其中，賜額承天，延回鶻僧登座演經，沒藏氏與諒祚，時臨聽焉。"　　　　　　　　　——西夏書事。

近世於高昌發現回鶻文之佛典甚多，且係大乘經典，足証其為大乘教徒也。

"如上所述，回鶻民族間，一般皆奉佛教，而其佛典，且多已翻爲回鶻語。最近東西探險者，於此發見極多之回鶻語佛典斷片，其來源即此也。而此等回鶻語佛典中，多大乘經典及秘密經典，如金光明最勝王經，方廣大莊嚴經，妙法蓮華經，觀無量壽經，彌勒下生經，佛頂尊勝陀羅尼經，天地八陽神呪經，佛說大白善盖總持陀羅尼經等，最引吾人之注意。是知此處回鶻皆大乘教徒。"

——賀昌羣譯羽淡了諦著西域之佛教。

按西州回鶻所居地之高昌，本爲中西文化交通之樞紐，故其文化乃爲混合中西文化之特殊的回鶻文化。日人羽田亨氏於此言之甚詳，茲特引之於下：

"總之，新遷來的回鶻人之間，受了當地文明的影響，也有於所信奉的摩尼教之外，歸依上述各種宗教的，是無可疑的事實。而考其傳授這些別教的來路，似非一途。例如佛典，也有從西域文譯，也有從漢文，也有從西藏文譯的，固如上述，這種佛典，那些是可稱回鶻文，那些是當爲認以前的土耳其文的，未易判定。即回鶻未遷來以前居住此地的土耳其族，其接觸西域文明的情形，當與回鶻無大差，誠也不必詳爲辯別。基督教當亦如是，其經典也有從粟特文，中世波斯文裏譯出的。這樣種種系統的文明揉雜一起，固不限於宗教，其他方面亦然。舉一例看：

……回鶻也有種種占卜之法，其中有從外國傳來的。勒柯克在吐魯番西邊雅爾和屯，掘得回鶻文的書中一葉，文中畫有卦象，一見知與中國易卜書有關。讀其內容……簡直與中國通常的易卜之書一樣體裁；原本爲何現在還不能遽斷，其爲中國占卜書的翻譯是毫無疑義的。中國易占之輸入於回鶻，此爲明証。

勒柯克氏又於吐魯番得到許多所謂回鶻文的書，其中有完全不同上述，源出西方系統，基督教的占書。這是一種盲目的翻出基督教聖書的文句來判斷吉凶的書。回鶻的社會生活，受東西各種文明的影響，於此亦可知道了。

這新進於定住生活的回鶻是新開墾的文明處女地；一切種子全都生了根，發起芽來了。起先各種性質統系的文明雜然並茂之後，漸經歲月，徐徐現出融合之事來，也是當然的事。而回鶻文明的特色，就在這融合往時各種西域人，中國人，都各自保有其傳統文明，割据一方，所以有如上文所述，沒有顯見融合之跡。今回鶻人自動的攝取，不問統系之東西，種類之何者，所以這各種文明，就在他們社會裏漸舉其融合之實，形成了一種合成式的文明，也決非怪事。這東西文明之融合，是西域地方早就應該起來而往時未能顯出的。此其原因，不外西域中國人都各自固執其傳統文明之故；而現在這種新遷來的却是沒有這種執的回鶻人，所以這種融合之勢，雖欲避之而亦不可能了。換句話說，西域之見此合成式的文明者，可以說是回鶻人占据西域同時負下的當然使命。那麼這合成的文明是怎樣的呢？取幾件實例看。本來回鶻人早就奉着的摩尼教，就是個合成宗教。因此高昌出土的摩尼教典經典裏，很有些是佛教經典。例如釋迦之四門觀，阿難答的法問之類，或是原形，或經略加變化，都攝入於中。⋯⋯在我個人從許多証据看，以爲高昌時攝入的頗不少。⋯⋯再有一句話，因爲摩尼教本有合成的傾向之故，不僅是佛教景教的經典，還有許多隨地的文學傳說，都載入於中而傳播到各方。吐魯番出土就有譯成回鶻文的伊索寓言殘卷，這不是饒興趣的例麼？西方文明的形影，逐了摩尼教而傳到東方來了。

更有可注意的，回鶻的佛教裏，諸大惡魔之名常以他們本來信奉的摩尼教的諸神惡魔之名充當。 例如梵天 (Brahma) 叫 Azrua，帝釋 (indra) 叫 Khormuzta。 原來這 Azrua 是伊蘭袖名 Zarvan 的轉訛 Khormuzta 也是 Ormuzd 的轉訛。………名之所通，至少在當時兩教之間，有一種脈絡的通連，不可輕易看過的。 換句話說，兩教於此有一種混融的現象。

還有各系文明之合成的典型証据，曆本的殘葉。 德國探險隊在高昌的遺跡得到的文書之中，有一曆本的斷片，是此地摩尼教徒所編用的。 柏林的 F.W.K. Müller 氏研究結果，這是粟特文，就是今葱嶺西方俄屬土耳其斯坦有名的 Samarkand 一帶通行過的語言寫成的。 所感興趣的是：這曆本上的日字，寫有粟特，中國，土耳其的三種稱法。 各在頭裏，記粟特的七曜名稱，次寫甲乙丙丁中國十干之音，次又用粟特文的鼠牛兔等獸名，列記十二生肖，再隔日記有中國的五行之名，是翻成粟特文而寫成的紅字。 曆中十二支名的起原不可考。 中國不用獸名而用子丑寅卯所謂十二支，而土耳其族蒙古族都用獸稱，至今猶然。………如此見解不錯的話，這曆本是此地用粟特語的摩尼教徒，將三種文明合成爲一的成績。………年代雖不明，大概是回鶻人來遷之後，摩尼教的僧侶所以應需要之作。

………與往時的美術一般，這回鶻時代的美術，作家中也一定有不少東西外國人在內，與回鶻人的長於此道者同有作品遺存在到今天的。 遺存的畫中，那些是回鶻人的作品，那些是準回鶻人的作品，自無從判別。 至少那些有回鶻文題識贊語的，多出回鶻人之手了。 而尋求這種繪畫的特色，誰都覺到有東西合式之跡存乎其間。

以上所述，於回鶻文明的特徵，大略可見。但是合成要素，是以東方中國文明文爲主，抑還是屬於西方系統爲重？……勒柯克氏頗爲大膽的概括之說，以爲回鶻完全可算屬於西方文明的民族。所奉三教，就是佛教摩尼教景教，都是起源於西方的。繼承粟特文字的他們的文字也是西方 Semitic 的起原。寫字用的是西方人用的盧管筆。其醫術在今日所知是西方傳來的。反是，中國影響都只是外部的。例如用箸，用硯，日常書記用毛筆之類而已。然而這種竟見的不足取，就看本章所述中國文明所影響於回鶻的例証已夠明白的。……總之，回鶻的合成文明要素之中，有不少的中國文明，是無可疑的事實；決不能將回鶻文明，認爲西方系統的。"

——錢稻孫譯羽田享著西域文明史概論

其像貌則深鼻高目多鬚鬚，其遠視古之匈奴，其嫡裔今之纏回固均如是也。具髮辮，則固古突厥族之常習其服飾，女人着面紗，足知今回族之面巾，由來久矣。其他風俗習慣亦頗有可記者。

"其(回鶻)可汗常樓居，妻施天公主，其國相號媚祿都督，見可汗則去帽被髮而入以爲禮，婦人總髮爲結，高五六寸。以紅絹囊之，如嫁則加氊帽。" ——五代史回鶻傳

"其(回鶻)人卷髮深目眉修而濃，自眼睫而下多虬髯。婦人類男子，白皙，着青衣如中國道服，然以薄青紗幕着而見其面。其居秦州時，女未嫁者，先與漢人通，有生數子，年近三十始能配其種類。媒妁來講者，父母則曰吾女嘗與某人某人妮，以多爲勝，風俗皆然。……今亦有目微深而髯不虬者，盖與漢兒通而生也。" ——松漠紀聞

"好騎射，婦人戴油帽，謂之蘇幕遮，用開元七年曆以三月九日

為寒食，餘二社，冬至亦然。以銀或鍮石為筒貯水激以射，或以水交潑為戰，謂之壓陽氣去病。好遊賞，行者必抱樂器。"

——宋史高昌傳

燕京大學哈佛燕京學社

北平辦公處出版書籍

古籀餘論 孫詒讓著　刻本二冊　實價大洋一元五角
尚書駢枝 孫詒讓著　刻本一冊　實價大洋八角
張氏吉金貞石錄 張塤著　刻本二冊　實價大洋一元八角
馬哥孛羅游記第一冊 張星烺譯　鉛字本一冊　定價三元
歷代石經考 張國淦著　鉛字本三冊　實價大洋四元
王荊公年譜考略 蔡上翔著 附年譜推論熙豐知遇錄 楊希閔著　鉛字本六冊　實價大洋五元
碑傳集補 閔爾昌纂錄　鉛字本二十四冊　定價二十元
殷契卜辭（附釋文及文編）容庚瞿潤緡同著　廿二年六月出版　珂𤩭版本三冊一函　定價每部大洋十元
武英殿彝器圖錄 容庚著　廿三年二月出版　珂𤩭版二冊一函　定價二十二元
甲骨文編 孫海波著　二十三年十月出版　石印本五冊一函　定價十四元
善齋彝器圖錄 容庚著　二十五年五月出版　夾連紙三冊　定價二十元
燕京學報 一至十八期（一至四期售罄）五至十二期 每期 定價五角 十三期起每期八角
中國明器（燕京學報專號之一）鄭德坤，沈祥鈞合著 二十二年一月出版 鉛字本一冊 定價一元
唐代長安與西域文明（燕京學報專號之二）向達著 鉛字本一冊 二十二年十月出版 定價二元
明史纂修考（燕京學報專號之三）李晉華著 二十二年十二月出版 鉛字本一冊 定價二元
嘉靖禦倭江浙主客軍考（燕京學報專號之四）黎光明著 二十二年十二月出版 定價二元五角 鉛字本一冊
遼史源流考與遼史初校（燕京學報專號之五）馮家昇著 二十二年十二月出版 鉛字本一冊 定價二元五角
明代倭寇考略（燕京學報專號之六）陳懋恆著 二十三年六月出版 鉛字本一冊 定價二元八角
明史佛郎機呂宋和蘭意大里亞四傳注釋（燕京學報專號之七）張維華著 二十三年六月出版 鉛字本一冊 定價二元五角
三皇考（燕京學報專號之八）顧頡剛 楊向奎合著 二十五年一月出版 鉛字本一冊 定價四元
宋元南戲百一錄（燕京學報專號之九）錢南揚著 二十三年十二月出版 鉛字本一冊 定價三元
吳愙齋先生年譜（燕京學報專號之十）顧廷龍著 二十四年三月出版 鉛字本一冊 定價六元
國策勘研（燕京學學報專號之十一）鍾鳳年著 二十五年四月出版 定價三元

北平隆福寺街文奎堂總代售

宋史建隆四年乾德六年太平興國九年考

陳　叔　陶

宋史，昔人皆病其繁蕪。趙甌北云："近代諸史，自歐陽公五代史外，遼史簡略，宋史繁蕪，元史草率"。（廿二史劄記）前之如柯維騏宋史新編，後之如邵晉涵南都事略，皆有改訂之意。王士禛亦謂有人有改訂宋史之舉。（池北偶談）柯書無所長，（四庫全書總目提要）邵書已無存，（章實齋邵與桐別傳李詳媿生叢記李慈銘越縵堂日記譚獻復堂日記）漁洋所云，則其人其事，皆不可考。改訂之責，在吾人焉。嘗謂宋史之弊，不在繁蕪，而在多誤。有宋一代，享年既久，文物較多，實爲中國文化史之中心。大之如印刷，小之如弓足，皆盛行於是時。國內之政變較多，（新法，紹述，主和，主戰）國外之衝突無已，（契丹，西夏，女真，蒙古）如一一以文字網羅之，欲求不繁，安得不繁？欲求不蕪，安得不蕪？繁蕪固情有可原，錯誤則理所不許。沈世泊宋史就正篇，顏習齋宋史評，邵晉涵南江札記於宋史皆有微辭，亦不過羅舉其大概，未嘗細加校訂。民國二十三年秋九月余以病留家中，家居無事，參訂宋史爲樂。讀書較久，愈覺錯誤之多，因發憤欲校訂宋史。病中不容多讀書，亦不能多讀書，然自信日盡二卷，不一年可以奏全功，孰意未盡卷而病轉劇，意者其雌黃前輩之報歟！一病幾不起，轉展牀褥者凡一年餘，病中無所苦，惟恨不能校訂宋史。今賤軀稍復原，然猶未能致全力於讀書，爰將宋史建隆四年乾德六年太平興國九年考一篇發刊，宋史訂誤，則殺青有待焉。

宋史紀年多誤，太祖紀建隆僅三年，而卷六十一五行志（一上，水上）；卷六十二五行志（一下，水下）；卷六十六五行志（四金），卷六十八律曆志（一），卷八十五地理志（一）；卷一百二禮志（五，吉禮，五，告禮）；卷一百五禮志（八，吉禮；八，昭烈武成王）；卷一百十禮志（十三，嘉禮一，上尊號儀）；卷一百二十四禮志（二十七，凶禮三，舉哀）；卷一百四十五儀衛志（三，國初鹵簿）；卷一百四十九輿服志（一，大輅）；卷一百五十二輿服志（四，朝服）；卷一百五十八選舉志（四，銓法，上）；卷一百七十八食貨志（上，六，振恤）；卷一百八十七兵志（一，禁軍，上）；卷一百九十兵志（四，鄉兵，一）；卷二百五十一慕容延釗傳，符彥卿傳；卷二百五十二王景傳；卷二百五十三孫行友傳；卷二百五十五王全斌傳，康延沼傳；卷二百五十七楚昭輔傳；卷二百五十九張瓊傳；卷二百六十一陳承昭傳，王暉傳；卷二百六十二王易簡傳，張鑄傳，邊光範傳，劉載傳；卷二百六十五李昉傳；卷二百六十九王著傳；卷二百七十蘇曉傳，馮瓚傳，侯陟傳；卷二百七十一解暉傳；卷二百七十三李謙溥傳；卷二百七十五安守忠傳；卷四百三十九馮吉傳；卷四百六十三王繼勳傳；卷四百八十二北漢劉氏世家（劉鈞傳）；卷四百八十三荊南高氏世家（高繼沖傳）；漳泉留氏世家（陳洪進傳）；卷四百八十五夏國傳，（李繼遷傳）；卷四百八十七高麗傳；卷四百九十三西南溪峒諸蠻傳：（上），有'建隆四年'之語。（注一）

五行志（一上，水上）："建隆……四年八月，齊州河決。"

五行志（一下，水下），："建隆……四年七月，海州風雹。"

注一　宋史不僅有建隆四年，且有建隆五年，（卷二百六十二邊光範傳；卷二百六十九高錫傳）。建隆九年。（卷二百六十二劉溫叟傳）。不僅有乾德六年，且有乾德八年。（卷四百八十八交趾傳）。惟所見不多，大約爲印刷或傳寫之誤。

宋史建隆四年乾德六年太平興國九年考

五行志（一下，水下）："建隆四年四月癸巳，宿州晝日無雨，雷霆暴作，軍校傅韜震死。"

五行志（一下，水下）："建隆………四年六月，澶濮曹絳等州有蝗。"

五行志（四，金）："建隆四年，京師夏秋旱，又懷州旱。"

律曆志（一）："建隆………四年，曆成，賜名應天。"

律曆志（一）："建隆………四年四月，新法成，賜號應天曆。"

地理志（一）："建隆四年，取荊南，得州府三，（江陵府歸峽）縣一十七，戶一十四萬二千三百。"

禮志（五，吉禮，五，告禮）："建隆………四年，修葺太廟，遣官奏告四室，及祭本廟土神。"

禮志（八，吉禮，八，昭烈武成王，）："建隆………四年四月，帝幸廟歷觀圖壁，指白起曰：'此人殺已降，不武之甚，何受享於此？' 命去之。"

禮志（十三，嘉禮，一上，尊號儀）："建隆四年，羣臣三上表上尊號，詔俟郊畢。"

禮志（二十七，凶禮，三，舉哀，）："建隆四年，山南東道節度使慕容延釗卒，太祖素服發哀。"

儀衞志（三，國初鹵簿，）："太祖建隆四年，將郊祀，大禮使范質與鹵簿使張昭，儀仗使劉溫叟同詳定大駕鹵簿之制，惟得唐長興南郊鹵簿字圖，校以今文，頗有闕略違戾者。"

輿服志（一，大輦，）："太祖建隆四年，翰林學士承旨陶穀爲禮儀使，創意造爲大輦。"

輿服志（四，朝服，）："建隆四年，范質與禮官議袴褶制度。"

選舉志（四，銓法上，）："建隆四年，詔選朝士分治劇邑，以重其事。"

食貨志（上六，振恤，）："建隆………四年，詔州縣興復義倉。"

兵志（一，禁軍，上，）："建隆………四年，賜河東樂平縣歸降卒元威以下二百六十六人衣服錢絹有差，立爲效順指揮。"

兵志(四，鄉兵，一)："建隆四年，分命使臣往關西道，令調鄉兵赴慶州。"

慕容延釗傳："建隆四年春，命師南征，以延釗爲湖南道行營前軍都部署。"

符彥卿傳："建隆四年春，來朝，賜襲衣玉帶。"

王景傳："建隆……四年，卒，年七十五。"

孫行友傳："建隆……四年秋，詔免行友禁錮。"

王全斌傳："建隆四年，與洺州防禦使郭進等率兵入太原境，俘數千人以歸，進克樂平。"

康延沼傳："建隆四年，改懷州防禦使。"

楚昭輔傳："建隆四年，權知揚州。"

張瓊傳："建隆四年秋，郊禋制下，方欲肅靜京師，乃召訊瓊。"

陳承昭傳："建隆……四年春，大發近甸丁壯數萬，修畿內河堤，命承昭董其役。"

王暉傳："建隆四年，終右領軍上將軍。"

王易簡傳："建隆四年四月，無疾卒，年七十九。"

張鑄傳："建隆四年，卒，年七十二。"

邊光範傳："建隆四年，襄州節度慕容延釗征湖南以光範權知州事。"

劉載傳："建隆四年，貝州節度使張光翰來朝，遣載權知州事。"

李昉傳："建隆……四年，平湖湘，受詔祀南嶽，就命知衡州。"

王著傳："建隆……四年春，宿直禁中，被酒，髮倒垂被面，夜扣滋德殿門求見。"

蘇曉傳："建隆四年，權大理少卿事，遷度支郎中。"

馮瓚傳："建隆四年春，徙知廬州。"

侯陟傳："建隆……四年，令兼領本縣屯兵。"

解暉傳："建隆四年，充湖廣道行營前軍戰櫂都指揮使。"

李謙溥傳："建隆四年，移慈州兼晉隰緣邊都巡檢，行石州事，以與同砦爲治所。"

安守忠傳："建隆四年，湖南初平，命爲永州刺史。"

馮吉傳："建隆四年，卒，年四十五。"

王繼勳傳："建隆……四年，收復湖南，改領彭州防禦使。"

北漢劉氏世家（劉鈞傳）："建隆……四年八月，邢州王全贇率師攻樂平，鈞拱衞指揮使王超，散指揮使元威，侯覇榮率所部千八百人降全贇。"

荊南高氏世家（高繼沖傳）："建隆……四年正月，制授繼沖爲檢校太保江陵尹荊南節度。"

漳泉留氏世家（陳洪進傳）："建隆四年，遣使朝貢。"

夏國傳（李繼遷傳）："建隆四年，繼遷生於銀州無定河，生而有齒。"

高麗傳："建隆……四年春，降制曰：'………'。"

西南溪峒諸蠻傳（上）："建隆四年，知溪州彭允林，前溪州刺史田洪贇等列狀歸順，詔以允林爲溪州刺史，洪贇爲萬州刺史。"

乾德僅五年，而卷五十六天文志（九，老人星）；卷六十六五行志（四，金）；卷六十七五行志（五，土）；卷八十五地理志（一，京西路）；卷一百八禮志（十一，吉禮，十一，時享）；卷一百十六禮志（十九，賓禮一，常朝儀）；卷一百十九禮志（二十二，賓禮四錄周後）；卷一百二十四禮志（二十七，凶禮，三，詔葬）；卷一百五十二輿服志（四，朝服）；卷二百五十一韓令坤傳，卷二百五十二王廷義傳，郭從義傳，卷二百五十四趙贊傳，卷二百五十五康延沼傳，卷二百五十八曹彬傳，卷二百五十九尹崇珂傳，卷二百六十一劉重進傳，袁彥傳，卷二百六十二劉載傳，卷二百六十三劉熙古傳，卷二百六十四盧多遜傳，卷二百六十六辛仲甫傳，卷二百六十九王著傳，王祜傳，卷二百七十趙逢傳，楊克讓傳，卷二百七十一解暉傳，李韜傳，卷二百七十二曹光實傳，司超傳，卷二百七十三董遵誨傳，卷二百七十四趙玭傳，卷四百三十一崔頌傳，尹拙傳，卷四百六十三劉知信傳，卷四百七十九西蜀孟氏世家(伊審徵傳)；卷四百八十吳越錢氏世家(錢惟濬傳)；卷四百八十二北漢劉氏世家(劉鈞傳)；卷四百八十三荊南高氏世家(孫光憲傳)，卷四百八十四周三臣傳(李筠傳)；有'乾德六年'之語。（註二）

註二　建隆四年見舊五代史卷一百三十三高保勗傳，劉言傳。新五代史卷六十九南平世家(高繼沖傳)。通考卷四田賦考(四，歷代田賦之制)；卷三十八選舉考(十一，舉官)；卷三十九選舉考(十二，辟舉)；卷六十三職官考(十七，郡丞)；卷八十三郊社考(十六，祀山川)；卷一百十七王禮考(十二，乘輿車澺鹵簿)；卷一百四十七樂考(二十，鼓吹)；卷一百六十六刑考(五，刑制)；卷二百九十一象緯考(十四，流星，星隕)；卷二百九十六物異考(二，水災)；卷三百四物異考(十，恒暘)；卷三百五物異考(十一，雹)；卷三百十四物異考(二十，蝗蟲)；卷三百十五輿地考(一，總敘)；卷三百二十五四裔考(二，高句麗)；卷三百二十七四裔考(四，女眞)；卷三百二十八四裔考(五，盤瓠種)。續通典卷八食貨典(賦稅，上，宋)；卷三十七職官典(州郡下，總論郡佐)；卷五十四禮典(吉太公廟，宋)；卷六十四禮典(嘉燮輿，宋)；卷六十五禮典 (嘉鹵簿，宋)；卷一百二十六州郡典 (宋)。續通志卷一百五地理略(三，宋)；卷一百十二禮略(二，吉禮二，山川)；卷一百十四禮略(四，吉禮，四，太公廟)；卷一百十八禮略(八，凶禮，天子爲大臣及諸親舉哀)；卷一百二十四器服略(三，鑾輿)；卷一百二十五器服略(四，鹵簿)；卷一百四十五刑法略(二，歷代刑制，宋)；卷一百七十二災祥略(二，水)；卷一百七十三災祥略(三旱)；卷二百九十七慕容延釗傳，符彥卿傳；卷二百九十八王景傳；卷二百九十九王全斌傳，康延沼傳；卷三百楚昭輔傳；卷三百三王易簡傳，邊光範傳，劉載傳；卷三百六李昉傳；卷三百十王著傳；卷三百十一蘇曉傳；卷三百十二解暉傳；卷三百十四李謙溥傳；卷三百十五安守忠傳；卷五百五十七馮吉傳；卷六百二南平載記(高繼沖傳)；卷六百三東漢載記(劉鈞傳)；卷六百三十五四夷傳(一，高麗)；吳越備史卷四(錢俶傳)；澠水燕談錄卷六。東都事略卷二十四高繼冲傳。宋朝事實卷十一(儀注一)卷十八(升降州縣一)。宋史新編卷三十二儀衛志(鹵簿之制)；卷六十三輿服志(大輦)；卷六十八王全斌傳；卷七十二邊光範傳。 乾德六年見通考卷二十三國用考(一，歷代國用)；卷二十五國用考(三，漕運)；卷八十三郊社考(十六，祀山川)；卷一百七王禮考(二，朝儀)；卷二百八十五象緯考(八，日食月變)；卷二百九十一象緯考(十四，流星星隕)；卷二百九十三下象緯考(十六下，五星聚舍)；卷二百九十四象緯考(十七雲氣)；卷三百七物異考(十三，物自動)；卷三百十二物異考(十八，豕禍雞禍)；卷三百十三物異考(十九，龍蛇之異)；卷三百十四物異考(二十，蝝)；續通典卷五十禮典(吉，山川，宋)；卷五十二禮典(吉，時享，宋)；卷七十九禮典(凶，喪制下，葬儀，宋)；續通志卷一百十三禮略(三，吉禮三，時享)；卷一百二十九樂略(三，宋瑞曲)；卷二百九十七豐令坤傳；卷二百九十八郭從義傳；卷二百九十九康延沼傳；卷三百一曹彬傳；卷三百二尹崇珂傳；卷三百三劉載傳；卷三百四劉熙古傳；卷三百十王著傳，王祐傳；卷三百十一趙逢傳，楊克讓傳；卷三百十二解暉傳；卷三百十三曹光實傳，司超傳；卷三百十四董遵誨傳；卷五百二劉知信傳；卷五百五十七崔頌傳，尹拙傳。吳越備史卷四錢俶傳。宋朝事實卷一(祖宗世次)；卷十二(儀注二)；卷十八(升降州縣一)，卷十九(升降州縣二)；宋史新編卷十八五行志(下)卷二十七禮志(二，時享)；卷七十六楊克讓傳。 太平興國九年，見通考卷十二職役考(一，歷代鄉黨販籍職役)；卷一百六十六刑考(五，刑制)；卷一百七十刑考(九，詳讞)；卷二百八十五象緯考(八，日食月變)；卷二百八十九象緯考(十二月五星淩犯)；卷二百九十六物異考(二，水災)；卷三百四物異考(十，恒暘)；卷三百六物異考(十二，恒風)；卷三百八物異考(十四，人異)；卷三百十一物異考(十七，麒麟牛禍)；卷三百十二物異考(十八，雞禍)；卷三百十四物異考(二十，蝗蟲)；卷三百三十五四裔考(十二，吐藩)。續通典卷一百十四刑典(決斷，宋)。續通志卷一百七十二災祥略(二，水)；卷一百七十三災祥略(三，旱風)；卷二百九十九宋偓傳；卷三百二田重進傳；卷三百四石熙載傳，李穆傳；卷三百五宋琪傳；卷三百十五田仁朗傳；卷三百十六陳從信傳；卷三百十七索湘傳，卷五百四十孔維傳；卷五百六十九陳摶傳。東都事略卷十五魏王廷美世家；卷二十四周行逢傳。宋朝事實卷三(聖學)；卷十二(儀注二)；卷十八(升降州縣一)。

天文志(九,老人星)："乾德……六年正月戊申。"

五行志(四,金)："乾德……六年十月己未旦，西北起蒼白氣三道，長二十尺，趨東散。"

五行志(五,土)："乾德……六年正月，簡州普通院毗盧佛像自動。"

五行志(五,土)："乾德六年七月，階州好妨虫生。"

地理志(一,京西路)："乾德六年，移入上州防禦。"

禮志(十一,吉禮十一,時享)："太祖乾德六年十月，判太常侍和峴上言……。"

禮志(十九,賓禮,一,常朝儀)："乾德六年九月，始以旬假日御講武殿，近臣但赴早參，具節假及大祀並令如式。"

禮志(二十二,賓禮,四,錄周後)："乾德六年八月，詔於周太祖世宗陵寢側各設廟宇塑像，命右贊善大夫王碩管勾修蓋。"

禮志(二十七,凶禮,三,詔葬)："乾德六年三月，中書令奉國公孟昶薨，其母李氏繼亡，命鴻臚卿范禹偁監護喪事，仍詔禮官議定吉凶儀仗禮例以聞。"

輿服志(四,朝服)："乾德六年，郊禮始服而冠未造，乃取朝服進賢冠帶襪履參用焉。"

韓令坤傳："乾德六年，疽發背卒，年四十六。"

王廷義傳："乾德……六年，增治京城，又命廷義董其役。"

郭從義傳："乾德……六年，以疾歸京師。"

趙贊傳："乾德六年，移建雄軍節度。"

康延沼傳："乾德六年，命李繼勳等征河東，以延沼為先鋒都監。"

曹彬傳："乾德……六年，遣李繼勳黨進率師征太原，命為前軍都監。"

尹崇珂傳："乾德……六年，卒，年四十二，贈侍中。"

劉重進傳："乾德……六年，卒，年七十。"

袁彥傳："乾德六年，為靜難軍節度。"

劉載傳："乾德……六年，就為江南國主生辰使。"

劉熙古傳："乾德……六年，就拜端明殿學士，丁母憂。"

盧多遜傳："乾德……六年，加史館修撰判館事。"

辛仲甫傳："乾德……六年，移知彭州。"

王著傳："乾德……六年，復為翰林學士，加兵部郎中，再知貢舉。"

王祜傳："乾德……六年，加集賢院修撰，轉戶部員外郎。"

楊克讓傳："乾德六年，知果州。"

趙逢傳："乾德……六年，權知貢舉。"

解暉傳："乾德六年，詔領所部軍屯上黨，從李繼勳略太原。"

李韜傳："乾德六年卒。"

曹光實傳："乾德……六年秋，全斌遣入貢京師。"

司超傳："乾德六年，改絳州防禦使，徙晉州兵馬鈐轄。"

董遵誨傳："乾德六年，以西夏近邊，授通遠軍使。"

趙玭傳："乾德……六年，詣闕，納所授告命，詔勒歸私第。"

崔頌傳："乾德六年，暴得疾卒，年五十。"

尹拙傳："乾德六年，告老，以本官致事。"

劉知信傳："乾德……六年，進本郡太夫人。"

西蜀孟氏世家(伊審徵傳)："乾德六年，移鎮延安。"

吳越錢氏世家(錢惟濬傳)："乾德……六年，復來朝侍郊祀，命兵部員外郎知制誥盧多遜迎勞之。"

北漢劉氏世家(劉鈞傳)："乾德……六年正月，偏城砦招收指揮使任恩等百五十八降晉州。"

荊南高氏世家(孫光憲傳)："乾德六年卒。"

周三臣傳(李篤傳)："乾德六年,出知遼州。"

太宗紀太平興國僅八年,而卷五十三天文志(六月犯列舍);卷六十一五行志(一上,水上);卷六十二五行志(一下,水下);卷六十三五行志(二上,火);卷六十四五行志(二下,火下);卷六十五五行志(三木);卷六十六五行志(四金);卷六十七五行志(五土);卷九十一河渠志(一,黃河上);卷九十八禮志(一,吉禮,一);卷一百十三禮志(十六,嘉禮遊觀,四);卷一百二十四禮志(二十七,凶禮三,輟朝之制);卷一百二十五禮志(二十八,凶禮四,士庶人喪);卷一百九十六兵志(十,遷補之制);卷二百五十五宋偓傳;卷二百六十田重進傳;卷二百六十三石熙載傳,李穆傳;卷二百六十四宋琪傳;卷二百六十六辛仲甫傳;卷二百七十四王侁傳;卷二百七十五田仁朗傳;卷二百七十六徐休復傳,陳從信傳;卷二百七十七索湘傳;卷四百三十一孔維傳;卷四百五十七陳摶傳;卷四百六十三杜審進傳,劉知信傳;卷四百七十九西蜀孟氏世家(孟祖傳);卷四百九十一渤海傳;卷四百九十二吐蕃傳'有太平興國九年'之語。

天文志(六月犯列舍):"太平興國……九年正月庚申,掩五車東南。甲戌,入南斗魁。"

五行志(一上,水上):"太平興國……九年七月,嘉州江水暴漲,壞官署民舍,溺者千餘人。"

五行志(一下,水下):"太平興國……九年揚子縣民妻生男,……類西域僧。"

五行志(二上,火):"太平興國……九年十月,金州獻芝三本,永康軍獻芝九莖,同日至闕下。"

五行志(二下,火下):"太平興國……九年五月,施州麥並秀兩歧。"

五行志(三,木):"太平興國……九年三月丙子,甘露降西京南太一宮新城。"

五行志(四，金)："太平興國………九年夏，京師旱秋，江南大旱。"

五行志(五，土)："太平興國………九年八月，白州颶風，壞廨宇民舍。"

五行志(五，土)："太平興國………九年七月，知乾州衛昇獻三角牛。"

河渠志(一，黃河上)："太平興國………九年春，滑州復言房村河決。"

禮志(一，吉禮一)："太平興國九年，始鑄五使印。"

禮志(十六，嘉禮四，遊觀)："太平興國………九年正月六日，幸景龍門外水磑。………"

禮志(二十七，凶禮三，輟朝之制)："太平興國九年，右諫議大夫參知政事李穆卒。"

禮志(二十八，凶禮四，士庶人喪)："太平興國………九年，詔曰：………。"

兵志(十，遷補之制)："太平興國九年，上詣崇政殿，轉改諸軍將校，自軍都指揮使以下，員僚以上，皆按名籍聆勞績而升陟之，凡數日而畢，內外感悅。"

宋偓傳："太平興國………九年，又爲右衛上將軍。"

田重進傳："太平興國………九年，河決滑州韓房村，重進總護其役，以劉吉爲之副，河遂塞。"

石熙載傳："太平興國………九年，卒，年五十七，贈侍中，諡元懿。"

李穆傳："太平興國………九年正月，晨起將朝，風眩暴卒，年五十七。"

宋琪傳："太平興國………九年九月，上幸景龍門外觀水磑。"

辛仲甫傳："太平興國………九年，入知開封府，拜御史中丞。"

王侁傳："太平興國………九年，代還，遷西上閤門使，賜錢百萬。"

田仁朗傳："太平興國………九年，判四方館事。"

徐休復傳："太平興國………九年，出知廣州。"

陳從信傳："太平興國……九年，卒，年七十三，贈太尉。"

索湘傳："太平興國……九年，河決，壞民田，命與戶部推官元玘同按行。"

孔維傳："太平興國……九年，判國學事。"

陳摶傳："太平興國……九年，復來朝。"

杜審進傳："太平興國……九年夏，上以審進年高，不當煩以劇務，授右衛上將軍，奉給如故。"

劉知信傳："太平興國……九年，起爲左衛將軍，領罾州刺史。"

西蜀孟氏世家(孟昶傳)："太平興國九年，出爲宋曹亳鄆都巡檢，又改右屯衛上將軍。"

渤海傳："太平興國……九年春，宴大明殿，因召大鸞河慰撫久之。"

吐蕃傳："太平興國……九年秋，秦州言：'蕃部以羊馬來獻，各以宴犒，欲用茶絹答其直。'詔從之。"

建隆四年，見於志者凡十九，見於傳者凡廿七，見於世家者凡三。乾德六年，見於志者凡一十，見於傳者凡廿七，見於世家者凡四。太平興國九年，見於志者凡十五，見於傳者凡十七，見於世家者凡一。足見所謂建隆四年，乾德六年，太平興國九年，決非印刷或傳寫之誤。

他如舊五代史，新五代史，通考，續通典，續通志，范坰吳越備史，王闢之澠水燕談錄，王偁東都事略，李攸宋朝事實，柯維騏宋史新編皆有同樣之紀年，而通考，續通典，續通志所紀尤多(注二)。若謂續通典，續通志，宋史新編係後出之書，不免抄襲前史，人云亦云，不足爲憑；則新舊五代史，通考，吳越備史，澠水燕談錄，東都事略，宋朝事實皆前出之書，又多出自宋人之手，（馬端臨爲宋末元初人）以本朝之人，紀本朝之事，即有錯誤，亦決不致有如是之多。足見當時固有建隆四年，乾德六年，太平興國九年。如以舊五代史而論，薛居正爲宋初時人，嘗歷太祖太宗

宋史建隆四年乾德六年太平興國九年考　　83

兩朝，以當代之人，紀當代之事，烏有不明當代之年號者？

然則宋史太祖紀曷爲無建隆四年，乾德六年，太宗紀曷爲無太平興國九年？

大抵建隆四年即爲乾德元年，乾德六年即爲開寶元年，太平興國九年即爲雍熙元年。宋史志傳中所紀建隆四年事，乾德六年事，據太祖紀多爲乾德元年事，開寶元年事。所紀太平興國九年事，據太宗紀多爲雍熙元年事。太祖紀："乾德元年春正月………乙卯發關西鄉兵赴慶州（卷一百九十兵志四鄉兵一作建隆四年）。丁巳，修畿內河堤（卷二百六十一陳承昭傳作建隆四年）。………庚申，遣山南東道節度使慕容延釗率十州兵以討張文表。………甲戌，詔荊南發水卒三千應延釗於潭。………三月………甲午慕容延釗入荊南，高繼冲請歸朝，得州三縣十七（卷四百八十三荊南高氏世家高繼冲傳卷八十五地理志一作建隆四年）。………三月辛未，幸金鳳園習射，七發皆中，符彥卿等進馬稱賀。（卷二百五十一符彥卿傳作建隆四年）。………戊寅，………湖南平，得州十四，監一，縣六十六。（卷八十五地理志一作建隆四年）。夏四月………乙酉，遣使祭南嶽（卷二百六十五李昉傳作建隆四年）。丁亥，………遂幸武成王廟（卷一百五禮志八，吉禮八，昭烈武成王作建隆四年）。……辛卯，建隆應天曆成（卷六十八律曆志一作建隆四年）。………五月………庚午，給荊南管內符印（卷四百八十三荊南高氏世家高繼冲傳作建隆四年）。………六月………己亥，澶濮曹絳蝗（卷六十二五行志一下水下作建隆四年）。………秋七月………丁巳，安國軍節度使王全斌等率兵入太原境（卷二百五十五王全斌傳作建隆四年）。………八月壬午，殿前都虞候張瓊以陵侮軍校史珪石漢卿等爲所誣譖，下吏，瓊自殺（卷二百五十九張瓊傳作建隆四年）。………丁亥，王全斌攻北漢樂平縣，降之。辛卯，以樂平縣爲平晉軍，降卒千八百人爲效順軍，人賜錢帛。………丙申，北漢靜陽十八岩首領來降（卷四百八十二北漢劉氏世家劉鈞傳作建隆四年）。………齊州河決（卷六十一五行志一上水上作建隆四年）。………癸卯，宰相質率百官上尊號不允。九月甲寅，三上表請，從之（卷一百十禮志十三嘉禮一上尊號儀作建隆四年）。⋯⋯戊寅北漢引契丹兵攻平晉遣洺州防禦使郭進等救之(卷四百八十二北漢劉氏世家劉鈞傳作建隆四年)。⋯⋯十二月⋯⋯己亥泉州陳洪進遣使貢白金千兩，乳香茶藥皆萬計(卷四百八十三漳泉留氏世家(陳洪進傳)作建隆四年)。""開寶元年春正月甲午，增治京城（卷二百五十二王廷義傳作乾德六年）。⋯⋯已亥，北漢偏城砦招收指揮使任恩等來降⋯⋯秋七月丙申，⋯⋯北漢潁州砦主胡遇等來降（卷四百八十二北漢劉氏世家劉鈞傳作乾德六年）。⋯⋯八月⋯⋯戊辰，命昭化軍節度使李繼勳等征北漢。九月⋯⋯庚子李繼勳敗北漢於銅溫河（卷二百五十八曹彬傳作乾德六年）。"太宗紀："雍熙元年春正月⋯⋯戊午，右僕射石熙載薨（卷二百六十三石熙載傳作太平興國九年）。⋯⋯癸酉，左諫議大夫參知政事李穆卒(卷一百二十四禮志(二十七，凶禮三輟朝之制)；卷二百六十三李穆傳作太平興國九年)。三月丁巳，滑州河決。（卷九十一河渠志（一，黃河上）；卷二百六十田重進傳作太平興國九年)。⋯⋯是月，甘露降太一宮庭（卷六十五五行志(三，木)作太平興國九年）。夏四月⋯⋯甲午，幸金明池觀習水戰。⋯⋯五月⋯⋯辛亥，幸城南觀麥。（卷一百十三禮志(十六，嘉禮四，遊觀)；作太平興國九年）。⋯⋯秋⋯⋯八月⋯⋯是月，淄州大水。（卷六十一五行志(一上，水上)；作太平興國九年）。"

二，宋史雖無建隆四年改元乾德，乾德六年改元開寶，太平興國九年改元雍熙之紀載，但據范坰，林禹吳越備史，李攸宋朝事實，乾德改元，固建隆四年事；開寶改元，固乾德六年事；雍熙改元，固太平興國九年事。吳越備史(卷四)錢俶傳："建隆(癸亥)四年⋯⋯十一月，太祖有事南郊，大赦，改元乾德。⋯⋯乾德(戊辰)六年春正月，皇帝郊禮禮畢，大赦，改元開寶"。宋朝事實(卷二紀元)："建隆四年癸亥十一月十六日，南郊，改乾德元年。⋯⋯乾德六年戊辰十一月二十四日南郊，改開寶元年。⋯⋯太平興國九年甲申十一月二十一日南郊，改雍熙元年"。

三、宋史除(卷六十六)五行志(四，金)有"建隆⋯⋯四年，京師夏秋旱，

宋史建隆四年乾德六年太平興國九年考

又懷州旱。乾德元年冬，京師旱"之語，乾德元年，發見於建隆四年之後。其餘各志各傳，建隆四年之後，紀乾德二年者有之，而決無乾德元年。乾德六年之後，紀開寶二年者有之，而決無開寶元年。太平興國九年之後，紀雍熙二年者有之，而決無雍熙元年。天文志五行志於一事一物，往往年年皆有紀載，有建隆四年，卽無乾德元年，有乾德六年，卽無開寶元年，有太平興國九年，卽無雍熙元年。

雖然，建隆四年，雖卽爲乾德元年，乾德六年，雖卽爲開寶元年，太平興國九年，雖卽爲雍熙元年，宋史太祖紀紀乾德元年，開寶元年，而刪建隆四年，乾德六年，太宗紀紀雍熙元年，而刪太平興國九年，殊非得體：

一、太祖紀如無建隆四年，乾德六年，太宗紀如無太平興國九年，則乾德改元，開寶改元，雍熙改元，殊難紀載。太祖紀："乾德元年⋯⋯冬十一月⋯⋯甲子，有事南郊，大赦，改元乾德。⋯⋯開寶元年⋯⋯冬⋯⋯十一月癸卯，⋯⋯有事南郊，改元開寶。"太宗紀："雍熙元年⋯⋯冬十一月⋯⋯丁巳，祀天地于圜丘，大赦，改元。"乾德元年，改元乾德；開寶元年，改元開寶；雍熙元年，改元雍熙；未免可笑。

二、太祖紀旣無建隆四年，乾德六年，太宗紀旣無太平興國九年，後人治宋史者，將以當時並無建隆四年，乾德六年，太平興國九年。昔人讀宋史符彥卿傳，盛斥建隆四年之誤（註三），卽係鐵証。

倘紀建隆四年，乾德六年，太平興國九年，而刪乾德元年，開寶元年，雍熙元年，並於十一月中紀明改元，乾德，開寶，雍熙皆以二年始，則前弊可以盡革。如以改元以前事，紀建隆四年，乾德六年，太平興國九年，改元以後事，紀乾德元年，開寶元年，雍熙元年，亦未始不可。

至於志傳中或作建隆四年，或作乾德元年；或作乾德六年，或作開寶

註三　見宋史卷二百五十一考證。

元年；或作太平興國九年，或作雍熙元年；體例不一，異日修改宋史者，尤宜留意焉。

民國二十五年元旦於杭州浙江大學

明本兵梁廷棟請斬袁崇煥原疏附跋

孟 森

崇禎三年九月，兵部尚書梁題，請斬袁崇煥徐敷奏張斌良：太子太保兵部尚書臣梁等謹題。爲大法未伸，奸謀益熾，內應不絕，外變轉生，懇乞聖明立奮乾斷，以定封疆大計事：職方清吏司案呈。先該江西道御史袁弘勳題前事，內稱：慨自逆奴入犯，八閱月於此矣。大創未開，狡謀叵測，乃忽以求欸緩書，明相愚弄者，無他，以斬將主和之袁崇煥尚在繫也。崇煥身拘狴犴，防範頗嚴；何以線索如神，呼吸必應？則以同謀斬將之徐敷奏張斌良方在事也。敷奏係京師小唱，寅緣崇煥之門，爲加銜裨將。奉差私帶難民，爲毛文龍所參，奉旨處斬。時敷奏適在寗遠圍城中，崇煥以城守名色，抗旨宥而用之，而敷奏恨文龍入骨矣。迨夫逆酋以納款愚崇煥，而必殺文龍以取信。崇煥以礙款圖文龍，而遂引敷奏爲主謀。維時同惡相濟，又有張斌良其人者：先係嚮馬劇盜，夤緣逃官胡嘉棟之門，得爲將領。崇煥喜其利口，拔而用之，俾管登莱水兵事。却買殺降，冒蹟副將，與徐敷奏併力而圖文龍。文龍既誅，崇煥手捧元寶彩幣，向敷奏斌良四拜謝之。而崇煥之德敷奏斌良，又入骨矣。一切東江更置，悉聽敷奏。以么麼遊擊，而擅樞督之權。陞署偏將二十餘人，委署中千等一百餘人。以劉興祚領右協營，劉興治領平夷營，與劉興基劉興賢等共居皮島。東江銳精三千餘，及收降蓄養夷丁七百餘皆屬之。

以劉興沛爲參將，另領精兵二千二百名，屯長山要地，與覺華水營犄峙焉。敷奏斌良兩人之勢愈重，而兩人之奸愈不可方物矣。斌良又奉崇煥密諭，搜皮島參貂輜重，以百萬計，綑載而西，仍以修艦爲名，駕兵船三十七號，繇海上運津門，以轉運於家，萬目所共覩也。斌良未回，而奴騎突入，關門已越，城下難盟。皇上赫然震怒，勅拿崇煥，而敷奏斌良等胆碎魄奪，陰懷挺險之謀矣。斌良艤舟津岸，擺渡眠桅，若明招虜馬南下者。正月十七日，颶風晝晦，忽有奸細釘城頭大炮三十二門，津中守士皇皇焉。軍民萬衆，無弗知斌良謀內應者。徒以斌良係崇煥心腹，向輦金珠與京師權貴結，莫敢誰何。遂樂宜計遣，以折色二萬令斌良裝護東回，而斌良逗遛不行，謀載白養粹妻父徐雲逵，爲投入永平計。適雲逵執而斌良惶遽遁去，然猶徧揭當道，請屯兵月兒坨，以招接永平難民。然其通奴奸計，路人知之矣。敷奏部署諸劉，結爲心腹。一聞東江遣將，亟請自行，意何爲乎？爲走胡走越計耳！太平之戰，與祚誤中流矢；與賢投入奴營，爲姚塔貝勒部將。敷奏欺瞞掩飾，報與賢陣亡，而請卹之。今興治興沛並告反矣。諸劉家口，原在奴巢豢養，供奉殊厚。今者兄弟合叛，戕殺官將陳繼盛王承鸞等十數人，拘集獐鹿諸營船隻，盡赴皮島，此豈讎激殺傷已者。一旅舟師，揚帆徑渡，登覺旅順，在在可虞。況敷奏司關門之旗皷，斌良作津門之響導，而永平剃髮叛臣張一慶郭有道等，又皆先自海外逃回。踪跡詭秘，線索靈通，可不問而知也。蓋興治等反，而部署興治之兵，敷奏可乘機而請招撫之任。敷奏用而委信敷奏之崇煥，可挾重而佈通和之局。內外呼應，情狀彰彰，可不急圖決計哉！即今戎馬在郊，皇上或不欲輕遣緹騎，以驚關門諸將之耳目，何不密降手勅，令樞以同謀斬將，正敷奏斌良罪，立斬軍前？仍以專殺文龍，正崇煥罪，立付西市；且不必言爲款爲叛，致奸人挑激有所藉口，則逆奴之謀旣詘，遼人之心亦安；一舉萬當，又奚惑焉。

右內閣大庫所藏明題行稿文件，所以正袁督師之罪者。督師一身，係明存亡。當天啟六年春初，清太祖圍寧遠時，經臣高第令盡棄關外列城，退守關門。廟堂則倉皇京師城守，似知關門之守，亦不可恃。蓋使寧遠亦遵令撤退，高第舉動，必有可觀。關門即有可守，斷非節節圖遁之高第所能守。清兵鼓行而西，明縱不即亡於此役，亦必縮短國祚幾年。而關內外之糜爛，何可想像。當其時，清實錄言："上至瀋陽諭諸貝勒曰：'朕自二十五歲征伐以來，戰無不勝，攻無不克，何獨寧遠一城不能下耶？'"不懌累日。明實錄言："二月乙亥，兵部尚書王永光言：'遼左發難，各城望風奔潰，八年來賊始一挫，乃知中國有人矣。'蓋緣道臣袁崇煥平日之恩威有以懾之維之也。不然，何寧遠獨無奪門之叛民，內應之奸細乎？本官智勇兼全，宜優其職級。一切關外事權，悉以委之。而該道員缺，則聽崇煥自擇以代。"云云。則固視經督為無物，而專任崇煥，由寧前道徑代經督之權矣。其前一日，捷音未至，永光尚奏六事，中有'重事權以責成功'一款云："經臣高第，皇上所推轂而遣，賜劍專殺者也。關內關外，進止機宜，悉聽主持，無旁撓，無中制，必能掃蕩廓清，紓我皇上東顧之憂。"云云。時高第奏陳盡棄關外，閣部奏請嚴守京師，已有定議。則重經略事權者，重其棄地之權，使寧前道不得違令設守而已耳！翌日忽得捷音，遂變昨說。自此至錦州再捷，拒卻清太宗，首功歸滿桂趙率教。魏忠賢不滿崇煥，罷其職，以王之臣代為巡撫督師。而以崇煥大捷功，為忠賢大封子姪及奄黨地。崇煥止得增一秩而去職，然為奄所奪，乃士大夫應有之事，自此以前，袁督師名滿天下，國人仰望之，敵人敬畏之，此一去有餘榮也。

　　崇煥甫罷，熹宗亦崩。思宗即位，既正奄黨罪，即召用崇煥。崇禎元年七月至京師，召對平臺，所請悉從之。並假便宜賜上方劍。二年六月，遂以便宜誅毛文龍。於是崇煥一身，在明誣爲罪大惡極之人，而清太宗反間之計得行。奄黨餘孽，媒孽其間，思宗愚而自用，諸臣意氣用事，崇煥至以磔死。定罪時本兵之疏如此，猶曰一時君臣之憒憒也。乃至北都既覆，弘光之朝，正人君子，倘理崇煥通敵脅和之說，津津而道。若情事逼眞；此則明統一日不絕，崇煥功罪一日不明。天啟朝實錄中，多有毛文龍之罪狀，至歸惡崇煥以後，反以文龍爲賢：謂文龍爲建州所深忌，非殺文龍必不能取信於建州；夫而後崇煥之殺文龍，乃與通敵脅和，幷爲一事。此不必僉邪爲是言，賢者亦爲是言，是可恫矣。

徐石麒者，南都時吏部尙書也。石麒在天啟時，抗魏忠賢，勒完賊而削籍，當時已著淸望。崇禎中歷官卿貳。長刑部時，以申救熊開元姜埰落職。南都再起，爲馬士英輩所厄而去。去後南都亡，朝服自縊。其正義大節，無愧完人矣。史書傳言。福王監國，召拜右都御史，未任；改吏都尙書。奏陳‘省庶官’，‘愼格破’，‘行久任’‘重名器’，‘嚴起廢’，‘明保舉’，‘交堂廉’七事。時方考選，與都御史劉宗周，矢公甄別，以年例出御史黃耳鼎，給事中陸朗於外。朗賄奄人得留用。石麒發其罪。朗恚，訐石麒。石麒稱疾乞休。耳鼎亦兩疏劾石麒，幷言其枉殺陳新甲。石麒疏辨，求去益力。馬士英擬嚴旨，福王不許，命馳驛歸，令其自辨，疏載談遷棗林雜俎。以陳新甲與崇之罪在主和，與袁崇煥之得罪相近似。疏前半乃述崇煥罪狀，其言足與崇禎初部議相印證。可知明之士夫明之淸議，竟無有恕崇煥者。石麒疏云：

奏爲矯誣先帝者悖之極，欺罔聖明者奸之盛，事關封疆殷鑒，信史紀傳，不得不據事驗明，以存實錄事：臣於十五日（崇禎十七年九月）伏枕次，見黃耳鼎翻出陳新甲一案，謂臣殺新甲以敗款局。此似耳鼎拾馬紹愉之邪唾，將以顛倒成案，獻媚朝廷，以爲後日賣國之地，不但欲爲新甲報仇起大獄已也。 事關宗社封疆，臣何敢嘿嘿處此。 臣請與皇上先言款事終始：我國家自有虜患以來，其講款非一矣。 天啟二年，穢樞惑於王化貞之說。 俾違督臣熊廷弼節制，而私與孫得功爲市。 得功突發犯順，城陷身逃，而款議敗。（王化貞雖極愚昧僨事，然非欵虜，乃欲倚孫得功購李永芳爲間以圖虜耳。第一段已失實，可見當時輿論尨雜已甚。） 其次則袁崇煥遣喇嘛僧弔老酋，因以議款，未成而崇煥去位。 迨先帝初立，意在滅虜。 召崇煥授兵柄。 崇煥陽主戰而陰實主款也。 甚至殺東江毛文龍以示信。（以殺文龍爲示信於建州，周密極矣。）嗣先帝不之許，進嗾虜關入脅款；仍戒以勿得過薊門一步。 崇煥先頓兵以待，是夕敵至，牛酒相犒勞。 夜未央，敵忽渝盟，拔騎突薄城下，崇煥師反殿其後。（建州兵由喀剌沁蒙古爲嚮導，入遵化遷安之洪山潘家大安等口，及龍井關。 崇煥自邊援薊，自然出建州兵後。 疏竟謂犒勞建兵。 自向朝廷脅欵，旋變計眞犯薊門。倉皇赴救，故反殿其後，以成反間之說。） 先帝於是逮崇煥誅之，而款議再敗。 然崇煥雖言款，其所練甲士稍精強，邊備未嘗弛，故誅後而祖大壽猶得以餘威振於邊。嗣是中外靡有敢言款者。 第歲久我叛帥纍纍家遼西，益相狎習。 邊將益約節士卒，復與北購，偸旦夕之安，而邊備日弛矣，本兵未必知也。至楊嗣昌忝樞密，廉得狀，時虜亦適內寇，於是再以款市聞。 先帝命偵實情，竟得媼書，大怒格之；而款議復敗。（此事詳嗣昌及盧象昇傳）嗣是即新甲主款矣。 新甲令石鳳臺與北通，而惡洪承疇撓其事。 因虜困錦州，急遣張若麒往催戰，欲乘間殺承疇脅款。 此即向者崇煥殺文龍故智也。（再提崇煥敎文龍脅欵之罪。 此不惟崇煥非此意，即謂陳新甲欲殺洪承疇，亦恐非新甲本意也）不虞承疇先覺，獨入松杏城死守。 若麒計不成，乘月宵遁，陷我六師。 舊輔臣謝陞，見邊事大壞。 憶督臣傅宗龍臨行有'樞臣計專主款'之語發聞，先帝遂召新甲陛見，切責良久。 徧詢諸輔，獨陛對曰："彼若果許款，款亦可恃。"議遂安。時壬午正月初八日事也。已而遣一瞽者，一矙生，與馬紹愉偕往義州議款。（賣卜瞽者周元忠，楊嗣昌議款所用，至是想仍藉之。）四月歸，虜不具表謝，而復得嫚語。先帝知爲所紿，大恨。而款事又敗。（建州復書見東華錄，在明人固應謂之嫚書。然欵之敗，非以書故，因新甲爲家童誤付邸鈔洩漏也。）蓋自辛巳張若麒倡逃後，舉先帝十五年所鳩集之精銳，一旦盡掃。老成謀國之臣，無不私祝，望款事之成，庶幾稍有息肩。至天子親發璽書，下明詔，首臣屬草，次輔書眞，誡樞臣，撫使者而遣之。爲使者飭冠劍，連車騎，至塞外；我邊臣椎牛醴酒。張筵十六席燕虜使。（此事可補史文所略）虜之酋長遣綱紀，一美少年，一龎眉皓首之老來會，絕不語及開市事。問之，則云待'老憨'命。（'憨'爲'汗'之對音，明人多作'憨'字。）及憨至義州，首詰諸酋長私與中國通，擬殺我使人。譯事者爲之祈請，叩頭乞哀。馬紹愉等抱頭鼠竄歸，恐彼尙未見憨面。今反飾稱親到瀋陽，不幾夢中囈語耶？"（證以東華錄，絕不如是。愛國斥和者疾視之語，國亡而虛憍自在。）——以下論新甲他罪從略。

東華錄：天聰三年即明崇禎二年，十二月辛丑，大兵偪北京。上營於城北土城關之東，兩翼兵營於東北。偵知滿桂侯世祿等集德勝門。上率右翼諸貝勒前進。又聞瞭見東南隅有寧遠巡撫袁崇煥，錦州總兵祖太壽等，以兵來援。傳令左翼諸貝勒迎擊。癸卯，遣歸順王太監齎和書致明主。上率諸貝勒環閱北京城。乙巳，屯南海子。丁未，進兵距關廂二里。戊申，聞袁崇煥祖太壽營於城東南隅，豎立柵木，令我兵偪之而營。上率輕騎往視進攻之處，諭曰：路隘且險，若傷我軍士，雖勝不足多也。遂回營。先是獲明太監二人，付與副將高鴻中，參將鮑承先寧完我，榜式達海監牧。至是回兵。高鴻中鮑承先遵上所授密計。坐近二太監，故作耳語云；今日袁巡撫有密約，此事可立就矣。時楊太監者，佯臥竊聽，悉記其言。庚戌，縱楊太監歸。楊太監將高鴻中鮑承先之言詳奏明帝，遂執袁崇煥下獄。祖太壽大驚，率所部奔錦州，毀山海關而出，云云。此清太祖實錄所書，以示太宗之善用兵。其方法乃襲小說中之蔣幹中計。清太祖時譯三國演義以爲兵書，此時尙得其用。而明帝之不知士大夫心跡，竟墮此等下劣詭道，自壞萬里長城。幷不言其蜚語之所由來，自矜燭照神秘。虛憍之正人，旣不慊於前時遣弔，又不審毛文龍之當誅罪惡，揑其情事爲一串，竟稱崇煥通敵脅款。至國亡後尙嘵嘵欲傳爲信史。明史出而稍據清實錄，反於崇煥傳雪此誣搆。近又好據同時人之褒貶，以爲可信。如崇煥傳則不可挾此成見也。

毛文龍東江之兵，始以明廷無的餉而藉口通商，以違禁物與敵爲市，敵乃大得其助。至崇煥治兵，請筦東江之餉，而文龍拒之；以與敵通市爲利，又不欲以領餉而暴露兵額也。崇煥斬文龍，編制其兵，覈實其餉，東江正可有爲。乃身旣被戮，毛兵亦無所依賴，自相屠殺，相率降淸。論者又以此爲崇煥之罪，不以爲殺崇煥者之罪，至今尙紛糾不已。是用揭之，庶知三百年公論不定。一繙明末人當時之紀載，愈墜雲霧中。論史者將謂今日之人，不應妄斷古人之獄，惟有求之故紙，憑耳目所及者之言以爲信。豈知明季之事，惟耳目相及之人，恩怨是非，尤爲糾葛。而崇煥之被謗則於溫體仁與錢龍錫門戶相傾之舊套以外，又多一虛憍愛國者之張岱儕輩，爲淸太宗反間所中，久而不悟；雖有正人，祇能保錢龍錫之無逆謀，不敢信袁崇煥之不通敵。對建州認識不眞，對力能抗虜之疆臣，猜疑太過，皆爲促亡之道。今約取明實錄，淸實錄，及明史崇煥本傳，重叙其事實經過如右。

崇禎元年四月，起袁崇煥爲兵部尙書，督師薊遼。崇煥以忤忠賢去。忠賢誅，王之臣被劾罷，廷臣爭請召崇煥。詔所司敦趣上道。七月至京師，召對平臺，自任五年可復全遼；請勿令在朝諸臣，以權力製臣肘，以意見亂臣謀。帝悉從之。並假便宜賜上方劍。崇煥又以前此熊廷弼孫承宗皆爲人排擠，不竟其志。上言：'恢復之計，不外臣昔年以遼人守遼土，以遼土養遼人。守爲正著，戰爲奇著，和爲旁著之說。法在漸不在驟，在實不在虛。任而勿貳，信而勿疑。馭邊臣與廷臣異：軍中可驚可疑者殊多，但當論成敗之大局，不必摘一言一行之微瑕。事任既重，爲怨實多。諸有利於封疆者，皆不利于此身者也。是以爲邊臣甚難。臣非過慮，中有所危，不得不告''。帝優詔荅之。八月抵關。適寧遠兵缺餉四月譁變，先靖其亂。即裁併諸鎮，關內外止設二大將：祖大壽駐錦州，趙率教駐關門，身自居中駐寧遠。請罷寧遠及登萊巡撫不設，亦報可。二年六月，崇煥殺毛文龍。文龍鎮東江，朝廷視爲意外之兵，不能時給餉。文龍因得以自籌之說，假通商名，往來海上，多販違禁物規利。建州所資於中國者，得之東江，而文龍亦多得建州所產參貂，賂遺朝貴，恆爲奄黨所樂袒庇。既擁厚利，所集刁健不逞之徒極衆。建州亦頗有顧忌。而朝鮮亦賴以聯中朝之聲氣。崇煥涖鎮，疏請遣部臣理東江餉。文龍惡文臣監制，抗疏駁之。崇煥不悅。尋文龍來謁，接以賓禮。文龍不讓，崇煥謀益決。至是以閱兵爲名，泛海抵瓊島。文龍來會，崇煥相與燕飲，每至夜分，文龍不覺也。崇煥議更營制，設監司，文龍怫然。崇煥以歸鄉動之。文龍曰：''向有此意，但惟我知東事。東事畢，朝鮮衰弱，可襲而有也。''崇煥滋不懌。（朝鮮最忠於明，明廷亦無謀襲朝鮮之意。而至末代之軍人，則多以此爲厚自封殖之計，李成梁有此計，故益欲聯絡清太祖。毛文龍亦然。皆以糾集徒黨太衆，思開一新國土，以自雄於海外耳。）遂以是月五日，邀文龍觀將士射。先設幄山上，伏甲士幄外。文龍至，其部率不得入。崇煥曰：''予詰朝行。公當海外重寄，受予一拜。''交拜畢，登山。因詰文龍違令數事。文龍抗辨，崇煥厲聲叱之，命去冠帶縶縛。文龍猶倔強。崇煥曰：''爾有十二斬罪，知之乎？ 祖制：大將在外，必命文臣監。爾專制一方，軍馬錢糧不受核，一當斬。 人臣之罪，莫大欺君。爾東報盡欺妄，殺瀕海難民冒功，二當斬。 人臣無將，將則必誅。爾奏稱牧馬登州，取南京如反掌。大逆不道，三當斬。 每歲餉銀數十萬，不以給兵，月止散米三斗有半。侵盜軍糧，四當斬。 擅開馬市於皮島，私通海外諸國，五當斬。 部將數千人，悉冒己姓，副將以下，濫給劄付千，走卒輿夫盡金緋，六當斬。 自寧遠剽掠商船，自為盜賊，七當斬。 強取民間子女，不知紀極。部下效尤。人不安室，八當斬。 驅難民遠竊人參，不從則幽之島上，僵臥死者，白骨如莽，九當斬。 輦金京師，拜魏忠賢為父，塑冕旒像于島中，十當斬。 鐵山之敗，喪軍無算，掩敗為功，十一當斬。 開鎮八年，擁兵觀望，不能恢復寸土，十二當斬。" 數畢，文龍噤不能置辨，但叩頭乞免。 崇煥召諭其從官曰："文龍罪狀當斬否？"皆惶怖唯唯。 中有稱文龍數年勞苦者，崇煥叱退之。 乃頓首請旨出尚方劍，斬文龍于帳下。 然後出諭其部卒曰："誅止文龍，餘無罪"。皆不敢動。 分其兵為四協，以文龍子承祚，及副將陳繼盛等領之。 犒軍士。檄撫諸島，盡除文龍虐政。還鎮，以其狀上聞。 末言文龍大將，非臣得擅誅，謹席藁待罪。 上驟聞意殊駭。 既念文龍已死，方任崇煥，乃優旨褒答。 崇煥又上言："文龍一匹夫，不法至此，以海外易為亂也。 其衆合老稚四萬七千，妄稱十萬。 且民多，兵不能二萬，妄設將領千。 今不宜更置帥，即以副將陳繼盛攝之，于計便，又慮部下為變，請增餉銀至十八萬，皆報可。 是年十月，建州兵毀邊牆入犯。 崇煥入援，謗者以崇煥先有與建通和之意。 謂其招虜脅和，將為城下之盟。 清太宗又授計叛將高鴻中，于軍中所獲宦官二人前，故作耳語，云今日撤兵，袁巡撫有密約，事可立就。 縱宦官歸，以聞于帝。 遂再召見平臺，詰殺文龍事，縛付詔獄。 祖太壽駭而毀關東奔，猶於獄中取崇煥手書召大壽，得無叛去。時閣臣錢龍錫持正，不悅於奄黨。奄黨王永光復用，爲吏部尙書。引同黨御史高捷史巹，爲龍錫所抳者，遂以龍錫與崇煥屢通書，計議和，殺文龍爲龍錫主使，幷罷龍錫。時起用孫承宗，禦建州兵，兵退。遂於三年八月，磔崇煥。九月，逮龍錫。十二月，下龍錫獄。奄黨借議和誅毛，指崇煥爲逆首，龍錫等爲逆黨，謀更立一逆案，與前案相抵。內閣溫體仁，吏部王永光主其事，欲發自兵部。而兵部尙書梁國棟：不敢任而止。僅議龍錫大辟，決不待時，帝不信龍錫逆謀。龍錫亦悉封上崇煥原書及所答書。帝令長繫。明年，中允黃道周申救謫外，而帝亦詔所司再讞。減龍錫死，戍定海衞。在戍十二年，兩赦不原，其子請輸粟贖罪，周延儒當國，尼不行。南渡後始復官歸里卒。崇禎宰相五十人，龍錫尙爲賢者。崇禎初與劉鴻訓協心輔政，朝政稍淸。兩人皆得罪去。崇煥則以邊事爲己任。旣被磔，兄弟妻子流三千里。籍其家無餘貲。天下冤之。帝泄無主宰，而好作聰明，果於誅殺。使正人無一能任事，惟姦人能阿帝意，而日促其一線僅存之命。所謂君非亡國之君者如此！

明清兩代河防考畧

尹 尙 卿

一　歷代黃河徙道紀要

禹貢"導河積石，至于龍門；南至于華陰；東至于底柱；又東至于孟津；東過洛汭，至于大伾；北過洚水，至于大陸；又北播爲九河，同爲逆河入于海。"此禹河之故道也。

按：禹河故道自積石以下至今河南滎澤縣，與今水道並同。滎澤以下，自原武縣北東經陽武延津二縣北，新鄉汲縣南，又東北至濬縣西南，大伾山在焉。折北行經內黃湯陰安陽，會漳水經臨漳大名成安肥鄉曲周平鄉至鉅鹿，古大陸之澤在焉。又北播爲九河。九河者，徒駭太史馬頰覆鬴胡蘇簡絜鉤盤鬲津也（見爾雅）。徒駭最北，鬲津最南。徒駭爲河之本道，東出分爲八枝。九河不可悉考，惟徒駭與鬲津最爲有據。許商言：自鬲以北間相去二百餘里，故特著二河之迹，舉兩頭以該中間，不復界爲九道，而九河之迹未盡泯也（見胡渭禹貢錐指）。逆河即在今之渤海，蓋以年代久遠，河爲海水所漸，南溢二百餘里，前日逆河所經之陸地已淪爲海，而逆河遂亦無可指實矣，故漢書溝洫志乃云至章武入海也。後之學者如蘇軾薛季宣程大昌黃度等皆然之，未聞有異說也。

在傳說中，自帝堯八十載癸亥（西元前二二七八）命禹治河成功，歷夏商二代，仍循故道。下逮東周齊桓公之世，九河亡其八枝。後數十歲為定王五年己未，當魯宣公之七年（西元前六〇二），而河遂東徙，自宿胥口東行漯川，又東北至長壽津（在今滑縣東北六十餘里），始與漯別行而東北，合漳水至章武入海，是為禹河大徙之始。自禹導河成功至此，凡歷一千六百七十六年（見通鑑及禹貢錐指）。

河自宿胥口徙流至成平，合漳水復歸禹河故道，又東北歷浮陽參戶平舒至章武入海。以今輿圖考之，凡濬縣滑縣開州內黃清豐南樂大名元城冠縣館陶堂邑清平清河博平高唐平原德州景州吳橋東光交河滄州青縣靜海天津諸州縣界，皆周定王五年至西漢末大河之所經也。至王莽始建國三年辛未（西元一一），河決魏郡，泛清河以東數郡，入濟南府界，東經鄒平，至于千乘入海。漳水自章武專達于海，北瀆遂空，而大伾以東之舊迹亦盡亡矣。是為禹河之再徙。自周定王五年徙道至此，凡歷六百十二年（見漢書王莽傳及禹貢錐指）。

自王莽時河徙南流後，至東漢明帝永平十二年己巳（西元六九）議修汴渠。夏，發卒數十萬，遣王景與王吳修渠，築隄自滎陽東至千乘海口千餘里，明年夏渠成。然史稱修汴渠，又曰渠成，始終不言河者，蓋建都洛陽，東方之漕全資汴渠，故惟此為急，河汴分流，則運道無患，治河所以治汴也。自平帝之後，汴流東侵，日月益甚。建武十年，陽武令張汜上言河決積久侵毀濟渠，漂數十許縣，是其時濟亦決敗矣。水經河水注載王景事在滎陽濱蕩渠下天子璽曰：汴渠即蒗蕩渠也，則河水當從此決入，然滎陽以下南岸山脈已盡，地平土疏，隨處可以決入，不獨石門築口也。濟隧亦通至于岑造入瀔隧而其流始絕。莽時河入濟南千乘，則侵濟處更多，故築隄自滎陽至千乘海口千餘里。永平十三年詔曰："河汴分流，復其舊迹；陶丘之北，漸就堙壞。"十五年景從駕東巡至無鹽，帝美其功，特優加陞賞焉。(見後漢書王景傳及禹貢錐指)論者謂周定王時河雖徙，而東光以下至章武入海，猶是徒駭之故道，至王莽時始改從千乘入海，而景遂因之，禹迹乃蕩然無存，殊不無遺憾。自王景治河成功之後，下訖隋唐，河不爲患者蓋千餘年矣，其事功何可議也。

自後漢明帝十三年庚午(西元七〇)，王景治河功成，下逮宋仁宗景祐元年甲戌(西元一〇三四)，有橫隴之決。又十四歲爲慶歷八年戊子(西元一〇四八)，河決商胡埽，決口廣五百五十七步。皇祐元年河合永濟渠注乾寧軍，是謂北流。其後或通或閉。嘉祐五年，北流復決爲二股河自魏州平恩東至德州滄州入海，是謂東流。其後屢經決溢，至哲宗元符二年，北流勢盛，東流乃絕。自後漢永平十三年下訖慶歷八年河決商胡，凡九百七十八年，是爲黃河大徙之第三次。(見宋史河渠志及禹貢錐指)

宋光宗紹熙五年甲寅，即金章宗明昌五年(西元一一九四)，河決陽武故隄，灌封丘而東，自陽武歷延津封丘長垣蘭陽東明曹州濮州鄆城范縣諸州縣界中，至壽張注梁山濼分爲二派，北派由北淸河入海，今淸河自東平歷東阿平陰長淸齊河歷城濟陽齊東武定靑城濱州蒲台至利津縣入海者是也。南派由南淸河入淮，卽泗水故道，今會通河自東平歷汶上嘉祥濟寧合泗水至淸河縣入淮者是也。自宋熙寧十年河匯梁山濼分二派，入南北淸河，尋經塞治，至是復行其道，而汲胙之流遂絕，是爲黃河大徙之第四次。自宋慶歷八年至此，又歷一百四十六年矣。(見金史河渠志及禹貢錐指)

元世祖至元二十五年，汴梁路陽武縣諸處河決二十二所，漂蕩麥禾房舍，委宣慰司督本路差夫修治。是時河徙出陽武縣南奪渦入淮，而新鄉之流遂絕。當至元九年河決新鄉縣廣盈倉岸時，河猶在新鄉陽武間也，至是徙出陽武縣南新鄉北流絕，水道又一變矣。至正二十六年己丑(西元一二八九)，會通河成，於是始以一淮受全河之水，是爲黃河大徙之第五次。自金明昌五年至此，凡歷九十五年。

元至元中黃河所徙之道，即今稱之爲淤黃河道者是也。自至元後歷二百餘年，至明弘治年間，河決張秋，劉大夏築太行隄以禦之，北流遂絕，始以清口一線受萬里長河之水。由明中葉至于清初，雖屢有衝決，然河道無大變。下逮咸豐五年乙卯（西元一八五五），河決銅瓦廂，奪大清河入海，是爲黃河大徙之第六次。自元至元二十六年至此，凡歷五百六十六年。

按：黃河自積石以下至今河南之滎澤縣，古今水道並同，諸書所載無異辭矣。由滎澤而東，衝決次數最多，受患亦最烈者，則爲開封府境。開封南岸從汴達淮與運道無關，惟北岸一有潰決，則延津長垣及東明曹州皆受其害，近則注張秋，由鹽河入海，遠則直趨東昌德州赴溟渤，而濟寧上下無運道矣。開封地皆浮沙，一經潰決，瞬息數百丈，工大而下埽難，故河決之害北岸爲大，而北岸之害莫大于開封。考通志杞縣有蒲口，通許縣有山龍口清水口，封丘縣有金龍口大王廟口，蘭陽縣有曹良耿金諸口，皆昔時黃河潰決處也。觀于此，可知開封府境所以受患最烈也。

自開封而東，經大名府之長垣東明而入山東境，東北歷冠縣館陶堂邑清平博平高唐恩州諸縣以入濟南府平原縣德州界者，此西漢黃河之故道，水經河水故瀆東北逕發于縣（今山東堂邑縣）以下是也。其自茌平以入濟南府禹城平原界者，此東漢以後黃河之故道，水經河水自鄧里渠東北過茌平以下是也。其在聊城之南以至平陰縣界者，此唐及五代之故道也。宋初東京故道猶循其舊，慶歷中商胡埽決，改而北流，合永濟渠，則自大名之元城入境，東北歷冠縣之西北，館陶臨清之西，入廣平府威縣之南，北達清河，又逕臨清州夏津之西北，武城之西，以至冀州棗強縣界，此宋時黃河北流之故道也。至金明昌五年，河決陽武，由南北清河入海，自後北流漸微，南流奪淮入海之勢已成，下逮元明及清中葉以前，俱由南道，不經山東境者幾五百年。咸豐五年北徙之後，南流遂淤，改由北道入海，又歷八十年矣。其大徙六次，小徙次數不計，按之圖籍，猶歷歷可徵也。

二　明代以前河防紀要

自禹貢而後，河水衝決徙道者屢矣，而言治河者則始于賈讓之三策。當西漢之世，黎陽東郡白馬間，數受河患，至哀帝初，詔丞相孔光，大司空何武，舉吏民之能治河者，時賈讓官待詔，因奏言治河有上中下三策，略云：

"今行上策，徙冀州之民當水衝者，決黎陽（黎陽故城在濬縣東北）遮害亭（遮害亭在濬縣西南五十里），放河使北入海，河西薄大山，東薄金隄，勢不能遠泛濫，期月自定。大漢方制萬里，豈與水爭咫尺之地？此功一立，河定民安，千載無患，故謂之上策。若乃多穿漕渠于冀州地，使民得以溉田，分殺水怒，雖非聖人法，然亦救敗術也。瀕河隄吏卒，郡數千人，伐買薪石之費歲數千萬，足以通渠成水門，又民利其溉灌，相率治渠，雖勞不罷，民田適治，河隄亦成，此誠富國安民興利除害，支數百歲，故謂之中策。若乃繕完故隄，增卑倍薄，勞費無已，數逢其害，此最下策也。"（見漢書溝洫志）

賈讓治河三策，明名臣邱濬言古今治河善策無出其上者，而潘季馴則力詆其謬，二者俱失當。蓋論古人必論其世，毋泥其言，讓之策本為西漢黎陽東郡白馬間之水患言之，非為後世治河之成法。季馴乃辯其上策曰："民可徙，四百萬之歲運將安適？"而不知上世地廣民稀，如殷避河患至五遷其國都而不以爲難，西漢人民雖稍稠庶，然所徙僅百里內之民，其無累于民可知。 至漕運江南之粟，自元明以後始行之，在西漢時未嘗行運，季馴之言殊未能關讓之策也。 讓之中策則多穿漕渠，多張水門，旱開東方溉冀州，潦開西方放河流。 而季馴則辯之曰："潦固可洩，而西方地高水安可往？"蓋旣傍西山作隄，則東卑而西亢，其言近是。 至若曰："河水不常，與水門每不相値，或併水門漫涐之，"夫讓所謂水門即今之閘埧涵洞也，河流雖不常，能淤漫，然閘埧涵洞爲古今治河必用之一法，季馴治河又何以不廢此乎？又曰："旱則河亦淺，無以分溉。"是亦不然，蓋讓所云溉，止言冀州石隄三百里間耳，黃河挾萬里之源，合秦晉豫三州之水而入冀，安得冀州一旱而河即淺？此亦一時逞快之論，非通論也。 要之今日河勢變遷，讓之上中策無可議于今者，且多穿漕渠則力分不能滌沙，必致淤墊決溢，前人已屢論之矣。 惟繕完隄防，讓之下策乃今之上策，鑒于古而不膠于古，不亦善乎！

賈讓三策在當時未盡行，未幾至王莽始建國三年，河決魏郡，泛淸河以東數郡，經濟南鄒平東至于千乘入海，北流遂淤。 至東漢明帝時，王景修汴渠成，河汴分流，復其舊迹，自是河不爲大患者千年。 河患已息，故治之策亦無聞焉。 至宋仁宗之世河決商胡埽，治河之議又起 ，但如歐陽修所謂"治水無奇策，相地勢，謹隄防，順水性之所趨，雖大禹不過此。" 蘇軾謂"黃河之性急則通流，緩則淤澱，旣無東西皆急之勢，安有兩河並行之理？"此則書生之論，未親歷衝決淤漫之處而謀疏治之策，則言雖有至理，要未知施于事實爲何如也。 (參考宋史河渠志)

自賈讓之後，言治水方法最詳明而至今猶可行者，莫如元之賈魯。當至正九年冬，脫脫旣復爲丞相，慨然有志于事功，論及河決，(至正四年夏五月大雨，黃河暴溢，北決白茅隄，六月又北決金隄，並河郡邑，魯西諸郡縣，均罹水患，)即言于帝，躬任其事。帝嘉納之，乃命集群臣議廷中，而言人人殊，惟都漕運使賈魯昌言必當治，因獻二策：其一修築北隄以制橫潰，其用功省；其一疏塞並舉，挽河使東行以復故道，其功費甚大。脫脫韙其後策，乃薦魯于帝，大稱旨。十一年四月下詔中外，命魯以工部尙書爲總治河防使，發汴梁大名十三路民夫十五萬，廬州等戍十八翼軍二萬人供役，是月二十二日鳩工，七月疏鑿成，八月決水故河，九月舟楫通行，十一月水土工畢，諸埽諸隄成，河乃復故道，南匯于淮，又東入于海。帝遣貴臣祭河伯，召魯還京師，論功超拜榮祿大夫集賢大學士，其宣力諸臣遷賞有差，復命翰林學士承旨歐陽玄製河平碑以旌勞績。玄旣爲河平之碑，又自以爲司馬遷班固記河渠溝洫僅載治水之道，不言其方，使後世任斯事者無所考則，乃從魯訪問方略，及詢過客，質吏牘，作至正河防記，欲使來世罹河患者按而求之。其言略曰：

"治河一也，有疏，有浚，有塞，三者異焉。灑河之流因而導之謂疏，去河之淤因而深之謂之浚，抑河之暴因而扼之謂之塞。疏浚之別有四：曰生地，曰故道，曰河身，曰減水河。生地有直有紆，因直而鑿之可就故道。故道有高有卑：高者平之以趨卑，高卑相就，則高不壅，卑不瀦；慮夫壅生潰，瀦生湮也。河身者，水雖通行，身有廣狹：狹難受水，水益悍，故狹者以計闢之。廣難爲岸，岸善崩，故廣者以計禦之。減水河者，水放曠則以制其狂，水驟突則以殺其怒。治隄一也，有創築，修築，補築之名；有刺水隄，有截河隄，有護岸隄，有縷水隄，有石船隄。治埽一也，有岸埽，水埽，龍尾，攔頭，馬頭等埽。其爲埽台及堆卷牽制蓮挂之法，有用土用石用鐵用草用笅用絙之方。塞河一也，有缺口，有豁口，有龍口。缺口者已成川；豁口者舊嘗爲水豁，水退則口下於隄，水漲則溢出於口；龍口者水之所會，因新河入故道之際也。"

又曰："水工之功，視土工之功爲難，中流之功，視河濱之功爲難，決河口視中流又難，北岸之功視南岸爲難。用物之效，草雖至柔，柔能狎水，水潰之生泥，泥與草並力重如碇，然維持夾輔則欖索之功實多。(見元史河渠志)

古來言治河之方莫備于此，蓋由魯習知河事，又能竭其心思智計之巧，乘其精神胆氣之壯，不惜勞瘁，不畏譏評，故能成其功。然當庚寅歲(至正十年)河南北童謠有云："石人一隻眼，挑動黃河天下反，"及魯治河果於黃陵岡得石人一眼，而汝穎之妖寇乘時而起。議者往往以天下之亂皆由賈魯治河之役，勞民動衆之所致；殊不知元之所以亡者實基于上下因循，狃于宴安之習，綱紀廢弛，風俗偷薄，其致亂之階非一朝一夕之故；所由來久矣。不此之察，乃獨歸咎于是役，徒以成敗論事，非通論也。

按：賈魯治河故道，由黃陵岡東經歸德至徐州，即今淤黃河故道。今輿圖有所謂賈魯河者，由河南滎澤東經鄭州之北，又東至中牟縣，又東至朱仙鎭，折而南經過許縣之西，尉氏縣之東，再南經扶溝西華周家口，與穎水合流，東南至穎上入淮者，其支流耳，非賈魯所治之正道也。

三　明代河防紀要

明代二百餘年，河之爲患多矣，受命董治河之役者代有重臣，然求其能諳水道，確有治河方略而奏績者，殊不多見。其可稱者惟徐有貞劉大夏潘季馴三數人而已。茲即以此三人治河成效依次分三時期述之，其事微而績不甚著者不與焉。

1. 徐有貞治河事略

黄河舊從開封北轉流東南入淮，不爲害。自正統十三年改流爲二，一自新鄉八柳樹決由故道，東經延津封丘入沙灣，一決滎澤，漫流原武，抵開封祥符扶溝通許洧川尉氏臨潁鄢城陳留商水西華項城太康等處，（按此即今所稱賈魯河者）沒田數十萬頃，而開封爲患特甚。雖嘗于城西沿河築小隄，內又築大隄，俱約三十餘里，然沙土易壞，隨築隨決。（見景泰實錄四年六月王迴疏）至景泰三年九月，江淮以北直至濟寧水漲，淪沒房屋禾稼，遠近乏食，棲止無所。帝憂之，命都察院左都御史王文往計議處置，仍命文以太牢致祭于朝宗順正惠通靈顯河伯之神曰：

　　"朕爲民牧，神爲河伯，皆上天所命。今河水爲患，民不聊生，伊誰之責？固朕不德所致，神亦豈能獨辭？必使河循故道，民以爲利而不以爲患，然後各得其所，而俯無所愧。專俟感通，以慰懸切。"

景帝憂國憂民，于水神亦嚴詞譴責，仍望其能感通。但至四年夏，河又有沙灣之決，當即命工部司務吳福往治，旋以給事中國盛言吳福庸下，不能濟事，乃改命工部尙書石璞代之。璞受命以治水無策，程功不可期，因以母老歸省爲請，國盛等劾璞往治沙灣，未有成效，正宜日夜勤勞，以副上意，乃詐以母老詭辭請去，揆以三過其門而不入之義殊異，宜下法司治罪。仍詔璞速赴沙灣，毋有誤事。至九月間，新鑿成一河，長三里，以避決口，上下與運河通，而功未畢。是年十月乃改命諭德徐有貞爲都察院左僉都御史，往治沙灣。有貞旣受命行矣，至翌年九月總督漕運都督徐恭，左副都御史王竑言：

　　"運河膠淺，南北軍民糧船蟻聚臨淸閘上下者不下萬數，蓋因黃河上源水嗇，亦以沙灣決口未塞，而修治者之弗克事也。臣惟治理之要，有經有權，經者常行不易之道，權者一時通變之宜。以沙灣決口不可合，留之以洩大水之勢，經也；如塞沙灣決口，引水注運河以通漕舟，權也。苟惟常道是執，臣見糧船淺凍，不惟有誤今歲之粮，來年之計亦必誤矣。請勅右僉都御史徐有貞將決口趁今水小急督工築塞，庶不敗事。"

帝是其言，勅有貞務博詢衆策，勿僻守己見。有貞言："臨清河淺，自昔已然，非爲決口未塞，亦非其僻守己見，竑等不察，而以塞決口爲急務，殊不知秋冬雖僅能塞，明年春夏亦必復決，勞費徒施而無用，誠不敢邀近功，若塞而無患，彼雖至愚亦當爲。"帝然之。是年十一月有貞以沙灣治河三策上陳，其略曰：

"沙灣治河三策：一置造水門，臣聞水之性可使之流通，不可使之堙塞，昔禹鑿龍門，闕伊闕，無非爲疏導計，故漢武之堙瓠子終弗成功，漢明之疏汴渠踰年著績，此其明聰也。世之言治水者雖多，然於沙灣，獨樂浪王景所述制水門之法可取。盖沙灣地土盡沙，易致坍決，故作壩作閘皆非善計。臣請依景法爲之，而加損益于其間，置門于水而實其底，令高常水五尺，水小則可拘之以濟運河，水大則疏之使趨于海，如此則有流通之利，無堙塞之患矣。一開分水河，凡水勢大者宜分，小者宜合，分以去其害，合以取其利，今黃河之勢大，故恒衝決，運河之勢小，故恒乾淺，必分黃河水合運河，則可去其害，而取其利，請相黃河地勢水勢，于可分之處開成廣濟河一道，下穿濮陽博陵二壩，及舊沙河二十餘里，上連東西影塘及小嶺等地，又數十里餘，其內則有古大金隄可倚以爲固，其外則有八百里梁山泊可恃以爲池。至于新置二閘，亦堅牢；可以宣節之，使黃河水大不致泛濫爲害，小亦不致乾淺以阻漕運。一挑深運河，臣惟水行地中，避高趨卑，勢莫能遏，故河道深則能畜水，淺則弗能，今運河自永樂間尚書宋禮即會通河浚之，其深三丈，其水丈餘，但以流沙常多淤塞，後平江伯陳瑄爲設淺舖，又督軍丁兼挑，故常疏通。久乃廢弛，而河沙益淤不已，漸至淺狹。今之河底乃與昔日之岸平，視鹽河上下固懸絕，上比黃河來處亦差丈餘，下比衛河接處亦差數尺；所以取水則難，走水則易，誠宜浚之如舊。"

疏入，詔工部移文諭有貞，使即如其言行之。(以上見景泰實錄)

有貞受命，行汶濟，蹠衛及沁，循河道濮范，往來相度者久之，復上疏言治水有三要，在知天時地利人事而已。蓋河自雍而豫，出險即夷，水勢既肆，又由豫而兗，土疏而水益橫流，于是決而奪濟汶入海之路以去。諸水從之，故隄潰渠淤，澇溢旱涸，此漕途之所由阻也。今欲驟堙之，則潰者益潰，淤者益淤，請先疏其水，水勢平乃治決，決止多方建閘壩以時節宣，無溢涸而後河可得而安。時有撓其議者曰："不能塞河，令不為患，顧開之令為患耶？"帝遣中使就問，有貞出二壺，一竅五竅者各一，均注水而並瀉之，五竅者先涸。于是使者曉然知策之為良也，歸報命而議決。于是有貞作治水閘，疏水渠。渠起張秋金隄之首，西南行九里至濮陽濼，又九里至博陵陂，又六里至壽張之沙河，又八里至東西影塘，又十五里至白嶺灣，又三里至李墓，凡五十里。由李墓而上二十里至竹口蓮花池，又三十里至大豬潭，乃蹠范曁濮，又上而西凡數百里，經澶淵接河沁矣。有貞言：河水過則害，微則利，乃節其過而導其微，趨于平，既成，賜渠名廣濟，閘名通源。凡河流之旁有不順者堰之，堰有九；又作放水閘于東昌龍灣魏灣，閘有八，度水盈過丈則洩，皆通古河以入海，上制其源，下放其流，既節且宣，用平水道。當是時，罷瀕河民牧馬庸役，以專力河防，役丁夫五萬八千人，又事不中制，故能成其役。沙灣之決垂十年，至是會黃河南流入淮，計工五百五十五日，凡費木鐵竹石等物亦累數萬云。(見明史河渠志及明史紀事本末)

方工之未成也，帝以轉漕為急。工部尚書江淵等請遣中使偕文武大臣督京軍五萬人往助役，期三月畢工，有貞言京軍一出，日費不貲，遇漲則束手坐視，無所施力，今洩口已合，決隄已堅，但用沿河民夫自足集事，議遂寢。事竣，召還佐院事，帝厚勞之。復出巡視漕河，濟寧十三州縣河夫多負官馬及他雜辦，所司趣之亟，有貞爲言，免之。七年秋，山東大水，河隄多壞，惟有貞所築如故。有貞乃修舊隄決口，自臨淸抵濟寧，各置減水閘，水患悉平。還朝，帝召見，獎勞有加，進左副都御史。（見明史一七一徐有貞傳）

2. 劉大夏治河事略

自徐有貞治沙灣決口，導河入淮後，不爲大患者幾四十年。至孝宗弘治二年，河決開封及金龍口，入張秋，運河又決塌頭五所，入沁，郡邑多被害，汴梁尤甚。議者至請遷開封以避其患，布政司徐恪持不可，乃止，命所司大發卒築之。九月命白昂爲戶部侍郎，修治河道，賜以特勅，令會山東河南北直隸三巡撫，自上源決口至運河相機修築。三年正月，昂上言：臣自淮河相度水勢，抵河南中牟等縣，見上源決口水入南岸者十三，入北岸者十七；南決者自中牟楊橋至祥符界析爲二支：一經尉氏等縣，合潁水下塗山入于淮，一經通許等縣入渦河下荊山入于淮，又一支自歸德州通鳳陽之毫縣，亦合渦河入于淮；北決者自原武經陽武祥符封邱蘭陽儀封考城，其一支決入金龍等口，至山東曹州衝入張秋漕河，去冬水消沙積，決口已淤，因併爲一大支，由祥符翟家口合沁河出丁家道口下徐州，此河流南北分河大勢也。合潁渦二水入淮者各爲灘磧，水脈頗微，宜疏濬以殺河勢，合沁水入徐者則以河道淺溢不能受，方有漂沒之虞。況上流金龍諸口雖暫淤，久將復決，宜于北流所經七縣築爲隄岸以衞張秋，但原勅治山東河南北直隸，而南直隸淮徐境實河經要地，尙無所統，于是併以命昂。昂舉郎中婁性協治，乃役夫二十五萬，築陽武長隄以防張秋，引中牟決河出滎澤陽橋以達淮，濬宿州古汴河以入泗，又濬睢河自歸德飲馬池經符離橋至宿遷以會漕河，上築長隄，下修減水閘，又疏月河十餘以洩水，塞決口三十六，使河流入汴，汴入睢，睢入泗，泗入淮以達

海，水患稍寧。（見明史河渠志）

　　五年秋，河決張秋戴家廟，命工部左侍郎陳政總領疏浚修築之。政歷山東河南會守臣行視水勢，疏言河之故道有二：一在滎澤縣之孫家渡口經中牟縣朱僊鎮直抵陳州，一在歸德州之飲馬池與鳳陽府亳縣地相連屬，俱入淮，（按二流俱自昂所濬者）今已淤塞，因致上流衝激，勢盡北趨。自祥符縣地名孫家口楊家口車船口，蘭陽縣地名銅瓦廂，決為數道，俱入運河，以致張秋一帶勢甚危急。自堂邑至濟寧隄岸多崩圮，而戴家廟減水閘淺隘不能洩水，亦有衝決。今欲浚舊河以殺上流之勢，塞決河以防下流之患，修築隄岸，增廣閘座，已集河南丁夫八萬人，山東丁夫五萬人，鳳陽大名二府丁夫二萬人，隨地興工，分官督役。奏上，未幾而政卒。

　　陳政卒後，管河郎中陳綺請仍遣大臣總其事，帝命會薦才識可用者三四人，務在得人，不限內外。于是吏部尚書王恕等薦工部右侍郎謝綬，南京工部右侍郎蕭禎，四川布政司左布政使何鑑，浙江布政司左布政使劉大夏皆可用。帝言今日治河不但恐其為民害，抑恐有妨運道，致誤國計，所繫尤非輕，必得通古今識地勢有巧思者久任之而後可，所舉四人孰可以充當是任，宜定擬一人。僉謂大夏才識最優，可當其任，遂以命大夏，賜之勅曰：

　　''朕聞黃河自宋元以來與淮河合流，由南淸河口入海，所經河南山東南北直隸之境，遷徙不常，屢為民患。近年汴城東南舊道淤淺，河流北徙，合于沁水，勢益奔放。河南之蘭陽考城，山東之曹縣鄆城等處俱被淹沒，逼近張秋，有妨運道，先命工部侍郎陳政會同各該巡撫巡按等官設法修理，今幾半年。未及竣工，而政物故，有司以聞。朕念古人治河只是除民之害，今日治河乃是恐妨運道，致誤國計，其所關係蓋非細故。且聞陳政所行多有非宜，故詔有司會舉，僉以爾大夏名聞，故特陞爾為都察院右副都御史，往理其事。爾至彼，先須案查陳政所行事務，酌量其當否，當者繼續之，否則改正之，會同各該巡撫巡按都布按三司及南北直隸府州掌印官及管河官，自河南上流及山東兩直隸河患所在之處，逐一躬親踏勘，從長計議，何處應疏濬以殺其勢，何處應修築以防其決，及會計合用椿木等料有無，而設法分派，軍民夫役多寡，趁時起集，必須相度地勢，詢訪人言，務出萬全，毋貽後患。"

大夏于六年二月奉命往，至七年十二月築塞張秋決口功成。時廷議以張秋決口雖已塞完，黃陵岡工程亦不宜緩，仍命大夏相機設法疏築，並命太監李興，平江伯陳銳協助其事。大夏等乃于八年正月興工，築塞黃陵岡及荊隆等口七處，凡旬有五日而完。蓋黃陵岡居安平鎮之上流，其廣九十餘丈，荊隆等口又居黃陵岡之上流，其廣四百三十餘丈；河流至此寬漫奔放，皆喉襟要地。諸口既塞，于是上流河勢復歸蘭陽考城，分流經徐州歸德宿遷，南入運河，會淮水東注于海。而大名府之長隄起河南胙城歷滑縣長垣東明等處，又歷山東曹州曹縣直抵河南虞城縣界，凡三百六十里，荊隆口等處新隄起于家店及銅瓦廂陳橋抵小宋集凡一百六十里，其石壩俱培築堅厚，于是河復流故道，而潰決之患息矣。（以上見孝宗實錄）

當張秋決口之未塞也，河流湍悍，決口闊九十餘丈，大夏行視之，曰：是下流未可治，當治上流，于是即決口西南開越河三里許，使糧運可濟，乃濬儀封黃陵岡南賈魯舊河四十餘里，由曹出徐，以殺水勢，又濬孫家渡口，別鑿新河七十餘里。導使南行，由中牟潁川東入淮，又濬祥符四府營淤河，由陳留至歸德分為二，一由宿遷小河口，一由亳渦河，俱會于淮，然後沿張秋兩岸東西築台立表，貫索聯巨艦，穴而窒之，實以土，至決口去窒沉艦，壓以大埽，且合且決，隨決隨築，連晝夜不息。決既塞，繚以石隄，隱若長虹，功乃成。帝遣人齎羊酒勞之，改張秋名為安平鎮。（見明史河渠志）

胡渭曰：明宏治中河決衝張秋，劉大夏于黃陵岡左右築太行隄，起胙城訖徐州，凡四百餘里以禦之，而北流遂絶，遂以清口一線受萬里長河之水。上距元至正間開會通之年，又二百餘歲，而河流又一變矣。（見禹貢錐指）

3. 潘季馴治河事略

自劉大夏築斷黃陵岡後，河水南流，不復奪漕運者數年。至弘治十八年河忽北徙三百里，至宿遷小河口；正德三年又北徙三百里，至徐州小浮橋；四年六月又北徙一百二十里，至沛縣飛雲橋，俱入漕河。是時南河漸淤塞，水惟北趨。至六年九月，河復衝黃陵岡入賈魯河汎溢橫流，直抵豐沛，命工部侍郎崔巖治之無功，復以侍郎李鐩代之，會河南盜起，召鐩還，罷其役。八年六月，河復決黃陵岡，命管河副都御史劉愷兼理河事，殊愷束手無策，曹單間被害日甚。嘉靖以後，河流遷徙靡有定向，水勢每因分瀉而弱，不致壅潰，且二三十年間治河大臣如胡世寧盛應期劉天和王以旂等皆能臨事決策，有所奏績，河不爲大患者幾四十年。至四十四年七月河決沛縣飛雲橋，東注昭陽湖，上下二百餘里，運道俱淤，全河逆流：自沙河至徐州以北，至曹縣棠林集而下，南北分二支，南流者遶沛縣戚山楊家集入秦溝至徐，北流者遶豐縣華山東北，由三教堂出飛雲橋又分而爲十三支，或橫絶，或逆流，入漕河，至湖陵城口散漫湖坡，達于徐州，浩渺無際，而河變極矣。（見明史河渠志）

是時廷議改南京刑部尙書朱衡爲工部尙書兼右副都御史，總理河漕，衡馳至決口，舊渠已成陸，而故都御史盛應期所開新河自南陽以南，東至夏村，又東至留城，故址尙在。其地高，河決至昭陽湖止，不能復東，可以通運。乃定議開新河，築隄呂孟湖以防潰決。河道都御史潘季馴以爲濬舊渠便，議與衡不合，衡持益堅，引鮎魚薛沙諸水入新渠，築馬家橋隄以遏飛雲橋決口，身自督工，勸罷曹濮副使柴淶，重繩吏卒不用命者，浮議遂起。明年，給事中鄭欽劾衡冒民倖功，詔遣給事中何起鳴往勘，工垂竣矣。及秋，河決馬家橋，議者紛然，謂功不可成，起鳴初主衡議，至亦變其說，與給事中王元春，御史王襞，交章請罷衡，會新河已成乃止。河長一百九十四里，漕艘由境山入通行至南陽。然未幾山水驟溢，決新河，乃復開支河以分其勢，稍告無患。（見明史朱衡傳）

潘季馴于嘉靖四十四年由大理寺左少卿進右僉都御史，總理河道，與朱衡共開新河，然季馴固主復舊道者，與衡意見不合，尋以憂去。隆慶四年，河決邳州睢寧。起故官，再理河道，塞決口。明年工竣，坐驅運船入新溜，漂沒多，復為勘河給事中雒遵所劾罷。

萬曆五年，河決崔鎮，黃水北流，清河口淤澱，全淮南徙，高堰湖隄大壞；淮揚寶應間皆為巨浸。大學士張居正深以為憂，河漕尚書吳桂芳議復老黃河故道，而總河都御史傅希摯欲塞決口，束水歸漕。兩人議不合；會桂芳卒。六年夏，命季馴以右都御史兼工部左侍郎代之。（以上見明史潘季馴傳）

季馴以故道久湮，雖濬復其深廣，必不能如今河，議築崔鎮以塞決口，築遙隄以防潰決，又淮清河濁，淮弱河強，河水一斗，沙居其六，伏秋則居其八，非極湍急則必至停滯，當精淮之清而刷河之濁，築高隄束淮入清口，以敵河之強，使二水並流，則海口自濬。因條上六議，其略曰：

"一議塞決以挽正河之水。查得淮以東則有高家堰朱家口黃浦口三決，此淮水旁決處也；桃源上下則有崔鎮口等大小二十九決，此黃水旁決處也，俱當築塞。一議築隄防以杜潰決之虞。隄以防決，隄弗築則決不已，故隄欲堅，堅則可守而水不能攻，隄欲遠，遠則有容而水不能溢，除豐沛太行隄原址遙遠，仍舊加鑲外，徐邳一帶舊隄查有迫近去處，量行展築月隄，仍于兩岸相度地形最窪，易以奪河者，另築遙隄；桃清一帶，南岸多附高岡，但上自歸仁集以至朱連家墩古隄已壞，相應修復，下低馬廠坡，地形頗窪，相應接築，以成其勢；北岸自古城至清河亦應創築遙隄一道，不必再議縷隄，徒糜財力。一議復閘壩以防外河之衝。查得先該平江伯陳瑄創開塞河，仍恐外水內侵，特建五閘，嚴啟閉。現五閘已廢其一，僅存四閘亦坍塌殆盡，漫無啟閉，是以黃淮二水悉由此倒灌，致傷運道。合將見存四閘俱加修理，嚴司啟閉。一議創建滾水壩以固隄岸。查得古城鎮下之崔鎮口，桃源之陵城，清河之安娘城，土性堅實，合無各建滾水壩一座，比隄稍卑二三尺，闊三十餘丈，萬一水與隄平，任其從壩滾出，則歸漕者常盈，而無淤塞之患，出漕者得洩，而無他潰之虞；全河不分，而隄自固矣。一議止濬海工程以免靡費。海口橫沙并東西二尖去海口三十餘里，不能阻礙河流，不必治，亦不能治。惟有塞決挽河，沙隨水去，治河即所以治海。一暫寢老黃河之議以仍利涉。勘得原河七十餘里，中間故道久棄，無論有水無水之地，俱失其眞，無從下手，今桃清遙隄議築，則黃水自有容受，崔鎮等決議塞，則正河自日深廣；高家堰議築，則淮水自能會黃；清江浦等閘議嚴啟閉，新城北隄議行接築，則淮安等處自無水患，此河雖不復可也。"（以上節錄河防一覽）

議上俱允行，至七年冬兩河工成。八年春，進季馴工部尚書兼左副都御史，旋遷南京兵部尚書。未幾張居正歿，家屬盡幽繫；季馴以黨庇居正，為御史李植所劾，落職為民。十六年以給事中梅國樓之荐，復起季馴右都御史，總督河道。自吳桂芳後河漕皆總理，至是復設專官。明年黃水暴漲，衝入夏鎮，壞田廬，居民多溺死，季馴復築塞之。十九年冬，加太子太保工部尚書兼右都御史。季馴凡四奉治河命，前後二十七年，習知地形險易，增築設防，置官建閘，下及木石椿埽，綜理纖悉。

今讀其河防一覽，體大思精，賈魯之外，直前無古人也。

其論修守事宜：一築隄，一塞決，一築順水壩，一下護根乾埽，一造滾水石壩（即減水壩），一建石閘，一建涵洞，一建車船壩，一挑河，一間河偶淺急疏之法，一栽柳護隄，一栽菱葦草子護隄，均古今治河通論也。其論伏秋修守有四防：曰晝防，夜防，風防，雨防。又有二守：曰官守，民守。此外則豎立旗竿燈籠以示防守也，防盜決也，議涵洞也，歲辦物料也，論水汛也，洋洋數千言，要皆本經驗之言，施之于當時，可行之于後世也。（以上參考河防一覽）

胡渭曰：潘尙書季馴論治河之要，謂河之性宜合不宜分，宜急不宜緩，合則流急，急則盪滌而河深，分則流緩，緩則停滯而沙淤。此以隄束水，借水攻沙，爲以水治水之良法也。又曰：通漕于河，則治河即以治漕，會河于淮，則治淮即以治河，合河淮而同入于海，則治河淮即以治海，觀其所言若無赫赫之功，然百餘年來治河之善，卒未有如潘公者也。（見禹貢錐指）

四　清代河防紀要

明自萬曆末，秕政孔多；天啟朝逆璫預政，頗危國本；崇禎易主，疆場多事，歲無寧息，數十年間河流屢衝決，稍事補苴，而淤塞日甚，河益壞，未幾明祚遂告終矣。

清初軍務倥偬，仍未能專力于河。至康熙之世，國是稍定，治河之事乃見講求。二百餘年間受命治河，綽有方略者，惟靳輔一人而已。餘如朱之錫齊蘇勒稽曾筠丁寶楨等均無著績可稱，不具述。茲略述靳輔以概其餘。

1. 靳輔治河事略

清代言治河方略者莫先于朱之錫。之錫自順治十四年以兵部尙書兼河道總督，首尾十年，殫竭心力。每當各工並急，南北交馳，暑暴烈日，冬犯霜雪，遂致積勞成疾。然當康熙初，河決原武祥符蘭儀等處，均無大患，河工並非艱鉅，讀其河防疏略條上十事，亦無高論，後得勅建專祠歲祀，頗不稱焉。

康熙十六年河決武官營千家岡張堡，命兵部尚書靳輔總督河道兼提督軍務，駐劄濟寧州。時黃水四溢，不復歸海，運道盡塞。輔上下千里，泥行相度，喟然曰："河之壞極矣，是未可以尺寸治之也。審全局于胸中，徹首尾而治之，庶有瘳乎！"遂條上河工事宜，分列八疏，（第一疏言挑濬江浦至海口，第二疏言挑濬清口，第三疏言修高堰坦坡，第四疏言包土堵決，第五疏言挑運河，第六疏言籌畫錢糧，第七疏言裁併河官，選調實員，第八疏言添設兵丁。俱見治河方略）大略謂事有當師古者，有當酌今者，有當分別先後者，有當一時並舉者，而大指以因勢利導爲主。廷議以軍興餉絀難之，姑令量修要害。輔又疏言：清江口以下不濬築，則黃淮無歸；清口以上不鑿引河，則淮流不暢；高堰之決口不盡封塞，則淮分而刷河不力，黃必內灌，而下流清水潭亦危；且黃河不隄，則高堰仍有隱憂；北岸不隄，山以東必遭衝潰；故築隄岸，疏下流，塞決口，但有先後，無緩急。今不爲一勞永逸之計，屢築屢圮，勢將何所底止？疏上，廷議如前。帝以河道關係重大，且深知輔忠勇沉毅，可任大事，故排羣議任之。輔感激知遇，昕夕不遑，開通清口爛泥淺引河四道，濬清江浦至雲梯關外河身，築束水隄萬八千丈。塞王家岡武家墩高家堰諸決口，河隄外加築縷隄及格隄，於徐州宿遷築減水壩十三座。清水潭舊隄潰，最號險工，輔用棄深就淺計，築西隄九百二十餘丈，東隄六百餘丈，更挑新河八百四十丈。至二十二年四月，蕭家渡工成，河歸故道。二十四年，疏請添築考城儀封陽武三縣河隄七千八百丈有奇，封邱縣荊隆口月隄三百三十丈，滎澤縣埽工二百一十丈，以防上流暴漲；又請增設蘭陽儀封滎澤河員，免開封歸德二府民採辦青柳，

均從之。蓋是時帝方以三藩及河務漕運三大事夙夜廑念，故所任于輔之重如此。（見康熙東華錄及先正事略）

康熙二十三年冬，帝南巡，閱河工，嘉輔之績，御書閱河詩賜之，幷諭以河道告成之日，將治河事纂述成書以進。二十八年書成，名之曰治河方略，其進表有云：

"念彼黃淮二水，汛瀾者千七百年；近迨隆萬兩朝，負薪者二十餘載。治克宅土，旋見滔天，豈少勞臣，莫収成効？內府則金錢已匱，分黃之說方張，西山則木石無多，泛海之謀間起。議論多而成功少，變故極而主見淆。本自拙于人為，終乃諉之天數。……拔臣于旅進備員之內，發帑于軍興旁午之時。知臣愚足稟成，頻申之妙略，察臣戇輕任事，深戒之小心。諒臣孤則易搖，屢寬之文法；憫臣勢將召怨，曲賜之保全。昔潘季馴功被當時，四任而再黜。念微臣輔才非躐等，一命而十年。用荷齊天，安茲二瀆：高家堰鼉鳴徙穴，清水潭龍首成渠，南運北運交移，皂河中河繼闢。揚帆數里，卽渡洪河，引纜千檣，便登天府。啟軍國萬年之慶，蘇東南半壁之勞。"（見治河方略）

觀表所云云，輔之苦心孤詣可見，其所奏績亦可槪見，誠言大而非誇也。輔于康熙三十一年卒，至四十六年優詔褒叙，加贈太子太保。雍正五年八年復優獎功勳，建祠歲祀，雖無赫赫之功，而言治河方略，體大思精，潘季馴之後實僅見焉。

2. 黃河徙成今河的經過

靳輔之後，繼總河事者如于成龍張鵬翮齊蘇勒稽曾筠等，雖有微勞，並無殊勳，不足論列。

咸豐五年六月，黃水漫溢，先向西北斜注，淹及封邱祥符二縣村莊。復折轉東北，漫注蘭儀考城長垣等縣村落，復分三股：一股由趙王河走山東曹州府迤南下注。兩股由直隸東明縣南北二門分注，經山東濮州范縣至張秋鎮，匯流穿運，總歸大清河，分流入海（即今之河道）。汛溢三省，尤以山東境內受患最大，計被災者達五府二十餘州縣之多。（見咸豐東華錄五年六月）自明孝宗弘治七年至是，歷三百六十一年，黃河改道，為大徙之第六次。蓋以黃河古道既湮，其入河之程約分南北，北趨于匡濮，南趨于曹單，逮徐淮淤塞，河循舊道，北匯大清河，復入于濟，是為今之河道，此全河形勢之一變也。

是年六月諭軍機大臣等，以河隄漫溢七八十丈之寬，沿河小民蕩析離居，宜令該河督等議如何宣洩，由何處導令入海，即著迅速籌辦，其漫口亦應趕緊裏築，以防伏秋大汛。七月又諭黃河泛濫，經行三省地方，實深軫念。惟歷屆大工堵合必須帑項數百萬兩之多，值軍務未平，餉糈不繼，一時斷難興築。若能因勢利導，設法疏消，使橫流有所歸宿，通暢入海，不至旁趨無定，則附近民田廬舍尚可保衛。所有蘭陽漫口即可暫行緩堵，著李鈞派張亮基周歷查勘具奏。（見東華錄）是時東南多事，不遑兼顧河務，故據山東巡撫崇恩條陳治河事宜，及河督張亮基勘報黃流穿運入海情形後，亦惟有命遇灣切灘，使河勢刷寬取直，并順河築埝堵截支河，為救目前之計，此外別無良法也。

同治七年，黃流盛漲，冲決趙王河之紅川口霍家橋。大溜漸移安山，由安山入清河，因而沈家口田家灣新興屯皆漫溢。八年六月，山東巡撫丁寶楨奏報上年趙王河衝決，鄆城縣境被淹，當即勸諭居民堵閉各處小口，惟紅川口民堰屢堵未就，溜勢遂益趨東南。九年九月，漕督張之萬以黃河穿運橫流，無所鈐束，請築南北兩隄，命張兆棟蘇廷魁丁寶楨等會勘議辦，丁寶楨等先後抵濟寧查勘。至十年八月黃水暴漲，河決鄆城侯家林，水由沮河民堰漫入南旺湖，又由汶上嘉祥濟寧之趙王牛頭等河直趨東南入南陽湖，水勢散漫。寶楨疏陳黃水自衝決趙王河，頻溜勢日趨東南，緊逼沮河東岸，向北奔注。前奉旨會勘張秋築隄，因沮河爲運西屛蔽，請將沮河頭八里河七里舖王家垓等處築做埽埧圈堰，以保運道。復勸縣民將沮河東岸一律築埝。無如民埝究屬單薄；八月秋汛盛漲，竟于七里舖以南之侯家林衝成分溜決口，漫水下流，溢入湖河。雖現在尙係清水，不致淤墊，然關係運道，必須急籌堵塞。乃自請往督工築塞侯家林，于次年二月興工合龍。未幾趙王河東岸張家支門決口，南半入濟，北半入沮。九月河督喬松年奏黃河泛濫，運河淤墊，擬先堵黃河旁決之霍家橋及其餘各缺口，使水勢專注張秋一處，並于兩岸置隄，先自中間有關運道之處施工，上下游暫行緩辦。北自開濮交界之舊隄起，接築至解家山止，南自張家支門起，接至馬頭山止，兩隄各計一百七八十里。爲束黃蓄淸之計，其張秋以北運河卽借黃濟運，若有流弊，再用引衞濟運之策，諭丁寶楨文彬詳議具奏。寶楨以築隄束黃，恐濟運仍無把握，疏論復淮徐故道以維全局，其疏略云：

"黃河入海之道，初本在北，自漢至宋漸徙而南，元明以後，開運河以通黃，故治黃尤以濟漕爲重。其間黃水之橫決，在南在北皆所時有，自有明以來，凡河決北岸，輒有改道之議，究之仍挽令南趨者，非樂爲勞費，因患其穿運以阻漕，故其勢不得不然也。今張秋穿運之黃水，欲令其卽由利津入海，卽就河而論，其不便約有數端：自銅瓦廂以至牡蠣嘴計程一千三百餘里，若創築南北二隄，尙須棄地若干萬頃，居民無所安插，有損于財賦，一不便也。沿河州縣城池距河自二三里至七八里者不下數十處，必須遷避，難于建置，二不便也。泰山北之水悉向北注，以大淸河爲尾閭，置隄束黃，水勢抬高，向所洩之處，留閘則虞其倒灌，堵遏則水無所歸，有妨于水利，三不便也。東綱鹽場座落利津霑化壽光樂安等縣，濱臨大淸河，兩岸灘池閒被黃水漫淹，產鹽日紬，有碍鹺綱，四不便也。且金隄自開濮交界至張家支門南北相去約七八十里，至沈家口張秋之間河面陡窄，南運口難免倒灌之患，北運口恐有奪溜之虞，可慮者一。從來借黃濟運，資其刷滌，終歸淤阻。今汶水入黃必被挾東趨，僅恃渾濁黃流行于狹隘閘河之內，其淤倍速，可慮者二。借黃不行，必用引衛入運之計，而元成集自漳衛旣合之後，所引亦屬濁流，以濁易濁，同一受病，可慮者三。再四籌思，仍以堵合銅瓦廂，使河復淮徐故道爲正辦。彼此相衡，計有四便：就現有之河身，不湏棄地棄民，其便一；因舊存之隄岸培修，不煩創築，其便二；廳汎裁撤未久，制度猶可查考，人才尙有遺留，其便三；漕艘灌塘渡黃不虞阻閡，即船數米數逐漸擴充，無難徐復舊規，其便四。較之創築新隄冀倖于不可必者，其得失懸殊，請勅下在廷諸臣，從長計議。

寶楨疏論黃河聽其北行由利津入海，有四不便，三可慮；若使之南行復淮徐故道，却有四便。盖恐黃流穿運，貽誤漕糧，爲運道計即爲國計，權衡利害，仍以復故道爲是。乃疏上之後，命直督李鴻章妥商辦法，鴻章以治河兼言利運，遂至兩難，今沿海千里，洋舶駢集，已成創局，正不妨借海道運輸之便以擴商路，而實軍儲。故今治河已不湏兼顧利運，只本古人因水所在增立隄防一語，便爲善策。因力主黃河仍由山東利津入海，無湏挽之南行，條議覆奏。旋得旨，著丁寶楨酌量形勢，將張秋至利津一帶民堰加培堅固，其侯家林決口並著于秋汎後加高培厚；至銅瓦廂決口以下，蘭儀東明一帶，地勢平衍，不可無遙隄以防泛濫。著喬松年就近察看，量築堰。詔下而寶楨復淮徐故道之議不得行，自是黃河由山東奪大淸河流入海，遂成今之河道矣。（以上見同治東華錄及歷代治黃史）

　　按：相傳自帝堯八十載癸亥，下迄民國二十四年乙亥，計四千餘年，河之爲患，誠不知幾千百見矣。其決而南則其患在河南江蘇，決而北則其患在河北山東，而山東河南尤受患最大，可知南徙北徙均無所謂利害也。然元以前都邑在關中或洛陽或汴梁，河決爲患，不過瀕河數郡而已，于國之重計無關。自元以後，帝都在北，專藉會通一河爲漕東南之粟以供軍國之需，若河決而北，則必穿運，而漕河受患，其害乃不可勝言。故元明至清咸豐以前，河決屢矣，然必導之南流不使之北趨者，蓋以保障運道爲軍國大計也。至咸豐五年河徙北行後，丁寶楨疏陳南流北流利弊，力主復淮徐故道者，無他，亦保守成法也。然李鴻章何以不主挽之南流，而必欲因勢利導，使仍循大清入海之道，豈不知京師根本重地，須顧計軍儲耶？第以當時海運已通，縱黃流穿運亦不致影響轉輸，故言治河無須兼顧利運耳。此非鴻章敢倡獨異前人之論，而壞成法，蓋以古今情勢不同，因時制宜，因勢利導，無竭國帑，無貽民害，斯爲經國大計也。

　　查現在河道，北岸張秋以上至開州境二百餘里，古有金隄，今雖崩敗，故基猶可障水。張秋以下低利津海口八百餘里，河道稍寬垣，原有民埝時加培厚，得慶安瀾；南岸自安山下低利津，多傍泰山之麓，稍可資爲屏障。惟安山以上至曹州府境二百餘里，地勢低下，爲古之鉅野澤，即宋時八百里之梁山泊也。數百年來河決而入大清之道，無不由此旁注曹單鉅野金鄉各邑，甚至吞湖併運，漫溢數十州縣，波及徐淮，爲害甚烈。如今年董莊決口，漫溢魯西荷澤鄆城鉅野嘉祥金鄉魚台定陶曹單，再由獨山湖而泛溢至微山湖，逼及徐淮，被水區域達二千方里。事前未注意隄防，事後無法搶險，致全部損失近六七千萬以上，災民之顛連無告者亦達數百萬，豈不知水勢常在秋汛，而衝決漫溢之處又必在魯西乎？知而不防，防而不力，當事者曷能辭其咎？

　　今日鐵道縱橫，輪船絡繹，而國都又不在北，已無關漕運之便利與否。所慮者河水衝決泛溢，小民之生命財產無由保障耳。年來水災迭見，事過境遷，未聞有未雨綢繆之舉，水患再至，則魯省官民希望河之南徙，蘇省官民則惟恐河不北行；初存苟且僥倖之心，轉爲幸災樂禍之舉，雖其心理悖謬，然亦無可奈何而已！不然，唇齒相依之民，豈不痌瘝在抱乎？

　　近者當局廣集治水專家，擬具治江河標本辦法，其關于黃河治本辦法，擬于黃河上游至鄭州止，沿河植樹造林，兼種苜蓿，使兩岸泥沙固結；鄭州以下兩岸築隄至海，嚴密規定坡度，沿隄亦一律植樹造林，使河床固定，節制洪水量；併從事上下游全局測量，于必要地點引水開渠，分段治導，採取淤辦法，以宣其壅積，增大容量。十餘年後林成隄固，不准水患可減，兼可預防旱災。關於治標辦法，則切實規畫堵塞董莊決口，兼開挖引河；三省大隄經大水後，隄身殘缺，或埧壩墊陷，須加管理。魯西一帶隄防因水泛濫，或河漕淤塞，亟須修復。簡言之：治本辦法卽植樹築隄，治標辦法卽修隄堵口。夫植樹築隄，修隄堵口，本爲治河必要之事，明之潘季馴，淸之靳輔，所留意者何莫非如此，然則所謂治本治標辦法亦不過前人成法而已。此外則開濬河道，增加容量，廢田還湖，廣蓄水量，亦屬一法。但主要辦法，還是隄防。說者謂利用科學方法，使所築隄防堅固不破，沿岸廣設電話電報，一有變故，各處均可預防；此法誠最可恃，然知之非艱，顧力行何如耳！以余論之，今日治河方法，順其北流之性，自鄭州以西，沿岸築堅固長隄以約束之，設閘垻以節宣之，不使南趨一步，旁決一口，誠爲上策。如因經費太鉅，未能遽辦，則就現有民埝，薄者加厚，缺者堵塞，或可苟安，尙不失爲下策。若徒倡治本治標辦法，不卽施于實行，轉瞬冬令，水落歸漕，暫告無虞，事遂中輟。迨明年後年春暖解凍，或夏秋之間，洪水遞至，又將無所措手足；是則有策亦猶無策也。上古之世，洪水茫茫，治水猶能告厥成功，今日之水獨不治乎可？苟有計畫以治之，有決心以行之，永不罹水災亦可也。

衞藏通志著者攷

吳豐培

衞藏通志一書，不著撰人姓氏，初無刋本，袁昶刋入漸西村舍叢書中；亦未證爲何人所撰。惟後序有云'按此書係請戶部主事桂林龍松岑先生繼楝校刻，伊未署名，詳見先公文集中，附記幷云：原本未著姓氏，疑卽爲和琳所輯云。'殆以方略門中多和琳奏疏，遂指爲琳撰。清史稿列傳卷一百六和琳傳云：'和琳鈕祜祿氏，滿洲正紅旗人。自筆帖式累遷湖廣道御史，劾湖北按察使李天培私交糧艘帶運木植；鞫得兩廣總督福康安寄書索購狀。帝嘉和琳伉直，下部議叙；由是遂見擢用。自吏部給事中，超擢內閣學士兼禮部侍郞銜，尋授兵部侍郞正藍旗漢軍副都統。廓爾喀擾後藏，將軍福康安往勦，帝命和琳督辦前藏以東臺站烏拉事。尋命與鄂輝更番照料糧餉，擢工部尙書。疏陳賊酋拉特納巴都爾悔罪狀；詔令福康安受降，偕和琳妥籌善後。未幾授鑲白旗漢軍都統，命偕孫士毅惠齡覈辦察木多以西銷算事，仍理藏務。五十八年予雲騎尉世職，五十九年授四川總督。………'雖琳前後駐藏三年，然文筆之事，恐非所長，且未聞琳有其他著述，則此爲琳撰之說，殊覺不甚確實。茲見一書，名爲西陲紀事初稿，不分卷，署名長白松筠，爲咸同時抄本，字體甚工，核其內容，於衞藏通志除序次不同，略有重複外，其文義則一字未易也。乃復就衞藏通志中細讀一過，當爲松筠所撰無疑。清史稿列傳卷一百二十九松筠傳云：'松筠字湘浦瑪拉特氏，蒙古正藍旗人。繙譯生員，考授理藩院筆帖式，充軍機章京，能任事，爲高宗所知。累遷銀庫員外郎，乾隆四十八年超擢內閣學士，兼副都統。五十年命往庫倫治俄羅斯貿易事。……五十九年授工部尙書兼都統，充駐藏大臣，撫番多惠政，和珅用事，松筠不爲屈，遂久留邊地，在藏凡五年。嘉慶四年春召爲戶部尙書。……五年充伊犂領隊大臣，七年擢伊犂將軍。……'其在新疆時，曾撰有新疆識略十三卷，及西陲總統事略十二卷，雖二書一爲大興徐松著（說見清史稿文苑徐松傳光緖順天府志藝文志及龍萬育西城水道記序），一爲丹徒汪廷楷原著，壽陽祁韶士編纂。然其喜結納文人學士，於邊地情形，無不致察精詳，於此可見。松筠著鎭撫事宜五種，除綏服紀略爲與俄交涉之事，其餘西招圖略，西招紀行詩，西藏圖說，秋閱吟等俱記藏事之作。蓋松筠在藏非獨政教綏和，並於著作亦甚夥矣。且西藏圖說詳藏地之形勢，西招圖略誌治藏之權衡，西招紀行詩，秋閱吟乃詩以記事；惟於藏地之沿革，人民之風俗，藏務撫綏之經過，尙付缺如，豈成衞藏通志一書而詳論之乎？以上不過就松筠本人而論，然書中可證爲松撰者，尙有數則；茲列如後：

衞藏通志卷九鎭撫門後坿駐藏大臣銜名表，其按語云：'乾隆十五年以前駐藏大臣接任卸事年月，因珠爾墨特那木札爾不法，册檔無存。今將十五年起，至五十九年止，奉駐旨藏辦事大臣銜名按年編纂。'然所載藏臣銜名，至松筠而止，若此書爲和琳所撰，當自本人而止，必不預書後任也。此其證一。

卷四程站門有駐藏大臣工部尙書都統松筠巡邊記，爲乾隆六十年夏四月之事。卷六寺廟門衞藏永安寺，爲乾隆六十年高宗御賜之名，卷十四鎭撫門大都爲乾隆六十年二月以後松筠及幫辦大臣和甯會銜之奏議，考和琳於五十九年十二月交卸赴四川總督之任，則六十年之事決無預聞之理，何得而記述之哉？此其可證者二。

由此觀之，此書爲松筠撰較和琳撰爲可據也。或爲松筠幕友所著，冠以松名，如新疆識略，西陲總統事略之例，亦未可知也。

考光緒十二年藏印通商事，藏築卡於隆吐山以謀抵禦。英以隆吐爲哲孟雄境，以兵爭之。清廷命駐藏大臣命藏人撤卡，文碩庇護藏番，奏謂：隆吐爲藏境，築卡係自衛，請與英國據理力爭。卒釀成藏印搆兵，邊地盡失。迨十四年派升泰爲駐藏帮辦大臣，乃於舊檔覓得乾隆五十九年前大臣工部尚書和琳內閣學士和瑛（按和瑛卽和寗，原名因避宣宗諱改）任內所立奏設鄂博原案一卷。注明藏南界址，係在距帕克里三站之雅拉支木兩山，設有鄂博。又有春丕日納宗兩處，上年雖係藏界，因乾隆五十三年廓番用兵，將哲孟雄追過藏曲大河，哲番窮蹙，經達賴喇嘛將日納宗地賞給哲孟雄管理，以此示藏番，始漸聽命。然此舊案於衞藏通志卷二疆域門詳載藏邊設立鄂博，及與哲孟雄布魯克巴廓爾喀各番劃界之事，四至俱明。使此書早有刊本，何致起爭執而釀戰敗之禍哉？且當時駐藏大臣奏疏，往往引用西招圖略，而未及此書。是此書初無刊本，且流傳甚少可知。迨光緒二十一年袁昶乃以寫本付梓，而佚著者名氏；致有和琳撰述之說。世人不察，以訛傳訛；今得西陲紀事而證之，庶不致爲和琳掠美於後世矣。至書名之不同，亦爲時有之事，如七十一著西域聞見錄，竟有八名（余曾爲文以記之）；蕭騰麟之西藏聞見錄，隨園文集是書序竟作西征錄；和寗之回疆通志，新疆圖志藝文志作回疆事宜；是書名之不同，又奚足爲異哉？

本院出版物一覽

清代文字獄檔 已出八輯 每輯定價五角
是書取材清代文書中：軍機處檔，宮中所存繳回硃批奏摺，實錄。分條編訂，照實俱錄無遺，洵研究史學無上之參考資料！

北平史表長編 史學研究會編輯 定價二元
是表先取遼金元明諸史及東華錄諸書之涉及北平史迹者分年繫之，而各公私紀載之可信者亦多採及，全書分爲五卷，蒐羅考據，精切詳明，誠研究北平史者必讀之作也。

北平金石目 史學研究會編輯 定價一元二角
本院史學研究會爲編輯北平志調查北平各廟宇并傳拓金石目錄一千數百餘種，內外城各改按年代編次，刊印此書。

北平各圖書館西文書籍聯合目錄 全書四册 全布面定價十五元 半布面定價十二元
凡北平各大學圖書館西文藏書，均依字首順次編訂無遺，讀者手此一册，即知各書收藏之所在，一索即得，不致空勞跌涉，時間與經濟兩俱便利也。

鑿井工程 李吟秋著 定價二元
我國以農立國，農田水利，亟待用科學方法促其發展，本書叙述詳盡，尤切實用，允稱爲農田水利專著也。

大豆 李石曾著 定價二角
本書爲研究大豆僅有之作，性質之分析，功用及製造食品方法，均本科學實驗之結果而言，爲吾國生理學上之名著。

玉烟堂本急就章 定價六角
本帖乃用初拓玉烟堂急就章本影印，而釋文集夢得本略爲增訂，并改正句點，以便學者瞭然。

頤和園全圖 測繪組測製 定價一元
爲本院測繪組實測二千分一比例地圖。

太平天國詔諭 蕭一山編 定價三元
太平天國遺存文獻，時民間因有挾藏之罪，故多流於外邦，蕭一山先生於留英之便，在倫敦不列顛博物院特輯太平天國詔旨，手批，路憑等編爲是書，每篇并附考釋鈎提，袪疑存眞，實爲一代重要史料之一大結集。

解析數學講義 法國古爾薩著 王尚濟譯 全三册 第一册 定價五元 第二册定價二元五角 第三册定價四元
是書爲王尚濟先生依據法文最新原版，本其數十年敎學經驗譯爲中文。該書各國治高等徵積分及函數論者，莫不視爲必備之工具，今始得譯爲中文，誠吾人良好之導師也。

近代秘密社會史料 蕭一山編 每部價定三元
秘密社會組織，爲清季革命所孕碩果，凡言革命史者不可不溯源於此。蕭一山先生在英蒐檢中國史料，發見手抄天地會文件頗多，特錄以歸國，輯要歸類，並加考證，成書六卷，訂爲四册，與太平天國詔諭，可謂泰華並峙。

考古專報 第一卷第一號 何士驥著 定價二元
是書爲石刻唐太極宮暨府寺坊市殘圖，大明宮殘圖，興慶宮圖之研究，（石刻爲民國二十三年所發現。）全書分圖，表，論述三類，著者首以歷來著錄唐宮城制度之書與石刻作比較，推斷其優劣；次由石刻太倉，輔興坊等之位置，及製圖之折地法，出土地點等証以前人成說，推斷其刻石之人爲北宋呂大防；再次由入土之深度，地層之變，附帶出土器物之懸証，推斷其被毀與入土之時期爲宋金用兵之際。今呂氏刻石問題，已由北平邵章氏所藏拓本証實，此書洵足爲研究唐代宮城制度之新材料也。

石鼓文「䣙」字之商推

蘇秉琦

導言

傳世石鼓文中，䣙字兩見於'靈雨'及'鑾車'二石。王國維以字下从用从力，實即勇字，而爲地名之雍之專字。（見王氏與馬叔平論石鼓書）馬叔平氏遂據以証石爲繆公時物。緣繆公居雍，雍城在今鳳翔縣雍水之南。岐山在其東，汧水在其西。鼓文有曰'汧殹洎洎，舫舟西逮'，謂由雍至汧爲西逮也。（見馬衡石鼓爲秦刻石考）郭沫若氏據安氏拓本則以爲字固是地名，當从邑㡭聲。㡭讀若甫，聲在魚部，蓋汧水發源地蒲谷鄉之蒲之本字也。（見郭著古代銘刻彙攷）馬叙倫氏以郭說（强夢漁氏於石鼓釋文中亦主此說）校王說爲安，而以音以地証之，䣙即郙之異文。（見馬叙倫著石鼓文疏記）王氏未見精本，其說恐不能立。䣙字篆文甚顯，从邑㡭聲，蓋可斷言。

郭氏據元和郡縣志以鼓在天興縣南二十里許，與括地志（史記正義所引）所言三畤原之地望相合。三畤乃秦襄公之西畤，文公之鄜畤，靈公之吳陽上畤。因知石之建立，必與畤之一有關，意猶今人于神祠佛閣建立碑碣也。西畤乃平王東遷，襄公出師送之，凱旋時所作，事在襄公八年，即平王元年。'而師'石有'天子囗來，嗣王始囗，古我來囗'，數語與之契合。因而石鼓之作，遂斷定在襄公八年。'汧沔'一石，乃稱美其國都汧源之風物，'霝雨'石乃追記出師之始，'囗囗自䣙'乃言沿汧水而下，則䣙之地望可知。以聲類求之，即蒲谷鄉之蒲之本字。（見郭著古代銘刻彙考及續編）馬叙倫氏以終襄公之世未得岐豐，文公徙居汧渭之會，將以兵伐戎，故大狩以習兵，鼓辭極陳車徒之盛，而'臸西臸北，勿竈勿伐'，及'口口太祝'尤足證爲文公將伐戎而歸誥於祖廟。蓋文公雖已營居汧渭之會，岐豐未復，猶逼於戎，未嘗立宗廟耳。（見北平闗刊七卷二號馬叙倫石鼓爲秦文公時物考）證鼓作於文公。文公居鄜，自鄜而至襄公故都之汧，所以曰'舫舟西逮'。遵汧而行，自西而北，故'吳人'章曰'臸西臸北'。䣝从鹿得聲，説文曰'虙麃也，从广鹿聲，讀若盧'，麃音來紐，古讀歸泥，鄜音微紐，微泥同爲鼻音次濁音，舌尖前與唇齒亦最近也。説文麃虙轉注，而媚嬚亦轉注，此爲䣝可爲鄜轉注異文之例證。是知二氏立説雖異，而皆以作石之年代爲出發點。郭氏以石作於襄公，證諸地理，多有未合。而馬氏文公都鄜及䣝鄜轉注之説，尤爲牽強。余意'䣝'即文公於鄜作時之'鄜'。即音地而證之，胥無不合。夫此字既與作石之年代，關係極大。則斯文之作，或可爲解決年代問題之一助歟？

䣝爲蒲谷鄉之蒲之本字説

郭沫若以石作於襄公以兵送周平王東遷凱旋之時，刻辭於西畤，以追叙出師之地，故釋'䣝'爲'蒲'，以襄公故居在汧水源頭蒲谷鄉之附近也。是以石鼓之出土地，周東遷時岐豐之歸屬，及西畤之地望等，俱爲郭氏立説之要點。除關於石鼓之出土地，當另爲文述之外，分論如左。

周東遷時岐豐之歸屬　馬叙倫氏以'襄公雖受岐西之賜，實未嘗有其地。至文公十六年，始盡得岐豐之地'。而郭氏則以一、史記明言襄公以兵送周平王，如戎未退，襄公究取何道，由汧而洛，復由洛而西歸？二、襄公十二年伐戎，與文公十六年伐戎，何以知其必非同類事之反復，而必爲同一事之延長？按一、平王東遷時，戎雖未退，襄公以兵送之，

石鼓文「鄜」字之商榷

亦非不可能。蓋戎勢雖強，人數有限，初不能亦不必阻秦兵之往返也。二、襄公如旣得岐西之地，則文公伐戎之後，不必曰'收周餘民'矣。觀於秦本紀'寧公三年與亳戰，亳王奔戎，遂滅蕩社。（正義引括地志云：雍州三原縣有湯陵，皇甫謐云：亳王號湯，西夷之國也。）''武公元年伐彭戲氏，（正義曰戎號也，蓋同州彭衙故城是也）。至於華山下'。'繆公任好元年自將伐茅津。（正義曰劉伯莊云：戎號也）'足徵周東遷時，諸戎割據，迨秦勢漸強，始以次削平之也。

西畤之地望　郭氏以鼓在三畤原上，又據括地志謂西畤亦在三畤原上，因謂石刻於作西畤時。按史記封禪書云'及秦幷天下，……唯雍四畤上帝爲尊。……故雍四畤，春以爲歲禱因泮凍；秋涸凍；冬塞祠；五月嘗駒；及四仲之月，祠若月祠。……畤駒四正；木禺龍欒車一駟；木禺車馬一駟；各如其帝色。黃犢羔各四；珪幣各有數；皆生瘞，無俎豆之具。……西畤畦畤，祠如其故'。上乃分述雍四畤與西畤畦畤之祀典。迨高祖入關，立黑帝祠命曰北畤。是以'孝文帝即位，十三年……有司議增雍五畤路車各一乘，駕被具；西畤畦畤禺車各一乘，禺馬四匹，駕被具'。亦分述雍諸畤與西畤畦畤之祀典也。至雍五畤之名稱，漢書郊祀志云'成帝初即位'，丞相匡衡奏言'今雍鄜、密、上、下、畤本秦候各以其意所立，……漢興之初，儀制未定，即且因秦故祠，復立北畤'。則西畤本不在雍，括地志誤也。意者，秦襄公旣因其'居西垂，自以爲主少皞之神'，而'作西畤，祠白帝'，則西畤地望，當於其所居汧源之附近求之也。

鄜即鄜之轉注異文說

馬叙倫氏於其石鼓爲秦文公時物考文中，主石作於文公時說。又據史記正義引括地志，謂文公營邑即鄜縣故城，在岐州鄜縣東北十五里。繼於石鼓文疏記中'鄜'字下，謂文公營邑於汧渭之會，見於秦本紀，秦遷於汧渭，見於竹書紀年，皆汧渭竝言，明不離於汧，而已及於渭也。其地為郿，是以文公都郿，而'鄘'釋為'郿'。自郿而至襄公故都之汧，必遵汧而西，是以曰'舫舟西逮'。遵汧而行，自西而北，故曰'覷西覷北'也。

本院考古組於廿四年夏，自寶雞向東，沿渭河調查古蹟，經岐山，郿，盩厔，鄠等縣返回西安。鬥雞台在今寶雞縣東十五里，經發掘證明即陳倉故址。（志通稱在縣東二十里）東至汧渭之會，約二十里，至虢鎮又約二十里，史記秦本紀'武公滅小虢'。班固曰：西虢在雍州。正義引括地志云'故虢城在岐州陳倉縣東四十里'（概據陳倉故城而言，）明一統志'虢故城在寶雞縣東六十里'，鳳翔府志云'在縣東五十里'元和志'虢縣（北至府三十里）古虢國，文王母弟虢叔所封，是曰西虢。秦武公滅為縣。周改洛邑。大業三年復為虢縣'。今虢鎮西去寶雞約五六十里，大抵即周小虢，秦漢之虢縣也。又東三十里，有陽平鎮，史記秦本紀'寧公二年徙居平陽'。徐廣曰：'郿之平陽亭'。正義曰：'帝王世紀云：秦寧公都平陽。按岐山縣有陽平鄉，鄉內有平陽聚 括地志云：平陽故城在岐山縣西四十六里，秦寧公徙都之處。'（岐山縣開皇十六年置，貞觀八年移於今理）。今之陽平鎮，與括地志所稱平陽故城，地望近似，而水經注云'汧水又東南，徑郁夷縣平陽故城南，又東流注於渭'。則平陽故城，當在汧北，去此尚遠。且於其附近，亦未發見任何遺物遺迹，足資證明之也。又東六十里，即今之郿縣。於縣東北十餘里，渭河北岸白家堡之周圍溝壕中，發見漢及三代之積層甚厚。而其地北傍周原，南臨渭河，渭河在此，向南迂迴，是以面積甚廣，地勢坦平。與史記封禪書正義引括地志所云'郿縣故城在岐州郿縣東北十五里'相合。漢書地理志郿屬右扶風；元和志稱為秦之舊縣；詩云'王餞於郿'，則亦岐周故地也。徵論其地去汧渭之會已百餘里，且在岐東，（郿縣在岐山縣東，府志稱岐山在岐山縣東北境。）史記固明言文公'地至岐，岐以東獻之周'矣，營邑斷不至此。

石鼓文「鄜」字之商榷　　　131

馬氏旣因秦本紀與竹書紀年省汧渭竝言，而謂文公營邑，當不離於汧，已及於渭，何以又云文公都鄜？其說曰：水經注'渭水東逕郁夷縣故城南，汧水入焉'。'汧水又東南，逕郁夷縣平陽故城南，東流注於渭'。是則平陽故城南爲汧渭所同逕流。寧公六年徙居平陽，寧公爲文公之孫，其徙平陽或在文公故都稍北。太平寰宇記'地道記：郁夷省幷鄜，蓋王莽之亂，郁夷之人權寄理於鄜界，因幷於鄜'。然則周東遷之初，平陽郁夷即鄜地。故徐廣以平陽爲鄜地，而文公都鄜。按秦文公營邑汧渭之會之時，西二十里之鬥雞台爲陳倉，東二十里之虢鎭爲小虢。又東百里始爲鄜。吾人旣無反證謂小虢地不在此，則文公所居之汧渭之會，自斷無越虢屬鄜之理。或曰'汧渭之會，或今昔異地'。此蓋昧於當地形勢之悞也。汧水入渭處，東爲周原，西爲賈村原，皆拔數百尺。周原西起汧水，東至漳水，修可二百里。賈村原東起汧水，西至金陵川，亦可二十餘里。河流所逕，勢若峽谷，故改道不易，非若太行山以東，平原地帶之河流，新舊河道，可以相去數十百里也。夫文公都鄜說旣失論據，則馬氏釋鄜爲鄜，'徵諸地理，'亦有不'切合'者矣。

鄜即鄘

史記秦本紀'文公三年以兵七百人東獵，四年至汧渭之會'。'十年初爲鄜畤'，封禪書紀其事云'文公夢黃虵自天下屬地，其口止於鄜衍。文公問史敦，敦曰：此上帝之徵，君其祠之。於是作鄜畤，用三牲郊祭白帝焉。後'秦宣公作密畤於渭南，祭青帝'。'秦靈公作吳陽上畤祭黃帝，作下畤祭炎帝'。高祖入關，'立黑帝祠，命曰北畤'。漢書地理志稱'雍有五畤'又郊祀志云：成帝初，以丞相匡衡言，罷雍鄜、密、上、下、畤，及陳寶祠。是知鄜畤在雍，揆其地望，當在雍南渭北，西不逾汧，東不至岐也。

(考地從鹿聲，恐卽因產鹿得名，本院考古組在鬥雞台發見鹿角甚夥，物非珍異，必非來自遠方。意者，古代寶雞鳳翔間產鹿必多，因以名地。）

史記文公'十年初爲鄜時'徐廣曰：鄜縣屬左馮翊。 漢書郊祀志'文公夢黃虵自天下屬地，其口止於鄜衍'。 晉灼曰：左馮翊鄜縣之衍也。 師古曰：今之鄜州，蓋取名於此也'，按漢鄜縣故址在今洛川縣東南。 唐鄜州治，即今鄜縣。 則文公所作之鄜時，在雍抑在鄜，二說勢難竝立，不可不辨也。

秦本紀'平王封襄公爲諸侯，賜之岐以西之地'。'文公十六年伐戎，戎敗走，地至岐，岐以東獻之周，寧公三年'與亳戰，亳王奔戎，遂滅蕩社。'正義引括地志云'三原縣有湯陵'武公元年'伐彭戲氏，至於華山下'。 十一年初縣杜鄭'地理志京兆有鄭縣杜縣是也。 繆公十五年'與晉惠公夷吾合戰於韓地'。 括地志云：韓原在同州韓城縣西南十八里。'虜晉君以歸'，'夷吾獻其河西地'，'秦地東至河'。 是知秦人勢力，乃沿渭而東。 文公時地僅至岐，寧公始東達今三原附近。 武公又東，至於華山下，繆公始至於河。鄜縣僻處渭北，地近韓城縣，繆公前秦兵勢力尚未至此也。

史記始皇本紀'蒙驁、王齮、麃公、爲將軍'。應劭曰'麃秦邑'，正義曰：麃蓋秦之縣邑，大夫稱公'，說文'鄜左馮翊縣，從邑鹿聲'，古字鄜麃同用，（新斠注地理志）漢之鄜縣，蓋即秦之麃邑故地也。 漢書地理志鄜字省作廊。 孟康曰：音敷。 蓋古無輕唇音，少齊齒音，麃敷音近，而鹿聲較遠（新斠地理志集釋）說文麃乃從㲋得聲，故鄜作廊非是。知者，今鄜縣之鄜，爲鄜之省文，鄜即秦之麃，地在今洛川縣東南。 而史記封禪書鄜衍之鄜，則當從鹿聲。 其地約在今鳳翔寶雞間。 是以集韵鄜字分入屋韵虞韵，知非一地也。 史記並著麃鄜，音形俱異。 造麃作鄜，又省作廊，昔人多不諳地理，遂因字形混淆，而易致悞會。

鄜字從鹿聲，盧谷切，屋韵。 (集韵)鄜從麃聲，郎古切，虞韵。 虜鹿俱歸來紐，而魚幽可以旁轉。故䣙爲鄜之異文。至鄜之地望，與鼓辭所詠，亦無不合。郭氏以鼓辭云'君子卽涉，涉馬□流，汧殹泊泊'。謂水可涉馬，可知其水必淺。乃是汧水之源頭處。'□□自䣙'，則䣙之地望可知。汧渭相會處其水已深，斷無'涉馬□流'之事。本院考古組於寶雞之鬥雞台从事發掘，汧渭之會乃往返所必經。故於汧水深淺，知之甚稔。水勢小時，深不及膝，汽車尙可通行。大時亦可涉馬。縱令今昔微異，而今汧水入渭處之渭河，其流量遠過汧水，尙非'斷無涉馬□流'之事也。

國立北京大學出版書籍

清初三大疑案考實　　孟森教授著

本校教授孟森先生對於明清史研究十分精核爲海內所同欽仰此書內容（一）太后下嫁考實（二）世祖出家考實（三）世祖入承大統考實三部分考證詳明而於胡適先生致疑之點答復尤爲精密實致力史學者必備之書本組用上等毛邊紙精印定價八角

明元清系通紀　　孟森教授著

著者原序「明元清系通紀之作留意者二十餘年近搜集材料自謂略備着手編次尚未及十分之一僅成肇祖一代然已占三百餘頁清先世事在清代自爲紀載太祖以前不滿兩葉今於肇祖一代已占三百頁自訝其多蓋此爲清先世長編後有執史筆操筆削之權者就此取材縱不敢言無遺漏抑於清室之神祕業盡發之可以供來者漁獵之資而與舉世認識此一朝之眞相矣充善妥羅以下與景顯三祖迄於太祖太宗皆在通紀範圍之內太祖太宗自有實錄所應詳者爲實錄所不載或始已載而終削者自充善以來尚在編次中陸續付印初擬求人作一序其不共文字之甘苦者不欲得其泛泛之稱獎共甘苦者又謂非所厸加思索謝不肯序則亦遂缺之第一次印成五卷未經親校訛舛滋多屬吳君世拱代作刊誤表冠每卷首襄助之勞不可不紀所取之材皆刊版行世之書或官修之實錄鈔本秘笈難爲徵信者皆不敢隨意根據更無論委巷傳說之語蓋慎之又慎不敢徇一時改革之潮流有所誣衊於清世也」現前編一卷正編一至十卷業已出版用上等毛邊紙精印定價八元

丁履恒　形聲類編

丁氏生於清嘉道間就顧江段孔張之說而成此書其中分配古韻凡十九部決取合韻對轉依張惠言例以證古韻之通合次論古四聲說及形聲字得聲之理多所闡發書成之後曾呈教於石臞王氏爲箋識三十五條亦附書中今依大亭山館叢書本照原樣影印並借得鹽城孫蜀丞氏所藏王氏原稿及昭代經師手札中丁氏原書影印載於篇首現已出版定價一元五角

今樂考證

清代姚復莊編係手鈔本鄞縣馬隅卿氏珍藏現歸北京大學圖書館其內容有緣起一卷論述戲劇自隋唐以迄明清著錄四卷包括歷代院本雜劇目錄並著者小傳聞及劇情考實批評等等誠爲叙述戲劇源流最完備最詳明之作該抄本書法精絕堪爲模範今由本組影印照卷數分訂五册定價四元

禪門第一祖菩提達摩大師碑跋

劉　厚　滋

　　菩提達摩碑，近三數年出土，墨本不恒見，故知之者鮮。北平研究院攷古組訪古磁縣響堂寺及其附近，曾挈其脫本以歸，馬君豐親董椎拓之役者，謂：碑在磁縣城外二祖塔下，去南響堂寺約七八十里，碑陰尙踣土中，無人爲起出也。

　　碑行書，篆額'禪門第一祖菩提達摩大師碑'十二字。唐元和十二年（西曆八一七）李朝正重建。第二行署：'梁武帝文'，末刻'中大夫撿校工部尙書兼潞州大都督府長史大夫充昭義軍節度副大使知節度事管內支度營田澤潞遼等州觀察處置等使上柱國賜紫金魚袋辛祕'等字；疑碑卽祕所書。按唐書，祕，隴西人，貞元中擢明經第，治禮家言；憲宗時拜湖州刺史，李錡反，擊平之有功，累遷昭義軍節度使，卒諡懿。與碑署'節度副大使知節度'事不同；碑詳而史略也。

　　碑文爲梁武帝舊文，雖不足信，而出初唐人手筆，不在續高僧傳後，要爲有據；蓋碑刻於元和十二年（八一七），神會和尙與普寂國師爭法統在開元二十二年（七三四），相去又將百歲，刻碑時曹溪勢力又瀰漫天下矣；而碑中記達摩入滅曰：

'……其侍者惟可禪師矣，大師舒容而歎曰："我心將畢，大教已行，一眞之法，盡可有矣；"命之以執手，付之以傳燈。'

無袈裟傳法之說，故最晚亦當在開元二十二年前後也。

碑紀菩提達摩事，與楊衒之洛陽伽藍記，道宣續高僧傳，互有異同，可資參証者四：

曰國籍：　續僧傳曰：'菩提達摩，南天竺婆羅門種。'洛陽伽藍記曰：'時有西域沙門菩提達摩者，波斯國胡人也。'碑曰：'大師諱達摩，云天竺人也。'碑與續僧傳同，與洛陽伽藍記異。嘗疑：波斯與西域接壤，時人對西域東來之胡僧，或漫謂爲'波斯胡'耳，未必果波斯胡僧也。道宣說轉較可信。徵於此碑，亦以取天竺人說爲正也。

曰來路：　碑曰'天竺東來，杖錫於秦。'洛陽伽藍記曰：'起自荒裔，來游中土。'續僧傳曰：'初達宋境，末又北渡至魏。'近多主道宣說。惟當時中印交通孔道，據魏書釋老志云：

'涼州自張軌後，世信佛教。敦煌地接西域，道俗交得，其舊式村塢相屬，多有塔寺。太延中，涼州平，從其國人於京邑，沙門佛事皆俱，象教彌增矣。'

又：

'沙門法顯慨律藏不具，自長安遊天竺，歷三十餘國，隨商人泛舟東下，晝夜昏迷將二百日，乃至青州長廣郡。'

是仍當以陸路爲正途，海道祇一別徑也。洛陽伽藍記成書在魏天平中，箸者或曾親見達摩，其書當較可信。自陸路言，波斯印度西域犬牙相錯，皆在涼州以西，時所謂中土係指河洛一帶，荒裔亦係指西陲而言。若來自南越，則'西域沙門''波斯國胡僧'之語爲無據，當稱'來自蠻荒'，不當稱'來自荒裔'也。徵之於碑'仗錫於秦'，卽楊書之'來游中土'，秦卽震旦。是楊書與碑同，且均無浮海說；則道宣來自南越一說爲無徵，達摩循陸路

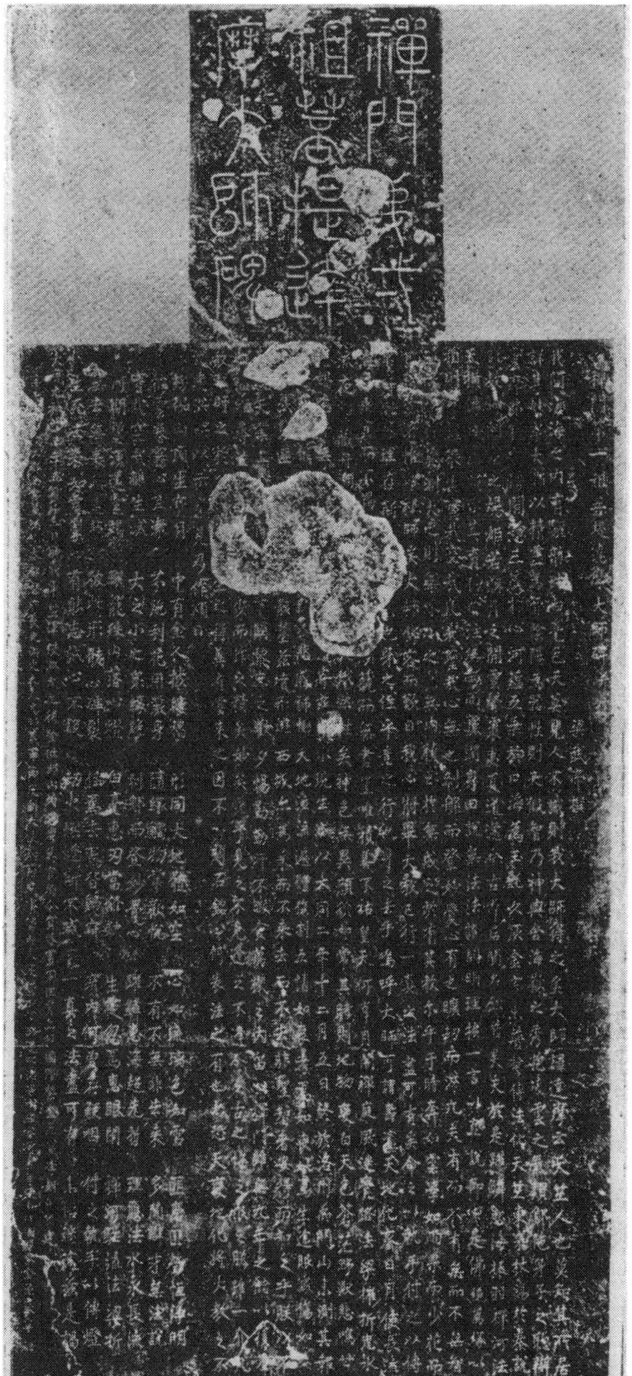

曰卒地，卒年： 碑曰：'以大同二年十二月五日終于洛州禹門山，未測其遐齡。'續僧傳慧可傳曰：'達摩滅化洛濱，可亦埋形河涘。'同書菩提達摩傳曰：'游化爲務，不測於終。'是卒地說同。 卒年，胡適之先生據慧可傳定在東魏天平以前，西曆五三〇左右。 大同二年爲西曆五三七，相差僅七年也。

曰年齡： 碑曰：'未測其遐齡。'洛陽伽藍記曰：'自言一百五十餘歲。'續僧傳亦曰：'自言一百五十餘歲。'適之先生菩提達摩攷曰：'印度南部人，身體發育甚早；所以少年人往往顯出老態，狠容易被人認作老人。 達摩初到中國時年紀雖輕，大概已被中國人誤認作老頭子，他也樂得自認年高。 後來在中國久了，眞老了，只好自言一百五十歲了。'又據僧副傳定其從達摩出家在二十餘歲時。 僧副傳曰：'釋僧副，姓王氏，太原祁縣人也。……卒於開善寺，春秋六十有一，即梁普通五年(西曆五二四)也。'按碑紀達摩卒於梁大同二年(西曆五三七年)，是即與僧副同年生亦當爲七十四五歲，故其年齡至少當在七十五歲左右也。

此文承胡適之馬叔平陳援庵三先生誨訂，附此敬謝。

國立中山大學研究院
文科研究所歷史學部
史學專刊
第一卷 第一期

黑格爾的歷史哲學……………朱謙之
括地志序略新詮………………岑仲勉
唐代波羅毬戲考………………羅香林
中國歷史上氣候變遷之另一研究……姚寶猷
魏晉時代之'族'………………陳嘯江
䎞羌鐘銘釋……………………溫廷敬
隋唐研散文體變遷概觀………曾了若
歐洲使節來華考………………朱傑勤
中國與阿剌伯人關係之研究…朱傑勤
廣東新通志列傳…溫廷敬 張九齡 丁惠康

中華民國二十四年十二月一日出版
廣州文明路

本刊價目： 每期大洋五角 半年三期大洋一
　　　　　元二角 全年大洋二元四角

布面金字 禹貢半月刊
第一二三四卷合訂本出版
第一卷　定價一元二角　郵費一角五分
第二卷　定價一元六角　郵費一角七分
第三卷　定價二元　　　郵費一角八分
第四卷　定價二元五角　郵費二角六分

本刊為研究中國民族史與地理沿革史專門刊物，出版以來，進步至速，篇幅日增。讀者為便于保存計，紛囑本會裝為合訂本，茲特彙集訂出，以便讀者。此四卷中，計有：——

古代地理一八十七篇　戰國至漢一三十四篇
三國至唐一二十七篇　宋至元一十七篇
明至清一二十九篇　　邊疆一三十二篇
內地種族一八篇　　　中外交通一十三篇
方志研究一二十二篇　地方小記一十一篇
書評，目錄，傳記一四十八篇
通論，雜俎一二十二篇

總發行處：　北平成府蔣家胡同三號禹貢學會
總代售處：　北平景山東街十七號景山書社

國立北平故宮博物院最近出版物

故宮書畫集第四十三期………定價二元五角
宋歐陽文忠公集古錄跋………定價三元
趙孟頫書小學卷………………定價五元
元吳鎮墨竹譜…………………定價三元
明文徵明畫竺譜………………定價二元

內閣大庫現存清代漢文黃冊目錄…定價一元
清內務府造辦處輿圖房圖目………定價六角
　　　　（以上均八折）
文獻叢編第三十輯…………………定價五角
　　　　（七折）

文學年報 第二期

答馬伯樂先生…………………郭沫若
元遺山論詩絕句………………郭紹虞
論兩宋學術精神（中國近三百年學術史引論之一）……………錢穆
大誥解…………………………劉節
補後漢書張仲景傳……………劉盼遂
格律論…………………………董璠
『朋盍簪』釋…………………李鏡池
文以載道辨……………………沈心蕪
書經中的代名詞'厥'字
　　（瑞典高本漢 B. Karlgren）著
　　陸　侃　如　譯
評郭沫若近著兩種
………法國馬伯樂（H. MASPERO）著
　　陸　侃　如　譯

劉子政生卒年月及其著述改辨……周昊
明代戲曲興盛的原因…………張全恭
謎語的探討……………………薛誠之
論歌謠…………………………李素英
鄭康成著述考…………………陳家頤
納蘭詞的幾種作風……………鄧懿
蔣清容的九種曲………………趙曾玖
漢鐃歌十八曲集注……………胡芝蕪
漢，唐，宋的大曲……………由毓淼
崑曲中南北曲之腔調與音階的比較研究
………………………………許勇三
諧話……………………………薛誠之
美的紀念………………………李素英
黃昏……………………………王元美

燕京大學國文學會出版　定價 道林報紙每冊 一元七角

代售處：燕京大學哈佛燕京學社　北平景山書社　來薰閣　文奎堂

密宗塑像說略

吳 世 昌

——雍和宮志的一部分材料——

(一)

密宗本來只是佛教的一支，普通把牠和佛教其他的宗派如禪宗，天台宗等一例看待。但因他在印度即已自成一系，所以又和佛教其餘的一切宗派——總名顯教——對立，稱爲密教。這派教義最初由印度傳入中國時雖亦遠在晉唐，(註一)但因其經典多爲符咒手印，迹近巫蠱(它本來是印度婆羅門敎巫蠱的餘流)；說理又復怪誕神秘，不像顯教的經典，或爲哲理的探討，陳義甚高，或是寓言的文學，深刻動人；所謂'言不雅馴，搢紳先生難言之。所以唐善無畏，不空，宋施護，法賢等雖有大量的翻譯，但是直到元朝以前，其道始終未見大宏於中土。(註二)元代因爲政策關係，大興佛教，尤其容縱自西藏東來的密教僧徒——喇嘛(註三)，而經西藏化了的佛教密宗——喇嘛教——自此以後遂大行於中國北部。'喇嘛'本爲唐古忒人呼僧伽之通稱，原非專名，乾隆御製喇嘛說云："西番語謂'上'

註一 世傳密教初入中國，以唐善無畏，不空，金剛智三人，所譯經爲嚆矢。西晉白帛黎密多所譯大灌頂經，孔雀王經，普通藏經不以列入密教部，實則其內容即多咒語，爲密宗經典無疑。但數量較少，不甚爲世所知耳。

註二 唐後元前密宗所以不興盛，宋代理學也是一個主要原因。

註三 喇嘛，在元代通稱西僧，見元史釋老傳。其譯音者稱'剌馬'，見輟耕錄卷二。明代通作'剌麻'，見毛奇齡明武宗外紀。

曰'喇'，謂'無'曰'嘛'；'喇嘛'者，謂'無上'，即漢語稱僧為'上人'之意耳。"（註四）現在通稱喇嘛教，在一般觀念中，似乎是佛教以外的另一宗教了。

喇嘛教既係佛教中的一宗，他的主要塑像如釋迦，如來，羅漢，千手觀音，四天王等，原與其他顯教各宗的廟宇塑像無甚差別。但因為它是經過西藏化了的宗教，曾經和西藏東土原始的幽鬼教相融合，變成一種混合派，因此它的塑像也與佛教原來的佛像不同，尤其特殊的是俗呼為'歡喜佛'而喇嘛奉為'大威德金剛'的塑像。

通常一說起歡喜佛，立刻想到由雍正潛邸改建的北平雍和宮，好像這是國內唯一的有這種塑像的廟宇，其實殊不盡然。北平此類佛像甚多，除雍和宮外，尚有馬葛剌廟等喇嘛寺，多有這類歡喜佛。北平北海白塔下有銅門的琉璃廟內所塑的怪佛，通常誤為'鎮海佛'，其實也是'威德金剛'之一種。前年見北平某畫報刻印北平西郊海甸溝沿娘娘廟，亦有此像。乾隆時，宮中曾製銅佛兩大套，一套存在熱河行宮，一套存北平故宮。每套都八千尊，差不多喇嘛教的一切佛像全備了。（故宮雨華閣另有'歡喜佛'五尊）據鋼和泰教授（Prof. Steel Holstein）對我說：在故宮的一套還好好的保存着，熱河的一套已散失，因為前幾年湯玉麟將軍在承德設了一個古玩店，專向外國的旅行者售買佛像，他在那兒時也順便買了一些。我在他寓中見到的二尊——一尊名精進軍佛，另一尊名字忘了——雖然不是'歡喜佛'的一類，但看它的身段姿勢和面部表情，與雍和宮的塑像和畫像完全同一作風：都是腰部細長而曲折，兩臂舉作舞姿，雙手作種種'印式'。唇作扁圓形，兩唇角略向上，如苦笑狀。蹙眉，首略向一旁傾側。這種面部表情很別致，是一種混合愛，嗔，悅的形相。這類坐像高不足一尺，鏤製甚工，座上都刻有佛名。鋼教授有一本此類佛像的名單

註四　見衛藏通志卷首頁二七。

索隱（未印稿本），屬於'歡喜佛'的幾個名稱也包括在內。

(二)

在中國的史籍上，我們所能見到著錄這類塑像的，以南宋末年爲最早。鄭思肖心史云：

"幽州建鎭國寺，附穹廬。側有佛母殿，黃金鑄像，裸形中立，目瞯邪僻。側塑妖女，裸形，斜目指視金佛之形。旁別塑佛與妖女裸合，種種淫狀，環列梁壁間。兩廊塑妖僧，或啖活小兒，或啖活大蛇，種種邪怪。後又塑一僧，青面裸形，右手擎一裸血小兒。赤雙足，踏一裸形婦人。頸環小兒枯髏數枚，名曰'摩睺羅佛'"。（註五）

其次，文廷式所輯自永樂大典中經世大典工典畫塑門的元代畫塑記，詳述塑佛地點，工匠及用品材料，其關於這類佛像者有下列幾條：

"仁宗皇帝皇慶二年（一三一三）八月十六日，敕院使也納：大聖壽萬安寺內五間殿八角樓四座，令阿僧哥提調其佛像；計拜稟擲思哥斡節兒，八哈失塑之。省部給所用物，塑造大小佛像一百四十尊；……西南北角樓'馬哈哥刺'等一十五尊。……東西角樓四背'馬哈哥刺'等一十五尊。用物黃土七百五十二石六斗，紅土……"（註六）

"七年（一三二〇，按當係延祐七年，因皇慶只有二年。）四月十六日，諸色府總管朶兒只等奏：八思吉明，里董阿二人傳旨於興和路寺西南角樓內塑'馬哈哥刺'佛及伴繞神聖，畫十護神，全期至秋成。塑工命劉學士之徒張提舉，畫工命尙提舉二人率諸工以往。需及飯饍皆令即烈提舉應付。秋間朕至時作慶讚，毋誤也。'馬

註五　卷下頁八三
註六　頁八——九

哈哥剌'一，左右佛母二，伴繞神一十二，聖畫三扇，高一丈五尺，闊一丈六尺"。（註七）

"至治三年(一三二三)十二月三十日，敕功□使闊兒，魯同知，安童，諸色府楊總管，杜同知等：延華閣西徽青亭門內，可塑帶伴繞'馬哈哥剌'佛像，以石砌凈臺，而復製木凈臺於兩傍。 其裝塑之物，需之省部。 此朕往上都令塑成之。 正尊'馬哈哥剌'佛一，左右佛母二尊，伴像神一十二尊。………"（註七）

"泰定三年(一三二六)三月二十日，宣政院使滿禿傳敕諸色府：可依帝師（註八）指受，畫大王源延聖寺前後殿四角樓畫佛………正殿佛五尊，各帶須彌座及光焰。 東南角樓天王九尊， 西南角樓'馬哈哥剌'等佛一十五尊。（註九）

為什麼'馬哈哥剌'佛在元代這樣得寵？ 元史有一條可以解釋一部分原因：另一部分原因要到下文涉及'演揲兒'時才說到了。

"元貞間（一二九五——六），海都犯西番界。 成宗命禱于摩訶葛剌神，已而捷書果至。"（註十）

這位'摩訶葛剌'即上文的馬哈葛剌。 他還有許多異名，下文要仔細討論。 上文所引'至治三年'一條，元史泰定帝紀作："塑馬哈吃剌佛像於延春閣之徽清亭下"（註十一）。 有時簡稱秘密佛。元史后妃傳云："京師剙建萬寧寺，中塑秘密佛像，其形醜怪。后（卜答失后）以手帕蒙覆其面。 尋傳旨毀之"。 （註十二）畫塑記所述的劉學士即劉元，元史方技傳

註七　頁十二
註八　參看元史釋老志
註九　頁十三
註十　元史列傳卷八十九，釋老傳附膽巴傳，頁三，（百衲本）
註十一　本紀卷二十九，頁七。畫塑記的延華閣和徽青亭，當係'延春''徽清'之誤。
註十二　列傳卷一頁五

附工藝傳說他"所爲西番佛像多秘，人罕得見者，"也即指這類佛像。
（註十三）

輟耕錄卷二記元帝受佛戒條云：

"累朝皇帝先受佛戒九次，方正大寶；而近侍陪位者必九人或八人，譯語謂之'煖荅世'，此國俗然也。今上之初入戒壇時，見馬哈剌佛前有物爲供，因問學士沙剌班曰：'此何物？'曰：'羊心。'上曰：'曾聞用人心肝者，有諸'？曰：'嘗聞之而未嘗目睹；請問剌馬。'——剌馬者，帝師也。上遂命沙剌班傳旨問之。荅曰：'有之。凡人萌歹心害人者，事覺則以其心肝作供耳。'以此言復奏。上再命問曰：'此羊曾害人乎？'帝師無荅。

又樊榭山房集有吳山咏古詩二首，其一爲麻曷葛剌佛，并有序文云：

"麻曷葛剌佛在吳山寶成寺石壁上，覆之以屋。元至治二年驃騎衛上將軍左衛親軍都指揮使伯家奴所鑿。案元史泰定帝元年塑馬合吃剌佛像於延春閣之徽清亭下，輟耕錄亦稱馬吃剌佛，蓋梵音無定字故也。………"

其詩描寫佛狀甚詳，茲錄其比較重要者如下：

"………一軀儼箕踞，努目雪兩眉，赤脚踏魔女，二婢相夾持。玉顱捧在手，豈是飲月支？有來左右侍，騎白象青獅。獅背匪錦幨，薦坐用人皮。髑髏亂繫頸，珠貫何纍纍。其餘不盡者，復置戟與錘。旁紀至治歲，喜捨莊嚴貲。求福不唐捐，宰官多佞辭。我聞劉元塑，妙比元伽兒。搏換八柴闥，秘密無人知。此像琢山骨，要使千年垂。徧翻諸佛名，難解姚秦師。………"（註十四）

註十三　列傳卷九十頁十三。北平西四牌樓有劉鑾塑胡同，傳即劉元所居巷。

註十四　卷五頁八——九，四部叢刊本

又梁玉繩瞥記六，引吳省欽的成都重建靈應寺碑記，有一段說：

"釋迦氏之教，於中土有南宗北宗，於外番有黃教紅教。黃教傳自前藏之宗喀巴。崇德七年(註十五)，達賴喇嘛班禪額爾德尼知東土有聖人，萬里通款，數年始達，闡法宏遠。紅教傳自後藏之多爾濟，以方術名；彼道中已爲外道。………彼其紅衣紅帽，固已異於黃教之宗乘，而所爲且紅教所不爲：貪忿瞋殺，以速其敗亡。焚其旅而殲其族。轉經之樓，演揲之壁，凡爲我所燻毀而駐兵守其中者，豈可勝道；而彼波旬之道，達思拉之經，曾不足以自保也。………"

這段文字雖然是清人所作，而且所說的黃教祖師宗喀巴已是明永樂以後的事，並且似乎也沒有說到'歡喜佛'像，但這是燬了喇嘛廟而重建佛寺的碑文，而所燬的原來的喇嘛廟有所謂'演揲之壁'，便可知道廟的性質。'演揲'亦作'演蝶'，是元代宮庭的一種秘戲。庚申外史記'演揲兒法'云：

"哈麻旣得幸於上，陰薦西僧行運氣之術者，號'演揲兒法'。……是時資政院使隴卜，亦進西番僧善此術者，號'秘密佛法'。謂上曰：'陛下雖貴爲天子，富有四海，亦不過保有現世而已。人生能幾何！當受我'秘密大喜樂禪定'，又名'多修法'，其樂無窮。'上喜。令哈麻傳旨，封爲司徒，以四女爲供養。西番僧爲大元國師，以三女爲供養。國師又薦者的沙，巴郎太子………。十人皆號'綺納'。——者的沙，帝母舅也，巴郎太子，帝舅也。在帝前男女裸居，或君臣共被。且爲約相讓以室，名曰'些郎兀該'，華言'事事無礙'。………"(註十六)

錢大昕補元史藝文志醫書類有列端必瓦成就同生要一卷，因得囉菩提手印

註十五　按崇德爲清未入關年號。崇德七年即明崇禎十五年(一六四二)。

註十六　卷上，頁二十四——五，明人小史本

要道一卷，大手印無字要一卷，注云：順帝所習'演揲兒法'也。（註十七）

'演揲'旣是元代西番僧弄出來的花樣，而這被毀的喇嘛廟有'演揲之壁'，其爲'歡喜佛'一類的塑像或壁畫無疑。

以上是關於元代喇嘛敎的'歡喜佛'的材料，其見於前人史籍者，略備于此。大槪即使有遺漏，也不會太多了。

（三）

明代諸帝爲羈縻邊藩，雖然仍沿舊制，封喇嘛以'國師'、'帝師'等尊號，但喇嘛僧的勢燄，遠不如元代薰灼了。明代曾大規模銷燬過兩次這類佛像：第一次是永樂年間，孫承澤春明夢餘錄云：

"惟都內喜佛寺係元人淫制，敗壞風俗，相應毀棄。………得旨：邪鬼淫像，可便毀之。………於是工部銷毀淫像。"（註十八）

第二次是嘉靖年間，據春明夢餘錄引宗伯夏言議燬佛疏云：

"大學士李時同臣言，入看大善殿內，有金銀鑄像，鉅細不下千百，且多爲邪鬼淫褻之狀；惟聖明一旦舉而除之，甚盛舉也。"

註十七　這一段文字，很可以解釋爲什麼元代朝廷那樣寵縱喇嘛。元史釋老傳記當時的帝師云："乃郡縣土番之地，設官分職而領之於帝師。……師臣以下，亦必僧俗並用而軍民通攝。於是帝師之命；與詔勅並行於西土。百年之間，朝廷所以敬禮而尊信之者，無所不用其至。雖帝后妃主，則因受戒而爲之膜拜。……泰定間……其兄瑣南藏卜遂尚公主，封白蘭王，賜金印，給圓符。其弟子之號司空，司徒，國公，佩金玉印章者前後相望。爲其徒者，怙勢恣睢，日新月盛。氣燄薰灼，延于四方，爲害不可勝言。……有僧龔柯等十八人與諸王合兒八剌妃忽秃赤的斤爭道，拉妃墮車毆之，且有犯上語。事聞，詔釋不問。而宣政院臣方奏取旨凡民毆西僧者截其手，詈之者斷其舌。"

又：王世貞豔異編卷十作四'演蝶兒'，所載略同。

註十八　卷二十，頁一。

田藝蘅留青日札載此事在嘉靖十五年，（一五三六）（註十九）而春明夢餘錄也記拆毀大善殿而改建慈寧宮，其年與留青日札同（註二十）。張習孔雲谷臥餘記載所燬佛像的確數是一百六十九座（註二十一）。汪師韓韓門綴學續編引何良俊四友齋叢說云："大善殿舊塑佛像，棲各梁上，備諸淫褻之像，一切焚棄，改建慈寧宮焉"。（註二十二）並於其下註云："大善殿，成於永樂中，乃司禮監太監張政督工監造。慈寧，太后宮也。"徐學謨世廟識餘錄謂佛像皆金銀為之。（註二十三）若大善殿建於永樂間，而金銀的佛像又是'棲各梁上'，則那些佛像一定是從別地方搬來的。我想嘉靖十五年以前的大善殿到是一個密宗塑像的陳列所，燬了實在可惜。還有一點可以注意的，就是明人對於這些佛像的原來名稱大都茫然，祗能用些'邪''淫'等字樣來表示厭惡而已。

又董含三岡識略云：

"遼陽城中一古剎，巍煥壯麗，守衛嚴肅。百姓瞻禮者，俱於門外焚香叩頭而去。有范生者避其地，欲入，不可得。請一顯者，乃入。見內塑巨人二，長各數丈：一男子向北立，一女南向抱其頸，赤體交接，備極淫褻狀。土人呼為公佛母佛，崇奉極謹。"（註二十四）

按董含明末清初人。據自序，此書起自甲申（順治元年，一六四四），訖

註十九 "嘉靖十五年，大善殿有鑄像極其淫穢，鉅細不下千百，夏文愍公言建論焚之，以清宮禁，盡付諸火，其像號'歡喜佛'，乃元之遺製。"按此條見韓門綴學續編引，勝朝遺書節本無此條。

註二十 卷六頁十三

註二十一 韓門綴學續編引。

註二十二 按北平圖書館藏鈔本四友齋叢說十六卷，不見此條。汪氏殆別有所本也。此條見汪書頁三十。

註二十三 亦見汪書所引。

註二十四 卷四，頁十七。北平圖書館藏鈔本凡十卷，續一卷。

乙丑（康熙三十六年，一六九七）止，所歷凡五十餘年。每卷皆記所著年月。第四卷成於己亥至癸卯（順治十六年至康熙二年，一六五九——一六六三），所記遼陽佛像盖清入關以前所塑。

以上可以說是關於明代所存'歡喜佛'的記載。

(四)

清代以女真入主，和蒙古多少有點相像，是一個喇嘛教復興時代。但清代諸帝鑒於元代僧禍之烈，對喇嘛咸有戒心，明為倡導，實際全是些敷衍的辦法。而且處處謹愼，深怕別人說朝廷容縱喇嘛一類閒話。尤其是乾隆，對喇嘛的玄虛看得很穿。其所製喇嘛說云：

"喇嘛又稱黃敎，……始盛於元，沿及於明，封帝師國師者皆有之。我朝惟康熙年間祗封一章嘉國師，相襲至今。其達賴喇嘛班禪額爾德尼之號，不過沿元明之舊，換其襲敕耳。蓋中外黃敎總司，以此二人。各部蒙古，一心歸之。興黃敎即所以安衆蒙古，所繫非小，不可不保護之，而非若元朝之曲庇諂敬番僧也。其'呼圖克圖'之相習，乃以僧家無子；授之徒，與子何異？故必覓一聰明有福相者，俾為'呼必勒漢'（漢說傳世化生人之義），幼而習之，長成乃稱'呼圖克圖'。此亦無可如何中之權巧方便耳。"

下文又云：

"或有議為過興黃敎者，使予徒泥沙汰之虛譽，則今之新舊蒙古，畏威懷德數十年，可得乎？且後藏煽亂之喇嘛，即正以法。元朝曾有是乎？"

乾隆為了喇嘛這樣替自己洗刷辯解，可見當時輿論頗不滿於喇嘛之過盛，也可見喇嘛在清初的復興頗令人想到元代的情形。

清雍正帝御譯的西藏佛經中，有一本名大威德怖畏金剛尊佛儀軌全經，此書藏名鴉齊鑾噶經，所謂大威德怖畏金剛尊佛，即經中的文殊鴉鵲鋻啞聲佛，亦即鴉鵲鋻啞明王。（注二十五）此經第一頁正文下注云：

"今將威德金剛怖畏明王成就法匯觀誦儀軌，依大聖宗喀巴上師所傳編訂，以便修習。"卷首所附有威德金剛的圖像，是一種典型的"歡喜佛"。

衛藏通志卷六記西藏的廟寺，其序論云：

"謹案佛，西方之敎也。藏地信佛誠，事佛謹，歷數十年。其佛像曰沙迦圖巴，江賓孜格，曼殊舍利，雅滿達噶，德木楚克，騾子天王，瑪哈噶拉……等號。"（注二十六）

以下記各廟佛像：察木珠寺（俗名昌諸寺）條下云："供奉桑堆佛十九尊。"注云："即陰陽佛也。"噶勒丹寺（俗名甘丹寺）條下云："內塑桑堆（即陰陽佛），德木楚克（即安樂佛），多爾影佛像。"噶瑪露寺條下云："內塑神像，猙獰惡煞。"

衛藏通志又載乾隆御譯大藏經目錄中有：聖閻曼德迦威怒王立成大神驗念誦法，大乘方廣曼殊師利菩薩華嚴本敎讚閻曼德迦忿怒王眞言大威德儀軌品，大方廣曼殊室利童眞菩薩華嚴本敎讚閻曼德迦忿怒王眞言阿畏遮嚕迦儀軌品，一法二儀軌同卷。（注二十七）

現在平雍和宮第十一處爲雅木德克樓，所供像即威德金剛儀軌的圖，但其陰體已毀。

汪師韓韓門綴學續編又說：

"今寶城寺所鑿，土人或稱麻栗扢笞佛，應是當時聞有此佛號，遂以是當之。"（注二十八）

（五）

總括上文，我們可以得到下列幾種事實：

注二十五　見本經頁十三

注二十六　卷五頁一，漸西村舍刊本

注二十七　卷十六，頁二九

注二十八　頁三十一

密宗塑像說略

一　元代諸帝容寵喇嘛僧，其原因除驕靡邊藩外，還因爲喇嘛僧懂房中術，頗與漢代方士相像。當時所建西藏化的佛殿佛像，不僅滿佈幽燕，並且西及成都，南至杭州；東北遼寧的佛像，大概也是元代喇嘛教極盛時傳入。元人遺留下來在北京的此類塑像很多，永樂間工部奉旨銷毀一次。元大內並有金銀鑄像，以千百計，嘉靖十五年爲大學士夏言奏燬。這類佛像大都獰獰可怖，漆人顱爲食具，貫髑髏作腰帶；或抱，或踏，或既抱且踏裸女像。佛前有時以人心肝作供，有時以人血點佛唇(見心史)，或塑佛啖生人像。佛座的舖薦也是人皮。

二　這類佛像通稱歡喜佛，或秘密佛，或陰陽佛，它們專門的名號，大約可歸成三類：

第一類：

1. 麼睺羅'佛' 心史
2. 馬哈哥剌 元代畫塑記
3. 麼訶葛剌 元史釋老傳
4. 馬哈吃剌 元史泰定帝紀
5. 馬哈剌'佛' 輟耕錄
6. 麻曷葛剌'佛' 樊榭山房集
7. 馬合吃剌 仝上
8. 瑪哈噶拉 衛藏通志
9. 麻栗吃菩'佛' 尊門親學續編
10. 馬葛剌 北平一喇嘛廟名

第二類：

1. 鵶濟饗嘎 大威德金剛儀軌經
2. 雅滿達噶 衛藏通志
3. 閻曼德迦 仝上

4. 雅木德克 北平雍和宮樓名

第三類：

1. 桑堆'佛' 衛藏通志

2. 桑堆 仝上

這三類中，只有桑堆在中國史籍中不大說到關於它的塑像，這名詞對於我們比較驀生；我曾請教鋼和泰教授，誰知博雅如此公，竟也和它素昧平生。其餘的兩類看來繁複，其實只是兩個名詞，把梵音寫出來：

一個是"Mahākāla"

一個是"Yamāntaka"

第一類中的摩睺羅很容易被人誤入誤會作 Maharaga 的譯音，Maharaga 是一種蛇的魔鬼，通譯摩睺羅伽，(注二十九) 與心史所記者不附。心史所記情形全係歡喜佛，與其他關於此類塑像的描寫相同，故知其決爲 Mahākāla 之對音。鄭思肖是南宋人，對於'北虜'的音讀自不甚清淅，對音時忽略了 -kā- 音，隨便把藏經中習見的名字拉上，是情理中事，正如現在的北平人呼馬葛刺廟，不呼馬哈葛刺廟，忽略了 -hā- 音一樣，殊不足怪。並且若說摩睺羅是 Maharaga，那也還掉了最後的'伽'音，我說是 Mahākāla，也只是掉了中間一個'葛'音，同是對音時掉了一音，我們祗能就他所描寫的佛像的情形來看，那就可以斷定是歡喜佛而不是什麼蛇的魔鬼了。此外樊榭山房集引元史馬哈吃剌作'馬合吃剌'，'哈'字失口旁，當係傳寫之誤。其中最可奇怪的是汪師韓所記杭州土音呼麻曷葛剌作麻栗抅答一條。(註三十)

第二類的譯名都相彷，以雍正的對音爲最科學的。但有一點很可注意：這二類佛像按記載都是歡喜佛，而在元代只有 Mahākāla 這名稱，總

註二十九 見佛說瑜伽大敎王經卷一，大正藏卷十八頁五五九。

註三十 如果把這些名稱都用音標注出來，很可以看出元明以來的語音沿革，以非本文範圍，故且按下不表。

沒見提起 Yamāntaka，在淸代又幾乎一律稱爲 Yamāntaka，除馬葛剌廟尙沿元代舊稱外，也不再提起 Mahākāla 了。

　　Mahākāla 據 Getty Alice 的研究有好幾種，她以爲在中文稱爲大神王，最普通的是"財神"(Kuvera)，常常拿着一支三齒叉。她也說到元代的Mahākāla 但只說是一个有六臂的蒙古的衞護神(The tutelary god of Mongolia)，並沒有說到像中國史籍上所謂秘密佛一類樣子。 倒是她們說到的有一種叫 Mahākāla Son-dkar，使我想到大槪卽是衞藏通志說起的桑堆佛。 這也是一種'財神'，據她說，而且是蒙古諸佛的保護神。'它的腦袋像牛，怒髪如熾火衝冠，有三眼，六臂；忿怒相。 右手當胸持魔寶(Cintāmaṇi)，左手持'噶巴拉'(人顱骨食器)，擊在右手下，餘四手各持鉞，三齒叉，小鼓，象杖。以象皮薦座，復以兩足踏象上。如係畫像，則爲白色。(註三十一)這和中國所塑秘密佛的陽體已很相像。但仍非所謂歡喜佛。其餘還有幾種Mahākāla，是什麼'護智神'(Frotector of Science)'護帳神'(Protector of Tent)，因與本文關係較少，不復贅述。

　　至於 Yamāntaka，Getty書中所附中文是'閻曼德迦'，殆依乾隆御譯藏經所譯名稱。 此神爲曼殊師利(Mañjuśrī)之化身，因其以可怖之化身形相降伏踩躪西藏食人之惡魔閻曼(Yama)，故名 Yamāntaka（註三十二）。'它最簡單的形相是牛首，二臂，三目，髑髏爲冠。 左手持'噶巴拉'，右手持斧鉞。貫髑髏爲帶圍腰際。 舉足向右作欲行狀。 他可以有五个頭，肩披人皮，抱陰體。 但如飾爲雅馬利(Yamāri)像時，就無陰體；右手持髑體頂杖，左手持'噶巴拉'，足下踏一屍體，屍體下是一條牛。（註三十三）其實

註三十一　Gods of Northern Buddhism (Oxford, 1914) p.p. 143-4
註三十二　同上頁一四五，按 Yamāntaka，印度古代已有此佛，說詳下，Getty 所謂降伏'踩躪西藏'之惡靈 Yama，其'踩躪西藏'一語殊未可靠。此語當係據Grünwedel: Mythologie du Buddhisme au Tibet et en Mongolie, p. 103, 但 Grünwedel 不知有何佐証。
註三十三　同上頁一四六。

Yamāntaka 沒有這樣簡單，Grünwedel 的蒙藏佛教之神話（Mythologie du Buddhisme au Tibet et en Mongolie）對於它有較詳的說明，有九首，十六足，三十四手及每手所持器物，每足所踏鳥獸的叙述，（註三十四）大致與大威德金剛儀軌經相同。據 Grünwedel 自述謂譯自在 Kanjour（甘州？）所得之一種觀想儀軌經，但此經並未涉及陰體，（註三十五）當係另外一本。

（六）

這幾位外國學者都不大能看中國的大藏經，他們所根據的材料大都是輾轉引述他們自己的同類著作，使我們很不容易把他們的研究結果和大藏經的內容對勘。

我們上面所說到的許多關於歡喜佛的材料，都是元代以後自西藏傳來的。西藏的佛教自是從印度傳入，（註三十六）但這些佛像在印度原來的佛像中是不是'歡喜'？這却是一个頗費推敲的問題。Mahākāla 這名詞我還不曾在大藏經中找到相當的譯名，妙吉祥平等秘密最上觀門大教王經卷一（註三十七）說起世尊在舍衛國華林園中吃飽了飯跏趺而坐，入'金剛定'，眉間放五色光，光中化出五佛，八大菩薩，十大明王，其中第七位明王名金剛光明摩賀摩攞大力明王。這位摩賀摩攞在同卷中又作摩訶麼攞，它在華林園第三院外面的西北隅乖乖的坐着。我疑心他即後來被當作 Mahākāla 的前身。元史釋老傳猶作摩訶葛剌，此中消息頗耐尋味。摩訶麼攞舊音蓋為 Mahābāla，"b"音或變清音"p"而轉為"k"音，或先轉為濁音"g"而再變清音"k"，都屬可能。至於 Yamāntaka，在藏經密教部中最常見，而且名稱的異譯也最多：

註三十四　Mythologie etc.,p. 104

註三十五　仝上頁一〇六。

註三十六　參看渡邊海旭喇嘛敎之分派及其發達，寂悟譯，海潮音第十五卷七號。

註三十七　大正藏卷二十，頁九〇五。

密宗塑像說略　　　　153

(1) 焰鬘怛迦 上述妙吉祥經　宋慈賢譯

(2) 焰鬘得迦 (註三十八)

(3) 閻曼德迦 (註三十九)

(4) 閻曼德——湊五字偈語用(註四十)

(5) 耶曼德迦 (註四十一)

(6) 焰曼德迦 (註四十二)

(7) 炎曼德迦 (註四十三)

(8) 夜曼德迦 (註四十一)

這些名稱大致相同，原是同音異譯，無可爭論(除了音勻學者拿去考証近古語音以外)。至於這兩位明王，Yamāntaka 和 Mahākāla，究竟在印度原來的佛教神話中佔一个什麼地位？我們可以說，'它們和西藏喇嘛傳來的歡喜佛全不相同。實在他們只會忿怒，並不歡喜。並且雖然很可怕，但也還沒有喇嘛教所想像的那麼利害。他們的來歷和同伴，據上文說到的妙吉祥經所述如下：

"爾時世尊在舍衞國，於華林園中飲食訖跏趺而坐。時有彌勒菩薩等白佛言：'世尊，我等雖聞'三乘'甚深妙法，我有少疑欲當啟問世尊，此法門外更有法不？'世尊告曰：'善哉善哉！汝等何能於此而生此問。我有摩訶三昧耶秘密內法，依之修行能令'大乘'行者速得成佛。吾從成佛以來未曾宣說。'彌勒菩薩等聞佛所

註三十八　大正藏·卷二十一，頁八十一，經名總目一二一七，宋奉賢譯。

註三十九　仝上　卷二十一，頁七六，經名總目一二一五又頁七六，一二一六，宋法賢譯。

註四十　　仝上　頁七六下

註四十一　仝上　頁九三經名總目一二一八，唐一行譯。

註四十二　仝上　頁九七，經名總目一二一九，唐一行譯。

註四十三　權田雷斧：佛像新集，乾冊，頁一五八。

說，踴躍歡喜；繞佛三匝，却住一面；右膝著地，胡跪合掌。仰瞻世尊，目不暫捨。爾時世尊入'金剛定'，而於眉間放五色光，於其光中中化五佛：於青光中化阿閦佛，……復化八大菩薩，……於其光中復化十大明王：大慈金剛光明焰鬘怛迦慈明王，大悲金剛光明鉢囉棍也怛迦悲明王，大喜金剛光明鉢納麼怛迦喜明王，大捨金剛光明尾蘗曩怛迦捨明王，此四明王，次第各居第三院外門中而坐；金剛光明吒枳羅惹大愛明王，金剛光明顙擺能拏大威怒明王，金剛光明摩賀摩擺大力明王，金剛光明阿左擺曩他無動明王，此四明王，次第各居第三院外四隅而坐；下方金剛光明囌日囉播哆羅降三世明王，此明王居東方明王前面而坐；上方金剛光明塢瑟坭灑作乞擺頂輪明王，此明王居西方明王前面而坐。………"

每位明王都有他們的位置，如焰鬘怛迦是東方，摩賀摩擺是西北方。又都有他們的供物，真言(即咒語)，手印等種種儀軌，茲不聱述。妙吉祥經並沒有說起他們的尊容，看看他們'大慈''大悲'等芳名想來一定很和善。但據佛說幻化網大瑜伽教十忿怒明王大明觀想儀軌經所說焰鬘得迦的形態如下：

"光如劫火，身作大青雲色。六面六臂六足，身短腹大，作大忿怒相。利牙如金剛，面各三目。以八大龍王為嚴飾，虎皮為衣，髑髏為冠。乘於水牛，足踏蓮花。鬢赤黃色。有大辯才，頂戴阿閦佛而坐。大惡相顧視。右面黃色舌相出外，左面白色蹷唇，是妙吉祥菩薩化身。右第一手執劍，第二手執金剛杵，第三手執箭。左第一手執羂索復豎頭指，第二手持般若波羅密多經，第三手執弓。"（註四十四）

註四十四　大正藏卷十八，頁五八三，經總目八九一。

至於那位大力明王，據幻化網經所說形相如下：

"三面各三目，八臂。身作青雲色。以八大龍王為裝嚴，熾焰遍身，髮皆豎立。目作大赤色，頂戴阿閦佛。正面笑容，右面金色，左面白色齩唇。足踏蓮花。作大忿怒相。諸天怖畏，散諸四方。日輪圓光。右第一手執金剛杵，第二手執寶杖，第三手執劍，第四手執箭。左第一手執羂索，豎頭指，第二手持般若波羅密多經，第三手執骨朵，第四手執弓。"（註四十五）

藏經中其他關於大力明王的描寫雖然很少，但是關係 Yamāntaka 的經就不少。有的說他

"六面六手足，黑色肚如狼。持髑髏鬘怒，虎皮以為裙。持種種器杖，捧手而可畏。眼赤暴惡形，三目為幖幟。豎髮熾火焰，或暈黑煙色。其狀如劫燒，應畫乘水牛。"（註四十六）

他的面數和足數雖然常常是六，但臂數却可以增到十二：

"身黑色，大惡相。具大威德。遍身熾焰。六面各有三目，目作赤黃色，頭髮及眉皆赤黃色。六足，足踏必隸多。十二臂：右第一手作施願印，第二手執鉤，第三手執三叉，第四手執劍，第五手執寶杖，第六手執斧鉞。左第一手執髑髏，第二手執旗，第三手執都攞覽，第四手執鉤索，第五手豎頭指，第六手執寶杖。用半乾半潤人頭為鬘，飾虎皮為衣。身大腹廣，面作種種忿怒相。"（註四十七）

它手中所拿的東西，即使在同一經中，也不盡相同，例如上文所引妙吉祥

註四十五　大正藏卷十八，頁五八六。

註四十六　仝上卷二十一，頁七七，經總目一二一六。這是一種詛畫此像以咒冤家，使他身爛家滅的法術。

註四十七　大正藏卷二十一，頁八二，經總目一二一七佛說妙吉祥最勝根本大教經。

大教經中卷說畫幟像法云：

"時持明者收亡人衣，以水洗淨己，用作幟像，長一肘。以亡人頭髮爲筆。 不得以五色畫之，唯用兔血及赤布畫於幟像。中心畫焰鬘得迦明王：作大惡怖畏相。 足踢必櫱多，如左舞勢。六面各三目。頭髮堅立，眉粗目廣，俱作赤黃色。 六足。十二臂：右第一手作施願印，第二手執三叉，第三手執劍，第四手執斧鉞，第五手執寶杖，第六手執鈎。 左第一手作期剋印，第二手執鎗，第三手執摩囉，第四手執寶棒，第五手執髑髏，第六手執羂索。 以虎皮爲衣。 口出利牙。……"（註四十八）

他們的形狀在印度的人觀念中大致如此，但他們並不是西藏人或蒙古人觀念中的歡喜佛。 幻化網經雖然說到這些明王在世面尊前出現時還有他們的'眷屬'唧吒唧致，訥多訥帝，緊羯囉緊羯哩等，但是第一，我們並不知道這些眷屬和明王們的關係如何，那一個配的是某一明王。 第二，經中並沒有說起任何明王與其眷屬有性的行爲。 所以我們也還不能斷定他們是否應當塑成歡喜佛的樣子。

（七）

但是這些明王被七世紀那些從西藏派到印度去的留學生三善陀 Sambhoda 之流把他們捧到西藏去了一趟，弄得手脚也加多了，面目也改變了。 那位 Mahākāla 因爲沒有專經，我們祇能從上文得到一個普通概念，知道是元代的歡喜佛，"赤脚踏魔女，兩婢相夾持。""髑髏亂繫頸，珠貫何纍纍。""薦坐用人皮。" 這已和印度的大力明王不同。 至於 Yamāntaka，在宗喀巴所收集的西藏傳說中，已經變成這樣一副怪樣子：

"大威德金剛怖畏，身色青黑，具九面，三十四臂，十六足，爲

註四十八　仝上頁八八。

密宗塑像說略

左蹉右展勢而住，作吞三界'哈''哈'響笑聲。卷舌露牙，蹙眉忿恨，眉目猶劫火熾然。髮赤黃色上衝。作期克印以怖畏世間及出世間天神。凡可畏者，亦俱畏服。'纍嗳喇'聲震如轟雷。噉飲冤魔血脂膏髓。可畏者五元髑體爲頂嚴，五十新首爲項鬘，黑蛇爲絡。腋以骨輪骨珈等諸骨飾爲莊嚴。大腹裸形，眉睫鬚毛，皆如劫火熾然。正面青黑色，水牛首形，最極忿怒。其上二角銳利。角中間：一面紅色，極可畏。口潡鮮血，其上文殊面黃色微怒相，童子莊嚴，具五髻旋。右角根下：中間一面青色，其右面紅色，左面黃色。左角根下，中間一面白色，其右面烟色，左面黑色。各面具極忿怒。九面各具三目，以左右兩正手執大象鮮皮：頭向右，毛向外，二手執象，左二足張而披之。餘右第一手執鉞刀，第二手鏢鎗，第三手擣杵，第四手七首，第五手戈鎗，第六手鉞斧，第七手短鎗，第八手箭，第九首鈎，第十手顱棒，十一手喀張嘎，十二手鋒輪，十三手五鋒金剛杵，十四手金剛鎚，十五手劍，十六手江得鳥。左第一手擎滿血嘎巴拉，第二手梵天頭，第三手牌，第四手人足，第五手羂索，第六手弓，第七手人腸，第八手鈴，第九手人手，第十手屍布，十一手人幢，十二手火爐，十三手帶髮嘎巴拉，十四手作期克印，十五手三角幡，十六手風帆。右第一足踏人，第二足水牛，第三足黃牛，第四足驢，第五足駄，第六足犬，第七足羊，第八足狐。左第一足踏鷲，第二足鷳，第三足慈烏，第四足鸚鵡，第五足鷹，第六足鵰，第七足秦吉了，第八足鶴。梵天，帝釋天，遍入天，自在天；六面童天，邪引天，太陰天，太陽天等八神，分左右匍伏，踏於足底。熾盛烈火聚中，卓然而住。⋯

"本尊胸前金剛起屍陰體：藍色。一面，二臂：右手執金剛鉞刀，左手擎魔血盈滿噶巴拉。作瑜伽相。（註四十九）以五元髑髏爲頂嚴，五十髑髏爲絡腋，五印爲飾。右足舒展，左足作'盤本尊（即威德金剛）脇'相。"（註五十）

對於這些怪形怪相，本經有一種宗教的解釋：

"大乘九部契經，即九面。是'二諦'，即二角。'菩提三十七法'，即三十四手及'身''語''意'。'十六空'，即十六足。'大安樂'，即陰體相合。'八成就'，即人等八物。'八自在'，即鷲等八禽。'不染障碍'，即裸形涅槃。'妙道'，即髮上衝。"（註五十一）

這些解說當然是很勉強。至於陰體相合，在原來大藏的密宗經典中却又是一種神，與明王全不相同。大聖歡喜雙身大自在天毘那夜迦王歸依念誦供養法云：（唐善無畏譯）

"大聖自在天，是摩醯首羅大自在天王，烏摩女爲婦。所生有三千子：其左千五百，毘那夜迦王爲第一，行諸惡事；領十萬七千諸毘那夜迦類。右千五百，扇那夜迦持善天爲第一，修一切善利；領十七萬八千諸福使善持衆。此扇那夜迦王，則觀音之化身也；爲調和彼毘那夜迦王惡行，同生一類成兄弟夫婦，示現相抱同體之形。……若有善士善女等，欲供養此天求福利者，取香木樹造其形象，夫婦令相抱立之，身長五寸，象頭人身。身著天衣及腰裳。夫鼻捩下，婦鼻捩上。四葉爲座。造像已了，

註四十九　瑜伽云者，於佛經中，爲'相應'義，亦喩秘密。此義引伸，喩諸密法；瑜伽相者，即指交合，亦稱瑜伽定。

註五十　猛噶薩彌經頁二十至二三。參看 Grünwedel: Mythologie du Buddhisme au Tibet et eu Mongolie, p. 104

註五十一　同上頁四十。

不得換(還)價。在室房中，勿置佛堂。"（註五十二）
可知在印度此類歡喜天是觀音的化身扇那夜迦王，與曼殊師利或妙吉祥化身的大慈金剛光明燄鬘怛迦慈明王全不相干。（註五十三）並且那刻像小得不堪，只有五寸或七寸高，旣不能登大雅之佛堂，祇能放在人家私房裏；造此像者的偸偸摸摸的不大方樣子，情見乎詞。並且他們夫婦倆除了人頭改成象頭，也並沒有三頭六臂那種怪現象。但是那些明王一到西藏，却變成了歡喜天的式樣，並且面，手，足加多，手中所持除各種凶器外，原來持髑髏的，又變成了帶髮噶巴拉，這分明是新砍下來的腦袋，並且還有人手人足。此外，又用髑髏作帶子圍在身上，比起印度原來的明王形相來，要原始得多。（印度明王手中雖然也有持髑髏的，但那是從墳——屍林——中掘出來的，並不是從活人肩上砍下來的。）

(八)

關於陰體相合，分明是一種原始的生殖崇拜。在這一點上，印度的密宗也比較進步，已經超過了這個原始而實際的階段，變成一種抽象的理論。我們知道這些明王在印度是從世尊眉間所放光中化出來的，但到了西藏，這些明王的產生，却要經過普通的人道（雖然說得神乎其神）：

"㲉內中位上'嚩'字，變成自己，爲耄巴明王，靑色。以不動佛爲頂嚴。靑，白，紅色三面。六臂，二正手相交。同己陰體，作瑜伽相。右二手執寶鉤，左二手執蓮索，兩足蹲右展左而住。乾坤齊入，氤氳三昧。從心間'嚩'字放光，召致十大明

註五十二　大正藏卷二一，頁三〇三，經總目一二七〇。參看全書全卷頁二九六，目一二六六；頁二九七，目一二六七；頁三二三，目一二七四。

註五十三　仝上卷十八，頁四七一，一切如來金剛三業最上祕密大敎王經有燄鬘得迦等四明王坐在東南西北四方；同時有持明菩薩，現四女人色相坐於四隅，但他們都是規規矩矩的坐着，並無別的動作。

王，自口而入，化爲精氣，順由'金剛道'而入陰體'華宮'。 十滴變十'𦔉'字，復轉成十大明王：

鴉蔕擊嘎明王，青色。………同己陰體，作瑜伽相。………"
（註五十四）

這是說 Yamāntaka 等十大明王之所以產生的方法。 回頭 Yamāntaka 自己，也能由於生殖機能，產生無量寶殿，四方四門，各種法寶，法輪，以及東南西北四方四門四隅的十二個能止口獄帝主佛母，各自和它們的陰體或陽體，'作瑜伽相'。 並且各尊手中少不了'鉞刀'和'噶巴拉'。（註五十五）

在印度的密宗原來也有所謂'秘密相'，佛說秘密相經卷下云：

"作是觀想(所謂觀想是一種咒語， 其義不明。 但在我們看來，恐怕是一種'意淫')時，即同一體性自身金剛杵，住於蓮華上而作敬愛事。 作是敬愛時，得成無上佛菩提果， 或成金剛手尊， 或蓮華部大菩薩，或餘一切踰始多衆。 當作和合相應法時， 此菩薩悉離一切罪垢染著。 如是， 當知彼金剛部大菩薩入蓮華部中，與如來部而作敬愛。 如是諸大菩薩等，作是法時得妙快樂無減無盡。 然於所作法中無所欲想。 何以故？ 金剛手菩薩摩訶薩：以金剛杵破諸欲故。 是故獲得一切踰始多無上秘密蓮華成就。"（註五十六）

這是很空洞的理論，所說是一種'定'，由此可離'一切罪垢染著'，可得無上秘密蓮華成就。 並且'於所作法中無所欲想'。 這雖然也是一種生殖崇拜的遺迹，却已抽象化，理智化（rationalized）了。 比較明顯的是下列一段經文：

註五十四　鴉齋鑒嘎經頁十三。 所謂'乾''坤'，'金剛道''華宮'，皆指男女性器。

註五十五　仝上頁二十至二七。

註五十六　大正藏卷十八，頁四六八，經總目八八四。 所謂'金剛杵'及'蓮華'的解釋同註五十四。

密宗塑像說略

"爾時世尊大毘盧遮那如來，讚金剛手菩薩摩訶薩言：'善哉善哉金剛手，汝今當知彼金剛杵在蓮華上者，爲欲利樂廣大饒益，施作諸佛最勝事業。是故於彼清淨蓮華之中，而金剛杵住於其上，乃入彼中，發起金剛眞實持誦，然後金剛及彼蓮華二事相擊，成就二種清淨乳相。一謂金剛乳相，二謂蓮華乳相。於二相中出生一大菩薩妙善之相，復次出生一大菩薩猛惡之相。菩薩所現二種相者，但爲調伏利益一切衆生，由此生出一切賢聖，成就一切殊勝事業。'"（註五十七）

這段文字我想不必解說，其大意和易傳所謂："天地絪縕，萬物化成，男女搆精，萬物化生。"相同。在印度原文我想一定寫得很赤露，譯者因爲這段文字不譯則怕割裂經典，佛陀要生氣；直譯則恐有傷風化，孔子要生氣；於是弄成這樣一段神秘糊塗的文字。這一段理論，要算是西藏喇嘛教徒製作歡喜佛的唯一可能的根據。至於這些理論爲什麼一到西藏反而退到原始的形式，爲什麼在茫茫大千世界的千百種佛中單挑二個忿怒明王來特別崇拜，爲什麼忿怒明王一到西藏更加忿怒，而且忽然有了陰體，這些都是人類社會學上的問題，我的紙筆只得暫時告假。所可知者，八世紀時蓮華生（Padma Sanbhava）從印度把佛教傳入西藏時，西藏原來的巫蠱神怪的幽鬼教正盛，新的教義決無希望被藏人接受，因此只好把佛教中原來從婆羅門教遺留下來，與西藏原始的宗教很相近的密宗傳過去，再以幽鬼教的種種儀軌附會上去，才能得當地人民的信仰。（註五十八）並且從這些保存下來的宗教中，反映出西藏民族原始的生活狀態，也可以供給人類社會學者許多材料。這種生活狀態在元代曾到中國來充分地發揮，

註五十七　仝上頁四六九

註五十八　參看渡邊海旭喇嘛教之分派及其發達，寂悟譯，海潮音第十五卷七號。

使漢族受了空前的慘虐。（註五十九）而紅教僧侶自身的淫虐腐敗，也使藏蒙兩地民不堪命，於是有明代宗喀巴的改革。現在喇嘛廟中仍舊用人腦骨作碗（即嗎巴拉），人皮作扯手，人腿骨作樂器。而且有時逢到長江水災，淞滬事變，我們還可以大開金剛時輪法會，請喇嘛高僧舞動法器，念誦眞言；據說這樣可以使衆生蒙福，天下太平云。

註五十九　參看心史下卷頁八四，輟耕錄卷二'想肉'條，元史釋老傳，明史佞倖傳，乾隆御製平定準部碑文。

禪讓傳說起于墨家考

顧頡剛

目錄

一　緒言

二　古代的世官制度

三　春秋時的明賢主義

四　孔子的政治主張及其背景

五　墨子的尚賢尚同說與堯舜禪讓故事

六　墨家內部的禪讓制

七　禹受命說與舜禹禪讓故事的發生

八　論語堯曰章辨偽

九　禪讓說能在古代社會裏實現嗎？

一〇　戰國時禪讓說的實行

一一　戰國儒家所受墨家尚賢主義的影響

一二　孟荀二子對於禪讓說的態度

一三　道家對於禪讓說的反應

一四　法家對於禪讓說的反應

一五　禪讓說的最後兩次寫定

一六　結論

一　緒　言

　　堯舜禹的禪讓，在從前是人人都認爲至眞至實的古代史的；自從康長素先生提出了孔子託古改制的一個問題以後，這些歷史上的大偶像的尊嚴就漸漸有些搖動起來了。然而人們即使能懷疑到禪讓說的虛僞，還總以爲這是孔子所造，是儒家思想的結晶品。哪裏知道這件故事不到戰國時候是決不會出現的，並且這件故事的創造也決非儒家所能爲的。現在作這一篇文字，就是要把這件向來認爲古代或儒家名下的遺產重畫歸它的正主——墨家——名下去。我們一定要揭去了堯舜禹的僞史實，纔可以表顯出墨家的眞精神！

　　大家粗聽了這段話，一定要發生許多疑問，以爲禪讓說原是儒家所盛傳的，怎麼會駕到墨家的頭上去呢？要明白這點，先要知道禪讓說是直接從尙賢主義裏產生出來；倘沒有墨家的尙賢思想，就決不會有禪讓的傳說！我們若能細讀儒家中孟荀兩大師的書，便可知道他們實在並不贊成禪讓說；他們雖因時勢的激盪，有時逼得無奈，不得不承受這件故事，但總想改變其意義，使得這個傳說與他們的根本主義不十分相妨。禪讓說裏的舜禹都是從庶人出身的，這件故事若果眞是儒家所造，在儒家的親親貴貴兩個主義之下，哪裏會有庶人出身的天子？這是不待辨而自明的事情！（舜禹禪讓說雖或是儒家添出來，但因要拍合堯舜的禪讓，便不得不把禹也說成由庶人出身。自從有了帝系說，把舜禹都說成黃帝顓頊的子孫，於是舜禹之爲天子即在儒家的學說裏也得到了相當的理由了。關於帝系說，頡剛另有帝系考一文論之，茲不贅說。）

　　一件大故事的出世，必有它特殊的背景；一件大故事的完成，必有它積久發展的歷史。沒有戰國的時勢，便不會有禪讓說；沒有儒墨們的競奇鬥巧，便不會有如火如荼的禪讓故事。自從歷史家有了社會學的觀念，用了唯物史觀來解釋故事，於是便有人說："禪讓說是原始共產社會裏酋長選舉制的反映"。這樣一來，墨家因宣傳主義而造出的故事，便變成了原始共產時代的史料了。

本文雖豫備說明禪讓說的來源，卻有一椿遺憾，這便是我們對於商以前的政治組織不能確實地知道，所以不能把這件故事所憑藉的時代的情形託獻給讀者看，這是要待鋤頭攷古學的發展來幫助我們的。現在我們與其亂說，不如暫時藏拙爲妙。如果有人質問道：你們旣不知道商以前的政治組織，哪裏再有資格反對唐虞時的禪讓？我們將答說：唐虞的社會如何固然我們不知，但唐虞的社會必非戰國的社會，這是我們所敢斷說的。禪讓如確爲唐虞時的史實，則必適應于唐虞時的社會而不適應于戰國時的社會，何以這個問題竟活躍于戰國社會之中呢？旣經活躍於戰國社會之中，那就可知禪讓說對於戰國社會是有它的特殊使命的，我們只要抓住了這個使命，自然可以明白它的眞相究竟是怎樣的了。而且我們還要回問一句：你自己除了戰國的材料以外，能確實找到唐虞時的禪讓材料嗎？如果不能，那麼你也只有疑的資格而沒有信的資格！倘使你還說：唐虞時的禪讓史料固然我們找不到，但戰國近古，你們怎會知道他們也找不到呢？我們將答說：戰國時人的嘴裏的東西固然是豐富得很，但實際的歷史材料是貧乏到極點的。我們現在對于甲骨文和金文的研究，還是粗引其緖，然而所得的商周史的智識已遠非戰國人所能及（例如五等爵，五服制，現在已把孟子禹貢中的系統推翻而另建了），何况前于商周的唐虞，戰國人豈有不同我們一樣的黑漆一團的道理？所以禪讓說旣只有戰國的材料，而且戰國的材料有這樣多，那麼我們便只該定它爲戰國時的傳說了。

在本文中，提出兩個問題：(一)禪讓說是墨家爲了宣傳他們的主義而造出來的；(二)墨家只提出了堯舜的禪讓，舜禹禪讓的故事乃是後人加添上去的。願讀者對於此文緊記着這兩個中心的主張。

二　古代的世官制度

古代的官制，商以前我們雖不能詳攷，而西周以來至於春秋，無疑地是行的世官制度（世官不一定是世職）。這世官制度與宗法制和封建制有不可分離的關係。王靜安先生殷周制度論說：

由嫡庶之制而宗法……生焉。商人無嫡庶之制，故不能有宗法；藉曰有之，不過合一族之人奉其族之貴且賢者而宗之，其所宗之人固非一定而不可易，如周之大宗小宗也。周人嫡庶之制，本爲天子諸侯繼統法而設；復以此制通之大夫以下，則不爲君統而爲宗統，於是宗法生焉。……天子諸侯雖無大宗之名而有大宗之實。篤公劉之詩曰："食之飲之，君之宗之"，傳曰："爲之君，爲之大宗也"。板之詩曰："大宗維翰"，傳曰："王者天下之大宗"。又曰："宗子維城"，箋曰："王者之嫡子謂之宗子"。是禮家之大宗限於大夫以下者，詩人直以稱天子諸侯。唯在天子諸侯則宗統與君統合，故不必以宗名；大夫士以下皆以賢才進，不必身是嫡子，故宗法乃成一獨立之系統。……是故大夫以下，君統之外復戴宗統：此由嫡庶之制自然而生者也。

又與嫡庶之制相輔者，分封子弟之制是也。商人兄弟相及，凡一帝之子，無嫡庶長幼，皆爲未來之儲貳；故自開國之初已無封建之事，矧在後世。……是以殷之亡，僅有一微子以存商祀，而中原除宋以外，更無一子姓之國；以商人兄弟相及之制推之，其效固應如是也。周人旣立嫡長，則天位素定，其餘嫡子庶子，皆視其貴賤賢否，畴以國邑；開國之初，建兄弟之國十五，姬姓之國四十，大抵在邦畿以外；後王之子弟亦皆使食畿內之

> 邑。故殷之諸侯皆異姓，而周則同姓異姓各半。此與政治文物
> 之施行甚有關係，而天子諸侯君臣之分亦由是而確定者也。

靜安先生這段話把宗法制度和封建制度的由來說得非常清楚。在這種社會之下，官吏當然都是些世襲貴族去充任。左傳桓公二年記晉師服的話道：

> 吾聞國家之立也，本大而末小，是以能固；故天子建國，諸侯立
> 家，卿置側室，大夫有貳宗，士有隸子弟，庶人工商各有分親，
> 皆有等衰；是以民服事其上而下無覬覦。

可見那時候實在是推封建諸侯之義於卿大夫士，嫡子庶子各有其位，父親的職位多由嫡子繼任，上下階級釐然不混，所以它的效用能使民服事其上而下無覬覦。封建制度即從宗法制度來，它的意義是一貫的。所謂卿大夫士，除王官外，就是諸侯的諸侯；他們的職位雖不必全是世襲，但決沒有一個庶人可以突躍而為卿大夫的。我們看西周時的王室大臣，如周公，召公，太公（太公當是周王外舅家的人），芮伯，彤伯，畢公，毛公，祭公，都是些同姓和異姓的貴戚（卿大夫中之有異姓，猶諸侯中之有異姓）。東周時的王室大臣，如周，單，劉，富等，也是如此（至虢，鄭等則更是以近畿的諸侯而世爲王官）。再看春秋時的列國卿大夫，如魯之三桓，鄭之七穆，晉之欒，韓，魏，趙，范，知，中行，衛之孫，甯，齊之高，國，崔，慶，陳，宋之華，向，楚之鬭，成，薳（亦作蔿），不也都是些同姓或異姓的貴族世襲執政嗎！

說到這裏，我們試舉一件春秋時的故事。當周靈王之世，王朝中有兩個卿士，一個是王叔陳生，是貴族，一個是伯輿，是世官，他們二人爭起政權來。晉侯派士匄去查辦，他就在王庭上開了法庭，兩人各派代表到案：

> 王叔之宰與伯輿之大夫瑕禽坐獄於王庭，士匄聽之。王叔之宰

曰："篳門閨竇之人而皆陵其上，其難爲上矣！"瑕禽曰："昔平王東遷，吾七姓從王，牲用備具；王賴之而賜之騂旄之盟，曰，'世世無失職！'若篳門閨竇，其能來東底乎！……"（左襄十年傳）

王叔和伯輿在王朝的職分是平等的，伯輿的上代也是周的功臣而世世在位的，然而王叔方面還斥他是"篳門閨竇之人"，以爲柴門小戶裏出不出好人才來，更不該"陵其上"，可見那時的階級制度是何等森嚴，階級思想是何等深刻！那些眞正從"篳門閨竇"裏出身的，如何說得上有參政的資格！春秋已是一個開通的時代，尚且如此，春秋以前自然更不必說了。

我們再看古金文裏所保存的世官制度的遺痕（下面所舉的例証不過略示一斑，並不是說古金文裏的世官制度的証據盡在于此）：

王若曰："虎！戴先王旣命乃祖考事𤔲官，嗣左右戲繁荊，今余佳帥井先王命，命女更乃祖考𤔲官，嗣左右戲繁荊"。（師虎𣪘銘）

王曰："𨵩！……用俾乃祖考事，嗣窆餘邦君，嗣馬弓矢"。（豆閉𣪘銘）

王乎內史駒册命師奎父："……用嗣乃父官友"。（師奎父鼎銘）

大師小子師望曰："不顯皇考宄公，……用辟于先王。……望肇帥井皇考，虔夙夕出內王命"。（師望鼎銘）

王若曰："𠭯！命女更乃祖考嗣卜事"。（𠭯鼎銘）

王乎尹氏册命𠭯曰："更乃祖考作冢嗣土于成周八自"。（𠭯壺銘）

王乎內史册命趞更䢅祖考服。（趞尊銘）

懋伯乎令卯曰："飤乃先祖考死嗣㷭公室，昔乃祖亦旣令乃父死嗣𦔻人，……今余非敢夢先公，有進退；余懋由先公官，今余佳令女死嗣𦔻宮𦔻人"。（卯𣪘銘）

王命同左右吳大父，嗣昜林吳牧，……"世孫孫子子左右吳大父，毋女又閑"。（同𣪘銘）

王乎史醬册命師酉："嗣乃祖雷官。……"（師酉殷銘）

王受(授)作册尹者(書)俾册命免："命女世周師嗣戠"。（免殷銘）

伯龢父若曰："師嫠！乃祖考有勞于我家，女右隹小子，余命女死我家，䜌嗣我西隔東隔僕馭百工牧臣妾"。（師嫠殷銘）

克曰："穆穆朕皇祖師華父……辥克龏保㞑辟龏王，……永念于㞑孫辟天子，天子……至念㞑聖保祖師華父，勩（擢）克王服，出內王命"。（大克鼎銘）

虢叔旅曰："丕顯皇考惠叔，……御于㞑辟，……旅敢啟帥井皇考威義，□御于天子"。（虢叔旅鐘銘）

"丕顯皇祖考……嚴在上，廣啟㞑孫子于下，擢于大服，番生不敢弗帥井皇祖考不杯元德。……王命䜌嗣公族，卿事(士)，大史寮"。（番生殷銘）

王若曰："師訇！丕顯文武，□受大命，亦則□女乃聖祖考克左右先王"。（師訇殷銘）

王若曰："師嫠！……旣命女叓乃祖考嗣小輔，今余隹䌛裛乃命，命女嗣乃祖考舊官小輔眾鼓鐘"。（師嫠殷銘）

王乎內史尹册命師兌："世師龢父嗣左右走馬，五邑走馬"。（師兌殷銘）

在古金文裏看，只見有世官制度，不見有從庶人擢任大官的，這是一件確然不移的史實。

我們再看詩書。周書梓材說：

以厥庶民曁厥臣達大家，以厥臣達王，惟邦君。

這是當時社會大致的分級，庶民只能達到大家，臣也要經過大家邦君兩層階級才能達到王。所謂大家，就是諸侯所立的家，它的地位等於小國；大家家君的職位大約同諸侯一樣，是世襲罔替的。呂刑說：

> 王曰："嗚呼，念之哉！伯父，伯兄，仲叔，季弟，幼子，童孫，皆聽朕言！庶有格命。今爾罔不由慰日勤，爾罔或戒不勤；天齊于民，俾我，一日非終惟終，在人。爾尙敬逆天命，以奉我一人；雖畏勿畏，雖休勿休，惟敬五刑以成三德。一人有慶，兆民賴之，其寧惟永"。

這裏所說的"伯父，伯兄，仲叔，季弟，幼子，童孫"，都是王的親族，也就是掌刑的官吏。下文所謂"官伯族姓"，所謂"嗣孫"，也就是這等人。 商書（這當是周代的宋國人做的）盤庚說：

> 古我先王亦惟圖任舊人共政。

> 遲任有言曰："人惟求舊；器非求舊，惟新"。古我先王曁乃祖乃父胥及逸勤，……世選爾勞，予不掩爾善。

乃祖乃父是同我先王胥及逸勤的，"圖任舊人"，"世選爾勞"，不是世官制度是什麼？ 詩大雅文王篇說：

> 文王孫子，本支百世；凡周之士，不（丕）顯亦世。

凡周之士都是世世代代的丕顯的（傳："不世顯德乎！士者世祿也"。箋："凡周之士，謂其臣有光明之德者，亦得世世在位，重其功也"），這不是世官制度又是什麼？

古代行世官制度，古文籍裏的證據眞可謂舉不勝舉，所以兪正燮就說：

> 太古至春秋，君所任者，與共開國之人及其子孫也。慮其不能賢，不足共治，則選國子教之，上士中士下士府史胥徒取諸'鄉與賢能'。大夫以上皆世族，不在選舉也。選舉使鄉主之，……非近畿者，鄉吏主之，非大夫也，所以用之也小，故主之者不必尊人，亦習知其分之不可越也。……漢抑諸侯，王法非周法也，周法則誠不善也。荀子王制云，"王公大人之子孫不能禮義，則歸之於庶人；庶人之子孫積文學，正身行，則歸之卿相士大

禪讓傳說起于墨家考

夫"，徒設此義，不能行也。………齊能用管敬仲甯戚，秦能用由余百里奚，楚能用觀丁父彭仲爽，善矣！戰國因之，招延游談之士。夫古人身經百戰而得世官，而以遊談之士加之，不服也；立賢無方，則古者繼世之君又不敢得罪于巨室也。………繼世之君立賢無方者，(董)仲舒啟之也。………周則王族輔王，公族治國，餘皆功臣也；分殷民大族以與諸侯，所謂興之為伍長鄉吏者於其中興之，而無美仕大權，此則周之制也。（癸巳類稿卷三，鄉興賢能論）

俞氏這段話同我們說的如出一口。所謂"大夫以上皆世族"，"其分不可越"，的確是古制。而俞氏所謂"王法"，則是儒墨們託古改制的法。這一點，他雖未明言，似乎已被覷破了。趙翼也說，"自古皆封建，諸侯各君其國，卿大夫亦世其官，成例相沿，視為固然"，語見廿二史札記卷三。

但也有不少人認不清楚，他們以為古代和後世一樣，是量才任官，白屋出公卿的。連靜安先生的殷周制度論裏也說：

> 周人以尊尊親親二義上治祖禰，下治子孫，旁治昆弟，而以賢賢之義治官。故天子諸侯世，而天子諸侯之卿大夫士皆不世。……世卿者，後世之亂制也。………此卿大夫不世之制，當自殷已然，非屬周制。

他為什麼會這樣錯認呢？原來他們幼年讀的儒書太熟了，無形中就把春秋以後的儒墨們的理想制度確認作殷周的真制度了。先就孟子說：

孟子是一個不贊成世官而贊成世祿的人，所以他說：

> 昔者文王之治岐也，耕者九一，仕者世祿。（梁惠王下）
> 所謂故國者，非謂有喬木之謂也，有世臣之謂也。（仝上）
> 夫世祿，滕固行之矣。（滕文公上）

他贊成"世祿"爲的是要維持舊日貴族的階級，這就是靜安先生說的"以親親之義旁治昆弟"。他不贊成世官，則是要拔用眞才，也就是靜安先生說的"以賢賢之義治官"。所以他又說：

> 舜發於畎畝之中，傅說舉於版築之間，膠鬲舉於魚鹽之中，管夷吾舉於士，孫叔敖舉於海，百里奚舉於市。故天將降大任於是人也，必先苦其心志，勞其筋骨，餓其體膚，空乏其身，行拂亂其所爲，所以動心忍性，曾益其所不能。（告子下）

他舉出這許多有名的古人，見得農夫也可以作帝王，工人，商人，囚犯，隱士，奴隸都可以作大官，而且他說一定要過得貧苦生活的人方有擔當天下大任的能力，這就證明了安享世祿的貴族只是些無能之輩了。他又舉出一段齊桓公的故事：

> 五霸，桓公爲盛。葵丘之會諸侯，束牲載書而不歃血，初命曰，"誅不孝，無易樹子，無以妾爲妻！"再命曰，"尊賢育才，以彰有德！"三命曰，"敬老慈幼，無忘賓旅！"四命曰，"士無世官，官事無攝，取士必得，無專殺大夫！"五命曰，"無曲防，無遏糴，無有封而不告！"（告子下）

在這個盟約裏，"取士"也有了，"尊賢育才"也有了，"士無世官，官事無攝"說得更明白了。齊桓公尚且立了這樣的條例，何況三王五帝！孟子又說"今之諸侯皆犯此五禁"，那末世官制度豈不成了齊桓公後的"亂制"？

可是翻開公羊和穀梁兩傳來，齊桓公的盟約便不是這回事。公羊傳道：

> 桓公曰："無障谷！無貯粟！無易樹子！無以妾爲妻！"（僖三年）

穀梁傳道：

葵丘之盟，陳牲而不殺，……壹明天子之禁，曰，"毋雍泉！ 毋
訖糴！ 毋易樹子！ 毋以妾爲妻！ 毋使婦人與國事！"（僖九
年）

這兩條所載的全是孟子中的初命五命之文，"取士"和 "無世官" 等等卻統統不提，這是什麼道理？ 即此可見孟子所特有的幾命本是他個人的想像，沒有得着普遍的承認的。

荀子在孟子之後，反對世官更激烈了，他道：

亂世……以世舉賢，先祖嘗賢，後子孫必顯。 行雖如桀紂，列
從必尊，此以世舉賢也。 ……以世舉賢，雖欲無亂得乎哉！（君
子）

他直斥 "以世舉賢" 是亂世之制，不知道這正是所謂古先聖王之制。 靜安先生有了孟荀的先入之見，哪能不被蒙蔽了也！（荀子受墨子影響甚深，證見下第九章。）

此外，在戰國末出現而在漢初寫定的公羊傳裏，也有反對世官的主張：

〔隱三年經：尹氏卒〕尹氏者何？ 天子之大夫也。 其稱 "尹氏"
何？ 貶。 曷爲貶？ 譏世卿。 世卿，非禮也。

〔桓五年經：天王使仍叔之子來聘〕仍叔之子者何？ 天子之大夫
也。其稱 "仍叔之子" 何？ 譏。 何譏爾？ 譏父老子代從政也。

拿這種話來和詩書及銅器銘辭合看，兩方面的思想實在隔得太遠了！ 如果硬把它們勾合在一個時代，這好像對夏蟲語冰，它是不懂得這一套的。

三　春秋時的明賢主義

話又說回來了，說古時全無賢賢的觀念也是不對的。 周書立政說：

古之人迪惟有夏，乃有室大競，籲俊尊上帝，迪知忱恂于九德

之行；乃敢告教厥后曰：拜手稽首后矣，曰，宅乃事，宅乃牧，宅乃準，兹惟后矣；謀面用丕訓德，則乃宅人，兹乃三宅無義民。桀德惟乃弗作往任，是惟暴德罔後。

亦越成湯陟，丕釐上帝之耿命，乃用三有宅，克即宅，曰三有俊，克即俊，嚴惟丕式，克用三宅三俊；其在商邑，用協于厥邑，其在四方，用丕式見德。嗚呼！其在受德暋，惟羞刑暴德之人同于厥邦，乃惟庶習逸德之人同于厥政。………

亦越文王武王克知三有宅心，灼見三有俊心，以敬事上帝，立民長伯。………

文王惟克厥宅心，乃克立兹常事，司牧人以克俊有德。亦越武王………率惟謀從容德，以並受此丕丕基。

自一話一言，我則末惟成德之彥，以乂我受民。

國則罔有立政用憸人。………繼自今立政其勿以憸人，其惟吉士，用勸相我國家。

嗚呼！繼自今後王立政其惟克用常人。（案常人就是吉士，旣謂之常人，則與莗人之義相近，當然不是新起之士。）

這是古代第一篇申述任用賢才的大文章，後來的皐陶謨就取資於此。這篇東西當然不是西周人的手筆（但不能就說西周人絕無任賢的觀念），可總是戰國以前的文章。它爲什麼這樣說呢？我們以爲這篇話同春秋的時勢是有關係的。春秋時雖仍行世官制度，但在世官中已頗知舉賢了（所謂"以世舉賢"），如管仲鮑叔（管鮑都是貴族中的地位較低者）雖位下於高國，但實掌大權，這是齊國所以能強的緣故。國語晉語載晉文公復國後的布置道：

昭舊族，愛親戚，明賢良，尊貴寵，賞功勞，事耆老，禮賓旅，友故舊：胥，籍，狐，箕，欒，郤，柏，先，羊舌，董，韓寔掌近官；諸姬之良掌其中官；異姓之能掌其遠官。

"昭舊族","愛親戚","尊貴寵",就是所謂"親親""貴貴"的主義，這是貴族社會裏所必要的行為。至於"明賢良"則是落在第三位的主義，所明的賢良也就是舊族親戚貴寵裏的賢良。胥，籍，狐，箕，欒，郤，柏，先，羊舌，董，韓，都是舊族大家（韋注："十一族，晉之舊姓"），他們掌了近官，這就是所謂"昭舊族","尊貴寵"。同姓的諸姬之良掌了中官，異姓（只是異姓，並不是庶民）的賢能掌了遠官，這就是所謂"愛親戚，明賢良"。晉語又載文公問元帥於趙衰：

對曰："郤縠可！行年五十矣，守學彌惇；夫先王之法志，德義之府也，⋯⋯請使郤縠"。公從之。

"守學彌惇"，就是所謂"賢良"，當時的平民哪裏夠得上守學，哪裏夠得上學"先王之法志"呢？左傳宣公十二年載晉隨武子批評當時楚國的政治道：

其君之舉也，內姓選於親，外姓選於舊，舉不失德，賞不失勞，⋯⋯君子小人物有服章，貴有常尊，賤有等威，禮不逆矣。

可見當時所謂選舉，雖然要"舉不失德"，但是選舉的辦法，仍舊是"內姓選於親，外姓選於舊"，仍舊是"昭舊族，愛親戚"的主義。所謂"貴有常尊，賤有等威"，這樣才叫做禮；不然便是逆禮了。周語記富辰諫襄王的話道：

尊貴，明賢，庸勳，長老，愛親，禮新（注："新，來過賓也"），親舊，⋯⋯是利之內也。⋯⋯鄭未失周典，王而蔑之，是不明賢也。⋯⋯夫禮，新不間舊；王以狄女間姜任，非禮，且棄舊也。

這裏說得非常明白，所謂"明賢"的賢只是貴族的賢。左傳隱公三年記石碏諫衛莊公的話道：

賤妨貴，少陵長，遠間親，新間舊，小加大，淫破義，所謂六逆也。

原來"賤妨貴，遠間親，新間舊"，都是所謂逆！這樣看來，說春秋以上已經能夠澈底尚賢，是不是閉着眼睛的說話？

四　孔子的政治主張及其背景

春秋以來，列國互相兼并，大國至地方數千里，政事浸益紛繁，事變之來不是幾個世家舊臣所能處理，所以明賢的觀念日漸發展。又因列國間久有盟會朝聘的往來，交通也日臻便利，小農國家的規模一天天的破壞，工商業便應運而起，使庶民得到了獨立的地位。（在那時已有舉庶人助理政事的風氣，如晉趙孟的舉絳縣老人。）春秋晚年，各國的內政方面，階級制更趨於崩潰，於是大夫有代國君的職權的了，家臣有代大夫的職權的了，庶民翻身的時機一天天的接近了。在這個時候，有一位從貴族降為平民而再由平民升為貴族的大學者出世，這人就是孔子。孔子生長在魯國，魯國本是當時的一個模範的封建國家，保存得封建的禮教特別多，孔子在這個環境裏求學，耳濡目染，所以他的思想偏於守舊。他看見當時階級社會崩潰的情形，不由得不慨嘆道：

  天下有道，則禮樂征伐自天子出；天下無道，則禮樂征伐自諸侯出。自諸侯出，十世希不失矣；自大夫出，五世希不失矣；倍臣執國命，三世希不失矣。天下有道，則政不在大夫；天下有道，則庶人不議。（論語季氏）

他這樣大聲疾呼的罵當時天下為"無道"，當然他老人家頭腦裏所謂的"道"就是那階級秩然的封建制度了。這正在變動中的社會，在他老人家的眼光裏竟是這樣無道的天下，所以害得庶人要開口議。他哪裏知道事情猶有甚於此者，這一議竟替戰國的"處士橫議"開了先聲，直鬧了幾百年，把舊日的貴族統統打倒了才閉口呢！

一個人處在時代的潮流裏，總是不容易跳出它的影響的。孔子曾說過"舉賢才"的話（子路），又曾稱贊過他的門弟子仲弓道：

　　雍也可使南面。（雍也）

仲弓至多不過是個大貴族的家臣（仲弓為季氏宰），他老人家竟說他可以南面為君，這與"倍臣執國命"何異？他如果不是春秋晚年人，這話是不會說也不敢說的！又那時衛國有個大夫叫公叔文子，與他的一個家臣同做了公家的臣，孔子聽得了這事，便稱贊他說："可以為文矣"（憲問）。這都是春秋末年人舉賢主張的表現。但是孔子究竟是個過渡時代的人物，他終於說：

　　君子學道則愛人，小人學道則易使也。（陽貨）

原來小人學道（在孔子以前連"小人學道"這句話都不會有的）只是供君子的易使而已。就這句話看來，便可見孔子決不是澈底主張尚賢主義的一個人。

五　墨子的尚賢尚同說與堯舜禪讓故事

到了戰國，那時的天下已歸併成幾個大國，各大國的國君互相競爭，都想"辟土地，莅中國而撫四夷"，然而這種大事業歸誰來擔負呢？原來的貴族養尊處優，除了享樂擺架子之外再有什麼大能耐？沒有法子，只得在庶民裏挑選，而任賢的觀念為之大盛。戰國的賢主如魏文侯首舉求賢的旗幟，列國君相競起倣效，於是蘇秦張儀取卿相於頃刻，四公子養食客至數千人，這都是在這種風氣下自然的結果。這樣一來，古代的"親親""貴貴"的主義便真的漸漸地打破了。

學術界裏首先起來順應這種時勢的人是墨子，他有堅定的主義，有具體的政治主張。他的第一個主張，便是"尚賢"。他說：

　　國有賢良之士衆，則國家之治厚；賢良之士寡，則國家之治薄；
　　故大人之務將在於衆賢而已！

大人之務既在於"衆賢"，那末應該怎麼樣才能彀把賢才衆起來呢？他說：

> 譬若欲衆其國之善射御之士者，必將富之，貴之，敬之，譽之，然后國之善射御之士將可得而衆也。況又有賢良之士，厚乎德行，辯乎言談，博乎道術者乎，此固國家之珍而社稷之佐也，亦必且富之，貴之，敬之，譽之，然后國之良士亦將可得而衆也。

要想衆賢，必定要先能尊賢。這尊賢的辦法，古者聖王有沒有行過的呢？他說是行過的：

> 古者聖王之爲政也，言曰："不義不富，不義不貴，不義不親，不義不近"。

> 古者聖王之爲政，列德而尙賢，雖在農與工肆之人，有能則舉之，高予之爵，重予之祿，任之以事，斷予之令；……故當是時，以德就列，以官服事，以勞殿賞，量功而分祿，故官無常貴而民無終賤，有能則舉之，無能則下之。………

據他說古者聖王所富貴親近的人都是賢者，雖然是農夫工匠，只要有能耐，就肯馬上把他舉起來，把大官給他做。在那個時候，做官的人不一定是常久的富貴，小百姓也不一定是永遠的貧賤的。這些話，當時的民衆當然極聽得進，當然是極願意替他宣傳的。但是怎見得古者聖王之爲政是這樣的呢？他說：

> 古者堯舉舜於服澤之陽，授之政，天下平；禹舉益於陰方之中，授之政，九州成；湯舉伊尹於庖厨之中，授之政，其謀得；文王舉閎夭泰顛於罝罔之中，授之政，西土服。

這些都是古之聖王從漁人厨役等的小百姓中舉出賢才來的實例（從此以後，古代的大臣便多是貧賤出身的了）。於是他終結便說：

> 尙欲祖述堯舜禹湯之道，將不可以不尙賢！（尙賢上）

墨子的第二個主張是"尙同"。他說：

> 選擇天下之賢可者，立以爲天子；……又選擇天下之賢可者，置立之以爲三公，……畫分萬國，立諸侯國君；……又選擇其國之賢可者，置立之以爲正長。……天子發政於天下之百姓，言曰："聞善而（與）不善，皆以告其上：上之所是，必皆是之；所非，必皆非之，……"上同而不下比者，此上之所賞，而下之所譽也。

> 里長者，里之仁人也；……鄉長者，鄉之仁人也；……國君者，國之仁人也。（尙同上）

這是把尙賢主義推擴到了極點，自然得到的結論。因爲天子三公都是天下之賢可者，國君鄉長里長也都是國鄉里的仁人，所以人民應該上同而不下比。這尙同主義是與尙賢主義相輔爲用的：尙賢而不尙同，則政治不能統一，其亂在下；尙同而不尙賢，則政治不能修明，其亂在上。但在尙賢尙同兩個主義之下，天子必定要是天下的最賢之人，那末君主世襲制便不能維持了，這怎麼辦呢？於是他們就想出一種君主選舉制來。

君主選舉制在古代（指部落時代以後）本來是沒有先例的，但是墨子偏要替它尋出先例來。他說：

> 古者舜耕歷山，陶河瀕，漁雷澤（當作濩澤），堯得之服澤之陽，舉以爲天子，與接天下之政，治天下之民。（尙賢中。尙賢下多"反（販）於常陽"一句。）

堯從農夫陶工漁人中舉起舜來，把天子讓給他，這不是君主選舉制的先例嗎？看了這個例子，可見一個人只要賢能出衆，無論他的本職是怎樣的低賤，也儘有被舉爲天子的資格。陶漁們的地位低極了，天子的地位高極了，然而只要是天下最賢的人，就可以逕從最低升到最高，毫不受社會階級的牽制。這是墨子望天討價的手段，也是墨子一鳴驚人的手筆。但倘使戰國的社會不容許墨子說這番話，墨子也不會這樣亂趁口的；就是他敢於亂趁口，也不會有人聽信的。所以一定要先有了戰國的時勢，才會有墨家的主義；有了墨家的主義，才會有禪讓的故事。

堯舜禪讓的故事，就是從上邊看似平凡而實奇創的說話裏來的。

六　墨家內部的禪讓制

墨子建立了尙賢尙同的主義，創造了堯舜禪讓的故事，結合一班徒黨，努力從事宣傳；但是政治組織的改變是一件最不容易的事情，沒有實力是不會成功的。他們旣不募棘紅軍，就無法推行赤化。爲要作小規模的試驗計，就在自己的團體裏推出一位首領來，叫做"巨子"，——"巨"亦作"鉅"，由他管理全部的徒黨。他是墨家中最賢的人，掌了生殺的大權，竟是一位無冕的帝王。他去職時，由他選擇一位最賢的同志，把位子讓給他。這樣繼繼繩繩的下去，直到墨家失其存在的時候。

莊子天下篇裏說墨者：

　　以巨子爲聖人，皆願爲之尸，冀得爲其後世。

這可見徒黨對於巨子是怎樣的信奉，又怎樣的看重這職位的繼承。

在呂氏春秋裏，載有兩則巨子的故事，表示他們當首領的都具有堅強的人格，秉着墨子的精神，使千載之下的讀者受着很大的感動。其一是去私篇載的腹䵍：

　　墨者有鉅子腹䵍居秦，其子殺人。秦惠王曰："先生之年長矣，非有它子也，寡人已令吏弗誅矣，先生之以此聽寡人也！"腹䵍對曰："墨者之法曰：'殺人者死，傷人者刑'，此所以禁殺傷人也。夫禁殺傷人者天下之大義也，王雖爲之賜而令弗誅，腹䵍不可不行墨子之法！"不許惠王而遂殺之。

讀此段，可知墨家自有法律，巨子有執行本黨的法律的權力，不受君主的干涉。又可知墨家的徒黨受着雙重的制裁，國家的法律雖赦了，墨家的法律還是逃不了的。又可知巨子住在某一國，他的行動雖有與國家法律相抵觸之處，亦頗能靠了他的正義博得君主的同情，不用高壓力去解散他們的組織。其二是上德篇的孟勝：

> 墨者鉅子孟勝善荊之陽城君，陽城君令守於國，毀璜以為符，約曰，"符合，聽之！"荊王薨，羣臣攻吳起兵於喪所，陽城君與焉。荊罪之，陽城君走；荊收其國。孟勝曰："受人之國，與之有符。今不見符而力不能禁，不能死，不可！"其弟子徐弱諫孟勝曰："死而有益陽城君，死之可矣。無益也而絕墨者於世，不可！"孟勝曰："不然。吾於陽城君也，非師則友也，非友則臣也。不死，自今以來求嚴師必不於墨者矣，求賢友必不於墨者矣，求良臣必不於墨者矣！死之，所以行墨者之義而繼其業者也！我將屬鉅子於宋之田襄子，田襄子賢者也，何患墨者之絕世也！"徐弱曰："若夫子之言，弱請先死以除路！"還歿頭前於孟勝。因使二人傳鉅於田襄子。孟勝死，弟子死之者百八十三人。〔二人〕以致令於田襄子，欲反死孟勝於荊。田襄子止之曰："孟子已傳鉅子於我矣！"不聽，遂反死之。

在這一段裏，又可知巨子的接替是由前任的巨子在同志中挑選後任的，正如堯之與舜，墨子理想的境界算已實現了。我們在呂氏春秋中知道了三個巨子，而腹䵍居秦，孟勝居荊，田襄子居宋，可見巨子是無常處的，又可見墨家勢力的廣遠。在這兩段故事裏，他們是怎樣有信仰，肯犧牲，而堅固地團結，他們的領袖是怎樣的合於民衆的理想。

戰國時諸子爭鳴，百家競起，但別家都是個人自由發展，即使收得多少門徒(像孟子的"後車數十乘，從者數百人")，到這位領袖一死也就完了。只有墨家是有組織的，而且是有一貫的主義的，他們確是一個政黨。他們不主張暴動，也肯幫王公們做一點事，得以寄存於諸侯之國，所以不能稱爲革命黨。但到了秦漢的統一，帝皇權力日高，墨家就沒有存在的可能了，這種巨子制度只能給秘密社會採用了。

七　禹受命說及舜禹禪讓故事的發生

堯舜禪讓的故事，我們敢說是墨家創作的。但墨家還不曾想到舜禹禪讓的故事。墨子尙賢上篇以"堯舉舜於服澤之陽"與"禹舉益於陰方之中"對舉，並沒有說到舜舉禹。在墨子書裏，禹的出身乃是一個百里諸侯。魯問篇說：

禹，湯，文，武，百里之諸侯也，說忠行義取天下。

可見禹同湯文武一樣，是由諸侯升而爲天子的。非攻下篇說：

昔者禹征有苗，湯伐桀，武王伐紂，此皆立爲聖王。

這又可見禹得天下也同湯和武王一樣，是由於征誅而不是由於禪讓的。周語記太子晉諫靈王的話道：

王無亦鑒於黎苗之王，下及夏商之季。

在這裏可見苗是稱王的，同夏商相類，他的時代也正在夏商之前，與墨子的話相應（墨子周語的話又從呂刑來）。以我們的猜想，墨子時的傳說，大約是說舜崩後，有苗強大作亂，禹把他征滅，便自己做了天子。我們看兼愛下篇所引的禹誓道：

禹曰："濟濟有衆，咸聽朕言！非惟小子敢行稱亂，蠢茲有苗，
用天之罰；若予既率爾羣封諸君以征有苗"。

這和現存尙書裏的湯誓與牧誓的文句何等相像！（禹誓說："濟濟有衆，咸聽朕言"；湯誓說："格爾衆庶，悉聽朕言"。禹誓說："非惟小子敢行稱亂"；湯誓也說："非台小子敢行稱亂"。禹誓說："蠢茲有苗，用天之罰"；湯誓也說："有夏多罪，天命殛之"；牧誓也

說："今商王受惟婦言是用，……今予發惟恭行天之罰"。又禹誓亦與今存的甘誓文辭相類，甘誓，墨子明鬼下篇亦引作禹誓：或許有扈卽是有苗的分化，禹誓是對羣封諸君們說的話，甘誓是對六卿們說的話，也未可知。）非攻下篇又說：

> 昔者三苗大亂，天命殛之；……高陽乃命禹於玄宮（從王校文。孫詒讓云："案藝文類聚符命部引隨巢子云：'天命夏禹於玄宮……'云云，則非高陽所命也"。顧剛案：高陽卽天，孫說非也。莊子大宗師篇云："顓頊得之，以處玄宮"，可証），禹親把天之瑞令以征有苗。……禹旣已克有三苗，焉磨爲山川，別物上下，卿制四極，而神民不違，天下乃靜：則此禹之所以征有苗也。遝至乎夏王桀，天有酷命，……天乃命湯於鑣宮，用受夏之大命；……湯焉敢奉率其衆，是以鄉有夏之境。……湯奉桀衆以克有夏，屬諸侯於薄，薦章天命，通于四方，而天下諸侯莫敢不賓服：則此湯之所以誅桀也。遝至乎商王紂，天不序其德，……赤鳥銜珪降周之岐社，曰："天命周文王伐殷有國"。……武王踐功，……天賜武王黃鳥之旗，王旣已克殷，成帝之來，分主諸神，祀紂先王，通維四夷，而天下莫不賓，焉襲湯之緒：此卽武王之所以誅紂也。若以此三聖王者觀之，則非所謂攻也，所謂誅也。

墨子裏的高陽就是天帝，可見禹的征有苗就是受命于天，與湯的伐桀，武王的伐紂一樣。湯武王伐了桀紂之後就做了天子，禹伐了有苗之後也做了天子，三代開國的情形又是一樣的。隨巢子裏也有同非攻篇差不多的一段文字：

> 昔三苗大亂，天命殛之；夏后受於玄宮（海錄碎事引作"天命夏禹於玄宮"），……四方歸之；禹乃克三苗，而神民不違，闢土以王。三苗大亂，天命殛之；夏后受之，無方之澤出神馬，四方歸之。

（據孫詒讓輯本）

看"受於玄宮","四方歸之","關土以王"諸語，就更可以証明我們的假設了。大戴禮記少閒篇(少閒篇是三朝記的一篇，三朝記是逃墨歸儒的人做的，童書業先生另有考)說：

> 昔虞舜以天德嗣堯。……舜崩，有禹代興；禹卒受命，乃遷邑姚姓于陳。（下文說"禹崩，十有七世，……乃有商履代興，……成湯卒受天命，……乃遷姒姓於杞"，可見禹的得天下同湯一樣。）

舜是嗣堯的，禹是代舜而興的，兩者措辭不同。禹遷姚姓于陳，舜却不聞遷堯後於什麼地方，可見舜的嗣堯與禹的代舜不同。

墨子尙賢下篇固然也說：

> 昔者堯有舜，舜有禹，禹有皋陶。湯有小臣，武王有閎天，泰顚，南宮括，散宜生，

但這只能證明舜與禹曾有過君臣的關係，並不能證明他們定有禪讓的關係，正如禹並不曾禪讓給皋陶，湯並不曾禪讓給伊尹，武王並不曾禪讓給閎天一樣。而且尙賢下篇本校晚出，即"禹有皋陶"一語可證。案論語，子夏曰："舜有天下，選于衆，擧皋陶，不仁者遠矣"(論語這章與墨子尙賢中篇合看，也受墨家的影響，又在篇末，已是晚出的文字)，孟子也說："舜以不得禹皋陶爲己憂"，"舜爲天子，皋陶爲士"，都把皋陶和舜發生關係。墨子說："禹擧益於陰方之中"，孟子也說："禹薦益於天"，"益之相禹也"，又都把益和禹發生關係。舜和皋陶相當，禹和益相當，一個聖君，一個賢相，分配得很好，這本是儒墨杜撰的印版古史的公例。惟此篇以皋陶與禹相當，和所染篇同。所染篇是鈔襲呂氏春秋的文字，昔人已明其僞。本篇下文又說："日月之所照，舟車之所及，粒食之所養，得此莫不勸譽"，這等文字直同秦始皇琅邪刻石，大戴禮記五帝德，小戴禮記中庸等篇語句一律，定出秦後了。

舜禹禪讓說大約是儒家添出來的。舜擧禹說始見於國語，晉語說：

舜之刑也殛鯀，其舉也興禹。（左傳僖公三十三年文同，"刑"作"罪"。）於是墨子裏被天帝所刑的鯀和所興的禹（尚賢中篇說："雖天亦不辯貧富貴賤遠邇親疏，賢者舉而尚之，不肖者抑而廢之；……然則親而不善以得其罰者誰也？曰：'若昔者伯鯀，帝之元子，廢帝之德庸，旣乃刑之于羽之郊，……帝亦不愛，則此親而不善以得其罰者也'。然則天之所使能者誰也？曰：'若昔者禹稷皋陶是也。…'……"），都變爲被舜所刑和所興的了。 舜禹禪讓說始見於孟子，萬章篇記：

萬章問曰："人有言：'至於禹而德衰，不傳於賢而傳於子'，有諸？"

孟子曰："……昔者舜薦禹於天，十有七年，舜崩，三年之喪畢，禹避舜之子於陽城，天下之民從之若堯崩之後不從堯之子而從舜也。……匹夫而有天下者，德必若舜禹，而又有天子薦之者。……"

孔子曰："唐虞禪，夏后殷周繼，其義一也"。（這段孔子的話恐非孟子本文，因爲唐虞連稱是很晚的事，非孟子時所有，另有改証。）

孟子敘禹的爲天子同舜一樣，再看萬章所問的話，可見那時舜禹禪讓說已風行了。 從此以後，墨子裏的百里諸侯出身，征有苗而有天下的禹，也就變成了匹夫出身，爲天子所薦而有天下的禹了。

崔述唐虞考信錄說：

自秦漢以來，世之論者皆謂堯以天下與舜，舜以天下與禹。……余按：堯以天下與舜，誠有之矣；若舜以天下與禹，以經（按指堯典）考之，則殊不然！ 堯之禪舜也，經書之詳矣；……自舜即位以後，但記其詢岳，咨牧，命官，考績，而禪禹之事未有一言及之者，則舜未嘗以帝位授禹明矣！以天下授人，千古之大事也。堯之授舜也，言之詳，詞之累；舜果亦以天下授禹，何得終舜之身略之而不記乎？ 典者，所以記事也，謨者，所以記言也；典猶春秋也，事無大小必書；謨猶訓誥之文也，取其言之足以爲世法而已，其人之事不載之於篇中也。……舜果嘗授禹以天下，其事當載於典，不當載於謨明矣；今典反不言，而謨（案指大禹謨）反有之，然則是僞撰尙書（案指僞古文尙書）者習於世俗所傳舜禪於禹之言，而采摘傳記諸子之文以補之耳，烏足爲據也哉！……不然，堯以帝位授舜而舜帝，舜亦以帝位授禹而禹何以獨不帝而王也哉？（按這句話問得很有理由。）……後人……但見舜禹之相繼爲天子，而遂以爲堯傳之舜，舜傳之禹，舜既然矣，禹何以獨不然；由是傳賢傳子之疑紛紛於世。……（卷四）

崔氏見堯典不載舜禪禹的事，遂疑舜未嘗以帝位授禹，這無異於拿墨家的話來駁儒家（堯典所記就是墨家的禪讓說）。他所謂"世俗所傳之言"，實在就是儒家之言；他所謂"後人"，實在也就是儒家。想不到儒家後學的崔述竟做了墨家的代言人，於此可見六藝之文的權威了。

八　論語堯曰章辨僞

論語裏有極可疑的一章文字，那便是堯曰篇裏的堯曰章。這章說：

堯曰："咨爾舜，天之曆數在爾躬！允執其中！四海困窮，天祿永終！"舜亦以命禹。

這一章如果是可信的，則堯舜禹禪讓說可說在孔子時已成立了。但崔述對於它也是疑得非常勇猛。他先就尙書孟子中的堯舜推說道：

案漢儒所傳之古文尙書，……二帝三王之言具在也。堯之讓岳也，曰，"朕在位七十載，汝能庸命巽朕位！"其授舜也，曰，"詢事考言，乃言底可績三載，汝陟帝位！"皆欲其代己熙庶績以安天下耳，未嘗以天下爲重，而欲其常保而無失也。舜之咨岳也，曰，"有能奮庸熙帝之載？"其賡載歌也，曰，"股肱喜哉！元首起哉！百工熙哉！"惟欲熙庶績以終堯之功耳，亦未嘗以天下爲重，而欲常保而無失也。……孔子曰，"巍巍乎舜禹之有天下也而不與焉"，孟子曰，"舜視棄天下猶棄敝蹝也"，又曰，"遵海濱而處，終身訢然，樂而忘天下"，然則天祿之去留初不在舜意念中也明矣！

於是再批評論語此章道：

今論語所載堯命舜之詞乃云，"四海困窮，天祿永終"。堯授舜以天下，豈但欲其不令"四海困窮"；舜之不令四海困窮，又豈徒爲"永終天祿"計哉！且舜固嘗"讓于德弗嗣"者也，……舜方讓而不居，而堯乃以"天祿永終"戒之，是何其待舜之太薄也邪？……天道遠，人道邇，天無迹而難憑，人有爲而共見；豈有置人事不言而但以歷數爲據，使後世闇于者得藉以爲口實乎！……且歷數在躬，於何見之？……孟子曰，"湯執中"，記曰，"執其兩端，用其中於民"，……然此皆論古人云爾。自後觀之，則得爲中矣；若事前教之曰執中，則不知中果何在也！……安有絕口不及天下大事而但以空空一中詔之乎！且堯典紀堯禪舜之事詳矣，此文果係堯命舜之要言，……何以反略之而不載乎？……此篇在古論語本兩篇，篇僅一二章，魯論語以其少，故合之，蓋皆斷簡，無所屬，附之於論語之末者，初不知其傳自何人。學者當據尙書之文以考證其是非得失而取舍之，不得概信爲實然也。

（唐虞考信錄卷二）

崔氏老是拿了堯典做他取舍的標準，他見堯典不載論語此文，便斷定它非"實然"，這只可說是信經，哪裏是疑古！但論語這章確實不是儒家的話，崔氏的意見是可以節取的。我們試尋取論語這章的本源。

論語這章中最可疑的，便是"歷數"兩字。論語比考讖說：

> 帝堯率舜等遊首山，觀河渚。有五老游河渚，一曰，"河圖將來告帝期！"……有頃，赤龍銜玉苞，舒圖刻版，題命可卷，金泥玉檢，封盛書威，曰，"知我者重童也！"五老乃爲流星，上入昴。黃姚視之，龍沒圖在。堯等共發，曰，"帝當樞百，則禪于虞"。堯喟然曰，"咨汝舜：天之曆數在汝躬！允執其中！四海困窮，天祿永終！"乃以禪舜。（據殷元正集緯所輯）

據它說，曆數便是帝王的曆運。所以鄭玄根據此讖便解"曆數在爾躬"爲"有圖籙之名"。何晏也解曆數爲"列次"，朱熹則解爲"帝王相繼之次第"，其說皆近是。蓋曆數二字若不作如此解，便不可通。但這種帝王相繼的次序是從哪裏來的呢？這就不能不推到陰陽家的鼻祖鄒衍身上。案鄒衍書有主運，史記封禪書云，"鄒衍以陰陽主運顯於諸侯"，集解引如淳說：

> 今其書有主運，五行相次轉用事，隨方面爲服。

五行是永遠轉動的，轉動的時候是永遠依着它的生尅的次序的，這便叫做"曆數"。得到這曆數之運的人做了天子，依着五行的顏色來定他的服色制度，得水德的尚黑，得火德的尚赤，這就是"隨方面爲服"，也即是"天之曆數在爾躬"的具體表示。所以我們敢說，從"天之曆數在爾躬"一句看來，論語中這一章是陰陽家的說話。陰陽家是起于鄒衍的，孟子還看不見，何況孔子！

又史記鄒衍傳中說：

> 鄒衍睹有國者益淫侈，不能尚德，……乃深觀陰陽消息而作怪迂之變，終始大聖之篇十餘萬言，……稱引天地剖判以來，五德轉移，治各有宜，而符應若茲。……然要其歸必止乎仁義節儉，……始也濫耳。

這就是"四海困窮，天祿永終"諸語的來源。他見當時的國君太淫侈了，弄得生民塗炭，所以造爲怪迂的話來恐嚇他們，使他們能穀改行仁義和節儉。這和論語此章所說"四海之內如能不困窮了，天祿就永遠在你的名下了"，是何等的相像？可是鄒衍警戒戰國君主的話，在這裏竟上升了三千餘年(依韓非說)，變成了堯命舜和舜命禹的話了！其實鄒衍的話又是從墨家來的，"仁義"連稱最早見於墨子書，"尚德"也是墨家的話，"節儉"則更是墨家的一個重要的主義。墨家以爲王者的受命是天的賞賢，他們常常拿了上天賞賢罰暴的話頭去恫嚇當時的王公大人，所以"四海困窮，天祿永終"諸語簡直就是墨子的尚賢兼愛天志節用等主義下的一個簡單化的標語。

董仲舒春秋繁露郊祭篇解"天之歷數在爾躬"爲"察(在)身(躬)以知天"，史記歷書解"歷數"爲"歷象"，都是斷章取義的說法。從董說則"歷數"兩字沒有着落，從史記說則"在爾躬"三字又不可通。漢人這種望文生義的解釋是不能使我們信服的。

"允執其中"一語，也是論語這章晚出的證據。孟子說楊子取爲我，……墨子兼愛，……子莫執中"（盡心上。爾雅疏引尸子說"皇子貴衷"，據孫人和先生說皇子就是子莫），那麼"執中"是因楊墨兩家各趨極端而激起來的調和之說，在楊墨以前的人恐不能說出這樣的話。"中"字的語源固然是很古的，酒誥有"作稽中德"，盤庚也有"各設中于乃心"，大概都把它看作一種平正的道德。（友人丁山先生有刑中與中庸一文，載蔡元培先生六十五歲紀念集，他主張"中"的本義是官府簿書，據呂刑，立政，牧敦，齊侯鎛等文爲證，但對于酒誥和盤庚之辭不易施以同樣的解釋耳。）孔子曾有"中庸之爲德其至矣乎"的話，但沒有說"執中"，執中的產生原有它的特殊的背景的。孟子說"執中無權，猶執一也"，又說"湯執中，立賢無方"（焦循曰，"惟賢則立而無常法；乃申上執中之有權，'無方'當如鄭氏注之爲無常也"），見可單一的執中是孟子所不贊成的。若論語這章出於孟子以前，而載在論語之中，孟子敢反對孔子所傳的堯舜之道嗎？

　　從上面幾點看來，這章文字已夠後的了；但若逕說這是鄒衍所託，那也不對。這章的出現應該還在鄒衍之後。因為在鄒衍的五德系統裏，以黃帝當一代，繼着這一代的是夏，可見他是把堯舜歸在黃帝一代中的。論語此文，把堯，舜，禹分作三代，取鄒說而又失了鄒義，足徵它的時代是更晚的。所以這章文字，早則出於戰國之末，遲則當在秦漢之交。

　　下文"予小子履敢用玄牡"和"雖有周親，不如仁人"兩節，取的是墨家的偽尚書。"公則說"也是墨家的主義，"孔子貴公"乃是漢人造出的話頭。這幾點，友人趙貞信先生已有極精密的考證，我們很盼望他的論語辨偽能早日出世。——這與本文無關，不必在此詳論。

　　還有道統說是孟子為了尊崇儒家，排斥楊墨而提出來的，他的"五百年必有王者興"的歷史觀竟是鄒衍五德終始說的先導。論語這章也有濃厚的道統說的氣息，後世理學家所謂"三聖傳心"的故事即在於此，這是它出於孟子後的一個證據。

　　自從論語中有了這章文字，大家從小讀熟了，再來看墨子中的禪讓說便不易發生問題，只以為墨子書中所用的禪讓故事是因襲着論語的。哪裏知道，墨子中的禪讓故事乃是費了許多心思而創造的，孟子中的禪讓故事是墨家學說流入了儒家而改造的，論語中的禪讓故事則更是後人採用了鄒衍的學說而重製的。

九　禪讓說能在古代社會裏實現嗎？

　　我們既明白了禪讓說是墨家因為要宣傳他們的主義而造出來的，則禪讓說在歷史上已失去了它的地位；然而恐怕人們還不服，我們再來檢討檢討這件故事在古代的社會裏能否實現（以下姑且照舊說限定堯舜時已入封建社會）。我們知道戰國以前整個的社會都建築在階級制度上，左傳昭公七年記芋尹無字的話道：

> 天子經略，諸侯正封，古之制也。……天有十日，人有十等，下所以事上，上所以共神也。故王臣公，公臣大夫，大夫臣士，士臣皁，皁臣輿，輿臣隸，隸臣僚，僚臣僕，僕臣臺。

當時在庶民中還有六等之制（皁輿隸僚僕臺都是在官的庶民。案隸字的意義甚多，未可執一而論；當另爲雜考一文論之），試想人民是怎樣的受階級制度的壓迫，哪裏會有一介庶人一躍而爲天子的事？國語齊語載管仲的話道：

> 昔聖王之處士也使就閒燕，處工就官府，處商就市井，處農就田野；……夫是故士之子恆爲士，……工之子恆爲工，……商之子恆爲商，……農之子恆爲農。

這段話雖未必眞是管仲之言，但是士農工商各有常處，世執其業，則是古代可有且必有的情形。（周語內史過也說："古者……庶人工商各守其業"。）在這種情形之下，又哪裏會有一介農工一躍而爲天子的事？詩小雅大東篇說：

> 舟人之子，熊羆是裘；私人之子，百僚是試。

這是當時人諷刺亂世情形的話。他們說，舟人的兒子也有穿着熊羆的裘子的了，私人（傳："私人，私家人也"）的兒子也有做着百官的了，這簡直是天翻地覆了！在這種觀念之下，又哪裏會有一介匹夫一躍而爲天子的事？曹風候人篇說：

> 彼候人兮，何(荷)戈與祋(殳)；彼其之子，三百赤芾。
>
> 維鵜在梁，不濡其翼；彼其之子，不稱其服！
>
> 維鵜在梁，不濡其咮；彼其之子，不遂其媾！

這也是那時人罵倖進的小人的。候人本是荷着戈與殳的脚色，現在居然有三百個穿着赤芾的了（說文："市，韠也，……所以蔽前"。案，芾即韍。左傳晉文公入曹，數之，以其不用僖負羈，而乘軒者三百人，當卽指此），暴發戶呀，你們哪裏配穿你們的衣服啊！這些暴發戶大概有同貴族通婚的，所以又罵他們"不遂

('遂'即'隊')其媾"。 我們試想想墨家的尚賢主義若真是實現在古代的社會裏，那些從農與工肆裏跳起來的賢人，不知將被當時人罵多少句"彼其之子不稱其服"哩！ 我們再想堯以二女妻舜的故事若真是實現在古代，哪末舜也不知要被當時人罵多少句"彼其之子不遂其媾"哩！ 我們再看，左傳昭公七年載單獻公棄親用羈，就被襄頃之族殺了；定公元年又記劉簡公棄其子弟而好用遠人，結果也被他的羣子弟所賊：可見在古代的親親社會裏，尚賢主義是決行不去的！（左傳昭公三年晉叔向對齊晏子嘆晉國衰敗的情形道："欒，郤，胥，原，狐，續，慶，伯，降在皁隸"，可見世卿的衰敗正是他們所痛惜而怕見的，更可見在古代貴貴主義之下，尚賢主義也決不能行。） 又吳起相楚悼王，廢公族疏遠者；悼王一死，宗室大臣便把吳起攻殺。 商君相秦孝公，令宗室非有軍功論不得為屬籍，宗室貴戚多怨望者；孝公一死，商君便也遇害。 在封建制度已搖動的戰國時剝奪了宗室貴戚的權利，尚且要慘遭失敗，何況封建制度甚嚴密的春秋以上呢！ （商書微子篇說紂："咈其耇長，舊有位人"，周書牧誓也罵商王受："昏棄厥遺王父母弟不迪，乃惟四方之多罪逋逃是崇是長，……"然則紂的大罪也只是違反了親親貴貴的常例。）

在古代只有禮讓的觀念，而沒有禪讓的觀念。 古代的所謂禮讓，只是貴族間所行的一種禮教。 詩小雅角弓篇說：

民之無良，相怨一方；受爵不讓，至于己斯亡。

可見受了爵是應該讓的。 左傳襄公九年載楚子囊批評晉國政治的話道：

當今吾不能與晉爭，……其卿讓於善，……上讓下競。 當是時也，晉不可敵，事之而後可。

僖公二十七年，襄公十三年傳並載晉諸卿的相讓，這些就是堯典虞廷九官相讓的前身。 一則一戰而霸，一則諸侯遂睦，可見"上讓下競"，其國便不可敵。 當時人看這種禮教，非常重要。 孔子說：

能以禮讓為國乎，何有；不能以禮讓為國，如禮何！（論語里仁）

這是春秋時人的公同見解。（我們要記得古代是"禮不下庶人"的。）

因爲有了這種禮讓的觀念，所以當時貴族間便有讓國的實事；如吳太伯，仲雍，伯夷，叔齊（這兩件讓國的故事尚未能徵實），魯隱公，弗父何，宋宣公，宋穆公，太子茲父（宋襄公），公子目夷，公子去疾，公子季札，公子郢，公子啟等都能讓國於其兄弟子姪。但這些祗是貴族自己家門中的相讓，終沒有聽得把君位讓給別姓的臣民的。

說到公子目夷讓國的事情，不由得聯想到墨子的姓氏祖先等問題，就附帶在此討論一下吧。史記孟荀列傳說"墨翟爲宋大夫"，鄒陽傳又說"宋信子罕之計而囚墨翟"，又墨子書中詳記其止楚攻宋之事，墨子和宋國有深切的關係自可無疑。近人以墨姓不多見，對于墨子的姓氏祖籍等起了很多的猜測。我們以爲，墨確是他的眞姓氏，而且從這姓上可以知道他是公子目夷之後，原是宋國的宗族。按史記伯夷列傳索隱引應劭說：孤竹"蓋伯夷之國，君姓墨胎氏"，又周本紀正義引括地志，"孤竹，……殷時諸侯孤竹國也，姓墨胎氏"，是知伯夷姓墨胎。通志氏族略引元和姓纂說墨氏"孤竹君之後，本墨台氏，後改爲墨氏，……戰國時宋人墨翟著書號墨子"，則以墨子爲孤竹君之後，由墨台（胎）縮短爲墨姓的。梁玉繩漢書古今人表考說："考北國書怡峯傳云，'本姓默台，避難改爲'則'台'即'怡'字，作'胎'非也。（原注：台有胎音，故誤。）"，據此，則"台"應讀作"怡"，直到南北朝時還有姓墨台的。又考史記殷本紀，殷後有目夷氏。潛夫論志氏姓篇以目夷氏爲微子之後。廣韻六脂"夷"字注云，"宋公子目夷之後，以目夷爲氏"，則公子目夷之後爲目夷氏。這個目夷氏又作墨夷氏，世本說："宋襄公子墨夷須爲大司馬，其後有墨夷皋"（廣韻六脂及姓氏急就篇引）。"宋襄公子"當是"宋襄公兄子"的傳訛。通志氏族略又說："墨台，宋成公子墨台之後"，此"宋成公"當是"宋桓公"之訛，則"目夷"直作"墨台"，與伯夷姓合。左傳僖八年載宋太子茲父與公子目夷互相以仁讓國，茲父說"目夷長且仁"，目夷說"能以國讓，仁孰大焉！"這頗與伯夷叔齊相互讓國的傳說相似。論語也說伯夷叔齊"求仁而得仁，又何怨"（述而）。伯夷與目夷讓國事的既甚相近，姓又相同，即名也有一半相同，也許即是一個人傳說的分化。目夷居長，所以稱作伯夷；叔齊當即太子茲父。墨子是伯夷之後，實在就是公子目夷之後。論語正義引春秋少陽篇："伯夷姓墨"，則墨怡亦可去其下一字而單作墨。這可證墨子的受姓之始。又墨學與宋人思想多合，俞正燮說：

> 墨者，宋君臣之學也。……記曰，"天子命諸侯教，然後為學"。宋王者後，得自立學。又亡國之餘，言仁義或失中。管子書立政云，"兼愛之說勝，則士率不戰"，立政九敗解云，"不能令彼無攻我，彼以教士，我以毆衆，彼以良將，我以無能，其敗必覆軍殺將"，如此正宋襄公之謂。左傳公子目夷謂襄公未知戰，"若愛重傷，則如勿傷；愛其二毛，則如服焉"，兼愛非攻，蓋宋人之蔽。呂氏春秋審應云，"偃兵之義，兼愛天下之心也"。據左傳襄公歿後，華元向戌皆以止兵為務，墨子出，始講守禦之法，不如九敗解所譏。墨子實宋大夫，其後宋牼亦墨徒，欲止秦楚之兵，言戰不利，有是君則有是臣，………墨為宋學明也。

（癸巳類稿卷十四墨學論）

馮友蘭先生也說：

> 宋為殷後，在春秋列國中文化亦甚高。漢書地理志曰："宋地，房心之分野也。………其民猶有先王遺風，重厚多君子，好稼穡，惡衣食，以致畜藏"（史記貨殖列傳同）。惟宋人重厚，故在當時以愚見稱。………墨子之道，"其生也勤，其死也薄，其道太觳，以自苦為極"（莊子天下篇），所謂"其智可及也，其愚不可及也"，

必在宋人重厚多君子之環境中乃能發展。且好稼穡，惡衣食，以致畜藏，亦墨子强本節用之說所由出也。（中國哲學史上卷第五章（一）論墨學爲宋學）

據他們說來，兼愛，非攻，節用都是宋人思想與宋俗。其實明鬼也是宋俗，左傳僖公十九年載宋襄公用鄫子于次睢之社，欲以屬東夷。殺人媚鬼，這種極端野蠻的宗敎行爲，在春秋時，也只有東方一帶人使用過（昭公十年又記季平子用人於亳社，胡適之先生說："用人祭社，似是殷商舊俗"，語見說儒一文）。又商書盤庚三篇露骨地表示着商人迷信祖先神靈的思想，與周書所表現的周人宗敎思想頗不一樣，墨學與宋俗實在太接近了。

如墨子爲宋人這個假設不錯，則墨家主張禪讓說自有其歷史上的背景。又兪正燮說殷人被周人壓制，不得爲高官（見鄕興賢能論），這話在古書上是多有明證的，則墨家主張平等，剷除階級，或亦有其歷史上的背景。孔子雖也是殷人，但傳到他時早已魯化了。

一〇　戰國時禪讓說的實行

自從墨家的勢力擴張，禪讓說盛行於時，當時的君主聽得高興，便有想要或實行讓位給臣民的。呂氏春秋不屈篇載：

魏惠王謂惠子曰："上世之有國必賢者也，今寡人實不若先生，願得傳國"。惠子辭。

王又固請曰："寡人莫有之國於此者也，而傳之賢者，民之貪爭之心止矣，欲先生之以此聽寡人也！"惠子曰，"若王之言，則施不可而聽矣。王固萬乘之主也，以國與人猶尙可。今施布衣也，可以有萬乘之國而辭之，此其止貪爭之心愈甚也"。

這件故事不知道實在與否？如是真事，則是禪讓說流行後所發生的第一次影響。呂氏春秋的作者批評這件事道：

> 夫受而賢者，舜也；是欲惠子之爲舜也。夫辭而賢者，許由也；是惠子欲爲許由也。傳而賢者，堯也；是惠王欲爲堯也。堯舜許由之作，非獨傳舜而由辭也，他行稱此。今無其他，而欲爲堯舜許由，故惠王布冠而拘於鄄（高注：自拘於鄄，將服於齊也），齊威王幾弗受（注：幾，危；危不受魏惠王也）；惠子易衣變冠，乘輿而走，幾不出乎魏境。凡自行不可以幸爲必誠。

魏惠王想學堯，惠施想學許由，結果只落得了一場非笑。此後逕有一件更可非笑的禪讓故事出來。戰國策燕策載：

> 子之相燕，貴重主斷。………鹿毛壽謂燕王（噲）曰，"不如以國讓子之。人謂堯賢者，以其讓天下於許由，由必不受，有讓天下之名，實不失天下。今王以國讓相子之，子之必不敢受，是王與堯同行也"。燕王因舉國屬子之，子之大重。

這又來了一個學堯的人。可惜子之不想學許由，他想學舜；於是那時便又有人希意承旨，對燕王噲說道：

> 禹授益而以啟爲吏；及老而以啟爲不足任天下，傳之益也。啟與支黨攻益而奪之天下。是禹名傳天下於益，其實令啟自取之。今王言屬國子之，而吏無非太子人者，是名屬子之而太子用事。

燕王噲是眞心效法堯的，他弄假成眞的把官員的印一起收了，交給子之，由他任用。子之也是眞心效法舜的，就馬上南面行起王事來，燕王噲反做了子之的臣。於是孟子裏所載的"舜南面而立，堯帥諸侯北面而朝之"的"齊東野人之語"就實現了。可惜：

> 子之三年，燕國大亂，百姓恫怨。將軍市被太子平謀將攻子之，………太子因數黨聚衆，將軍市被圍公宮，攻子之，不克。………構難數月，死者數萬衆，燕人恫怨，百姓離意。孟軻謂齊宣王曰，今伐燕，此文武之時，不可失也！"王因令章子將五都之

兵，以因北地之衆以伐燕。士卒不戰，城門不閉，燕王噲死，齊大勝燕，子之亡。二年，燕人立公子平，是爲燕昭王。（史記燕世家文略同。）

本是一場堯舜的禪讓，結果竟鬧得比禹益的禪讓更壞。以禪讓始者反以征誅終，這是一件多麼沒味的事？這比較後來漢魏與魏晉之間的玩意兒眞有愧色多了！

一一　戰國儒家所受墨家尙賢主義的影響

戰國時墨家的聲勢旣非常浩大，他們所持的主義，如兼愛，非攻，尙賢，節用等等，又極容易得到民衆的同情，所以雖和他們勢不兩立的儒家也不得不適應時勢而承受這種學說的一部分。我們且拿當時儒家中最著名的孟荀兩大師做代表，看他們承受墨家的學說到什麼程度。（本文但論尙賢思想，其實兼愛非攻等主義，儒家也相當的受到墨家的影響。）孟子說：

仁則榮，不仁則辱；今惡辱而居不仁，是猶惡濕而居下也。如惡之，莫如貴德而尊士：賢者在位，能者在職，⋯⋯雖大國必畏之矣。（公孫丑上）

尊賢使能，俊傑在位，則天下之士皆悅而願立於其朝矣。（同上）

唯仁者宜在高位；不仁而在高位，是播其惡於衆也。（離婁上）

天下有道，小德役（於）大德，小賢役（於）大賢。（同上）

"尊賢""使能"都是墨家所提出的主義。"尊賢使能，⋯⋯則天下之士皆悅而願立於其朝矣"，就是墨子所說的"賢良之士必且富之，貴之，敬之，譽之，然后國之良士亦將可得而衆也"。"惟仁者宜在高位"，就是墨子所說的"國君者，國之仁人也；天子者，固天下之仁人也"。"小德役大德，小賢役大賢"，也就是墨子所說的"以德就列"等話。孟子這些話，都從墨子尙賢主義裏流出的。（所以他也有"堯以不得舜爲己憂，舜以不得禹皋陶為已憂，……為天下得人者謂之仁"等話。又他說："當堯之時，天下猶未平，……堯獨憂之，舉舜而敷治焉"，這段話也從墨子的"堯舉舜……，授之政，天下平"等話來。）

不過儒家究竟和墨家不同：墨家講兼愛，儒家則講親親；墨家主張澈底尚賢，儒家還要兼顧貴貴。所以從墨家的平等眼光看來，舉賢最為緊要；從儒家的等差眼光看來，親親貴貴應與尊賢並行。（所以像象這樣不仁的人，舜還得親愛他；這同墨子所說的"古者聖王……不義不親"等話是怎樣的矛盾。）孟子說：

用下敬上，謂之貴貴；用上敬下，謂之尊賢。貴貴尊賢，其義一也。（萬章下）

親親，仁也。（告子下）

國君進賢，如不得已；將使卑踰尊，疏踰戚，可不慎與！（梁惠王下）

可見儒家總是怕"卑踰尊，疏踰戚"的，所以他們對於"進賢"也只是"如不得已"！荀子也說"親親，故故，庸庸，勞勞，仁之殺也；貴貴，尊尊，賢賢，老老，長長，義之倫也"；他們總是要把"親親，故故，貴貴，尊尊"同"賢賢"放在一起談！

但是荀子卻比孟子更露骨的承受墨家的尚賢學說。荀子說：

我欲賤而貴，……貧而富，可乎？曰：其唯學乎！……鄉也混然涂之人也，俄而竝乎堯禹，豈不賤而貴矣哉！……鄉也胥靡之人，俄而治天下之大器，舉在此，豈不貧而富矣哉！（儒效）

這不就是墨子所說的"此何故始賤卒而貴，始貧卒而富，則王公大人明乎以尚賢使能為政"（尚賢中），"女何為而得富貴而辟貧賤，莫若為賢"（尚賢下）嗎？

大儒者，天子三公也；小儒者，諸侯大夫士也。（儒效）

上賢祿天下，次賢祿一國，下賢祿田邑。（正論）

這不就是墨子所說的"鄉長，固鄉之賢者也；……國君，固國之賢者也；……天子者，固天下之仁人也"(尚賢中)嗎？

> 請問爲政，曰：賢能不待次而舉，罷不能不待須而廢。……雖王公士大夫之子孫也，不能屬於禮義，則歸之庶人；雖庶人之子孫也，積文學，正身行，能屬於禮義，則歸之卿相士大夫。（王制）

這不就是墨子所說的"官無常貴而民無終賤；有能則舉之，無能則下之"(尚賢上)，"不黨父兄，不偏貴富，……賢者舉而上之，富而貴之，以爲官長；不肖者抑而廢之，貧而賤之，以爲徒役"(尚賢中)嗎？

> 君人者……欲立功名，則莫若尚賢使能矣，是君人者之大節也。（王制）

這不就是墨子所說的"名立而功成，……則由得士也，……夫尚賢者政之本也"(尚賢上)；"今大人……將欲使意得乎天下，名成乎後世，故(胡)不察尚賢爲政之本也？此聖人之厚行也"(尚賢中)嗎？

> 王者之論：無德不貴，無能不官，無功不賞，無罪不罰；……百姓曉然皆知夫爲善於家，而取賞於朝也；爲不善於幽，而蒙刑於顯也。夫是之謂定論！（王制）

這不就是墨子所說的"古者聖王之爲政也，言曰：不義不富，不義不貴，不義不親，不義不近"(尚賢上)，"是以民皆勸其賞，畏其罰"(尚賢中)嗎？原來這是"定論"！

> 論德而定次，量能而授官，……上賢使之爲三公，次賢使之爲諸侯，下賢使之爲士大夫。（君道）

這不就是墨子所說的"以德就列，以官服事"(尚賢上)，"選擇賢者立爲天子，……選擇其次立爲三公，……選擇其次立爲卿之(與)宰，……選擇其次立而爲鄉長家君"(尚同下)嗎？

人主欲得善射射遠中微者，縣貴爵重賞以招致之，內不可以阿子弟，外不可以隱遠人，能中是者取之。……欲得善馭速致遠者，一日而千里，縣貴爵重賞以招致之，內不可以阿子弟，外不可以隱遠人，能致是者取之。 欲治國馭民，……然而求卿相輔佐，則獨不若是其公也，案唯便嬖親比己者之用也，豈不過甚矣哉！ 故有社稷者莫不欲彊，俄則弱矣；莫不欲安，俄則危矣；莫不欲存，俄則亡矣：……是無它故，莫不失之是也！…… 夫文王非無貴戚也，非無子弟也，非無便嬖也，倜然乃舉太公於州人而用之，豈私之也哉？ 以為親邪，則周姬姓也，而彼姜姓也；以為故邪，則未嘗相識也；以為好麗邪，則夫人行年七十有二，齫然而齒墮矣；然而用之者，夫文王欲立貴道，欲白貴名以惠天下，而不可以獨也，非于是子莫足以舉之，故舉是子而用之。……（仝上）

這段話更全與墨子相同。 墨子說：

譬若欲衆其國之善射御之士者，必將富之貴之。………（尚賢上）
當王公大人之於此也，雖有骨肉之親，………實知其不能也，必不使。……… 當王公大人之於此也，則不失尚賢而使能。 逮至其國家則不然，王公大人骨肉之親，無故富貴面目美好者則舉之。（尚賢下）
今者王公大人為政於國家者，皆欲國家之富，人民之衆，刑政之治，然而不得富而得貧，不得衆而得寡，不得治而得亂，………是其故何也？……… 是在………不能以尚賢事能為政也！ （尚賢上）
文王舉閎夭泰顛於罝罔之中，授之政，西土服。（仝上）
昔者堯之舉舜也，湯之舉伊尹也，武丁之舉傅說也，豈以為骨肉之親，無故富貴面目美好者哉？ 唯法其言，用其謀，行其道，

上可而利天，中可而利鬼，下可而利人，是故推而尙之。（尙賢下）

看了這段比較，誰還敢說荀子是反墨的？ 荀子的話同墨子的話這樣的相像（荀子書中與墨子相同的話還多，如性惡篇尙有"賢者敢推而尙之，不肖者敢援而廢之"的話，富國篇甚至於有"兼而愛之"的話。他又受墨子尙同節用等主義的影響很深，其"非相"似也從墨子的非命主義來的），他爲什麼還要罵墨子，說"墨子之於道也，猶瞽之於白黑也，猶聾之於淸濁也，猶欲之楚而北求之也"（樂論）呢？ 這不是好惡隨情是什麼！ 荀子又罵當時的俗儒說："其言議談說，已無以異於墨子矣，然而明不能別"（儒效），試問荀子自己是不是已在俗儒之列呢？

此外後來所稱爲"四書"之一的中庸（這是一篇秦人所著而經過漢人改竄的書，日本武內義雄有考，說頗精緻。其中之一部分或戰國人所作）裏也有很多墨家的話。如說：

大德必得其位，必得其祿，必得其名，必得其壽；故天之生物，必因其材而篤焉，故栽者培之，傾者覆之；……故大德者必受命。

仁者，人也，親親爲大；義者，宜也，尊賢爲大；親親之殺，尊賢之等，禮所生也。

尊賢則不惑。

去讒遠色，賤貨而貴德，所以勸賢也。

"尊賢"，"貴德"，"勸賢"，都是墨孟一派的話。"尊賢之等"，大約也就是所謂"上賢祿天下，次賢祿一國，下賢祿田邑"的等。"大德必得其位，……""大德者必受命"的信念更直接從墨家尙賢主義來，比孟子所謂"匹夫而有天下者，德必若舜禹，而又有天子薦之者"的話又進了一步了。跟堯典先後出世的皋陶謨裏說：

日宣三德，夙夜浚明，有家；日嚴祗敬六德，亮采，有邦。翕

> 受敷施，九德咸事；俊乂在官，百僚師師，百工惟時，………庶績其凝。
>
> 無曠庶官，天工人其代之。……… 天命有德，五服五章哉！………帝，光天之下，至于海隅蒼生，萬邦黎獻共惟帝臣，惟帝時舉；敷納以言，明庶以功，車服以庸，誰敢不讓，敢不敬應。

日宣三德則有家，日敬六德則有邦，九德咸事則有天下，這同墨子中庸等書是一貫的說話。"天命有德"就是"大德者必受命"。"敷納以言，明庶（試）以功，車服以庸"，更是尚賢的具體辦法。尚賢主義被推闡到這樣地步，也就無以復加了。

在這裏，我們還要附記墨子裏載的墨子與儒家的一段對話：

> 公孟子謂子墨子曰，"昔者聖王之列也，上聖立爲天子，其次立爲卿大夫。今孔子博於詩書，察於禮樂，詳於萬物，若使孔子當聖王，則豈不以孔子爲天子哉？"子墨子曰，"夫知者必尊天事鬼，愛人節用（案論語：子曰："節用而愛人"，這還是墨襲孔而非孔呢？還是論語的作者叫孔子襲墨子的話呢？），合焉爲知矣。今子曰'孔子博於詩書，察於禮樂，詳於萬物'，而曰'可以爲天子'，是數人之齒而以爲富"。（公孟）

公孟子是個儒者（孫詒讓以爲卽孟子中的公明高），常常被墨子所折服（他曾承認墨子的話爲善），他承受了墨家"聖王之列，上聖立爲天子，其次立爲卿大夫"的話，拿來反問墨子："照這樣說，孔子如當聖王的時候，豈不有被舉爲天子的資格嗎？"墨子答他說："孔子算不得上聖，所以尙起賢來，孔子並沒有被舉爲天子的資格"。這段話或是確有其事，或是墨家所造的故事（墨子書的編成時代很不早，不過材料大致可信），都未可知；若是眞有其事，那末公孟子就是最早承受墨家學說的儒家了。

然而，無論儒家怎樣受墨家的影響，他們終是各有不能混合的分野。

現在再舉一個例來說一下罷。墨子為了反對運命說，立一個主義叫做"非命"。他說："古之聖王發憲出令，設以為賞罰以勸賢"。因為照主張有命的人的說法，上之所罰是我的命招來的，不是做人不好，上之所賞也是我的命招來的，不是做人好，那麼聖王"勸賢"的精意就失去了，所以他斷然的說，執有命是"不仁"，是"覆天下之義"。即此可見尚賢是墨家的根本主義，而非命乃是從尚賢裏推演出來的。儒家則說"死生有命，富貴在天"（論語顏淵）。死生富貴既都付之於不可知的天命（天就是命，與墨家的天不同），那還有什麼賢可尚，什麼暴可罰呢？這因儒家是維持舊制度的，他們繼承了古代的觀念，以為生為王公大人由於他的命貴，命貴是不能強奪的。我們看孟子說，"繼世而有天下，天之所廢必若桀紂者也"，一定要像桀紂一般的作惡才可以剝奪他的貴命，可見一切小惡是被饒恕的。又說，"匹夫而有天下者，德必若舜禹而又有天子薦之者"，生來命賤的人必須備有舜禹之德，還要遇着皇帝提拔的好機會，才得改賤為貴，可見既定階級的不易逾越。在這種觀念之下，他們把堯舜禹的禪讓故事說成了千世不可一遇的神話，禪讓說於是在儒家主張有命的學說裏失去了它原有的意義。墨家是主張平等的，他們說"雖在農與工肆之人，有能則尚之"，那便是隨時可以實現的事，禪讓就可定為永久的制度，像現在民主國選舉總統一樣了。儒墨同言禪讓，那知他們意義的不同竟至於此！

一二　孟荀二子對於禪讓說的態度

儒家雖因時勢的鼓盪，不得不承受墨家尚賢的學說，但是他們總想改變其意義，使得它與他們的根本主義不十分衝突。這一個苦衷，我們若小心讀孟子和荀子就可以明白。

孟子是一個相當贊成禪讓說的人，然而當燕王噲與子之實行禪讓說的時候，他就頗不願意他們成功。戰國策裏孟子勸齊王伐燕的話我們儘可以不信，但是孟子本書總是可信的罷？ 孟子中記燕國亂時齊國有個名叫沈同的人來詢問孟子的意見，他道："燕可伐嗎？"孟子答他道：

可！子噲不得與人燕，子之不得受燕於子噲。（公孫丑下）

以一個"言必稱堯舜"的人，而對於熱心模仿堯舜的子噲子之，反持這種冷酷的態度，實在令人無從索解！倘使他用了同樣的句法說"堯不得與舜天下，舜不得受天下於堯"，禪讓的偶像豈不就此打碎了嗎？

有一次，他的學生萬章為了懷疑禪讓的事，問他道：

堯以天下與舜，有諸？

他用了批評燕事的態度回答道：

否！天子不能以天下與人。

話說得這樣斬釘截鐵，當然把這件故事推翻了。 於是萬章再問：

然則舜有天下也，孰與之？

他呆了一呆，回答一句很空洞的話：

天與之。

這顯見是他的遁辭了。 萬章這人真厲害，又反問一句道：

天與之者，諄諄然命之乎？

這話要是問在西周的時候，或是向墨家之徒去問，他們當然回答說，"是的！"因為詩大雅裏就有"有命自天，命此文王"以及"帝謂文王，予懷明德……"（皇矣）等句，墨子裏又有"天乃命湯於鑣宮，……有神來告曰：'夏德大亂，往攻之，予必使汝大堪之，予既受命於天'"（非攻下）等話。但是孟子的時代和他的學說已不容他這樣神道設教了，所以他答道：

天不言，以行與事示之而已矣。

他以為天是不說話的，但也會借了人事來表現他的意思。 萬章不肯放鬆，再逼進一層問道：

以行與事示之者如之何？

問到這樣，他再沒有什麼辦法，只得用了墨子的手段，支支吾吾的杜造出一段故事來，說道：

> 舜相堯，二十有八載，非人之所能爲也，天也。堯崩，三年之喪畢，舜避堯之子於南河之南，天下諸侯朝覲者不之堯之子而之舜，訟獄者不之堯之子而之舜，謳歌者不謳歌堯之子而謳歌舜，故曰天也。夫然後之中國踐天子位焉。……（萬章上）

舜相堯有二十八年之久，這就是天意。堯崩之後，舜避到南河的南面，好讓堯子去繼承天子之位；然而朝覲訟獄的人不到堯子那邊去，只到舜這邊來，歌頌功德的人又不歌堯之子而歌舜，天意表示得這樣明顯，舜還敢違背皇天的威命嗎？所以他只得做天子了。

這些話雖然講的是堯舜，其實是針對燕王噲讓國的事說的。倘使子之能相子噲二十餘年，噲死之後，他也離去燕都，燕的臣民也不戴太子平而戴他，那就是孟子理想中的禪讓（"天與之，人與之"）了。但這是實際上能有的事嗎？孟子又說"以天下與人易，爲天下得人難"（滕文公上），"好名之人能讓千乘之國，苟非其人，簞食豆羹見於色"（盡心下）。魏惠王和燕王噲就是孟子所謂"好名之人"，他們至多能以天下與人，不能爲天下得人，孟子彷彿說"他們那班人哪配高攀堯舜，實行禪讓哩！"

荀子雖然受墨家思想的影響更深，但他是一個主張"隆禮"的人，隆了禮就要維持階級制度，所以他對於禪讓說的反對比孟子還要激烈，他在正論篇裏大聲疾呼道：

> 世俗之爲說者曰，"堯舜擅讓"。是不然！天子者，勢位至尊，無敵於天下，夫有誰與讓矣！道德純備，智惠甚明，……天下無隱士，無遺善，同焉者是也，異焉者非也（案這仍是墨子的說話），夫惡有擅天下矣！
>
> 曰："死而擅之"。是又不然！聖王在上，圖（決）德而定次，量能

而授官(案這又是墨子的說話)，⋯⋯聖王已沒，天下無聖，則固莫足以擅天下矣。天下有聖而在後者，則天下不離，朝不易位，國不更制，天下厭然，與鄉無以異也。以堯繼堯，夫又何變之有矣！聖不在後子而在三公，則天下如歸，猶復而振之矣；天下厭然，與鄉無以異也，以堯繼堯，夫又何變之有矣！(案，這是孟子的說話。)唯其徙朝改制爲難。故天子生則天下一隆，致順而治，論德而定次(案這又是墨子的說話)；死則能任天下者必有之矣(案這又是孟子的說話)。夫禮義之分盡矣，擅讓惡用矣哉！

曰："老衰而擅"。是又不然！血氣筋力則有衰，若夫智慮取舍則無衰。（案，墨家的天子是要血氣筋力都不衰的人才能担任。）

曰："老者不堪其勞而休也"。是又畏事者之議也！天子者，埶至重而形至佚，心至愉而志無所詘，而形不爲勞，尊無上矣，⋯⋯居如大神，動如天帝(案，這却不是墨家所謂的天子)，持老養衰，猶有善於是者與不？老者休也，休猶有安樂恬愉如是者乎？故曰："諸侯有老，天子無老；有擅國，無擅天下"，古今一也。夫曰堯舜擅讓，是虛言也；是淺者之傳，陋者之說也；不知逆順之理，小大至不至之變者也；未可與及天下之大理者也！

他的話說得何等決絕，"禮義之分盡矣，擅讓惡用矣哉！" 禪讓說是與禮義之分相衝突的。他斷定這是"虛言"，是"淺者之傳，陋者之說"（禪讓說若是孔子所造所傳，難道荀子認孔子爲淺者與陋者嗎？）；這比了孟子一方面說唐虞不是禪，一方面又說唐虞禪的扭扭揑揑藏藏躱躱的態度高明了多少？但他究竟是戰國人，怎能逃得出戰國的風氣（輕信僞史曲解傳說的風氣），所以他一方面仍舊說："聖不在後子而在三公，則天下如歸，猶復而振之矣⋯⋯"，"論德而定次，死則能任天下者必有之矣"，這同孟子的話又有什麽兩樣？他又說，"諸侯有老，天子無老；有擅國，無擅天下"，則是他承認諸侯可以禪讓的了。這或許是因為諸侯擅國是周代史上常有的事情，他不能把它完全抹煞的緣故。

荀子成相篇又道："請成相，道聖王：堯舜尙賢身辭讓，……堯讓賢，以爲民，氾利兼愛德施均；……堯授能，舜遇時，尙賢推德天下治；……堯不德，舜不辭，妻以二女任以事。……舜授禹以天下，尙得推賢不失序；外不避仇，內不阿親賢者予。……堯有德，……擧舜訓畝，任之天下身休息"。成相篇與正論篇的思想太衝突，恐非荀子之書。漢書藝文志載："孫卿賦十篇"，成相篇或即其一部，則成相篇本另爲一書。藝文志又載"成相雜辭十一篇"，列在雜賦之末；成相篇楊注云："漢書藝文志謂之成相雜辭"，王應麟漢書藝文志攷証云："淮南王亦有成相篇，見藝文類聚"，則成相篇或出漢人之手，也未可知。這篇裏採取當時的傳說，而以墨家的主義（"尙賢"，"氾利"，"兼愛"，"授能"，"推德"）爲骨幹，這更可証明禪讓說是出於墨家的了。

孟荀以後，還有懷疑禪讓說的，那便是晉的嵇康，唐的劉知幾們。他們並不是有心客觀研究古史，而是受的時代的刺戟。當曹丕受了漢獻帝的禪讓，曾興奮地說：

舜禹之事，吾知之矣！

那就是他覺得堯禪舜，舜禪禹，也是像他們那樣唱的傀儡戲。接着又有司馬炎的受禪，大家看得夠了，以爲禪讓眞是那麽一回事，所以在那時發現的竹書紀年及瑣語上，就有

舜放堯於平陽。（史通疑古篇引）

堯德衰，爲舜所囚。舜囚堯，復偃塞丹朱，使父子不得相見也。

（史記五帝本紀正義引竹書）

后稷放帝子丹朱於丹水（史記高祖本紀正義引括地志引）

等等記載，而嵇康也就以"非堯舜，薄湯武"喪掉生命。到了劉知幾時，

他在歷史上所見禪讓的故事比嵇康和汲冢書的編輯者更多了，於是他就有系統的批評，以為：

(一)堯典序云："將遜于位，讓于虞舜"。孔氏注云："堯知子丹朱不肖，故有禪位之志"。按汲冢瑣語云："舜放堯於平陽"，而書云某地有城以"囚堯"為號。……據山海經謂放勳之子為帝丹朱，……得非舜雖廢堯，仍立堯子，俄又奪其帝者乎？觀近古有姦雄奮發，自號勤王，或廢父而立其子，或黜兄而奉其弟，始則示相推戴，終亦成其篡奪。……斯則堯之授舜，其事難明，謂之讓國，徒虛語耳。

(二)舜典又云："五十載陟方乃死"。注云："死蒼梧之野，因葬焉"。按蒼梧者，……人風媟嫚，地氣歊瘴，雖使百金之子猶憚經履其途，況以萬乘之君而堪巡幸其國！且舜必以精華既竭，形神告勞，捨茲寶位，如釋重負，何得以垂殁之年更踐不毛之地？兼復二妃不從，怨曠生離，萬里無依，孤魂溘盡，讓王高蹈豈其若是者乎？……斯則陟方之死其殆文命之志乎？

(三)汲冢書云："……益為啟所誅"。……推而論之，如啟之誅益，仍可覆也。何者？舜廢堯而立丹朱，禹黜舜而立商均，益手握機權，勢同舜禹，而欲因循故事，坐膺天祿，其事不成，自貽伊咎。觀夫近古篡奪，桓獨不全，馬仍反正，若啟之誅益，亦由晉之殺玄乎？若舜禹相代，事業皆成，唯益覆車，伏辜夏后，亦猶桓效曹馬而獨致元興之禍者乎？

他以為古代禪讓的局面，堯是給舜囚起來的，堯子丹朱是給舜篡奪的，舜是給禹趕到蒼梧死掉的，益是想學舜禹而未成給啟殺掉的，一場莊嚴美麗的故事由他一講，便變成慘無天日的了！他的腦髓裏有的是曹丕，司馬炎，桓玄以及南北朝許多開國帝王的故事，就以為古代的禪讓也不過如此，這不但上了戰國人的當，而且也上了魏晉人的當了。 這是墨儒當年創造時所萬想不到的。

一三 道家對於禪讓說的反應

在戰國諸子中，道家是比較起得晚的。 唯其起得晚，所以參考的材料多，論辨的方法精，他們的學說就會得突過了儒墨諸家，在漢初幾乎統一了全國的思想。 也唯其起得晚，所以儒墨的流弊，他們都看得透，攻擊得有力，他們就站在儒墨的對面，作儒墨的勁敵。

禪讓的故事經過了儒墨們近百年的煊染，深入於各個人的心坎，無論在政治界或學術界，這件故事如何實現於古代及能否再現於今日都成了討論的重大問題。 儒墨是主張尙賢的，經世的，他們理想中的天子應是最有能力做好事的人，所以墨家會得創造禪讓說，而儒家也會順受。 但道家就不這樣，他們主張一任自然，旣不要尙賢，也不要經世，所以對于禪讓故事也就輕蔑起來，堯舜大聖都成了卑卑不足道的人了。 他們說：傳天下算得什麼好事！ 你們看，堯舜要讓去天下時，人家還不屑受咧！ 於是他們先說出一個許由的故事來(許由卽益，亦卽四岳，說詳陳遭兩山墨譚，宋翔鳳向書略說等書。 觀燕策文，知許由不受讓說已早有，道家特加以描寫)：

>堯讓天下於許由，曰："日月出矣而爝火不息，其於光也不亦難乎！ 時雨降矣而猶浸灌，其於澤也不亦勞乎！ 夫子立而天下治，而我猶尸之，吾自視缺然，請致天下！" 許由曰："子治天下，天下旣已治也，而我猶代子，吾將爲名乎？ 名者實之賓也，吾將爲賓乎？ 鷦鷯巢於深林，不過一枝。 偃鼠飲河，不過滿腹。 歸休乎君，予無所用天下爲！"（莊子逍遙遊）

這就是說堯自己覺得道德不如許由，正如爝火的不及日月，所以他的良心逼著他去讓掉天下。 不幸許由這人很像楊朱，他只肯"爲我"，不肯"爲天下"，就謝絕了。呂氏春秋求人篇文略與此同，末了說許由避堯的讓，逃到箕山之下，潁水之陽種田去，大概是襲取了益的故事編成的。

許由可算是高尚了，哪裏知道還有比許由更高尚的人哩！晉皇甫謐的高士傳記道：

> 巢父者，堯時隱人，年老，以樹爲巢而寢其上，故時人號曰巢父。堯之讓許由也，由以告巢父。巢父曰："汝何不隱汝形，藏汝光？若非吾友也！"擊其膺而下之。（太平御覽卷五百六引）

巢父不責讓天下的堯，反責不受讓的許由，說"這都由於你的好名招出來的！"兩人就絕交了。說到這樣，似乎已到了頂點了；但還不完：

> 許由，字武仲，堯聞致天下而讓焉，乃退而遁於中岳，潁水之陽，箕山之下隱。堯又召爲九州長，由不欲聞之，洗耳於潁水濱。時有巢父牽犢欲飲之，見由洗耳，問其故，對曰，"堯欲召我爲九州長，惡聞其聲，是故洗耳"。巢父曰："子若處高岸深谷，人道不通，誰能見子？子故浮游，欲聞求其名譽，汙吾犢口！"牽犢上流飲之。（史記伯夷列傳正義引高士傳）

這寫巢父對於許由是何等的藐視！可憐許由的兩耳還不及巢父之犢的一張嘴來得乾淨！說到這樣，巢父應是高尚透頂的人了，哪知強中更有強中手：

> 其（許由）友巢父聞由爲堯所讓，以爲汙己，乃臨池洗耳。池主怒曰，"何以汙我水？"（世說新語言語類注引高士傳）

巢父之上竟又添出一位池主來了！譬如造塔，愈造愈高，低頭一看，堯眞是渺小極了！儒墨紛紛，到底哪裏及得道家的超邁？（莊子又載堯以天下讓巢父，據譙周引或說，巢父就是許由。）

莊子讓王篇又載堯舜讓天下的五件故事。其一是堯讓於子州支父：

> 堯以天下讓許由，許由不受。又讓於子州支父，子州支父曰，

"以我爲天子，猶之可也；雖然，我方有幽憂之病，方且治之，未暇治天下也。"

這位子州支父何等悠游自在，把個人的幽憂之病看得重過天下。讓王篇的作者（未必莊周）批評他道：

夫天下至重也，而不以害其生，又況他物乎！唯無以天下爲者，可以託天下也。

這句話眞是難死人了！他以爲天下之重只該託付給不肯犧牲自己的人，但不肯犧牲自己的人又哪裏肯任受天下之重，豈非太矛盾了嗎？其二是舜讓於子州支伯：

舜讓天下於子州支伯，子州支伯曰，"予適有幽憂之病，方且治之，未暇治天下也"。

子州支伯又是這麼一套！讓王篇中給批評道：

故天下大器也，而不以易生，此有道者之所以異乎俗者也。

這眞是楊朱"拔一毛而利天下不爲"的思想。禪讓的故事出於墨家而逃避禪讓的故事出於楊家，即此一端也可以見出戰國時的思想潮流來。（以上二段，與呂氏春秋貴生篇文略同。）其三是舜讓于善卷：

舜以天下讓善卷，善卷曰："余立於宇宙之中，冬日衣皮毛，夏日衣葛絺；春耕種，形足以勞動，秋收斂，身足以休食；日出而作，日入而息，逍遙於天地之間而心意自得：吾何以天下爲哉！悲夫子之不知余也！"遂不受，於是去而入深山，莫知其處。

善卷說的不願做天子的理由更充足了，他只是要做一個無拘無束的人。其四是舜讓于石戶之農：

舜以天下讓其友石戶之農，石戶之農曰："捲捲乎后之爲人，葆力之士也"，以舜之德爲未至也，於是夫負妻戴，携子以入於海，終身不反也。（呂氏春秋離俗覽文略同，"捲"作"捃"。）

其五是舜讓于北人无擇：

  舜以天下讓其友北人无擇，北人无擇曰："異哉后之爲人也，居於畎畝之中而遊堯之門！不若是而已，又欲以其辱行漫我，吾羞見之！"因自投清泠之淵。（呂氏春秋離俗覽文略同，"清泠之淵"作"蒼領之淵"。）

舜把天下送給這個人也不要，送給那個人也不要（高士傳又載舜以天下讓蒲衣）。不但人家不受而已，反討了幾場沒趣，而且罵他的人也自以爲受了極度的羞辱，不惜用了自殺的手段來洗刷這個不幸，堯舜眞是太沒有出息了。墨子在九原之下，萬想不到他手創的理想中最高的人物竟墮落得成了道家觀念中的最下作的人物，時代眞變得太快了！

道家對於尚賢主義的總批評是：

  尊賢授能，先善與利，自古堯舜以然。……舉賢則民相軋，任知則民相盜。之數物者，不足以厚民。民之於利甚勤，子有殺父，臣有殺君，正晝爲盜，日中穴阫。……大亂之本必生於堯舜之間，其末存乎千世之後。千世之後，其必有人與人相食者也。

  （莊子庚桑楚）

爲了墨家把自己的"尊賢授能，先善與利"的學說套在堯舜的頭上，道家便痛快地非薄堯舜，斥"堯舜之間"爲"大亂之本"，斷定它能造成吃人的惡果。他們的說話固嫌過火，但也不是趁口的亂道，因爲無論什麼事情，利弊總是相倚伏的，尚賢固有好處，也難免流弊。尤其是戰國之末，一班新進邀功的政客造成了刀兵的慘刼，是爲當時的隱士們所極不滿意的。

  墨家在戰國初期建立了堯舜禪讓的故事；儒家在戰國中期接受了它，又新添了舜禹禪讓的故事。道家更後，連那位征誅的湯也要行起禪讓來了！莊子讓王篇中有下列一段故事：

  湯將伐桀，因卞隨而謀。卞隨曰："非吾事也！"湯曰："孰可？"曰："吾不知也！"湯又因瞀光而謀，瞀光曰："非吾事也！"湯曰："孰可？"曰："吾不知也！"湯曰："伊尹何如？"曰："強力忍垢，吾不知其他也！"湯遂與伊尹謀伐桀，剋之。以讓卞隨，卞隨辭曰："后之伐桀也謀乎我，必以我為賊也；勝桀而讓我，必以我為貪也。吾生乎亂世而無道之人再來漫我以其辱行，吾不忍數聞也！"乃自投椆水而死。湯又讓瞀光曰："知者謀之，武者遂之，仁者居之，古之道也。吾子胡不立乎？"瞀光辭曰："廢上，非義也。殺民，非仁也。人犯其難，我享其利，非廉也。吾聞之曰：非其義者不受其祿，無道之世不踐其土；況尊我乎！吾不忍久見也！"乃負石而自沈於盧水。（呂氏春秋離俗覽文略同，"瞀光"作"務光"，"椆水"作"潁水"，"盧水"作"蓼水"，"垢"作"詢"，"立乎"作"位之"。）

卞隨瞀光與許由善卷們所處的境界很不同："許由善卷遭着的是禪讓者的禪讓，卞隨瞀光遭着的乃是征誅者的禪讓，所以他們更覺得恥辱，非跳水不可了。禪讓的故事說到這步田地，真可說是無聊之至！

逸周書殷祝解裏又載着一件桀湯揖讓的故事：

湯將放桀于中野，士民聞湯在野，皆委貨扶老攜幼奔國中虛。桀請湯曰："……今國家無人矣；君有人，請致國，君之有也！"湯曰："否，……士民惑矣，吾為王明之！"士民復致于桀曰："以薄之君，濟民之殘，何必君更！"桀與其屬五百人南徙千里，止於不齊。不齊士民往奔湯于中野，桀復請湯，言君之有也。湯曰："否，我為君王明之！"士民復重請之，桀與其屬五百人徙于魯。魯士民復奔湯，桀又曰："國，君之有也！……"湯曰："此君王之士也，君王之民也，委之何？"湯不能止桀，湯曰："欲從者從君！"桀與其屬五百人去居南巢。

湯放桀而復薄，三千諸侯大會。湯取天子之璽置之天子之坐，左退而再拜從諸侯之位。湯曰："此天子位，有道者可以處之；天子非一家之有也，有道者之有也！……"湯以此三讓，三千諸侯莫敢即位，然後湯即天子之位。

尚書大傳殷傳中有大同小異的兩段文字，但第一段之末有顯著的差異：

魯士民復奔湯，桀曰："國，君之有也，吾聞海外有人！"與五百人俱去。

逸周書說桀與其屬五百人去居南巢，而這裏說與五百人去海外，或者已把田橫的故事加進去了。

桀三次讓湯，湯也三次讓桀，征誅變成了揖讓，而這揖讓比了征誅更難為情，恐怕又是道家一派造出的謠言吧？湯非但讓桀，還讓三千諸侯，這揖讓的範圍更擴大了。後來漢高帝即位的時候也照做了這一套，史記高祖本紀載：

諸侯及將相相與共請尊漢王為皇帝。漢王曰："吾聞帝，賢者有也，………吾不敢當帝位！……"漢王三讓，不得已，………乃即皇帝位氾水之陽。

"帝，賢者有也"與"天子………有道者之有也"這句話何等相像？湯三讓，漢王也三讓，其說話與舉動無不相同，這究竟是漢高帝模倣湯呢，還是漢代造史家逼着湯去模倣漢高帝呢？唉，古史中的變相實在太多了，令人捉摸不得，奈何！（案項羽死後，高祖圍魯，魯降，逸周書也說魯士民奔湯，又是一件相同的事情。）

一四　法家對於禪讓說的反應

法家也是戰國末年起來的救弊的學派，那時國家社會都是亂紛紛的，沒有綱紀，他們要重新建立起秩序來，所以主張用了今日法西斯蒂的手段，統整這久已散漫的社會。後來秦始皇統一六國以後的政治設施，便是採用他們的學說的。

他們只主張擴大君主的權力，不主張給予人民以自由，人民旣沒有自由參政的權利，當然不必十分提倡尙賢（法家對於尙賢說並不明顯排斥，因爲恐怕阻礙了他們自己的出路）；他們又主張聖法之治，不崇拜聖王之治，更不需要禪讓。所以他們對于禪讓說，是和道家一樣，根本沒有興趣，只想把它取銷，雖然反對的理由不同。

法家的領袖彙集大成者是韓非，他也曾順口依着墨家的堯禹生活，替禪讓故事想出一個人情的解釋，說：

> 堯之王天下也，茅茨不翦，采椽不斲，糲粢之食，藜藿之羹，冬日麑裘，夏日葛衣，雖監門之服養不虧於此矣。禹之王天下也，身執耒臿以爲民先，股無胈，脛不生毛，雖臣虜之勞不苦於此矣。以是言之，夫古之讓天子者，是去監門之養而離臣虜之勞也，故傳天下而不足多也。（五蠹。案淮南子精神訓與主術訓也有同樣的議論。）

他以爲古人禪讓天下並不是一件慷慨的不得了的事，只因當時的君主的享受太可憐了，還不如不做天子的能過舒服的日子，所以他們也捨得讓掉了。從我們看來，他實是用了墨家的節用說與兼愛說來打破墨家的尙賢說。這種說法太過幼稚，是打不倒墨家的，因爲他們如果怕過苦生活，當時就不做天子了；做天子和過苦生活都是他們的責任心的表示，傍人眼光裏的苦正是他們內心的至樂呢。

但韓非自有着不可及的見解，他否認堯舜的一切的故事。他道：

> 孔子墨子俱道堯舜而取舍不同，皆自謂眞堯舜，堯舜不復生，將誰使定儒墨之誠乎？殷周七百餘歲，虞夏二千餘歲，⋯⋯今乃欲審堯舜之道於三千歲之前，意者其不可必乎？無參驗而必

之者，愚也；弗能必而據之者，誣也：故明據先王，必定堯舜者，非愚則誣也。（顯學）

這就是說堯舜時代的歷史都是儒墨的傳說，我們生在今日，旣沒有證據去決定它，也就沒有理由去信用它。 在這個見解之下，禪讓說當然一拳槌碎了。

今本韓非子中還有些話也是非薄堯舜的，雖不一定是韓非的親筆，總可以代表先秦法家的思想。 難三篇說：

葉公子高問政於仲尼，仲尼曰，"政在悅近而來遠"。（下文說哀公問政於仲尼，仲尼曰，"政在選賢"；齊景公問政於仲尼，仲尼曰，"政在節財"。這哀公與齊景公所問的仲尼，倒很像是墨翟的化身。）

或曰，仲尼之對，亡國之言也。……夫堯之賢，六王之冠也，舜一從而咸包，而堯無天下矣。 有人無術以禁下，恃爲舜而不失其民，不亦無術乎？

這是用了尙賢說和禪讓說來打破儒家的修德主義的。 墨家提出了尙賢說與禪讓說，儒家推波助瀾，不想只供法家拿來做反攻他們的工具。 又說疑篇說：

古之所謂聖君明主者，非長幼弱也，及以次序也，以其構黨與，聚巷族，逼上弑君而求其利也。 舜逼堯，禹逼舜，湯放桀，武王伐紂，此四王者，人臣弑其君者也，而天下譽之。……以今時之所聞，田成子取齊，……韓魏趙三子分晉，……臣之弑其君者也。

這篇直斥舜禹爲逼上弑君的人，拿他們和當時的權臣相比，簡直把舜禹說成了曹丕和司馬炎，已開了劉知幾們的先路了。 但在這裏，舜禹只有很空洞的逼君一項罪狀，似乎作者沒有知道汲冢書的傳說，不然，舜放堯於平陽，囚堯，偃塞丹朱等說話，正是逼上的最好的證明，他們似沒有不舉的道理。 忠孝篇又說：

皆以堯舜之道爲是而法之，是以有亂臣，有曲父。堯舜湯武或反君臣之義，亂後世之敎者也。堯爲人君而君其臣，舜爲人臣而臣其君，湯武爲人臣而弒其主，刑其尸，而天下譽之，此天下之所以至今不治者也。夫所謂明君者，能畜其臣者也；所謂賢臣者，能明法辟，治官職，以戴其君者也。今堯自以爲明而不能以畜舜，舜自以爲賢而不能以戴堯，………此明君且常與，而賢臣且常取也，故至今爲人子者有取其父之家，爲人臣者有取其君之國者矣。父而讓子，君而讓臣，此非所以定位一敎之道也。………今夫上賢，任智，無常，逆道也，而天下常以爲治。………廢常上賢則亂，舍法任智則危，故曰上法而不尙賢。記曰，"舜見瞽瞍，其容造焉"。孔子曰，"當是時也，危哉天下岌岌！有道者父固不得而子，君固不得而臣也"。臣曰：孔子未知孝悌忠順之道也。………父之所以欲有賢子者，家貧則富之，父苦則樂之。君之所以欲有賢臣者，國亂則治之，主卑則尊之。今有賢子而不爲父，則父之處家也苦；有賢臣而不爲君，則君之處位也危。………所謂忠臣，不危其君。………今舜以賢取君之國，而湯武以義放弒其君，此皆以賢而危其主者也，而天下賢之。………是故賢堯舜湯武………天下之亂術也。瞽瞍爲舜父而舜放之，象爲舜弟而舜殺之，放父殺弟，不可謂仁；妻帝二女而取天下，不可謂義；仁義無有，不可謂明。詩云，"普天之下，莫非王土；率土之濱，莫非王臣"。信若詩之言也，是舜出則臣其君，入則臣其父，妾其母，妻其主女也。………世皆曰：許由讓天下，賞不足以勸；盜跖刑犯赴難，不足以禁。臣曰：未有天下而無以天下爲者，許由是也；已有天下而無以天下爲者，堯舜是也；毀廉求財，犯刑趨利，忘身之死者，盜跖是也。此二者，殆物也。

這篇書以堯舜禪讓爲"反君臣之義，亂後世之敎"，以爲至今人子取父之家，人臣取君之國，皆是堯舜遺下的禍患。這分明是從荀子一派的儒家和道家的說法裏演化出來的批評。儒家和法家都是主張維持君主的尊嚴的，禪讓說把君主的地位降低，使人人都有一蹴而幾的機會，當然最爲尊君而不尙賢的法家所痛惡。法家以爲"上賢"是"逆道"。荀子非十二子篇說愼到"尙法而無法"，解蔽篇說愼到"蔽於法而不知賢"，莊子天下篇也說愼到"笑天下之尙賢"，"無用賢聖"，這可見本篇所說"上法而不尙賢"確是法家老祖的說話。天下篇又說愼到"非天下之大聖"，舜禹湯武們當然是天下之大聖，又可見非堯舜薄湯武也確是法家的原始思想。儒家的孟荀雖不贊成禪讓說，但他們還要捧堯舜做敎主，一心要把自己的思想替堯舜辨誣，而法家却逕借了"齊東野人之語"來大罵堯舜，這是儒法兩家的根本不同之點。道家雖也反對禪讓說，但他們排斥了舊禪讓說，又造出新禪讓說來；法家則連新舊的禪讓說一起痛罵，許由堯舜們竟同盜跖一樣是"殆物"，這簡直把古來的豪傑統統壓倒了！

韓非子的說林上篇也記着湯讓務光的故事：

湯以(已)伐桀，而恐天下言己爲貪也，因乃讓天下於務光；而恐務光之受之也，乃使人說務光曰，"湯殺君而欲傳惡聲于子，故讓天下於子"。務光因自投於河。

這件故事本是道家造的，經法家一解釋，湯讓務光的惡意就更顯了：他並不想眞讓天下，他只因爲要洗刷自己的惡名而犧牲了務光，"我雖不殺伯仁，伯仁由我而死"，湯的詐術如此，於是儒墨所崇奉的聖人又變成了殺人不見血的奸雄了。

一五　禪讓說的最後兩次寫定

到了漢代，禪讓說已漸征服了整個的智識界，差不多人人都以爲這是眞事了，於是這件故事便需要一次最後的寫定。漢武帝時的儒者就起來担任了這工作。在他們寫定的堯典裏所載的禪讓故事是這樣：

帝曰："疇咨若時登庸？"放齊曰："胤子朱啟明"。帝曰："吁！嚚訟，可乎？"

帝曰："咨，四岳！朕在位七十載，汝能庸命巽朕位"。岳曰："否德忝帝位"。曰："明明揚側陋"。師錫帝曰："有鰥在下曰虞舜"。帝曰："俞！予聞，如何？"岳曰："瞽子，父頑，母嚚，象傲；克諧以孝，烝烝乂，不格姦"。帝曰："我其試哉！女于時，觀厥刑于二女"。釐降二女于嬀汭，嬪于虞；帝曰："欽哉！"

愼徽五典，五典克從；納于百揆，百揆時序；賓于四門，四門穆穆；納于大麓，烈風雷雨弗迷。

帝曰："格汝舜！詢事考言，乃言底可績三載，汝陟帝位！"舜讓于德弗嗣。正月上日，受終于文祖。

二十有八載，帝乃殂落；百姓如喪考妣，三載，四海遏密八音。月正元日，舜格于文祖。

這些話各有來源，其中最重要的一個源泉要算淮南子泰族訓。泰族說：

堯治天下，政教平，德潤洽，在位七十載，乃求所屬天下之統，令四岳揚側陋。四岳舉舜而薦之堯，堯乃妻以二女，以觀其內；任以百官，以觀其外。旣入大麓，烈風雷雨而不迷，乃屬以九子，贈以昭華之玉而傳天下焉，以爲雖有法度而朱弗能統也。

怎知道這是堯典取泰族而不是泰族取堯典呢？因爲堯使九男事舜，二女嫁舜，乃是一個較早的傳說，孟子中兩次提到（萬章上，下），呂氏春秋中則兩次提到十子二女（去私，求人），這裏把九子與二女連敍，自是戰國舊習。作堯典的人，不知他為什麼把堯子去掉，但留二女？如秦族之文取自堯典，也將跟着他一樣了。

在堯典的話中，足知其所涵墨家的成分甚重。墨子說"堯得舜於服澤之陽，舉以為天子"，這是說堯直接傳位於舜；堯典說："格汝舜，………汝陟帝位，………正月上日，受終于文祖"，也是堯直接傳位於舜。孟子則說："舜相堯，二十有八載，………堯崩，三年之喪畢，舜避堯之子於南河之南，天下諸侯朝覲者不之堯之子而之舜，………夫然後之中國踐天子位焉"，這是說舜的為天子由於臣民擁戴起來，與堯無干。（孟子又說："堯老而舜攝也"，這是孟子敷衍當時傳說的地方。又左傳文十八年所載太史克的話也與孟子的前說相同，這段文字也是西漢人作的，另有考，說略見拙作尚書研究講義。）可見孟子所說的是儒家的堯舜，而堯典所記的竟是墨家的堯舜。又堯典所謂"朕在位七十載，汝能庸命巽朕位"，豈不是荀子所反對的"老衰而擅"說；"帝乃殂落，………月正元日，舜格于文祖"（這是堯典敷衍孟子的地方），豈不是荀子所反對的"死而擅之"說；而"格汝舜！，………汝陟帝位，………正月上日，受終于文祖"，又豈不是荀子所排斥的"堯舜擅讓"說呢？堯典所言，竟沒有一句不是荀子所反對的，荀子若見到堯典，他敢反對聖經嗎？（又荀子非相篇說："五帝之中無傳政，………是以文久而滅，節族久而絕"，是荀子直不承認堯舜能有書流傳後世。）還有今本堯典不載舜禹的禪讓，也是受墨家影響的顯著的一點。

怎麼知道今本堯典是漢代人作的呢？最重要的理由有五點：第一是十二州乃是漢代的制度：戰國的書上只有九州，從沒見過十二州的名稱。第二是南交與朔方的地點太遠，不是秦漢以前的疆域：南交就是交趾，交趾到秦纔列入中國版圖（交趾之名漢前固已有之，但交趾與朔方對舉，則為漢武帝時分州的事實）；朔方就是漢武帝所立的朔方郡，詩經的朔方在今山西的西南部，不得在極北邊疆而與南交相對；又西即是西域（西國，西海，西極）的簡稱；嵎夷暘谷在朝鮮（暘谷本是神話裏的地名，到後來方變成實際的地方；又堯典的嵎夷與禹貢的嵎夷不同）。南至交趾，北至朔方，西至西域，東至朝鮮，是漢武帝的疆域。 第三是史記以前的人不引今本堯典：武帝中年以前的漢帝詔書有極與今本堯典相合的，但從未見引今本的堯典；司馬相如封禪文，董仲舒春秋繁露等書亦皆不引今本堯典之文，可證今本堯典出於武帝中年以後。 第四是漢武帝的政事皆與堯典相合：如修郊祀，禮百神，巡狩，封禪，分州，濬川，定曆法，舉賢良，制贖刑等等，漢武帝與堯舜簡直是一個模型裏製出來的人物，實在是堯典在漢武帝的政治背景下所作的證據。 第五是"咨汝二十有二人"語與上詢四岳，咨十有二牧，命九官的人數不合：實在"十有二牧"的原本（這個原本也只是較今本稍早一點的一個本子）當作"九牧"，九加四加九是二十二；後來人改"九牧"爲"十二牧"，一時疏忽，未照顧全文，遂弄得一篇內自相矛盾了。 以上諸項的考證均詳見拙著尚書研究講義第一册，與堯典著作時代問題之討論（禹貢半月刊第二卷第九期），讀者可以參看。

後來的儒者看見尚書裏不載舜禹的禪讓，覺得不賅不備，他們想替它加添進去： 到了魏晉的古文尚書出來，便居然完成了這件任務。 他們聚精會神地爲這個故事做了一篇大禹謨，其中所載的舜禹禪讓故事是這樣：

帝曰："格汝禹！ 朕宅帝位三十有三載，耄期倦于勤；汝惟不息，總朕師！"禹曰："朕德罔克，民不依。……"

帝曰："來禹！ 降水儆予，成允成功，惟汝賢；克勤于邦，克儉于家，不自滿假，惟汝賢。 汝惟不矜，天下莫與汝爭能；汝惟不伐，天下莫與汝爭功。 予懋乃德，嘉乃丕績。 天之曆數在汝躬，汝終陟元后！ 人心惟危，道心惟微，惟精惟一，允執厥中！無稽之言勿聽，弗詢之謀勿庸；可愛非君，可畏非民，衆非元后何戴，后非衆罔與守邦：欽哉！慎乃有位，敬修其可願，四海困窮，天祿永終。惟口出好興戎，朕言不再！"禹曰："枚卜功臣，惟吉之從"。帝曰："禹！官占惟先（克）蔽志，昆命于元龜；朕志先定，詢謀僉同，鬼神其依，龜筮協從；卜不習吉"。禹拜稽首固辭。帝曰："毋！唯汝諧"。正月朔旦，受命于神宗，率百官若帝之初。

"格汝禹"是摹倣堯典堯命舜"格汝舜"之辭；"朕宅帝位三十有三載"是摹倣堯典"朕在位七十載"的話，三十有三載是根據孟子"舜薦禹于天，十有七年，舜崩"，堯典舜"在位五十載，陟方乃死"等文字，五十載去十七，正得三十三之數；"汝惟不怠總朕師"是摹倣堯典"汝能庸命巽朕位"的話；"朕德罔克"是摹倣堯典"否德忝帝位"的話；"帝曰來禹"是襲取皋陶謨；"降（洚）水儆予"是襲取孟子所引逸書；"成允成功"是襲取左傳襄五年所引夏書；"克勤于邦，克儉于家"是襲取史記夏本紀"禹爲人敏給克勤"，"汝惟不矜"諸語是襲取荀子君道篇與老子的話；"天之曆數在汝躬"諸語是襲取論語堯曰篇的話；"汝終陟元后"是摹倣堯典堯命舜"汝陟帝位"之辭；"人心惟危"諸語是襲取荀子解蔽篇所引道經；"無稽之言勿聽"二句是襲取荀子正名篇的話；"衆非元后何戴"二句是襲取國語所引夏書；"惟口出好興戎"是襲取墨子所引逸書術令；"官占惟克蔽志"是襲取左傳哀十八年所引夏書；"卜不習吉"是襲取左傳哀十年趙孟的話；"禹拜稽首固辭"是摹倣堯典"舜讓于德弗嗣"的話；"正月朔旦，受命于神宗"是摹倣堯典"正月上日受終于文祖"的話。這幾點前人如閻若璩，惠棟，王鳴盛們已精密地考出了。

他們這樣集腋成裘地摘取了堯典和論語僞堯曰篇，墨子，孟子，荀子，左傳，國語等的文句，造成了一大段莊嚴燦爛婉轉曲折的文章；雖然不經拆，也就足以騙過一千多年的人們。自此以後，舜禹禪讓說便也在六藝裏植下了一個深固的根基；除崔述以外，差不多就沒有人敢對它懷疑的了。這是禪讓說在文字上的大成功，也是墨家主張在儒家經典裏的大勝利！

一六 結 論

近數年來，用了社會分析的眼光來研究中國歷史的人漸漸多起來了，這原是一種好現象，因為以前所謂史學只達到事實的表面，現在覺悟應該探求它的核心了；有了這個覺悟而再經過若干年工作之後，一切死氣沈沈的記載就可化作活潑潑地的，這是怎麼一件美事！不過，在古代史方面，他們不免出了岔子。這因古代史的材料從來不曾好好整理過，戰國秦漢間人為要發揮他們的主義，隨口把古人編排到自己擬定的模型裏，強迫他們粉墨登場，改變了古代史的實況；漢以後的學者沒有別擇的眼光，牽纏在他們設下的種種葛藤之中，或信甲而排乙，或取乙而拒甲，或又用了模稜兩可的方式來調和甲乙，或又拉攏甲乙的話來遷就他自己的意見，因此二千餘年來愈講愈亂，弄得一塌糊塗。如果不經過一番澈底的整理，這種材料是不能隨便使用的。不幸近年研究社會史的人們太性急了，一心要把中國古代社會的性質在自己著作的一部書或一篇文章裏完全決定，而他們寫作的時間又是那麼短促，那就不得不跳脫了審查史料一個必經的階段。在這種情形之下，古人隨口編造的東西遂又活躍於現代史學的園地，作者只要揀用一段便于自己援用的文字，便可說古代的事實是如此的；或者用了新觀念附會一段舊文字，加以曲解，也就可說古代的事實是如此的。於是舊葛藤尚沒有斬斃，新葛藤又在叢生中了。這樣紛亂的狀況固然是一種新學問草創的時代所免不了的，但主持論壇的人究竟應當有明顯的意識力擋這種不幸的現象，而指出一條研究的正道來給大家看。如此，許多人的精力可以不至白白地費掉，社會演進的歷史纔有眞實的建設。

這幾年中社會史的論戰，頡剛個人從沒有參加過，這固因自己的能力不夠，也知道研究學問應當分工，我的性情學力旣偏近于審查史料方面，就不必超越了本職來談各種社會的制度。但各個工作是沒有一項能獨立的，審查史料時也有該運用社會史的智識的地方，正如研究社會史時必須具有審查史料的眼光一樣，所以這兩方面正當相輔相成，而不當對壘交攻以減少彼此工作的效力。現在我就把這篇文字貢獻給他們。

我作這篇文字的目的仍是在審查史料——把先秦諸子口中的禪讓說還給先秦諸子，使它不致攪亂夏以前歷史的眞相；也就是掃除唐虞的僞史料而增加先秦諸子的眞史料。我希望研究社會史的人們看了這篇肯省察一下，如果我們所說的還能成立，那麼唐虞時代的社會性質最好暫且不要提起，因爲那時的事情，現在還不曾得到一件證據確鑿的東西來作證明；至於那時事情所以在書本上面鬧得這樣熱烈，這完全由於先秦諸子善意和惡意的熱烈的宣傳，若把這些宣傳還給了先秦諸子，試問唐虞是什麼景況，實際上只有黑漆一團！禪讓說便是一個已摘發的例子。

關於禪讓說的來源問題，我們一二人的揣測固然未必準確，但就我們所搜集到的材料看來，似乎以這樣的解釋爲最恰當。這篇文字的篇幅較長，爲怕讀者一時不容易抓到綱領，所以再寫幾段提要（並略作補遺）在下面：

戰國以前的社會建築在階級制度上，各階級的人各有他們的本分，逾越就是罪惡。作官的世世代代作官，平民就使有才能還是一個"小人"。當時理想的政治，只是從貴族世官之中選取賢良，任國家的政事。諸侯卿大夫也有時相讓，但所讓的人只限于同階級間，沒有讓給平民的。後來列國互相吞併，土地日就開發，國家的組織嚴密起來，政治工作不是幾個驕奢慣了的貴族所能擔任，侯王們就不得不在平民中選拔眞才以應時勢的需要，階級制度的基礎漸漸動搖了。在這時，墨子就站在時代的前面，倡導澈底的尙賢說。他以爲某個人在社會上的地位完全應與這人的能力成正比例；最賢的人做天子，其次做三公諸侯，又其次做鄕長里長，沒有一些兒冤屈。天子的位不是世襲的，是前任的天子從平民中選擇一個最賢的人出來，讓位給他。有什麼證據呢？那就是堯舜的禪讓。——這因那時人沒有時代的自覺，他們不肯說"現在的社會這樣，所以我們要這樣"，只肯說"古時的社會本來是這樣的，所以我們要恢復古代的原樣"。墨子順應戰國的時勢而創立的禪讓說必須上託之於古代冥漠中的堯舜，正是戰國諸子假造古史以鬨動時人的恒例。他們爲了實現這個學說，就在自己徒黨中立了"巨子"制，巨子是黨中最賢的人，也是掌握黨權最高的人，巨子的位是由前任選擇賢者而傳讓的。

　　孔子是春秋末年人，他正處在時代轉變的樞紐，所以他一方面也說"舉賢才"，一方面還是要維持階級制度，不願有庶人的私議。孔子的學派傳下去叫做儒家，永遠維持這二元論的政治學說，——"尊賢"和"親親"相對立。因爲尊賢，所以平民可以執掌政權；因爲親親，所以貴族的職位仍只該傳授給貴族。這是一個矛盾的主張，但他們總是敷衍着。（例如孟子旣以尊賢而不主張世官，又以親親而主張世祿，他不想想，所以有祿爲的是做官，旣無世官了，要世祿做什麼，這豈不成了無功受祿！）他們以爲天子之位是應當傳給兒子的，所以對於禪讓說表示反對；但禪讓說是這樣的流行，而且已由堯舜的禪讓展長到舜禹和禹益的禪讓，僞故事竟成了眞古史，儒家不能不屈伏於這橫流的下面，所以孟子便想出曲解的方法，以爲堯崩之後本該由丹朱承繼的，不幸天下的人歸心於舜，舜爲他們所包圍，沒法處置，纔繼堯之位；禹亦是如此；直到啓，因他受人擁戴超過於益，便把禪讓的局面改變了。（啓在古史中本是最不賢的人，顧剛等有考，見本年將出版的燕京大學史學年報；自從孟子這樣一說，纔把他的不賢的故事洗刷了。）荀子則連這一個曲解也不滿意，逕斥禪讓說爲"虛言"，這一說似乎可以從儒家中清出去了。但後來堯典的作者對於孟荀之說毫不理會，依然採用了墨家的說法編寫堯舜禪讓史；論語堯曰篇的作者亦然，混合了墨家的禪讓節用說和鄒衍的五德終始說，寫了一段三聖傳心的命詞；僞古文尙書的作者更把舜禪禹這件故事插入了新作的大禹謨：於是禪讓說在儒家經典裏築下了堅不可拔的基礎了！漢代的經師和讖緯的作者受了墨家風氣的感染，以爲"大德者必受命"，像孔子這樣的聖人，必然該作天子，然而竟不得作天子，於是"孔子爲素王"，"以春秋當新王"以及"端門受命"諸說都起來了。儒家旣蒙有濃重的禪讓說的色彩，於是卽使有人懷疑了堯舜禹禪讓的史實，終以爲這是孔孟相傳的聖道，康長素先生便說這是孔子託古改制的一端；他不知道這和孔子風馬牛不相及，卻是爲孟子所嫌厭，荀子所深惡而痛絕的。儒墨相亂，日子久了眞不容易弄淸楚了！

　　道家是在極亂的時勢下所產生的，他們保貴自己的生命，不願受外物的驅使，所以重個人而輕天下。他們鄙薄儒墨的栖栖皇皇地救世，以爲世界越救越亂，儒墨們不但有害於世，亦且喪失了自己的本性。他們對於禪讓說盡力排斥，以爲尙賢任知的結果一定生出大亂來。儒墨們旣會造了正面的故事來證明堯舜禹的禪讓，他們也就會造了反面的故事來證明當時眞有道德的人的不受他們的禪讓。於是堯舜屢屢爲了讓位問題遭受一班高士的申斥，這班高士甚至用了自殺來洗刷被讓的羞辱（好像貞節的女子被強姦了），見得禪讓眞是一件無聊透頂的事。

　　法家維持君權而剝奪民權，他們只要"上法"，不要"尙賢"，所以對於禪讓說也根本拒絕。在韓非的書中，他有時曲解禪讓故事，以爲那時天子的生活太苦，他們只是爲了個人要過舒服的日子而讓位；有時根本否認堯舜故事的存在，以爲這些完全是儒墨們造出來的，沒有信據的資格。

在不信禪讓說的幾派之中，以孟子的態度為最游移，道家最滑稽，荀子最堅決，而法家則一味的冷酷。

聽人講禪讓的故事，聽得高興了而實行禪讓的，是燕王噲；想不到結果鬧了一場慘劇，讓位的與被讓的都殺死了。可是禪讓說經了墨儒日久的宣傳，一般人已確信了，西漢時遂有眭弘請昭帝禪位，蓋寬饒請宣帝禪位的事；而哀帝和董賢相好，也欲禪位嬖倖。自從王莽輔孺子嬰有始無終，聲稱受了漢高帝禪讓之後，禪讓遂成為權臣篡國的固定的方式。在這種情形之下，一般人就以為舜禹的受禪也是如此的了。適會汲郡發現竹書，編輯的人便把他們自己的想像插了進去，於是有舜囚堯和放堯的記載見於紀年和瑣語。劉知幾生得較後，看見的禪讓把戲更多，他在史通中索性把堯舜禹益的故事推演一個盡致，於是儒墨們美麗的模特兒便穿上了最慘痛的外衣，替法家詬病的"殆物"補上了應有的命運。

自從有了禪讓傳說之後，或迎或拒，大略如此。現在借此再看一看儒墨兩家的關係，來認識他們在中國歷史上的價值。我們知道，儒家存階級而墨家廢階級，儒家立等差之愛而墨家主兼愛，儒家信有命而墨家非命，從種種方面看來，這兩派實有根本的差異，未可混同；更看孟子罵墨子為"禽獸"，荀子又罵墨子為"聾瞽"，兩家的怨毒如此，似乎也沒有溝通的道路。但從我們上面所搜集的許多材料看來，則孟荀所取墨家的話，如"仁者宜在高位"，"無德不貴，無能不官"等等非常的多，尤其是"上賢祿天下，次賢祿一國"之語簡直可作禪讓說的注腳。其後此等話頭更盛，如中庸裏的"德為聖人，尊為天子，富有四海之內"，禮運裏的"大道之行也，天下為公，選賢與能，講信修睦，故人不獨親其親，不獨子其，……是謂大同"，這種偉大的氣魄決不是斤斤於階級制度的儒家所能自創。(禮運中又有"聖人耐以天下為一家，中國為一人"，亦即墨子語。) 墨家同化儒家的力量，即此可見。至漢，墨家中絕；儒家靠了君主的提倡綿延了二千餘年，在這時期中，舉賢選能成爲上下的共同意識，連世官制度曾否在古代實行這問題也弄糊塗了（例如前舉的荀子及靜安先生之說，又如僞古文尚書把"官人以世"列作紂的大罪狀的一條），這就是墨家的血液在儒家的筋肉裏所起的作用。有人說中國的歷史只是孔子思想下支配的歷史，這是只見了外表的話。我們應知道如沒有墨家的努力宣傳，古代的階級制度必不會倒墜得這麼快速和淨盡，中國的歷史也就不是這副面目。願讀這文的人且不要笑禪讓傳說在"無中生有"的幻境裏的演變，大家來認識墨子的精神的偉大！

　　民國二十年秋，我在燕京大學擔任尚書研究一課：因講堯典，聯帶討論到禪讓的故事，我覺得這件故事是墨家傳入儒家的，儒家在原則上不該收受這件故事，而在戰國的大時勢下，又不許不收受，因此弄得左右支吾，擊轂見肘。當時曾將此意寫了一篇堯舜禹禪讓問題，附於講義之後。年來生活不安，尚未能詳徵博引，作爲論文。去年童丕繩先生（書業）來平，把這個意見向他提起，他亦具有同心，因託他搜集材料，往返商榷，成此一篇。此文中，如論"明賢良"卽是"詔舊族"，禹的得天下由於征有苗，荀子承受墨家的影響諸條都是童先生讀書的心得；不敢掠美，謹記於此，並誌感謝。二十五年三月二十日，顧頡剛記于杭州。

　　四月初自杭回平，童先生又給我許多材料，讓我補入文裏，遂窮六日之力修改一過。其中墨子爲宋公子目夷之後一則，切理饜心，足破近人墨子爲印度人之妄說，記此誌感。五月三日又記。

書　後

　　考近日學者對於堯舜禪讓說之考訂，除顧先生此文外，尚有郭沫若先生，錢賓四先生及蒙文通先生之說。今略述其梗概，並附己見於後。郭先生在他的中國古代社會研究第二篇裏曾經提到唐虞禪讓問題，他說當唐虞時代是一種母系中心的社會，父子不能相承，酋長的產生是由一族的評議會選舉出來的，評議會的代表便是一族中各姓各氏的宗長。那一些四岳十二牧九官二十二人，就是當時的各族各氏的家長宗長了。所以堯不能傳給丹朱，而商均亦不能被選爲帝，因爲他們全是嫁到別族做女壻去了！錢賓四先生在唐虞禪讓說釋疑(見史學第一期)裏有和郭說相似的解釋，道，"唐虞禪讓，爲中國人艷傳之古史，自今觀之或殆爲古代一種王位選舉制之粉飾的記載也"。以後又本堯典和孟子中的記載而推測選舉的步驟。他們是深信禪讓說實有其事實作骨子的。蒙文通先生的說法又不同了，他在他的古史甄微八虞夏禪讓裏曾經說道，"……蓋帝丹朱與舜並爭而帝，而諸侯歸舜。伯益與啟爭而爲天子，而諸侯歸啟。此虞夏間揖讓之實，其關鍵乃在得失諸侯也"。

在郭先生錢先生之先，夏曾佑先生在中國歷史教科書第一篇第一章裏已經說到禪讓事情是一種選舉制度，他說，"求其(禪讓)近似，大約天子必選擇於一族之中(必黃帝之後)，而選舉之權則操之岳牧(四岳十二牧)，是爲貴族政體"。蒙文通先生的說法也大略和劉知幾史通疑古篇相同。所以對於禪讓說的解釋可以分成這三派：(一)選舉說；(二)爭奪說；(三)無其事而由于墨家的創造宣傳說。在解釋上雖然有三種不同的說法，而在方法上却只有兩種罷了：即前兩種說法乃對於原來史料先取信任態度而後加以解釋，後一種乃先估定此種史料之價值然後考其來源。前者是彌縫工作，後者是史源學。錢郭二先生所根據的史料正是顧先生所欲證其僞的，而蒙先生所據的史料又是足破錢先生等的說法的。夫"所謂一種古史傳說之來必有些事實作骨子者，如禪讓之說之骨子中爲一種選舉制度"，那末爭奪說之骨子又是些什麼呢？我們也沒有權力僅信選舉說而不信爭奪說，打破了守舊的傳統觀念，堯典等書在史料上的價值一定比汲冢書要高些嗎？所以既信了唐虞之禪讓爲選舉，則舜放堯，啟誅益等說便沒法解釋了。因此我們以爲選舉說的價值也就和法家等的說法差不多，如韓非說他們是欲釋重負而傳位的，他不也是先承認了禪讓之實有其事而加以合理的解釋麼？

　　自疑古之說起，今人對於古史之觀念已不若前此之固執，而流弊所至乃變昔日之固守爲今日之彌縫。固守舊說，其虛妄滅裂之處，後世必有發其覆者；然彌縫的說法，因其較爲合理，或能堅人之信，此其弊尤大。顧先生此文卻是告知我們，禪讓說是如何產生的，如何滋長的，如何凝成的；其所發明，讀者自能瞭然，不必我來贅述。嘗怪今之賢者多不願奠基擇料；而只希望造成房屋，材料的朽窳與否一概不計，惟皇皇然發表其建築計劃，西洋工程師主張建築些洋樓，中國工程師又主張蓋些中國式宮殿，旁觀者如問以建築材料是否合用，則他們也只有瞪目而不能對了。可是瞪目不答就該這樣完了嗎？不，我們應問出一個究竟來，好讓將來的工程師肯堅決捨掉這朽窳的材料而另行選用堅實的基礎。

　　二十五年五月十四日，楊向奎記於禹貢學會。

史記刊誤舉例

徐文珊

序

我們現在讀古書有三種困難：第一是辨僞問題；第二是句讀標點問題；第三便是譌謬校勘的問題。前兩種雖然都不是簡單問題，然而却比較來得爽利，有趣；惟有這校勘的工作實在是費力多而成績少的笨重工作：旣沒有趣味，又不易收效，而所需要的條件又最嚴苛，非盡人皆能；旣須通，又須博，更柔持之以精，繼之以勤。蓋不通則有訛不能識，有疑不能斷；不博則不能參互比證，旁徵博引；不精則無所用其校勘；不勤則難望其有成。因此爲校勘之學者乃寥寥無幾。但是我們究竟不應當忽視這種學問，因爲我們知道：沒有孫詒讓的墨子閒詁，則墨子書幾不能讀，而墨子閒詁一書實强半爲校勘之工。則校勘之重要可知。我們讀古書的人縱不能人人作校勘的學問，任校勘的工作，但是不可無校勘的常識。常識之最基本的莫過於知道古書所以致訛之原。這就是撰著本文一點小小的意思。

史記是一部最重要的史書，年代旣久，版本又多，所以舛訛錯誤，往往而是：本文，表文，注解均有，而以表文爲最多。究其致譌之原，則有心與無心各居其半。譌謬的結果則有一望而知的，不足爲害；有疑不能定，陷人迷惘的；有不知其誤而信之，致失其眞，或竟陷作者於矛盾之境的，這種譌誤使人受害於無形，流毒最大！

近年追隨顧頡剛師研究史記，曾抄點淸張文虎校刊史記集解索隱正義札記。因於抄點之便，就其致譌之狀條析類比，凡得五十六事；略分爲四類：一屬於字句的；二屬於篇章行欵的；三屬於表文的；四屬於注解的。每條各舉一二例作爲舉隅。例中文字皆依張氏原文，先注卷數，次及頁數，附記"上"爲前半頁，"下"爲後半頁。次及篇名以及所出校勘之原文。除例中所述，皆爲作者語；附例後者加"文珊案"以別之。

本文範圍固只限於史記一書，但一般古書流傳情況大體相同，雖不敢謂古書譌誤之例盡在於斯，然亦十得七八矣。

甲　屬於字句的

一　形近而譌例

古書傳寫，最易由形近而譌，所以各例中以此爲最多。今略舉二例於下：

札一(頁一〇下)　五帝本紀 "黑水西河" 索隱 "地說"：中統本，"地"；各本訛 "他"。

札一(頁一〇下)　五帝本紀　索隱 "華山"：漢志作 "垂山"，蓋小司馬所見本誤。

二　音近而譌例

音近而譌者疑有二因：一古時字少，同音字可以通假，寫者不以爲誤而用之，至今遂成誤字。二寫者或請人代讀而己則專司執筆，因以致誤。即使自讀自寫，也難免記其音而忘其字。今人抄書，亦所難免。

札一(頁八下)　五帝本紀 "民各伏得其實"："伏" 御覽八十一引，作 "服"。

札五(頁二七上)　黥布列傳 "封大王"：宋本，"封"作"分"。

三　義近而訛例

音近可通假，義近自更可通假。

札一(頁一六下)　周本紀 "乃如周"："如"御覽作"詣"。

四　脫字而訛例

脫字大半由於寫者疏忽；或多脫，或少脫，不等。

札一(頁五上)　五帝本紀　索隱"戎裁"：官本有"裁"字；各本並脫。

札二(頁四下)　十二諸侯年表，秦穆公十三年"丕豹欲無輿"：史詮云："'丕豹'上脫'晉饑請粟'四字。"

五　衍字而譌例

衍字多由於慣性句法無意中出之，有意者較少。

札一(頁一一下)　夏本紀"在河上"："在"下衍"於"字。

札一(頁八上)　五帝本紀　集解"穉胄聲相近"：句上原衍"孔安國曰"，依撰異刪。

六　複衍上文而譌例

此由寫時不注意，已寫之後，再寫之也；常於行底行首見之。

札五(頁六〇上)　游俠列傳"為人短小不飲酒"：志疑云："七字複出，"衍。"

七　上下文顛倒而譌例

此亦由於寫時疏忽所致。

札五(頁五六下)　循吏列傳"織布好"：毛本，"布""好"倒。

札五(頁二七下)　淮陰侯列傳"嘔嘔"集解"凶于反"：毛本"凶于"誤倒。

八　同音義近字易混而譌例

此以下三例皆因古時字少，通假者多，寫者以意出之；及今讀之，或譌或不誤也。

　　札五(頁二七上)　黥布列傳"并力"：舊刻，"并"作"並"。

九　古今字形不同而譌例

　　札五(頁三二上)　酈生陸賈列傳"粗述"：淩本，"粗"作"麤"。

十　古今字音訓轉變，今訛而古不誤例

　　札五(頁二七下)　淮陰侯列傳"惟信亦爲大王不如也"："惟"漢書作"唯"；王本作"雖"。"唯""雖"字形相近，古亦通用，見漢書雜志。淩引一本"亦"下有"以"字。

十一　一字誤析爲二字例

一分爲二，二合爲一，亦古書常見之例；或以數字積畫易譌，或由寫者疏密不愼所致。

　　札二(頁五四下)　建元以來王子侯者年表"辟"：漢表"辟土"。漢書雜志云：" '璧' '辟' 古通，寫者誤分爲二字。"

　　札五(頁二九下)　田儋列傳"蝮螫"正義"一遍"：疑"匾"字誤分。

十二　二字誤合爲一字例

　　札二(頁三八上)　高祖功臣侯者年表孝景格"二一"：各本誤并作"三"，今正。

十三　誤作俗體而譌例

俗體亦無一定標準，下舉二例即古以爲俗而今不俗者。

　　札五(頁二七下)　淮陰侯列傳"秋豪"：宋本中統游王柯本並同；俗作"毫"。

　　札三(頁三三上)　平準書"秋豪"：中統毛本作"毫"，俗。

十四　由不通古音而譌例

古今音訓轉變，非博雅之士難免譌誤。

　　札三(頁一六上)　天官書"中官"索隱"官之爲言宣也"：攷異云："此

中宮、東宮、南宮、西宮、北宮：五'宮'字皆當作'官'，下文云'此天之五官坐位也'可證。史文皆作'官'。索隱引元命包：'官之言宣'。古人取音義相協，展轉互訓。俗本亦譌作'宮'。由不知古音。"案錢說至確。司馬相如列傳大人賦正義引此文正作"中官天極星"，則張所見本與小司馬同。今索隱依改，而正文習非成是，各本相同，姑依之。

十五　由或體或簡體一譌再譌例

古書傳鈔，輾轉相授，一譌再譌，自為意中事。

札五(頁三三下)　劉敬叔孫通列傳"迺作複道"：舊刻，"迺"作"及"，蓋"乃"之譌。

文珊案，又例：蘇秦列傳"而習之於鬼谷先生"下索隱引樂臺注鬼谷子云云。新唐志，著錄樂臺注鬼谷子三卷；隋志亦著錄鬼谷子三卷，但作"樂一"注。姚際恒古今僞書考引索隱，則又作"樂壹"。綜上以觀，知字本作"臺"，形近譌為"壹"，由或體再譌遂成為"一"也。

十六　既譌且衍例

此或由寫者據二本，一譌一正，而並存之；或無意中譌寫之後又見正文而補寫之也。

札四(頁二八下)　齊悼惠王世家"子建延立"：志疑云："年表及漢書表傳皆作'延'"。案"建"即"延"字之譌衍。

十七　涉上下文誤衍例

讀者讀上下文，或以文意，或以事實，無意或有意都有訛衍的可能。

札一(頁二四下)　秦本紀正義"以申思"：三字疑涉下正文而誤衍。

十八　涉上文而譌例

札五(頁七下)　商君列傳"得交"：舊刻作"見"，疑涉上而誤。

十九　涉下文而譌例

札五(頁二四上)　李斯列傳"故詬"：毛本，"而詬"，涉下而誤。

二十　各本有異文，後人誤並存之而譌例

各本有異文爲常事，並存之也未嘗不可，但存之者當附記之耳。

札四(頁一一下)　楚世家"其長一曰"：志疑云："索隱本作'長曰'，左昭十二年疏作'一曰'：本有異文，後人妄合寫之。"

札五(頁五五上)　淮南衡山列傳"道從長安來"索隱"道長安來"：雜志云："'道'即'從'也；漢書作'道長安來'。史本一作'道'，一作'從'，後人誤合之耳。"

二一　各本有異文，而疑不能定其孰是例

異文並能通，往往不能定其孰是。

札五(頁二四上)　李斯列傳"來丕豹"：索隱本，"來"；各本作"求"。

二二　故意剜改而訛例

故意剜改，情最不可原。

札五(頁三五上)　張釋之馮唐列傳"王恬開"集解"一作閈"：宋本中統舊刻游王柯毛同；凌剜改作"闓"。

二三　譌而不知其因者例

只知其譌，不知其致譌之故的也有。

札三(頁二五下)　天官書"客主人"正義"星經云"：案此下所引星經文具見前'辰星'本文，有索隱可證，不得謂後人以正義補史文：其爲張氏漫引，或後人增竄，皆不可知。

二四　依慣性而譌例

依慣性而譌，最爲常事。

札一(頁五上)　五帝本紀"九山"正義"案地志"："案"字譌"括"，今正。

文珊案，此蓋因正義慣引括地志而譌。

札五(頁二八上)　淮陰侯列傳"懷諸侯以德"：游本，"以"；各本譌"之"。雜志云："漢書正，作'以'。"

二五　大字誤爲小字例

此例表文中最多：表文散漫，正文與注雜錯其間，極易大小混亂。

札二(頁一上)　三代世表"顓頊屬"：以下七格毛本小字，今依王柯凌本大書。

二六　校者妄增而譌例

校者往往以爲譌而以意改之，殊不知最易犯本文原不錯反改錯了的毛病。所以無據而妄改，最爲危險。

札二(頁一四下)　六國年表 秦獻十一"章蟜" 集解"一云車騎"：毛本"章蟜"下衍"曰"字，"車騎"上衍"以"字：皆校者妄增。

二七　由避諱而譌例

避諱之事幾於每代有之，不過有嚴有不嚴而已。當時人尚易知道；時代一過，則有知有不知了。

札一(頁四〇下)　孝文本紀"發民"：舊刻"民"，御覽引同，與漢書合；它本作"人"，唐諱改。

札二(頁一四上)　六國年表"韓莊侯"：毛本"莊"，索隱本世家索隱引年表同；中統游王柯作"壯"，蓋漢諱改字；北宋本舊刻凌本並作"懿"，則依世家改。

二八　稱謂不一而譌例

一人數稱，亦易歧出。

札五(頁三二上)　酈生陸賈列傳"高帝罵之"：中統本，"帝"作"祖"。

二九　地名相似而譌例

書名地名相似亦易混淆。

札五(頁三二上)　酈生陸賈列傳"歷城"：宋本中統毛本吳校金板作

"歷下"。

文珊案，歷下故城在今山東歷城縣治西，由在歷山下得名。

三十　書名相似而譌例

札五（頁二〇上）　魯仲連鄒陽列傳"匕首"索隱"通俗文"：類聚六十引通俗文，與此注正合；單本作"風俗通"，誤。

三一　因有脫文，後人以意增刪而譌例

因脫文而文遂不可通，讀者寫者因其不可通更增之刪之，遂致一譌再譌。

札一（頁五上）　五帝本紀"蟲蛾"索隱"一作豸豸"：此下失音；合刻本以爲複衍而刪下"豸"字，誤。

三二　後人以意據上下文改而譌例

淺人據上下文妄改，以爲不譌而實譌也。

札五（頁二六）　田叔列傳"漢七年"：宋本"七"作"十"，蓋因上云"陳豨反"而改也。然"七年"不誤，"陳豨"則誤耳；徐廣已糾之。

三三　後人旁注誤混入正文例

讀者旁注爲意中事，寫者刻者混入正文，由於不愼。

札五（頁二七上）　黥布列傳"先渡河"：各本"渡"上衍"涉"字：宋本舊刻無。案漢書作"先涉河"，此後人旁注混幷。

三四　輾轉譌謬，情狀至繁者例

一譌再譌，甚至三四譌，愈譌愈失其眞。其致譌之跡，非博雅之士殆難識破。讀下例可知張氏之博洽。

札五（頁一八下）　廉頗藺相如列傳"襜襤"：各本並从"示"，與集韻類篇合；索隱本从"衣"，則後人以不習見而改。不知"禉"無"都甘反"；"禉"字"襤"字亦無合釋爲胡名者。然說文玉篇廣韻皆無"禉襤"二字。馮唐傳，"澹林"，徐廣曰："'澹'一作'襜'"。單本索隱："澹丁甘反"。一本作"檐檻"，字从"木"。今它本亦並改

从"衣"。案匈奴傳"林胡"，索隱正義並引如淳云："'林胡'即'儋林'，爲李牧所滅。"然則"襜襤"即"儋林"也。此傳"襤"字徐廣曰："一作'臨'"。疑史文本作"儋臨"；"儋"古"擔"字，亦或作"檐"。"臨""林"同音；"臨"與"監"形近義同，因以致誤。又涉"檐"字而增"木"旁。其從"示"從"衣"則皆因"木"旁形似而譌也。毛本此文作"襜襤"；"襜"字與馮唐傳索隱單本合。

三五　由後人妄續而譌例

續史記的人見於各書的，有褚少孫，馮商；疑不能定的有楊惲。此後也許有人妄續，但是不知道甚麽人了。

　　札五(頁四五上)　匈奴列傳"且鞮侯單于既立"：志疑云："史訖太初，不及天漢，此乃後人所續，非史公書。"

三六　後人移并本文而譌例

移并本文，使合己說，爲有意竄亂。

　　札五(頁六下)　仲尼弟子列傳"及受業聞見於書傳其四十有二人無年及不見書傳者記于左"：案索隱本於傳末出正文"已上四十二人無年及不見書傳者"十四字，著注云云。疑此文顯有年名及受業於書傳；下亦當有"者"字，題上三十五人也。其下四十二人之末則當如索隱本所出，後人移并一處，預提在前，截趾適屨，增減其字，失史文之眞矣！"左"字毛譌"右"。

三七　斷句譌例

這是合句讀的標點發生關係的地方；古書無句讀，這類弊病極多。

　　札三(頁二五上)　天官書"大賊星"；各本以"大"字屬上"六丈"下；依正義則當下屬。

三八　後人以意增而譌例

札五(頁二七下)　淮陰侯列傳"何所不散"索隱"何不散"：雜志云："案注則正文無三'所'字，後人加之，新書新序並無。"

乙　屬於行款篇章的

三九　原本不提行誤提行

行款錯謬亦常有事，或於無意中出之。

札五(頁一上)　伯夷列傳"太史公曰"：蔡本中統舊刻游王柯本並提行，謬。今依凌本毛本。

四十　後人誤以甲篇文入乙篇

此為疏忽之甚者。

札五(頁五六上)　淮南衡山王列傳"為九江郡"集解，徐廣曰："又為六安國，以陳縣為都。"拾遺云……又據漢志，六安國乃衡山故地，此注當在衡山王傳末。案拾遺，此條刊本誤入汲鄭傳，亦傳寫誤也。

四一　由政治與宗教之力離合顛倒原書編次

此由思想關係當政者以政治力顛倒之，自以為得，實則甚無謂。

札五(頁一上)　伯夷列傳題：王柯本題"老子伯夷列傳第一"，別行注云："正義本老子莊子伯夷居列傳之首。正義曰：老子莊子，開元二十三年奉敕升為列傳首，處夷齊上。然漢武帝之時佛教未興，道教已殷；道則正惡，咸致正理；制禦邪人，未有佛教可導，故列老莊於申韓之上。今既佛道齊妙，與法乖流，理居列傳之首也。今依正義本。"凌本亦有此注而無末五字。蓋正義止'老子'以下，至"首也"七十九字，首尾皆合刻者語。王柯本皆依正義次序：以老子居列傳首，凌本雖亦用宋人合刻本而不依其次，故刪去末五字。其餘各本本無正義，悉依史公舊次。索隱本成書在正義前，未奉開元敕改，更無論矣。今校刊本亦依凌本之次，幷刪去此條，恐讀正義者以為不備，故附列於此。"乖流"二字於文義不諧；"乖"疑"乘"字之譌。又王柯凌本又一條云："監本老子與伯夷同傳第一，莊子與韓非同傳第三。"蓋亦合刻者所記。

丙 屬於表文的

四二 甲格文誤入乙格例

表文碎屑，極易譌誤；兩格相亂，自意中事。

  札二(頁二上)　十二諸侯年表"厲王居召公宮是為宣王"：十一字各本誤入二年，今移正。

四三 甲格字多誤侵入乙格例

表文限於地位，空的空，擠的擠，侵入他格，往往有之。

  札二(頁五上)　十二諸侯年表，衞成公四"晉以衞與宋"："衞"下疑脫"田"字。志疑云："在成二年。"案疑寫者以前格字多而侵入此。此類表中甚多，不能悉改。

四四 直行誤為橫行例

看下邊的例，知道是由於寫者不精審而譌。

  札二(頁一九下)　六國年表"始皇二十七更名河曰德水云云"：各本至二十八年始改直行，蓋以"秦滅齊"三字占入二十七年下故也。案二十六年旣書"初幷天下，立為皇帝"，豈有二十七年仍前式之理？愈知"滅齊"之必書於前年也。今更正：從二十七年起直行。

四五 表文數字之譌

表文十九為數字，亦惟恃數字能使讀者了然於心。致誤之原有三：一由積畫易譌；二由計數不精而譌；三由疏忽而譌。

  札二(頁三七上)　高祖功臣侯者年表孝文格"七年"：凌誤"三年"。

  札二(頁三七上)　仝上建元格"元狩二"：游譌"三"。

四六　應空格不空格例

空格衍字，亦誤填之耳。

　　札二(頁二四下)　高祖功臣侯者年表七代空格：凌毛衍"二"字；各本無。

四七　表文誤分誤連例

此亦表中習見之例。

　　札二(頁三十上)　高祖功臣侯者年表孝文格"二二十九"：案上"二"者，陳平之末二年，即孝文之元二兩年也。下"二"者，恭侯買在位之年，即孝文之三四兩年也。"十九"者，簡侯悝即位後之年：自孝文五年盡後七年也。各本並少一"二"字。毛本以"二十"相連，尤謬！此類卷中不一而足，後諸侯表皆然，今並分析補正，不使誤分誤連。餘放此，不復出。

四八　表文次序錯亂例

此由寫者不精而然。

　　札二(頁二四上)　漢興以來諸侯王年表"高祖元年"：志疑云：諸國當以分封先後爲次，乃表不序先後，而後之增封諸國亦遂錯雜不明。案史文傳寫錯亂，自昔已然，而諸表尤甚，當時原次，今不可考，不得輒咎史公，略之可也。

四九　表文排列失次例

此亦易犯之病。

　　札二(頁三〇下)　高祖功臣侯者年表"高祖格七"：王柯凌本並以"七"字居中，而表文環注兩旁。今依毛本以紀年列右端，表文列左，大書。餘並放此。

丁　屬於注解的

五十　一誤正文，再誤注文例

正文與注，本相聯係，正文既誤，注文自隨之動搖。此亦有意改之而致然。

札一(頁一二下)　夏本紀"與益予衆庶稻鮮食"：案"與"亦當作"予"，故索隱別之云："上'予'謂'同與'之'與'，下'予'謂'施予'之'予'。"後人以兩"予"相混，改爲"與益"，而并改索隱上"子"之"予"亦爲"與"；不知若作"與益"則何所謂"上下"，而索隱非贅乎？蓋古"予""與"二字通用，說見戰國策雜志。

五一　後人旁注誤混入注文例

讀者旁注於正文旁者易混入正文，在注文旁者自易混入注文。

札四(頁二二下)　田敬仲完世家"取甄"正義：此注各本誤入後'玫甄'下，末有"此合在即墨字上"七字，蓋後人覺其誤而旁注之，致混入正義，今移正刪去。

五二　注文誤爲本文例

本文與注互混，亦由大小字不清而譌。

札二(頁一下)　十二諸侯年表"庚申"：錢氏養新錄云："六國表，周元王之年，徐廣曰：'乙丑'。秦楚之際月表，秦二世元年，徐廣曰：'壬辰'。共和元年亦當有'徐廣曰庚申'字，今刊本乃於最上格書干支，而刪去徐廣注。讀者遂疑爲史公本文矣。………"

五三　本文誤爲注文例

札二(頁一上)　三代世表"號有熊"：三字各本或作中字，或作注，今依柯本大書，餘放此。

五四　後人依注增竄正文而譌例

注文愈指本文之疵，則疵愈當留，以與注文相應，不然則注文將毫無意義。

札一(頁三四上)　項羽本紀"匿弗肯復見"：五字與上下文不接，漢書高紀無，疑後人依注竄入。

札五(頁三五下)　萬石張叔列傳"爲太僕御至然猶如此"：案此三十六字蓋史文所無，故正義引漢書注之，後人據注增竄，則正義爲贅矣。舊刻毛本"然""猶"倒。

五五　甲句注誤移乙句下而譌例

此後人妄移。

札一(頁七上)　五帝本紀"望于山川"集解"徐廣曰名山大川"：七字各本脫；游本混在"辯于羣神"下，今移補。

札五(頁二一下)　屈原賈生列傳"長沙王太傅"索隱：單本於"蟻螻"句下出"爲長沙傅"四字，而系注於下。正義互有詳略，明當以類並系於此，合刻本乃系索隱於前文"乃以賈生爲長沙王太傅"下，非小司馬意，今移正。

五六　甲注誤爲乙注例

此或無意中出之。

札四(頁一三下)　楚世家"交絕於齊"正義：凌本誤作索隱。

札四(頁二一上)　魏世家"冥阨"集解：此注十九字凌本誤混入上下正義。

民二四，八，五，北平。

周易本義考

白壽彝

周易本義爲數百年來家弦戶誦的書，但它的本恉迄不爲人所理解。通行的本子，竄改倒亂，更大非原書之舊。近有一二學人考訂朱熹底書，又不能剖析本義編著的經過，誤以易傳(不是程頤易傳)和本義是兩書，亦足以滋疑惑。今頗採本原之書，寫成此篇。覽者敎之。

易學啓蒙，在版本變遷經過上，其五贊筮儀部份和本義關係頗爲密切，因另撰易學啓蒙考附本文之後。

二四年十二月，作者記

目　　錄

第一　周易本義底基本觀念

　　1.朱熹對於易的兩個基本觀念：一，歷史的；二，卜筮的

　　2.本義對於這兩個基本觀念之應用：一，採用占周易本；二，保持卦，卦爻辭及十翼間的差異；三，側重於卜筮的解釋

　　3.本義一名底意義

第二　周易本義著作始末

　　1.本義初稿之完成：一，最初之冊作易傳；二，淳熙四年初稿之脫草

2. 從初稿到成書：一，本義名稱之採用；二，慶元間之定本

第三　周易本義底版本

  1. 本義最早的刊本：易傳本
  2. 吳革本之佳勝：翻吳本之多，吳本與今本之不同，各本卷數歧異之解釋，一本刊本
  3. 四卷本與十二卷本之不同：變更次第，增減原文，妄加音切
  4. 從十二卷本到四卷本：一，董楷底周易傳義附錄；二周易傳義；三，傳義本中的本義部份之單行

第四　周易本義卷首的易圖和序例

  1. 本義卷首的卦歌及卷末的五贊筮儀
  2. 卷首易圖之非朱熹原作：易圖與啓蒙之比較，王懋竑說之引用與証實
  3. 序例應為本義原書所有

附易學啓蒙考

  1. 啓蒙底根本見解
  2. 啓蒙著作之經過
  3. 啓蒙之卷數問題及原本之附有五贊筮儀
  4. 啓蒙之刊本

第一　周易本義底基本觀念

1. 周易本義是朱熹給易作的註解。 本義全書，完全建築在朱熹對於易的兩個基本觀念上。 一個觀念，是認伏羲底卦，文王周公底卦爻辭，和孔子底十翼，相互間的內容並不一致。 他說：

"伏羲自是伏羲之易，文王自是文王之易，孔子自是孔子之易。"（沈僩錄，語類卷六六，葉十後面，同治間應元書院刊本）

"孔子之易非文王之易，文王之易非伏羲之易。"（李方子錄，

語類卷六七，葉四前面）

"文王之心已自不如伏羲寬闊，急要說出來。孔子之心不如文王之心寬大，又急要說出道理來。所以本意浸失，都不顧元初聖人畫卦之意，只認各人自說一件當道理。"（沈僩錄，語類卷六六，葉十一前後面）

"故學易者，須將易各自看。伏羲易自作伏羲易看，是時未有辭也。文王易自作文王易，周公易自作周公易，孔子易自作孔子易看，必欲牽合作一意看不得。"（輔廣錄，語類卷六六，葉三前後面）

這是用歷史的眼光，把這部非一人一時所作的書拆開來看的，把某時期某人底作品，分別地各歸還其人，不再混合地一律看待了。這個觀念，是以前說易者所沒有的。

另外的一個觀念，是認易為一部卜筮書。伏羲文王周公孔子底易，雖各有不同，但在以卜筮為主之一點上，却是相同的，朱熹有一段話，說這個意思很清楚。他說：

"讀伏羲之易，如未有許多彖象文言說話，方見得易之本意只是要作卜筮用。如伏羲畫八卦，那裏有許多文字言語？只是說八個卦有某象，乾有乾之象而已。其大要不出於陰陽剛柔吉凶消長之理，然亦〔未〕嘗說破，只是使人知得此卦如此者吉，彼卦如此者凶。……及文王周公……添入'乾元亨利貞'，'坤元亨利牝馬之貞'，早不是伏羲之意，已是文王周公自說他一般道理了。然猶是就人占處說，如卜得乾卦，則大亨而利於正耳。……到得孔子，盡是說道理，然猶就卜筮上發出許多道理，欲人曉得所以吉，所以凶。"（沈僩錄，語類卷六六，葉十後面至葉十一前面）

周易之所以能為卜筮書，是因卦爻都可以活看。卜者底"德"和卜得的辭相合，則卜辭所表示的意思，可以從卜辭文字底正面解釋；不合，則可從卜辭文字底反面解釋。這樣，易之一書便可以卜任何事，眞有"寂然不動，感而遂通"的妙用。作易者也就可以因卜辭之斷吉凶，以示訓戒。朱熹說：

"易申言，占者有其德，則其占如是；言無其德而得是占者，却是反說。如南蒯得'黃裳元吉'，疑吉矣，而蒯果敗者，蓋卦辭明言黃裳則元吉，無黃裳之德則不吉也。又如適所說'直方大，不習无不利'，占者有直方大之德，則不習而无不利；占者無此德，即雖習而不利也。如奢侈之人，而得'共儉則吉'之占，明不共儉者，是占爲不吉也。他皆放此。如此看，自然意思活。"（董銖錄，語類卷六六，葉十二後面）

又說：

"卦爻好則吉，卦爻不好則凶。若卦爻大好，而己德相當，則吉。卦爻雖吉，而己德不足以勝之，則雖吉亦凶。卦爻雖凶，而己德足以勝之，則雖凶猶吉。反覆都就占筮上，發明誨人底道理。如云'需于泥，致寇至，'此卦爻本自不好，而象却曰：'自我致寇，敬愼不敗也。'蓋卦爻雖不好，而占之者能謹愼畏防，則亦不致於敗。蓋需者，待也，需有可待之時，思患預防，而不至於敗也。此則聖人就占處發明誨人之理也。"（沈僩錄，語類卷六六，葉十一前面）

朱熹這種看法，把周易看得很'平易淺近'，既可以充分發揮'易以神道設敎'的精神，同時在骨子裏又不帶甚麼神秘的迷信的成分。這在以前的說易者，雖也偶爾有類似的意見，但都不像朱熹這樣地透澈和圓熟。

2. 基於這兩個基本觀念，朱熹作成了他的周易本義。

第一，本義採用呂祖謙古周易底本子，以上下經爲二卷，象上傳象下傳彖上傳彖下傳繫辭上傳繫辭下傳文言傳說卦傳序卦傳雜卦傳各爲一卷，共十二卷。這個本子和普通本子底不同，是後者經鄭玄王弼等底變改，以彖象文言五傳分別附於經文各卦之間，而這個本子則依據考証原來形式的結果，使彖象文言五傳各自獨爲一篇。朱熹跋古周易說：

"熹嘗以謂，易經本爲卜筮而作，皆因吉凶以示訓戒。故其言雖約，而所包甚廣。夫子作傳，亦略舉其一端，以見凡例而已。然自諸儒分經合傳之後，學者便文取義，往往未及玩心全經，而遽執傳之一端，以爲定說。於是一卦一爻僅爲一事，而易之爲用，反有所局，而無以通乎天下之故。若是者，熹蓋病之。是以反復伯恭父之書而有發焉，非特爲其章句之近古而已也。"（書臨漳所刊四經後 '易' 條下，晦庵集卷八二，葉二三前後面，四部叢刊本）

這可見朱熹認爲，普通的本子足以妨礙讀者對於易之認識，而本義所採用的古周易本，把孔子底十翼和伏羲文王周公底經分開，是可以使人知所分別，而易於明白易之卜筮的性質的。至於上下經中，仍彙合伏羲文王周公之易於一處，也許是因爲這種彙合，和十翼附經的情形不同，而不致於"使易之用，反有所局。" 這是本義在選擇本子上，對於上述的兩個基本觀念之應用。

第二，本義於卦，卦爻辭，和十翼間底差異，鄭重地加以保持。

(一)如屯卦：本義解釋'☳☵，震下，坎上，屯'，說：

"震，坎，皆三畫卦之名。震，一陽動於二陰之下，故其德爲動，其象爲雷。坎，一陽陷於二陰之間，故其德爲陷，爲險，其象爲雲，爲雨，爲水。屯，六畫卦之名也，難也，物始生而未通之意。故其爲字，象屮穿地，始出而未申也。其卦以震遇坎，乾坤始交而遇險陷，故其名爲屯。"（本義卷一，葉四後面

至葉五前面，江南書局本）

解釋"元亨利貞，勿用有攸往，利建侯"，說：

"震動在下，坎險在上，是能動乎險中。能動，雖可以亨；而在險，則宜守正，而未可遽進。故筮得之者，其占爲大亨而利於正，但未可遽有所往耳。又，初九，陽居陰下，而爲成卦之主，是能以賢下人，得民之可君之象，故筮立君者，遇之則吉也。"（本義卷一葉五前面）

第一個解釋，是推測伏羲底意思，先解釋屯卦所由成的震坎兩卦底卦象和卦德，更進而解釋震坎兩卦合成的屯卦之所以爲屯的緣故。第二個解釋，是推測文王底意思，就屯卦底卦象和卦德，以解釋卜筮的吉凶。兩個解釋，雖都直接與屯卦整個的本身有關，而二者所表示的意思，深淺廣狹之間顯然不同。這種不同，是保持伏羲易和文王易底差異。

（二）又如乾卦'元亨利貞'，本義於經上說：

"元，大也。亨，通也。利，宜也。貞，正而固也。文王以爲乾道大通而至正，故於筮得此卦而六爻皆不變者，言其占當得大通，而必利在貞固，然後可以保其終也。"（本義卷一，葉一後面）

於彖上傳却說：

"元者，物之始生。亨者，物之暢茂。利，則向於實也。貞，則實之成也。實之旣成，則其根蒂脫落，可復種而生矣。此元之所以包四德而統天也。其以聖人而言，則孔子之意蓋以此卦爲聖人得天位'行天道'而致太平之占也。"（本義卷六，葉一後面）

前者是就文王底意思解釋，後者是就孔子底意思解釋。依前者，元亨利貞只是兩事，應用的範圍可施於一切占者。依後者，元亨利貞却析爲乾之四德，應用的範圍只限於爲天子的聖人。本義底這兩個解釋，也顯然不同。這種不同，是保持文王易和孔子易底差異。

（三）又如，關於乾卦"潛龍"的解釋，本義於經上"潛龍勿用"下，說：

"潛，藏也。龍，陽物也。初陽在下，未可施用，故其象爲潛龍，其占曰勿用。"（本義卷一，葉二前面）

於文言傳却說：

"龍德，聖人之德也，在下故隱。……大抵乾卦六爻，文言皆以聖人明之，有隱顯而無深淺也。"（本義卷九，葉二前面）

經上中的解釋，是依周公底意思，泛釋爲初陽在下之象。文言傳中的解釋，是依孔子底意思，專釋爲聖人在下之象。這兩個解釋又顯然不同。這種不同，是保持周公易和孔子易底差異。

這些都可見本義在易底解釋上，對于上述的第一個基本觀念之應用。

第三，本義對於易底解釋，側重於卜筮的解釋。就卜筮的觀點上說，卦和卦爻辭在易中最重要，本義解釋卦和卦爻辭也就比較地詳明。本義於每一卦辭或每一爻辭，都用很明顯的字樣，如'筮''占''吉''凶'等字，解釋它在卜筮上的意義。上引的屯卦辭"元亨利貞，勿用有攸往，利建侯"，和乾卦辭"元亨利貞"底解釋，以及上引的乾卦初九爻辭"潛龍勿用"底解釋，可見本義解釋卦爻辭時，注重卜筮之一般的情形。本義解釋卦的時候，雖沒有用過'筮''占''吉''凶'等最富於卜筮意義的字樣，但它從卦象或卦德上解釋卦，這是可以從上引的屯卦底解釋上，看到的。依朱熹底意思，卦象是卜筮底一種根本條件，而卦德則是卦象底功用，所以示吉凶。故答趙提舉說："易之爲書，本爲卜筮而作，故其詞必根於象數"（晦庵集卷三八，葉二二前面）。易五贊說："仰觀俯察，始畫奇偶，敎之卜筮，以斷可否"（晦庵集卷八五，葉七後面）。本義爲了要保持伏羲易及文王易中間的差別，於解釋卦的時候，不能不守持它應守的界限。它解釋卦的時候，仍從卜筮的觀點上看，是毫無疑問的。

十翼，從大體上看，是"就卜筮上發出許多道理"；從純粹的卜筮的觀點上說，已不如卦和卦爻辭重要。本義解釋十翼，也就簡單得多。有時，本義對於十翼，也有詳細解釋的地方，但大概都與卜筮本身有特殊的關係。如繫辭上傳第九章底解釋，是十翼解釋中之最詳者，這章底正文正是講"天地大衍之數，揲蓍求卦之法"的。又如繫辭上傳第十章第三節底解釋，也是一段比較詳細的解釋，這一節底正文也說的是"揲蓍求卦之事"。從這種情形看來，本義解釋十翼時之注重卜筮，也灼然易見。

這是本義在易的解釋上，對於上述的第二個基本觀念之應用。

3.周易本義之所以稱作'本義'，大概就是因為它立場於這兩個基本觀念的原故。至少在朱熹自己，總要認為本義這種辦法，是能闡明易之本來的意義的。

因為本義根本立場，和前人不同，所以採用前人義說處甚少。至於音訓方面，則另有古易音訓在，本義內也概未涉及。

第二　周易本義著作始末

1.周易本義底初稿，大概在淳熙二年朱熹四十六歲時開始起草。這時還沒有周易本義底名稱，而稱作易傳。淳熙二年十二月，朱熹有答張敬夫說：

"近又讀易，見一意思。聖人作易，本是使人卜筮，以決所行之可否，而因之以教人為善。如嚴君平所謂，與人子言依於孝，與人臣言依於忠者。故卦爻之辭只是因依象類，虛設於此，以待扣而決者。使以所值之辭決所疑之事，似若假之神明。而亦必有是理，而後有是辭。但理無不正，故其丁寧告誡之詞皆依於正。天下之動，貞夫一，而不謬於所之也。以此意讀之，似覺卦爻十翼，指意通暢。但文意字義猶時有窒礙。蓋亦合純作義理說者，所以彌通而不覺其礙者也。今亦錄首篇二卦，拜呈此說。乍聞之，必未以為然。然且置之，勿以示人，時時虛心，略賜省閱，久之或信其不妄耳。"（晦庵集卷三十，葉十六後面至葉十七前面）

從這段話看來，是這時朱熹始以卜筮說易；這時所作的首篇二卦說，當就是本義之事實上的初稿。不過這時，呂祖謙底古周易尚沒有出來，朱熹所據的本子當非古周易本，而是經鄭玄王弼等改變，通行於朱熹時代的本子。在未採用古周易前，本義之名是稱作易傳的。直齋書錄解題說：

"初為易傳，用王弼本。後以呂氏古易經為本義，其大旨略同，而加詳焉。"（卷一葉二三後面，聚珍版叢書巾箱本）

淳熙三年春間，朱熹又有書給呂祖謙說：

"讀易之法，竊疑卦爻之詞本為卜筮者斷吉凶，而因以訓戒。至彖象文言之作，始因其吉凶訓戒之意，而推說其義理以明之。後人但見孔子所說義理，而不復推本文王周公之本意，因鄙卜筮為不足言。而其所以言易者，遂遠於日用之實，類皆牽合委曲，偏主一事，而言無復包含該貫，曲暢旁通之妙。若但如此，則聖人當時自可別作一書，明言義理，以詔後世，何用假託卦象，為此艱深隱晦之辭乎？故今欲凡讀一卦一爻，便如卜筮所得，虛心以求其詞意之所指，以為吉凶可否之決。然後考其象之所已然者，求其理之所以然者，然後推之於事，使上自王公，下至民庶，所以脩身治國，皆有可用。私竊以為，如此求之，似得三聖之遺意。然方讀得上經，其間方多有未曉處，不敢彊通也。其可通處，極有本甚平易淺近，而今傳註誤為高深微妙之說者。凡此類不一，亦欲私識其說，與朋友訂之，而未

能就也。"(答呂伯恭，晦庵集卷三三，葉三五前後面)

這段話，除了暢論他的卜筮說外，還說出文王周公易和孔子易底不同。可見這時，朱熹對於易的兩個基本觀念都已具有。不過古周易到淳熙八年才出來(見呂祖謙書古易後)，這時的易傳稿本無從利用罷了。所謂"私識其說而未能就"，這時，易傳稿仍未成也。

淳熙四年，依玉海卷三六(嘉慶間刊本，葉二六前面)，朱子年譜王本卷二(武昌書院刊本，葉十二後面)所記，"周易本義成"。但淳熙六年，朱熹與皇甫斌(文仲)書，說：

"所喩易說，實未成書，非敢有所吝於賢者。"(晦庵別集卷五，葉六前後面)

玉海和年譜所謂"本義成"，大概是指本義初稿說；用本義當時的名子，應該說是"易傳成"。在朱熹自己，是不承認所謂"易傳"是成書的。

2.本義之名，在可考的記載中，以發現於淳熙十五年朱熹答蔡元定書者，爲最早。在這書裏，他說：

"本義已略具備，覺取象之說不明，不甚快人意耳。今文之誤，先儒舊說可證驗處甚多。所欲改更，皆非今日之臆說也。"(答蔡季通，晦庵續集卷二，葉十七後面)

所謂"今文之誤"云云，除了指採用古周易本說，恐更無他事。元定爲朱熹最得意的弟子，被稱爲'老友'。朱熹所有立說著書，元定均得早聞。朱熹答元定這書，當在易傳改題本義，別用古周易本，並修正本書內容，不久以後的事。所謂'本義已略具備'，玩其意味，也是方經完畢修正稿的話頭。至於所謂"不甚快人意"，其實只是些細微的地方。這一點，在紹熙二年朱熹答孫季和書裏，看得最明白。他說：

"但近世言易者，直棄卜筮而虛談義理。………舊讀此書，嘗有私記，未定而爲人傳出摹印。近雖收毀，而傳布已多。不

知曾見之否？其說雖未定，然大概可見。循此求之，庶不爲鑿空強說也。"（晦庵別集卷三，葉十前後面）

所謂"私記未定而爲人傳出摹印，近雖收毀，而傳布已多"的書，就是本義底初稿易傳本。這和度正書易學啓蒙後所說"晦庵先生爲易傳，方脫稿，而天下已盛傳之"者，合（見文津閣四庫抄本，性善堂稿卷十四，葉九後面）。所謂"其說雖未定，然大概可見，循此求之，庶不爲鑿空強說"，這可見自淳熙四年易傳脫草以來，朱熹對於易傳的不滿，也只是枝節細微的地方，大體上是沒有甚麼的；更無論對於淳熙十五年修正本的本義了。

慶元年間，朱熹答孫敬甫說：

"易傳初以未成書，故不敢出。近覺衰耄，不能復有所進，頗欲傳之於人。而私居無人寫得，只有一本，不敢遠寄。俟旦夕抄得，却附便奉寄。"（晦庵集卷六三，葉四二前面）

沈僩述慶元四年以後所聞，云：

"先生於詩傳，自以爲無復遺恨，曰：後世若有楊子雲，必好之矣。而意不甚滿於易本義。蓋先生之意，只欲作卜筮用，而爲先儒說道理太多，終是翻這窠臼未盡，故不能不致遺恨云。"

（語類卷六七，葉十後面）

大概本義至晚在慶元年間，總要有一個最後的定本。朱熹雖以未能完全脫去舊來窠臼，不甚滿意，但'不甚滿意'畢竟和'甚不滿意'，大有不同。他旣在慶元年間，自覺"不能復有所進，頗欲傳之於人"，則是他在這時總已認本義爲一部已完成的書了。

從淳熙二年屬稿起，到慶元年間成書止，本義著作的時期，連中間間斷的時候也算在內，要經過二十年以上的歲月。

第三　周易本義底版本

1. 周易本義最早的刊本，是它的初稿易傳刊本，卽答孫季和所謂"私記未定而爲人傳出摹印"者。這個本子，似於淳熙四年易傳脫草不久，卽已刊刻，而且傳播頗遠，度正所謂"方脫稿，天下已盛傳"也。本義已有定本後若干年，這個本子還有相當的勢力。嘉泰二年，陸游仍有跋朱氏易傳之作，載於渭南文集卷二九（四部叢刊本，葉七前面）。嘉定五年，楊仲禹重刊熹書，亦係易傳而非本義，見性善堂稿卷十四（葉九後面至葉十一前面）。這都可見當日易傳本普及之一斑。 易傳卷數，宋志作十二，直齋作十一，現無可考。

2. 成書後的周易本義，有朱鑑刊本（見朱鑑古易音訓跋），刊期不詳。有吳革刊本，刊於咸淳乙丑。朱本流傳的情形，無從考証。吳本，則在本義版本流傳底經過上，占很重要的地位。 後來刊刻"原本周易本義"的，差不多都拿吳本作底本。可考者，如

(1) 明覆吳革刊本　見皕宋樓藏書志卷一（光緒間刊本，葉二一後面至葉二二前面），儀顧堂續跋卷一（光緒間刊本，葉五前面）。

(2) 縮印吳革刊本　見楹書隅錄卷一（海淵閣刊本，葉四前面）引陳鱣經籍跋文。

(3) 淸內府摹吳革刊本　見甘泉鄉人稿卷四（光緒乙酉刊本，葉一前面）

(4) 曹寅仿吳革刊本　見經籍跋文（葉七前面，式訓堂叢書本）

(5) 方功惠重刊內府摹吳革本　見郘亭知見傳本書目卷一（葉五前面，眉批，鉛印本）。

(6) 劉端臨翻吳革刊本　見四庫簡目標注卷一（葉十後面，宣統三年刊本）。

(7) 祝氏仿吳革刊本　見江南書局本本義跋。

(8) 江南書局據劉氏祝氏校刊本　現有售本。

吳本爲藏書家所艷稱的本子，和後來通行本底文字，頗有不同。陳鱣有

覆吳本跋，說：

"其經文，如

比初六'終未有它吉'，不作'有他'，

否九五'繫于苞桑'，不作'包桑'，

井九五'井冽寒泉食'，不作'井列'，

坤彖傳'應地无疆'，不作'無疆'，

頤彖傳'自求口實'，不作'口食'，

繫辭傳'失得之象也'，不作'得失'，

'其受命也如響'，不作'如嚮'，

'何以守位曰人'，不作'曰仁'，

'男女構精'，不作'搆精'，

'兼三材而兩之，故大'，不作'三才'，下句同，

序卦傳'傷於外者必反於家'，不作'其家'，

'決必有遇'，'有'下無'所'字，

雜卦傳'豐多故'下，無'也'字，

俱與宋版相合，而可以證俗間通行本之誤。至於雜卦傳'遘，遇也'，不作'姤，遇'，則此本尤勝。玫說文無'姤'字，徐鉉新附乃有之。爾雅釋詁：'遘，遇也'。易姤釋文，'古豆反。薛云：古文作'遘'。鄭同'。馮椅易輯云：'古文，姤作遘，遇也，亦婚媾也。王注易，改爲今文，爲姤。雜卦猶是古文，鄭本同'。蓋雜卦以無王注，故未及改。唐石經及宋相臺岳氏本，皆作'遘'。流俗相承，盡改爲'姤'，遂不復知本義原本矣。"（經籍跋文葉五後面至葉六前面）

此所說頗詳，可藉以略窺吳本之佳勝。據楹書隅錄（卷一，葉一前面，）海淵閣有吳革原刊本，但聊城匪後，是書是否仍在原主人手中，不可確知。

陸心源原藏之明覆吳本，大概早已隨皕宋樓所有之書東渡。北平圖書館現藏有清內府摹吳氏刊本。（四庫全書本，即係據內府本抄寫。）其餘各本都不易見。只有江南書局本，可以隨時買到而已。

丁丙善本書室藏有元刊本本義。它的藏書志說：

"觀其不用永樂大全及成矩权度次序，當出於元人之手。按經文，比初六'終未有它吉'不作'他吉'，頤彖傳'自求口實'不作'口食'，繫辭'搆精'不作'搆精'，雜卦傳'豐多故'下無'也'字，俱與宋咸淳本合"。（卷一葉五後面，光緒辛丑刊本）

看來，這個本子也許和吳革本有關；不過我們尚不能確切地斷定。又，明南雍經籍志卷下（觀古堂書目叢刻本葉四前後面）有'周易本義'和'周易大字本義'版片，天祿琳琅後編卷二（長沙刊本葉一後面至葉三後面）也著錄有本義。明南雍多宋元舊刻，而天祿琳琅所藏，亦題為宋版，它們和吳革本之關係如何，也待考證。

以上，本義各本都是十二卷本。陸心源所藏明覆吳本，皕宋樓藏書志雖作十卷，而儀顧堂續跋則說："周易上下經二卷，彖傳象傳文言繫辭說卦序卦雜卦十卷"。藏書志所謂十卷，"十"字下，顯脫了一個"二"字。南雍經籍志所著錄的兩種版片，俱作"九卷"。它說：

"周易本義九卷，發例缺，圖缺，啟蒙上存者十八面，啟蒙下存者六面，上經存者十一面，下經存者二十面，彖上下傳缺，象上傳存二面，繫辭上傳存者十面，繫辭下傳缺，文言傳缺，說卦存二面，序卦傳存者二面，雜卦傳缺，筮儀缺"。（卷下，葉四前面，觀古堂書目叢刻本）

"周易大字本義九卷，發例七版完三四，半損。圖存者，十三面，餘缺。啟蒙上下存者，二十四面。上下經存者，四十四面。彖上下傳存者，十面。象上下傳止存八面。繫辭上下傳存者，十七面。 文言傳存者，六面。 說卦，存二面。 上下序卦存二面。 雜卦傳，俱闕。 筮儀四版，完，一二損壞"。（卷下，葉四後面）

這大概是以上下經爲一卷，彖上下傳爲一卷，象上下傳爲一卷，繫辭上下傳爲一卷，文言傳爲一卷，說卦傳爲一卷，序卦上下傳爲一卷，雜卦傳爲一卷，合啟蒙上下爲一卷，共成所謂九卷之數。這完全因爲卷數計算法的關係，實際上把啟蒙除外，還是十二卷底面目。 本義開卷說：

"以其簡袠重大，故分爲上下兩篇。……並孔子所作之傳十篇，凡十二篇"。

十二卷，乃是本義底舊第。 宋志直齋所著錄的卷數，並同。

又，善本書室藏書志卷一，著錄有日本寬政元年刊十卷本，次第和十二卷本同，但卷數合併情形不明。

3. 現在本義最通行的本子，是四卷本，種類甚多，各省皆有公私刊本。 四卷本和十二卷本最大的差異，是次第上的變更。 十二卷本底次第，是朱熹所謂"呂氏更定，乃復孔氏之舊"的次第，即本義本來依據古周易所編定的次第。 四卷本底次第，是又回到鄭玄王弼所變亂的形態中，把彖上下傳象上下傳分別合於各卦之內，把文言傳合於乾坤二卦之內，合上下經文，共爲二卷；同時又合繫辭上下傳爲一卷，合說卦序雜卦各傳爲一卷，共成功了四卷。 後者，正是朱熹所攻擊的形式；後人拿來變更十二卷原書，是原作者所夢想不到的。

除變更次第外，四卷本頗有增減及變更原本經文和註文的地方。最著者，如顧炎武所論：

"'彖，即文王所繫之辭。 傳者，孔子所以釋經之辭也。後凡言傳，倣此'。 此乃'彖上傳'條下義。 今乃刪'彖上傳'三字，而附于'大哉乾元'之下。

"'彖者，卦之上下兩象及兩象之六爻，周公所繫之辭也。'乃'彖上傳'條下義，今乃削'彖上傳'三字，而附于'天行健'之下。

"'此篇申彖傳象傳之意，以盡乾坤二卦之蘊，而餘卦之說因可以例推云。'乃'文言'條下義，今乃削'文言'二字，而附于'元者，善之長也'之下。

"'其'彖曰''象曰''文言曰'字，皆朱子本所無，後依傳程添入'"。（日知錄卷一，葉一後面，錦章圖書局石印本）

這種變亂，有時竟使讀者對於原文底意義，無從理解。所謂"後凡言傳"，所謂"此篇"，在四卷本裏，是無著落的。

四卷本又有音切，全書恐不下數百條，也都是朱熹原書所沒有的。

4. 從十二卷本，變成四卷本，其間頗有一點曲折。先是，宋咸淳時，董楷著周易傳義附錄十四卷，以用王弼本的程頤易傳爲主，割裂本義，以類相從。更集程朱語，與易有關的，分別附在各節傳義之後，稱作"附錄"。（現四庫全書及通志堂經解中均有此書。）在董楷，原是自成一書，未可厚非。但本義原書之變亂，却不能不說是董書發其端。這是本義之第一次變亂。

董書對於一般人的便利，是便於程朱易說底合觀；同時，它的不方便處，是卷帙繁重，而傳義和附錄中的材料，有時未免重複。於是，董書問世十數年或數十年後，元人遂就董書，刪除附錄，僅存傳義，稱作周易傳義或周易經傳。有十卷本（見鐵琴銅劍樓藏書目錄卷一，葉二二前面，誦芬室刊本），有二十四卷本（見藝風堂藏書續記卷一，葉二後面，光緒間刊本），有附音訓的八卷本（見別本結一廬書目，觀古堂書目叢刻本，葉三三前面）。國立北平圖書館藏有一元刊十卷本，察其體例，和董書中的傳義部份，不同者也多。董書中的經文頂格寫，彖傳象傳文言傳低經文一格，程傳及本義又低一格，傳義各成行列，不相連接；周易傳義則於彖象文言不低格，本義緊承程傳之後，不另提行，只以'本義'二字隔開而已。董書經文及彖傳象傳等文之分段，完全依從程傳，另外複寫經彖象等原文於本義本文之上；這種複寫文字，和本義本文緊接，低正式經文兩格，如本義例。 周易傳義則依本義分段，也不另外於程傳本文上，複寫其所解釋的易原文。 程傳和本義分段不同的地方太多，周易傳義這種辦法，有時對於程傳未免不便，但對於本義，還沒有增加更多的障礙。 這是本義之第二次變亂。

顧炎武說：

"永樂中，修大全，乃以朱子卷次割裂，附之程傳之後。……後來士子厭程傳之多，棄去不讀，專用本義。 而大全之本，乃朝廷所頒，不敢輒改，遂即監版傳義之本，刊去程傳，而以程之次序爲朱之次序。 相傳且二百年矣。"（日知錄卷一，葉一後面）

這是本義之第三次變亂。 從此，四卷之本完全成立，本義原書之變亂遂告一個段落。 這次變亂的結果，較以前要壞得多。 以前爲的是遷就程傳，亂變之跡尙爲顯著。 現在則完全和程傳無關，很容易使人認作本來面目。 這個本子底成立， 據吳蕭公所說，始於明成化間的成矩（見浙江書局本，經義考卷三一，葉七前面）。 從成化到顧炎武時，正二百年左右；到現在巳四百五六十年了。 這個本子底運氣眞算不壞，現在還有很多的人認它是本義原書呢。

第四　周易本義卷首的易圖和序例

1. 周易本義，除易傳本和朱鑑刊本不能詳考外，十二卷各本以及四卷本，都於卷前載有易圖，卷後附有五贊筮儀。 四卷本更有卦歌四首。 明南雍志所載兩本，卷首並有發例。 善本書室所藏日本寬政元年刊本，卷首則有序例一卷。

卦歌四首，文詞俗俚，大概是後來書賈所加，以便童習，其決非本義舊有，不待煩言。

五贊筮儀原係易學啟蒙底附錄，其詳另見作者之易學啟蒙考。大概是因本義啟蒙曾經合刻之故，後人遂誤認五贊筮儀為本義所有，於是單刻本之本義有五贊筮儀，而單刻本之啟蒙倒反弄得沒有了。

易圖據王懋竑底考證，也非本義原有。此問題比較複雜，須待詳論。

2. 易圖共有九個。第一圖是河圖，第二是洛書。二圖和易學啟蒙中的河圖洛書，完全一樣。二圖底說明，也是撿拾啟蒙中的話。我們看下表：

易圖第一、第二底說明	啟蒙第一篇本圖書原文
(1) 繫辭傳曰：河出圖，洛出書，聖人則之。	(1) 易大傳曰：河出圖，洛出書，聖人則之。
(2) 又曰：天一，地二，天三，地四，天五，地六，天七，地八，天九，地十。天數五，地數五，五五相得而各有合。天數二十有五，地數三十，凡天地之數五十有五，此所以成變化而行鬼神也。	(2) 天一，地二，天三，地四，天五，地六，天七，地八，天九，地十。天數五，地數五，五五相得而各有合。天數二十有五，地數三十，凡天地之數五十有五，此所以成變化而行鬼神也。
(3) 此河圖之數也。	(3) 此一節，夫子所以發明河圖之數也。
(4) 洛書蓋取龜象，故其數戴九	(4) 蔡元定曰：九宮之數，戴九

周易本義考

履一，左三，右七，二四爲肩，六八爲足。	履一，左三，右七，二四爲肩，六八爲足 正龜背之象也。
(5) 蔡元定曰：圖書之象，自漢孔安國劉歆，魏關子明，有宋康節先生邵雍堯夫皆謂如此。至劉牧始兩易其名，—	(5) 蔡元定曰：古今傳記，自孔安國劉向父子，班固，皆以爲河圖授羲，洛書錫禹。關子明邵康節皆以十爲河圖，九爲洛書。……惟劉牧意見以九爲河圖，十爲洛書。
(6) 而諸家因之。故今復之，悉從其舊。	(6) ………………

從這表中，我們可以看出，易圖中首二圖底說明，只是把啓蒙第一篇裏的原文，加以剪裁，把繁言化成簡語，另外換了一個頭，加了一個尾。

易圖中的第三圖是伏羲八卦次序圖，第五圖是伏羲六十四卦次序圖。第三圖實卽第五圖底下半部；拿第三圖全圖，和第五圖底下半部相比，完全一樣。啓蒙中原卦畫篇，有一橫圖，係以太極，兩儀，四象，八卦，十六卦，三十八卦，六十四卦，橫列作一行；太極作正圓形，餘則各以奇偶表示。易圖中的第三圖，是把太極以至八卦，列爲四橫行，太極爲一行在下，兩儀爲一行在上，四象八卦又各爲一行，更在上。第五圖，則以太極以至六十四卦，列爲七橫行；十六卦，三十二卦，六十四卦，各爲一行，更在八卦之上。第三，第五，兩圖中的太極，皆作白方塊，兩儀以後俱作黑白方塊。啓蒙底橫圖僅示六十四卦先後次第，易圖底第三，第五，兩圖且可表太極以至六十四卦間互相統屬之狀。這些都可見，易圖之採自啓蒙而稍加變改。第三，第五圖底說明，也是採拾啓蒙原卦畫篇中語，而有時加以衍說或概括，如下表：

易圖第三，第五底說明	啟蒙第二篇原卦畫原文
(1) 繫辭傳曰：易有太極，是生兩儀，兩儀生四象，四象生八卦。 邵子曰：一分爲二，二分爲四，四分爲八也。	(1) 易有太極，是生兩儀〔原註：邵子所謂一分爲二者〕，兩儀生四象〔原註：邵子所謂二分爲四者〕，四象生八卦〔原註：邵子所謂四分爲八者〕。
(2) 說卦傳曰：易，逆數也。	(2) 是故易，逆數也。
(3) 邵子曰：乾一，兌二，離三，震四，巽五，坎六，艮七，坤八。自乾至坤，皆得未生之卦，若逆推四時之比也。	(3) 以橫圖觀之，有乾一而後有兌二，有兌二而後有離三，有離三而後有震四，有震四而巽五，坎六、艮七、坤八、亦以次而生焉。此易之所以成也。而圓圖之左方，自震之初爲冬至，離兌之中爲春分，以至於乾之末，而交夏至焉。皆進而得其已生之卦，猶自今日而追數昨日也。……其右方，自巽之初爲夏至，坎艮之中爲秋分，以至于坤之末，而交冬至焉，皆進而得其未生之卦，猶自今日而逆計來日也。

(4) 後六十四卦次序，放此。	(4) …………………
(5) 前八卦次序圖，即繫辭所謂八卦成列者。	(5) 大傳所謂，八卦成列，易在其中矣。
(6) 此圖即其所謂因而重之者也。	(6) 大傳所謂，因而重之，爻在其中矣。
(7) 故下三畫卽前圖之八卦。上三畫，則各以其序重之，而下卦因亦各衍而爲八也。若逐爻漸生，——	(7) …………………
(8) 則邵子所謂八分爲十六，十六分爲三十二，三十二分爲六十四者，——	(8) 邵子所謂八分爲十六者。邵子所謂十六分爲三十二者。邵子所謂三十二分爲六十四者。
(9) 尤見法象自然之妙也。	(9) …………………

易圖第四，是伏羲八卦方位圖。這圖和啓蒙原卦畫篇的伏羲八卦圖相同，不過後者於圖中'乾'字上多'南'字，'坤'字上多'北'字，'坎'字上多'西'字，'離'字上多'東'字。這圖底說明，引說卦"天地定位，山澤通氣，雷風相薄，水火不相射，八卦相錯，數往者順，知來者逆，"原卦畫也引過。引邵子語"乾南，坤北，離東，坎西，震東北，兌東南，巽西南，艮西北，"雖不見於原卦畫，其意則已見於伏羲八卦圖。說明又稱："自震至乾爲順，自巽至坤爲逆。"這又係根據原卦畫所謂"圓圖之左方，自震之初爲冬至，離兌之中爲春分，以至於乾之末而交夏至焉，皆進而得其已生之卦，猶自今日而追數昨日也。故曰：數往者順。其右方，自巽之初爲夏至，坎艮之中爲秋分，以至於坤之末而交冬至焉，猶自今日而逆計來日也。故曰：知來者逆。"易圖第三底說明，也曾根據原

卦畫這段話，已見上表。

易圖第六，是伏羲六十四卦方位圖，啟蒙原卦畫作伏羲六十四卦圖，無'方位'二字，即是所謂'圓圖'。不過圓圖見於啟蒙者，只有卦畫，沒有卦名，易圖把卦名也給它加上了。又，易圖中的圓圖說明，啟蒙裏也沒有。

易圖第七，是文王八卦次序圖。這圖不見於啟蒙，但顯係根據說卦所謂："乾，天也，故稱乎父。坤，地也，故稱乎母。震一索而得男，故謂之長男。巽一索而得女，故謂之長女。坎再索而得男，故謂之中男。離索而得女，故謂之中女。艮三索而得男，故謂之少男。兌三索而得女，故謂之少女。"這段說卦却也見於啟蒙原卦畫。易圖第七所謂某卦得乾卦某爻者，也和原卦畫中對於這段說卦的解說，相合。

易圖第八，是文王八卦方位圖。啟蒙原卦畫中有這圖，但稱作文王八卦圖。這圖說明，僅說："右見說卦。邵子曰：此文王八卦，乃入用之位，後天之學也。"原卦畫稱引說卦，並引邵子說，釋這圖甚詳。"入用"云云，也見稱引。

易圖第九，是卦變圖，共分五式，有一陰一陽之卦變，二陰二陽之卦變，三陰三陽之卦變，四陰四陽之卦變，五陰五陽之卦變。啟蒙考變占篇也有示卦變之圖，共三十二圖，和易圖中所表示的卦變大不相同。卦變圖底說明，也非啟蒙所有。

以上九圖，經與啟蒙比較的結果，計易圖中，

  與啟蒙之圖同，而圖之名稱同，圖底說明也略同者，有河圖洛書二圖。

  與啟蒙之圖同，說明同，而圖之名稱不同者，有伏羲八卦方位文王八卦方位二圖。

  與啟蒙中之圖同，名稱不同，而說明全異者，有伏羲六十四卦方位

圖。

改變啟蒙之圖，而創立名稱，或且另作新說者，有伏羲八卦次序伏羲六十四卦次序卦變三圖。

圖，名稱，爲啟蒙所無，而說明略採掇啟蒙之義者，爲文王八卦次序圖。

我們試加分析，易圖中，凡與啟蒙不同者，都不類朱熹之作。如卦變圖，王懋竑謂：

"卦變圖，啟蒙詳之。蓋一卦可變爲六十四卦。彖傳卦變，偶舉十九卦以爲說爾。今圖，卦變皆自復姤臨遯等十二辟卦而來。以本義考之，惟訟晉二卦爲合，餘十七卦則皆不合。其爲謬妄，尤爲顯然。必非朱子之舊，明矣。"（易本義九圖論，白田草堂存稿卷一，家祠本，葉二後面至三葉前面）

按，"一卦可變爲六十四，"啟蒙攷變占中之圖固如此，本義卷七也說過類似的話。今卦變圖以卦變皆自復姤臨遯等卦來，此不合本義本書者一。而

(1) 本義釋訟卦說："且於卦變，自遯而來。" 今圖亦以訟自遯而來。

(2) 本義釋隨卦說："以卦變言之，本自困卦，九來居初；又自噬嗑，九來居五；而自未濟來者，兼此二變。" 今圖則以隨自否泰而來。

(3) 本義釋蠱卦說："謂卦變自賁來者，初上二下，自井來者，五上二下；自既濟來者，兼之。" 今圖則以蠱自否泰而來。

(4)(5)(6) 本義釋臨卦"至八月有凶，"說："八月，謂自復卦一陽之月，至於遯卦二陰之月，陰長陽遯之時也。或曰：八月，謂夏正八月於卦爲觀，亦臨之反對也。" 此謂臨可變爲復遯或

觀，也可說復遯觀於卦變上，由臨而來。今圖亦以觀自臨而來，而以復自剝而來，遯自大壯而來。

(7) 本義釋賁卦說："卦自損來者，柔自三者而文二，剛自二上而文三；自既濟而來者，柔自上來而文五，剛自五上而文上。"今圖則賁自泰否而來。

(8) 本義釋无妄說："爲卦自訟而變，九自二來而居於初。"今圖則以无妄自遯大壯而來。

(9) 本義釋大畜說："以卦變言，此卦自需而來，九自五而上。"今圖則以大畜自遯大壯而來。

(10)(11)(12) 本義於頤咸恒之卦變未加說明。今圖以頤卦自臨觀而來，咸恒自否泰而來。

(13) 本義釋晉卦說："又其變自觀而來。"今圖以晉自觀臨而來。

(14) 本義釋睽說："以卦變言之，則自離來者，柔進居三；自中孚來者，柔進居五；自家人來者，兼之。"今圖以睽自遯大壯來。

(15) 本義釋蹇說："又卦自小過而來。"今圖以蹇自臨觀來。

(16) 本義釋解說："且其卦自升來。"今圖以解自臨觀來。

(17) 本義釋升說："卦自解來。"今圖以升自臨觀來。

(18) 本義釋鼎說："卦自巽來。"今圖鼎自遯大壯來。

(19) 本義釋渙說："其變則本自漸卦。"今圖以渙自泰否來。

這十九卦，除了訟觀晉三卦，今圖與本義合，頤咸恒之卦變無明文見於本義者外，餘皆不合。王懋竑所謂"惟訟晉二卦爲合，餘十七卦則皆不合"，大致屬實。此卦變圖不合本義者二。卦變圖如係朱熹原作，決不能使一冠於全書卷首的提絜綱要之圖，和本書間，有這樣大的岐異。

又如，伏羲八卦次序伏羲六十四卦次序兩圖前已言及，係取啟蒙之橫圖，加以變改。橫圖，係由太極直至六十四卦。伏羲八卦次序與六十四卦次序則截爲兩圖，而內容又互相重複，意至無謂。此其一。橫圖中以奇偶表示，和啓蒙別圖相符。兩次序圖以黑白表示，和易圖別圖不協。此其二。兩圖如係朱熹自作，決不至自相剌謬到這步田地。

又如伏羲八卦方位圖，"方位"二字是啓蒙圖中所無。這顯然是因爲要有一個伏羲八卦次序圖，便不得不把啓蒙原來的圖加上"方位"二字，一方面可以和次序圖區別，另一方面還可和次序圖對舉。這二字之增加，當然不是朱熹作的。

又如伏羲六十四卦方位圖，其說明云：

"伏羲四圖，其說皆出邵氏。蓋邵氏得之李之才挺之，挺之得之穆脩伯長，伯長得之華山希夷先生陳摶圖南者，所謂先天之學也。

"此圖圓布者，乾盡午中，坤盡子中，離盡卯中，坎盡酉中。陽生於子中，極於午中。陰生於午中，極於子中。其陽在南，其陰在北。方布者，乾始於西北，坤盡於東南。其陽在北其陰在南。此二者，陰陽對待之數。圓於外者爲陽，方於中者爲陰。圓者動而爲天，方者靜而爲地者也。"

王懋竑批評這段話，說：

"'伏羲四卦，其說皆出邵氏。'按邵氏止有先天一圖。其八卦圖，後來所推。六橫圖，朱子所作。而以爲皆出邵氏，是誣邵氏矣。

"又云：'邵氏得之李之才挺之，挺之得之穆脩伯長，伯長得之希夷先生陳摶圖南。'此明道敘康節學問源流如此。漢上朱氏以先天圖屬之，已無所據。今乃以移之四圖，若希夷已有此四圖者，是並誣希夷矣。"（易本義九圖論，白田草堂存稿卷一，葉一後面）

又說：

"伏羲六十四卦方位圖，後載'此圖圓布者'至'方者靜而爲地也'一條，皇極經世纂圖指要以爲西山蔡氏語，吳氏纂言又以爲伯溫邵氏語，未詳孰是。要之，必非朱子語矣。"（易本義九圖論，白田草堂存稿卷一，葉六後面）

這可見伏羲六十四卦方位圖底說明，也不是朱熹作的。'六十四卦'下之加'方位'二字，也是因爲有六十四卦次序圖之故，仍非朱熹之意，甚明。

文王八卦方位圖之'方位'二字，當亦與伏羲八卦方位六十四卦方位二圖之加'二位'二字同，因易圖另外有文王八卦次序圖也。

易圖中，凡與啟蒙不同的，既已都不是朱熹之作。其與啟蒙相同的，也決不是朱熹自輯，而放在本義之前的。如河圖洛書之圖，名稱，和說明，都和啟蒙相同，却非本義所應有。本義卷七（葉十四前面）說："河圖洛書詳見啟蒙。"若本義已有這兩圖，並有說明，本義卷七不至置之不提，反說"詳見啟蒙"。又如文王八卦次序圖雖和啟蒙大意略同，但本義卷十（葉三後面）釋"乾天也"一節，說是"謂揲蓍以求爻也，"和文王八卦次序圖底意義，却大不相同。餘如伏羲八卦方位文王八卦方位底圖和說明，及伏羲六十四卦方位底圖，雖和啟蒙相同，然或改易名偁，或妄加說明，顯係後人拾掇蒙啟，非朱熹自輯的。王懋竑說："易本義九圖，非朱子之作也；後之人以啟蒙依放爲之，又雜以己意，而盡失其本指者也。"這真是一句見到的話。

3. 明南雍所藏本義二本，卷首有發例，善本書室藏日本寬政元年本本義卷首有序例，當係二而一者。今此三本都不可見。然南雍志稱本義大字本有發例七版，恐至多不過三五千字。且南雍志和善本書室藏書志皆以發例或序例和易圖並列，則前者決非易圖，可知。本義卷七說：

"畫卦揲蓍其序皆然，詳見序例啟蒙。"（葉十三後面）

這可見序例是本義原有，竟爲多數刊本所刪落了。

附　易學啓蒙考

1. 易學啓蒙是朱熹用通論的形式，在周易本義外，另著的一部易說。在這書裏，一共有四個篇目：

本圖書第一　原卦畫第二　明蓍策第三　考變占第四

這四篇，係刾取易繫辭傳說卦傳以及彖上傳中關於象象的話若干條，以爲立論的根據；同時，輔以周敦頤邵雍諸儒之說，由朱熹用自己的話，加以充分之闡發的。

啓蒙底根本見解，朱熹在啓蒙序裏，說得很清楚。他說：

"聖人觀象以畫卦，揲蓍以命爻，使天下後世之人皆有以決嫌疑，定猶豫，而不迷於吉凶悔吝之塗，其功可謂盛矣。然其爲卦也，自本而幹，自幹而支，其勢若有所逼，而自不能已。其爲筮也，分合進退，縱橫順逆，亦無往而不相値焉。是豈聖人心思智慮之所得爲也哉？特氣數之自然，形於法象，見於圖書者，有以啓於其心而假手焉耳。近世學者類喜談易，而不察乎此。其專於文義者，既支離散漫，而無所根著；其涉於象數者，又皆牽合傅會，而或以爲出於聖人心智思慮之所爲也。"

（見啓蒙卷首，又見晦庵集卷七六，葉十八前後面）

這是以卦畫圖書爲自然底墓本，蓍策分合是自然底表現，而以自然中有氣數在那裏管着。這個見解，在本義裏，也未嘗沒有表示過，但畢竟不如在啓蒙裏之透闢而顯豁。啓蒙發揮這個見解，最明暢的，是原卦畫篇。朱熹對於這一篇，也就特別滿意。他答方賓王說：

"其第二篇，論太極，兩儀，四象之屬，尤精。誠得其說，則知聖人畫卦，不假纖毫思慮計度，而所謂畫前有易者，信非虛語也。"（晦庵集卷五六，葉十七後面）

可見他的意思。這個見解底發展，使朱熹在啟蒙裏表現了他的偉大的擁抱力，把周易河圖洛書太極圖說皇極經世都鎔化在一個爐子裏；同時，也就使啟蒙為一個十足的'舊瓶裝新酒'式的東西，成功了朱熹發揮他個人之宇宙論底工具。

　　語類卷十四，葉賀孫記朱熹事：

　　　　"說大學啟蒙畢，因言'某一生只看得這兩件文字透，見得前賢所未到處。'"（葉十前面）

這可見熹本人對啟蒙滿意之一斑。

　　啟蒙之命名，據序末自述，當是"示初學"的意思。這顯然是謙詞了。（晦庵續集卷二，葉十前面，答蔡季通亦有"啟蒙之名本以為謙"等語。）

　　2. 啟蒙，據序末所記年月，在淳熙十三年三月已經完成，時值朱熹五十七歲。在這書初屬稿時，朱熹大概只打算做兩篇。他有一次給蔡元定書，說：

　　　　"前日七八九六之說，於意云何？近細推之，乃由河圖而來。欲於啟蒙之首增此一篇，幷河圖洛書以發其端。而揲蓍法中，只自大衍以下，又分卦變圖別為一篇。"（答蔡季通，晦庵集卷四四，葉八後面）

據此，似當初只有論卦畫和論揲蓍的兩篇，後來才由前者分出論河圖洛書的一篇，由後者分出論卦變的一篇，以成功後來四篇的形式。

　　啟蒙刻版後，朱熹亦時加修改。如答蔡季通說：

　　　　"啟蒙中，欲改數處。今籤出奉呈。幸更審之。可改，即改為佳，免令舊本流布太廣也。但恐不好看，亦無可奈何耳。"（晦庵續集卷二，葉十九前面）

答蔡伯靜說：

　　　　"啟蒙已為看畢，錯誤數處已正之。又欲添兩句，恐亦不

難。但註本尊丈兩句，不甚分明。不免且印出，俟其歸，却商量，今不能久待也。"（晦庵續集卷三，七前面）

這都可為刻版修改之証。答蔡伯靜一書，不知是否作於慶元間蔡元定流放以後。若然，則去淳熙十三年初成書時，已有十餘年了。

3. 啟蒙原本二卷，本圖書原卦畫明蓍策為上卷，考變占為下卷。答蔡伯靜說：

"或於啟蒙上卷之末，添數句云：'卷內蔡氏說，為奇者三，為偶者二。蓋凡初揲，左手餘一，餘二，餘三，皆奇，餘四為偶。至再揲，三揲則餘三者，亦為偶。故曰奇三偶二也。'如何？"（晦庵續集卷三，葉七前面）

以啟蒙本書考之，這於上卷之末所添數句，正是添在明揲蓍之末。這可見明揲蓍以前三篇是上卷；剩下一篇考變占，當沒有分作中下兩卷的理由，一定是一個下卷了。

啟蒙原本上卷前當冠有序一篇，下卷後則附有五贊和筮儀。卷前冠序，為後世著述通例，今本啟蒙還是如此。卷後之有附錄，我們可以找出點証據來。晦庵集卷四八，答呂子約：

"所論易是聖人模寫陰陽造化，此說甚善。但恐於盡其未處，未免多着道理，說殺了耳。此非面論，未易究竟。然向於啟蒙後，載所述四言數章，說得似已分明，卒章尤切。"（葉四前面）

語類葉賀孫錄：

"敬之問啟蒙：'理既定矣，事來尚虛；用應實有，體該無；梏實待虛，存體應用；執古御今，以靜御動。'"（卷六七，葉十後面）

答呂子約所謂'四言數章，'就是五贊。五贊都是四個字一句，共五章。

所謂"卒章",是警學章。語類敬之所問啟蒙"理旣定矣"八句話,就警學中的話。答呂子約旣說"向於啟蒙後截所述四言數章,"可見五贊原來是附在啟蒙後的。答蔡伯靜說：

"啟蒙已爲看畢。錯誤數處,已正之。……筮儀內,前日補去者,更錯兩字。今亦幷往,可正之。亟遣人還,草此。但看得不甚子細,可更自看一兩過爲佳也。"（晦庵續集卷三,葉廿前面）

這段話全談校勘啟蒙事,甚顯然。中間說到筮儀之校勘,可見筮儀亦附於啟蒙內。按啟蒙一書之組織法,先談理論,後談方法,筮儀原屬於應用的儀節,更當在五贊之後。宋以來的本義刊本之末,多先列五贊,版列筮儀,大槪就是五贊筮儀在啟蒙後的原來次序。

宋志著錄,稱"易學啟蒙三卷"（宋史卷二〇二,葉二後面）,直齋書錄解題卷一,作"一卷"（葉二三後面）,俱不言二卷。但這未必就是別有一個三本,和一個一卷本。這大槪是宋志和直齋底計卷法,不同。宋志儘可庵上下卷合稱一卷,不提附錄。直齋也不妨以附錄爲一卷,以上下卷各爲一卷,稱作三卷。

4.啟蒙,至晚在慶元年間要有刻本。前引的答蔡伯靜,已提到刻書校改。這篇答蔡伯靜,至晚是在慶元年間蔡元定未死以前寫的。晦庵續集卷三,另有一篇答蔡伯靜,說：

"書白,字畫不方正,努胸垤肚,甚刺人眼。然已寫了,無可如何。不知鄕里如何似此,一向不識好字。豈不見浙中,稿册,只如時文省榜,雖極草草,亦不至如此得人憎也。"（葉九後面）

把兩篇答蔡伯靜合起來看,可見這個版子是伯靜經手刊刻,說不定是朱熹自己出資刻的。這個版子刻於建陽。伯靜是建陽人,朱熹亦幼居建陽;

故答蔡伯靜稱"鄉里"也。

此後，嘉定五年，有楊仲禹合刊本，係與易傳合刊，見度正性善堂稿卷十九（葉十一前面）。有朱鑑刊本，刊期不詳，見鑑古易音訓跋。

元大德九年，黃瑞節輯朱子成書十種，收啟蒙爲第五種。見內閣書五卷（葉十一前後面，適園叢書本，）千頃堂書目卷十一（葉三一後面適園叢書本）鐵琴銅劍樓書目卷十三（葉十後面）。

明刊啟蒙，可考者，有南京國子監本，福建建甯府本，見古今書刻卷上（觀古堂書目叢刻本，葉四前葉二九後面）。明南雍志稱南雍藏舊版，"啟蒙上存者十八面，啟蒙下存者六面，"又大字版"啟蒙上下，存者二十四面。宋'卷下，葉四前後面）。這兩個版子，當是宋元舊刻，係與本義合刊者。

百宋一廛書錄（葉五前面適園叢書本）著錄宋刊啟蒙一種，詳情不明。邵亭知見傳本書目卷一（葉五前面），四庫簡目標註卷一，（葉十後面），亦錄有宋本，也只說："上下二卷，七行，行十五字。"這三種著錄，是否係一個本子，以及同建陽本底關係如何，都不可考。

邵亭知見傳本書目又箸錄啟蒙通志堂本，今未見。現通行者是

性理大全本，

寶誥堂朱子遺書本，

光緒五年刊周易傳義音訓附錄本。

前兩本，俱以四篇分成四卷，後一本不分卷，並無五贊筮儀，已非原書之舊了。

此文成後，曾經徐旭生先生審閱。蒙徐先生指示，朱熹之易學，應在經學史上有一重要地位；吾人雖不必相信易爲伏羲文王諸人之書，而朱熹對於易之兩個根本觀念，大體上，却仍爲

今日治易者所應循之正確途徑也。我因有開封之行，此意未及補入，而本文已排就。謹誌於此，以致謝意，並爲他日申說之資云。　　　　　　　　　　二五，三，五，校後記，北平。

篇中引用晦庵集中各書，其標有著作時期者，皆經考證。以文繁，不及一一註出。將來此項考證，積至相當數量時，擬另行發表求教也。　　　　　　　　　三月二十一日再校後。

國立武漢大學

文哲季刊
（第五卷第一號）

論著
殷虛書契解詁（五續）…………吳其昌
九章通箋………………………劉永濟
楚辭斠補………………………聞一多
國風出於民間論質疑……………朱東潤
墨子小取弟四章校釋……………譚戒甫
日俄戰爭………………………郭斌佳
書評
遠東問題………………………郭斌佳
太平天國雜記（第一輯）………陳恭祿
評唐刻詞話叢編…………………厲嘯桐

（第五卷第二號）

論著
魏晉的清談……………………范壽康
周易卦爻新論…………………譚戒甫
元人散曲選序論………………劉永濟
史記老子傳考正（據殷本）……譚戒甫
十文說義………………………楊樹達
日俄戰爭（續）………………郭斌佳
隋唐西域人華化考……桑原騭藏著 何健民譯
書評
The Four Hundred Million…………郭斌佳

理科季刊
（第五卷第三期）

生物與無生物…………………湯佩松
新物質論淺說…………………鄔保良
人功蛻變原子與人功放射原素…葛正權
代數數域論……………………華羅庚
答復絕射微分學的一個難關之疑問…湯璪眞
數學家姓名錄…………………曾昭安

社會科學季刊
（第六卷第二號）

論著
蘇聯的勞工政策（上）…………陶因
實證法學導言…………………陶天南
中俄在北滿之交涉（一九〇五至一九一二年）…………郭斌佳
康德之政治思想及其論理基礎…浦薛鳳
Duguit 與 Bonnard 二氏之法律行為分類論………………陳洪
行為禁反言 Estoppel by Pais 與代理及其他（續完）……吳學義
新刊介紹與批評

定價 每期大洋五角（國外另加郵費五角）　總發行所　武漢大學出版部

禹貢半月刊

第五卷第三四合期（利瑪竇世界地圖專號）民國二十五年四月十一日出版

插圖
一　倫敦藏坤輿萬國全圖縮影（出英文理地雜誌）
二　倫敦藏圖與米蘭藏圖投影之比較（出英文地理雜誌）
三　方輿勝略中之東半球圖
四　方輿勝略中之西半球圖
考利瑪竇的世界地圖……………洪煨蓮撰
利瑪竇對中國地理學之貢獻及其影響……………………陳觀勝撰
利瑪竇傳（中村久次郎撰）……周一良譯
漢代以前中國人的世界觀念與域外交通的故事…………顧頡剛 童書業撰
漢代以後中國人對於世界地理知識之演進……………賀昌羣撰
明代四裔書目………………朱士嘉輯
方輿勝略提要………………李晉華撰

方輿勝略中各國度分表之校訂……陳觀勝編
附錄
一　方輿勝略外夷引………明王錫爵撰
二　方輿勝略外夷卷一
　　………明 唐時升 劉一燦 焦澹生 程百二 同輯
甲　馮應京山海輿地全圖總序
乙　吳中明山海輿地全圖序
丙　東西半球二圖（移置本期卷首插圖三，四）
丁　利瑪竇山海輿地全圖解
戊　答地比九重天之星遠且大幾何
己　山海輿地全圖各國度分略
庚　徐光啓天地圓體正戲別三論
辛　張京元跋
壬　程百二跋
癸　徐時進跋
三　方輿勝略中各國度分表所附註釋

每月一日，十六日出版，零售每冊實價大洋一角。預定全年連郵費共價二元三角，半年連郵共一元一角五分。　社址北平成府蔣家胡同三號

廈大圖書館報　福建廈門大學圖書館出版

該報除寒暑假外，月出一期，現已出至第一卷第七期矣。全年計有八期，僅收印刷費大洋四角，零售三分，並免收寄費。每期載有多數關於圖書館學之論文，作者皆係現代名彥，文筆自不平凡。封面均由名人或圖書館專家題字，逐期更換。並附感館閒新編圖書目錄等，俾讀者明瞭該館近況。足供研究圖書館學及辦理圖書館事業者之良好參考，實為圖書館界中突起之異軍也。　注意：六，七兩期係讀書運動專號。

師大月刊第廿二期文學院專號篇目

晚周諸子反古考	羅根澤
五行說之起源	齊思和
齊弓鏡考釋	孫海波
宋儒疑古考略	紀國宣
顧亭林社會觀	何始煦
唐五代詞略述	葉鼎芬
李清照研究（續前）	朱昌世
段注說文武斷說舉例	劉書田
潘陽土話彙集注釋	杜國棟
諺語的搜集和整理	王銘恕
明清兩代日本長崎之中國語學	劉增厚
英文成語研究（續前）	趙

英文詩律概述	李子逃
補南齊書藝文志卷一	陳文治
黃巾暴動的社會背景	李忻騰
中國國際地位低落之開始	李桐齡譯
隋唐時代西域歸化人考	王桐齡譯
詩經孟子周禮上的中國古代田制及稅法	司印昌譯
（附錄）	
史學年表初稿敍例	萬鳴增
宋元明思想學術文選前編總目並叙例	黎錦熙

清 華 學 報
第十一卷第二期　　民國廿五年四月出版

論　文
德	蘭達麟晗
道	馮友
陽拾春編國二本丁	楊樹蔭
陰秋輯潰國尼興	張銓元
法括事崩年到拜	吳邁之
名年之十華與	陳之達
原之明建	陳采
呂氏議國	吳
沈括會之	
元帝選	
民國舉	
從叔	
拉馬	

書　評
丁文江，曾世英，中華民國新地圖第一集	洪思齊
關　翁文灝，金石志圖略	顧里宗
顧頡剛，河南漢代文學史略	趙萬清
江紹原，中國古代旅行之研究	浦海江力清
Chiba（千葉勉），A Study of Accent	王自
古直，陶靖節詩箋定本	朱

北平西郊清華園國立清華大學出版事務所發行
每册六角　全年四期　定閱二元　國內各大書局均有代售

社 會 科 學
第一卷第三期　　民國廿五年四月出版

論　文
社會	吳晗
元代之考	羅爾綱
代通貨之特質	趙守愚
大泉五百之貨政治思想	薛鳳
洪格爾之思想	浦薛鳳
論黑格爾派與歲計	陳岱孫
通貨澎漲與調查（下）	李景漢
定縣土地	

書　評
Hoe, The Origin of Parliamentary Sovereignty to "Mixed" Mynarchy; Spahr, Readings in Recent Political Philosophy.	蕭公權
Marriott, Dictatorship and Democracy; Woolf, Quack, Quack!; Brooks, Deliver us from Dictators!	陳之邁
Jaspers, Man in the Modern Age.	雷海宗

國立清華大學出版事務所發行
每册定價六角　全年國定閱二元　國內各大書局均有代售

史學集刊刊例

（一）本刊專載關於歷史攷古之著作，由國立北平研究院史學集刊編輯委員會同人擔任撰述。

（二）本刊歡迎外來投稿，刊出後致贈稿費及抽印本。

（三）本刊內容以研究論文為主。如原文以他國文字寫成，刊印時得附中文提要。

（四）本刊文體不拘文言白話，但格式一律橫行，並須加新式標點。

（五）本刊年出二期，但論文㚒多時得隨時增刊，其過長者並得刊印專號。

（六）來稿請寄北平中海國立北平研究院史學集刊編輯委員會。

史學集刊第一期

中華民國二十五年四月出版

編輯者　國立北平研究院史學集刊編輯委員會

出版者　國立北平研究院總辦事處出版課

發行者　國立北平研究院總辦事處出版課

代售者　全國各大書店

印刷者　北平成府引得校印所

本期定價：

　　　　國內每册連郵費國幣八角　國外每册連郵費美金壹元

廣告價目：

　　　　全面國幣二十元　半面十一元　四分之一六元

　　　　兩期以上九折　四期以上八折

HISTORICAL JOURNAL

BOARD OF EDITORS

Ku Chieh-kang (Editor in Chief)

Li Shu-hua	Hsü Ping-ch'ang	Mêng Sên
Chang Hsing-lang	Ch'ên Yüan	Shên Chien-shih
Hung Yeh	Ch'ang Hui	Wu Shih-ch'ang
Ho Shih-chi		

No. 1 APRIL, 1936

CONTENTS

		Page
1. Foreword		1
2. Notes on the Epitaph of Wan Yen Hsi Yin (完顏希尹) of the Chin Dynasty	Hsü Ping-ch'ang	3
3. An Account of the Ouigours since the Tang Dynasty	Wang Jih-wei	19
4. A Study of Some Dates in *Sung History* (宋史)	Ch'ên Shu-t'ao	71
5. Notes on Liang T'ing-tung's (梁廷棟) Proposal to the Emperor for the Execution of Yüan Ch'ung-huan (袁崇煥)	Mêng Sên	87
6. The Conservency Work of the Yellow River during the Ming and Tsing Dynasties	Yin Shang-ch'ing	97
7. The Authorship of the *Local History of Tibet* (衛藏通志)	Wu Fêng-p'ei	123
8. A Study of the Word "Luo" 廫 in the Inscription of the Stone Drums	Su Ping-ch'i	127
9. Notes on the Tablet of Bodhidharma'	Liu Hou-tzŭ	154
10. A Study of Some Gods in the Lama Temples	Wu Shih-ch'ang	139
11. A Detailed Study that the Legend of Abdication (禪讓) Originated from the Mu-ti School	Ku Chieh-kang	163
12. Corrigenda of *Shih-chi* (史記) Classified	Hsü Wên-shan	231
13. A Study of *Chou I Pen I* (周易本義)	Pai Shou-yi	245

PUBLISHED BY THE DEPARTMENT OF PUBLICATION

NATIONAL ACADEMY OF PEIPING

Peiping, China.

Subscription (over sea) $1.00 gold, Postage free

史學集刊

第二期

國立北平研究院
史學集刊編輯委員會印行
民國二十五年十月出版

國立北平研究院
史學集刊編輯委員會

顧頡剛（委員長）

李書華　徐炳昶　孟　森　張星烺

陳　垣　沈兼士　洪　業　常　惠

吳世昌　何士驥　（以上委員）

史學集刊第二期
目　錄

論文

　論語一名之來歷與其解釋 ……………………… 一 …… 趙貞信
　論左傳之性質及其與國語之關係 ……………… 四一 …… 楊向奎
　丁零民族史 ……………………………………… 八三 …… 王日蔚
　大唐創業起居注考證 …………………………… 一一五 … 羅香林
　日本國號考 ……………………………………… 一四三 … 王輯五
　墨子姓氏辨 ……………………………………… 一五一 … 顧頡剛　童書業
　　書後 …………………………………………… 一七五 … 吳世昌
　清咸豐十年洋兵入京之日記一篇 ……………… 一七九 … 孟　森
　同治五年黃崖教匪案質疑 ……………………… 一九五 … 劉厚滋
　柳三變事蹟攷略 ………………………………… 二○九 … 潘承弼

書評

　周叔迦：唯識研究 ……………………………… 二一九 … 朱寶昌
　江紹源：中國古代旅行之研究 ………………… 二二五 … 吳世昌

"論語"一名之來歷與其解釋

趙貞信

"論語"一名在漢以前的書裏是看不見的。無論是儒家不是儒家的作品，其中儘有引用和在現在論語中的同一的文句，但祇有稱"子曰""孔子曰""故曰"等而總不稱"論語"。禮記中的坊記，據沈約說是取於子思子（見隋書音樂志上），子思是孔子的孫子（史記孔子世家），曾子的弟子（韓愈送王塤序）；康有爲說是采之公孫尼子（新學僞經考卷三上），公孫尼子，班固說是"七十子之弟子"（漢書藝文志），隋唐志說"似孔子弟子"。這篇書似乎總是漢以前的人撰成的了，它裏面有

> 子云："君子弛其親之過而敬其美，論語曰：'三年無改於父之道，可謂孝矣'"

的話。這個"子云"的"子"字，假使照邵晉涵黃以周他們以禮記中表記緇衣諸篇的"子言之"等是子思所說，"子曰"等是孔子所說的例來推，則無疑的這幾句話是孔子所說而"論語"一名不但漢以前的人已經稱用，並且好像論語這一部書在孔子生時就已編成，"論語"這一個名稱春秋時代就已成立了。這眞未免太滑稽，想來任何人都不會信的。看了歐陽修的話，我們就可知道不但坊記中這幾句論語不是孔子所引，就是論語中"三

年無改於父之道，可謂孝矣"的幾句話也不是孔子所說。

> 或問"傳曰'三年無改於父之道，可謂孝矣'，信乎"？曰，"是有孝子之志焉，蹈道則未也。……禹承堯舜之業，啟嗣之，無改焉，可也。武王繼文之業，成王嗣之，無改焉，可也。吏舜行瞽之不善，禹行鯀之惡，曰，俟三年而後改，可乎不可也？凡為人子者，幸而伯禹武王為其父，無改也，雖過三年，忍改之乎！不幸而瞽鯀為其父者，雖生焉猶將正之，死可以遂而不改乎"！……曰，"然則言者非乎"？曰，"夫子死，門弟子記其言，門弟子死，而書傳出乎人家之壁中者，果盡夫子之云乎哉"！（歐陽文忠集三年無改問）

經他這樣一說，坊記中的論語要說是孔子所引，自屬再也無從說起。而論語的編成，漢書藝文志中又明明記載着出於孔子之門人：

> 論語者，孔子應答弟子時人及弟子相與言而接聞於夫子之語也。當時弟子各有所記，夫子既卒，門人相與輯而論篹：故謂之"論語"。

門人是弟子的弟子，夫子卒後纔由他們輯而論篹，夫子生時就是要引用論語又何從引用起！所以王應麟說：

> 坊記引"論語曰，'三年無改於父之道'"，論語成於夫子之門人，則記所謂"子云"者，非夫子之言也。（困學紀聞卷五）

然則坊記中的"論語曰"是誰引的呢？程子說：

> 坊記不知何人所作，觀其引"論語曰"則不可以為孔子之言。漢儒如賈誼董仲舒所言，蓋得此篇之意，或者其所記與？（禮記義疏坊記篇首引）

這是疑漢人賈誼董仲舒輩引的。皮錫瑞說：

> 沈約謂禮記中庸表記坊記緇衣皆取子思子，然則坊記表記緇衣之

"子言之""子曰"或即子思子之言，故中有引論語一條。後人疑非孔子之言，解此可無疑矣。（經學歷史經學流傳時代論）

這是說是子思子引的。日人武內義雄說：

禮記中子思所作之諸篇，引"論語"者只此一例，其它同引論語，均冠以"子曰"。推測此章之前後文，與中間所引之論語，句語意味相同，恐係後人記於行旁之註語竄入文中者，非子思本來之語。（支那學第五卷一號論語原始）

這是疑係後人之旁註混入正文。這三種說法，子思子引的一說絕不可信。子思是春秋末戰國初時人，如子思能用"論語"之名，何以同他同時和在他以後的人都一用也不用，這是一可疑。照他們所說爲子思所作的幾篇，引用論語之文甚多，何以他處均冠"子曰"，而此一處獨冠"論語"，這是二可疑。所以這一說不能成立。說是賈誼董仲舒所引，但在前無人曾說坊記是他們所作，其他又無確據，此說也頗勉強。第三說似乎比較最近情。其實看了毛奇齡康有爲的話，即可明白禮記的編成本很遲，且時有附加：

漢藝文志云："記百三十一篇"，即禮記藍本也。⋯⋯漢成時劉向校經，始取記百三十篇，以爲此仲尼弟子及後學者所共撰，而增明堂陰陽孔子三朝及王史氏記合得二百十四篇。然猶未名爲"禮記"也。沿至東漢始有四十六篇之禮記流傳人間，而馬融直增入月令一篇，明堂位一篇，樂記一篇，凡三篇，合得四十九篇。（經問）

若禮記則前志祇云"記百三十一篇"，當是禮記未成書時底本。然並不名"禮記"，亦並無二戴傳禮記之說。惟後漢儒林有鄭玄所註四十九篇之目，則與今禮記篇數相合。（同上）

禮家先師刺取七十子後學記之言禮者爲一册，俾便於考據，如後世之爲類書者然。今按，儒家有子思二十三篇，曾子十八篇，公孫尼子二十八篇，孫卿子三十三篇，賈誼五十八篇。禮記中如中庸采之子思，曾子問及立事十篇采之曾子，坊記表記緇衣采之公孫尼子，三年問采之荀子，保傅禮察采之賈誼，則禮記純采之七十子後學可知。五家先師日加附益，故旣采賈誼之保傅禮察，公冠並采及漢孝昭帝祝辭，則宣元後先師之所采者矣。

（新學僞經考漢書藝文志辨僞）

西漢時的禮記采及漢孝昭帝的祝辭，材料內容已算很夠晚了。現在的四十九篇禮記，則又出自東漢，經馬融編定而由鄭玄傳下來的一個本子。試想編成得這樣晚的書裏有"論語"兩個字還有什麼稀奇。我們再看兪樾古書疑義舉例中的以旁記字入正文例：

王氏念孫曰，"書傳多有旁記之字誤入正文者。趙策，'夫董閼安于簡主之才臣也'，'閼'與'安'古同聲，即董安于也。後人旁記'安'字，而寫者並存之，遂作'董閼安于'"。

周書命訓篇，"通道通天以正人"，按下文云"正人莫如有極，道天莫如無極。道天有極則不威，不威則不昭。正人無極則不信，不信則不行"，皆以"道天""正人"對擧；然則此文當作"道天以正人"。襄三十一年左傳注，荀子禮論篇注並曰"道，通也"。"道天以正人"即"通天以正人"。疑他本或有作"通"字者，後人旁記於此，傳寫誤入正文，則爲"道通天以正人"，文不成義，乃又於"道"上加"通"字耳。

照第一條例，很可證明武內義雄的旁註混入正文的說法不爲無稽。照第二條例，我想或係後人因"三年無改於父之道，可謂孝矣"，這兩句書出於論語，即記"論語"二字於旁，傳寫誤入正文，覺其文不成義，遂又增一"曰"字於"論語"之下，因成現在的樣式（坊記此條論語係從里仁篇鈔來，下文之"微諫不倦，勞而不怨"，"父母在，不稱老"，與里仁之"事父母幾諫，見志不從，又敬不違，勞而不怨"，"父母在，不遠遊"亦相同。此文下引"高宗云"，如除去"論語曰"，與前後文之子云既畢，即引詩書作結，亦極合。由此可見非全條竄入，確僅增加"論語曰"三字而已）。

俞樾還有一種說法，云：

> 禮記如坊記表記緇衣等篇，其中"子曰""子云"字均是漢人增益，多可刪除者。（曲園雜纂中庸說）

此不但可以證明坊記中的"論語曰"非孔子所引，亦可證"論語曰"同樣爲漢人所增益。

就多方面推勘，如坊記一書成於"論語"一名已通行之後，則可置弗論；如成於"論語"一名未通行之前，則此"論語"二字必非原書所有，殆可斷言。

以上已證明孔子之時決不會有"論語"之名，坊記中之"論語曰"不獨非孔子所引，亦非漢前所有。但儻有人可以不答應，因爲還有春秋時代的書裏明引有"論語"。這部書是孔子家語。它裏面有孔安國的後序，說：

> 孔子家語者，皆當時公卿士大夫及七十二弟子之所諮訪交相對問言語者，既而諸弟子各自記其所聞焉。與孝經論語並時。弟子取其正實而切事者別出爲論語，其餘則都集錄名之爲"孔子家語"。

這說得很清楚，孔子家語和論語原本都是孔子弟子的記錄，他們把"正實而切事者"挑出來編爲論語，其餘的集做孔子家語。是這兩部書都是孔子弟子所編，當然家語是春秋時代之書。它裏面有

> 曾點，曾參父，字子晳。疾時禮教不行，欲修之，孔子善焉。
> 論語所謂："浴乎沂，風乎舞雩之下"（七十二弟子解）

的話，明引"論語"，似乎論語的編成遠在家語成書以前。但不幸爲魏博

士的馬昭就說"家語王肅所增加，非鄭所見"（禮記樂記孔疏引）。唐時的顏師古也說漢藝文志所載之家語，非今所有家語（漢書藝文志注）。孔穎達也說"家語先儒以肅之所作，未足可依"（禮記王制正義）。宋時的王柏也說"四十四篇之家語，乃王肅自取左傳國語荀孟二戴記割裂織成之。孔衍之序，亦王肅自為也"（經義考引）。到前清范家相的家語證偽，孫志祖的家語疏證，隋士珂的孔子家語疏證出，此案遂大白。大家已公認今本家語為王肅所偽作，孔安國的後序也是他所代撰，更無異議。范家相說：

> 論語非出於家語，即家語已自言之矣。七十二弟子篇曾點傳引論語云，"浴乎沂，風乎舞雩之下"，使論語出自家語，安得家語復引論語耶？況家語與論語事文重見者不一而足，豈有一時之撰集而兩取之乎！（家語證偽卷十一讀家語雜記）

翟灝也說：

> 就肅之說，家語是論語所餘，則兩語不應重襲，而當時不先有"論語"名。今如子謂子賤，子使漆雕開仕，子張問高宗，子路問管仲，子路慍見，葉公問政，齊人歸女樂，魯廟焚等事，皆已在論語，而家語仍由別集攟之。至弟子解敘曾點風浴，竟忘其所以，直標出"論語"名，則與後序言顯不自應，又烏足據之原論語耶！（四書考異卷九論語原始）

這眞該怪王肅作僞作得太不小心，既然說論語的材料是在編家語的一堆裏挑出去的，則論語中有的家語中就不該有了。既然說挑出了編論語的材料之後，就把賸下的編為家語，則賸下的材料都是論語未編以前就有的，為何當中會有"論語"這個名字？這不成了自己打自己的嘴巴了嗎！

偽家語和偽孔安國序既都出自王肅，"論語"一名出於春秋的根據，似乎已根本失却。但還有人說：

> 案，肅憒取婚姻喪祭郊禘廟祧與鄭不同者竄入家語，以矯誣聖人，

其他固已有之，未可竟謂肅所造也。（漢書藝文志補註引沈欽韓語）

這和史繩祖所說大戴係雜取家語之書分析成篇（見學齋佔畢），錢馥所說古本家語即在今本之中（見家語疏證書後）的話一樣。 如果可信，安見"論語"一條非來自古本家語？ 倘作此說，則請試看四庫總目提要及洙泗考信錄：

蓋王肅襲取公冠篇爲冠頌，已誤合孝昭冠辭於成王冠辭，故刪去"先帝""陛下"字，竄改"王"字。 家語襲大戴，非大戴襲家語，就此一條，亦其明證。 其割裂他書亦往往類此。 反覆考證，其出於肅手無疑。 （子部儒家類孔子家語條）

家語一書，本後人所僞撰。 其文皆采之於他書，而增損改易以飾之。如相魯篇采之於春秋傳史記；辨物篇采之於春秋傳國語；哀公問政儒行兩篇采之於戴記；曲禮子貢子夏公西赤問等篇采之於戴記春秋傳。 以至莊列說苑讖緯之書無不采，未有一篇無所本者。 然取所采之書與家語比而觀之，則其所增損改易者，文必冗弱，辭必淺陋，遠不如其本書，甚或失其本來之旨。其爲勦襲，顯而可按。 而世不察，以爲孔氏遺書，亦已惑矣！ 漢書藝文志云，"孔子家語二十七卷"，師古曰，"非今所有家語"，則是孔氏先世之書已亡，而此書出於後人所撰，顯然可見。且家語在漢已顯於世，列於七略，以康成之博學，豈容不見，而待肅之據之以駁已耶！ （洙泗考信錄卷一）

王柏說家語是肅取左傳國語孟荀二戴記所割裂織成，他們的說法和他相同，可見不但大戴非襲家語，且不僅在古本中插入一些與鄭不同者而止。

謂古本家語已亡，康成亦未之見，爲崔述一人之私言嗎？ 請再看范家相和陳鱣的話：

鄭氏之學極博，然注經未嘗一引家語，則古家語之亡久矣。（家語證僞讀家語雜記）

家語肅以前之儒者絕不引及，肅詭以孔子二十二世孫猛家有其書以爲解。（家語疏證序）

古本家語的失傳大概很早，不但王肅看不見，在王肅以前的儒者也早已不看見了。所以今本家語中不會再有古本家語的材料存在了。

王肅造僞書的手段很高，因爲要和鄭玄爭勝，造了許多僞書，多數假名於孔安國，家語不過其中之一種。皮錫瑞說：

肅僞造孔安國尙書傳，論語，孝經注，孔子家語，孔叢子共五書，以互相證明，託於孔子及孔氏子孫，使其徒孔衍爲之證。不思史漢皆云"安國早卒"，不云有所撰述，僞作之書已與史漢不合矣！（經學歷史經學中衰時代論）

這都是擡出父祖來壓倒孫曾的方法。王肅會假託了孔子和孔氏子孫的名目來壓伏鄭玄，想不到後人也會舉出在他以前的史漢沒有記載安國撰著來證明他的作僞啊！

家語的不可信，自魏迄今喧傳已久，故翟灝不肯據之以原論語。禮記是五經之一，班固在漢書藝文志"記百三十一篇"下註云，"七十子後學者所記也"。大家公認今本禮記即由此百三十一篇中出來，其地位旣高，源流亦確，自不能不使翟灝信從。同時班固又稱"論語者，……夫子旣卒，門人相與輯而論篹，故謂之'論語'"，可知撰禮記的人和撰論語的人的行輩相仿彿。所以他說：

"論語"名見禮坊記及今家語弟子解，今家語不可信，坊記可信也。蓋自孔氏門人相論篹畢，隨題之爲"論語"矣。（四書考異卷十四）

坊記中之"論語"也屬不可信，已如前辨。"孔氏門人相論篹畢，隨題之爲'論語'"，是事實不是呢？劉恭冕對於這點，相信了一半，反對了一半。他說：

> 漢志云，"門人相與輯而論篹，故謂之'論語'"，謂之者，門人謂之也。（鄭玄論語序逸文正義）

這是相信的方面，"論語"一名是門人起的。他又說：

> 藝文志云，"論語者，孔子應答弟子時人及弟子相與言而接聞於夫子之語也。當時弟子各有所記，門人相與輯而論篹，故謂之'論語'"。此謂夫子及弟子之語，門人論之。何異孫十一經問對，"論語有弟子記夫子之言者，有夫子答弟子問者，有弟子自相答問者；又有時人相言者，有臣對君問者，有師弟子對大夫之問者；皆所以討論文義，故謂之'論語'"。案，如何說，是夫子與弟子時人各有討論之語，非謂夫子弟子之語門人始論之也，此則視漢志為得也。（論語序正義）

這是反對的方面，他以為不是門人所論。王先愼駁他道：

> 案檀弓鄭注，"門人，弟子也"。釋文引鄭注，"論語仲弓子夏等所撰定"。劉恭冕論語序正義謂"夫子與弟子時人各有討論之語，非謂夫子弟子之語門人始論之"以駁漢志，非也。（漢書藝文志補註引）

王氏的意思，以為門人和弟子沒有分別。漢書藝文志上面說的"當時弟子各有所記"的"弟子"即是下面"門人相與輯而論篹"的"門人"。這一說實不可信，門人弟子古時確有分別，前人說得很明白。閻若璩云：

> 後漢賈逵傳始析弟子與門生為二，註未備。歐陽公孔宙碑陰題名跋云，"漢世公卿多自教授，聚徒嘗數百人。其親受業者為弟子，轉相傳授者為門生。今宙碑殘缺，其稱弟子者十人，門生者四十三人"。余按，鄭康成傳，"在馬融門下三年不得見，迺使高業弟子傳受於玄"，是其證也。（四書釋地三續）

這所說的還是漢時的情形,其實春秋戰國時也是如此。 朱彝尊云:

> 歐陽子有言,"受業者爲弟子,受業於弟子者爲門人"。 試稽之
> 論語,所云"門人",皆受業於弟子者也。 "顏淵死,門人厚
> 葬之",此顏子之弟子也。 "子出,門人問",此曾子之弟子
> 也。"子疾病,子路使門人爲臣",又"門人不敬子路",此
> 子路之弟子也。"子夏之門人問交於子張",此子夏之弟子也。
> 孟子云,"門人治任將歸,入揖於子貢",此子貢之弟子也。 觀
> 洪氏隸釋隸續所載東漢諸碑,有弟子復有門生,門人弟子固有別
> 矣。 (經義考卷二百八十二)

俞樾云:

> 春秋之義,微者書"人"。 論語所書有"門弟子""門人",門
> 人亦微者也。 "子路使門人爲臣",而夫子曰,"與其死於臣之
> 手也,無甯死於二三子之手"! 二三子謂諸弟子也。 "臣"與
> "二三子"別而言之,則門人之與門弟子固有異矣。 蓋雖同列
> 門牆,而行輩較晚,未敢抗行,故從微者之例稱"人"。 如云
> "門人不敬子路",又云"子出,門人問曰",非微者而何?
>
> (湖樓筆談卷一)

這兩條都舉在論語中者爲證,無法可更辨解。 所以無論就孔子之門人弟子存在之時代言,或就班固撰述漢書之時代言,均不得謂門人弟子沒有分別。 漢志說"門人相與輯而論纂,故謂之'論語'",這似乎是在解釋所以名"論語"之故,並不是在說明名"論語"之人。 翟灝將名"論語"這事歸之門人,實屬勉強。 不過這一說並非是他所始創,梁時的劉勰就說:

> 昔仲尼微言,門人追記,仰其經目,稱爲"論語"。 蓋羣論立
> 名,始於此矣。 (文心雕龍論說篇)

元時的何異孫也說:

孔門惟曾參最少，小孔子四十六歲。是書記曾子死，則其去孔
子也遠矣。曾子死，孔子弟子略無存者矣。竊意論語一書，曾
子弟子爲之而就名之也。（十一經問對卷一）

翟灝和劉�所說的"門人"是泛指的，何異孫因承襲了柳宗元曾子弟子編
成的說法，就把命名"論語"的人也歸之曾子弟子。這數人都是以"論
語"這名爲起於孔子的門人的。劉恭冕不但以爲非門人所論，即"論語"
之名爲"門人謂之"的說法，亦不過勉強引用。他的眞意則主張是孔子
的弟子仲弓等所題。他說：

論語之作，不出一人，故語多重見；而編輯成書，則由仲弓子游
子夏首爲商定。………仲弓等裒集諸弟子所記，勒爲此編。………
旣經撰定，不得無名以稱之，此"論語"二字必亦仲弓等所題。
漢志云，"門人相與輯而論篹，故謂之'論語'"，"謂之"者，
門人謂之也。經典叙錄亦云，"夫子旣終，微言已絕，弟子恐
離居以後，各生意見，而聖言永滅，故相與論撰。因輯時賢及
古明王之語，合成一法，謂之'論語'"，亦以"論語"爲弟子所
題也。（鄭玄論語序逸文正義）

說是弟子所題，還有比陸德明更前的皇侃：

弟子僉陳往訓，各記舊聞，撰爲此書，成而實錄。上以尊仰聖
師，下則垂軌萬代。旣方爲世典，不可無名。然名書之法，必
據體以立稱。猶如以孝爲體者，則謂之"孝經"；以莊敬立體
者，則謂之爲"禮記"。然此書之體適會多途，皆夫子平生應
機作教，事無常準。或與時君抗厲，或共弟子抑揚，或自顯示
物，或混跡齊凡。問同答異，言近意深。詩書互錯綜，典誥相
紛紜。義旣不定於一方，名故難求乎諸類，因題"論語"兩字
以爲此書之名也。（論語義疏叙）

這裏和前面一樣，陸德明和皇侃所說的弟子是泛指的，劉恭冕因有鄭玄說論語仲弓子游子夏等所撰的成見，就把起"論語"這名的事也歸之他們。自皇侃劉懿到翟灝劉恭冕，雖有弟子題門人題的議論不一，但總有一條共通的例，就是猜測是誰編纂這書便屬誰替此書起名。這完全是以後世撰書起名的方法來例之古代的。不知道漢以前是沒有自己命名的書的；更不知道在沒有命名爲"論語"以前，這書是怎樣的幾堆竹簡？在春秋戰國時這書的最初的原本材料是怎樣的一個情形？怎樣慢慢地有意無意的聚集成冊？這些事情，說來話長，且俟後談。但如果"論語"一名確爲孔子的弟子或門人所起，則自春秋至漢初遙遙三百年中何以並無一人稱用？他人姑不論，儒家的權威孟荀二大師書中所引論語中語並不少，何以總不記"論語"二字？二戴禮記可稱一部儒家叢書，篇帙總不能算不多，何以也除却坊記中一條可疑的以外再也不見有第二條呢？所以儘管他們議論紛紛，猜測這個題那個題，我們總不信"論語"之名會起於孔子的弟子或門人的！

* * * * *

坊記和家語不可憑，前人紛紛揣測之說又不足信，"論語"一名究屬起於何時何人呢？王充說起於西漢的孔安國。論衡正說篇：

孔子孫孔安國以教魯人扶卿——官至荊州刺史——始曰"論語"。

這說得最明白沒有了，是孔安國教魯人扶卿的時候起的。孔安國是怎樣的一個人呢？史記沒有替他立傳，祇在孔子世家的末尾附帶記了幾句，說，"安國爲今皇帝博士，至臨淮太守，蚤卒。安國生卬，卬生驩"。漢書也沒有替他立傳，祇在儒林申公傳說他是申公的弟子，孔光傳說他"自治尚書，爲武帝博士"。因爲他是孔子的後裔，又是尚書博士，所以使得西漢末年的劉歆要利用他，曹魏時的王肅也要利用他。把一部尚書化出了兩個化身，還連帶發生了許多問題。累得許多學者寫禿了無數管筆，污損了無數張紙，到現在仍舊有已經弄清楚的，也有還沒有弄清楚的。他的生卒年他處無可考，惟家語附錄的孔安國傳說他曾受書於伏生，年六十卒，似乎可定他生於文帝十年（前一七○）左右，卒於武帝元鼎（前一一六至一一一）時。朱彝尊相信這一說。王鳴盛則以和史記"蚤卒"之語不合，故云：

> 世家載孔氏子孫年皆四十五十，皆不謂之早卒，而獨言安國"蚤卒"，則安國之年只可以四十爲斷，家語附錄云"六十"者不可信。家語本王肅私定，況附錄又何足據。以安國年四十推之，兒寬受業於安國在元朔三年（前一二六），時安國約年二十餘，則其生當在景帝中年（前一五○左右），其卒當在元鼎元封之間（前一一○左右），此爲定論。（尚書後案）

這是用史記的"蚤卒"來推翻家語附錄"六十"之語，而用兒寬受業於安國之年來定安國爲博士之年，即以此年推定其約略的生卒時期。王國維的說法略與此同，但語意似比王鳴盛所說之時期稍前數年：

> 孔子世家云，"安國爲今皇帝博士，至臨淮太守，蚤卒。安國生卬，卬生驩"，旣云"早卒"，而又及紀其孫，則安國之卒當在武帝初葉。以漢書兒寬傳考之，則兒寬爲博士弟子時，安國正爲博士，而寬自博士弟子補廷尉文學卒史，則當張湯爲廷尉時。湯以元朔三年（前一二六）爲廷尉，至元狩三年（前一二○）遷御史大夫，在職凡六年。寬爲廷尉史，至北地視畜，數年始爲湯所知，則其自博士弟子爲廷尉卒史，當在湯初爲廷尉時也。以此推之，則安國爲博士當在元光元朔間（前一三○左右）。………然安國旣云"蚤卒"，則其出爲臨淮太守，亦當在此數年中。
>
> （觀堂集林太史公行年考）

此考很精核。大抵安國生於文帝末葉(前一六〇左右)，卒於武帝初葉——元朔元狩間（前一二〇左右），——年約四十左右。我們所能知道他的事情，除了漢書藝文志及史漢儒林傳說他多得逸書十六篇及司馬遷從他問古文尚書這一件今古文上的大公案外，大概就只有這一點。

"魯扶卿"這個名字則見於漢書藝文志及張禹傳：

> 傳魯論語者：常山都尉龔奮，長信少府夏侯勝，丞相韋賢，魯扶卿，前將軍蕭望之，安昌侯張禹皆名家。（漢書卷三十一藝文志）

> 始魯扶卿及夏侯勝，王陽，蕭望之，韋玄成皆說論語。（漢書卷八十一張禹傳）

就此可知他是傳魯論語的。陸德明經典釋文所記雖和此相同，但他說鄭玄本的"扶卿"係作"扶先"。

> 魯論語者，魯人所傳，即今所行篇次是也。常山都尉龔奮，長信少府夏侯勝，丞相韋賢及子玄成，魯扶卿（鄭云"扶先"，或說"先，先生"），太子少府夏侯建，前將軍蕭望之並傳之，各自名家。（經典釋文敍錄）

宋翔鳳說，"所引鄭云，當出論語序"（論語鄭注卷十論語叙）。"先"字作"先生"解，史漢並有其例：

> 鼂錯者，潁川人也。學申商刑名於軹張恢先所。集解：徐廣曰："'先'，即'先生'"。（史記卷一百一鼂錯傳）

> 建元年中，上招賢良，公卿言"鄧先"。師古曰："'鄧先'，猶云'鄧先生'也"。（漢書卷四十九鼂錯傳）

> 夫叔孫先非不忠也。師古曰，"'先'，猶言'先生'也"。（漢書卷六十七梅福傳）

"卿"字也可作尊稱：

> 荊軻者，衛人也。其先乃齊人，徙於衛，衛人謂之"慶卿"。索隱："'卿'者，時人尊重之號，猶如相尊美而稱'子'然也。（史記卷八十六刺客列

傳)

事推功善，歸之於下，曰，"某掾卿所爲"。補註：先謙曰，"戰國人寑尊人曰'卿'，漢世遂爲常語，下文捕賊'兩卿'是也"。(漢書補註卷七十六趙廣漢傳)七略曰，"論語家近有琅玡王卿，不審名"，蓋"卿"非王氏名。

（四書考異總考十一）

照這些來看，"魯扶卿"這個名字很有問題。還是姓魯名扶卿呢？（如漢志）還是魯人姓扶名卿呢？（如正說篇）還是姓魯名扶先（如鄭云）或魯人姓扶人稱之爲"卿"或"先"呢？武內義雄說，正說篇"'魯人扶卿'之'人'字衍"（論語原始）。劉恭冕說：

> 論衡正說篇謂"安國以授魯人扶卿，官至荆州刺史，始曰'論語'"，案，扶卿爲魯論之學，見漢藝文志，不傳古論。且漢志及張禹傳經典叙錄皆言"魯扶卿"，是"魯"爲其姓，論衡獨言"魯人扶卿"，與漢志諸文不同。又，"荆州刺史"似謂扶卿所居之官，論衡此言未知所本。至"論語"之名早見坊記，豈至安國及扶卿時始有其名！（論語序正義）

他們都不以王充之言爲然。由我推測起來，王充的話和漢志鄭玄都不衝突，確是魯人姓扶人稱之爲"卿"或"先"。這可分幾點來證明。漢志說：

> 傳齊論者：昌邑中尉王吉，少府宋畸，御史大夫貢禹，尚書令五鹿充宗，膠東庸生，唯王陽名家。傳魯論語者：常山都尉龔奮，長信少府夏侯勝，丞相韋賢，魯扶卿，前將軍蕭望之，安昌侯張禹，皆名家。

在諸人姓名之上皆冠以官名，傳齊論之庸生無官名，則冠以"膠東"之地名，以此例傳魯論亦無官名之扶卿，所冠之"魯"字當亦爲地名。更觀何晏所引的劉向別錄，亦同此例：

> 魯論語二十篇，皆孔子弟子記諸善言也。大子大傳夏侯勝，前

將軍蕭望之，丞相韋賢及子玄成等傳之。齊論語二十二篇，其二十篇中章句頗多於魯論。琅邪王卿及膠東庸生，昌邑中尉王吉皆以教授。（論語集解序）

就此可知漢志的"魯扶卿"和正說篇的"魯人扶卿"相同。隋書經籍志說，"論語漢初有齊魯之說，其齊人傳者二十二篇，魯人傳者二十篇"。經典釋文叙錄也說"魯論語者，魯人所傳"。據漢志傳魯論語的爲龔奮，夏侯勝，韋賢，魯扶卿，蕭望之，張禹等六人。這六人除龔奮和魯扶卿外，其餘四人在漢書中均有傳。夏侯勝傳說"東平人"，韋賢傳說"魯國鄒人也"，蕭望之傳說"東海蘭陵人"。只有張禹是"河內軹人"，但他的魯論據經典釋文叙錄說是受於夏侯建，夏侯建是夏侯勝的從兄子，也是東平人。劉恭冕說，"東平蘭陵鄒皆屬魯，故漢儒林瑕丘江公傳，言'韋賢夏侯勝皆魯人也'"（論語序正義），就此可知傳魯論語的都是魯人，則扶卿亦屬魯人無疑，足證正說篇"魯人"之說不誤。經典釋文引鄭云"扶先"而不作"魯扶先"，雖不知鄭氏原文若何，但實不足證"扶"或"扶先"是名；轉有不連"魯"字似並未認"魯"字爲"扶先"之姓之意。"魯"字是地名，"扶"字自必是姓，故廣韻十虞"扶"字下注扶姓的人是"漢有廷尉扶嘉"，而康熙字典手部"扶"字下注扶姓的人則就作"傳魯論語者魯扶卿"了。朱彝尊經義考承邱五書"魯荆州刺史扶卿"，特將"魯"字寫在"荆州刺史"之上，而"御史大夫琅邪王卿"則並不將"琅邪"二字寫於"御史大夫"之上，可見他是怕人誤認"魯"字爲"扶卿"之姓，所以特地這樣分開寫的。"王卿"見於漢書武帝紀及百官公卿表，七略尙說"不審名"，荀悅漢紀又作"王延年"，"扶卿"之"卿"本有"卿""先"之別，則其爲尊稱而非本名，似已很可確定，不容再多疑了。

"魯人扶卿"，正說篇之說可信，孔安國教扶卿論語之說可信不可信呢？我說也可信。劉恭冕因漢志言扶卿傳魯論，如爲安國弟子，則將成傳古論，故以爲不可信。不知此劉氏之誤也。孔安國傳古論之說，史記無之，漢書亦無之，乃出於王肅之家語後序：

> 魯恭王得壁中書以歸夫子十一世孫子國（即安國），子國乃考論古今文字，撰衆師之義，爲古文論語訓二十一篇，尙書傳五十八卷。

及何晏論語集解序：

> 古論惟博士孔安國爲之訓解，而世不傳。

家語後序之不可信，前面已言之甚詳。何晏之說即承自王肅。何晏論語集解中所采之孔注，陳鱣沈濤輩均辨爲出於僞託，而丁晏直指係何晏由王肅之論語釋駁中錄出（丁晏之孔注證僞未刊，此見尙書餘論），尤極明快，更無可疑。是安國實無傳古論之事。安國爲武帝時之尙書博士，王國維說：

> 六藝與論語孝經小學三者，皆漢時學校誦習之書。漢時有受論語孝經小學而不受一經者，無受一經而不先受論語孝經者。……要之，無不受論語者。故漢人傳論語孝經者皆他經大師，無以此二書專門名家者。（觀堂集林漢魏博士考）

則他必先通論語而後治尙書（漢人八歲入小學，即誦論語孝經）。他是魯人，則所受亦必爲魯論。他是申公的弟子，或即受於申公。申公授安國，安國授扶卿，一線相承，同屬以魯論傳魯人。由此言之，足見正說篇安國敎扶卿論語之說，不是完全沒有根據的。（章太炎先生以傳齊論之膠東庸生爲安國之再傳弟子，遂若庸生之齊論亦屬安國所傳，——見廣論語駢枝及孫世揚論語考。——如此，似安國亦習齊論。此實不可信。漢志"庸生"一名，康有爲疑爲劉歆竄入。儒林傳之古文尙書傳授源流，康氏亦以爲出歆僞託，——見新學僞經考，——此姑不論。但儒林傳明言安國以古文尙書授都尉朝，都尉朝授膠東庸生，未及論語。是都尉朝曾否受論語於安國，庸生之齊論是否受於都尉朝，均不可知。想庸生爲膠東人，其齊論自受於齊人，未必傳自安國也。）

安國敎扶卿論語之說亦可信，然則"論語"之名起於安國敎扶卿時，是不是也同樣的可信呢？這雖因材料的限制，得不到確切的可以肯定或必須否定的證據，讓我下一句斷語。但我從多方面推勘，雖不敢說王充的話必可信；然也以爲可信的成分多於不可信的成分，最低限度"論語"一名的成立時期實不能更說尚有多大的差錯。這可以用"論語"二字最早係爲何人於何時所稱用來做按測。就我所查得的最明白而可靠的材料，當屬漢書董仲舒傳董仲舒對策中所引的

> 臣聞論語曰，"有始有卒者，其惟聖人乎"！

董仲舒是廣川人，孝景帝時即已爲春秋博士，他的生年當比孔安國早得多。張湯爲廷尉時，尚常至其家問得失，則元朔元狩間他尚生存。本傳說他"年老目壽終於家"，大約總有六七十歲之壽。他對策之年，漢書武帝紀記在元光元年，通鑑則記在建元元年，齊召南則以爲當在建元五年，三說不同。自建元元年至元光元年，須相差六年。洪邁王先謙以通鑑爲非，沈欽韓則又以通鑑爲是。雖諸說不易一時判明其何說爲合，但此事早不得過建元元年（前一四〇），晚不得過元光元年（前一三四），則極可確定。在此時之策文中已明用"論語"二字，則"論語"一名之成立，無疑當在此數年中或稍前，——即景帝末年與武帝初年（前一四〇左右）。

在此時期中，有沒有別的人引用"論語"二字呢？也有，見韓詩外傳：

> 論語曰，"色斯舉矣，翔而後集"，接輿之妻是也。（韓詩外傳卷二）
>
> 論語曰，"必也正名乎"！（同上卷五）
>
> 論語曰，"君子於其言，無所苟而已矣"。（同上卷六）

作詩外傳的韓嬰，史記儒林傳說：

> 韓生者，燕人也。孝文時爲博士，景帝時常山王太傅。韓生推詩之意，而爲內外傳數萬言。其語頗與齊魯間殊，然其歸一

也。他在孝文時即已爲詩博士，比董仲舒更早。漢書儒林傳說：

> 武帝時，嬰嘗與董仲舒論於上前，其人精悍，處事分明，仲舒不能難也。

是武帝時他尚存在。他曾爲常山王太傅，這常山王是誰呢？史記集解引徐廣曰，"憲王舜也"。憲王舜的封爲常山王，據漢書諸侯王表是在景帝中五年（前一四五）三月，即景帝卒前五年。韓嬰的詩外傳，雖不知其撰於何年；但書籍編定，率在晚歲，而外傳又必成於內傳之後。如以爲常山王太傅後，爲彼成詩外傳之時，則彼書中旣明用"論語"二字，即可爲"論語"一名成立於景帝末或武帝初之又一證。

尚有兩點證據，亦可證成此說，即春秋繁露和淮南子要略的用"論"字。

> 且論已見之而人不察，曰，"君子攻其惡，不攻人之惡"。（春秋繁露卷八仁義發篇）

> 有否心者不可藉便執，其質愚者不與利器，論之所謂"不知人"也者，恐不知別此等也。（同上卷八必仁且智篇）

> 書論者所以紀綱道德。（淮南子卷二十一要略）翟灝云，"所云'論'，謂論語"。（四書考異總考十四）

春秋繁露是董仲舒所作，其著書自在景武時，撰定則已在元朔元狩間。淮南子是淮南王劉安與賓客所合作，胡適之先生說：

> 漢書說他入朝獻書時，內篇新出。他入朝時，田蚡方爲太尉，則是建元元年至二年（前一四〇至一三九）的事。故內篇之著作，約在紀元前一四〇年。（淮南王書頁四）

建元元年是武帝即位的第一年，與董仲舒對策之年相同。用"論"與用"論語"沒有多大分別。

寫有"論"字或"論語"二字爲此書之名之最古之書，在現在看得見而比較上可靠的，大概只有這幾種。史記仲尼弟子列傳也有"余以弟子名姓文字悉取論語弟子問"一語，司馬遷作史記，據王國維說經始於太初元年（前一〇四），則比前數書均後。至韋丞相玄成傳云，"明於詩論語"，玄成爲宣元時人，傳爲褚先生所補，尤不足道。

經此推勘，似"論語"一名成立於景帝末或武帝初，大致無疑。如此假設可信，則正說篇云起於安國敎扶卿時即有可能。安國生於文帝末葉，至景武之間年已二十左右，對於論語必習之已久，可以敎人。論語爲孔氏家書，與他書不同。安國爲孔子之後，或由他傳出之名，易爲人所信仰采用，故當時如韓嬰董仲舒司馬遷等皆曾用之。以後傳齊魯論之學者，皆即此數大師之弟子，遂相沿承用，歷久弗絕。惟韓董有書流傳，我儕得見其寫記，知"論語"之名最早見此數書。安國無書流傳，至今衹憑王充一語，藉以懸度，更無他證可考，究不知充言是否可信，韓董輩之稱用是否果采諸安國。第以其時考之，若可信耳。然"論語"一名初無一書有之，至景帝後遂數書同有，則初無此名，至此時方有人替它起上，此則似頗可成定論。

更從"論語"一名稱未出世以前之來源上看，亦可證明"論語"之名起於景帝以後的說法不至大錯。章學誠云：

　古人不著書，古人未嘗離事而言理，六經皆先王之政典也。（文史通義易敎上）

　三代盛時，各守人官物曲之世氏，是以相傳以口耳。⋯⋯戰國始以竹帛代口耳。（同上詩敎上）

這是極精覈的考察。他又云：

　夫子未嘗著述也。論語記夫子之微言，而曾子子思俱有述作以垂訓，至孟子而其文然後宏肆焉。（詩敎上）

就此可知私家著述第一部是"記夫子之微言"的論語，而"至孟子而其文然後宏肆"，這是歷史進化後必勝前的定例。惟其如此，所以孟子之門人弟子記載孟子之言語及孟子卒後將諸記載結集成書與孔子之門人弟子記載孔子之言語及孔子卒後將諸記載結集成書，二事乃遠不相侔。孔子之時尚無私家著述，故孔子生時，弟子門人未嘗容心記載，卒後，亦未嘗容心結集，與孟子之時私家著作已與盛者不同。梁啓超云：

> 孔子剛死時，那些弟子還沒有想到把聽來的話記出來，只是口說相傳。………後來漸漸寫成文章，又不是一人的工作。（古書眞僞及其年代第六章）

這種觀察是極對的。所以若就著作起源上說，稱論語爲私家著作最早的一部，自無可非議。若就全部之記載言，或指此書之成書言，則眞爲春秋時代之記載恐極少，或竟無有，而以後逐出逐增之材料，則恐歷戰國秦漢無時無之。而成書則不惟無孔子之直接弟子或再傳弟子相與撰定之事，恐孟荀之時亦僅零簡單策散出之雛形，編集成帙，尙在其後。試就孟子爲證。孟子中引"仲尼曰"者兩條（梁惠上，離婁下），"孔子曰"者二十六條（公孫丑上五；滕文上二，下一；離婁上四，下一；萬章上四，下二；告子上二，下一；盡心下四），此中有與論語文句同者八條，此外尙有與論語文句同者五條（滕文上曾子曰"生事之以禮"條，君子之德風也條；滕文下陽貨欲見孔子條；萬章下孔子君命召條；盡心下孔子不得中道而與之條）。所謂同，大致同而已，儘有大同小異，及大異小同者，如該時已有成書，不應差異過多，此其一。論語爲政記"生事之以禮，死葬之以禮，祭之以禮"三語爲孔子告樊遲之語，而孟子滕文上則作曾子曰；論語述而記"若聖與仁則吾豈敢，抑爲之不厭，誨人不倦，則可謂云爾已矣"爲孔子告公西華之語，而孟子公孫丑上則作孔子告子貢，兩不相合，此其二。與論語文句不相同之二十條，其中儘有至言要語，何以不在論語中，此其三。引"孔子曰"中有一條（萬章上：孔子曰，"於斯時也，天下殆哉，岌岌乎"！）爲咸丘蒙所稱，而孟子則斥之曰，"否！此非君子之言，齊東野人之語也"。荀子儒效篇亦有"客有道曰，'孔子曰，"周公其盛乎！身貴而愈恭，家富而愈儉，勝敵而愈戒"'！應之曰，'是殆非周公之行，孔子之言也'"，是孟子荀子時均已有人在僞造孔子之言。咸丘蒙之說固僞，然如孟子所引之"孔子曰，'知我者其惟春秋乎！罪我者其惟春秋乎'"！"孔子曰，'其義則丘竊取之矣'"等語，何嘗不是信口揑造（史通惑經已辨之）！觀荀子性惡篇之

> 堯問於舜曰，"人情何如"？舜對曰，"人情甚不美，又何問焉！妻子具而孝衰於親，嗜欲得而信衰於友，爵祿盈而忠衰於君。人之情乎，人之情乎甚不美，又何問焉"！

僞跡顯然，則王霸篇正論篇等之"孔子曰"是否同屬杜撰？如該時已有"記夫子之微言"一書流傳，何以人人皆尙可隨口假託，况如孟荀之大儒！以上諸證，如謂該時孔子之言行尙在口說流傳，即有記於簡策者，亦甚零散，則固可如此。若謂均已編撰成書，且已有"論語"之名，則將無不牴牾。由此推之，大抵孔子之言行，門人弟子初亦口說相傳，一按往時無私家著述之舊習。即偶有記錄，如子張書紳等，亦意在備忘，不在成書。其後時代愈後，口說流傳亦愈廣，記之簡策者亦日多。但亦各尊所聞，各記所知，並不互相謀議。而簡策之流傳，亦遂詳略多寡不等。初無一定之撰人，尤無一定之篇帙，任其自然演進。是以其記錄雖最早，其成書反極遲，總緣本非有心著述，有心編撰之故。故當時之人，所見多屬單簡零策，不覩全豹。是以齊宣王問孟子齊桓晉文之事，孟子即可以仲尼之徒無道桓文之事相答；而隨口編造者亦無從質證，因應用之便利，遂不妨大家要用即製。由此可知孟子荀子等之"孔子曰"，有許多都是孟子荀子等自作之"記夫子之微言"之書（當時因無記孔子言行之成書，故彼等不須另作僞書。造出後，門人弟子爲之記下即止。故甲書之"孔子曰"多不見於乙

書。至王肅爲聖證論，即非先作僞書不可矣)。隨口亂造之風旣啟，羣相效尤。其後孔子之地位愈高，名聲愈大，儒家和非儒家僞造之孔子言行亦愈多。一看兩戴記已可驚，如打開孫星衍所編之孔子集語一瞧，眞使人舌撟難下！論衡正說篇云：

> 夫論語者，弟子共紀孔子之言行。勑己（疑是"初記"之誤）之時甚多，數十百篇。漢興失亡。

孫世揚論語考云：

> 蓋論語之名初甚廣泛，凡記孔門言行者，如三朝記及仲尼閒居孔子燕居之類，以及家語二十七篇，孔子徒人圖法悉以爲稱。故王充言論語有"數十百篇"也。……王充言"漢興失亡"者，亦謂其散亂不治而已。

此言漢代論語初出之時之狀況，甚可信從。此時並無"論語"之名，後人追言之，遂均謂之"論語"。而論語實是此一大堆記孔門言行之竹簡中之一部。此書雖尙保存一部分孔門正統學者所傳之材料，然竄雜亦已不少，其最後編成似已在漢代。其中如言"無爲""無言"則屬道家言，言"卑宮室，惡衣服"，"堯曰，'咨爾舜！天之歷數在爾躬'"則屬墨家言。而中庸之爲德章來自中庸，"予小子履，敢用玄牡"，"雖有周親，不如仁人"等語又來自墨子，其成書之晚已可槪見。此由推測漢前此書漸次流傳馴至結成之情形，可知初無成書，亦無正式之編撰人，是此書在漢前並無名稱之理由一。

章學誠云：

> 夫子曰，"述而不作"，六藝皆周公之舊典，夫子無所事作也。論語則記夫子之言矣，"不恒其德"，證義巫醫，未嘗明著易文也。"不忮不求"之美季路，"誠不以富"之歎夷齊，未嘗言出於詩也。……論語記夫子之微言，而詩書初無識別，蓋亦述

作無殊之旨也。（文史通義言公上）

"述作無殊"，可以說是古人說話行文的一種方式。禮記曲禮雖說"毋勦說，毋雷同"，但是古人並不如此。他們常常拿別人的話當自己的話來說，毫不爲怪。他們引人家的話，大概有三種方法：第一種就是如章學誠所說把人家的話混在自己的話裏，全不表明。孟子滕文上的"君子之德風也，小人之德草也，草尙之風必偃"；萬章下的"孔子君命召，不俟駕而行"；盡心下的"孔子不得中道而與之，必也狂獧乎！狂者進取，獧者有所不爲也"；荀子勸學的"古之學者爲己，今之學者爲人"；大略的"禮云禮云，玉帛云乎哉"；以及呂氏春秋勸學的"孔子畏於匡，顏淵後。孔子曰，'吾以汝爲死矣'！顏淵曰，'子在，回何敢死'"等，都是引論語而不說明的。直到史記漢書，也都還是不別人我的勦襲。第二種方法是在所引的句子之上加上一個"故"字或"故曰"，來表明這句話是成語。如荀子勸學的"故未可與言而言謂之傲，可與言而不言謂之隱，不觀氣色而言謂之瞽"；大略的"故曰，'君子難說，說之不以道，不說也'"。也可在句子之下用一句"此之謂也"來表明。如春秋繁露二端篇的"'雖欲從之，末由也已'，此之謂也"；仁義發篇的"'躬自厚而薄責於人'，此之謂也"等都是。第三種方法是何人所說即書何人之姓或字或姓字，此例極多極普遍。如諸書中之稱"孔子曰""曾子曰"等爲稱姓；稱"仲尼曰""子貢曰""子路曰"等爲稱字；"顏淵曰"，"有若曰"，"宰我曰"等則屬兼稱姓字（此外如稱官書則有"書云""詩曰""志曰"等，引人言則有"諺曰""人之言曰""人有言曰"等，弟子稱引師說則有"子曰""子云""子言之"等，不備舉）。古代初無私家著述，所以無書名。及至有私家著述以後，如論語孟子等尚屬隨得隨記之單簡零策，不成爲篇，故並無篇名。至墨子莊子荀子等始有篇名，然其編集各篇成帙，都在戰國秦漢間，時已甚晚；其書旣多有後人代撰，篇名亦有屬後人所加。而其引人之語，因有此三種方式，所以雖因該時本無書名可用，然亦以其尚無書名之需要，故即不見有書名之出現。章學誠云：

> 古人並無私自著書之事，俱是後人綴輯。（文史通義詩敎上）

> 古人著書，往往不標篇名，後人較讐，即以篇首字句名篇；不標書名，後世較讐，即以其人之名名之。古人無意爲標榜也。
> （同上繁稱）

所以正式之書名必起於漢後。此從漢前一般之應用及成書之情形推測，可知"論語"一名不會出現於漢前之理由二。

以上所說的是漢前的情形，我們一翻西漢時代的著作，立刻知道西漢人凡引用論語中的文句，有兩種極普遍的稱謂：一種是稱"傳"，一種是稱"孔子"。

"傳"的名字是什麼時候起的呢？漢書劉歆傳說：

> 至孝文皇帝始使掌故晁錯從伏生受尙書，詩始萌牙，天下衆書往往頗出，皆諸子傳說（記），猶廣立於學官，爲置博士。

趙岐孟子題辭說：

> 孝文皇帝欲廣遊學之路，論語孝經孟子爾雅皆置博士。後罷傳記博士，獨立五經而已。

趙岐說孝文帝時曾將論語孝經等置博士，博士的名稱是"傳記博士"。劉歆說孝文帝時天下衆書往往頗出，都是諸子和傳記，還替它置博士。將這兩條合看，就可知論語是孝文帝時出來，出來後即叫它做"傳"。所以王充說：

> 宣帝下太常博士時，尙稱書難曉，名之曰"傳"。（論衡正說篇）

"名之曰'傳'"，不是說宣帝時始名之曰"傳"，是說那個時候是叫它做"傳"的。爲什麼叫它做"傳"呢？孔穎達說：

> 凡書非經則謂之"傳"，曾"及傳論語孝經"，正謂論語孝經是

"傳"也。 漢武帝謂東方朔云，"傳曰，'時然後言，人不厭其言'"；又，漢東平王劉雲與其太師策書云，"傳曰，'陳力就列，不能者止'"；又，成帝賜翟方進書云，"傳曰，'高而不危，所以長守貴也'"，是漢世通謂論語孝經為"傳"也。 以論語孝經非先王之書，是孔子所傳說，故謂之"傳"，所以異於先王之書也。（尚書序正義）

論語當時一出來就叫做"傳"，又立過傳記博士，所以稱用得頗廣。 司馬遷雖在仲尼弟子列傳的贊裏提起過"論語"，但在封禪書及李將軍傳贊等則均作"傳曰"。

何以又有人稱做"孔子"呢？ 錢大昕說是：

漢藝文志云，"論語者，孔子應答弟子時人及弟子相與言而接聞於夫子之語也"，故漢唐諸儒引用論語，雖弟子之言皆歸之孔子。 後儒未達此義，輒謂諸弟子之言多有流弊；豈知論語所述皆孔氏微言大義，端木游夏諸賢其言皆聞諸夫子者乎！（潛研堂集）

前人稱論語為"孔子"，所引的如是孔子之語，就看不出他是不是拿"孔子"當書名。 幸有許多不是孔子之語，他們亦作"孔子曰"，那就使我們明白這個"孔子"是同我們用"孟子""老子""莊子"等一樣的，都是以人名代書名的。 錢氏說因書中所記都是孔氏之微言大義之故，這是似是而非之談，不如翟灝猜測得對：

考論語所記，不盡孔子之言，有動容，有弟子言，有古聖賢事，而引述之者每概題"孔子曰"字。 如漢章帝正經義詔引"孔子曰，'博學而篤志，切問而近思，仁在其中矣'"；司馬遷宋世家贊曰，"孔子稱'微子去之，箕子為之奴，比干諫而死'"；田叔傳贊曰，"孔子稱'居是國，必聞其政'"；劉向說苑引"孔子曰，'君子務本，本立而道生'"；"孔子曰，'恭近於禮，遠恥辱也'"；新序引"孔子曰，'言語，宰我子貢'"，……斯皆顯然易辨之文，何致混誤繁多乃爾！ 或者謂"論語之書，當時似亦別稱'孔子'，如孟子書之稱'孟子'者然"。 據尸子廣澤篇云，"墨子貴兼，孔子貴公，皇子貴衷，田子貴均，列子貴虛，料子貴別"，嘗以孔子雜諸子中。 論衡率性篇言"孔子道德之祖，諸子中最卓者也"，此雖陽尊孔子，而時之等孔子於諸子，亦已露言下矣。 或者之言容不虛妄。（四書考異總考十四）

"等孔子於諸子"，在經過宋儒推尊孔子至極以後之人看來，似覺可異，古代則甚平常。 如呂氏春秋不二篇之

> 老耽貴柔，孔子貴仁，墨翟貴廉，關尹貴淸，子列子貴虛，陳駢貴齊，陽生貴己，孫臏貴勢，王廖貴先，兒良貴後。

荀子解蔽篇亦有

> 墨子蔽於用而不知文，宋子蔽於欲而不知得，慎子蔽於法而不知賢，申子蔽於埶而不知知，惠子蔽於辭而不知實，莊子蔽於天而不知人，……孔子仁知且不蔽。

之語，可見這不足爲奇。"稱孔子書作'孔子'，如稱孟子書作'孟子'"，這說法是很對的。 這理由很簡單，在漢以前，看得見的私家著作不多，又可以把他人的話混在自己的話裏，所以沒有書名的需要。 一到漢朝，却不同了。 眞書假書，一時擁出了許多，有時引用他人的話，又非標明來處以示其說有據不可，無如前人之書本無書名，只得將作書之人之姓氏來代替（書雖非本人所作，然書中實以此人爲主，名卽歸之此人）。 此卽"後人卽以其名名之"之由來。 孟子是和論語同出同置博士的書，所以也稱"傳"（漢書劉向傳引"傳曰，'聖人不出，其間必有名世者'"），也稱"孟子"，論語自然與它同例。 寫到這裏，我們要問論語如果原來就名"論語"，何以西漢人偏不稱

而要稱它為"傳"或"孔子"呢？又何以稱"傳"稱"孔子"的會比稱"論語"的多而且普遍呢？我們再看一看王充的話：

> 宣帝下太常博士時，尚稱書難曉，名之曰"傳"。後更隸寫以傳誦。初，孔子孫孔安國以教魯人扶卿，官至荊州剌史，始曰"論語"。（正說篇）

這可以明白在宣帝以前雖有孔安國替它起了一個"論語"的名字，但到宣帝時人還是稱它為"傳"。西漢人稱這一部書為"傳"，是此書出來時國家替它同另外幾部書一起定的。稱這一部書為"孔子"，是用人名當書名，照別的子書的例沿用的。而"論語"呢，則是由一個私人起了慢慢經人采用的。所以在"論語"一名未有之前，人固稱之為"傳"或"孔子"，即在已有之後，也是稱它為"傳"或"孔子"的人多，"論語"是曉得的人纔稱用的。這就是西漢人的著作裏只見稱"傳"或"孔子"而很少稱"論語"的緣故。但因傳此書的人有很多即是初用這一名的那些人的門徒，遂漸傳漸廣，到東漢這個名字方達到普遍化。故我們看班固在漢書中用"論語"二字就很多，和史記大不同；而薄薄的數冊白虎通裏，"論語"二字也不算少。雖西漢以後仍有沿稱為"傳"或"孔子"的，但已屬漸久漸少，而"論語"則日進日盛，終究奪得專席，適與在西漢時"傳"與"孔子"盛而"論語"微相反。此從西漢時人使用此書之名之情形，推測"論語"之名實屬後起而非早有之理由三。

總前所論，更加此三種由推測戰國及西漢有關於"論語"一名稱出現之各方面之情形而得之理由，似前云此名有出於安國之可能及起於景帝以後之假設，萬一日後不得強有力之新證推翻，或不無有可以成立之覬望！

* * * * *

前面的文字，是考索"論語"一名起於何時何人，已就推勘的結果，爲定下一比較可信的假設。但此書之名，從體裁而論，似仿其他子書之例，稱之爲"孔子"，並不算不適當，謂之爲"傳"，已覺可議，何以尚有人起來爲特製一"論語"之名，這想來總該也有一個理由。"論語"二字究竟含有一種什麼意義呢，也似乎不能不加以研究。

何異孫說論語所以不號"孔子"而孟子就號"孟子"的緣故，是：

> 論語是諸子記諸善言而成編集，故曰"論語"；孟子是孟子自造之書，如荀子楊子，故謂之"孟子"。（十一經問對卷二）

這一說我們是不信的。因爲古人不著書，孟子決不是孟子自造之書。"子"字是尊稱，自己不會稱自己爲"孟子"。晁公武說：

> 書載孟子所見諸侯皆稱謚，如齊宣王梁惠王梁襄王滕定公滕文公魯平公是也。夫死然後有謚，軻著書時，所見諸侯不應皆前死。且惠王元年至平公之卒，凡七十七年，軻始見惠王，王目之曰"叟"，必已老矣，決不見平公之卒也！後人追爲之明矣。
>
> （郡齋讀書志）

這是很顯明的證據。又如孟子滕文上的"孟子道性善，言必稱堯舜"等文句，哪裏像是自己記的說話，所以這不足以證論語之應該不號"孔子"。

最早解釋"論語"二字的意義的是漢書藝文志：

> 論語者，孔子應答弟子時人及弟子相與言而接聞於夫子之語也。
>
> 當時弟子各有所記，夫子卒後，門人相與輯而論篹，故謂之"論語"。

這是說孔子的門人輯錄了孔子及孔子弟子之語，經過一番討論，把論定的編纂成冊，所以叫做"論語"。""語"是孔子及孔子弟子之語，"論"是孔子門人所論。晉朝的傅玄說：

> 昔仲尼旣沒，仲弓之徒追論夫子之言，謂之"論語"。（輯本傅子）

這是說夫子之"語"，經過仲弓等追"論"，所以叫"論語"。他和班固的說話，雖有一單指孔子語，一連孔子弟子語；一說門人論，一說仲弓等論的不同，但"語"字都作言語解，"論"字都作議論解，則相同。清朝的李璵說：

> 孔門弟子論譔孔子之語以傳後世，故曰"論語"。（論語傳註上）

這與傅玄之說甚合，惟一指明仲弓等，一混說弟子稍異。東漢的劉熙云：

> 論語紀孔子與諸弟子所語之言也。"論"，倫也，有倫理也。"語"，叙也，叙已所欲說也。（釋名釋典藝）

他說"論語紀孔子與諸弟子所語之言"，這一點同於班固；但又增釋"語"字為"叙已所欲說"，與班傅不同。解"論"為"倫理"，亦前所未有。梁朝的劉勰說：

> 聖哲彝訓曰"經"，述經叙理曰"論"。"論"者，倫也。倫理無爽，則聖意不墜。昔仲尼微言，門人追記，故仰其經目，稱為"論語"。（文心雕龍論說篇）

他的"語"字也單指孔子，同於傅玄。"論"字的解釋，則和劉熙一樣。和劉勰同時的皇侃，單把一個"論"字就說出了許多解釋來。

> 但先儒後學，解釋不同。凡通此"論"字，大判有三途：第一捨字制音，呼之為"倫"；一捨音依字而號曰"論"；一云"倫""論"二稱，義無異也。第一捨字從音為"倫"，說者乃衆，的可見者，不出四家：一云"倫"者，"次"也。言此書事義相生，首末相次也。二云"倫"者，"理"也。言此書之中，蘊含萬理也。三云"倫"者，"綸"也。言此書經綸今古也。四云"倫"者，"輪"也。言此書義旨周備，圓轉無窮，如車之輪也。第二捨音依字為"論"者，言此書出自門徒，必先詳論，人人僉允，然後乃記，記必已論，故曰"論"也。第三云"倫""論"無異者，蓋是楚夏音殊，南北語異耳。南人呼"倫事"為

"論事"，北士呼"論事"爲"倫事"，音雖不同，而義趣猶一也。（論語義疏叙）

照劉熙劉瓛的解釋是"論"字就是"倫"字，含有"有倫理"的意思。有倫理大概就是有次序條理。禮記樂記，"樂者，通倫理者也"。鄭玄注："倫，猶類也；理，分也"。孔穎達疏："陰陽萬物各有倫類分理者也"。論語微子篇："言中倫"。僞孔安國注："言應倫理"。邢昺疏："倫，理也"。詩大雅靈臺篇，"於論鼓鐘"。鄭玄箋："論之言倫也"。朱熹傳："論，倫也，有倫理也"。這幾個解釋都和劉熙劉瓛的解釋相同，都含有有次序條理的意思。是劉熙劉瓛的解釋與皇侃所舉的第一途中的第一說"倫者次也"相合，轉與他的第二說"倫者理也"的意思不合。因爲他已把這個"理"字作"道理"解，而不作"條理"解了。第二途的"記必已論，故曰'論'也"的說法，仍屬作"議論"解，和班固傅玄一樣。皇侃真是一個聰明人，他因爲第三途的"南北語異"的說法，前人沒有說清楚怎樣一回事，他又不懂得，就把這一途棄去，而把其餘的二途五說融合起來。

侃案，三途之說，皆有道理。但"南北語異"如何，似未詳師說，不取；今亦捨之。而"從音""依字"二途，並錄以會成一義。何者？今字作"論"者，明此書之出，不專一人，妙通深遠，非論不暢。而音作"倫"者，明此書義含妙理，經綸今古，自首臻末，輪環不窮。依字則證事立文，取音則據理爲義。義文兩立，理事雙該。圓通之教，如或應示。（論語義疏叙）

這樣一說，眞是圓融無匹。所以直到現在寫的雖總寫"論"字，而念的則都念"倫"音，可見這調和說的勢力。皇侃解釋"語"字云：

"語"者，"論難答述"之謂也。毛詩傳云："直言曰'言'，論難曰'語'"；鄭注周禮云，"發端曰'言'，答述曰'語'"，今按此書旣是"論難答述"之事，宜以"語"爲其名。（論語義疏叙）

解"語"為"論難答述"，也是前人所無，與班固以下諸人皆異。唐朝陸德明在經典釋文裏解釋"論"字的時候，雖大致是照皇侃所說的寫的；但他說：

> "論"如字，綸也，輪也，理也，次也，撰也。（經典釋文論語音義）

似沒有將"論"字的原音改變。而把皇侃作議論解的一層改為"撰"字，也像和皇侃不同。皇侃輕輕地用"自首臻末"四個字去包括"事義相生，首末相次"兩句，頗覺與原意太逕庭。所以後來宋朝的邢昺根據他的五說來解釋"論"字的時候，就將它改為"篇章有序"。

> "論"者，綸也，輪也，理也，次也，撰也。以此書可以經綸世務，故曰綸也。圓轉無窮，故曰輪也。蘊含萬理，故曰理也。篇章有序，故曰次也。羣賢集定，故曰撰也。（論語序疏）

那就比原意都更來得顯了；而"羣賢集定"的裏面於"不專一人"外更暗藏了"議論"的意思，比陸德明的單說"撰也"也勝。這五說皇侃創之於前，陸德明邢昺采之於後，是不是可以算作解釋"論"字的定論了呢？劉恭冕說：

> 釋名釋典藝，"論語紀孔子與弟子所語之言也。'論'，倫也，有倫理也。'語'，叙也，叙己所欲說也"。案，"論""倫"字皆從"侖"，說文侖部云，"'侖'，理也"，"倫理"之訓，實為至當。故皇侃序疏首列其義。其下二途，則"經綸今古"，"輪轉無窮"，均為附會，通人所不取也。藝文志云，"論語者，孔子應答弟子時人及弟子相與言而接聞於夫子之語也。當時弟子各有所記，門人相與輯而論篡，故謂之'論語'"，此謂夫子及弟子之語，門人論之。何異孫十一經問對，"論語有弟子記夫子之言者，有夫子答弟子問者，有弟子自相答問者；又有時人相言者，有臣對君問者，有師弟子對大夫之問者，皆所以討論文義，

故謂之'論語'"。 案如何說，是夫子與弟子時人各有討論之語，非謂夫子弟子之語門人始論之也，此則視漢志爲得也。（論語序正義）

他的說話頗不十分明白，皇侃共有五說，照他的意思，似乎是除開"經綸今古""輪轉無窮"兩說外，都在采取之列。 但他贊同"倫理"之訓，"倫理"之訓只能合乎皇侃的"倫者次也"之說，如現在把"倫者理也"一說也包進去，那這個"理"字就不能如皇侃所解。 他又贊成何異孫"夫子與弟子時人各有討論"之說，這個"論"字雖仍作"議論"解，但皇侃是說門徒議論，和他的意思也不相同。 清袁枚說：

論語一書，須知命名之義。"論"，議論也。"語"，語人也。自學而起以至卒章，皆與人議論之語，而非夫子之咄咄書空也。

（小倉山房文集論語解）

他上面雖說"'語'，語人也"，將"語"字看作動詞，但下面仍說"皆與人議論之語"，則是與何異孫的說法相符。 宋陳祥道說：

言理則謂之"論"，言義則謂之"議"。莊子曰，"六合之外，聖人存而勿論；六合之內，聖人論而勿議；春秋經世，先王之志也，聖人議而勿辨"。 蓋夫論則及理耳，所虧者道。 議則及義耳，所虧者理。 聖人豈不欲廢去應問，體道以自冥哉！ 道無問，問無應，不發一言下與萬物同患，此特畸人耳，非聖人之所尙。 然則孔子雖欲忘言，豈可得哉！ 不得已而言理以答學者之問而已，夫是之謂"論語"。（論語全解序）

"言理則謂之'論'"，看他下文說"言義則謂之'議'"，當是把"論"字左旁的"言"和右旁的"侖"拆開了來訓釋的。 因爲"侖"字說文本訓"理也"。 劉熙劉勰的解釋"論"字爲"倫理"，是"條理次序"的意思。 皇侃解釋"倫"字爲"理"，是"此書之中蘊含萬理"。 把"論"字解作"言理"，是陳氏的創解。 論語完全是"孔子……言理以答學者之問"的書嗎，此說未免太牽強了吧！ 一個"論"字會有這許多解釋，眞佩服前人善於糾纏的本領。 日人市村瓚次郎說得好：

> 儒家奉行論語，尊及名稱，至有這許多附會之解釋發生。 回教之經典"可蘭"，也有兩種傳說，……論語名稱之意義有許多異說，殊無足怪。 當此書命名之際，固不會含有許多意義也。
>
> （史苑一卷二號論語源流考）

我們如用文字學的眼光來看，他們的解釋雖多，實在都是一義的引伸，或更加上一點附會和曲解而已。 黃春谷云：

> 上古聲起於義，故字義咸起於右旁之聲。 任舉一字，聞其聲即可知其義。 凡同聲之字，但舉右旁之聲，不必舉左旁之迹，皆可通用。 （中國文學敎科書第一册引）

劉師培云：

> 凡字之從"侖"者，皆隱含條理分析之義。 上古之時，僅有"侖"字。 就言語言則加"言"而作"論"，就人事言則加"人"而作"倫"，就絲而言則加"絲"而作"綸"，就車而言則加"車"而作"輪"，就水而言則加"水"而作"淪"（皆含文理成章之義）。
>
> （中國文學敎科書第一册）

所以自班固到陳祥道，雖把一個"論"字議論得很熱鬧，實際上不過將"侖"字引伸到的幾種意義，這個采取這一說，那個采取那一說，各人各說一番罷了。

那末"論"字的正確解釋究竟是什麼呢？ 我說章太炎先生的說法恐怕要算最對。

> 余以書籍得名，實馮傅竹木而起，以此見言語文字功能不齊。

> 世人以"經"爲"常"，以"傳"爲"轉"，以"論"爲"倫"，此皆後儒訓說，非必覩其本眞。 案，……"論"者，古但作"侖"。比竹成冊，各就次第，是之謂"侖"。籥亦比竹爲之，故"龠"字從"侖"。 引伸則樂音有秩亦曰"侖"，"於論鼓鐘"是也。言說有序亦曰"侖"，"坐而論道"是也。 論語爲師弟問答，乃亦略記舊聞，散爲各條，編次成帙，斯曰"侖語"。（國故論衡中文學總略）

"比竹成冊，各就次第，是之謂'侖'"，"侖"即"論"字的古寫。 說文訓"'侖'，理也"；釋名訓"'論'，倫也，有倫理也"；皇侃第一途第一說的訓"論"爲"次"，還都是次序條理的意思，和"侖"字的原義相近，其它諸說，就沒有較合的了。

"語"字呢？ 俞樾說：

> 論語正義云，"此書所載皆仲尼應答弟子及時人之辭，故曰'語'；而在'論'下者，必經論撰，然後載之，以示非妄謬也"。 竊謂"答述曰'語'"，雖本鄭君周官注，然論語得名，未必以此。 禮記樂記曰，"且女獨未聞'牧野之語'乎"，疑古史記載，自有"語"名，"牧野之語"，乃周初史臣記載之書也。 左丘明著國語，亦因周史之舊名。 孔門諸子論撰夫子緒言而名之曰"語"，固有所仿矣。（湖樓筆談卷二）

他反對邢昺的說法，實際上也反對了皇侃，因爲邢昺的話是鈔襲皇侃的。"答述曰'語'"的解釋，於論語自似不協；但"牧野之語"也恐不是書名。 如果單指一個"語"字，則古代對典籍確有此稱，與孟子滕文上"且志曰"的稱"志"一樣。 國語楚語上，"教之語使明其德，而知先王之務，用明德於民也"，韋昭注，"'語'，治國之善語"；鄭語，"訓語有之"，韋昭注，"'訓語'，周書"，可知這一種書是專門記載善言佳語的，好像現在的格言聯璧。荀子裏引得很多，如大略篇的"語曰，'流丸止於甌臾，流言止於知者'"；哀公篇的"語曰，'桓公用其賊，文公用其盜'."。墨子也有，非攻中說，"古者有語，'謀而不得，則以往知來'"；"古者有語，'脣亡則齒寒'"；"古者有語曰，'君子不鏡於水而鏡於人，鏡於水見面之容，鏡於人則知吉與凶'"。即論語中的"南人有言曰，'人而無恆，不可以作巫醫'"；"周任有言曰，'陳力就列，不能者止'"，或者也是這種書裏出來的（家兄鑑湖，嘗謂"成語中包含的眞理和其通行的勢力，與六經埒"，不知古人引"語曰"與引"書云""詩曰"本無別也）。"國語"一名，見於史記，漢前書中未之見。我說漢初出來的幾部名"語"的書，或都因受古代相沿名載佳言善語之書爲"語"的影響。它的正確解釋則都和論語顏淵篇"請事斯語矣"的"語"字一樣，也就是班固傅玄們釋"論語"的"語"字的舊解。何異孫說：

  論語，孔門師弟子討論文義之言語也。（十一經問對）

郝敬說：

  此二十篇之文，以人宜稱"孔子"，以所言宜稱"道德"，而稱
  "論語"者，爲其不離言語耳。（論語詳解）

以"語"爲"言語"，這個意思是很對的。他們雖在單指"論語"的"語"字講，但試看史記陸賈傳：

  陸生迺粗述存亡之徵，凡著十二篇。每奏一篇，高帝未嘗不稱
  善，左右呼"萬歲"，號其書曰"新語"。

"新語"當爲新出之語或新奇之語之意。史記太史公自序，"左丘失明，厥有國語"，劉熙云：

  國語，記諸國君臣相與言語謀議之得失也。（釋名釋典藝）

漢書藝文志，"孔子家語二十七卷"，范家相說：

  謂之"家語"者，當是詳著孔子之家世行事及其言語出處也。

（家語證偽讀家語雜記）

這幾個書名都出於漢初，與"論語"一名的出現相後先，都以"語"命名，而"語"的意思都可以作"言語"解，可見其涵義實無多大差別。更看太史公自序"整齊百家雜語"這一句，對於這個"語"字的意義就使我們更加明白了。（古代大抵記善言佳語之書即名之曰"語"，然其中亦似有分別。如鄭語之"訓語"，當是記尊貴者之語，而荀子大略之"民語"，或屬記平常人之語。惟"語"為通名則一。漢後失其義，遂屬之專書。若"傳"亦然。古代凡六寸簿皆為"傳"，漢後則專屬之解經之書矣。）

　　＊　　　＊　　　＊　　　＊　　　＊

"論語"兩個字的解釋，我們已經知道，從此我們可以來推測推測替論語起名字的人，為什麼要名之為"論語"了。章太炎先生說：

　　繩線聯貫謂之"經"，簿書記事謂之"專"（傳），比竹成册謂之"侖"（論），各從其質以為之名。（國學論衡中文學總略）

據他所說是這個"侖"的名字和"經""專"平立的。他又說：

　　說文訓"專"為"六寸簿"，………書籍名"簿"，亦名為"專"。"專"之體短，有異於"經"。鄭康成論語序云，"春秋二尺四寸，孝經一尺二寸，論語八寸"，此則"專"之簡策當復短於論語，所謂"六寸"者也。（同上）。

他所引的鄭康成論語序，係北史徐遵明傳：

　　書以八寸尺(策)。

及左傳叙正義：

　　鉤命決云，"春秋二尺四寸書之，孝經一尺二寸書之"，故知六經之策皆長二尺四寸。

儀禮聘禮疏：

易，詩，書，禮，樂，春秋皆尺二寸（阮元儀禮校勘記云，"'尺二寸'乃傳寫之誤，當作'二尺四寸'"），孝經謙（陳鱣論語古訓云："'謙讀爲減'"）半之，論語八寸策者，三分居一，又謙焉。

裏面所引。照此處看，六經的長是二尺四寸，孝經的長是一尺二寸，論語的長是八寸，專的長是六寸，諸書長短各不相同。左傳序正義云，

單執一札謂之爲"簡"，連編諸簡謂之爲"策"。

是簡策之本質無異，僅因單數與多數的不同，所以分稱。但尚書序正義引顧氏之說云：

策長二尺四寸，簡長一尺二寸。

則"簡""策"似乎除負單數多數的公名外，還負二尺四寸謂"策"，一尺二寸謂"簡"之專名。"策"是二尺四寸，"簡"是一尺二寸，"專"是六寸，現在記載論語的"侖"是八寸，照前三種的比例，則"侖"似乎就是八寸策的專名。用一尺二寸的簡寫記的書，我們雖只知道一部孝經，用八寸的侖寫記的書我們也只知道一部論語；但用二尺四寸的策寫記的書我們就知道有六經（古代官書大抵都爲三尺，漢尺則作二尺四寸），而用六寸的專寫記的書，前人雖沒有說明哪一些，但我們也總知道這是一個許多書的公名。照此推斷，則"簡"和"侖"也應該不是一部書所專有。爲什麼用八寸的侖寫的就名"侖"，用六寸的專寫的就名"專"，而用二尺四寸的策寫的不名爲"策"而名爲"經"呢？這大概因爲二尺四寸長的竹片叫"策"，連編諸簡亦叫"策"，頗易混淆，所以不就長短說而改就"繩線聯貫"起義，名之爲"經"。爲什麼用一尺二寸的簡寫的也不名"簡"呢？這自然與上面所說一例，怕同一片竹片的"簡"混淆。就"孝經"一書看，尤可明瞭。孝經是戰國末年出來的一部書，那時的書不但書中已有篇名，且有人仿官書詩書等名"經"之例，名私家著作亦爲"經"，如荀子解蔽篇所引之"道經"，墨子中亦有墨經。但孝經的內容實在是"記"，姚際

恒謂其"絕類戴記中諸篇，如曾子問哀公問仲尼燕居孔子閒居之類"（古今偽書考），是很對的。它用一尺二寸之"簡"書寫，可見那時凡這類書都該用這種簡寫的，後人概題之爲"記"。論語爲什麼記在八寸策的"命"上呢？翟灝說：

＊＊＊羣弟子纂輯聖言，體聖人不敢制作至意，故但以八寸策書之，題曰"論語"，其實萬世大經也。漢人漫謂之"傳"，循名昧實。

（四書考異總考十五）。

他的意思以爲論語的所以不用二尺四寸的策書寫，名之爲"經"，是孔子的弟子謙虛。漢人不管書中內容，但見是八寸的策寫的，和傳的長短差不多，就名之爲"傳"。這是他用了尊經崇聖的眼光看了說的，不是原本的事實。王充說：

＊＊＊以八寸爲尺（策），紀之約省，懷持之便也。以其遺非經傳文，紀識恐忘（"紀"上疑脫"不"字），故以但八寸尺（策），不二尺四寸也。

（論衡正說篇）

爲它既不是經，又不是傳，所以不能用二尺四寸的策，也不能用六寸的策。爲求攜帶便利，所以也不照孝經用折乎經傳之中的一尺二寸之策而用八寸之命。這個說法，深合情理，王充或非無據。論語是一部子書，在古代究竟應該用何種簡策書寫，已難測知。簡策的長短，除官書似有三尺之定數外，其它的長短，是不是含有褒貶之意，亦不明瞭。如有此意，則論語之應該長度總不會短過孝經。用八寸之命書寫的書是不是因攜帶便利僅限此一書，還是尚有別種書也同此例，亦無由知曉。但就此推測，可知當時起此書之名爲"論語"，不過因其係記在比竹成册之命上的言語而已。更進一層，亦不過曰"語"字含有"善言佳語"之意而已。更無任何比此更深奧之意義存在！有之，則皆爲後世經師之附會和曲解。

"經""專""命"是平立的，"經"字"專"字可以單稱，故"命"

字亦可單稱。董仲舒用"論語"兩字只一見，用"論"字則數見：

論曰，"大車無輗，小車無軏，何以行之"！（白孔六帖九十一引春秋決獄）

且論已見之而人不察，曰，"君子攻其惡，不攻人之惡"。

（春秋繁露卷八仁義發篇）

此處之用"論曰"，無異荀子書中之用"傳曰"；此處之用"論已見之"，亦無異孟子書中之用"於傳有之"。而"齊論""魯論"之稱，亦即"左傳""毛傳"之比。所不同者，"傳"字初非專書之名，後世始專以解經者屬之，義固變而其爲公名之性質則猶未盡變，故仍爲多數書之稱謂。"論"字則原義久失，大抵漢人之知此八寸策之謂"侖"者，亦僅韓嬰董仲舒孔安國等數大師，故董氏猶時書作"論"；而以其所載"不離言語"，或爲多有"善言佳語"，遂配之以"語"耳。自彼輩創用，後世相沿，至今雖還是此二字，但它的解釋則已經歧出不窮，久離其宗了。

二十四年十二月二十三日即舊歷冬至，於北平後門龍頭井初稿。

揚雄法言，王通中說，均爲擬論語之書，不惟摹仿其內容，亦且摹仿其名稱。觀其一則曰"言"，一則曰"說"，均與"語"字相配；而"法"字之解，無疑爲"正"，——名爲"法言"，殆取論語子罕"法語之言，能無從乎"之語之意。——"中"字之解，則阮逸中說序固云，"大哉，'中'之爲義！在易爲二五，在春秋爲權衡，在書爲皇極，在禮爲中庸。謂乎無形非'中'也，謂乎有象非'中'也。上不蕩於虛無，下不局於器用，惟變所適，惟義所在：此'中'之大略也"。是彼等均不認"論語"之"論"字爲"議論"之意，均捨字從音作"侖"字解。童年受論語，莫明"論"字讀"侖"音之故，詢之人，則謂此書所記都爲講倫常道理之語，故"論"字應讀作"侖"音。今徧徵諸書，並無作此解者，殆爲鄉塾師臆度之辭。前人讀"論"爲"侖"，而釋"侖"每云"理也"。戴震解"理"字云，"理者，察之而幾微必區以別之名也"（孟子字義疏證），如"論語"之"論"訓爲此解之"理"，則"論語"即有"至精之語"之意，與"法言""中說"相配固甚合矣。

二十五年八月二十日，貞信記。

論左傳之性質及其與國語之關係

楊 向 奎

導言

上篇　論左傳之性質：

 （一）　論書法及解經語

 （二）　論凡例

 （三）　論"君子曰"

 （四）　左傳古本說

下篇　論左傳與國語之關係：

 （一）　近人對於此問題研究之已有成績

 （二）　左國體裁之不同

 （三）　西漢以前左國名稱之不同

結論

導言

自漢哀帝建平元年宗室劉歆請建立春秋左氏傳及王莽發得周禮後，乃若靜水投物，其波浪至今未息。劉氏請建立者，除此書外，尚有毛詩逸禮及古文尚書等。然毛詩問題，已因鄭樵朱熹以及牟庭崔述康有爲等之攻擊而知其僞。逸禮已佚，無可詳考。古文尚書原本亦佚，今所存者爲僞中之僞，經閻若璩惠棟等之考證，已被宣布死刑；雖有毛奇齡吳光耀洪良品及王小航（照）等之辯護其案終不能平反也。周禮問題則最近得郭沫若錢賓四諸家之考訂，亦知此書爲晚周時物；雖未能如今文家之豫期，謂爲歆莽所僞，然其非周公之作，則無疑矣。獨左傳問題，乃愈久而愈棼，今文家攻之愈急，古文家守之亦愈堅，一似永無解決之希望者，寧非奇耶？蓋左傳之問題，實較他書爲複雜，若周禮，毛詩，古文尚書等問題僅限於該書之本身；而欲訂左傳之眞僞，則至少須牽及春秋及國語二書，欲問左氏究否傳經，則其與春秋之關係，不能不詳加考察也；欲問其是否自國語分出，則其與國語之異同，又不能不詳加考察也。所涉者廣，所藉者多，故歧義旣夥，欲圖解決乃愈難。問題旣如是之難，而本人之學，方之古人，又殊難比擬，其敢對此有意見者，亦以學術之事，後來居上，憑藉前人之已有成績，加以個人之見解，則其所得，容或可觀也。

當劉歆建議立左氏春秋之時，即引起執政大臣及羣儒之不滿，事具漢書劉歆傳，今引其原文，以見始末。

  初，左氏傳多古字古言，學者傳訓故而已。及歆治左氏，引傳文以解經，轉相發明，由是章句義理備焉。………歆以爲左邱明好惡與聖人同，親見夫子，而公羊穀梁在七十子後，傳聞之與親見之，其詳略不同。歆數以難向，向不能非間也。………及歆親近，欲建立左氏春秋及毛詩，逸禮，古文尚書，皆列於學官。哀帝令歆與五經博士講論其義，諸博士，或不肯置對。歆因移書太常博士責讓之。……諸儒皆怨恨。是時名儒光祿大夫龔勝以歆移書，上疏深自罪責，願乞骸骨罷。及儒者師丹爲大司空，亦大怒，奏歆改亂舊章，非毀先帝所立。上曰，"歆意欲廣道術。亦何以爲非毀哉"？歆由是忤執政大臣，爲衆儒所訕，懼誅，求出補吏，爲河內太守；以宗室不宜典三河，徙守五原。………

是知劉歆爲學術而犧牲，千載而後，平情而論，當服其勇敢。乃因其政治生活，遭逢莽篡，而王莽標榜周公，於是經今文家乃謂周禮僞自劉歆，以附成莽篡者，又徧僞羣經以爲佐證，而左傳爲其首要；於是劉歆之罪不容誅矣！康有爲之新學僞經考（卷三漢書藝文志辨僞）有云：

歆以其非博之學，欲奪孔子之經，而自立新說以惑天下。知孔子制作之學首在春秋，春秋之傳在公穀，公穀之法與六經通。於是思所以奪公穀者，求之古書，得國語，與春秋同時，可以改易竄附，於是毅然削去平王以前事，依春秋以編年，比附經文，分國語以釋經，而爲左氏傳。遭逢莽篡，更潤色其文以媚莽。因藉莽力，貴顯天下，通其學者以尊其書。………

於是臣君二人，一篡漢室，一篡孔學；僞君僞師，篡君篡師，當時之天下，實爲一大僞之天下，而劉歆之罪尤浮於莽，蓋新室不久即亡，而歆經大行，其祚千餘年而未斬也。康氏之言是否，則待周禮及左傳二書之考訂。蓋"劉歆之僞古文，發源於左氏，成於周官，徧僞諸經爲之佐證"（僞經考），其他諸經，本非首要，且古文尚書逸禮已佚，毛詩無關於政治；能辨左傳周禮非出歆手，則歆之罪可末減而冤獄可平反也。余前已言之，周禮一書因錢穆先生（有周官著作時代考一文，見燕京學報第十一期）及郭沫若氏（有周宁寶疑一文，見金文叢考）之考證，定爲晚周之書，蓋無疑義。左傳問題則亦急待解決者也。

劉歆謀建立左氏春秋毛詩逸禮古文尚書之時，雖遭貶斥，但其後未久，平帝時諸書終立於學官。漢書儒林傳云：

> 平帝時又立左氏春秋，毛詩，逸禮，古文尚書，所以罔羅遺失，兼而存之，是在其中矣。

其後諸書雖屢立屢廢，而古文學之黨徒漸多，左氏學乃日漸得勢，賈逵主選嚴顏高才二十人，敎以左氏；至於漢末，大亂旣起，相斫之書，以實事而益盛行；關羽呂蒙之屬，亦莫不競讀左氏春秋矣。下迄六朝，春秋學爲左傳所統一，隋志釋文始嘆公穀之垂絕。唐世競尚辭章，左氏傳益盛行，劉知幾史通申左乃盛倡左氏有三長，二傳之義有五短之說矣。然當其盛時，亦非無反對之說，其著者如啖助趙匡於左傳皆有所諷刺，啖助之言曰：

> 予觀左氏傳，自周晉齊宋等國之事最詳；晉則每出一師，具列將佐；宋則每因興廢，備舉六卿；故知史策之文，每國各異。左氏得此數國之史以授門人，義則口傳，未形竹帛；後代學者乃演而通之，總而合之，編次年月以爲傳記，又廣采當時文籍，故兼與子產晏子及諸國卿佐家傳，幷卜書夢書及雜占書，縱橫家小說諷諫等，雜在其中，故叙事雖多，釋意殊少，是非交錯，混然難證。（春秋集傳纂例三傳得失議第二）

此外於書法凡例等條，亦頗多譏爲妄誕者。其後趙匡則曰：

> 啖氏依舊說以左氏爲丘明，受經于仲尼；今觀左氏解經，淺于公穀，誣謬實繁，若丘明才實逼人，豈宜若此？（春秋集傳纂例趙氏損益義第五）

趙氏於書法凡例並多辨正，如云"左氏亂記事跡，不達經意，遂妄云：'禮也'。今考其合經者留之，餘悉不取。"（同上暎趙取舍三傳義例第六）此後學者，於左傳之書法凡例乃益多攻擊，最著者如宋劉敞之春秋權衡，清姚際恒之春秋無例詳考以及劉逢祿之左氏春秋考證，康有為之新學偽經考，崔適之史記探源等書，並於左氏大抱不滿。但為左辯護者，自亦有人，如晚近之劉師培章炳麟諸君即極強悍之古文家也。

後漢王充亦表揚左傳者，其言曰：

　　…公羊高穀梁寘胡毋氏皆傳春秋：各門異戶；獨左氏傳為近得實。何以驗之？禮記造於孔子之堂，太史公漢之通人也，左氏之言與二書合。公羊高穀梁寘胡毋氏不相合；又諸家去孔子遠，遠不如近，聞不如見。（論衡案書篇）

此乃古文家之言，但其下文，則又導今文家學說之路，如云：

　　國語，左氏之外傳也。左氏傳經，辭語尚略，故復選錄國語之辭以實；然則左氏國語世儒之實書也。

謂"左氏傳經，辭語尚略，故復選錄國語之辭以實"，此非康有為等所主張左傳為割裂國語而成之說之先趨乎？不意表揚之者適作成其罪狀也。

　　近今"左氏學"復盛，單篇論文見於報章雜誌者不下十數，專書行世者，則有瑞典人高本漢之左傳真偽考（陸侃如譯，商務出版），及國人衛聚賢之古史研究（第一集）；類能拋棄經師見解，從事左傳本身之考證。以衛聚賢氏今日之妄度之，其書似無佳著，然古史研究一書為其早年作品，仍有相當價值。但於解決左傳問題，距離尚遠，此所以今日須重提此案之原因也。

上篇　論左傳之性質

（一）論書法及解經語

今文家既謂左氏傳不傳春秋，於是謂書法凡例"君子曰"及緣經立說之語，皆爲後人所竄加；蓋左非傳經，則此等言辭當無所坿麗也。如劉逢祿之左氏春秋考證有云：

> 余年十二，讀左氏春秋，疑其書法是非，多失大義。

此謂書法不可信也。又於隱公元年"三月，公及邾儀父盟于蔑"傳文證曰：

> 此類釋經皆增飾之游詞，不可枚舉。"求王命"云者，欲亂"以春秋當新王"之義也。

此謂解經語之不信也。劉氏僅疑其僞，而未詳言造僞之人及所以造僞之由；康有爲乃補足之曰：

> ……左傳多傷教害義之說，不可條舉。言其大者，無人能爲之回護。如文七年"宋人殺其大夫"，傳云："不稱名，非其罪也"。既立此例，於是宣九年"陳殺其大夫洩冶"杜注云："洩冶直諫于淫亂之朝以取死，故不爲春秋所貴而書名"；昭二十七年"楚殺其大夫郤宛"杜注云："無極，楚之譖人，宛所明知而信近之，以取敗亡，故書名罪宛"，種種邪說出矣。……襄二十七年"秋，七月，豹及諸侯之大夫盟於宋"，傳云："季武子使謂叔孫以公命曰，'視邾滕'。既而齊人請邾，宋人請滕皆不與盟。叔孫曰'邾，滕，人之私也。我，列國也，何故視之？宋衛吾匹也'。乃盟。故不書其族，言違命也"。是孔子貴媚權臣而抑公室也。凡此皆欲借經說以佐新莽之篡而抑孺子嬰，翟義之倫者，與隱元年"不書即位，攝也"同一獎奸翼篡之說。………（漢書藝文志辨僞）

是謂書法等僞由劉歆，而有其最大之目的一獎奸翼篡一者也。然事實非如是之簡單，太史公書固亦多引左傳書法及解經語，司馬遷應不能見劉歆所僞之書，於是康氏謂此乃"歆入之於左傳，幷竄之於史記耳"！空想無常於事實，其證爲何？則曰：

> 按：世家敍宣公事，以爲立弟成義，子復享之；敍襄公事，譏其得禍致怨，皆用左氏義，漢人之學，皆有家法，何以同一世家贊：譏宣公之亂宋，褒襄公之禮讓，獨用公羊義一文；矛盾何至於是？其爲歆所竄入，最爲易見。以此推之秦本紀魯世家之君子，亦爲竄入無疑矣。（史記經說足證僞經考）'"

是謂漢人之學皆重家法，旣引公羊，便不能引左傳，於是知史記所引左傳義法乃出劉歆僞竄。今案，康氏此等言辭，實貌似而非也。蓋經學家法之來，由於儒者之爭立博士。漢宣元以後，凡能自圓其說者皆有立博士之可能，於是經學乃多歧議，彼此各不退讓；蓋苟一退讓，則失其根據而學說同他人，博士官亦將取消矣。此漢經生所以固守家法也。而武帝之時，初有"五經博士"，經止一家，尙無固守家法之事實；太史公非博士官，尤無守家法之必要；且也，史記又多引穀梁義（別有攷），豈亦歆所竄加耶？（如崔適氏之悍，姑能如此武斷）則康氏之斷獄，所憑乃"莫須有"也。況左傳之書法凡例及解經語君子曰等之見引於西漢或稍前之書籍，除史記外，尙有禮記韓非子戰國策尙書大傳說苑新序等書，豈亦劉歆一一竄入之耶？如非武斷專悍似康氏者，則當考慮此一切反證而改變其結論也。今詳述諸書所引左氏書法及解經語如下：

> 戰國策魏策三：昔者晉人欲亡虞而伐虢。伐虢者，亡虞之始也；故荀息以馬與璧假道於虞，宮之奇諫而不聽，卒假晉道。晉人伐虢，反而取虞，故春秋書之以罪虞公。

今按：此用左氏義也。事見於僖公五年，公穀皆同情於虞而譏晉，公羊傳云"冬，晉人執虞公。虞已滅矣，其言執之何，不與滅也。"穀梁傳云"冬，晉人執虞公。執不言所於地。緣於晉也。其曰公，何也？猶曰，其下執之之辭也。……"獨左傳云，"冬，十二月，丙子朔，晉滅虢，虢公醜奔京師。師還館于虞，遂襲虞，滅之，執虞公及其大夫井伯以媵秦穆姬，而修虞祀，且歸其職貢於王。故書曰，'晉人執虞公'：罪虞，且言易也。"

禮記坊記： 子云，"取妻不取同姓，以厚別也"。故買妾不知其姓則卜之。以此坊民，魯春秋猶去夫人之姓曰吳，其卒曰'孟子卒'。

今按： 事見於哀公十二年。三傳皆有諱取同姓之義：公羊云，"孟子者何？昭公之夫人也。其稱孟子何？諱娶同姓，蓋吳女也"。穀梁意義文字皆同。左傳亦云，"夏五月，昭夫人孟子卒。昭公娶于吳，故不書姓。……" 未知坊記何所本？但有襲左氏之可能也。

史記周本紀： 二十年，晉文公召襄王，襄王會之河陽踐土，諸侯畢朝。書諱曰，"天王狩于河陽"。

今按： 事見僖公二十八年。三傳皆有不與致天子，為天王諱之說。左氏尤明顯，云，"是會也，晉侯召王以諸侯見，且使王狩。仲尼曰，'以臣召君不可以訓'，故書曰'天王狩于河陽'，言非其地也，且明德也"。似為史記所本。

又按： 此外史記引春秋書法，三傳相同者尚多，因難定所本，故刪略之，今舉其一，以見一斑。

十二諸侯年表： 陳厲公元年： 弟他殺太子免代立，國亂再赴。

今按： 事見桓公五年。經云，"五年春正月，甲戌，己丑，陳侯鮑卒"。公羊云"曷為以二日卒之？ 愓也。甲戌之日亡，己丑之日死，而得；君子疑焉，故以二日卒之也"。穀梁義同。當知非史記所本。左傳云"五年春，正月，甲戌，己丑，陳侯鮑

論左傳之性質及其與國語之關係

卒，再赴也。於是陳亂，文公子佗殺太子免而代之，公疾病而亂作，國人分散，故再赴"。史記所取義也。

又： 魯桓公十七年： 日食。不書日，官失之。

今按： 公羊無說，穀梁云，"冬十月，朔，日有食之，言朔不言日，食既朔也"。非史記所用義。左傳云，"冬十月朔，日有食之。不書日，官失之也"。當為史記所本。

又： 魯莊公七年： 星隕如雨與雨偕。

今按： 公羊云，"……如雨者，非雨也。非雨，則曷為謂之如雨？不修春秋曰，'雨星不及地尺而復'。君子修之曰，"星霣如雨"，何以書，記異也"。穀梁說尤瑣屑，非史記所本。左傳云，"夏，恆星不見，夜明也。星隕如雨，與雨偕也"。此即解經語也，當為司馬氏所本。

又： 齊桓公七年： 始霸，會諸侯于鄄。

今按： 事見莊公十五年。公羊無說。穀梁云，"會于鄄，復同會也，"無始霸之說。左傳云"復會焉，齊始霸也"。此解經語為史記所本。

又： 魯僖公十五年： 五月，日有食之。不書，史官失之。

今按： 公穀無說。左傳云"不書朔與日，官失之也"。為史記所取。

又： 齊孝公六年： 伐宋，以其不同盟。

今按： 事見僖公二十三年。公穀皆釋'圍緡'之義，不及見伐之因。左傳云，"齊侯伐宋圍緡，以討其不與盟于齊也"。此條解經語為史記所本。

又： 秦繆公三十九年： 繆公薨。葬，殉以人，從死者百七十人。君子譏之，故不言卒。

今按： 事當文公六年，不見於經，故公穀無說。左傳云"秦伯任好卒，以子車氏之三子奄息仲行鍼虎爲殉，皆秦之良也"。國人哀之，爲之賦黃鳥。君子曰，"秦穆之不爲盟主也，宜哉"！雖未言經不言卒之故，史記亦緣其言而立說也。

又： 文公八年： 王使衛來求金以葬，非禮。

今按： 公穀皆有求金非禮之義；但未及王未葬使衛求金之說。左傳云，"毛伯衛來求金，非禮也。不書王命，未葬也"。當爲史記所本。

又： 周頃王六年： 頃王崩。公卿爭政，故不赴。

今按： 事當文公十四年。因未見於經，故公穀無說。左傳云，"春，頃王崩。周公閱與王孫蘇爭政，故不赴"。爲史記所本。

又： 成公十五年： 始與吳通，會鍾離。

今按： 公穀皆有殊會吳，外之之義，史記所未采。左傳云，"會吳于鍾離，始通吳也"。爲史記所本。

又： 鄭釐公五年： 子駟使賊夜殺釐公，詐以病卒赴諸侯。

今按： 事見襄公七年。公羊云，"鄭伯髠原如會，未見諸侯。丙戌，卒于操。操者何？鄭之邑也。諸侯卒其封內不地，此何以地，隱之也。何隱耳？弑也。孰弑之，其大夫弑之。曷爲不言其大夫弑之？爲中國諱也"。穀梁云，"弑而死，其不言弑，何也？不使夷狄之民加乎中國之君也"。皆非史記所取義。左傳云，"及鄵，子駟使賊夜弑僖公，而以瘧疾赴于諸侯"。當爲史記所本。

又： 昭公二十九年： 公自乾侯如鄆。齊侯曰，"主君"，公恥之，復之乾侯。

今按： 公穀無稱"主君"之說，左傳云"齊侯使高張來唁公，稱'主君'，子家子曰'齊卑君矣，君祇辱焉'。公如乾侯"。此爲史記所本。

又： 楚惠王三年： 伐陳，陳與吳故。

今按： 事見哀公九年。公穀皆無說。左傳云"夏，楚人伐陳，陳即吳故也"。爲史記所本。

歷書： 周襄王二十六年閏三月，而春秋非之。先王之正時也：履端於始，舉正於中，歸邪於中。履端於始，序則不愆；舉正於中，民則不惑；歸邪於終，事則不悖。

今按： 事當魯文公元年，不見於經，故公穀無說；此所云之春秋，即指左傳也。左傳文公元年文與此同。

齊太公世家： 七年，諸侯會桓公於甄（鄄），而桓公於是始霸焉。

今按： 此又見於年表，已見上引，用桓公十五年左氏義也。

又： 冬十月，乙亥，齊桓公卒，……十二月，乙亥，無詭立，乃棺赴，辛巳夜歛殯。

今按： 此乃本於左傳也。僖公十七年傳云，"冬，十月，乙亥，齊桓公卒。易牙入，與寺人貂因內寵以殺羣吏，而立公子無虧；孝公奔宋。十二月乙亥，赴。辛巳，夜殯"。

又： 六年春，齊伐宋，以其不同盟于齊也。

今按： 此又見於十二諸侯年表，已見上引，乃用僖公二十三年傳義也。

魯周公世家： 及惠公卒，爲允少，故魯人共令息攝政，不言即位。

今按： 公羊云"公何以不言即位，成公意也"。穀梁云"公何以不言即位，成公志也"。左傳云"元年，春，王周正月，不書即位，攝也"。知史記本於左氏。

又： （桓公）十六年，會于曹，伐鄭，入厲公。

今按： 此本於左傳，公穀無說，左傳云"十六年春，會于曹，謀伐鄭也"。又云"夏伐鄭"。

又： 莊公五年冬，伐衞，納衞惠公。

今按： 公羊云"此伐衞何？納朔也。曷爲不言納衞侯朔，辟王也"。穀梁無說。左傳云"冬伐衞，納惠公也"。與公羊義同。但以字句論，則史記似本左氏。

又： （莊公）十五年，齊桓公始霸。

今按： 此見於年表及齊太公世家，乃本於左傳，即會鄄後之始霸也。

又： （成公）四年，成公如晉，晉景公不敬魯。……

今按： 公穀無說。左傳云"公如晉，晉侯見公不敬。季文子曰，'晉侯必不免'"。爲史記所本。

又： （成公）十年；成公如晉，晉景公卒，因留成公送葬；魯諱之。

今按： 經云"秋七月，公如晉"，公穀皆無說。左氏云"公如晉，晉人止公使送葬。于是翬茷未反。冬，葬晉景公。公送葬，諸侯莫在，魯人辱之，故不書，諱之也"。乃史記所本。

又： （成公）十五年始與吳王壽夢會鍾離。

今按： 此又見於年表，已見上引，乃用左氏義也。

又： （昭公）三年，朝晉至河，晉平公謝還之，魯恥焉。

今按： 經云"冬，公如晉，至河乃復"。公羊云"其言至河乃復何？不敢進也"。穀梁云，"恥如晉，故著有疾也"。皆非史記所本。左傳云"晉少姜卒，公如晉及河。晉侯使士文伯來辭曰，'非伉儷也，請君無辱。公還'"。史記所取也。"

又： （昭公）二十九年，昭公如鄆。齊景公使人賜昭公書，自謂"主君"。昭公恥之，怒而去乾侯。

今按：　此亦見年表，乃本於左氏也。

陳杞世家：　（陳桓公）三十八年，正月，甲戌，己丑，陳桓公鮑卒。桓公弟佗，其母蔡女，故蔡人爲佗殺五父及桓公太子免而立佗，是爲厲公。桓公病而亂作，國人分散，故再赴。

今按：　再赴之說，已見年表，亦用左氏義也。

宋微子世家：　（襄公七年）六鶂退蜚，風疾也。

今按：　事當魯僖公十六年。經云，"是月六鶂退飛，過宋都"公羊云"曷爲先言六而後言鶂？六鶂退飛，記見也。視之則六，察之則鶂；徐而察之則退飛。……何以書？記異也。外異不書，此何以書？爲王者之後記異也。"穀梁云，"……六鶂退飛過宋都；先數，聚辭也，目治也。……鶂微有知之物，故月之。君子之於物，無所苟而已。……"瑣屑至此，非史記所本。左傳云，"六鶂退飛過宋都，風也。"斯乃史記所取義也。

又：　十二年春，宋襄公爲鹿上之盟，以求諸侯於楚，楚人許之。公子目夷諫曰"小國爭盟，禍也。"不聽。

今按：　事當僖公二十一年。經云，"宋人齊人楚人盟于鹿上"，公穀無說。左傳云"春，宋人爲鹿上之盟以求諸侯於楚；楚人許之。公子目夷曰，'小國爭盟，禍也。宋其亡乎？幸而後敗。'"爲史記所本。

又：　（十二年）秋，諸侯會宋公盟于盂。目夷曰，"禍其在此乎？君欲已甚，何以堪之"！於是楚執宋襄公以伐宋。

今按：　經云，"秋，宋公，楚子，陳侯，蔡侯，鄭伯，許男，曹伯會于盂，執宋公以伐宋。"左傳云，"諸侯會宋公于盂。子魚（即目夷）曰，'禍其在此乎！君欲已甚，其何以堪之！'于是執宋公以伐宋。"當爲史記所本。公穀有說，與此亦不類。

又： 十三年夏，宋伐鄭。子魚曰，"禍在此矣！"

今按： 事當僖公二十二年，經云"夏，宋公衞侯許男滕子伐鄭。"公穀無說。左傳云，"夏，宋公伐鄭。子魚曰，'所謂禍在此矣！'"當爲史記所本。

又： 十四年夏，襄公病傷於泓而竟卒。

今按： 經云，"夏五月庚寅，宋公茲父卒。"公穀皆不及其致死之由。左傳云，"夏五月，宋襄公卒。傷於泓故也。"爲史記所本。

晉世家： 十月，里克殺奚齊于喪次，獻公未葬也。

今按： 事當魯僖公九年。經云，"冬，晉里克殺其君之子奚齊。"左傳云，"十月，里克殺奚齊于次。書曰'殺其君之子'未葬也。"與公穀異。爲史記所本。

又： 五年，晉伐秦，取新城，報王官役也。

今按： 事當文公四年。經云"晉侯伐秦。"公穀無說。左傳云，"秋，晉侯伐秦，圍祁新城，以報王官之役。"爲史記所本。

又： 秋，齊，宋，衞，鄭，曹，許君皆會趙盾，盟於扈，以靈公初立故也。

今按： 事當文公七年。左傳云，"齊侯宋公衞侯陳侯鄭伯許男曹伯會晉趙盾盟于扈。晉侯立，故也。爲史記所本。

又： 八年，周頃王崩，公卿爭權，故不赴。

今按： 事當魯文公十四年。又見年表，用左氏義也。

又： 十三年，魯成公朝晉，晉弗敬。

今按： 事又見魯世家，用左氏義也。

鄭世家： 釐公五年，鄭相子駟朝釐公，釐公不禮。子駟怒，使廚人藥殺釐公。赴諸侯曰，"釐公暴病卒。"

論左傳之性質及其與國語之關係　　　　　　　　　55

今按：　事又見年表，用左氏義。惟此段記載較詳，或更有所本，但其義與左氏不相牾也。

劉向說苑復恩：　楚人獻黿於鄭靈公。公子家見，公子宋之食指動，謂子家曰"我如是，必嘗異味"。及食大夫黿，召公子宋而不與。公子宋怒，染指於鼎，嘗之而出。公怒欲殺之。公子宋與公子家謀先，遂弒靈公。

今按：　此述左傳宣公四年之文也。其下又云，"子夏曰'春秋者，記君不君，臣不臣，父不父，子不子者也，此非一日之事也，有漸以至焉。'"述左氏，而引子夏論春秋之言，則其意謂左氏傳經者也。

說苑指武：　宋圍曹，不拔。司馬子魚謂君曰"文王伐崇，崇軍其城，三旬不降，退而修教，復伐之，因壘而降。今君德無乃有所闕乎？胡不退修德，無闕而後動。"

今按：　事見魯僖公十九年。經云，"宋人圍曹。"左傳云"宋人圍曹，討不服也。………"與說苑所述同，其所本也。

說苑修文：　生而相與交通，故曰留賓，自天子至士各有次。贈死不及柩尸，弔生不及悲哀；非禮也。故古者，吉行五十里，奔喪百里。贈賵及事之謂時，時，禮之大者也。

今按：　荀子大略云，"送死不及柩尸，弔生不及悲哀：非禮也。故吉行五十，犇喪百里。賵贈及事，禮之大也。"蓋爲劉氏所本。但左傳隱公元年亦有云"贈死不及尸，弔生不及哀，豫凶事，非禮也。"與荀子義同。則知左氏"禮也""非禮也"云云，固自有其根據，非劉歆之徒杜撰明甚。

又：　（同上）春秋曰"庚戌，天王崩。"傳曰"天王何以不書葬？天子記崩不記葬，必其時也。………"必其時奈何？天子七日而殯，七月而葬；諸侯五日而殯，五月而葬；大夫三日而殯，三月而葬；士庶人二日而殯，二月而葬；皆何以然？曰，禮不豫凶事，死而後治凶服。衣衰飾，修棺椁，作穿窆宅兆；然後喪文成，外親畢至⋯⋯。故天子七月而葬，同軌畢至；諸侯五月而葬，同會畢至；大夫三月而葬，同朝畢至；士庶人二月而葬，外姻畢至也。

今按： 以上所云"傳曰"乃公羊傳。"必其時奈何"以下，則左氏義也。左隱元年云"秋七月，天王使宰咺來歸惠公仲子之賵；緩，且子氏未薨，故名。天子七月而葬，同軌畢至；諸侯五月，同盟至；大夫三月，同位至；士踰月，外姻至。贈死不及尸，弔生不及哀，豫凶事，非禮也。"

以上左氏書法及緣經立說之語凡四十六條，散見於國策禮記史記說苑等書；僅憑"竄入"二字，似不足以服人之口而壓人之心。雖然，謂左傳書法非後人所竄加，亦非即謂春秋有如此之書法也。左傳詮經之義非必即春秋作者之義；自謂得春秋眞義者，除此外，傳世者尙有公穀，二傳，孔子不復生，將誰使定三家之誠乎？又史記趙世家云"孔子聞趙簡子不請晉君，而執邯鄲午保晉陽，故書春秋曰'趙鞅以晉陽叛。'"非三家義，或出太史公本人之詮釋。故三傳之書法義例亦皆祇是其本身所有義，非必眞屬於春秋也。而謂春秋爲"斷爛朝報"者，自亦不當，吾人如能類比春秋記事之法，歸納之亦自有其條理，如史記孔子世家謂"⋯⋯故吳楚之君自稱王，而春秋貶之曰"子"；賤土之會，實召周天子，而春秋諱之曰'天王狩於河陽'。推此類以繩當世貶損之義⋯⋯"今按：稱吳楚爲"子"及"狩於河陽"之義，墙爲春秋所有。如能用此法排比其義，作一"春秋義法疏證，"自能勝過三傳之解經也。

前人有因左傳書法有乖忤處，而疑其僞者，然乖忤與僞竄固不能併爲一談也。又有因書法凡例多有截斷上下文字之處，疑爲後人僞加者；此自有相當之理由。然書法凡例與左傳記事，固非同一來源也。蓋左傳之記事本於各國策書舊文，左氏作者取而編裁，再加入當時之禮俗禁忌等以成其所謂書法凡例者。至遂謂孔子本之而修經，則亦妄談耳。以左傳來源非一，故有不相協之處。此義後有詳論。總之，左傳之書法凡例等，自左傳撰述之初，即與各國策書之記事合編爲左氏春秋（余謂其初名此，詳後）非出後人之竄加也。

（二） 論凡例

杜預春秋序曰，"仲尼因魯史策書成文，考其真僞，而志其典禮；上以尊周公之遺制，下以明將來之法"。又曰，"其發凡以言例，皆經國之常制，周公之垂法，史書之舊章；仲尼從而修之，以成一經之通體"。是謂春秋乃孔子本周公之垂法而修，其中之義例，且非僅史書舊章，抑亦經國常制也。義例中又有所謂變例，凡例。清人校上春秋釋例言曰，"經之條貫，必出於傳，傳之義例，總歸于"凡"。左傳稱'凡'者五十，其別四十有九；皆周公之垂法，史書之舊章，仲尼因而修之，以成一經之通體。諸稱"書""不書""先書""故書""不言""不稱""書曰"之類，皆所以起新辭，發大義；謂之變例。"是則凡例乃如天經地義未容評衡者。劉師培則反對此說，謂'凡'與不'凡'，無新舊之別，其言曰：

漢儒舊說，'凡'與不'凡'，无新舊之別，不以五十凡爲周公禮經。明經爲孔子所作，經文書法，擬自孔子也。杜預以下，悉以五十凡爲周公舊典，魏晉以前，未聞斯說，今以本傳證之，莊十一年"得雋曰克，"成十二年"自周無出"傳均言'凡'。又隱元年云，"如二君故曰克，"僖二十四年云"天子無出，"傳文均弗言'凡'。兩文互較，厥例實符；周孔之分，新舊之別，果安在

耶？後世疏明杜例，至以易數大衍相擬，斯愈弗足辯矣。（春秋左氏傳例略，中國學報第二期）

是謂凡例與書法無別，無周公孔子之分。然不云爲後人之偽竄或乖忤也。而遠在唐代，於左傳凡例固已有大事攻擊者矣。如啖助云：

> 凡滕，常事，不書。公子結，爲遂事起本也；三國來滕，非禮也，故書。公羊云，"滕不書，"穀梁云，"滕，淺事也，不志。"此說皆是。左氏云，"凡諸侯嫁女，同姓滕之，異姓則否。"若然，則莒姓己，邾姓曹，此二國同姓至少，如嫁女，孰爲滕乎？恐此禮難行，今不取。（春秋集傳纂例婚姻例滕）

趙匡語尤專悍，云：

> 劉歆云："左氏親見夫子。"杜預云"凡例皆周公之舊典禮經"按其傳例云"弒君稱君，君無道也；稱臣，臣之罪也。"然則周公先設弒君之義乎？又云，"大用師曰滅，弗地曰入，"又周公先設相滅之義乎？又云，"諸侯同盟，薨則赴以名，"又是周公令稱先君之名以告鄰國乎？雖夷狄之人，不應至此也。（春秋集傳纂例趙氏損益義第五）

其後宋劉敞之春秋權衡，對凡例亦加攻擊，論證最詳。清姚際恒之春秋無例詳考，則並三傳而論者。余前年亦有略論五十凡一文載於潛社史學論叢第二期，於凡例之大半曾逐條駁辨，有言曰：

> 夫所謂'凡'者，全稱肯定或否定之辭。有一例外，即難言'凡'，況多例外乎？

蓋每一凡例之立，頗多例外，故有是言，結論云：

> 以上所論及者共二十'凡'，由此吾輩知非特孔子未本之修春秋，即修左傳者亦不曉何所謂'凡'也。杜預所謂爲例之情有五者，亦杜預之說已耳。……今所論者，雖僅二十，然大體已知其價值

如何，不待另估矣。

意謂不特凡例本身乖忤，亦非修左傳者所知，乃出後人之竄加者。故其價值甚低，不待另估也。此全爲今文家說法。以今日言之，則頗須另估矣。自啖助以來之攻擊凡例者，莫不就凡例本身之乖忤及矛盾而言。余前以言之，此不足爲竄加之良好證據，蓋凡例與春秋，及左氏所本之策書，本爲三事。春秋記事，未本凡例而言，有以上諸家之考訂，已成鐵案。左氏記事之文亦與凡例無涉。凡例者，乃左傳編者同時流行之禮論也。當時雖有其論，而未必有人本之實行，尤未必有人本之修史。左氏成書之來源，當以啖助所論最爲得當，余此文終了之結論，亦大體與其相似而略有修正耳，其言曰：

> 予觀左氏傳，自周晉齊宋等國之事最詳；晉則每出一師；具列將佐；宋則每因興廢，備舉六卿；故知史策之文，每國各異。左氏得此數國之史以授門人，義則口傳，未形竹帛；後代學者，乃演而通之，總而合之，編次年月以爲傳記。又廣采當時文籍，故兼與子產晏子及諸國卿佐家傳，並卜書夢書及雜占書，縱橫家小說諷諫等，雜在其中，故叙書雖多，釋意殊少，是非交錯，混然難證。（春秋集傳纂例三傳得失議第二）

此論自不能完全同意，然其謂左氏傳之來源非一，則可取。蓋凡例書法等亦左傳編者取當時通行禮論加雜紀事中者也。小戴禮記內多有類似左氏凡例之記載，如云：

> 凡名子，不以日月，不以國，不以隱疾，大夫士之子不敢與世子同名。（內則）

> 凡訃，於其君曰，"君之臣某死，"父母妻長子，曰"君之臣某之某死。"君訃於他國之君，曰"寡君不祿，敢告於執事，"夫人曰"寡小君不祿，"大子之喪曰，"寡君之適子某死"——（雜

記上）

此例甚多，不勝枚舉。句首冠以‘凡’字，意謂凡有某事必須如此也。是以知此等體裁，實爲當時說禮者之共有公式。然僅此仍不足說明凡例非後人所竄加，蓋後人儘可仿其體而爲之也。則別有證焉。一，左傳凡例見引於尚書大傳，如云，"凡宗廟有先王之主曰‘都’，無曰‘邑’"（唐釋湛然止觀輔行傳宏決卷第四之三引）左傳莊公二十八年有云，"凡邑有宗廟先君之主曰‘都’，無曰‘邑’；邑曰‘築’，都曰‘城’"當爲大傳所本。二，左傳凡例之文，有時爲解釋上文傳義者，如，"齊侯送姜氏，非禮也。凡公女嫁于敵國，姊妹則上卿送之，以禮于先君。公子則下卿送之。于大國雖公子亦上卿送之。于天子則諸卿皆行，公不自送。于小國則上大夫送之。"此一凡例乃解釋上文"非禮也"之義，如無此凡，則傳義懸空，而左氏傳義，經上節之考訂，知其並非竄加，則此凡例亦無可疑之處也。此外如"冬十月，鄭伯以虢師伐宋。壬戌，大敗宋師，以報其入鄭也。宋不告命，故不書。凡諸侯有命，告則書，不然，則否。師出臧否，亦如之。雖及滅國，滅不告敗，勝不告克，不書于策。"（隱公十一年）"十四年春，頃王崩。周公閱與王孫蘇爭政，故不赴。凡崩薨不赴則不書，禍福不告亦不書；懲不敬也。"（文公）皆所以說明傳義者，蓋書法乃謂某事之常然，凡例則說明其所以然。至其義例是否有當，乃當別論者也。

　　左傳之言‘凡’，可分三類。若其言‘書’，‘不書’，如"凡諸侯之女行，唯王后書"，"凡物不爲災不書"，是爲史官修史時之法則，今簡謂之‘史法’，凡例中屬於此者共九條。若其言‘曰’，言‘爲’，如"凡師能左右之曰‘以’"，"凡平原出水爲‘大水’"爲修史時之屬辭，今簡謂之‘書法’；凡例屬於此者共二十二條。若其言禮言常，如"天災有幣無牲，非日月之眚不鼓"，"凡侯伯救患分災討罪，禮也。"是爲通行禮論，今簡謂之"禮經"；凡例屬於此者共十九條。凡例各類性質本非相同，禮經之類，謂爲周公垂法，經國常制尙可；若"凡師能左右之曰'以'"，"凡火，人火曰'火'，天火曰'災'"之類，不過一字之詁，何以能有大當於國事？況弒君稱君之類，豈眞周公自定弒君之例乎？故謂周公垂法者，不待攻而自破矣。其謂刱自孔子者，則春秋記事，與之多有乖忤，其詳可讀本人所著略論五十凡一文；是知孔子亦未本之而修經。謂爲劉歆之徒所竄加，則本節之論又足破其說；故今日可下結論曰，"左氏之凡例與書法同一來源，皆爲左傳原編者所隨意加入者也"。

（三） 論"君子曰"

"君子曰"云云，先秦書籍中多有之，如諸子及國策國語等書是。左傳中亦有所謂"君子曰"，其性質與諸子國策等書同，皆作者對於某事某人所下之論斷也。此項論斷或爲其本人之意見，或爲取自他人之議論，在當時固能代表一部分人之意見，而事過境遷，前人所認爲公平論斷者，在後人或視爲荒謬不通，此左傳"君子曰"爲後人附益說之起因也。朱子語類（卷八三）云，"林黃中謂左傳君子曰是劉歆之辭"是爲疑"君子曰"之辭之始。淸今文家出，掊擊左傳不遺餘力，於是"君子曰"爲僞竄說益盛，而左傳任何部份之僞竄無不出劉歆手矣。但於古籍中所見之反證甚多，余前曾有論"君子曰"一文，載於浙江省立圖書館文瀾學報第二期，由國語韓非子史記等證書左傳"君子曰"非出後人竄入。此義實發自劉師培，余論不過加詳而已。近日意見仍無變更，然前文疏漏仍多，今再重論之如後。

國語中"君子曰"云云，共有多處，今具引之如下：

晉語七： 十七年冬，公使大子伐東山，里克諫曰……。公不說。里克退見大子，大子曰"君賜我偏衣金玦何也？"里克曰，"……夫爲人子者懼不孝，不懼不得。……孺子勉之乎！"君子曰，"善處父子之間矣。"

……至于稷桑，翟人出逆。申生欲戰，狐突諫曰，"不可，……"申生曰"不可，君之使我非歡也，……不戰而退，我罪滋厚。我戰雖死，猶有令名焉。"果戰，敗翟於稷桑而反，讒言益起。狐突杜門不出。君子曰，"善深謀。"

晉語八： 二十六年，獻公卒，里克將殺奚齊，先告荀息曰，"三公子之徒將殺孺子，子將如何？"荀息曰，"死吾君而殺其孤，吾有死而已，吾蔑從之矣。"……於是殺奚齊卓子及驪姬，而請君于秦。既殺奚齊，荀息將死之，人曰，"不如立其弟而輔之。"荀息立卓子。里克又殺卓子。荀息死之。君子曰，"不食其言矣。"穆公問冀芮曰，"公子誰恃於晉，"對曰"臣聞之，亡人無黨，有黨必有讎。夷吾之少也，不好弄戲……。及其長也，弗改。是故出亡無惡於國，而衆安之。不然，夷吾不佞，其誰能恃乎？"君子曰"善以微勸。"

晉語十： 子犯曰，"二三子忘在楚乎？偃也聞之，戰鬭直為壯，曲為老，未報楚惠而抗宋，我曲楚直。……"退三舍避楚。楚衆欲止，子玉不肯。至于城濮，果戰，楚衆大敗。君子曰"善以德勸。"

晉語十二： 郤至甲胄而見客，免冑而聽命，曰"君之外臣至，以寡君之靈，閒蒙甲冑，不敢當拜君命之辱；為使者故，敢三肅之。"君子曰，"勇以知禮。"

晉語十三： 公曰，"微子，寡人無以待戎，無以濟河。二三子何勞焉，子其受之。"君子曰"能志善也。"

以上諸事亦見於左傳，惟左傳僅僖公九年荀息死節一段有"君子曰，'詩所謂"白圭之玷，尚可磨也；斯言之玷，不可為也。"荀息有焉。'"雖與國語繁簡不同，而意義類似。由此諸條，益知此種體裁爲先秦史家所共有，非獨左傳有之也。 然今文家固謂左傳國語本一書，竄之於左傳，何弗能益之於國語耶？ 則又有說，當知上列國語之文皆晉語也，豈非予吾人以暗示，曰，"'君子曰'之體裁尤爲晉國史家所習用"乎？ 如謂爲劉歆所竄，則何以劉歆不竄入他語，而皆竄之於晉語耶？ 左傳一書，本出魏人，清姚姬傳有云，"余考其書（左傳）於魏氏事造飾尤甚，竊以爲吳起爲之者，蓋尤多"（左傳補注序）是否吳起，雖成問題，然謂出自魏人，已漸爲學術界所公認。 然則左傳中之有"君子曰"，蓋當然也。奚待後人附益！而又有證據足助成此說者，則爲在左傳中作君子如何者，在魯語中乃作某某人曰，如魯語云：

> 夏父弗忌爲宗，烝，則躋僖公。 宗人有司曰，"非昭穆也。"曰，"我爲宗伯，明者爲昭，其次爲穆，何常之有？"有司曰，"夫宗廟之有昭穆也，以次世之長幼而等胄之親疏也。⋯⋯自玄王以及主癸莫若湯，自稷以及王季，莫若文武；商周之烝也，未嘗躋湯與文武爲踰也。魯未若商周而改其常，無乃不可乎！⋯⋯"

左傳文公二年作：

> 秋八月丁卯，大事於大廟，躋僖公。 逆祀也。 於是夏父弗忌爲宗伯，尊僖公，且明見曰'吾見新鬼大，故鬼小，⋯⋯'君子以爲失禮；禮無不順。 祀，國之大事也，而逆之，可謂禮乎？⋯⋯故禹不先鯀，湯不先契，文武不先不窋；宋祖帝乙，鄭祖厲王，猶上祖也。⋯⋯

二者字句雖有不同，而意義卻一，是知左傳作者變魯宗人有司之言爲君子之說也。 此外尙有本於他人之議論者，如左傳襄公三年有云：

> 祁奚請老，晉侯問嗣焉。 稱解狐，其讎也，將立之而卒。 又問焉，對曰，"午也可！"於是羊舌職死矣。 晉侯曰，"孰可以代

之"對曰"赤也可。"於是使祁午爲中軍尉,羊舌赤佐之。 君子謂"祁奚於是能舉善矣! 稱其讎不爲諂,立其子不爲比,舉其偏不爲黨。 商書曰,"無偏無黨,王道蕩蕩,"其祁奚之謂矣。解狐得舉,祁午得位,伯華得官,建一官而三物成,能舉善也。夫唯善,故能舉其類。詩云"惟其有之,是以似之"祁奚有焉。"

此段事實爲先秦人士所艷稱,君子所謂亦有所本也,呂氏春秋去私云:

晉平公(今按,應作悼公)問於祁黃羊曰,"南陽無令,其誰可而爲之?"祁黃羊對曰,"解狐可。"平公曰,"解狐,非子之讎邪?"對曰"君問可,非問臣之讎也。平公曰,"善",遂用之。 國人稱善焉。 居有間,平公又問祁黃羊曰,"國無尉,其誰可而爲之?"對曰,"午可,"平公曰,"午非子之子邪?"對曰,"君問可,非問臣之子也。"平公曰,"善",又遂用之。國人稱善焉。 孔子聞之曰,"善哉,祁黃羊之論也,外舉不避讎,內舉不避子;祁黃羊可謂公矣!"

祁黃羊即祁奚,二書所記略異,而祁奚之得稱贊則一,是國人及孔子卽左傳所謂君子之前身也。 又左傳襄公二十一年有云:

叔向曰,"樂王鮒從君者也,何能行。 祁大夫外舉不棄讎,內舉不失親,其獨遺我乎?"

亦於祁奚有良好批評,是知左氏君子之稱美祁奚,旣取自孔子,又取於叔向也。 非特左氏"君子曰"多爲當時之名言讜論所化,而左氏中某人之言論,在他處亦有化爲"君子曰"者。 如說苑君道云:

宋大水,魯人弔之曰,"天降淫雨,……延及君地,…… 使臣敬弔。" 宋人應之曰,"寡人不佞,齋戒不謹,……天加以殃,又遺君憂,拜命之辱。"君子聞之曰,"宋國其庶幾乎!"問曰,"何謂也?"曰,"昔者夏桀,殷紂不任其過,其亡也忽焉。

成湯，文武知任其過，其興也勃焉。夫過而改之，是猶不過也。故曰，'其庶幾乎？'"宋人聞之，夙興夜寐，早朝晏退，弔死問疾，戮力宇內，三年歲豐政平。 嚮使宋人不聞君子之語，則年穀未豐而國未寧。 詩曰"佛時仔肩，示我顯德行。"此之謂也。

左傳莊公十一年載有此事云：

> 秋，宋大水，公使弔焉，曰，"天作淫雨，害於粢盛，若之何不弔？"對曰，"孤實不敬，天降之災，又以爲君憂，拜命之辱。"臧文仲曰，"宋其興乎！禹湯罪己，其興也悖焉；桀紂罪人，其亡也忽焉！且列國有凶，稱孤，禮也。 言懼而明禮，其庶乎！"

是知說苑君子之言即臧文仲之言；因之亦知左氏君子之言亦多有所本也。蓋國語編者僅知採用各國史料，未能融化，故於他國之語未加入"君子曰"之辭，而其所已有某人之議論，則亦未加修改也。

　　以上所論，謂"君子曰"爲晉人所習用，正應爲左傳所原有，然疑之者或並持晉語所有亦出後人附益，則又有反證焉：韓非子及史記亦多引左氏"君子曰"。韓非子難四有云：

> 鄭伯將以高渠彌爲卿，昭公惡之，固諫，不聽。 及昭公即位，懼其殺己也，辛卯，弒昭公而立子亶也。君子曰，"昭公知所惡矣！"公子圍曰，"高伯其爲戮乎，報惡已甚矣！"

此事見於左傳桓公十七年，其文云：

> 初，鄭伯將以高渠彌爲卿，昭公惡之。 固諫，不聽。 昭公立，懼其殺己也，辛卯，弒昭公而立子亶。 君子謂昭公知所惡矣。公子達曰，"高伯其爲戮乎？ 復惡已甚矣！"

兩者文字，完全相同，當爲韓非襲左傳。 倘謂韓非子所引亦出僞竄，則韓非尙有對此事及"君子曰"之批評，曰：

或曰，"公子圉之言，不亦反乎？昭公之及於難者，報惡晚也。然則高伯之晚於死者，報惡甚也。明君不懸怒，懸怒則臣罪輕，舉以行計，則人主危。故靈臺之飲，衛侯怒而不誅，故褚師作難；食黿之羹，鄭君怒而不誅，故子公殺君。君子之舉'知所惡，'非甚之也。曰，知之若是其明也，而不行誅焉，以及於死，故知所惡，以見其無權也。人君非獨不足於見難而已。或不足於斷制。今昭公見惡，稽而不誅，使渠彌舍憎懼死以徼幸，故不免於殺；是昭公之報惡不甚也。"

此豈後人所得附益？則知左傳之原有"君子曰"已成鐵案矣。此外史記中所載"君子曰"之辭，今亦具引之如下：

(一)秦本紀： 三十六年繆公復益厚孟明等，使將兵伐晉，渡河焚舡，大敗晉人，取王官及鄗，以報殽之役，晉人皆城守不敢出。於是繆公乃自茅津渡河，封殽中尸，為發喪哭之，三日，乃誓於軍曰，……君子聞之，皆為垂涕，曰，"嗟呼！秦繆公之與人周也。"

又： 穆公卒，葬雍。從死者百七十人，秦之良臣子輿氏三人，名曰：奄息，仲行，鍼虎，亦在從死之中，秦人哀之，為作歌黃鳥之詩。君子曰，"秦穆公廣地益國，東服彊晉，西霸戎夷，然不為諸侯盟主，亦宜哉！死而棄民，收其良臣而從死；且先王崩，尚猶遺德垂法，況奪之善人良臣，百姓所哀者乎？是以知秦不能復東征也。"

此二事俱本於左傳，一段見文公三年，有云，"君子是以知秦繆公之為君也，舉人之周也"。次段見於文公六年，有"君子曰"云云，與史記略同，惟文稍繁耳。

(二)魯周公世家： 五年(襄公)，季文子卒，家無衣帛之妾，廄無食粟之馬，府無金玉，以相三君。君子曰，"季文子廉忠矣。"

左傳此段亦有"君子曰"文，較繁。

(三)宋微子世家： 宣公病，讓其弟和，曰，"父死子繼，兄死弟繼，天下之通義也。我其立和，……"君子聞之曰，"宋宣公可謂知人矣，立其弟以成義。然卒其子復享之。"

左傳隱公三年作："君子曰，'宋宣公可謂知人矣！立穆公，其子饗之，命以義夫！'"

又： 文公卒，子共公瑕立，始厚葬。君子譏華元不臣矣。

左傳亦有此文而較繁。

(四)晉世家： 荀息曰，"吾不可負先君言。"十月，里克殺奚齊于喪次，獻公未葬也。荀息將死之。或曰，"不如立奚齊弟悼子而傅之。"荀息立悼子而葬獻公。十一月，里克弒悼子于朝，荀息死之。君子曰，"詩所謂'白珪之玷，猶可磨也；斯言之玷，不可為也。'其荀息之謂乎？不負其言。"

左傳僖公九年"君子曰"語與此同。

又 悼公問羣臣可用者，祁奚舉解狐；解狐，僕之仇。復問，舉其子祁午。君子曰，"祁僕可謂不黨矣！外舉不隱仇，內舉不隱子。"左傳襄公三年有此故事，已見上所引，"君子曰"之意義亦相同。凡以上所引"君子曰"，文皆無後人偽竄之痕迹，則"君子曰"為左傳原有，蓋無疑問矣。

(四) 左傳古本說

漢書藝文志載春秋經十一卷，公羊穀梁各十一卷，左氏傳三十卷，是知左氏與經別行。因其記事多而書法少，不若公穀之因經立義，故西漢人多已不知其書爲傳經。及經劉歆表揚，引傳解經，乃反遭諸儒之反對。終漢之世，經傳別行，至杜預作春秋經傳集解，始"分經之年與傳之年相附比，"而因之乃有一事隔爲兩年者，致使辭意不接，形式乖忤。若經與傳別行，則前後相接，此弊可免。然分傳解經者，如能打破每年冠年，每月冠月之例，而以事爲主，年月之上不碍有字，離碎之弊亦可免。余前曾作此工作，即以不同年月事實相接之文字抄出，以求左傳古本之面目，後見兪樾之左傳古本分年考一文（見曲園雜纂第十四），與余之工作，不謀而合。旣不敢以開創自居，亦不甘自認鈔襲也。今列前文數段於後，以見左氏之眞象。

(一)惠公元妃孟子。孟子卒，繼室以聲子，生隱公。宋武公生仲子，仲子生而有文在其手，曰，"爲魯夫人"，故仲子歸于我。生桓公而惠公薨，是以隱公立而奉之。

隱公元年： 元年，春，王周正月，不書即位，攝也。

今按，自"惠公元妃孟子"一段，至"攝也"，實不可分，前段乃說明隱公攝位之由者。杜預強置經前，殊失當。

(二)桓公七年； 冬，曲沃伯誘晉小子侯殺之。

八年： 八月春滅翼。冬，王命虢仲立晉哀侯之弟緡于晉。

今按，此三事實相連繫者，因曲沃伯之殺小子侯乃滅翼，因翼滅，王乃立緡于晉。實不可分也。（以下直列前後文，讀者自能看出，不再加說明）

(三)莊公八年： 初，公孫無知虐于雍廩。

九年： 春，雍廩殺無知。

(四)莊公十三年： 宋人背北杏之會。

十四年： 春，齊人，陳人，曹人伐宋。

(五)莊公十八年： 初，楚武王克權，使鬬緡尹之，以叛；圍而殺之。遷權於那處，使閻敖尹之。及文王即位，與巴人伐申而驚其師。巴人叛楚而伐那處，取之，遂門于楚。閻敖游涌而逸，楚子殺之。其族為亂，冬，巴人因之以伐楚。

十九年： 春，楚子禦之，大敗於津，還，鬻拳弗納。遂伐黃，敗黃師于踖陵。……

(六)僖公三年： 齊侯與蔡姬乘舟于囿，蕩公，公懼變色，禁之，不可，公怒歸之，未絕之也；蔡人嫁之。

四年： 春，齊侯以諸侯之師侵蔡，蔡潰；遂伐楚。

(七)僖公二十三年： 晉公子重耳之及於難也，………遂奔狄，………乃送諸秦。秦伯納女五人，懷嬴與焉，奉匜沃盥，既而揮之，怒曰，"何以卑我？"公子懼，降服而囚，他日，公享之，子犯曰，"吾不如衰之文也，請使衰從。"公子賦河水，公賦六月。趙衰曰"重耳拜賜"，公子降拜稽首，公降一級而辭焉。衰曰，"君稱所以佐天子者命重耳，重耳敢不拜。"

二十四年：春王正月，秦伯納之。不書，不告入也。………

(八)成公四年： 晉趙嬰通于趙莊姬。

五年： 春，原屏放諸齊。嬰曰，"我在，故欒氏不作，我亡，吾二昆其憂哉。且人各有能有不能，舍我何害"………

(九)襄公二十五年： 會于夷儀之歲，齊人城郟。其五月，秦晉為成，晉韓起如秦涖盟，秦伯車如晉涖盟，成而不結。

二十六年： 春，秦伯之弟鍼如晉修成，叔向命召行人子員。行人子朱曰，………

(十)襄公二十六年： 齊人城郟之歲，其夏，齊烏餘以廩丘奔晉，襲衛羊角取之。………於是范宣子卒，諸侯弗能治也。及趙文子為政，乃卒治之。文子言於晉侯曰，"晉為盟主，諸侯或相侵也，則討而使歸其地，今烏餘之邑，皆討類也，而貪之，是無以爲盟主也；請歸之。"公曰，"諾，孰可使也？"對曰，"胥梁帶能無用師。"晉侯使往。

二十七年： 春，胥梁帶使諸喪邑者具車徒以受地必周。 使烏餘具車徒以受封，烏餘以其衆出。 使諸侯僞效烏餘之封者，而遂執之，盡獲之。 皆取其邑而歸諸侯，諸侯是以睦於晉。

(十一) 定公元年： 周鞏簡公棄其子弟而好用遠人。

二年： 夏四月辛酉鞏氏之羣子弟賊簡公。

(十二) 哀公十一年： 季孫欲以田賦，使冉有訪諸仲尼。 仲尼曰，"丘不識也。"三發，卒曰"子爲國老，待子而行，若之何子之不言也。" 仲尼不對，而私於冉有曰，"君子之行也，度於禮，……且子季孫若欲行而法，則周公之典在，若欲苟而行，又何訪焉。"弗聽。

十二年： 春，王正月，用田賦。

其他例證尚多，讀者可參考兪樾之左傳古本分年考，兪氏與余所舉之例亦有不同。 後之刊經傳者，如能免去每年必以年建首，年前文字割歸上年尾之陋習，則文義可通，無文法齟齬之病矣。

下篇　論左傳與國語之關係

（一）　近人對於此問題研究之已有成績

近十年來，中外學者於左傳國語等問題，類能拋棄家法成見，用比較或統計方法，以求其相互之關係及其本身之眞相。 當作者本人研討此問題之先，願將著名之諸家意見，作一紹介，以見此問題研討所至之階段焉。

第一本人所願提出介紹者爲瑞典人高本漢，彼用比較文法之方法，於左傳國語二書皆得有良好之成績。 高氏所著有左傳眞僞考一書，已由陸侃如君譯出，今撮述其重要結論於次。(一)從文法上證明左傳非魯人作。 彼曾選用七種'助詞'作爲比較標準。 1．'若'與'如'，2．'斯'作'則'字解，3．'斯'作'此'字解，4．'乎'作'於'字解，5．'與'字作疑問語尾，6．'及'與'與'，7．'於'與'于'。 所用與左傳比較者爲論語孟子等魯人之作品，假定此等書所用之語爲'魯語'，左傳所用之語爲'左語'。 比較結果：左傳文法與論語孟子大多不同。 故左傳旣非孔子所作，又非孔門弟子或"魯君子"所作。(二)在以上七項文法標準之外，又加兩項，一爲"吾""我""予"，一爲'邪'與'耶'，共計九項，以與國語互相比較，結果，僅有第一項'如'與'若'用法，國語與左傳不同，其餘八項皆相符合。故謂二書爲用同一方言人所作。 但因第一項之微異及二書內容之不同，又決爲非一人之作。 故其說雖接近今文家之主張，但非完全相同也。

第二，本人所願提出介紹者爲衛聚賢。 衛君於七八年前，出有古史研究一書，內容爲春秋左傳及國語之研究。 於三書作期作者內容及傳授問題多所探討。 此君今日雖妄，在當日固尙不失爲一有識之人。 彼多用統計及比較之方法。 彼亦曾用方音上之證據及春秋左傳國語分國記事詳簡之統計說明左傳著者爲晉人非齊魯人，此與高本漢之說本相近也。 但彼進而欲證明左傳爲子夏居西河所作，因傳于左氏人吳起，故有"左氏"之名。 彼於國語，則用比較明顯法，說明一，周語不取左傳，二，魯語採取左傳，三，齊語非採自左傳與管子，四，晉語採取左傳，五，楚語吳語亦非採自左傳。 又用記載詳確法，記載袒護法及所用方音，他人見證等說明：(一)國語記載吳越事較左傳詳確，證明其爲吳越境近人所作。(二)國語記載袒護楚國，證明其爲與楚國有關人作品。 (三)國語多用楚國言語，證明其爲楚國作品。 又謂楚之檮杌即楚之國語也。 衛氏此種說法，頗多牽強瑣屑，所有可取之處，即左傳國語二書終非一書之分化一點是也。

第三，本人所願提出介紹者爲馮沅君女士。馮女士雖無專書講此問題，然曾於新月雜誌發表有論左傳與國語的異點一文（今收於左傳眞僞攷及其他一書內）彼用比較方法，說明二書共說一事而二文不同之處凡十五則，並引哀十三年傳疏結束云，"……經據魯史策書，傳采魯之簡牘。魯之所書，必是依實。國語之書，當國所記，或可曲筆直己，辭有抑揚，故與左異者多矣。鄭玄云，不可依國語亂周公所定法。玄云國語非丘明所作，凡有共說一事，而二文不同，必國語虛而左傳實，其言相反，不可強合也"。馮女士以爲不特於'共說一事而二文不同'之處，可以說明二書之不可強合，並由文法組織上亦可說明二書之不同。此點之結論殊與高本漢相反。蓋高氏之說實有疏忽。馮氏重作統計，說明左周二書用字之不同。所用之字，計爲（一）關於'於''于'之用法（二）'與'和'及'之用法，（三）'邪'（耶）之用法，（四）'奈'字之引用。由以上之諸種證明，於是謂左傳與國語乃各不相干之二書也。

第四本人所願提出介紹者爲燕京學報第十六期之兩篇文章，一爲孫海波君之國語眞僞考，一爲卜德（Derk Bodde）君之左傳與國語。孫君之意見爲（一）因漢志言左氏傳三十卷，與經卷數不合，是知劉歆引以解經，實未嘗割裂比附，今本國語未得爲其編纂之餘。（二）因國語記事重出于左傳者六十餘事，果皆國語舊文，何左氏紀事之重煩憒憒若是？作僞者旣已將國語所有錄入左傳，至其賸殘，不當沓紛複見也。（三）兩書雖記一事，事實多不相同，如鄭人代滑節中所引棠棣之詩，國語以爲周文公作，左傳以爲召穆公作。若斯之類，不勝枚擧，蓋二書所據之史策不同，故其記載各殊，使果出諸一人之手，不當如是。（四）試取今本國語左傳及史記所共同涉及之史蹟，而比較其細節之同異，則史記所本者爲今本左傳而非今本國語。左傳同於國語，復見引于史記者約八事，比較結果，知史遷之譜十二諸侯，所本者爲左傳（即原本國語）而今本國語，當時似尙未成書。有此四事，足知國語與左傳，非一書之化分也明矣。孫君不僅因史記之引左傳不及國語而云國語爲晚出，且因國語本書叙事之沓複，筆墨之異趣，以爲顯非出於一人之手，而爲一時之書也。孫君雖詆國語，然亦不信左氏傳爲傳經者謂其即爲原本國語，今本國語則劉歆輩所僞造也。

卜德君之意見，爲(一)據二書引詩之多寡，(二)因二書用'帝'及'上帝'之多寡不同；可證二書原非一物。以後又引錢玄同所論關於左國二書之語，而解答之。篇輻不長，亦無甚精義。

第五，童書業先生於浙江圖書館館刊四卷一期發表有國語與左傳問題後案一文，其所得結論爲：(一)以史記周本紀所載國語語與國語對照，知周語鄭語等在史記前已成立。(二)以國語與左傳相同文字對照，知國語成立在左傳前。(三)左傳原名爲左氏春秋，蓋非傳經之作。(四)左傳與國語非一書之分化，其證爲；一，記事重複，二，記事衝突，三，文法不同，四，文體絕異，五，古史傳說衝突。(五)國語中齊語吳語越語晚出。

以上六人說法，雖立證取材各有不同，而結論則有共同之點；即左傳國語本非一書是也。高本漢之說法雖接近今文家之主張，然亦不能說左國本爲一書。衛聚賢君謂國語爲楚人作，亦乏堅強之證據。案晉書束晳傳載魏襄王塚（或云安釐王）發現有國語三篇，言楚晉事。故國語之編輯，當出魏國也。孫海波君之說左國非一書，自得其當，然以爲史記未引國語，因謂其書晚出，實較疏忽，蓋周本紀孔子世家固多引國語之文：蓋左國同具之事，史遷多引左傳，左所無者，則引國語也。謂左氏傳原非傳經之作亦失當，讀者參閱本文上章，可知。然而問題之大體趨於解決者，則已左國本非一書一點。守康有爲氏之說者，仍有錢玄同氏，其言曰：

一，左傳記周事頗略，故周語所存春秋時代的周事尙詳。

二，左傳記魯事最詳，而殘餘之魯語所記多半是瑣事。………

三，左傳記齊桓公霸業最略，所謂"管仲相桓公，霸諸侯，一匡天下"的政蹟，竟全無記載，而齊語則專記此事。

四，晉語中同於左傳者最多，而關於霸業之犖犖大端，記載甚略，左傳則甚詳。

五，鄭語皆春秋以前事。

六，楚語同於左傳者亦多，關於大端的記載亦甚略。

七，吳語專記夫差伐越而卒致亡國事，左傳對於此事的記載又是異常簡略，與齊桓霸業相同。

八，越語專記越滅吳的經過，左傳全無。（重論經今古文學問題）

錢先生據此八點，以作左國爲一書之分化，粗看，似有理由，然細按之，則均可解答。蓋二書取材除齊語鄭語另有所本，吳越二語晚出外，其餘周魯晉楚諸國大抵相同，凡有詳略，皆國語重'言'，而左傳記'動'，顧名思義，'語'當記'語'春秋當記事也（左傳原名或爲左氏春秋）。此項下有詳論。故因二書互有詳略一點，即謂二書源本爲一，未可云當！且先秦書籍，引用此二書之名稱亦不同，詳見本章第三節之論證，可以推翻康崔一派之說。本人於上列諸家所論證之外，尙有所論，足資補證二書非一書之分化者，今述之於後。

（二）左國體裁之不同

國語楚語上有云：

………問於申叔時。叔時曰，"敎之'春秋'而爲之聳善而抑惡焉，以戒勸其心。敎之'世'而爲之昭明德而廢幽昏焉，以休懼其動。敎之'詩'而爲之道廣顯德以耀明其志。敎之'禮'使知上下之則。敎之'樂'以疏其穢而鎭其浮。敎之'令'使訪物官。敎之'語'使明其德，而知先王之務用明德於民也。敎之故志，使知廢興者而戒懼焉。敎之訓典，使知族類，行比義焉。"

論左傳之性質及其與國語之關係 75

以上諸書，叔時所說以敎太子葴者也。 九類之中，乃有'語'之一種，其功用在"使明其德"，或即今日所見國語一流之書。春秋講襃貶，故志道廢興，語蓋嘉言讜論之總集也。 以今日之國語與左傳較，實虛多而實少，二書同載一事，多為左傳其動態，而國記其言談，此例甚多，今檢列若干條於後。

(一)周語中： 晋文公旣定襄王于郟，王勞之以地。 辭，請隧焉。 王弗許，曰，"昔我先王之有天下也，規方千里以爲甸服，以供上帝山川百神之祀，以備百姓兆民之用，以待不庭不虞之患。 其餘以均分公，侯，伯，子，男，使各有寧宇，以順及天地，無逢其灾害；先王豈有賴焉。內官不過九御，外官不過九品，足以供給神祇而已。………" 文公遂不敢請，受地而還。

左僖二十五年： 夏四月，丁巳，王入于王城，取大叔于溫，殺之于隰城。 戊午，晋侯朝王，王享醴命之宥。請隧，弗許。 曰"王章也。 未有代德，而有二王，亦叔父之所惡也。"與之陽樊溫原攢茅之田，晋於是始啟南陽。………

周語王言甚長，未具引，左傳則甚略；此外類此者尙多，所有引文，讀者可自比觀，不再加說明。

(二)周語中： 王至自鄭，以陽樊賜晋文公。 陽人不服，晋侯圍之。 倉葛呼曰"王以晋君爲德，故勞之以陽樊。 陽樊懷我王德，是以未從於晋，謂君其何德之布，以懷柔之，使無有遠志。今將大泯其宗祊，而蔑殺其民人，宜吾不敢服也。 夫三軍之所尋，將蠻夷戎翟之驕逸不虞，於是乎致武。 此羸者陽也，未狎君政，故臣承命。 君若惠及之，唯官是徵，其敢逆命，何足以辱師？ 君之武震，無乃玩而頓乎？ 臣聞之曰，武不可覿，文不可匿。 覿武無烈，匿文不昭。 陽不承獲甸，而祇以覿武臣，是以懼；不然，其敢自愛也？且夫陽豈有裔民，夫亦皆天子之父兄甥舅也，若之何其虐之也！"晉侯聞之曰"是君子之言也"，乃出陽民。 左僖二十五年：陽樊不服圍之。 蒼葛呼曰，"德以柔中國，刑以威四夷，宜吾不敢服也。 此誰非王之親姻，其俘之也，"乃出其民。

(三)魯語上： 魯饑，臧文仲言於莊公，曰，"夫爲四鄰之援，結諸侯之信，重之以婚姻，申之以盟誓，固國之艱急是爲。 鑄名器，藏寶財，固民之殄病是待。 今國病矣，君盍以名器，請糴于齊。"公曰"誰使？"對曰，"國有饑饉，卿出告糴，古之制也。 辰也備卿，辰請如齊。"公使往。 從者曰，"君不命吾子，吾子請之，其爲選事乎？"文仲曰"賢者急病而讓夷，居官者當事不避難，在位者恤民之患，是以國家無違。 今我不如齊，非急病也；在上不恤下，居官而惰，非事君也。"文仲以鬯圭與玉磬如齊告糴，曰，"天災流行，戾于敝邑，饑饉薦降，民羸幾卒。 大懼殄周公大公之命祀，職貢業事之不共而獲戾；不腆先君之敝器，敢告滯積以紓執事，以救敝邑，使能共職，豈唯寡君與二三臣實受君賜，其周公大公及百辟神祇實永饗而賴之。"齊人歸其玉而予之糴。

左莊二十八年： 冬，饑，臧孫辰告糴于齊，禮也。

(四)魯語上： 晉文公解曹地以分諸侯。 僖公使臧文仲往宿於重館。 重館人告曰"晉始伯而欲固諸侯，故解有罪之地以分諸侯。 諸侯莫不望分而欲親晉，皆將爭先。 晉不以故班，亦必親先者，吾子不可以不速行。 魯之班長而又先，諸侯其誰望之，若少安，恐無及也。"從之，獲地於諸侯爲多。 反，既復命，爲之請曰，"地之多也，重館人之力也。 臣聞之曰，'善有章，雖賤賞也；惡有釁，雖貴罰也。'今一言而辟境，其章大矣，請賞之"。乃出而爵之。

左僖三十一年： 春，取濟西田，分曹地也。使臧文仲往宿於重館。重館人告曰"晉新得諸侯，必親其共，不速行，將無及也"。從之。分曹地自洮以南，東傅于濟，盡曹地也。

(五)魯語下： 齊閭丘來盟，子服景伯戒宰人曰，"陷而入於恭"。閔馬父笑，景伯問之。對曰，"笑吾子之大滿也！昔正考父校商之名頌十二篇於周大師，以那為首。……周恭王能庇昭穆之闕而為恭，楚恭王能知其過而為恭。今吾子之教官僚，曰陷而後恭，道將何為？

左哀公八年： 秋，及齊平。九月，臧賓如如齊蒞盟。齊閭丘明來蒞盟。且逆季姬以歸嬖。

(六)晉語七： 武公伐翼，殺哀侯。止欒共子曰，"苟無死，吾以子見天子，令子為上卿，制晉國之政。"辭曰，"成聞之，民生於三，事之如一。父生之，師教之，君食之。……唯其所在，則致死焉。報生以死，報賜以力，人之道也。臣敢以私利廢人之道，君何以訓矣！且君知成之從也，未知其待於曲沃也。從君而貳，君焉用之。"遂鬪而死。

左桓公三年： 春，曲沃武公伐翼，次于陘庭。韓萬御戎，梁弘為右。逐翼侯于汾隰，夜獲之，及欒共叔。

此等例證尚多，今不具引。此皆國詳其言論而略其動作者。若左傳詳而國語略者，其例亦可得而知也。

(一)魯語下： 季武子為三軍，叔孫穆子曰，"不可，天子作師，公帥之以征不德。元侯作師，卿帥之以承天子。諸侯有卿無軍，帥教衛以贊元侯。自伯子男有大夫無卿，帥賦以從諸侯。是以上能征下，下無姦慝。今我小侯也，處大國之間，繕貢賦以共從者，猶懼有討；若為元侯之所，以怒大國，無乃不可乎"？弗從，遂作中軍。

此仍詳於語言也，左傳襄公十一年記事則稍詳，而語言仍略。

季武子將作三軍，告叔孫穆子曰，"請為三軍，各征其軍。"穆子曰，"政將及子，子必不能。"武子固請之，穆子曰，"然則盟諸，"乃盟諸僖閎，詛諸五父之衢。正月作三軍，三分公室，而各有其一。三子各毀其乘，季氏使其乘之人以其役邑入者無征，不入者倍征。孟氏使半為臣，若子若弟。叔孫氏使盡為臣，不然不舍。

城濮鄢陵二戰，左傳描寫，生動欲活，反觀國語，則輕輕數語了之，去取之間可知也：

(二)晉語十： 楚師陳，晉師退舍，軍吏請曰，"以君避臣，辱也。且楚師老矣，必敗，何故退"。子犯曰，"二三子忘在楚乎？偃也聞之，戰鬭直為壯，曲為老，未報楚惠而抗宋，我曲楚直。其衆莫不生氣，不可謂老。若我以君避臣而不去，彼亦曲矣。"退三舍避楚。楚衆欲止，子玉不肯。至于城濮，果戰，楚衆大敗。君子曰，"善以德勸"。

左僖二十八年： 子玉怒從晉師，晉師退。軍吏曰，"以君辟臣辱也。且楚師老矣，何故退？"子犯曰，"師直為壯，曲為老，豈在久乎？……"退三舍，楚衆欲止，子玉不可，夏四月戊辰，晉侯，宋公，齊國歸父，崔夭，秦小子慭次于城濮。楚師背酅而舍。……子玉使鬬勃請戰，曰"請與君之士戲，君馮軾而觀之，得臣與寓目焉。"晉侯使欒枝對曰，"寡君聞命矣。……"晉車七百乘，韅靷鞅靽。晉侯登有莘之虛以觀師，曰，'少

長有禮，其可用也。"遂伐其木，以益其兵。 己巳，晉師陳于
莘北。 胥臣以下軍之佐當陳蔡，子玉以若敖之六卒將中軍，
曰，"今日必無晉矣。"子西將左，子上將右。 胥臣蒙馬以虎
皮，先犯陳蔡。陳蔡奔，楚右師潰。 狐毛設二旆而退之，欒枝使
輿曳柴而偽遁。 楚師馳之，原軫郤溱以中軍公族橫擊之， 狐毛
狐偃以上軍夾攻子西，楚左師潰。楚師敗績。

鄢陵之戰，亦復如是， 左傳於戰事之描寫最詳盡，國語僅記當事人
之語言而已。 由以上多數例證，知左國之體例本有不同，雖其所本之
史策，或有相同，而去取之間， 乃亦有歧異。 若謂左國之詳略互異，即
爲古文學家割裂之證據，是未達一間之言也。 猶有說者： 言行本爲一
致，求其記言而不記行，或記行而忘言，本不可得，故左傳之中不能毫無
言論之記載，國語亦未能滿幅空言，今日之說明亦祇在其各有所偏而已；
非謂涇渭毫不相犯也。

（三） 西漢以前左國名稱之不同

劉逢祿氏之左氏春秋考證謂：

"左氏春秋"，猶晏子春秋，呂氏春秋也。 直稱'春秋'，太史公
所據舊名也。冒曰"春秋左氏傳，"則東漢以後之以訛傳訛者矣。

是謂左傳本名"左氏春秋，"名爲"春秋左氏傳"乃東漢以後之事（案春秋左氏
傳一名，西漢已成立，此謂東漢以後之以訛傳訛，有語病）。 劉氏爲今文學大師， 然
此說尚不爲康有爲及崔適等所信，蓋康崔一流人多謂史記十二諸侯年表所
謂"魯君子左丘明懼弟子人人異端，各安其意，失其眞， 故因孔子史記具
論其語， 成左氏春秋"。 一段，語亦爲後人所僞竄也。 然在史記以前之
書籍，如國策韓非子韓詩外傳等固多有稱左傳爲"春秋"者，豈亦後人所
竄加耶？

楚策四： 春秋戒之曰，楚王子圍聘於鄭，未出竟，聞王病，反問疾，遂以冠纓絞王殺之，因自立也。………

又： 虞卿謂春申君曰，臣聞之春秋，於安思危，危則慮安。

魏策三： 昔者晉人欲亡虞而伐虢。伐虢者，亡虞之始也。故荀息以馬與璧假道於虞。宮之奇諫而不聽，卒假晉道。晉人伐虢，反而取虞，故春秋書之，以罪虞公。

韓非子姦刼弒臣： 故春秋記之曰，楚王子圍將聘於鄭，未出境，聞王病，而反。因入問病，以其冠纓絞王而殺之，遂自立也。………

韓詩外傳四： 故春秋之志曰，楚王之子圍聘於鄭，未出境，聞王疾，返問疾，遂以冠纓絞王而殺之，因自立。………

以上所引春秋皆左傳也，故劉逢祿氏之說自是。但名為"左氏春秋"亦不害其傳經之事實。史記引公羊固亦稱"春秋"也。左傳既名左氏春秋，而國語之見引於先秦書籍中，果何稱耶？考韓非子說疑有云：

其在記曰，堯有丹朱，而舜有商均，啟有五觀，商有太甲，武王有管蔡。

所謂"記"者，何書耶？楚語有云：

故堯，有丹朱，舜有商均，啟有五觀，湯有太甲，文王有管蔡。

雖有微異（文王，武王），大體固同，知韓非子之所謂'記'實即國語。吾人知先秦書籍引左傳作'春秋之記'或'春秋之志'，於國語乃名之曰'記'，則知二書本非一書之分化也。

結 論

晚近今古文學大師，研究左傳最精者，實推廖平及劉師培。廖平著有春秋左氏古經說一書，謂"左氏事業具於傳，義例出於說，今傳事說雜陳，乃先秦左氏弟子依經編年。"（見潘祖蔭序）是謂左傳本有書法凡例也。劉師培多單篇論文，如左氏不傳春秋辨，周季諸子述左傳攷等，皆有極精到之處。本人此文之撰成，實受此二大師之啟迪。斯文果有些微發現，皆前賢所賜也。撰文旣竟，可下一結論曰：

> 書法，凡例，解經語及君子曰等爲左傳所原有，非出後人之竄加，故左傳本爲傳經之書。國語之文法，體裁，記事，名稱等皆與左傳不同，故二者決非一書之割裂也。

至於左國二書之創始者爲誰，成書者爲誰，創作之時代在何時等問題，本人別有考証，今不具論。

二十五年七月一日草成。

本院出版物一覽

清代文字獄檔 已出八輯 每輯定價五角
是書取材清代文書中：軍機處檔，宮中所存繳回硃批奏摺，實錄。分條編訂，照實俱錄無遺，洵研究史學無上之參考資料！

北平史表長編 史學研究會編輯 定價二元
是表先取遼金元明諸史及東華錄諸書之涉及北平史迹者分年繫之，而各公私紀載之可信者亦多採及，全書分爲五卷，搜羅考據，精切詳明，誠研究北平史者必讀之作也。

北平金石目 史學研究會編輯 定價一元二角
本院史學研究會爲編輯北平志調查北平各廟宇幷傳拓金石目錄一千數百餘種，內外城者改按年代編次，刋印此書。

太平天國詔諭 蕭一山編 定價三元
太平天國遺存文獻，時民間因有挾藏之罪，故多流於外邦，蕭一山先生於留英之便，在倫敦不列顛博物院特輯太平天國詔旨，手批，諭懲等編爲是書，每篇幷附考釋鈎提，袪疑存眞，實爲一代重要史料之一大結集。

近代秘密社會史料 蕭一山編 每部定價三元
秘密社會組織，爲淸季革命所孕之碩果，凡言革命史者不可不溯源於此。蕭一山先生在英蒐檢中國史料，發見手抄天地會文件頗多，特錄以歸國，輯要歸類，並加考證，成書六卷，訂爲四冊，與太平天國詔諭，可謂泰華並峙。

考古專報第一卷第一號 何士驥著 定價二元
是書爲石刻唐太極宮曁府寺坊市殘圖，大明宮殘圖，興慶宮圖之研究，（石刻爲民國二十三年所發現。）全書分圖，表，論述三類，著者首以歷來著錄唐宮城制度之書與石刻作比校，推斷其優劣；次由石刻太倉，輔興坊等之位置，及製圖之折地法，出土地點等証以前人成說，推斷其刻石之人爲北宋呂大防；再次由入土之深度，地層之變遷，附帶出土器物之憑証，推斷其被毀與入土之時期爲宋金用兵之際。今呂氏刻石問題，已由北平邵章氏所藏拓本証實，此書洵足爲研究唐代宮城制度之新材料也。

北平各圖書館西文書籍聯合目錄 全書四冊 全布面定價十五元
半布面定價十二元
凡北平各大學圖書館西文藏書，均依字首順次編訂無遺，讀者手此一冊，卽知各書收藏之所在，一索卽得，不致空勞跋涉，時間與經濟兩稱便利也。

鑿　井　工　程 李吟秋著 定價二元
我國以農立國，農田水利，亟待用科學方法促其發展，本書叙述詳盡，尤切實用，允稱爲農田水利專著也。

大　　　　豆 李石曾著 定價二角
本書爲研究大豆僅有之作，性質之分析，功用及製造食品方法，均本科學實驗之結果而言，爲吾國生理學上之名著。

玉烟堂本急就章 定價六角
本帖乃用初拓玉烟堂急就章本影印，而釋文葉夢得本略爲增訂，幷改正句點，以便學者瞭然。

頤和園全圖 測繪組測製 定價一元
爲本院測繪組實測二千分一比例地圖。

解析數學講義 法國古爾薩著 王尚濟譯 全三冊 第一冊 定價五元
第二冊定價二元五角 第三冊定價四元
是書爲王尚濟先生依據法文最新原版，本其數十年敎學經驗譯爲中文。該書各國治高等微積分及函數論者，莫不視爲必備之工具，今始得譯爲中文，誠吾人良好之導師也。

丁零民族史

王 日 蔚

一　世系
二　種族
三　活動疆域
四　經濟文化

一　世系

丁零初見於史記之匈奴傳，前後漢書因之。 間作丁靈，丁令，然均語焉不詳。 吾人大致可以推証丁零爲匈奴北之一國， 約在紀元前三世紀末，匈奴冒頓單于强，丁零爲所征服。

'後北服渾庾，屈射，丁零，隔昆龍，新犂之國。'
——漢書匈奴傳

考史記及漢書匈奴傳所載，均不詳冒頓征服丁零之年代，惟可由上下文證明，冒頓征服丁零在其東破東胡，西擊走月氏，南併樓煩白羊河南王之後， 圍高帝于平城之前。 冒頓征服東胡月氏之年代，雖未便推測，然高帝被圍於平城，爲其立帝後之辛丑年，當紀元前二〇〇年，故可確定丁零之征服必在紀元前三世紀之末也。

'大閼氏欲殺陵（李陵），單于於匿之北方。大閼氏死，迺還。單于壯陵，以女妻之，立爲右校王。衞律爲丁零王（師古曰丁靈胡之別種也，立爲王而主其人也。）皆貴用事。衞律者，父本長水胡人，律生長漢。善協律都尉李延年，薦言使匈奴。使還，會延年家收，律懼幷誅，亡還匈奴。'

　　——漢書李陵傳

按衞律爲漢降匈奴者，而爲丁零王，必匈奴能統治丁零使衞律治之，故得爲丁零王也。

紀元前六十九年，丁零與烏桓烏孫合攻匈奴，殺匈奴人數萬級，獲馬牛羊數十萬。

'（宣帝本始二年）冬單于自將萬騎擊烏孫，頗得老弱，欲還，會天大雨雪，一日深丈餘。………于是丁令乘弱攻其北，烏桓入其東，烏孫擊其西。凡三國所殺數萬級，馬數萬匹，牛羊甚衆。'

　　——漢書匈奴傳

紀元前六一年前丁零又屢攻匈奴，匈奴擊之無所獲。

'其明年（神爵元年）丁零比三歲入盜匈奴，殺略人民數千，驅馬畜去。匈奴遣萬餘騎擊之，無所得。'

　　——漢書匈奴傳

紀元前四十九年，丁零又爲北匈奴郅支單于所征服。

'（宣帝黃龍元年）郅支………因北擊烏揭，烏揭降。發其兵西破堅昆，北降丁令。'

　　——漢書匈奴傳

西元八十五年，丁零與鮮卑西域合攻北匈奴擊走之。

'時北虜衰耗，黨衆離叛，丁零寇其後，鮮卑擊其左，西域侵其右，不復自立，乃遠行而去。'

——後漢書南匈奴傳

故西元前二百年至西元一百年三百年之間，丁零與匈奴屢爲仇患。見于記載者，計丁零攻匈奴三次，被匈奴征服二次，實爲匈奴北部之大敵。最後匈奴終爲其所擊走，而遠逃歐洲。南匈奴單于上寶太后書曰：

'畏丁零鮮卑逃遁遠去。'

——後漢書南匈奴傳

丁零與鮮卑西域擊走匈奴之後，是否分據匈奴一部分之土地，史無明文。然似可由他方間接證明，丁零地域自北匈奴逃走後，並未向南有大進展也。

'鮮卑……檀石槐旣立，……兵馬甚盛。南鈔漢邊，北拒丁零，東卻夫餘，西擊烏孫。盡據匈奴故地。'

——三國志魏志卷三十裴松之註所引魏書（此書已佚）之西戎傳

按鮮卑旣據匈奴故地，則丁零自難向南進展，於是其南方之敵乃由匈奴一變而爲鮮卑矣。

西戎傳河西之賨虜內有丁零種，然恐非丁零族本身勢力之發展至此，而爲被匈奴虜至此地之奴隸。

'賨虜本匈奴也，匈奴名奴婢爲賨。始建武時匈奴衰分去，其奴婢亡匿在金城，武威，酒泉北黑水西河東西畜牧，逐水草，鈔盜涼州。……其種非一，有大胡，有丁零。'

——魏志裴松之註所引魏書西戎傳

按丁零爲賨虜之一種，而賨虜又爲匈奴奴婢之逃亡者。則此處所述之丁零，亦必爲匈奴之奴婢。考遊牧種族，征服異族後，往往虜作奴隸。此處所述之丁零必爲以前匈奴征服丁零時，俘虜其一部遷至其設定之奴隸地域中代其牧牛馬者。匈奴西逃後，此等奴隸羣乃乘機逃至甘州肅州間而定居焉。故其種不一，有大胡，丁零等族也。

西戎傳謂康居之北有丁零，因別此丁零爲西丁零以與前之北丁零別。

'丁零國在康居北，勝兵六萬人，隨畜牧，出名鼠皮，白昆子青昆子皮。此上三國（呼得，堅昆，丁零）堅昆中央，俱去匈奴庭安習水七千里，南去車師六國五千里，西南去康居界三千里，西去康居王治八千里。或以爲此丁零即匈奴北丁零也。而北（疑當作此）丁零在烏孫北，似其種別也。又匈奴北有渾窳國、有屈射國、有丁令國、有隔昆國、有新犂國。明北海之南自復有丁令，非此烏孫之西丁令也。'

——魏書西戎傳

西戎傳既謂西丁零爲北丁零別種，而耶律鑄亦謂二者非一種，且謂西丁令讀作顚連。然恐均非是，蓋丁零固本一由蒙古以至中亞之一極龐大種族，二者實二而一者也。

'諸書所載丁靈丁零丁令三字不同，詳其前後史蹟，似非一種。史記北服丁靈，李陵傳衛律爲丁靈王。前書作北服丁零，後書南單于傳丁零寇其後，鮮卑傳北拒丁零，載記丁零翟斌及諸書唐史月支都督府丁零州，范陽郡丁零川，雖皆無音，乃是先零字。前書丁令乘弱攻其北，丁令比三歲入盜。後書北部又畏丁令逃遁遠去。烏桓傳其士在丁零西南，莽將嚴尤領丁令兵屯代郡。及諸書丁令，令皆音零。然別令字亦有連音，史記西至令居，姚氏音令爲連。前漢書地理志令居孟康亦音令爲連。通典丁令魏時聞焉；康居北，烏孫西，似其種與北丁令別也。然亦無音。後漢書丁令在康居北，丁音顚，令音連。御覽丁令亦音顚

連，考其地在前康居東，北鄰烏孫。丁音顛，令音連爲是。'

——耶律鑄雙溪醉隱集丁零二首之註

按丁零即隋唐之鐵勒（說當詳後），固一由蒙古以至中亞之一極龐大種族，漢代史者不知眞象，以爲匈奴北旣有一丁零，則康居東之丁零必非一族，而不知彼固爲一種也。耶律鑄身事蒙古，似應于亞洲北部及西部之種族有詳確之認識，乃竟根據二者讀音之不同，斷非一種，反置正史及重要史實于不顧，所謂好立奇論者非歟？四庫提要謂其于丁零辯論頗詳，有裨考證，何亦竟不之察也。

西戎傳據烏孫長老言，謂北丁令有馬脛國，此本不經之談，然此尚謂北丁零之地有馬脛國，非謂北丁零即馬脛國也。山海經及詩含神霧竊之，復傳會其說，乃謂丁靈之人上身類人，下類馬，于是丁零幾成爲神話中之國家焉。

'烏孫長老言，北丁令有馬脛國，其人聲音似雁鶩，從膝以上身頭人也。膝以下生毛，馬脛，馬蹄，不騎馬而走疾馬。其爲人勇健敢戰也（也字似衍）。短人國，在康居西北，男女皆長三尺，人衆甚多……'

——三國志魏志註引西戎傳

'有丁靈之國，其民從膝下有毛，馬蹄，善走。'

——山海經海內經

'馬蹄，自鞭其蹄日行三百里（山海經海內經註）。'

——漢學堂叢書本詩含神霧及玉函山房詩緯含神霧

按山海經及詩含神霧均係後人僞造，故謂其竊自魏書也。此種不經之談與後世認北荒之國皆爲丁零者，正復相同。

'俄羅斯，一名羅刹，古丁零國也。'

　　　　——謝梅庄西北域記

尚書大傳亦有關於丁零之記載，然恐係後人輯入者，未足爲信史也。

　'北方之極有丁零，北有積雪之野，帝顓頊神玄冥司之。'

　　　　——淸陳壽祺尙書大傳輯校洪範五行傳

按陳氏之尙書大傳輯校係採自明黃佐六藝流別卷十七，五行篇所引尙書大傳之紀帝舜命禹攝政初紀事，恐黃氏所引亦不足信也。

五胡之亂，丁零有一部遷至大河南北者，但終爲人附庸，未能爲獨立國家。

　'曾祖武劉聰世以宗室封樓煩公，拜安北將軍監鮮卑諸軍事，丁零中郎將。……祖豹子招集部落，復爲諸部之雄，石季龍遣使拜平北將軍左賢王，丁零單于。'

　　　　——晉書赫連勃勃載記

　'聰以虎宗室拜安北將軍監鮮卑諸軍事，丁零中郎將。……豹子招集種落，爲諸部雄，潛通石虎。虎拜爲平北將軍左賢王。'

　　　　——魏書劉虎傳

按勃勃傳之武，即爲劉虎傳之劉虎。勃勃傳豹子爲石季龍拜平北將軍左賢王，丁零單于；劉虎傳則無丁零單于字樣。

意者，此時虎與豹子之勢力，足以統治丁零，故拜之爲丁零中郎將與丁零單于歟？

　'中山丁零翟鼠叛，……勒率騎討之，獲其母妻而還，鼠保於胡關，遂奔代郡。'

　　　　——晉書石勒載記上

　'丁零翟鼠，……率其所部降于儁，封鼠歸義王。'

　　　　——晉書慕容儁載記

　'苻堅徙關東豪傑及諸雜夷十萬戶於關中。處烏桓鮮卑雜類於馮

翊，北地丁零翟斌于新安。'
　　——晉書苻堅載記上
'衛軍從事中郎丁零翟斌反于河南，長樂公苻丕遣慕容垂及苻飛龍討之。垂南結丁零，殺飛龍盡坑其衆。豫州牧平原公苻暉遣毛當擊翟斌，爲斌所敗，當死之。垂子農亡奔列人，招集群盜，衆至萬數千。丕遣石越擊之，爲農所敗，越死之。垂引丁零烏丸之衆二十餘萬，爲飛梯地道以攻鄴城。………會丁零叛慕容垂，垂引師去鄴。'
　　——晉書苻堅載記下
'（魏太武帝攻盱眙時，與宋守將臧質曰：）吾今所遣鬥兵盡非我國人。城東北是丁零與胡，南是三秦，氐，羌。設使丁零死者，正可滅常山趙郡賊；胡死正滅幷州賊。氐羌死正滅關中賊。卿若殺之，無不利。'
　　——宋書臧質傳
'莽將嚴尤領丁令兵屯代郡，'
　　——雙溪醉隱集所引

按雙溪醉隱集所引則王莽時丁令之衆已至代郡。其後臧質傳太武帝謂丁零死正可滅常山趙郡賊，則常山趙郡之爲丁零所居地，已爲不易之論。

計自匈奴逃亡，故地爲鮮卑所居後，丁零即與鮮卑爲隣。漠北大亂，北方遊牧種族遷居內地。司馬氏雖統一中國，然於此新來種族，則無力驅之塞外。晉元帝時，此等種族復進而深入黃河流域，驅晉室東遷，前後成立十六國，所謂五胡亂華是，十六國凡紛擾一百數十年，與司馬氏相終始；此時丁零族似應乘機南下；然由上文所引晉書載記，雖屢見丁零之處，且曾有一部在大河南北者，但終爲人附庸，未能爲獨立國家；意者丁零之一部隨北方諸異族而南遷，遂定居于內地，與其大部之居漠北者，或無大關乎。

宋文帝元嘉十六年（四三九）元魏併滅北方諸國，丁零乃南與魏爲隣。其時漠北之地蠕蠕稱霸，西方復有嚈噠稱雄主，故丁零此時期之歷史不外與魏及嚈噠蠕蠕之鬥爭史也。丁零于魏號高車或鐵勒，丁零鐵勒雖有陰陽聲之不同，但均相近，當爲同音之異譯。高車或係因其族乘高輪車而名之。

'高車蓋古赤狄之餘種也。初號爲狄歷，北方以爲敕勒，諸夏以爲高車丁零。

　　　——魏書高車傳

'迴紇其先匈奴之裔也。在後魏時號鐵勒部落。其象微小，其俗驍強。依托高車，臣屬突厥，近謂之特勒。

　　　——舊唐書迴紇傳

'回紇其先匈奴裔也。俗多乘高輪車，元魏時亦號高車部，或曰勅勒，訛爲鐵勒。'

　　　——新唐書回鶻傳

按由上文，則丁零鐵勒、狄歷、特勒、勅勒，實均一音之異譯；惟高車音不相近，當係以其乘高輪車而名之。回紇種族中，關於車之傳說甚多。拉得洛夫（Radloff）在其回鶻研究中，謂阿古斯汗（回紇傳說中之神聖雄主）征服各國所得財寶甚夥，不便携帶，有一將甚聰頴，乃製車轉運，阿古斯大加讚許，因車行坎坎，乃賜地封王爲坎克里（Kamkly）。按（Kamkly）即元時之康里，康里之爲古高車亦多一證明也。

南朝諸書，多用丁零；北史則多用高車。其史者用詞之習慣不同歟？抑別有用意歟？

　　'先是益州剌史遣使至丁零，道經鄯善于闐。'
　　　　——南齊書茹茹條

'末國，………北與丁零接。'
　　　　——梁書末國條

按上文所述之丁零，均為魏書之高車，一族而用二名，當由史者用語之習慣而定。然或因魏與高車為鄰，高車必為彼時通行之名，故魏人用之。南朝諸國與之相距甚遠，于高車一詞不甚熟悉，故沿用舊名。

高車族類最多，六氏十二姓，見于他處者，復有二族及一部，約共二十一種之多。其氏與姓之分，未能確定其分別所在；梁啟超氏在其中國文化史姓氏篇中，謂姓先于氏，姓為母系時代一族之共名；氏則為進至父系時代一族之共名；但未知能否于此處適用也。

　　'其種有狄氏、袁紇氏、斛律氏、解批氏、護骨氏、異奇斤氏。………高車之種又有十二姓：一曰泣伏利氏、二曰吐盧氏、三曰乙旃氏、四曰大連氏、五曰窟賀氏、六曰達薄干氏、七曰阿崙氏、八曰莫允氏、九曰俟分氏、十曰副伏羅氏、十一曰乞袁氏、十二曰右叔沛氏。………北襲高車餘種袁紇、烏頻破之。'
　　　　——魏書高車傳

'討高車豆臣部於狼山'
　　　　——魏書太祖紀

高車常與魏及蠕蠕相鬥爭。

　　'部落強大，常與蠕蠕為敵，亦每侵盜于國家。'

按蠕蠕此時為漠北一大國，自號柔然，魏太武帝以其無知，狀類于虫，改其號為蠕蠕。其境西則焉耆之地，東則朝鮮之地，北則渡沙漠窮瀚海，南則臨大磧。其常所會庭燉煌張掖之北，爲魏與高車之強敵，與嚈噠通婚姻；六世紀初時，蠕蠕主阿那瓌以其從姊妹三人妻嚈噠王，至周文帝時，爲突厥所滅。高車與魏屢有征戰，後終敗于魏，復徙其一部于漠南，易遊牧而爲農業生活。

'太祖親襲之，大破其諸部。後太祖復度弱洛水，西行至鹿渾海，停駕簡輕騎西北行百餘里襲破之，虜獲生口馬牛羊二十餘萬。復討其餘種于狼山大破之。車駕巡幸分命諸將爲東西二道，太祖親勒六軍從中道自駮髯水西北徇略其部，諸軍同時雲合，破其雜種三十餘落。衞王儀別督將從西北絕漠千餘里，復破其遺，迸七部。于是高車大懼，諸部震駭。太祖自牛川南引大蒐獵以高車爲圍。騎徒遮列周七百餘里，聚雜獸于其中，因驅至平城，卽以高車衆起鹿苑。南因台陰，北距長城，東包白登屬之西山。尋而高車姪利曷莫弗勅力犍率其九百餘落內附。拜勅力犍爲揚威將軍，置司馬參軍，賜穀二萬斛。後高車解批莫弗幡豆建復率其部三十餘落內附，拜爲威遠將軍置司馬參軍，賜衣服，歲給廩食。………斛律部部帥倍侯利（爲蠕蠕所破）……遂來奔，賜爵孟都公。倍侯利質直勇健過人，奮戈陷陣，有異于衆。北方之人畏嬰兒啼者語曰：倍侯利來，便止。處女歌謠云；求良夫當如倍侯，其服衆如此。善用五十蓍筮吉凶每中，故得親幸，賞賜豐厚，命其少子曷堂內侍。及倍侯利卒，太祖悼惜，葬以國禮，諡曰忠壯王。後詔將軍伊謂帥二萬騎北襲高車餘種袁紇烏頻破之。太祖時分散諸部，惟高車以類麤獷不任使役，故得別爲部落。後世祖征蠕蠕破之而還，至漠南聞高車東部在巳尼陂人畜甚衆，去官軍千餘里，………遣（左僕射安）原等幷發新附高車合萬騎至于巳尼陂，高車諸部望軍而降者數十萬落，獲馬牛羊亦百餘萬，皆徙置漠南千餘里之地，乘高車逐水草，畜牧蕃息，數年之後，漸知粒食。歲致獻貢，由是國家馬及牛羊，遂至于賤，氈皮委積。………後高祖召高車之衆，隨車駕南討。高車不願南行，遂推袁紇樹者爲主，相率北叛。遊踐金陵都督宇文福追討大敗而還，又詔平北將軍江陽王繼爲都督討之。繼先遣人慰勞樹者，樹者入蠕蠕，尋悔，相率而降。

——魏書高車傳

高車之副伏羅部在漠北及新疆北路統高車之衆，與蠕蠕及嚈噠鬭爭最烈，後終爲蠕蠕所破。

'先是副伏羅部爲蠕蠕所役屬，豆崙之世，蠕蠕亂離，國部分散。副伏羅阿伏至羅與從弟窮奇俱統領高車之衆十餘萬落，太和十一年（四八七）豆崙犯塞，阿伏至羅等固諫不從，怒率所部之衆，西叛至前部西北自立爲王，國人號之曰候婁匐勒猶魏言大天子也。窮奇號候倍猶魏言儲主也。二人和穆，分部而立。阿伏至羅居北，窮奇在南。豆崙追討之，頻爲阿伏至羅所敗，乃引衆東徙；十四年（四九〇）阿副至羅遣商胡越者至京師，以二箭奉貢，云'蠕蠕爲天子之賊臣，諫之不從，遂叛來至此，而自竪立。當爲天子討除蠕蠕。'高祖未之信也。遣使者于提往觀虛實。阿伏至羅與窮奇遣使者簿頡逐于提來朝，貢其方物。………窮奇後爲嚈噠所殺，虜其子彌俄突等，其衆分散。或來奔附，或投蠕蠕，詔遣宣威將軍羽林監孟威撫納降人，置之高平鎮。阿伏至羅長子蒸阿伏至羅餘妻謀害阿伏至羅。阿伏至羅殺之。阿伏至羅又殘暴大失衆心，衆共殺之。立其宗人跋利延爲主，歲餘嚈噠伐高車，將納彌俄突。國人殺跋利延迎彌俄突而立之。彌俄突旣立，復遣朝貢。……彌俄突尋與蠕蠕主伏圖戰于蒲類海北，爲伏圖所敗，西走三百餘里。伏圖次于伊吾北山，先是高昌王麴嘉表求內徙，世宗遣孟威迎之，至伊吾。蠕蠕見威軍怖而遁走，彌俄突聞其離駭，追擊大破之。殺伏圖于蒲類海北，割其髮送于孟威。……肅宗初（孝明帝五一六——五二八）彌俄突與蠕蠕主醜奴戰敗，被擒。醜奴繫其兩足于駑馬之上，頓曳殺之，漆其頭爲飲器。其部衆悉入嚈噠，經數年嚈噠聽彌俄突弟伊匐還國，伊匐旣復國遣使奉表。于是詔遣使者谷楷等拜爲鎮西將軍西海郡開國公高車王。伊匐復大破蠕蠕，蠕蠕王婆羅門走投涼州。……伊匐後與蠕蠕戰敗歸，其弟越居殺伊匐自立。天平中（東魏孝靜帝五三四——五三七）越居復爲蠕蠕所破。伊匐子比適復殺越居而自立。興和中（五三九——五四二）比適又爲蠕蠕所破。越居子去賓自蠕蠕來奔，齊獻武王欲招納遠人，上言封去賓爲高車王，拜安北將軍，肆州刺使。'

　　——魏書高車傳

按由上文則與高車爲敵者，固不僅蠕蠕，嚈噠固亦曾屢滅，興其國也。

嚈噠　魏書嚈噠傳謂'大月氏之種類也，亦曰高車之別種。'又謂'其語與蠕蠕高車及諸胡不同。'近世西方學者謂嚈噠爲白匈奴，匈奴種。按高車亦匈奴種，故傳謂高車之別種甚是。二者語言必相近，傳謂語不同當係指方音之別，其大致必相互曉知也。

東魏後之高車，隋書雖有鐵勒傳，然世系已不相啣接。故去賓死後，高車之世系中絕。

　　隋書鐵勒傳，寥寥不足千字，僅列舉鐵勒之種姓居地而已。自魏高軍滅後至隋末，其事蹟不詳。茲根據其他列傳約得鐵勒之事蹟如下：南北朝之末與隋初（五四六——五八一）突厥頗盛；鐵勒逐臣屬突厥，不能自爲國家。

'後魏之末，有伊利可汗（即突厥始祖土門）以兵擊鐵勒，大敗之，降五萬餘家。'

　　　　——隋書突厥傳

'大統十二年（西魏文帝年號紀元五四六）時鐵勒將伐茹茹，土門（突厥始祖）所部邀擊破之。盡降其衆五萬餘落。'

　　　　——周書突厥傳

'雖姓氏不同，總謂之鐵勒，並無君長⋯⋯自突厥有國東西征討，皆資其用，以制北荒。'

　　　　——隋書鐵勒傳

自隋文帝開皇元年（五八一）用長孫晟之策，離間突厥，使其相互猜忌而分爲二。開皇末（六〇〇）文帝太子晉王廣，北征突厥，大破西厥突之步迦可汗（亦名達頭可汗），于是鐵勒乘機而起，不復受制于突厥。

'斛薛等姓，初附于啓民（突厥之首領）至是（文帝仁壽元年；六〇一）而叛。⋯⋯是歲（仁壽元年，六〇一）⋯⋯俱被鐵勒所敗，步迦尋亦大亂。奚霫五部內徙，步迦奔吐谷渾。'

　　　　——隋書鐵勒傳

'開皇末（六〇〇），晉王廣北征納民，大破步迦可汗，鐵勒于是分散。'

　　　　——隋書鐵勒傳

按斛薛霫俱係鐵勒種族。據此，則鐵勒之勢力，至此時實大漲。大業元年（六〇五）突厥處羅可汗復盛，擊鐵勒諸部，誘集其酋帥數百人，盡誅之。各部紛紛自立，薛延陀首統諸部稱可汗與突厥抗。由是薛延陀回紇乃繼續霸漠北，北方盟主遂由突厥而易爲鐵勒部之回紇矣。

'大業元年，突厥處羅可汗，擊鐵勒諸部，厚稅歛其物。又猜忌薛延陀等恐爲變，遂集其魁帥數百人盡誅之。由是一時反叛，拒處羅，遂立俟利發，俟斤。契苾歌楞爲易勿莫眞何可汗，居貪汙山。復立薛延陀內俟斤字也咥爲小可汗。處羅可汗既敗，莫何可汗始大。莫何勇毅絕倫，甚得衆心，爲鄰國所憚；伊吾，高昌焉耆諸國悉附之。'

——隋書鐵勒傳

丁零之世系計自漢初見于載記，與匈奴爲敵國，漢末匈奴逃亡，繼霸漠北者爲鮮卑族而丁零不與焉。魏晉之際，異族入主中國，丁零雖有南遷至大河南北者，然終爲人附庸，未能蔚然成一獨立國家也。元魏而後，中土史者號之曰高車，雖部落厖大，然未能若匈奴若突厥之獨霸漠北也。其南下之勢，既扼于魏乃屢徙漠南，其中一部且易其遊牧生活爲農業生活，與居漠北之高車，因形勢易而意識變，漸失其民族意識而同化于大河北之民焉。其居漠北者，則一扼于蠕蠕，再制于嚈噠，雖有偶勝之局，然終受制于蠕蠕。元魏而後，突厥代蠕蠕而興，延及隋季，乃終受制于突厥。中土史者，斯時名之曰鐵勒。至隋末鐵勒之薛延陀回紇興起，乃成獨霸之局，堪與前之匈奴突厥並稱焉。然丁零也，高車也，鐵勒也，均泛指其厖大之種族而言。薛延陀，回紇則爲斯三者之一部，子名盛而父名隱，丁零高車鐵勒乃不見于後之史傳焉。故丁零民族史，亦至此而終。

二　種族

丁零與匈奴爲同種，屬突厥族。

'高車蓋古赤狄之餘種也，………其語略與匈奴同而時有小異。………

俗云匈奴單于生二女，姿容甚美，國人皆以為神。單于曰："吾有此女；安可配人，將以與天。"乃于國北無人之地建高台，置二女其上；曰："請天自迎之"。經三年其母欲迎之。單于曰："不可，未徹之間耳"。復一年乃有一老狼晝夜守台號呼；因穿台下為空穴，經時不去。其小女曰："吾父處我于此，欲以與天，而今狼來，或是神物天使之然，將下就之。'其姊大驚曰："此是畜生，無乃辱父母也。"妹不從，下為狼妻而產子。後遂繁滋成國。'

　　——魏書高車傳

'鐵勒之先，匈奴之苗裔也。'

　　——隋書鐵勒傳

'迴紇其先匈奴之裔也。'

　　——舊唐書迴紇傳

'回紇其先匈奴也。'

　　——新唐書回鶻傳

據上四書記載，則高車鐵勒回紇均為匈奴之裔。高車鐵勒即為丁零，前已言之矣。回紇雖為鐵勒之一部，亦可佐証丁零之為匈奴種也。且魏書謂其與匈奴語同而小異，更可為丁零與匈奴同族之佐証。至魏書赤狄之餘種句，並不足為丁零與匈奴同族之反証。蓋古所謂戎狄大都亦均匈奴之前身。

近代學者均以匈奴為突厥族，故丁零當亦為突厥族。如匈奴稱其王曰；撐犁孤塗單于（Tengki Kud Jenuye），意謂天單于。匈奴謂天為 Tengki（撐犁），今突厥文猶以 Tengki 稱天。其下有左右骨都侯，骨都亦作骨都盧（Kutluk），今日突厥文中之 Kutluk 其意為福或云吉祥。

回紇爲突厥族，已成不易之論，亦可證其遠祖丁零之爲突厥族也。

魏書謂高車爲狼人相交所生之傳說，雖爲不經之談，然反可由此多得一丁零爲突厥族之佐證。蓋突厥族原始之傳說，亦謂其先祖爲狼也。

'悅般國在烏孫西北，去代一萬九百三十里，其先匈奴北單于之部落也。爲漢車騎將軍竇憲所逐，北單于度金微山西走康居，其羸弱不能去者，住龜茲北，地方數千里，衆可二十餘萬，涼州人猶謂之單于王，其風俗言語與高車同。'

————魏書西域傳

按上文則悅般確爲匈奴族，然其語竟與高車同，則高車之與匈奴語言同而爲匈奴族又得一證。白鳥庫吉在其烏孫考中謂悅般即鐵勒傳之咽蔑，若是，則匈奴遺裔竟列入鐵勒族中，亦可證高車之與匈奴無大分別也。

此外雖有丁零類似鮮卑族之記載，然未足爲信。

'魏明帝太和五年四月（二三一）鮮卑附義王軻比能卒，其種人及丁零大人而襢詣幽州貢名馬。'

————册府元龜卷九百六十八

按大人爲鮮卑種最高首領之稱，曰丁零大人而襢，似可推證丁零爲鮮卑種。惟片紙隻字既不足推翻諸正史之記載，且漢魏之際，鮮卑方盛，丁零一族同化或降附鮮卑者，自屬可能；因而改用其稱號亦爲常事。故不應以此即認丁零之爲鮮卑種也。

丁零族類最多，前已言之。茲根據魏書高車傳，隋書鐵勒傳及新唐書回鶻傳，間參攷其他外國列傳製成鐵勒各種族表如左：

鐵勒各種族表

見于隋書者	見于唐書者	見于魏書者	活動之主要地域	備考
韋紇	回紇，回鶻。	袁紇	今蒙古新疆	
斛薛	仝上	斛律	今葉尼塞河流域	
紇結斯	黠戛斯		今唐努烏梁海境	即漢書之隔昆堅昆，今之黑黑子，逐回鶻遷入新疆南路者，即此族人。
拔也古	拔野古		今克魯倫河一帶	唐書謂其風俗大抵鐵勒也，言語稍異。恐實非突厥族。
僕骨[僕固]	僕骨		今吐拉河北庫倫地	初臣突厥，後臣薛延陀，後臣唐。唐將僕固懷恩即此部之人。
同羅	仝上		今吐拉河與色楞格河合流處	安祿山叛時，曾刼其兵用之。
於尼護	烏羅護，烏渾羅	烏洛侯	今呼倫貝爾地	唐書謂其風俗與靺鞨同，恐非突厥族
薛延陀	仝上		今蒙古	
訶咥	阿跌，鈌跌。		原處今俄地費爾干省，後一部遷至寧夏地。	唐將李廣顏，李廣進皆其族人。
羯三	可薩，曷薩。		今俄爾泰山地	即今之哈薩克
契弊	契苾，契苾羽。	解批	今焉耆西北裕勒都斯河	
烏護			今焉耆西北	即回鶻族，蓋其族一部之居此地者
也咥	奚結		今哈拉塔爾河	
	渾		今涼州邊外楚渾山	
都波	都播		今庫蘇古爾泊一帶	

	骨利幹		今貝加爾湖一帶	
	多覽葛		今吐拉河與哈爾哈河合流處	
	白霫		今吐拉河南	
	拔悉密		今綏來一帶	
十盤			今阿爾泰山西	
乙咥	思結		今阿爾泰山地	
覆羅	覆羅步			
紇骨		護骨		
蒙陳				
吐如		吐盧		
蘇婆				
那曷				
咥勒兒				
達契				
曷截			今中亞色爾河上游	
撥忽			仝上	
比干			仝上	
曷比悉			仝上	
何嵯			仝上	
蘇拔			仝上	
也末			仝上	
渴達			仝上	
蘇路羯			今巴勒哈什湖	
三素			仝上	
咽蔑			仝上	白鳥庫吉氏謂卽魏書之悅般

促薩忽			仝上	
恩屈			今裏海死海左右	
阿蘭			仝上	
北褥九離			仝上	
伏嗢昏			仝上	
		狄氏	今新疆北路	
		異奇介	仝上	
		泣伏利	仝上	
		乙㕶	仝上	
		大連	仝上	
		窟賀	仝上	
		達薄干	仝上	
		阿崙	仝上	
		莫允	仝上	
		俟分	仝上	
		乞袁	仝上	
		右叔沛	仝上	
		副伏羅	仝上	元魏時此族最強
		烏頰	外蒙古	

按上表鐵勒族共六十一種之多，惟隋書鐵勒傳所列之中，間有非突厥族者，蓋附屬於鐵勒之異族，史者誤入鐵勒族中。

三　活動疆域

丁零在匈奴之北，與渾庚，屈射，新棃，呼得，相距甚近，惟其間相互關係之位置不可考。其西似為堅昆，東與北界何國不明。

'(匈奴)後北服渾庾，屈射，丁零，隔昆龍，新犁之國。'

——史記及漢書之匈奴傳

'于是丁零乘弱攻其北。………郅支………因北擊烏揭，烏揭降。發其兵西破堅昆，北降丁零。'

——漢書匈奴傳

'丁零寇其（匈奴）後。'

——後漢書匈奴傳

按上文均謂北降丁零，丁零寇其後，則丁零在匈奴之北可證。渾庾，屈射，隔昆龍，新藜，烏揭，堅昆並舉，似丁零與以上諸國相距甚近。堅昆與隔昆龍有謂爲一國者。渾庾，屈射二國不可考。新藜，據丁謙之考證，即逸周書之纖犂，二者均爲鮮卑之同音異譯，地居匈奴極北。即元魏始祖之大鮮卑國。論據無多，未足爲信。烏揭似即西戎傳上之呼得，西戎傳言在烏孫，康居東北。堅昆一國即唐時之黠戛斯，隋書列之鐵勒傳內，在丁零之西，今唐努烏梁海及其西北一帶之地。漢書謂匈奴于北降丁零之後，西擊堅昆，頗合丁零與堅昆相互間之位置。

丁零與匈奴似以今之貝加爾湖爲界，丁謙氏謂丁零在貝加爾湖東南，似未足爲信。

'武居北海，丁零盜其牛羊，………乃徙武北海上無人處………單于弟於靬王射弋海上，武能網紡繳檠弓弩，於靬王愛之，給其衣食。三歲餘，王病，賜武馬牧匿穹廬。王死後，人衆徙去。'

——漢書蘇武傳

按蘇武牧羊北海之地，爲今之貝加爾湖已無疑義，傳載丁零盜武牛羊，則丁零必于此與匈奴爲鄰。按傳所言，不明武遊牧在北海上何處，但武之牧地，必爲匈奴之統治地域無疑。且言單于弟於軒王，弋射海上者三年，則北海固匈奴之重要牧地也。吾人假定此海上在貝加爾湖之南，然絕不能在海上之同一方向，既為匈奴之重要遊牧地區，復為丁零之活動根據地，故丁謙氏謂丁零在北海之東南，實不可信。且丁零為一極龐大之種族，北海之東南一隅，斷難容丁零之遊牧。考南北史及隋書唐書，丁零居住于漠北西北利亞新疆北路及俄屬中亞一帶之地，斷不能于二三百年前，其活動區域僅限于北海東南隅之一狹小地帶。

西戎傳固明言'北海之南自有丁零'，然此當係指匈奴敗後丁零南遷而言，不能以此為丁謙氏說之佐證也。

降至漢魏之季，有西丁零者出。地當新疆北路，南為烏孫車師，西為康居。

'丁令國在康居北，……此上三國（堅昆　呼得，丁令）堅昆中央，俱去匈奴單于庭安習水七千里。南去車師六國五千里，西南去康居界三千里，西去康居王治八千里，……而北（疑當作此）丁零在烏孫北。'

——魏略西戎傳

按此，則西丁零之位置，當居今阿爾泰山及塔爾巴哈台一帶。南為烏孫與車師，西南為康居。

此處最不易解決之問題，即為匈奴庭之安習水，匈奴故庭在今塔米爾河附近和林一帶之地，但此時匈奴已亡去，似不應指此地而言；即令指舊地言，此處亦無音近安習水之河流。設謂指亡居康居匈奴之郅支單于所居地言，則道里方向亦不符。呂思勉在其中國民族史中謂此水即今額爾齊斯河；核之載記，匈奴既無定都額爾齊斯河之事，復與此處道里不符，不知呂氏果何所據而云然也。

'皆逐使至雍狂地，地無山，有沙漠流水草木，多蝮虵，在丁零之西南，烏孫之東北，以困窮之。'

——西戎傳

按雍狂地不知何所指，烏孫約當今伊犂一帶地，今伊犂之東北固多沙漠也。沙漠之東北爲丁零，則丁零正當今之阿爾泰山一帶地。故此處所指之丁零當亦指西者而言。

史記司馬貞索引不明東西丁零之分，于匈奴傳'北服丁零'句下誤引西丁零之疆界，讀史者不得不辯。

'索引魏略曰："丁零在康居北，去匈奴庭安習水七千里"。'

——史記匈奴傳

北丁零與西丁零吾人于世系一章中已斷定其爲一種，二者雖以堅昆相隔，然或能爲鄰。

按北丁零西爲堅昆，西丁零東爲堅昆，故二者以堅昆相隔，惟堅昆居唐努烏梁海之地，當居西丁零之東北，故二者或于堅昆南部可相接。

降至元魏，高車之衆，則馳騁于新疆蒙古之間，其主要遊牧區似在新疆。

'後徙于鹿渾海西北百餘里，部落强大。常與蠕蠕爲敵，亦每侵盜于國家。'

——魏書高車傳

按上文所言，則鹿渾海似爲高車之根據地，然高車由何時何地遷至此處，鹿渾海之位置若何，魏書亦均無記載。惟由"太祖復渡弱洛水西行至鹿渾海"句考之，鹿渾海當在弱洛水之西。考弱洛水即唐書突厥傳中之所謂獨樂水，沙畹博士在其西突厥史料中已證明獨樂水即爲今之圖拉河，故弱洛水當亦爲今之圖拉河。又魏書載高車主㜊俄突與蠕蠕主伏圖戰于蒲類海北，且爲伏圖所敗，西北走三百餘里，是蒲類西北當爲其根據地。蒲類海爲今新疆之巴里坤湖。圖拉河西，巴里坤湖之西北大湖（鹿渾海）當爲今之布倫托海。此處之衆，當即爲漢末之西丁零。

'至漠南，聞高車東部在于巳尼陂，人畜甚衆，去官軍三千里。'
　　　　——魏書高車傳

此處所云東部，當即爲漢之丁零，漢末之北丁零。于巳尼魏書烏洛侯國條有'于巳尼大水，所謂北海也'之句，知于巳尼水即北海，即今之貝加爾湖，所謂陂者乃水畔之地，故于巳尼陂即北海之濱。核之丁零活動地域亦相符。

漠南之高車，則爲魏徙彼等至該地者。

'乃遣原等並發新附高車合萬騎至于巳尼陂（討之），高車諸部望軍而降者數十萬落，獲牛馬羊亦百餘萬，皆徙置漠南千里之地。'
　　　　——魏書高車傳

新疆之高車似限于北路而南與高昌（吐魯番）爲鄰，其勢且曾破鄯善，立高昌國王，亦可證其相距之未遠也。

'先是益州刺史遣使至丁零，道經鄯善于闐時，鄯善爲丁零所破。'
　　　　——南齊書茹茹傳

'高昌……北鄰特勒。'
　　　　——梁書高昌國條

'高車立燉煌人張孟明爲（高昌）國王。'

高車之西當蹠葱嶺之界。

'末國……北與丁零接。'
　　　　——梁書西域傳末國條

按末國梁書明言爲漢世且末國，然以其叙述之部位考之，如東與白題西與波斯接，必爲米國之誤。且末國或作沮末，或作左末，從未有省去且字者。且且末早已不成國，焉能如傳上所述有兵萬人乎？考米國屬康國之部，居蔥嶺之西，其北鄰旣爲丁零，則丁零之在蔥嶺西可爲明證。

高車與蠕蠕似以沙漠爲界。蠕蠕在南，高車在北。

'社崙旣殺匹侯跋懼王師討之，乃掠五原以西諸部，北渡大漠。………侵高車深入其地………隨水草畜牧，其西則焉耆之地，東則朝鮮之地，北則渡沙漠窮瀚海，南則臨大磧，其所常會庭則燉煌張掖之北。

————魏書蠕蠕傳

'漢書謂鐵勒之國，在燉煌之北大磧之外。'

————太平寰宇記隴右道伊州條

按社崙原居漠南，渡漠侵高車，則知漠北卽爲高車。且言其常會庭燉煌張掖之北，是彼之根據地爲燉煌張掖。盛時高車固爲其附屬，衰時則當以沙漠爲界也。

考鐵勒一詞不見於兩漢，太平寰宇記謂漢書所云種種，不知其何所据而云然耶。然其所述鐵勒疆界可爲此處佐證也。

高車與嚈噠在新疆與中亞似可爲隣，高車在北，嚈噠在南。

'在于闐之西，都媯許水南二百里，其王都拔底延城，蓋王舍城也。'

————魏書嚈噠條

按媯許水亦作媯潝水，卽今之阿母河。拔底延城在阿母河之南濱，似卽今之 Balkh 城。此城佛舍最盛，故有王舍城之稱（王舍城係中印度摩揭陀之苴部以佛寺盛名）。然此城離高車之主要根據地尙甚遼遠。

'（嚈噠）國于四夷最強大，北盡敕勒，東破于闐，西及波斯。'

——洛陽伽藍記

'首歸自爲高昌王，又爲高車阿伏至羅所殺，以燉煌人張孟明爲主。………及茹茹王爲高車王所殺，又臣于高車。………（高昌）屬焉耆爲挹怛（嚈噠）所破。'

——隋書高昌傳

據上述，則高車與嚈噠在中亞及新疆均可爲隣。降自隋代，其種之活動區域更廣，由蒙古之吐拉河起而新疆北路而中亞而裏海，東西數千里盡爲其族之居地。

'鐵勒之先，匈奴之苗裔也。種類最多，自西海之東，依據山谷，往往不絕。 獨洛河北有僕骨………伊吾以西，焉耆之北，傍白山，則有契苾。………金山西南有薛延陀………康國北傍阿得水，則有呵咥………得嶷海東有蘇路………拂菻東則有恩屈……北海南則有都波等。………'

——隋書鐵勒傳

按上文由獨樂河起，西直至西海，拂菻均爲鐵勒之居地。 獨樂河卽吐拉河，前已說明。 得嶷海與阿得河，白鳥庫吉在其烏孫考中曰：'得嶷海卽巴勒哈什湖，………得嶷古音爲 Tek-gi 或 Tok-gi 當係突厥語 Tengy 之音譯，乃突厥語大湖之意。……… 康國旣爲 Samarkand 故流于其北部之大水阿得當不外色爾河。 阿得之古音爲 A-tek 或 A-tok 當爲突厥語 ätil 或 Itil 之音譯。 乃突厥語大河之意。 突厥人呼窩瓦河爲 Ätil, ätilä 則其呼色爾河爲 ätil 當屬可能。'

自其中之伊吾則爲今哈密，焉耆卽今焉耆，白山則天山，金山則阿爾泰山，北海則貝加爾湖之地。 西海當指裏海或死海，拂菻則古羅馬也。

此外諸書中山谷城邑多有以丁零名者，溯其始原，必丁零族曾定居此地，故因族而名地。其中固有係丁零之基本居地者，然爲其一部之遷徙至該地者，當亦不少。

'載記丁零翟斌及諸書唐史月氏都督府丁零州。范陽郡丁零川。'
————耶律鑄雙溪醉隱集丁零詩註。

'漢水又東南于槃頭郡南與渭水合，水出濁城北；東流與丁令溪水合，其水北出丁令谷，南逕武陽城西，東南入濁水。'
————水經注卷二十丹水漾水條

'今有東河在縣東，源出秦州，南入隴峽合南河，即丁令溪也。
————成縣縣志

按唐月氏都督府之丁零州，在新疆北路，當係以丁零所居之故而名。范陽郡之丁零川不見于今地理書；范陽郡今涿縣大興一帶，此地之水名丁零川，當因係十六國時代居此地之丁零族而名者。十六國時常山一帶丁零族定居該地，已見前事蹟一章，常山既爲該族之居地，則由北來之丁零留居范陽亦近事理。丁令溪與丁令谷，在今甘肅成縣西北，水經注與成縣縣志所述均合。此地之丁令溪與丁令谷，當係西戎傳所述居河西贅虜中之丁零種遷居此地後而名者。贅虜中之丁零，已見事蹟一章中，茲不復贅。

計丁零之地域，漢居貝加爾湖一帶。漢魏之季，西丁零者出，居新疆北路。元魏之時，史稱高車，蒙古與新疆北路爲其活動地域；葱嶺之西，亦有其跡焉。隋稱鐵勒，其域更廣，東自吐拉河起至裏海止，茫茫數千里，均爲該族遊牧之地。至其一部之遷居內地者，則十六國時常山范陽遠自大河，均爲其活動之域。漢魏之季，河西爲其遊牧地，終則進居成縣，山谷河流因之以名。至元魏之遷至漠南者，爲數更多，惜今已無蹟可尋矣。

四　經濟文化

漢時丁零以記載無多，其經濟文化無從詳知。然觀其所居地之不適于農耕及其周圍種族之爲遊牧生活，可推證其當不能出遊牧經濟之階段也。降至元魏，高車傳記述其社會生活甚詳。茲分而論之：

經濟　高車爲遊牧經濟。

'其遷徙隨水草，衣皮食肉，牛羊畜產盡與蠕蠕同……其俗無穀……皆徙至漠南千里之地，乘高車逐水草，畜牧蕃息，數年之後，漸知粒食。歲致貢獻，由是國家馬及牛羊遂至于賤。'
　　　　——魏書高車傳

按上文徙至漠南之高車，數年之後始知粒食；則其族居漠北者，不知粒食可證。惟漠南之高車，係魏之俘虜，與其大部之居漠北者無大關係，故仍當斷高車爲遊牧生活。

初期遊牧民族，食肉，飲酪，衣皮，生活可自給自足，故與外部之交換不繁。可視爲彼等與他部之交換者，爲彼等向魏之朝貢，及魏之賞賜。計其朝貢品爲箭，金方，銀方，金杖，馬，駞，龍馬，金銀，貂皮。馬，駞，龍馬，貂皮，本爲遊牧民族之特產，箭亦爲遊牧民常用之物；獨金銀二者，不知係其自採冶而得抑係由交換而得，然其視金銀爲貴重物品，則無可疑。

魏之賞賜爲繡袴褶，雜綵，赤紬，朱畫步挽，幔褥鞦䩞，繖扇，青曲蓋，赤漆扇，鼓角，樂器一部，樂工八十人。以遊牧族無絲織品，故賞賜多紬綵之類。此外則多爲裝飾品。最奇特者，爲樂器一部與樂工八十人，由此足證高車之愛好音樂與其首領之安富尊榮情形。

'又奉表獻金方一，銀方一，金杖二，馬七匹，駞十頭。詔使者慕容坦賜彌俄突雜綵六十匹。……又遣使獻龍馬五匹，金銀，貂皮及諸方物，詔東城子于亮報之，賜樂器一部樂工八十人，赤紬十四，雜綵六十匹，⋯⋯遣使朝貢，因乞朱畫步挽一乘，幷幔褥鞦䩞一副，繖扇各一枚，青曲蓋五枚，赤漆扇五枚，鼓角十枚，詔給之。'

——魏書高車傳

政治 高車政治為部落狀態，各部有酋長，然高車部落最多，其大部落固儼然一國度也。

'無都統大帥，當種各有君長。⋯⋯阿伏至羅等固諫不從，怒率所部之衆西叛，至前部西北自立為王，國人號之曰侯婁匐勒，猶魏言大天子也，窮奇號侯倍猶魏言儲主也。'

——魏書高車傳

按高車部落之大者至數十萬，曰自立為王，可見其部落中當亦有嚴密與諸多階層之組織也。

婚姻喪葬 高車婚姻之結婚形式，似為羣婚式，且婚姻行于二族之間，一方之男性，專配對方之女性。然此僅係指其結婚形式而言，決非謂其完全同于社會進化史上之所謂羣婚制。其婚姻似為一夫一妻制或一妻多夫制；由此種羣婚制結婚形式可推其脫離羣婚制當尚未遠。喪葬似為天葬式，其屑細形式多未能解。

'婚姻用牛馬納聘以為榮。結言旣定，男黨營車闌馬令女黨恣取。上馬袒乘出闌，馬主立于闌外，振手驚馬不墜者即取之，墜者更取，數滿乃止。俗無穀不作酒，迎婦之日，男女相將持馬酪熟肉節解。主人延賓，亦無行位，穹廬前叢坐宴飲終日，復留共宿。明日將夫歸，旣而將夫黨還入其家馬羣，極取良馬。父母兄弟雖惜，終無言者。頗諱取寡婦而優憐之。⋯⋯其死亡葬送，掘地作坎，坐屍于中，張臂，引弓，佩刀，挾矟，

無異于生，而露坎不掩。'

——魏書高車傳

由上述之記事，男黨，女黨，數滿乃止之語，知其結婚時爲羣婚形式，但眞正羣婚爲一族之男贅入于另一族之女，此羣男羣女係共夫共妻，二者數目不必相等。觀其數滿乃止，及頗諱娶寡婦而優憐之之語，必非羣婚制之共夫共妻。且羣婚制行于母系時代，夫方入贅于妻方。觀上文，迎婦之日，在男方舉行及將夫黨遺入其家馬羣極取良馬之語，絕非母系時代之入贅形式。

至其婚姻舉行時，令女者袒乘出閑，男者振手驚馬以墜不墜決定取去，蓋遊牧生活以善騎爲美之標準，與封建貴族之以文弱及資產階級之以活潑爲美之標準，同係決定于其物質生活也。

考各民族之喪葬儀式，至爲複雜；亦無一通則可循。水葬，火葬，天葬，土葬，以及中國人之迷信堪輿，除受其當時物質生活影響外，復與其該時代之文化與宗教有密切關係。高車之露坎不掩，當係天葬之一種。至其所以'坐屍于中，張臂引弓………'之習慣，則以不明瞭其當時文化與宗教，不便推測。然而張臂，引弓，佩刀，挾矟，則顯與遊牧民馬上之戰爭生活有關係；安居之農業生活，絕不能產生此種儀式也。

其他風俗 高車人愛音樂，性粗猛，心忠誠，團結心最堅，尊俚褻瀆，無所避忌。宗教習俗最奇特，多不可解。

'其人好引聲長歌，又似狼嗥………爲性驫猛，黨類同心，至于寇難，翕然相依，鬥無行陳，頭別衝突，乍出乍入，不能堅戰；其俗尊俚褻瀆，無所避忌。………其畜產自有記載，雖闌縱在野，終無妄取。俗不清潔，喜致震霆，每震則呼叫射天而棄之移去，至來歲秋馬肥復相率侯于震所，埋殺羊燃火拔刀，女巫祝說，似如中國祓除，而羣隊馳馬旋繞百匝乃止，人持一束柳楴回豎之以乳酪灌焉。婦人則以皮裏羊骸戴之首上，縈屈髮鬢而綴之，有似軒冕。……有震死及疫癘則爲之祈福，若安全無陀，則爲報賽；多燒雜畜，燒骨以燎，走馬遶旋，多者數百匝。男女無大小皆集會，平吉之人，則歌舞作樂；死葬之家，則悲吟哭泣。'

——魏書高車傳

按高車民族之愛好音樂，除上述謂其'好引聲長歌'外，于其請求魏賜與樂器及樂工一節中亦可證明。愛好音樂爲人類之天性，低級民族之嗜好音樂有時反甚于文化較高之民族。

'其俗褻瀆，無所避忌。'尙在一夫一妻羣婚制階段之民族，由中國人視之，固應如是也。

至魏書敘述宗教風俗，則有不可解處，如喜致震霆似爲不喜致震霆。其惡震霆與呼叫射天而棄其舊物，次歲始來，與蒙古人風俗相同。

'遭雷與火者，盡棄其資畜而逃，必期年而後返。霆見韃人每聞雷霆必掩耳屈身至地若韓避狀。'

——王國維箋證本里韃事略

至此種風俗之意義，則以魏書敘述高車生活之不完備與作者之學識淺露，未敢妄加解釋也。然宗教生活在高車人生活中所佔之位置，當可由上所引文略知一二。

降至隋代，鐵勒傳於其社會文化生活，語焉不詳；然由其所居地與他方考之，仍不出遊牧經濟，其文化當亦無獨特處。

'其俗大抵與突厥同，惟丈夫婚畢，便就妻家，待產乳男女，然後歸舍。死者埋殯之，此其異也。'

——隋書鐵勒傳

鐵勒傳敘述鐵勒社會生活，僅此數十字。按隋書旣謂其俗與突厥同，自可由突厥傳考證其風俗，惟鐵勒傳所述之種族，雖十之九爲突厥族，然間亦有非是者，且此等數十種族散居蒙古新疆中亞，習俗當亦難盡同，故不復爲之詳考。

✽　　✽　　✽　　✽　　✽

本文所用參考書如下：

史記匈奴傳

漢書匈奴傳

　李陵傳

　蘇武傳

後漢書南匈奴傳

三國志魏志裴註引西戎傳

耶律鑄雙溪醉隱集

山海經海內經

詩含神霧

詩緯含神霧

謝梅莊西北域記

陳壽祺尙書大傳輯校

黃佐六藝流別

晉書赫連勃勃載記

　石勒載記

　慕容儁載記

　苻堅載記

魏書劉虎傳
　　高車傳
　　太祖紀
　　蠕蠕傳
　　西域傳嚈噠條
　　西域傳烏洛侯傳悅般條
宋書臧質傳
唐書回鶻傳
舊唐書迴紇傳
Radloff：回鶻研究
南齊書茹茹傳
梁書西域傳末國條
馮承鈞譯西突厥史料
隋書鐵勒傳
　　突厥傳
周書突厥傳
向達譯匈奴史
浙江圖書館叢書
太平寰宇記
洛陽伽藍記
水經注
成縣縣志
王國維箋證里韃事略
日文史學雜誌白鳥庫吉烏孫考

大唐創業起居注考證

羅 香 林

一，引言
二，作者考略
三，事蹟辨證
四，史實考存
五，文字考異
六，餘論

一 引言

荀悅申鑒時事篇，謂"先帝故事，有起居注，日用動靜之節，必書焉。"此言起居注之製作起於後漢明帝（注一），所以記錄帝王日常言語動靜，以備國史採錄而傳信也（注二）。其初皆史官所錄，自隋，置爲職員，列爲侍臣，專掌其事，每季爲卷，送付史官，是爲起居注有專官職掌之

（注一）參考外舅海鹽朱先生漢唐宋起居注考（北京大學國學季刊二卷四號）。

（注二）見隋書經籍志史部起居注類後叙。

始（注三）。然亦有非史官或起居注專官而撰述者（注四）。唐高祖起義晉陽，以溫大雅爲大將軍府記室參軍，撰大唐創業起居注三卷。及高祖受禪爲帝，分命百官，其起居注官，有起居舍人，隸中書省，貞觀二年，移其職於門下省，置起居郎二人，顯慶中，復於中書省置起居舍人，遂與起居郎分掌左右。起居舍人本記言之職，入閣則位於起居郎之次（注五）。凡舍人與郎所記，亦每季爲卷，送史館參核，蓋此皆屬原本史料，所記旣豐，參證尤便也。其後雖制度不無因時少變，然而起居注之爲時君及史家所重視，固歷宋元明清未替也。治吾國自東漢至清之歷史而不欲明究其時君主日常處理國事之景況，自無事乎各朝起居注之論述，若欲探究其時君主日常處理國事之景況，則各朝起居注之蒐訪，與擘討尙矣。

　　起居注旣以記錄人君言行動止爲原則，而又官書與私家撰述並行，故歷時已久，傳替已多，則其書亦隨之日富。惟此類史籍，其屬於官書者往往僅藏當時史館，或時主所指定之公府，民間鮮能見者，流播旣罕，傳鈔尤稀，而史館或公府所藏，又於易朝之際，易爲兵火所燬，故雖產量不菲，而時移勢易，則存者絕少。其私家撰述，則以其非一般學人所須閱讀，故傳世亦不甚易。隋書經籍志載漢晉南北朝起居注，自漢獻帝起居注五卷以下凡四十種，都一千二百二十四卷（注六），舊唐書經籍志載列代起居注，自漢獻帝起居注五卷至溫大雅大唐創業起居注三卷，凡二十九種，

（注三）見唐六典。

（注四）新唐書藝文志乙部起居注類有王逖之三代起居注鈔十五卷。流別起居注四十七卷。

（注五）見新唐書百官志。

（注六）隋書經籍志史部起居注類，並雜載穆天子傳及後周太祖號令等書。合稱"右四十四部，一千一百八十九卷"。今按其中眞正屬起居注者：僅四十種，合一千二百二十四卷。隋志所叙，不特種類有誤，即卷數合計總數亦有誤也。

大唐創業起居注考證

都一千零四十四卷（注七）。當時所藏，雖不無可觀，然自經五季兵燹，至宋時存者既無幾，今更無論；而宋代諸起居郎所錄起居注，雖王應麟玉海，頗有所記，然其書今日多不可見。清儒好古敏求，於舊籍蒐討，尤悉力赴之，惟所見宋以前起居注，亦僅溫氏大唐創業起居注，及宋人所撰宋孝宗起居注等而已（注八）。宋孝宗起居注據杭世駿答任武承問起居注第二書，謂汪宮贊杜林，嘗於直內廷時見之，然猶在傳疑之列。數年前外舅海鹽朱先生嘗作漢唐宋起居注考，謂宋周必大承明集載所撰起居注藁一卷，所記為孝宗即位時事，共三日，亦即孝宗起居注一部分（注九）。苟汪氏在內廷所見一說為可信，而又為另一較完備之本，則今世所存中古起居注，所可知者實有溫氏大唐創業起居注，及承明集起居注藁，與所謂內廷之孝宗起居注等三書。三書之價值，固未能遽為判別，然自年代之遠近言之，則以大唐創業起居注為可貴，而其首尾完整，傳本較多，蒐討較易，更非杭氏所謂猶在傳疑之宋孝宗起居注與周氏事僅三日之起居注藁，所可同日而語，是大唐創業起居注乃存世唯一可貴之起居注也。

大唐創業起居注為中古各朝起居注中碩果僅存之品（注十），斯固不待論矣。欲治李唐所由舉義得國之史實，及唐高祖未即位時之言動舉止，此書實為絕好資料。惟今世治唐史者，每忽略此書，此蓋由此書所記唐高祖舉義動機與新舊唐書及司馬光資治通鑑所記微異，學者疑此，或為偽託之品，是以寧不徵引；不知溫氏之曾著大唐創業起居注，舊唐書本傳，

（注七）舊唐書經籍志史部，記起居注凡四十一家。此蓋以實錄詔敕等並記。其真正屬起居注者，僅二十九種，合計一千零四十四卷。

（注八）見朱先生漢唐宋起居注考引杭世駿答任武承問起居注第二書。

（注九）見漢唐宋起居注考。

（注十）外舅朱先生嘗諗我，天津市立圖書館，藏有明萬曆起居注鈔本。此亦碩果僅存之品也。

及經籍志史部與新唐書藝文志乙部，並曾注錄。舊唐書修於五季石晉之世，其本紀及列傳所根據資料，多屬唐人國史（注十一），其經籍志則僅錄開元盛時四部諸書，以毋煚古今書錄及毋煚等羣書四部錄爲藍本。而毋等書目，實據玄宗時乾元殿東廊所藏四部書入文。其源委具見經籍志序論。是溫氏大唐創業起居注，開元初，已見藏於乾元殿矣。不特此也，劉知幾史通外篇正史，謂溫大雅首撰創業起居注三篇。是早在開元以前，劉氏已知溫氏有大唐創業起居注矣，其非後人僞託，毫無疑者。至其書之所以與新舊唐書及通鑑所記微異者，正爲其較具原始面目之證，蓋舊唐書所根據之唐人國史，乃唐人於唐太宗世民以皇子而射殺太子建成受禪爲帝後之作品，而唐人國史所記李唐創業事蹟，又多錄自貞觀十七年許敬宗等所修高祖實錄。新唐書及通鑑所記李唐舉義諸事蹟，雖所據資料，有在舊唐書所據以外者（注十二），然亦不能不受太宗即位後諸史臣所撰史書之影響，故所記大要與舊唐書同。溫大雅大唐創業起居注作於武德之世，遠在太宗等射殺太子建成以前，無事迴護，是以所記高祖舉義動機，較能獲實，其與新舊唐書及通鑑所記微異，正可藉是以發其他唐代史臣所記之覆，固不必因是而疑溫氏撰書之非實也。

溫大雅之曾撰起居注信矣。而學者又疑今本大唐創業起居注，或非當日原作，以大雅於武德九年嘗受世民命，出鎮洛陽，守候鉅變，於世民殺建成事，事前曾預密議，所作起居注必不能如今本之彙述建成世民二人功蹟而無所偏也。不知溫氏起居注作於高祖初即位之世，其時建成與世民之裂痕未萌。大雅與高祖之關係雖深，然於建成及世民，固無所用其左右袒也。史通外篇正史篇，謂：

"惟大唐之受命也，義寧武德間，工部尚書溫大雅首撰創業起居

(注十一) 見拙著唐書源流攷（國立中山大學文史研究所月刊二卷五期）。
(注十二) 同上。

注三篇。自是司空房玄齡，給事中許敬宗，著作郎敬播，相次立編年體，號爲實錄，迄乎三帝，世有其書"。

"三篇"，當即"三卷"之別稱，蓋以一卷爲一篇也。按史通作者劉知幾生於唐高宗龍朔元年，至武后長安二年，以著作郎兼修國史，旋作史通，其時去李唐創業未遠，所云"義寧武德間""首撰"事，當自可信。溫書旣撰於義寧武德交接之際，則其所述事，必至高祖即位而止。此與傳本起居注，斷限正合。傳本起居注雖於卷中記高祖過馮翊舊宅時，曾語及高祖祖李虎廟諱，又稱世民曰秦王，然李虎廟諱本爲武德元年六月二十二日所追尊（注十三），距武德元年五月甲子，高祖即位，僅一月餘耳。世民封爲秦王，亦在六月，皆與"義寧武德間""首撰"事無礙。又北宋晁公武郡齋讀書志叙錄大唐創業起居注，謂"記高祖起義，至受隋禪，用師，符讖，受命，典册事"，與傳本正合。陳振孫直齋書錄解題，謂大唐創業起居注"記三百五十七日之事"，亦與傳本所記日數合，陳騤中興書目，亦謂創業起居注，"起隋大業十二年，爲太原道安撫，盡義寧二年五月甲子即帝位，即武德元年，紀用師，符讖，受命，典册事"，與郡齋讀書志同。是大唐創業起居注自唐宋以來，並無別本，其爲溫氏原著，無疑矣。

美人賓板橋（Woodbridge Bingham）君，頗治唐史，翹然挺秀。去春自北平來遊南京，與余相值，爲言欲治溫氏大唐創業起居注，余具以所見告之，且言必爲溫書考證，相會二次，盡歡而別。歲月易度，忽忽年餘，聞賓君治唐史日精，而余所約擬作之大唐創業起居注考證，以人事紛紜，獨遲遲未就，旣愧前約，益負初心！比以學校暑假，因盡三日之力，爲草此篇。意在表白溫氏行實，及其書所記重要事蹟與意義，文字

(注十三)見唐會要卷一帝號上。

工拙，弗暇計也。維博雅君子進而教之！

二　作者考略

大唐創業起居注爲溫大雅所作。大雅，字彥宏，太原祁人，事蹟見舊唐書卷六十一，及新唐書卷九十一本傳。惟傳文簡略，於溫氏行誼，十無二三。幸所附其弟彥博及大有二傳，不無相當連繫，又沈炳震唐書宰相世系訂譌卷五溫彥博表，亦頗載溫氏源流及系派。茲就各書所記與溫氏行誼有關係者，爲條舉如次：

溫氏之家世　按大雅上世，與東晉溫嶠，同出一源，沈氏宰相世系訂譌溫彥博表云：

"嶠字太眞，江州刺史始安忠武公。從子楷，從桓謐奔於後魏，兄孫奇，馮翊太守，曾孫裕，太中大夫，生君攸"。

君攸即大雅父也。舊唐書溫氏本傳，作君悠，初仕北齊，爲林文館學士，入隋官泗州司馬，大業末爲司隸從事，見隋政日亂，遂謝病歸里，其人長於文學，與薛道衡李綱相友善（注十四）。生子三：長即大雅，次彥博，字大臨，三大有，字彥將，皆以學行才辯著稱。大雅在隋，與顏思魯俱在東宮，彥博與思魯弟愍楚，同直內史省，彥將與愍楚弟遊秦，典校秘閣，二家兄弟，各爲一時人物之選（注十五）。後大雅以丁父憂，去職，退居鄉里。唐高祖起義，引大雅大有共參機務。及高祖受禪爲帝，大雅遂歷官至陝東道大行臺工部尚書。太宗即位，累轉禮部尚書，封黎國公（注十六）。彥博於隋末爲幽州總管，羅藝司馬，後隨藝歸唐，徵爲中書

(注十四) 見舊唐書卷六十一溫大雅傳附彥博傳。

(注十五) 見同上附溫大有傳。

(注十六) 沈炳震唐書宰相世系訂譌卷五溫彥博表，作黎孝公。按大雅封黎國公，諡曰孝，沈氏蓋誤合耳。

舍人，俄遷中書侍郎，封西河郡公，隨張瑾出禦突厥，為所擄獲，太宗即位，突厥送款，徵還，授雍州治中，貞觀四年，遷中書令，進爵虞公，十年，遷尚書右僕射，卒於官（注十七）。大有與兄大雅，隋末同居鄉里，高祖舉義，頗藉助之，武德元年，累轉中書侍郎，封清河郡公，卒於官（注十八）。大雅一門之盛，唐初諸臣所罕見也。大雅子無隱，官至工部侍郎，無隱玄孫造，官至河陽節度使，禮部尚書（注十九）。蓋大雅之世德宗風，有足多也。大雅少長於賢父之家，其才華與學養可謂淵源有自。會高祖舉義晉陽，須得能文有識之士，為典文檄，大雅適當其選，宜其魚水相忘，而得參與機務也。

　　溫氏之年代　溫氏生卒年代，新舊唐書，本傳無考，惟其弟彥博卒於貞觀十一年，年六十四，事見大雅附傳，及太宗本紀。大雅與彥博大有同時入仕，年齡必相差無幾，其卒在彥博以前，證以舊唐書本傳，"大雅將改葬其祖父，筮者曰：'葬於此地，將害兄而福弟'。"大雅曰：'若得家弟（指彥博）永康，我將含笑入地。'葬訖，歲餘而卒，諡曰孝，"其時當在彥博未遷中書令以前，質言之卽貞觀四年以前。據此則大雅之卒，當在貞觀二三年間，其年歲至少在五十六七以上。由此上推五十六七年，為陳宣帝太建四五年，北周武帝建德元二年。此卽溫大雅生卒之大略年代也。

　　溫氏與唐室　大雅與唐室之關係，舊唐書本傳謂"高祖鎮太原，甚禮之。義兵起，引為大將軍府記室參軍，掌文翰。禪代之際，與司錄竇威，主簿陳叔達，參定禮儀。……武德元年，歷遷黃門侍郎，……高祖從容謂曰：'我起義晉陽，為卿一門耳。'"又創業起居注記大業十二年

────────

（注十七）見新唐書太宗本紀及溫大雅傳附彥博傳。

（注十八）見同上附溫大有傳。

（注十九）見沈氏訂偽溫彥博表，及新唐書溫大雅傳附溫信傳。

隋煬帝自江都遣使至太原赦高祖罪云："初，使於夜至，太原溫彥將宿於城西門樓上，首先見之，喜其靈速，報兄彥宏，馳以啟帝，帝時方臥，聞而驚起，執彥宏手而笑曰：'此後餘年，實為天假'………。"此可知溫氏與李唐創業關係匪淺，按大雅與竇威陳叔達，皆為高祖初即位時參與機務之文臣，然威與叔達皆與晉陽舉義無關。叔達於大業末出為絳郡通守，義師抵絳郡，叔達以郡歸款，授丞相府主簿，始與大雅共掌機密（注二十）。竇威於隋末坐事免歸鄉里，高祖入關，召補大丞相府司錄參軍，雖禪代之際，朝章國典，多其所定（注二十一），然在唐視叔達且為晚進，以比大雅，更靡論矣。要之唐初文臣其最明曉高祖發難掌故，且自始即參與機務者，皆莫大雅若也。且大雅一家於義軍初起，亦嘗參謀軍事。資治通鑑卷一百八十四隋紀八恭皇帝下云：'義寧元年六月，………寂（裴寂）等乃請尊天子為太上皇，立代王為帝，以安隋室，而檄郡縣，改易旗幟，雜用絳白，以示突厥。………西河郡不從淵命。甲申，淵遣建成世民將兵擊西河。命太原令太原溫大有，與之偕行。'曰：吾兒年少，以卿參謀軍事，事之成敗，當以此行卜之'。………己丑，攻拔之，建成等引兵還晉陽，………裴寂等上淵為大將軍，………唐儉及前長安尉溫大雅為記室，大雅仍與弟大有，共掌機密。………"是大雅弟大有，且嘗親與戎役，與李唐創業，關係尤鉅。大雅既以久典機密，武德年間，遂歷官黃門工部諸侍郎，皇子世民，尤與結納。會太子建成與齊王元吉，欲殺世民，世民以洛陽形勝，可備緩急，乃命大雅移鎮其地，並遣秦府車騎將軍張亮，將左右王保等千餘人，赴之，陽結山東豪傑以俟鉅變。大雅至洛陽，數陳秘策，世民甚嘉賞之（注二十二）。及世民射殺太子建成，受禪為帝，大雅

(注二十)見舊唐書卷六十一陳叔達傳。

(注二十一)見同上竇威傳。

(注二十二)參攷新舊唐書溫大雅傳，及資治通鑑唐紀七武德九年條。

亦未幾遷禮部尚書，是世民之喋血禁庭，雖其時大雅方在洛陽，未嘗親覩其役，然而事前亦未嘗不參與其議也。惟此與大唐創業起居注之記錄問題無涉，蓋其時去溫氏作起居注時，已達八九年矣。

溫氏之著作 舊唐書本傳，僅謂大雅"撰創業起居注三卷，"此蓋就其較著名者言之耳。按溫氏久典機務，熟於唐初掌故，雅有著作之才，所著書除起居注外，今可考者，尚有數種，新舊唐書合鈔經籍志雜史類補錄，載"溫大雅今上王業記六卷，"所記當爲高祖時事。又職官類補錄，載"溫大雅大丞相唐王官屬記二卷，"所記當爲高祖初入長安開相府置官屬時事。此二書疑皆與起居注有關，然今皆不傳，無以取驗。起居注據諸書所記，並作三卷，或三篇，上卷記起義旗至發引日，凡四十八日事，中卷記起自太原至京城，凡一百二十六日之事，下卷記起攝政至即眞凡一百八十三日之事。惟今本文獻通考作五卷，此蓋誤三爲五也。董誥等輯全唐文，僅載溫大雅代唐高祖答李密書一篇，與起居注所載略同。蓋除起居注三卷外，溫氏其他著作及文章，疑皆失傳久矣。

三　事蹟辨證

大唐創業起居注之最可注意者，爲其所記事蹟與新舊唐書及通鑑所記之互有出入，而其中最重要者，則爲李唐舉義興師之究由高祖主動，抑由其次子世民主動之問題。新舊唐書及通鑑皆謂興師之意出於世民，高祖似爲被動，起居注則謂興師之意，全出高祖，世民第爲其父效力建功而已。二說立場，本自不同，故所牽涉事蹟，亦頗有異說。若就吾人之客觀態度判之，則起居注所記，實覺較近眞際，茲分數點辨之，藉明溫書之價值。

李氏當爲天子之謠讖 通鑑隋紀七恭皇帝上所記李唐興師之動機所屬，與起居注所記動機所屬，雖各不同，然皆曾引"李氏當爲天子，"一謠讖,是謠讖符命之說,雖今人已不置信,然在當時實為一種足資號召或取禍之口實,不無暗示之力,且藉是亦可略見高祖興師主動被動之消息。通鑑恭皇帝上義寧元年云:

"會突厥寇馬邑,淵遣高君雅將兵,與馬邑太守王仁恭並力拒之,仁恭君雅戰不利。淵恐並獲罪,甚憂之。世民乘間屏人說淵曰:'今主上無道,百姓困窮,……不若順民心,興義兵,轉禍為福,此天授之時也。……明日世民復說淵曰:……且世人皆傳李氏當應圖讖,故李金才無罪,一朝族滅,大人設能盡賊,則功高不賞,身益危矣'。……淵乃嘆曰:'吾一夕思汝言,亦大有理'。……"

按此所云"李氏當應圖讖,"李金才無罪族滅事,並見同書隋紀六煬皇帝中大業十一年,文云:

"初,高祖(指隋文帝)夢洪水沒都城,意惡之,故遷都大興。申明公李穆薨,……以渾(按即金才之名)為穆嗣……帝即位,渾累官至右驍衛大將軍,……會有方士安伽陀,言李氏當為天子,勸帝盡誅海內凡李姓者。渾從子將作監敏,小名洪兒,帝疑其名應讖,常面告之,冀其引決。敏大懼,數與渾及善衡屏人私語,述(宇文述)譖之於帝,……三月丁酉,殺渾,敏,善衡,及宗族三十二人。"

按"洪水沒都城"讖語,亦見於劉餗隋唐嘉話。而所謂"李氏當為天子"之謠,則舊唐書卷三十七五行志亦嘗言之,文云:

"隋末有謠云:'桃李子,紅水遶楊山'。煬帝疑李氏有受命之符,故誅李金才。後李密據洛口倉以應其讖。"

按當時此類歌謠,實甚流行,隋書卷二十二五行志亦嘗記載。而李密之崛起稱兵,亦頗藉此類"李氏當為天子"之讖語以資號召。通鑑隋紀七煬皇帝下大業十二年，嘗追記李密從翟讓謀反事，文云：

"李密自雍州亡命，往來諸帥間，說以取天下之策，始皆不信，久之稍以爲然，相謂曰：'斯人公卿子弟，志氣若是；今人人皆云楊氏將滅，李氏將興；吾聞王者不死，斯人再三獲濟，豈非其人乎？'由是漸敬密。密察諸帥唯翟讓最強，乃因王伯當以見讓。……會有李玄英者，自東都逃來，經歷諸賊，求訪李密，云，斯人當代隋家。人問其故，玄英言：'比來民間歌謠，有桃李子曰：'桃李子，皇后繞揚州，宛轉花園裏，勿浪語，誰道許'？桃李子，謂逃亡者李氏之子也；皇與后皆君也；宛轉花園裏，謂天子在揚州，無還日，將轉於溝壑也；莫浪語，誰道許者，密也'。既與密遇，遂委身事之。………讓見密爲豪傑所歸，欲從其計，猶豫未決。有賈雄者曉陰陽占候，……密深結於雄，使之託術數以說讓"。

可知"李氏當應符讖而爲天子"一傳說，實爲當時朝野所熟知事。高祖之得聞是類謠讖及李金才族滅事，因而暗懼或暗喜，其時必早，固不待義寧元年（按卽大業十三年）如通鑑恭皇帝上所記聞世民所述"功高""身危"諸語，而後始爲感動也。以此證以溫氏創業起居注所述，則此類謠讖之曾暗示高祖以蓄意興師擧義，更昭然若揭。起居注上卷云：

"既而隋主遠聞，以帝（指高祖李淵）與仁恭（王），不時捕虜，縱爲邊患，遂遣司直馳驛繫帝，而斬仁恭。帝自以姓名著於圖錄，太原王者所在，慮被猜忌，因而禍及，頗有所晦。時皇太子在河東，獨有秦王侍側耳。謂王曰：'隋曆將盡，吾家繼膺符命，不早起兵者，顧爾兄弟未集耳'"。

又云：

"軍司以兵起甲子之日，又符讖尙白，請建武王所執白旗，以示突厥。帝曰：……宜兼以絳雜半續之。諸軍稍旛，類皆放此，營壁城壘，旛旗四合，赤白相間，映若花園。開皇初，太原童謠云：'法律好，道德在，白旗天子出東海'。亦云；'白衣天子'。故隋主恆服白衣，每向江都，擬於東海，常修律令，筆削不停，幷以綵畫五級木壇自隨，以事道。又有桃李子歌曰：'桃李子，莫浪語，黃鵠繞山飛，宛轉花園裏'。按李爲國姓，桃當作陶，若言陶唐也。配李而言故云桃。花園宛轉，屬旌幡。汾晉老幼，謳歌在耳，忽覩靈驗，不勝懽躍。帝每顧旗旛笑而言曰：'花園可爾，不知黃鵠如何？吾當一舉千里，以符冥讖'"！

高祖所感發於謠讖者如此，而謠讖之得聞於高祖，又殊非晚。則就符讖一事例言之，高祖之舉義代隋，當亦不待通鑑與新舊唐書所云受世民之勸告而始有是念也。惟當時高祖雖有是念，但對李密之先託言符瑞者，仍故示推崇，而以謠讖之應驗予之。起居注卷中，載記室承報李密書，有云：

"……天生蒸民，必有司牧，當今爲牧，非子而誰？老夫年踰知命，願不及此，欣戴大弟，（按指密）攀鱗附翼。惟冀早膺圖錄，以寧兆庶，宗盟之長，屬籍見容，復封於唐，斯榮足矣"！……（此書亦見全唐文溫大雅文）。

此亦可證當日李密以符讖號召之爲高祖左右所熟知也。

唐高祖未舉義前之大志及羣士之勸進　新舊唐書高祖本紀以李唐舉義，由於世民主動，敘高祖爲人，僅若一普通福將，略無異表。不知此乃誤據貞觀十七年敬播房玄齡許敬宗等所修高祖實錄，欲以剏業之功，獨歸太宗，因爲僞飾，故致眞相以失也。高祖爲人，雖不得謂爲狡黠，然實頗富權謀，且早有四方之志，此則參以同書別傳及他書記述而可知者，段成式酉陽雜俎卷一忠志云：

"高祖少神勇，隋末，嘗以十二人破草賊，號無端兒，（新唐書作毋端兒）數萬。又龍門戰，盡一房箭，中八十人"。

可知高祖勇力非凡，又舊唐書卷五十七劉文靜傳云：

"劉文靜字肇仁，……隋末爲晉陽令，……及高祖鎭太原，文靜察高祖有四方之志，深自結託。………"

又卷五十八武士彠傳云：

"武士彠，幷州文水人也。家富於財，頗好交結。高祖初行軍於汾晉，休止其家，因蒙顧接。及爲太原留守，引爲行軍司鎧。時盜賊蜂起，士彠嘗陰勸高祖擧兵，自進兵書及符瑞。高祖謂曰：'幸勿多言兵書禁物，倘能將來，深識雅意，當同富貴耳'"。

所謂"倘能將來，深識雅意"，知其非無所籌謀，特尙有待耳。又通鑑隋紀七恭皇帝上亦云：

"淵之爲河東討捕使也，（大業十一年，淵爲使討捕河東），請大理司直夏侯端爲副。端，詳之孫也，善占候及相人。謂淵曰：'今玉牀搖動，帝座不安，參墟得歲，必有眞人起於其分，非公而誰乎？主上猜忍，尤忌諸李，金才旣死，公不思變通，必爲之次矣'。淵心然之。及留守晉陽，鷹揚府司馬太原許世緒，說淵曰：'公姓在圖籙，名應歌謠，握五郡之兵，當四戰之地，擧事則帝業可成，端居則亡不旋踵，唯公圖之！'……"

當高祖爲河東討捕使時，旣"心然"夏侯端"變通"之勸，則其非僅有神勇而無大志明矣。以此證以溫氏起居注所記，更足以知高祖之素懷偉志，而多權謀。起居注卷上云：

"隋大業十二年，煬帝之幸樓煩時也，帝以太原黎庶，陶唐舊民，奉使安撫，不踰本封，因私喜此行以爲天授。所經之處，示以寬仁，寶知歸心，有如影響"。

又云：

"帝素懷濟世之略，有經綸天下之心，接待人倫，不限貴賤，一面相遇，十數年不忘，山川險要，一覽便憶。遠迎承風，咸思託附。仍命皇太子於河東潛結英俊，秦王世民於晉陽密招豪友。……"

此外如所記簡能騎射者效突厥飲食居止，因而擊破突厥；以羸兵居中賺敵，因而擊破歷山飛；藉詞與北蕃私通引突厥南寇，因而誅戮隱懼義舉之王威高君雅等；偽崇李密示無大志，因而蓄力制服李密；偽言已斬宋老生，使敵陣大亂，因而縱兵擊取霍邑；擊破長安而秩序井然，略無所亂，因而收服人望；已獲代王而偽示尊崇，因而演成禪讓之局，凡此諸事，皆非無權謀或大志者，所可語其奧妙。新舊唐書於此類事蹟，雖亦間有記載，然為體例所限，文殊簡略；且旣以興師之主動歸之太宗，則此類謀略於高祖亦自失其意義。此則幸賴溫氏起居注得以發其覆者也。

世民首謀舉義說之非實　舊唐書高祖本紀，謂高祖於大業十三年為太原留守，時"群賊蜂起，江都阻絕。太宗與晉陽令劉文靜首謀勸舉義兵。俄而馬邑校尉劉武周據汾陽宮，舉兵反。太宗與王威高君雅將集兵討之。高祖乃命太宗與劉文靜及門下客長孫順德劉宏基各募兵，旬日間，衆且一萬"。新唐書高祖本紀亦云："是時煬帝南遊江都，天下盜起，高祖子世民，知隋必亡，陰結豪傑，招納亡命，與晉陽令劉文靜謀舉大事，計已決，而高祖未之知，欲以情告，懼不見聽。……世民陰與寂（裴寂）謀，寂因選晉陽宮人私侍高祖。高祖過寂飲酒，酒酣從容，寂具以大事告之。高祖大驚，寂曰：'正為宮人奉公，事發當誅，為此爾'。世民亦因入白其事，高祖初陽不許，欲執世民送官，已而許之，曰：'吾愛汝，豈忍告汝耶！……'"一若李唐舉義，純為世民與劉文靜所主謀者，通鑑隋紀七恭皇帝上所記大致相同。今按此類記載，實由史臣曲筆，非當日高祖於發難事，果處於被動地位也。關於此層，上文所辨"李氏當爲天子之謠讖"，及"唐高祖未舉義前之大志與群士之勸進"二節，已略發其覆，茲再舉一事辨之，舊唐書卷六十七李靖傳云：

"李靖，本名藥師，雍州三原人也。……大業末，累除馬邑郡丞。會高祖擊突厥於塞外，靖察高祖，知有四方之志，因自鏁上變，將詣江都，至長安，道塞不通，而止"。

按高祖擊突厥，在大業十二年，而諸書言太宗首謀勸高祖舉義，復結裴寂關說，在義寧元年，即大業十三年。李靖於十二年已知高祖有取天下之志，必欲告之煬帝，則高祖舉義興師之意，不待義寧元年太宗與裴寂等之勸迫而始萌亦明矣。以此證以溫氏起居注，則不特與李靖傳所記相合，且太宗之雄圖，亦似爲高祖所啟發。起居注卷上云：

"煬帝自樓煩還至雁門，爲突厥始畢所圍，事甚平城之急，賴太原兵馬，及帝所徵兵，聲勢繼進，故得解圍。……乃詔帝……北備邊朔。帝不得已而行，竊謂人曰：'……天其或者殆以畀余，我當用長策以馭之，和親以使之'。……"

可知李靖"自鏁上變"，不爲無因。又起居注卷上記高祖爲煬帝所遣司直所繫，乃告次子世民，謂：

"今遭羑里之厄，爾昆季須會盟津之師，不得同受拏戮，家破身亡，爲英雄所笑！……"

又記高祖命建成與世民往擊西河，並訓之云：

"太原遼山縣令高斌廉，拒不從命，……西河不時送款。帝曰：'遼山守株，未足爲慮，西河繞山之路，當吾行道，不得留之'！六月甲申，乃命大郎二郎，率衆取之，……臨行，帝語二兒曰：'爾等少年，未之更事，先以此郡，觀爾所爲；人具爾瞻，咸宜勉力'！……往還九日，西河遂定，師歸，帝聞喜曰：'以此用兵天下，橫行可也'！是日，即定入關之策"。

觀此，可知世民之英武，亦高祖有以啟發之也。又孰謂世民"謀舉大事，計已決，而高祖未之知"耶？

唐高祖初舉義時與突厥之關係　舊唐書高祖本紀記高祖舉義與突厥之關係，謂"甲戌，遣劉文靜使於突厥始畢可汗，令率兵相應"。同書突厥傳，所記略同。而新唐書高祖本紀亦云："遣劉文靜使突厥，約連和"。按隋唐之際，正值突厥全盛時期，寇邊掠塞，略無虛日。高祖志切安邦，初起義時，迫於環境，實嘗委屈和之，通鑑隋紀八恭皇帝下，嘗記其事，文云：

"義寧元年六月己卯，李建成等至晉陽。劉文靜勸李淵與突厥相結，資其士馬，以益兵勢。淵從之，自為手啟，卑辭厚禮，遺始畢可汗。云，欲大舉義兵，遠迎主上，復與突厥和親，如開皇之時。若能與我俱南，願勿侵暴百姓；若但和親，坐受寶貨，亦唯可汗所擇。始畢得啟，謂其大臣曰：隋主為人，我所知也，若迎以來，必害唐公而擊我無疑矣；苟唐公自為天子，我當不避盛暑，以兵馬助之。即命以此意為覆書。使者七日而返，將佐皆喜，請從突厥之言。……寂等乃請尊天子為太上皇，立代王為帝，以安隋室，……改易旗幟，……以示突厥。淵曰：此可謂掩耳盜鐘，然逼於時事，不得不爾。乃許之，遣使以此議告突厥。"

觀此，可知高祖入關之改立代王，亦與突厥始畢之不欲復迎隋主有關，通鑑所記，雖已略明當日時勢，然於高祖所以必與突厥連和，及所謂"卑辭厚禮"，之底蘊，則須藉溫氏起居注足之。起居注卷上云：

"景寅，突厥數萬騎，鈔逼太原，入自羅郭北門，取東門而出。

"帝分命裴寂文靜等，守備諸門，並令大開，不得輒閉。而城上不張旗幟，守城之人，不許一人外看，看亦不得高聲，示以不測。衆咸莫知所以。仍遣首賊帥王康達率其所部千餘人，………潛往北門隱處設伏誡之，………康達等無所出力，並墜汾而死。………城內兵數無幾，已喪千人，軍民見此勢也，私有危懼。………帝見兵少，又失康達之輩，戰則衆寡非敵，緩恐入掠城外居民。夜設伏兵，出城以據險要，曉令他道而入，若有援來。仍誡出城將士，遙見突厥，則速舉險，勿與共戰，若知其去，必莫追之，送出境而還，使之莫測。爾後再宿，突厥………已亥夜，潛遁。明旦，城外覘入馳報，帝曰：'我知之矣'。………即立自手疏與突厥。………"

此蓋以當日義師尚未全集，突厥即遽爾掩至，雖一時以空城計之妙用，幸獲相安，然實慮其再來，貽誤義舉，故乘其宵遁，反遣使與和，此亦高祖自動興師之證，蓋非志切舉義，則不知虛與突厥連和之迫切與必要也。至所謂"卑辭厚禮"一節，據溫氏起居注，亦可得其梗概，其文云：

"………仍命封題，署云名啟，所司報請云：'突厥不識文字，唯重貨財，願加厚遺，改啟爲書'。帝笑而謂請者曰：'何不達之深也？………我若敬之，彼仍未信，如有輕慢，猜慮愈深。古人云，屈于一人之下，伸于萬人之上，………且啟之一字，未直千金，千金尚欲與之，一字何容有悋？此非卿等所及'。乃遣使者馳驛送啟。"

所謂"署云名啟，"當指稱臣而言，特大雅未明言耳，然此亦非高祖所願意者，故受禪爲帝後，即以敵國之禮對之，其後且以詔敕加突厥。袁樞通鑑紀事本末太宗平突厥，武德八年條云：

"先是，上與突厥書，用敵國禮。秋七月甲辰，上謂侍臣曰：

'突厥貪婪無厭，朕將征之！自今勿復爲書，皆用詔敕。'………"
太宗承高祖之志，遂於貞觀四年，平滅東突厥，時高祖爲太上皇，尚在人世。是高祖初舉義時對突厥之"卑辭厚禮"，雖不無遺憾，然其後能不忘國恥，又及身見突厥之平服，要可取諒於國人也。此事別書多不載，通鑑所記，當亦錄自起居注原文。此亦溫書可注意之點也。

太子建成之功過　新舊唐書旣以首謀興師之功歸之太宗，於高祖之權謀大略，且多掩沒，建成元吉之不爲詳錄，更毋足論。今按元吉於興師以後，留守太原，雖無攻城掠地之勞，然不無鞏固後方之力，建成與世民同領大軍，自太原啓行，至攻陷京師，勞役初無二致，雖建成謀略，或不如世民，然謂其全無表現，則容有未是。通鑑作者，不明貞觀間所傳實錄或其他史料之不無曲筆，遂於唐紀七武德九年，於太宗射殺建成元吉文下，妄加評語，謂：

"立嫡以長，禮之正也；然高祖所以有天下，皆太宗之功，隱太子（即建成）以庸劣居其右，地嫌勢逼，必不相容。曏使高祖有文王之明，隱太子有泰伯之賢，太宗有子臧之節，則亂何自而生矣？………"

不知高祖固非常之人，而建成亦不盡如所傳之庸劣。今以溫氏起居注證之，則通鑑庸劣之說，實迹近妄語，起居注云：

"帝以姓名着於圖籙，………側耳謂王（指世民）曰：………不早起兵者，顧爾兄弟未集耳。"（卷上）。

"六月己卯，太子與齊王（指元吉）至自河東，帝懽甚，裴寂等乃因太子秦王等入啟，請依伊尹放太甲，霍光誅昌邑故事，廢皇帝而立代王，興義兵而擊郡縣，改旗幟以示突厥，師出有名，以輯夷夏。"（卷上）

可知高祖對諸子，態度略同。故義師初舉，即命建成與世民同往擊西河，以試其才。起居注云：

"西河不時送款。……六月甲申，乃命大郎二郎，率衆取之。除程命齎三日糧。時文武官人，並未置，軍中以次第呼太子秦王爲大郎二郎焉。……往還九日，西河遂定。……即日定入關之策。癸巳以世子爲隴西公，爲左領軍大都督，左三統軍等隸焉。二郎爲敦煌公，爲右領軍大都督，右三統軍隸焉。世子仍爲太原郡守（卷上）。

按西河之克，爲義師初舉首功，高祖大將軍府之得以建立，且與此役聲威有關。而舊唐書高祖本紀則僅云："六月甲申，命太宗將兵徇西河，下之"。於建成之曾同往，不提隻字。其爲實錄有意闕筆，蓋無疑義。起居注又云：

"秋，七月壬子，以四郎元吉爲太原郡守，留守晉陽宮，文武後事並委焉。義師欲西入關，移營於武德南。癸丑，……是夕，次於清源，……帝乃將世子及敦煌公等率家僮十數，巡行營幕。"

"……辛巳，旦發，引取傍山道，而趨霍邑，七十餘里，……帝謂大郎二郎曰：'今日之行，在卿兩將！'……是日未時，帝將麾下左右輕騎數百，先到霍邑城東，……且遣大郎二郎各將數十騎，逼其城，行視戰地。……大郎領左軍擬屯其東門，二郎將右軍，擬斷其南門之路。……未及戰，帝命大郎二郎馳而向門，義兵齊呼而前，……老生（宋）欲入不得，軍頭盧君諤所部人等，跳躍及而斬之。……"

"……戊午，帝親率諸軍圍河東郡。分遣大郎二郎長史裴寂勒兵各守一面……。"

"景寅，遣世子隴西公將司馬劉文靜，統軍王長諧姜寶誼，寶琮諸軍數萬人，屯永豐倉，守潼關，備他盜，慰撫使人竇軌等受節度焉。遣敦煌公率統軍劉弘基長孫順德，揚毛等諸軍，數萬人，往高陵道，定涇陽，雲陽，武功，盩厔，鄠諸縣等，慰撫使人姚殷開山等受節度焉。"

"……乃命隴西公量簡倉上精兵，自新豐道趨長樂離宮，令敦煌公率新附諸軍，自鄠縣道屯長安故城。…… 冬，十月辛巳，帝至灞上，仍進營，停子大興城春明門之西北，與隴西敦煌等二公諸軍二十餘萬衆會焉。……"

"辛卯，命二公各將所統兵往為之援。京城東面南面，隴西公主之，西面北面，敦煌公主之。 城中見而失色，更無他計。"（以上均卷中）。

凡此諸事，新舊唐書或者記而不周，或則記而徧畧，或則全未記錄，似皆不若起居注之平正。 起居注又云：

"……十一日，（通鑑作十一月）景辰，昧爽，咸自逼城，……東面軍頭雷永吉等，已先登而入，守城之人分崩。帝乃遣二公率所統兵依城外部分，封府庫，收圖籍，禁鹵掠，軍人勿雜，勿相驚恐，太倉之外，他無所干。…… 代王先在東宮，乃奉迎居於大興後殿。…… 戊午，收陰世師，骨儀，崔毗伽，李仁政等，並命隴西公斬於朱雀街道，以不從義而又愎焉。 餘無所問。"

（卷中）。

按東西軍由建成主持。 是京城之克，以建成所部為首功。 故高祖於城定後，即命建成殺守城將陰世師等以徇。 新舊唐書於攻克京城之首功，皆略無所記，通鑑隋紀八恭皇帝下，亦僅云，"軍頭雷永吉先登，遂克長安"，於雷永吉屬於建成所統事，亦未提及，意亦依據貞觀朝所修高祖實錄入文，故與起居注略異。 起居注又云；

"義寧元年冬十一月甲子，少帝以帝爲丞相，進封唐王，……己
卯，以隴西公爲唐王世子，改封敦煌公爲秦國公，四郎元吉爲齊
國公，……以是以世子爲左元帥，秦王爲右元帥。……三月，左
右二元帥軍，招諭東都……"（卷下）。

是自義旗初舉，以至攻克京師，建成與世民功績，略相當。西河之克，
固由二人之力，京師之克，則建成所部更有先登之功。通鑑武德九年條
所云："庸劣"之說，不足爲訓，明矣。建成功過如何？固爲國史中不
甚重要之問題，然此足證貞觀間所修高祖實錄而爲新舊唐書及通鑑直接間
接所依據者，不免有所掩飾或偏重之弊。知建成"庸劣"說之不足置信，
則李唐興師爲世民主動說之實出僞飾，亦思過半矣。

四　史實考存

大唐創業起居注足證新舊唐書或通鑑之不免有所僞飾，已於上文略舉
例辨證。茲進言其所錄史實之未見於新舊唐書，或見之，而未顯著者，
爲舉數例如次：

一者爲李唐上世居地之記錄　新唐書高祖本紀，記李唐上世源流，
謂：

"高祖神堯大聖大光孝皇帝，諱淵，字叔德，姓李氏，隴西成紀
人也。其七世祖暠，當晉末，據秦涼以自王，是爲涼武昭王，
暠生歆，歆爲沮渠蒙遜所滅。歆生重耳，魏弘農太守。重耳生
熙，金門鎮將，戍于武川，因留家焉。熙生天賜，爲幢主。天
賜生虎，西魏時賜姓大野氏，官至太尉，與李弼等八人，佐周伐
魏有功，皆爲柱國，號八柱國家，周閔帝受魏禪，虎已卒，乃追
錄其功，封唐國公，諡曰襄。襄公生昞，襲封唐公，隋安州總
管柱國大將軍，卒諡曰仁。仁公生高祖於長安。"

按高祖籍貫，舊唐書及册府元龜與太平御覽等，均作狄道，不作成紀。當以狄道爲是。其他即今甘肅狄道縣。李唐上世出於李暠，李暠爲漢李廣子李敢之後。廣曾祖仲翔，漢初爲將軍，討叛羌於素昌，不敵死之，素昌即今狄道。仲翔子伯考奔喪，因葬於狄道東川，遂家焉（注二十三）。世爲西州右姓，即所謂隴西李氏也。暠與子歆，均未他徙。李唐追記上世所出，故曰隴西狄道。歆子重耳，國滅後，輾轉奔於後魏，家居何地？諸書無考，重耳子熙，因出鎭，移家武川，武川鎭在今綏遠境內，當陰山南北之衝。其後熙復率家移居南趙郡（注二十四）。卒葬其地，故唐會要卷一帝號上記云："獻祖宣皇帝諱熙。……葬建初陵，在趙州昭慶縣界"。昭慶縣在今河北省隆平縣東。熙子天賜，據唐會要記載："追尊光皇帝，廟號懿祖。葬啓運陵，在趙州昭慶縣界"。是李熙與子天賜，皆曾家居今隆平縣附近也。天賜子虎，據唐會要記載："追尊景皇帝，廟號太祖，葬永康陵，在京兆府三原縣。三原即今陝西省三原縣。是李虎在西魏時，旣以官貴而移居矣；惟除京師外，曾家居何地？新舊唐書及其他史乘，多不可考，幸溫氏大唐創業起居注於記述義師途經馮翊郡時，曾兼叙高祖祭舊居五廟事，可爲李虎曾居馮翊頗久之證，起居注卷中云：

"壬申，進屯馮翊郡，過舊宅，響告五廟，禮也。初，周齊戰爭之始，周太祖數往同州，待從達官，隨便各給田宅。景皇帝與隋太祖，並家於州治。隋太祖宅在州城東南，西臨大路。景皇帝宅居州城西北，而面灤水。東西相望，二里之間，數十年中，兩宅俱出受命之主，相繼代興，時人所見，開闢已來，未之

(注二十三) 見湯球譔十六國春秋輯補卷九十二西涼錄一。

(注二十四) 外舅朱先生，近作駮李唐爲胡姓說，於李唐氏族所自出，及其上世移家武川，復移居南趙郡事，考證最精，讀者宜參考。

有也"。

按同州即今陝西省大荔縣，隋太祖即隋文帝父楊忠。 是李虎與楊忠，曾同時家於大荔。 李虎大荔舊宅，旣有祠廟，則其非短時居停，可知矣。楊忠上世亦嘗於後魏以出鎭，移家武川，與李虎上世略同，事蹟見隋書文帝本紀。 得溫氏此段記錄，益知隋唐帝室，上世環境，正多同者。 李吉甫元和郡縣志卷二關內道二同州條，記馮翊縣有"興德宮，在縣南三十二里。 義旗將趣京師，軍次於忠武園，因置亭子，名興德宮，屬家令寺"。當亦與李虎舊宅有關，不然何以軍行倥傯之際， 遽爲置亭子而名宮耶。李虎子昞，即唐高祖父，據唐會要記載："追尊元皇帝，廟號世祖，葬興寧陵，在京兆府咸陽縣界"。 咸陽即今陝西咸陽縣， 與長安接壤。 證以舊唐書高祖本紀："高祖以周天和元年，生於長安，七歲襲唐國公"，可知李昞晚年，曾家居長安， 而且早歿。 又起居注卷中嘗載高祖舉義誓師文云：

"……某以庸愚，謬蒙嘉惠，承七葉之餘慶，資五世之克昌，遂得地臣咸里，家稱公室，典驍衛之禁兵，守封唐之大宇。………"

所述"七葉之餘慶"，蓋指自李暠至昞而言。 與新舊唐書所記代數相合。李虎所移居地，幸得溫氏記錄，略可考見，此則大唐創業起居注存錄史實之一例也。

二者爲新舊唐書不列傳唐初人姓名事蹟之記錄 按舊唐書修於五季石晉之世，所根據者多屬唐人所修國史等要籍，余曩作唐書源流考，已詳言之。 而唐人國史， 則列傳每有所偏，於唐初隨從創業之輩，其名節不甚顯者，亦每不爲入傳，今以大唐創業起居注所錄校之，其有見遺於新舊唐書列傳，而其事蹟，又於李唐創業不無相當關係者，亦有數人，如通議大夫張綸，是其例也。 起居注卷中記張綸事蹟云：

"壬寅，遣通議大夫張綸等， 率師經略稽胡離石， 龍泉文城諸郡。……乙丑，張綸等下離石郡，其太守楊子崇爲亂兵所害。崇即後主從弟也。頗有學識性理，帝甚惜之。……九月乙卯，張綸自離石道下龍泉文城等郡，獲文城太守莘公鄭元璹送焉。帝見元璹，釋而遣之。"

按稽胡爲匈奴一支，劉淵所統五部之苗裔，亦北周楊隋間西北強族之一。又卷下記張綸所獲鄭元璹事蹟云：

"……又南陽朱粲，有衆數萬，並好食人，自稱可達汗。莫知可建汗之名，有何義理。酷害異常。又有賊蕭銑，起兵於江陵。以是以華陽公鄭元璹爲太常卿，封沛國公，遣將兵出商山上洛道，定南陽以東諸郡。……"

高祖受禪後，張綸之功蹟如何？今姑不論，然就其經略離石，文城，龍泉諸郡稽胡，並獲鄭元璹俾爲唐室效力一事言之，亦已與李唐初年大局不無相當關係。新唐書高祖本紀雖曾提及張綸其人，然語殊簡略，且未言其與稽胡之關係；不知自離石以西，以至今日甘肅慶陽，自北周以來，即爲稽胡出沒之地。隋末稽胡爲亂於離石者，亦殊猖獗，隋書楊子崇傳，及舊唐書卷五十六劉季眞傳，頗曾言之。余另有稽胡攷，明其與北齊北周及隋唐之關係。高祖舉義，必以中途命良將經略稽胡者，正虞其將爲後顧之憂也。其後稽胡於武德三年，由梁師都導引入寇。武德四年，高祖命建成伐稽胡，其勢稍殺。起居注所記張綸經略稽胡事，雖亦文甚簡略，然視新唐書高祖本紀所述，要扼腕多矣。此亦起居注存錄史實之一例也。

三者爲唐高祖日常生活之記錄 新舊唐書高祖本紀，雖於高祖出處大節，及每年大事，各有相當記述，然爲體例所限，於高祖之日常生活，略無所道。大唐創業起居注，原以記錄高祖日常動止爲原則，故足補新舊書之闕。如卷中所記義師在途高祖日常處理公牘情態及其書法狀態云：

"義旗之下，每日千有餘人，請賞論勳，告冤伸屈，附文希旨，百計千端，來衆如雲，觀者如堵。帝處斷若流，嘗無疑滯。……帝時善書，工而且疾，眞草自如，不拘常體，而草跡韶媚可愛。嘗一日注授千許人官，更案遇得好紙，走筆若飛，食頃而訖。得官人等，不敢取告符，乞寶神筆之跡，遂各分所授官名而去。"

世第知唐初帝王惟太宗善書，今觀溫氏所記，則高祖固亦書法能手，太宗善書，亦淵源有自也。此又起居注存錄史實之一例也。

五　文字考異

大唐創業起居注，向有學津討源，津逮秘書，秘册彙函，及鍾人傑刻唐宋叢書等四刻本。此外有黃丕烈所藏舊鈔本，係影鈔宋本，又有章壽康所藏藍格鈔本，並稱善本（注二十五）。光緒間，江陰繆荃孫，嘗據二鈔本以校學津討源本，頗有是正，刻於藕香零拾。此外又有四庫全書本，則據浙江巡撫採進本精鈔。然就刻本而論，則以藕香零拾本爲最善；惟其中人名及年月日等，間有與新舊唐書及通鑑微異，或上下文不一致者，茲爲條舉於次：

如卷上："有鄉長劉龍，……竊知雅（高君雅）等密意，具以啟聞"。"劉龍"，新舊唐書高祖本紀，及劉文靜附傳，並作"劉世龍"。通鑑隋紀七恭皇帝上，亦作"劉世龍"。

同上："晉陽令劉文靜導開陽府司馬劉正會，辭告高君雅王威等，與北蕃私通"。"劉正會"，新舊唐書作"劉政會"，有傳。

同上："命裴寂劉文靜爲大將軍府長史司馬，以殷開山，劉正會，溫大雅，唐儉，權弘壽，盧階，思德平，武士彠等，爲橡屬記室參佐等

（注二十五）見繆荃孫大唐創業起居注跋。

官"。"思德平",通鑑隋紀七恭皇帝上作"田德平"。文云:"王威高君雅見兵大集,疑淵有異志,……留守司兵田德平,欲勸威等按募人之狀。士龍曰:'討捕之兵,悉隸唐公,威君雅,但寄坐耳,彼何能爲'?德平亦止。"起居注之"德平",當即此人。"思"蓋"田"誤。

同上:"以鷹揚王長階,姜寶誼,楊毛,京兆長孫順德,竇琮,劉弘基等,分爲左右統軍副統軍"。"王長階",本書卷中作"王長諧"。新唐書高祖本紀,亦作"王長諧"。"階"爲"諧"誤。

卷中:"壬寅遣……張綸等率師經略稽胡,離石,龍泉,文成等諸郡"。"文成",同卷下文作"文城"。按文城郡隋置,唐改慈州,即今山西省吉縣治。"文成"誤。

同上:"鄠匪賊帥何潘兒,向善志等,亦各率衆數千歸附。宜君賊帥劉旻,又率其黨數千人降帝"。"鄠匪",新舊唐書並作"盩厔",即今陝西盩厔縣。"鄠匪"誤。"何潘兒",新舊書及通鑑隋紀八恭皇帝下,並作"何潘仁"。"向善志"新唐書高祖本紀作"向善思"。通鑑恭皇帝下與起居注同。"劉旻",新唐書高祖本紀作"劉旻"。

同上:"十一日景辰,眛爽,咸自逼城"。"十一日",新唐書高祖本紀,通鑑恭皇帝下,並作"十一月",是。

同上:"改大業十二年爲義寧元年"。按高祖入克長安,立代王爲帝,事在大業十三年十一月,即改是歲爲義寧元年。此云"十二年","二"爲"三"誤。

卷下:"宇文化及,兼弟智及等,幷驍果武賁司馬竈,監門郎將裴乾通等,謀同逆,……殺後主於彭城閣"。"司馬竈",通鑑唐紀一高祖上之上作"司馬德戡"。"裴乾通",通鑑唐紀一作"裴虔通"。

繆氏大唐創業起居注跋,記所校正凡二十餘處,末云:"餘所疑尚多,無別本可校,較勝於學津本而已"。按校書除取證於別本外,尚有取證於他書，取證於本書之法，繆氏僅以別本相校，而未嘗取證於他書及本書上下文。 學者如能並以三法校錄大唐業創起居注，必能成一更爲完善之本。 茲所考異，第爲發喤之引耳。

六　餘論

　　大唐創業起居注作者行誼，及其書內容，已略如上述。 抑余於此有不能不附爲申說者，即溫氏此書武德初曾否進獻？ 及其在唐初如何傳播之問題。 貞觀間，房玄齡，許敬宗，敬播等，修高祖實錄，欲以剙業之功，歸之太宗。 其時溫氏旣死，苟其書當日曾經進獻，雖依太宗時例，天子不觀起居注，以聽起居注官直筆，然許敬宗等固得見之，而不難以溫書記錄與己意不同，而改之或廢之；苟其書在武德初年未嘗進獻，至玄宗朝蒐錄群籍，始入乾元殿東廊，則以溫氏嘗受世民恩遇，出鎭洛陽，數陳密策，値茲建成已死，世民已立之際，難保不自易其稿，即於高祖功蹟，不願掩沒，然於建成元吉之相當勞役，要可削而不書。 不然，則必其書在武德初雖未進獻，或雖經進獻，而已頗行於時，無能追改，或許敬宗等認爲無須追改，是以能存其原始面目；又不然，則必溫氏爲性絕正直，而能不以私人恩愛，而輕改史實記錄之節士，是以其書能傳信而不滅。 今觀傳本大唐創業起居注，實不類曾經追改或僞飾之作，則二者或曾有一於此矣。 茲以材料尙感不足，不能判斷。 容當再攷，以就正通人！

　　　　　中華民國二十五年七月二日羅香林脫稿於
　　　　　南京大石橋新民坊九號

北平歲時志

十二卷分裝二册　定價每部國幣二元

張江裁編

國立北平研究院史學研究會歷史組

於歷代著述中。求一側重歲時景物之作。已弗易覯。若卽歲時景物而求一專記北平者。則更希如星鳳。雖日下舊聞順天府志各書。亦間有所及。第僅麗入風俗。語焉不詳。他如潘榮陛帝京歲時記勝敦崇燕京歲時記諸作。固能較爲贍備。惟乾隆以下則付闕如。民國以還勢更難及。北平以累代上都。雄睨四裔。一風一土。無不見重萬方。闕略有間。識者憾焉。本書上起遼金。下迄現世。凡歲時景物之因革與復。俱旁搜博採。朗若列眉。衡以諸家。實治北平風俗史及研討社會變態之最上參考。全書十二卷。分裝二册。當世學人。想必以先睹爲快也。

北平廟宇通檢

二册　定價一元二角

許道齡纂

國立北平研究院史學研究會出版

本書係將明清兩代關於北平之著作十六種中之廟宇部分，擇要彙鈔，分條編訂，並記錄各廟宇見於各書中之某卷某頁，以備檢索。史料正確，敘述簡明。人手一編，旣可知廟宇之史略，又可省翻閱之麻煩，誠研究北平掌故者不可缺少之一種工具也。

日本國號考

王輯五

一　緒言

近世日人常自稱爲日本或大和民族，惟在日本古文獻中，往往自稱爲倭國或大倭國而不諱；日本古文獻中之日本書紀作者，且以魏志東夷傳中之邪馬臺國參比大和國，以倭女王卑彌呼比擬日本之神功皇后，而日人素所自慢之聖德太子，在彼所撰之法華經疏中，猶自署爲"大倭國上宮太子"（註一）。迨至德川時代，日本學者漸興自尊自大之習尚，其最甚者爲本居宣長氏。氏所撰之馭戎慨言中，曾充滿排外非儒之神國思想，力斥昔日倭國舊說；並主張魏志東夷傳之邪馬臺國爲熊襲國，倭女王卑彌呼爲熊襲酋長，與大和民族毫無關係。此說之不免偏於主觀自不待言，但此後之日本學者，率多奉爲圭臬，競相祖述。

按倭國之名，本爲古代中國人給予當時日本之一種名稱，原爲音譯，其證據見於山海經前後漢書及魏志等中。前漢書地理志，顏師古於"倭"

（註一）見內藤虎次郞博士所著之日本文化史研究

字下註云：

>"倭，音一戈反，今猶有倭國。魏略云：倭在帶方東南大海中，依山島爲國，渡海千里復有國，皆倭種。"

足證倭國之名稱，並未含有惡意，僅爲代表古代日本之一種名稱而已。或謂日本人體格矮小，頗有矮人國之風；故人多稱之爲倭國。然細考其實，日本人體格誠屬矮小，但世界上民族中，固有其體格之矮小甚於日人者，若因其體格矮小而得名，則當稱日本人爲"矮人"，應稱日本國爲"矮國"；不宜稱之爲"倭人"或"倭國"。況"矮""倭"二字亦並不通用。今中國史料上咸載日本爲倭國或倭人者，頗足證實並非因其體格矮小而稱之爲倭國，此倭國名稱之由來，必爲音譯，可斷言也。

或又謂古代日本民族爲"Ainu"（阿夷奴）種，大和民族爲後來侵入之民族，當中日最初交通往來時代，日本列島上"Ainu"民族勢力猶未衰，故中國人僅知"Ainu"人之名，遂以名其國，"Ainu"譯作漢字是爲"倭奴"。其後大和民族戰勝"Ainu"民族，列島上主權移入於大和民族之手時，因當時尚無漢字輸入，漢人無由知之，故仍稱爲倭奴。迨至隋唐以降，漢字輸入扶桑，大和民族遂以"日本"二字名其國，是爲日本國號之始。此說也，若僅就字音言之，"Ainu"之譯倭奴，並無不通。但查我國史料，常稱日本爲倭國倭奴國或倭面土國等，並非僅稱日本爲倭奴國一名而已。"Ainu"讀音雖可譯作倭奴國，倭國雖亦可解作倭奴國之略稱，然"Ainu"一音，決不能譯作倭面土國也。且漢字之輸入扶桑，遠在隋唐以前，何能謂自隋唐以降而始行輸入？謹按倭名之由來，確出音譯，特非由"Ainu"一音得聲，實係與倭面土及邪馬臺同出於"Yamato"一音者。質言之，倭面土與邪馬臺爲"Yamato"音之直譯，倭（倭之古音讀作"ya"，詳下文）爲"Yamato"之頭音，俱與日本人之所謂大和（日人讀"大和"爲"Yamato"音）相當；此倭大和與日本三者，蓋有不可區分之聯關性爲。

二　倭

按倭字在日本古文獻中，誠爲數見不鮮者；如日本書紀孝德紀中，曾載："明神御宇日本倭根于天皇"。古事記上卷："大倭豐秋津島"。古事記中卷；"神倭伊波禮毗古命"。釋日本紀："初國始祖天降筑紫，何偏取倭爲國號"。諸如此類，實不勝枚舉。惟日本古文獻中之"倭"字，並非日本人手創，乃爲中國人所創製，我國人之創製"倭"字，遠在日本人有史時代數百年以前，故欲考其來源，不可不求之於中國史籍中。

在中國史籍方面，首先載倭之記事者爲山海經。山海經海內北經中，曾載："南倭北倭屬燕"。次於山海經之前漢書地理志，亦載："樂浪海中有倭人，分爲百餘國，以歲時來獻見云"。後漢書東夷傳，亦謂：

"建武中元二年，倭奴國奉貢朝賀，使人自稱大夫，倭國之極南界也，光武賜以印綬。安帝永初元年，倭國王師升等獻生口百六十人，願請見"。

西紀 1784 年二月，光武帝賜予之"漢委奴國王"金印，又自日本九州筑前志賀島上發現；故後漢光武帝時，倭奴國遣使奉獻之事實，在史籍及遺跡上俱可一一證實，迥非山海經前漢書中關於倭之傳聞記事所可比擬矣。

至關於"漢委奴國王"金印之解釋，槪有兩種：(1)三宅米吉氏主張應作"漢之委之奴國王"解釋，即認定倭（按古時"倭"與"委"通用）爲日本全島之總稱，奴國爲其中之一小國，在九州筑前儺縣；其考證詳見史學雜誌第三十七號之委奴國王金印僞說批評中。(2)稻葉君山氏主張應作"漢之委奴國王"解釋，即以委奴讀作"Yadu"，爲"Yamato"之急聲，與大和（日本人讀大和爲"Yamato"音）相當；其考證詳見考古學雜誌第一卷十二號之漢委奴國王印考中。三宅氏所主張之倭之奴國，在九州筑前儺縣，"奴"

與"儺"諸音，且近於金印之發掘地，若據立論，固屬合理；惟三宅氏主張倭國為奴國之宗主國，漢代更為其大宗主國，而解作"漢之委之奴國"，似屬勉強。蓋中國古制，雖有時賜予附庸國以官爵或印璽，然未曾封及其屬庸國之屬國王也。且漢代舊制，諸侯印為金璽，蠻夷印為銅質（註二）；則光武帝亦豈肯輕意以金印賜予倭國之屬國奴國耶？由此觀之，三宅氏所主張"漢之委之奴國"一說，似不如稻葉氏"漢之委奴國"一說，較為穩妥。且日本書紀續紀天平十九年三月辛卯之條，曾載：

"改大養德國依舊為倭國"。

此養德（Yang-do）國與後漢書之倭奴（Ya-du）國音近似，必同為"Yamato"之略譯，而與大和（Yamato）國相當也。

又後漢書東夷傳所載永初元年入貢之倭國，據內藤虎次郎博士之考證（註三）：古版後漢書及通典所載，不僅單為倭國二字；如日本書紀纂疏所引東漢書中，則為倭面上國王師升，釋日本紀開題所引後漢書中，則為倭面國，唐類函邊塞部倭國條所引通典中，則為倭面土地王師升，異稱日本傳所引通典中，則為倭面土地王師升，圖書寮所藏北宋版通典中，則為倭面土地王；可知倭面上為倭面土之誤，倭面土並應讀作"Yamato"（大和）。又據橋本增吉氏之考證（註四）：日本帝國圖書館所藏明版唐類函所引通典中，則為倭面土地王師升，靜嘉堂文庫所藏元成宗大德十一年版之通典邊防第一之本文中，則為倭面土地王師升，翰苑所引後漢書中，則為倭面上國王師升；故倭面上可推定為倭面土之誤。由是觀之，古版後漢書中，果有如內藤博士及橋本氏所考證之倭面土國一名，則關於此問題之解釋殆將更為複雜。

（註二）見楊星吾之委奴國王印考。
（註三）見內藤虎次郎博士之倭面土國（藝文第二卷六號）。
（註四）橋本增吉所撰之在支那史料上顯露出來之日本上代（史學雜誌第六卷二號）。

一般日本學者對於倭面土國之解釋，多依照三宅米吉博士之解釋方法，而解作"倭之面土國"者；惟面土國所在之位置，則無由推知，故不能不令人懷疑。內藤虎次郎及稻葉君山氏對於倭面土國之解釋（註五），均主張"倭"字之古音與"移"字之古音皆讀作"Ya"（見詩經爾雅及通雅等書中），倭面土爲魏志上邪馬臺之舊稱，應讀作"Yamato"，與大和（日人讀大和爲"Yamato"音）相當。此說自較前者爲勝，且與北史卷九四所載："邪馬臺國即倭王所都，漢光武時，遣使入朝，自稱大夫。安帝時，又遣使朝貢，謂之倭奴國"。不期而同矣。

要之，上述倭倭奴及倭面土等名稱，均由"Yamato"音譯出者，因其有略譯詳譯及時代前後之不同，故有不同文字表現之。質言之，倭奴（Yadu）爲"Yamato"之急聲，倭爲"Yamato"或"Yadu"之頭音，倭面土與邪馬臺同爲"Yamato"音之直譯，均與日本人之所謂大和（Yamato）相當也。

三　大和

按大和之名，本爲由地名而變爲國名者（註六），最初先有"Yamato"音，而後始填補"大和"二字，因先有音而後填補漢字，故填補之漢字不僅限於"大和"二字，此外尚有"夜麻登""耶麻騰"等字樣（註七）。日本書紀及古事記等古文獻中，既有大和或夜麻登等之事跡，足證大和之始見於日本史籍，僅在西紀八世紀初葉（註八），猶後魏志作成時四百餘年；故

（註五）見稻葉君山之漢委奴國王印考（考古學雜誌第一卷十二號）及內藤虎次郎之倭面土國
　　　　（藝文第二卷六號）

（註六）釋日本紀："磬余彥天皇定天下至大和國，王業始成，乃以成王業之地爲國號"。

（註七）據日本記紀所載。

（註八）日本記紀乃古事記與日本書紀之略稱，二書均於西紀八世紀初葉作成。

欲深究大和之淵源，不可不參照魏志東夷傳上邪馬臺國之記事也。

魏志東夷傳中，曾載："南至邪馬臺國，女王之所都"。後漢書東夷傳中，亦載："倭在韓東南大海中，依山島爲居，凡百餘國，……其大倭王居邪馬臺國"。按魏志爲晉初（三世紀後半）陳壽所撰，其記事多採自魚豢所撰之魏略，較劉宋范曄所撰之後漢書猶早百餘年；故較後漢書東夷傳之記事爲可靠。且魏倭往來頻繁，倭使入貢者前後計三次，魏使入倭者亦達二次，魏使梯儁及張政等旣親入倭國，甚或親至倭女王所都之邪馬臺國，此"邪馬臺"三字必爲倭音"Yamato"之直譯無疑（註九）。惟此時倭人尙無文字，而"Yamato"之塡補字"大和"，此時亦必不能有；惟日本自古傳說之"Yamato"地名之音，必爲魏志上邪馬臺之原音而無疑。由此觀之，先有"Yamato"地名之音，魏人乃基於此音而譯作邪馬臺，迨日人旣得漢字，遂以"大和"或"邪麻騰"等字樣充"Yamato"之讀音。今則捨因就果，儼然以"大和"一名，誇爲日本民族之雅號矣。

四　日本

舊唐書東夷倭國傳中，曾載："日本國者，倭國之別種也，以其國在東邊，故以日本爲名。或曰：倭國自惡其名不雅，改爲日本"。又新唐書東夷傳，亦載："日本古倭奴，………咸亨元年，遣使賀平高麗，後稍習夏音，惡倭名，更號日本。使者自言，國近日所出以爲名"。由是可知日本人之所以改稱其倭國國號而爲日本者，其原因不外：

（1）深感倭國國號之不雅；

（2）因其國近日之所出，故名日本。

惟當時日本人關於"日本"二字，並非如近來一般人之讀爲"Nippon"，

（註九）見拙著邪馬臺國方位考（師大月刊第十八期）

實別有兩種讀法；如日本書紀神代紀之註："日本，此云邪麻騰，下皆倣此"。 是將"日本"讀作"Yamato"音，常與大和(Yamato)相混用者之一例證。 惟當時日本人關於"日本"二字之讀法，並不僅限於讀作"Yamato"音，尚讀作"Hinomoto"音；如萬葉集所載之山上億良氏之和歌中，曾載有"日本之山跡國"一句，此句中之山跡國，固應解作"Yamato"國，即大和國者，蓋日本人讀"山"爲"Yama"，讀"跡"爲"to"故也。 但上面"日本"二字，並不讀作"Yamato"或近代日本人所讀作之"Nippon"音，乃讀作"Hinomoto"，即"日之本"之日本讀法，(此處之"日"讀作"hi"，之"讀"no" "本"讀作"moto") 含有"日之出"之意義者。 換言之，上面一句之整個意思，乃應解作"近日所出之山跡國"，或"近日所出之大和(Yamato)國"者也。 惟此種用法並不多見，僅不過見之於和歌中而已。 其後，音讀流行，始讀"日本"二字爲"Nippon"，或聲音稍柔作"Nihon"。 迨至明治政府成立後，始將"日本"二字之音讀"Nippon"或"Nihon"，定作正格讀法也。

五 結論

綜觀日本古文獻方面，關於倭，大和與日本之記事頗屬攏統，且其所載之倭，大和與日本均訓讀作"Yamato"音，故易交相混用。 此倭與大和等固均由一"Yamato"音譯出，難以確定其用法，但若按年代考察，此等名稱之興用，似不能不與島民之文化程度相關應。 通觀以上所述，我國之稱日本古民族爲倭，旣遙在日本有史以前，則漢字一入日本，"倭"字亦不能不隨之俱去，使日本人於不知不覺之間，自稱爲倭國或倭種也。 嗣後島民之文化漸高，自尊漸強，遂加"大"字於"倭"字之上，而稱爲"大倭"，如日本聖德太子之自稱爲"大倭國上宮太子"，即其一例。 同時又察知大倭之"倭"字與"和"字諧音（日本人讀"倭"與"和"字均爲"Wa"

音）；故由大倭而變爲大和，而大和之訓讀亦與倭之訓讀，同讀作"Yamato"矣。其後，島民之文化程度更高，愈惡其倭名之不雅；同時自尊自大之觀念益熾，遂自誇爲"日之出"或"日之本"國，而卒稱爲"日本"國矣。

至若列島改稱爲日本，恐猶在日本古文獻作成以前；在日本古文獻上既無由考知其眞相，自不能不求之於中國史籍中矣。自山海經前後漢書以降，如魏志晉書宋書南齊書梁書南史北史隋書等，均屢見倭之名，或爲倭國立傳，第無日本之稱。自舊唐書以降，如新唐書宋史元史明史清史等，始設日本傳。是知倭國之自改其國號爲日本，必後於隋代無疑也。隋書倭國傳中，雖載："日出處天子致書日沒處天子，無恙云"；然並未載"日本"二字，此僅胎胚日本國號之萌芽。自新舊唐書以下正史，始載"日本"二字。按新唐書東夷傳云："日本古倭奴也，……咸亨元年，遣使賀平高麗，後稍習夏音，惡倭名，更號日本"。此唐高宗咸亨元年爲西紀670年，是知日人之改國號爲日本，尚不出西紀七世紀後半也。

墨子姓氏辨

顧頡剛　童書業

墨子姓氏國籍等問題，在近今學術界中辨論頗為紛歧，其持新說者，如江瑔，錢賓四(穆)，胡懷琛，衛聚賢諸君，或謂墨子之"墨"非姓，或更進一步斷墨子乃印度人；凡一問題之提出，恒數千萬言辨論不休。其實墨子之"墨"乃姓，舊說為是！此問題本不成為問題者，特以墨子之墨姓罕見，而墨子國籍在舊籍又無定說，因起種種之猜測耳。頡剛等平日本不甚注意此問題，凡有撰述，悉依舊說。數月以來研究禪讓傳說，牽涉墨學全部之問題，因覺墨子姓氏等問題不容不論，而墨子非姓墨，及墨翟為印度人之說，又未能壓吾人理性，爰綜考舊籍，建立兩種新假定，提出討論；雖未敢自謂必合真事實，然在現今所有材料之下，此種假定，似較為近理焉。先是，二十年前，頡剛初讀墨子，恒喜在卷端批抹，曾有伯夷柳下惠孔子即代表墨楊儒三派思想之意見；數月前，此本為童書業君所見，因前項意見之提示，忽發現墨子為宋公子目夷之後；時頡剛適撰禪讓傳說起于墨家考一文(見上期本刊)，即將此說增訂收入。近童君尚嫌所論未備，復與頡剛合作此文，以正式的將此問題向學術界提出。本文分為上下兩篇：上篇專辨駁墨子非姓墨說，下篇專証明墨子之墨為氏姓說。其墨翟為印度人之論，以較無理由，且童君已先有墨翟為印度人說正謬後案一文（載文瀾學報第二卷第一期）辨之，茲篇姑從略焉。

二十五年六月三十日，頡剛記。

上篇　墨子非姓墨說之辨正

（一）江瑔讀子巵言說正誤

廉江江瑔著讀子巵言，都十六章，數萬言；在過去十餘年學術界中曾風行一時，尤以其墨子非姓墨之說為一般學人所信從，雖精思碩學之士間亦有為其說所蠱惑者，勢力亦云偉矣！然此說實根本不足信也，請分條疏證其誤點如下：

（1）江氏云，"所謂家者，言學派之授受，非言一姓之子孫；故周秦以前凡言某家之學，不能繫之以姓。至漢代學者，始以某姓為某家。……凡古人繫姓而稱，必曰某子，或曰某氏，而稱家則不能繫姓。若墨既為姓而復稱曰墨家，則孔子可稱孔家，莊子可稱莊家乎？此不合於古人稱謂之例，其証一也。"今按，周秦以前凡言某家之學正多繫之以姓。如孟子稱楊墨，云，"逃墨必歸於楊，逃楊必歸於儒（盡心）"，儒墨者學派之號，則楊亦學派之名；江氏能云楊亦非姓乎？孟子又云，"楊朱墨翟之言盈天下……楊墨之道不息，孔子之道不著（滕文公）"，以楊朱墨翟與孔子並舉，正可証楊墨皆姓也。荀子稱慎墨，慎墨猶楊墨也；江氏能云慎亦非姓乎？莊子稱"儒墨楊秉"（徐無鬼），秉亦人名，或姓（近人高亨先生以為"秉"借為"彭"，即彭蒙也。說見楊朱學派，古史辨第四冊），而亦學派之號也。莊子又云，"削曾史之行，鉗楊墨之口（胠篋）"，曾史皆姓，則楊墨亦皆姓也。莊子天下篇稱百家而道六派，荀子非十二子，呂氏春秋稱十士，皆以創立學派之人代表一家之學，無有稱道德法名陰陽小說農雜等之家名者。蓋楊氏墨氏（見孟子）即楊家墨家也。江氏謂"'氏'不如'家'之廣"，不知何所據

墨子姓氏辨

而云然？亦可謂"遁辭知其所窮"矣！周秦以前稱某家者實極罕見（或竟無有，今限於記憶，姑如此云。孟子云，"入則無法家拂士"，此"法家"與九流之"法家"異），江氏焉能定出"凡言某家之學，不能繫之以姓"之例乎（"墨家"之稱先秦書中似亦未見）？ 此江說之誤一也。

（2）江氏云，"所謂九家者，墨家而外，若儒，若道，若名，若法，若陰陽，若縱橫，若雜，若農，莫不各舉其學術之宗旨以名其家，即九家外之小說家亦然，并無以姓稱者。 若墨為姓，是以姓稱其學，何以獨異於諸家乎？ 此不合於九家名稱之例，其証二也"。 今案，江氏此說與前條同其謬誤！ 九流十家之說出於後世，已無疑問：道，名，法，陰陽，雜，農，小說等家名在先秦書中從未見過，決為秦漢間人所造。"道家"之名始見於史記，司馬談父子所謂"道家"，乃"因陰陽之大順，采儒墨之善，撮名法之要"之混合學派，其起源決不能前於戰國最後期與秦漢之間。 名者，本各家為學之方法，家家皆有名學，故無所謂"名家"；尹文，惠施，公孫龍諸人皆墨家之後學也。慎到為楊朱莊周一派中人物；韓非李斯為荀卿弟子，乃儒家之後學；商君申不害諸人皆實際之政治家，本未嘗廣招門徒以授學；中國古代實祇有法理學與法治之學說，而無所謂法家。 陰陽家之源蓋出於易，鄒衍諸人之學說近於儒家，實儒家之後學。"雜"更本不能名為一家。 農為專門技術，與各家異；重農之學說先秦各家皆有，許行之思想近於楊朱，蓋楊莊之支與流裔也。小說家之名更屬杜撰，其代表人物之宋鈃實為墨家後學，宋鈃安得有小說家之號？至縱橫家則皆政客之流，"縱橫"亦萬不能成為一家名。用"九流十家"之名以證墨子之"墨"非姓，此江說之誤二也。

（3）江氏云，"墨子之學出於史佚史角，……未有墨子之前，已有墨家之學；墨子生於古人之後，乃諱其淵源所從出，以己之姓而名其學，而盡廢古人，不特為諸家之所無，且於理有未安也。 此不合於學派相傳之理，其証三也"。今案，墨子之學出於史佚，並無確証；墨子學於史角之後，見於呂氏春秋，乃戰國晚年人之說，恐與孔子師老聃項橐等，同爲不經之談；且即承認此說，亦不得遂謂"未有墨子之前，已有墨家之學"，蓋墨家之學是一事，墨家之學所從出又是一事；否則，孔子師老聃（姑認此說爲眞），孔子豈道家之徒乎？ 墨家創派之人實即墨子，後人以墨子之姓爲其學派之號，事理所可有；楊家之號爲楊亦然。 儒家之名因職業而起，不容取以例不以職業名家之墨家也。 此江說之誤三也。

（4）江氏云，"墨之爲姓，墨子一人外更無所見。惟古有墨胎氏，爲孤竹國君，伯夷叔齊即其後，然夷齊後即無聞，斷非墨子所自出。且墨子之前後亦絕無墨姓其人。 是不特墨子非姓墨，且恐其時幷無墨之一姓矣。 此其証四也"。今案，論語正義引春秋少陽篇謂"伯夷姓墨"。通志氏族略引元和姓纂謂"墨氏……本墨台氏，後改爲墨氏"；則墨胎即墨。明有墨麟，洪武時人。 安得謂墨子前後絕無墨姓其人乎？ 又北周書有怡峯傳，云，"本姓默台，避難改焉"，是南北朝時尙有姓墨台者，安得謂夷齊以後墨胎氏即無聞乎？ 墨氏出於墨台，墨子前後均有墨姓其人（宋滕縣志又有墨丞相墓），在文獻上証據明確如此，而江氏竟悍然武斷謂"無墨之一姓"，其疏漏亦甚矣！ 此江說之誤四也。

（5）江氏云，"漢志所錄墨家者流：……曰我子，曰隨巢子，皆不著其姓；曰田俅子，曰胡非子，疑亦非姓；……班注於此四人亦不詳其姓名，顏師古亦不及之，當必皆爲姓名外之別號，自無可疑。 墨家諸人無一稱姓，則墨子之'墨'斷非姓明矣！ 竊疑墨家之學……示大同於天下，……以宗族姓氏爲畛域之所由生，故去姓而稱號。…… 又與釋氏之法同；此孟子所以斥之爲'無父'。……孟子一書所載當時之人皆詳其姓氏，而於墨者夷之祇冠以"墨者"二字，而不言其何姓（節剛案，孟子"墨者夷之"，偽孫奭疏云，"夷之，治墨家之道者姓名也"）。論衡福虛篇言墨家之徒纏子，'纏'

墨 子 姓 氏 辨

亦非姓。是皆可爲墨家不稱姓之証。………此其証五也"。今案，我，隨，田，胡，夷，纏舊皆云姓。古有夷牟，夷堅，夷逸，可証古有夷姓（夷姓蓋古夷國之後）。隨巢，姓隨而名巢也（隨爲近楚之國，自可用爲氏姓）；田俅，胡非亦然（田即陳氏，胡蓋古胡國之後）。隨，田，胡，夷之爲姓安有疑問！隨巢子，田俅子，胡非子，猶言孫卿子，韓非子，公孫龍子也；豈孫（荀），韓，公孫亦非姓邪？墨氏之徒其名不著，班顏輩於渠等自不必詳注，執此而証"墨"非姓，謂非牽強得乎！墨家去姓而稱號之例，全爲江氏鑿空杜造，古無此說。墨家之學與釋氏之法如風馬牛不相涉，稍讀書者類能辨之。自有江氏隨巢子等爲別號，墨家之學與釋氏之法同等之論，乃有胡懷琛氏墨翟爲佛教徒，或婆羅門教徒，衛聚賢氏 "隨巢子爲隨地可以巢居" 之妙論；作俑之罪，江氏固不容辭矣！此江說之誤五也。

（6）江氏云，"墨子原書多稱'子墨子'，夫稱曰'子'者，爲尊美之詞，不繫於別號，即繫於姓，然皆稱曰某子，斷無以'子'字加於姓之上者。若'子思子'之類上'子思'二字合爲孔伋之字，下'子'字乃尊稱之詞耳。………唐宋以後去古日遠，名稱亦漓，始有以'子'字加於姓之上；………於例絕無可據，於理更不可通。………然如此類者，在後世亦未可多見，秦漢以前則絕無之。………惟荀子書引宋鈃語或稱宋子，或稱子宋子，顯爲後人所亂。列子書亦稱子列子，然見於莊子者俱無之，則因其書爲後人掇輯諸書而成，非列子之舊，未足爲據。至墨子原書於禽滑釐稱曰'禽子'，亦間有'子禽子'之稱，或疑爲後人所加，竊案以墨家不稱姓之例，則'禽'亦非姓；余別有說詳之。且當染篇之禽子，呂氏春秋即作墨子，或書中之'子禽子'亦即'子墨子'之誤也。今稱曰'子墨子'，適與'子思子'之稱同，則墨子非姓墨，尤瞭若指上漩渦。………此其証六也'。今案，莊子達生篇即稱子列子，讓王篇亦稱子列子，呂氏春秋觀世篇並稱子列子，審己篇及不二篇又稱子列子，安得謂莊子書無"子列子"之稱，秦漢以前絕無"子某子"之稱乎？且公羊傳有子公羊子，子沈子，子司馬子，子女子，子北宮子等（公羊傳何休注，"沈子稱子冠氏上者，著其爲師也"），其他先秦兩漢之書稱"子某子"者尙多，限於記憶，不復贅舉；卽此已足徵江氏之說之錯誤，亦足徵墨子之"墨"確爲姓矣！又左傳哀公十一年記孔子語云，"且子季孫若欲行而法"，以"子"加于季孫之上，江氏又將何說？至荀子"子宋子"之稱蓋對宋子之徒而言，"子宋子"之文決非後人所亂，與"子列子"之稱決非後人杜撰同也。至墨子書"子禽子"之稱，亦當如"子公羊子"等之例；所謂墨家不稱姓，又有何確實之證據乎？"子墨子"之稱與"子思子"之稱如風馬牛不相涉，焉能取相比附？"子墨子"可簡稱"墨子"，"子思子"豈亦可簡稱爲"思子"乎？曩嘗讀某人筆記亦襲江氏之說以詆"子程子"之稱爲非，不知程朱輩讀書之博，固非後人所能隨口妄議者也。此江說之誤六也。

（7）江氏云，"孟子多拒墨之詞，其稱之也，或曰墨子，或曰墨氏，或直單稱之曰墨。……韓非子顯學篇亦……單以墨稱。然人有姓亦有名，姓所同而名所獨，故古者稱人必舉其名，寧去姓而稱名，無去名而稱姓，……而斷無單稱姓而不著其名之理。今孟韓皆單稱曰'墨'，則'墨'豈得爲姓乎？……此其証七也"。今案，孟子亦單稱楊，韓非子亦單稱孔，江氏所謂"古者稱人必舉其名，寧去姓而稱名，無去名而稱姓"者，究有何證乎？若"墨"果僅爲學派道術之名，而墨翟可以稱"墨子"，則儒爲學派道術之名，孔子其亦可以稱"儒子"乎？此江說之誤七也。

（8）江氏云，"凡爲墨家之學可稱曰'墨者'，……然'墨者'之義指學墨子之人言之，學墨子之人非必姓墨，何以繫其師之姓？孔子之門弟子三千，未聞稱曰'孔者'也。墨家之稱'墨者'，當與儒家之稱'儒者'同，而儒非姓。……史記有日者列傳，而古人亦多有'卜者''漁者'

墨 子 姓 氏 辨

之稱，……而此類又皆非姓。……以此推之，則‘墨者’之‘墨’亦非墨子之姓，尤暸然明矣』此其證八也"。今案，"墨者"之義，猶言為神農之言者，為孔子者，為黃老者，為申韓者；蓋墨子之姓旣成為一大學派之號，約久俗成，遂有"墨者"之稱耳。孔子之姓，未成為學派之號，故無"孔者"之稱。"儒"者，古之術士（即學者）之稱，以術士名家，正可證孔學最先出，故襲通常學者之號也。且儒者自謂"述而不作"，如以"孔"名家，則是示自絕於堯舜禹湯文武周公之道，而與百家之學同也，蓋非宣傳道統之儒家所樂為矣。墨學本有宗教性，故即以創教者之姓為學派之號，亦尊教主之義耳。"日者""卜者""漁者"之稱與"墨者"之稱大不同：一謂職業，一謂學派也。"墨者"之稱絕不足證墨子之"墨"非姓。此江說之誤八也。

江氏自謂據上八證，墨子之"墨"非姓已"鐵案如山，不可動搖"，吾人則以為其說不堪一駁。墨翟可稱墨子，即墨翟之"墨"為姓之鐵證。墨子非姓墨，特江氏鑿空之說，豈其本然耶？江氏又謂班固譔漢志，高誘注呂氏春秋皆祗云"墨子名翟"而不言其姓，固心焉疑之。今案，高誘之說從班固來，班志於儒家曾子亦祗云"名參"，宓子亦祗云"名不齊"，世子亦祗云"名碩"，孟子亦祗云"名軻"，孫卿子亦祗云"名況"，芉子（今作"芋子"，字誤）亦祗云名"嬰"，董子亦祗云"名無心"，於道家陰陽家法家縱橫家雜家諸子亦多但注其名而不言其姓，豈班固亦疑孟荀輩之"孟""荀"等字樣為非姓耶？江氏之武斷如此！江氏又謂墨子之"墨"乃學術之稱，"墨"者"瘠墨""繩墨"之義，其為學始於大禹，傳於史佚，至墨子而益發揚，世乃以其學稱其人，故曰"墨子"。又疑墨子旣發揚墨學，因而以"墨"自名，或別字為"子墨"，故墨書亦稱"子墨子"。"墨"者，墨子之學；"翟"者，墨子之姓。今案，墨子之"墨"乃姓，非學術之稱，已詳上論。墨家從未特別提出"瘠墨""繩墨"之口號與教義，"墨"乃墨子之學之說終爲無稽。至墨學始於大禹，傳於史佚，則後人託古之論，固不能存在於今日。墨子以"墨"爲名及以"子墨"爲別字之說，亦近於戲論，毫無證佐。夫"子某子"之稱先秦書多有，此種怪論之來，亦由於未詳考耳！至以"翟"爲墨子之姓，乃後世道教徒之謬論（見道書瑯環記），難解於墨子自名爲"翟"（見墨子本書）之証矣。總之，江瑔之論，爲吾人理性所決不能承認者。自有江氏墨子之"墨"非姓之說，乃有胡懷琛氏墨翟爲印度人之妙論；自有胡氏墨翟爲印度人之說，乃有衛聚賢氏老聃即釋迦，亦印度人，老子或爲雲南苗民等妙論；江氏之說既破，則胡衛諸氏之說如秋葉矣！

（二）錢賓四先生說之商榷

晚近主張墨子非姓墨者，以錢賓四先生之說最爲近理。錢先生先秦諸子繫年考辨三二爲墨翟非姓墨墨爲刑徒之稱考，大旨以爲："墨"乃古刑名，墨家之"墨"即取義於此。墨尚勞作，近於刑徒，故號爲"墨"。墨翟猶後世之黥布，"墨者"之稱猶謂"黥徒"。儒墨即士與民之分，君子與刑徒之等；而刑徒即奴隸。墨者之衣服爲奴隸之衣服，飲食爲奴隸之飲食，起居動作言論爲奴隸之起居動作言論。墨家不主仕，儒者以求仕爲職志，仕之與否，即儒墨之鴻溝。墨者之稱"墨"，其名號由儒者之徒所加。古人不必盡有姓氏可稽，貴者有氏，賤者不必有氏；墨子之以"墨"稱，殆如屠牛坦，屠羊說之流，彼固曾親自在役夫刑徒之列者。案錢說極辨，然吾人仍不能承認其說。黥布之名因受黥刑而得，但古書中從未見有墨子曾受墨刑之記載，此取例未當也（案史記索隱云，"（英）布以少時有人相云，'當刑而王'，故漢雜事云，'布改姓"黥"以厭當之也'"）。墨者常自居爲士君子，如墨子本書所染篇云：

> 非獨國有染也，士亦有染，………則段干木，禽子，傅說之徒是也。

此以禽子爲士，是墨家自居於士矣。又如耕柱篇云：

　　子墨子曰，"君子無鬥"。

"無鬥"即"非攻"，乃墨家之義；是墨家自居於君子矣。又魯問篇云：

　　魯之南鄙人有吳慮者，冬陶夏耕，自比於舜，子墨子聞而見之。……子墨子曰，"子之所謂義者，亦有力以勞人，有財以分人乎？"吳慮曰，"有"。子墨子曰，"翟嘗計之矣：翟慮耕而食天下之人矣，盛，然後當一農之耕，分諸天下，不能人得一升粟；籍而以爲得一升粟，其不能飽天下之飢者旣可睹矣。翟嘗慮織而衣天下之人矣，盛，然後當一婦人之織，分諸天下，不能人得尺布；籍而以爲得尺布，其不能煖天下之寒者旣可睹矣。……翟以爲不若誦先王之道而求其說，通聖人之言而察其辭，上說王公大人，次說匹夫徒步之士：王公大人用吾言，國必治；匹夫徒步之士用吾言，行必脩；故翟以爲雖不耕而食飢，不織而衣寒，功賢於耕而食之，織而衣之者也。故翟以爲雖不耕織乎，而功賢於耕織也"。

此章雖未必眞爲墨子之言（墨子書爲後人所編，此筆記載未必眞爲當時事實，另有考證），然總可代表墨家之學說；此段語與孔子責樊遲，孟子闢許行之說何等相似！"雖不耕織而功賢於耕織"，實爲儒墨共同之觀念。儒與墨爲同一階級，證據昭然如此，曾何有"儒與墨即士與民之分，君子與刑徒之等"之說乎？此條證據不但足以破"墨"爲刑徒之道之說，且足以破許行爲墨子後學之說矣（許行爲墨子後學，說見錢先生先秦諸子繫年考辨一一三許行攷，又見古史辨第四册）。

　　貴義篇又載墨子不廢書，云：

　　翟上無君上之事，下無耕農之難。

可見墨家與儒家同爲坐食階級，儒者固爲士君子，墨者豈非亦士君子乎？

至所謂"墨家之起居動作言論爲奴隸之起居動作言論"，說更難通！墨家多遊說之士，墨子本人即戰國遊士之首選，其生活言論與奴隸之生活言論絕然不同也。

至"墨家不主仕"之說，反証更多。史記孟荀列傳云：

　　墨翟，宋之大夫。

墨子本書耕柱篇云：

　　子墨子使管黔㴊遊高石子於衛，衛君致祿甚厚，設之於卿。

貴義篇云：

　　子墨子弟子仕於衛（舊脫"弟子"二字，據荀子注引文增。一本"仕"下有"人"字，非）。

公孟篇云：

　　有遊於子墨子之門者，身體強良，思慮徇通，欲使隨而學；子墨子曰，"姑學乎？吾將仕子"。

魯問篇云：

　　子墨子遊公尙過於越，公尙過說越王。

又云：

　　子墨子仕曹公子於宋。

又云：

　　子墨子使勝綽事項子牛，……綽也祿厚。……

呂氏春秋上德篇云：

　　孟勝爲墨者鉅子，善荆之陽城君，陽城君令守於國。

據以上八証，謂"墨家不主仕"，其說尙可通乎？

至"古人不必盡有姓氏可稽，賤者不必有氏"，固然！然墨子之上世非必賤者（據吾人考證，墨子爲宋公子目夷之後，乃宗室貴族），何能邏斷墨子無氏？且墨子爲宋大夫，大夫可以無氏姓乎？至謂墨子親自在役夫刑徒之列，說亦無據。墨子"好學而博"（莊子天下篇語），"上無君上之事，下無耕農之難"（本書貴義篇語），曾謂役夫刑徒階級而有此乎？

此外錢先生又有"子墨子"當讀爲"子(墨子)"之說（見商務出版之百科小叢書墨子），謂"子(墨子)"者，猶言"子乃墨先生"也。說並未安！"子墨子"之稱明與"子公羊子"等同例，加"子"者，著其爲師也。"子乃墨先生"，焉有如此累贅難解之稱謂乎？

墨學中如"尙賢"，"天志"等皆非刑徒階級之思想。又墨家盛稱三代聖王堯舜禹湯文武，引徵詩書，尤與儒家之觀念同條共貫，蓋旣爲同一階級，自有類同之思想。錢先生謂"儒家爲模擬上層之貴族，墨家爲代表下層之庶民"，亦非事實也。

錢先生博學精思，平時見解往往過人，而獨於考證墨子姓氏等問題則立說頗嫌牽強：蓋錢說亦自江瑔之說來，江氏之說固根本不能成立者也。

下篇　墨子姓氏來源之兩種假定

對於墨子非姓"墨"說，吾人旣已予以消極的破壞，至此吾人應積極的提出吾人所建立之假定：吾人以爲"墨"確爲墨子之眞姓氏。關於"墨"氏之來源，可有下列之兩種假定：

(一)墨姓出於目夷氏，乃宋公子目夷之後。

史記伯夷列傳索隱引應劭云：

(孤竹)蓋伯夷之國，君姓墨胎氏。

又周本紀正義引括地志：

孤竹，……殷時諸侯孤竹國也，姓墨胎氏（今本作"姓墨氏也"）。

是知伯夷姓墨胎。通志氏族略引元和姓纂：

墨氏，孤竹君之後，本墨台氏，後改爲墨氏，……戰國時宋人墨翟著書號墨子。

則以墨氏爲孤竹君之後，由墨台（胎）緖短而爲墨氏。梁玉繩漢書古今人表考云：

> 考北周書怡峯傳云，"本姓默台，避難改焉"，則"台"卽"怡"字，作"胎"非也（原注，"'台'有'胎'音，故誤"）。

據此，則"墨台"應讀作"墨怡"；直至南北朝時尙有姓墨台者。查史記殷本紀，殷後有目夷氏。潛夫論志氏姓篇以目夷氏爲微子之後。廣韻六脂"夷"字注云：

> 宋公子目夷之後，以目夷爲氏（據張澍輯本世本，以此爲世本之文）。

則公子目夷之後爲目夷氏。案公子目夷字子魚，其後人見于左傳世左師者爲魚氏，蓋別有一支氏目夷者。春秋大事表姓氏表魚氏下云：

> 目夷氏，當亦子魚之後。

是顧棟高亦承認此說矣。目夷氏又作墨夷氏（張澍姓氏尋源云，"墨夷卽目夷，音轉也"），世本云：

> 宋襄公子墨夷須爲大司馬，其後有墨夷皋。（廣韻六脂及姓氏急就篇引。
> 案風俗通義亦云，"宋大夫有墨夷須，墨夷鴻，墨夷皋"。）

墨夷須之名不見於左傳，如世本之記載確有所本，則"宋襄公子"或是"宋襄公兄子"之傳訛。惟墨夷須如爲目夷之子，則不得氏目夷，以公子之子當稱公孫，不得遂以父名爲氏也。然以公子彄字子臧，卽稱臧僖伯之例例之（左傳正義云，"僖伯名彄，字子臧，世本云：'孝公之子'。……僖伯之孫始得以臧爲氏，今于僖伯之上已加臧者，蓋以僖伯是臧氏之祖，傳家追言之也"），則公孫須固亦可稱墨夷須也。但世本之文每多錯誤，"宋襄公子墨夷須爲大司馬"，或當作"宋襄公兄墨夷爲大司馬"，或"宋桓公子墨夷爲大司馬"，均未可知。左傳楚宋泓之戰，"大司馬固諫"云云，史記宋世家作"子魚諫"；胡適之先生云，'固'是形容'諫'字的副詞，杜預誤解'固'爲公孫固

（說儒。案胡說本顧炎武左傳杜解補正），蓋宋襄公時子魚嘗爲大司馬也。楊拱辰先生(向奎)據韓非子作"右司馬購强諫""購强"即"固"以駁胡說（讀說儒。案盧文弨鍾山札記亦以"購强"爲公孫固之字），然作韓非子者恐卽讀左傳之文而誤；據雜說以疑正史，未爲全得。 証以世本之文，蓋爲大司馬而諫襄公者確爲目夷，史記疑未誤也。 通志氏族略又云：

　　墨台氏，子姓，宋成公子墨台之後，漢書有墨台怡。

此"宋成公"決是"宋桓公"之訛，則"目夷"直作"墨台"，與伯夷姓合。 又左傳襄公四年魯臧紇救鄫侵邾，敗于狐駘，杜注：

　　魯國蕃縣東南有目台亭。

傳云"狐駘"，注以"目台"，未詳何故？ 考續漢書郡國志，魯國蕃縣，劉注，"左傳襄公四年戰狐台，杜預曰，'縣東南有目台山'"，可証古本杜注自作"目台"。 路史國名紀二載：

　　今徐之滕東有目夷亭。

宋之滕縣卽古蕃縣，可見"目夷亭"卽"目台亭"，此亦"台""夷"古通用之証。 惟"目台亭"終疑是"狐台亭"之誤耳。 繆贊虞先生(鳳林)云：

　　"伯夷之國君姓墨胎氏"，"胎"或作"台"(原注，"據路史")，古音如怡(原注"，書湯誓，'非台小子'，可証。 頡剛案，路史國名紀一，"怡"，一曰默怡'，……亦作'台'，卽'墨台'")，史記殷本紀，"殷之同姓其後分封，以國爲姓，有目夷氏"，則"墨台"或卽殷同姓目夷氏，故其後嗣恥食周粟歟？(評東北史綱卷首)

繆先生以爲"墨台"卽"目夷"，其說與吾人之意見同。

　　左傳僖公八年載宋太子茲父(襄公)與公子目夷互相以仁讓國，茲父云：

　　目夷長且仁。

目夷云：

能以國讓，仁孰大焉。

是頗與伯夷叔齊相互讓國之傳說相似。論語亦謂伯夷叔齊：

求仁而得仁，又何怨？（述而）

可証伯夷叔齊之傳說即由目夷茲父來。又說苑立節篇云：

宋襄公茲父爲桓公太子，桓公有後妻子，曰公子目夷，公愛之，茲父爲公愛之也，欲立之，請於公曰，"請使目夷立，臣爲之相以佐之"。……公許之。目夷辭曰，"……弟立而兄在下，不義也；……"乃逃之衞，茲父從之。

此以目夷爲宋襄公弟，固是傳訛；然其所載目夷逃位之事又何其與伯夷逃位之事相似耶？史記伯夷列傳云：

伯夷，叔齊，孤竹君之二子也。父欲立叔齊，及父卒，叔齊讓伯夷，伯夷曰，"父命也"，遂逃去。叔齊亦不肯立而逃之。

伯夷與目夷讓國之事旣甚相近，姓又相同，即名亦有一半相同，說爲一人傳說之分化，固未爲甚武斷。目夷居長，故曰伯夷；叔齊當即太子茲父（"茲""齊"音近）也。伯夷以隘廉堅苦稱，固與墨子之品格相近（柳下惠則與楊朱相近），墨子有爲孤竹後人之說，則與伯夷有血統之關係，其實是墨子與目夷有血統之關係也。論語正義引春秋少陽篇云：

伯夷姓墨。

是爲"墨怡"可去其下一字而單作"墨"之明証。墨子受姓之始於此可徵矣。

墨子旣爲公子目夷之後，則當是宋人，是在古籍亦有明証。史記孟荀列傳云：

墨翟，宋之大夫。

鄒陽傳又云：

宋信子罕之計而囚墨翟。

又墨子書中詳記墨子止楚攻宋之事，徵以元和姓纂，葛洪神仙傳，文選長笛賦注引抱朴子，荀子楊注並謂墨子爲宋人之記載，則墨子爲宋人之假設已可成立。然尙有一極堅強之證據焉，即墨學與宋俗及宋人思想多相合是也。俞正燮云：

> 墨者，宋君臣之學也。……記曰，"天子命諸侯教，然後爲學"。宋王者後，得自立學。又亡國之餘，言仁義或失中。管子書立政云："兼愛之說勝，則士率不戰"，立政九敗解云，"不能令彼無攻我，彼以教士，我以毆衆，彼以良將，我以無能，其敗必覆軍殺將"，如此正宋襄公之謂。左傳公子目夷謂襄公"未知戰，若愛重傷，則如勿傷；愛其二毛，則如服焉"；兼愛非攻，蓋宋人之蔽。呂氏春秋審應覽云，"偃兵之義，兼愛天下之心也"；據左傳襄公歿後，華元向戌皆以止兵爲務。墨子出，始講守禦之法，不如九敗解所譏。墨子實宋大夫，其後宋牼亦墨徒，欲止秦楚之兵，言戰不利。有是君則有是臣，……墨爲宋學明也。（癸巳類稿卷十四愚學論）

馮芝生先生（友蘭）亦云：

> 宋爲殷後，在春秋列國中文化亦甚高。漢書地理志云，"宋地，房心之分野也。……其民猶有先王遺風，重厚多君子，好稼穡，惡衣食，以致畜藏"（史記貨殖傳略同）。惟宋人重厚，故在當時以愚見稱。……墨子之道，"其生也勤，其死也薄，其道太觳，以自苦爲極"（莊子天下篇），所謂"其智可及也，其愚不可及也"，必在宋人重厚多君子之環境中乃能發展。且"好稼穡，惡衣食，以致畜藏"，亦墨子"強本節用"之說所由出也。（中國哲學史上卷第五章（一）論墨學爲宋學）

據俞馮二先生之言，"兼愛"，"非攻"，"節用"等均爲宋人思想與宋

國風俗。其實"明鬼"亦爲殷宋之俗,左傳僖公十九年載宋襄公"用鄫子于次睢之社,欲以屬東夷",胡適之先生云:

> 用人祭社,似是殷商舊俗。(說儒)

殺人媚鬼,乃極端野蠻之宗敎行爲,可証殷人信鬼程度之深。又商書盤庚三篇亦露骨的表示殷人迷信祖宗神靈之思想,與周書所表現之周人宗敎思想頗不一致。甲骨文中尤多殷人信鬼之証。案禮記表記云:

> 子曰,"夏道尊命,事鬼敬神而遠之,近人而忠焉;………殷人尊神,率民以事神,先鬼而後禮;………周人尊禮尙施,事鬼敬神而遠之,近人而忠焉。………"

漢書董仲舒傳云:

> 夏上忠,殷上敬,周上文。

史記高祖本紀云:

> 夏之政忠;忠之敝小人以野,故殷人承之以敬;敬之敝小人以鬼,故周人承之以文。………

此雖爲漢人文質三敎之說,然殷獨以"尊神","先鬼","上敬"稱,似非偶然之事,是亦可爲"明鬼"爲殷俗之旁証也。

古旣有墨子爲宋人之明文,又有墨學與宋俗相合之旁証,而"墨氏"實從"墨台氏"化出,"墨台"即"目夷",故假定墨子爲宋公子目夷之後,墨姓由目夷氏來也。

(二)墨姓出於墨山之地名。

九州要記云:

> 黑山一名"墨山",墨子昔居此山。(寰宇記引)

查古即墨有墨山,墨水,即墨爲齊地。墨子本書公輸篇云:

> 公輸盤爲楚造雲梯之械成,將以攻宋。子墨子聞之,起於齊,行十日十夜而至於郢。

是墨子居齊之証（呂氏春秋，淮南于作墨子自魯往荊，蓋誤）。 墨子之"墨"姓或從"墨山""墨水"之地名來，如舜居嬀水姓嬀之例（古書中此種例証甚多，不勝枚舉）。又貴義篇云：

> 子墨子南遊使於衛。

此條文字若無誤，亦爲墨子居齊之確証（觀"使"字是時墨子當仕於齊）。 以方向考之，魯在衛東，宋在衛南，往衛並不得云"南遊"也。

古書中又有墨子爲魯人及居魯之記載，呂氏春秋當染篇及慎大覽高注並云：

> 墨子，名翟，魯人。

當染篇本文云：

> 魯惠公使宰讓請郊廟之禮於天子。 桓王使史角往 ，惠公止之；
> 其後在於魯，墨子學焉。

此說恐屬附會，如可信，是墨子學於魯也。 又墨子本書魯問篇云：

> 越王……爲公尙過束車五十乘，以迎子墨子于魯。

貴義篇云：

> 墨子自魯即齊。

又墨子書中數見魯君問于墨子之記載，可証墨子嘗居於魯，或仕於魯也。魯與齊近，墨子居魯，亦可作爲墨子爲齊人之旁証。

古書中具有墨子仕宋居魯居齊之記載，若主墨姓出於墨山墨水之地名說，則當假定墨子本爲齊人，游居於魯 ，又遊仕於宋也。 惟考北周書怡峯傳謂怡峯本姓默台，祖居遼西，是漢以後默（墨）台氏猶有居遼西者，或墨台爲孤竹國君之姓說不誤（日本人或謂墨台氏即伯夷氏），墨台氏之一支越海至齊，即爲墨子之族與？ （然說爲公子目夷之後遷徙至遼西，因目夷與伯夷之名合，遂以目夷後裔之姓爲伯夷之姓， 因有孤竹國君姓墨台之說，亦未爲不可。）

上列兩種假定，以第一說較爲有徵而近理，故吾人暫時主張第一說焉。

附錄一　錢賓四先生來函

丕繩先生文席：

　　蒙示足下與顧剛先生合作"墨子姓氏辨"，拜讀甚佩！承囑略述鄙見，附刊文後，誼當如命。

　　墨子不姓墨，其說由江氏發之，而江書實多可議，誠如尊論。拙箸諸子繫年稱引前人陳說，必提要删繁，略具首尾，獨本條只云"墨翟非姓墨，江瑔讀子卮言論之已詳"，絕不稱引其文者，亦爲此。然江說"墨"爲學派名稱一義，實爲精卓，故鄙文亦徑從墨家名"墨"由來加以闡發也。足下舉"楊墨""慎墨"獻難，竊謂此等處頗難嚴格：即如孟子禹稷並稱，禹是人名，稷非人名也。史引逸詩"神農虞夏"，虞夏是代名，神農非代名也。漢有絳灌，灌是姓，絳即非姓。即就足下等文反說之，楊墨之"楊"是學派名，不成慎墨季惠之"慎季惠"盡是學派名也。鄙意楊墨曾史慎墨季惠與其說是學派名，自不如說是學者之姓氏爲妥；而莊子齊物韓非顯學之"儒墨"，則確是學派名矣。儒墨爲先秦顯學，韓非有相里氏之墨，相夫氏之墨，鄧陵氏之墨，三墨八儒並稱，此等"墨"字甚難說其不與"儒"字同樣有特種之意義也。"墨"旣爲學派名，何以又稱"楊墨""慎墨"，則如"絳灌""禹稷"之類，古人容有此等例，不能由後人盡爲解說耳。（即如"儒墨楊秉四"之"秉"字，竊說爲公孫龍名，是否有據不可知，若有據，則此四字有姓有名有學派，豈非不倫不類之甚乎。）

　　弟所取於江文者在此。弟闡墨家字義，實從江文啓悟，故於江文其他疏漏置未詳辨，亦私致愛重之意。今讀大作，將江文謬處痛駁無遺，庶江書不致再誤他人，甚快事也！

　　弟論墨學字義，亦荷駁正，更爲感切！惟尊文似有悞會鄙意處，敬加疏說：

　　尊文謂墨者常自居爲士君子，並舉所染耕柱兩證；其實與鄙意不相妨

墨子姓氏辨

也：鄙文疑"墨者"之稱，其名號殆由儒者之徒所加（即"儒"名鄙意亦墨徒所加，均詳繫年），在當時墨家，一面爲一種勞工學派之提唱，一面自認爲學者與士君子，此兩義並不甚妨害（且亦行文偶爾，並不如論語處處討論如何方成爲士君子）。蓋墨家心目中理想中所謂學者與士君子之生活及行爲，實與儒家大異，此層則斷不可忽略耳！

尊文又舉墨家不主仕之反證多條，弟繫年攷辨第六二墨子弟子通攷亦復言之，謂"墨子雖非禮非樂，力斥貴族之生活，其爲學立說務於爲平民化，若力與儒者異其趣，而顧汲汲於遊揚其弟子，爲之謀祿仕，……故覲仕爲心理之同，游仕爲世風之變，雖大師無如何"（繫年頁一六九）。足下所舉，正是繫年攷辨第六二篇之所舉。惟鄙意所以仍謂墨家乃一種反對貴族生活代表下層社會之學說者，其論證詳攷辨第三二，必兩文合讀，庶可得鄙意之詳也。墨子爲宋大夫，鄙意頗疑其不實，詳攷辨第四四；然即謂墨子仕宋，亦與拙論墨家大義無妨：鄙意初期墨家似乎只反對當時貴族的生活（即禮樂），而並不絕對反對政治的事業與活動（即求仕與做官）。至明白提出不仕主義者，似當在孟子時，而此等不仕主義，鄙意則謂從墨家演化而來。拙著國學概論先秦諸子章已發此意，曰：

> 墨子之反對禮樂，僅求王公大人之強力聽治，一意政事，未嘗明白反對政治之生活也（按此處"政治生活"與上云"貴族生活"不同，勿誤會）。至許行"倉廩厲民"，與陳仲"不恃人食"之議，乃始確論人類當普遍勞作，而不認有專賴政治爲生活之一級。然人類既不能無治，則政治生活亦不可遽廢，孟子即以此難許陳，許陳無以解釋也。莊周老子書倡無治之論，乃更爲許陳進一解矣。故道家之論實源於墨，此非深辨先秦諸子學說流變之眞相者不能知也。（頁四七）

此意至今未變。繫年攷辨三二分別儒墨宗旨，正文就初期說，故並無仕不仕之辨；小注中有此語，則承許行說下，故措辭有歧。不如概論說此爲詳。概論云：

> 諸子可分三期：孔墨之興爲初期，當時所討論者，質言之，即貴族階級之生活究當若何而始得謂之正當而已。陳許孟莊爲第二期，當時所討論者，質言之，即士階級自身對於貴族階級應抱若何之態度是已。……故初期之問題中心爲禮，中期之問題中心爲仕。（頁五二）

又云：

> 囊括而言，先秦學派不出兩流：傾向貴族化者曰儒，傾向平民化者曰墨。儒偏政治，墨偏民生（書業案，此兩語有病）；一主禮，一非禮；一主仕進，一主退隱（按"退隱"二字須再斟酌）；一尙文學，一主勞作。此當時學術分野之所在也。（頁五九）

此兩處下語亦自不同。今足下等據乙糾甲，是鄙文分晰未透澈也。抑下概括語，求其審的恰當，亦殊不易。如惠施公孫龍並不主勞作，惠則仕宦甚顯，然不害二人之爲墨徒，亦不害墨家教義之實近於平民化勞工化也。

尊文又引魯問篇子墨子告吳盧語證許行學說與墨不同，弟十年前舊稿孟子要略論許行一節，正與卓論全同（該書前年在上海大華書局出版）。惟弟所以謂許行學說爲墨子之流派者，緣每一學派之傳授，率有其遞演遞進而末流異於起源之勢。若如墨子言，"不事耕織而功賢於耕織"，推而廣之，即生孟子"後車數十乘不足爲泰"之結論，而墨子之尙儉約非禮樂之主張破矣。故推極墨子兼愛尙儉之論，勢必至於如許行之所持而後圓滿，此正墨子學說之進化也。（此節即鈔孟子要略，詳原書五三至五四頁。）

此雖十年前舊說，'弟至今大體仍持凤見'，故繫年仍以許行歸之墨徒。至楊朱"爲我"，"拔一毛而利天下不爲"，繩以孟子所記許行言行，去絕甚遠。尊意顧此而同之，何也？（晨報思辨大作未見。）

大作又舉墨子不廢書，又自云"下無耕農之難"，謂其與儒者同為坐食階級，此則以馬克思不入煤井鐵廠，努力著書，譏之為小資產階級之市民也。 墨家生活之詳，今誠不可知；然禽滑釐事墨子，明云"手足胼胝，面目黧黑，役身給使"矣。 墨者自稱得於禹道，禹雖為古帝王，究不與文武周公同類。 儒之與墨，到底應有一界線也。

大作謂鄙說"墨家之起居動作言論為奴隸之起居動作言論，說更難通"。 鄙人豈不知墨翟為大賢，墨家為顯學，然足下等若循誦鄙作全文，不截取一語，當可識鄙語所指之真際。 若足下謂墨子本人即為戰國遊士之首選（書業案，墨子遊說王公大人，非遊士而何），則試讀莊子天下篇論墨家一節，其與戰國遊士精神上生活上學說上種種絕殊，端可見矣。 論學派異同，當從大處著眼，若只就一點說，則孔子歷聘，已是戰國遊士樣子矣。先秦學人本自有其大同，分儒分墨，不盡為多事乎。

足下等又謂"墨家盛稱三代聖王堯舜禹湯文武，引徵詩書，尤與儒家觀念同條共貫，蓋既為同一階級，自有相類之思想"，駁鄙說分別儒墨非事實。 竊謂儒墨皆稱道堯舜，此特其時代相同之徵（如近人論學論政必引西籍也），非其思想之相同也。 故韓非子云，儒墨皆道堯舜，誰為得堯舜之真。 此後儒家終不脫稱古道昔之風，而墨家流變全不然，則由兩家起始精神即有異耳。

又弟近年深感某某學者係某某階級之說，含義甚混，流弊甚大，故不敢輕用此等語；繫年曾親校，不知有無此等失檢處？足下述鄙意屢用"階級"字樣，謂"曾謂役夫刑徒階級而有此乎"云云，弟心中實絕不認墨子為刑徒階級也。（亦未主張墨子必受過墨刑。）

墨子是否姓"墨"，弟不敢堅持，因無徵不信，今日實無一堅明證據可以十分確定墨子決不姓"墨"也。墨家字義是否如弟說，亦不敢堅持，因亦無一堅明證據可以十分證實我說也。惟弟覺論先秦學術，儒墨究不失爲一大分野（書業案，此語自極是，與吾人意見同），弟向來對兩家學術之分辨，亦不失爲一種看法，或尚有足供研討之處，故未肯即此放棄。惟恨鄙意盡於舊作，近來別無長進，故不免多引舊說自加申辨；護前之誚，所不敢辭。幸足下與顧先生皆知我者，可以藉此再得教益也。

謹復，順頌著祺！　弟錢穆上。　頡剛先生並此候安！九月廿四日。

附錄二　答函

賓四先生尊鑒：

手示拜悉，甚佩！綜讀尊著全文及此次賜書，覺尊意與業等意見乖異之處共有三點：(一)江瑔"墨非姓"說，業等以爲決不然，尊意似尚未決。(二)許行陳仲，尊意以爲墨家後學，業則以爲楊家之支與流裔。(三)墨家之階級，尊意以爲代表下層庶民，業等以爲仍是上層階級。今卽就此三點，再加申述如下：

(一)江瑔"墨非姓"說，據尊著國學概論頁四十三"'墨'非姓也"條下引其三證：(1)周秦以前，凡言某家之學皆不繫之以姓。(2)漢志九家，若儒，道，名，法，陰陽，縱橫，雜，農，莫不各舉其學術之宗旨以名家，無以姓稱者。(3)墨子前後絕無墨姓之人。是此三證先生尚信之，實則皆不可靠："九流"之說在今日決無維持之可能，前文已詳駁之，今不再置論。楊朱之"楊"已成爲學派之名，而"楊"爲姓，此先生所承認者，何以與墨並舉乎？先秦之書言某家者極罕見，江氏之例自無所傍著。此條業等固不能據以證"墨"爲姓（因儒亦與墨並舉），然先生等亦不能據以證"墨"非姓（因楊亦與墨並舉）；此條之作用，只是消極的而非積極的。尊函云，"楊墨曾史愼墨季惠與其說是學派名，自不如說是學者之姓氏爲妥"，是先生已認"墨"爲姓矣。至墨子前後有墨姓之人，前文已論之。"子墨子"之稱，江氏所據以証"墨"非姓者，正是吾人持"墨"

為姓者之極好証據也。"墨"之為姓在後世除明有墨麟（見萬姓統譜，字士禎，高陵人，明兵部侍郎，卒諡"榮毅"）外，唐代尚有墨君和，明代亦更有墨芸（廬陵人，宣德舉人），並見萬姓統譜。又有墨春，亦明代人（字景芳，高陵舉人，知隰州事，疑為墨麟之後），見於隰州志；而萬安縣志更有墨大兄弟。是墨姓見於文獻者甚多（翻刻本古今圖書集成職方典兗州府部彙考古蹟考及滕縣志有"墨丞相墓"，乃"黑王丞相墓"之誤，不足據），江氏"墨子後絕無墨姓之人"之說已不攻而自破矣。

（二）許行陳仲為楊朱一系學者。考許行之學說據孟子所述為"賢者與民並耕而食，饔飱而治"。以"有倉廩府庫"為"厲民自養"。漢志謂農家者流"以為無所事聖王，欲使君臣並耕，諄上下之序。"農家者流即謂許行輩。許行等之說，正是楊朱一派隱士之積極的言論。所謂"為我"，"拔一毛而利天下不為"，反言之即"不厲人"，"悉天下以奉一身不為"也。論語所載荷蓧丈人之語，謂"四體不勤，五穀不分，孰為夫子"，子路詆其"不仕無義"，"欲潔其身而亂大倫"，此即所謂"無所事聖王"，"諄上下之序"；荷蓧丈人亦即楊朱一流人物（論語之言自是後人所記，非孔子時事實）；蓋"欲潔其身"即楊朱之"全性葆真，不以物累形"也。至陳仲之學說據荀子所述為"忍情性，……苟以分異人為高。"其生活據孟子戰國策所述為"不義之祿不食，不義之室不居，""所居之室，所食之粟，身織屨，妻辟纑以易之；"（節用孟子語）"上不臣於王，下不治其家，中不索交諸侯。"此乃許由段干木一流人物，與楊朱之"為我"，"拔一毛而利天下不為"，"全性葆真，不以物累形"，亦為一鼻孔出氣，謂非楊家之支與流裔得乎？至墨家則主張"雖不耕織而功賢於耕織"（魯問篇），"王公大人早朝晏退，聽獄治政，此其分事也；士君子竭股肱之力，亶其思慮之智，內治官府，外收斂關市山林澤梁之利，以實倉廩府庫，此其分事也；農夫蚤出暮入，耕稼樹藝，多聚菽粟，此其分事也；……"（非樂篇）此明與孟子勞心勞力者應分事之論相同，而與許行等之說大背。許行斥"有倉廩府庫"爲"厲民自養"，墨子則正主張爲上者應有倉廩府庫；持論相異如此，而謂許行爲墨子後學，夫豈事實乎？（尊著所擧許行與許犯名字通假一証，與蔡子民先生之"楊朱卽莊周"論証相同，此種論証法苟無堅强之旁証，結論卽難成立）至陳仲之"上不臣於王，下不治其家，中不索交諸侯"，亦與墨家之義完全背馳。墨家尙功用"，此類"率民而出於無用"（戰國策趙威后評於陵仲子語）之人，正墨家所極端反對者；曾謂墨家後學而有此類"無用"之隱士乎？至尊著云，"莊周老子書倡無治之論，乃更爲許陳進一解"，此說則吾無閒然矣！

（三）墨家之階級與儒家同。業等前以墨子本書墨子自述生活爲"上無君上之事，下無耕農之難"，証墨家之階級與儒家相同；今此意仍不變。墨家自是新興之士君子階級，故先秦兩漢之書多以孔墨並稱而以二人之事相混。儒家以教學爲業，以求仕爲職志，墨家正與此同，所謂"好學而博"，"上無君上之事，下無耕農之難"者是也（墨子書中此類証據尙多）。至墨家所謂"士君子"之定義固與儒家有異，然其所謂"士君子"者仍是上流人物。墨家之所謂士君子，蓋卽能行尙賢尙同兼愛節用尊天事鬼等教義之人。墨子公孟篇云：

子墨子曰，"夫知者必尊天事鬼，愛人節用，合焉爲知矣。"

"知者"卽所謂"士君子"也。耕柱篇云，"君子無鬭"，"無鬭"亦卽"非攻"。孔子云，"道千乘之國，敬事而信，節用而愛人"，可見"愛人節用"爲治國者之事。墨書所謂尙賢，尙同，兼愛，非攻，節用，天志等，亦皆政治上之事（有墨書本文可証），而非刑徒所能爲也。至禽滑氂事墨子，"手足胼胝，面目黧黑，役身給使，不敢問欲，"此言禽子事墨子之勞苦耳（細讀墨子本書可知）；亦非必墨家人人如此。卽謂墨家人人如此，且此卽爲力行教義之結果，然亦絕不能証明墨家之學爲刑徒之道。（如印度之婆羅門亦尙苦行，不能卽謂婆羅門爲刑徒之教。至胡懷琛謂墨子爲婆羅門教徒，自是笑話。）蓋此至多只能証明墨家爲一合作苦幹之集團耳。至墨家之學以"兼愛"爲體，以

"尚賢"等爲用，皆非刑徒所能辦者也。(尊著謂墨子"固曾親自在役夫刑徒之列者"，故前文有"曾謂役夫刑徒階級而有此乎"等語。)至莊子天下篇所述墨家之精神，生活，學說，如"生不歌，死不服，桐棺三寸而無槨，""其生也勤，其死也薄，其道大觳""，"以裘褐爲衣，以跂蹻爲服，日夜不休，以自苦爲極，"此亦祇能証明墨家之"尚儉約"而"大功用"耳，惡能証明墨家之學必爲刑徒之道哉？今古書中旣無墨子曾受墨刑之記載，又無墨家爲刑徒之明說，旣無本証，則一切旁証皆無所傅麗矣。夫儒墨同法古聖王，同引詩書，雖其心目中之古聖王有異，而其引詩書亦詩書其所詩書，然兩家皆爲模擬上層階級之士君子，此點固未可全誣也（前文並未云儒墨思想完全相同）！先生以爲然否？

忽忽拜復，尙乞再敎爲幸！敬請尊安！後學書業上。顧剛師鸞筆候安！九月廿五日。

書　後

本刊第一期載禪讓傳說起于墨家考一文，涉及墨子姓氏問題；作者據史記伯夷列傳索隱引應劭說，謂孤竹伯夷之國，姓墨胎氏；通志氏族略謂孤竹君姓墨台，後改墨氏；漢書古今人表考引北周書怡峯傳，謂怡峯本姓默台，避難改焉。又據史記殷本紀之目夷氏，証以潛夫論指爲微子之後之目夷氏，世本謂宋襄公子名墨須夷——其後又有墨夷皋，左僖八年之公子目夷，參互鉤沉，印證墨子爲伯夷之後，實卽公子目夷之後。其說精確，快絕千古。本期墨子姓氏辨一文，卽據此點詳加闡發，並以証墨子學術之源流。就其已得之論証觀之，於墨子姓氏一問題，蓋已足成爲定論。茲以目夷，默台，墨台，墨胎，墨夷，墨怡諸語音，牽及諧聲通假之例，觸類所及，並涉'y'與't'二聲紐古今音讀之互轉，不僅爲音韻上至饒興趣之問題，於墨子姓氏之辨，尤足資爲旁証；用敢略貢所見，就証通儒，苟或無當，幸祈教正。

謹案凡從台紐得聲之字，今音讀可分三類：一爲仍讀'台'音聲紐者：台，胎，殆，迨，紿，怠，抬，駘，臺，瓵（說文：甌瓿謂之瓵。從瓦台聲。）諸音是也。一爲讀如'夷'音聲紐者：怡，詒，貽，飴，柂（說文：黍稬也，從木，台聲，弋之切。）諸音是也。一爲'台'紐之舌頭讀爲舌上音者：笞，治，諸音也。'台'字古與'辝'字通用，金文中最習見。邾公牼鐘之"鑄'辝'龢鐘"，例以"鑄'此'麤兒"，"鑄'此'鉦口"等文法，直同'此'字。而'辝'字亦有省作'台'字者。証以'古無舌上舌頭之分'之例（錢大昕說），則此第三類笞，治，諸聲，亦可併入第一類。是知從台之字，實得't'及'y'二聲紐。準此以尋凡與台音聲紐相同之字，觸類排比，得若干則：

1. 多

讀't'音者：爹，誃，文選東京賦：'誃門曲榭，邪阻城溫。'字林：'刀支反。'㛎，方言六：'南楚瀸灃之間謂父妣曰母㛎，稱婦考曰父㛎。'漢書敘傳下：'㛎㛎惕惕。'趍，說文：'趍趙，久也。從走，多聲。'迻，說文：'遷徙貌。從辵，多聲。'垑，說文：'厚脣貌，陟加切。（按陟古音讀如'德'。）'侈，（古讀舌頭音。）眵，說文：'目傷眥也。從目，多聲。'

讀 y 音者：移，橠，爾正釋宮：'連謂之移。'栘，說文：'棠棣也，從木，多聲，弋支切。'柂，廣正釋詁二，'柂，沾，禍也。'荍 說文：'從艸，移聲'。

2. 余

讀't'音者：途，塗，涂，爾雅釋天：'十二月爲涂'。廣雅釋詁三：'害也'。茶，荼，（古音讀如堆，如今圖音。）稌，說文：'稻也，從禾，余聲。徒古切。'駼 說文：'騊駼也。從馬，余聲。同都切。'捈，說文：'臥引也。從手，余聲，同都切。'

讀 y 音者：餘，鵌，爾雅釋鳥：'鳥鼠同穴，其鳥爲鵌。'雓，仝上釋畜：'蜀子雓，離子名。'釋文：'音餘，字或作餘。'艅，說文新附：'艅艎，舟名。从

墨子姓氏辨

舟，余聲。'徐，說文：'緩也。從人，余聲。'廣正釋詁四：'徐，運也。'

3. 也

古音讀爲'他'。墨子小取："辟（譬言）也者，舉'也'物而以明之也"。"'是猶謂'也'者同也，吾豈謂'也'者異也。"諸'也'字郎'他'。（王念孫說）唐宋讀爲'耶'，經典釋文條例云："如而靡異，邪（耶）'也'弗殊。"周邦彦夜遊宮："年光是'也'，惟只見舊情衰謝。"與'謝'爲句。辛棄疾清平樂："鬢皇醜罷，福祿都來'也'。"與'罷'爲句。今吳語猶讀此音。志摩的詩一條金色的光以士白入詩："西北風未作與'野'有點歐。""野'即'也'也。

讀t聲者：它，沱，跎，酡，駝，他，地，拖，柁，說文：'落也。從木，也聲。讀若他。池爾切。'袘，論語：'朝服袘紳。'說文：'裾也，從衣，它聲。唐左切。'

讀y聲者：迤，匜，蛇，（詩羔羊：'委蛇委蛇'。今仍讀迤。）施，孟子離婁：'施從良人之所之。'丁公著音迤。樣，方言五：'榻前几，趙魏之間謂之樣。'說文：'方架也。從木，施聲，以支切。'訑，孟子告子：'則人將曰訑訑。'暆 說文：'日行暆嵫也。從日，施聲。讀若酏，弋支切。'

4. 夷

讀't'聲者：荑，詩碩人：'手如柔荑'。靜女：'自牧歸荑'。銕，文選蜀都賦：'蜿蜒山棲。'李善注云：音啼。洟 說文：'從水，夷聲。他計切。'銕，說文：'古文鐵從夷。'又鐵字云：'從金戜，戜聲。天結切。'

讀y聲者：咦，桋，詩四月：'山有蕨薇，隰有杞桋。'說文：'從木，夷聲。'爾雅釋木桋，釋文：本作夷。徛，說文：'行平易也。從彳，夷聲。'恞，爾雅釋言：'恞，悅也'。釋文：'恞本作夷。'侇，像禮士喪禮：'侇之言尸也。'注云：'今文侇作夷。'

他如從'易'聲之字則有惕，逷；從'陽'聲之字則有湯，碭，蕩；從'延'則有誕，蜒（說文：'南方夷也。從虫延聲。徒旱切。'）梴；從'由'則有迪，笛；

從'甬'則有通，痛，桶；從'臽'則有掐，蹈，諂，稻，其仍作臽聲者則有陷；從'雲'則有曇，從'睪'則有鐸，其仍作睪聲者則有譯，釋；幾於觸處皆是，不勝枚舉。而如柑字從台而作弋之切；杝字多聲而作弋支切；稊字余聲而作徒古切；駼字捈字余聲而作同都切，柚字也聲而讀若他；涕字夷聲而作他計切；鼓聲天結切之鐵字亦作從夷；其例尤為明顯。是知古音't''y'二聲之通轉，蓋亦如輕唇重唇，舌上舌頭之無別。可証'目夷'，'墨台'之參互通假，絕無疑問。而墨子為目夷後人之說，更得聲音學上之旁証矣。

於是，吾人更得較有興味之問題二：其一，夷字古音既與't'聲相通假，而古人駢舉'夷''狄'，是則之二名者，誼可讀為雙聲。果爾則二名或即一事之愆呼，古字自有複輔音與一字雙讀也。（參看國故論衡上古雙聲說）意者古人發音單調而複沓，凡非諸夏之族，率以'ti-ti'一名呼之，其文殆即一字。嗣後異類日衆，通名難概，南夷北狄，事資辨識；於是名目孳乳，藉聲轉假；專稱異呼，區以別矣。其二，墨子名翟，'翟'固從'羽'而't'聲，其字與'夷'音通轉，則當時目夷與墨翟為同音，亦事理所宜有。是說可立，則墨子之名翟，要非偶然。或者墨子襲目夷之舊稱，書墨翟以識別，以明其在當時學術上之地位，非特殷宋遺民已也。以上二點僅為假設，未敢斷為定讞，竊於音匀非所素習，妄臆容所不免。因讀此文連類想及，未敢自秘，用以提供學人，藉資研討。疏証糾謬，其俟來茲。

廿五年十一月吳世昌跋于北平研究院。

清咸豐十年洋兵入京之日記一篇

孟　森

友人尹石公，曾掌教於河南大學，有舊學生自開封市冷攤得一草寫本，字跡挺秀細密，不知何人之筆；寄北平請問石公，有用處否？石公舉以相示，問有法考得其人否？余略翻閱，所記乃咸豐十年駕幸熱河，京師失陷事。急攜以歸，細檢之，所有事蹟之記載，僅有八九兩月。自幸熱河起，至議約簽字止。其餘全年惟記所接親友來信及致親友信件數，及歷年考御史之題目與錄取之人。又有劉毓楠履歷草底，查所記通信親友，計不下千餘人；中間不乏國史有傳者。就其稱呼考之：稱某某為同年，某某為座主，則知其鄉會科分。稱某某為鄉台，則知其籍為河南祥符。稱某某為宗台，則知其姓為劉。按之一一與履歷相合，是知記者為劉毓楠。既得其主名，益增興趣，遂將日記之有事蹟處趨錄而歸之。京城被踞，圓明園被焚，僅據官書，莫知私人經歷真相；得此日記，乃史料中重寶，不宜自秘，急為清寫，且加眉目，以與史學界共之。其文如下：

咸豐十年八月初八日卯刻，皇上同后妃幸熱河。隨駕者惠王，惇王，醇王，孚王，鍾王，怡王載垣，鄭王端華，尚書肅順，穆蔭，侍郎匡源，杜翰，並侍衞等官。

　　按此條上方，有'太白經天，五星亂序，日中有錢影。'十三字。

初九日。　奉　上諭：步軍統領著文祥署理。　左翼總兵著麟魁署理。右翼總兵著慶英署理。　文祥仍暫住城外。　欽此。

　上諭：留京王大臣，派豫親王義道，桂良，周祖培，全慶；義道仍在禁城，周祖培仍在外城。　欽此。

　諭旨：所有單開各員，派署印鑰，著兵部分交。　欽此。

　總理上駟院蕭，為嚴傳十五圈臕壯馬匹，儘數趕來。如違者按軍法治罪。

　　按以下為補記本月前數日事。

初一日。　軍營六百里加緊報甚多，勢漸危急。

初四日。　派怡親王載垣，兵部尚書穆廕，赴通州議和。

初五日。　將夷酋巴雅哩等九名，解交刑部，不准審訊。房山等縣將夷兵分寄於獄，多寡不等。

初六日。　僧王兵由河西務，楊村，張家灣，草壜，通州屢次退至八里橋。

初七日。　夷人秘遣奸細焚燒僧營火藥，復在于家術接仗。滿，蒙兵潰，勝保受傷，我軍敗績。　京城各門遂閉。

初八日卯刻。　聖駕攜后妃諸王大臣侍衞等官，倉皇赴木蘭而去。聞駐駕熱河，人心大恐。

初九日。　官眷商民人等，紛紛出城逃避，聞自彰儀門至保定，一路車馬行人，擁擠不斷。

十一日。　留守內城王大臣等，在內閣政事堂會議一次，均無定見，旋即散去。是日，將巴酋由刑部放出，暫居高廟，供給豐美。

十二日。　前任粵海關監督恆祺，日向巴酋求和，專候夷酋額爾金照會。城內稍安，人心徵定。

十四日。外城辦理團防大臣賈楨，周祖培，陳孚恩，趙光等，日赴騾馬市中州東館，議團防事宜。

十四日。在梁家園壽佛寺地方，團練鄉勇。五城亦各有民團。是日聞蒙兵饑甚，刑部侍郎麟魁等，捐餅數萬斤，以供軍食。

十五日。內閣傳王公大臣每逢五逢十日期仍公服赴內閣政事堂跪安，照常奏事，用驛遞至行在。是日發王俸米五萬石，以濟餉需。

十六日。僧王退至齊化門外。夷兵進紮定福莊，慈雲寺等處。時有騎馬夷兵，三五成羣抵城左近探望，無一兵敢攔阻者。

十七日。僧王退至安定門外黑寺，黃寺一帶。瑞相兵退至德勝門外。貝子綿勳帶步兵一萬，駐黃木廠，毫無布置。

十八日。聞守護內城之克王，饔倘阿，奕山，愛仁，伊精阿，等二十四大臣，守護外城之志和等四人，更增兵嚴加防守。

十九日。勝保帶病赴僧營，布置一切。上深嘉其忠悃。每日帶兵登城巡察，駐紮高廟。

二十日。同仁堂樂宏賓，恒利木廠王海，邀衆商等備牛五十隻，羊五百隻，梨果各三十盤，並南酒等物，赴夷營求和。甫抵營，即被搶去。受辱受驚，人人怨恨。究不知係何人主見，殊可哂也。

二十一日。僧王退至西直門。夷兵駐紮黑寺，黃寺，馬廠一帶。

二十二日。僧王瑞相兵俱潰，奔赴藍甸，海甸等處。申刻，夷兵有赴圓明園之信。翰林花園焚燒，土匪肆起，鋪戶民房焚掠一空。南海甸老虎洞等處，亦被踏毀，慘苦不堪言狀。文豐父子投福海死之。成廟老妃死節。

二十三日。夷〔人由六里屯，亮馬橋，廣西門，龍頭村拔營至德勝門外小關，黑寺一帶扎營。將小關，太平營燒毀。夷人馬隊探至海淀，成府。

僧王住五塔寺。瑞相住西直門。 夷］兵燒德勝門角樓。復向西直門開礮。丑刻，恭王，桂相，文祥奔赴長新店，僧王瑞相不知去向。維時許乃普，沈兆霖，許彭壽，潘祖蔭，聞在園同飲，倉猝而逃。軍機章京曹毓瑛，曾協均，方鼎銳，鐵應溥，王拯，杜來錫等，聞警亦各逃竄。是日午刻，恆祺以事臨危急，將巴酋親送回營，手執白旗數根，並以眷屬爲質。（此條係原稿勾去重書，兩存之以留其眞相。）

夷人由六里屯，亮馬橋，廣西門，龍頭村，拔營至德勝門外小關，黑寺一帶扎營。將小關，太平營燒燬。夷人馬隊探至海甸，成府。僧王住五塔寺。瑞相住西直門。

二十四日。海甸獲搶犯數人，正法梟示。勷貝子移營藍甸廠，獲搶犯四名，正法三人，脫逃一人。

圓明園，大宮門，福元門，扇子河一帶，有夷營燒轄哈木挂甲屯。鋪戶民房被夷匪土匪燒搶。成府娘娘廟後太平營，黑寺，俱有夷營。恭王，桂相，文祥住長新店。僧王住天靈寺。

二十五日。夷人率女眷游園子，宮內，香山，海淀。夷人移營黑寺，跪接跪送，申刻方散。宮中寶物，棄置滿路，無敢拾者。

> 按此處原作：'游宮內，香山，淸漪，淨明各園，令百姓跪接跪送。'旋又點竄，於'宮內'上添'園子'二字。以別於大內之宮。又其遊時或並未令人跪接跪送，乃於夷人之移營見之。然以意度之，未必夷人之有令，旗民等幸夷之移營，自獻媚耳。但點去'令百姓'三字，似以屬之游園者。則以游園之夷，跪接跪送移營之夷，此必無之事。殆傳聞有誤，記者亦點竄以示彷徨，未敢自以爲實也。

二十六日。夷人照會：要安定門一門把守，任意出入。其餘條欵，未能盡悉。傳聞西河沿街白晝鼠竄。

二十七日。 和約將成，我兵撤入城內。 夷兵仍駐黑寺，黃寺，馬店，通和窰，以及西直門外。 時有騎馬夷兵，土城眺望。（'土'字'上'字不甚明）

二十八日。 團防處曉諭：明日外國公使互換和約，分駐安定門內，鋪戶居民勿相驚恐等語。 又聞勝保帶口勇駐天寧寺。 （'勇'字上一字不明。其字作'曹'。）

通和窰夷營無動靜。 巳刻，有黑夷大街一過。 德勝門外馬隊退至通和窰，約千餘人。 黑寺，黃寺，地壇均有夷營。 馬兵二人，步兵十數人，進大鐘寺內。

房山送回夷人十二名，內有不蘭革，革爾蘭山，布爾連心三名病故。

二十九日午刻。 夷酋韋馱馬，額爾埝，率提督囈囉，巴雅哩，並兵五六百名，分爲四起，進安定門。 馬隊隨扈，步隊即登城樓眺望；樹以紅旗，中有白十字；安設洋礮。 （下有'我兵跪迎，觀者如市。' 八字，旋又點去。）

城上五虎桿，上有長方藍旗一杆。 紅口邊（'邊'上添入一字不明，似'火'字。）上有大'紅'十字。 兩邊有長白小旗二面，魚尾。 正門樓上有深藍大尖旗一面。 未刻，關城後城外夷兵仍回地壇，城內夷人分駐公館，通和窰夷營僅賸二十餘人。

九月初一日。 安定門樓中五虎杆下，有大礮一尊，東邊城上有小礮四尊，城樓下居中有大礮二尊。 上下礮口俱係向南。 其城樓上有夷兵二三百名，城下門首有百餘人，均手執長槍，來往巡邏。 各鋪俱照常開設。

初二日。 各城上兵丁帳房軍器，及城門守兵，並槍刀弓箭等物，全行撤去。 不知何人號令，殊覺駭人。 夷人有赴俄羅斯館往拜者，我國人遇之，兩不相涉。 是日，城內旗民亦向城外遷徙。

奉 上諭：本日據勝保奏，齊集援兵靜以觀變一摺，足徵該大臣忠勇性成，赤心報國。 著即授爲欽差大臣。 並開缺以侍郎候補，總統各省援兵，相機剿辦，即由勝保知照禮部，頒給關防。欽此。

初三日。哦夷在正陽門外買皮襖。嘆夷向大，宛兩縣索皮襖一萬件。

奉　上諭：瑞常著署步軍統領。欽此。　初三辰刻，恒祺，董醇見巴嘎哩。午刻，帶夷人步隊五六十名，同到國子監公館。復至雍和宮，聖廟。回安定門。城上下德勝門均人（此'人'字當緣涉下'人'字而誤，蓋係"准'或"許'或"廳'字。）夷人來往。通和窰仍餘十數人住守。

初四日。嘆夷託順天府尹代買牛羊雞鴨等物。並未受價銀。每日供給夷餉八千兩。巴嘎哩往順天府拜謝。

大英提督軍門示：本軍兵丁，如有犯害百姓，即准稟知營官辦理。該鋪戶人等與兵丁交易，均須價值公平，兵丁亦必照收付給。且本營日用牛羊雞鴨青菜，及馬食草料等物，許百姓每日赴營發賣，但不可賣酒與兵丁吸飲；如犯此禁，定行按法重懲。

又添一條：初四日，夷人楊姓，催永老爺買紬緞。未刻，恆祺赴安定門外見法國將軍。城外夷兵稀少，英國出告示：要絨毯三千條，皮襖三千件，牛，羊，米等物。恭王候夷人照會去，來見夷人。亥刻，恭王接英，法，咪三國照會，請恆祺到天靈寺議事。

初五日。抄嘆夷等國通商十六條。　一。嘆臣駐京師。　二。隨往內地各處。　三。天津貿易欽差，度事駐紮。　四。咦國各有總憲平行。　五。修輯稅則並鴉片煙進口。　六。在各港口運貨往來無礙。　七。在港口納稅，不准重征。　八。定各式洋錢。　九。協同清設海道。　十。中土人遷居，他設拖駁。　十一。清諭凡嘆國購置內地房產立契案。　十二。夷人性命財物，妥為保護。　十三。誆騙財物或被劫，立即拿辦。　十四。進口加扣茶用，各擔二分，立即停止。無已即在納稅。　十五。前大臣耆所定入粵在省垣之約辦理。

十六。 新定之案有須變通，如斟酌爲改。 （原注：以上恐有錯字。） 嘆國公使額爾唫，法國公使葛羅，通事嘆國官巴夏哩，哦國公使伊格納提納福，通事長明，咪國公使正華若翰，副使魏國安，里鬼國公使五郎都，水師陸路提督合姓羅姓。

本日夜間，夷兵焚燒玉泉山。 陳設各寶物俱被搶去。 （下有"莫可如何"四字，又被點去）。

初六日早，夷兵焚燒萬壽山。 京城西北，黑烟彌天，竟日不絕。 人心更加惶恐。 董醇同大興縣，與夷人送氊子皮襖。 夷人以太少不收。 又出告示一張。 通州至京無夷人往來，地壇營亦無動靜。

閱武樓黃影壁燒。 安定門外行人小有搜刼。

初七日。 奉 上諭： 僧格林沁革去王爵。 大學士瑞麟革職。 爲帶兵失事也。 禮部頒發咸字四百廿三號關防，交勝保祇領。

初八日。 嘆夷各國人等，赴禮部察看換和約地方，並帶馬步兵二百餘人。 哦國公使住東江米巷徐大宗伯澤醇故宅，並占怡親王府第。 申刻，恆祺在國子監公館候巴雅里。 英法國將軍，同往俄囉斯北館，寫和約草底。 赴後門廣惠寺大佛寺看公館。 法國通事李梅，帶馬隊到俄囉斯南館。 見格那提業福。 又到天主堂而回。 法國看定煤炸胡同賢良寺作公館。

初九日。 奉初四日上諭：吏部尙書着陳孚恩補授。 兵部尙書着沈兆霖補授。 都察院左都御史着萬靑藜補授。 直隸學政着楊式谷去。 禮部右侍郎着杜翰署理。 吏部右侍郎黃宗漢補授。 欽此。 是日，交嘆國銀卅萬兩。 德國銀廿萬兩。 以作已故夷兵五人郵賞。 午刻。 恆祺，聯□，崇綸在國子監公館，與巴夏哩定於次日到禮部演禮，因和約未寫就，另定日期。 恆祺請桂相預備和約紙張式樣。

初十日。 恭親王與巡防王大臣文，稱在禮部大堂互換和約。 順天府尹董醇，率屬備辦一切。燈彩輝煌，陳設華美。是日夘刻，王公，中堂，尙書，侍郎，九卿及武職等官，早往伺候。午刻，夷人不來。各自散去。西北火光燭天。（此句六字，先作'可憐亦可哀也'。點去改此六字）。

恆祺等在國子監，見巴嘎里派官三員，帶夾翦赴安定門翦銀。申刻，到禮部看坐次。英國要怡王府作公館，並定於十一日換和約。法國定於十二日換和約。英國人走失六名，請步軍統領查找。

按此當是上午夷人不來，恆祺再往，并交現銀，以博夷歡。原文寫在兩處，同標九月初十日。移併如此。

十一日未刻，暎國通事巴嘎哩，乘馬車率夷兵百人，至禮部大堂外下馬，同恆祺帶見恭親王，去帽爲禮甚恭順。申初，暎國伯爵公使額爾唫，乘十六抬金頂綠圍肩輿，鼓樂，帶馬步各隊，均持器械，約千餘人。克將軍亦到，帶女隊數人入禮部，恭王迎至堂簷下。維時相陪者：賈楨，周祖培，全慶，陳孚恩，朱嶟，瑞常，沈兆霖，綿勳，綿森，阿什渾布，宋晉；畢道遠，宜振，文祥，寶鋆，伊精阿，文惠，以及三，四品京堂，武職等官。左右其間者：慶英，恆祺，尹董醇。申正酉初，用欽差大臣關防盖於和約。其形式似冊頁，約五六十張。大堂簷外設一架，上有方木盒，中有鏡，覆以紅毡，不知何物。酉正和約換畢，回怡王府公館。恭王住法源寺。是日觀者萬餘人。西北隅仍有黑烟衝天，不知何處被燒。

按：一去帽便極稱恭順。方盒有鏡，自是照相器。當時知識如此。

十二日辰刻。法國公使葛羅，愛家樂孟將軍，通事梅禮登，李梅等，由賢良寺赴安定門外。午刻，帶馬步隊千餘人，（女兵三人），坐四人轎三乘，赴禮部與恭王換和約。申刻換畢，仍回賢良寺。園子逐日殺土匪廿餘人。

按女兵女隊。英，法皆有之。當是夷眷假名為兵，戲看熱鬧者。

十三日。 夷人仍住怡王府賢良祠等處。 是日，四五百人遊天壇，及天主堂。 前門外買如意架者甚多。

十四日午刻。 法國孟將軍三人，到禮部。 與恆祺，崇綸見面，要馬車十六輛，擬於回國，聞已撤兵。 是日，英國由安定門外大營，將物件全運至怡王府，擇日遷移。 法國派人修理天主堂。 未刻，有夷人手持一冊，在安定門街繪各舖圖樣。 恭王送夷人滿漢席二桌，鮮果四色，餑餑四色，紹酒二壜，共十六抬，送至怡王府。

十五日。 巴雅哩，韋陀瑪在安定門內見恆祺，崇綸，因十一日和約短畫一押，由恭王行營取來補畫。 仍交恆祺帶回。 巴雅哩請將和約摺底照會各省。 蓋印畫押後，與巴米看過，交巴雅哩收存，作為沿途憑據。 法國定於十七日撤兵回國，明年來京修天主堂。 英國亦要擇日撤兵起程，並索大車十六輛。

十六日。 恆祺與法國送行，送鮮果四盒，餑餑四盒。

十七日。 恆祺，崇綸到法源寺見恭親王，商辦法國撤兵之事。 聞先撤回步隊四百名，共車一百輛。 法國公使葛羅，坐轎由安定門街，帶音樂馬步各隊，赴天主堂察看，看畢仍回賢良寺。 隊伍出安定門外，法國退兵天津海口。

十九日。 恭親王到廣化寺，見法國葛羅，梅禮登，孟喜等。 法國問恭親王：曾否知照各省？ 恭王說業已行知。 葛羅等暫住賢良寺，不日回國。 英兵俟廷寄到日再撤。

廿日 恭王知照粵海，兩廣，兩江，閩，浙，奉天各省印文，給巴雅哩看後，仍交巡防處。 又咨行兩廣總督勞，即將九龍司地方，交給英法國，永遠納租。 夷人每日出前門買物者甚多。

廿一日 恭王搬至德勝門內瑞英寺。 安定門間有鄉民出入。 近日內城有被明火者七八家。

廿二日。恭王到怡王府，拜英國公使。又到賢良寺，回拜法國公使。內城有一家中男子被夷人殺者五六人，婦女被淫者四五人，旋即殞命。又聞英公使瞎嚕斯狄姓，來京換班。

廿五日。恆大人備酒席與巴夏禮送行。英國租定台基廠總公府作公館，每年租價銀一千五百兩。

廿七日。英法兩國大兵全退。僅留雅陀瑪一人駐京。（'雅'或是'壹'之誤。）

軍機大臣秘寄留京辦事守城王大臣豫親王，義道等。咸豐十年八月十七日。奉上諭。"本日據義道等聯銜具奏，權濟艱危以維大局一摺；據稱：'恭親王奕訢辦理撫局，漸有端緒。惟恐心不堅定，或有遷避之意，則撫局又裂。諸夷勢必帶兵直趨木蘭。請飭奕訢仍駐城外，妥辦撫局。'等語。恭親王奕訢，經朕特派辦理撫局，責無旁貸。前有硃諭令其專心妥辦，如或不成，即督兵剿擊。昨復諭令相機辦理，朕亦不為遙制。總期撫局速成，朕即可及早回鑾，鎮定人心，並保全億兆生靈之命。諒恭親王必能領會朕意，竭力圖維，不致輕為遷避。至該王大臣等辦事守城，是其專責。現在京師夷氛逼近，總須嚴密布置，同心協力，保守城池；不得觀望撫局，致生疏懈。再熱河隨扈兵丁口分不給，所有外省解京餉銀，着留京王大臣等傳知戶部，飭令該委員暫行解赴行在，以濟要需。將此由六百里密諭知之。欽此。"遵旨寄信前來。

按英兵俟廷寄到後再撤，想即此廷寄。當日無全權證書，蓋以此代之，使恭王等有奉旨之憑據，非彼等所自出己意也。又按此諭東華錄無之，當已為實錄所不載。

十月初一日。奉　上諭："本日據恭親王奕訢等籲請回鑾一摺，〔覽奏具見誠惶，業經明降諭旨宣示矣。惟〕此次〔夷人稱兵犯順〕，恭親王

【奕訢等與之】議撫，〔均已萬不得已，允其所請。然退兵後而各國尚有夷酋駐京者。且親遞國書一節，既未與該夷言明，難保不因朕回鑾，再來饒舌。諸事既未妥協，設朕率爾回鑾，夷人又來挾制，必將去而復返，頻數往來，於事體殊多不協。且恐京師人心震動，更有甚於八月初八日之舉。該王大臣等〕奏請回鑾，係為鎮定人心起見。然反覆籌思，〔祗顧目前之虛名，而貽無窮之後患。且〕木蘭巡幸，係循 祖宗舊典，其地距京師尚不甚遠，與在京無異，足資控制。朕意本年暫緩回鑾，俟夷務大定後，將回鑾一切事宜辦理。所有各衙門引見人員，及一切應辦事件，均查照木蘭舊例，遵行辦理。至前派應行前赴行在者，即飭前來；其各衙門辦事之堂司各官，均着趕緊清理積壓諸事，勿稍稽遲。〔再本年回鑾之舉，不准再行續請。〕將此由六百里諭令知之。欽此。

　　按此諭極難珖，後實錄已刪改，今據東華錄勾出為識。'議撫'下多'換約'二字。當時所以決裂之故，以親遞國書為一大障礙，不跪遞為即失去國威也。'係為'上多'固'字。'將'上多'再'字。'遲'作'延'。

八月二十九日。英夷由安定門城牆拆出碑一座。其文云：黃花未綻菊花現，血染山河骨滿天。鬼兒打破龍門陣，將軍跑馬迎英賢。三日見山山兩處，東逃西散各一天。黑狗送豬天下定，此時方是太平年。（款姚廣孝題。此詩恐亦好事者為之。原注。）

自六月英，法等國船隻抵津，至七月初旬，竟由北塘海口駛入，佔據大沽礮台。樂提督善陣亡，遂入天津府城。僧邸節節退守。八月初二日警報日至，初四日怡親王穆大司馬蔭赴通州議和，彼此決裂，將夷酋巴嘎哩擒獲，交刑部外，解夷兵二十七名到圓明園，並分寄各縣獄內。初七日八里橋接仗，瑞相國麟兵潰。勝宮保受傷，我軍敗績。夷人直薄城下，各門盡閉。初八日夘刻 聖駕北巡木蘭，人心大恐。彼時有前任粵海關監督恆祺，向巴酋議和。十一日由刑部將伊放出，暫居高廟。二十二日亥刻，夷兵突至。御園，宮殿焚燬。內務府大臣文豐投福海瀸斃。土匪肆起，南海淀鋪戶居民亦被焚掠。二十三日時事危急，恆祺送巴酋還營。二十九日午刻，開安定門迎英國各國兵進城，分駐國子監等處公館。夷人派守此門，任其出入。拆城垣兩段，上下設洋礮。九月初五日，夷兵復將清漪靜明兩園，及香山一帶焚燬，寶物棄滿路。十一日英國公使額爾金等，十二日法國公使噶囉等，率領馬步夷隊，手持器械，照耀如雪，自東四牌樓直至禮部前，絡繹不斷，音樂前導，乘八人肩輿；至禮部大堂與恭親王分庭抗禮，互換和約，每頁用關防一顆。自午至酉始散，觀者萬人。二十三日英，法兩國通商和約五十六款續增新約九款，均刊刻出示曉諭，並頒行各省遵照。二十七日夷兵大隊退往天津，僅留雅佗瑪一人駐京。十月初二日恭親王赴俄羅斯館，與該國全權大臣伊格那提業福換舊約十五款，新約十二款。此夷務之顛末情形也。

（十年十月朔記。）

按初二恭王赴俄館，當是預定，故朔日已記出。

又按十月初一日之諭，東華錄旣有改竄，然考舊國史館沈兆霖傳云："九月"，補兵部尚書。時撫議成，上猶駐蹕木蘭。兆霖偕同官奏請回鑾。得旨俟明年再降諭旨。"十一月復奏云："竊本年八月，因洋務未定，皇上暫幸熱河。以爲集兵控制之計。在廷諸臣，皆知當時情勢，不得不然。九月中，英法兩國均已換約。二十七日聯軍退盡，廷臣合詞奏請回鑾。"奉上諭："本年天氣漸屆嚴寒，朕擬暫緩回鑾。俟明歲再降諭旨。欽此。"又准軍機大臣字寄，十一月初一日奉上諭："此次外人稱兵犯順，恭親王奕訢等與之議撫，雖已換約，然退兵後，各國尚有首領駐京者。且親遞國書一節，旣未與彼等言明，難保不因朕回鑾，再來饒舌。該王大臣奏請回鑾，係爲鎭定人心起見。然反覆籌思，祗顧目前之虛名，而貽無窮之後患。朕擬本年暫緩回鑾，俟洋務大定，再將回鑾一切事宜辦理。本年回鑾之舉，該王大臣等不准再行續請等因，欽此。"兆霖所述之旨。即十月初一日廷寄。其云十一月初一者，國史館作傳之誤，其文正與日記所記相合，與東華錄不同。蓋當時尙不覺此諭之不堪，至修實錄時，始知其難以示人，盡刪其語。是以東華錄無此數行也。夫文宗之不願回鑾，以不願與外使同居一城，此即廣東人寧失省城，不許於未失之先，洋人得足踐城門之內，同一見解。肅順惟體此意，故穆宗卽位後，仍不主回鑾。兩后得與恭邸密謀，別定政策，遂置肅順於死地，而垂簾之局成，亂順康兩朝之家法，開孝欽三度干政，卒傾清室之禍。事緣文宗之閉塞而肅順與爲一德，有以致之。肅順之抗拒垂簾，正也。其與洋人交涉，爲戰爲和，則皆閉塞爲罪也。恭王惟敢於接見洋人。故撫局成於其手。謂之爲'撫'，正是閉塞之態。而恭王之所以獨肯輕身晤敵，不疑氏王頭上有角，見面必被吞噬者，正以其福晉卽桂良女。桂良與英，法議和，已兩年有餘。八年約定而以駐使一節，文宗定欲翻異，乃成十年京城失陷之事。京城旣陷而後惟命是從，恭王適乘其會。各國本不欲於定約之外，別有要求；恭王則習知洋人之並非魔怪，不憚接對，遂擅社稷之功，聲望壓端華，肅順之上。兩后得之爲助，遂反文宗委任輔政，禁遏牝朝之旨。恭王之果於違反家法，甘爲牝朝所用，又以肅順擯不與同入輔政之列。肅順之所以擯恭，又緣文宗私忌恭邸之母，有所溺愛於恭，雖欲引恭而文宗亦必不願。證以王闓運之祺祥記事，可以明其委曲。余擬別撰同治初垂簾事本末，此日記亦重要之史料也。先爲發表，以供論證焉。

圓明園中，有翰林花園名目。以前通商，進口貨無稅則，而有'扣茶用'名色，尤見兒戲。八年定約，已定稅則。文宗欲以永遠免稅，易公使駐京一欵，爲何桂清及桂良所持，未及定而難作。若使當時桂良遵旨請求，進口貨且不能收稅，洋人重利，其於駐使一層，必可暫緩留作後圖，而洋貨之灌輸，海關之不必設，中國又成何世界？此皆一回首而令人撟舌者。或以此專咎滿洲人，此又不必然。廣州正人君子之意見，與清文宗及肅順輩何殊？外使之來，苟非崩角稽首，而與爲姑容，其耻甚於亡國。寧以社稷爲殉；不使夷虜蹤跡相浼；得正而斃，雖敗猶榮，此當時之輿論然也。

劉毓楠據其履歷，作日記時，方任禮部精膳司郎中，已經考取御史記名。後於十一年四月初四日，補授江南道監察御史。同治二年二月初二日，堂派署工科給事中，歷署吏科刑科。至是年十月二十日，補授吏科給事中。查官書，毓楠居言職，累有言事疏，皆在同治二年。一請整頓各學教習。稱滿，漢各學，設立教習，統於國子監見充教習者傳補，後並無生徒。肄業期滿，僅尋數人赴監，謂之交功課。其實並無功課可交，即可得官各等語。奉諭："着國子監堂官查明，認眞整頓；稽核功課之勤惰，分別勸懲。毋得有名無實，敷衍了事，以昭覈實。"又請祔祀兩廡新章，再行覆議。奉諭："先儒升祔學宮，久經列聖論定，至爲精當。咸豐十年酌定章程，以示限制。原以宮牆巍峻，祀典至崇。必其學術精純，足爲師表者，方可俎豆馨香，用昭毋替。該御史以新章過嚴，如宋儒黃震等，均經禮部議駮。謂士人皆以聖賢爲難幾，必至人心風俗，日流於奇衺異端而不及覺。 推該御史之意，必將舉古人之聚徒講學，著有性理等書者，悉登兩廡之列，方足以資興起；而德行之儒，平日躬行實踐，師法聖賢，實爲身後從祀之計；議論殊屬迂謬。 所奏着毋庸議。"夫當同治二年，東南淪陷未復，中原捻患縱橫，陝，甘，新疆，川，黔，滇，桂，土客各匪出入無忌，建國稱號，不一而足，天下不爲無事。 毓楠輩八股起家，濫登言路。 尋事建白，亦'交功課'之意。 百不開罪，以盡文章報國之責。 古所謂'廟堂匡濟全無策，只把科場鬧秀才。'同此意味。 因考毓楠事蹟而及此，不得不推湘中諸君子，爲眞能治經世之學矣。

南北響堂寺及其附近石刻目錄

箸　者　　何士驥　劉厚滋

價　目　　國幣一元二角

國立北平研究院史學研究會出版

國立北平研究院史學研究會考古組見於河北磁縣河南武安兩縣間南北響堂及其附近之北齊以來石刻，毀壞日劇，爲保存，流傳，並供國人共同研究起見，乃於去年派員將其全部照相，椎拓，迄今已整理完畢。其總目一編，現已出版，對於歷來金石學者著錄錯誤之處，校正極多，與僅據坊間購本或轉襲成書以爲著述者迥然不同。全書共分造像及碑碣，佛經，經幢三大類。實足爲研究佛教史蹟及東方藝術者作一極重要之參考材料也。

古本道德經校刊

（考古專報第一卷第二號）

箸　者　　何士驥

價　目　　毛邊紙　國幣五元
　　　　　連泗紙　國幣六元

國立北平研究院史學研究會出版

國立北平研究院史學研究會考古組，在陝西發掘時，兼行調查古蹟，曾於盩厔縣說經台，寶雞縣磻溪宮，發現石刻古文，正書等道德經數種。以後逐漸搜訪，遂得甘肅慶陽，河北易縣，邢台，江蘇焦山，浙江杭州，北平白雲觀各處之石刻，並北平圖書館所藏之寫本，木本，計唐宋以來之珍本共十九種，爲之詳校一過。較羅振玉之道德經考異，畢沅之老子考異或偏於六朝唐之寫本，或偏於宋元木本者爲完備，並附以十一種石刻拓片圖版一巨冊，洵足爲研究老子者，增一極重要之新材料也。

同治五年黃崖教匪案質疑

劉厚滋

一

黃崖教匪一案，清同治五年，山東巡撫閻敬銘以兵夷肥城長清閒黃崖紫結寨避捻儒生張積中等萬餘人，以教匪案上聞事也。時人多冤積中，光緒末御史喬樹楠曾奏請昭恤。其奏片曰：

"再同治五六年間：山東黃崖教匪一案，至今人言尚有異同；臣嘗往來山東，該省官紳有及見事者，僉謂故撫臣閻敬銘誤信人言，用兵進剿，時時內疚於心，旋即引疾歸田，不敢膺封疆之任；而當時奏報，反復申辯，至再至三，一若深畏人言，而不得不詳加剖析者。"

又：

"僉謂閻敬銘性情稍急，用兵稍遽；而張積中自恃并無通匪情事，謬執士可殺不可辱之義，閉跡深山，以得一死，致成玉石俱焚之禍，論者蓋兩惜之。"

虞山黃人箸大獄記中記黃崖事云：

"黃崖一刧，孽固自作，然亂世據險自保，未必即存異志。特依附者衆，又習爲詭秘，不知斂戢，致疑謝公爲山賊，目伍生以妖人，遽騰大戮，誅及婦孺，悲夫！"說庫本，第二頁。

足見一時輿情皆不直敬銘。即淸史稿敬銘本傳亦曰：

"有張積中者，結寨肥城黃崖，集衆自保，以不受撫，夷之。六年移疾歸。"卷二二五，頁二。

蓋同治去今未遠，風聞傳說，私家記載，未盡湮沒，史官雖未能以傳聞定讞，亦不能遽寬敬銘。今云然者，深致微詞也。

比取當時官書，如山東軍興記略者，反復推敲，以時日比較，雖多坐罪積中，左袒敬銘；而事實往往自相牴觸。更取穆宗朝實錄，同治東華錄，山東地方志書，私人筆記，參証其事；頗可得見積中不反之狀，敬銘誣陷之迹，及官書所紀積中叛跡反証。當時情狀，雖難得定論，要亦有線索可尋，敬銘引去非無故也。

二

所謂積中不反狀者，（一）喬樹枏奏片有云：

"積中避髮捻之亂，講學山中，年已六十餘矣。祇以其地匪踪不到，宜讀宜耕，東南客籍宦幕之徒，挾貲財，携眷屬以相依者，遂不乏人，以恆情論之，官幕中人或不免營私罔利，斷未有敢於通匪者。且作亂之人必先置身家妻子於不顧，亦斷未有將謀作亂而猶挾貲財携眷屬以相從者。"

其理甚達。

（二）山東軍興紀略曰：

"咸豐六年，江表大亂，積中徙家北行，會中表吳某官山東，因依卜築博山縣；旣而僑居肥城縣西北六十里黃崖山。"卷二一，頁二。

又引敬銘奏疏謂：

"其家本無厚貲，來東不過十載，遂能跨郡連鄉，遍列市肆，挾術誆騙，爲收集亡命之資。從其教者，傾產蕩家，挾貲往赴，入山依處，不下百數十家，生爲傾貲，死爲盡命，實不解所操何術，所習何教，而能惑人如是之深。"卷二一，頁八。

眞州李龍川 光昕 先生與積中同師周太谷，所著龍川詩鈔"丁巳夏日送石琴北上"詩中有：

"東魯儒宗大，南天雁影孤。"語，知"北上"亦指赴山東而言。丁巳爲咸豐七年，以證官書，積中之東，至黃崖獄起實已十年矣。此十年中，髮捻方肆，山東瀕危者不止一次，則積中設欲謀叛，捻勢正盛時，已早揭竿相應，乃金陵既破，捻禍既寧，突謀舉事，積中雖愚不至是也。

（三）軍興紀略載：

"檄州縣查封逆產，州縣先後上言，均於大兵未發之先，九月二十六日，同時局遁，千里相應，如是之速。"卷二一，頁八。

果如所言，是積中當時勢力，已呼吸千里，黨羽之衆，官軍遠非其比。則苟欲謀叛，下山東，陷濟南，指顧間耳；何至有謀佔濟南密謀敗露事，即謀洩，亦當即遠遁或先發制人；何至如官書所載積中復吳某書所云：

"然此事之來，若椒園平伯以一函相告，兄必挺身投案，絕無留難；乃兩君猝以兵來，幸適出遊，未遭毒手，不然，已陷縲紲久矣。"卷二一，頁六。

捕者入室，尚茫然不知何故耶？故設當時州縣復命之言而諆，則一諆百諆，積中一切罪狀皆官書周內，所言不諆，而積中卒不出黃崖一步，束手待斃，足證積中縱力足謀叛，亦本無謀叛意，遑論謀叛之實哉。

綜觀前後：是積中不惟無謀叛狀，亦無謀叛理也。

三

當時官書所載積中罪狀：厥爲"邪教""謀反"二事。就邪教言，軍興紀略曰：

"有術者周星垣，號太谷，能鍊氣避穀，明於陰陽奇賅之數，符圖罡咒，役鬼隱形，又教人取精元牝，容成秘戲，敎游士商大夫間，多心樂而口諱之。積中師事久，頗得其術。………積中寢饋參同契道藏大全仙靈寶籙雲霄指掌諸書，益修師術，風角占候，賜雨頗驗，惑者寖衆，雖居城市，罕與人通。慕者踵門伏地，敂顙流血，積中堅拒之，謂無善根，非造福濟世不可，先令放生施食作諸善事；而陰詗其隙謂某事惜力，某事悋財，不足證道爲太谷所棄。其人大懼，求錄踧請益誠，堅執不許，恐其人果去，陰令徒黨，恫嚇慫恿之。僞輂金累千列庭中，謂無道根，卻不納。復盛妝女奴，珠貝錦繡如天人入室膜拜，引之出，謂塵障未除，不能証道。反令市丐襤褸穢惡婦人，與之美食，一室趺坐。或引蚖髯傖父鍵戶促鄰，俾崇者勿有所疑。於是一時高門甲族男女，師事積中，錯處房闥，不復引嫌矣。"卷二一，頁一。

今無論積中是否邪教，(其學術流別，思想淵源，當別爲文，專論其事)。天地間有否鍊氣避穀，役鬼隱形之術，亦不具論；即如所說，則誠如喬樹枏奏言：

"且當時所以罪積中者：邪教也。伏讀仁宗睿皇帝御製邪教說，有但治從逆，不治從教之文。張積中之學，是否邪教，自有一定之是非，即使實係邪教，亦迥然與叛逆殊科。"

縱積中科罪可至大辟，亦不能盡夷訾衆。敬銘以風聞邪教，遽行加兵，誅戮萬人，不惟輕擧妄殺，抑有背仁宗遺旨；故邪教一欵，不足爲剿滅黃崖理由也。

以謀反言，官書所紀積中罪狀可分三目：曰通匪，曰抗命，曰叛逆有據。其通匪情事，軍興紀略曰：

"治五年九月：益都令何毓福詗縣民冀宗華等糾衆謀亂，以告青州守閻廷佩，相與率役掩捕冀宗華及冀兆棟，訊言同黨有冀雄及臨朐人郭似圖，濰縣人劉顯庚劉洪鼇陳壽山同師黃崖張積，師命集人馬，期九十月間舉事，顯庚洪鼇雄聞捕亡匿，毓福索城內藏兵仗處，得刀矛數事，及四言逆示。臨朐令何維墀方謁府，馳回掩捕。似圖洪鼇等，鎗傷兵役，奮格鬪之，及劉玉會四野鬼劉沛霖王捷三陳午侯倫等，訊言同宗華復有同黨劉名教闞益成劉元泰李希剛馬相喜江沅謝傳賢徐成倫劉國榮冀華安劉五王佩阮等，均結盟師張積，期十月十九日陷濟南，再陷青州。令似圖洪鼇集衆，至期趨省。維墀復掩獲益成相喜江元國榮，廷佩督知縣魏正藻鞫之，皆實。"卷二一，頁四。

又：

"敬銘再示招撫砦內居民，自行投首，概不加誅。張積始則閉匿不出，繼則入圩自守，并出山焚掠，抗拒官兵，罪無可逭，能縛獻張積者破格給賞。張積孤身老諸，豈能禁遏衆人，全在爾等無爲所惑。大兵已集，勒限兩日各自謀生。即張積自行投首，亦曲施法外之仁。"卷二一，頁七。

是"通匪""謀叛"之事，皆係黃崖張積所爲。同治東華錄五年十月乙未上諭云：

"諭內閣閻敬銘奏肥城縣匪徒滋事督兵剿滅一摺，山東肥城縣屬黃崖山匪首張積中，竟敢勾結匪徒，糾黨謀逆。"同治五十九，頁二一。

上諭人名，例照原摺；是敬銘原摺係逕奏張積中通匪可知。則：張琪張積中當係一人，而軍興記略曰：

"張積中字石琴，江南儀徵人也。"

不言其一名張琪。紀張琪通匪事，亦不言即係積中。軍興紀略爲當時紀功官書，何至忽略至此。懺因子龍川詩跋逕謂：

'石琴亦講學山東，聚徒極衆，祭孔子用古衣冠，蜚語大作；巡撫閻公敬銘檄石琴至曰："不則砲洗其居，"乃與其徒闔戶自焚死。'大獄記附錄，頁一。

幷不言有張琪事；可見州縣通匪案卷自是張琪，敬銘奏本謂即是積中耳。黃崖旣不下百數十家，良莠當難畫一，張氏更非奇姓，安知通匪之張琪即係積中，而遽加人以叛逆之名，謂非周內，其誰信之！

通匪之事，事豈尋常，必先有實據。此案除張琪一事本有周內嫌疑外，軍興記略所載積中通匪狀曰：

而民間傳述：匪計綏兵，已遣諜密召武定鹽梟，河西捻匪，待外援出竄。時捻匪犯曹南，各州縣幷鼎銘軍來獲捻諜，亦言渡河救黃崖，敬銘撫膺而歎，傳令進攻。'卷二一，頁七。

是先僅民間傳述而已，何能即爲通匪証據。各州縣會皆得捻諜，言赴救黃崖，其事又何如是之巧，其信否可知矣。山東通志亦僅謂：

'或謂將俟援出竄，敬銘令進兵。'卷一一七，頁六十。

無獲諜事，事即有之，軍以詐行，捻諜言救黃崖，何能即信爲黃崖通匪耶？

通匪之事，必先有匪而後可與通謀。軍興紀略載：

'同治元二年，捻寇深入東疆，積中壘石爲兩砦，自築大砦山巔，引河水環山麓，市弓弩甲仗，設武備房。'卷二一，頁二。

積中是時，武備已具，砦界賊中，通捻最便；乃反設砦防禦，其非通匪可知。且積中居東十年，捻正橫行，出沒長清肥城間者，寧止一度；而積中獨保孤山，屏障數百十姓，雖官書言兵火適弗及，質以通志縣志軍功人志諸篇，不盡可信也。則捻之憾黃崖，未必遂不如太平軍之憾包村；今反謂其於官兵合圍之後，外召西河之捻，捻亦卽來援，勢所能乎。

曰抗命：夫黃崖地迥砦深，避兵人氏，其數甚衆，素服膺積中，突聞寃捕，憤激抗命，格鬭傷人，事或有之。但據官書所紀始末，在軍興以先，理尙可說；至大軍進剿之後，是又當別論者矣。

蓋軍興紀略引積中報吳某書曰：

'然此事之來：若椒園伯平以一函相告，兄必挺身投案絕無留難；乃兩君猝以兵來，幸適出遊，未遭毒手，不然已陷於縲絏久矣。平伯雨亭復禽夜進兵，示人莫測，以致莊衆格鬭，傷損兵弁。' 卷二一，頁六。

又紀其事謂：

'布政使丁寳楨檄巡捕官唐文箴單騎詣長清，與知縣陳恩壽入黃崖，諭積中入省自白；念其老且世大家，無意殺之也。二十夜文箴等入山，吳某方治裝將發。文箴等以見積中告。吳某言七先生遊五峰未回。俄一人急遽入，持細字書授吳某；某變色，促文箴行，文箴等上馬絕塵馳，尾追者殺儓從黃紳。鄧馨市入砦，聞砲聲馳回，而馬豎被殺。' 卷二一，頁四。

按積中此函卽所謂'逆信'送軍機處查驗者。曾國藩旣能文李秀成供狀，積中來書焉知未經敬銘竄易，亦謂，莊衆格鬭傷及兵弁，則文箴等以兵捕積中未得，莊衆憤激格拒，如明五人之毆東廠緹騎，事當不誣。而軍興紀略反謂僅殺儓從馬豎者，意在亂人耳目，文飾文箴係單騎入山，謂積中意存叛逆，故殺其從者；不知單騎詣長清，未必卽單騎入山，莊衆旣蓄意謀判 能追殺其儓從馬豎，何獨不能殺文箴椒園，而今不然：足知卽有格鬭傷人之事，積中固無意抗命，莊衆實亦未嘗殺人，山東通志謂：

> '藩司丁寶楨檄巡捕唐文箴偕長清令陳恩壽招積中入省自白，弗出。' 卷一一七頁六三。

不言殺人。又謂：

> '會聞長清肥城有匪夜劫，四垂聞鎗炮聲，以為黃崖亂作。'
>
> 卷一一七，頁六三。

言非黃崖作亂也。

至大軍圍劄之後，軍興紀略侈陳攻取斬獲功績，復言敬銘無意進剿，力謀保全，卒以民間傳說黃崖通匪，乃長歎進兵。而姚紹修王正起入山夷戮在積中函復吳某之前，大軍以炮火洗山，在積中請緩造官民戶册之後姑不具論。肥城縣鄉土志曰：

> '時閻文介撫山東，聞警率大兵至平陰，聞黃崖附近村莊皆積中黨，欲傳令痛剿。' 卷五，頁十九。

攷軍興紀略時在九月末。雖謂黃崖逆迹已大箸；但去黃崖招捻謠傳發生，尚遠在十日之前，敬銘對其附近村莊已欲痛剿，何況黃崖，招撫種種，事後文飾而已。

曰叛逆有據：軍興紀略載：

> '烈焰中收得黃色帷幕違禁物及鉛塊硝磺。' 卷二一，頁八。

為積中叛逆最有力之証據；但同書前紀，同治二年積中防捻曾設武備房，硝磺為炮火所必用，當不足異。黃色帷幕說者謂係村社戲衣，中外奇談同光間人筆記，述其事甚詳曰：

> '乃令兩司率總兵湖北人王某，記名提督湖南人王某，道員湖南人王某率大兵往剿。時殺人已萬餘，而未得謀反實據，相國乃責三王曰："汝輩皆言謀叛是實，今奈何無據？若三日不得，則殺汝。"三王急命掘得戲衣一箱，使營中七縫工稍補治之，即

以此爲據，由是諸在事者，皆在開保如剿匪例，七縫工後亦被殺以滅口。'頁一三一。

且帷幕易燃，硝磺引火，山焚以後，烈焰中何反得完，謂爲周內，非無故也。

四

積中不反之狀，其謀叛証據不足，旣辯析如前。至謂官軍誣陷之迹，以軍興紀略與實錄互較，得鐵証二：

（一）軍興紀略曰：

'十月朔：諸軍布自水裏鋪常家莊虎林坡張家莊翟家莊小紫石山傅家莊滿井峪段家店五眼井兀子山尹家莊王家莊西南繞北，出正南，環山進逼，步騎萬二千餘，騎兵擊匪水裏鋪，獲勝。紹修軍乘勝入山，有卡一，匪隊守之，轟擊兩時久，不得入。紹修縱巨炮摧之，殲匪十餘陣，斬匪目劉耀東。正起由東山儳道銜尾進，焚其搶險卡柵，獲火器軍械，旂幟號衣，諸軍皆登山奪險斷汲道。再飭吳某作書招之。越五日，吳某先遣之韓姓回。出積中復函，詞意狂誖，自此五日無一人出山。敬銘再示招撫，砦內居民自行投首，槪不加誅。………是日紹陵出謁，敬銘予限次日造送官僚居民冊，再令吳某爲書許以不死。令諸營將校路挑一隊，赴砦前建尋丈白旂，朱書"脅徒罔治，投降免死。"積中又書覆吳某，言人心洶洶，不能舉步，須從緩造冊。而民間傳述匪計緩兵，已遣諜密召武定鹽梟，河西捻匪，待外援出竄。時捻氛犯曹南，各州縣幷鼎銘軍來書：獲捻諜亦言渡河赴救黃崖；敬銘撫膺而歎，傳令進攻。"卷二一，頁六。

是敬銘進軍在十月朔，越五日爲初六，更五日爲十一，再次日爲十二；大兵進攻，黃崖底定，最早亦當在十三四日；乃東華錄實錄均載：

'乙未，諭內閣：閻敬銘奏肥城縣匪徒滋事督兵剿滅一摺，山東肥城縣屬黃崖山匪首張積中竟敢勾結匪徒，糾黨謀逆，經閻敬銘親督兵勇，馳往剿辦，分路攻入山口，將該逆各寨立時平毀，殲匪黨一千六七百名，墜巖落溝者無算，匪首張積中及其子紹陵均舉火自焚。辦理迅速，甚屬可嘉，閻敬銘著加恩賞還二品頂帶。其尤爲出力之知府王成謙著免補知府，以道員儘先補用，并賞加按察使銜。其餘出力員弁，准其擇尤保奏，毋許冒濫。'同治卷五十九，頁二〇。

又實錄載同日：

'……以山東肥城剿滅匪徒，賞參將姚紹修，遊擊王正起守備曹正榜千總萬年清巴圖魯名號，都司楊殿印等花翎，千總鄭良弼等藍翎，餘加銜升敘有差。'紅本穆宗朝實錄，十月乙未。

乙未爲十月初十日，三四日後接仗情形，三四日前何能已見上諭，三四日後方開始進攻，三四日前何能已行升賞；就此一點：即可知全案情節皆係先行擬定，即據入奏，而後殺人栽贓，以實其事。

（二）積中避地黃崖，無論係儒生講學，抑術士傳教；要非職官。山東通志祇謂：

'江南諸生張積中。'卷一一七，頁六三。

軍興紀略，亦述其身世甚明。乃上諭竟謂：

'匪首張積中以職官踞寨叛逆，勾結黨與甚衆，該地方文武員弁，平日漫無覺察，實難辭答。'同治五十九，二〇一。

是敬銘欲加重積中罪狀，不惜枉奏爲職官叛逆也。

五

綜上論列：黃崖一案究竟始末雖不可知；而積中諸人要爲寃死。當時情狀，以意揣之：或因積中團練講學，已爲大吏所忌；故有四年九月王小花之事（註一），及冀宗華案起，屬吏逢迎上官，遽用兵掩捕不得，復激怒莊衆，格鬭傷人，遂以黃崖叛告。敬銘輕信，驟發大兵，旣得其情，亦難中止，乃不惜誣枉，殺無辜萬餘，以掩飾其事。喬樹枏謂其：

'時時內疚於心，旋即引疾歸田，不敢再膺封疆之任。'

猶爲恕詞，逕謂其係畏罪告疾，亦不爲苛論也。

故軍興紀略多閃灼其辭，前後往往矛盾。北平研究院藏有閻中丞（敬銘）奏稿抄本，在東撫任中各摺具備，獨缺此數本。丁寶楨時已爲潘司，黃崖一案上諭指令其澈查餘黨，理亦應有回奏，丁文誠奏稿中亦未載稱，可知深諱其事矣。

註：山東軍興紀畧：'四年九月濰縣民王小花者，治裝盡室徙黃崖，知縣靳昱怪之，掩捕小花，上言台司，窮究其事。巡撫閻敬紹委員孫禧與肥城令鄧馨詣黃崖，見積中鬖眉謁謁，言論娓娓，比戶耕讀相安，稟覆台司，事遂寢。'三，三。

附　錄

御史喬樹枏片奏

同治五六年間：山東黃崖教匪一案，至今人言尙有異同。臣嘗來往山東，該省官紳有，及見其事者，僉謂故撫臣閻敬銘誤信人言，用兵進勦，時時內疚於心，旋即引疾歸田，不敢再膺封疆之任。而當時奏報，反覆申辨，至再至三，一若深畏人言，而不得不詳加剖析者。推原其故蓋由是時山東匪勢甚熾，各營將弁，旣多以黃崖通匪爲言，誠恐剿辦稍遲，釀成巨禍，其心非不可諒，而其勢遂無可回。案結之後，奏報喧傳，嗣是該省所撰軍事官書，亦遂據爲定論；然而至今傳聞尙有異詞者，則斯民直道之公，不可掩也。查黃崖距山東省城並非窵遠，四山縈抱，中多平疇，江南諸生張積中，乃闔門殉難臨清知州張某之胞弟，其子紹陵出嗣伊兄，爲山東候補知縣。積中避髮捻之亂，講學山中，年已六十餘矣，祗其地匪踪不到，宜讀宜耕，東南客籍官幕之徒，挾貲財攜眷屬以相依者，遂不乏人。以恒情論之，官幕中人，或不免營私罔利，斷未有敢於通匪者；且作亂之人，必先置身家妻子於不顧，亦斷未有將謀作亂，而猶挾貲財攜眷屬以相從者。一時公論，僉謂閻敬銘，性情稍急，用兵稍驟，而張積中自恃並無通匪情事，謬執士可殺不可辱之義，閉迹深山，以得一死，致成玉石俱焚之禍，論者蓋兩惜之。且當時所以罪狀積中者邪教也，伏讀仁宗睿皇帝御製邪教說，有但治從逆，不治從教之文。張積中之所學，是否邪教，自有一定之是非，即使實係邪教，亦迥然與叛逆殊科。乃以白髮儒生，空山講學，生被誅夷之慘，死蒙叛逆之名，斯誠聖慈之所心惻矣。臣亦知事隔多年，文報具存，豈容異議；且亦不敢謂歷年風聞之語，盡屬可憑，第念我朝厚澤深仁，慎重疑獄。雖尋常一命之案，尚且不待詳求，惟有不揣冒昧，籲懇天恩，飭下山東巡撫，將此案始末原由，博采周咨，務求徵信，如果張積中僅止講學異同，並無叛逆實迹，仍懇聖恩汪濊，雪除張積中叛逆之名。俾天下之人咸知皇太后皇上至聖至明，無微不照，雖以數十年之疑案，尚且清問及之，則讀書講學之徒，罔不益加感奮，似亦宣化承流之一助。臣迂愚之見，是否有當，謹附片上陳。伏乞聖鑒，謹奏。

附　錄　二

張石琴（積中）先生遺詩

煙霞四面廬山樹，日日看山心不去，山頭紅雨滿空飛，綠篸一碧留春住。

石牀風細洞中花，幾度耕雲閱歲華，食桃曼倩居廛市，爲訪東方走鹿車。

燕雲靄靄樹蒼蒼，江北江南空斷腸，先生一飲濂溪水，可與張騫話短長。

利瑪竇坤輿萬國全圖

Matteo Ricci's World-Map in Chinese, 1602

中國人之認識世界，始於利瑪竇之繪製地圖，曰山海輿地全圖。二者，皆尠傳本。今幸前一圖得之明本方輿勝略，後一圖亦借得明李之藻刻本之照片。並經燕京大學教授洪煨蓮先生之探討，更得不少史料，足以知利氏製刻各圖之經過，並其曾風靡于明世。又考定此圖以李刻為最完善，蓋從山海輿地全圖幾次修訂而成者。爰商借照片影印，藉廣流傳。茲以珂玀板精印，照相細緻，絲毫無爽。共計十八張，可以合為整幅，亦可以訂為書册，實至便也。　　（每份定價大洋壹元二角正，郵費加一成。）

禹貢學會遊記叢書

　　　　第一種　　黃山遊記　　　　李書華著　　定價二角

著者於民國廿四年四月自杭往遊黃山，歷時七日，遊程自杭州而徽州而黃山而屯溪而休寧而白嶽，復歸杭州。不獨於黃山之風景記載詳明，對於交通路線亦有詳確之指示。

　　　　第二種　　兩粵記遊　　　　謝剛主著　　定價二角

著者於廿四年參與南寧六個學術團體會議，七月廿四日自平起行，九月八日回平，對於廣州梧州南寧柳州陽朔桂林等地均有詳細之記載。餘如平滬京滬道中亦皆有詳細之記錄。

　　　　第三種　　房山遊記　　　　李書華著　　定價二角

著者於十九年十月及廿四年十一月兩遊房山，故對於上方山石經山西域寺等處均有極清晰之認識，即沿途村鎮亦皆証之史籍，說明其沿革，故本文不徒可為遊房山者之指南，對於西山之史地沿革亦甚有供獻也。

　　　　第四種　　天台雁蕩山遊記　　李書華著　　定價二角

本　刊　定　價

預　定　　年出兩卷，二十四期。預定全年三元，郵費三角；半年一元五角，郵費一角五分。歐美全年連郵費六元六角。

合　訂　本

卷　數	定　價	郵　費	卷　數	定　價	郵　費
第一卷	一元二角	一角五分	第二卷	一元六角	一角七分
第三卷	二　元	一角八分	第四卷	二元五角	二角六分
第五卷	二元六角	二角六分			

　　　　發行者　　平西成府蔣家胡同三號禹貢學會

柳三變事蹟攷略

潘承弼

一 柳氏本事

三變事蹟，不載宋史。其零星瑣聞，時散見他書中。要可得而詳者，惟葉夢得避暑錄話及福建通志。今先舉二書所載，以見其一生事跡之概略。按避暑錄話云：

柳永字耆卿，爲舉子時多遊狹邪，善爲歌辭；教坊樂工，每得新腔，必求永爲辭，始行於世，於是聲傳一時。初舉進士，登科爲睦州掾官。舊初任官薦舉法，不限成考，永到官郡將知其名與監司連薦之，物議喧然，及代還至，銓有摘以言者，遂不得調。自是詔初任官須滿考，乃得薦舉，自永始。永初爲上元辭：有'樂府兩籍神仙，梨園四部絃管，'之句傳禁中，多稱之。後因秋晚張樂，有使作醉蓬萊詞以獻，語不稱旨。仁宗亦疑有欲爲之地者，因置不問。永亦善爲他文辭，而偶先以是得名，始悔爲己累。後改名三變，而終不能救。擇術不可不愼。予仕丹徒，嘗見一西夏歸朝官云：'凡有井水飮處，即能歌柳詞。'

言其傳之廣也。永絕屯田員外郎，死旅殯潤州僧寺。王和甫為守時，求其後不得，乃為出錢葬之。

又按福建通志云：

柳三變字耆卿，後改名永，父宜，擢雍熙二年進士，官至工部侍郎。三變少有雋才，為舉子時多遊狹邪，善為歌辭；教坊樂工，每得新腔，必求三變為辭，始行於世。於是聲譽滿都下。景祐元年登第，調睦州團練推官。舊時薦舉法，不限成考，三變到官，州守呂蔚知其名，月餘與監司連薦之。及代還赴銓，侍御史，郭銓奏三變釋褐未久，善狀安在？蔚私三變不可從。遂詔初任官須成考，乃得舉，著為例。皇祐中歷遷屯田員外郎，入內都知史志愛三變才，憐其久困選調，常欲引之，不得閒。初，三變為上元辭，有'樂府兩籍神仙，梨園四部絃管。'之句，禁中多稱之。會是秋司天奏老人星見，有旨張樂，志奏乞命三變撰辭以頌休祥，許之。三變欣然作醉蓬萊慢一曲應制。比進呈，仁宗讀至'宸遊鳳輦何處？'適與御製真宗挽詞暗合，慘然不樂。繼讀至'太液波翻'，怒曰：'何不言澄'，擲之於地。自是不復進用。三變以無行為世所薄，又好為閨門媟褻之語；故論詞者多不滿之。然其歌詠承平氣象，形容曲盡，高處亦不減唐人。范鎮，嘗曰：'仁宗四十年太平鎮在翰苑不能出一語，乃於耆卿詞見之。'其為名流推重如此。兄三復天禧二年進士，三接亦登景祐元年進士，皆為郎，工文藝。時號'柳氏三絕。'

二書所述互有異同，閩志所載，較葉書尤詳。然所採非一家言，不無舛誤之處。茲特先舉其行事本末，復詳採各家所述柳氏逸聞，輯其異同，略參己見，錄若干條。自愧譾陋，見聞有限；糾而正之，其俟哲匠。

二　三變之姓氏及其爵里

按後山詩話云：'耆卿初名三變。改京官，仁宗以無行黜之。後改名永。仕至屯田員外郎。'能改齋漫錄云：'三變登第後改名永。'澠水燕談錄亦云：'三變登進士後，以疾改名永。'又四庫提要詞綜福建通志均作：'初名三變字耆卿，後改名永。'而苕溪漁隱叢話引藝苑雌黃云：'柳三變字景莊；一名永，字耆卿。惟避暑錄話則云：'永字耆卿，後改名三變。'據各家所說，大致相同；惟葉書適相反。竊按能改齋漫錄又云：'柳三變好爲淫冶曲調，傳播四方。嘗有鶴沖天詞云：'忍把浮名，換了淺斟低唱。'及臨軒放榜，特落之曰：'此人風前月下，好去淺斟低唱；何要浮名？且塡詞去。'三變由此自稱奉旨填詞。景祐中方及第。"漁隱叢話亦云："三變喜作小詞，然薄於操行。當時有薦其才者，上曰：得非塡詞柳三變乎？曰然。上曰，且去塡詞！由是不得志。日與獧子縱遊娼館酒樓間，無復檢約。自稱云：'奉旨塡詞柳三變'"據二書所述'奉旨塡詞柳三變'一語，當在未登第前，正年少氣盛之時，故有此豪語耳。且鶴沖天一詞，是三變落第後所作，詞意可見；此尤可證得名在登第前矣。後山詩話所引改京官後始改名永，仕屯田員外郎：是登第在景祐初，改官則在皇祐中，相距十餘年，宜其悔名以爲己累，故改名耳。且後山與夢得同爲宋人，後山在夢得前。予所見宋本後山詩話（宋刻百川學海本）所據如是，可證葉說不足据，諸家俱從陳說，較可信矣。惟叢話所稱三變字景莊。'景莊'二字他書未見著錄，不知所據何書。姑識之，以質高明。

三變之生卒年月不可考，姑考其登第仕宦始末。按能改齋漫錄云："景祐中方登第。"福建通志云："景祐元年登第，調睦州團練推官。皇祐中，歷遷屯田員外郎。"避暑錄話亦云："初舉進士，登科爲睦州推官。"太平樂府云："景祐中，柳永以登第冀進用。適奏老人星現，左右令永作醉蓬萊詞以獻。"按宋史仁宗本紀："景祐元年，詔禮部所試舉人十取其二，進士三舉，諸科五舉；而是秋八月壬戌，有星孛於張翼；甲子，月犯南斗。"可證登第當在是年；登第後，始進醉蓬萊詞，作詞當亦在是秋矣。由是可推三變以景祐元年登進士。登科後爲睦州推官；後因選調，至皇祐中，始遷屯田員外郎，以終其身。

詞綜稱柳三變樂安人。福建通志改作崇安。按宋史地理志：樂安屬江南西路撫州領縣，而崇安則福建路建寧府領。可證詞綜之誤。

三　三變之葬地

王漁洋池北偶談云："儀眞縣西地名仙人掌，有柳耆卿墓。"避暑錄話："柳死旅殯潤州僧寺。王和甫爲守時，求其後不得。乃爲出錢葬之。眞潤地相接，或即所卜兆也。予眞洲詩云：'殘月曉風仙掌路，何人爲弔柳屯田？'"又吳騫拜經樓詩話舉查堯卿語：儀眞實無其地，不知漁洋何據？又曾敏行獨醒雜誌云："柳耆卿風流俊邁，聞于一時。旣死，葬襄陽縣花山。遠近之人，每遇淸明，載酒肴飮于耆卿墓側，謂之'弔柳會。'"又祝穆方輿勝覽云："耆卿卒於襄陽，羣妓合金葬南門外。每春月上冢，謂之弔柳七。"按儀眞縣宋屬淮南東路，襄陽縣宋屬京西南路，潤州亦江南境，儀眞今屬江蘇揚州府，潤州今屬江蘇鎮江府。石林去宋最近，所據似應得實：當是三變客死潤州，而和甫爲葬儀眞，殆借此長淮風景，以了此綺豔詞人耳。不然，旅殯潤州，葬潤何難，而必卜地大江以北，何哉？至曾祝二書所述，或係當時汴洛佳人，未能忘情柳七，特借此以點綴韻事，未可知也。

四　三變之家世親屬

福建通志卷百七十五宋列傳云："柳崇字子高，生十歲而孤。母丁氏，勤自撫教。 旣冠，以儒學著於時。 屬王審知據福建，聞崇名，召補沙縣丞。 崇歎曰：'此豈有道之穀耶？'以母老辭。 素敦行義，鄉人有小忿爭，不詣官府決曲直，取崇一言爲定。 州里推重焉。 崇子六人，宜宣寘宏寀察，皆篤學能自立。 洎南唐滅王氏，宜宣皆仕南唐，歷監察御史。 宜試大理評事，宋平江南，宜爲沂州費縣令。 宣以校書郞爲濟州團練推官。 宜官至工部侍郞。 宣終大理司直天平軍節度推官。 宏登咸平元年進士，歷知江州德化縣。 天聖中，累遷都官員外郞，終光祿寺卿。 察年十七，舉應賢良。 仕至水部員外郞。 又三變傳亦載父宜擢雍熙二年進士，官至工部侍郞。 兄三復，天禧二年進士；三接亦登景祐元年進士；皆爲郞，工文藝。 由此可推見崇爲三變之祖，宜爲三變之父。 崇有至行，而宜昆弟多知名於時。 三變亦世家鉅族，縱不得志於其身，又何至身後蕭條，王和甫求其後不得，爲之出錢營葬乎？

五　樂章集之源流及其存版本之存佚

柳集傳世最爲殘廢。 宋陳振孫直齋書錄解題樂章集九卷。 按今所存僅三卷，則其殘廢可知。 又汲古閣秘本書目有宋板樂章集五本。 注云："今世行本俱不全。此宋板特全，故可寶"。 然所刻六十家詞僅一卷，且亥豕滿目，似不應所據如是。 毛刻疏陋，固不足論，而其詞之多寡，則顯然可別。 豈毛氏刻此書時未得宋本耶？ 皕宋樓所藏毛斧季手校本樂章集一卷，有毛氏手跋曰："癸亥中秋，借舍經堂宋本校一過：卷末續添曲子，乃宋本所無。 又從周氏孫氏兩鈔本校正，可稱完璧矣"。 是毛氏于宋本外又有一校本。 此校本卷數適與刻本相合，或所刻即據此校本，亦未可知。 又杜小舫校勘詞律，徐誠齋編刻詞律拾遺，俱引宋本校正，而其間詞句又與毛刻不相合，當又一宋本矣。 此外朱氏結一廬書目有元本樂章集九卷，當從陳錄所自出，惜未見傳世。 明刻本余未之見。 丁氏善本書室藏書志有梅禹金藏明鈔本柳屯田樂章三卷，(今歸國學圖書館) 繆小珊曹君直爲海豐吳氏據以重梓。 毛本又取花草粹編， 嘯餘圖譜，萬氏詞律，天籟閣詞譜，杜刻詞律編校勘記一卷，逸詞一卷；刻成，復取陸藏毛校宋本，另輯逸詞十首，並補入校勘記。 於是柳書始稍備。 迨朱孝臧刻疆邨叢書，據勞巽卿傳鈔毛校本，及趙元度校焦弱侯本，兼採吳氏重梓毛本，鉤稽異同， 別爲校記， 斯爲柳氏稍存本色。 而書中舛誤，蓋猶不少。 諸家校本，又不免以意竄改，絕非樂章本來面目。 安得天壤間重觀九卷宋槧，一見樂章眞面目也！

樂章集傳本不多， 即近刻通行本亦寥寥無幾。 姑就各家藏書志所錄及予所見聞者，輯爲一編，以待採擇。 或亦小補於柳詞乎？

樂章集九卷

宋陳振孫直齋書錄解題著錄。 按此當爲柳詞最初刻本。 較之諸家所錄，卷數不同。 惜傳世無聞，可謂柳詞一大浩刼。

柳公樂章五本

汲古閣秘本書目著錄。 注云："今世行本俱不全，此宋版獨全"。 按所云獨全者，不知有附續添曲子否？ 或即九卷本歟？ 豈刻樂章集時，未獲此本耶？

樂章集三卷

據韶宋樓藏毛校本。 跋云："借含經堂宋本校一過"。 此含經堂宋本不知究屬誰家？ 然毛云；'無續添曲子'，則非全本可知矣。

宋本樂章集

清杜小舫校詞律， 徐誠齋編詞律拾遺兼據宋本。 此二本俱不詳所出。

樂章集九卷

清朱學勤結一廬書目著錄。元刊本樂章集九卷，計十三本。按此九卷本。當從宋刻祖本所自出。惜無從見此本矣。

明鈔本柳屯田樂章三卷

清丁丙善本書室藏書志著錄云："毛晉汲古閣傳刻祇三卷。右明鈔本爲梅禹金藏。卷末有'甲午十月人日金陵所校'墨筆一行。有梅鼎祚印，梅禹金藏書印毛。刻作一卷。且於上卷尾葉原本未全之詞，删削以滅其迹，最爲大謬"。按此書今歸江蘇省立國學圖書館，余曾假傅校本迻錄其詞句，間與各本不同，不知所出何本。

校明鈔本樂章集三卷

北平圖書館館刊載藏園羣書校記有清常道人趙元度校焦弱侯本三卷。傅氏跋云："原本爲趙元度手勘，曾藏士禮居。蕘翁手書澠水燕談一則於後。近日入徐梧生司業家。余從其婿史寶安得之"。按朱彊邨跋樂章集有云："吳伯宛寄示清常道人趙元度校焦弱侯三卷本，毛子晉所刻似從之出，而删其惜春郎傳花枝二調"。今傅校內不增此二調，豈又一本歟？

柳公樂章一册

明葉盛菉竹堂書目著錄。不著卷數刻本，不知所據何本也。

校樂章集一卷

清陸心源皕宋樓藏書志著錄。毛斧季手校本。毛氏跋稱："借含經堂宋本及周氏孫氏兩鈔本校正"。按毛刻當即據此本。

周氏鈔本樂章集三卷

據毛校本跋內著錄所云。周氏不知係屬誰家。

孫氏鈔本樂章集三卷

亦據毛跋著錄。孫氏爵里亦無從考見。

樂章集一卷

  明毛晉汲古閣刻宋六十家詞本。按此本脫譌最多。毛刻之陋，于此可見一斑。清粵東汪氏以汲古閣本重刻，其誤益甚。近年博古齋有縮印汲古閣本。

毛斧季校樂章集三卷

  據霜厓師云："金陵鄧氏藏有毛斧季手校所刻六十家詞，朱墨爛然。其校改刻本譌處甚多，吾知所據必有善本，惜不獲一見之"。

樂章集三卷

  據朱彊邨跋樂章集云："毛斧季據含經堂宋本及周氏孫氏兩鈔本校正樂章集三卷。勞巽卿傳鈔本，老友吳伯宛得之京師者"。按此本當即從陸氏藏本所自出。

樂章集二卷

  清王聞遠孝慈堂書目著錄。鈔本。七十四番。

柳永樂章集一卷

  清陸烜佳趣堂書目著錄，不知是何刻本。

樂章集一卷

  清四庫全書總目集部詞曲類著錄。江蘇巡撫採進本。提要云："陳振孫書錄解題載其樂章集三卷，今止一卷。蓋毛晉刊本所合併也"。按書錄解題實作'九卷'，而此云'三卷'，顯見舛誤。此必當時館臣未見宋本，以意附會云然耳。提要又云："毛晉此刻亦殊少勘正，誤不勝乙。萬樹作詞律嘗駁正之，今並從其說"。按浙江採集遺書總錄有毛晉刊本宋六十家詞四十册，于此可見當時所採，不過毛本，取詞律校正之耳。

樂章集三卷補遺一卷

清吳昌綬雙照樓輯刊宋金元百家詞本。按吳氏自云："據明梅鼎祚鈔本，以陸氏校宋本，海豐吳氏刻山左人詞校補"。

樂章集一卷。 宋本樂章集目一卷。 樂章集校勘記一卷。 補遺一卷。
逸詞一卷

清海豐吳氏重刻毛本。 繆荃孫跋云："吳仲飴同年重刻此集，因取明梅禹金鈔校三卷本，又一明鈔本，花草粹編，嘯餘圖譜，紅友詞律，天籟閣詞譜，香水杜小舫詞律校勘記引宋本校之。脫行，奪句，訛字，顛倒字，悉爲舉出，得百許事。 編校勘記一卷，逸詞一卷。 刻旣成，吳興陸純伯觀察以宋本次第及訛字注於新刻本，悉剌取入記，而另刻之，列宋本目錄於前。 宋本有而汲古脫者十二首，悉按原次，補入校勘記。 另輯逸詞十首，而聲律非所知。 尙不敢自居爲柳氏功臣也。 杜陸兩宋本不知有汲古所藏否？朱竹垞詞綜注云："九卷將來如遇，各本當校之，必有所得出此刻之外者，或於柳氏不無小補云"。 按此本於柳詞多所是正，惟繆云：'陸氏宋本'。 實則陸氏並無宋本，繆氏竟誤毛校本爲宋本耳。

樂章集三卷。 續添一卷。 校記一卷。

朱氏刻彊邨叢書本。 據勞巽卿傳鈔毛校含經堂宋本，及周孫兩鈔本爲主。 兼採趙元度校焦弱侯本，又取吳氏重梓毛本內所引諸本校語，核其異同，別爲疏記。 較諸吳刻毛本，又稍備矣。

史學年報

第二卷 第二期

＊民國二十四年九月出版　定價大洋七角＊

護國軍紀實	鄧之誠
唐代公主和親考	鄺平樟
明季遺聞考補	姚家積
史通點煩篇臆補	洪業
釋百姓	許同莘
大日本史之史學	周一良
戰國秦漢間人的造偽與辨偽	顧頡剛
城隍考	鄧嗣禹
評馬斯波羅中國上古史	齊思和

第二卷 第三期

＊民國二十五年十一月出版　定價大洋七角＊

陳君彥文遺像	
誄辭	鄧之誠
陳統傳略	朱士嘉
慧遠大師年譜	陳統遺稿
夏史三論	顧頡剛 童書業
靳輔治河始末	侯仁之
元魏的階級制度	蒙思明
三國郡守考	貝琪
汪梅村先生年譜	趙宗復
浦鄰瀠明季遺聞	姚家積
五季兵禍輯錄	王伊同
新唐書劉晏傳箋註	陳晉
英國史書目舉要	齊思和
禮記引得序——兩漢禮學源流考	洪業

燕京大學歷史學會編輯　　各地開明書店代售

書　評

唯　識　研　究
周叔迦著，商務出版，

朱　寶　昌

本書有王小徐先生的序，王先生在序中說本書是作者在北京大學的講義。又說本書淺顯通俗，人人可懂，是唯識入門第一部好書。

我對于唯識本來感到相當的興趣。但却不敢自命已經了解唯識。問題本來是複雜而煩難，法相唯識的典籍，其文義又艱如天書。唯然，對于近人講唯識的書，凡力所能致的，我都高興找來看一看。對于這一本淺顯通俗，人人可懂的北京大學的講義，當然不能例外。但看了一看之後，却不禁悵然若失。

無論研究什麼，研究者本身總須有一個根本的立場。譬諸造屋，總須先有工程師繪一張圖樣。圖樣無論高明不高明，但有了圖樣，然後一切才好商量。作者是習過工科的人，（見王序。）對于這一點諒來也很了然。唯識是古印度無數第一流心智的思想的結晶。在今日，無論信佛法與不信佛法的人，都承認牠是個極專門，極煩難的東西。研治唯識，據我所見到的，有兩个立場。第一，將大門關起來研究。持這一个態度的代表人物，當然是南京歐陽竟無先生。我們看他的唯識抉擇談，唯識講義，法相諸論序合刊，(尤其是後兩種，因爲第一種還是爲一般人說的。)他的淵博深厚眞可令人吃驚。他是一个信徒，態度又審愼，所以在思想上沒有什麼創新的發明。他祇是在唯識法相的系統裏求通，求貫。他的確做到了這樣的地步。其詳當然在此處不能有所論列。後起者雖不能以歐陽先生的造詣自限，要之不能否認他的工作是眞的。但這兩扇大門也不是輕易關得起來的。先要有眞實知見。由眞實知見養成堅定的信心，相信佛法在玄學上的見地，無論如何，確乎高立于百尺樓上而不可拔。守住這个，無論近代科學文明呈現如何奇觀，自能閉戶高臥而無所恐怖。這一个態度，從其他方面看，自然大可商量；但單就研究唯識而言，却是一个極正確的立場。依戀，愛慕古代文明者，從這裏可以得到無限的安慰與勇氣。給與者又並不是自欺欺人的騙子。信受西方近代文明者從這裏也可得到相當的刺激。

第二个立場是站在唯識的系統外研治唯識。在這一个立場下，一時還擧不出如歐陽先生那樣的人物。過去有幾位前輩像是想走這條路，後來又都放棄了。持這一个態度的學人也有一个根本的信念。凡是人類，無論其爲中，外，古，今，其思想的法則相距總不甚遠。唯識無論如何深玄善巧，其一部分總是心理學上的問題，一部分總是邏輯上的問題。唯識書上原來的名詞，以其與近代生活隔絕太遠之故，說來說去人總不懂。心理學和邏輯上的普通名詞，則爲當代學人所共喻。爲什麼不能下一番精密的分析，然後作一番莊子所謂'以明'的工夫。然後知唯識書中何者是確乎不拔的理論，何者是繁瑣無當的浮談。這一个態度，從虔誠的信徒看來，也許會認爲有損佛法的尊嚴，但單就研治唯識而言，也不失爲一个正確的立場。

上來所談，都是在今日研究唯識學的人所應注意的根本問題。但作者對此似乎絲毫沒有深刻的理會。（除上所談，熊十力先生對于佛學又另有一番見解，其詳亦非此處所得論。）夫學者苟有志于立言行世，必其深慮孤懷灼然有見于理，而後親切地感覺到有不得不爲衆宣示的一段苦志，發爲文章，于是先哲的陳言都變成自家的精義。恕我很不客氣地說，作者似乎缺少這个。他祇是將唯識書上的通說漫無抉擇地拿來鋪叙一番。一方面旣沒有表現出作者組織的力量，一方面又不能引讀者入于深細之境。誠不知其密意云何。再者，談名說理的文字另有一格。作者的文體，陋劣庸俗，（下當擧例。）亦萬不足以稱斯。如果說本書是爲初學而作，亦無是處。初學如不懂唯識，看了這本書，祇能知道幾个名詞和一些似是而非的解釋。（初學的人最好看熊十力先生的唯識學槪論。此書深刻獨到，罕有其匹，所惜未經刊出，祇有北大講義。）依然不會懂唯識。

作者對于哲學常識的缺乏也至足令人驚異。書中費解和造詞遣語不妥之處，更觸目皆是。要之，滿身皆是病痛，幾乎無從說起。茲略引幾節如次：

　　'⋯⋯但是人是宇宙的一部分；所以要解決人生的苦痛，必須要先研究宇宙之所以成立；與人生之所以存在；再進而求人生與宇宙的關系；如是方可以得到澈底解決人生苦痛的方法。這三重初步工作的情形，當然是極複雜的。所以觀察的起點，名詞意義上的認識。各有種種不同。'（標點均照原文。）（第一章，第一頁，）

這裏最後三句，根本不知道作者說的是什麼。上文所說也全不對。全不曾搔着癢處。唯識家眼睛裏何曾看見有什麼宇宙？更說什麼人生與宇宙的關系？

　　'⋯⋯唯是單獨的意思。識是分別的意思。這個名詞的解釋；就是說：宇宙同人生全是分別的現相。他說宇宙之間，空無所有。只是有一種能力存在。由這種能力運動的結果；便幻生出無盡的時分，方分，種種宇宙人生出來了。'（同上）

以'分別'訓識未盡妥，不若用'了別'之為有據。下文更失于拉雜混亂，無法董理。既然宇宙間有一種能力存在，上文便不應說空無所有。'能力'，'運動'等物理學上的名詞，用在此處，以僕之愚，竊以為萬分不妥。

'研究唯識第一要注意的，便是唯識的意義與唯心唯物以及其他的一切哲學'與'不同。（照錄原文，'與'字或係手民誤植。）因為其他哲學都是有對象的；而唯識的學理是絕待的。'

'有對象的'與'絕待的'，根本並不是兩個相對名詞。這一層作者不應該不懂。如果用上一句，下一句應說唯識的學理是無對象的。這樣在文法上雖通，在義理方面又不可通。如果用下一句，上一句便應該說其他的哲學都是相對的。這幾個名字的涵義很簡單，豈意作者，猶未辨此。

'這一百種法分成五種：第一是'心法'，就是人的智識。'

'知識'書中均作'智識'，不知道這裏面藏有什麼深意沒有。心法其實即一切有情的精神現象或心理現象的總稱。似萬無可與知識比擬之處。例如眼識是心法；眼識能緣色，緣色的結果，才能有對于色的知識。眼識本身不是知識。此理似極易知。如智指'四智'之智，識指'八識'之識，亦不可通，蓋就'淨位'言智，就'染位'言識，不能連綴成一專名。

那'依他起性'對'徧計所執性'說，比較上是真的。……

'這三性的理要是換一種名詞來解釋，便是'三無性'，這徧計所執性即是相無性；因為人的一切了解，一切想相都是假的。……'

'徧計所執性'是'畢竟無'，'依他起性'是'如幻有'。畢竟無便是畢竟無，如幻有便是如幻有。二者截然不同。說後者比較上真，似乎二者沒有拿來比較的可能。關于三性三無性的理，也許作者胸中自有一番領會。然作者寔未得名言善巧，故語皆有病。

'一切人的智識既無實在，何以有種種環境呢？'

這句話寔在不知道作者說的是什麽。

'識的功能是有兩種；一種是相分，一種是見分，相是相狀，便是隨著外界事物的本體在自己識上相分的功能發生相似的相狀。 見是見解，便是用見分來証見自己識上相分的一切功能。'

釋相分的這一長句，寔在沒有法子解說，如作者此刻再翻閱一遍，恐怕自己也解說不來。 見分亦萬萬不能釋爲見解，因爲見分是實作用，而見解是一个抽象名詞。 （歐陽的唯識抉擇談亦釋見分爲見解，惟渠尙有下文，語意較活，要爲未妥。）

上文所徵引的不盡十一。 篇幅有限，姑止于此。 現在再提出一點。這也足以証明作者太缺乏通識。 作者書中第十四章的標題是唯識學的宇宙觀。 裏面所談的是須彌山，三千大千世界，三十三天一類的故事。 本來唯識裏沒有什麽宇宙觀。 作者這裏宇宙觀一名當然是西文Cosmology一名的譯語。 Cosmology 在西洋哲學中是被認爲玄學的一部分。 試問西方人談 Cosmology 是怎生一個談法？ （關于這一點，請參看拙作"懷特海的多元實在論，"載本年東方雜誌，夏季特大號）如作者在第十四章中所引用的資料，祗能藉以窺見古印度人對于天文，地理的幼稚猜度，與戰國時鄒衍'大九州'之說相類似。 其言不雅馴，無絲毫理論上的價值，縉紳先生殆難言之。 即使說這一部分不根之談站不住，于唯識，于整個佛法均無損秋毫。 如果一定要根據唯識學來講宇宙論，重要之點不外闡明本識與前七轉識的關係。站在唯識的立場上，捨此外，我不知道還有什麽宇宙。

總之作者對于唯識法相的典籍旣未能深入，對于近代哲學心理學的知識又太缺乏，實不配做他現在所從事的工作。 此書列爲大學的講義，也似乎不是頂合式。

本文艸艸寫成，祗是言其所不得不言。 我和作者雖不曾見過面，但從一般人口中傳聞，知作者頗有長者風。 區區之意，定能見諒。 行文萬一有不檢處，也望他不要見怪。

中國古代旅行之研究

江紹源著　中法文化交換出版委員會編輯

商務印書館發行　16+124頁　定價一元二角

吳　世　昌

中國有許多古籍，如易經，竹書紀年，山海經之類，因為它們的內容與後世的生活和古史常識相差太遠，往往不能得到它們應得估價。不是被人盲目地崇拜，認為伏羲，黃帝，禹，湯，文武，周公，孔子所作，便是認為神秘怪誕，並無史實價值的東西。而山海經，為了它所記的希奇古怪的鳥獸，草木，神物，異人，尤其被認為一切荒誕不經的書籍的代表者。即使在質樸的古人，尚且"皆以為其閎誕迂誇，多奇怪俶儻之言，莫不疑焉。"（郭璞山海經序）直到清代才有人信他在古代史實上有可靠的價值，但也說不出個所以然來。畢沅說是禹和益作的，"禹與伯益主名山川，定其秩祀，量其道里，類其草木鳥獸。"（山海經新校正序）把他歸諸渺茫的禹和益，當然很方便，但我們不能想像在那時候可以有這類文字，何況其中還有漢代的郡名。直到最近，王國維用甲骨文來印證，從它和竹書紀年，楚辭等別的書中鈎沉出王亥的史實（見殷卜辭中所見先公先王考），才把這類書籍保存古代史實傳說的價值重新估定。顧頡剛先生又從周易卦爻辭中考證出許多故事來，使我們對於這類古籍又有許多新的看法，知道古史中有傳說，傳說中也有古史。江先生的這本研究，用許多西洋宗教，民俗學的觀點來探討古代生活上素不被人注意的問題，這無疑是中國古史上的新貢獻。

這本書的名稱雖然是中國古代旅行之研究，但我想即使名之曰山海經的研究，也無不可，因為這書中別的材料如九鼎，白澤圖，其內容與山海經也是差不多的。作者從山海經中特別提出與旅行有關的各部分，加以考證詮釋，說明它是旅行指南一類書籍。這一說誰也不能從正面否認，因為凡是記載山川，道里，風物的書籍那一本都脫不了與旅行的關係。對於作者鈎索的深入，想像的豐富，考證的精審，——尤其是關於音訓，校勘方面的，下面要說到——都是近年學術界難得的收穫。而這書最大的貢獻，我以為還是在於作者用科學方法處置那些別人所認為怪誕不經的材料的態度。他以為孫詒讓覺得關於'罔兩'的傳說"詭怪不經，莫可究詰，"因而便乾脆不去究詰，這態度很不對。他說：

"把鬼神之名和之說認為詭怪不經，莫可究詰，和把他們認為也和旁的為物或其名稱同樣的有意義，這是研究者態度上的一個基本的不同，或簡直可說是肯研究與不肯研究的不同，鬼神之說誠然是詭怪不經，然這詭怪不經自有其所以詭怪不經的理由在，故雖詭怪不經，却並非莫可究詰。認為莫可究詰，則不究詰了，宗教之科學的研究不能出現了；反之，認為並非莫可究詰，則去究詰了，宗教之科學的研究出現了，而且這研究這究詰決不會是勞而無功。人們與其說我這是小題大做，不如說我這是樹立了宗教之'說'的研究為可能之信心，或云為宗教研究奠了一塊基石。"（頁九二）

作者本這一點精神，在本書中很有許多創見。最有趣的是解釋山海經："其中多玄龜。………可以為底。"一條。他據郭璞："為，治也。"俞樾：" 底，躓也，礙之恨。" 知玄龜可以用作治手足上繭皮之藥，因而推知其書為行人寶典（頁一〇五——一〇六）。但最重要的是證 '魍魎'，'罔兩'，'彷徨'，'罔象'，'䍧羊'，'方皇'，'方相'，'罔羨' 諸詞的音轉和通義，和它們所代表的鬼神，異獸，乃至抽象形容詞的含義。（散見全書）（並且我還有一條補充的材料，不知作者認為可用否？ 西山經："……有天神焉。其狀如牛而八足，二首，馬尾。 其音如勃皇。" 這勃皇又安知不是和經中別的禽獸一樣是自呼其名呢？） 這貢獻，我想是不在王念孫的釋大，程瑤田的果蠃轉語記之下的（作者在頁九七所引王國維的爾雅草木蟲魚鳥獸名釋例，其方法本諸果蠃概語記）。所以這雖然是本研究宗教民俗的書，但在音韻訓詁學上有極大的貢獻。

但有一點，我覺得雖不必有關本刊的的宏旨，而仍不妨提出來商量一下的，便是山海經是否僅僅是一本旅行指南這問題。 我在上文已說過，凡是述說山川，風土的書，無不與旅行有關，但與旅行有關之書，不一定僅為旅行而作。 本書是中國古代旅行研究的第一章：行途遭逢的神姦（和惡毒生物）。這些神姦和惡毒生物在山海經中誠然是不少，但何以見得作山海經者的目的是專為給旅行者事前防禦而敘述？ 我們固然可以把山海經當作研究古代旅行的絕好材料，但山海經作者是不是可以只為記述那些事物的興趣上著述這部書？ 是不是可以只為讀者可以有 "奇文共欣賞" 而作？ 或者如劉秀所言，只為 " 可以考禎祥變怪之物，見遠國異人之謠俗" 而作？

作者說山海經為旅行者而作，可以歸納成下列幾點理由：

1. 說明各地的暴風雨及神靈，意在使人得以戒備。
2. 記述各種有毒害於人的動植物，如吃了使人 '無子'，'無臥'，或能 '螫人' '食人' 等物；以及使人 '禦毒'，'不溺' '不迷' '不畏' 等物，使行人知所趨避。
3. 記述各種半獸半人的神物及其祠祭方法，決不是當神話或神譜敘

述，而是使上層階級的行人不至冒犯而知如何獻祭悅神。（頁二一——二三）

我們先說第二條理由，把南山，西山二經中所說起有醫藥或厭勝作用的動植礦物找出來看看：

南山經：

"……其中多育沛，佩之無瘕疾。郭注：瘕，蟲病也"

"……其中多玄龜。……佩之不聾，可以為底。"

"……有魚焉。……其名曰鯥。……食之無腫疾。"

"……有獸焉。……其名曰類。自為牝牡，食者不妬。"

"……有鳥焉。……其名曰鷓鴣，食之無臥。郭注：使人少眠。"

"……其中多赤鱬。……食之不疥。"

"……其中有虎蛟。……食者不腫，可以已痔。"

"……有木焉。……其味如飴，食者不飢，可以釋勞，其名曰白䓘。"

西山經：

"……其草有䕡荔。……食之已心痛。"

"……其上有木焉。……名曰文莖。……可以已聾。"

"其草多條。……食之使人不惑。"

"……其木多櫻梅。……食之已疥。"

"……其中有流赭。以塗牛馬無病。"

"……有鳥焉。……其名曰肥遺。……食之已癘，可以殺蟲。"

"……有草焉。名曰薰。……佩之可以已癘。"

"……有鳥焉。……服之不畏雷。"

"……有草焉。……名曰蓇蓉。……食之使人無子。"

"……有獸焉。……名谿邊，席其處者不蠱。"

"有鳥焉。…… 名曰櫟。（按此上疑脫"有木焉"。三字，鳥不能名櫟。）食之已痔。"

"有草焉。…… 名曰杜衡，可以走馬，食之已癭。"

"……有白石焉，其名曰礜，可以毒鼠。"

"有草焉。…… 名曰無條。可以毒鼠。"

"……有鳥焉。…… 名曰數斯，食之已癭。 郭注：或作癰"

"……其鳥多鶹。…… 可以禦火。"

"……有木焉。…… 食之宜子孫。"

"……爰有嘉果。…… 食之不勞。"

"……其上多丹木。…… 食之不飢。"

"……瑾瑜之玉爲良。…… 君子服之，以禦不祥。"

"……是多文鰩魚。…… 食之已狂。"

"……有木焉。…… 名曰沙棠。…… 可以禦水，食之使人不溺。"

"……有草焉。名曰薲草。…… 食之已勞。"

"……有獸焉。名曰天狗。…… 可以禦凶。"

"……有獸焉。名曰讙。…… 可以禦凶，服之已癉。 郭注：黃癉病也，音且。"

"……有鳥焉。 名曰鵸鵌。 服之使人不厭，又可以禦凶。"

"……是多冉遺之魚。…… 食之使人不眯，可以禦凶。"

"……有獸焉。…… 其名曰駮。…… 可以禦兵。 郭注：養之辟兵刃也。"

"有木焉。…… 名曰櫰木，食之多力。"

"……其上多丹木。……食之已癉。"

以下的北山經還有許多"食之可以已憂"。"食之不瘇(大腹)"。"食之已嗌痛"。"食之已嘔"。"食之不驕"。"食人無痴疾"。"食之已腹痛"。"食之已喝(中熱)"。"服之美人色"。…… 等等玩意兒。我們看這些東西，實在是有益的比有害的多，各種各樣的病痛都有特殊的東西可醫療，並且除了'爲底'，'已溺'等極少數外，其餘大多數的病痛災害，似乎不必由行人包辦，非行人決沒有份兒。即使'底'和'溺'，不出行的人也照樣可以遇到，不過比較的行人多些機會罷了。而如"食者不妬"，"食之宜子孫"，"食之使人無子"，"服之美人色"，"食之不脒"，等項，我想與人之旅行與否決無關係。山海經的作者記載這些，至多只在令人博物廣智罷了。

第一和第三條理由可以併作一條。關於這，以及第六卷海外南經以下的各種古而怪之的國和國內的人神，我另有意見，要爲文仔細討論，不能在這裏詳述。大致是這樣的：我認爲那些國名和人名確有其事，是各種原始的部落。所謂人面獸身或魚身，離耳，儋身等，只是各種原始部落的文身和裝飾。海內南經云："氐人國，在建木西；其爲人，人面而魚身，無足。"這不是很可怪嗎？但郭璞注道："畫胸以上人，胸以下魚也。"又全經："雕題國"，郭璞云："點涅其面，畫體爲鱗采，即鮫人也"。"離耳國"，郭云："鎪離其耳，分令下垂以爲飾。即儋耳也。在朱崖海渚中。"這是即使在現在，我們還可以在兩粵邊地的苗猺山中見到的情形。其他所述獸身人面，鳥首人身等等，都可作如是觀。至如那些穿胸，岐舌等圖，則大概是因爲那些民族不易接近，記述者辨不清楚，遂憑各種幻覺，寫成如此妙文。至於經中所謂'神'，譬如"人面而鳥身，祠用毛。……""其神狀皆人面獸身。其祠之毛用一白雞。"（卷五）………而在本地謹愼奉祀的，則我頗疑心是圖騰的畫符。總之，對於這些情形，我以爲山海經的作者即便不爲旅行者設想，也不妨說說的。

江先生的書自有它獨立創造的價值，山海經是否旅行指南其實倒是小問題，只要它能供給研究古代旅行的材料就夠。上面一段文字偶爾說及，本無損於本書的價值。如有不盡當之處，要請江先生原諒和教正。

史學集刊刊例

(一) 本刊專載關於歷史攷古之著作，由國立北平研究院史學集刊編輯委員會同人擔任撰述。

(二) 本刊歡迎外來投稿，刊出後致贈稿費及抽印本。

(三) 本刊內容以研究論文為主。 如原文以他國文字寫成，刊印時得附中文提要。

(四) 本刊文體不拘文言白話，但格式一律橫行，並須加新式標點。

(五) 本刊年出二期，但論文加多時得隨時增刊，其過長者並得刊印專號。

(六) 來稿請寄北平中海國立北平研究院史學集刊編輯委員會。

史學集刊第二期

中華民國二十五年十月出版

編輯者　國立北平研究院史學集刊編輯委員會

出版者　國立北平研究院總辦事處出版課

發行者　國立北平研究院總辦事處出版課

代售者　全國各大書店

印刷者　北平成府引得校印所

本期定價：

　　　　國內每冊連郵費國幣八角　國外每冊連郵費美金壹元

廣告價目：

　　　　全面國幣二十元　半面十一元　四分之一六元

　　　　兩期以上九折　四期以上八折

HISTORICAL JOURNAL

BOARD OF EDITORS

Ku Chieh-kang (Editor in Chief)

Li Shu-hua
Chang Hsing-lang
Hung Yeh
Ho Shih-chi

Hsü Ping-ch'ang
Ch'ên Yüan
Ch'ang Hui

Mêng Sên
Shên Chien-shih
Wu Shih-ch'ang

NO. 2, OCTOBER, 1936

CONT

		Page
Articles:		
1. The Origin and Explanation of the Nomenclature of the Book *Lun Yü* (論語)	Chao Chen-hsin	1
2. On the Nature of *Tso Chuan* (左傳) and It's Relation with *Kuo Yü* (國語)	Yang Hsiang-k'uei	4
3. A Brief History of the Ting-ling (丁零) People	Wang-Jih-wei	83
4. Notes on "*The Imperial Diary of the First Emperor of the T'ang Dynasty*" (大唐創業起居注)	Lo Hsiang-lin	115
5. A Study of the Nomenclature "Japan"	Wang Chi-wu	143
6. Discussions on the Name of Mu-ti	Ku Chieh-kang T'ung Shu-yeh	151
Notes on the Preceding Article	Wu Shih-ch'ang	175
7. Notes on a Piece of Diary Relating the Occupation of Peking by the British and French Armies in 1860	Mêng Sên	179
8. A Defence for the "Hwang-yai (黃崖) Issue" of 1866	Liu Hou-tzu	197
9. A Brief Account of the Poet Liu Yüng (柳永)	P'an Ch'eng-pi	209
Book Reviews:		
1. *A Study of Wei-Shih* (唯識): by Chou Shu-chia (周叔迦)	Chu Pao-ch'ang	219
2. *Travel in Ancient China*: by Chiang Shao-yüan (江紹源)	Wu Shih-ch'ang	225

PUBLISHED BY THE DEPARTMENT OF PUBLICATION

NATIONAL ACADEMY OF PEIPING

Peiping, China.

Subscription (over sea) $1.00 gold, Postage free